埼玉考古学会50周年記念論文集

埼玉の考古学 II

埼玉考古学会編

刊行にあたって

昭和三〇年（一九五五）に総勢三〇人の会員によって発足した埼玉考古学会は、平成一七年（二〇〇五）に満五〇年を迎え、県内外の会員四〇〇人に達している。設立時の顔ぶれをみると、あの人この人、懐かしい人々である。しかも、大勢の先輩が現在県内各地で、矍鑠として活動し、埼玉考古学会を盛り立てていただいている。うれしいことであり感謝の念にたえない。

この五〇年の間には埼玉県の考古学界に、さまざまな事があった。その一部（昭和三〇年代～平成六年代）については、設立四〇周年記念号として発行した『埼玉考古　第三一号』に「埼玉考古学会のあゆみ」と題して詳述されている。その後のことについては、平成一七年七月から八月にかけて埼玉県立博物館が、当埼玉考古学会等と共催して展覧した特別展「あの遺跡この遺物　埼玉発掘五〇年史」でこれを補完した。ここまでの五〇年、その道程に思いをいたす時、ここまでつづけられてきたことは、これひとえに会則にうたうところの「県内の考古学研究をすすめる」をモットーとして、先輩の業績を礎に県内考古学研究者が一つに結集、協力した、学問研究への固い結束ができたからであろう。さらに会員の一人一人が、県下各地においてそれぞれの立場で埋蔵文化財保護事業に携わり、熱血を注いできたことも底力となっていると思う。今後もこの姿勢を維持し、伝統ある埼玉考古学会のさらなる発展へと飛躍して、学界・県民文化の向上に益して行きたい。

さて、埼玉考古学会設立五〇周年に当たり、記念事業実行委員会を結成して、三事業を企画して実行してきた。一つは、先に紹介した展覧会であり、二つは、財団法人埼玉県埋蔵文化財調査事業団と共催の『古代武蔵国の須恵器流通と地域社会』と題した二日間にわたるシンポジウムである。そして三つ目が、機関誌『埼玉考古　第四一号』の代冊として記念論文集『埼玉の考古学Ⅱ』の刊行である。

この論文集は、原稿の募集から編集、刊行にいたるまで短期間ではあったが、会員各位、日頃の研究への意気込みと努力の積み重ねの成果、旧石器時代から江戸時代にわたる四一の雄編で結実することができた。寄稿された筆者、取りまとめ・編集事務に携わった会員諸氏を労いたい。

刊行に際しては、六一書房の八木環一氏はじめ関係諸氏に厚く感謝の意を表する。

平成一八年二月一五日

埼玉考古学会会長
塩　野　博

目次

埼玉の考古学 Ⅱ

石器の工学的研究
――ヒト動作再現する加工礫器の利き手検証・予察――

梅津　昇

一　はじめに

本法（打痕深度計測）による加工剝離角度の研究成果は、予察的ながら後期湯の里四遺跡出土の尖頭器群（一三資料）から、利き手比率…九二・三％（ポーラック・C　一九七七と同率）を検証し、これを考古学ジャーナル第四六八号と第四七〇号の上下二巻（二〇〇二）に発表できた。

今回は、直接打法（精密把握）によるヒト行動再現する加工礫器を、正反・反正複式打法の頭部両側刃礫器と、正・反単式打法の頭部片側片刃礫器とに形態分離して試み、前者を二刃型礫器（野川型／関東）に、後者を一刃型礫器（西之台型／関東）として用語展開する。

次いで垂直打法（握力把握）を加工動作再現する初期オルドワイ文化遺跡出土の一刃型礫器と、二刃型礫器も同様。頭部右側右刃正打加工の左進行打順列とし、また頭部左側左刃を反打加工の右進行打順列とする人体求心の加工技術は、ヒト行動二法（正打／引動作と反打／押動作）に起因する。

これらのヒト二大筋力活動は、オルドワイ第Ⅰ床文化の猿人期（H・ハビリス）に遡って確認され、直立二足歩行と関連する。これに加える両打撃法技術はともに、ヒト動作活動を動静調整する正反復式法の切替え操作は、刃域左右の頂点位置で打法変換（動作転位）する例が多い。

この打法技術を、日本列島分布の前期旧石器文化（芹沢編年私案）は、九州大分県点在の早水台遺跡から出土する腹部片側転位加工の変形二刃型礫器を加え、更に打法変換術を不用とする。同後期文化所属の同南関東は都内に点在する西之台B地点遺跡と、これも南関東（埼玉）は川口に点在の天神山遺跡から出土する。東部片側片刃加工の一刃型礫器とで各種剥離方法を加工形態で分け、項目別に証明して行く。

もちろんのこと、ヒト動作の右手デジタルな正打法加工（動的筋力）に発生する人為広角作用は、ヒト動作一側性（ラテラリティ）と加工技術は優位性に関係する。この事実を打痕計測法（写真図―一）に従って実施し、主要剥離面角度（θ）を統計分析して求め、その数理結果を利き手分業の判断基準として進める。

二　正反打法と加工動作

礫器の剥離加工法を再現実験すると、そこには文化時期に関係なく、ヒト動作二法に合わせた生体力学的行動の、正打法を引動作（エクセントリック筋収縮）と、反打法を押動作（コンセントリック筋収

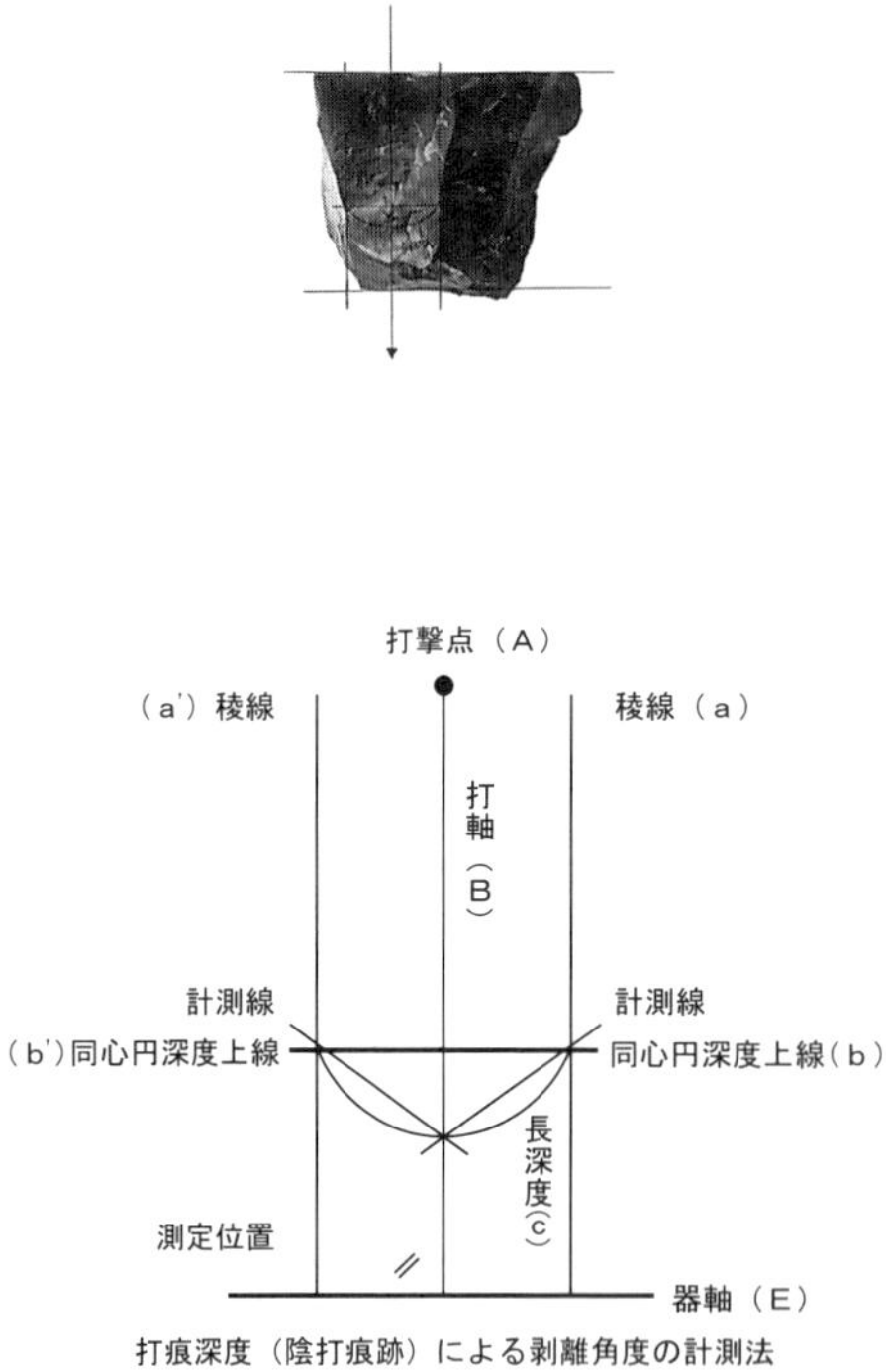

写真図-1

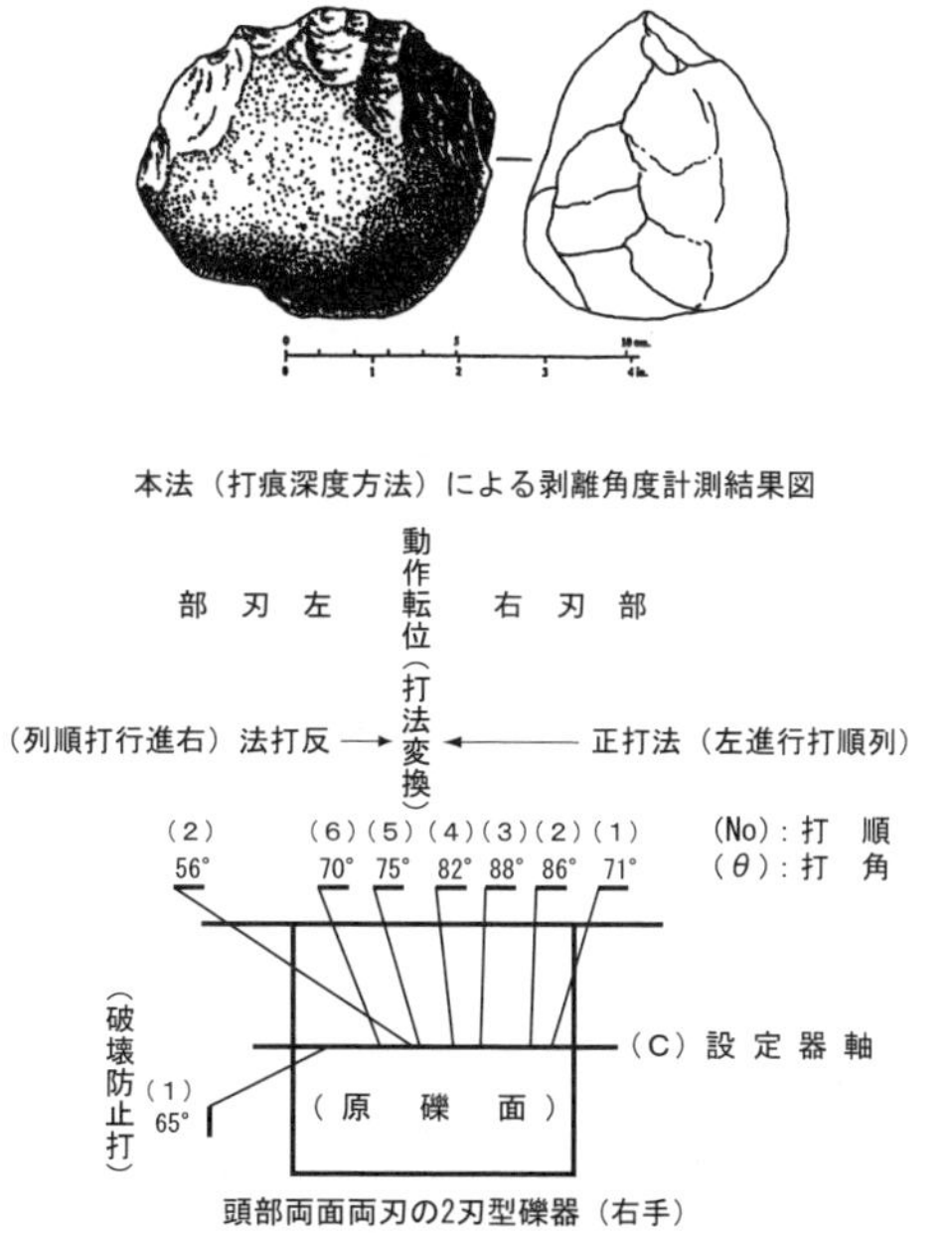

第１図　オルドワイ第Ⅰ床文化（DK）出土横長礫器

縮）とする習性はすでに猿人期に始まり、石核石器を多面体的に転位作出する異文化的技術も出現する。

課題とする礫器加工技術の起源は、初期オルドワイ第Ⅰ床文化（東アフリカ・タンザニア）のＤＫ分布地点に出土する横長二刃型礫器（Ｍ・Ｄ・キーリー一九七一）が最古だ。

その剥離加工方法は垂直打法だが、それでも後期文化は新人期同様、礫器頭部右側右刃を正打法の内側方向即屈曲運動（引き寄せ動作／略して引動作）として加工され、刃面積が広く打数も多い。（第一図）

また礫器頭部右側右刃を反打法の外側方向即伸展運動（押し出し運動／略して押運動）として加工され、刃面積が狭く打数も少ない。逆に正反表裏交互技法が、礫器刃域構成を均等化している事実もある。

これに加える人体軸をＶ字求心とする交互法は、現在人的な直接打法を同一基本とする人体構造に由来し、正反両打法剥離角度に差が生じていた。

この人為広狭作用差を正反打割実験し、主要剥離面の加工角度が、設定する石器器軸（Ｃ）に交わる入射軌導角度（θ）として求め、そのデータを統計分析することで、化石人類が正反打撃動作を通常とする礫器加工の、人為的な広角作用発生有無（一側性）と加工技術の優位性を利き手判断基準に加えて試みる。

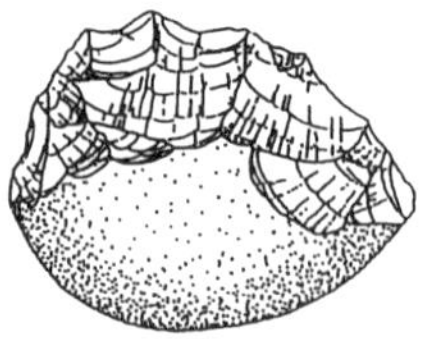

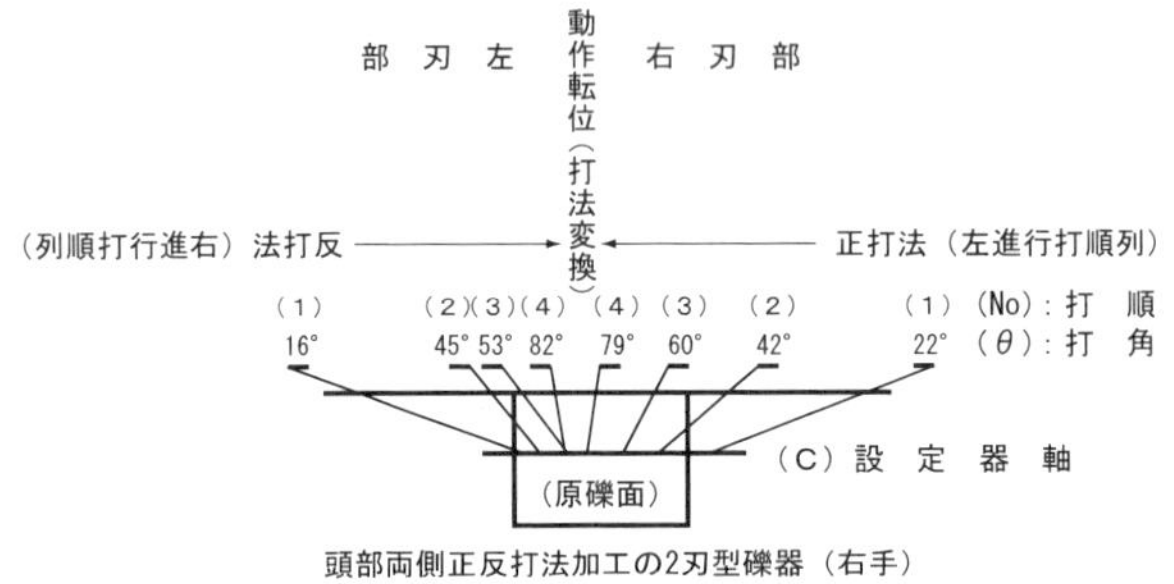

第2図　野川後期遺跡出土横長礫器

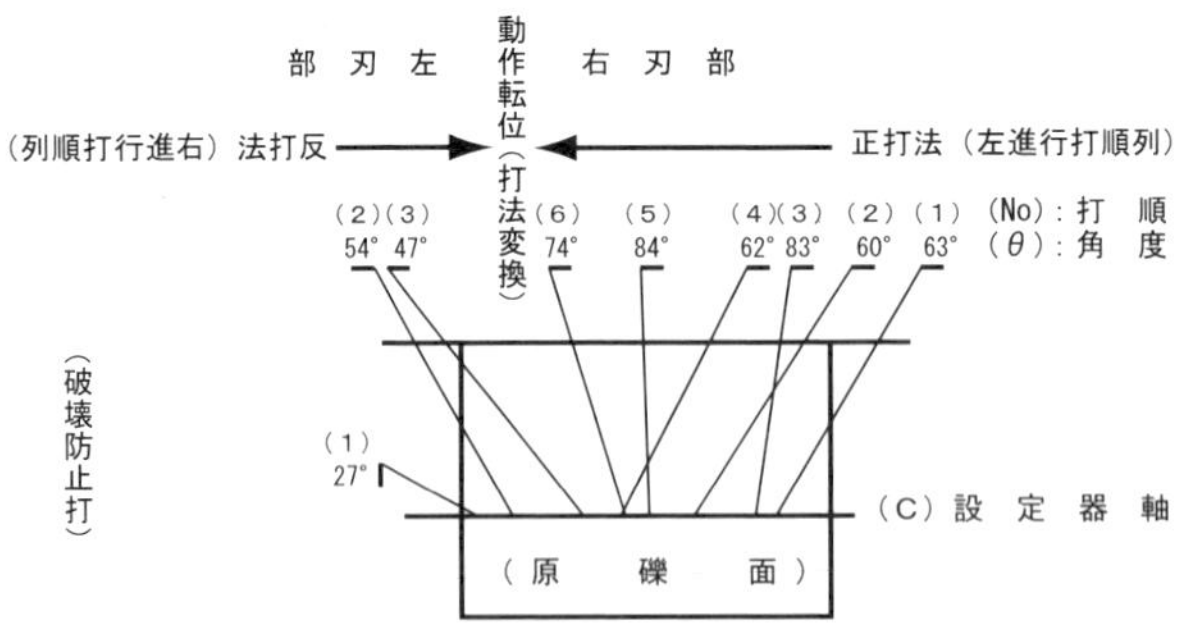

第3図　実験横長礫器（珪岩）

第１表　打撃剥離角度計測による礫器の統計分析表示検証結果図

遺跡名（野川／東京都）				統計分析		図　版（小林＿1971）	
加工法	刃位置	打法	打順位（No）	剥離角度（θ）	統計残差（γ_0）	刃部／部位	左刃部　右刃部
二刃配列型（横長礫器）	頭部右刃部	左進行打順列（正打法）	1	22°	829.44	頭部 設定器軸 基部	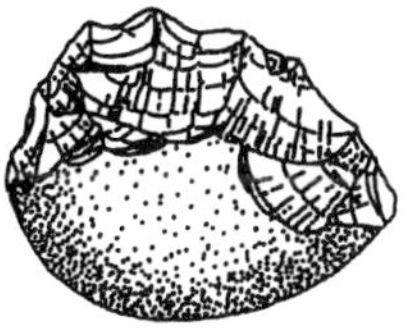
			2	42	77.44		
			3	60	84.64		
			4	79	795.24		
			合　　計	—	1786.76		
			平　均（γ_0）	50.8°			
			不偏分散（V）	446.7			
			標準偏差（S）	21.1			
			確率誤差（γ_0）	8.2			
			技術精度（%）	83.9			
	刃位置	打法	打順位（No）	剥離角度（θ）	統計残差（γ_0）	刃部／部位	左刃部　右刃部
	頭部左刃部	右進行打順列（反打法）	1	16°	1089.0	頭部 設定器軸 基部	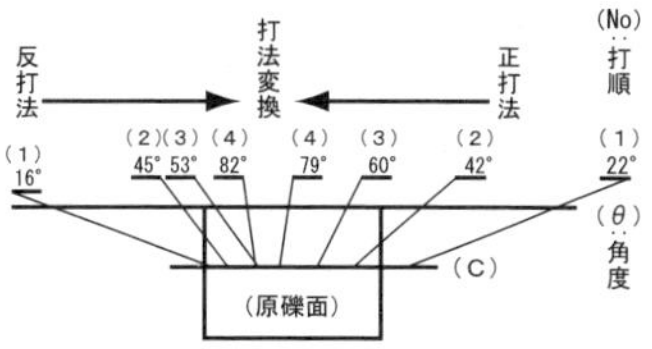
			2	45	16.0		
			3	53	16.0		
			4	82	1089.0		
			合　　計	—	2194.0		
			平　均（γ_0）	49.0°			
			不偏分散（V）	552.5			
			標準偏差（S）	23.5			
			確率誤差（γ_0）	9.2			
			技術精度（%）	81.2			

第２表　打撃剥離角度計測による礫器の統計分析表示検証結果

遺跡名（西之台Ｂ＿Ｘ層）						図　版（小田＿1980）	
加工法	刃位置	打法	打順位（No）	剥離角度（θ）	統計残差（γ_0）	刃部／部位	左刃部　右刃部
一刃配列型（縦長礫器）	頭部右刃部	左進行打順列（正打法）	1	56°	67.24	（頭部）設定器軸（S）（基部）	
			2	50	4.84		
			3	45	7.84		
			4	40	60.84		
			5	—			
			合　　計	—	140.76		
			平　均（γ_0）	47.8°			
			不偏分散（V）	35.2			
			標準偏差（S）	5.9			
			確率誤差（γ_0）	2.3			
			技術精度（%）	95.2			
	刃位置	打法	打順位（No）	剥離角度（θ）	統計残差（γ_0）	刃部／部位	左刃部　右刃部
	頭部左刃部	右進行打順列（反打法）	1	（無加工背刀原礫面）		（頭部）設定器軸（S）（基部）	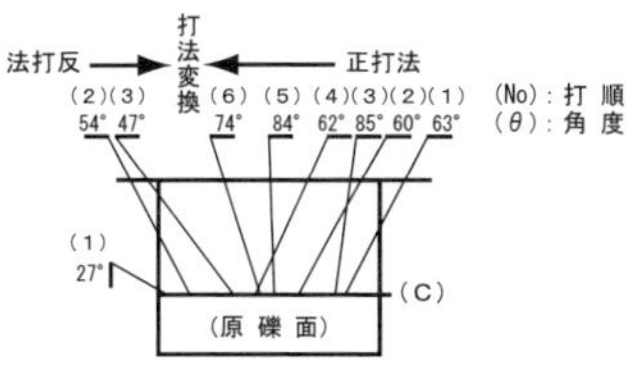
			2				
			3				
			4				
			5				
			合　　計				
			平　均（γ_0）				
			不偏分散（V）				
			標準偏差（S）				
			確率誤差（γ_0）				
			技術精度（%）				

三　二刃型礫器の実証

扨て前述して来た本法を、南関東は都内分布（調布市野水地域）の国分寺崖線に点在する。後期文化（新人期）に属する野川遺跡出土の横長二刃型礫器（小林　一九七一）に求め、これを再現実験する横長二刃型礫器（梅津　一九九一）の人為広角作用存否と、加工技術の優劣差を対比して試み、次の結果を得た。

先に後期野川遺跡出土の横長二刃型礫器が設定器軸（横軸（C））に交わる主要剝離面角度（θ）を計測して掲げると次、即ち

（一）　野川二刃型礫器における右刃正打加工の平均主要剝離面角度（θ）…五〇・八度（N＝四）は。その差…一・八度、右刃正打法（引動作）に人為広角作用（ヒト動作一側性）が認められた。（第二図）と（第一表）

これと対比する実験礫器が、設定器軸（横軸（C））に交わる主要剝離面角度（θ）を計測して掲げる次、即ち

第３表　直接打法による正反打撃角度計測結果　３
指屈曲把握（ボール握り）

No	正打法（引動作）		反打法（押動作）	
	打撃入射角度（θ）	γ_0＝（$\chi\gamma_0-\gamma_0$）	打撃入射角度（θ）	γ_0＝（$\chi\gamma_0-\gamma_0$）
1	71°	7.29	53°	67.24
2	70	2.89	52	51.84
3	70	2.89	49	17.64
4	66	5.29	46	1.44
5	62	39.69	40	23.04
6	60	68.89	38	46.24
7	68	0.09	44	0.64
8	68	0.09	39	33.64
9	72	13.69	42	7.84
10	76	59.29	45	0.04
（N＝10）	$\gamma_0=68.3°$	$\Sigma\gamma_0=200.1$	$\gamma_0=44.8°$	$\Sigma\gamma_0=249.6$
平均信頼限界	平均　$\gamma_0=68.3°$ 分散不偏推定 ∴平均信頼限界　68.3±4.84 直接打法（正打法）の信頼限界：92.9％		平均　$\gamma_0=44.8°$ 分散不偏推定 ∴平均信頼限界　44.8±5.42 直接打法（反打法）の信頼限界：87.9％	

（梅津 1991）

（一）　実験二刃型礫器における右刃正打加工の平均主要剥離面角度（θ）…七一・〇度（N＝六）は、その差…二八・三度。野川礫器同様の右刃正打法（引動作）に人為広角作用（ヒト動作一側性）が確認された。（第三図）と（第二表）

そこで剥離加工する正・反打法技術を統計分析（γ_0）し、それを百分率（％）に直して求める野川二刃型礫器の加工動作技術は、次のごとく導定された。即ち

（二）　野川二刃型礫器における正打加工の技術制度…八三・九％は、その差…二・七％右刃正打加工法が技術優位した。それと対比する実験二刃型礫器の加工技術は次、即ち

（三）　実験二刃型礫器における正打加工の技術精度…九五・八％は、その差…八・四％ここでも野川礫器同様、右刃正打加工法に技術優位を認めて、両資料共に通常法（引動作）の利き手右加工礫器に判定された。

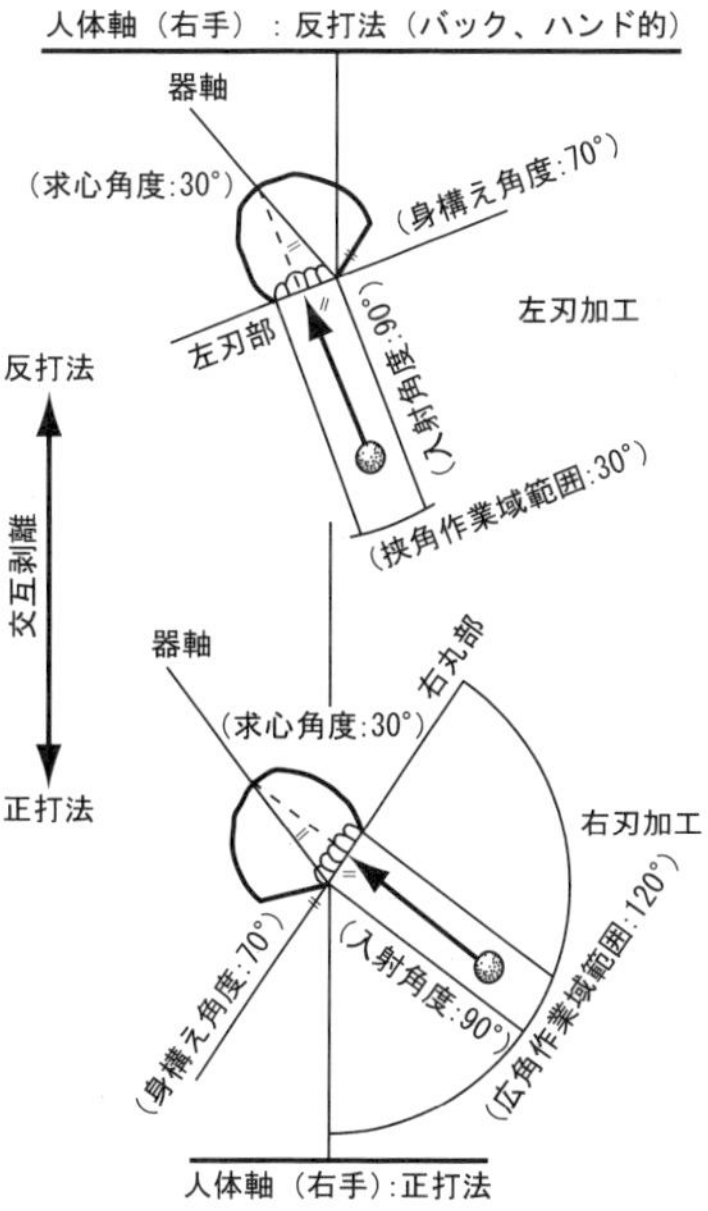

人体動作規制図

参考資料

しかし、この正打加工方法を引動作とする人為広角作用が、ヒト動作の一側性（ラテラリティ）に関与するかの疑問を、直接打法（精密把握）における三指屈曲把握形態（三指ボール握り）の正・反両打法実験（梅津　一九九二）して、実験に右手正打法の人為広角作用が、ヒト生体的な歪み現象に起因するのかを、著者自身を実験台とする打撃入射軌導角度（θ）を計測（映像化）して求め、次の結果を得た。

先に正打法（引動作）で打割作業（石割り）する、

直接打法の打撃入射軌導角度（θ）を掲げると次になる。即ち

（一）打撃入射作業における正打法の平均軌導角度（θ）…六八・三度（N＝一〇）は、打割反打法（押動作）との差…一三・五度。ここでも正打法の人為広角作用が、ヒト本来の動作一側性（ラテラリティ）に関係する結論に至る。（第三表）

この計測結果を統計分析する正・反打割作業の技術精度…九二・九％は、その差…五・〇％優位して、正打法（引動作）にヒト動作の一側性が再確認された。

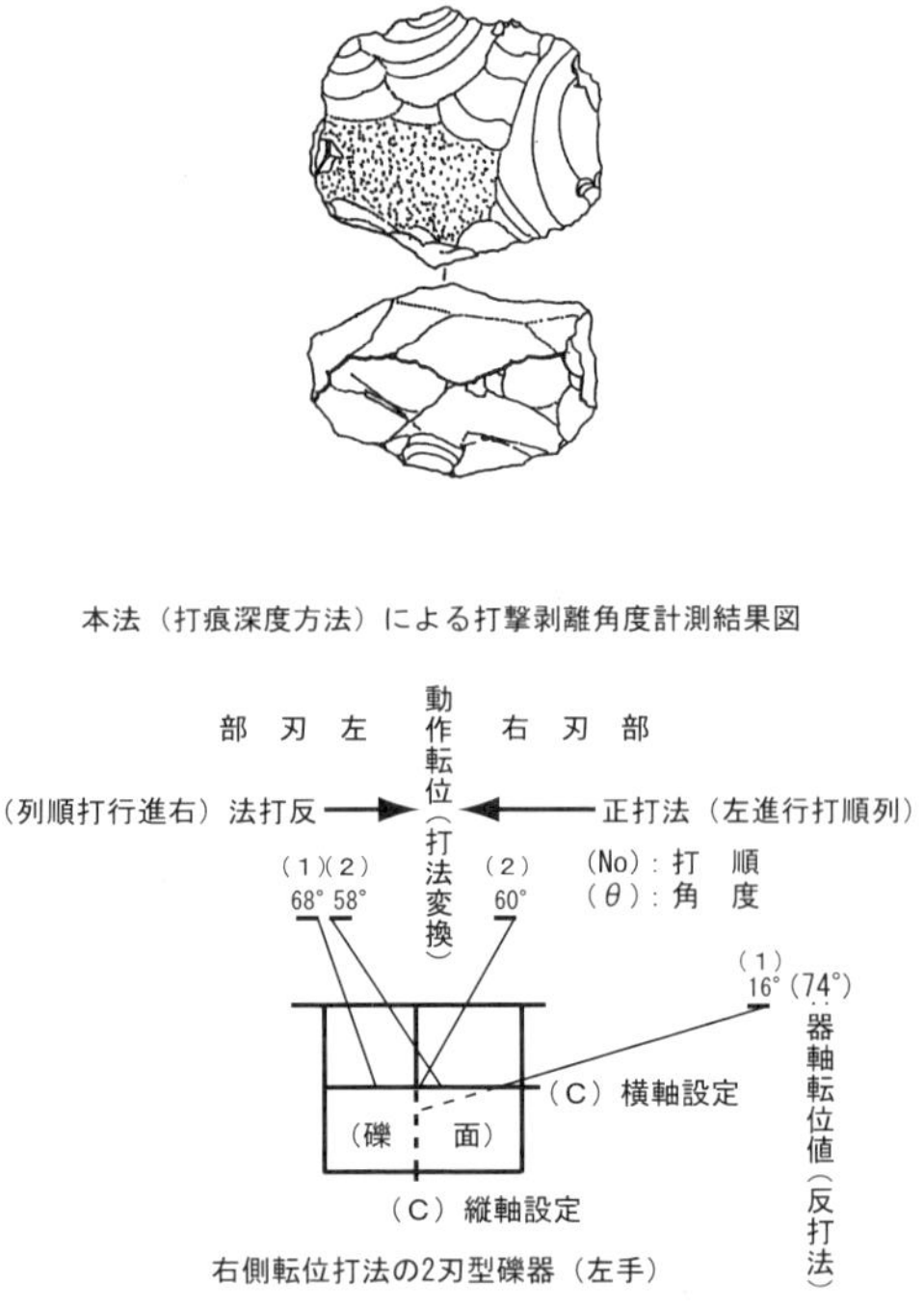

第4図　早水台前期遺跡礫器

また石器加工時の打撃作業体勢に起きる人体規制は(1)、右刃正打加工時の身構え角…七〇度と、広角作業領域範囲角…一二〇度を保つ。そして交互剥離する左刃反打加工時の身構え角…七〇度と、狭角作業領域範囲角…三〇度とに通常規制（右手）される事実は、ヒト動作の一側性と重なる。（参考資料）

四　転位打法の実証

確かに後期野川遺跡の出土礫器は、頭部両側左右を刃部加工する横長器体二刃型礫器だが、ここで問題になる変形

第４表　打撃剥離角度計測による礫器の統計分析表示検証結果図　器軸転位打法（右側転位）

遺跡名（早水台／大分県）				統計分析		図　版		（芹沢＿1965）
加工法	刃位置	打法	打順位（No）	剥離角度（θ）	統計残差（γ_0）	刃部／部位	左刃部	右刃部
変形二刃配列型（横長礫器）（No.１）	頭部右刃部	左進行打順列（正打法）	1	(74) 16°	484.0	頭部	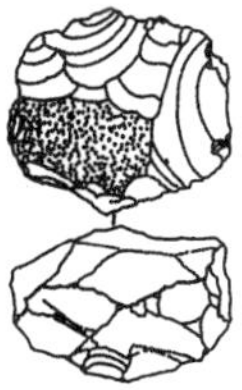	
			2	60	484.0			
			3	—				
			4	—				
			合　計	—	968.0	設定器軸		
			平　均（γ_0）	38.0°				
			不偏分散（V）	484.0				
			標準偏差（S）	22.0		基部		
			確率誤差（γ_0）	14.84				
			技術精度（%）	60.9				
	刃位置	打法	打順位（No）	剥離角度（θ）	統計残差（γ_0）	刃部／部位	左刃部	右刃部
	頭部左刃部	右進行打順列（反打法）	1	68°	25.0	頭部	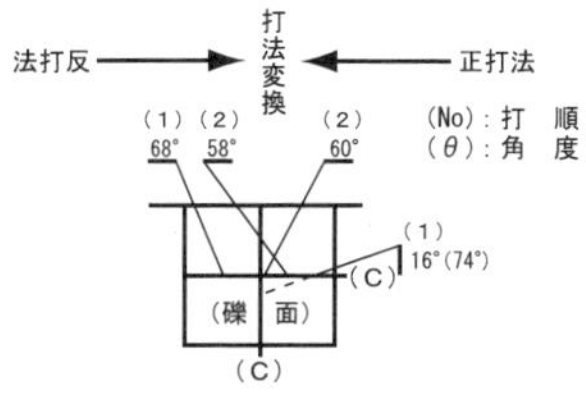	
			2	58	25.0			
			3	—				
			4	—				
			合　計	—	50.0	設定器軸		
			平　均（γ_0）	63.0°				
			不偏分散（V）	25.0				
			標準偏差（S）	5.0		基部		
			確率誤差（γ_0）	3.4				
			技術精度（%）	94.6				

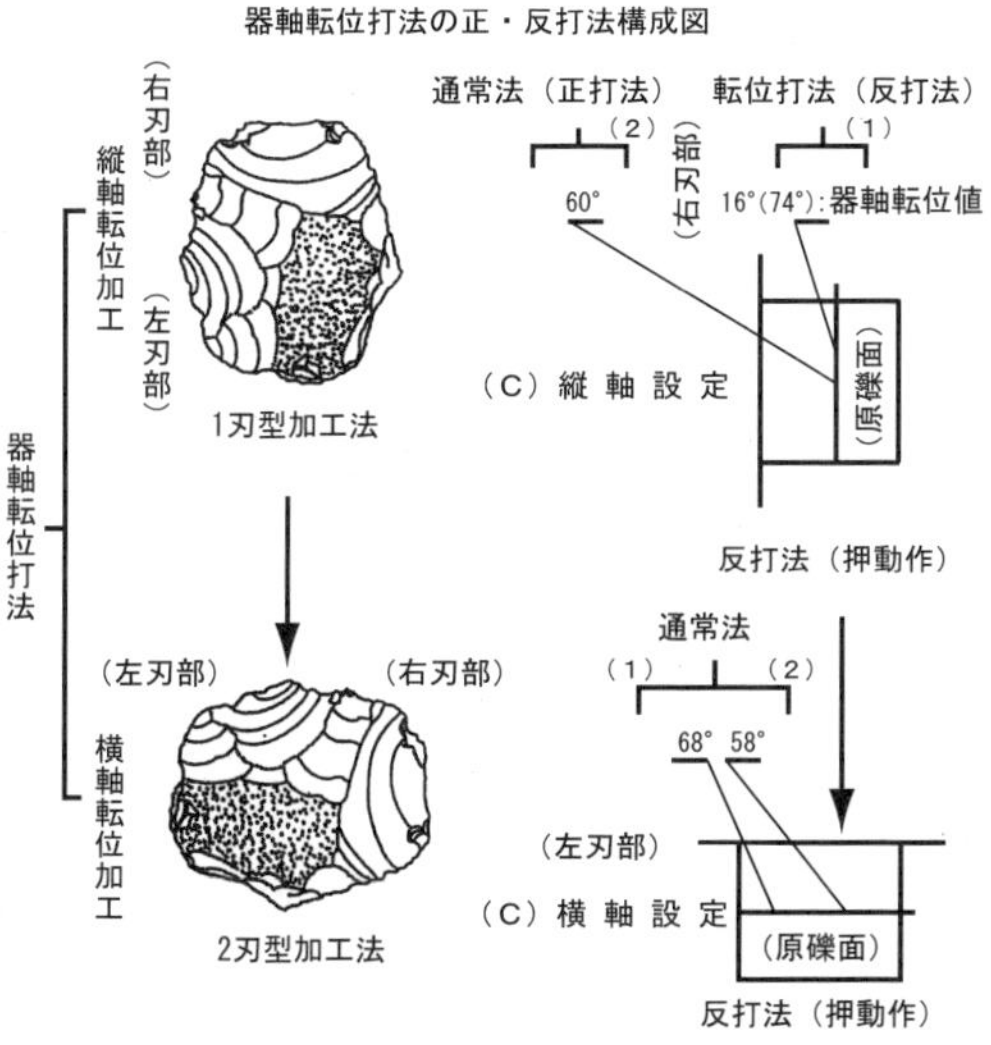

第５図　前期早水台横長２刃型礫器の製作工程（芹沢　1965原図より作成）

二刃型礫器に、刃域拡張の目的から設定横軸を縦軸転位変換する主要剥離加工法の技術が、再現実験して分かって来た。

この器軸転位打法は、従来の横軸設定加工方法に縦軸設定打法を加えて、刃域拡張する変形二刃型礫器となる。これを代表する礫器資料が、九州は大分

県（別府湾）に分布する海岸段丘地点の早水台遺跡（芹沢 一九六五）から複数出土発見されている。（第四図）

これらの変形二刃型礫器（二）がもつ、腹部右側転位（縦軸設定）の右側右刃を反打加工（押動作）する主要剥離角度（θ）…一六・〇度（打順列No—1）は、従来の設定器軸（横軸（C））に変わ

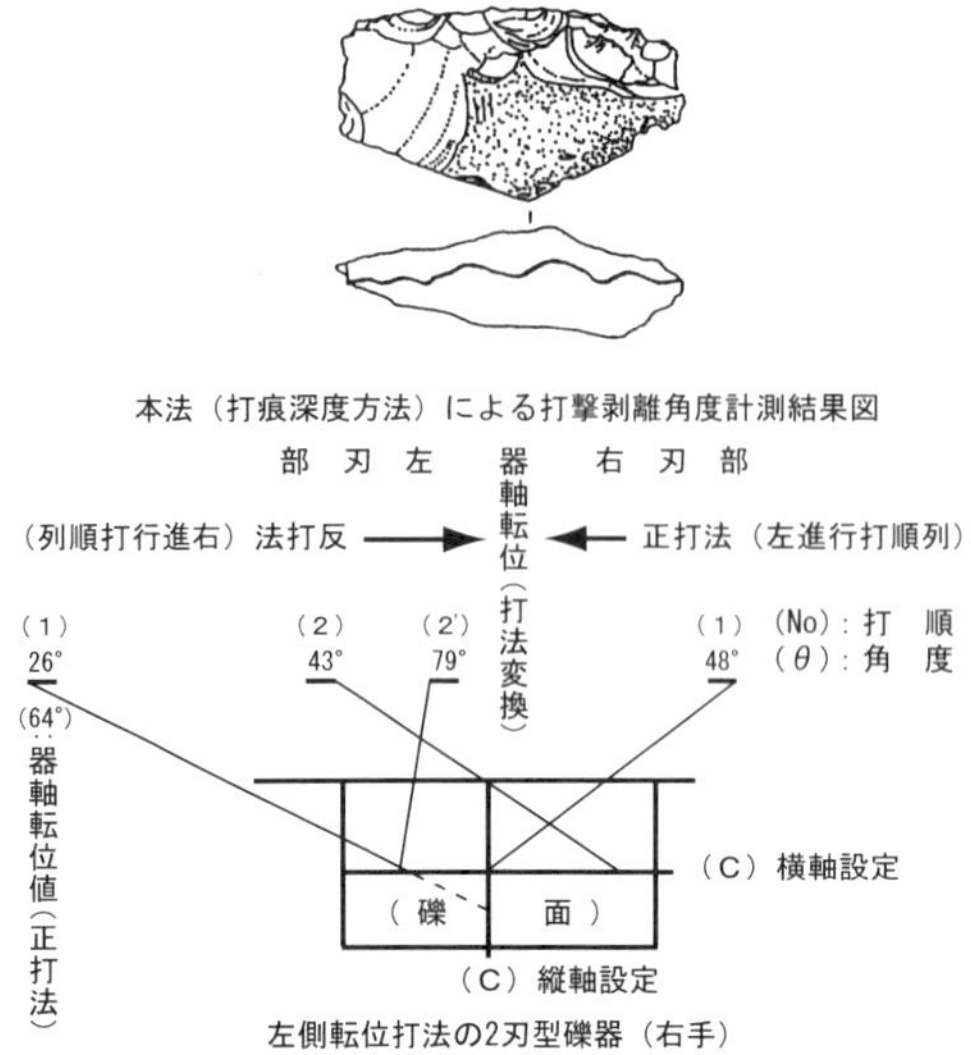

第６図　早水台前期遺跡礫器

第５表　打撃剥離角度計測による礫器の統計分析表示検証結果図　器軸転位打法（左側転位）

遺跡名（早水台／大分県）				統計分析		図　版		（芹沢＿1965）
加工法	刃位置	打法	打順位（No）	剥離角度（θ）	統計残差（γ_0）	刃部／部位	左刃部	右刃部
二刃配列型（横長礫器）No.2	頭部右刃部	左進行打順列（正打法）	1	48°	6.25	頭部	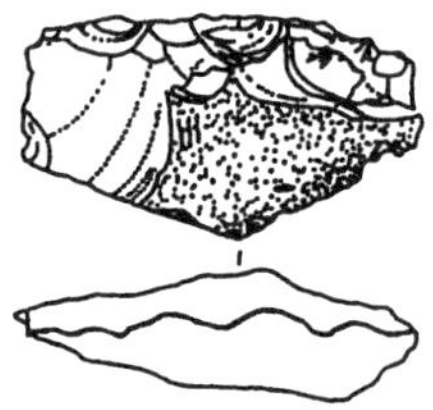	
			2	43	6.25			
			3	—				
			4	—		設定器軸		
			合　計	—	12.5			
			平　均（γ_0）	45.5°				
			不偏分散（V）	6.3				
			標準偏差（S）	2.5		基部		
			確率誤差（γ_0）	1.69				
			技術精度（％）	96.3				
	刃位置	打法	打順位（No）	剥離角度（θ）	統計残差（γ_0）	刃部／部位	左刃部	右刃部
	頭部左刃部	右進行打順列（反打法）	1	（26°）64°	56.25	頭部	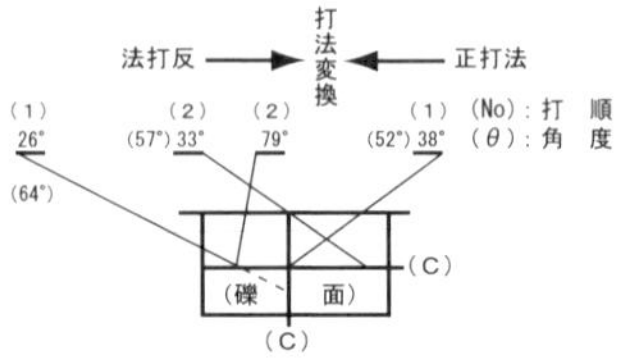	
			2	79	56.25			
			3	—				
			4	—		設定器軸		
			合　計	—	112.5			
			平　均（γ_0）	71.5°				
			不偏分散（V）	56.3				
			標準偏差（S）	7.5		基部		
			確率誤差（γ_0）	5.06				
			技術精度（％）	92.9				

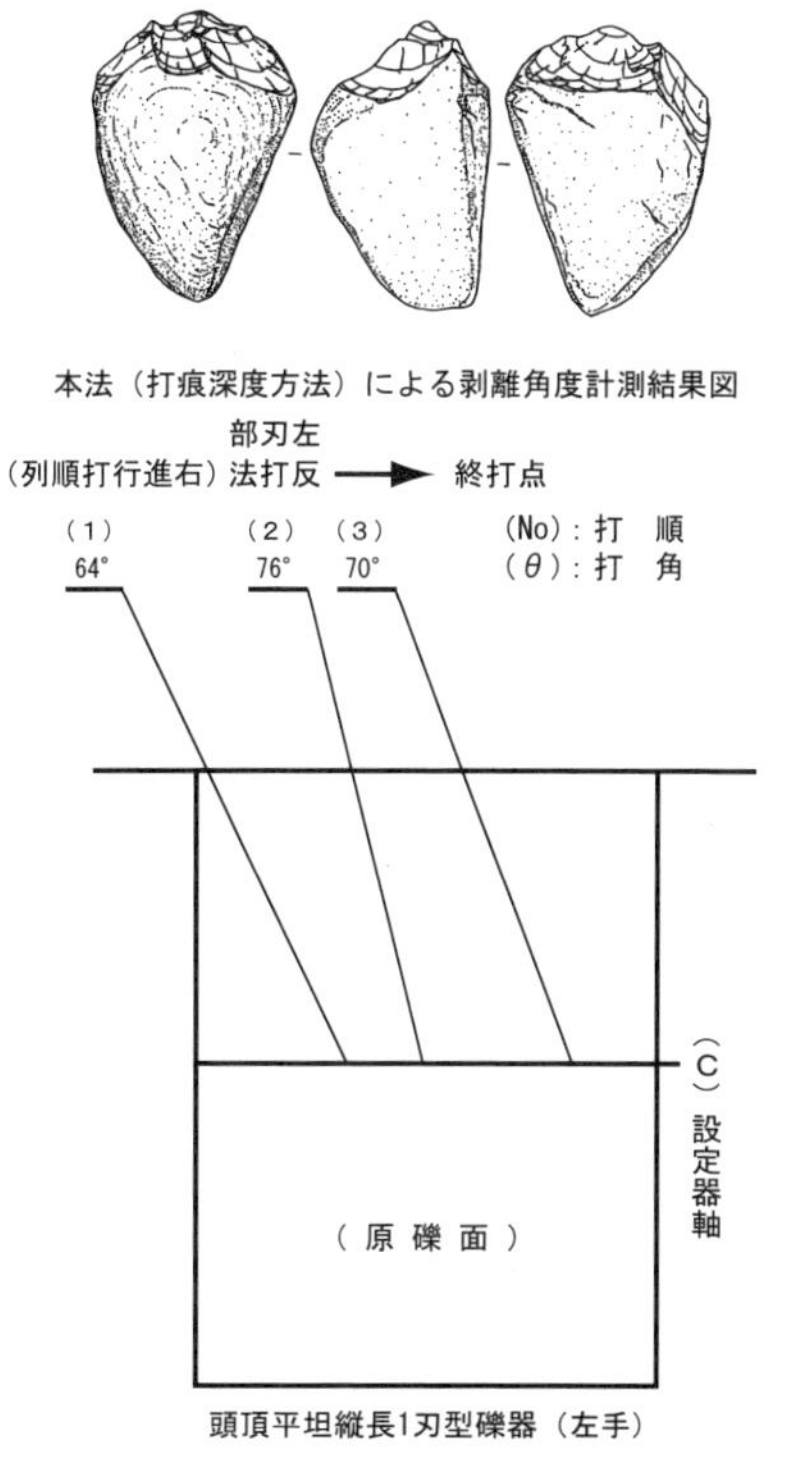

第７図　天神山後期遺跡縦長礫器

る剥離角度に直した七四・〇度に相当する。

これに従来法の頭部右側右刃正打加工（打順列No—2）を加えた、平均剥離角度（θ）としての三八・〇度（N＝二）は、頭部左側左刃反打加工（押動作）との差…二五・〇度。転位正打法（引動作）が人為広角逆転の狭角作用となる。（第四表）

加工技術も同様に、腹部右側転位加工の技術精度…六〇・九％は、頭部左側左刃加工（反打法）との技術差…二三・七％優位して、早水台変形二刃型礫器（一）は逆手通常の利き手左加工礫器に判定されることになる。

これを石器製作過程手順（転位二工程）に添って、図示説明したものが第五図である。参考に供する。

因みに、上述早水台遺跡出土礫器（一）とは逆工程をとる左側転位加工の横長変形二刃型礫器（二）は、腹部左側左刃を転位正打法と、頭部左側左刃を従来法に戻して正打加工（引動作）する通常法の、利き手右加工礫器（二）に判定されたことを報告して転位打法を終了する。（第六図）と（第五表）

五　平坦一刃型の実証

礫器加工方法には、ヒト動作二法による正反複式加工の二刃型礫器（野川型／関東）と、ヒト動作一法による正・

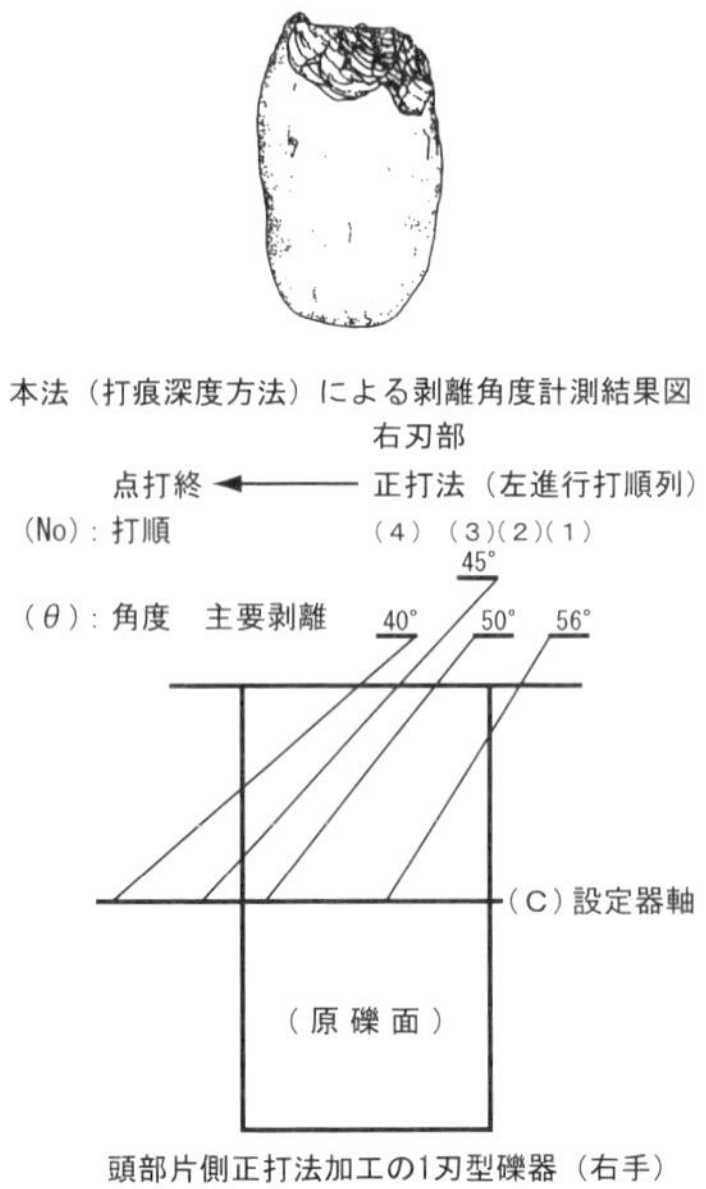

第８図　西之台後期遺跡（X 層）礫器

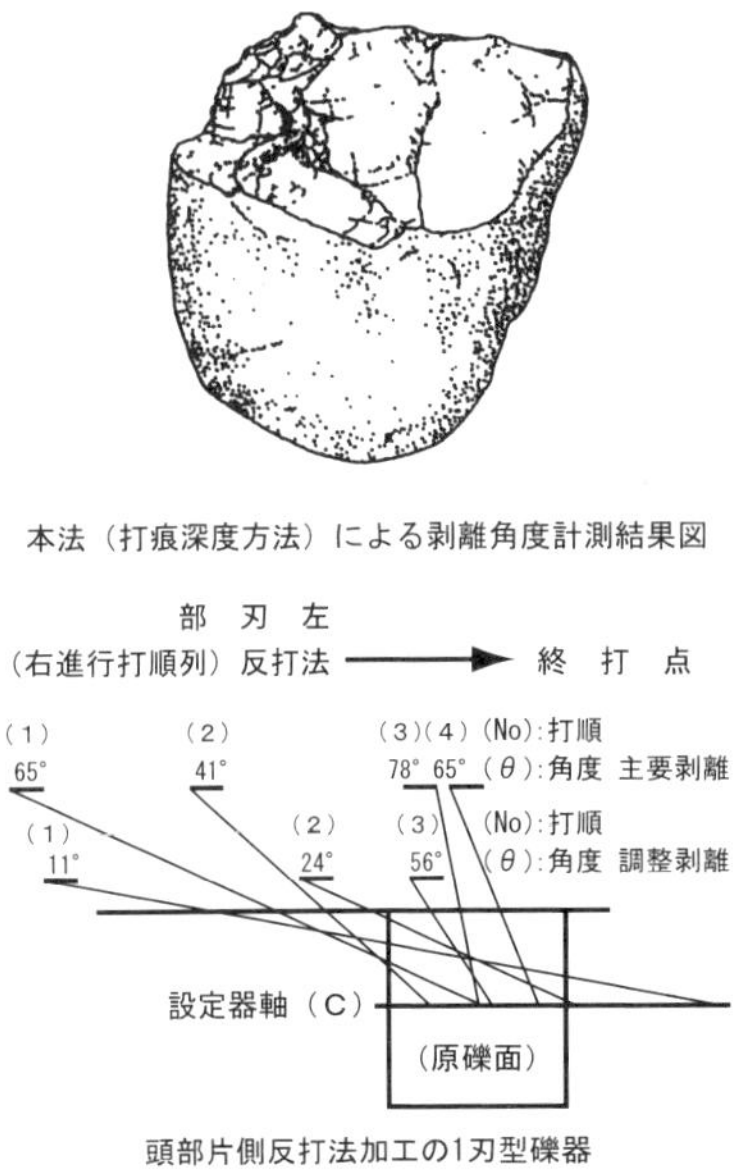

第９図　西之台後期遺跡（V 層）礫器

反単式加工の一刃型礫器（西之台型／関東）とがあり、これを基本とする。

前者二刃型は、頭部両側を傾斜加工する横長器体が多く、また後者一刃型には、頭部片側を平坦加工する礫器と、傾斜加工する礫器とがあり縦長器体が多い。しかし、この円形礫素材に合わせた加工形態には文化差はなく、初期礫器（猿人期）にもみられ自在だ。

勿論のことだが、加工打順は一刃型も右側右刃を左進行し、左刃を右進行する加工基本は変わらないが、一刃型礫器には動作転位する打法変換技術を持たない縦長礫器が多い。

この特長を活かす縦長器体の一刃型礫器を紹介すると、南関東（東部）は埼玉県川口市分布の後期天神山遺跡に、縦長平坦加工法に属する一刃型礫器（斉藤 一九七八）が出土し、これを代表に挙げることが出来る。（第七図）

また頭部片側傾斜片刃加工の縦長一刃型礫器を紹介すると、南関東は都内分布（国分寺市内）の後期西之台B地点遺跡X層とV層から、頭部右側傾斜片刃の二形態に加工する、縦長一刃型礫器（小田 一九八〇）が出土し代

第6表　全国（5ヶ国）分布初期礫器の加工動作技術

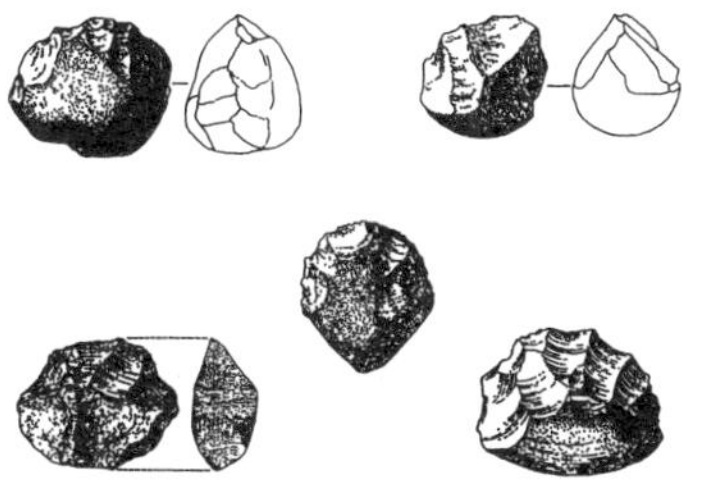

(1)

遺跡名（国名）	剝離角度 正打法（θ）	剝離角度 反打法（θ）	剝離角度 広角作用（θ）	加工技術精度 正打法（%）	加工技術精度 反打法（%）	加工技術精度 技術優位
(1) オルドワイ（タンザニア連合共和国）	78.7°	60.5°	18.2	97.3	95.6	2.3
(2) クービ・フォラ（ケニア共和国）	—	70.7°	—	—	96.8	—
(3) アニヤート（ミャンマー連邦国）	55.2°	54.0°	1.2	88.4	72.5	15.9
(4) ソアン（パキスタン共和国）	68.5°	63.3°	5.2	95.3	92.2	3.1
(5) 垣曲（中華人民共和国）	47.0°	43.7°	3.3	89.6	80.8	8.8
平　均（γ_0）	62.4°	58.4°	7.0°	92.7%	87.5%	7.5%

(2)

遺跡名（国名）	打　法	:	技術精度
	（%）		
(1) オルドワイ（タンザニア連合共和国）	正打法	:	97.3
	反打法	:	95.6
(2) クービ・フォラ（ケニア共和国）	—	:	—
	反打法	:	96.8
(3) アニヤート（ミャンマー連邦国）	正打法	:	88.4
	反打法	:	72.5
(4) ソアン（パキスタン共和国）	正打法	:	95.3
	反打法	:	92.2
(5) 垣曲（中華人民共和国）	正打法	:	89.6
	反打法	:	80.8
全 平 均（γ_0）			89.8%

表される。（第八図）と（第九図）

　これらの一刃型礫器における利き手分業の判断基準として対比方法を試み、全国五カ国の二刃型礫器は即ち、東アフリカ分布の初期オルドワイ文化遺跡に、アジア分布の初期ソアン（インド）、垣曲（中国）、アニヤート（旧ビルマ）の三遺跡を加え、さらに一刃型礫器は東アフリカ（ケニア北部）の初期クービ・フォラ文化遺跡を追加した。五カ国遺跡出土礫器の平坦的な加工技術精度…八九・八％を同等、もしくは優位値を利き手分業の存否判断基準として試み、礫器頭部刃左右の正・反打法における人為広角作用の発生有無判定は、個体個別の剝離角対比法を加えて求めた。（第六図）

　この対比方法で試みる、後期天神山出土の縦長一刃型鉄器における頭部平坦反打加工の平均剝離角度（θ）…七〇・〇度（N＝3）は、全国個体個別（初期クービ・フォラ）と対比する左側傾斜一刃型礫器（R・リーキー　一九六八）を、猿人（A・ボイセイ）が反打加工する平均主要剝離面角（θ）…七〇・七度（N＝三）は、比較誤差角範囲に入る反打加工（押動作）としての逆人為広角作用（人為狭角）が認められた。（第七表）

　その平坦刃部を右進行打順加工（押動作）する技術精度…九六・七％は、全国対比基準値…八九・八％を六・九％優位して、天神山遺跡出土の縦長一刃型礫器は、逆通常法の利き手左加工礫器に判定されることになる。

第7表　打撃剥離角度計測による礫器の統計分析表示検証結果図

遺跡名（天神山／埼玉県）				統計分析		図版		（斉藤＿1978）
加工法	刃位置	打法	打順位（No）	剥離角度（θ）	統計残差（γ_0）	刃部／部位	左刃部	右刃部
一刃配列型（縦長礫器）	頭部右刃部	左進行打順列（正打法）	1			頭部	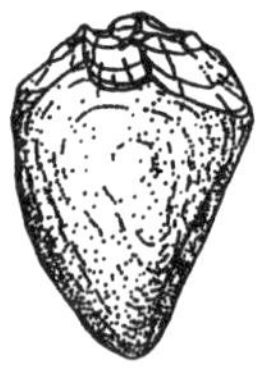	
			2					
			3					
			4			設定器軸		
			合　計					
			平　均（γ_0）					
			不偏分散（V）					
			標準偏差（S）			基部		
			確率誤差（γ_0）					
			技術精度（%）					
	刃位置	打法	打順位（No）	剥離角度（θ）	統計残差（γ_0）	刃部／部位	左刃部	右刃部
	頭部左刃部	右進行打順列（反打法）	1	64°	36.0	頭部	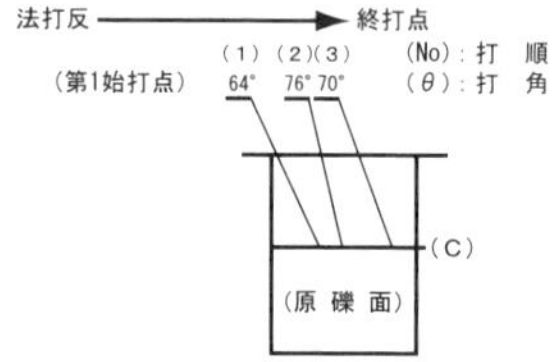	
			2	76	36.0			
			3	70	0			
			4	—		設定器軸		
			合　計	—	72.0			
			平　均（γ_0）	70.0°				
			不偏分散（V）	36.0				
			標準偏差（S）	26.0		基部		
			確率誤差（γ_0）	2.34				
			技術精度（%）	96.7				

第8表　打撃剥離角度計測による礫器の統計分析表示検証結果図

遺跡名（西之台B＿V層）				統計分析		図版		（小田＿1980）
加工法	刃位置	打法	打順位（No）	剥離角度（θ）	統計残差（γ_0）	刃部／部位	左刃部	右刃部
一刃配列型（縦長礫器）	頭部右刃部	左進行打順列（正打法）	1	（無加工背刀原礫面）		（頭部）設定器軸（S）（基部）	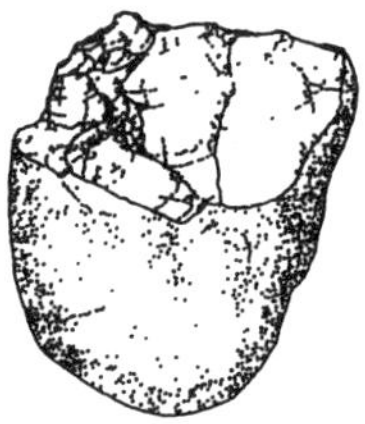	
			2					
			3					
			4					
			5					
			合　計					
			平　均（γ_0）					
			不偏分散（V）					
			標準偏差（S）					
			確率誤差（γ_0）					
			技術精度（%）					
	刃位置	打法	打順位（No）	剥離角度（θ）	統計残差（γ_0）	刃部／部位	左刃部	右刃部
	頭部左刃部	右進行打順列（反打法）	1	65°	7.29	（頭部）設定器軸（S）（基部）	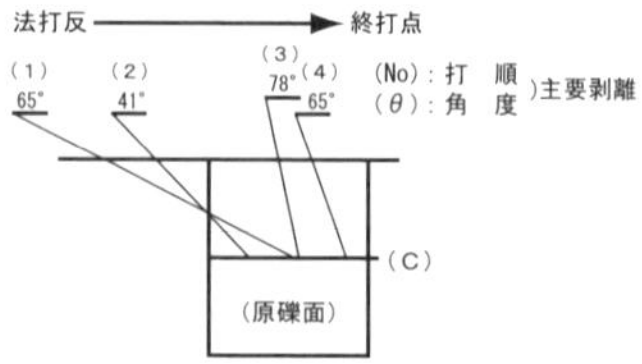	
			2	41	453.69			
			3	78	246.49			
			4	65	7.29			
			5	—				
			合　計	—	714.76			
			平　均（γ_0）	62.3°				
			不偏分散（V）	178.7				
			標準偏差（S）	13.4				
			確率誤差（γ_0）	5.2				
			技術精度（%）	91.7				

第９表　打撃剥離角度計測による礫器の統計分析表示検証結果図

遺跡名（実験礫器）				統計分析		図　版（梅津＿1991）	
加工法	刃位置	打法	打順位（No）	剥離角度（θ）	統計残差（γ_0）	刃部／部位	左刃部　右刃部
二刃配列型（横長礫器）	頭部右刃部	左進行打順列（正打法）	1	63°	64.0	頭部　設定器軸　基部	
			2	60	121.0		
			3	83	144.0		
			4	62	81.0		
			5	84	169.0		
			6	74	9.0		
			7	—			
			8	—			
			合　計	—	588.0		
			平　均（γ_0）	71.0°			
			不偏分散（V）	98.0			
			標準偏差（S）	9.9			
			確率誤差（γ_0）	3.0			
			技術精度（％）	95.8			
	刃位置	打法	打順位（No）	剥離角度（θ）	統計残差（γ_0）	刃部／部位	左刃部　右刃部
	頭部左刃部	右進行打順列（反打法）	1	27°	246.49	頭部　設定器軸　基部	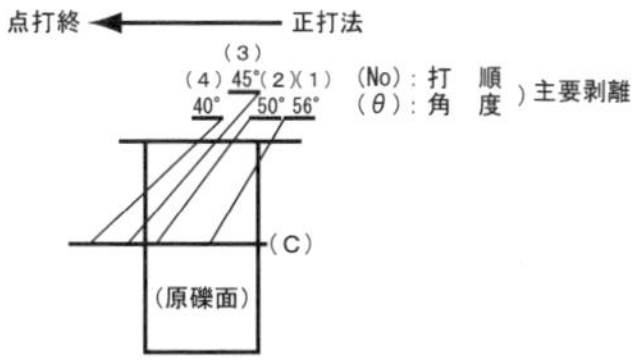
			2	54	127.69		
			3	47	18.49		
			4	—			
			合　計	—	392.67		
			平　均（γ_0）	42.7°			
			不偏分散（V）	130.9			
			標準偏差（S）	11.4			
			確率誤差（γ_0）	5.4			
			技術精度（％）	87.4			

六　傾斜一刃型の実証

この項では、頭部右側片刃（右刃部）と頭部左側片刃（左刃部）に、傾斜加工する一刃型礫器について説明する。

これを前述した西之台B地点V層出土の、左側傾斜片刃加工する一刃型礫器はヒト動作一法の単式打法として反打加工（押動作）されていることが分かる。

この縦長器体の一刃型礫器における主要剥離面角度が、設定器軸（横軸（C））に交わる計測角度として、平均（θ）…六二・三度（N＝四）に算定された。（第八表）

この計測結果を、個体個別対比する前期ソアン文化遺跡出土礫器（H・L・モビュス 一九六三）の平均加工剥離角度（θ）…六三・三度（N＝四）は。その比較差…一・〇度、反打加工（押動作）に人為的な広角作用のヒト動作（押動作）に人為的な広角作用のヒト動作一側性（ラテラリティ）が保有する。

加工形態＼判定	本法（打痕深度方法）による利き手判定結果	
	利き手右加工礫器	利き手右加工礫器
縦長一刃型礫器 頭部平坦	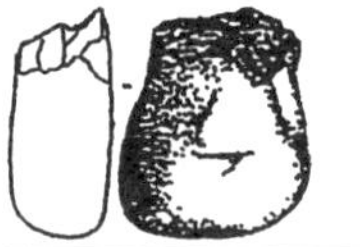	
遺跡名	後期クラスヌイ・ヤル（下層）／Abramora＿1962	天神山／斉藤＿1978
縦長一刃型礫器 頭部片側		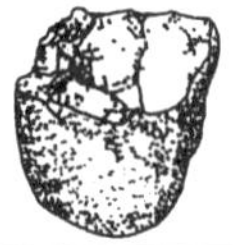
遺跡名	後期西之台B（X層）／小田＿1980	後期西之台B（X層）／小田＿1980
横長二刃型礫器 頭部両側	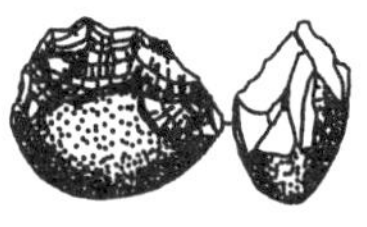	
遺跡名	後期野川（下層）／小林＿1971	前期ソアン／H. L. モビュス＿1963
横長変形二刃型礫器 頭部片側転位		
遺跡名	前期早水台／芹沢＿1965	前期早水台／芹沢＿1965

第10図　本法による日本列島文化出土礫器の利き手検証結果

更に、反打加工する打法技術精度…九一・七%は。全国対比基準値…八九・八%を一・九%優位して、西之台V層出土の縦長一刃型礫器は、天神山出土の礫器同様に逆通常法の、利き手左加工礫器に判定された。

そこで参考までに、右手加工の縦長一刃型礫器を探索すると、同西之台B地点遺跡のX層から、頭部右側傾斜片刃の正打加工（引動作）する一刃型礫器（二）が出土発見されている事が分かった。

これを本法で実施する右側傾斜片刃（右刃部）の正打加工（引動作）四打は、平均剥離角度（θ）として四七・八度（主要剥離面）に計測された。

この計測値を、個体個別対比する前期山西垣曲遺跡出土礫器（邱中郎 一九五八）による右側右刃正打加工の、平均剥離角度（θ）との差…マイナス〇・八度（N＝四）は、誤差範囲で一致する。（第九表）

その正打加工する技術精度…九五・二%は。全国対比基準値…八九・八%を五・二%優位して、西之台B地点遺跡X層出土の頭部右側傾斜片刃礫器（二）は通常法を取る利き手右加工の縦長一刃型礫器に判例された。

以上。本法による加工剥離の陰打痕角度を計測し、この結果を数理統計分析することで石器人類も現在同様、人為

判定 / 打法	本法（打痕深度方法）による利き手判定結果			
	利き手右加工礫器（1）	利き手右加工礫器（2）	利き手右加工礫器（3）	利き手左加工礫器（1）
一刃型礫器 頭部平坦			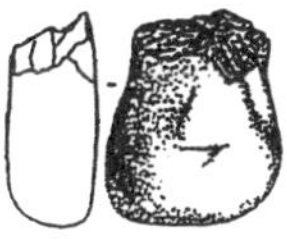	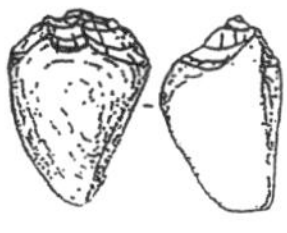
遺跡名	オルドワイ／L. S. B. リーキー＿ 1959	ヴィロネ／ de Lumier ＿ 1976	クラスヌイ・ヤル／Abramora ＿ 1962	天神山／斉藤＿ 1978
一刃型礫器 頭部片側			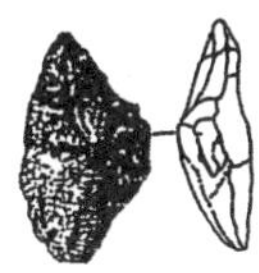	
遺跡名	ヴェルテスゼーレス／kretzoi and yertes_1965	西之台 B ／小田＿ 1980	オルドワイ／ M. D. リーキー＿ 1971	西之台 B ／小田＿ 1980
二刃型礫器 頭部両側	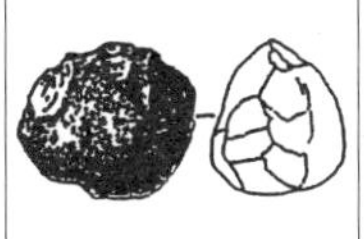	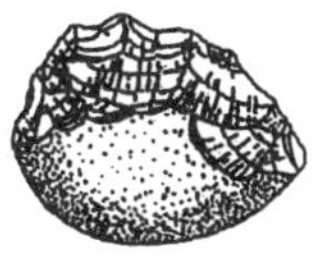		
遺跡名	オルドワイ／ M. D. リーキー＿ 1971	野川／小林＿ 1971	ソワン／ H. L. モビュス＿ 1963	ソワン／ H. L. モビュス＿ 1963
三刃型礫器 頭基部三角	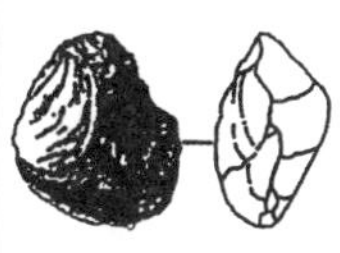	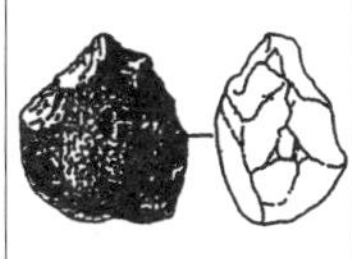	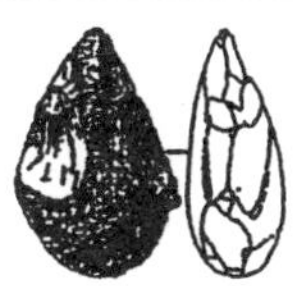	
遺跡名	オルドワイ／ M. D. リーキー＿ 1971	オルドワイ／ M. D. リーキー＿ 1971	オルドワイ／ M. D. リーキー＿ 1971	オルドワイ／ M. D. リーキー＿ 1971
三刃型礫器 頭基部円形				
遺跡名	周口店／裴文中＿ 1929	パジタン／ Movius ＿ 1948	全杏里／文化財管理局＿ 1984	藍田／戴雨倹＿ 1973

第 11 図　本法による全国文化礫器の利き手検証結果

広角作用は生体的歪み現象を持ちヒト動作の一側性（ラテラリティ）に関与する事実と、利き手分業を証明して、日本列島に文化分布する一刃型礫器と二刃型礫器について本法・予測検証を終わる。（第一〇図）

七　今後の課題

本法の検出精度を確かめる手段の一方法として、日本列島以外の隣接文化は、韓国の全谷里遺跡と中国の周口店（第一三地点）遺跡。これに東南アジアはインドネシアのパジタン遺跡を含めた、アジア文化圏特有の礫器加工技術として、頭基部円形の三刃型礫器（原人期）を選び、更に文化出現期の資料として名高い、オルドワイ第Ⅰ床文化遺跡の縦長一刃型礫器（猿人期）に、頭部三角三刃型礫器（祖形握槌／原人期）を加えた、全国九カ国二〇資料による各種加工形態礫器から、化石人類の利き手分業存否を試みた結果が、第一一図となったことを報告する。

今後は、本法の予察検証段階を脱する課題として、基礎科学に基づいたデータ収集実験、その（1）「円形素材（円礫石）が起こす破壊器面の発生深度と打痕形態」と、その（2）「石質別波状痕と深度位置の決定」。これに加えるテーマ（3）「剥離角度の計測方法と、その信頼限界（精度）について」等、円礫石や礫岩に起こる物理現象を学術組織として究明したい。

この事を、本会設立五〇周年記念を機会に諸先輩・諸先生方のご意見を頂いて本法・打痕深度研究機関の設立を提案する。

謝辞

最後に本法を発想し、これを展開するに当たっては、三〇年来の恩師芹沢長介先生（東北大学名誉教授）から、数理考古学の御教示を得、また三菱マテリアル（K・K）総合研究所の石沢昭夫氏（地質課）からは、石質別原石（破壊断面）の顕微鏡観察と組織論を学んだ。更に重田久江女史による実験データの整理と、草稿再読修正の労に感謝を表して筆を置く。

平成十七年　　　　　　　　　　　　　　　　　白露（完）

注

(1) 梅津　昇　一九九六「石器の工学的研究（三）―石器製作動作再現による握槌の利き手検証予察」『考古学ジャーナル』第三九八号

参考文献

(1) 梅津　昇　一九八〇「石器の工学的研究―ナイフ形石器の実験使用の再現―」『考古学研究』第二六巻第四号
(2) M・D・キーリー　一九七一『オルドヴァイ渓谷遺跡群』（一九六〇～一九六三）
(3) 小林達雄　一九七一「野川先土器時代遺跡の研究」『第四紀研究』第一〇巻四号
(4) 芹沢長介　一九六五『大分県早水台前期石器の研究』東北大学日本文化研究報告（一）
(5) 斉藤悟郎　一九七八『天神山遺跡』川口市文化財報告第八集
(6) 小田静夫　一九八〇『西之台遺跡B地点』東京都埋蔵文化財調査報告第七集
(7) ジョン・ワイマー　一九八五『世界旧石器時代概説』雄山閣
(8) ケネス・P・オークリー　一九七一『石器時代の技術』ニュー・サイエンス社
(9) 竹岡俊樹（久保田競編）一九九一「旧石器時代の石器分析からみた左右差の起源と発展」『左右差の起源と脳』朝倉書店
(10) 渡辺　仁　一九七八「道具の起源とヒト化」『化学』第四八巻四月号　岩波書店
(11) 馬場悠男　一九九八『人類の起源』イミダス特別編集集英社

抉入尖頭器の構成要素

田中英司

はじめに

縄文時代前期前葉の南東北地方に、矢印を両端につけたような大形石器が現れる。抉入尖頭器（両尖匕首）である。出現するやいなやまたたくまに日本全土に広がり、短期間のうちに消滅するその興味深い特質について、今から一〇年前に見解をまとめた（田中 一九九五）。地域色の強い土器の空間を貫いて、側縁に抉りを入れる意匠を持つ石器群が列島を縦断している。土器型式に主眼の置かれた縄文研究に、石器の型式研究が新たな視界をもたらす可能性を示している。その意味するところは大きく、埼玉県内の出土例を中心に、あらためて構成する要素について検討していきたい。

一　県内の出土例

抉入尖頭器は頭部・抉入部・基部の大きく三つの部位からなっている。各部の範囲からⅠ～Ⅲ類に分類でき（田中 一九九五、五頁）、さらに先端角・基端角によって形作られる形状が差異を生む（第一図）。

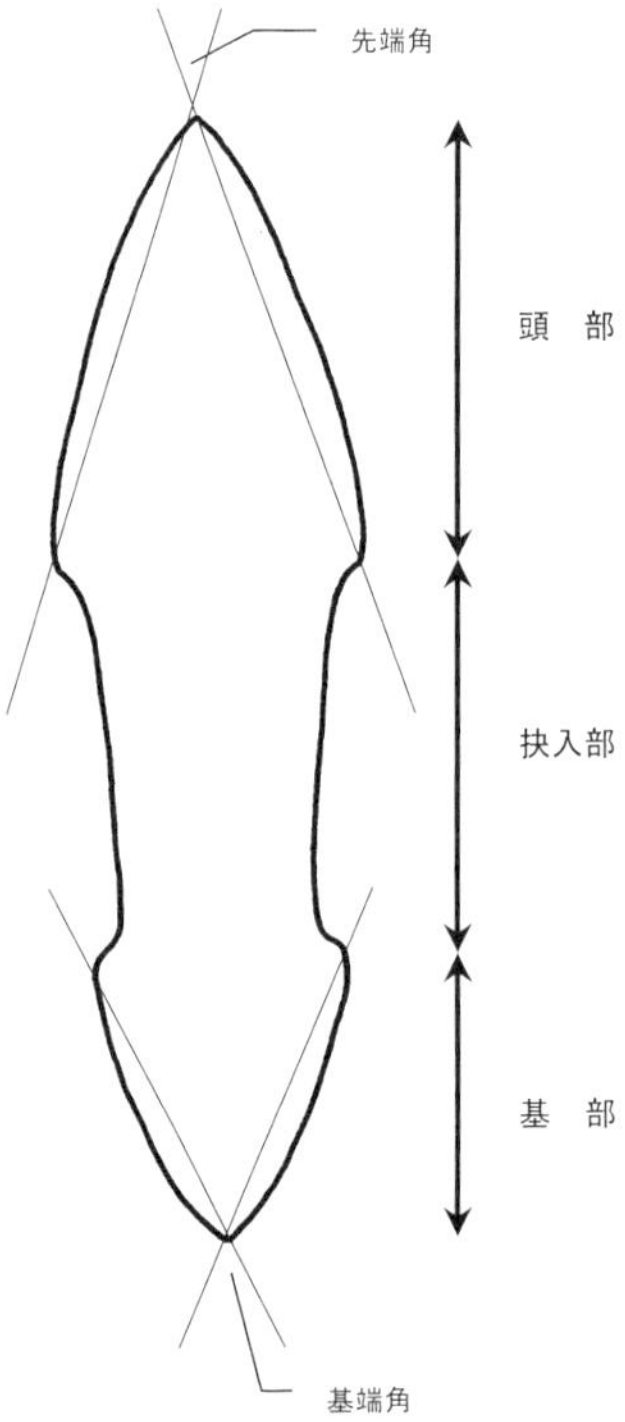

第１図　各部の名称

現在のところ県内には三点の抉入尖頭器が認められる。うち二例が住居址から出土している。ひとつは飯能市小岩井渡場遺跡一一号住居址で（安岡他　一九七五、飯能市教育委員会　一九七七）、本例の存在から謎の多かったこの石器の帰属時期を確定することができた（田中　一九八八）。一一号住居址は関山Ⅱ式期、出土したものは先端角が四〇度、基端角は五〇度前後のⅡ類の抉入尖頭器で、長さ二〇・四×最大幅五・七cm、重量一三一・五gである（第二図1）。南東北直送かとも思われる黄褐色の頁岩製で、在地産といえるチャート製が多い同住居址の石器群のなかでは石質の点でも特異な存在である。完成した製品として持ち込まれたのだろう。二例目は近年の調査にかかる春日部市花積内谷耕地遺跡九号住居址で（春日部市教育委員会　一九九九）、県内では渡場に次ぐ遺構伴出例となった（2）。九号住居址は出土土器から関山Ⅰ式期とされている。粘板岩製で先端を欠き、基端も破損の後の再加工か、左右が非対称となっている。長さ一一・五×最大幅三・二cm、重量四二・八gである。先端角は渡場と同じく四〇度前後であるが、それに対して推定される本来の基端角は八〇度前後と思われ、より大きい。その結果、全長に占める基部の範囲は小さくなり、Ⅰ類に近い形状といえる。そして三例目が上里町中堀遺跡である（埼玉県埋蔵文化財調査事業団・田中　一九九七）。中堀例は単独出土である。長さ二三・二×最大幅九・〇cm、重量六一四・七一gと大形で、在地産といえる三波川変成岩類の絹雲母片岩製である（3）。石材そのものが扁平な板状であり、石器の両面はほぼ素材面を利用し整形の加工は周縁部に限られている。先

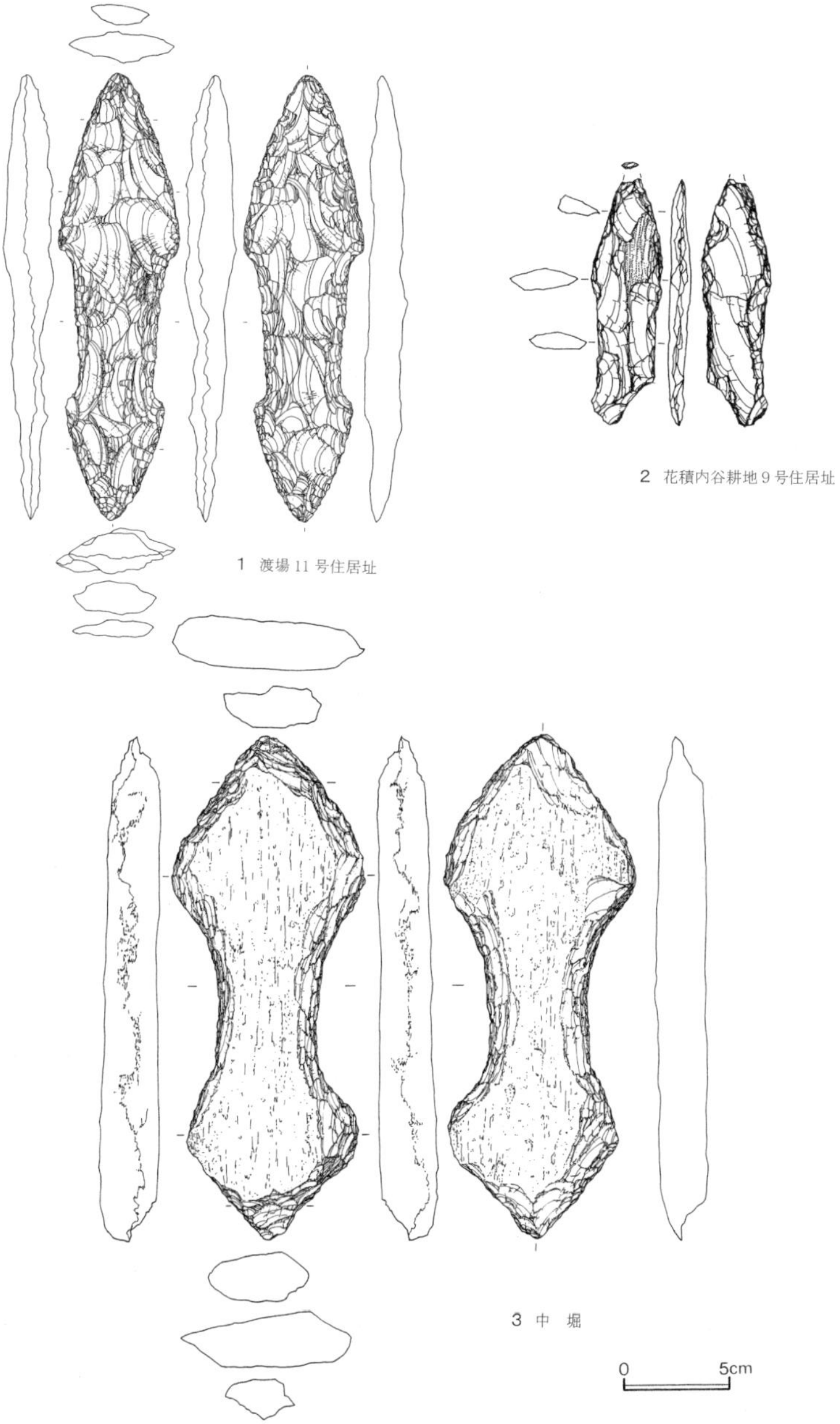

第2図 県内の抉入尖頭器

端角と基端角はともに八〇度前後と大きく、頭部と基部の差も小さい。特に頭部は左右の側縁と抉入部のかえしによって生じる外形が菱形に近く、他地域におけるⅢ類に一般的な形状である。中堀はあらためてⅢ類に分類しておく。

二　外形と加工

抉入尖頭器は三区分を基に、時期や地域によってバラエティを持っている。しかし石器を形作る基本的な要素は共通しており、きわめて定型的である。外形を模式的に対比することも的はずれではない。第三図には県内三例とその類例について、個々の大きさを統一し外形の要点を左右対称に結び、より単純化してみた。

花積内谷耕地（A）は長い頭部と小ぶりな基部の作り出しから、Ⅰ類に近い特徴を持っている。類例も山形県笹子（1）・一ノ坂の大型住居址（2）・福島県上林（3）・重石平（4）といった、南東北を中心とするⅠ類が挙げられる。しかし基部は似ていても頭部の形状には違いがある。特に笹子以下が鋸歯状加工やノッチなど、実用とも装飾ともとれる多彩な細部加工を持つことは、この石器を考える上で重要である。

Ⅱ類の渡場（B）には福島県下ノ平D（5）・群馬県黒井峯（6）・新潟県福平（7）・北海道若佐（8）など、類例は全国に広がっている。Ⅱ類はⅠ類のような細部加工ではなく、各部の割合や幅の広狭によって差異が生じている。しかしその違いは小さく、外形全体としてよく似た例が多い。こうした傾向は次のⅢ類にも引き継がれる。

中堀（C）はⅡ類の福島県上ノ平（9）にも先端角の大きさが近似する。しかし前述した抉入部のかえしによって生じる外形が異なり、やはり高知県根元原（10）・富山県平岡のミニチュア（11）などのⅢ類に共通する。特に平岡をはじめ、富山県野地島・福井県鳥浜貝塚などのⅢ類のミニチュアが酷似する。Ⅱ類で特徴的であった外形の類似性はⅢ類で一層顕著となる。頭部と基部の違いも不明瞭となり、ミニチュアに典型的に示されているように、大きさにか

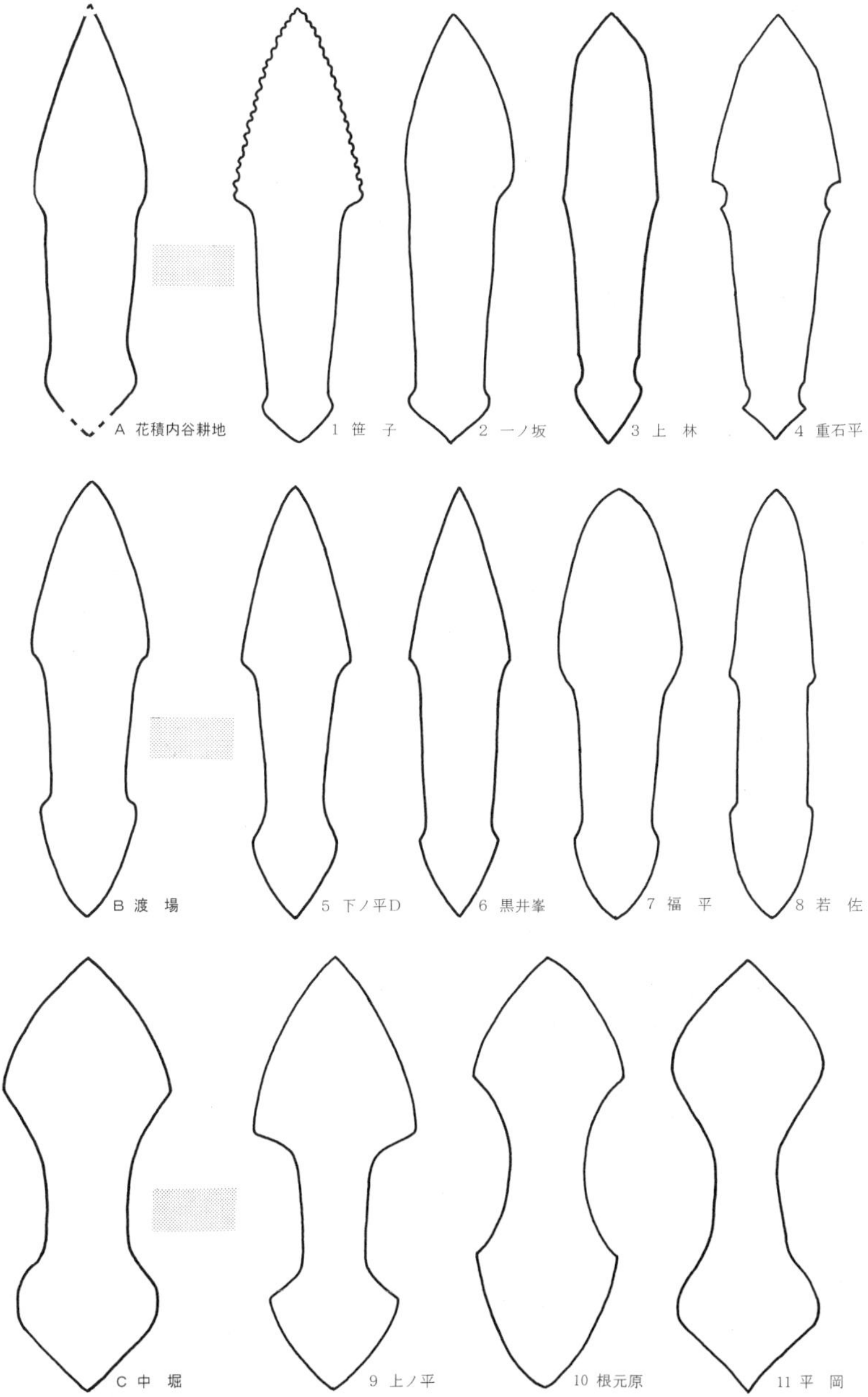

第3図　各地の抉入尖頭器

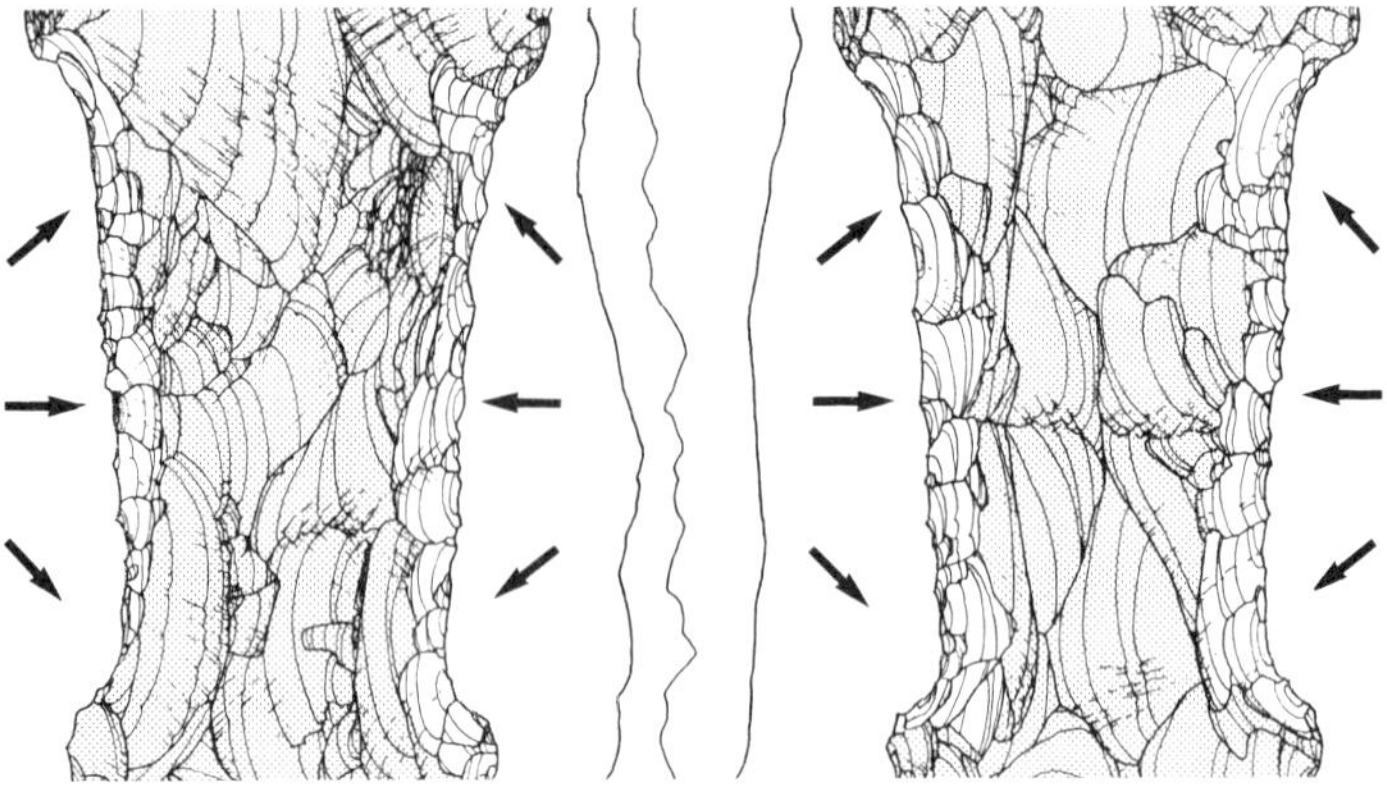

第4図　抉入部の加工

かわらず上下・左右対称の外形に収斂するようになる。

加工の点で特記しておきたいのは抉入尖頭器を特徴づける抉入部である。渡場遺跡を例に取ると、形作られた尖頭器は最後に胴中央部に抉りを入れて抉入尖頭器として完成させている。その加工痕は抉入部両側縁の両面を縁取るような状態で並んでいる（第四図矢印）。さながらナイフ形石器の刃潰し加工のような、七〇度前後の急斜な角度をなしている。両面に繰り返された交互剝離によってネガティブなバルブが残り、側面からみると稜線はジグザグに連続する鋸歯状となる。

最終的に交互剝離によって側縁を縁取るような加工は、渡場以外にも認められる。あるものは単に作業の経過の中で自然に生み出されたものかもしれない。しかし例えば土器文様の施文順位のように、抉入尖頭器を形作る上で必要な加工の手順や仕方についても一定の約束事があった可能性もある。ひるがえって重石平・上林や山形県朝日村例のようなかえし部分のノッチについても、これらが偶然に生じたのではなく、加工に伴う手順のなかから生み出され発展していったと考えたい。この点についてはまた別に論じる予定である。

三　遺構と土器型式

写真1　渡場 11 号住居址遺物出土状態（写真提供：飯能市教育委員会）

渡場と花積内谷耕地の抉入尖頭器はともに住居址から出土した。このうち花積内谷耕地九号住居址は残念ながら全体に攪乱が激しく、炉が地床炉であることを除いて詳細は分からない。残る渡場一一号住居址については本報告書は未刊であるが、概報および拙稿でほぼ全容が知れる（飯能市教育委員会　一九七七、田中　一九八八）。注目すべきは遺物の遺存状況であり、住居址中央の覆土中に、大形礫に押しつぶされたような状態で土器類が遺存していた。抉入尖頭器は他遺物とはやや離れて住居址西壁付近から出土した（写真一矢印付近）。

こうした幼児の頭大の礫や完形に近い土器の遺存状況は、一般的に営力による流入とは考えがたい。遺物の分布は住居のプランの範囲に一致していることから、基本的に一住居という世帯空間にかかわる意図的な配置・撒布行為と捉えられる。そこに抉入尖頭器は単独で出土している。

抉入尖頭器は渡場のみならず花積内谷耕地も、山形県一ノ坂四号住居址や群馬県黒井峯一号住居址、そして長野県神ノ木でも一住居に一点のみ遺存している。また福島県牧場山では一一号土坑、下ノ平Ｄでは一〇四号土坑から単独で出土し、これらは副葬品と思われる。一方ではまた一ノ坂大型住居址例のように、石材原産地で大量に一括製作される実態も明らかとなっている。こうした諸点を総合すると集落成員全体に認知される製作過程と、その後に一世帯・一個人に帰する抉入尖頭器を取り巻く所有関係が再認識される（田中 一九九五、四五～四七頁）。さらに土器との関係はどうだろうか。

Ｉ類抉入尖頭器を出土した花積内谷耕地遺跡九号住居址の土器量は少ない。しかし竹管工具の沈線による菱形文、アナダラ属の貝殻背圧痕文を施すものなどがある反面（第五図1・2）、組紐文や片口の器形はなく、全体に関山Ｉ式期の様相を示している。それに対してⅡ類の渡場一一号住居址からは、組紐の地文に半裁竹管のコンパス文をもつ片口土器（15）をはじめ異条斜縄文（14）など、一般的に関東地方の関山Ⅱ式期の特徴が認められる。Ⅲ類抉入尖頭器が単独出土した中堀では前期から後期までの土器が検出されているが遺構を伴わず、周辺からの流入とみなされている。前期土器は口縁部に竹管工具による刺突や沈線の菱形文をもつ黒浜式とされている（20・21）。石器と同時期だとすれば型式名称は別として、本例もまたⅢ類がより後出の、繊維を含む羽状縄文系土器の系譜に位置づけられることを裏づけている。

抉入尖頭器の変遷は他地域の土器型式の上からもたどることができる（田中 一九九五、三一～四一頁）。南東北地方では基準となる一ノ坂遺跡の正式報告書が刊行されたことで、その詳細がより明らかになった。大型住居址ではループを地文とするものが六二％、単節斜縄文二一％、羽状縄文七％、結束縄文・組紐文他が五％未満とされている（米沢市教育委員会 一九九六、五九頁）。器形はすべて深鉢形で、高さが五〇㎝を超える大形のものもある。竹管工具やループ文で鋸歯状を組み合わせ、時に菱形の文様区画となって口縁部を飾っている。関山Ｉ式並行期とみなされる。

抉入意匠の石器群の生成は、繊維を含む羽状縄文系土器群の生成にもっともよく整合する。ひるがえってＩ類抉入尖頭器の存在から推して、関東地方の関山式土器として括られる一群の成立が南東北を発信源とする可能性を示して

花積内谷耕地９号住居址

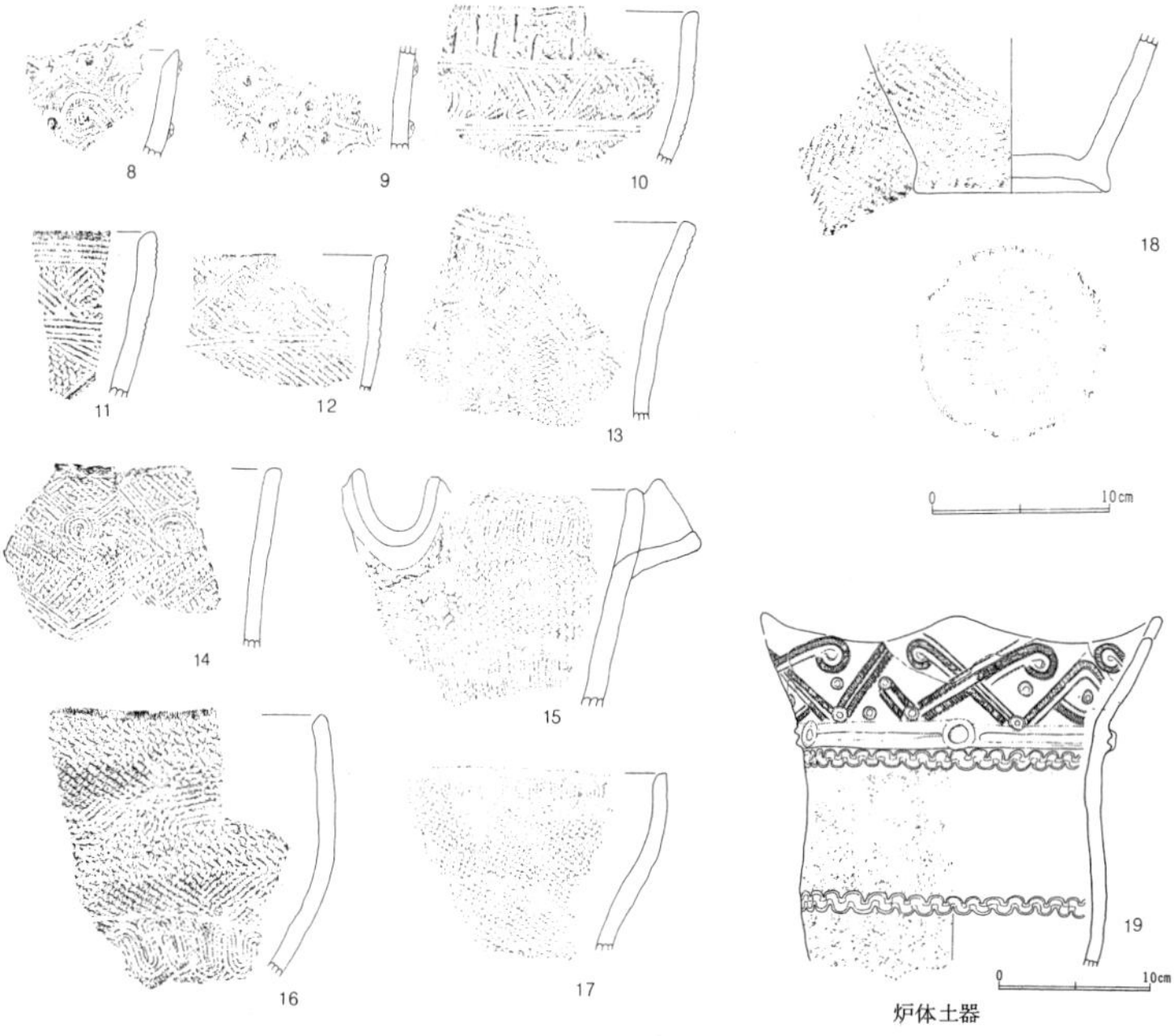

渡場 11 号住居址

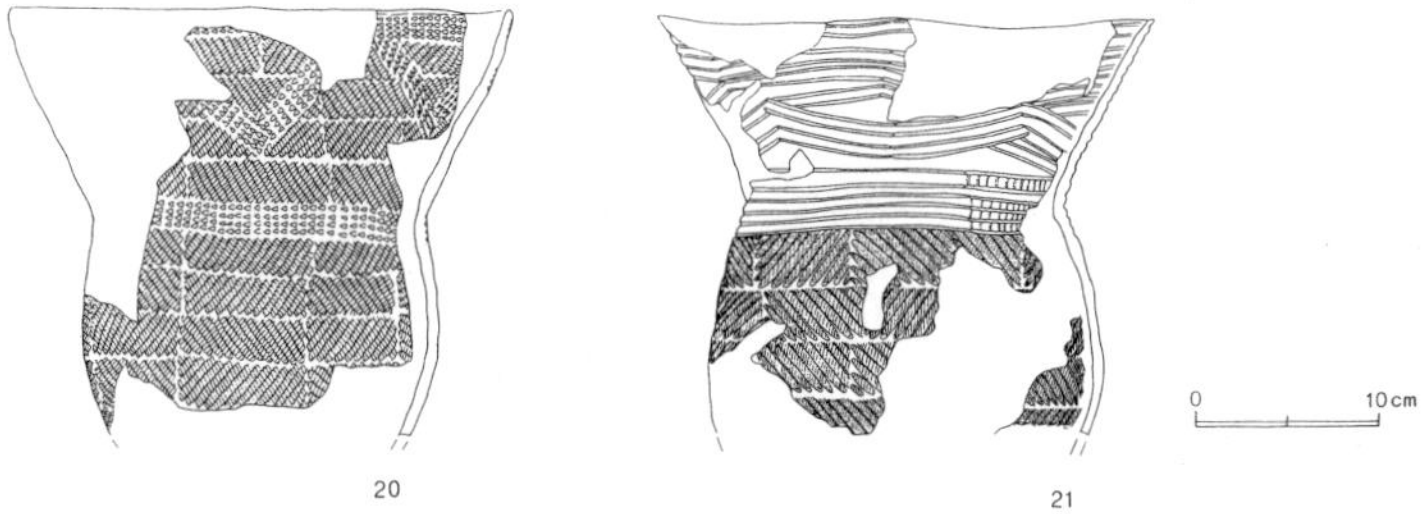

中　堀

第５図　三遺跡の出土土器

いる。このことはすでに土器型式の上からも指摘されているところである（黒坂 一九八九）。また一方では特にⅡ類・Ⅲ類以降、神ノ木式や羽島下層式をはじめとする異系統の土器の盛んな流入に呼応するかのように、抉入尖頭器が在地生産をより指向する事実は興味深いものがある（田中 一九九五）。土器も文様や胎土など、後世の我々が一見して他と区別し得る製作の基盤を強固に守って融合しない。文物が頻繁に交錯する中で、逆に在地の特色を固守しようとする意識が強くなったかのようである。文物の交流は当然情報そのものの交流であり、そのことが石器意匠とその意義を伝達する直接的な契機となると同時に、表象としての石器と土器という造形物の生産活動を相互に刺激したにちがいない。

四 型式と年代

県内三遺跡の抉入尖頭器を時間的に位置づけると、古い方から花積内谷耕地・渡場・中堀の順になる。特に前二遺跡における住居伴出土器からも変遷が裏づけられた意義は大きい。それは南東北に発した抉入尖頭器のⅠ類から広域に展開するⅡ類へ、そして行き着いた先の在地主体のⅢ類へという分類の背景を再認識させる。

抉入尖頭器をはじめとする抉入意匠の石器群はどれほどの時間幅をもっているのか。その存続期間は関山式以降の羽状縄文系土器の盛行する、縄文時代前期前葉といわれる期間に相当する。この間、可塑性に富む土器は見かけ上様々な差異が目につくが、より材質の制約の大きい石器は枝葉をのぞいた基本形がよく残されている。抉入尖頭器Ⅰ類からⅡ類へⅢ類へと、それはきわめて自然な変化として捉えられる。類別をどちらともしがたいものもあり、要素の一部を継承しながら、あるいは並行しつつ存続していたものと思われる。出現から消滅までの期間がきわめて短かったと考えざるを得ず、基本的な意匠が人から人へと忠実に受け継がれる状況にあった証であろう。それは一体何世代にあたるのか、仮にここに時間的な数値をあてた場合、千年の年代などお話にならない。数百年単位でも誇大にすぎる。石器分析からの実感では一類別につき一世代として三世代、せいぜい数十年から長くても百年未満の出来事ではないか。

考古学は数値を求めるには適さない。だから数値年代の議論となると大勢は受身か、悪く言えば妄信かに終始している。しかし年代測定の科学にも仮説に基づく事実はあっても不動の真実などない。相互に批判的に検証しあう関係こそ科学であろう。数値年代を援用する際には口にする数字が果たして考古学的に首肯し得るものなのか、与えられるままに嚥下する前に自らの型式分析に照らして、幾重にも問い直すべきではないか。

謝　辞

飯能市教育委員会村上達哉氏・春日部市教育委員会中野達也氏の御厚意によって資料を実見することができた。末文ながら感謝の意を表したい。

引用・参考文献

江坂輝彌　一九五三「福島県双葉郡川内村重石平遺跡」貝塚（考古ニュース）五五
高知県　一九六八『高知県史考古編』
春日部市教育委員会　一九九九『小渕山下北遺跡・八木崎遺跡第二次・花積内谷耕地遺跡第五次』
黒坂禎二　一九八九「羽状縄文系土器様式」『縄文土器大観1』二九七～三〇〇頁　小学館
（財）埼玉県埋蔵文化財調査事業団　一九九七『上里町中堀遺跡』
佐呂間町　一九六六『佐呂間町史』
田中英司　一九八八「小岩井渡場遺跡出土の抉入尖頭器」『考古学雑誌』第七四巻第二号　八九～九六頁
田中英司　一九九五「抉入意匠の石器文化」『物質文化』第五九号　一六～五二頁
田中英司　一九九七「抉入尖頭器・抉入石匙」『中堀遺跡』三

○～三二頁
茅野市　一九八六「神ノ木遺跡」『茅野市史上巻―原始古代―』二六五～二七一頁
富山県　一九七二『富山県史考古編』
南陽市　一九八七「笹子平遺跡」『南陽市史考古資料編』
新潟県　一九八三『新潟県史資料編1―原始・古代1―』
能登　健・藤巻幸男　一九八八「黒井峯遺跡」『群馬県史資料編1―原始・古代1―』五一六～五三〇頁　群馬県
飯能市教育委員会　一九七七『小岩井渡場遺跡発掘調査概報』
福島県　一九六四『福島県史第6巻―考古資料―』
福島県教育委員会他　一九八七『東北横断自動車道遺跡調査報告2―牧場山遺跡・小屋遺跡・菖蒲根遺跡―』
福島市教育委員会他　一九九五『下ノ平D遺跡・弓手原A遺跡（第1次）』
山都町　一九八九『山都町史第1巻―通史編I―』
山内清男　一九七二「両尖匕首」『山内清男・先史考古学論文集・新第五集』二三五～二三八頁
安岡路洋・増田正博・中島　宏　一九七五「飯能市小岩井渡場遺跡の調査」『第八回埼玉県遺跡発掘調査報告会発表要旨』一～二頁
米沢市教育委員会　一九九六『一ノ坂遺跡発掘調査報告書』

宮林遺蹟から二〇年

―縄紋式草創期「爪形文系土器群」研究の持続可能性―

鈴木正博

一　序　―縄紋式草創期「爪形文系土器群」研究の意義―

近年の新聞報道によれば、北海道でも草創期前葉「爪形文系土器群」が検出されたようである。仮にそれが正しい同定とすれば、粗密の濃度は別にして、現時点において列島規模の「土器型式」を最も広域に組織化し得る最古の階段は、北海道から鹿児島県までの比較が可能になった「爪形文系土器群」であろう。そしてそれに次ぐのが「隆線文系土器群」であり、現時点では青森県から鹿児島県までの分布を確認できる。また、九州島に注目するならば、「爪形文系土器群」は福岡県・長崎県・熊本県・宮崎県・鹿児島県の広域に共通して分布する縄紋式草創期最古の土器群としても位置付けられ、「隆線文系土器群」は福岡県や熊本県では尚判然としない。

このように列島における広域分布に着目するならば、全国の研究者が参画できる有意義な研究分野と思われがちであるが、具体的に二〇世紀における研究の進展度合いに眼を転じてみるならば、「隆線文系土器群」研究に比べて、「爪形文系土器群」研究には少なからず「土器型式」としての問題が顕在化していると言わざるを得ないのである。

それは一言で言えば、「様式論」としての似たもの同士という限界であって、「土器型式」としての基本的な考え方が見失われていることに尽きるのである。これまでの「隆線文系土器群」研究で明らかなように、特に広域に共通な形態を有するものほど多くの地方差年代差の「細別」を顕著に内包している事実があり、広域を単純に比較する安直な思考に傾く前に、先行研究を評価しながら到達点を確認する、論文としての最低限の分析作業を経た上で、その方法を決定してきた学史や土台となった遺蹟・遺物から謙虚に学ぶ姿勢に従う必要がある。

そうした場合、宮林遺蹟の爪形文を「爪形文系土器群」とする型式学的根拠はどこにあるのであろうか、そして「爪形文系土器群」として九州島の福井2層や泉福寺6層と並行させた仮設を導出する交差検証は存在するのであろうか、全てが砂上の楼閣である可能性も拭いきれない、これまでの「様式論」としての資料操作に接した場合、その対応は如何にして行うべきであろうか。

宮林遺蹟の報告から二〇年を経た二一世紀の今、再び「爪形文系土器群」研究に立ち戻る意義は、正に先史考古学の原点を確認することにあったのである。その証拠に「藤村新一事件」の汚染は縄紋式にまで及んでおり、その資料が我々の前に突き出されていたにも拘らず、我々は無力のままであったことを深く反省しなければならない。実際に私も宮城県下窪遺蹟の繊維土器を実見せずに引用者に従い、隆線文土器と仮定してその存在のみを触れたことがあった。遅まきながら二〇〇五年六月二三日（木）に松島町で問題となったあからさまな繊維土器群を実見することができき、隆線文土器としての引用という先の自らの愚行（未実査）を後悔している次第である。こうして、今や草創期研究者と言えるような職業的専門性を備えた人材は、私の知る限り、地球上のどこを探しても存在しないことが明らかとなったのである。

従って、為すべきことは自身の足許を抜本的に見直すことである。あるいは自身の生き様を全否定せねばならないような過去の過ちに遭遇する場面にも出くわすかもしれないが、正にそうした反省との対峙こそが宮林遺蹟の報告から二〇年の歳月に相応しい転換点になるものと思量する。

尚、紙数の制約により引用文献の大半（特に「円孔文系土器群」に続く年代的位置の「**続爪形文系土器群**」を議論した文献）について省略に従っていることを予めお断りしておきたい。

二　体系的先行研究に観る型式学の土台

縄紋式草創期「爪形文系土器群」と「続爪形文系土器群」の研究については残念なことに型式学が研究史として総括されている状況ではなく、先行研究の理解に不安が伴っているのが現状の到達点であろう。本稿では紙数の関係もあるので、先ず山内清男と佐藤達夫の型式学について参考とすべき点を明らかにしておきたい。

「土器型式」の組織は「層位と型式の比較」によって達成されてきたことは言を俟つまい。そして縄紋式草創期の系統的年代的組織もその方針で進められてきたのであるが、どうもここにおいて先行研究の理解とは大きな齟齬が顕在化しているようである。それが山内清男による「**草創期細別大観論**」と纏め称した方法（山内　一九六九）であり、具体的には以下のような解説が必要になった経緯がある。

「従って、「日本先史土器の縄紋」及び「縄紋式土器・総論」によって科学的体系的方法論、具体的分析並びにその総合の再構築を達成する中で、洞穴遺蹟・開地遺蹟調査の進展を洞察していた山内清男は、最早決定的と云い得る「草創期細別大観論」と命名すべき編年の筋金を上梓した（「縄紋土器の古さ」から7年の年月を経て撚糸紋系土器の中心地方で撚糸紋系土器の成立過程を隆線文土器を起点として層位的に証明し得る多層位遺蹟の研究成果を上梓した）。具体的な筋金を確認するならば、「（中略）この大谷寺の型式別に肉を付けてゆくと草創期前半の年代順が判然とするだろう。1隆線文　2爪形文　3大谷寺2　4大谷寺3（椛ノ湖Ⅱ）、1・2の付近に小瀬ヶ沢、2の付近に始原縄紋、本の木等の型式を置くならば各地の草創期細別を大観し得るであろう」と展望され、他方「縄紋各期土器型式（関東地方）の大要」

では「井草・大丸」以前の型式を　大谷寺1（隆線文）→大谷寺2（浅縄紋）→大谷寺3（斜縄紋）と制定し、年代的編成を整備した。これを「**大谷寺編年論**」と呼ぶならば、「大谷寺2式」の母体として「2爪形文」を排除している点に注目しなければなるまい。つまり、「草創期細別大観論」では列島全体を射程内とし、「大谷寺編年論」では「始原縄紋」を母体とした系統及び年代的編成を中核とした変遷として「浅縄紋」の「大谷寺2式」を位置付けたのである。その根拠は同じ関東地方の土器にあり、「小林・栗原氏は埼玉県西谷遺跡の表面採集土器を精査して私の方針によって縄紋押捺の初現的形態を報告して居るが、**曽根式の爪形文と縄紋の短い圧痕を同一土器で発見**しておる。**爪形文が初現的縄紋と関連**あることを示す」と明快である。回転縄紋手法である「浅縄紋」は爪形文の伝統から成立するのではなく、「始原縄紋」からの系統的連続と措定され（「草創期細別大観論」より）、大谷寺洞穴では「始原縄紋」の層位が形成されなかった点を課題として「大谷寺編年論」を「大要」としたのである。更に「1・2の付近に小瀬ヶ沢」との指摘にも注意が必要である。特に「本ノ木式土器」よりも「小瀬ヶ沢式土器」を年代的に古く位置付ける方針（「縄紋土器の古さ」時点では「曽根式」よりも新しく「小瀬ヶ沢式土器」が位置付けられており、「本ノ木式土器」と略並行関係）への変更点が重要なのであり、その内容を確認しておかなければならない。即ち、「小瀬ヶ沢洞窟からは下層に未見の種々沈紋・圧痕等を有する土器が発見され、中村氏によって小瀬ヶ沢式としてこの資料が報告されて居る。そのうちに縄の小部分の圧痕、短い幅の回転圧痕の若干（中略）が発見された。縄紋付着の始原を示すものかも知れない」との内容が「本ノ木式土器」とは弁別される点であり、西谷遺跡を起点（「爪形文が初現的縄紋と関連」）にして連続遡上させる型式学として「縄紋付着の始原」を隆線文土器に求めたのであった。しかし「小瀬ヶ沢式土器」に伴存する「縄紋付着の始原」は他遺跡の隆線文土器層から確認されておらず、「大谷寺1式」は「小瀬ヶ沢式」とは弁別されるべき隆線文土器型式群の地方差年代差を示す一細別として、「大谷寺2式」の生成に課題を与えた内容として吟味しなければならないのである（最近、宮城県下窪遺跡の隆線文土器に「隆起線下に無節の左傾縄紋施文がある」

事例が紹介されたが、こうした事例の存在を予察していた可能性を示唆しているのが、「大谷寺編年論」であった／【引用者注】下窪遺蹟に関する引用については遺蹟の層位と遺物の実査の手続きを経ずした軽率さを反省するとともにここにこの引用の一文を撤回したい）。こうして「大谷寺編年論」と「小瀬ヶ沢式」の独得な在り方から、「本ノ木式土器」から発達する「始原縄紋の諸型式」とは別種の「縄紋付着の始原」も含めた未同定・未確定・未発見の「始原縄紋の時期」の「多数の小階段」を確実に射程内としていた点が注目されるのである。」（ゴジック体はママ）と労を惜しまずに丁寧に解説しておいた（鈴木 一九九四b）。

ここで「縄紋付着の始原」という概念が与えられた「**小瀬ヶ沢式**」については小林達雄も見解を披露しており、「なお、小瀬ヶ沢洞窟の本種は押点文土器とよばれ（中略）、佐藤達夫氏は沿海州と関係する窩紋土器として他群から切り離して、縄文土器の最古に位置すると考えられた（中略）。この原体が縄の先端であり、しかも水久保遺跡をはじめとして石小屋遺跡や西谷遺跡などの多縄文系土器に普通に保有されるものであって、少なくとも文様に縄を使用する以前の土器様式に所属するものとはならないであろう。」（小林・安岡 一九七九）との、山内清男とは異なった「多縄文系土器」という「土器様式」による分類志向の考え方を提示してきた研究史に注目しておきたい。

山内清男は「小瀬ヶ沢式」に「縄紋付着の始原」を予察したのであり、新潟県や山形県の草創期前半遺蹟群の在り方から「始原縄紋」を「爪形文系土器群」の付近に求めてきたのである。即ち、「縄を使用する以前の土器様式」という分類志向の考え方ではなく、層位的に認められている「隆線文系土器群」から「爪形文系土器群」への年代的な階段における「縄紋付着の始原」という異種・異系統作法からの並行系列としての接近であり、やがて「始原縄紋の諸型式」が生成される動向に至る交差検証の徹底であった。

一方、こうした山内清男による「草創期細別大観論」を読み込んだ佐藤達夫の仕事（佐藤 一九七二）も、我々に考古学の方法、特に未決定問題への接近において大陸との関係を視野に入れる文化史的方法について大きな影響を与えて今日に至っている。例えば、「爪形文系土器群」について具体的に示すならば、「ハ」の字形爪形文あるいはその仲間、及びそれ以外の爪形文とに弁別し、後者に「真の爪形文」としての位相を与えた型式学的分類で、前者と後者は系統を異にする仲間ととらえ、更には山内清男も着目した「小瀬ヶ沢式」と正面から対峙し、「爪形文系土器群」を「隆線文系土器群」との続き具合から年代的にもそれ以前とそれ以後の二者に分離するに至った型式学の視点と展開は、未決定問題に切り込む仮設を検討する際には特に重要な組列であろう。

しかも多くの研究者が佐藤達夫の編年表で見逃してきたのは、「爪形紋」が九州には存在しないという結論も含めた、「爪形文系土器群」の広域における洗練された型式学であった（鈴木 一九八九）。勿論、「ハ」の字形爪形文の継承関係を鍵語として、「隆線文系土器群」から「本ノ木式」までの系統関係に迫った狭域における型式学も重要であるが、何故か後者のみが評価され、前者は殆ど評価されていないのは遺憾である。

そこで改めて問題となるのが西谷遺蹟における「（中略）曽根式の爪形文と縄紋の短い圧痕を同一土器で発見しておる。爪形文が初現的縄紋と関連あることを示す」と喝破した山内清男による「**並行系列型式学**」に対する、一層の深耕視点の展開である。山内清男は「初現的縄紋」を「隆線文系土器群」より新しい「爪形文」との並行系列関係で接近したのに対し、佐藤達夫は「曽根式」を「隆線文系土器群」より古く位置づけ、西谷遺蹟を「隆線文系土器群」以後と、複数系列関係を否定した理解を示したのである。つまり、佐藤達夫は「曽根式」には「初現的縄紋」は伴わないと判断し、逆に「本ノ木式」には「3　ハの字形爪形紋土器　ややまとまるもの一個体。ほかに丸底の底部に近い一片と胴部の小片三。底部に至るまで全面にハの字形爪形紋が施される。刺痕の位置はあまり規則的でなく、刺痕間が隆起するので、全面に低い不規則な凹凸を作る。**本ノ木式にこの種の単純なハの字形爪形紋土器があることは注意すべきことであろう。**」（佐藤 一九七一…ゴジック体は引用者）と裁断し、山内清男による「並行系列型式学」ではなく、「**「ハ」の字形爪形文による継承系列型式学**」（鈴木 一九九三b）の立場を明確にしたのである。

また、「並行系列型式学」の山内清男の立場では、佐藤達夫が行ったように「曽根式の爪形文」と呼ばれることになった爪形文それ自体の型式学が新たな課題となっていたのである。既に「大洞A'式」の変形工字文がズルズルと弥生式に至っても継承されていることを承知の文様名表現と理解しているが、山内清男の立場で再確認すべきは、列島における「草創期細別大観論」では「爪形文」の階段を中核としてそれと関係する「初現的縄紋」の並行系列を考え、関東地方における「大谷寺編年論」では「爪形文」の階段については層位的に明確にできなかったゆえにその位置を「始原縄紋の時期」に譲った点であり、そこでこの二つの事実を統合しようとした「並行系列型式学」としての方針が明確になっていた点である。

以上の山内清男と佐藤達夫によって展開された「土器型式」の理解と型式学の方針を土台とした上で、草創期研究は更に議論を深めてゆかねばならない。

三　埼玉考古学会シンポジウムにおける宮林遺蹟の評価から現在の議論へ

一九八五年は「爪形文系土器群」研究にとって忘れえぬ重要な年である。それは一方に宮井英一による宮林遺蹟の報告（宮井　一九八五）があり、他方に島田孝雄による下宿遺蹟の概報（島田　一九八五・一九八七）が沈潜化していたからである。宮林遺蹟の土器群は、出土状況と土器自体の特徴から考察した宮井英一による「宮林遺蹟爪形文土器期説」という「様式論」による見解（宮井　一九八六・一九八八）が大筋で受け入れられ、見解を同じくする大塚達朗によって列島の主要な遺蹟の当該土器群が検討の俎板に乗せられ、しかも一部ではあるが「古文様帯」（鈴木　一九九一a・二〇〇二）としての議論にまで進んだ（大塚　一九八六・一九八八a・b）のは、前述した如く再び私が研究史へと戻る格好の契機となった（鈴木　一九八九）。

また、広域編年についても検討が加えられ、多様な分析が必要であることが確認された上で、「(泉福寺6層―福井2層―宮林4号住―大新町―日向)はこうした手続きの下での筆者の爪形紋土器研究の現状報告である。」(大塚 一九八八b)と、山内清男や佐藤達夫が悩んだ複雑な状況に対して敢えて単純な「様式論」による仮設を提示した点も、以後の研究にとって研究史に対する思考停止を生じさせることになった。

さて、ここで埼玉考古学会によるシンポジウムの記録集が刊行された一九八八年に着目してみると、「隆線文系土器群」前後の研究には欠かせない二つの論文も開陳された重要な年であることが分かる。一つは本稿とは直接関係しないので引用は省略するが、栗島義明による『考古学研究』誌上の「隆起線文土器以前―神子柴文化と隆起線文土器文化の間―」であり、以後の研究の流れを大きく変えた総論的な視点が有益である。

他方、本稿に関わる論考としては、「隆線文系土器群」直後における議論であり、谷口康浩による「円孔文系土器群とその編年的位置をめぐる問題」で展開された「東日本における草創期土器群の変遷は、隆起線文系→円孔文系→押圧縄文系→室谷下層の編年的序列によって系統的に説明づけることができる。」(谷口 一九八八)との新たな成果に注目すべきである。これは大塚達朗によって異議を申し立てられた宮井英一の立場に近い見解であり、「但し、如上の口縁部強調手法とも言うべきものが、壬遺跡を始めとする他の遺跡で必ずしも明瞭でないことや、未だ隆起線文と多縄文が明確に併用された例が無く縄の初現が不明であることなど未解決の部分も多い。」(宮井 一九八八)と最後に締め括っていることからも確認できるであろう。これに対しては大塚達朗が執拗に渉猟しており、最近では「補遺回転縄紋の登場」(大塚 二〇〇〇)として、山内清男による「縄紋付着の始原」の確認から益々不測の事態へと漂流しているようであるが、私は現時点でも山内清男を支持する慎重な立場に範を求めたい。

畢竟、埼玉考古学会シンポジウムは、今日の評価としては宮井英一の課題に収斂されるであろう。それを支持するように大塚達朗も「泉福寺6層には様々な系統関係を考えねばならない土器があり(福井2層も同様)、広域比較に於いては壬遺跡で提示された円孔紋土器をも視野に入れる必要があろうかと考える」（大塚 一九八八b）と一番重要な問題が、最後の最後に申し訳程度に付け加えられたのである。

従って、壬遺蹟の「円孔文系土器群」が「爪形文系土器群」の編年的位置と生成過程を究明する上で鍵的な存在となったのであるが、その後の動向も含めての総括は前稿（鈴木 一九九三b）を参照頂きたい。ここでは「円孔文系土器群」への眼差しが新たな議論を巻き起こすであろうことが、研究史的に確認できれば、それで充分である。

では、一転して最近の議論の展開に注目してみよう。

新たな動向として最初に挙げるべきは、関東地方において「隆起線文系土器群」に後続する「土器型式」の検討であり、埼玉考古学会シンポジウムと異なる見解が坂本彰によって開陳された。それは「花見山式」に定着していた「ハ」の字形爪形文の変遷に注目し（大塚 一九八二・一九八九）、それを分析することから導出された「下宿式」の制定（坂本 一九九五）であり、私も関東地方における「古文様帯」の分析（鈴木 一九九七a）から同じ見解に立っている。「円孔文系土器群」を評価する立場では、佐藤雅一が「隆線文系土器群」と「本ノ木式」の間を重視し、「始原縄紋」の伴存を前提にしつつも、それ以外に変遷の特徴を見出した新たな編年案を披露した（佐藤 二〇〇一）。それは壬遺蹟の「円孔文系土器群」を古く位置付けた上で卯ノ木遺蹟の「ハ」の字形爪形文土器を問題にし、図版上では「本ノ木式」に近い位置とした考案であり、編年の鍵として「ハ」の字形爪形文を用いた変遷という点で、坂本彰の考察と共通しているのが興味深い。

勿論、埼玉考古学会シンポジウムの立場を堅持している動向も顕著である。参画した中島宏は、（泉福寺6層—福井2層—宮林4号住—大新町—日向）という考案に対して、新たに「隆起線文直後の本ノ木—下宿の編年ホライズン」（中島 二〇〇三）という代替案を願望したが、両者の関係は交差検証によって吟味すべきもので、型式学的な根拠は皆無である（鈴木 一九九三a）。それ以上に不思議でならないのは、当時も今も問題になっている「円孔文系土器群」への眼差しが消えていることであり、先行研究に学ぶ学問としての基本的な姿勢が必要に思われる。

一方では埼玉考古学会シンポジウムの意義を単なる研究上の通過点として客観的に評価する動向も登場するようになった。村上昇は埼玉考古学会シンポジウムを「一方、本州島西部域では資料の希少性から詳細な検討が困難にしても、本州島内においては系統性の存否に関する議論が尽くされていない感がある。何故ならば、「爪形文土器」「多縄文土器」を各々一括して議論する傾向が見られ、資料の偏りや地域差を考慮しない議論が見受けられるためである。」と清算し、東日本各地の「爪形文系土器群」を分析した上で、「本州東部では、概ね〈厚手爪形文土器→薄手爪形文土器〉と変遷する。関東地方のみならず、多縄文土器群は隆起線文土器群に直接後続することはない。」（村上 二〇〇三）という結論を導出した。

こうして埼玉考古学会シンポジウムを主催した若い研究者が結集して年長者の考え方に異議を申し立てた経緯は、そのまま現在の若い研究者によって今度は逆に異議が申し立てられることになったのである。しかし、そこに問題がない訳ではない。草創期の筋金である「古文様帯」を一顧だにしない分析、および「円孔文系土器群」の評価と編年的位置の分析を不問としている点には、機械主義的な「様式論」に準じた技法主義優先の思考が見え隠れしていよう。機械主義が功を奏するには型式学的に前提条件が必要であり、年代の新古の決定問題の方法については一九世紀末のペトリーの方法に学ぶ教養が欲しい。

さて、村上昇が使用した「厚手爪形文土器」という何とも明治年間の鳥居考古学を想起させる用語は、どうやら「下宿式」の特徴の一部を指しているようである。村上の引用文献によると萩谷千明の『利根川流域の縄文草創期』（萩谷 二〇〇〇）が出典となっており、最近になり利根川中流域の資料を用いた詳細が一年遅れで刊行された（萩谷 二〇〇五）。その成果で明らかな点は、山内清男による「（中略）この大谷寺の型式別に肉を付けてゆくと草創期前半の年代順が判然とするだろう。1隆線文　2爪形文　3大谷寺2　4大谷寺3（椛ノ湖Ⅱ）、1・2の付近に小瀬ヶ沢、

2の付近に始原縄紋、本の木等の型式を置くならば各地の草創期細別を大観し得るであろう」とした方針の利根川中流域における確認であり、特に「2爪形文　3大谷寺2」とした年代的組織を「下宿式土器」↓（十）↓「宮林式土器」↓「西鹿田中島式土器」という地方別年代別の「細別」として補完した点に見るべき成果がある。

ここに至り、漸く宮林遺蹟が「爪形文系土器群」の議論から外れることになった訳であるが、大塚達朗が願望の連鎖で構築した〔泉福寺6層―福井2層―宮林4号住―大新町―日向〕という、広域を繋ぐことを目標とした「様式論」による似非爪形文土器連鎖は、地域研究という先史考古学の基本によって抜本的な見直しが達成されたのである。坂本彰による「下宿式」制定から十年の推移は、正に「爪形文系土器群」の年代学的定義に辿りつくことになったのである。

勿論、萩谷千明の接近法にも課題は多い。「隆線文系土器群」から「下宿式」への変遷に型式学の展開は見られておらず、また「下宿式」の理解も意識的に単純化しているので、「下宿式」を実見した者にとっては「古文様帯」の観点から萩谷千秋の接近に違和感をおぼえる。その違和感を生起させる根本的な問題こそが、埼玉考古学会シンポジウムでも議論が深化しなかった「円孔文系土器群」との関係である。

畢竟、埼玉考古学会シンポジウムは「爪形文系土器群」の定義を「様式論」により拡大した点、及び「円孔文系土器群」と対峙しなかった点でその後に大きな問題を残したが、その底流を貫いている姿勢が地域研究を無視した、「似非広域編年論」とでも呼ぶべき正に「様式論」への憧憬であったことを反省する必要がある。この埼玉考古学会シンポジウムによって形成された「似非広域編年論」の犠牲は「爪形文系土器群」にとどまることなく、その後急速に南九州における「粗大隆帯文系土器群」にも及ぶことになるが、これについては別途議論する心算である。

四　「下宿式」の「古文様帯」

「下宿式」の「古文様帯」は短期間ではあるが一般に公開された。それは一九九六年に横浜市歴史博物館で行われた特別展『縄文文化誕生』の場であった。その後、再び姿を現したのが、二〇〇二年に群馬県立歴史博物館で行われた第17回企画展『縄文創生』であり、特記すべきは六月九日（日）の『遺跡発表会　群馬の縄文草創期』で島田孝雄によって発表された下宿遺蹟の報告であった（島田 二〇〇二）。検出されたのは卯ノ木南遺蹟や仲町遺蹟と同様に集落における土壙群の定着と土地利用の高度化であり、しかも遺構に伴存する遺物の在り方などの興味尽きぬ現象に圧倒されるが、それらについては報告書の刊行を俟つとして、本稿では型式学の中核となる土器の特徴の概要について以下に引用しておきたい。

「下宿遺跡から出土している爪形文土器は、いずれも尖底（乳房状）である。器肉は比較的厚手のものと薄手のものがあるが、薄手のものはわずかに確認されるのみで、厚手のものが主体となる。成形は大きく3段階に分かれ、底部と体部下半との境目は屈曲している。文様は、浅い条痕状の器面調整が確認されるものの、隆帯や押圧縄文等は加えられておらず、文様は爪形文のみで構成されている。しかも、全面に単一の爪形文様が加えられているものと、異なる爪形文様を用い、文様帯を構成するものとを確認している。このほか、棒状工具による単左傾刺突のものも出土している。

○単一爪形文構成のもの　・単斜傾…Ⅰ次―22号土壙　・ハの字…Ⅱ次―100号土壙

○文様帯を構成するもの　・ハの字＋単斜傾…Ⅰ次―50号土壙　・深施文＋浅施文…Ⅱ次―101・102号土壙

○棒状工具により刺突するもの　・Ⅰ次―17号土壙」（島田 二〇〇二）

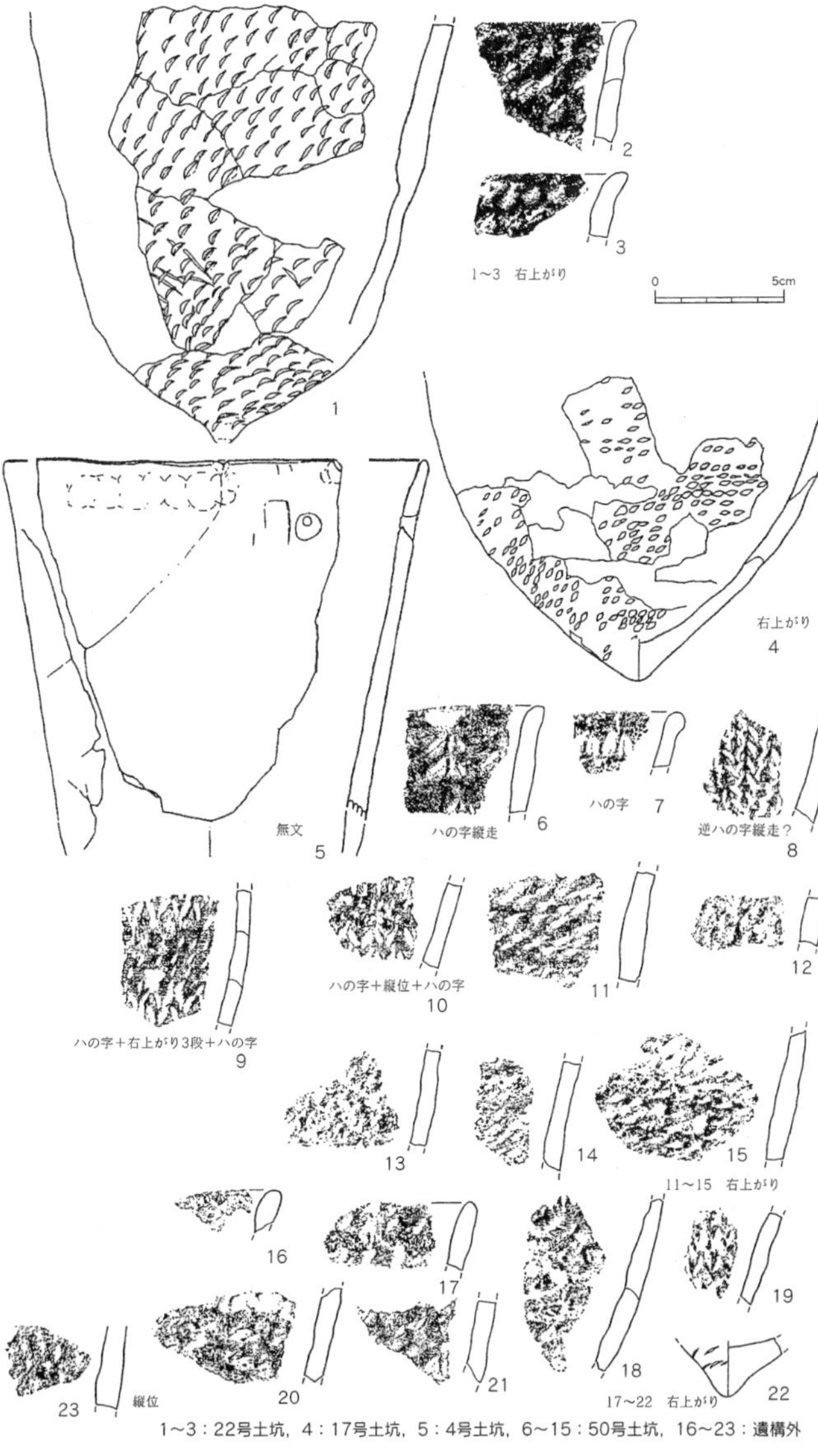

1～3：22号土坑，4：17号土坑，5：4号土坑，6～15：50号土坑，16～23：遺構外

第１図　下宿遺蹟の「爪形文系土器群」

77　下宿遺跡17号土坑出土土器（高さ25.3㎝）
（太田市教育委員会蔵　写真提供：同左）

78　下宿遺跡4号土坑出土土器（高さ26.6㎝）
（太田市教育委員会蔵　写真提供：同左）

第2図　下宿遺蹟の「爪形文系土器群」

以上の島田孝雄による簡にして要を得た説明のおかげで、企画展図録（松村 二〇〇二）とこれまでに公表された資料を併せるならば、幸いにもかなり理解を深めることができる。そこで、本稿では可能な範囲で「下宿式」の「古文様帯」に接近してみたい。

第一図は萩谷千明が「分類の標準」とした資料である（萩谷 二〇〇五）。1－3の資料は「単斜傾…Ｉ次－22号土壙」。4は「Ｉ次－17号土壙」の「棒状工具により刺突するもの」で、第二図のように企画展図録77として口縁部を含めて底部まで復元されており、器高が25.3cmの大形土器である。底辺では刺突が乱れているが、口辺は円形に近い刺突となっており、佐藤達夫の指摘した「窩紋土器」のイメージが彷彿とする資料（鈴木 一九九一）である。文様要素としての施文具の伝統は明らかに「円孔文系土器群」との関係を示している。5は4号土壙の無文土器であるが、第二図のように企画展図録78として口縁部を含めて底部まで復元されており、器高が26.6cmの大形土器で注目したい。口縁は尖唇状に先細りする独特の形態であり、「円孔文系土器群」との関係で無文土器が目立つような存在になっているのであろう。6－15の資料は50号土壙で、9・10が「文様帯を構成するもの・ハの字＋単斜傾…Ｉ次－50号土壙」と指摘されたものであろう。上下に「ハ」字形爪形文帯を構成し、中間部を垂下する爪形文で密に充填させる特徴的

な文様帯で、「本ノ木式」に観られる押圧縄紋の構成と相同の関係で考察しており、特に密充填作法についてはその感を強くする。具体的な資料としては第四図28の卯ノ木南遺蹟例（佐藤 二〇〇二）を指摘しておく。16—23の資料は遺構外出土である。底部形態は1・4・22の乳房状が典型で、口縁部形態は2・3・5・6・7・16・17のように口唇部への装飾意識は低い。口唇部から口縁部にかけて発達する独特の形態である、【小瀬ヶ沢洞穴—日向洞穴】にかけての地方的な特徴とは系統を異にしていることが分かる。

　このように第二図に限っても議論すべき属性は多様で複雑であり、しかも土壙毎に独立している関係は、埋納されている各土器群の価値に差が存在せず、土壙群を「様式論」のように似たもの同士として一括するのではなく、各纏まり毎に型式学の対照としなければならないのである。

75　下宿遺跡101号土坑出土土器（高さ23.4cm）
（太田市教育委員会蔵　写真提供：同左）

80　下宿遺跡102号土坑出土土器（高さ36.6cm）
（太田市教育委員会蔵　写真提供：同左）

第3図　「下宿式下宿系列」の「古文様帯」

　続いて「下宿式」を代表する「古文様帯」について触れておきたい。そこで第三図には企画展図録75・80として口縁部を含めて底部まで復元されている、「文様帯を構成するもの・深施文＋浅施文…Ⅱ次—101・102号土壙」と指摘された資料を選定した。企画展図録75はⅡ次—101号土壙出土で器高23.4㎝の大形土器である。第二図の企画展図録78と同様に口辺は直立する形態に特徴があり、【小瀬ヶ沢洞穴―日向洞穴】の地方的な特徴とは一線を画しており、「円孔文系土器群」の一部に共通している。「古文様帯」は特定部位の輪積み部を強調して爪形文を一巡させた有段の横帯文を3段配置し、その間に垂下爪形文を充填する、「**有段区画帯垂下爪形文**」とでも呼ぶべき構成である。口唇部は装飾しない作法であり、そのためか、最上段は口縁部をそのまま区画帯として利用している。これは上を区画する意識よりも下を区画する意識に傾いている結果と思われ、「古文様帯」として重要なのは、垂下する爪形文などの下限を区切る作法に系譜が求められる点である。

企画展図録80はⅡ次―102号土壙出土で、器高36.6㎝という75よりもひと回り大形の土器である。しかも器高に見合って口辺が大きく外傾しているために、より大きな印象を抱かせており、75と比較するならば第一に器形が大きく異なっている。更に文様の構成にも異なる部分が目立っている。同じく「有段区画帯垂下爪形文」の範疇であるが、有段部分がより誇張されるが如く、爪形文による横帯文が2列となり、しかもその区画帯も4段に増えているのである。これは段構成の多段化と爪形文の複段化による充填密度の変遷を示しており、単なる個体差の範疇ではない。

そこで「有段区画帯垂下爪形文」は簡素な構成から充填密度の高い構成へと、101号土壙→102号土壙　という型式学的変遷が措定されるのである。そして、こうした充填密度に対する変化は有段化を消失させつつもより充填度を高める構成となり、それが第二図9・10の50号土壙の例と思われる。即ち、「下宿式」の区画帯による「古文様帯」においては、

101号土壙→102号土壙→50号土壙

という変遷が、既発表資料の範囲で認められることになり、特に101・102号土壙資料についてはそれらと「型式組成」を成すアッセンブリジの特定が問題となっている。特に50号土壙例は「本ノ木式」との関係に雄弁な装飾作法であり、逆に「本ノ木式にこの種の単純なハの字形爪形紋土器があることは注意すべきことであろう。」（佐藤　一九七一）との

指摘を再確認しなければなるまい。

さて、萩谷千秋の理解する「下宿式」とは大きく内容が異なる現象であるところの「古文様帯」に注目して多少議論してきたが、その中核は「有段区画帯垂下爪形文」の定着であり、それを「型式組成」（鈴木 一九九〇）とする場合には「**下宿式下宿系列**」と呼び、萩谷の指摘する西鹿田中島遺蹟におけるアッセンブリジとしての「下宿式」は、現状では「**下宿式西鹿田中島系列**」と呼んで弁別しておく必要があろう。

また、既に「下宿式」の「区画帯」を問題にしてきた経緯（鈴木 二〇〇四）もあり、その生成基盤について多少触れておくならば、現時点の資料蓄積状況からは「隆線文系土器群」末葉の「**向ノ原B式**」に伴存する「区画帯爪形文A系列」（鈴木 一九九三c）が年代的にも近く、「古文様帯」の性質も明らかである。即ち、「区画帯爪形文A系列」は区画帯が1段構成で充填度も粗な作法であることが重要である。このような区画帯が複段構成になるような文様構成が「向ノ原B式」以降に展開し、その影響下で101号土壙のような3段の区画帯が成立することは措定するに難くないであろう。

では、「隆線文系土器群」から生成される「古文様帯」の、その直後における継承関係は、「下宿式」以外に如何なる展開が観られているのであろうか。どうやら問題の本質は「隆線文系土器群」に後続する編年の整備に回帰したようであり、「下宿式」が提起してきた型式学的視点でもあった。

五 「円孔文系土器群」への眼差し

「下宿式下宿系列」の「古文様帯」とその生成基盤が明確になったところで、改めて吟味すべきは「円孔文系土器群」である。それは下宿遺蹟I次―17号土壙の「棒状工具により刺突するもの」と同様に爪形文ではない刺突文が大谷寺洞穴から出土し、しかも「円孔文系土器群」の例と併せて「大谷寺Ｉｃ式」（塙　一九七九）として分類され、それらは「大谷寺２式」ではなく、「大谷寺１式」と伴存関係を有した近さであり（鈴木　一九九七ｂ）、また「大谷寺１式」には信濃川上流方面との系統関係も顕著な「古文様帯」が抽出されていた（鈴木　一九九八）ことが重要である。

　つまり、宮林遺蹟では「隆線文系土器群」との関係が「古文様帯」としては見事に遮断されているのに対して、「下宿式下宿系列」では「古文様帯」として「隆線文系土器群」の伝統及び「円孔文系土器群」との関係が、そして「大谷寺Ｉｃ式」では「隆線文系土器群」と「円孔文系土器群」との伴存関係が報告されており、このような「層位と型式の比較」に従う限り、宮井英一が指摘したように「隆線文系土器群」と宮林遺蹟との間には壬遺蹟など検討未了の土器群が各地方において存在していたのである。従って、「爪形文系土器群」研究とは佐藤達夫が実践したように、「隆線文系土器群」との続き具合を分析するのが型式学の基本であり、「様式論」の似非連鎖によってありえない広域ホライゾン願望を作文し、編年を捏造することではないのである。

「円孔文系土器群」はその命名の由来となった顕著な指標によって、「窩列文系列」と「孔列文系列」に集房化して議論する必要がある。例えば、「大谷寺Ｉｃ式」と分類された中の１例は「窩列文系列」であり、「孔列文系列」は伴存しなかった。鳥浜貝塚の「古文様帯」も「上部装飾帯」は「１条の円形刺突列文」であり（鈴木　一九九二）、伴存関係を重視すると「窩列文系列」の生成に示唆的である。勿論、壬遺蹟には両系列が検出されている。

　第四図は佐藤雅一によって信濃川上流域における「草創期Ⅲ期の土器群」の一部として議論された資料（佐藤　二〇〇二）で、「下宿式」の地方から「円孔文系土器群」への眼差しとして参考になる土器群が掲載されている。１は「区画帯押圧文Ａ系列」、３は「区画帯押圧文Ｂ系列」と命名の上、「古文様帯」としての分析は済ませておいた（鈴木　一九九二・一九九三ｃ）。それに従い、垂下する押圧文が大柄で構成されている１が「向ノ原Ｂ式」の「古文様帯」と近い関係にあることを確認すれば、

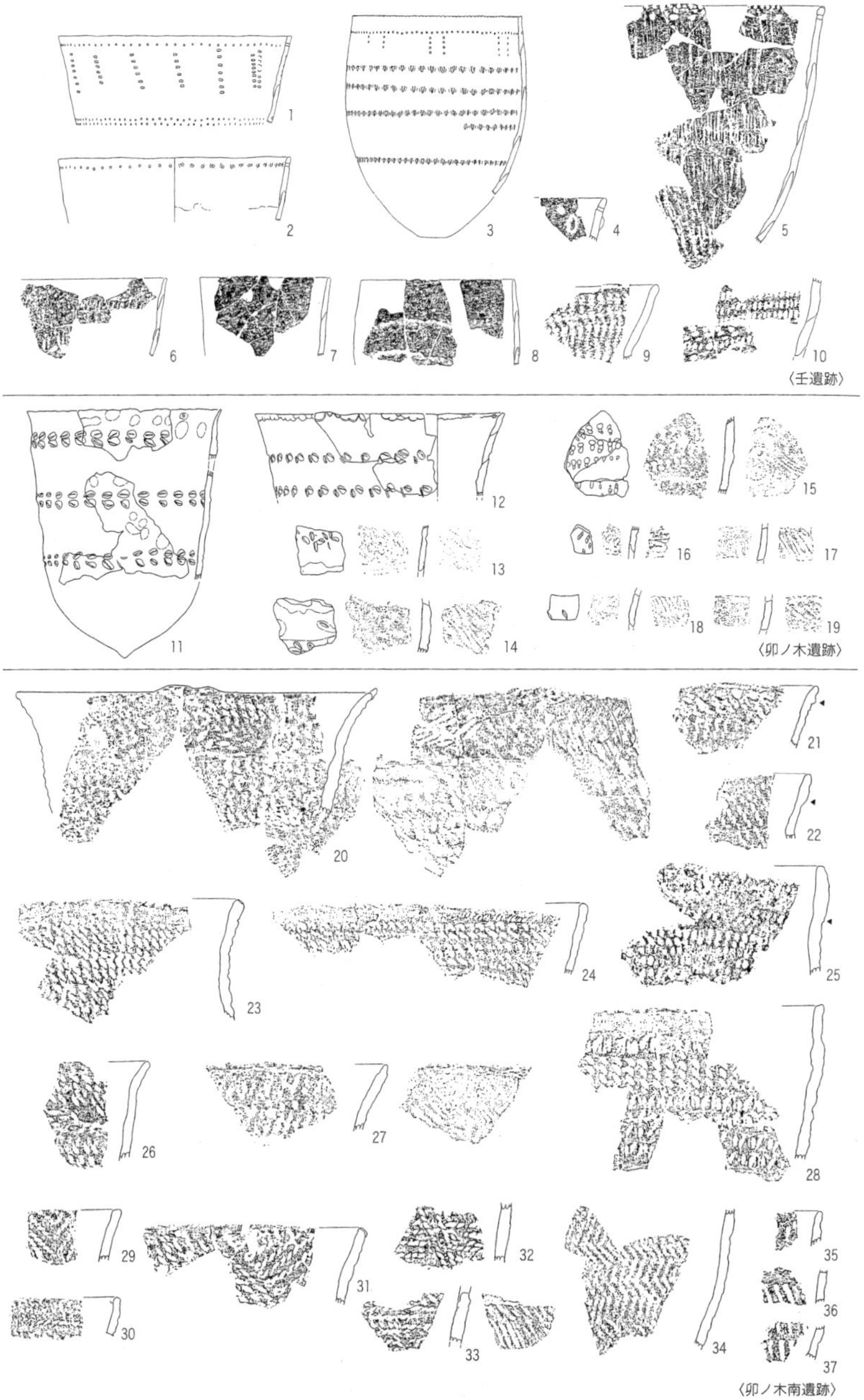

第4図　信濃川上流域の土器群

「区画帯押圧文A系列」（第四図1）→「区画帯押圧文B系列」（第四図3）となり、「円孔文系土器群」は「古文様帯」によって新旧の変遷が措定されている。

他方で、第四図4に見られるような「縦長無文コブ文」が出現していることに注目するならば、北関東では「大谷寺Ⅰc式」に分類された中に類例が見出せるなど、「円孔文系土器群」を決定付ける浮文として重要な作法である。このような口辺における浮文の展開は九州島では「加治屋園式」（鈴木 一九九四a）、中部地方西域では「宮ノ前式」とすべき「円孔文系土器群」隣接系統の可能性を検討中の「円形無文コブ列文」などにも定着しており（栗島 二〇〇五）、そうした粘土紐による工夫は、例えば第四図20のような「本ノ木式」における小突起の生成過程と無縁ではあるまい。従って、「縦長無文コブ文」の出現は、「隆線文系土器群」と比して遠く、「本ノ木式」に近い年代が措定されるのであり、「大谷寺Ⅰc式」を回転縄紋の「大谷寺2式」から分離した型式学は今尚健在であろう。

では、「下宿式」との関係はどうであろうか。それには「古文様帯」としての「有段区画帯垂下爪形文」の性質が手掛かりとして有益である。大柄で爪形文の介入が少ない101号土壙から、区画帯が増えることによりやや小振りになり、爪形文の介入が増えてくる102号土壙へという変遷方向を示している点から改めて型式学的に比較するならば、「区画帯押圧文B系列」（第四図3）の垂下文様の小振り化と「ハ」の字形爪形文の多段化という現象は、正に102号土壙の位相を共通した性質と思われる。それはまた、「区画帯押圧文A系列」（第四図1）からの変遷とも矛盾しておらず、こうして「下宿式下宿系列」が「円孔文系土器群」と略並行した年代学的関係に置かれることが導出しえたのである。

そこで次に問題となるのが第四図11・12の卯ノ木遺蹟の「ハ」の字形爪形文土器である。比較的分かり易いのは12であり、口縁部の内外にはあたかも「円孔文系土器群」の円孔施文を模倣した押圧文を展開しており、並行系列による相互交渉を示唆しているものと考察している。11については「下宿式」の「有段区画帯」に施文する爪形文と共通する配置を見て取れるであろう。しかし、「細別」の可否については不安要因の方が大きく、本稿では同じ階段として扱っておきたい。従って、11・12は「円孔文系土器群」や「下宿式下宿系列」に略並行する「ハ」の字形爪形文土器と措定される。

以上、「下宿式下宿系列」の典型である101号土壙→102号土壙の「古文様帯」は、略「円孔文系土器群」に並行する可能性が高く、50号土壙が「本ノ木式」との関係に雄弁であった。従って、宮林遺蹟が「隆線文系土器群」直後という編年的位置は型式学として成立せず、その間には尚複数の「細別」が介在しているものと考察した。この結果については宮井英一からはじまり、最近の萩谷千明や村上昇の先行研究に共鳴する部分が多いが、他方で本稿が学史の深耕、及び「土器は土器から」、「文様帯は文様帯から」という基礎的な方法による一貫した議論の筋道を通している点において、宮林遺蹟から二〇年という意義がある。遺蹟・遺物は方法によって位相が決定するのである。

六　結語　――「隆線文系土器群」直後の研究は如何にあるべきか――

山内清男によって「撚糸文系土器群」が「無文様帯」と裁断されたとき、確かに回転を繰り返すだけの作法では回転方向を変えるか、原体を変えるか程度の工夫しかなく、文様帯が成立しにくいことは容易に理解できた。それに対して「爪形文系土器群」の「古文様帯」となると中々理解しづらい経験をしたが、「隆線文系土器群」からの移行状態を分析するに従い、「爪形文系土器群」や「押圧縄紋系土器群」における一つ一つ施文の自由度が存在するが故の丁寧さと施文作法の変化に気づき、「隆線文系土器群」と共通する「古文様帯」の理解に到達した経験がある。

それはまた文様施文に費やす労力にも応じており、成形技法や器面調整の発達、及び文様の進化との関係において厳密な分析が希求されているのである。例えば、土器製作の異同に重心が置かれると年代幅の議論が無視されてしまい、また文様のみでも文様要素に眼が向いてしまうと同様に年代幅の保証は得られないのである。

従って、「土器型式」とは「様式論」に代表されるような似たものの分類概念が前提になるのではなく、「地方差、年代差を示す年代学的の単位」を発見することが必要条件であり、「層位と型式の比較」により「細別」を特定していく作業が十分条件となるのである。

このような「土器型式」を地方別年代別に組織することによって縄紋式草創期における「古文様帯」の性質が明らかになってくるのである。「爪形文系土器群」の生成や「隆線文系土器群」の終末について議論する時に、福井洞穴や泉福寺洞穴の成果は決して参考になることはないであろう。それは同じ地域にあっても「古文様帯」に継承関係が観られないような年代的な現象が原因しているからである。

小破片の資料のみでは情報が断片的で「細別」を決定するのが困難である。「古文様帯」はそのような文様要素による符牒まがいの土器論、例えば隆線文や爪形文などからの脱却を意図し、文様の成り立ちを分析し、変遷を跡付ける型式学を展望したものであった。その点で器面全域における「爪形文系土器群」や「押圧縄紋系土器群」に観られる個々の施文の丁寧さは、正に「古文様帯」における進化の到達点を示しており、佐藤達夫が「室谷下層式」以後と一線を画した大別案は正鵠を得たものと評価し、「草創期Ⅰ」、「草創期Ⅱ」と命名したのである（鈴木 一九九一b）。回転縄紋が主体となる「草創期Ⅱ」は「古文様帯」が形骸化し、異種の文様の組み合わせ（縄紋地文に刺突文など）による簡素化と効率化が達成され、その後半には「無文様帯」の伝統が形成されることになる。そして「無文様帯」の施文技法によって九州島を中心とした「**条痕文文化**」と東日本を中心とした「**縄紋文化**」の二大文化圏の発現となり、早期以後の縄紋式社会の土台が構築されたのである。

従って、現状の「草創期Ⅰ」研究は、「古文様帯」における継承関係を基盤とした変遷が未だに型式学の対象としては徹底されておらず、遺憾ながら佐藤達夫が裁断したように研究自体も尚草創期の段階にある。「層位と型式の比較」を推敲しながら、「土器型式」による組織へと至る編年学が最も欠落しているのが現状認識であり、既に三〇年以上も継続しているのは、決して好ましい状況ではあるまい。この復権には、戦後の復興期における夢を求める感覚の、今日に至るまで継続させてきた末のバブル現象に対する清算が必須となっており、時代に身を任せることへの反省とともに、一人草創期だけの問題ではない。

畢竟、日本先史考古学の基本と展望が高度経済成長期以来、急速に忘れ去られてきた事実を振り返ることは何とも寂しいことである。二度と同じ過ちを繰り返さないためにも、埼玉考古学会五〇年の反省が必須に思い、型式学の基礎について筆を執った次第である。

尚、本稿では宮林遺蹟の資料についても触れる予定であったが、主要な土器群については生憎と貸出中であったため、次の機会を得て実査し、改めて「**続爪形文系土器群**」研究として議論に心掛けたい心算である。

【謝辞】本稿を草するに当たり、基準資料である下宿遺蹟と西鹿田中島遺蹟の資料について、宮田　毅・島田孝雄・小菅将夫・萩谷千明の諸氏には種々ご教示頂きました。明記して深甚なる謝意を表したいと思う。

【二〇〇五年一一月六日擱筆】

引用文献

大塚達朗　一九八二「隆起線文土器瞥見―関東地方出土当該土器群の型式学的位置―」『東京大学文学部考古学研究室研究紀要』第1号　八五～一二二頁　東京大学文学部考古学研究室
大塚達朗　一九八六（一九八八ｂに再録）「Ⅱ討論」『埼玉考古』第24号　四六～一一三頁　埼玉考古学会
大塚達朗　一九八八ａ「縄紋草創期土器群研究の回顧と展望」『埼玉考古』第24号　一一九～一二四頁　埼玉考古学会
大塚達朗　一九八八ｂ「縄紋草創期爪形紋土器研究提要」『埼玉考古』第24号　一六八～一七一頁　埼玉考古学会
大塚達朗　一九八九「豆粒紋土器研究序説」『東京大学文学部

考古学研究室研究紀要』第7号　一〜五九頁　東京大学文学部考古学研究室
大塚達朗　二〇〇〇『縄紋土器研究の新展開』同成社
栗島義明　二〇〇五「列島最古の土器群―無文から有文へ―」『地域と文化の考古学Ⅰ』一五五〜一七八頁　六一書房
小林達雄・安岡路洋　一九七九「縄文時代草創期における回転施文縄文への一様相―埼玉県大里郡岡部町水久保遺跡―」『埼玉県史研究』第4号　一〜二〇頁　埼玉県
坂本　彰　一九九五『花見山遺跡』港北ニュータウン地域内埋蔵文化財調査報告XVI（財）横浜市ふるさと歴史財団・横浜市教育委員会
佐藤達夫　一九七一「考古学講座　縄紋式土器研究の課題―特に草創期前半の編年について―」『日本歴史』第277号　一〇七〜一二三頁　吉川弘文館
佐藤雅一　二〇〇一「2．信濃川上流域の遺跡と遺物の様相」『重要文化財考古資料展―火焔土器と小瀬ヶ沢・室谷洞窟出土品―』長岡市立科学博物館
島田孝雄　一九八五『下宿遺跡発掘調査概報』太田市教育委員会
島田孝雄　一九八七『下宿遺跡E地点』太田市教育委員会
島田孝雄　二〇〇二「太田市・下宿遺跡について」『遺跡発表会　群馬の縄文草創期』群馬県立歴史博物館
鈴木正博　一九八九「縄紋式草創期研究の序―故高橋敦氏と埼玉県八ケ上遺蹟研究―」『古代』第88号　四一〜八三頁　早稲田大学考古学会
鈴木正博　一九九〇「「八ケ上式土器」の再吟味」『富士見市遺跡調査会　研究紀要』16　二五〜三七頁　埼玉県富士見市遺跡調査会
鈴木正博　一九九一a「古文様帯論」『古代探叢』Ⅲ　一〜五一頁　早稲田大学出版部
鈴木正博　一九九一b「「寺尾式土器」の再吟味（前篇）―大塚達朗「窩紋土器研究序説（前篇）」の思惑違い―」『古代』第92号　一二〜七八頁　早稲田大学考古学会
鈴木正博　一九九二「「武者ヶ谷式土器」の意義」『古代』第94号　一〜一八頁　早稲田大学考古学会
鈴木正博　一九九三a「中島宏・藤村東男両氏の論評に接して（2）―反論としての成果を明確にする手続きについて―」『婆良岐考古』第15号　一五〜一七頁　婆良岐考古同人会
鈴木正博　一九九三b「高橋敦と「泉福寺洞穴の爪形文と押圧文土器」研究―一九八八年春の遺稿は縄紋草創期研究をどこまで進展させたか―」『土曜考古』第17号　三九〜九〇頁　土曜考古学研究会
鈴木正博　一九九三c「「向ノ原B式土器」の再吟味」『古代』第96号　一〜二六頁　早稲田大学考古学会
鈴木正博　一九九四a「黒潮と「加治屋園式土器」」『古代』第98号　三〜三三頁　早稲田大学考古学会

鈴木正博　一九九四b　「茨城における「最古の土器の決定法」研究の正道―隆線文土器最古説の形成と「本ノ木問題」の超克―」『茨城県史研究』第73号　一～三一頁　茨城県立歴史館
鈴木正博　一九九七a　「縄紋式草創期「花見山式」の構造と変遷―附…「寺尾式」から観た関東隆線文土器の秩序―」『日本考古学協会第63回総会研究発表要旨』　五七～六一頁　日本考古学協会
鈴木正博　一九九七b　「「大谷寺1式」考」『茨城県考古学協会誌』第19号　六～三一頁　茨城県考古学協会
鈴木正博　一九九八　「小瀬が沢洞穴の隆線文土器と茨城―「古文様帯」と「口内帯」の型式学―」『茨城県考古学協会誌』第10号　四一～六〇頁　茨城県考古学協会
鈴木正博　二〇〇三　「草創期「古文様帯」の分析視点」『季刊考古学』第83号　一三～一七頁　雄山閣
鈴木正博　二〇〇四　「岩土原への想い―「阿蘇原上式」の制定とその意義―」『九州縄文時代早期研究ノート』第2号　一一～二〇頁　九州縄文時代早期研究会
谷口康浩　一九八八　「円孔文系土器群とその編年的位置をめぐる問題」『大和のあけぼの　Ⅱ―上和田城山遺跡・上野遺跡出土品の神奈川県指定重要文化財指定記念集―』六九～九一頁　大和市教育委員会
萩谷千明　二〇〇〇　『利根川流域の縄文草創期』　笠懸野岩宿文化資料館
萩谷千明　二〇〇五　「利根川中流域の縄文草創期編年をめぐって―爪形文系土器と多縄文系土器との関係について考える―」『地域と文化の考古学Ⅰ』　一七九～一九六頁　六一書房
塙　静夫　一九七九　「縄文時代」『宇都宮市史　原始・古代編』、一一三～三〇〇頁　宇都宮市
松村和男　二〇〇一　『第71回企画展　縄文創生―東日本最古の土器文化―』、三〇頁　群馬県立歴史博物館
宮井英一　一九八五　「宮林遺跡」『埼玉県埋蔵文化財調査事業団報告書　第50集　大林Ⅰ・Ⅱ　宮林　下南原』　(財)埼玉県埋蔵文化財調査事業団
宮井英一　一九八六（一九八八再録）「爪形文土器と押圧縄文土器」『埼玉考古』第24号　一一～一三頁　埼玉考古学会
宮井英一　一九八八　「シンポジウム追記―宮林遺跡及び隆起線文終末段階を中心にして―」『埼玉考古』第24号　一四九～一五三頁　埼玉考古学会
村上　昇　二〇〇三　「日本列島東部域における縄文時代草創期土器編年瞥見―特に爪形文土器から室谷下層式にかけて―」『立命館史学』24号　一九～五〇頁　立命館大学史学部
山内清男　一九六九　「縄紋草創期の諸問題」『MUSEUM』第224号　四～二二頁　東京国立博物館

関東地方における縄文草創期～早期の竪穴住居について

宮崎朝雄

一　はじめに

西田正規が縄文時代における定住化を「定住革命」（西田　一九八四）と高く評価して以来、縄文時代を定住化の視点から見直す気運が高まり、中でも、草創期～早期における初期定住化の検討が、関東地方および南九州を中心に活発に行われた。一九九八年、考古学ジャーナル「特集　縄文時代初期の定住化」では、日本列島各地域における竪穴住居の出現と普及の様相がまとめられ（雨宮　一九九三）、続いて、二〇〇〇年度考古学協会鹿児島大会の「旧石器から縄文へ―遺構と空間利用―」と題したシンポジウムでは、西日本における草創期～早期の竪穴住居跡が集成されるなど（日本考古学協会二〇〇〇年度鹿児島大会実行委員会　二〇〇〇）、日本列島各地域における初期定住化の様相が明らかにされた。

筆者も、初期定住化の視点から、関東地方における早期撚糸文文化の竪穴住居の変遷について検討し、撚糸文文化Ⅰ期～Ⅲ期における遺跡数・住居数の増加、台地平坦部への移動、住居の大型化・定型化は、初期定住化における人口増加に伴う耐久性のある竪穴住居確保が主な要因であることを示した。また、集落形態は竪穴住居一～三軒の小規模集落が中心であり、人口増加は住居の拡大、集落の分散により対応し、基盤となる生業形態は、磨石・スタンプ形石器・石皿を主用具とする植物性食料加工が主体で、石器数の増加から生活が徐々に安定し初期定住化が進行する様相を明らかにした。さらに、Ⅲ期には武蔵台遺跡のような地域の拠点集落が出現し、初期定住化がいっそう進展したと捉えた（宮崎 二〇〇四・二〇〇五）。

ところが、関東地方では、撚糸文文化に後続する貝殻沈線文文化の集落数、住居数は急激に減少し、初期定住化の継続的な進展が見られない。撚糸文文化終末における初期定住化の高まりに伴う急速な人口増は、流動的な自然環境を対象とする狩猟採集経済においては、和島誠一が早くから指摘したように（和島 一九四八）、一方では定住化を阻止する要因になったと考えられる。

本稿では、関東地方における草創期～早期の竪穴住居について、遺跡分布、住居数、住居規模、形態などの変遷、および各時期の主な遺跡の集落形態を検討し、初期定住化の歴史的過程において、改めて撚糸文文化における竪穴住居の変遷について考えてみたい。

二　集落遺跡の集成（第一表）

草創期～早期の竪穴住居跡は、概して掘り込みが浅いために形態、壁、床面、柱穴、炉などが不安定で、住居跡として認定できずに竪穴状遺構跡とされることが多い。その区別は炉の有無による場合が大部分であるので、ここでは、竪穴住居としておよそ可能な三～四㎡以上の面積を持つ竪穴状遺構跡も含めて検出された遺跡を集落遺跡として集成した。住居規模は、一辺の長さ二～四ｍをＳ型、四～六ｍをＭ型、六～八ｍをＬ型、八ｍ以上をＬＬ型とし、形態は円形、楕円形を円系、方形、長方形、台形を方系としたが不整形が多い。炉は全て地床炉である。周辺遺構として、屋外炉と考えられる集石、炉跡、炉穴を示した。炉跡と炉穴の区分は明確ではないが、掘り込みが発達した炉跡を一応炉穴と捉え、さらに一〇基以上を炉穴群とした。

時期区分は、住居跡をはじめ周辺遺構からの出土土器が少ないために、遺跡出土土器状況も考慮して幅を持たせて設定した。草創期は、Ⅰ期無文～隆起線文土器期、Ⅱ期押圧縄文～薄手無文土器期、早期は、撚糸文土器期がⅠ期井草Ⅰ式・Ⅱ式、Ⅱ期夏島式～稲荷台式、Ⅲ期稲荷原式～東山式、貝殻沈線文土器期がⅠ期三戸式～田戸下層式、Ⅱ期田戸上層式、貝殻条痕文土器期がⅠ期子母口式、Ⅱ期野島式～茅山上層式、Ⅲ期茅山上層式以降～打越式・神之木台式とした。地域区分は、遺跡分布と山地、丘陵、台地、低地、海岸との関係を広く俯瞰するために、関東平野中央部の中川低地を境に東西に、利根川を境に南北に大きく区分し、南西部（SW）、北西部（NW）、南東部（SE）、北東部（NE）とした。

三　竪穴住居の変遷

（一）草創期（第一図）

Ⅰ期　五遺跡七軒。遺跡は南西部の多摩川、相模川流域に分布し、径約四〇㎞の範囲にまとまる。多摩川流域は、無文期前田耕地遺跡が上流の標高一二五m段丘上、隆起線文期花見山遺跡が標高五三m丘陵上に立地し、その間直線にして約三〇㎞強である。相模川流域では、無文期勝坂遺跡が中流の標高五三m段丘上、隆起線文期南鍛冶山遺跡と湘南藤沢キャンパス（SFC）遺跡が下流の標高二九m、三七mの相模野台地南部の丘陵上に立地し、その間約二〇㎞である。Ⅰ期の無文期～隆起線文期は、流域に沿って下流の台地部へ移動する傾向が窺える。

住居数はいずれの遺跡も一～二軒と少ない。規模はS型五軒、M型一軒、L型一軒とS型が多い。形態は円系四軒、方系三軒、掘り込みが浅く形態が明確ではない。四軒の住居跡に地床炉と考えられる焼土があるが掘り込みは浅い。

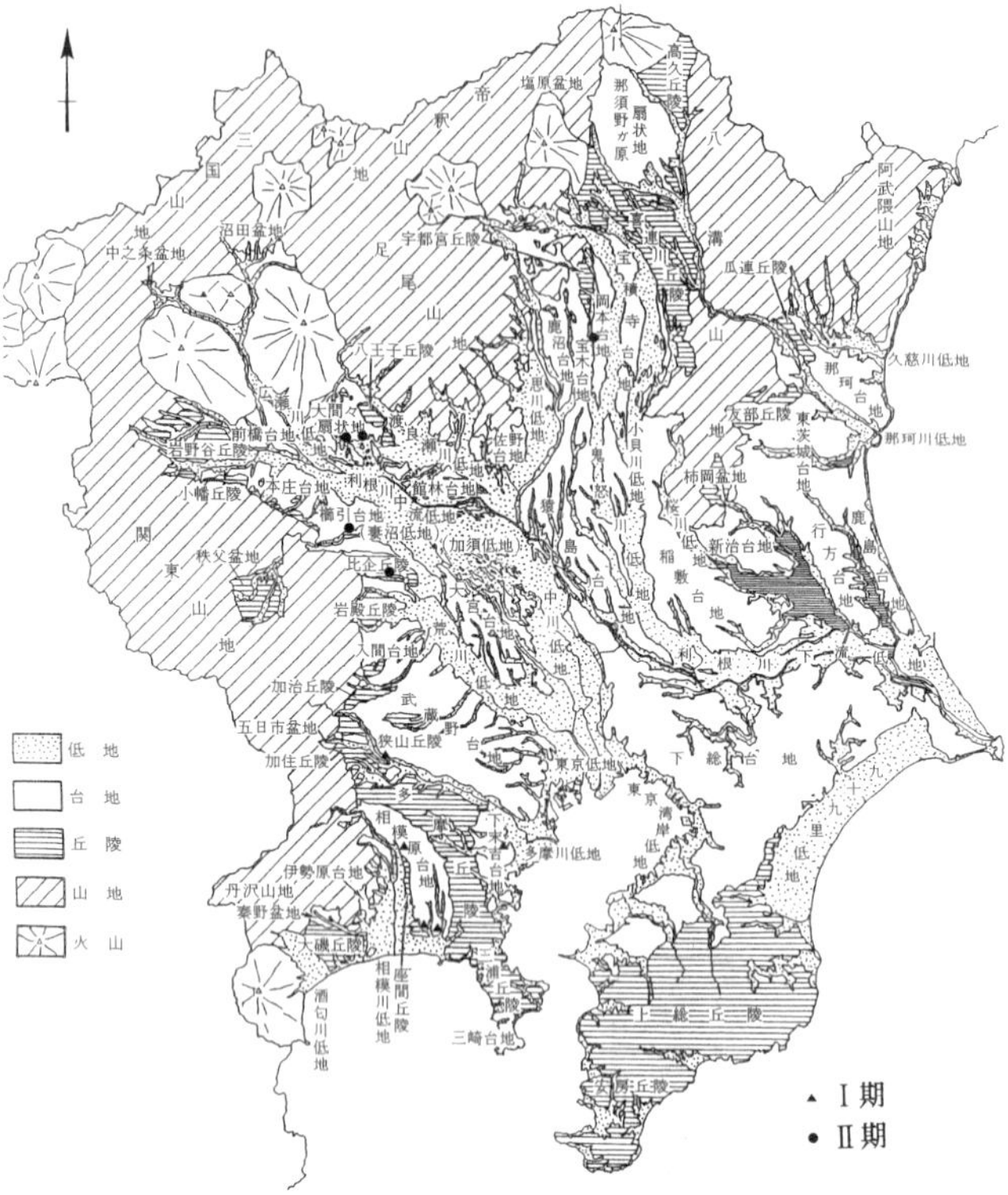

草創期遺跡分布

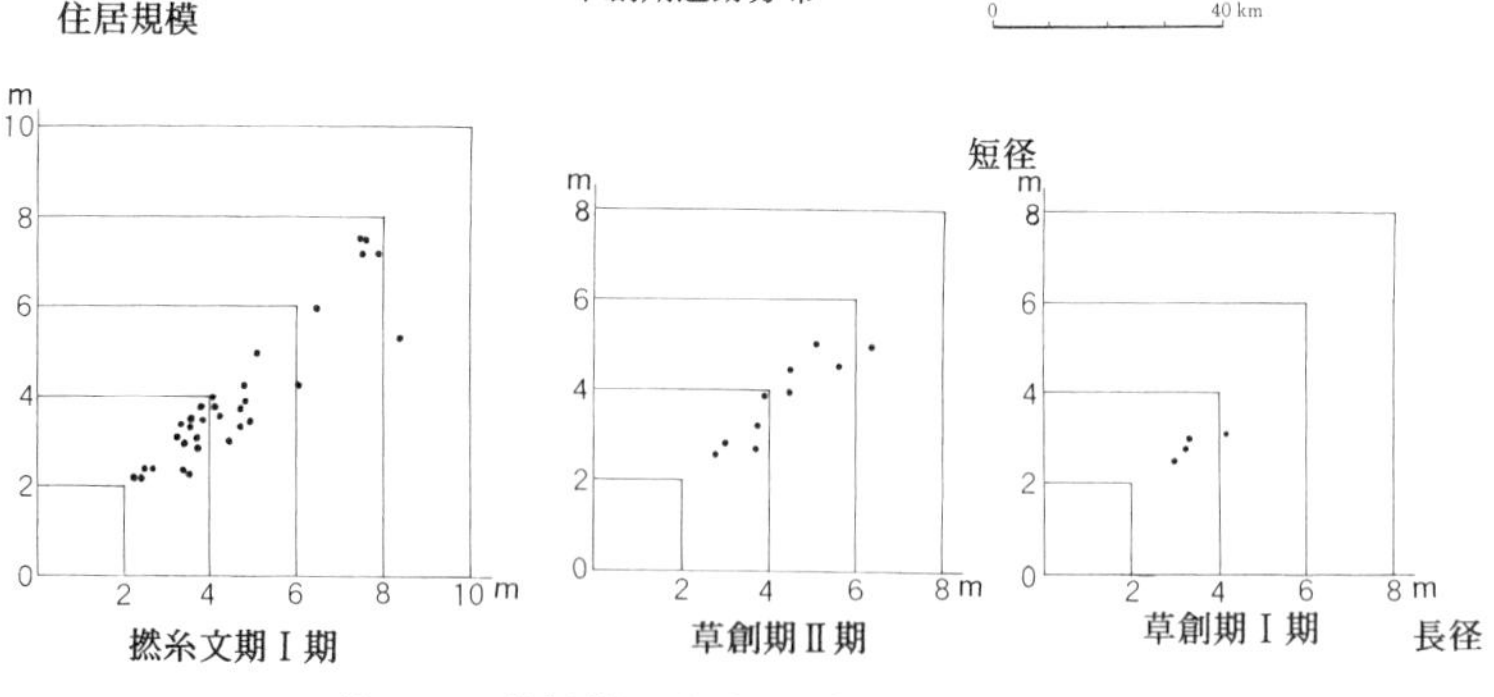

第1図　草創期（地形図は堀口1986による）

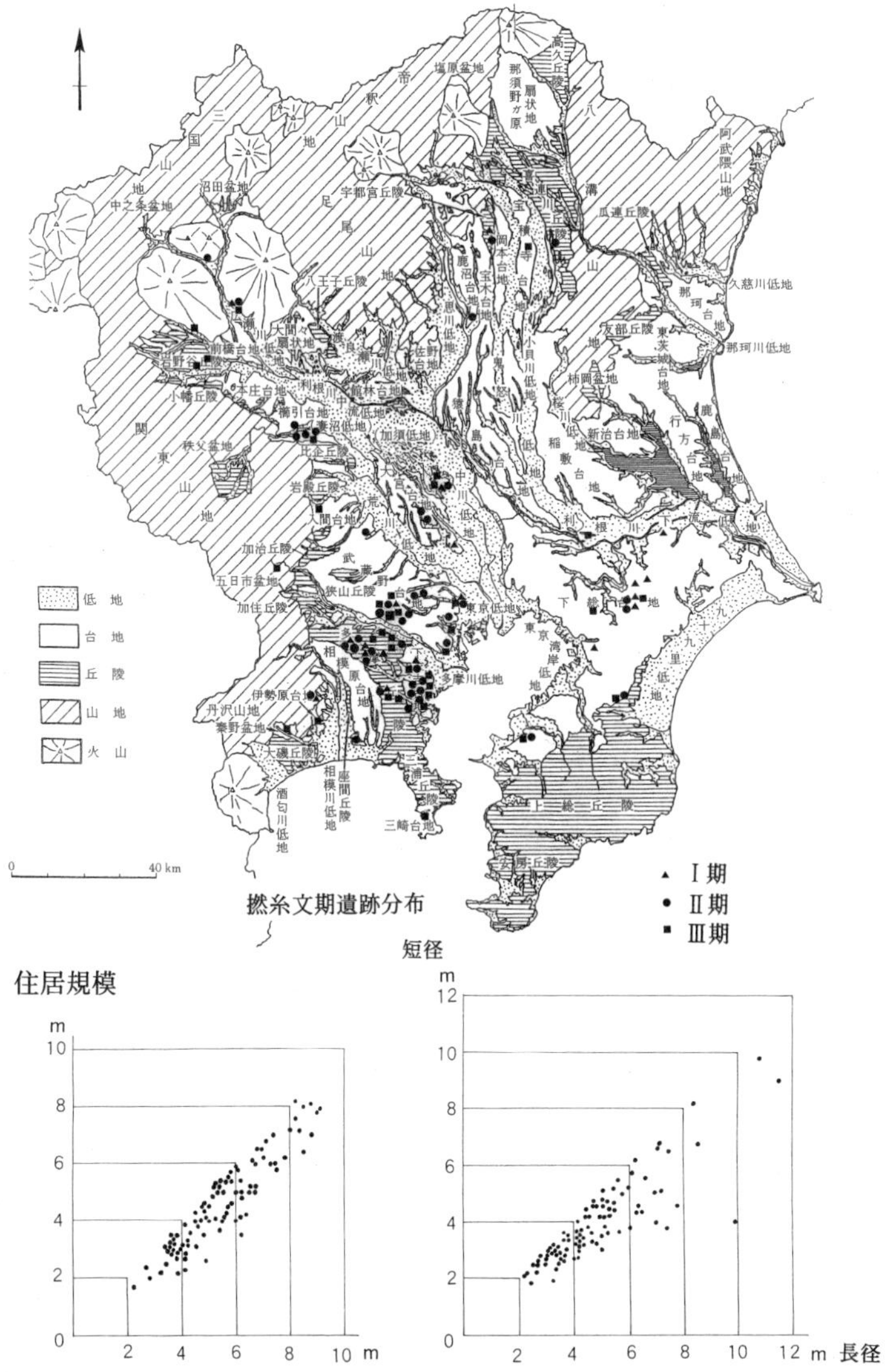

撚糸文期Ⅲ期　　撚糸文期Ⅱ期

第2図　撚糸文期

住居内を含め周辺に集石や配石が多い特徴がある。

花見山遺跡（第五図）（坂本　一九九五）は標高五二～五三mの丘陵南東緩斜面にある。三m×二・五m前後の竪穴遺構一基と石器製作と関連する配石三基が検出された。遺物は遺構を中心に直径三〇m余りに広がり、土器三三四点、石器三〇一点（うち剝片二三三点）が出土している。竪穴住居一軒を中心に石器製作を行う小規模集落が考えられる。

Ⅱ期　五遺跡一〇軒、押圧縄文期四遺跡七軒、薄手無文期一遺跡三軒。押圧縄文期の四遺跡は、荒川流域中流右岸標高七四mの段丘上に宮林遺跡、標高四五mの丘陵上に滑川打越遺跡、利根川流域中流左岸標高一五七mの丘陵上に西鹿田中島遺跡、標高八五mの台地上に五目牛新田遺跡が各々五～一〇㎞の近距離に位置し、全体として径約四〇㎞の範囲にまとまる。薄手無文期の野沢遺跡は、北東部鬼怒川流域上流標高一六三mの台地上にあり、一遺跡だけ離れているが近隣の宇都宮丘陵には表裏縄文期の大谷寺洞窟が存在する。

住居数はいずれの遺跡も一～三軒と少ない。住居規模はS型五軒、M型五軒。五目牛新田遺跡は三軒ともM型と若干大きく壁高も約四〇㎝と掘り込みが深い。形態は宮林遺跡、滑川打越遺跡は円系で炉が無いが、五目牛新田遺跡、西鹿田中島遺跡は方系で炉を持つ住居が多い。野沢遺跡は円系で炉を持たない。

五目牛新田遺跡（第五図）（伊勢崎市教育委員会　二〇〇〇）は標高八五mの台地上にあり、住居跡三軒、土坑三基、集石遺構六基が検出された。住居は円形一軒、方形二軒で、方形の一一号、一八号住居跡に地床炉が有る。一八住と一九住は隣接し一一住は一〇mほど離れている。土坑は一九住の南西に隣接し集石は住居の南東に集中する。出土遺物は、一一住が土器二六点、石器三点（剝片）、一八住が土器一四〇点、石器一一点、一九住が土器三二〇点、石器三二点、遺構外を含めると二〇〇〇点以上の土器、石器が出土している。遺構の配置、遺物出土状況から、住居一～二軒を中心に径約三〇m～四〇m範囲の小規模な集落が考えられる。

（二）早期撚糸文期（第二図）

Ⅰ期 二一遺跡五三軒。草創期全体と比較しても、遺跡数が二倍、住居数が三倍に増加する。遺跡の分布は、草創期が山地寄りで地域が限定的であったのに対して、関東平野全体の丘陵、台地部へと拡大している。また、南西部多摩丘陵に六遺跡二九軒、南東部の下総台地に六遺跡一二軒と東西に分布の中心を持つ地域性が出現する。

住居数は、多摩丘陵の日影山遺跡二一軒、下総台地の取香和田戸遺跡五軒の他はいずれも住居跡一～三軒と少ない。日影山遺跡は、丘陵の上段、中段、下段三地点に住居跡が何軒も重複し、斜面が崩れやすく建替えが多いためと考えられる。住居の規模、形態は、多摩丘陵周辺と下総台地では大きく異なる。多摩丘陵は、S型方系で地床炉を持ち、下総台地はM型、L型の円系で炉を持たない住居が多い。

東峰御幸畑西遺跡（第五図）（宮 二〇〇〇）は、標高四〇mの台地上に住居跡三軒が六〇～七〇m離れて規則的に点在する。三軒とも円形で炉を持たず中央掘り込みと柱穴があり構造が類似する。二軒がM型、一軒がL型。住居配置や住居構造の類似および出土土器から、三軒は関連が強く同時期あるいは連続的な住居と考えられる。遺物は一住土器約五〇点、四住土器約三〇点、五住土器一二一点、石器剥片一五点であるが、台地全体に遺物包含層が広がり多量の撚糸文土器が出土している。住居数は少ないが、舌状台地全体の広い空間を利用した小規模集落が考えられる。

Ⅱ期 四二遺跡一四九軒。Ⅰ期より遺跡数が倍増、住居数は三倍弱に急増する。中でも、南西部の多摩丘陵、下末吉台地、武蔵野台地は増加が著しいが、南東部の下総台地は減少傾向にある。東西の地域性が弱まり、南西部の中心性が強まっている。また、南西部では、遺跡数、住居数の増加とともに丘陵や台地の平坦部へと移動している。

住居数は一～五軒が大半であるが、中心地域では多摩丘陵の多摩ニュータウン№二〇〇遺跡二二軒、武蔵野台地のはけうえ遺跡一一軒、三鷹五中遺跡八軒など住居数が多い遺跡が増加する。規模は、S型、M型が主体を占めるが、L型、LL型の大型住居が増加し、形態の方形化が進む。

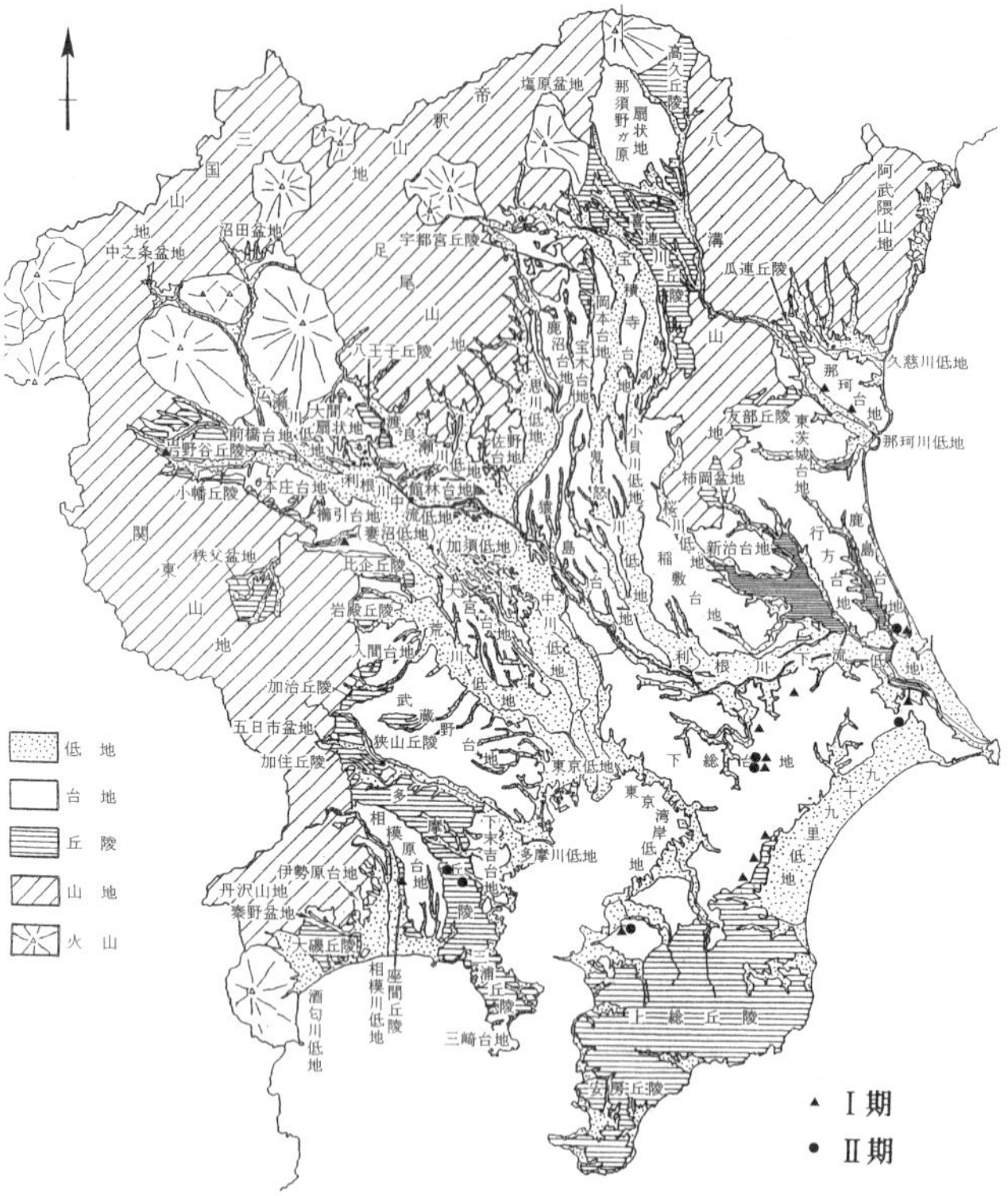

貝殻沈線文期遺跡分布

0 40 km

住居規模

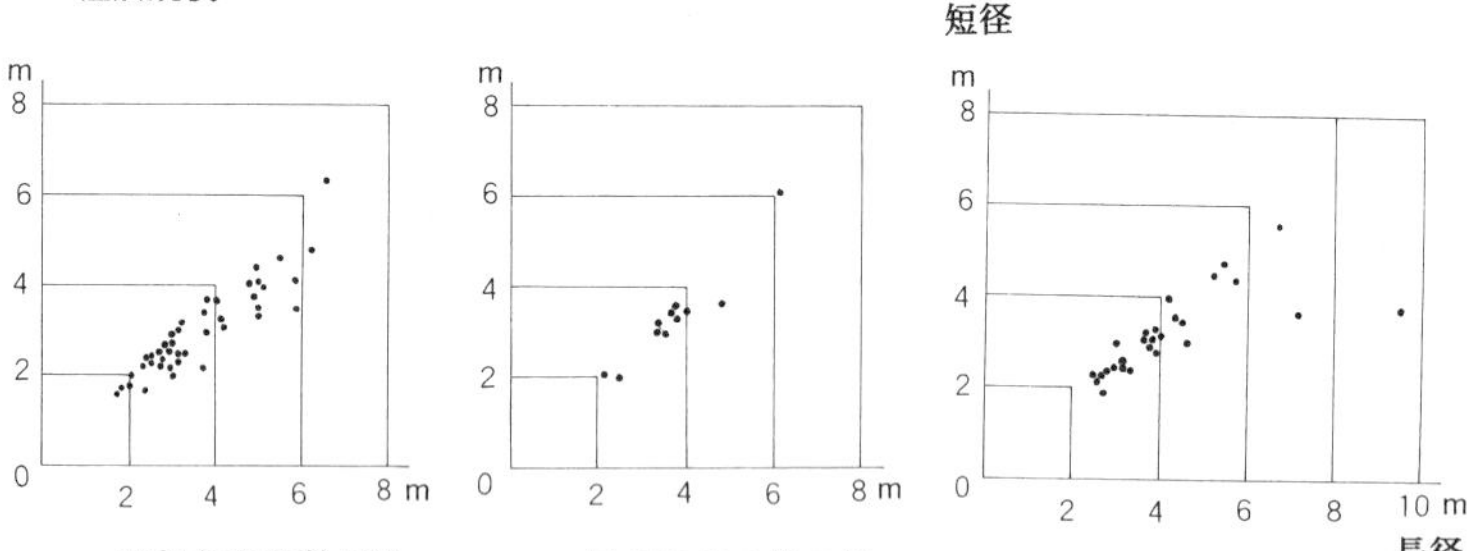

貝殻条痕文期Ⅰ期　　貝殻沈線文期Ⅱ期　　貝殻沈線文期Ⅰ期

第3図　貝殻沈線文期

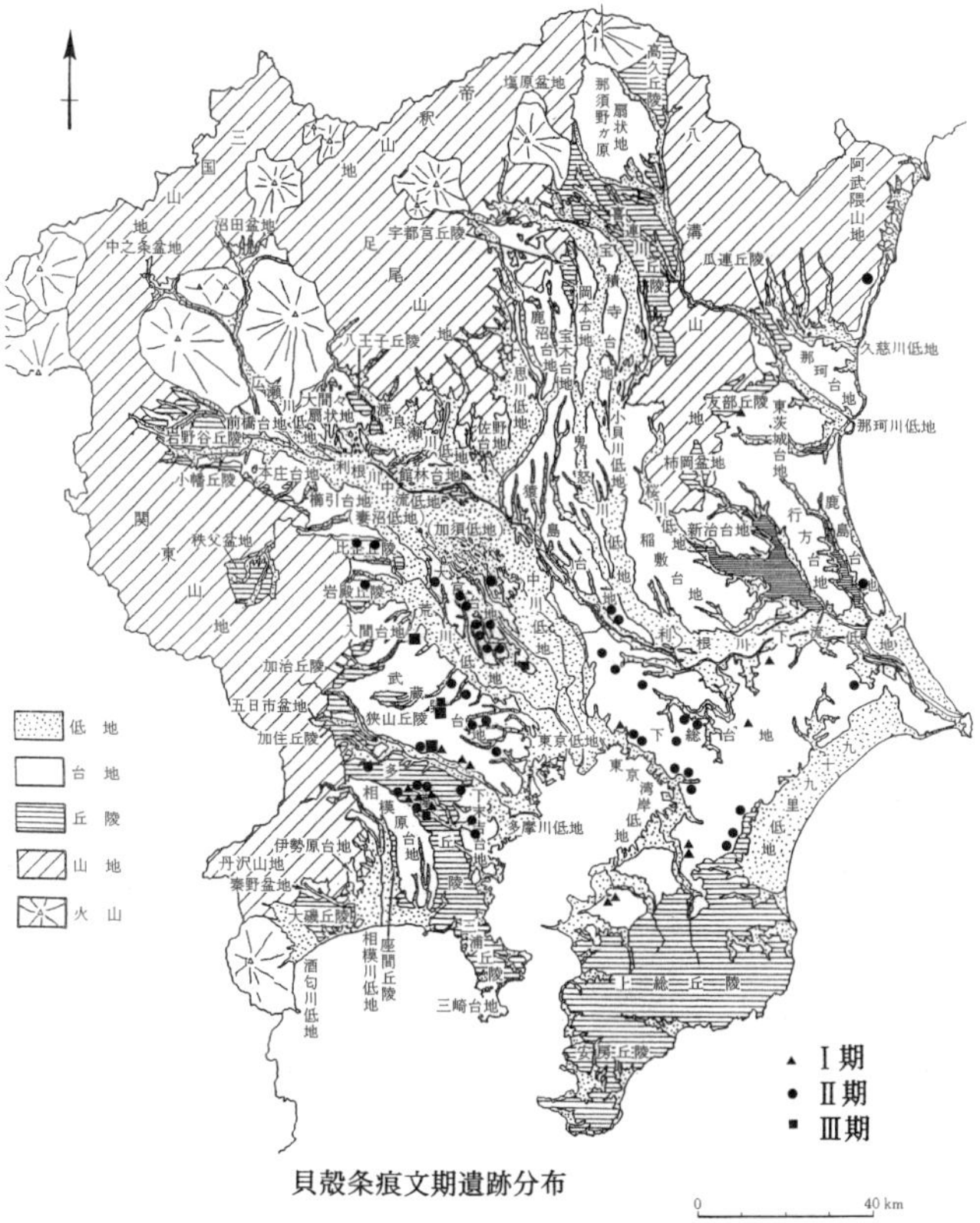

貝殻条痕文期遺跡分布

住居規模

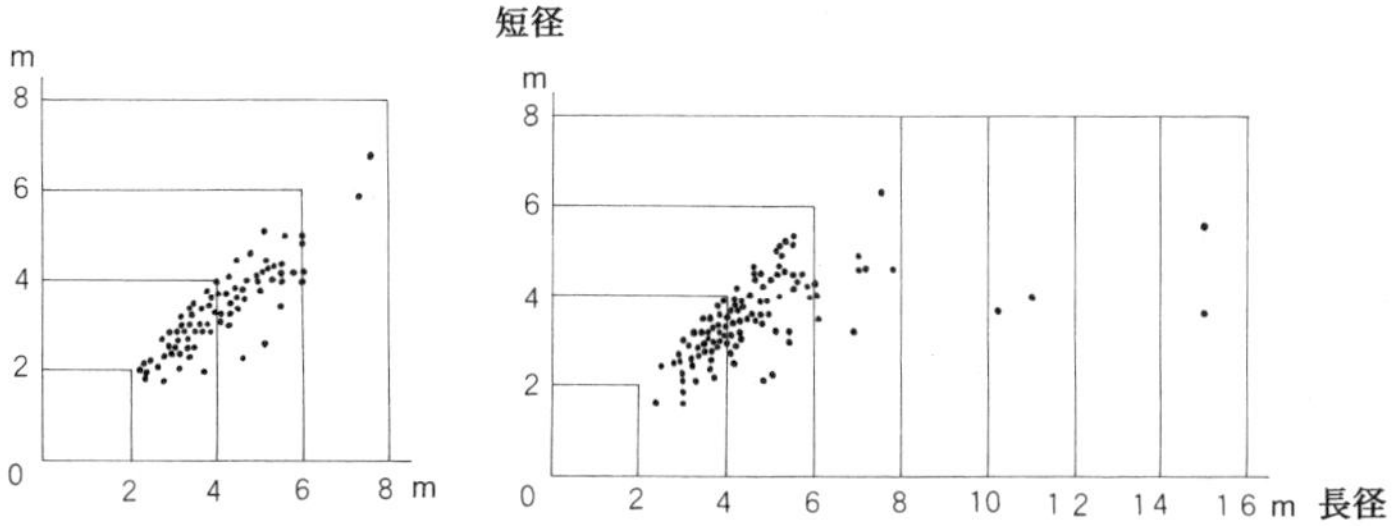

貝殻条痕文期Ⅲ期

貝殻条痕文期Ⅱ期

第4図　貝殻条痕文期

多摩ニュータウンNo.二〇〇遺跡（第五図）（原川他 一九九六）は、丘陵南斜面～頂部緩斜面部にⅠ期～Ⅱ期の住居跡二二軒が検出された。Ⅰ期住居跡が標高一五〇m付近の下段、Ⅱ期住居跡が標高一五六m付近の中段と一七〇m付近の上段に、径二〇～四〇mの範囲にまとまる。大型住居一軒と小型住居二軒を単位とする小規模集落が、下段から中段、上段へと移動したと捉えられる。大型住居には炉が有り、Ⅰ期の六四住が土器六三点、石器三六点、Ⅱ期の六五住が土器九九点、石器一〇点、七一住が土器四二一点、石器五八点と出土遺物量も多い。

Ⅲ期　三七遺跡一三六軒。Ⅱ期より遺跡数、住居数ともに微減している。遺跡分布は、南西部の下末吉台地、武蔵野台地に集中し、この地域における中心性がより顕著になり台地平坦部への立地傾向も進む。

遺跡の住居数は一～五軒が大半であるが、武蔵野台地の武蔵台東遺跡一二軒、武蔵台遺跡三二軒が特に多く、中心地域に集中する。住居規模はM型を主体にL型、LL型が増加し、Ⅱ期からの大型化が続いている。また、住居形態が、規則的柱穴配置とともに方形化が進み、定型化した住居が一般的になる。

武蔵台遺跡（第五図）（早川 一九九四・二〇〇五）は、標高七七～七九mの武蔵野台地平坦部にあり、住居跡三二軒が検出された。住居跡は南東から緩やかに入る谷に向かい等高線に沿って弧状に分布する。重複状況や出土遺物から、径二〇～三〇mの範囲に大型住居一～二軒を中心に付随する小型住居二～三軒の単位を六～八群確認できる。住居群は南東緩斜面部から南側平坦部、北側平坦部へと移動すると捉えられる。また、二～三群の住居群が併存し住居数四～六軒の他より若干大きい中規模集落が考えられる。出土遺物量も他遺跡より突出して多く石器製作も行っていることから、地域の拠点集落と位置付けられる。

（三）貝殻沈線文期（第三図）

Ⅰ期　一三遺跡二九軒。撚糸文期Ⅲ期と比較すると、遺跡数が三分の一、住居数が五分の一に急減する。中でも、中心地域の多摩丘陵、下末吉台地、武蔵野台地は分布せず変動が極めて著しい。撚糸文期終末における集落の集中化に伴い人口圧が大きくなり、急速に中心地域における狩猟採集経済が破綻した結果と考えられる。西部は相模川中流域の東谷戸遺跡、荒川上流域の四反歩遺跡、利根川上流域の新掘東源ヶ原遺跡など、山地寄りの丘陵や段丘上に点在する。一方、東部は遺跡数、住居数が若干増加し、利根川下流域下総台地や那珂川下流域那珂台地、房総半島南部など海岸寄りの台地、丘陵上に広く分布するようになる。

いずれの遺跡も住居数は、一～四軒と少ない。住居規模は、S型一七軒が主体、形態は円系七軒、方系二一軒と方系が多い。炉が有る住居は八軒である。周辺に炉跡が有る遺跡が多い。

東谷戸遺跡（第五図）（戸田他　一九九四）は、標高一〇〇～一〇六mの丘陵南東緩斜面部に立地する。等高線に沿って住居跡三軒が検出された。周辺に集石、土坑がある。住居は三軒とも一辺四m前後の隅丸方形を呈し、炉は存在しない。一一住と一六住の二軒は隣接し二二住は約一六m離れている。土器、石器が数点出土している。

粟野台遺跡（第五図）（石橋　一九九二）は、利根川下流域太平洋を臨む標高五五mの台地上にある。Ⅸ層ソフトローム面より、住居跡一軒、土坑一基、炉跡二〇基が検出された。二〇m四方の範囲に住居跡と炉跡が密集し、ほぼ同時期と考えられる。住居跡は七m×四mの不整長方形、北東壁寄り床面に浅い地床炉がある。住居跡から田戸下層式土器と石鏃一点、黒曜石、チャートのチップが出土している。七号炉跡は一・七m×〇・七mの楕円形、深さ〇・三m、火床部の焼土堆積も多く、炉穴としての形態を十分備えている。

Ⅱ期　九遺跡一三軒。Ⅰ期よりさらに遺跡数、住居数が減少している。遺跡分布は、西部は多摩丘陵の二遺跡だけ、東部はⅠ期と変わらず海岸寄りの丘陵、台地上に立地している。

住居数はいずれも一～三軒と少ない。住居規模はS型が一一軒と主体でⅠ期より小型化している。形態は方系が多い。炉が有る住居は三軒と少なく、周辺に炉跡、集石がある。

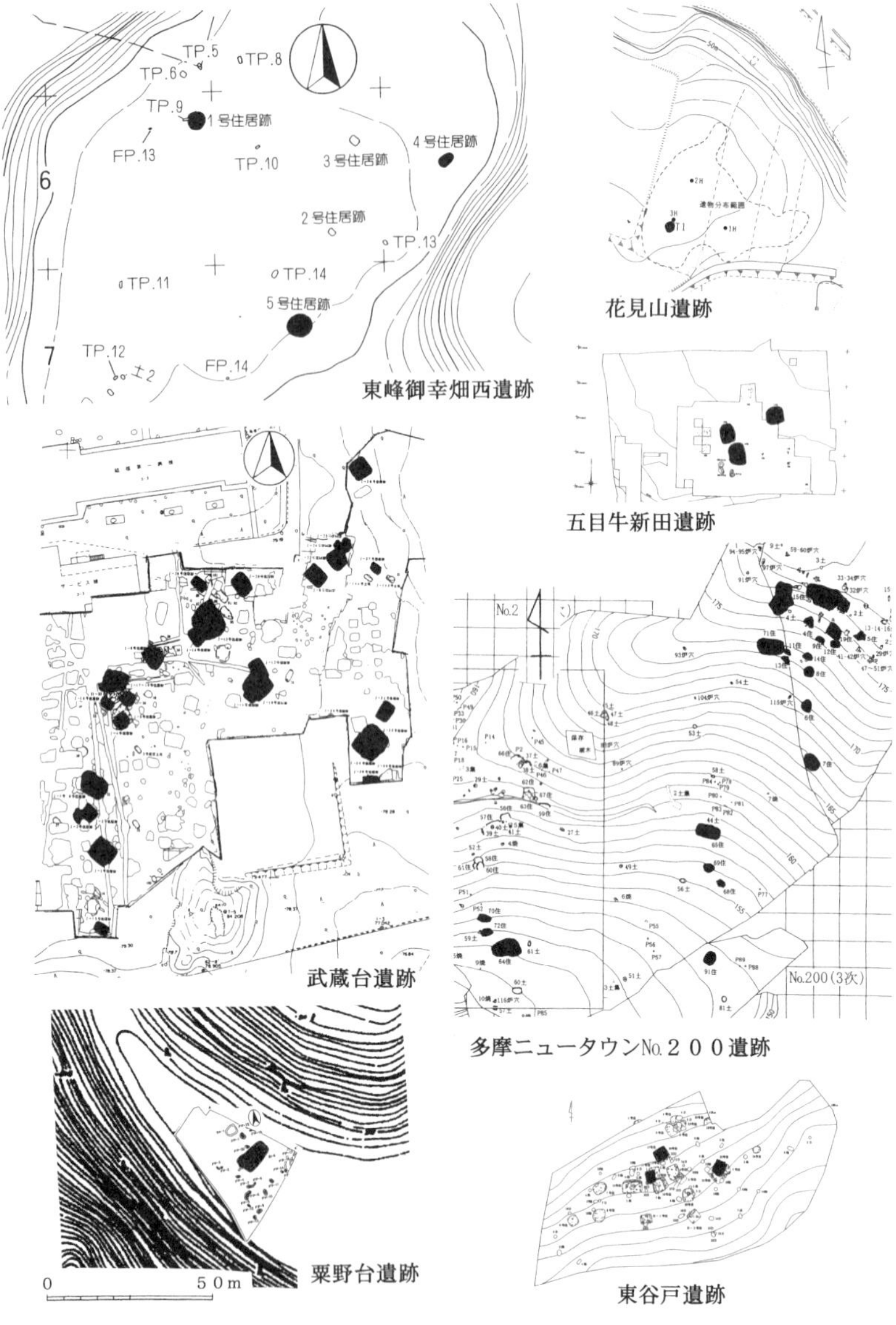

第５図　草創期～貝殻沈線文期Ⅰ期

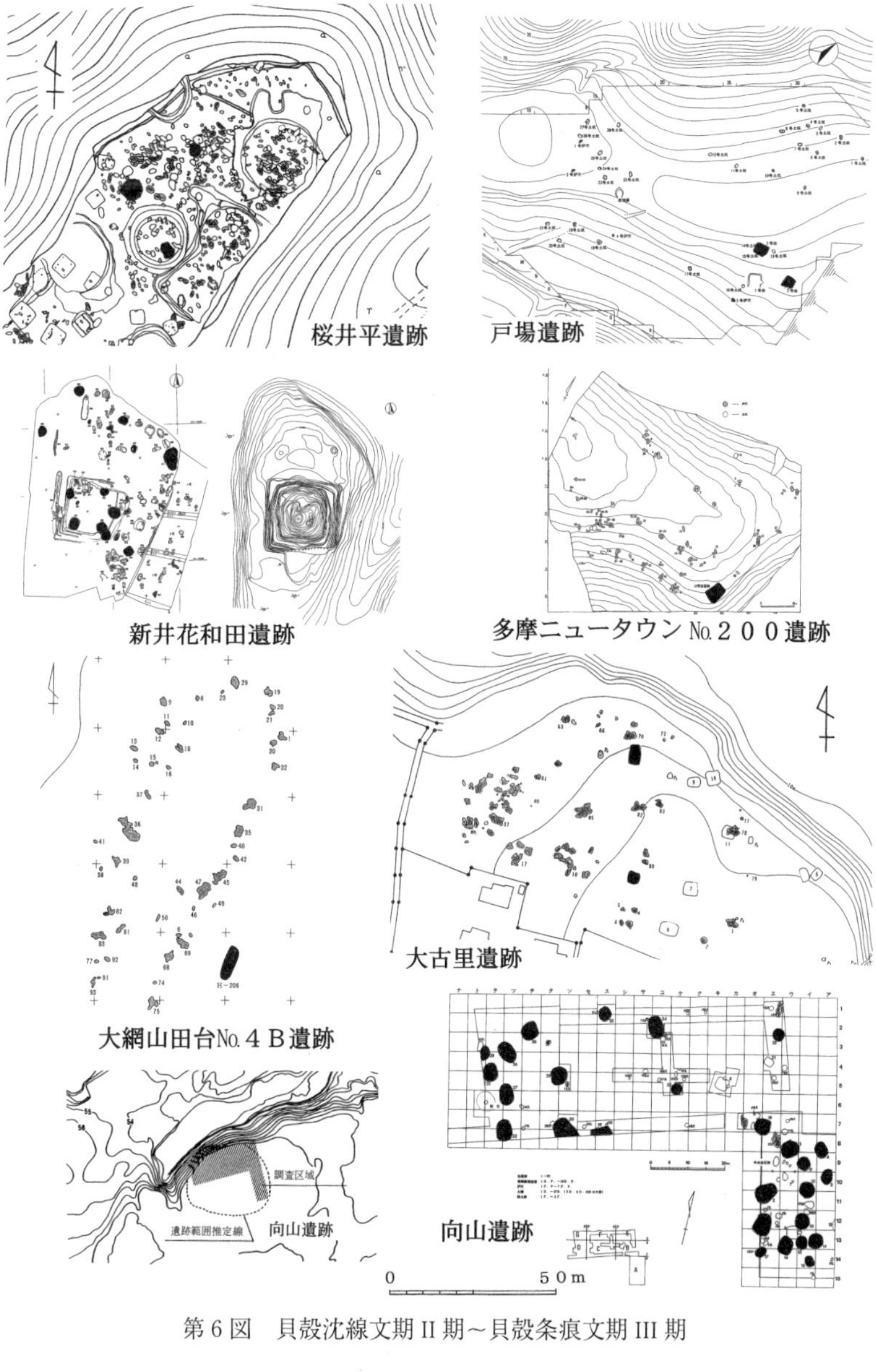

第６図　貝殻沈線文期 II 期～貝殻条痕文期 III 期

戸場遺跡（第六図）（小薬　一九八四）は、標高七八～七九ｍの多摩丘陵東緩斜面部に立地し、住居跡二軒、炉跡四基、土坑二八基が検出された。住居跡は二軒とも三ｍ×四ｍ前後の長方形を呈し、炉は存在しない。二住から土器八五点、石器四点が出土している。二住と三住は約一〇ｍ離れ、斜面下側約一五ｍに三号炉跡があるが、他の炉跡は西側に四〇ｍ～六〇ｍ離れている。炉跡は掘り込みが浅く焼土の堆積も少ない。

桜井平遺跡（第六図）（峰屋他　一九九八）は、利根川下流域太平洋を臨む標高五二ｍの台地上に立地し、住居跡三軒と炉跡三〇〇基余りが検出された。住居跡は三軒とも掘り込みが浅く形態が不整形である。遺物は土器、石器が少量である。炉跡は覆土に焼土が混入し、一・五ｍ×〇・九ｍ前後の楕円形を呈し、深さ約〇・一五ｍの浅い掘り込みが多い。住居跡は三〇ｍ四方の範囲にまとまるが、炉跡は台地平坦部約六〇ｍ×八〇ｍの範囲に広がる。

（四）貝殻条痕文期（第四図）

Ⅰ期　一四遺跡三九軒。遺跡数、住居数ともに貝殻沈線文期Ⅱ期より若干増加する。遺跡の分布は、東部は貝殻沈線文期が海岸寄りであるのに対して、内陸寄りおよび東京湾岸を臨む台地や丘陵上に多くなる。南西部は多摩丘陵と武蔵野台地に分布する。

住居数は、南東部の新井花和田遺跡一一軒の他は一～五軒と少ない。住居規模はＳ型二四軒、Ｍ型一二軒、Ｌ型二軒、Ｓ型が主体であるが貝殻沈線文期Ⅱ期より大型化している。形態は円系一四軒、方系二一軒で不整形が多い。炉が有る住居は一五軒、三割強である。周辺に炉穴群を伴う遺跡が主体となる。

多摩ニュータウン№二〇〇遺跡（第六図）は、標高一七五ｍ～一八〇ｍの丘陵南東緩斜面部にあり、住居跡一軒、炉穴六六基が検出された。住居跡は四・二×五・八ｍの台形を呈し、壁高は〇・五ｍと深い。南寄りに炉が有るが柱穴は無い。土器、石器が少量出土している。炉穴群は、標高一七六ｍ～一七八ｍの緩斜面部に等高線に沿って二重に巡り、一七八ｍ以上の頂部は空白部になっている。炉穴は長径一・二～一・六ｍの楕円形が多く、約五〇×六〇ｍの範囲に広がる。

新井花和田遺跡（第六図）（高橋他　二〇〇二）は、標高一二〇～一二三ｍの独立丘陵上に立地し、住居跡一一軒、炉穴一九基、および土坑群が検出された。中央山頂部に六軒の炉が有る住居跡が群在し、その周囲に炉穴群が巡り、外側斜面部に五軒の炉が無い住居跡がある。住居形態は円形と隅丸方形で一辺三ｍ前後のＳ型が多い。炉穴は長径一～二ｍの楕円形を呈し掘り込みが浅い。遺物は、三八住が土器三四点、石器一四点（剥片一三点）、六六住が土器二一八点、石器一三点（剥片一一点）と山頂部の住居跡が多い。土器は子母口式を主体に田戸上層式～野島式が出土している。山頂部六軒の住居跡は約二〇ｍ四方、炉穴群と外側住居跡全体は約五〇ｍ×六〇ｍの範囲である。

Ⅱ期　五六遺跡一五一軒。Ⅰ期より遺跡数が四倍、住居数が三・六倍に増加している。しかし、Ⅱ期は、条痕文の土器だけを出土する住居跡が多いために広義の茅山式全てを含む。Ⅰ期子母口式との関係からすれば、野島式、鵜ヶ島台式、茅山下層式、茅山上層式の四時期細分が必要であろう。四時期とすると、遺跡数、住居数はⅠ期と比較して大きな変化はないが、遺跡の分布は大きく変動する。Ⅱ期になると、東京湾および奥東京湾を臨む海岸寄りの下末吉台地、武蔵野台地、大宮台地、下総台地に分布を移動、拡大している。

住居数は、諏訪山遺跡一七軒、遠下遺跡一二軒の他は一～五軒と少ない。大半の遺跡は炉穴群を伴出している。住居の規模はＳ型が半数以上を占めるが、南東部には大網山田台No.四Ｂ遺跡、城山ノ作遺跡など長径一〇ｍを越す大型住居跡がある。形態は円系六五軒、方系六九軒、掘り込みが浅い住居が多い。炉が有る住居は五二軒で全体の約三割である。

大網山田台遺跡群No.四遺跡Ｂ地区（第六図）（青木他　一九九四）は、標高八一ｍの台地上に立地し、野島式期の大型住居跡一軒と炉穴一一七基、陥し穴一八六基が検出された。住居跡は三・七ｍ×一〇・二ｍの隅丸長方形を呈し、壁高〇・二五mである。柱穴が四本、炉は無い。遺物は土器が少量だけである。炉穴群は長径約一〇〇m、短径約四〇mの環状に分布し、環の外側南東約一〇m離れて大型住居跡がある。

大古里遺跡（第六図）（高野他　一九七六）は、標高一五mの大宮台地にあり、茅山下層式期の住居跡二軒と炉穴八五基が検出された。住居跡は八住が一・九m×三・〇mの台形、一一住が三・四m×四・一mの不整方形で、壁高は〇・一mと浅い。二軒は約三〇m離れ、炉穴群は約六〇m×一〇〇mの範囲に分布する。

Ⅲ期　七遺跡一五七軒。Ⅱ期と比較して、遺跡数は約八分の一に激減するが、住居数は増加し一遺跡における住居数が急増する。遺跡の分布は、Ⅱ期は台地を中心に関東南部全体の台地、丘陵に分布していたが、Ⅲ期には多摩川、荒川流域の武蔵野台地に集中している。

住居数は、赤山遺跡一軒、多聞寺前遺跡二軒のように少ない遺跡もあるが、向山遺跡二七軒、打越遺跡四六軒、恋ヶ窪南遺跡二一軒、武蔵国分寺北遺跡五二軒と住居数が多い遺跡が中心になる。住居の規模は、S型九〇軒、M型三六軒が主体でⅡ期と大差はないが、炉を持つ住居が増加し八一軒と約半数以上を占める。形態は、円系七八軒、方系五三軒と円系が主体になる。Ⅱ期の東部地域における大型住居のような地域性が消え、集落の集約化とともに住居も定型化している。

向山遺跡（第六図）（勅使河原他　一九八六）は、標高六〇～六一mの武蔵野台地上に立地し、住居跡二七軒、炉穴七基、焼礫集積遺構一七基、中央集石群一基、配石一基、土壙一一基が検出された。住居跡は南東部一三軒、北西部一四軒が群在する。報告書では、出土土器から南東群から北西群への集落変遷を捉え、土壙が南東群は住居群の外側、北西群は内側にあることから、墓域が中央広場に持ち込まれたことにより集落規模が拡大し、定型的集落形態が成立する画期があったと把握した。また、住居跡の炉には、赤化硬化面の無いa型と有るb型が認められ、a型からb型への変遷から住居内炉の確立を示した。住居内炉の確立や定型的集落形態の成立など、Ⅲ期における早期集落から前期集落への画期を問題提起した遺跡である。

四　まとめ

以上、冗長に草創期~早期の竪穴住居の変遷について検討してきた。改めて、初期定住化の視点から、各時期における主要点を整理しまとめとしたい。

① 草創期は、少数の遺跡が西部山地寄りの河岸段丘、丘陵、台地上に立地し、直径約四〇㎞の限定的範囲に分布する。山地地域には、橋立岩陰遺跡や大谷寺洞窟など草創期の洞窟遺跡があり、洞窟住居の替わりに小型竪穴住居が造られ始めたと推定される。Ⅰ期は石器製作を伴う遺跡が多く、Ⅱ期には石器より土器の出土量が顕著になり住居規模も若干大型化する。

② 早期撚糸文期は、遺跡数、住居数が急増し、関東地方全体の丘陵、台地上に分布が拡大する。特に、Ⅱ期~Ⅲ期の南西部多摩丘陵、下末吉台地、武蔵野台地に増加が著しくⅢ期には集中化する。分布の広域化とともに、Ⅰ期に小型方形住居主体の南西部、中・大型円形住居主体の南東部の地域性が現れるが、Ⅱ期には方形化、大型化の進行に伴い地域性が弱まり、Ⅲ期には定型化した中・大型方形住居が関東全体に普及する。このような動勢において、武蔵台遺跡のような規模、機能が卓越する拠点集落が出現し、初期定住化をより進めたと考えられる。しかし一方では、集落の集中化に伴う人口圧により地域の狩猟採集経済が破綻し、最終末から次の貝殻沈線文期における遺跡数、住居数激減の要因になったと思われる。

③ 貝殻沈線文期は、撚糸文期と比較すると遺跡数が約五分の一、住居数が約八分の一に激減する。中でも、南西部は極端に少なく、東部の海岸寄りの台地、丘陵部に分布が広がっている。遺跡における住居数は一~三軒と少なく、

小型方形住居が大部分であり竪穴住居の発達も見られない。しかし、東部では、Ⅰ期栗野台遺跡やⅡ期桜井平遺跡のように、竪穴住居に伴出して台地平坦部に広く炉跡が群在する集落が出現する。炉跡群は、掘り込みが浅く焼土の堆積も少ないが、次の貝殻条痕文期に発達する炉穴群へと連続すると考えられる。

④　貝殻条痕文期は、Ⅰ期は貝殻沈線文期から連続的であるが、Ⅱ期は遺跡数、住居数が増加し、多摩川、荒川、中川低地や東京湾沿岸を臨む台地部を中心に分布が拡大し、さらにⅢ期には、武蔵野台地に住居数が多い遺跡が集中化する。Ⅰ期～Ⅱ期は、炉穴群を伴い住居一～五軒の小規模集落であるが、Ⅲ期は、向山遺跡、打越遺跡、恋ヶ窪南遺跡、武蔵国分寺北遺跡など二〇軒以上の住居が台地平坦部に広がる集落遺跡が中心となる。また、Ⅱ期の南東部房総地域には東北地方との関係が窺える大型住居の存在（高橋　二〇〇二）、Ⅲ期の南西部には炉を持つ小型住居への定型化など、Ⅱ期～Ⅲ期において地域性を伴う大きな変動が認められる。

⑤　貝殻条痕文期Ⅲ期では、向山遺跡で提起された集落内墓域と定型的環状集落の成立を十分には確認できない。恋ヶ窪南・武蔵国分寺北遺跡は環状集落外西側に土坑群があり、向山遺跡同様に恋ヶ窪南・武蔵国分寺北遺跡や打越遺跡も、二一～四群の住居群が変遷した集落と捉えられる。また、打越遺跡以外は前期集落への継続性が無く、出土遺物もⅡ期より増加はするが突出しないなど拠点性も少ない。しかし、Ⅲ期の特定地域、集落への集中化が、早期集落から前期集落への変換の大きな出発点になったと言える。

⑥　初期定住化が定着する撚糸文期Ⅲ期と貝殻条痕文期Ⅲ期を比較すると、両時期とも集落数、住居数の増加に併せて、特定の地域および集落への集中化と住居の定型化が認められる。しかし、撚糸文期Ⅲ期は、住居の大型化と集落の拠点化によりさらに集中化が進み、結果として地域の狩猟採集経済が破綻している。一方、貝殻条痕文期Ⅲ期は、住居の大型化よりも住居数を増やし、集落の拠点化よりも集落の分散、移動を行い、結果として地域の狩猟採集経済が破綻せずに、次期前期集落への継続、発展を果たしている。両時期の差は、気候温暖化状況の相違とともに、撚糸

文文化の狭い地域性に対する貝殻条痕文文化の広い地域性に大きな要因があると考えられる。

引用・参考文献

青木幸一他　一九九四　『大網山田台遺跡群Ⅰ』
雨宮瑞生　一九九八　「日本列島における初期定住」『考古学ジャーナル』No.四二九
石橋宏克他　一九九二　『粟野台遺跡発掘調査報告書』　東庄町教育委員会
伊勢崎市教育委員会　二〇〇〇　『五目牛新田遺跡』
岡本勇・戸沢充則　一九六五　「関東」『日本の考古学Ⅱ』
小川岳人　二〇〇一　『縄文時代の生業と集落―古奥東京湾沿岸の社会―』
小薬一夫　一九八四　『戸場遺跡』　町田市教育委員会
小林謙一　一九九一　「縄文早期後葉の南関東における居住活動」『縄文時代』第二号
小林達雄　一九八七　「縄文時代の居住空間」『國學院大學大学院紀要』一九輯
坂本　彰　一九九五　『花見山遺跡』　(財)横浜市ふるさと歴史財団埋蔵文化財センター
佐藤明生　一九八四　「炉穴研究ノート」『貝塚』三三号
鈴木保彦　一九八八　「定形的集落の成立と墓域の確立」『長野県考古学会誌』第五七号
高野　博他　一九七六　『大古里遺跡発掘調査報告書』　浦和市大古里遺跡調査会
高橋　誠　二〇〇二　「房総の縄文早期大型住居」『城山ノ作遺跡』　(財)印旛郡市文化財センター
高橋康男他　二〇〇一　『市原市新井花和田遺跡』　(財)市原市文化財センター
谷口康浩　二〇〇四　「環状集落の成立過程　縄文時代前期における集団墓造営と拠点形成の意味」『帝京大学山梨文化財研究所研究報告』一二集
勅使河原彰・上田典男・武田耕平　一九八六　「第四節　向山遺跡の集落構成」『向山遺跡』　東久留米市教育委員会
戸田哲也他　一九九四　『東谷戸遺跡発掘調査報告書』　上萩野東部土地区画整理事業区域内遺跡発掘調査団
西田正規　一九八四　「定住革命」『季刊人類学』一五巻一号
日本考古学協会二〇〇〇年度鹿児島大会実行委員会　二〇〇〇　『旧石器から縄文へ―遺構と空間利用―』シンポジウム資料
原川雄二他　一九九六　『多摩ニュータウン遺跡　No.二〇〇遺跡』　(財)東京都埋蔵文化財センター
原田昌幸　一九九三　「遊動と定住・縄文時代の初期定住」『季刊考古学』四四号
早川　泉他　一九九四　『武蔵台遺跡Ⅱ』　都立府中病院内遺跡調査会

早川　泉　二〇〇五「撚糸紋系土器終末期の集落」『國學院大學考古学資料館紀要』二一輯
堀口萬吉編　一九八六「関東地方の地形区分と名称」『日本の地質3関東地方』
峰屋孝之　一九九八『干潟工業団地埋蔵文化財調査報告書』（財）千葉県文化財センター
宮重行他　二〇〇〇『新東京国際空港埋蔵文化財発掘調査報告書XⅢ　東峰御幸畑西遺跡』（財）千葉県文化財センター
宮崎朝雄　二〇〇四「縄文早期撚糸文文化の竪穴住居について」『縄文時代』一五号
宮崎朝雄　二〇〇五「続・縄文早期撚糸文文化の竪穴住居について」『縄文時代』一六号
和島誠一　一九四八「原始集落の構成」『日本歴史学講座』

第1表　集落遺跡一覧

地域	時期	土器型式	遺跡名	市町村	標高	住居	規模				形態		炉有	周辺遺構
					m	軒数	S	M	L	LL	円系	方系	軒数	
草創期														
SW	I	無文	前田耕地	あきる野市	125	2	2				2		1？	炉跡
SW	I	無文	勝坂	相模原市	53	1		1				1	1？	集石
SW	I	隆起線文	慶応 SFC	藤沢市	37	1			1		1		1？	
SW	I	隆起線文	南鍛冶山	藤沢市	29	2	2				1	1	1？	集石・配石
SW	I	隆起線文	花見山	横浜市	52	1	1					1		配石
	小計		5遺跡			7	5	1	1		4	3	4	
SW	II	押圧縄文	宮林	花園町	74	1		1			1			
SW	II	押圧縄文	打越	滑川町	45	1	1				1			
NW	II	押圧縄文	五目牛新田	伊勢崎市	85	3		3			1	2	2	
NW	II	押圧縄文	西鹿田中島	笠懸町	157	2	1	1				1	1	集石
NE	II	薄手無文	野沢	宇都宮市	163	3	3				3			炉跡
	小計		5遺跡			10	5	5			6	3	3	
	合計		10遺跡			17	10	6	1		10	6	7	
撚糸文期														
SW	I	井草I	久保ヶ谷戸	町田市	172	1		1				1		
SW	I	井草II	多摩 No. 200	町田市	149	2			1		1	1	1	
SW	I	井草I・II	日影山	町田市	85	21	10	3			4	15	4	
SW	I	井草I・II	蔵屋敷	横浜市	83	1			1			1	1	
SW	I	井草II	多摩 No. 52	多摩市	95	3	2					2	1	
SW	I	井草II	多摩 No. 446	八王子市	95	1					1		1	集石
SW	I	井草I	西ノ谷B14	横浜市	40	1		1				1		
SW	I	井草I・II	吉祥寺南町1	武蔵野市	48	3	2				2		1	
SW	I	井草II	前野田向	板橋区	21	1								
SW	I	井草II	ナラサス	清川村	227	2	2					2	1	集石
SW	I	井草II	叺原	川口市	15	1	1					1	1	
SW	I	井草I	坊荒句	春日部市	11	1	1					1		
NW	I	井草II	城山	北橘村	175	1	1					1		
SE	I	井草I	西ノ城	神崎町	35	1		1				1		貝塚
SE	I	井草I	空港 No. 7	芝山町	40	1		1			1		1	
SE	I	井草I・II	取香和田戸	成田市	40	5			4		3	2	1	集石
SE	I	井草I	東峰御幸畑西	成田市	40	3		2	1		3			
SE	I	井草II	三里塚 No. 51	成田市	42	1	1				1			炉跡
SE	I	井草II	餅ヶ崎	千葉市	26	1	1					1		
SE	I	井草I	一鍬田甚兵山	多古町	42	1	1				1		1	
NE	I	井草I	宇都宮青陵	宇都宮市	119	1	1				1			
	小計		21遺跡			53	13	9	7		18	30	14	
SW	II	夏島・稲荷台	多摩 No. 200	町田市	175	20	7	4	2		9	9	14	集石
SW	II	井草II・夏島	小山田 No. 13	町田市	124	2	1	1				2		集石
SW	II	夏島・稲荷台	多摩 No. 105B	八王子市	123	1		1				1		集石
SW	II	夏島・稲荷台	多摩 No. 145	八王子市	157	5	3	1			1	4	5	炉跡
SW	II	稲荷台	多摩 No. 210	町田市	160	2	1	1			1	1	1	
SW	II	稲荷台	菅生水沢	川崎市	85	4		3				4		
SW	II	稲荷台	都筑 No. 8	横浜市	81	1			1			1	1	
SW	II	稲荷台	下鶴間浅間社	大和市	107	1		1				1		集石
SW	II	稲荷台	南原	横浜市	67	2	1					1	1	
SW	II	稲荷台	荏田10	横浜市	66	2		1				2		
SW	II	稲荷台	三の丸	横浜市	61	1		1				1		
SW	II	稲荷台	西ノ谷B13	横浜市	40	2	1	1				2		
SW	II	稲荷台	稲ヶ原A	横浜市	37	2	1		1			2		集石
SW	II	稲荷台	七ツ塚	横浜市	44	2	2					2		
SW	II	稲荷台新	寺谷戸	横浜市	44	3		2	1			3	1	
SW	II	稲荷台	前野田向	板橋区	22	7	1		1			2	1	
SW	II	夏島・稲荷台	はけうえ	小金井市	71	11	5	2			3	4	2	集石
SW	II	夏島・稲荷台	中宮	練馬区	38	3		2		1		3		
SW	II	夏島・稲荷台	鉢山町	渋谷区	35	1	1					1		
SW	II	稲荷台	もみじ山	練馬区	40	1			1			1	1	集石
SW	II	稲荷台	三鷹5中	三鷹市	47	8	5				5	3		
SW	II	稲荷台	大和田	立川市	73	4	1	2				3		集石
SW	II	稲荷台	東京天文台	三鷹市	56	3		2		1		3		集石
SW	II	稲荷台	大橋	目黒区	34	3	2					2		
SW	II	夏島・稲荷台	向原	平塚市	85	1		1				1	1	集石

地域	時期	土器型式	遺跡名	市町村	標高	住居	規模				形態		炉有	周辺遺構
					m	軒数	S	M	L	LL	円系	方系	軒数	
SW	II	稲荷台	明花向 B	浦和市	14	1			1			1		
SW	II	稲荷台	白幡中	浦和市	14	1	1				1		1	
SW	II	稲荷台	栗谷ツ	富士見市	20	3		1	1			2	1	
SW	II	夏島・稲荷台	立正大学熊谷	江南町	50	3		2		1	3			
SW	II	稲荷台	野原宮脇	江南町	50	1					1			
SW	II	夏島・稲荷台	宮林	花園町	75	1	1				1			
SW	II	夏島・稲荷台	四反歩	川本町	68	4	1	3				4	1	集石
NW	II	夏島・稲荷台	城山	北橘村	175	4	1	1	1	1	1	3		集石
SE	II	夏島・稲荷台	三里塚 No. 3	成田市	42	7	4	3			4	3		炉跡
SE	II	稲荷台新	木の根 No. 6	成田市	40	2		1	1		2		1	
SE	II	稲荷台	文六第 1	千葉市	92	1	1				1			
SE	II	夏島・稲荷台	台木 A	木更津市	149	5	3	2			3	2		集石
NE	II	夏島	間々田六本木	小山市	27	1	1				1		1	
NE	II	夏島	山崎北	宇都宮市	152	4	3	1			2	2		
NE	II	稲荷台	登谷	茂木町	192	1	1					1		
	小計		42 遺跡			149	57	40	11	4	42	82	36	
SW	III	稲荷台 2	鴨居原	横浜市	67	1		1				1		
SW	III	大浦山・東山	成瀬西 II	町田市	84	5		1	2	2		5		集石
SW	III	稲荷原・東山	簗田寺南	町田市	102	5		2	2			5		集石
SW	III	東山	金井原	町田市	88	2	1	1				2	1	
SW	III	大浦山	矢指谷	横浜市	88	1		1				1		
SW	III	稲荷原・東山	本町田上の山	町田市	107	1				1		1		
SW	III	大浦山・平坂	蔵屋敷	横浜市	83	3		3				3	3	
SW	III	稲荷台 2	寺谷戸	横浜市	44	2		1		1		2		
SW	III	稲荷台 2	西ノ谷 B 14	横浜市	40	1			1			1		
SW	III	大浦山	西ノ谷 B 13	横浜市	40	2	1			1		2		
SW	III	大浦山 II	井田中原	川崎市	40	2			1			2		
SW	III	大浦山・東山	山田大塚	横浜市	46	8	2	1	1	2		8		
SW	III	稲荷原・東山	前野田向	板橋区	22	9	6	1		1		6		
SW	III	稲荷原	日影山	国分寺市	78	1		1				1		
SW	III	稲荷台 2・東山	桜橋付近	大田区	23	1		1				1		
SW	III	東山	滝坂	三鷹市	50	1		1				1		集石
SW	III	東山	下神明	世田谷区	40	3	1					2		
SW	III	稲荷原・東山	武蔵台東	府中市	77	12		4	3	1		11	1	配石
SW	III	稲荷原・東山	武蔵台	府中市	78	32	8	12	7	1	1	30	1	集石・配石
SW	III	大浦山 II	内原	横須賀市	20	1		1				1		
SW	III	平坂	東田原八幡	秦野市	230	1			1		1			集石
SW	III	平坂	白金山	伊勢原市	35	1		1			1			
SW	III	稲荷台・稲荷原	坊荒区	春日部市	12	2	1	1			1	1	1	
SW	III	稲荷台・稲荷原	前原	宮代町	9	7	6					7	2	炉跡・集石
SW	III	稲荷原	二宮神社境内	秋川市	140	3	1	2				3		
SW	III	東山・樋沢	向山	日高市	62	6	2	4			6		1	集石
SW	III	東山	四反歩	川本町	69	4	3	1			2	2	1	
NW	III	稲荷原	城山	北橘村	171	1		1				1		
NW	III	稲荷原	八木沢清水	小野上村	460	1		1			1			
NW	III	東山	横川大林	松井田町	468	1	1				1		1	集石
NW	III	東山・樋沢	下鎌田	下仁田町	240	1	1					1		
NW	III	東山・樋沢	金井谷戸	安中市	232	1		1			1			集石
SE	III	花輪台 I	鹿渡	四街道市	40	1		1				1		
SE	III	花輪台 I・II	花輪台	利根町	20	6		4	1		1	5		貝塚
SE	III	稲荷台 2	台木 B	木更津市	156	1		1			1			
SE	III	花輪台 I	小山	千葉市	90	2	1	1			1	1		
NE	III	稲荷原・平坂	堀込	市貝町	140	4	4				1	2		
	小計		37 遺跡			136	39	51	19	10	19	110	12	
	合計		100 遺跡			338	109	100	37	14	79	222	65	
貝殻沈線文期														
SW	I	田戸下層	東谷戸	厚木市	103	3	2	1				3		集石
SW	I	田戸下層	四反歩	川本町	67	1	1					1		
NW	I	田戸下層	新掘東源ヶ原	松井田町	345	3		2			2		3	
SE	I	三戸・田戸下層	西向野 I	成田市	38	1	1					1		
SE	I	田戸下層	椎ノ木	成田市	41	3	3					3	3	
SE	I	田戸下層	山田台 No. 3	大網白里	75	1			1		1			
SE	I	田戸下層	粟野台	東庄町	55	1		1				1	1	炉跡
SE	I	田戸下層	北河原坂 2	千葉市	81	4	4					4		炉跡

地域	時期	土器型式	遺跡名	市町村	標高	住居	規模				形態		炉有	周辺遺構
					m	軒数	S	M	L	LL	円系	方系	軒数	
SE	I	田戸下層	伏見	鹿島町	35	4	2	1				4		
NE	I	田戸下層	差渋	ひたちなか市	26	2	2					2	1	
NE	I	田戸下層	十万原	水戸市	30	4		1	1	2	3	1		
	小計		13 遺跡			29	17	6	2	2	7	21	8	
SW	II	田戸上層	多摩 No. 344	町田市	140	1	1					1	1	集石
SW	II	田戸上層	戸場	町田市	78	2	2					2		炉跡
SE	II	田戸上層	台木 B	木更津市	156	1	1					1		
SE	II	田戸上層	東峰御幸畑西	成田市	40	1	1					1		
SE	II	田戸上層	取香和田戸	成田市	41	1	1					1	1	炉跡・集石
SE	II	田戸上層	三里塚 No. 18	成田市	41	1	1				1			炉跡
SE	II	田戸上層	三里塚 No. 19	成田市	41	1	1				1			
SE	II	田戸上層	桜井平	干潟町	52	3	1	1	1		2	1	1	
SE	II	田戸上層	伏見	鹿島町	35	2	2					2		
	小計		9 遺跡			13	11	1	1		4	9	3	
	合計		22 遺跡			42	28	7	3	2	11	30	11	
貝殻条痕文期														
SW	I	子母口	多摩 No. 200	町田市	176	1		1				1	1	炉穴群
SW	I	子母口	多摩 No. 344	町田市	150	2	2					1	2	炉穴群
SW	I	子母口	田中谷戸	町田市	168	1	1				1			炉穴群
SW	I	子母口	緑川東	国立市	70	1	1					1		炉穴群
SW	I	子母口	出山	三鷹市	56	2	1	1			1	1		炉穴
SW	I	子母口	北野	三鷹市	50	3	3					3		炉穴群
SE	I	子母口	新井花和田	市原市	132	11	10	1			9	2	6	炉穴群
SE	I	子母口	台木 B	木更津市	156	1	1					1		炉穴
SE	I	子母口	台木 A	木更津市	147	1			1		1			炉穴群
SE	I	子母口	椎ノ木	成田市	41	5		5				5	1	炉穴群
SE	I	子母口	片又木 A 区	市原市	60	1	1				1		1	炉穴群
SE	I	子母口	空港 No. 7	芝山町	39	1	1					1		炉穴
SE	I	子母口	佐倉道南	船橋市	20	4		2	1			1	1	炉穴
NE	I	子母口	石山神	友部町	109	5	3	2			1	4	3	炉穴
	小計		14 遺跡			39	24	12	2		14	21	15	
SW	II	野島	小山田 No. 15	町田市	140	3	3				1	2	2	炉穴群
SW	II	野島	多摩 No. 210	町田市	161	4	3	1			1	3		炉穴群
SW	II	野島	多摩 No. 192	町田市	163	4	4				4		2	炉穴群
SW	II	野島	多摩 No. 209	町田市	132	2	2					2	1	炉穴群
SW	II	野島	多摩 No. 328	町田市	177	1		1				1		炉穴群
SW	II	野島	多摩 No. 194	町田市	158	1		1				1		炉穴群
SW	II	野島	多摩 No. 939	町田市	160	5	4					4	1	炉穴群
SW	II	野島	宇津木台 N	八王子市	120	1	1				1		1	
SW	II	野島	新井 3 丁目	中野区	39	5	3				1	2		炉穴群
SW	II	野島	大熊仲町	横浜市	44	4	4				2	2		炉穴群
SW	II	野島	諏訪山	岩槻市	15	17	7	7			15		1	炉穴
SW	II	野島	叺原	川口市	14	1		1				1	1	炉穴群
SW	II	野島	会ノ谷	浦和市	14	1		1			1		1	炉穴
SW	II	野島	大北	浦和市	14	2	2				2		1	炉穴群
SW	II	野島	明花向 A	浦和市	14	2	2					2		炉穴
SW	II	野島	井沼方	浦和市	15	1	1					1		炉穴
SW	II	野島	天神北	桶川市	17	1			1		1		1	炉穴
SW	II	野島	金平	嵐山町	65	6	2	4					2	炉穴
SW	II	野島	緑山	東松山市	68	4	3	1				4		炉穴群
SW	II	鵜が島台	虫草山	鳩山町	78	2	2				2		2	炉穴
SW	II	鵜が島台	多摩 No. 343	町田市	141	1	1				1		1	炉穴
SW	II	鵜が島台	潮見台	川崎市	94	2		2				2		炉穴
SW	II	鵜が島台	和田北	浦和市	14	1	1				1			炉穴
SW	II	鵜が島台	明花上ノ台	浦和市	14	1		1				1	1	炉穴
SW	II	茅山	稲荷山	練馬区	33	2		1				1	2	炉穴群
SW	II	茅山	大泉中里	練馬区	42	1	1							
SW	II	茅山	鍛冶山	横浜市	38	1	1					1		炉穴群
SW	II	茅山	嵯峨山	新座市	45	1			1			1	1	炉穴群
SW	II	茅山	泉水山	朝霞市	25	2	2				2		1	炉穴
SW	II	茅山	大古里	浦和市	16	2	2					2	1	炉穴群
SW	II	茅山	八本木	川口市	18	1		1			1			炉穴群
SW	II	茅山	篠山	大宮市	16	2	2				2			炉穴群
SW	II	茅山	A−230	大宮市	17	1		1			1		1	炉穴群

地域	時期	土器型式	遺跡名	市町村	標高	住居	規模				形態		炉有	周辺遺構
					m	軒数	S	M	L	LL	円系	方系	軒数	
SE	II	野島	山田台 No. 4	大網白里町	81	2			2			2		炉穴群
SE	II	野島	城山ノ作	佐倉市	33	4		3		1	1	3	2	炉穴
SE	II	鵜が島台	文六第1	千葉市	94	4	4				3	1		炉穴群
SE	II	鵜が島台	桜井平	干潟町	52	7	2	4			4	1		炉穴群・貝塚
SE	II	鵜が島台	三里塚 No. 14	成田市	40	3	1	2				3	1	炉穴
SE	II	鵜が島台	三里塚 No. 15	成田市	41	1	1					1		炉穴
SE	II	鵜が島台	飛ノ台	船橋市	15	1			1			1	1	炉穴
SE	II	鵜が島台	石揚	沼南町	22	3		3			1	2		炉穴群
SE	II	鵜が島台	地蔵山	千葉市	22	2	1	1			2			炉穴群
SE	II	鵜が島台	和良比	四街道市	29	3	2	1				3	3	炉穴群
SE	II	茅山	西の台	船橋市	26	1	1					1	1	炉穴
SE	II	茅山	上座	佐倉市		1		1				1		炉穴
SE	II	茅山	餅ヶ崎	千葉市	26	2		2				2	2	炉穴
SE	II	茅山	甚五郎崎	取手市	22	1		1			1			
SE	II	茅山	復山谷	白井町	21	2	1	1			2		2	炉穴群
SE	II	茅山	下高井向原	取手市	21	2	1	1			1	1		炉穴
SE	II	茅山上層	山神宮裏	柏市	14	2	2							炉穴
SE	II	茅山上層	エゴダ	千葉市	23	4	3	1			1	3	1	炉穴群
SE	II	茅山上層	伏見	鹿島町	35	5	4	1				5	4	炉穴
SE	II	茅山上層	弥三郎第2	千葉市	94	1	1					1		
NE	II	茅山上層	遠下	日立市	30	12	7	5			8	4	10	
	小計		56 遺跡			151	86	50	5	2	65	69	52	
SW	III	下布部	赤山	川口市	12	1			1		1		1	炉穴群
SW	III	下布部・打越	恋ヶ窪南	国分寺市	74	21	7	9	3		17	2	10	炉穴
SW	III	打越・神之木台	武蔵国分寺北	国分寺市	73	52	43	3			24	19	14	炉穴群
SW	III	打越・神之木台	向山	東久留米市	61	27	13	13	1		22	5	23	炉穴群
SW	III	神之木台	多聞寺前	東久留米市	51	2	2					2	1	炉穴・集石
SW	III	打越・下吉井	打越	富士見市	20	46	18	10			10	21	32	炉穴群・貝塚
SW	III	神之木台	藤の台	町田市	104	8	7	1			4	4		炉穴群
	小計		7 遺跡			157	90	36	5		78	53	81	
	合計		77 遺跡			347	200	98	12	2	157	143	148	

関東縄文前期後半期の系統性と連鎖関係

──黒浜式と諸磯a式をめぐる諸関係──

細田　勝

はじめに

関東地方における黒浜式から諸磯a式土器への型式変遷については、現在までに多くの検討が加えられてきた。この時期は、前期初頭以来続いた羽状縄文が衰退し、工具文への転換が図られるとともに、土器製作上では無繊維土器が急速に波及するなど、関東における画期と捉えられる。やがて工具文は曲線化への嗜好性を強め、新たに磨り消し単位文を生み出し関東はもとより広く中部以西にまでも及ぶ広域な分布をもたらすにいたる。このように諸磯a式の成立は、型式論上でも、縄文社会の変遷史を考える上でも重要な意味をもっている。

ところで、黒浜式から諸磯a式への変遷は、どのような状況にあるのだろうか。関東東部域を定点にすると、諸磯a式とは如何なる存在なのであろうか。小論は、以上の命題から諸磯a式を関東全体の構図から捉え、土器変遷史に位置付ける基礎的作業を試みたものである。

一　基準資料の検討

筆者はかつて岩槻市（現さいたま市）徳力地内に所在する、徳力東北遺跡（細田 二〇〇五）の調査と整理作業に携わる機会を得た。遺跡は慈恩寺支台にある黒浜式から諸磯b式期の住居跡一六軒が調査されたが、今回黒浜式終末期の住居跡出土資料を基準資料として掲載した。

第二図が同遺跡11号、15・16号、9号住居跡から出土した土器群である。11号住居跡は2が炉体で、他は覆土出土土器である。1、2にみられる口縁部幅狭文様帯[1]（以下Ⅰa帯）は、一ないし二条の竹管文で、円形または楕円形の沈線文を挟む。口頸部と胴部はコンパス文で区画されている。口頸部（以下Ⅰb帯）は、1が一帯の鋸歯状に、2は二帯と鋸歯状構成に差異がある。縄文施文の4は口頸部と胴部区画の竹管文間が磨り消されている。

3は諸磯a式古段階に比定される肋骨文系土器で、縦区画線がなく、弧線の接点に円形竹管文が施された事例である。器形も他と異なり、この資料のみが無繊維で、他の資料と共時性を持つか否かが問題点となる。

7から8は第15号住居跡出土土器である。付加条縄文で[2]7は菱形状に、8は肋骨文風に施文されている。いずれも繊維を含む。6は単節斜縄文の胴部破片で、第15号と重複する住居の壁際から出土した土器で無繊維である。

9から11が第9号住居跡出土土器で、3点は近接した位置関係で出土した。工具により文様施文された土器で、10は肋骨文、11は木の葉文風な文様構成である。9はⅠa帯が隆帯によって区画された推定四単位波状口縁の土器で、米島貝塚6号住居跡出土土器に近似している。隆帯で口縁部文様帯が区画された土器はこの時期に特有で、系譜関係を探るうえで大きな意味を持つと考える。

ここに取り上げた三軒の住居跡出土土器は、黒浜式第Ⅳ段階（新井 一九八二）、同Ⅲ段階（奥野 一九八九）に相当する土器群である。すでに奥野麦生氏も指摘したように、縄文系の土器群と工具文系の土器群とは容貌を異にするものの極めて似通った構成をもつことに着目（奥野　一九八九）すべきで、装飾上の差異と構成上の共通性を分析することが、無繊維土器の出現にいたる経時的変化と土器様相の地域的・共時的変化を把握する視点を提供すると考える。

二　基準資料に先行する土器群

基準資料が黒浜式の最新段階に位置することに問題はないであろう。(3) 先行する土器群との型式論的分析が当面の問題となろう。ここでは下手遺跡（大宮市　一九六二）、木津内貝塚（細田　二〇〇二）Ⅲ区5号・6号住居跡、宿下遺跡（田中・小宮　二〇〇五）81号住居跡を取り上げてみよう。

この時期の特徴とされるコンパス文系の土器に注目したい。下手遺跡の土器群は特徴的な組み合わせを示している。コンパス文系の土器には凡そ二形態がある。幅の狭い二列の竹管文でⅠa帯が区画され、Ⅰb帯に縦区画線を介してコンパス文と並行沈線文が描かれる土器（第一図10）と、Ⅰb帯にコンパス文のみが横走する土器（第一図12）がある。後者は前者のⅠa帯が省略され、かつ縦位区画の要素も持たない土器である。これらとともに縦区画されたⅠb帯内に横位の密接した並行沈線文が施文された土器（第一図11）がある。下手遺跡出土土器は典型例がまとまった一括資料と見てよいであろう。下手遺跡や中棚遺跡（富沢　一九八五）では終末期の大型菱形文系土器が伴っている。この土器のⅠa帯は三条の竹管文で、コンパス文系にも同様の竹管文を持つものがあることから、異系統のⅠa帯が借用されたとみられる部分がある。Ⅰb帯と胴部（以下Ⅱ帯）との境界は、通常器形の括れ部に対応し、この部分も竹管文で区画され、明瞭に文様帯として区分されている。胴部は帯間で原体を異にした羽状縄文の組み合わせからなる菱形や同一原体による単方向施文である。付加条原体を用いた施文例が関東東部では以外に少ないことも特徴であろう。

一方文様要素としての円形刺突は、木津内貝塚Ⅲ区6号住居跡出土土器に見られるように、コンパス文系土器の縦区画間の描出要素や、筒形土器の口唇部などに施文されていることに注目しておきたい。

これら整った文様帯配置の土器に肋骨文系の土器が伴っている。肋骨文は専ら胴上半部に位置し、下半部が縄文施文される（第一図15）変化に乏しい器形である。文様には変異の幅が大きいが、由来は縄を工具に置き換えた土器なのであろう。

中棚遺跡NJ―12出土土器は量的にまとまり、関東北部域の様相を端的に示した一括資料である。大型菱形文系に伴う縄文施文の土器が特徴的で、コンパス文で三帯区画されたⅠb帯に、付加条縄文で菱形施文された構図をとる。直線的に開く幅広い口頸部は同時期の三ヶ尻林遺跡（昼間　一九八四）出土土器に共通し、ともに関東北部的な様相で、関東東部とは対照的な組成である。Ⅰb帯の横分割はコンパス文系に共通し、関東東部が縦区画線に傾斜する顕著な傾向とは対照的である。関東一円を通覧すると、黒浜式中葉段階は、関東北部域では大型菱形文系の、関東東部域ではコンパス文系の終末期にあたり、新たに肋骨文系をはじめ縄を工具文様に置換した土器群が成立している。このような状況下においてなかば対立的な関係にある両地域を連結する存在として新たに成立する土器群が米字文系土器なのであろう。

三　黒浜式終末期の土器様相

前節において関東地方の黒浜式中葉段階の様相を簡単に整理した。黒浜式の終末期および黒浜式と諸磯a式との境界に関する議論は、水子段階の設定（江坂　一九五六）と市川市中台貝塚1号住居跡出土土器を基準とした水子式設定の意義（堀越　一九八八）、鈴木徳雄氏により、文様帯系統論を視座に据えた諸磯a式の型式論的な分析（鈴木　一九八八

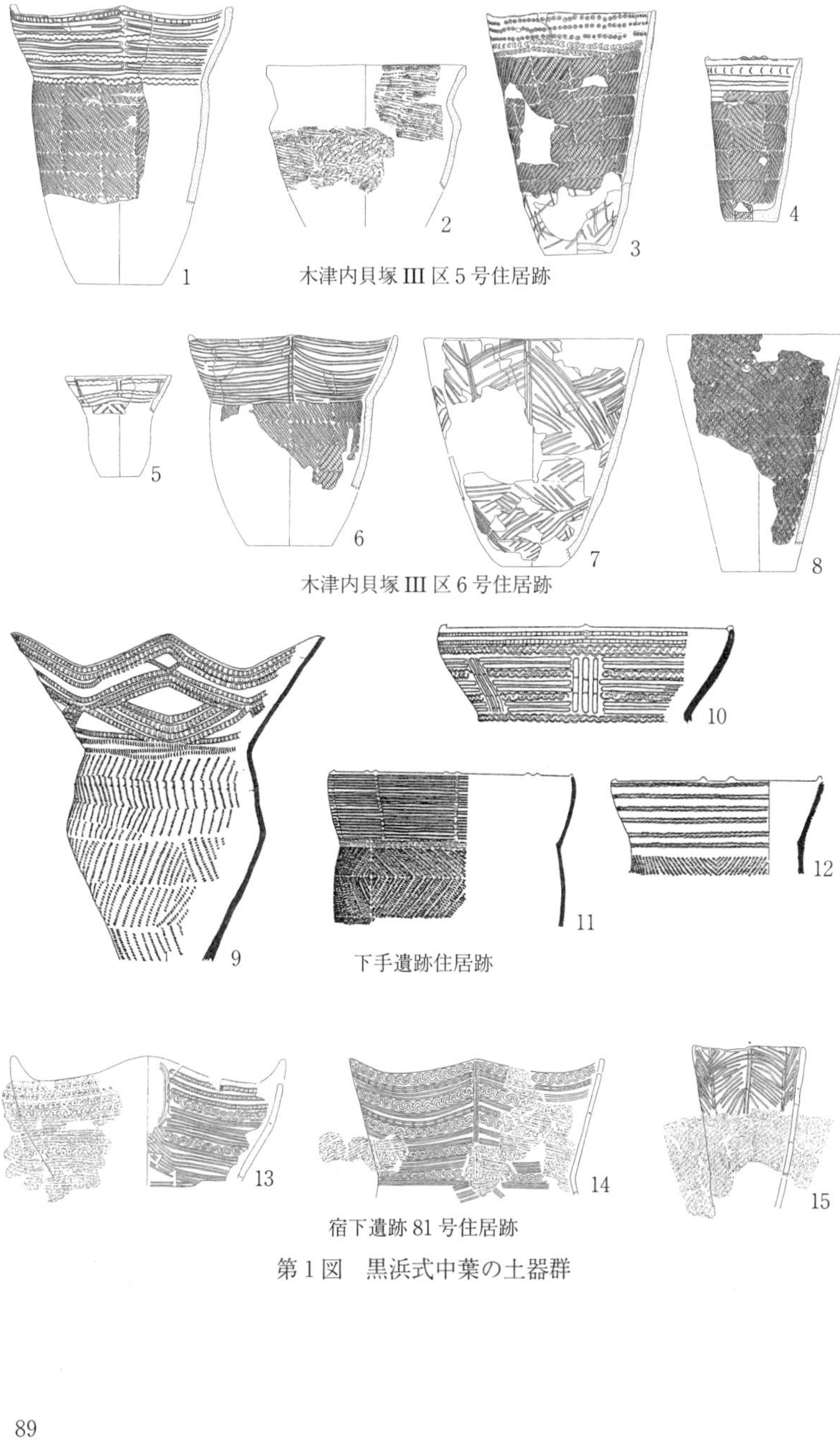

第 1 図　黒浜式中葉の土器群

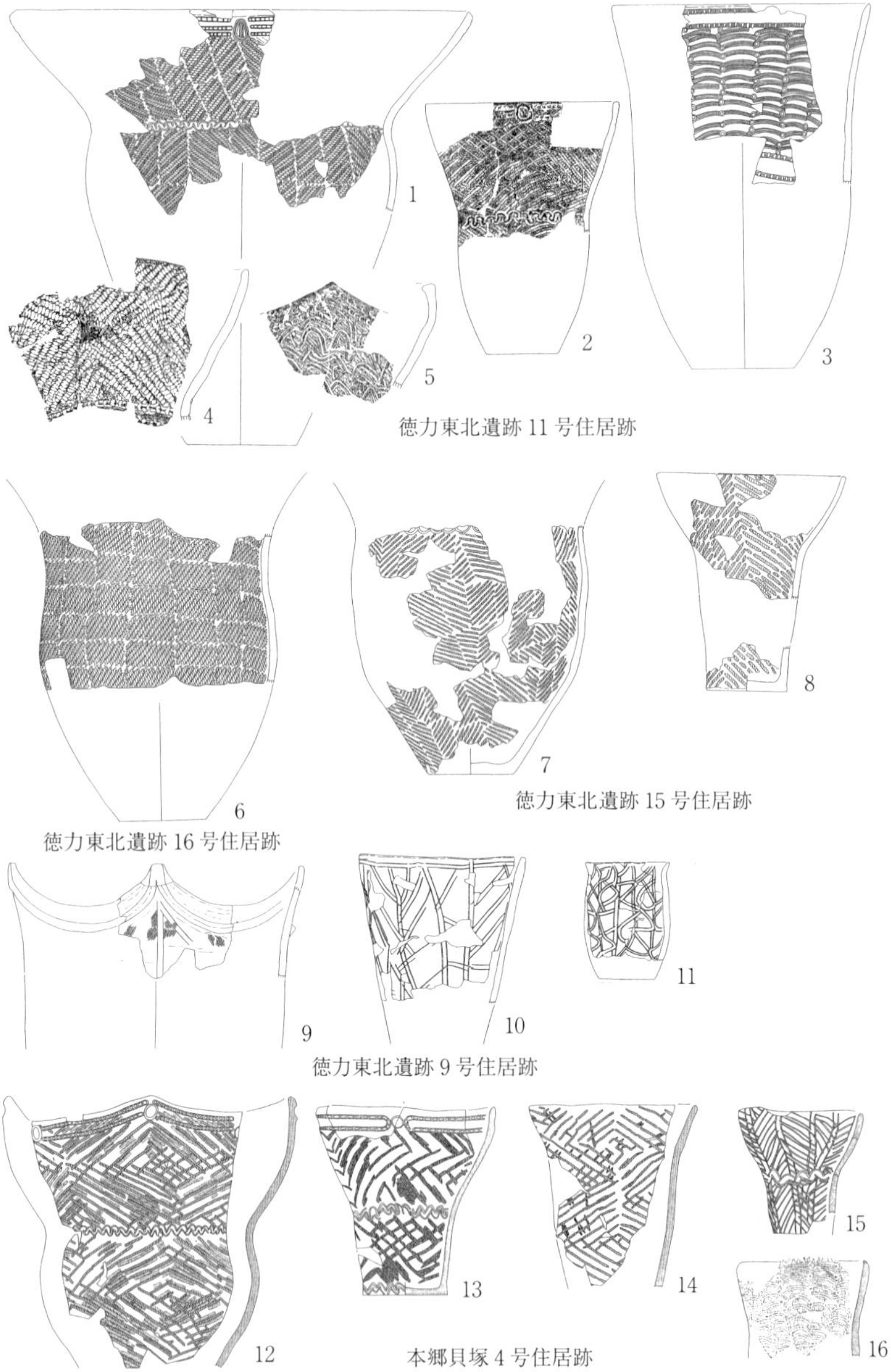

第 2 図　関東東部の土器群

九・一九九四）などがある。

黒浜式土器を検討した新井和之氏は、諸磯式への連続性を基点として第Ｖ段階を設定し、黒浜式から諸磯ａ式への型式変遷を検討（新井　一九八二）したが、謎の段階や理論的要請による段階設定（鈴木　一九八九）とされたように、黒浜式終末期から諸磯ａ式に至る間に型式論的な連続的変遷が保証されているわけではない。黒浜式終末期に無繊維土器が共存する事例（田中　一九九二）は、資料が増加した今日では、関東東部域においては普遍的な事象で、繊維の有無は型式区分の根拠とはならない（鈴木　一九九四）うえに、そもそも時間軸として配置できるかが問われねばならないであろう。

関東東部域の資料に準拠すると、黒浜式終末期から諸磯ａ式（特に古段階）への変遷に懐疑的とならざるを得ない。通常、黒浜式と諸磯ａ式典型例では、胎土・成形・施文手法に明らかな差異があり、経験的に両者を弁別し時間差を想定する。しかし、一括出土資料については評価し難い事例も多い。関東東部域を視点とすると、諸磯ａ式とはいったいどのような存在なのかを再度問い直し、連続・非連続を明らかにする必要があると考える。

四　系統と分析

米字文系

糸井宮前遺跡100号住居跡出土土器は、口頸部が二帯に分帯され、各帯には地文変換点で竹管文により縦区画され、区画間には縄の条に並行するように竹管文を配置し、鋸歯状に対向させて米字文様を描いている。同遺跡118号住居跡から出土した四単位波状口縁の土器は、100号住居跡出土土器との差異は認められない。平縁でＩｂ帯が二帯構成の土器には、中棚遺跡ＮＪ―１出土例（第四図５）、稲荷山遺跡19号住居跡出土例（第四図３）があり、Ｉｂ横帯は二条並行の竹管文で、中棚例を除き、縦区画の接点に円形刺突を配している。稲荷山例は地文が単方向斜縄文である。中棚例では口唇上に連続した山形小突起が配置され、天神前遺跡55号土壙出土土器（第三図15）に酷似する。縄文地文上に竹管文を配置する土器群は、竹管文を縄の模倣と観れば、縄の条の強調とは意味が異なるであろう。

羽根尾貝塚（戸田 二〇〇三）3C区遺物集中区第1面から出土した三個体の土器（第四図9～11）は、いずれも無繊維で単方向縄文地上に二列ないしは単列の竹管文や沈線文が描かれた土器である。口縁部がキャリパー状のものと口端が強く外反するものがあり、この時期の器形の特徴を良く示している。口端部の円孔を挟んだ竹管文と対弧線を挟んだ二条の竹管文によって形成された幅狭いⅠa帯は、関東東部域においては付加条縄文により菱形施文される土器群に広く認められる特徴である。キャリパー形深鉢のⅠb帯からⅡ帯に描かれた米地文は、Ⅰb帯についてはコンパス文系との交渉によって生まれた中棚遺跡NJ―12例の多帯構成に系譜関係を持ち、胴部の多帯化は筒形器形の米字文系および付加条縄文による全面施文の土器などと関係するようである。

天神前遺跡55号土壙出土土器（第三図15）は最も整った特筆すべき資料である。Ⅰa帯は羽根尾例や釈迦堂遺跡（小野 一九八六）出土土器（第四図17）と酷似しているが、Ⅰb帯が一帯で、二帯構成の羽根尾例などとは系譜関係を異にするらしい。胴部には縦区画線が無く、四帯に分帯される横区画線は、円形刺突を挟んだ対弧線を連結した竹管文で、内部にも1条の竹管文が配置されており、木の葉文に類似の描き方である。他に米島貝塚（小林 一九六五）6号住居跡出土土器（第五図13）や、諸磯a式古段階の典型例とされる塚屋遺跡（市川 一九八三）第10号住居跡出土土器（第六図2）も同等の資料となろう。

ところで、天神前遺跡26号住居跡や中台貝塚（堀越 一九八八）からは、地文がない沈線や竹管文の米字文土器が出土している。先に地文と文様を異系統と捉えたが、これらの資料はその背景を雄弁に物語るものであり、関東東部域において一般的な付加条縄文による菱形施文の土器は、縄が文様に相当し、直接的に工具に置き換えられた結果、地

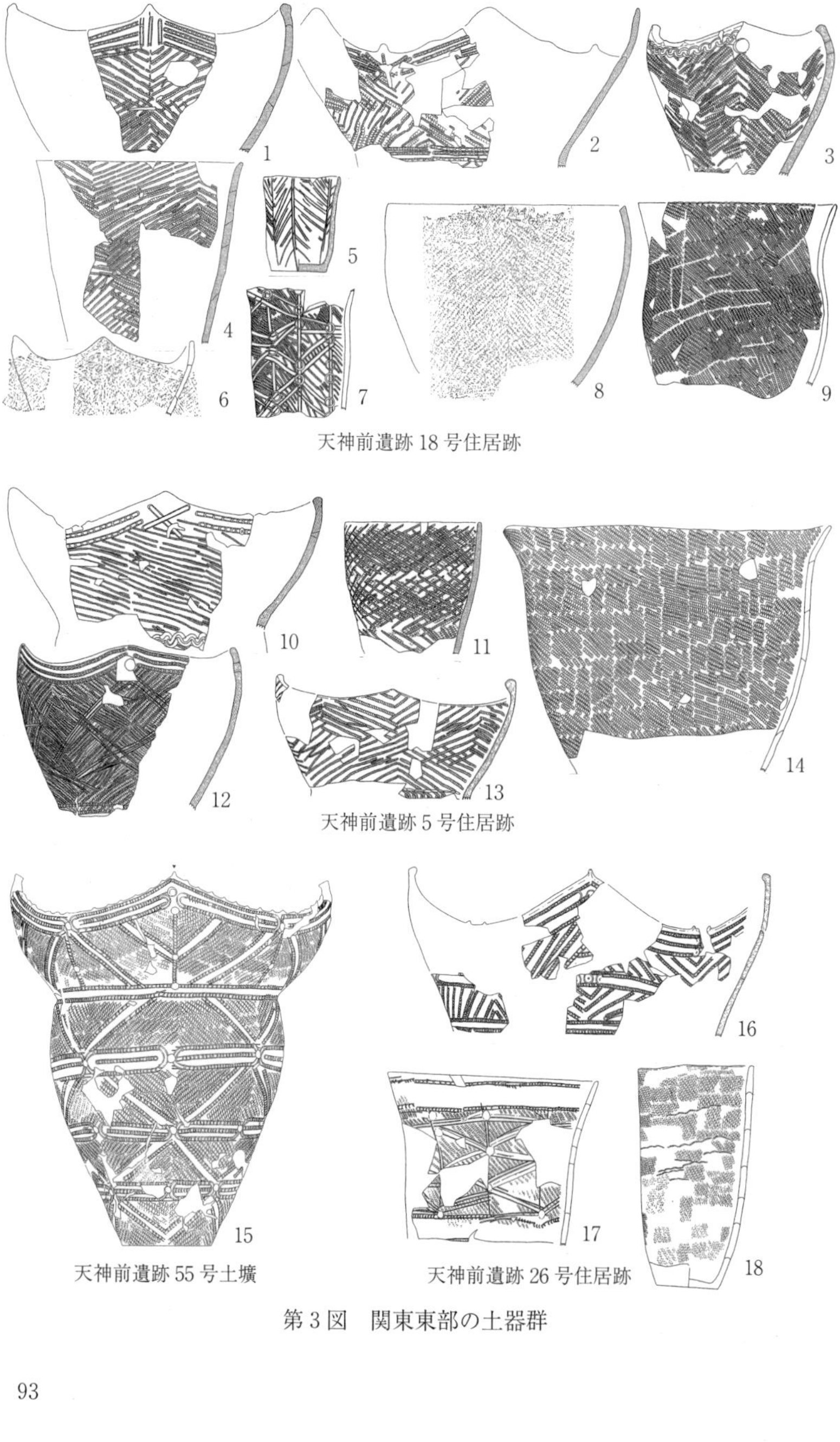

第 3 図　関東東部の土器群

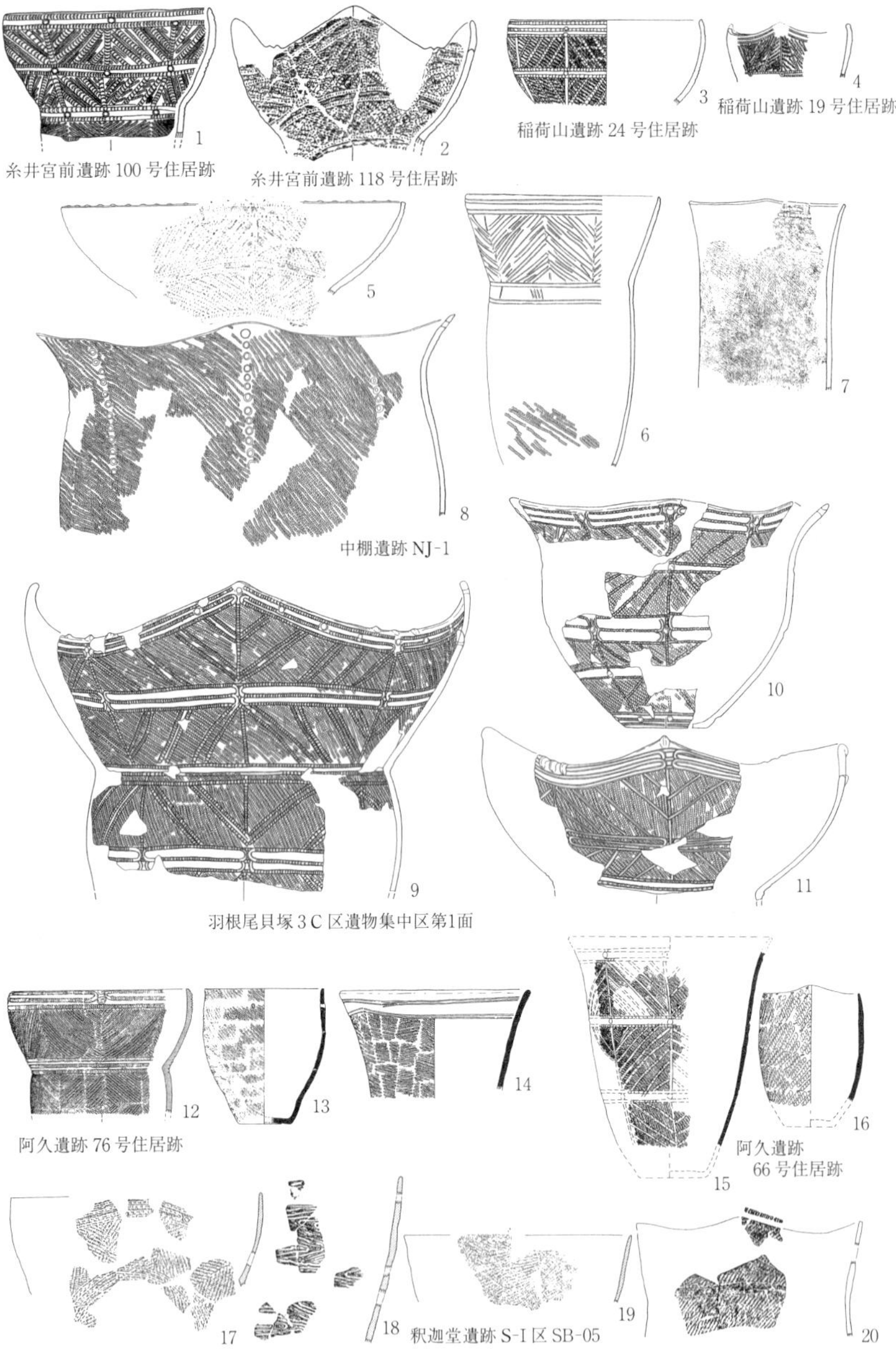

第 4 図　関東北部・西部・中部地方の土器群

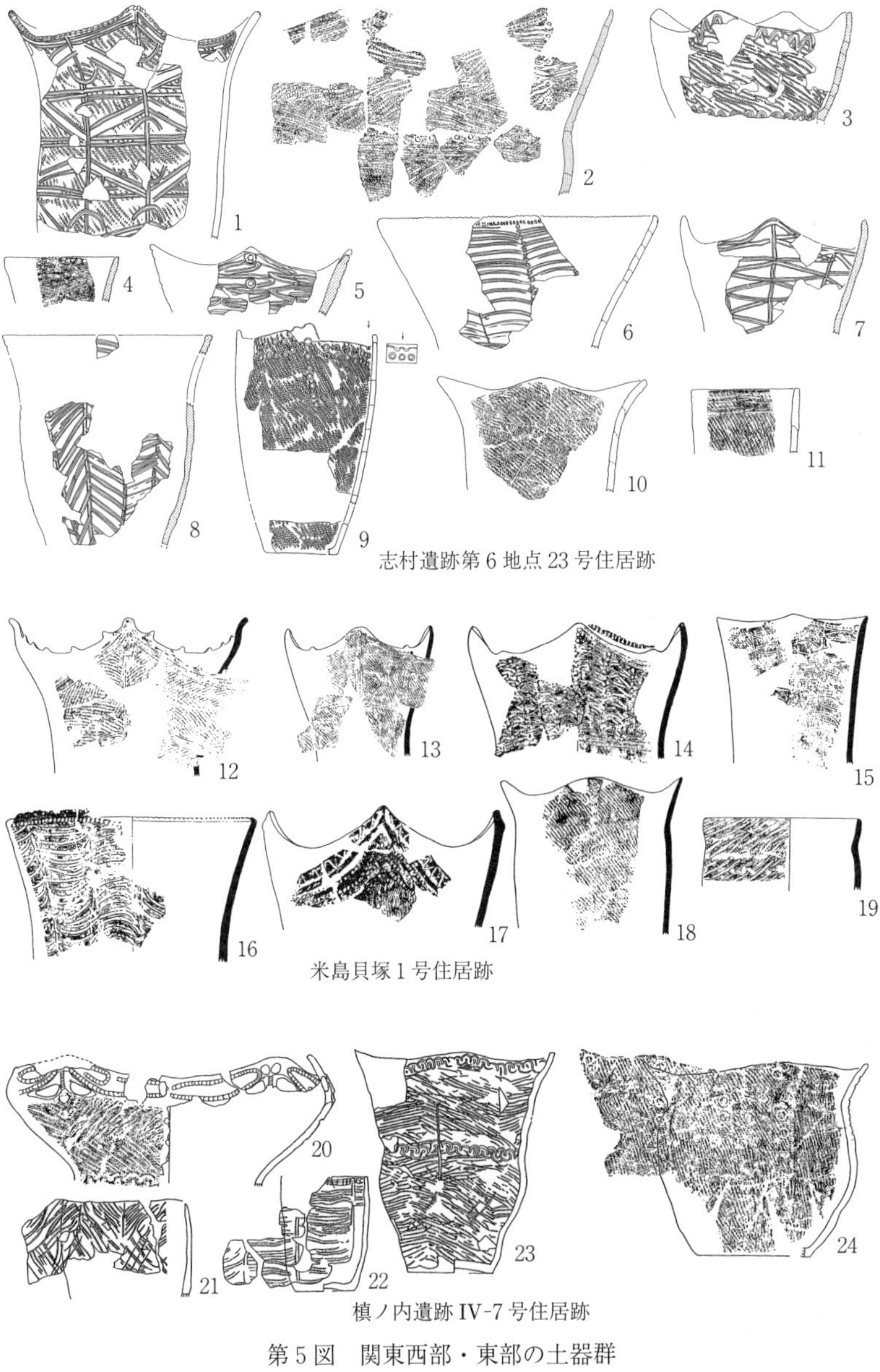

第5図　関東西部・東部の土器群

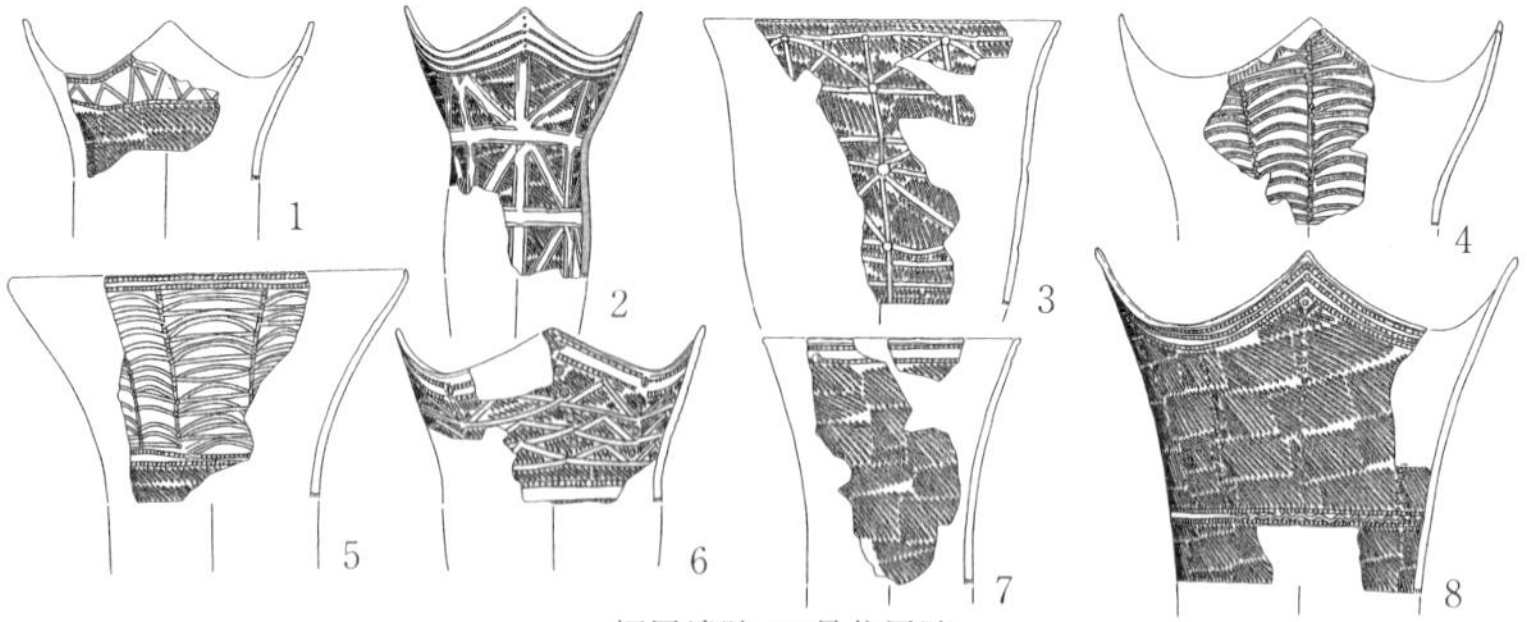

塚屋遺跡 10 号住居跡

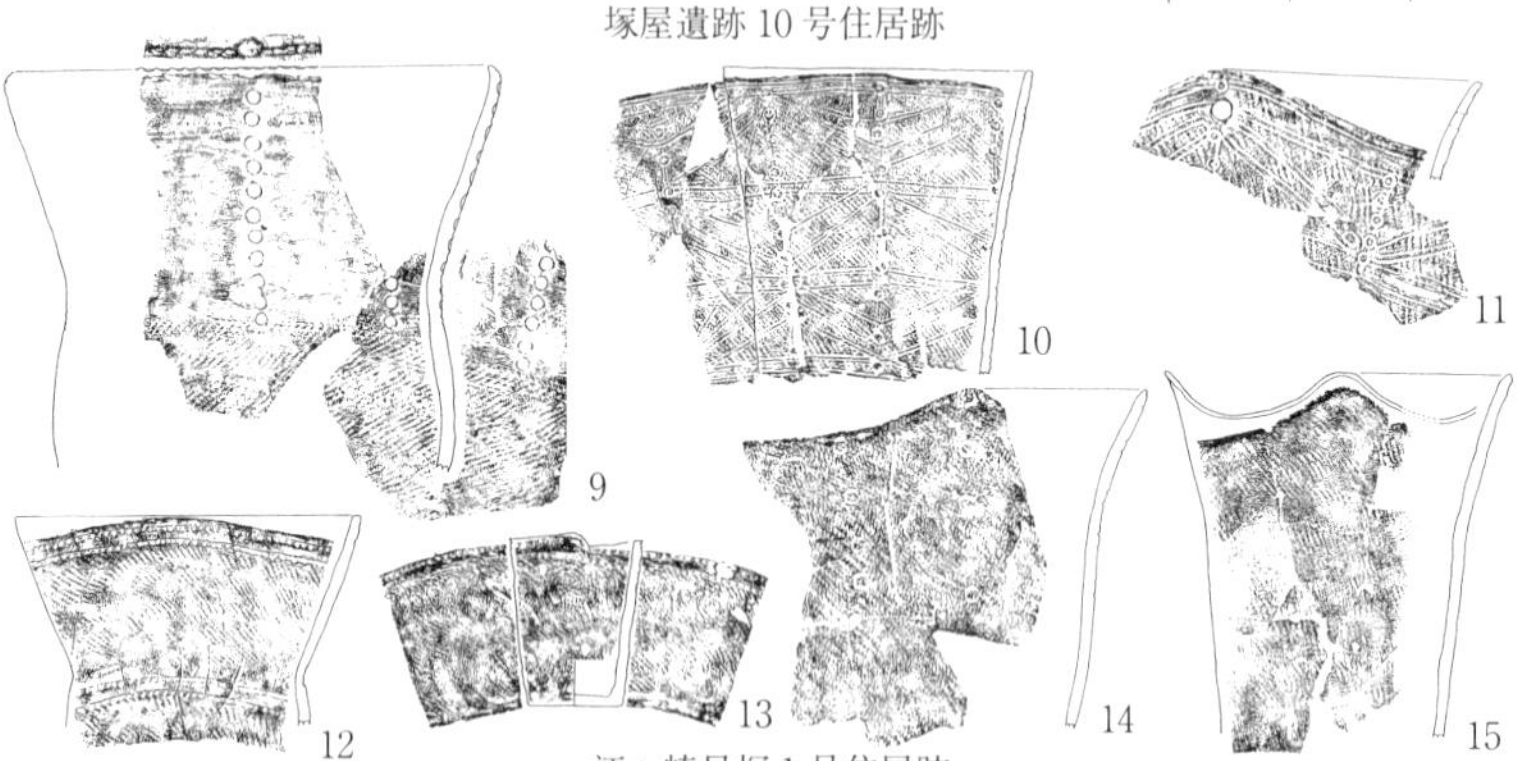

江ヶ崎貝塚 1 号住居跡

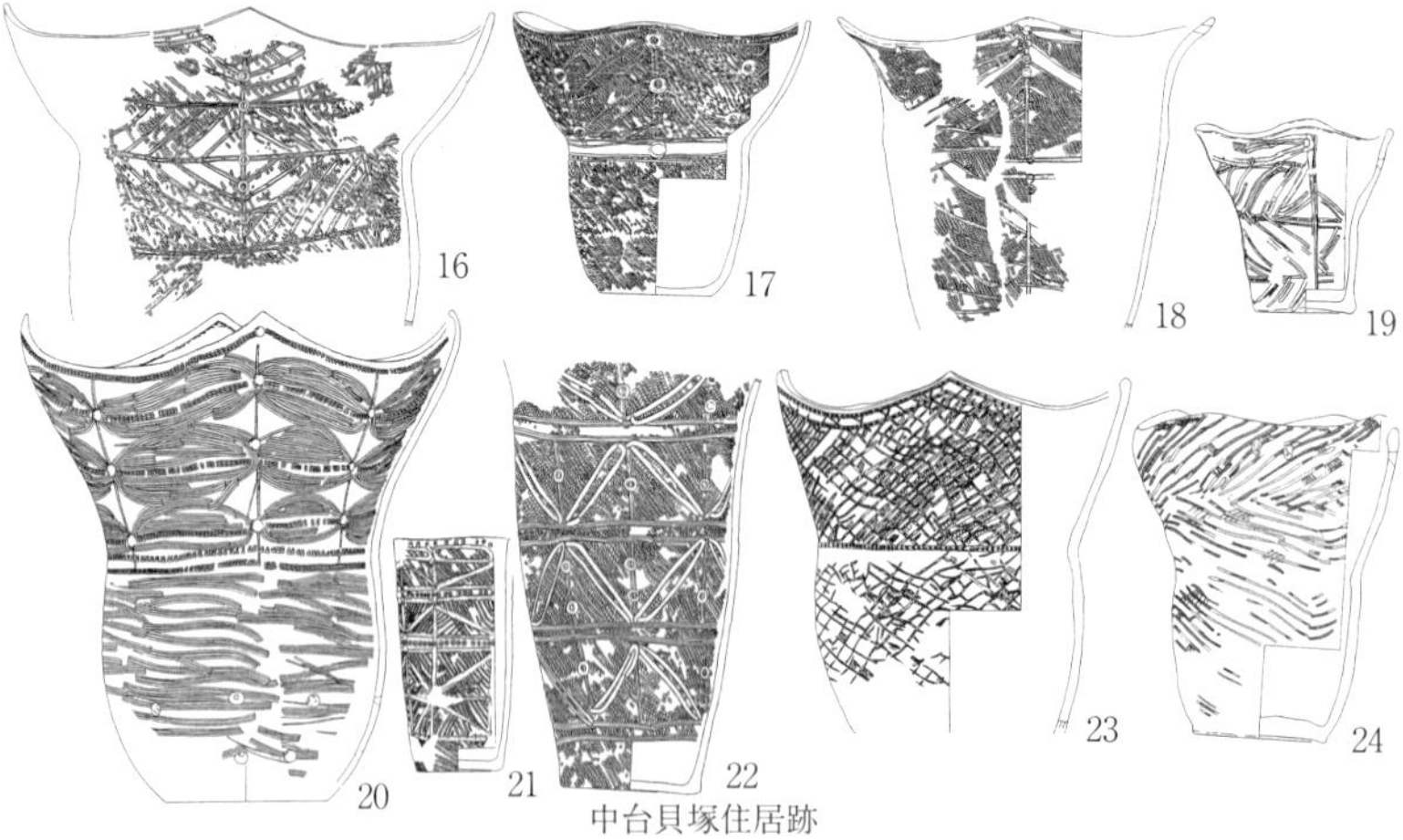

中台貝塚住居跡

第 6 図　関東北・西・東部の土器群

文のない土器が製作されたのであろう。

米字文のもうひとつの器形として、口端が強く外反する円筒状の深鉢がある。平縁と波状口縁があるが、文様の差異はない。キャリパー形とは異なり、横帯区画に対弧線を描くこともほとんどないようである。区画線・文様を描く沈線間に磨り消しの有無があるが規則性に欠け、地文上に均等幅で横帯・縦位区画線を描き、区画を挟んで米字文を描く基本構成においてのみ共通性が存在する。

関東東部域では、キャリパー形の深鉢で、口頸部から胴部にかけて付加条縄文で、対向する菱形状に施文された土器群が主体となる。天神前遺跡から豊富な資料が出土しており、基準資料として取り上げた徳力東北遺跡11号住居跡もこの種の土器である。Ｉa帯には、円形刺突を挟んだ二条ないしは三条の竹管文で、対弧線を挟んで枠状に構成されるものがしばしば認められる。天神前遺跡18号住居跡からは、波頂部に三条の縦沈線を挟んで三条の竹管文により区画されたＩa帯や（第三図1）、波底部にX状の文様を介して廻る三条の竹管文によるＩa帯（第三図2）がある。Ｉa帯には槙ノ内遺跡（金山 一九八七）1A号住居跡例のように、刺突文や縦区画線を挟んで環状に描かれるものもあり、羽根尾貝塚例や天神前遺跡55号土壙出土例のような対弧線を挟んだＩa帯や、円筒状器形の中台貝塚例などと共通し、米字文の文様要素にもしばしば認められた形態である。槙ノ内例では、口頸部の縄文施文の接点に円形刺突が施される点も共通性を強く伺わせる部分であろう。一方では、口頸部と胴部の区画にコンパス文が用いられる点は、むしろ全面施文の肋骨文などと共通し、地文縄文の米字文との差異を伺わせることから、恐らくＩa帯とＩb帯とでは系統関係を異にする部分が存在するのであろう。

関東周辺地域でも、縄文施文の土器のＩb帯には、一帯と二帯構成の差異が存在する。二帯構成では釈迦堂遺跡S—Ｉ区SB—05出土例（第四図17）が、一帯構成では阿久遺跡76号住居跡出土例（第四図12）があり、広域に分布すると共に、関東東部域の土器と酷似している点からも、直接的な交渉関係が存在した可能性が窺える。コンパス文系・

肋骨文系土器と縄文系土器との対比関係に端を発し、それらの差異性を伝統的に継承している可能性がありうると考えられる。

肋骨文系と木の葉文系

肋骨文系土器の遡源は先行する黒浜式中葉段階に成立していることは、コンパス文土器を介在した共存資料の分析から明らかである。また、地域を異にするが、釈迦堂遺跡S—I区では、下手遺跡出土土器に酷似したコンパス文系土器を出土したSB—02号住居跡が、木の葉文や含繊維の付加条縄文や単節縄文による菱形施文が施された無繊維の土器群を出土したSB—03号住居跡と重複関係にあることからも前後関係を補完することとなる。

通常、肋骨文系とされる土器には大きく二種類の土器を含んでいる。口頸部が内湾気味に開く深鉢形土器で、口頸部と胴部とが明確に分帯され、口頸部にのみ工具による文様が施される土器と、器形の変化に乏しい筒状の深鉢で、器面全面に工具による施文が施される土器である。前者は器形が米字文のキャリパー形土器に共通する部分があり、後者は米字文の筒型土器に共通性が認められる。前者には四単位波状口縁が存在するが、後者は殆どが平縁のようである。四単位波状口縁の土器においては、第六図17の中台貝塚例のように波頂部と波底部が縦区画され、区画間が閉塞する枠状の沈線文で連結される資料が存在するように、縦区画の単位や文様に米字文系との強い関連をもつ資料がある。関東東部域においては、工具による肋骨文を付加条縄文で施文した資料も存在するようである。縦区画の単位が不安定な一群では、半截竹管内面や櫛状工具を用いた密接弧線が施文される傾向があり、木の葉文の片側弧線のみが施文されたような印象を与えている。筒型土器では、直線的に斜線し、縦区画の単位が不安定な一群がある。このような縦区画の単位が不安定な土器群は、縄の置換として黒浜式中葉段階に出現しているが、器面全面が縦区画された肋骨文は、むしろ終末期の特徴とも言え、背後に米字文や縄文施文土器の存在を無視することはできないであろう。

木の葉文系土器の施文は口頸部に限定されるが、縦区画線が八単位に典型例とされる第六図20の中台貝塚出土土器を除くと、縦区画が多単位で不安定な一群や、縦区画線間に施文される木の葉文にも密集傾向が強いものが多く、中台貝塚例はむしろ例外的である。文様施文部位が口頸部に限定され、胴部以下が地文のみの構成は、コンパス文系土器の系統上に位置すると見られるが、一方では波状口縁の波頂部と波底部に対応した八単位構成となる、米字文系土器と共通した安定した縦区画構成から外れ、縦区画の幅が不安定な多単位の縦区画を採用したり、縦区画線間の施文が密接した個体が多いことも肋骨文系土器の様相と類似している。

縦区画線を連結する文様には、閉塞した楕円形のものや、楕円形のモチーフ間に横位の分割線をもつ文様もあるが、このような文様は米字文系土器にもしばしば認められるものである。従って、木の葉文系土器は、肋骨文系土器の斜行する文様を米字文系の文様に置き換えることによって、肋骨文系とは差異化を図った、あたかも中間的な位相をもつ土器と考えられるのである。

五　一括資料からの評価

いままで述べたように、黒浜式の新しい部分と諸磯a式の古い部分は、基本的な土器製作手法や地文・文様表現のあり方を超えて、根底では共通性の強い部分が数多く存在する可能性が高い。ここでは、一括資料からみた両者の関係について整理してみることとする。

基準資料とした徳力東北遺跡の住居群のうち、9号住居跡出土土器は他と様相を異にし、波状口縁で隆帯で区画されたⅠa帯の土器と全面施文の肋骨文系および変形した木の葉文系土器が伴っていた。波状口縁の土器は米島貝塚に類例がある。米島貝塚例は地縄文をもつ米字文系の土器で、波頂部にX状の隆帯を伴うなど、天神前遺跡例とも類似性が認められる。本郷貝塚4号住居跡出土土器組成にもみえるように、全面施文の肋骨文系は関東東部域の組成の一部であることから、徳力東北遺跡の土器群を時期区分することは難しく、系譜を異にする土器の共存した事例とみられる。本郷貝塚4号住居跡出土土器には肋骨文系土器が含まれており、この関係は徳力東北遺跡11号住居跡出土土器に共通する。

天神前遺跡は、黒浜終末期の良好な遺構一括資料が報告されている。2号・5号・18号・26号の各住居跡を見ると、付加条縄文で、工具施文の米字文系に対応関係にあると見られる含繊維、無繊維の工具施文の米字文系土器、付加条縄文による工具施文の肋骨文に対比される土器の共存例、付加条縄文を工具に置換し、地文を持たない米字文系の繊維土器と無繊維の米字文系土器の共存例など、各住居跡の組成には振幅があり一定していないが、いずれの住居跡にも一定程度無繊維土器が伴っている傾向があり、Ⅰa・Ⅰb文様帯をもつ付加条縄文の米字文対応の土器に繊維を含むものが多く、縄文地文の粗製土器には無繊維のものが多い傾向が見受けられる。また無繊維土器については口端が外反した深鉢で、繊維土器と同様の太目の原体による単方向施文とともに、一段三条の撚りの細かな原体を用いたものや、結節回転を伴うものも存在している。無繊維土器は繊維土器と比較し、胎土や混和材を始め、成形技法や縄文原体・文様装飾のあり方に至るまで、技術・技方的な差異が存在することは明らかで、一段三条のいわゆる諸磯式的原体も、土器製作のそれらに対応していると考えるべきであろう。

関東北部域でも関東東部域と直接的な対応関係で見られる部分と、中棚遺跡NJ―1出土資料のように無繊維の諸磯a式古段階とされる土器との異系統共存関係と見られる部分とがあり、評価を難しくしてきたが、各々の土器の由来と系譜関係をみると、含繊維・無繊維の関係には、地理的位置関係とともに、他遺跡との系譜関係を反映している可能性があり、奥東京湾西岸地域においても志村遺跡第6地点（谷口 一九九九）23号住居跡のように関東東部地域的な組成が存在する一方で、東部地域においても江ヶ崎貝塚や中台貝塚のように、西部地域的な組成が生まれるのであろう。阿久遺跡76号・66号住居跡や、釈迦堂遺跡S―I区SB―05号住居跡の一括資料は示唆的で、有文・含繊維土器は関東東部的で、無文・無繊維土器は諸磯a式的様相をもっているとみなすことができる。

塚屋遺跡10号住居跡、江ヶ崎遺跡1号住居跡は諸磯a式の典型的な組成と評価されている。塚屋遺跡では米字文系の繊維土器以外は全て無繊維で、器形も口縁部が外反気味に開き胴部に湾曲を持たない点など関東東部域とは印象を異にする土器である。しかしこのような器形は阿久遺跡や釈迦堂遺跡例にみるように、無繊維土器を伝統とする地域に連なるものであり、関東東部的な器形と直接的な系譜関係を求めることは難しいであろう。限定できないまでも、このような地域からの影響関係の強弱が無繊維化の進行に差異をもたらし、地文縄文上に描く米字文や、キャリパー器形の口頸部に施文された肋骨文や木の葉文系土器が生み出され、対置的に存在する縄による文様表現や全面施文の肋骨文という関東東部的土器との差異化が顕現し、その結果前者を諸磯a式古段階、後者を黒浜式終末段階として認識しているのであろうが、文様帯の類似性にも見られるように、両者は系統的に共通し、伴出関係からも共時性を有することは明らかであろう。

宇輪台遺跡（丸山　一九九三）4号住居跡出土土器は大きな意味があるように思われる。第Ⅱ群土器をみると、Ⅰa帯とⅠb帯を明確に区画する個体が目立つ。Ⅰa帯は幅が狭く、竹管文列が廻るものや円形刺突文を挟んだ対弧線を連結するものなどがあり、概して関東東部地域の黒浜式終末期の土器の一部と強い系統性が窺える。米字文系土器や結節付の縄文施文の土器も出土していることから、多分に諸磯a式的様相を有しているとも言える。型式論的に大木2a式に並行する段階として、関東東部域では黒浜式終末段階があり、それとは異なる土器製作技法を背景に、文様帯や文様に差異化を図った土器として諸磯aの古い部分が並行する可能性が高いのではなかろうか。このようにみると、大木2a式の新しい段階に黒浜式終末期と諸磯a式の古い部分が並行し、諸磯a式の新しい部分と大木2b式が対応することとなろう。このような並行関係を踏まえて細分が可能か否かを検討してゆく必要があろう。

おわりに

筆者はかつて黒浜式から諸磯式にかけての土器群について、文様を指標として類型化を試みたことがある。しかしながら型式と時間軸という前提に縛られ、関東東部の土器群について評価できなかった。小論は型式論的な黒浜式と諸磯式の境界や相互関係について再度検討した結果を簡単にまとめたものである。関東にあっても様相を異にする土器が、無関係に存在していたのではなく、根底では系統的にも相通じる部分が大きいことが明らかとなった。諸磯a式新段階の磨り消し単位文の急速な波及は、一見容貌を異にする土器に横たわる共通性を背景としていた可能性も考えるべきであろう。

本稿を草するにあたり、井出浩正　奥野麦生　金子直行　黒坂禎二　関根慎二　田中和之　西井幸雄　吉田　稔の各氏からご助言を頂いた。記して感謝申し上げる次第である。

注

（1）文様帯の概念は（鈴木　一九九四）に従った。

（2）付加条縄文には、軸縄の圧痕が現れない撚糸文とも取れる原体があり、竹管文のような印象を与える部分がある。

（3）黒浜式の変遷観は（奥野　一九八九）に準拠した。

（4）例えば大木2a式新段階と、釈迦堂Z3式並行期とを関東地方に持ち込むとどのような世界が描けるのだろうか。黒浜式終末期と諸磯a式の古い部分とは、背景を異にするそれぞれの型式が、同じ地域で共存関係を保持した故に生まれた存在であったと考えられないだろうか。

土器型式の背後に地縁・血縁からなる集団関係が存在し、集落ないしは各家の所有物としての土器に、伝統の強弱が反映していたとすれば、集落形成や集落間の関係も含めて一様には捉えられないこととなる。

参考文献

新井和之　一九八二　「黒浜式土器」『縄文文化の研究』三　雄山閣
市川　修　一九八三　『塚屋・北塚屋』埼玉県埋蔵文化財調査事業団
江坂輝弥　一九六一　「縄文文化について」『歴史評論』三一
大宮市　一九六一　「下手遺跡」『大宮市史』第一巻
奥田正彦ほか　一九八九　『関宿町飯塚貝塚』千葉県文化財センター
奥野麦生　一九八九　「黒浜式土器の系統性とその変遷」『土曜考古』第一三号　土曜考古学研究会
奥野麦生ほか　一九九九　「本郷貝塚第2地点4号住居跡」『埼葛の縄文前期』　埼葛地区文化財担当者会
小野正文　一九八六　『釈迦堂I』山梨県文化財センター
金山喜昭　一九八七　『千葉県野田市槙ノ内遺跡』遺跡調査報告　第五冊　野田市遺跡調査会
小林達雄　一九六五　『米島貝塚』庄和町教育委員会
小宮雪晴　一九八五　『宿下遺跡　第18地点』蓮田市教育委員会
笹沢　浩　一九八三　『阿久遺跡』　長野県教育委員会
鈴木徳雄　一九八九　「諸磯a式時土器研究史（1）」『土曜考古』第一三号　土曜考古学研究会
鈴木徳雄　一九九四　「諸磯a式の文様帯と施文域」『縄文時代』第五号　縄文時代文化研究会
関根慎二　一九八六　『糸井宮前II』関越自動車道地域埋蔵文化財調査報告書第一四集　群馬県埋蔵文化財調査事業団
田中和之　一九九一　『天神前遺跡』蓮田市教育委員会
田中和之・小宮雪晴　二〇〇五　『宿浦遺跡・宿上遺跡・天神前遺跡・宿下遺跡』蓮田市文化財調査報告書第四〇集
谷口康浩　一九九九　『志村遺跡第6地点発掘調査報告書』　凸版印刷工場内遺跡調査会
戸田哲也ほか　二〇〇三　『羽根尾貝塚』　玉川文化財研究所
富沢敏弘　一九八五　『中棚遺跡』群馬県昭和村教育委員会
野中松夫　一九八三　『江ヶ崎貝塚』蓮田市教育委員会
羽生淳子　一九八三　『稲荷丸北遺跡』　ニューサイエンス社
昼間孝志　一九八四　『三ヶ尻林（2）・台』埼玉県埋蔵文化財調査事業団
細田　勝　二〇〇二　「諸磯式土器の変遷過程」『研究紀要』一七号　(財)埼玉県埋蔵文化財調査事業団
細田　勝ほか　二〇〇二　『木津内貝塚・向山遺跡』　杉戸町教育委員会
細田　勝　二〇〇五　『徳力東北遺跡』埼玉県埋蔵文化財調査事業団
堀越正行　一九八八　「市川市中台貝塚出土土器の再吟味」『MUSEUM千葉』第一九号　千葉県博物館協会

堀越正行　一九八八　「水子式土器考」『史館』第二〇号　史館同人
丸山泰徳　一九九三　『宇輪台遺跡』福島市教育委員会　福島市振興公社
若槻省吾　一九八〇　『笠懸村稲荷山遺跡』笠懸村教育委員会

荒川流域における諸磯c式土器の成立と展開

——荒川河床の低地遺跡である芝沼堤外遺跡調査成果の意義——

金子直行

一　はじめに

近年の発掘調査は台地上の開地遺跡に止まらず、その周辺に展開する低地遺跡へと及ぶに連れ、従来では得ることの出来なかった縄文時代の新知見を入手することが可能となってきた。ここに紹介する荒川河床の芝沼堤外遺跡（金子二〇〇四）はその一例で、木製品や動植物遺存体こそ検出されなかったが、山形県の押出遺跡から出土したものと同様な諸磯b式の黒漆細線文様土器の破片や、当地域では貴重な諸磯c式期の住居跡、諸磯b2式から十三菩提式までの遺構と遺物が層位的に検出された稀有の遺跡である。特に、諸磯c式の成立期と終末期が層位的に確認されたことが特筆されることから、いわゆる荒川流域の該期遺跡群との比較の上、今日的に何かと取沙汰されている諸磯c式土器の成立と展開について、自説を含め再度検討し直してみたいと思う。

なお、荒川流域と題したが、「荒川」とは現在の荒川筋のみを示すのではなく、かつて縄文時代に利根川が東京湾へと流れ込んでいた時代の全水系を意味しており、埼玉県と山間部を含む群馬県の広い地域を視野に入れたものである。この地域は諸磯c式の所謂貼付文系土器群を主体とする地域で、芝沼堤外遺跡の土器群の変遷がこの流域の大方の傾向を代表しているものと類推されることから、芝沼堤外遺跡の分析を通しこの地域の貼付文系土器群を含む諸磯c式土器群の推移を展望してみたい。

二　芝沼堤外遺跡の概要

芝沼堤外遺跡は、荒川中流域で、埼玉県比企郡川島町大字芝沼地先の現荒川左岸の河川敷に位置する。番地が存在しないため堤外遺跡と名付けられ、旧河川を挟んで対岸には北本市の石戸城を望む。遺跡付近に新旧市野川の合流点があり、その周囲に形成された砂州で諸磯式土器が採集されることは古くから知られていた。周囲に遺跡の存在が予想されていたが、国土交通省が河川敷に建設したビオトープの掘削によって遺跡の存在が明らかになった。ビオトープの掘削法面に流れ方向に沿って一〇〇m程の包含層が確認され、地表下四～五mの地点に前期終末の大遺跡が横たわっていることが知られるに至った。調査は遺跡の範囲と性格を確認するため一九九九年の年末に行われ、二〇〇四年に報告書が刊行された。河川敷面の標高は約一三・五mで、約四～五m地下の標高九・五～八・二m付近にかけて、前期終末から諸磯b2式までの土器群が層位的に検出された。遺跡全体からは諸磯a式や繊維土器も若干出土しており、さらに下層に文化層の存在が予想されたが、確認に至るまでの調査は出来なかった。花粉および珪藻分析の結果、諸磯b式期では陸地化しているが、周辺に川が存在し、時折の洪水で冠水するような地形および古環境が推定された。また、縄文時代後期と推定される時期では、後背湿地としての古環境が復元された。従って、本遺跡は河川の合流点近くにあって、通常の居住地として、あるいは特殊な作業場として形成され、時おりの洪水に被災していたことが想定されるのである。

調査は、最も堆積状態の良い地点を選定して行った。土層の堆積は比較的安定した水平状態を示し、上流から下流

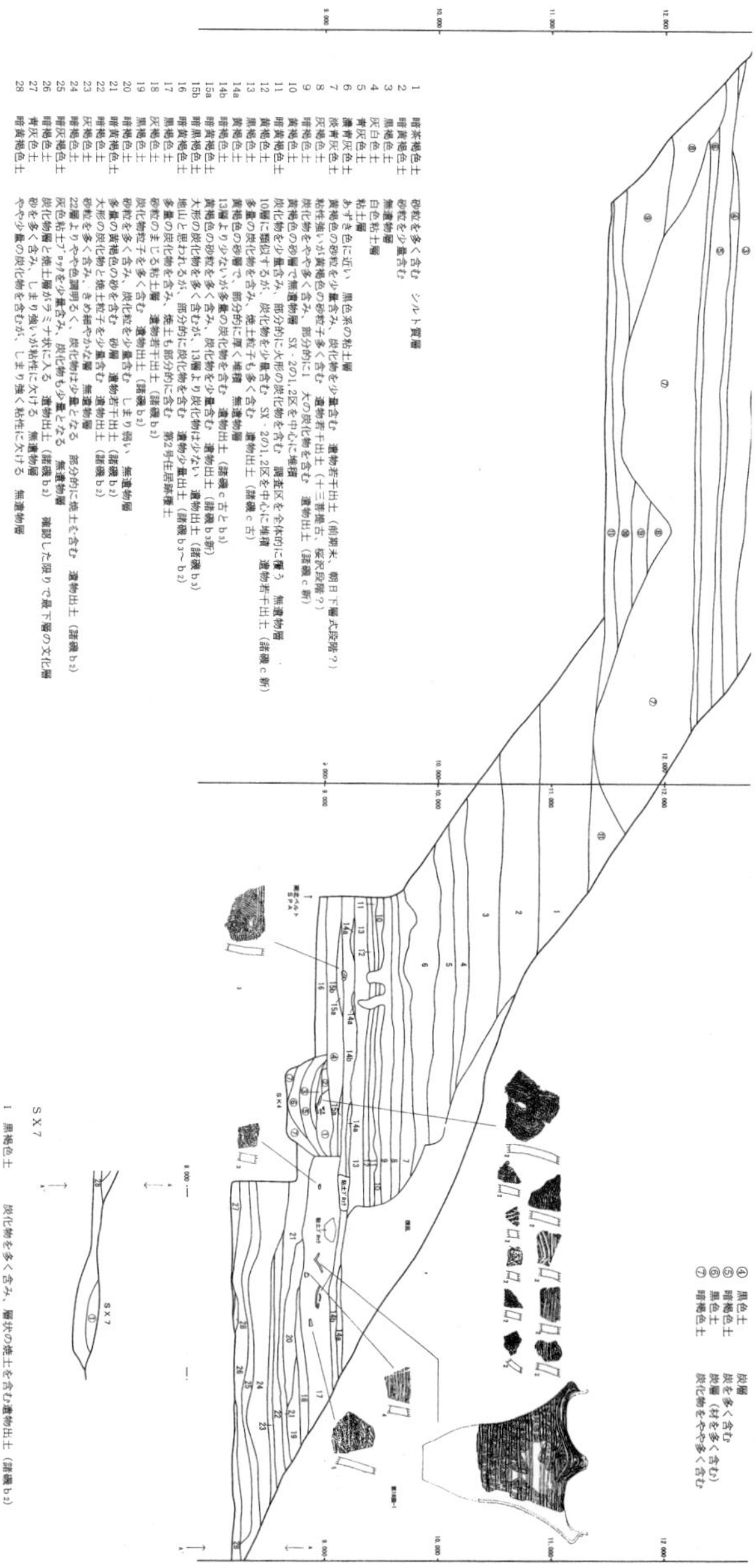

第１図　芝沼堤外遺跡北面土層断面図

にかけて若干傾斜、横断方向ではほぼ水平堆積を示していた。河川敷の砂層下に二八層を分層したが、一四層から上の諸磯c式を主体とした層では大きく三枚の安定した文化層が認められた。一四b層は諸磯b3式終末とc式貼付文系土器を中心とした土器群（第四図23～45）が混在、一三層は耳状添付文を含むc式貼付文系土器群（第四図10～22）、一二層は諸磯c式新段階の土器群（第四図1～3）、九層はc式最新段階の土器群（第二図3～14・第三図1・8～17）が、氾濫土である無遺物層を挟んで出土している。また、八層は十三菩提式古段階の土器群、七層は十三菩提式新段階の土器群が零細ではあるが層位的な傾向を持って出土した。詳細は報告書を参照されたい。

三　遺構と出土遺物の概要

諸磯c式初頭段階　調査区西側の土層断面（第二図）で、層位的関係が確認された。一五a層から第二図1が出土し、その一五a層を切って一四b層から第二号土壙が構築され、第二号土壙の最上層で一四a層にパックされた状態で第二図2が出土した。2は土壙に伴うものではないが、1・2は諸磯b3式系の土器群で、その時間的な前後関係はこの切り合い関係から明白である。靴先状口縁の1はb3式の最新段階に、2は口縁部の刻みなどからその直後の諸磯c式最古段階期に位置付けられるものと判断される。

諸磯c式最新段階　調査区南側部分でSX—一が一一層部分（一〇層相当が無い地区）に黒色の落ち込みとして確認され、南側土層断面（第二図）で、九層からの落ち込みと確認された。SX—一から第二図3～14が、確認時に7～10が出土した。SX—一は諸磯b3式も混在するが、まとまりのある諸磯c式新段階の土器群が出土した。口縁部に逆U字状貼付文（3）を施すものや、押捺貼付文（4）、押捺浮線文（5）、細浮線文（6）を貼付垂下するものがあり、胴部では半截竹管の平行沈線（8・9）や条線（10～14）で斜交のモチーフを描き、円形貼付文（7・8）や押捺短浮

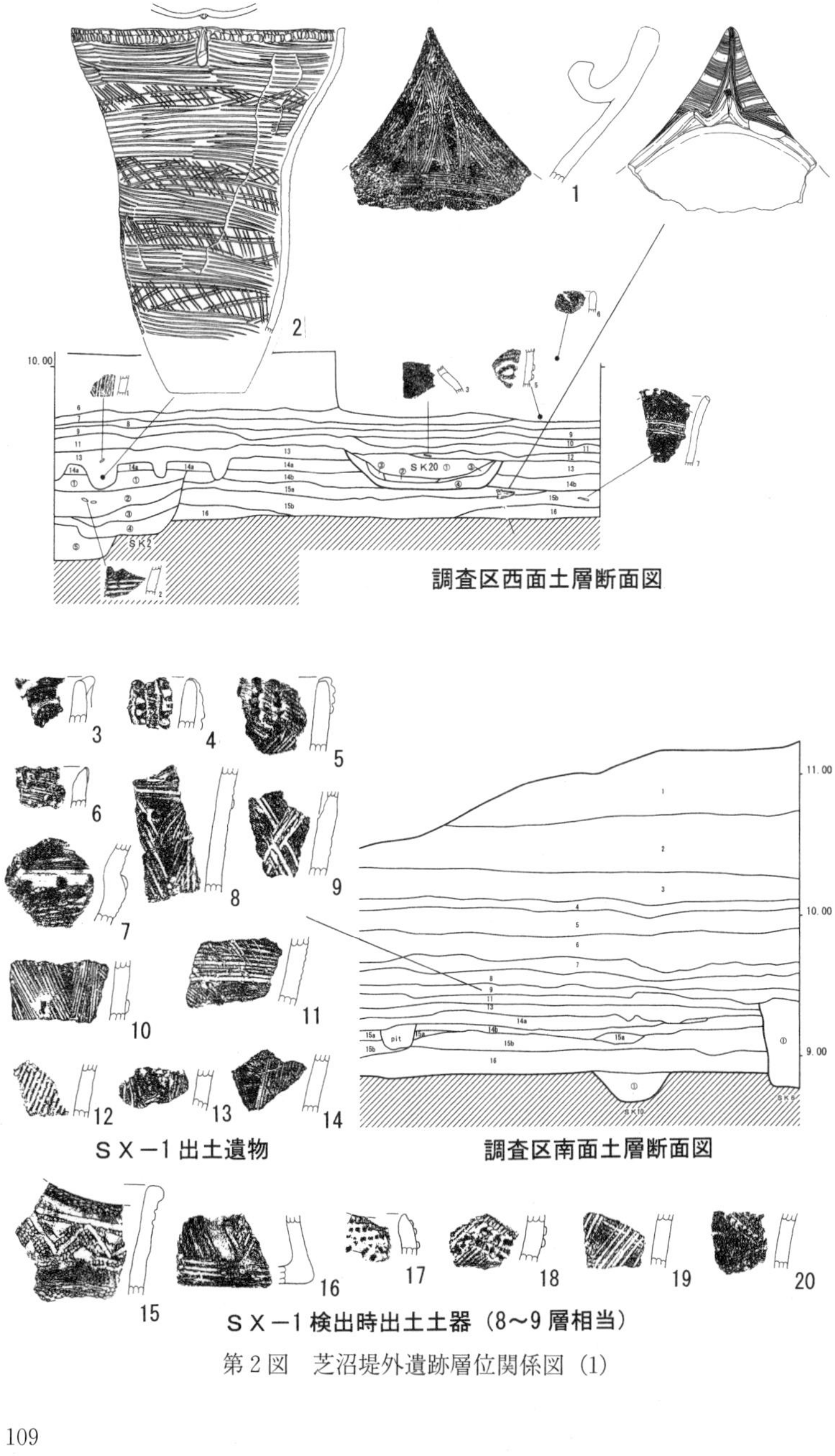

第２図　芝沼堤外遺跡層位関係図（1）

線文（10）を施すものもある。

同様の黒い落ち込みＳＸ—六は、調査区北側の拡張区一〇層中に確認され、大形破片の第三図1が、また周辺の九層から第三図2〜7が出土した。1は樽形器形で、口縁部に縦位の密な押捺短浮線文を施文し、胴部に重鋸歯状条線文を描き、縦位の押捺短浮線文をランダムに施文する。

さらに、拡張区からおよそ五〇ｍ下流の第二トレンチ九層対応層中で、第一号住居跡が検出され、第三図8〜17が出土した。8は底部を欠くがほぼ完形の深鉢で、垂下する三〜四本の押捺浮線文で口縁部を五単位に区画し、口縁部に合わせた胴部縦位区画の意識が窺われるが、やや乱れがある。胴部の条線は粗く、すでに地文化している。その他、縦位の貼付文を持つもの（9）、口縁部に鋸歯状の押捺浮線文を持つもの（10）、ＳＸ—六の1と同様な口縁部を持つもの（11）、条線地文のもの（14・15）、浅鉢（16）、深鉢の底部（17）が狭い遺構内から出土した。いわゆる結節浮線文土器（12）の出土が特筆される。9は貼付文土器であるが、他の土器片に比して風化の度合いが進んでおり、積極的に共伴とは捉えられない。床面下の一三層対応層から、器形のわかる貼付文土器が出土した。

一四層出土土器　層位的に出土した土器群では、一四ｂ層からの出土土器を、一四層出土土器（第四図23〜44）と表記した。諸磯ｂ３式新段階と思われる条線文土器（41〜44）と、ｃ式の貼付文土器（30・31）、円形貼付文（32・33）、沈線文（33・35〜37）や条線文（23〜29）の土器群、器肉を摘む八字爪形文状の刺突文土器（38）、興津式土器（39・40）が出土した。条線文土器は一概に新旧を判断できないが、地文化や貼付文の在り方で新旧が判断されそうである。ここでは各土器群の代表的なもののみ示したが、若干の新旧の混在は認められる。

ここで貼付文土器について注目すると、30は内湾する口縁部文様帯を持ち、背割れ状貼付文を縦横に規則正しく貼付し、口縁部の地文に横羽状沈線文を施文する。胴部は横位沈線帯で区画し、縦位区画文を施文する。貼付文は口縁部文様帯内に止まり、耳状化し始めている。31は胴部の縦位区画文が四単位を指向するが、五単位化しており、基本

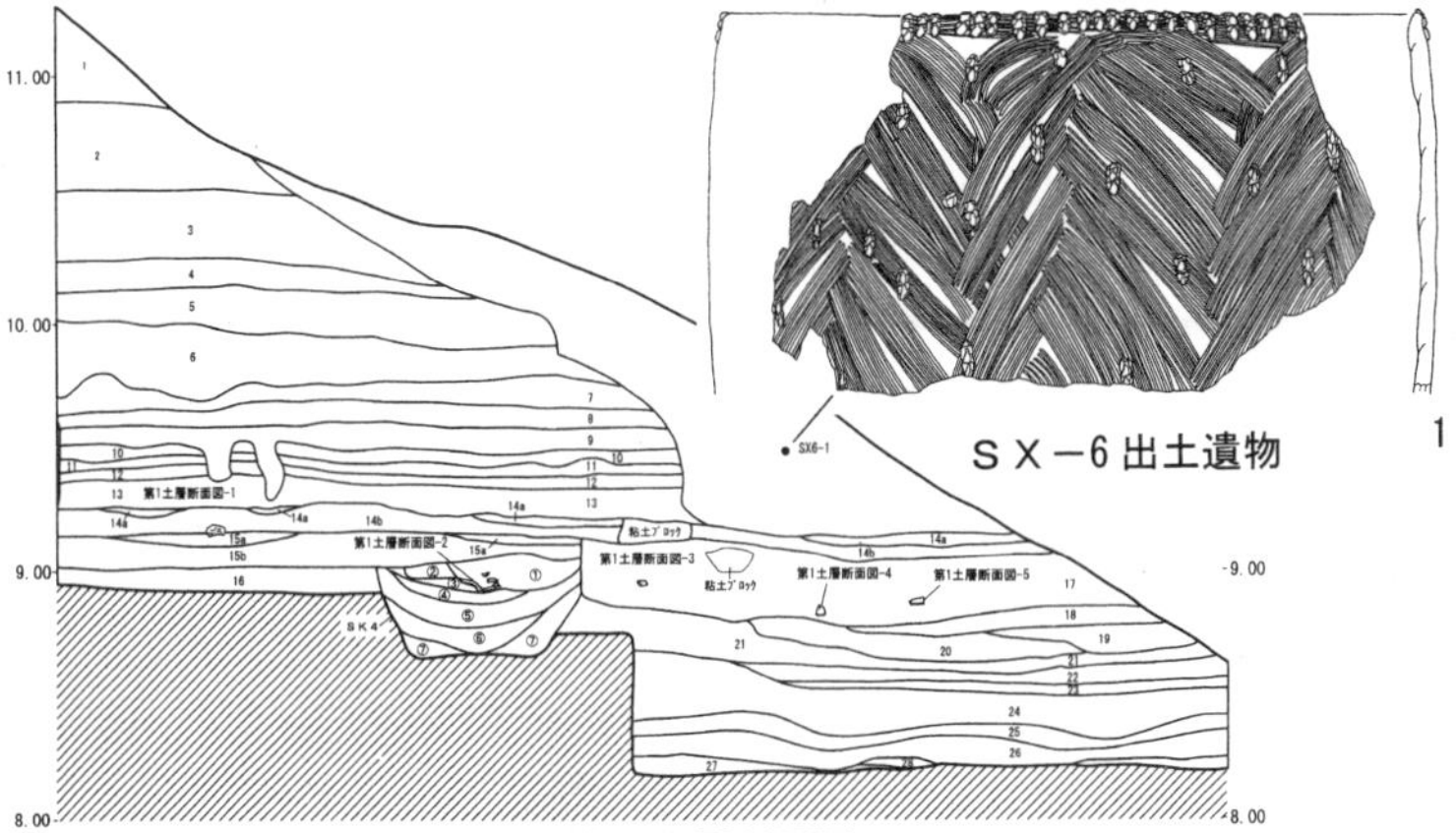

調査区北面土層断面図

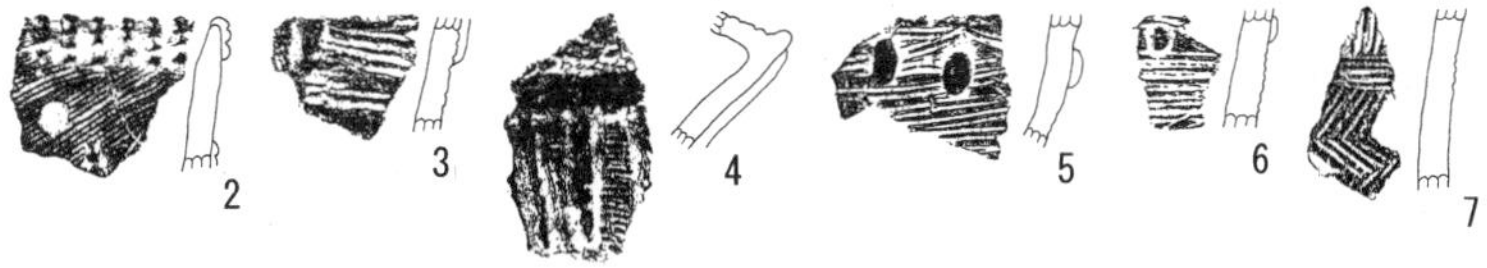

ＳＸ－6検出時出土土器（9層相当）

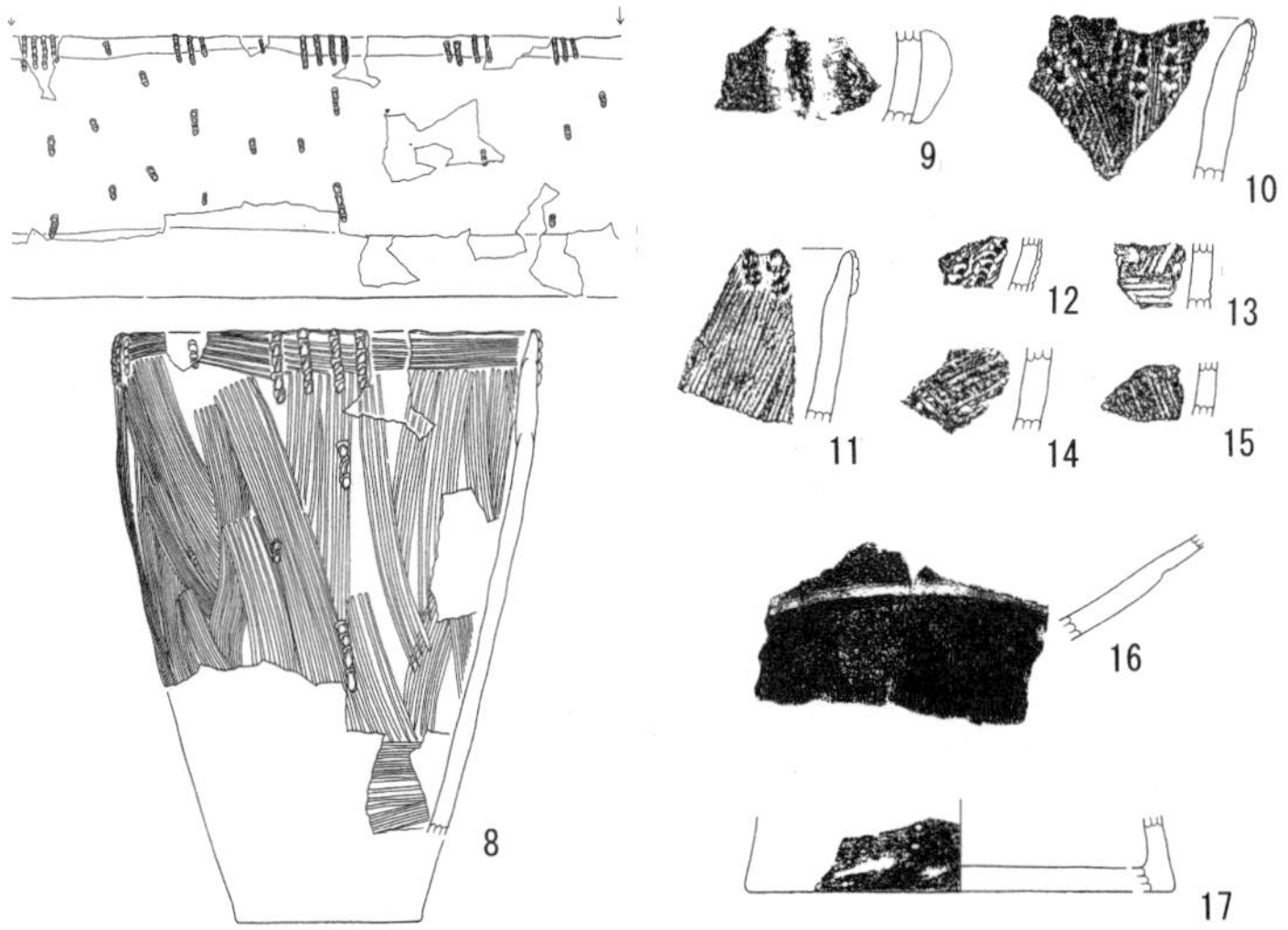

第1号住居跡出土土器（9層相当）

第3図　芝沼堤外遺跡層位関係図（2）

形の崩れが窺える。また、縦位貼付文も規則性が乏しい。30は貼付文系土器群の中でも口縁部文様帯I帯を維持する系統で、貼付文などの様相から31と同様にc式初頭期にまでは遡れないものであろう。一四層出土土器群は、興津式39・40の若干の変化にも対応して、諸磯b3式終末とc式古段階などの、およそ貼付文発達期以前の土器群を中心とする一群であると理解される。

一三層出土土器 諸磯c式新段階の条線地文上に押捺浮線文を施す土器群（第四図4～6）を含み、条線文のみのもの（7～9）、発達した貼付文系土器（10～13）、押捺貼付文土器（14・15）、胴部に沈線の区画文を描く土器群（16～20）、地文縄文の土器（21・22）などが出土している。条線文土器は鋸歯状などの地文化が進み、口縁部に押捺浮線文を垂下するなどの新しい様相を示す。貼付文土器を検討すると、10～12の口縁部は全て折返しの複合口縁状を呈し、内外面の口縁部を巻き込むように、耳状化した貼付文を施文する。貼付文間には、二個対の円形貼付文を配置する。さらに、口唇外端部には器肉を起す刻みを施し、口縁部の地文に横位の平行沈線文を施文する。13は頸部の文様帯部分の破片で、横羽状沈線文地文上に貼付文を施す。この部位は諸磯b3式の腰高の幅狭胴部文様帯に系譜するものと判断される。この耳状貼付文土器は一四層では出土せず、系統差もあるが、層位的には時間差を示しており、一四層と一三層の貼付文土器には新旧関係が現れているものと判断される。

一二層出土土器 一二層は本来無遺物層であるが、条線文土器（第四図1～3）が若干出土しており、一三層からの混入と思われる。

九層出土土器 遺構に絡んで検出されたものがほとんどで、第二図15～20、第三図2～7である。第二図15～20はSX—一を検出するまでの段階で出土した土器群で、印刻を持つ十三菩提式土器（15・16）と諸磯c式新段階の結節浮線文土器（17・18）、条線文土器（19）を含むことから、八層～九層の土器群が混在しているものと判断される。また、第三図2～7はSX—六検出時に採集された土器群で、やはり印刻を持つ十三菩提式土器（7）を含む。c式新段階

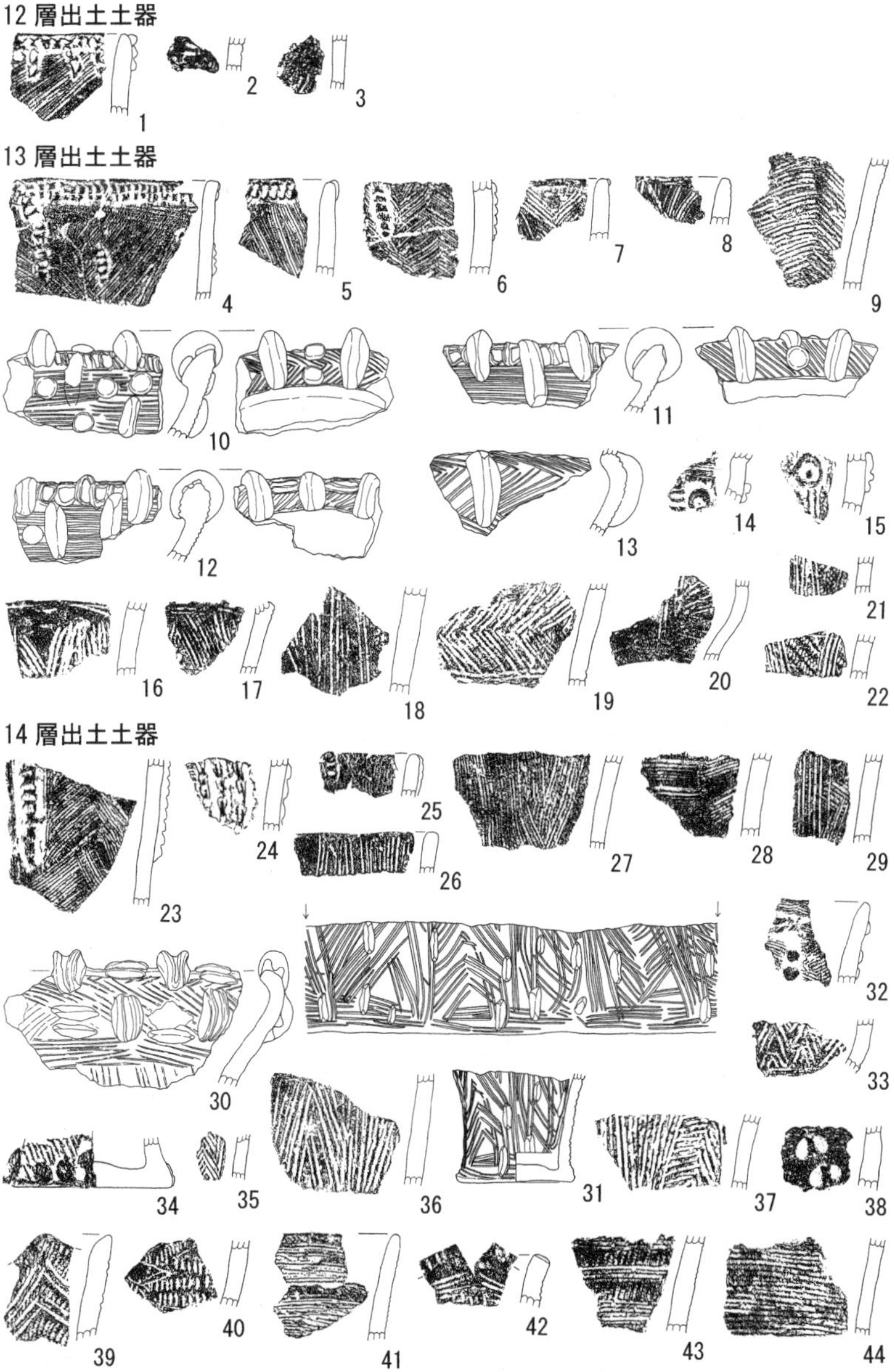

第 4 図　芝沼堤外遺跡層位別出土土器

では条線文地文に押捺浮線文を施すもの（2）や、幅広の頸部文様帯に縦長の棒状貼付文を施文し、内折する口縁部に結節沈線文を施すもの（4）がある。4は条線文土器を主体とする層から出土していることから新相を持つことは明らかで、貼付文系土器でも終末期のものと判断される。また、所謂耳状貼付文土器は出土していない。九層出土土器群は十三菩提式土器を混在することからも、c式最終末の様相を呈している土器群と判断される。

以上、芝沼堤外遺跡の諸磯c式土器群は、最古段階と最新段階の層にパックされ、その間の土器群の推移が層位的に示されているものと思われる。貼付文系土器群は数が少ないものの層位的な傾向から、貼付文土器から耳状貼付文土器へ、さらに棒状貼付文土器へという変遷が捉えられたのである。

また、c式新段階のメルクマールとされる結節浮線文土器は遺跡全体からわずか数点しか出土せず、結節浮線文のみの段階を層位的に捉えることはできなかった。c式最終末と十三菩提式土器が混在する状況から、c式最終末の土器群は、結節浮線文土器を客体とし、条線地文の押捺浮線文土器を主体とするものと判断される。

四　諸磯c式古段階の様相

芝沼堤外遺跡出土土器群の位置付け　埼玉県内の諸磯式期の遺跡は決して少なくはない。その分布を一覧すると、第五図の上が諸磯式期全体の遺跡をプロットしたもので、下が諸磯c式期のみの遺跡分布である。遺漏も多いことと思われるが、諸磯期の全遺跡で八八六遺跡を、諸磯c式期で三〇七遺跡をカウントした。ちなみに複合するが各時期別にカウントすると、諸磯a式期が三二〇遺跡、諸磯b式期が四六〇遺跡、十三菩提式期が一七九遺跡で、b式以降徐々に減少していることが理解される。これらの遺跡の中には散布地も含まれ、遺構を検出した遺跡を数えると激減する。このような状況の中、諸磯c式古段階とされている土器群と新段階の土器群が、層位的、重複関係、もしくは

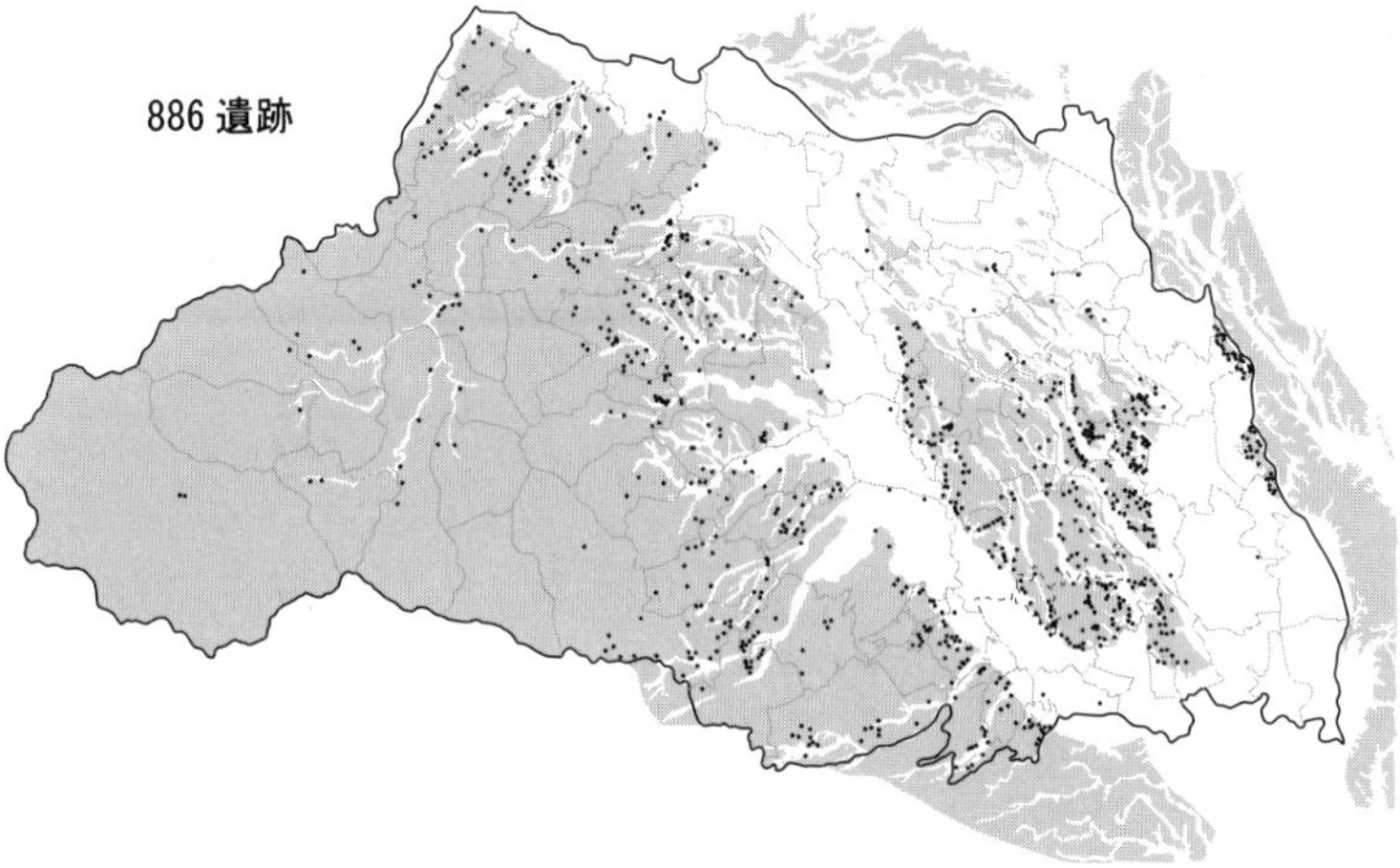

前期後半諸磯式期の全遺跡分布

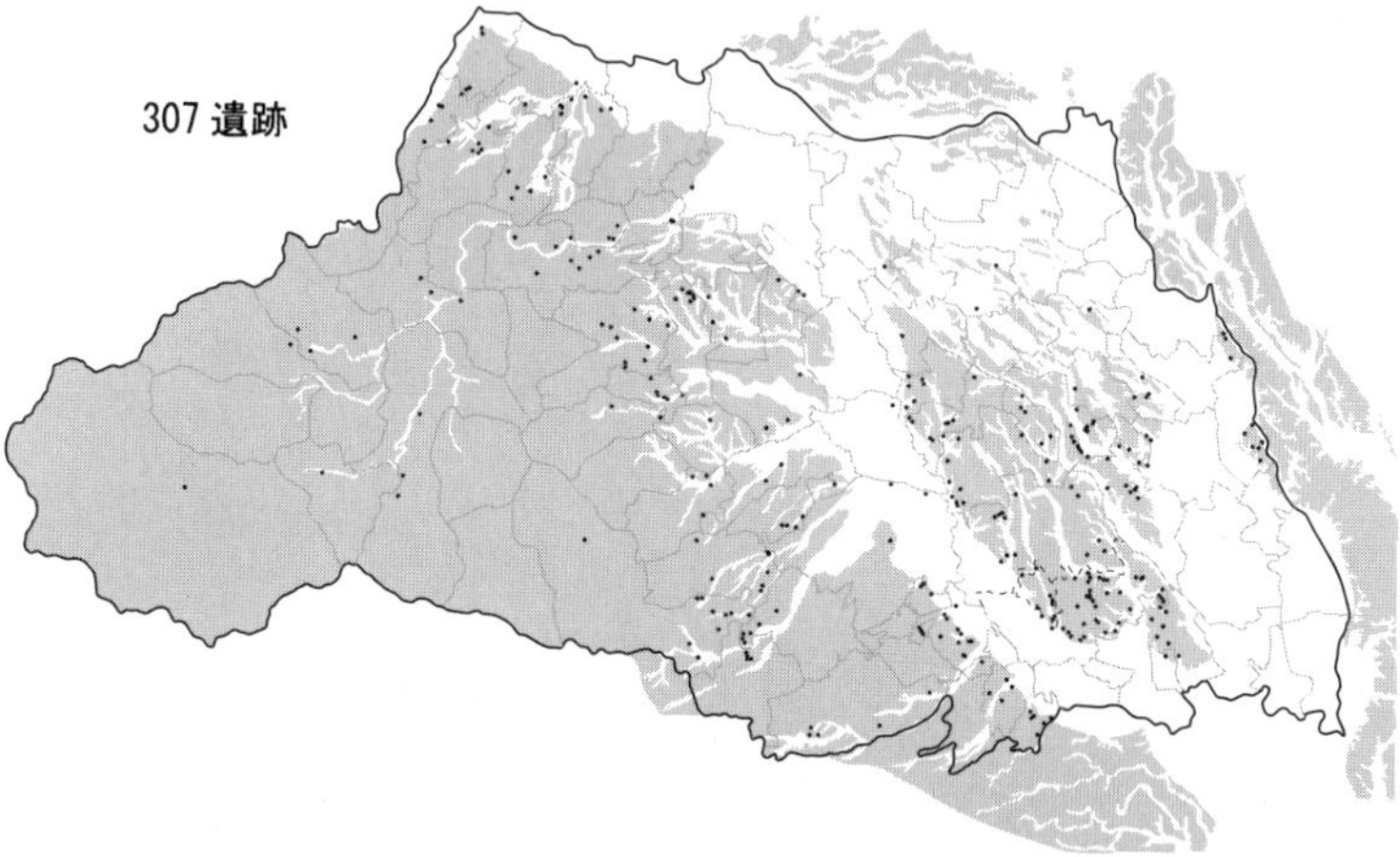

諸磯 c 式期の遺跡分布

第５図　縄文時代諸磯式期の遺跡分布図

明確な共伴関係として捉えられる事例はほとんど無く、芝沼堤外遺跡の重要性が改めて認識される。

諸磯b3式からc式古段階への変遷については、既に各氏によって型式学的に解説されてきた（関根 一九九五・鈴木 一九八九・今村 二〇〇〇・細田 二〇〇〇・松田 二〇〇二）が、芝沼堤外遺跡の出土状況はその大方の変遷過程を層位的に追認することとなった。第二図1と2の間には、層位的な根拠から時間差が明瞭である。2を諸磯b式の範疇で捉えるか、c式の範疇で捉えるかが問題となろう。2の平行沈線文帯間の粗い格子目平行沈線文帯は、諸磯b3式に系譜する羽状条線帯とは趣を異にし、粗雑な感は免れない。口縁部の四単位の縦長貼付文は口縁を内側に歪め、口縁部に施文される弧状平行沈線は口縁部文様帯を標榜している。また、口唇外端部には縦位の短沈線帯を廻らせ、下部に器肉を起す刻みを施している。諸磯b3式系の靴先状口唇部上面に刻みを施す例もあるが、2の口唇上には何も施さず、両者の直接的な系譜関係は判断されない。2の口唇部外端の縦位沈線帯と、横位展開の刻みは浮島・興津式系の要素であり、諸磯c式の口縁部外端部に見られる刻みや、口縁部文様帯内、やがては器面全体へと展開する器肉を起す刺突文も浮島式系の影響を受けて成立したものと判断される。さらに、この刻みの系譜的意味合いが、c式において口縁部文様帯上端の限定区画要素となっていることも注意して置きたい。なお、この器肉を起す刺突文は、最終的には胴部装飾文様の一つとして、十三菩提式古段階まで継承されているものと判断される。

また、1は靴先状の形骸化が進み、地文に縄文を持たない点などから、第六図3・4より新しい様相が看取される。従って、それ等より新しい2を諸磯c式最古段階と認定し、第六図6・8と同段階に位置付けて置く。8は口縁部区画線から縦位区画線が底部付近まで垂下しており、もはや諸磯b式の範疇を逸脱している。6と8の共伴関係が確実であれば、諸磯c式にb式系要素が残存した姿と認識せざるを得ない。同様な現象は、黒熊遺跡（茂木 一九八三）第三号住出土土器群の関係にも見られる。

では、諸磯c式古段階の土器群はどのような土器群で構成されていたのであろうか。広面遺跡J一A住（羽鳥 一九

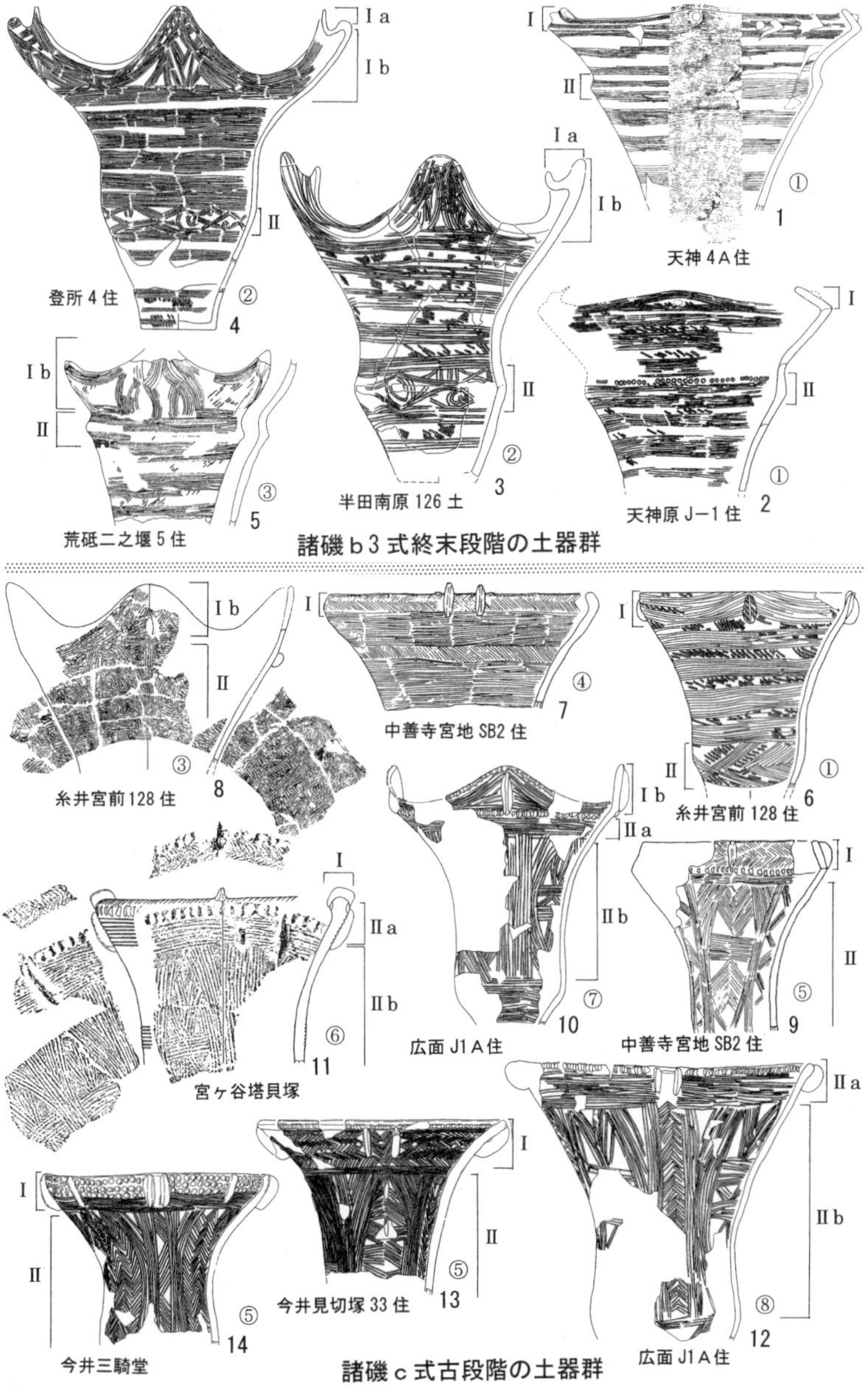

第６図　諸磯ｂ・ｃ式土器の文様帯構成（1）

九二）から小波状（第六図10）、大波状、平縁（第六図12）の各種が、また、文様帯の在り様も様々な土器群が出土しているが、諸磯c式古段階で波状口縁は少ない。10の波状口縁のⅠb帯がb3式の靴先状口縁の第六図3・4のⅠb帯と相同で、3・4のⅠb帯モチーフが、発達して胴部のⅡb帯へと移封されたのであれば、10のⅠb帯の無文化や、その存在意義の希薄性から、平縁主体の土器群への変容は必然的な流れと思われる。しかし、b3式の組成で靴先状口縁系列以外の土器群では、内湾・内折する口縁部文様帯Ⅰ帯を持つ土器群（第六図1・2）も存在しており、この系列も視野に入れた上で、諸磯c式古段階土器群の文様帯構成を検討する必要があると考えている。Ⅰb帯からⅡb帯へのモチーフ変遷観に異論は無く、むしろ本遺跡の層位的事例からも積極的に支持する立場であるが、c式の幅広で縦位構成の胴部文様帯は、b3式幅狭Ⅱ帯からの直接的単純進化論的な伸長現象としてのみ捉えるのではなく、大木4～5式系土器群、浮島・興津系土器群、刈羽式土器といった他系統土器群との型式間交渉の結果、その中間地点である群馬県の古利根川流域で確立した可能性が高いという見解を何度か述べて来た（金子 一九九六・一九九九・二〇〇四）。従って、ここではその考えの延長線上で諸磯c式古段階の土器の組成を概括したい。

諸磯b3式終末段階の文様帯構成　第六図にb式終末からc式古段階の代表的な土器群を示した。文様帯構成の変遷という観点から便宜的に、口縁部の文様帯に相当する部分をⅠ帯、胴部の文様帯に相当する部分をⅡ帯と見做すと、b3式終末期では①Ⅰ帯＋Ⅱ帯（1・2）、②Ⅰa帯・Ⅰb帯＋Ⅱ帯（3・4）、③Ⅰb帯＋Ⅱ帯（5）、④Ⅰ帯構成が考えられる。②と③の間には、②のⅠa帯を持たないばかりでなく、②の胴部下半の幅狭Ⅱ帯が、③ではⅠb帯直下まで競り上がるという相違がある。この場合、③のⅠb文様帯はⅠ帯と見るべきであるが、系譜的な関係からⅠb帯と見做した。また、③と①の間には器形の類似が見られるが、①には内折する口縁部のⅠ帯が存在する。このⅠ帯は平縁に近い波状で、②のⅠa帯もしくはⅠb帯に相当するものであるが、いずれに対応するかは決め難く、通常の口縁部文様帯のⅠ帯として認識して置きたい。それは、胴部のⅡ帯の競り上がりから、1・2のⅠ帯とⅡ帯間の頸部が、

３・４のＩｂ帯とⅡ帯間の頸部や５のＩｂ帯と相似の関係となり、本来のＩａ・Ｉｂ帯との相同関係の把握が困難であることを意味している。従って、①はⅡ帯までの間が見かけ上のＩａ帯・Ｉｂ帯構成を持つものと認識される。Ｉａ帯の喪失、Ⅱ帯の競り上がり現象が新たな器形として①を創出し、これ等の文様帯変動関係が、次期のｃ式に大きな影響を与えて行くことになるのである。

諸磯ｃ式古段階の文様帯構成　諸磯ｃ式古段階では波状口縁が激減し、新たな土器群が生成され、文様帯構成も多彩となる。①（第六図６）、③（８）、④（７）は構成をそのまま受け継ぎ、新たに①の系譜を引きⅡ帯を拡張する⑤Ｉ帯＋Ⅱ帯（９・13・14）、⑥Ｉ帯＋Ⅱａ・Ⅱｂ帯（11）、⑦Ｉｂ帯＋Ⅱａ帯・Ⅱｂ帯（10）、⑧Ⅱａ帯・Ⅱｂ帯（12）の構成が出現する。①の６は胴部下半にⅡ帯を持ち、④の７も短く内湾するＩ帯を持っており、諸磯ｂ式の構成をそのまま継承している。しかし、①の発展形態である⑤の９は、新生⑦である10の平縁タイプと考えられ、13のＩ帯は新生⑧のⅡａ帯がＩ帯化したものと判断される。このように、②の３・４や③の８の波状口縁の系統で、波状部分を喪失することによって、⑧の12や⑥の11の構成が生成されてくる。さらに、平縁でＩ文様帯を持つ系統の土器群との折衷化が進み、器形に制約されながらも各種の文様帯構成を持つ土器群が生成されているものと把握される。

先に口唇外端部の器肉を起す刻みが口縁部上端の区画要素であることを述べたが、これは新生のⅡ帯およびⅡａ文様帯の上限区画として採用されたものであり、刻みより上位の部分、例えば９のＩ帯、10のＩｂ帯が、諸磯ｂ３式の口縁部文様帯Ｉ帯の相同部分であることを意味している。また、⑤として理解される13のＩ帯は、刻み下に存在する口縁部文様帯であることから、①④⑤と⑧の両系統の折衷化を如実に物語るものである。

ここで注目して置きたいのは、11および12の構成である。いずれもⅡａ・Ⅱｂ帯を持つ新生の文様帯構成であるが、11の折り返し状に肥厚する口唇部に、口唇上と口唇内端部に羽状効果を持つ沈線状の刻みを施すことである。口唇外端部の刻みより上位部分に施文される羽状の沈線文帯は内面に隠れているが、９のＩ帯や10のＩｂ帯に相同するＩ文様帯と認識される。この口唇上面から裏面にかけて見かけ上隠蔽されるⅠ帯を持つ⑥や、Ⅰ帯を持たない⑧の系列および①の1・2に由来する器形的要素が糾合されて、貼付文系土器群、特に耳状貼付文土器が発達して行くものと推測されるのである。

このように諸磯c式古段階では各種の文様帯構成が認識されるが、Ⅰ帯と認識される部分には必ず地文に羽状沈線や斜行沈線が施文されている。逆に、幅広く水平沈線を地文とする口縁部は、胴部区画要素として新生したⅡa文様帯に由来する部分であることが整理される。この関係はやがて不明瞭になってくるが、貼付文発達期の土器群への系統関係やその差異、および折衷度合いを弁別するときの指標となるであろう。諸磯c式土器は平縁化とともに一度口縁部文様帯を破棄し、さらに新生の口縁部文様帯を生成したかの感を受けるが、実は、諸磯b式以来の伝統的口縁部文様帯Ⅰ帯を継承し、かつ新生の文様帯構成とハイブリッドしながら新たな土器群へと構造的に変革している様相が看取されるのである。

五　貼付文系土器群の推移

貼付文成立期の文様帯構成　諸磯c式に見られる貼付文は、言うまでも無く諸磯b式の獣面把手の形骸化に出自が求められ、その初期では縦長貼付文、縦に連なる二個対の円形貼付文を、整然と4単位に配することを基本とした。貼付文はその後多単位化と肥大化へと変化し、最終的には衰退して形骸化し、十三菩提式の一要素として継承されていく。諸磯c式古段階では貼付文は未発達で、口縁部の4単位の区画要素に使用される場合が多い。縦長の貼付文を一個（第六図6・10）、二個対で施文するもの（同7・11～13）が多く、さらにその間を分割し、4単位を基本とするものの8単位に分割する手法（同14）が現れる。いずれも口縁部のⅠ帯・Ⅰb帯・Ⅱa帯の幅内に施文することを原則と

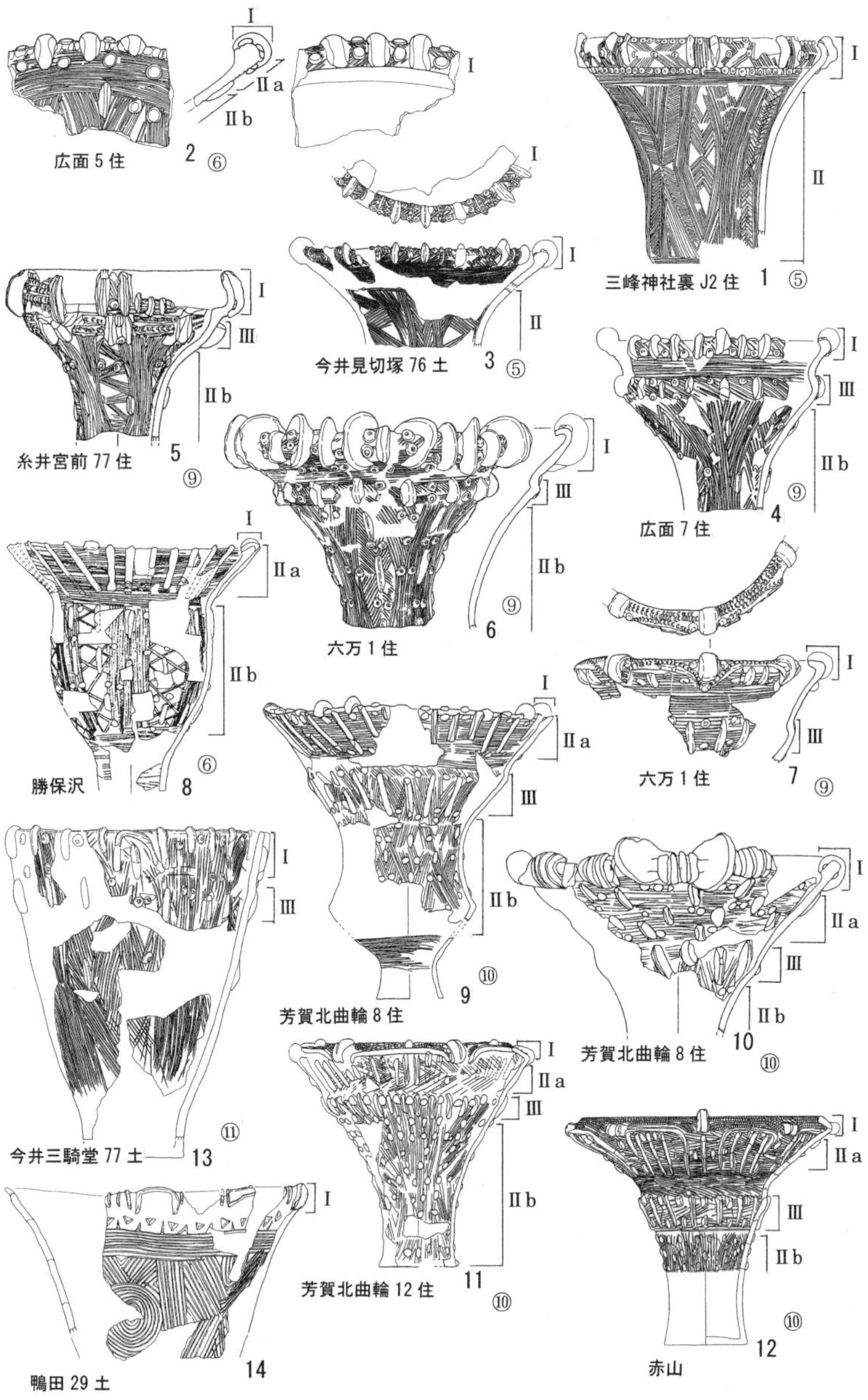

第 7 図　諸磯 c 式土器の文様帯構成（2）

する。さらに口縁部内での多単位化や、胴部のⅡb帯へ施文が行われる方向へと変遷し、やがて貼付文の全面展開へと進む。その意味からも、13、14は古段階の中でも新相を持つものと判断される。

貼付文発達期の文様帯構成　貼付文発達期の文様帯構成は、⑤Ⅰ帯＋Ⅱ帯（第七図1・3）と、⑥Ⅰ帯＋Ⅱa・Ⅱb帯（同2、8）構成が古段階から継承され、口縁部下にⅢ文様帯を持つ構成が成立し、主体的な文様帯構成となる。⑨Ⅰ帯＋Ⅲ帯＋Ⅱb帯（同4～7）は⑤の構成に、⑩Ⅰ帯＋Ⅱa帯＋Ⅲ帯＋Ⅱb帯（同9～12）は⑥の構成に、それぞれⅢ帯を統合したものである。⑪Ⅰ帯＋Ⅲ帯（同13）は器形が弛緩し、文様帯が形骸化している。⑨、⑩いずれの構成も、古段階から系譜する文様帯構成中に、突然Ⅲ帯が出現したかの様相を呈し、その変化の過程の傍らにⅢ帯を持つ別系列の土器の存在が予想されるところである。このⅢ帯は口縁部であるⅠ帯やⅡa帯と胴部の間に展開する文様帯であり、先に検討したb3式終末期①（第六図1・2）のⅡ帯に極めて類似する。本来Ⅲ帯はこの諸磯b式終末期のⅡ帯の系譜を引くものとして表記したいところであるが、すでにc式の拡張した胴部文様帯をⅡ帯と捉えたことから、Ⅲ帯と表記することとした。Ⅲ帯は口縁部のⅠ帯の分化の結果と捉えることも可能であるが、Ⅰ帯からの分化を想定することは型式学的には難しい。また、口縁部を二段に重ねることも想定されるが、その意味合いを汲み取ることも難しい。従って、現在のところ、c式古段階では明示できないが、①に系譜する器形の土器、おそらくは横位多帯構成の文様帯のみを持つ土器系列が、少数ではあるが存在していた蓋然性が高いと考えて置きたい（追記）。

さらに貼付文が耳状貼付文へと発達する段階では、内湾する口縁部分文様帯を持つ土器に耳状貼付が施文され、Ⅲ文様帯を伴うことが常となる。口縁部の地文に必ず羽状もしくは斜行沈線を施しており、その意味でも、⑤の系列に①の要素が加わって耳状貼付文土器が成立したものと判断される。器形および文様帯の系譜関係からⅢ帯は、先に⑤の系列に現れて⑨となり、やや新しい段階で混交し、⑥に現れて⑩の系列へも影響を及ぼしたものと型式学的に推測される。これは、多単位の貼付文が成立し（第七図4）、やがて肥大化して耳状となり（同6）、さらに文様帯自体が弛緩化して棒状貼付文を多用する段階（同９・10）へと基本的に変遷することと符合する。また、この推移は、芝沼堤外遺跡で層位的に捉えられた変遷過程とも矛盾しない。

貼付文衰退期の文様帯構成　隆盛を極めていた耳状貼付文はやがて衰退し、低平な豆腐状の貼付文へと変化し、棒状貼付文と併施文されるなどの変容を来たす。第七図８・９のように耳状貼付文が衰退し、本来の口縁部ではないⅡａ文様帯が拡張して、棒状貼付文が施文される背景には、口縁部が直線的に開く中部高地系列の土器群の影響が想定される。耳状貼付文の衰退は、他系統の文様要素や構成を受け入れる素地を作り出している。第七図10のように貼付文系土器群のⅠ文様帯は特殊化されて温存されていることから、耳状貼付文の衰退に伴う中部高地系要素との型式間交渉は、直接的な口縁部文様帯であるⅠ帯相互ではなく、本来口縁部ではないⅡａ帯を直線的に拡大し口縁部化することによって行われていたものと判断される。もともと中部高地系列の口縁部には内湾するものが少なく、押捺浮線文や結節浮線文が棒状施文されており、この要素が棒状貼付文化し、Ⅱａ文様帯へと転写されているものと認識されるのである。この時期に埼玉県内では口縁部に短い押捺浮線文を貼付する土器が増加する。その意味では、いわゆる中部高地系の結節浮線渦巻文土器は客体的な存在であると言えよう。

さらに、最終階梯では第七図13のように全面縦位方向の地文上にⅠ帯とⅢ帯が形骸化し、Ⅰ帯の文様構成が同図14の次型式である十三菩提式土器の口縁部モチーフへと直接変遷し、中部地方へも波及している様相が窺える。諸磯ｃ式貼付文系土器の要素が間断なく十三菩提式や福浦上層式の一要素として変遷すると捉えられる状況は、その間に貼付文系土器群が途絶え、結節浮線文のみの段階を設定することが、芝沼堤外遺跡九層相当土器群などを含め、少なくとも埼玉県内の荒川流域では難しいことを示している。このことについては、すでに事例を挙げ何度か述べている。

最後に、①→⑤→⑨→⑩へと変遷する内湾口縁部文様帯を持つ系列とは別に、口縁部文様帯を口縁裏面に隠蔽する⑥の系列と、Ⅰ文様帯を上面から強調するタイプについて触れておきたい。⑥はｃ式成立時に波状口縁部を喪失することによって成立した文様帯構成で、波状の口縁部は捨てたものの、口縁部文様帯を設定する意識を残していたものと判断される事例である。当初、肥厚口唇部の上と裏との関係（第六図6）から、肥厚部分がやや長くなり加飾が施されるもの（第七図2）へ、さらにⅡa文様帯が拡張されてもその口縁部裏面（第七図8・9）へと弛緩しながらも継承されていることから、明らかに内湾する口縁部文様帯を持つ系列と、対峙する別系列として存在していたものと判断される。しかし、短く内湾する口縁部と、肥厚複合状口縁とは類似する点が多く、成立期から終末期にかけて中間的な様相を持つもの（第七図3・10）が存在している。また、新生の口縁部文様帯Ⅱa帯を明瞭化するための要素としての口唇外端部の刻みも、やがてその意識が薄れて混交していく。

⑨の第七図7に見られるⅠ帯は、平坦な内折口縁部分を広く設定し、結節沈線文を施すもので、明らかに上面観が意識されている。7の頸部はまだ横線地文の無文帯であるが、11、12への変遷過程では棒状貼付文を施し、Ⅱa帯化している。11、12はⅡa帯が拡張され、地文に羽状沈線文が施文されている。先に述べた耳状貼付文衰退後のⅡa文様帯の変化と同調しており、矢羽状沈線を地文とする中部高地系列との型式間交渉が進んだものと判断される。さらに、内折する口縁部Ⅰ帯は、次型式である十三菩提式の内折口縁部の出自にとって示唆的であり、第七図13と同様、十三菩提式と密接な位置関係にあるものと判断することは、無理のない極めて素直な解釈であろうと思われる。

七　おわりに

文様帯構成を中心として、諸磯b3式からc式終末までの土器群の推移について、まとまりなく思うところを述べてきた。本来ならば荒川流域の土器群を時期別に列挙して検討を加える予定であったが、紙面の関係もありその骨子のみを述べる結果となってしまった。結論として、諸磯c式の貼付文系土器群の変遷は、古段階の成立期、中段階の発展期、新段階の衰退期に分けて捉えることができ、従来の研究成果に屋上屋を架す部分が多いものとなった。今回の分析は、土器群の推移の画期と、そこに認識される他型式との型式間交渉の実態の解明に視点を置いていたが、空間的連鎖よりも時間的連鎖を重視したため、特に前後型式との関係性に注意を払う結果となった。芝沼堤外遺跡の発掘の層位的な成果と従来の型式学的な成果のクロスチェックから、諸磯b3式からc式への系譜と、c式から十三菩提式への系譜について、型式学的にも、層位的にも検討し得る見通しが立てられるようになってきたと思われる。また、近年、荒川流域で出土しているc式終末期の土器群からも、結節渦巻文系土器群のみの段階を介在させることなく、貼付文系土器群の変遷で十三菩提式への一つの道筋を立てることが可能となってきている。いかに零細な資料であろうとも、関係性の把握にとって、発掘の原点に立ち返ることの重要性が改めて認識されるのである。中部高地系土器群との比較検討を今後の課題として残したが、諸磯c式の貼付文系土器群の変遷については、文様帯構造の変遷を介して一つの可能性を提示できたものと考えている。

しかし、ここでの結論も一つの仮説の提示にしか過ぎず、居丈高に表明する気持ちなど毛頭無い。また、そのような学問気質も持ち合わせていない。多様な思考を尊重しつつ、多くの見解に対し真摯に切磋琢磨することで考古学という学問が少しでも進歩することを、只々願うばかりである。それでも、地球は回るのである。

参考文献

赤塩　仁・三上　徹也　一九九四「下島式・春ヶ峯式の再提唱とその意義」『中部高地の考古学Ⅳ』
石原正敏　一九八九「諸磯c式土器再考」新潟史学第二二号
石坂　茂　一九八五「荒砥二之堰遺跡」群馬県埋蔵文化財調査事業団
石坂　茂　二〇〇五「今井三騎堂遺跡・今井見切塚遺跡—縄文時代編—」群馬県埋蔵文化財調査事業団調査報告第三五〇集
今村啓爾　一九八一「施文順序からみた諸磯式土器の変遷」考古学研究二七—四
今村啓爾　一九八二「諸磯式土器」『縄文文化の研究』3

今村啓爾　二〇〇〇「諸磯c式の正しい編年」土曜考古第二四号
大塚昌彦　一九九四「半田南原遺跡」渋川市発掘調査報告書第四〇集
金子直行　一九九六「八木上／八木／八木前／上広瀬北／森坂北／森坂」埼玉県埋蔵文化財調査事業団報告書第一六五集
金子直行　一九九九「縄文前期終末土器群の関係性―十三菩提式土器と集合沈線文系土器群の関係性―」『縄文土器論集』縄文セミナーの会
金子直行　二〇〇四「芝沼堤外遺跡―荒川沖積地における縄文時代前期諸磯b・c式期の低地遺跡発掘調査報告書」川島町遺跡発掘調査報告書第二集
金子正人　一九九〇「芳賀北曲輪遺跡」前橋市埋蔵文化財発掘調査団
鈴木敏昭　一九八九「諸磯b式からc式への土器変遷」埼玉県立博物館紀要一五
鈴木徳雄　一九八七「諸磯式土器研究の問題点」第一回縄文セミナー縄文前期の諸問題資料集
関根慎二　一九八六「糸井宮前遺跡Ⅱ」群馬県埋蔵文化財調査事業団
関根慎二　一九九五「諸磯c式土器以前」群馬県埋蔵文化財調査事業団研究紀要一二
関根慎二　一九九九「諸磯c式土器以後―前期末葉の地域性を考える―」『縄文土器論集』縄文セミナーの会
大工原豊・関根慎二　二〇〇一「天神原遺跡」『安中市史』第四巻原始・古代・中世資料編
田口一郎・鳥羽政之　一九八八「中善寺・宮地遺跡」『群馬県史資料編1原始古代1』
谷藤保彦　一九八九「勝保沢中ノ山遺跡Ⅱ」群馬県埋蔵文化財調査事業団
長崎元廣　一九九七・一九九八「中部地方の縄文前期末・中期初頭期における土器型式編年の系譜と展望（一）・（二）」長野県考古学会誌八三・八四・八五
新津　健　一九九四「天神遺跡」山梨県埋蔵文化財センター調査報告第九七集
羽鳥政彦　一九九四「広面遺跡」群馬県勢多郡富士見村教育委員会
細田　勝　一九九一「在家」埼玉県埋蔵文化財調査事業団報告書第一〇七集
細田　勝　一九九六「縄文前期終末土器群の研究―地域差と系統差の統合的解釈に向けて―」先史考古学研究第六号
細田　勝　二〇〇〇「諸磯c式土器変遷に関する二・三の問題点」土曜考古第二四号
松田光太郎　二〇〇一「関東・中部地方における諸磯c式土器の変遷」神奈川考古第三七号
間庭　稔　一九八六「三峰神社遺跡・大友館址遺跡」群馬県

月夜野町教育委員会
茂木由行　一九八三「黒熊遺跡群発掘調査報告書（三）」群馬県吉井町教育委員会
百瀬一郎　一九八八「鴨田遺跡」茅野市教育委員会
山形洋一　一九八五「宮ヶ谷塔貝塚」大宮市遺跡調査会報告第一三集
湯原勝美　一九九三「六万遺跡」群馬県勢多郡赤城村教育委員会
吉田健司　一九八九「赤山」川口市遺跡調査会報告第一一集

（追記）

本文脱稿後、遺漏していた資料であるが、長谷川福次氏より群馬県勢多郡富士見村の愛宕山遺跡第一号住居跡出土土器群の存在を御教示頂いた。御礼を申し上げると共に、追記として紹介して置きたい。この一括土器群の示す意味合いの重要性から、この一括資料の3と4の共伴こそが希求された事例であり、3の器形が、耳状貼付文土器の祖形と解釈されるものである。この土器群を一括と捉えるか、否かは見解の分かれるところと思われるが、筆者は評価する立場を取りたい。炉体土器の1と4の共伴関係は事例も増えており、全否定することは難しい。また、3は天神原遺跡J一住の本文第六図2と系統的な新旧関係が認識されるもので、諸磯c式古段階への位置付けが妥当と思われる。1・2と本文第二図2との文様帯構成や地文の類似関係も含め、これ等の土器群の一括性の評価については改めて論じたいと考えている。

鳥羽政彦他　一九九四「愛宕山遺跡」富士見村教育委員会

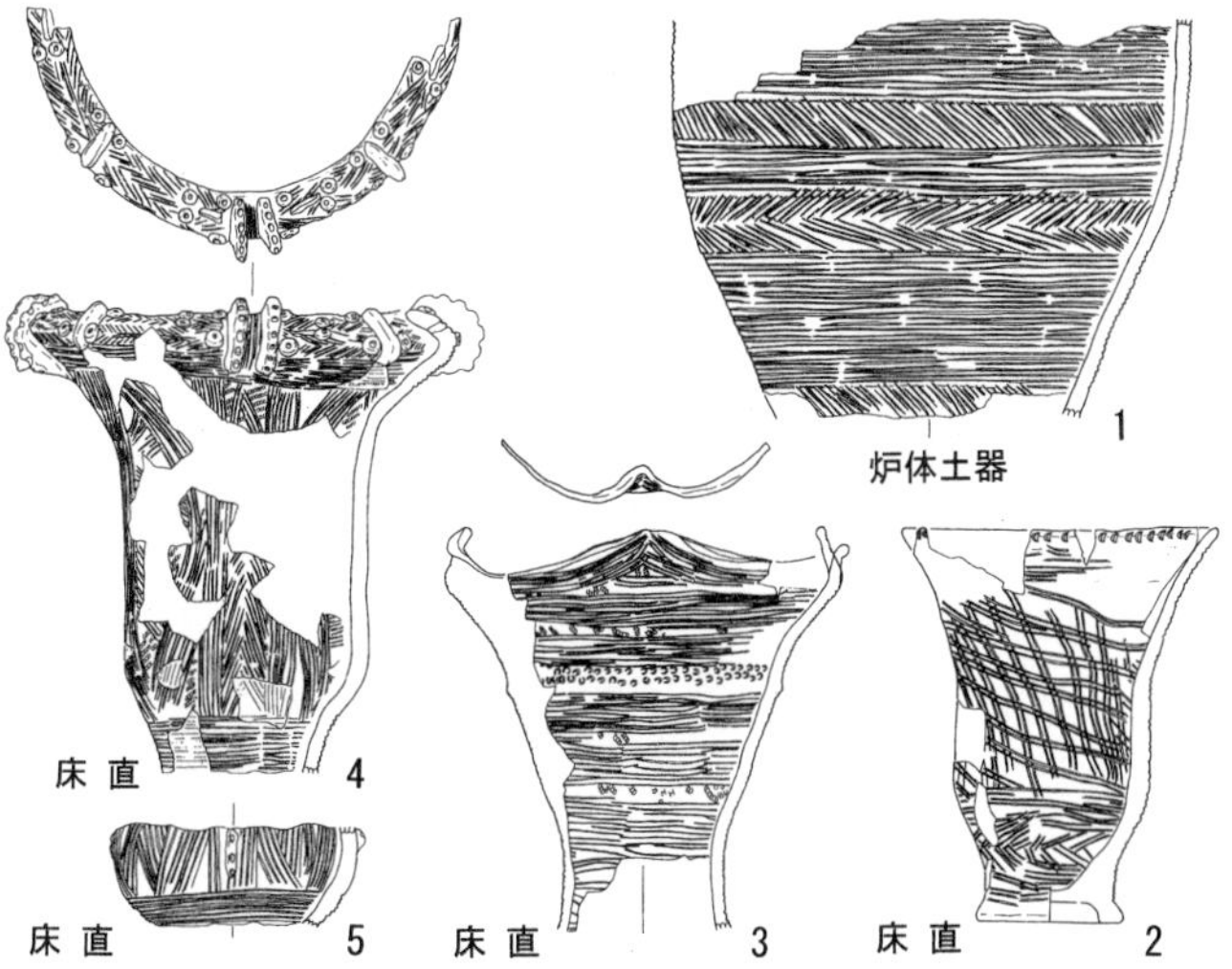

愛宕山遺跡第1号住出土土器

諸磯c式土器に関する一断想

鈴木敏昭

一　はじめに

縄文土器には、明らかにその地域の土器であるにもかかわらず、地域の伝統からは生じえない器の形象や文様などで器面を飾るものがある。それは完全な独創によるものなのだろうか。否。例えば、現代の最先端を行く芸術家（或いはデザイナーでもよい）が、古今東西のあらゆるデータを駆使して初めて新しい芸術創造へと邁進することが可能になるのだ、という一事実を想起すれば、そのことは自ずから明らかになるはずである。つまり、五感に触れ得ないものは創造の動機にはなり得ないという厳しい現実があるのである。そのためか、時折道を外れる芸術家がいる。おのれの能力に限界を感じた時に、人が見たこともなく、聞いたこともなく、感じたこともないような、幻想の世界あるいは幻視の世界に浸り込むことで独創性を発揮しようとするのである。麻薬という迷路の中に溺れることで正気の世界では見ることの出来ない何ものかが姿を現すのであろう。新しいものの創造とはそういうことなのである。

したがって、奇異な存在の縄文土器も決して奇異なのではなく、その来歴には必ず具体的なものが介在しているはずなのである。無から有は生じない。縄文人が目にすることのできる範囲内にそのヒントはあったはずなのである。本稿ではそうした縄文土器を取り上げて、地域と時代を超えた交渉関係に分析の視点を据えてみたいと考えている。

しかし、ここで大切なポイントを確認しておきたい。それは、縄文人の周囲に実在する生活の道具としての雑多な土器群は、われわれが作業仮説として措定した土器型式とは異なるという点である。例えば「諸磯式土器」なるものは概念であり実在していない。同様に「縄文土器」も我々の都合で措定した概念に過ぎない。それにもかかわらず我々は、相も変わらず○○1式から○○2式を作り出し、さらに人びとの一挙手一投足を明らかにするためだと称し、その中間型式を生み、さらにまたその中間型式を作ることに汲々としている。その保証は奈辺にあるというのだろうか。遺構検出例の少ない時期ほど細別が進行しているという事実は一体何を意味しているのだろうか。そうした矛盾があるにもかかわらず、一部の研究者は、あたかもそうした土器型式はそのまま当時の人間集団を表象しているなどと主張する。出来上がった型式は、それを作り上げた者の縄文土器の変遷観を示すための道具にしかなりえていないのに…。

そもそも発掘現場で得られた一現象は、そのまま本質を理解する重要な情報を保持していることをまず承知すべきである。しかし言うまでもなく、そのままでは本質を語ることはできない。そこで我々はその手段として、実体レベルでの様々な作業仮説を駆使することになるのである。いかに当時の分類思考に近づけるかが、仮説の有用さを左右する。発掘現場での事実を真実としていかに把握するかが問われているのでもある。

さて、ここで現在の自分自身の持ち物をぐるりと見回してみて欲しい。時間的、空間的にどの位開きのあるものを所持しているのだろうか。また、人によってはあちこちの外国製品をいくつも持っているかも知れない。これが一つの実態であり、細かくそれぞれの来歴やそのセット関係などを調べれば、所有者の暮し振りの一端が見えてくるはずである。これらを考古学的に一軒の住居跡出土品と見なせば話はわかり易くなるのではないだろうか。

すなわち大宮台地での事例と仮定すると、在地の土器型式が数型式と隣接地域の土器も数型式、さらに東北や中部、関西方面の土器も含まれた状態での一括品ということができる。しかし大半の研究者は、「この一括は混在である」

と結論付けることであろう。作業仮説としての土器型式だけを見ていけば確かに混在と言わざるを得ない。しかし、この混在が本質なのである。

すでに触れたが、人間は目にしたものすべてを創造の動機とする。ということは、生活上の一括品すべてがその創造に貢献するということを意味する。さらに言えば、在地や隣接地域、さらに遠方のものすべてが新しい土器を生み出すきっかけになっている、ということなのである。何も、○○１式という直前の型式が一系的に次の○○２式を生むわけではない。抽象概念から抽象概念が導き出されるという不可思議な方法は放棄されるべきであろう。むしろ○○１式を含む一括土器群の分析をまって次の○○２式が措定されるのである。こうした手順を踏むことで初めて土器群の多系統性への認識が深まると言えよう。したがって、①地域ごとの型式編年を完成し、②しかる後に地域間の型式比較をし、③最終的に型式による全国編年網を完成させる、との方針はありえないのである。地域編年の確立には、常に地域間比較が同時に伴わなければならない。縦の時間軸と横の空間軸の交点にわれわれは存在しており、いずれか一方が主で他方が従ということはありえないのである。

二　諸磯ｃ式土器における二者

さて、本稿では理論を述べるのが目的ではないので、前置きはその位で止めよう。とりあえず、問題となる土器をひとまず抽出することにしようと思う。今回は北信方面、具体的には千曲川右岸に展開する松原遺跡（上田　一九九八）のいわゆる「諸磯ｃ式土器」を問題の発端とする。

従来、「諸磯ｃ式土器」は「半截竹管による集合条線、瘤状突起、半截竹管尖端の圧痕ある隆線等々を特徴とする一群の土器であって十三菩提式又は五領台式へ相当近似した部分を持って居る。分布は武蔵・相模・伊豆・信濃に及んで居る」(山内 一九三九)と理解されてきた。そうした意味では、本稿で論の出発点となる松原遺跡は諸磯c式の最周縁部に位置すると言えるのかも知れない。しかし近年の研究によると、もう一つの諸磯c式土器の注目される地域として利根川水系上流域の上州方面がクローズアップされてきている。筆者も、かつてそれまでどちらかといえば乖離していた諸磯b式とc式との関係を、上州方面の土器群に注目することで、修復を図ったことがある(鈴木 一九八九)。施文構造に着目することで、諸磯b式からc式への彼地での推移をある程度跡付けることができたのではないかと考えている。すなわち、「諸磯b3式→諸磯c式直前→諸磯c式(古)前半→諸磯c式(古)後半」との流れが見えてきたのであった。しかし扱った土器が、いわゆる諸磯c式(古)段階に限定したため、諸磯c式(新)段階の土器群との関係性については今後の課題として残さざるを得なかった憾みがある。

だが松原遺跡から、それこそ従来の見解に従えば、諸磯c式(新)段階に比定される土器群が住居跡等の遺構を伴い大量に出土していることを知った。しかもその古手と目される土器群は様々な地域間交渉の実態をも伝えているように見受けられた。これまで先送りしてきた、いわゆる諸磯c式(古)段階の土器群と同(新)段階とされてきた土器群との関係にも一定の見通しを得ることが可能になるのではないかと考えられたのである。

なお、近年では信州方面の研究者を中心に、諸磯c式(古)段階とされていた土器群を諸磯c式土器、同c式(新)段階とされていた土器群を下島式と呼称しつつ、両者は地域を異にする同時期の土器群であるとする意見が唱導され、「正統派」との間に、いささかの物議を醸しているようである(三上 一九八七、石原 一九八九、赤塩・三上 一九九四、細田 一九九六、今村 二〇〇〇、松田 二〇〇一など)。しかし本稿では、そうした考え方をとりあえず傍らに置き、土器群の共存という原点に立ち返った相互の関係性を自分なりに確認したいとの希望から、敢えてそれらの特徴を標徴化して、前者を諸磯c式貼付文系土器群(以下、貼付文系土器群と略す)、後者を諸磯c式結節浮線文系土器群(以下、結節浮線文系土器群と略す)と仮称して論を進めていきたいと思う。

三　貼付文系と結節浮線文系の土器群について

松原遺跡は長野盆地南部の千曲川右岸の自然堤防上に立地する。千曲川を上流へと遡れば碓氷峠、あるいは甲武信岳付近へと至り、一山超えれば、たちまち貼付文系土器群の盛行する上州へと到達することが可能となる。一方、下流へと目を転じると、松本盆地を北上してきた犀川と合流し、千曲川は信濃川と名を変え、新潟平野を貫流して日本海へと至るが、途中の新潟県十日町周辺は、上州方面と類似した貼付文系土器群の盛行する地域として知られており、まさしく松原遺跡は、貼付文系土器群の盛行地域と背中合わせに営まれていたムラなのであった。

さて、第一図１・２には松原遺跡ＳＫ３２４４出土の二個体を示した。１は貼付文系、２は結節浮線文系である。

１は平縁の土器で、口唇部には連続抓み上げ刺突文が巡らされ要所には棒状貼付文が垂下される（おそらく四単位だと思われるが不詳）。口縁部には半截竹管による横位の集合条線文が施され、胴部には同種集合条線が縦位に数単位施され、その空白部には上下に向かい合うように配された対向矢羽根状文とレンズ状に枠取りされた中に配された対向矢羽根状文とが交互に器面に配されている。胴下部は欠損しておりその形状は不詳と言わざるを得ないが、欠損部分の器面のカーブから、急激に絞り込まれた底部へと移行していたのではないかと推定される（下膨れ状の胴下半をＡ形態、朝顔状のカーブのまま底部へと至るものをＢ形態と以下仮称する）。なお、胴部文様の縦位分割ラインは口縁部のそれと一致していない。

２は四単位波状口縁の土器で、口縁部には横位矢羽根状集合条線文上に二～三本一単位の縦位結節浮線文が一定の間隔毎に垂下される。口唇部には連続Ｃ字竹管文が巡らされ、また胴部との境界は横位の平行沈線文で区切られ、胴部には１に類似した集合条線文が施されているようである。胴下半部はＢ形態と推定される。また、単位性を明示す

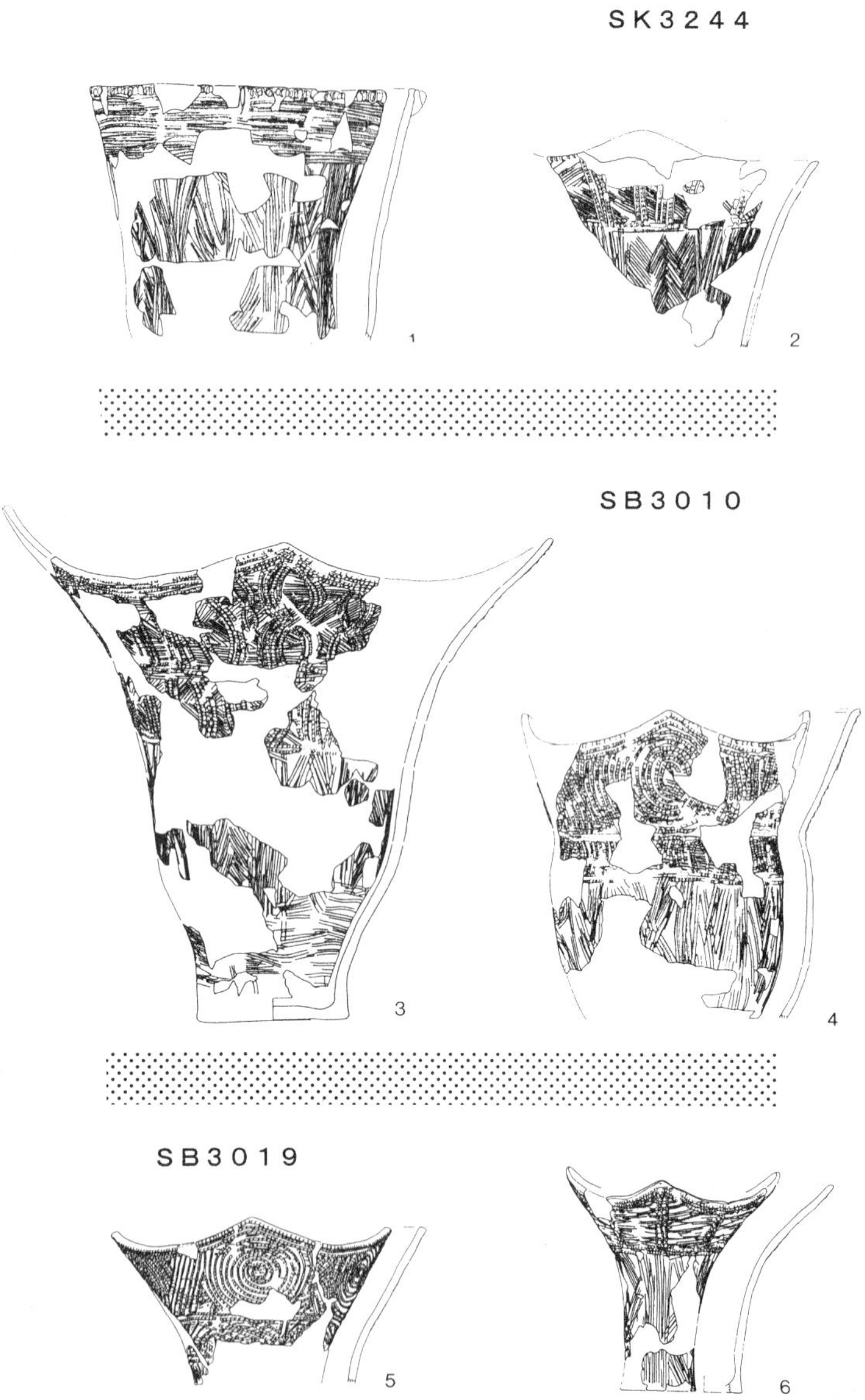

第１図　松原遺跡遺構出土土器

る波頂部を持っているにもかかわらず、2の土器も1同様、器面の分割ラインが胴部にまで及ぶことはないようである。以上の貼付文系土器（1）と結節浮線文系土器（2）の二個体は、廃棄というある生活の一断面では共存していたことを示すが、果たして型式編年上での評価はどうなるのだろうか。他遺跡での類例に当たろう。

第二図6～8は群馬県側の広面J1A住居跡共伴出土土器三個体であるが、その8の土器は第一図1の土器と類似する。口唇部の連続抓み上げ刺突文、口縁部の横位集合条線文、そして縦位分割による集合条線文様が配置される胴部はそのまま第一図1の土器の説明と重なる。勿論、胴下半部はA形態。小異箇所を上げれば、口縁部の棒状貼付文が松原例は一本に対し広面例は一対である点、さらに広面例は縦位分割ラインが口縁部から胴部まで一貫しているということになろう。

特に縦位分割ラインに着目すれば、広面J1A住居跡共伴出土土器三個体はいずれも縦位四分割が明確であるという点で見事に一致する。6、7の両者は共に波状口縁を有する土器であるが、前者の波頂部はやや低く一山形で直立、後者の波頂部は大きく二山形で内湾、という相違点がある。この差は、かつて筆者が諸磯b式からc式への文様帯の変遷を追う中で仮称した文様帯呼称に従えば（鈴木 一九八九）、6の波状部は深鉢BのⅠa文様帯、7の波状部は深鉢CのⅠb文様帯の系譜を引くためと考えられる。とりわけⅠb文様帯は、諸磯b3式段階に大きく育まれた部分であり、Ⅰa文様帯の省略化、さらには器形の平縁化という流れの中で、Ⅱ文様帯を新たな活躍の場として見出すことになるのである。そうした流れは、集合条線文様の盛行に伴ない、地文縄文の存在感を著しく希薄にすることとなる。地文縄文の役割はすでに終わりつつあったと言えようか。そうして諸磯c式が成立する。

そうした経緯も広面J1A住居跡例は物語るかのようである。すなわちⅠb文様帯の文様は必ず波頂部が基軸とされていたのであり、Ⅱ文様帯への移籍後も縦位分割を基本とするのであれば伝統的な波頂部をその基軸に据えるのが自然であろう。そうした自然の成り行きに従い、6、7は両者共に波頂下に縦位の貼付文を付加し、分割軸の明確化

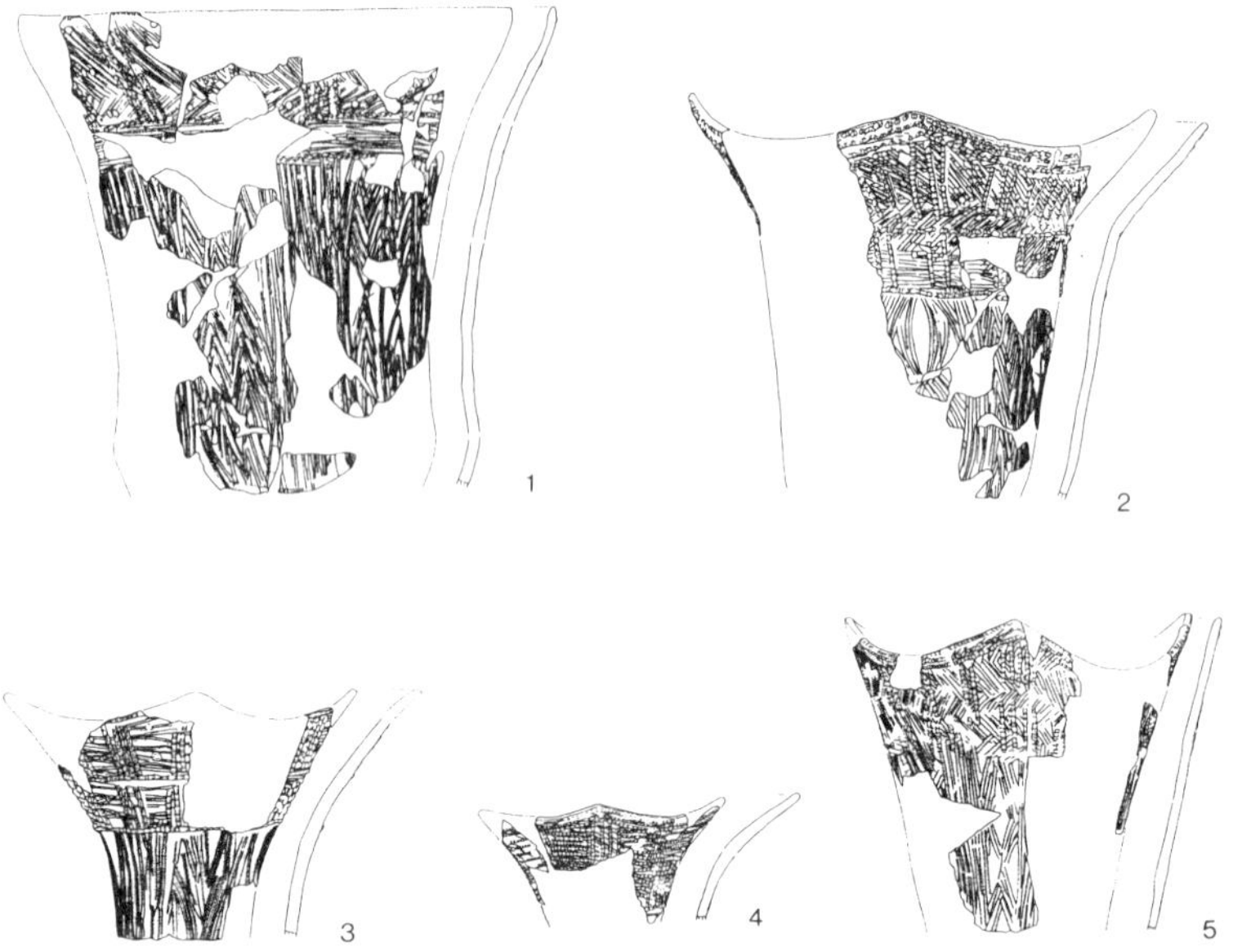

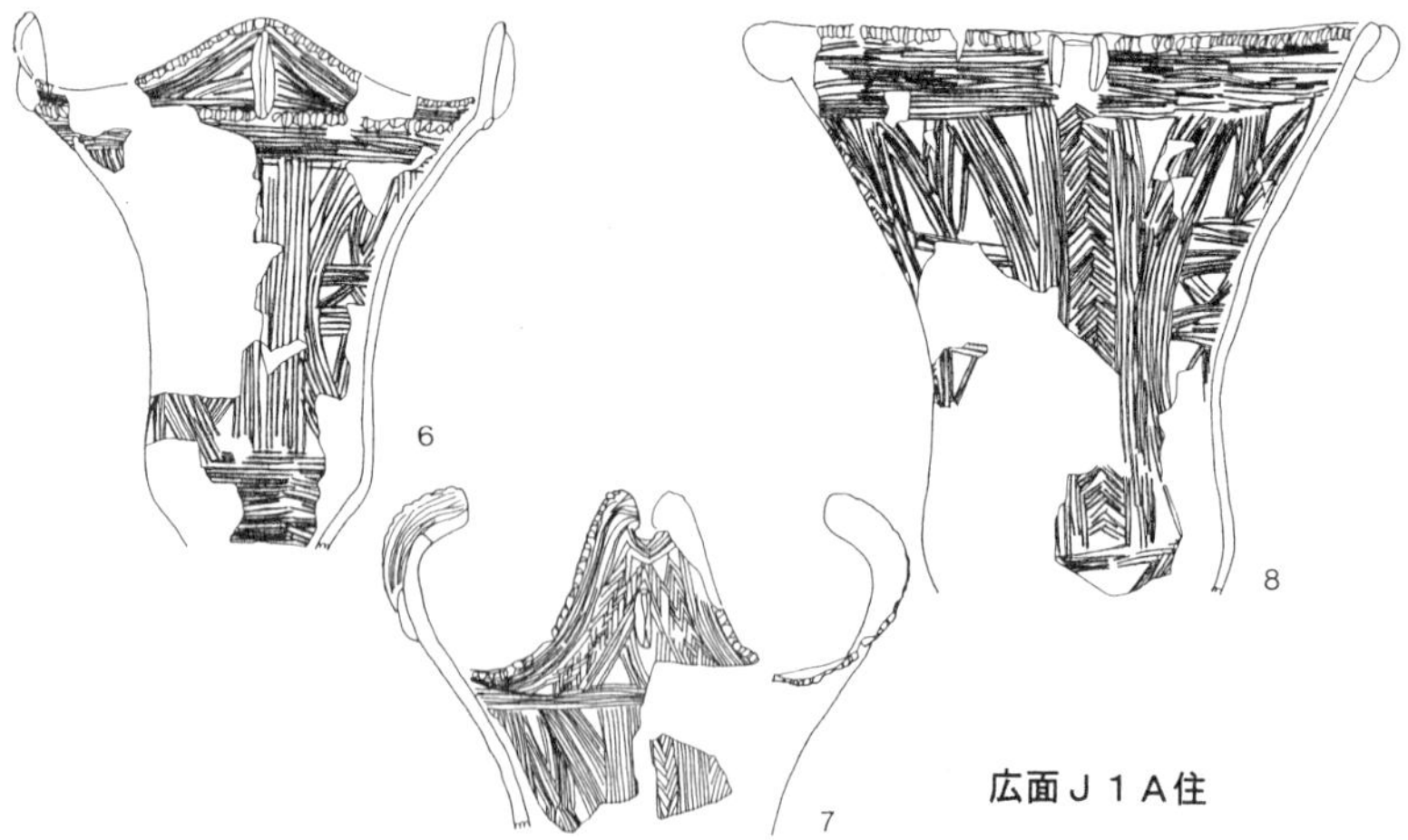

広面Ｊ１Ａ住

第２図　松原遺跡遺構外出土土器（上段）および広面遺跡 J1A 住出土土器

を図っているのである。8も一対の貼付文をその目安とする点で一致する。そして集合条線文様の完成と共に地文縄文の役割はほぼ失われたのである。

同様のこうした縦位分割ラインが胴部まで規制されている例は、糸井宮前遺跡八一号住居、同八四・八五号住居、向吹張遺跡J一〇号住居などからも拾い出すことはできる。しかし、貼付文系土器群中での存在感は薄い。むしろ、胴部全体にわたる縦位分割という施文構造を手に入れながらも、大波状という単位性を明示する部分の破棄という行為は、分割より分帯を優先するという意識を貼付文系土器群製作者集団が選択したということを意味するのであろう。貼付文系土器群は、集合条線文様施文部位の拡大を実現したにもかかわらず、その目指す方向が、過剰なまでの貼付文による加飾にあったため、分割意識は置き去りにされてしまったというのが実態らしい。しかし、それでも分帯意識はしっかりと維持しつづけた点、特筆されてしかるべきかも知れない。

さて、文様帯の省略・交換・追加といった変換に関わる観点で、もう少し広面例に拘ってみよう。たとえば6の土器であるが、波状口縁部を省略すれば、たちまち8の土器が完成する。7の波状口縁部を省略すればやはり8の土器が出来上がる。つまり、口縁部と胴部の境界に巡らされていた横位集合条線文帯（以後、頸部文様帯と仮称する）は、四単位の貼付文を垂下することで平縁の口縁部文様へと昇格するのである。なお、この頸部文様帯は、以後、貼付文系では存在を主張し続けることとなり、一方結節浮線文系では次第に潜在化するという、きわめて対象的なあり方を示す。貼付文系土器群の分帯意識を知る意味でも十分に着目すべき文様帯であると言えよう。

ところで、広面8の土器は貼付文が一対であることからすると、むしろ広面6の波状部省略型は、松原遺跡SK3244出土の1の土器に最も酷似するといえよう。同時に、広面7の土器の波状口縁部を結節浮線文を持つ山形波状口縁のそれと交換すると、松原遺跡SK3244出土の2の土器に変換される点も確認しておきたい。地域を越えた相互互換の例として重要である。だが、松原遺跡SK3244出土2は口縁部の矢羽根状集合条線文や胴部形態にやや後出的な要素がみられないわけではない。それにもかかわらず互換が成立しうる施文構造であるという点にもここでは注目しておくべきだろう。

四　風車状入組８字文と単渦文の系譜

再び、松原遺跡に戻る。

第二図１と２であるが、１は第一図１の土器に新たに口縁部文様帯が追加された例であり、そこには棒状の結節浮線文が四条ほどを一単位として垂下され、その間には対をなす円形貼付文が配される。２は第一図２では不明確であった頸部文様帯が追加され、同部位にも口縁部同様、やや疎らな棒状結節浮線文の垂下と、対をなす円形貼付文が付された例である。平縁と波状の違いはあるが、両者とも胴部下半はＡ形態を示す。しかも注意すべきは、どちらも頸部文様帯以下は、先に見た広面例と近似した文様を保っている点であり、さらにその上に矢羽根状集合沈線文を地文とする口縁部文様帯を追加した点である。とりわけ波状口縁スタイルは新たな結節浮線文系土器群のシンボル的な器形として認知されていくのである。だが、すでに述べたことではあるが、２の土器で明らかなように、頸部文様帯としての横位集合条線文は早くも地文化しており、その将来が危うくなっていることが見てとれよう。

次は第一図３と４。いずれもＳＢ３０１０からの出土土器であり波状口縁を示す。胴部はどちらもＡ形態であり、胴部文様はこれまで見てきた土器と大きな違いはない。頸部文様帯も確実に存在する。しかし、第二図２の土器同様、頸部文様帯上には結節浮線文が施され集合条線文は完全に地文と化している。しかも、３の土器は矢羽根状集合条線文が二段にわたって配されたため、横位集合条線文帯は単なる分帯ラインとしての役割しか与えられなくなっている。また一方で４の土器も、波頂下を中心とした単渦文が結節浮線で密接に巻かれているために、やはり地文の役割は果たしえていない。結節浮線文系土器群における地文の位置付けが分かろうというものである。

こうして見てくると、貼付文系土器群も結節浮線文系土器群も頸部文様帯以下は酷似しており、その出発点においては相当接近していたことが窺える。さらに文様についてもそれらの相互関係をもう少し眺めておこう。

まず第一図3の土器の口縁部文様についてであるが、筆者は結節浮線文による風車状入組8字文と呼ぶ。なぜなら第三図を参照いただければ明らかなように、その淵源する文様は諸磯ｂ3式に盛行した風車状入組文にあることが疑いえないからである。すなわち胴部の幅の狭い文様帯内に閉じ込められていた風車状入組文は、Ⅰｂ文様帯或いはⅡ文様帯といった幅の広い箇所へ開放されるやいなや、風車状入組文様が縦に間延びするとともに8字化したのである。諸磯ｃ式貼付文系土器群にとっては胴部文様帯に展開する重要なモチーフであり、耳状貼付文段階の土器にまで受け継がれる。もちろん結節浮線文系にも採用される例はあるが、一般的に崩れていると見なさざるを得ないようである。そうした中での第一図3の土器は特筆に価する。風車状入組8字文の成立段階を彷彿させるほど整った結節浮線による施文なのである。たとえば荒砥二之堰例（第三図5）、糸井宮前例（第三図6）と比較しても、浮線と沈線の差があるだけで、大きな違いは認められないほどである。つまり、それらとの時間差も予想以上に小さいと言えるのかも知れない。

続いて第一図4に採用されている結節浮線文による単渦文についてはどうだろうか。少なくとも3の土器とは同一段階と見なしても良いだろう。すると現状では諸磯ｃ式の最も古い結節浮線文による単渦文ということができる。ではこの系譜はどのような土器群に遡るというのだろうか。これまでは花鳥山遺跡一五・一八号住居跡出土の押捺浮線文と結節浮線文の二個体の単渦文が知られていたが、いずれも小さな対をなす貼付文（諸磯ｃ式新段階のメルクマールの一つと目されていた）が施されたものだったため、諸磯ｂ式の渦巻文とは直接的な関係にはないとされてきた。しかし第四図に示したように、単渦文の系譜は諸磯ｂ2式（古）段階まで遡ることは可能なのである。とりわけｂ3式段

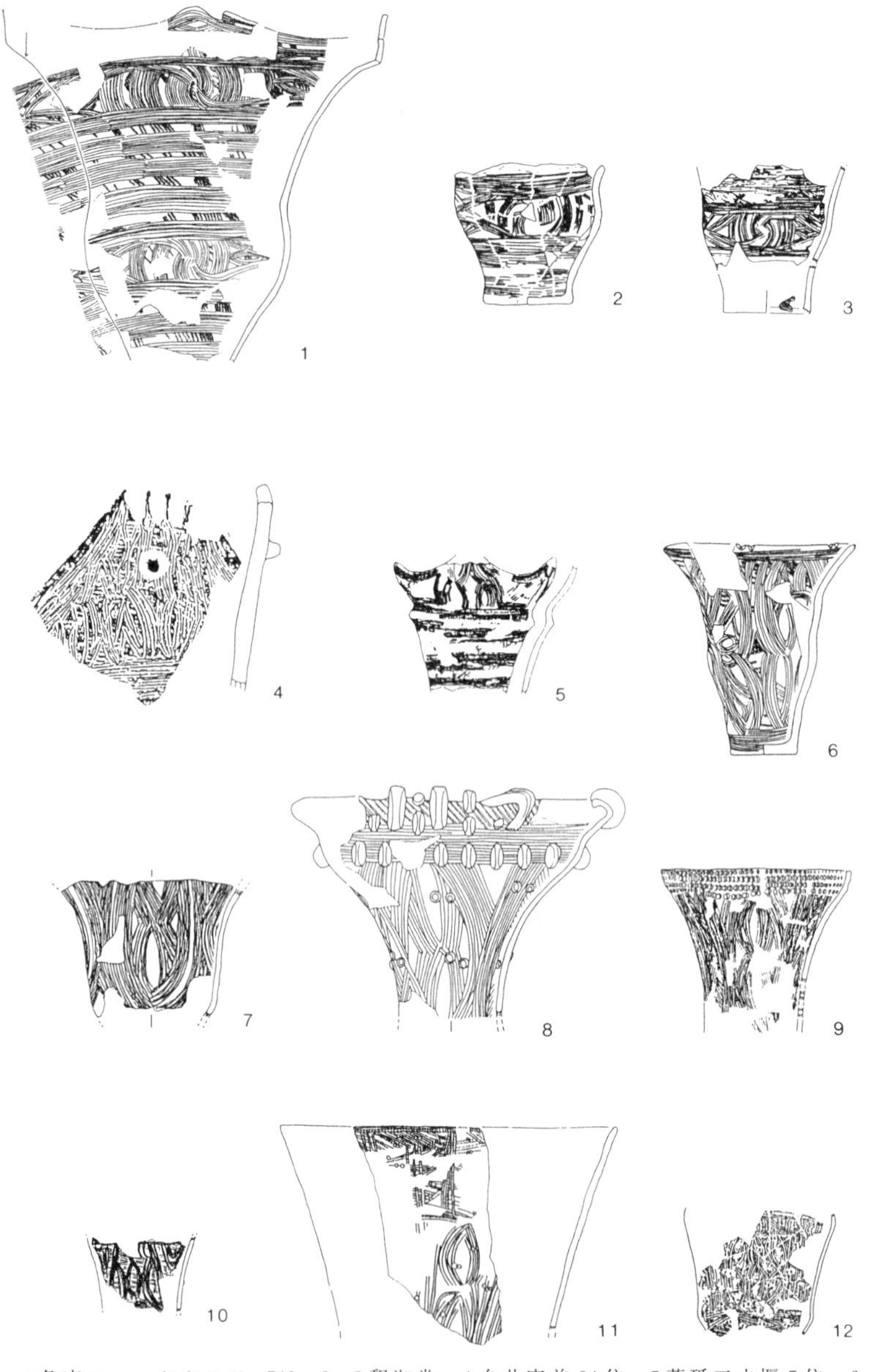

1多摩ニュータウン No. 740, 2・3釈迦堂, 4糸井宮前94住, 5荒砥二之堰5住, 6糸井宮前98(新)住, 7糸井宮前15住, 8糸井宮前77住, 9天神52住, 10花鳥山, 11花鳥山16住, 12荒神山

第3図　風車状入組8字文の系譜

階のⅠa文様帯に施された土器の存在は等閑に付すべきではない（第四図3、4、5）。諸磯c式貼付文系土器群がⅠa文様帯を省略し平縁化を推し進めることで成立したとすれば、結節浮線文系土器群は同じくⅠa文様帯を省略しながらも、Ⅰa文様帯に閉じ込められていた風車状入組文や単渦文を改めてⅠb文様帯に再生させることによって波状口縁深鉢形土器の成立を促したと言えるのではないだろうか。以後、単渦文は、双渦文と併施されながら双渦文土器の全盛期を迎えることになるのである。なお、諸磯b3式段階の土器群には、山梨県天神遺跡や群馬県榎木畑遺跡、向吹張遺跡などをはじめとして、一本浮線上に半截竹管を連続押捺した、いわゆる結節浮線文が各地で根強く検出されており（第四図8に一例を掲載）、細田氏も指摘しているとおり（細田 二〇〇〇）、諸磯c式の結節浮線文を押捺浮線文からだけの変化形態であると断定する根拠は乏しいと言わざるを得ないようである。いつでも切っかけさえあれば波状口縁下に結節浮線による渦巻文の登場を許す素地はすでに用意されていたと理解されるべきではないだろうか。なお、花鳥山の一例（第四図7）は、単渦文の渦の中心部での巻きの開始点が、単純な一本浮線による渦巻きではなく、風車状の名残りを思わせるかのごとく中央で連結する二本浮線による渦巻きとなっており、伝統的な遺制が顔を出した例として注意しておくべきであろう。

単渦文ついでに、第一図5の土器にも触れておこう。この5（結節浮線渦巻タイプ）は6（結節浮線垂下タイプ）と共にSB3019から出土している。両者共に胴部はB形態を呈し、結節浮線文系土器群の一つの典型を示す。

さて、第一図5の土器であるが、波頂下に単渦文、そして単渦文間には斜位の結節浮線文を配する、というパターンの口縁部文様帯となっているが、展開図（第五図）を見ると、四単位波状のうちの一つは波頂部から二本の結節浮線文を途中まで垂下し、そのラインを中心にして双つの渦文が隣り合って両立するという構成になっている。通常の双渦文であれば渦文の中にまで結節浮線が垂下されることはありえず、波頂部と双渦文との間に生まれる小さな菱形状の空白部にレンズ状等の文様を縦位に埋めるのが一般的なのである。そうした意味では、この5の土器は双渦文の

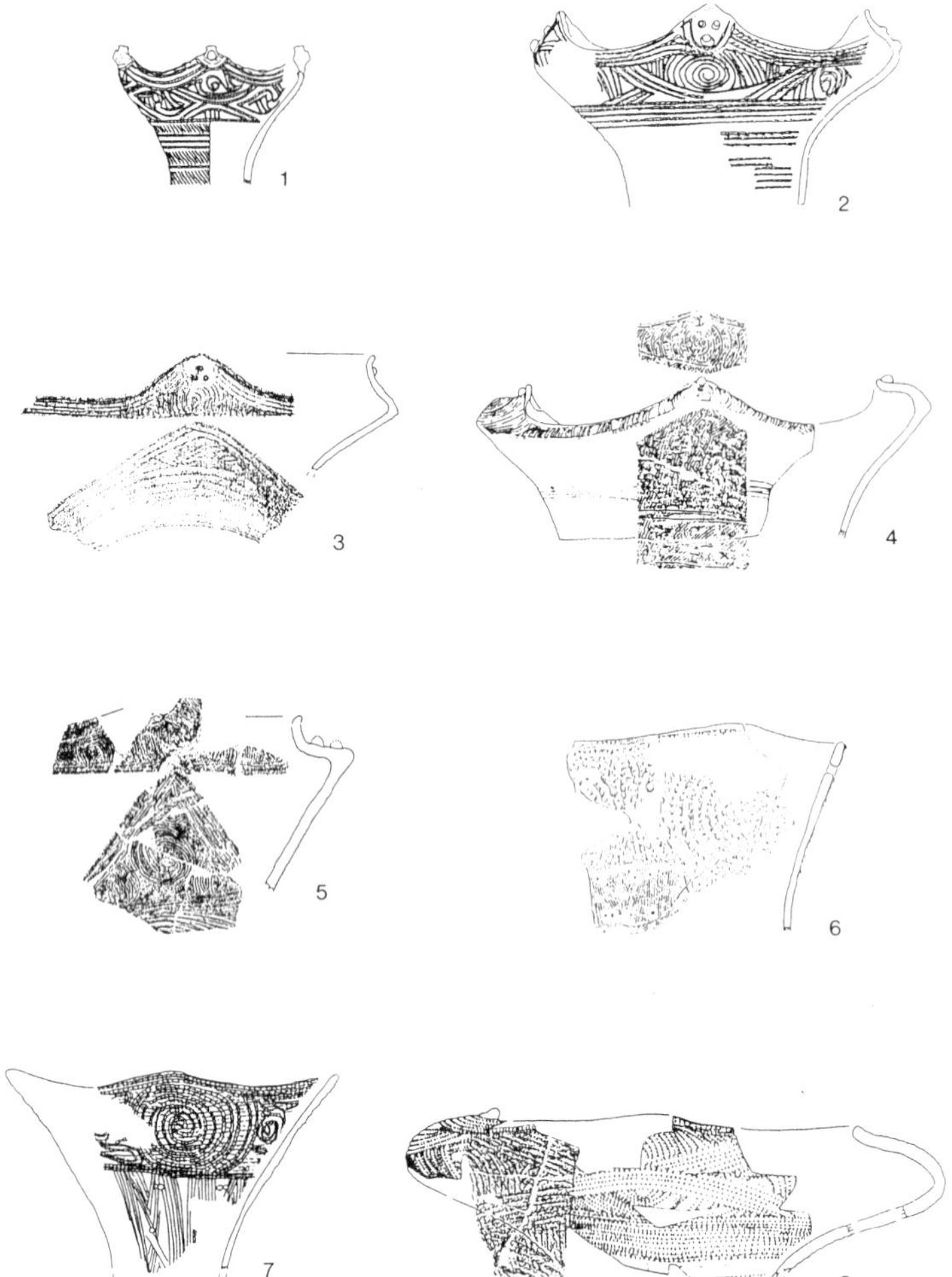

1長崎1住，2小仁田9住，3下牧小竹J-3住，4天神，5東光寺裏5住，6・7花鳥山15・18住，8天神54住

第4図　単渦文の系譜

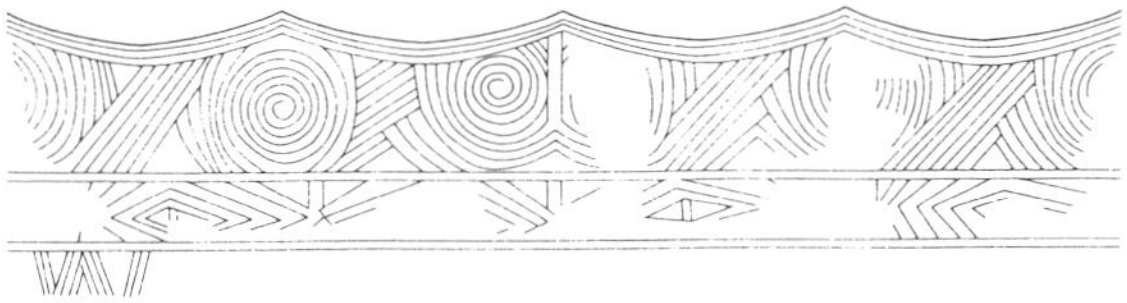

第5図　松原遺跡出土土器（第1図5）の展開模式図

成立に関わる土器との位置付けが可能になるのではないかと考えている。またこの土器には菱形状の結節浮線文が配される頸部文様帯とおぼしき文様帯がある。地文には横位集合条線文がある点から、あるいは広面例等で確認されてきた頸部文様帯であると決めつけても良いのではないかとも考えたが、おそらく共伴する6の土器同様、すでに集合条線文帯としての役割は終え、完全に地文化するとともに頸部文様帯は口縁部文様帯に取り込まれてしまったと考えるべきなのかもしれない。この渦巻文土器に見られる「頸部文様帯」は、今後、多段構成へと向う結節浮線渦巻タイプ土器群の方向性を示唆していると見なすべきなのである。

五　結節浮線垂下タイプの土器について

第一図6は波状口縁の結節浮線垂下タイプの土器であるが、浮線垂下は口縁部に限られる。口縁部には全面にわたって横位集合条線文が地文として施され、その上に三本一単位の結節浮線が波頂部および波底部から垂下される。そして注目すべきは、その垂下は波頂部から胴部との分帯ラインの中ほどで一端途切れ、若干の間隔をあけ再び胴部との分帯ラインまで下ろされる、という点である。波底部からの垂下も同様と思われるが、報告図からは読み取れない。だが、天神、花鳥山、籠畑等の諸遺跡出土の同タイプ土器群はいずれも同様の施文構成をとる。いったい何故なのだろう。

そこで再び松原遺跡の第二図2の土器を見てみよう。そこでは結節浮線が口縁部と頸部の両文様帯に垂下されていたのである。もちろんここでの結節浮線は口縁部において途中で切れることはない。ただし、一単位と見なすことのできる浮線の間隔は広く、単位性がやや希薄であるという特徴がある。さらに同じく松原遺跡の土器であるが、第二図3は第一図6と地文構成を含めて、極めて類似した例である。違いは口縁部文様帯の中間部に一条の横位の結節浮線文がめぐらされている点のみであるといっても過言ではあるまい。頸部文様帯が口縁部文様帯に取り込まれてもなお表面的には頸部文様帯意識が働いていたのであった。第二図4は縦垂下間に横位の結節浮線文が充填されるという若干イレギュラーな土器ではあるが、それでも類似の施文構造を示す。そして、そうした意識の遺制が、第一図6で見たような施文構成の土器群を創成したのであろう。やがて松原遺跡におけるこの結節浮線垂下タイプの土器群は、口縁部の地文に横位矢羽根状集合条線文を多段に構成する土器群（第二図5）を生み出す頃には、頸部文様帯意識は完全に希薄となり、棒状結節浮線（沈線）文の間隔をあけた垂下のみがその形骸として遺されていくのである。

ところで波状口縁の結節浮線垂下タイプの土器が作られていた頃、平縁では押捺浮線文垂下タイプの土器が存在していた。それは第六図の土器群が相当する。これらの土器の生成には、おそらく広面J1A住の8のタイプの土器が関与していたと思われる。竜神平の土器（第六図1）は、口縁部が受口状に立ち上がり、縦位の貼付文上には竹管による押捺文が施される。胴部文様は広面例のみならず、波状口縁の結節浮線垂下タイプの土器（第二図2）とも連動しており、この時期の特徴を良く示している。第六図2の西原遺跡例も同類であろう。ただし西原例にはボタン状貼付文の付加がありイメージを一新している。しかも西原例には横位集合条線文の頸部文様帯がはっきりと残され、新たに矢羽根状集合条線のある口縁部文様帯が用意されているのであった。また後に触れるが、それは諸磯c式貼付文系土器群の基本的な施文構造に関わる変化なのである。また、松原遺跡出土の第六図4は、口縁部地文の矢羽根状集合条線文の多段化、胴部文様の直線化等を鑑みれば、より後出の土器であることは明らかであろう。ここにも押捺浮線文とボタン状貼付文が見られる。押捺浮線文やボタン状貼付文は、諸磯c式古段階の土器群のメルクマールにされ

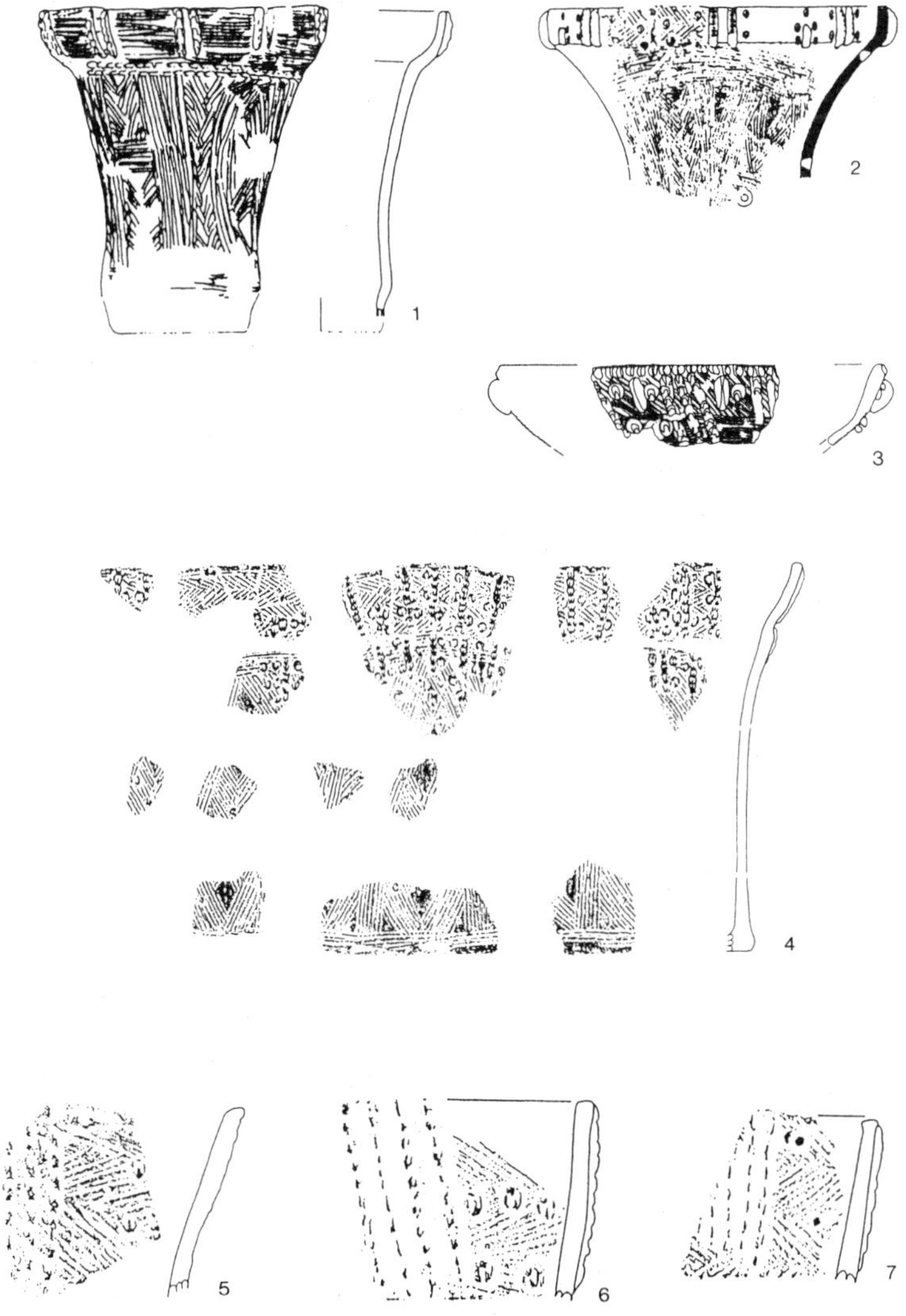

1竜神平，2西原，3広面J5住，4・5松原，6・7西原

第6図　押捺浮線文垂下タイプの土器（1～4）および結節浮線文とボタン状貼付文の併施文例（5～7）

ていた傾向があるが、必ずしもそうとは言えないであろう。参考までに、さらに追加で、結節浮線文とボタン状貼付文が併施されている同タイプの土器をいくつか例としてあげておいた。特に6と7は西原遺跡のものであり、ボタン状貼付文と対をなす小さな円形貼付文とが同時存在することを物語っていよう。さらに、3の広面例（耳状貼付文の前段階）は貼付文系土器群に特徴的な把手状の短隆帯と押捺貼付文に加えて、三本一単位の結節浮線文が口唇部から垂下されているのである。こうした事実は、諸磯c式貼付文系土器群と同結節浮線文系土器群は時期を違えた存在ではないということを如実に示しているとは言えるのではないだろうか。

参考に、これらと良く似た施文構造を示す土器群が能登半島の真脇遺跡からも検出されていたことに触れておく。第七図1・2は、口縁部には地文がなく、胴部には羽状縄文のみを施文する一山型波状口縁深鉢であるが、そうした外観の示す要素は、如何にも西日本に系譜を辿れそうな気配を示すが、口縁部の三ないし四本一単位とする結節浮線文の波頂部或いは波底部からの垂下、そしてその垂下がその中間部で一端途切れるという特徴（第七図1）は、松原遺跡を始めとする諸磯c式結節浮線文系土器群を彷彿とさせずにはおかない。そしてさらに第七図3・4のごとき押捺貼付文を垂下させる平縁土器の存在も忘れるわけにはいかないであろう。まさにこうしたあり様は、あたかも先述した諸磯c式土器における二者の同時期共存を強く支持するようにさえ思えるのである。

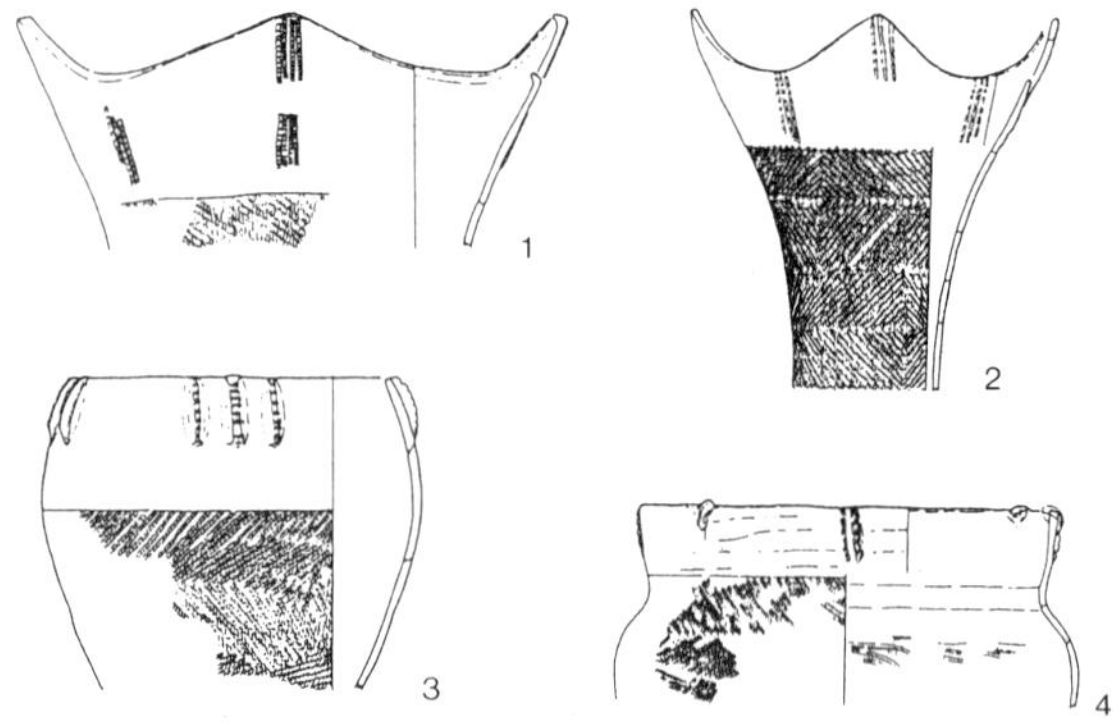

第7図　真脇遺跡における二者の土器群

六　再び、貼付文系と結節浮線文系の土器群について

第八図に典型的な貼付文系土器群を示した。筆者の旧稿に従えば、１・２が諸磯ｃ式（古）前半、３・４は同式（古）後半に該当し、５～７は当時の筆者にとっての未知の土器群ということができる。おそらくこの順で土器群は推移するのであろうが、ひとまず棚上げしておこう。

さて、それぞれの土器群の特徴を改めて概観すると、１・２は広面Ｊ１Ａ住例で指摘した集合条線文帯（頸部文様帯）上に新たに貼付文を伴なう口縁部文様帯を追加した土器であるということができよう。内湾（１）と外反（２）という違いはあるが、いずれも単位性は喪失している。しかし、胴部文様に関しては別。広面例との大きな相違点は認められないのである。それは松原ＳＫ３２４４、ＳＢ３０１０出土土器についても同様である。だが、３・４の土器になると、１を典型とするような従来型深鉢の口縁上に、あたかも屋上屋を架するがごとく更に口縁部が上段に重ねられるのである。当然のように貼付文列も二段となる。そして上部の口縁部には特徴的な耳状貼付文が新たに付加されるのである。中には、当該土器群の単位性（四単位）を強調し始めるものも再び現れてくるようである。１と４の土器を比較すればその間の経緯は良く理解されることと思われる。四単位という意識の再登場は、当然、結節浮線文系波状口縁土器との関係を想起されて良い。ボタン状貼付文や押捺貼付文が単独で、あるいは対をなして条線地上に付されるものが多いのもまた、このタイプの土器の特徴として指摘できよう。さらに胴部文様においても曲線的なものから、矢羽根状、稲妻状などの直線的な文様へと変化しており、松原遺跡ＳＢ３０１９出土土器および同段階の土器群の胴部文様ともやはり連動しているのである。そして５、６、７の土器であるが、これらは二段の貼付文帯を有する点では３・４との間に大きな違いはないが、内湾する口縁部は複合口縁化し、朝顔状に外反する口縁部へと変

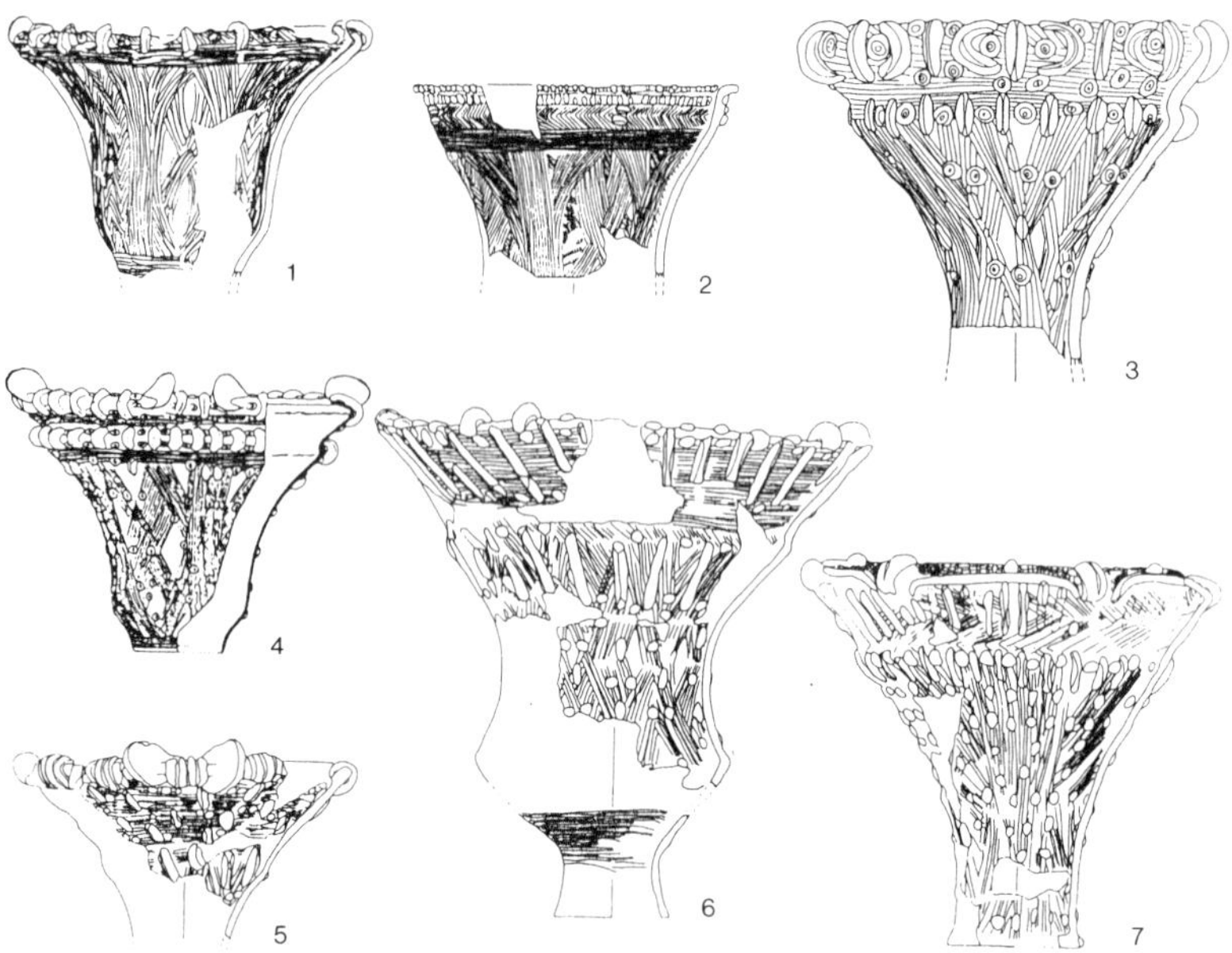

1・2 糸井宮前 66b 住，3 糸井宮前 84・85 住，4 下島，5・6 芳賀北曲輪 8 住，7 芳賀北曲輪 12 住

第 8 図　貼付文系土器群の変容

貌を遂げている点、外観上の違いは大きい。口縁部に強調されていた耳状貼付文は残存する例（5）もあるが、原則的には大型で低平な貼付文へと形骸化するようである。そしてこの四単位の大型貼付文間には、前段階の貼付文から変化したやはり低平な貼付文が複合口縁部に巡らされる。また一方で、上下二段の口縁部には、同じく前段階の貼付文を祖系とするやや太目の棒状貼付文がほぼ等間隔に巡らされるのである。胴部文様はより一層直線化が進み、斜め、或いはX字状の集合条線が縦位に施されるのみとなり、その上にはぼてっとしたボタン状貼付文が付加されるのが常となる。7も原則的には同様であるが、やや内屈気味の口縁部を有しており、そこには結節浮線文が施されているらしい。類例は川口市赤山遺跡にもある。以上の土器群には、おそらく胴部文様の集合条線が矢羽根化（縦位）している類や多段構成の双渦文土器などが連動しているものと予想されよう。結節沈

線文系土器群が目立つのもこの時期の特徴となろうか。天神三七号住の共存を評価すれば、自ずから、花鳥山二三号住、荒神山例などとの連動関係も考慮せざるを得ないことは言を俟たない。

以上、貼付文系土器群の変容ぶりと、結節浮線文系土器群との関係性を若干見てきたわけであるが、前者にはその推移にもかかわらず、頸部文様帯（横位集合条線文帯）が終始重要な分帯ラインとして顕在し続けており、一方、後者においては、こうした分帯ラインは早々に地文化し、消えていったのである。両者の施文構造を示す一例として、改めて記しておきたい。

七　おわりに

どの分野においても、必ず「正統」と「異端」が共存する。考古学研究の歴史もまた、正統と異端のせめぎ合いの歴史であった。我が埼玉考古学会の五〇年も同様であり、喧喧諤諤の歴史であったと言えよう。当然、学問には「絶対に正しい」などというものはない。それは正統派を自認する一部の権威者にのみ与えられた権利かも知れないが……。我々にはただ真理を追い求める心と意欲と若干の勇気がありさえすれば良い。

かつて正統派は、歴史とは客観的な実在として把握されるものだと言った。しかし今や、歴史とは歴史を再提示する者の主観に基づく「表象」であるとする意見が広く受け入れられつつある。「当事者の歴史」と「観察者の歴史」は自ずから異なる。我々はそのことを自覚しなければなるまい。

本稿において筆者は、既成の研究成果を圧力としてではなく、事実確認の一視点として参照させていただき、あくまで原点である土器そのものの持っている情報の抽出に心掛けた。一個の土器、一群の土器。それらは複雑多岐にわたる情報を兼ね備えた多系統性の産物でもある。筆者の能力では、まだまだほんの一部しか垣間見ることができていないが、いくつかの事実を指摘することはできた。舌足らずではあるが、識者の批判を仰ぎたいと思う。

（二〇〇五・一〇・二九）

引用・参考文献

赤塩　仁・三上徹也　一九九四「下島式・晴ケ峯式の再提唱とその意義」『中部高地の考古学Ⅳ』長野県考古学会

秋元一夫他　一九八五『長崎遺跡』流山市遺跡調査会

石坂　茂他　一九八五『荒砥二之堰遺跡』（財）群馬県埋蔵文化財調査事業団

石原正敏　一九八九「諸磯c式土器再考」『新潟史学』二二

今村啓爾　一九八一「施文順序からみた諸磯式土器の変遷」『考古学研究』二七〜四

今村啓爾　二〇〇〇「諸磯c式の正しい編年」『土曜考古』第二四号

岩橋陽一他　一九八四『多摩ニュータウンNo.740遺跡』（財）東京都埋蔵文化財センター

上田典男他　一九九八『上信越自動車道埋蔵文化財発掘調査報告書4・松原遺跡』（財）長野県埋蔵文化財センター

内田祐治他　一九七五『三宅島の埋蔵文化財』伊豆諸島考古学研究会

大賀　健他　一九八五「3小仁田遺跡」『関越自動車道（新潟線）水上町埋蔵文化財発掘調査報告書』水上町遺跡調査会

岡田正彦他　一九七五「荒神山遺跡」『長野県中央道埋蔵文化財包蔵地発掘調査報告書　岡谷市その1・その2・諏訪市その1』長野県教育委員会

鬼形芳朗他　一九九〇『芳賀北曲輪遺跡』前橋市埋蔵文化財発掘調査団

小野正文他　一九八六『釈迦堂Ⅰ』山梨県教育委員会

金箱文夫他　一九八九『赤山』川口市遺跡調査会

金子直行　二〇〇四『芝沼堤外遺跡』川島町教育委員会

越坂一也他　一九八六『真脇遺跡』能都町教育委員会

鈴木敏昭　一九八九「諸磯b式からc式への土器変遷」『埼玉県立博物館紀要』一五

鈴木敏昭　一九九一「土器群の変容―例えば、諸磯b式浮線文土器の場合―」『埼玉考古学論集』（財）埼玉県埋蔵文化財調査事業団

関根慎二他　一九八六『糸井宮前遺跡Ⅱ』（財）群馬県埋蔵文化財調査事業団

関根慎二他　一九九五「諸磯c式土器以前」『研究紀要』一二　（財）群馬県埋蔵文化財調査事業団

千田茂雄他　一九九〇『榎木畑遺跡』群馬県安中市教育委員会

友廣哲也他　一九九二『下牧小竹遺跡』（財）群馬県埋蔵文化

財調査事業団
中島　宏他　一九八〇『伊勢塚・東光寺裏』埼玉県教育委員会
長崎元廣　一九九七・一九九八「中部地方の縄文前期末・中期初頭期における土器型式編年論の系譜と展望（一）（二）」『長野県考古学会誌』八三・八四・八五号
長沢宏昌他　一九八九『花鳥山遺跡・水呑場北遺跡』山梨県埋蔵文化財センター
新津　健他　一九九四『天神遺跡』山梨県埋蔵文化財センター
羽鳥政彦他　一九八七「向吹張遺跡」『富士見遺跡群』群馬県富士見村教育委員会
羽鳥政彦　一九九四『広面遺跡』群馬県勢多郡富士見村教育委員会
細田　勝　一九九二「諸磯c式土器研究への一視点」『埼玉考古』第二九号
細田　勝　一九九六「縄文前期終末土器群の研究―地域差と系統差の統合的解釈に向けて―」『先史考古学研究』第六号
細田　勝　二〇〇〇「諸磯c式土器変遷に関する2・3の問題点」『土曜考古』第二四号
松田光太郎　二〇〇一「関東・中部地方における諸磯c式土器の変遷」『神奈川考古』第三七号
三上徹也他　一九八七「大洞遺跡」『中央自動車道長野線埋蔵文化財発掘調査報告書I』(財)長野県埋蔵文化財センター
山内清男　一九三九『日本先史土器図譜』第二輯

加曽利E式土器成立期に於ける埼玉およびその周辺の土器

青木義脩

はじめに

大宮台地やその周辺の遺跡において、勝坂式土器とも加曽利EⅠ式土器とも仕分けしにくい土器の出土することがよくある。さらに一つの竪穴住居跡内で、しかも完形品で双方が混じっている場合もある。東京都練馬区の中村橋遺跡、所沢市の膳棚遺跡、和光市の吹上貝塚などでは、早くからこのことが指摘されていた。このことは、加曽利EⅠ式土器が成立しても勝坂式土器のうち単純な器形の深鉢形土器は、なお残存しているということで説明がつく。しかし、実際の歴史的事象として、それが一体どのような状況下で行われたのかは、説明できていない。加曽利EⅠ式土器が成立しても、なお勝坂式土器が残るということは、少なくとも勝坂式土器から加曽利EⅠ式土器に移行したのではないということである。言い換えれば、勝坂式土器がまだあるうちに加曽利EⅠ式土器が成立していたということである。これにより、一住居跡内の説明はできるし、一個の土器の中での問題も解決できるように思う。

次に、南関東地方の中期後半の土器、すなわち加曽利E諸型式土器の説明に「大木の影響」という言葉がよく用いられてきた。「大木の様相」とは少し意味合いが違う。南関東地方と東北地方の間に、北関東地方という広大な地域があり、そこは、東北地方とも南関東地方ともたやすく行き来できる地域である。河川も、先行河川である那珂川をはじめ鬼怒川とその支流が発達している。縄文コミュニティというものを考慮して土器を見るべきであろう。

加曽利E式土器が成立したことは、我が国の歴史上における重要転換期の一つを迎えたことを意味していよう。それは、土器に、「うつわ」以上のことを求めなくなったということであろう。現象面としては、装飾の単純化である。「エネルギーが最小になるように向かう」のである。[1] 結果は、加曽利EⅡ式土器に出る。

埼玉県という地域を考古学的に、あるいは、縄文時代中期という時期に限ってひと括りにするということは、容易ではない。しかし、関東地方から、あるいは東日本から見て埼玉県がどのような地域的特徴を持っているかを説明することは、可能である。まず位置的に、南関東では北の方に位置し、東関東から見れば県の東部は、その西端にあり、西関東においてはその東部を占めているといえる。ただし、北関東の南部といえるのは、県北の一部のみのことである。群馬県の藤岡市や富岡市が南関東でないことは明らかであるが、緯度的には、埼玉県の本庄市と等しい。東日本という捉え方は、関東甲信越静地方と東北地方あたりまでとすれば、埼玉県は、その南東部に位置することになる。これだけ仕分けをして述べてしまうと、埼玉県らしいところは、どこにも残らないことになる。没個性、それは今の埼玉県にも当てはめられがちである。しかし、それがアイデンティティであることに気付いたとき、この大地は、興味が尽きないと言えよう。今の行政単位、今の人口集中地区を即、縄文時代にまで遡って有効としてはいないか、気になることがある。また、これまで、「東北地方の影響」などといった場合の東北地方は、どこをさすのか、また、「北関東の影響」といった場合の北関東は、栃木県をさすのか、他の二県をさすのか、全部含めていいのかも吟味されないまま使われることが多い。こうしたことに、説明しにくい土器の出てくる下地があるといえる。一方、地形的に、地勢的に地域を見ると、考古遺跡の有機的な繋がりが見えてくる。しかし、〝産業革命〟以後の動力に頼る交通路は、かえって誤解を招くことになる。近世以前の人々の行動範囲なども参考になるが、行くだけでよいのか、戻って来る必要があるのか、それにより行動範囲は変わる。狩猟と農耕（栽培を含めて）では、行動範囲は大きく変わる。

狩猟でも、季節的移動で回帰性が求められ、広い行動範囲を自ずとつくっている。その舞台となった大地は、山地、平地に河川、海浜が発達し、渓谷や段丘、扇状地などをつくっており、峠があり、人々を新たな空間に導いた。

歴史的事実は、仮説を立て、史料を以って論述することによって説明できる。その際、どれだけ推論がなされているかが問題である。推論は研究者の数だけ提起できる。しかし、それらは、自然淘汰され、消えていくものと、咀嚼されないまま、定説に近いものになっているものが大半であり、史料によって幾重にも裏打ちされるものは少ない。

しかし、縄文土器には、組成、器形、文様（全体構成、一部分）など、ハード、ソフト両面に著しい情報が蓄積されている。単なる祭祀とか、信仰的な面のみで捉えてしまうには惜しい。

馬場小室山遺跡の土器のことなど

最初に一個の深鉢形土器を示そう（第一図の１）。この土器は、さいたま市緑区の馬場小室山遺跡（当時は、馬場遺跡と呼んでいた）から昭和四五（一九七〇）年の発掘調査で出土したもので、勝坂式土器でも最も新しい部類に属する深鉢形土器である。単純な外開きの土器で、高さ三八・〇㎝、口径二一・二㎝を測る。口唇部内側が肥厚する。これは、内側に折り返すことによってできる突帯が廻るものであり、勝坂式伝統の技法である。上半が主たる文様帯である。口縁部は幅広の無文帯が廻る。胴部下半の地文部（縄文）との境界を隆起線文（断面台形）としている。隆起線は、主たる文様要素で、文様帯の中を通り、一部は、口縁部の把手に達する。隆起線上を刻むのは勝坂式の伝統的な手法である。そして文様帯の中には、沈線と沈刻があり、沈刻には三叉状文がある。これも同式土器の伝統的な手法である。この土器は、純粋に勝坂式土器の流れの中で製作されたものと言える。そしてこの土器は、同一層位から加曽利ＥⅠ式土器を伴っている（発掘調査時、第六トレンチ一区二層　第一図の２）。キャリパー状口縁部を持つ深鉢形土器で、口縁

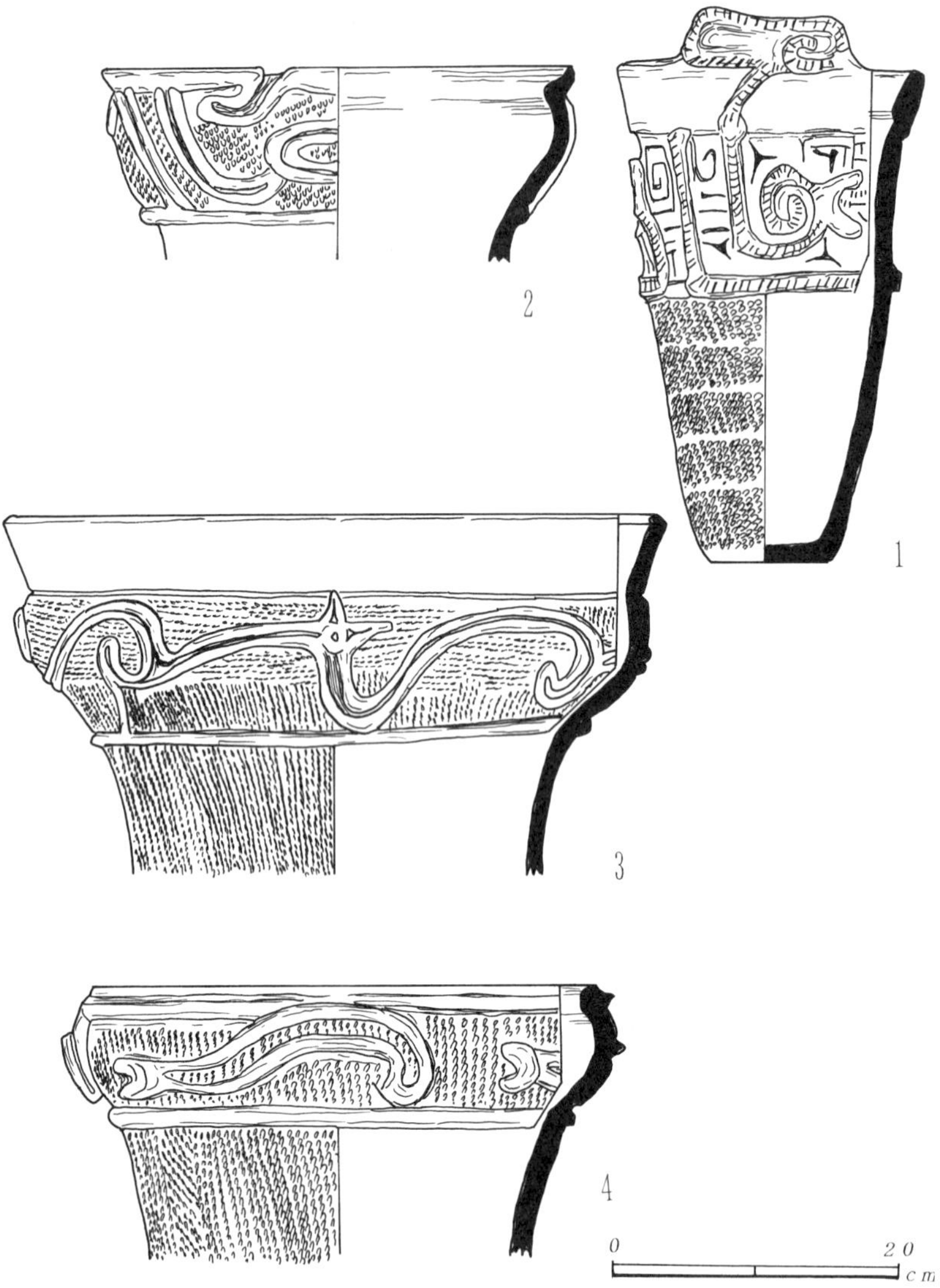

第1図　1・2・4馬場小室山，3相野谷（縮尺1/6実測　青木義脩）

部の約半周を残す。口唇部は外反する。二本一組の隆起線文が施され、地文は縄文である。典型的な加曽利ＥⅠ式土器である。

東京都練馬区の中村橋遺跡において、すでに昭和三七（一九六二）年の時点で勝坂式土器と加曽利Ｅ式土器の共伴が指摘されている。それは、一竪穴住居跡内から復原可能土器八個体が検出され、そのうち六個体が深鉢形土器で、うち一個が単純外開きの勝坂式土器、他の五個が加曽利ＥⅠ式土器であるということである。資料報告者の大沢鷹邇・芝崎孝両氏は「単に編年的に先後する土器が混在したものであると解するには、完形土器、一住居址の範囲内の出土という点でやはり疑問が残る」と早くもこの点を指摘している。(2)

川口市木曽呂表遺跡では、第二A号住居跡において、勝坂Ⅲ式土器とともに、加曽利ＥⅠ式土器が出土し、「本住居跡は、県東南部における勝坂式と加曽利Ｅ式の併出例の一例として特記されよう」と説明されている。(3) こうした例は、武蔵野台地、大宮台地とも珍しいことではない。しかし、共伴かどうかの見極めは容易ではない。それは、「吹上パターン」と判断される現象が竪穴住居跡内で起こっているためである。「吹上パターン」は、小林達雄氏によって指摘された現象で、(4) 和光市の吹上貝塚（発掘調査当時は北足立郡大和町）の竪穴住居跡内の床面土器と覆土に包含されている土器の間に時間差があることであり、土器廃棄のあり方を問題にするわけである。ちなみに、その対照として「井戸尻パターン」が存することになり、こちらは、竪穴住居使用最後の姿から土器群をセットとしてみることができるわけで、単純さにおいては勝っている。長野県諏訪郡富士見町の新道遺跡第一号住居跡の例が典型である。(5) 近年、さいたま市緑区の椚谷遺跡において、柳田博之氏は、「吹上パターン」が確認されたことを報告している。(6) 平成一二年の椚谷遺跡の発掘調査で、第四二号、四三号とした竪穴住居跡において、このことが指摘された。第四二号住居跡では、最上層で加曽利ＥⅠ式古段階の土器が、中層で勝坂式最終段階の土器がそれぞれ検出され、また第四三号住居跡では、第一層、第二層で加曽利ＥⅠ式土器が多く検出されたが、下層の第四層、床直上及びピット等の土器は勝坂式土器であった。覆土にある程度の厚さがあること、発掘調査の段階でこのことに気付くこと、遺物整理が層位学的に行われ、報告書においては、遺構内であっても出土遺物の実測図が時期別、型式別配列でなく、層位別配列であれば、史料的に「吹上パターン」であることを説明できるわけである。発掘調査の基本動作かも知れない。「層位は型式に優先する」、「地層累重の法則」からすれば、動かし難い厳然たる事実は、発掘調査現場に存在する。しかし、その確認は、発掘調査という、〝破壊〟によって一度限りの観察しかなし得ない。こうして確立されてきた我が国の縄文土器編年は、立派な尺度となり、その層位に攪乱はないか、矛盾はないかが、問えるようになっていると言える。そのようなことを念頭に置き、改めて加曽利E式土器成立期前後の遺構内における土器の詳細を観察すると、吹上貝塚や栂谷遺跡に見られる「吹上パターン」の場合、前段の勝坂式土器は、最終段階ではない。ここでいう最終段階とは、加曽利ＥⅠ式土器の時期になお残存する勝坂式土器で、先に述べた馬場小室山遺跡、中村橋遺跡などの勝坂式土器である。したがって、これら双方の勝坂式土器を見比べれば、自ずと前後関係は認められる。

柳田氏は、栂谷遺跡第四二号住居跡覆土上層出土の細身の深鉢形土器（ほぼ完形を保つ）を、加曽利ＥⅠ式古段階の土器とし、東京都杉並区の下高井戸遺跡第三号住居跡から出土した外開きの深鉢形土器との類似を指摘している。下高井戸遺跡を報告した谷口一夫氏は、「勝坂式的様相の強いもの」としたうえで、同住居跡出土の他の二点の勝坂式的土器を含め、「つまりこの場合加曽利E式土器の古いところと理解される」と述べている。なお、同住居跡からは、加曽利ＥⅠ式土器の典型的なキャリパー状口縁部を持つ深鉢形土器が出土しており、今ここで述べている内容の補強的資料と言える。(7)もう一つ、さいたま市中央区の相野谷遺跡の加曽利ＥⅠ式土器についても述べておこう。第一図の3に示した土器は、一九六〇年代に工事中に出土し、郷土史研究家であった山崎幸太郎氏によって収集されたものである。(8)口径四五㎝を測るキャリパー状口縁部を持つ大型深鉢形土器である。胴部以下は欠損している。口縁部に無文の外反部があり、それより下がキャリパー状になる。頸部に一条の隆起線文が巡る。地文は撚糸文で、口縁部は、二条一組の隆起線文が唐草文状に展開し、交差点（十字文）で鳥嘴状になる。撚糸文は、上部で横位押捺のほかは縦位のそれとなる。この土器は、加曽利ＥⅠ式土器である。これに伴出したかどうかは、明らかでないが、山崎氏は、このほかにも縄文土器を採集している。そのうちの一つに、勝坂式土器の新しい段階にあたる深鉢形土器の口縁部破片が含まれている。筒形に近く、上部に隆起線による楕円形の区画が連続し、区画内は、沈線、連続刺突文が縦に平行する。胴部は縄文を押捺する。共伴もありうる。また、所沢市の膳棚遺跡では、昭和四二（一九六七）年、第一二号住居跡から、加曽利ＥⅠ式に属するキャリパー状口縁部を持つ深鉢形土器と上半部に隆線や三叉状の沈刻文のある勝坂式土器の深鉢形土器が出土している。地文は、加曽利ＥⅠ式土器が撚糸文、勝坂式土器が縄文である。(9) 加曽利ＥⅠ式土器に関しては、口唇部の長楕円形隆起線文や胴部上位の隆起線文などを除けば、規模、器形、主たる文様などは前掲の相野谷遺跡の加曽利ＥⅠ式土器に酷似するといえる。

加曽利Ｅ式土器

加曽利Ｅ式土器は、縄文土器の中でもっとも著名な土器型式の一つである。大正一三（一九二四）年に甲野勇、八幡一郎、山内清男の各氏らによって発掘調査が行われた千葉市の加曽利貝塚の調査成果をもとに昭和三（一九二八）年、山内清男氏によってはじめて使われた土器型式である。他に、加曽利Ｂ式土器があるが、アルファベットは、加曽利貝塚における地点名である。ちなみにＥ地点は、北貝塚の東半分、Ｂ地点は、南貝塚の西半分である。(10) 加曽利Ｅ式土器は、二期区分から三期区分、さらに四期区分となり、加曽利ＥⅠ式直前の土器で、勝坂式でも阿玉台式土器でもない土器群があることが提唱され、「プレⅠ式」なる言葉も出たほどであった。原加曽利Ｅ式土器などと称されることもあるが、中峠《なかびょう》式土器として使われることが多い。これら一連の土器は、加曽利Ｅ式土器として、明らかに推移を追うことができる。しかし、各期の境を明確にすることは、各研究者の基準に負うところが少なくないのが実情である。特に加曽利EⅡ式の捉えかたは難しく、意見が分かれるところである。それは、土器型式研究の限界でもある。標識遺跡は、あくまで銘々の土器型式の出発点であっても、そこが中心地でもなければ、その遺跡で層位学的にその遺跡を標識とする全型式土器が包蔵されているというわけではない。既存の土器型式は、長い研究の経緯があり、他の遺跡で研究されたものが加味され、細分化されていることが多い。

ところで南関東地方は、地域的特性から、我が国の考古学発達史上、土器型式の研究が早く進み、編年表が、早い時期に整った地域である。山内清男氏の努力に負うところが大であることは言うまでもないが、一見この編年表が、南関東地方で完結しているように取られることがある。しかし逐一、型式を吟味していくと、とても一地域内完結などありえないことが分かる。その一つは加曽利E式土器である。まず成立、加曽利EⅢ式土器への推移、後期初頭の称名寺式への推移など、周辺地域、時として遠方の地を含めての壮大な文化の流れの中に行われたのである。

南関東地方の土器型式編年表を見ると、阿玉台式土器と勝坂式土器が終わって、加曽利EⅠ式土器に推移するのが見て取れる。しかし、先述の中峠式土器の存在を認めた瞬間にこの三型式の関係は怪しくなる。この小論は、この点の確認も一つの使命である。これまで、いちいち例をあげるまでもなく、いわゆる中峠式土器は、東北地方南部に分布を持つとされる大木式土器（詳しくは同8a式土器）が南関東地方に影響を及ぼしてきたことを指摘する研究者は多い。しかし、影響を及ぼすという現象は、具体的にどのような歴史的事実が伴っているのか、いまひとつ見えてこない。土器の形状を変えることにそれほどの意義があったわけではなく、より優れた文化をもった群と接したとき、受け入れられるものを積極的に受け入れたことによるものであろう。北関東地方、特に栃木県北部において、火炎（焔）形土器に象徴される馬高式土器類似の土器が検出されている。そして、その本場である、越後平野との中間地域である福島県の会津地方、さらには同県の中通りあたりに見られる同類似土器を合わせ見て、馬高式土器の影響が会津を通り栃木県（厳密には、茨城県）まで及んで来たとする説明にほとんど異論はない。しかし、越後平野の土器が会津を通り栃木県さらには茨城県北部にまで影響を与えられるであろうか。会津あたりで成立しつつあった土器が一方で越後平野に、一方で北関東に波及し、それぞれ独自の地域的特徴を出したと言えまいか。類似点は、要素であり、「らしさ」は地域差であろう。馬高式土器は、さきに命名され、研究が進み、その後にこれの亜流として、栃木県の類似土器を求めたのであるが、会津地方からこの種の土器の研究が進められれば、また、北関東から進められれば、別な流れになったかも知れない。最も密集し、最も特異な存在になったところは、中心でなく、ターミナルではないかとさえ思える。

阿玉台式と勝坂式土器

加曽利Ｅ式土器成立期以前の東日本の概況について述べておく必要がある。関東地方南東部では、阿玉台式土器が盛行していた。阿玉台式土器は、霞ヶ浦周辺で成立したことは言を俟たない。しかしその影響範囲は広い。そのもの自体の移入とその影響があると見られる土器となると、その範囲は、東日本一帯と言える。阿玉台式土器そのものの分布範囲は、東関東にとどまらず、栃木県、群馬県にも顕著な分布を見せていることは、下総考古学研究会の研究により、一九六〇年代にすでに明らかにされている。(11) 古くから言われているように、勝坂式土器が狩猟で、阿玉台式土器が漁労であるとすれば、栃木県や群馬県の阿玉台式土器の分布は、漁労という立場で説明できなければならない。単なる模倣や現物移入とは考えられない。他の土器に混じるのではなく、単独で存し、しかもその地域的特徴を持つ。大田原市の地蔵山遺跡の一括土器はその好例である。(12) ヘラ刻みの爪形文が発達しているが、輪積みの継ぎ目を捻り潰すという手法が姿を消していることから、新しい段階の阿玉台式土器であることがわかる。そして縄文の押捺、とりわけ縦位に間隔を以って押捺するという手法が見られるので、地域的、すなわち大木７ａ、７ｂ式と続いてきた手法が現れており、この地の特徴を備えた土器と言える。時間と空間が特定できる土器である。要するに存在が当然ということであって、偶然ではないのである。大田原市の頭無《かしらなし》遺跡の阿玉台式土器もこの時期に属する。このような土器群を持つ遺跡が、栃木県北部にいくつかある。一九六〇年代にあっては、まだ中央の研究者（東京周辺の研究者とも言い換えられよう）が、こうした情報を持っていなかったこともあって、研究も概念的であったことは、否めない。中村紀男氏らと私は、『栃木考古学研究』という会誌（紙）をつくり、栃木県内の考古学資料の紹介にこれ努めたが、それでも既成概念を打ち破ることは困難であった。幸いに中村紀男氏が下総考古学研究会でも活躍されていたことから、下総側からの理解は早く得られたといえる。その後、発掘調査が多く行われ、報告書も多く出されるようになったので、情報不足は取り払われたはずであるが、かえって情報過多で、理解内容が改善されたとは思えない。

狩猟以外は漁労というならば、阿玉台式土器全盛の栃木県は漁労ということになる。地図を見たとき栃木県の平野部は、河川流域地帯であることが分かる。八溝山地の先行河川である那珂川、そして鬼怒川とその支流の流域に遺跡はあり、群馬県は利根川とその支流がある。ここには、たとえばサケの遡上がある。一〇〇㎞は優に遡上するから、採取、加工、保存、調理といったことが吟味されれば、条件の一つは説明できる。あいまい表現ではあるが、主漁従猟でも良いように思う。

福島県内への阿玉台式土器の波及も浜通りでは確認できる。いわき市松ノ下貝塚、同市大畑貝塚などでは好例が出土している。阿玉台式土器は、越後平野にも入っているが、それらは持ち込まれたということとして、馬高式土器の中の王冠形土器は、口縁部の形状、口縁部内側の断面曲線のカーブ方向の変換など阿玉台式土器を知ったものでなければ取り入れない手法が残っている。阿玉台式土器は、より北の大木7b式土器やさらに北の円筒上層土器とも交渉があったと言える。北は縄文が盛行した地域である。栃木県北部の地蔵山遺跡で縄文がやや多く見られるのはそうした地域的特徴と言える。

勝坂式土器は、一般的には阿玉台式土器と対峙すると理解し、分布範囲、生産手段を異にするとして良いわけであるが、それは、その盛行期であって、井戸尻編年でいうところの狢沢期、新道期は、まだ阿玉台式の延長である。阿玉台式土器の初期のものが、勢いで東日本一帯に広がり、中部山岳に到達したものが、狢沢式土器をつくり、新道式土器に発展し、勝坂式土器になっていくという説明が成り立つ。勝坂式土器が成立すると、もはや阿玉台式土器から影響されることはなくなり、人びとは、狩猟をしながら季節的に関東平野に出て来るようになったと推測できる。青梅市の千ヶ瀬遺跡では狢沢式土器が、所沢市の膳棚遺跡、神奈川県の平台遺跡では新道式土器が出土している。⒀新道式土器の特徴の一つである矢羽根状刺突文を追えば、さいたま市緑区の覚蓮寺遺跡でもそれが認められている。⒁

勝坂式土器の時期になって早い例、すなわち新道式土器とその直後の土器、阿玉台式と共伴する土器、加曽利Ｅ式土器直前の土器（いわゆる中峠式土器）の時期と続き、初めに述べた加曽利ＥⅠ式土器に伴う時期の土器があって、姿を消すのである。富士見市の羽沢遺跡第四〇号住居跡の深鉢形土器には、ムササビのモチーフと思わせる勝坂式土器が見られる。⒂同Ⅲ式に細分されるものである。武蔵野台地に普及した器形である。この時期は、加曽利ＥⅠ式直前になっているのであろう。武蔵野台地まで来ると、いわゆる中峠式土器は、明らかではなくなる。ここに勝坂式土器らしい土器の盛行が見られるのである。

いわゆる中峠式土器の時期

荒川の谷を越えれば大宮台地である。武蔵野台地の勝坂式土器を思わせる土器は、さいたま市中央区の大戸本村一号遺跡、同市緑区の枂谷遺跡、馬場小室山遺跡などでも出土している。そしてその頃、いわゆる中峠式土器が東関東地方に広がっていた。その範囲は、やはり利根川下流域であったと言える。しかし、そういう土器型式が成立したということではなく、大木８ａ式土器が南関東地方まで広がって来て、その時、在地の、すなわち、勝坂式土器や阿玉台式土器を容易に取り入れて、一見、独自の土器を作ったのである。それは、北関東地方のうち、栃木県北部と茨城県北部を見れば、より大木式土器的であり、霞ヶ浦周辺に行けばより阿玉台式土器的であるかが分かる。

群馬県の赤城山麓には、三原田型土器という中期中葉の土器がある。文様モチーフからして、大木8a式の範囲内で成立した地方色を持つ土器である。この土器は非常に狭い範囲の分布とされるが、円筒状の胴部、頸部に集約する立体文（S字、8字文あるいは眼鏡状文など）が付く。独自性が強いが、口縁部に立体文が集中するはずのいわゆる中峠式土器の中に、キャリパー状口縁部に立体文が集約され、口縁が平縁になる土器が、茨城県松戸市の子和清水貝塚や同県新治郡桜村の下広岡遺跡などに見られる。一方、三原田遺跡に一つの大きな把手がつき、口縁近くにS字文（横）を主とした文様の集約する土器が見られる。思想は、いわゆる中峠式である。要するに茨城県に三原田型土器に通じるものが見られ、赤城山麓にいわゆる中峠式土器に通じるものが見られるのである。松戸と赤城、この遠く離れた二点は、利根川で容易に結びついている（当時利根川は、東京湾に注いでいた）。一〇〇㎞の距離である。連絡が密であってしかるべきである。阿玉台式土器が群馬県に多く及んでいたことは先に述べた。焼町土器（あるいは焼町類型土器）もそうであるが、この三原田型土器を含めて、型式名を付さないのは、賢明な方法と思う。かつて、いわゆる中峠式土器を原加曽利E式土器と言った研究者もいたが、あたっているかもしれない。ただし、その頃は、勝坂式＋阿玉台式土器が原加曽利E式土器となって、加曽利E式土器に移行すると見られていたように思う。無難であるが、大木8a式土器にも似ることから、次第に解明が複雑になってきた感がある。いわゆる中峠式土器は、霞ヶ浦周辺に中心があったとして、北関東に広がったとすると、この時期、大木8a式土器下にあった栃木、茨城県の北部は、一つの土器型式が行って戻って来たことになり、とても一次元の説明では、理解できなくなる。単純でよいと思う。

大宮台地には、いわゆる中峠式土器はある。椚谷遺跡でも確認できている。大戸本村一号遺跡第一号住居跡の場合勝坂式土器の群にそれが一個入ったこと、それが炉体土器であったことなど[16]、説明すべき素材が多い。基本的には、勝坂式土器が普通に行われているところに、中峠式土器が一個混じったことになり、前者が主、後者が従となる。下総まで行けば、逆転しているはずである。そうであるから型式名が出てきたわけで、大戸本村一号遺跡の場合、一個、仲間以外の土器があったからといって、それを別型式で呼ぶわけにはいかない。勝坂式土器の中にいわゆる中峠式土器が混ざったということになる。その際、一個の土器を他所から搬入して来たというのではないと思う。その場で他の情報で作ったと見るべきであろう。キャリパー状口縁部など炉体土器に適した器形と見たのかも知れない。ともあれ、勝坂式土器（実際に同Ⅲ式土器）といわゆる中峠式の時間的関係も分かったし、土地による比率もまず推測がつく。

加曽利ＥⅠ式土器を巡る問題

その次の段階で、加曽利ＥⅠ式土器になる。なおかつ勝坂式土器が伴出することをはじめに述べた。それは、先に述べたいわゆる中峠式土器がそのまま加曽利ＥⅠ式土器になることである。こう述べると、中峠式土器はあってしかるべきということになるが、そうではなく、阿玉台式、勝坂式土器が行われていたところに大木８ａ式土器が及んで来て、そのまま土地に結びつき南関東化し、一つの形が整った。それが加曽利ＥⅠ式土器であり、南関東地方から一斉に広がった。もはや大木８ａ式でも８ｂ式でもない。そのとき東北地方南部では、大木８ａから８ｂ式へ進むが、その土器は加曽利Ｅ式土器に似通っているとしても同一ではなく、地方差とするには問題がある。別型式として、交渉があったと見るべきであろう。極端な唐草文、剣先文（鳥嘴状文）、蕨手文は、大木８ｂ式土器の主たる文様要素であるが、それのみ追うのであれば、八ヶ岳山麓の遺跡にもそれは見られる。曽利遺跡第一一号住居跡の曽利Ⅱ式土器はまさにその特徴をもっている。[17] 地文が綾杉文であるので、中部山岳の土器であることが分かるが、もし地文が縄文なら大木８ｂ式として何ら差し支えない。そうした場合、各地の土器型式は存在しなくなってしまう。あくまでも研究の目安として型式が設定され、使われるのであればそれで良いが、文化として捉えるのであれば、加曽利Ｅ式成立までと、それ以降の土器とは違うのだということを認識しなければならない。ここでは、それを論述する場でないのでそのことはさて置くことにして、今述べた唐草文以下の文様要素は、ほとんど東日本一帯に及ぶことになる。八ヶ岳山麓の曽利遺跡の場合は、北陸経由移入でよいと思う。もう一つ述べれば、八ヶ岳山麓の井戸尻遺跡の水煙形土器は、その文様中、8字形、S字形はどう見ても大木8a式土器の主たる文様から来ていると言える。それは、火炎形土器の文様要素でもある。北陸経由でこうした要素が入ってくるという下地があって曽利Ⅱ式の土器ができているならば、容易に理解できよう。

加曽利EⅠ式土器に見られるキャリパー状口縁部の区画内のS字文、クランク文も当然その一連のものである。ここに剣先文が付くことは多々ある。もちろん胴部の沈線文の中にもそれは見られる。厳密に追っていくと剣先文は、南関東地方でも南部ではあまりないように思う。それは、発信源との距離かも知れない。S字状文は、加曽利E式土器ができるとき必要にして欠くことのできない要素であった。そうであるから、そのモチーフを持つ土器は南関東地方に遍く分布している。剣先や蕨手、唐草文は必要条件ではなく、十分条件であったと言える。それは大木8a、b式であって、加曽利E式の絶対的なものではない。S字状文は絶対的なものである。ここに両者は別な型式土器といえる根拠がある。ただしS字状文には、中央で一八〇度捻って左右対称の変則S字文を生み出している[18]（茨城県石岡市東大橋遺跡の例）。それは、耳形文とでも言おうか。クランクは、模倣から創造への結果と言えるが、耳形は、写し違いの模倣である。鏡字にも近いものである。しかしそれが良いとなったとき、そこにアイデンティティが生まれ、加曽利EⅠ式の独自の文様要素となる。上野修一氏らによってS字文とクランク文については、前者が武蔵地方、後者が下総地方との見解が出されている。そして、春日部市花積貝塚について双方が検出されていることに注目している。[19]

地文は、条線文、列点文などを除けば、縄文か撚糸文になるが、馬場小室山遺跡の勝坂式ないし加曽利EⅠ式土器は、撚糸文が多い。西部にいけば撚糸文が多く、東部では縄文が多いと言えそうであるが、なかなか実態はつかめない。栃木県北部に行くと撚糸文はめったにないことと、直前の土器、すなわち大木8a式相当の土器（大田原市の湯坂遺跡のような土器）は、縄文を間隔を以って縦位押捺したものが多く見られ、そうしたことから、やはり大木式土器に近いのは、縄文であろう。例外もあり、大田原市の平林西遺跡出土の土器には荒い撚糸文が押捺されているものがある。

さいたま市岩槻区の西原遺跡第九号、第二一号住居跡、上野遺跡第二〇号住居跡、新曲輪遺跡第二号住居跡などでは、加曽利ＥⅠ式のキャリパー状の口縁部に渦巻、同心円の隆起線文があり、無文の頸部を持ち、胴部が分かるものは、地文の縄文の上にこれ又渦文がある。口縁部に渦巻、又は同心円のある土器は、新座市池田遺跡、新座遺跡、和光市の吹上貝塚、上尾市の秩父山遺跡、飯能市芦苅場遺跡などでも出土している[20]。これらの土器は、加曽利ＥⅠ式土器とされる。こうした土器の系譜は、不明である。曽利式土器の無文の幅広の口縁部を持つ土器から来るのか、また次に現れるであろう連弧文土器にも器形は似ている。文様の曲線は、基本はＳ字文の巻き込みから来たと見るのがより近いと言えよう。曽利式土器の口縁の内側処理に共通するところもあるが、それも、大木式土器の手法が普及したと見られ、Ｓ字状文とともに流行は追えそうである。いずれにしても短期間流行の手法であることに問題がある。

馬場小室山遺跡では、明らかな加曽利ＥⅠ式土器のキャリパー状口縁部に、Ｓ字状文の左端に頭部をつけた形で、蛇体文としか言いようのない文様が見られる土器が出土した（第一図の４）。本来、象形文は勝坂式土器の本領であり、加曽利Ｅ式土器にはない。それがあるということは、例外と見るのではなく、まだ勝坂式が行われていたからに他ならない。この論考の最初に述べたとおりである。しかも馬場小室山遺跡で、である。ちなみに馬場小室山遺跡の第九号住居跡から蛇体文のある勝坂式土器と加曽利ＥⅠ式土器が共伴している[21]。この二つの蛇体文は、頭部の形が馬蹄形で共通する。このような過渡期的な土器を越えて、加曽利Ｅ式土器は完成し、画一化し、平準化していく。個性が失われていき、まして美術的効果は薄れていく。それは、少なくとも信仰的な、呪術的なことを「うつわ」に求めた時代の終焉を意味するのである。要するに雑器化が進むということである。これを退化というのでなく、文化の発展と捉えるべきである。つまり、土器に「うつわ」以上のことを求めなくても良い時代になったことを意味しているということである。先述のように、阿玉台式土器にその兆しはあったが、普及に時を要したのは、勝坂式土器によってしばらく荘重な土器が続いたためである。

曽利式土器や連弧文土器について

曽利式土器は、埼玉県にも及んで来ている。秩父郡皆野町の大背戸遺跡では、加曽利EⅠ式土器とともに曽利Ⅰ式の深鉢形土器が出土している（第二図の1）。また、朝霞市の泉水山遺跡（第二図の2）や和光市の吹上貝塚では、加曽利EⅠ式土器の住居跡内から曽利Ⅰ式の深鉢形土器が出土している。曽利Ⅱ式土器としては、新座市の嵯峨山遺跡、北足立郡伊奈町の大山遺跡、さいたま市緑区の馬場小室山遺跡（第二図の3）、南埼玉郡宮代町地蔵院遺跡、入間市の坂東山遺跡、東松山市の塚原遺跡、前山遺跡などで出土しているが、いずれも数は少ない[22]。信州地方との交流は、秩父経由と多摩地方経由で武蔵野台地に広がって来る経路とがあろう。その点、同Ⅰ式にあたる大背戸遺跡の土器と泉水山遺跡の土器とは、伝播経路が違うと言えよう。同Ⅱ式になると、県内各地に見られるが、やはり、比企丘陵、武蔵野台地が目立つ。塩野コレクションに曽利式土器は多く含まれている。八王子市楢原町、国分寺市恋ヶ窪、あきる野市草花、青梅市駒木野などで多く出土しており、しかも曽利各型式が見られ[23]、多摩経由で曽利式土器が広がって来たことが窺える。

次に、連弧文土器についてであるが、西日本、とりわけ瀬戸内地方で成立し、畿内を経て関東にまで到達した土器である。ただし、連弧文土器の成立に加曽利E式土器がかかわったことは推定でき、行って戻って来た土器とも言える。ただその器形が、一つ先の加曽利EⅢ式土器に影響を及ぼしたことは確実である。逆さ瓢箪形の土器は、そこに始まると言える。そして、在来の加曽利EⅠ式、Ⅱ式と続いてきたキャリパー状の口縁部を持つ土器と異なる器形を作り出した。文様においては、土器全体を一画面にしていることである。すなわち、口縁部文様帯と胴部文様帯の間

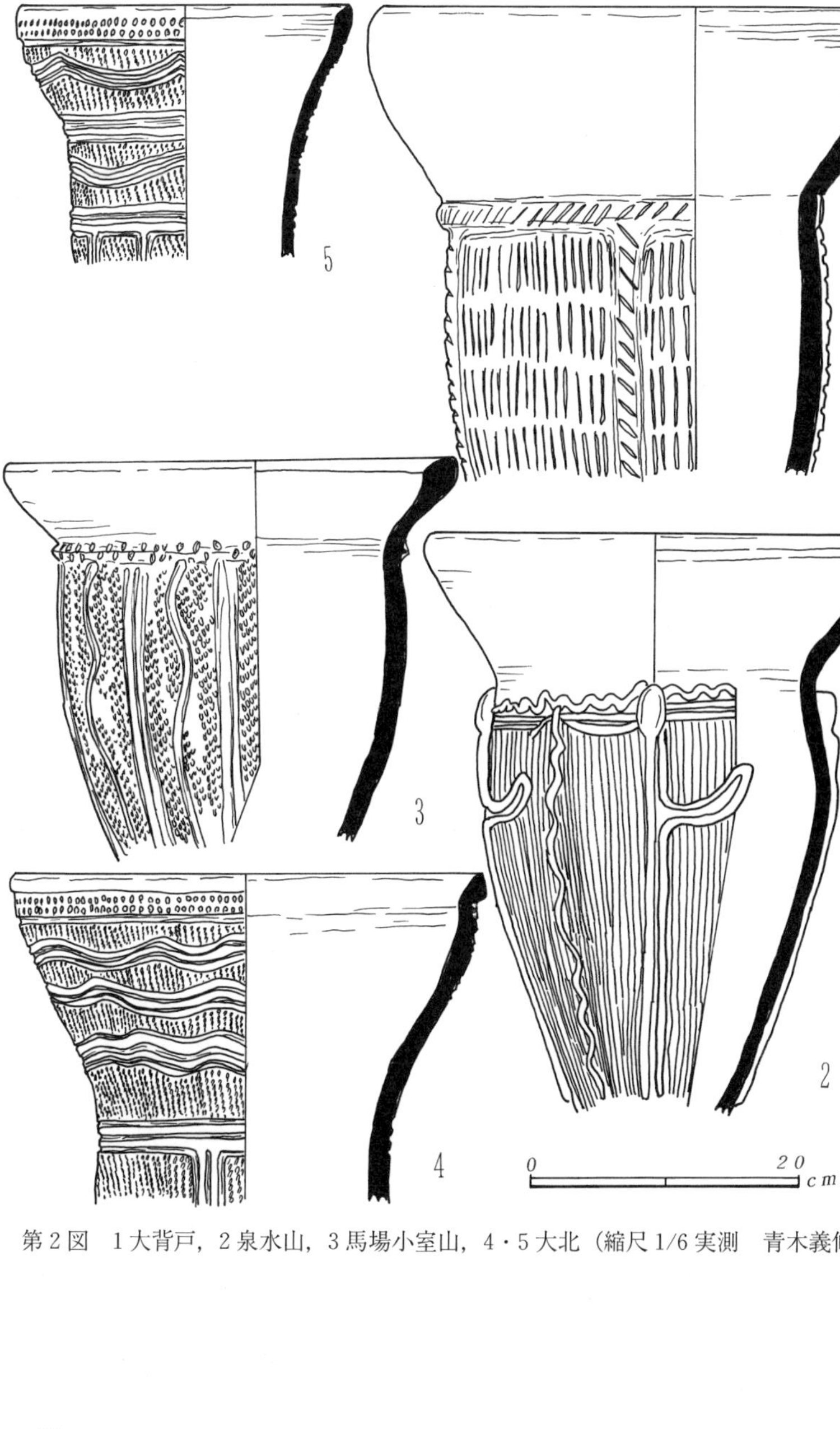

第２図　１大背戸，２泉水山，３馬場小室山，４・５大北（縮尺1/6実測　青木義脩）

に境目がなくなったのである。同EⅣ式にはそれがなお顕著になり、次の称名寺式土器において徹底する。後期への下地である。底部径は著しく小さくなる。煮沸のための熱効率のみを配慮したためであろう。いろいろ知った中で選択した器形は、それしか知らなかった早期の土器に帰還し、もう一度、多くを知った後、安行式土器の粗製土器に見られる不安定な深鉢形土器でまた採用される。そのときは、他に数々の器種があったのである。

連弧文の土器は、加曽利EⅡ式土器の時期に入って来るという。しかし、さいたま市の大北遺跡では、加曽利EⅠ式土器の時期とできる第五号住居跡のピット内据付け土器に連弧文土器が使われていた(24)（第二図の4、5）。そこまで遡ってはいけないのか、検討を要しよう。そして、連弧文土器は、速やかに消える。

加曽利EⅢ式土器は、あまりにも整っている。蕨手文が使われ、磨り消し縄文が盛行する。磨消し縄文という場合、いったん押捺した縄文を区画を設け、磨り消すことを指すのであるが、見かけの磨り消しは、区画内にのみ縄文を押捺するというものである。正しくは、充填縄文であり、後期初頭の称名寺式土器で徹底する。まさに、手抜きであり、これを先に述べた上野佳也氏のエネルギー最小の法則に当てはめることができる。加曽利E式後半の土器に、綾杉文（ハハハ文）、条線文、刺突文も手抜きの方向からなされたもので、縄文あるいは撚糸文を想定されればそれで良かったのである。称名寺式へ向かう意思は統一されていった。加曽利EⅢ式、同Ⅳ式は、ここという遺跡ごとの特徴がなく推移していくことが大きな特徴である。

おわりに

同じ土器でも、研究者のそれぞれの経験によって異なる見方になる。人文科学の特徴でもある。しかし、歴史的事実、真実は、一つである。常に模索であり、仮説を立てそれを史料で科学的な証明ができれば良い。研究者の意見を統一して確定できるものではない。原点は、発掘調査である。これだけ多くの発掘調査が行われてきたその成果は、じゅうぶんに生かされるべきである。しかし発掘調査は一回限りの調査である。現場にいた者の観察こそ、史実に近いところ、結論に近いところにあると言える。報告書では言い尽くしきれないと思う。

羽沢遺跡のムササビを思わせる土器は、加曽利EⅡ式土器をつくった人にとっては、遠い過去のものになってしまったのであろう。勝坂式から加曽利E式に変わることとは、それほど大きな変革であったと言いたいのである。縄文時代の中期は、我が国の歴史上かつて見なかった大きな変革期であったことを述べ、縄文土器にその情報が多量に蓄積されていることを述べて結びとしたい。

注

(1) 上野佳也　一九八六『縄文コミュニケーション』五〇頁　海鳴社
(2) 大沢鷹邇・芝崎孝　一九六二「東京都・中村橋遺跡の中期縄文土器」『考古学手帖』14
(3) 埼玉県　一九八〇『新編埼玉県史』資料編1　原始、旧石器・縄文　四一八頁
(4) 小林達雄　一九九四『縄文土器の研究』一六七〜一七八頁　小学館
(5) 松沢亜生　一九五八「長野県諏訪郡新道の中期縄文土器」『考古学手帖』1
(6) 柳田博之　二〇〇二「まとめ」『椚谷遺跡（第9・10次）・南方遺跡（第5・6次）南方西台遺跡（第2次）・行谷遺跡（第3次）』さいたま市遺跡調査会
(7) 谷口一夫　一九六〇「東京都下高井戸遺跡の中期縄文土器」『考古学手帖』11
(8) 青木義脩　一九六五「与野市相野谷出土の中期縄文式土器について」『The Kanto Plain』No.1
(9) 埼玉県遺跡調査会　一九六八『膳棚遺跡調査概報』
(10) 杉原荘介　一九六六『加曽利貝塚』中央公論美術出版
(11) 高橋良治　一九六二「阿玉台式土器の研究史と問題の提起」『考古学手帖』16
(12) 青木義脩・斎藤兵衛・鈴木斌・中村紀男　一九六五「関東北部における阿玉台式土器の一様相―大田原市地蔵山遺跡を中心として―」『栃木考古学研究』No.9・10
(13) 青梅市郷土博物館　一九八一『千ヶ瀬遺跡と多摩の縄

文』

膳棚遺跡は、注（9）参照

平台遺跡調査会　一九七二『平台遺跡とその出土遺物』

(14) 青木義脩・小関敬雄　一九六五「浦和市覚蓮寺遺跡採集の遺物について」『埼玉研究』第10号

(15) 富士見市教育委員会　一九八五『富士見市遺跡群Ⅲ』

(16) 山田尚友・小林寛子　二〇〇一『二度栗山遺跡・大戸本村1号遺跡（第3次）』さいたま市遺跡調査会

(17) 藤森栄一編　一九六五『井戸尻』中央公論美術出版

(18) 小玉秀成　二〇〇二『霞ヶ浦の縄文土器』玉里村立史料館

(19) 橋本澄朗・上野修一　一九八四『花ひらく縄文文化』栃木県立博物館

(20) 岩槻市役所市史編さん室　一九八三『岩槻市史』考古資料編五二八、五四六、六八四頁

埼玉県　一九八〇『新編埼玉県史』資料編1　原始、旧石器・縄文　四三三、四四一、四四二、四四六、四五七頁

小泉　功・城近憲一ほか　一九七九『芦苅場遺跡』飯能市教育委員会

(21) 青木義脩・中村誠二　一九八四『馬場北・馬場小室山・北宿遺跡発掘調査報告書』浦和市遺跡調査会

(22) 埼玉県　一九八〇『新編埼玉県史』資料編1　原始、旧石器・縄文　四三八、四七一、五〇二、五四九、五五四頁

宮代町教育委員会　二〇〇二『宮代町史』通史編六四頁

(23) 東京国立博物館　一九八四『寄贈塩野コレクション目録』

(24) 小倉　均・青木義脩　一九七九『大北遺跡発掘調査報告書』浦和市遺跡調査会

参考文献

青木義脩　二〇〇三「中期縄文土器を観る—東日本を中心に—」『栃木の考古学—塙静夫先生古稀記念論文集—』

縄文時代中期後葉の柄鏡形住居出現期の様相

――埼玉県を中心として――

本橋恵美子

一　はじめに

縄文時代中期の遺跡は東日本では際立って多いにもかかわらず、後期になると遺跡数が激減する。特に、長野県などの中部山地では縄文時代後期の遺跡が激減する。これに対して、東京湾沿岸地域などでは、後期の遺跡が目立ってくる。これは、ひとえに遺跡立地が変化するだけでなく、集落構造の変化に起因するものと考えられる。

縄文時代中期後葉では、住居軒数が狭い範囲に集中し重複が多くみられ、また、大規模遺跡では住居が弧状ないし環状に分布し、あたかも集落が環状に存在していたかの観をうける。遺跡として残された住居跡の累積が、結果的に環状を呈するのであって、集落が存続していた時に多数の住居が環状に配置されていたかどうかは疑わしい。住居存続の同時性が問題である。いわゆる「環状集落」が、住居軒数の多い遺跡に普遍的にあるものではなく、比較的広い台地に中期中葉から後葉まで繰り返し居住を重ねた最終的な生活痕跡の所産であることは疑うべきもない。ひとつの土器型式のみの遺跡では、環状に住居が分布することはまずないといってよいだろう。

環状の住居分布は、中期末葉にはなくなり、東京都西東京市下野谷遺跡のような環状集落の中央の部分に住居が構築されるなど、中期後葉までの住居位置における規制が失われたような住居分布のあり方を示す（本橋 二〇〇五）。中期末葉には住居軒数が少なくなるだけでなく、集落の継続性の点からも明らかに断絶のような傾向がみられる。事実、埼玉県内では、中期後葉から後期初頭にかけて存続する遺跡数が極めて少ない。これは、遺跡立地の点からも集落構造に大きな変化がみられるといえよう。本稿では、埼玉県における中期後葉に出現する柄鏡形住居跡の分析から集落遺跡の特徴を抽出し、中期後葉の住居形態の分析から集落構造を検討することにしたい。

二　時期区分

分析の前提となる中期後葉から後期初頭の土器の時期区分は、『縄文中期集落研究の新地平線』（黒尾・小林・中山 一九九五）の11c2期から15期を対象とする。つまり、11c2期を加曽利Ｅ２～Ｅ３式期、12ａ期を加曽利Ｅ３（古）期、12ｂと12ｃ期を加曽利Ｅ３新式期、13期と14ａ期を加曽利Ｅ４式期、14ｂ期と15期を称名寺式期とする。ゆえに、谷井（一九七八）の編年では、「加曽利ＥⅡ前」が加曽利Ｅ３式に、「加曽利ＥⅡ後」と「加曽利ＥⅢ」式が加曽利Ｅ３式にほぼ相当する。

第一図と第二図は、主な分析対象となる埼玉県児玉町古井戸遺跡と将監塚遺跡出土の土器である。報文の時期区分では埼玉編年を用いているため、土器型式が異なるが、土器そのものの新旧についての認識については大きく異なるものではないと考える。図中の番号は住居を示す。

加曽利Ｅ２式土器と加曽利Ｅ３式土器の大きな違いは、地文における違いと文様手法による。加曽利Ｅ２式土器では撚糸文が地文として用いられるが、加曽利Ｅ３式土器にはなくなる。文様手法としては、加曽利Ｅ３式土器では、胴部では並行沈線文による磨消縄文が多用される。胴部で隆帯を貼り付ける手法は加曽利Ｅ３式土器にはみられない。

加曽利Ｅ3古式土器は、口縁部では隆帯による楕円区画と渦巻き文のモチーフが添付されているが、器面の調整があまり施されておらず、隆帯は断面が突出したような状態である。第一図24号住居出土の土器や28号、第二図37号と95号に代表される。この時期まで、第一図62号のような連弧文土器が存続する。また、57号のような胴部の括れ部にソーメン隆帯を添付した曽利Ⅱ式土器がともなうが、第二図80号出土土器のような沈線文を地文にもち、隆帯上に刻目をもつ曽利Ⅲ式土器がともなう事例もある。

加曽利Ｅ3新式土器は、前段階と同じ文様モチーフをもちながらも、器面全体の調整が丁寧であり、楕円区画や渦巻き文は隆帯を添付した痕跡が残らず隆線化する。つまり、口縁部文様帯のモチーフは深い隆線によって描かれ、胴部は磨消縄文が多用され沈線文は浅くなる。また、平縁が多かった口縁部は四単位の波状になるものが多くなる。磨消手法によって描かれていた並行沈線文は第一図48号・128号、第二図13号などのようなＨ状モチーフや逆Ｕ字モチーフがみられる。このような、口縁部文様帯をもつ土器とともに口縁部文様帯がなくなる第一図4号や18号の土器もともなってみられる。

加曽利Ｅ4式土器は、縄文原体がRLからLRに変わることと、磨消手法からモチーフに縄文を充塡する手法にかわる点が大きな変化である。口縁部文様帯がなくなり、逆Ｕ字モチーフが多用される。沈線文は幅の狭いもしくは尖端を有する工具で描かれる傾向がみられる。第一図103号は逆Ｕ字モチーフをもち、口縁部に羽状縄文がみられること、器形が胴部中頃で括れることからより加曽利Ｅ4式土器に近いものと考える。微隆起文の土器については、その遡源的な文様要素は加曽利Ｅ3新式土器の第一図62号のような胴部に渦巻き文を有する土器であるが、この隆起文は縄文を磨り消しており、充塡手法となる加曽利Ｅ4式土器とは異なる。隆起文も断面形が台形状であり、加曽利Ｅ4式土器の指でつまんだような断面三角形のような微隆起文とは異なる。なお、第一図73号や18号は称名寺式土器にもともなう場合があることからより新しい土器要素を備えていると考えられる。

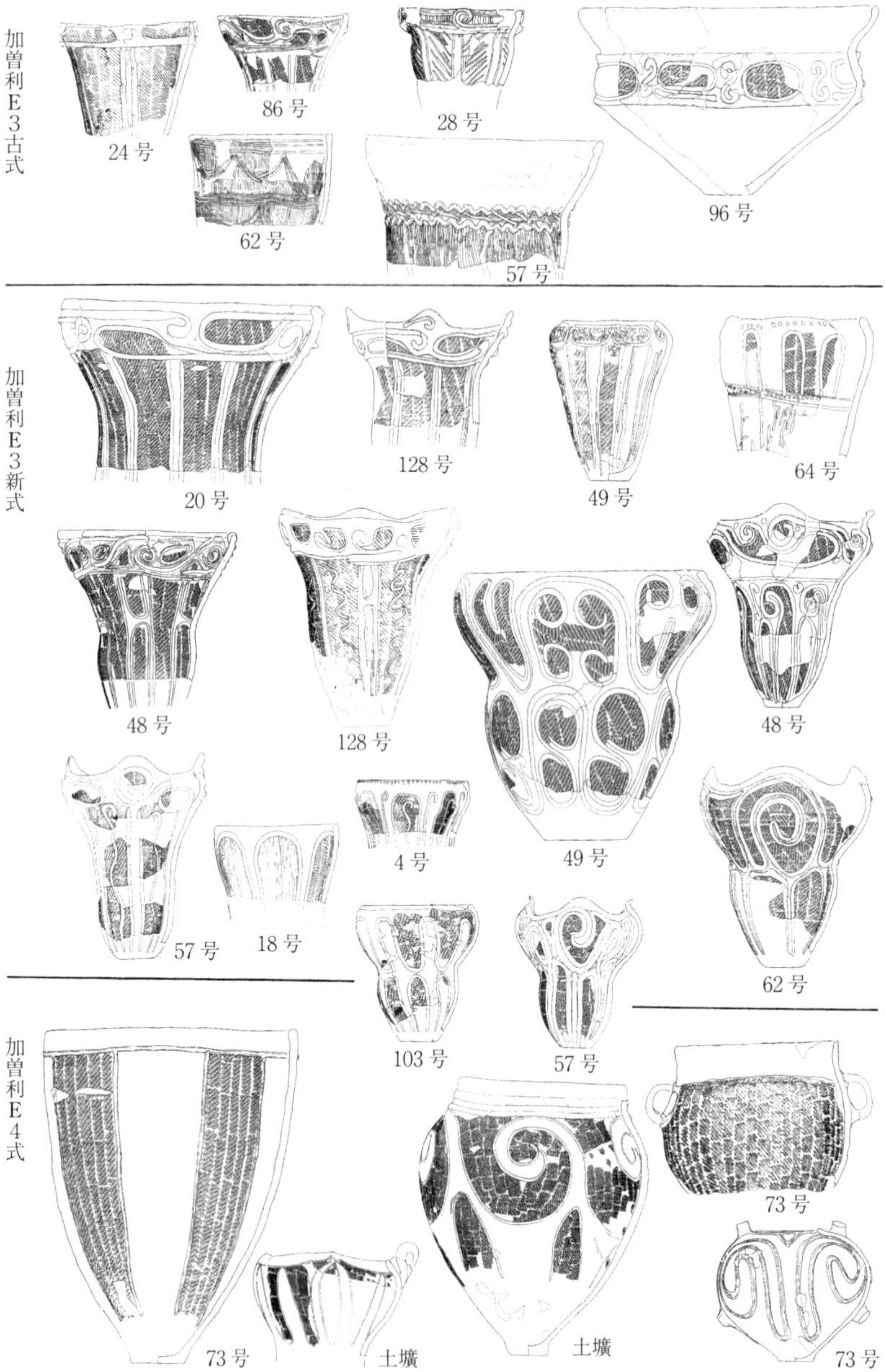

第1図　加曽利 E3-E4 式土器　古井戸遺跡

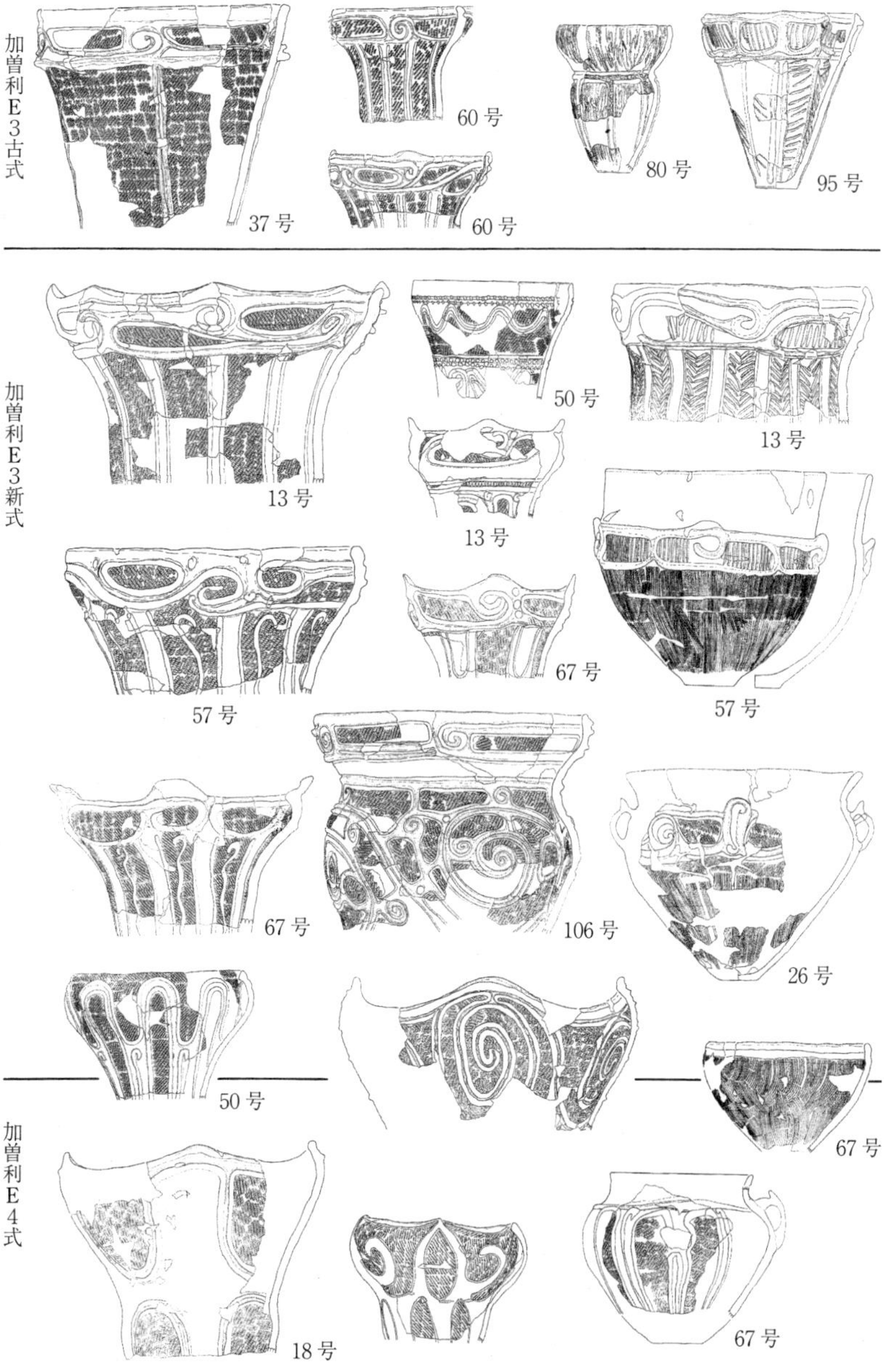

第2図　加曽利E3-E4式土器　将監塚遺跡

三　古井戸遺跡と将監塚遺跡の集落分析

縄文中期後葉から末葉にかけて存続する遺跡は、埼玉県内では少ない。集落を考える上で良好な遺跡として、児玉町古井戸遺跡と将監塚遺跡があげられる。第三図にあるように、ひとつの台地上に二つの遺跡があり、古井戸遺跡の環状集落の北に将監塚遺跡がもうひとつの環状を呈するような住居分布を呈している。残念なことに将監塚遺跡の南西部分の半分は調査区外であり不明である。

加曽利E３式期は、古井戸遺跡では四軒程度のいくつかのまとまりがみられる。約一五〇ｍはなれた将監塚遺跡では、やや南と北にまとまるようであるが、環状に分布しているようにもみえる。加曽利E３新式期では、古井戸遺跡では、北に集中して環状には分布していないが、将監塚遺跡ではほぼ同じ位置に分布している。加曽利E４式期には、住居軒数は激減する。古井戸遺跡では、二軒が二五ｍほど離れた位置にあり、将監塚遺跡では一軒のみである。

両遺跡とも中期中葉から後葉まで住居が構築され続けていたために環状の住居分布であり、一時期に注目して住居のあり方をみると常に環状集落を構成していたかは不明である。ただし、古井戸遺跡の住居のまとまりはひとつの集落を示すのかは不明であり、この住居群が同じ集団によって残された可能性もある。住居の集落における同時性は、遺物の在り方、土器接合関係から人の動きを追うという分析が有効である一方で、発掘調査担当者の手腕によるところが大きく、遺物の位置などは記録として残されていない事例が多い。こうしたなかで、住居跡の分析によって多少なりとも集落における同時存在をつかめる可能性が考えられる。よって、住居跡分析という視点を中心に集落における動態を把握することに努めたい。

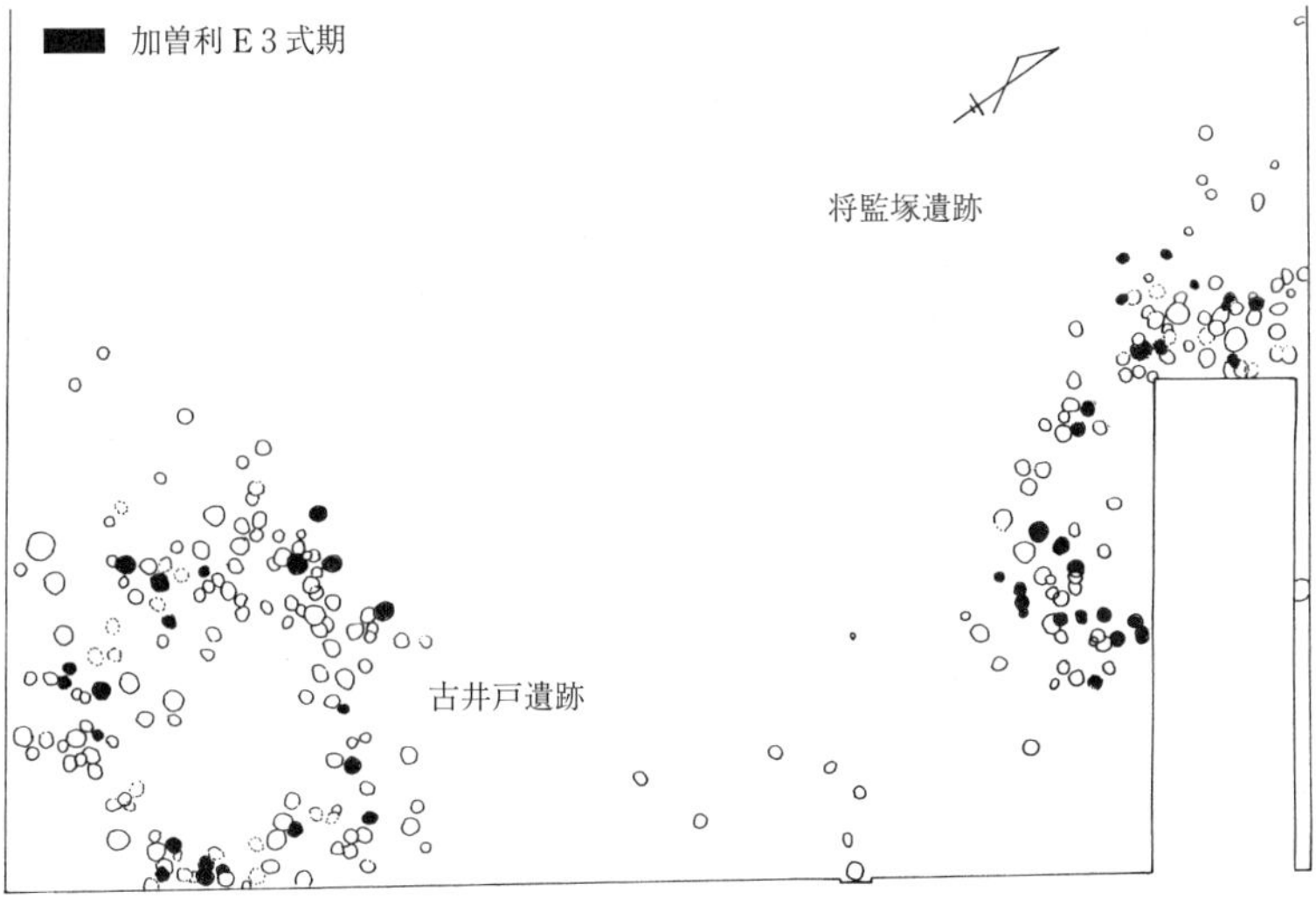

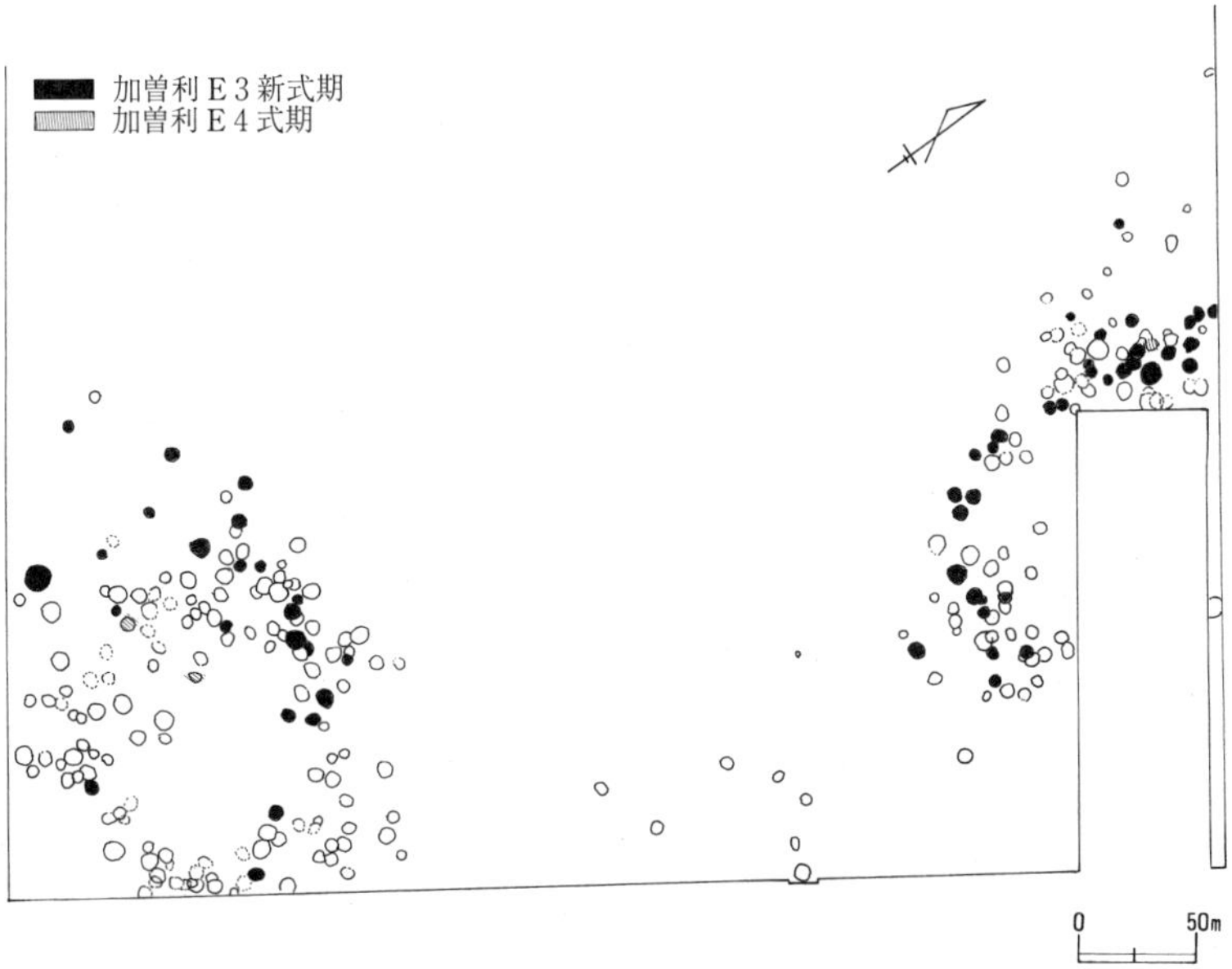

第3図　古井戸遺跡・将監塚遺跡住居分布図

四　古井戸遺跡と将監塚遺跡の住居分析

加曽利Ｅ３式期から加曽利Ｅ４式期までの住居形態を検討することにする。第四図は左に将監塚遺跡、右に古井戸遺跡を掲載した。なお、炉跡の種別は主として、地床炉・石囲炉・埋甕炉に分け、これに小形の土器を埋設するものは埋甕炉とは区別し、「炉内埋設土器」と称することとする。

加曽利Ｅ２〜Ｅ３式期の７号・12号・29号はいずれも周溝をもち、平面形態が楕円形である。住居規模は長径が７号は八・四六ｍ、12号は六・五ｍ、29号も８ｍを超える。７号と29号は周溝が二重に巡っていることから建て替えの可能性がある。いずれも炉跡の位置は中心よりやや奥壁部よりにある。柱穴は五本あるいは六本である。７号は土器埋設をともなう石囲炉で、12号と29号は地床炉である。29号は中央にピットがあることから本来は埋設土器があったものであろう。埋甕は７号住居跡の南にみられる。

加曽利Ｅ３式期も図示したものは、いずれも周溝が巡っている。平面形態は、90号と147号が楕円形で、86号と144号はやや角をもつ隅円方形である。住居規模は長径が90号は五・五ｍ、86号は五ｍ、147号は五・九ｍ、144号は五・四ｍを測る。炉跡の位置は、147号がやや奥壁よりにあるものの他はほぼ中央にある。90号は地床炉で、86号・147号・144号は埋設土器をともなっている。礫が検出されていることから、本来は石囲炉であった可能性がある。四本から六本の柱を有すると考えられ、147号は周溝が二重に巡っており、拡張住居と考えられる。やや柱穴の位置が周溝によっている特徴がある。90号と86号は、埋甕が南の周溝際にみられる。144号は南西の周溝際に「廃棄された土器」として、連弧文の土器があり、磨消縄文が施されていない点から加曽利Ｅ３式土器というより加曽利Ｅ２式土器の特徴を備えているが、他の土器が加曽利Ｅ３式土器なのでここに記載した。147号は埋甕はみられない。

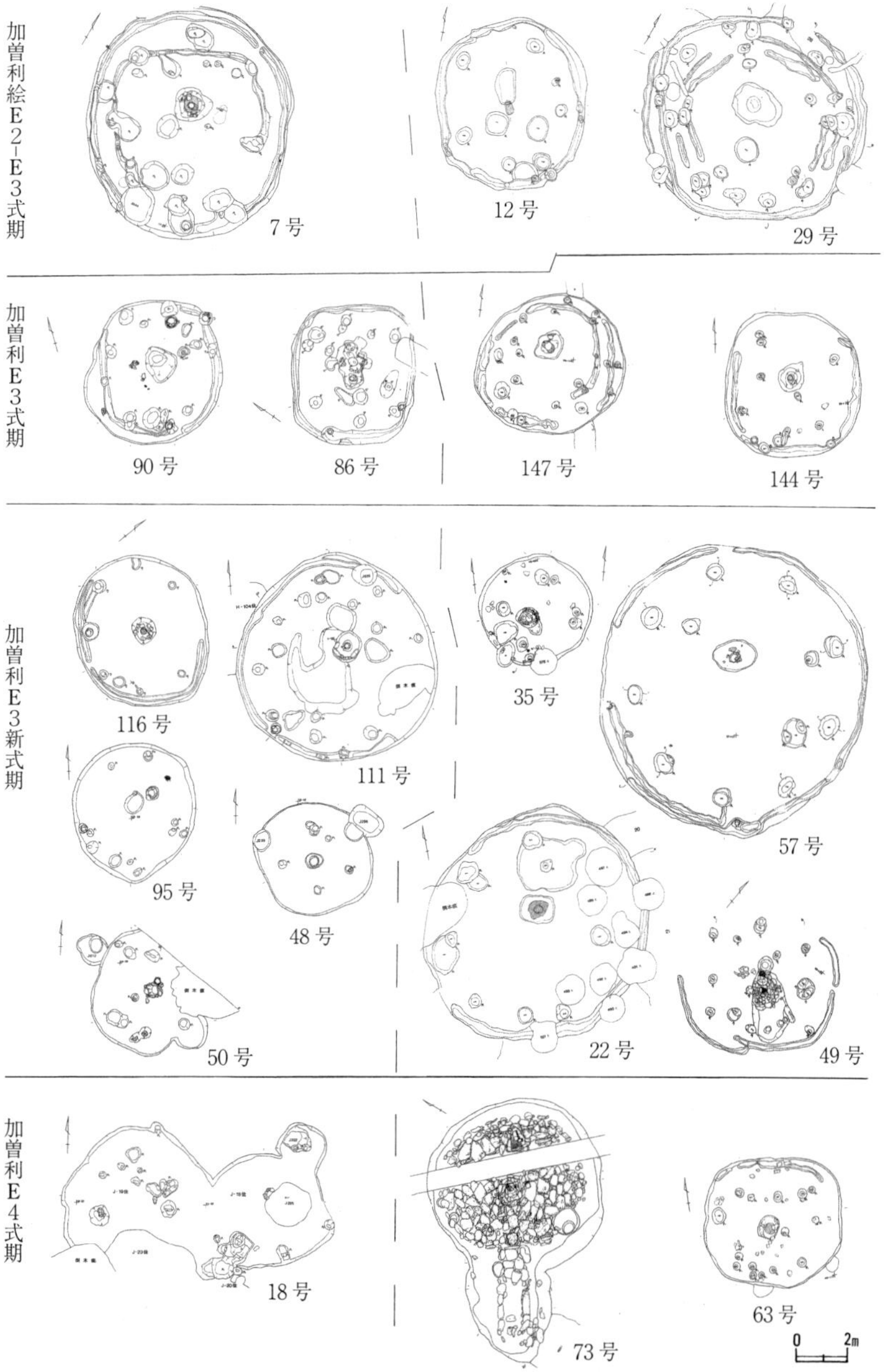

第4図　将監塚遺跡（左）・古井戸遺跡（右）住居跡変遷図

加曽利Ｅ３新式期は、住居規模がさまざまである。また、住居形態の楕円形や円形の他に不整形がある。周溝があるものは、116号・111号・57号・22号・49号である。116号は、楕円形で、周溝が南側半分にあり、111号は東側のみみられなく、22号は逆に西側のみみられない。57号はほぼ全体に周溝が巡っている。炉跡の位置は、116号が住居中央にあり、他はやや奥壁よりにある。この時期も炉内埋設土器を伴う石囲炉が目立ち、116号・111号で、地床炉に埋設土器をともなうものは、22号・57号である。49号は複式炉である。柱穴は22号は攪乱が多く不明であるが、六本から九本やや周溝に近い位置に巡っている。埋甕は、22号は不明であるが、116号と111号は南西に、57号は南にみられる。周溝のない住居跡は、48号・50号・95号・35号である。95号は楕円形であるが、南側がやや尖ったような形状を呈する。35号と48号はほぼ円形である。50号は、北側が不明であるが、南側が突出したような不整形である。炉跡は、95号が地床炉、35号と48号が埋甕炉、50号は石囲炉である。埋甕は、95号が西壁際と炉跡の北東にあり、50号は南にみられる。35号は南に攪乱がみられるため不明である。柱穴は、35号と48号が住居内側に四本で、95号は壁よりに四本ないし五本みられる。

加曽利Ｅ３新式期の住居規模について、周溝のあるものは長径が、116号が五・六ｍ、111号が七・八ｍ、22号が九・二ｍ、57号が一〇・七ｍであり、周溝のないものは95号が五・一ｍ、48号が四・五ｍ、35号が四・二ｍであり、周溝のあるものに大形の住居跡が存在する。大きさは壁面を含めた住居面積で、比較すると小形の48号・95号はそれぞれ、一七㎡・一七・二㎡であり、大形のものは111号が四六・九㎡、22号が五八・七㎡、57号は八七・七㎡である。48号は57号の五倍の住居規模ということになる。また、周溝を有する住居跡の炉跡は加曽利Ｅ３式期と同様に、埋設土器を伴うものが多い傾向がみられる。周溝をもたない住居跡は住居規模が小形化するだけでなく、炉跡もさまざまなものが存在する。

加曽利Ｅ４式期では、南関東では柄鏡形住居跡が多くみられるのであるが、埼玉県内では、柄部をもたない住居跡も少なくない。18号は19号との重複関係があり、資料的には不十分ではあるが、将監塚遺跡唯一の当該期の住居ということでとりあげた。北側が突出したような形状である。ともなう数少ない土器には微隆起文の土器があり、本来は柄鏡形の住居形態となる事例が多い。63号も楕円形の住居跡で、北側に周溝をもつ。長径五・二mであり、石囲炉で、埋甕はもたない。柱穴はやや住居内側に四本ないし五本となろう。73号は、典型的な柄鏡形敷石住居である。炉の北側を攪乱されているものの、主体部を中心に柄部には石が配されている。柄部を含めた主軸で一二・三m、石囲炉で炉底に大形の土器が敷かれている。埋甕は連結部にみられ、ちょうど主体部敷石の端の位置にある。柱穴は連結部の対ピットのほか二個あるのみで不明である。

古井戸遺跡と将監塚遺跡の検討から、加曽利E3式から加曽利E3新式期住居には、埋設土器をともなう炉が多くみられる。特に加曽利E3新式期の周溝をもつ住居には加曽利E3式期と同じ特徴が堅持されている。また、周溝をもつ加曽利E3新式期の住居には大形のものが出現することは、住居構造だけでなく集落構造を考える上で注目される。

そこで、第三図で加曽利E3新式期の集落における大形住居の位置をみてみることにしよう。すると、先の57号は古井戸遺跡の北東端に存在する。加曽利E3新式期の大形住居の存在は拙稿（本橋 二〇〇三・二〇〇五）で、東京都と長野県の事例でとりあげたが、単に住居形態が変わるだけでなく、集落構造の変化にも関わっている可能性がある。

五　埼玉県内の柄鏡形住居跡

中期後葉から末葉まで存続する遺跡としては、入間市坂東山遺跡があげられる。ただし、A地点に中期後葉の集落があり、中期末葉から後期初頭の集落は約一〇〇m北に位置する。調査区が限られていたために、集落全体の全貌は

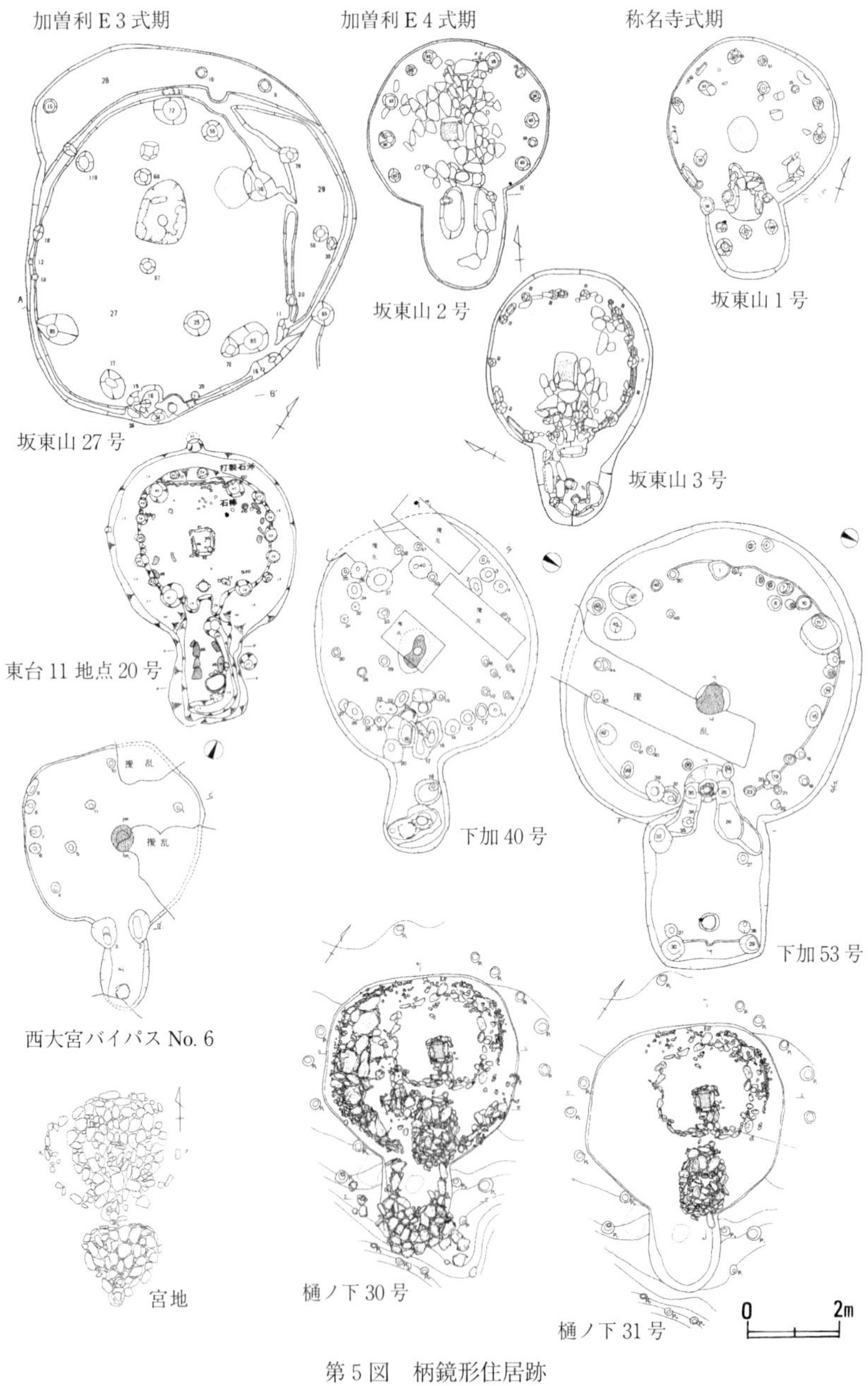
加曽利E3式期
加曽利E4式期
称名寺式期
坂東山27号
坂東山2号
坂東山1号
坂東山3号
東台11地点20号
下加40号
下加53号
西大宮バイパス No. 6
宮地
樋ノ下30号
樋ノ下31号
0
2m

第5図　柄鏡形住居跡

不明である。そこで、遺存状態の比較的良好で、鍵となるような住居跡を掲げた。

第五図上は、坂東山遺跡の事例である。本遺跡でも加曽利E3式期の大形住居が存在する。三軒の重複住居ではあるが、長径六・八m、短径五・五mの楕円形である。周溝が巡り、南側の壁際のピット群の間に埋甕が二基みられる。いわゆる潮見台型（本橋 一九八九）のような張り出し部の対ピットに埋甕をもつ形態ではないが、ピット群と埋甕というとりあわせは注目される。炉跡は石囲炉であったものか、礫が残存しており、先の事例同様、炉内に埋設土器がみられる。柱穴は五本であろう。中期末葉になると柄鏡形敷石住居となる。2号と3号が末葉で、1号が後期初頭である。丸い主体部に半円形の柄部をもつ形態は、後期になっても同じである。住居規模は、1号が主軸が五・一m、2号が五・七m、3号が五mを測る。2号と3号は炉跡の周り（炉辺部）を中心に敷石が残存している。1号も本来は柄鏡形敷石住居であったものであろう。礫が散乱している。炉はいずれも石囲炉であろう。埋甕は2号が連結部に、3号は柄部先端、1号は柄部の西よりにみられる。柱は壁際による壁柱穴となり、連結部に対ピットがある典型的な柄鏡形住居跡である。

ふじみ野市東台遺跡11地点の20号住居跡は、柄部が比較的大きい住居で、主体部奥壁部と柄部に配石がみられる。主軸で五・八m、主体部幅三・九mである。壁柱穴であるが、四本径が大きく深い柱穴があり、これを中心として上屋がかけられていたものと考えられる。炉は石囲炉であるが、外側も土器片によって囲われている。対ピットは主体部との二つの張り出しとなっている。埋甕は、連結部と柄部先端にみられる。

大宮市西大宮バイパスNo.6遺跡では、主体部と柄部に攪乱をうけているものの主軸五・一mで、柱穴は不明であるが、対ピットがあり、柄部先端には埋甕がみられる。炉は地床炉である。大宮市下加遺跡では、後期初頭まで数軒、柄鏡形住居がみられる。40号は主軸七・一m、幅四・八mで、柱穴は奥壁部と連結部周辺を中心に多数あり、対ピットもみられる。炉は地床炉のようであるが、連結部の埋甕の傍らに大きい礫が置かれている。埋甕は連結部に二基、柄部先端に二基みられる。後期初頭の53号は、大型で主軸九・三m、幅六・四m、柄部は長さ二・九m、幅二・六mを測る。壁柱穴が巡り、連結部の対ピットは「ハ」の字に変化し、間に埋甕をもつ。埋甕は柄部先端にもみられる。また、柄部先端にも対応するピットがある。地床炉である。

柄鏡形敷石住居の事例として、狭山市宮地遺跡と寄居町樋ノ下遺跡の事例を掲げた。宮地遺跡は、敷石のみで掘方は不明である。石囲炉で、瓢箪形の形態で、柄部先端に埋甕がみられる。連結部にピットがみられる。敷石は、西側と東側がやや空間部をもつようである。主軸四・六m、幅約三m、柄部の長さ二・八mで、柄部の最大幅二・八mである。樋ノ下遺跡は柄鏡形敷石住居による集落がみられる。そのなかで、比較的遺存状態が良好なものをとりあげた。称名寺期の柄鏡形敷石住居30号の廃棄後に31号が構築された。柄鏡形住居の重複例として珍しい。30号は、主軸が七・八m、幅五・一mで本遺跡中もっとも大形である。柄鏡形住居外側のピットを柱穴と考えるとさらに大きいものと想定されるが、不明。柄部先端に埋甕が二基みられる。炉跡は不明。31号はちょうどこれに重なるように構築されており、主体部内の敷石は報文によると「意図的に取り除いたものと考えられる」(細田 一九九四)とある。石囲炉であり、主体部に石のない部分とは対照的に柄部では丁寧に石が敷かれている。

六 柄鏡形住居出現期の様相

中期後葉まで、連綿と同じ場所、立地で居住を繰り返してきた集落形態が、住居軒数の過多によって弧状ないし環状を呈する。中期末葉になると同じ場所には留まることが少なくなり、短期的な居住を繰り返す傾向が見出せる。この住居形態と集落立地の変化のなかで、特に、柄鏡形住居出現前段階でみられる大きな要素として、加曽利E３式新期の大形住居の存在である。住居構造的な変化としては、周溝がなくなり、住居形態や大きさも多様化する傾向がみられるなかで、柄鏡形住居が出現する。

埼玉県内の柄鏡形住居跡をみると南関東より、東台遺跡や坂東山遺跡、樋ノ下遺跡のように武蔵野台地や丘陵部には柄鏡形住居が敷石住居として定着するが、逆に大宮台地などの地域では中期末葉では多様な住居形態であり、斉一性がみられない。そのなかで、古井戸遺跡のような典型的な柄鏡形敷石住居跡が存在することは注目される。一方で、第一・二図で掲げた土器群には、東北地方の土器の影響を受けていると考えられる土器が少なからず存在する。柄鏡形住居出現前に古井戸遺跡49号のような複式炉をもつ住居が存在し、伴出する土器に大木9式土器の影響がみられる点は、時期的様相を考える上で重要である。このように典型的な柄鏡形敷石住居が一軒出現するものの、柄鏡形住居発生前にみられる潮見台型に近い対ピット+埋甕をもつ住居や配石遺構などみられないことから、東北地方の影響下で、柄鏡形住居が発生したものとは考えられない。ただし、この加曽利E3新式期には他地域の多様な影響、あるいは人の動きがみられることは重要で見落とすことができないであろう。中期末葉前段階から更に、集落構造の分析を行うことによって、縄文集落における環状集落の崩壊がつかめるものと思う。

七　おわりに

本稿では、古井戸遺跡と将監塚遺跡を中心に埼玉県内における加曽利E3式から加曽利E4式期まで、柄鏡形住居発生と住居形態から集落形態の変化について検討してきた。中期末葉の集落構造の変化は、住居形態と密接な関係にあると考えられる。集落を構成するものは、もちろん住居を中心に墓や水場遺構などの作業場的な遺構やごみ捨て場、祭祀的な場などさまざまな遺構が集落を構成している。大規模な遺跡では、後期に配石遺構や盛土遺構などが環状あるいは弧状にみられる。こうした現象と住居形態の構造的な変化は大きく関わっている。今後、縄文集落を考える上で、このような大規模遺跡の分析や集落分析をマクロ的にみようとする視点とは別に、各遺跡の個性を踏まえた詳細な遺跡分析の積み上げが重要であると考える。

埋蔵文化財の発掘調査実施にあっては、少ない予算と時間の厳しい環境下で、失われていく遺跡を如何にして情報を残さねばならないか。発掘調査が民間委託の方向にあって、発掘調査基準がマニュアル化されていく中で、調査担当者は問題意識をもって調査に望まなければならない。営利追求の民間業者に対しては厳しい指導の目を行政側はもつ必要がある。集落研究や遺構研究は調査担当者に左右されてしまう。つまり、単に住居跡だけを機械的に掘り上げればよしとする認識だけでは、縄文集落の解明は永遠に不可能であるといえよう。出土遺物の記録などや住居跡の検出状況の記録なしには、遺構研究ならずとも集落研究は、必ず行き詰ってしまう。遺跡の正確な情報は、調査担当者にゆだねられているのであるから。破壊されてしまった遺跡は二度と復元することはできないのであるから。遺跡は有限であるから、破壊を逃れるだけでなく、将来にわたってむやみやたらに、発掘されずに残されることを祈る。

引用・参考文献

石塚和則　一九八六『埼玉県埋蔵文化財調査事業団報告書第63集　将監塚遺跡―縄文時代―児玉工業団地関係埋蔵文化財発掘調査報告Ⅱ』埼玉県埋蔵文化財調査事業団

黒尾和久・小林謙一・中山真治　一九九五「多摩丘陵・武蔵野台地を中心とした縄文時代中期の時期設定」『シンポジウム　縄文中期集落研究の新地平線』縄文中期集落研究グループ　宇津木台地区考古学研究会

谷井　彪・並木　隆　一九七三『埼玉県遺跡発掘調査報告書第2集　坂東山遺跡』埼玉県教育委員会

谷井　彪　一九七八「加曽利Ⅱ式土器の覚書」『埼玉県立博物館紀要』5

谷井　彪他　一九八二「縄文中期土器群の再編」『研究紀要』一九八二　埼玉県埋蔵文化財調査事業団

坪田幹男　一九八七「Ⅴ東台遺跡第11地点」『文化財調査報告第16集　埼玉県入間郡大井町東部遺跡群Ⅶ』埼玉県大井町教育委員会

城近憲市他　一九七二『宮地』狭山市教育委員会

細田　勝　一九九四『埼玉県埋蔵文化財調査事業団第135集　寄居町樋ノ下遺跡　埼玉県住宅供給公社リバーサイド玉淀建

設事業関係埋蔵文化財発掘調査報告書』　埼玉県埋蔵文化財調査事業団

宮井英一　一九八九『埼玉県埋蔵文化財調査事業団報告書第75集　児玉郡児玉町古井戸遺跡—縄文時代—児玉工業団地関係埋蔵文化財発掘調査報告Ⅴ』　埼玉県埋蔵文化財調査事業団

本橋恵美子　二〇〇三「縄文時代中期後葉の住居構造の分析—浅間山麓周辺における柄鏡形住居の発生について—」『長野県考古学誌』第103・104号

本橋恵美子　二〇〇五「縄文時代中期後葉の集落形態の検討—石神井川流域の住居分析から—」『土曜考古』第29号　土曜考古学研究会

山形洋一他　一九九二『大宮市遺跡調査会報告第35集　下加遺跡—大宮駐屯地における埋蔵文化財発掘調査』　大宮市遺跡調査会

山形洋一他　一九九五『大宮市遺跡調査会報告第48集　西大宮バイパスNo.6遺跡　一般国道16号バイパス関係Ⅳ』　大宮市遺跡調査会

さいたま市東北原遺跡出土の動物形土製品について

――動物形土製品への視点――

土肥　孝

本稿で取り上げる動物形土製品は、さいたま市（旧大宮市）東北原遺跡「第一号住居址」（最終報告書では第二号住居址として報告されている）の西壁下中央部の床面から横向きの状態で出土している。[1]

本土製品は発見当時より注目され、直後に柳田敏司氏によって速報的に資料紹介されている。[2]

以後、本土製品は昭和六二（一九八七）年「亀形土製品」という名称で埼玉県指定文化財となった。

本稿では、造形・出土状態・関連資料との比較によって、本土製品の性格について検討したい。

造　形

中空の土製品で一面（この面をA面とする）に二孔、他の一面（この面をB面とする）に一孔を穿つ特徴をもつ。頭部・体部・尾部の三部構成となるが、尾部は欠損する。体部には脚が粘土塊により貼付されるが、一方は欠損している。

頭部には目と口が表現される。目の位置・口の一直線の表現から、A面を正面として顔面が描かれることが判る。両目の間には二条の弧線沈線が描かれ、頭部表現となる。

胴部に貼付される脚部を下部（地面側）として見ると、二条の弧状沈線が正面となり、口は見えない。両目もやぶにらみ状態となり、正面を向いた表現とはいえない。脚部の存在する部分を下部にして置いても自

写真１　東北原遺跡出土動物形土製品の顔面

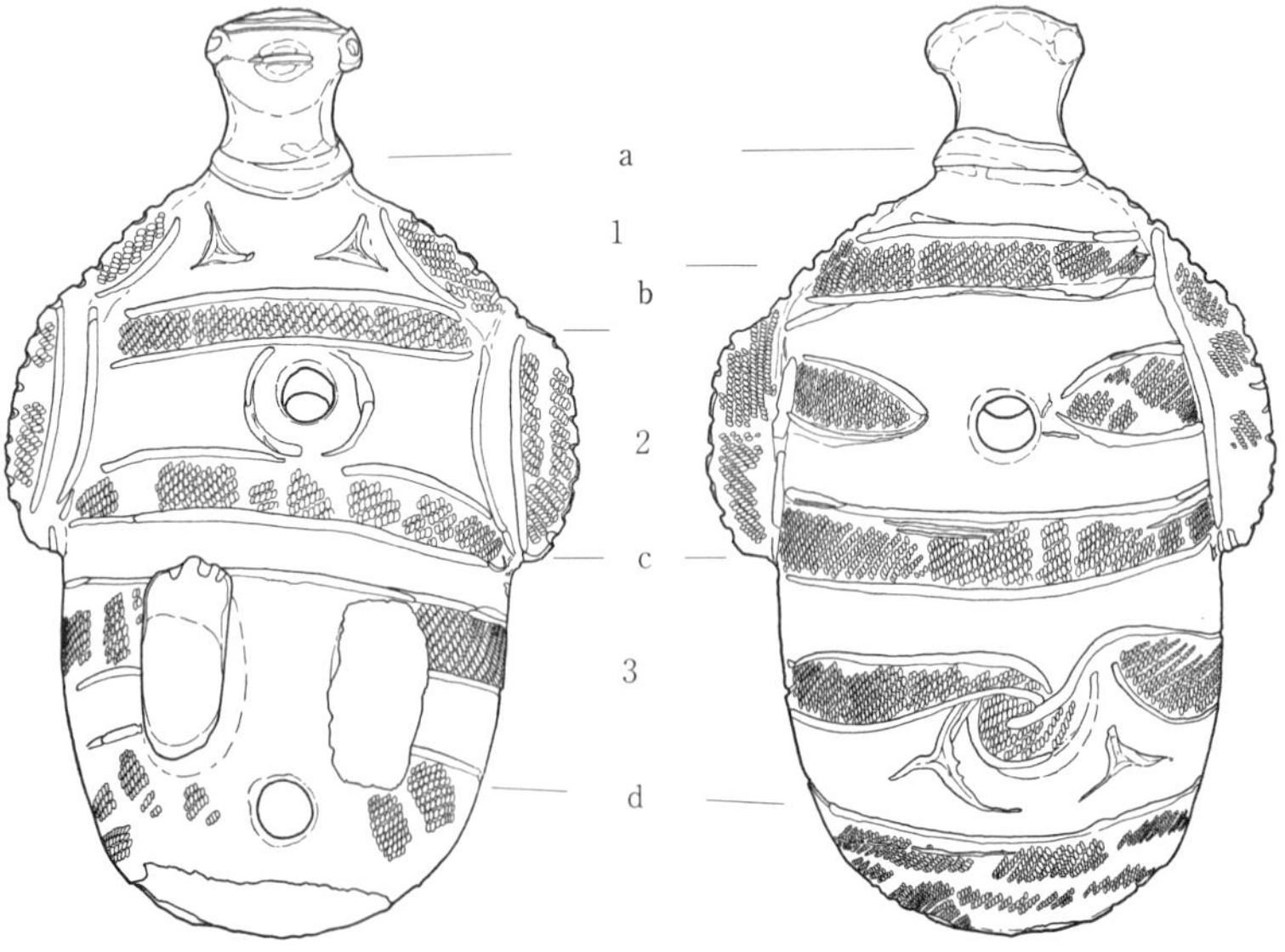

第１図　東北原遺跡出土動物形土製品Ａ面・Ｂ面の文様帯

立しない。また、どのような状態でも本土製品は自立しない。「どのような状態で置いても自立しない」……これが本土製品の最大の特徴といえるだろう。

次に本土製品のA面を正面とし、正面・背面（B面）の文様を見ると、多少のずれはあるが、A、B面とも四区画線（帯）・三文様帯となる。四区画線をそれぞれa・b・c・dとすると（第1図参照）aは隆線、b・cは帯縄文、dは帯縄文風一条沈線となる。次に三文様帯を頭部から下部に向かって1・2・3と分けると、1…三角彫刻文、2…円孔とそれを囲む同心沈線文、3…帯縄文と脚部表現の粘土貼付となる。B面では1…無文2…円孔と楕円帯縄文、3…玉抱き三叉文、と見事にA・B両面が対比することが判る。つまりA・B面で見る限り、頭部を上にして、正立状態で文様の割り付けがなされているわけで、これらの施文がA面を正面として行われたことが判る。また同時にA面二個、B面一個の穿孔はともに文様帯・区画帯の中央に位置することが判る。この点については後述する。

この頭部表現がカメかどうかは決めがたいが、対象動物の口（吻端部）が横一線で表現される点（写真1）は他の動物形土製品総ての表現と合致し、逸脱することはない。したがって筆者は本土製品の造形・表現は、A面を正面として表現されたと考える。この点はさらに後述する。

出土状態

本土製品は第二号住居址の西壁下中央部分より横位の状態で出土した（第2図参照）。本住居址は南、北壁中央部分が大幅に削平されていたが、東壁側は壁の立ち上がり、壁柱穴の配列が確認できている。

第二号住居址は耳飾り・叉状角器片・石器の出土が、削平を受けているにもかかわらず多量であり、覆土中の焼土粒子・炭化物・骨片の出土とともに、東北原遺跡の他の住居址と比べて特異であることが報告されている。東側部に

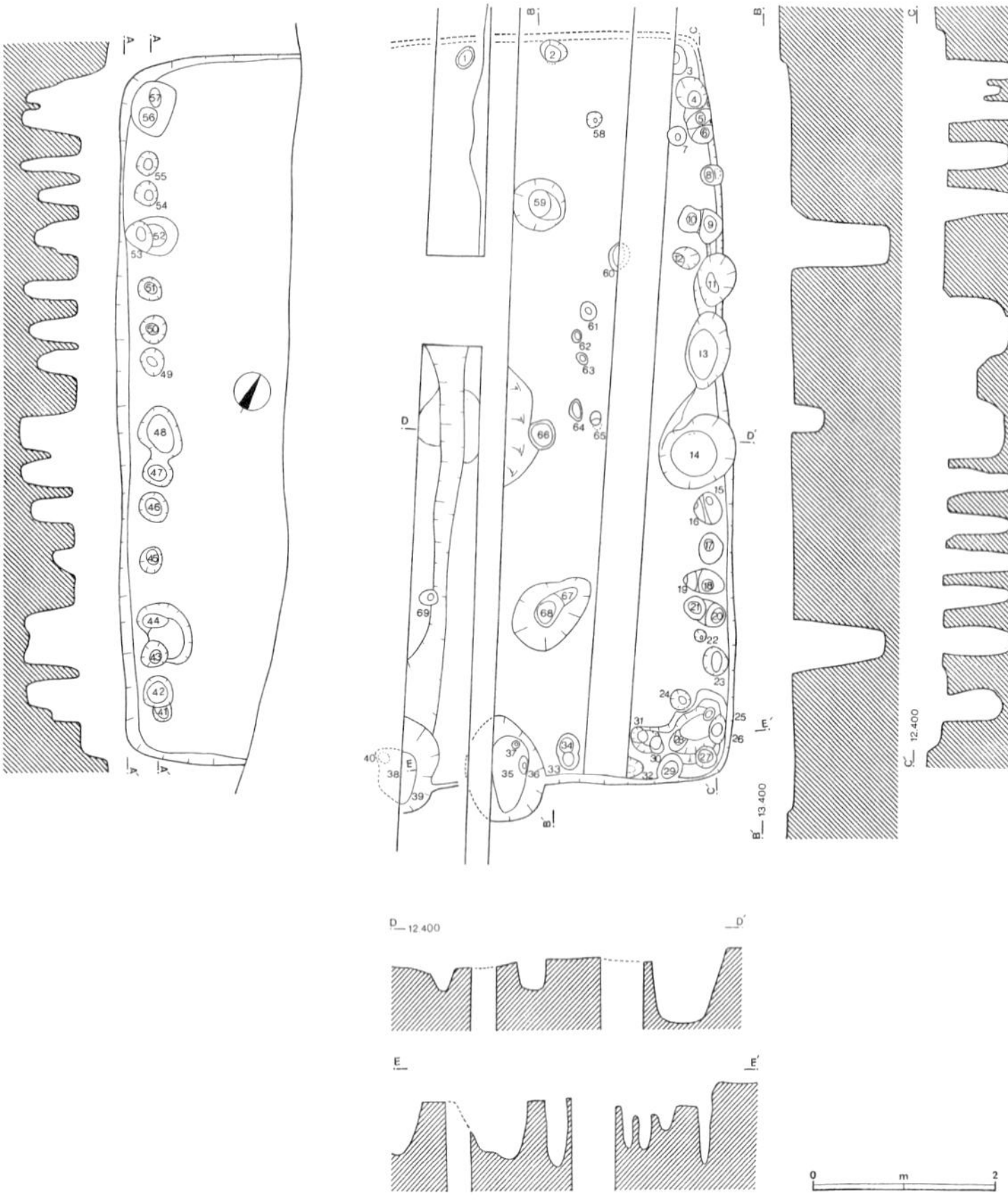

第２図　東北原第二号住居址実測図

存する壁柱穴のうち、中央部に位置する11・13・14の三柱穴は他の壁柱穴に比べて規模が大きい。この部分が第二号住居址の入り口施設に当たるものと考えられる。

東側を入り口と見た場合、本土製品の出土位置は入り口を入った正面奥に当たるわけである。横位の状態での発見は、落下状態を示していると考えられる。

東北原遺跡住居址内での本土製品と極めて似た出土状態を示すのが青森県風張（1）遺跡出土の「合掌土偶」と称される土偶である[3]（第３図）。本土偶の特徴は、脚部がアスファルトで補修されているこ

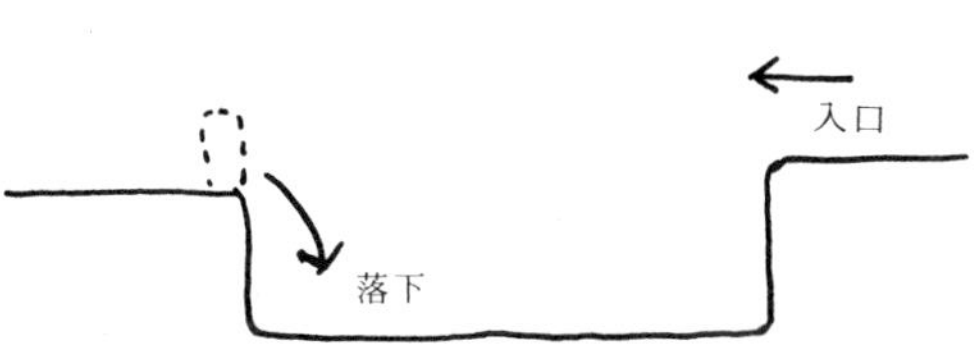

第５図　土製品の設置状況図

第３図　合掌土偶実測図

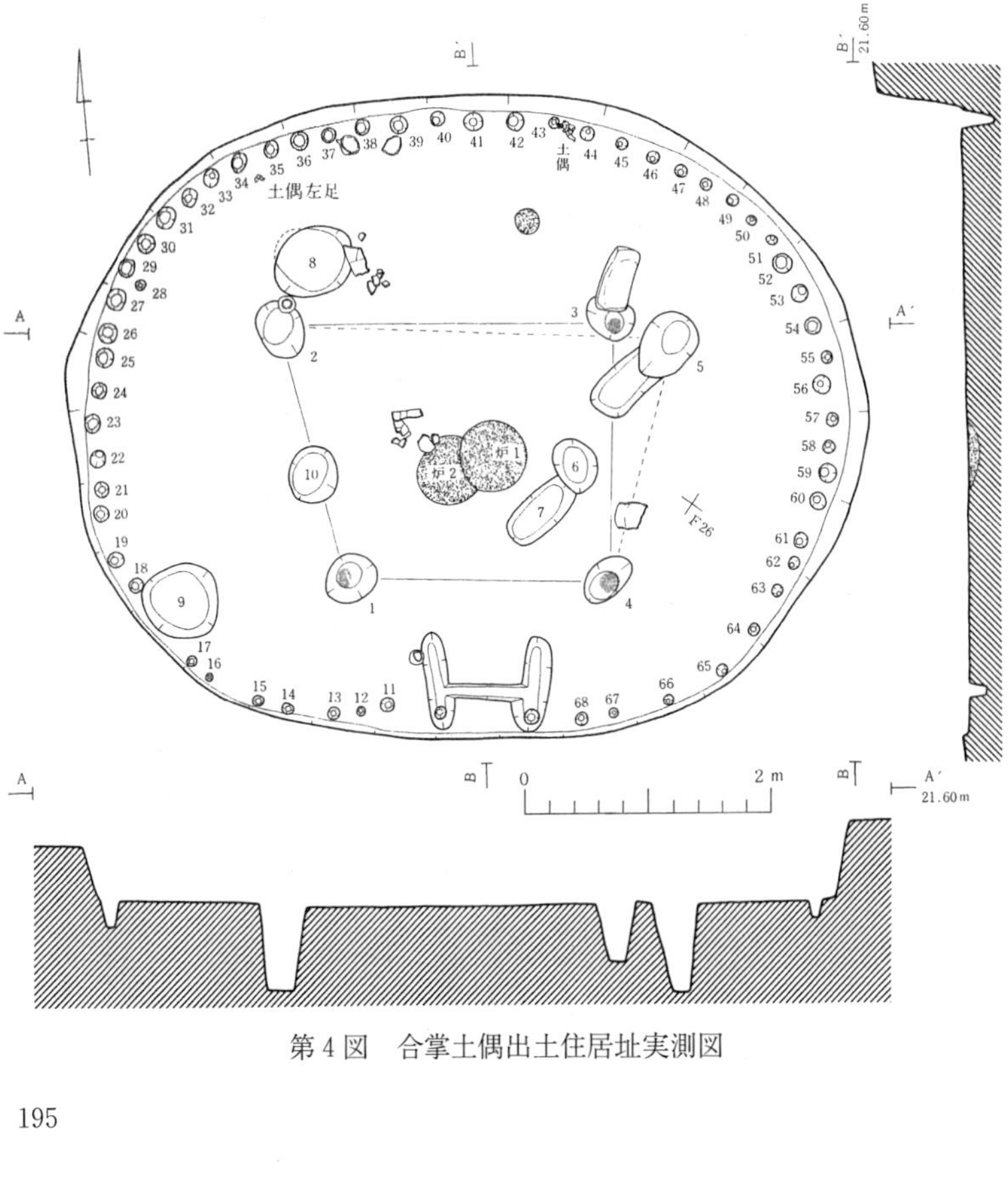

第４図　合掌土偶出土住居址実測図

とである。本土偶はかつて破損したが、破損しても廃棄されることなく、接合補修され、住居内に置かれていた状況が明らかになる。発見時はさらに新規の破損部が認められ、高い部分からの落下状態であったことが推察される。

「合掌土偶」が出土した風張（1）遺跡第一五号住居址は、遺構の残存状態が良好で（第4図）、本住居址の入り口は南側に比定される。

推定される入り口部分が正しいならば、東北原遺跡と風張（1）遺跡の動物形土製品・土偶は、その出土位置が全く同じ部分になるわけである。入り口を入った真正面、さらに合掌土偶の落下状態から、本動物形土製品は東北原第二号住居の入り口から見た正面の壁の立ち上がり部分に置かれていたと推察できるのである（第5図）。

さらに風張（1）遺跡出土の仮面土偶は、北海道著保内野遺跡[4]・長野県中ッ原遺跡[5]で死者との合葬もしくは副葬品として用いられていることが明らかになりつつある。後述する北海道美々4遺跡の動物形土製品も墓の副葬品であり、中空動物形土製品・仮面土偶は住居内での出土状態・墓での副葬品という共通の出土状態から、縄文社会において同様な役割を担った土製品ということができる。つまり、縄文時代晩期において、土偶の一部・動物形土製品の一部は、その製作目的・用途において密接不可分な位置付けをされていた可能性を見いだすことができるのである。

関連資料との比較

（A）北海道美々4遺跡出土動物形土製品

東北原遺跡出土の動物形土製品は「中空の動物形土製品」として分類できるものである。法量的にみれば長さ二四・七㎝で「大型」の部類に属する。

本資料と法量・造形的に近い関係にあるものは、北海道千歳市美々4遺跡の縄文時代晩期に属する周堤墓盛土出土の動物形土製品である（第6図）。

美々4遺跡例は、一般的には立たせた状態（もちろん自立しない）で海獣（アシカ?）と見なして解釈されているが[6]、筆者は一九九四年に本造形は飛翔する水鳥の可能性を指摘した[7]。

少々長くなるが、ここにその解説文を再録する。『従来、本例は左

写真2　美々4遺跡出土動物形土製品（右後方より）

写真3　美々4遺跡出土動物形土製品（真横より）

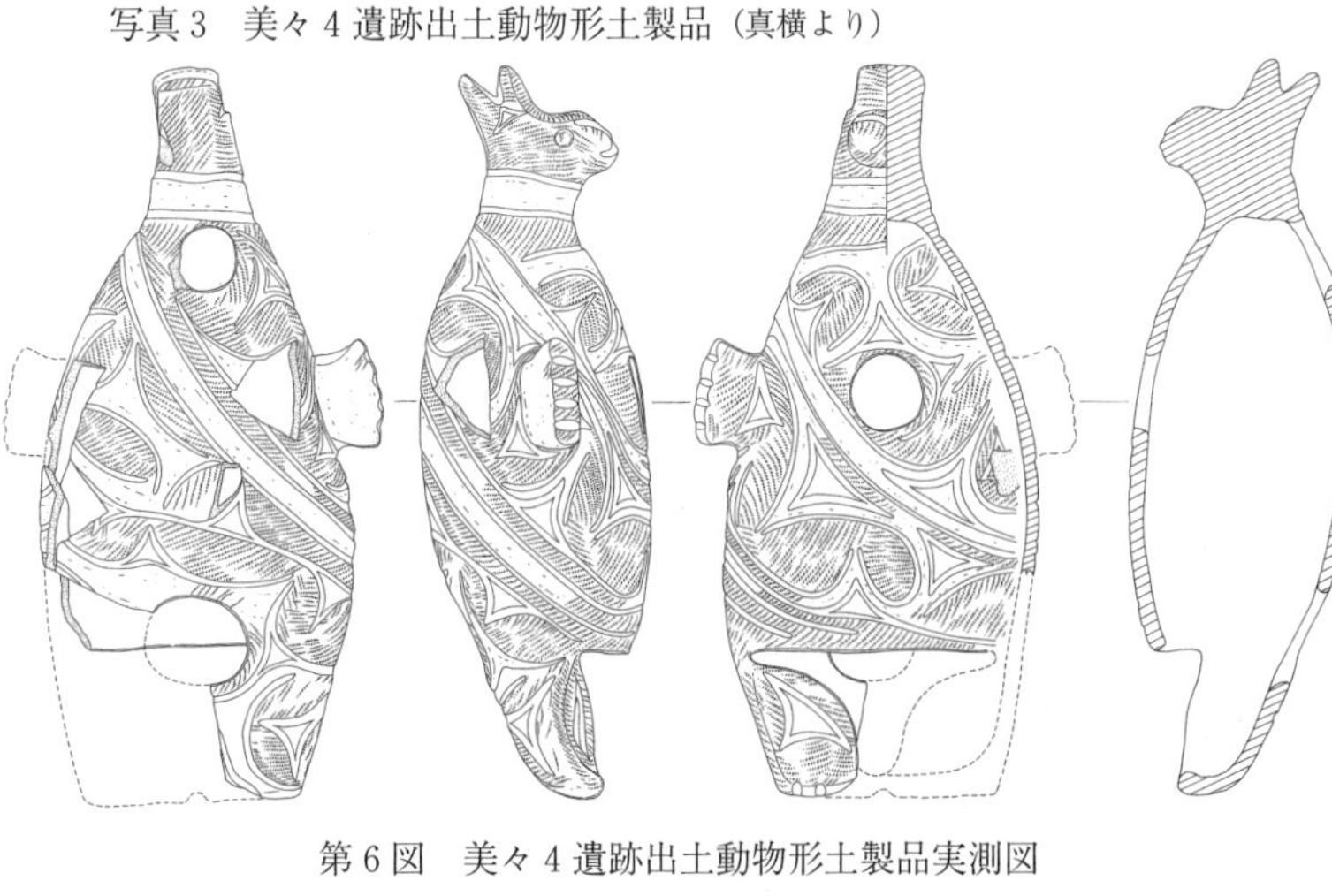

第6図　美々4遺跡出土動物形土製品実測図

右につく鰭状の突起を広げる形として、頭部にある刺突を眼、そしてそのさきに存在する「つ」の字形の沈線を口に見立てた状態で「海獣形」の土製品として解説を加える例が多かった。また、埼玉県東北原遺跡出土品との造形的類似例から、亀・ムササビ・水鳥などとも考えられていた。

しかし、本品を直立させた状態で見て、「海獣」「アザラシ」とするには、口部の表現が特異なこと、頭部を意識的に右側に曲げること、そして体部に付された文様が肩襷状に斜めに分断される点など問題点が指摘できる。ことに東北原遺跡の動物形土製品や中空の遮光器土偶を見た場合、文様の割り付けにおいて、明らかに横帯区画法を採用しているのに、この土製品はその施文原則を逸脱しているのである。

本書では、彎曲する鰭状突起を翼、下部の五つの刻みが入る部分を尾翼として、飛翔する水鳥と解釈して右後方から撮影した（写真2）。頭部上にある切り込みを嘴を開いた形と見て、頭をやや右に振って飛翔するガン・カモ類の造形と考えたわけである。真横から撮影した写真（写真3）とあわせて見れば、飛翔する鳥のイメージは強まるものと思われる。このように考えると、本例に配された三叉状入組文は飛翔方向に対して流線形の文様割り付けとなり、さきに触れた文様割り付けにおける逸脱性は解消されよう。また飛翔する鳥と見た場合、この造形は俯瞰形態となる。縄文時代に俯瞰描写が行われていた可能性は本書の第一九図（狩猟文深鉢—青森県八戸市韮窪遺跡出土…筆者注）解説の項で述べたが、本例もまた、それを指摘できる数少ない資料の一つといえよう。文様は基本的に三叉状入組文・雲形文で卓越した三角彫刻文が各所に施されている彫刻によって生じた無文部はすべて赤く塗られているが、青森県風張遺跡出土の土偶例（合掌土偶…筆者注）のように全身まで及んでいたかどうかは不明である。……（略）』

これら二例を大型の中空動物形土製品として比較する場合、造形的には類似するが、細部において差異がある。それらの差異・および動物形土製品の視点について触れてみたい。

〔一〕動物の吻端部は横一線で表現する

東北原例はA面を正面にすると、吻端部（口）の表現が明らかになる。両目の間に配される二条の弧線文が吻端部表現でないことは明らかである。この正面観を美々4例に当てはめれば横一線の吻端部は海獣形として立てた場合の最頂部となる。このように立てて見た場合、対象動物モデルの吻端部に当たる所は「つ」の字形の沈線が吻端部表現となる。東北原例の正面をA面とすれば、頭頂部は二条弧線文となる。その見方でいえば「つ」の字形沈線は頭頂部文様となり、両目の間を充填する曲線文様として共通する。

（二）文様帯の割り付けは無定見には行わない

山内清男が述べるごとく、縄文時代後期以降は、土器は確固とした文様帯構成をとる。中空動物形土製品もその例外ではない。東北原例はA面を正面とした場合、先述したように四区画線・三文様帯構成となる。

美々4例は首（頸）部無文帯以下がすべて襷状の文様構成となり尾部まで続いている。頸部無文帯に対応する下部区画線は存在しない。これは極めて特異な文様構成であることは容易に認識できよう。しかし、頸部無文帯の存在より、明らかに横帯区画の文様配置意図がうかがえる。この場合、写真2のように置いて（これでも安定はしない）見る場合、襷状の無文帯は鰭状突起の前・後を区画する。すなわち本土製品は、無文帯を区画線とみれば三区画線・三文様帯配置となる。東北原例と比べると、最下部の区画帯を欠失するが、基本的には同様な区画線・文様帯構成となる。写真3のように見た場合の違いは区画線が横帯（東北原）になるか斜帯（美々4）になるかの違いである。これは美々4の土製品をどのような視点で作成したかを知る重要なポイントである。すなわち頸部無文帯以下の二無文帯は、左端を嘴と見た場合、流線形になるのである。この流線形区画は明らかに対象となった動物モデルの進行方向を意識した文様区画であり、筆者は進行方向に対する「流線形区画」の文様表現が存在したものと見ている。このように見れば、一見無定見に思える文様は実は無定見ではなく、計算されたうえで理にかなった表現方法と解釈できる。したがってこの動物形土製品が飛翔する鳥をモデルにして造形したものであることが明らかになる。

〔三〕 穿孔の意味

この二例の土製品の共通する点で重要なことは、「一面に二孔、他面に一孔」を穿つことである。この三孔は焼成前の穿孔である。しかし、子細に見ると、この穿孔にも違いがある。

まず第一は、東北原例はA面の一孔とB面の一孔がほぼ同一位置に穿たれる点であり、美々4例は三孔とも同一位置には穿たれない。

第二は東北原例が三孔とも区画線に区切られた文様帯（区画帯）の中心（中央）に穿たれるのに対し、美々4例は中心には穿たれるが、文様の中央には穿たれてはいない。すなわち、文様の割り付けとは関係なく美々4例は穿たれているのである。

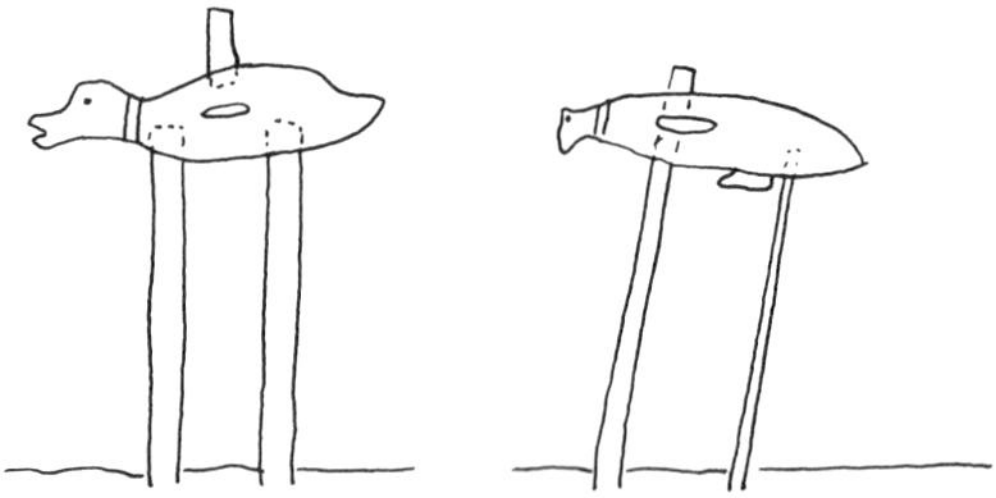

第7図　動物形土製品を棒に立てた図

この第二の違いから、美々4例は「先に穿孔ありき」で、東北原例は「割り付けた区画を意識」した穿孔であることが認識される。この違いを穿孔の形骸化で考えるならば美々4遺跡例が先行形態であり、東北原例が後出形骸化であるとすることができる。同じ穿孔ではあっても、東北原例の穿孔は文様帯内に取り込まれた痕跡表現と考えられるのである。これは中空動物形土製品を観察するうえで重要な視点と考えられる。すなわち、美々4例の穿孔は実用的な穿孔、東北原例は形骸化した穿孔と筆者は考える。

これを前述のように美々4例を飛翔する鳥と見た場合、第7図のような設置法が想定できる。つまり「自立しなくとも良い」そして「中空でなければならない」のである。形骸化した穿孔とはいえ、東北原例も地上では自立しない。東北原例も同様な用いられ方で墓を飾る副葬品もしくは墓標としての使命を担った造形物と考えられるのである。

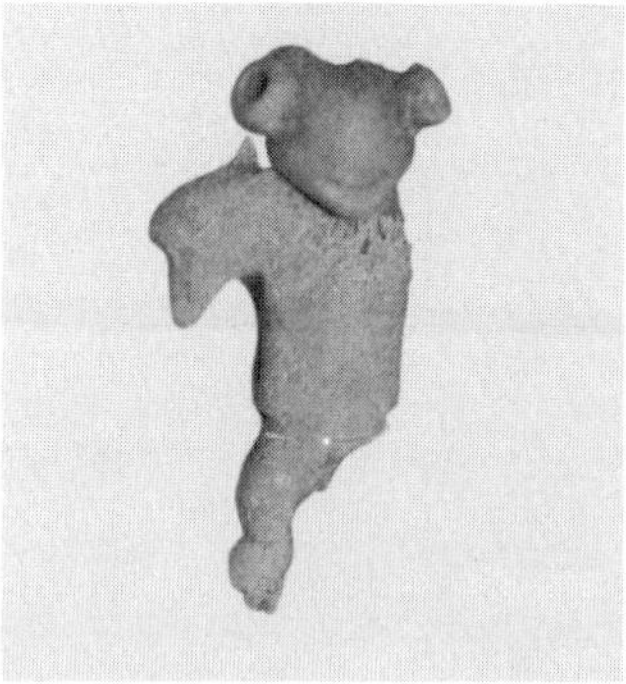

写真4　貝鳥貝塚出土動物形角偶

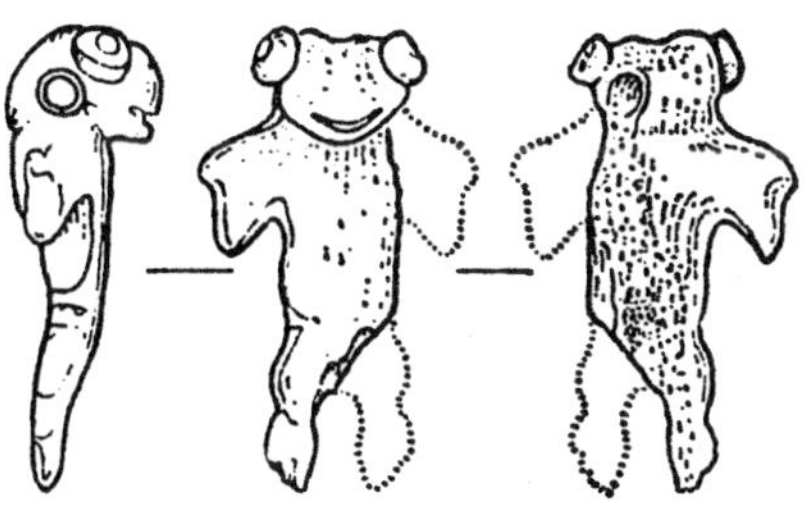

第8図　貝鳥貝塚出土動物形角偶実測図

（B）岩手県西磐井市（旧花泉町）貝鳥貝塚出土の動物角偶

東北原遺跡出土の動物形土製品のA面が正面であることを傍証する遺物が存在する。それは岩手県西磐井市貝鳥貝塚Mトレンチ X期（晩期）層から出土した鹿角を素材とする動物角偶である(8)（第8図・写真4）。

本遺物の説明を抜粋すると「突出した目、鼻先から口もとのとがり具合はカエルを思わせる表情である。腹面の滑らかなこと、足の三本指もカエルの表現とみられなくはない。しかも、かなり写実的な表現とみてもよいだろう。頭部は丸味のある三角形で、胴体は扁平である。頭部背面に左右に貫通する一孔があり、これを垂下したものであることがわかる……」となり、本角偶が垂下した装飾品であることが判る。垂下した装飾品であるため、正面がいずれであるかは一目瞭然である。この正面観（顔面表現）が東北原例のA面を正面とした表現と全く同一である。東北原例は「亀」・貝鳥貝塚例は「カエル」と見なされているが、貝鳥貝塚例を亀と見ることは百歩譲ってもできない。

東北原例は全体的イメージから「亀形」とされるが、類似例の表現と比較すると亀とはいえないのである。この両者を比較すると、どちらが造形的には基本形であるかは明らかになる。貝鳥貝塚で見られる顔面表現が東北原例に表現されたのである。すなわち、東北原遺跡出土の動物形土製品は北海道美々4遺跡の中空動物形状を、そして顔面表現を岩手県貝鳥貝塚から取り入れたことをうかがうことができる。東北原遺跡出土の動物形土製品はその要素から見れば、北海道・岩手からの造形・表現情報を一個の土製品の中に取り込んだものであり、その原郷地での造形は鳥であり、カエルであった。一体の土製品に複数の情報・造形を取り込んだもので、単純に亀形土製品と規定するのは慎重を期すべきである。

（C）県内出土例との比較

本例に類似する中空の動物形土製品は蓮田市久台遺跡で出土している(9)（第9図・写真5）。全長一五・五㎝、幅五㎝で東北原例（全長二四・七㎝、幅一五・五㎝）に比べて小型のものである。縄文時代晩期前半の壁柱穴をもつ方形住居の東北隅に近い壁側から二孔を穿つ側を下にして出土している。本住居址は入口部が確認され、出土場所は入口を入った右手奥の部分に当たる。東北原例と同様な出土状態が観察される。頭部・尾部を欠失し、どのような顔面表現かは推測になるが、同様な顔面表現がなされていたものと考えられる。東北原例の解説で述べたごとく、二孔を穿つ面が正面になる。これは頸部の傾斜状態からも首肯されよう。東北原例と異なる点は、他の一面（東北原例のB面）に穿孔が見られないことである。美々4例と東北原例の穿孔位置の比較結果からみれば、久台例の穿孔はより形骸化したものである。文様は正面では頸の隆帯を区画線とし、胴部帯縄文・尾部帯縄文の三区画線となり、その間に二文様帯を配する。下側に当たる穿孔は、東北原例と同様、最下部区画線内に配する。背面は頸部から尾部までを一文様帯とする。背面に垂下する流線は上下の区画線を繋ぐ。

区画線・文様帯構成から東北原例・久台例を見ていくと、東北原例は四区画線・三文様帯（正面・背面とも）であるのに対し、久台例は正面三区画線・二文様帯、背面二区画線・一文様帯となり、より省略化の傾向がうかがえ、さらに穿孔の形骸化を考えるならば、久台例の方が新期となる。

さらにこの動物形土製品と極めて近い区画線・文様帯構成をとる土偶がある。吉見町三ノ耕地出土土偶がそれに当

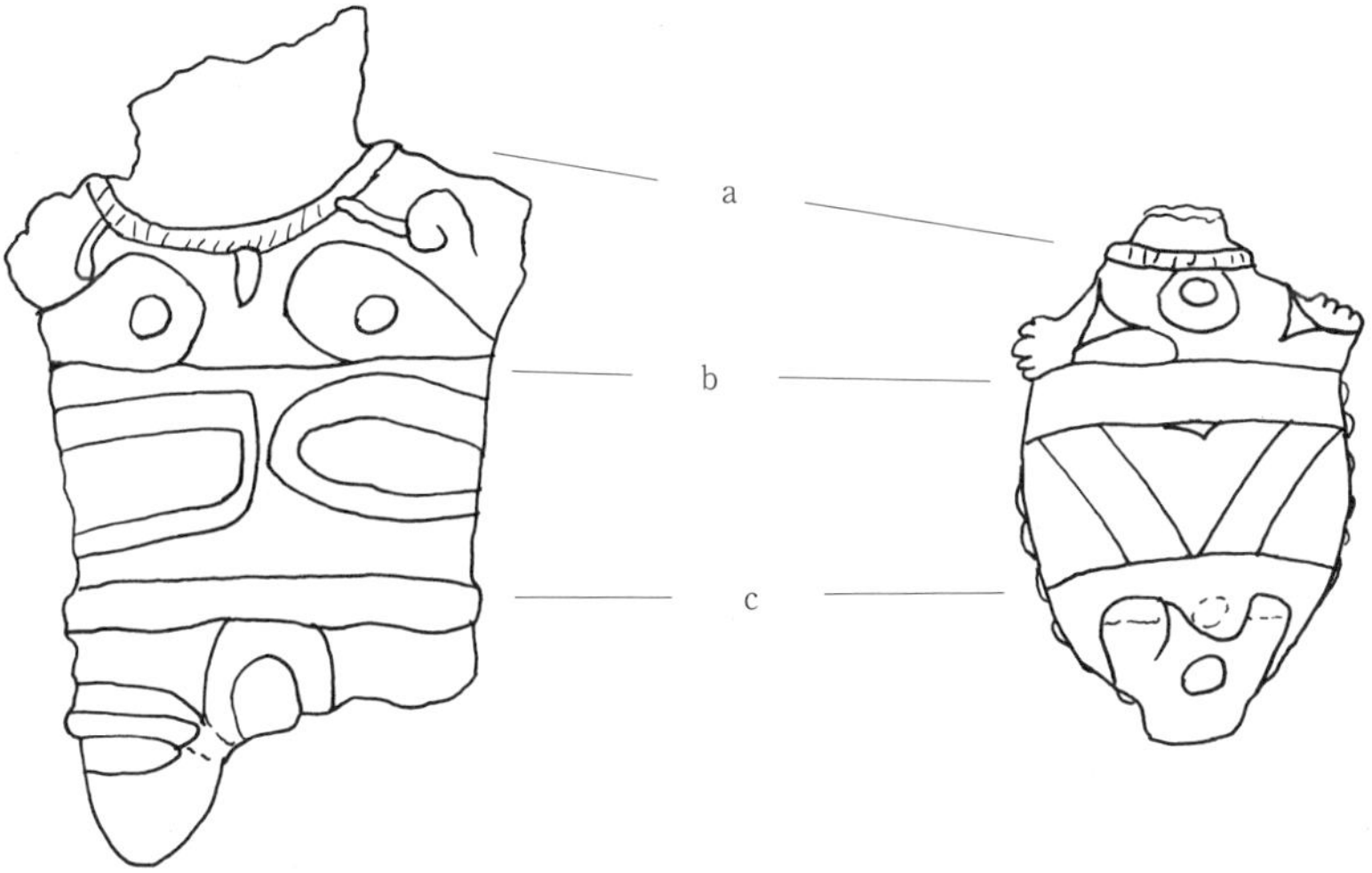

第９図　三ノ耕地遺跡出土土偶（左）と久台遺跡出土動物形土製品模式図

写真６　三ノ耕地遺跡出土土偶

写真５　久台遺跡出土動物形土製品

たる[10]（写真6）。本例は頸部に装身具を着けている。この頸飾り風の隆帯を区画線とし、女性器の描かれる上部の腰部に当たる隆帯をなぞるように描く沈線を下部区画線として区画線・文様帯を見ると、乳房下を一周する沈線も区画線であり、本例も三区画線・二文様帯構成となり、上の文様帯には乳房と曲線文、下の文様帯には長楕円形文を嵌め込んでいることが判る。つまり動物形土製品も土偶も、形こそ異なれ同様な文様配置思考の下で作られていることが理解できるのである。三ノ耕地例は土偶顔面を欠失するが、乳房・女性器の表現から正面は明らかであり、それと同様な区画線・文様帯配置を施す面が、本動物形土製品の正面であることは容易に想像がつくであろう。したがって久台例は二孔を穿孔する面が正面であり、それを敷衍すれば、東北原例はA面を正面として造形されたことが理解できるわけである。

東北原例はA面が正面であることは論証できたと思われるが、その場合吻端部表現は横一線で、頭頂部には二条の弧線沈線文が配されることが理解できる。この動物形土製品の頭頂部表現をポイントとして美々4例を見るならば、吻端部表現が「つ」の字形になるはずがなく、「つ」の字形沈線は頭頂部表現となる。「つ」の字形沈線を頭頂部表現と見れば、美々4例は海獣ではなく、飛翔する鳥と見なければならない。

A面を正面として見た場合、このモデルとなった動物は何かということになると極めて難しい。頭部は貝鳥貝塚例から見て「カエル」の可能性もある。鰭状の部分は美々4例から「トリの翼」であるかもしれない。頸部の隆帯は三ノ耕地例から見れば「頸飾り」の変形かもしれない。ベタ足の四本指表現は別の動物を考えなければならないし、欠失した尾（?）部もまた別のモデルの存在をうかがわせる。さらに未だ見出し得ない別の動物の表現があるかもしれない。すなわち五種以上の動物の要素が重畳し、融合している可能性が考えられるのである。

収束

縄文時代後期以降の動物形土製品を観察・考究する場合、それらの造形が総て基本に忠実に製作されたという前提で考えることはできない。その典型は宮城県沼津貝塚出土の人面付動物形土製品である(写真7)。本例はイノシシ形土製品の頭部に人面を付加したものである。

筆者は以前、縄文時代中期前半〜中葉の土器文様はデフォルメ(変形)でなくメタモルフォーゼ(変容)の段階で推移することを述べたが[11]、これらの変容構成の原理が、より新期の土製品製作にもたらされた結果、半人半獣(ケンタウロス造形)や三種混合(キメラ造形)が生まれるのである。しかし、縄文時代後期〜晩期の動物形土製品は三種混合以上の、ぬえ(鵺)造形を作り上げてしまうのである。このぬえ(鵺)造形は後代の平安時代に鵺という「言葉」となり、概念化されるのであるが、前述した通り東北原遺跡出土の動物形土製品は、その原点ともいえる土製品として認識されるのである。

北海道美々4遺跡出土の動物形土製品もモデルとして水鳥・海獣・カメが挙げられるが、正体は判らないとされてきた。しかし、本稿中で述べた通り、東北原例よりはモデルの本体が追求しやすい。

これらの造形は突如として動物形土製品に生起するものではない。その根源は縄文時代後期土器に前駆形態が見られるのである。その典型は北海道八雲町野田生1遺跡出土の土器である[12](写真8)。縄文時代後期の土器にはしばしば全く別種の土器の器形を合体化(融合)させる形態が見られる。二器種の土器を合体させる手法は既に縄文時代中期の台付深鉢形土器に見られる。そのような異形態の造形物を合体化(融合)させる手法はまず土器に始まり、次いで土製品に応用されていく経過をうかがうことができる。

東北原遺跡の動物形土製品に見られる各パーツの重畳は、日本列島の広範な地域からの情報がリアルタイムでもたらされていることを示している。それは確固とした情報伝達のネットワークが存在していたからに他ならない。構成する様々の要因から岩手・青森・北海道というネットワークエリアを設定することができ、共通する特徴を導き出すことができるのである。

また動物形土製品は同時期の土偶と出土状態・用途が共通し、同様な性格をもっていたと考えられる可能性を見出すことができた。

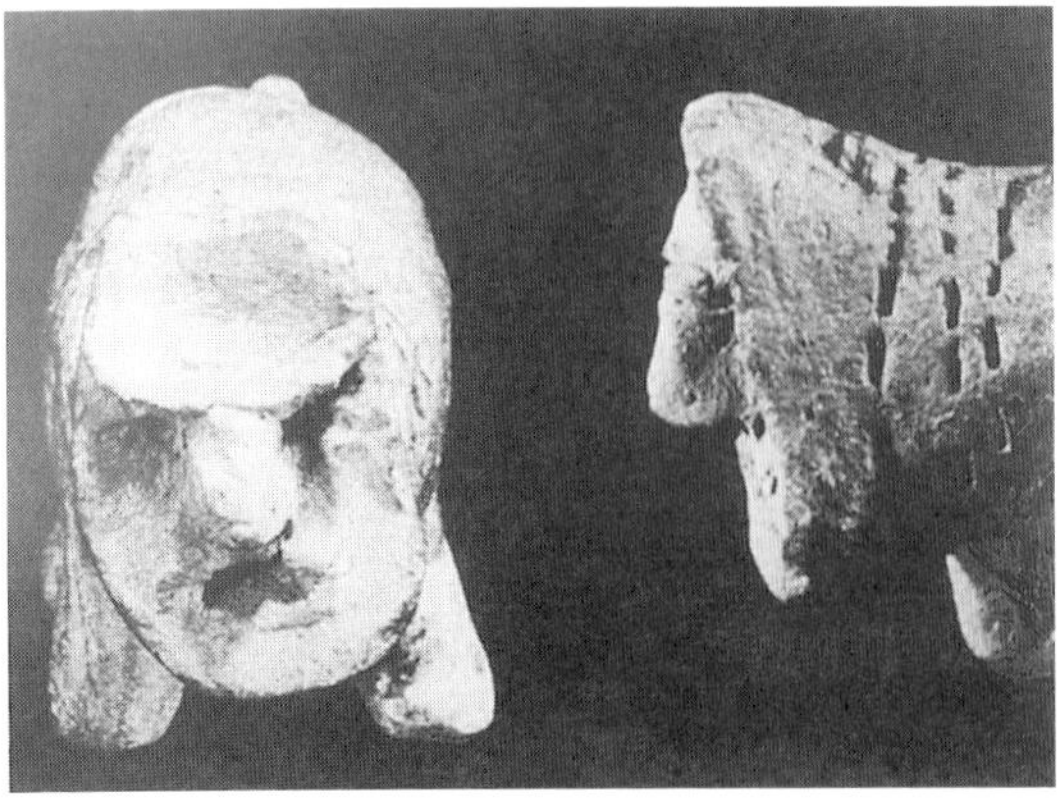

写真7　沼津貝塚出土人面付動物形土製品

写真8　野田生1遺跡出土土器

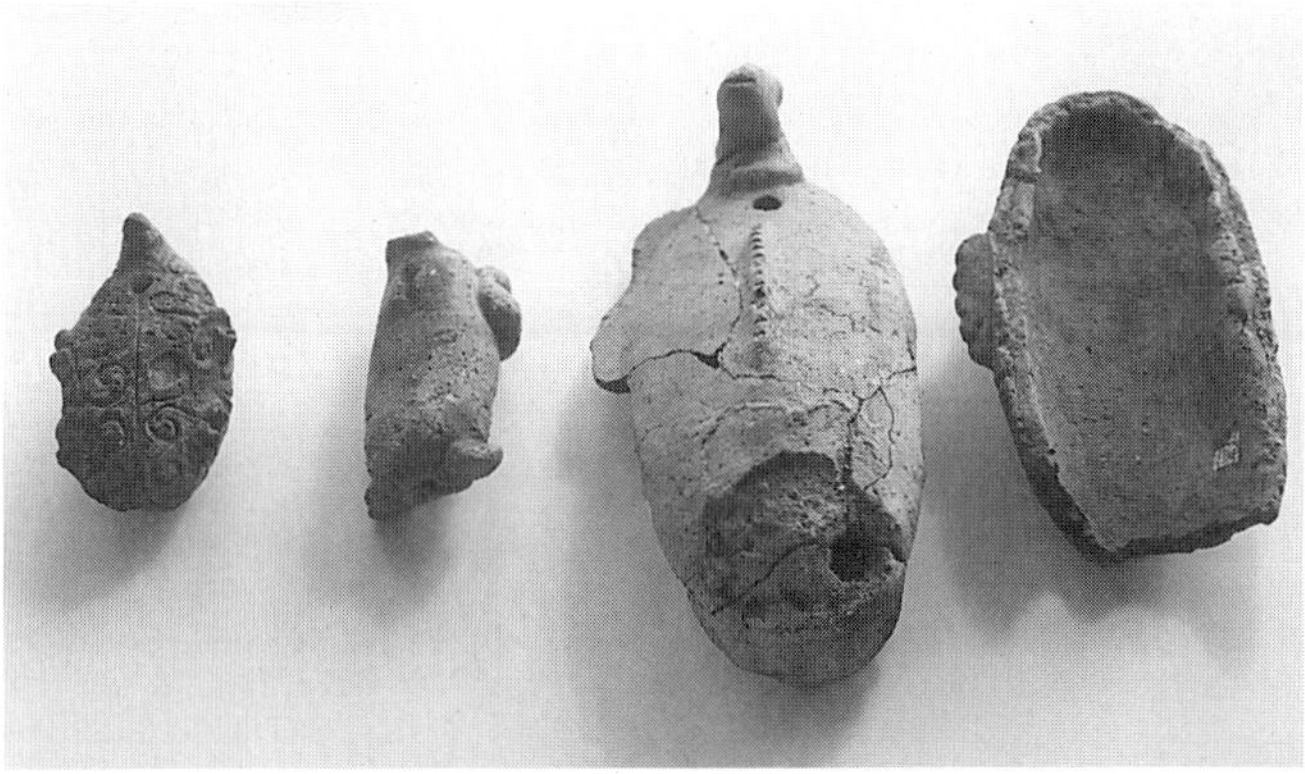

写真9　堀之内遺跡出土動物形土製品

秋田県湯沢市堀之内遺跡（写真9）は縄文時代後期～晩期の墓域・祭祀場を包括する遺跡であるが、ここから四点の動物形土製品が出土している。総て小型に属するものであるが、中空形・中実形そして有文・無文と分類できるものであり、堀之内遺跡で土器と同様に有文・無文が同時に存在することが明らかになった(13)。

筆者のいう、ぬえ（鵺）的な動物形土製品は一遺跡で多数出土するものではない。しかし、本土製品は、少なくとも大型・小型の二種に分かれ、有文と無文・中空と中実に分けられる。今後はその各々のタイプが性格・用途・使用状況の異なるものか、同じものなのか、逐一追求していかなければならない。従来、この種の土製品は躊躇しながら「カメ」「水鳥」「海獣」「カエル」「タガメ」などと命名されてきた。しかし、いったんその名称が定着すると、どうしても色眼鏡をかけて物を見る状態になってしまう。そこに推察をミスリードする原因が存在するのである。どのような視点でこのような動物形土製品を分類し、追求していくかが今後の課題である。

注・参考文献

（1）大宮市遺跡調査会一九八五『東北原遺跡―第六次調査―』本文中ではその出土状態について、第二号住居址記述中では「西壁下中央部の床面から仰向けの状態で出土」（六頁）とされている。また同書（九五頁）では「西壁下床面から横位になって出土」とあり、最終報告書では判りにくくなっている。注2文献では「住居址の床面に横たわった状態で出土した」とされる。なお、筆者は埼玉県立大宮商業高校が実施した第三次調査に参加し、当時第一住居跡と称された住居址からの「亀形土製品」の出土状態を観察している。この「亀形土製品」はまぎれもなく横位で出土し、その不気味さは今も鮮明に記憶している。

（2）柳田敏司　一九六八「大宮市東北原出土の亀型土製品」考古学雑誌五三―四

（3）八戸市教育委員会　一九九一『風張（1）遺跡Ⅰ』

（4）南茅部町教育委員会　一九七六「北海道著保内野出土の中空土偶」考古学雑誌六一―一

小笠原忠久　一九七五「北海道南茅部町著保内野出土の土偶」考古学ジャーナル一一六

（5）茅野市教育委員会　二〇〇三『中ッ原遺跡』

茅野市尖石縄文考古館　二〇〇一『仮面土偶発掘の記録』

（6）小杉　康　一九九六「（3）土製品―動物形中空土製品を例にして―」考古学雑誌八一―三

（7）土肥　孝　一九九四「45・46　動物形土製品　解説」『日本美術全集1　―原始の造形―』講談社

（8）花泉町教育委員会　一九七一『貝鳥貝塚』

（9）文化庁編　一九九九『発掘された日本列島'98―久台遺跡・埼玉県蓮田市』

本資料は二〇〇五年八月に埼玉県埋蔵文化財調査事業団にて実見させて頂いた。

（10）文化庁編　二〇〇〇『発掘された日本列島'99―三ノ耕地・埼玉県吉見町』

（11）土肥　孝　一九九六「縄文社会と火焔形土器」『火焔土器研究の新視点』十日町市博物館

（12）（財）北海道埋蔵文化財センター　二〇〇四『遺跡が語る北海道の歴史―（財）北海道埋蔵文化財センター25周年記念誌―』の表紙および裏表紙の写真

（13）秋田県埋蔵文化財センター　二〇〇四「平成15年度秋田県埋蔵文化財発掘調査報告会資料―堀ノ内遺跡　湯沢市上関字堀ノ内―」

秋田県埋蔵文化財センター　二〇〇五「平成16年度秋田県埋蔵文化財発掘調査報告会資料―堀ノ内遺跡　湯沢市上関字堀ノ内―」

本遺跡は未報告であるが、小林　克・小島朋夏氏のご高配により、資料を実見させて頂き、未発表資料の写真掲載を許可して頂いた。

木製浅鉢の製作に関する覚書

——福島県荒屋敷遺跡出土例を中心として——

栗島義明

一　はじめに

縄文時代の遺物として、近年、特に注目されているのが木製容器である。各地の低湿地の調査を通じて、これまで考えられていた以上に、縄文時代には各種の豊富な木製容器が存在していたことが明らかとなりつつある。その結果、鉢形や水差し形・皿形など土器形式と同様な形態の木製容器が認められる一方で、盆形や舟形などの木製品独自の形態も存在することが判明している。器形のみならず口縁部を中心に彫り込まれた文様なども土器と木製品とは共通したものが多く、両者の製作に係わる親和的な技術関係についても注目すべきものがある。

本論では特に木製浅鉢を取り上げ、その素材獲得から製品に至る技術的な特徴について検討を試みることとする。土器や石器製作とは技術的体系を異にする木製品加工技術の一側面を考察することにより、多様な技術装備によって成立していた縄文時代の文化的な側面考察への一助となれば幸いである。

二　荒屋敷遺跡出土の木製品

荒屋敷遺跡は尾瀬沼を源流として日本海に注ぐ只見川の上流、福島県三島町に位置した縄文時代晩期を中心とした遺跡である。遺跡は只見川右岸の第二段丘上に立地しているが、後背部に段丘崖を控えていることから比較的豊富な湧水が見られ、浅鉢未製品を中心とした多数の木製遺物の出土が確認されている。木製遺物遺存の背景には、こうした低湿地環境に加えて、段丘を横断するように流れる大谷川によって供給された土砂が、縄文時代の文化層を覆うように厚く堆積したことが深く係わっている。

遺跡からは皿、鉢、盆、コップ、丸木弓、櫂状といった木製品の他にも各種の籠や縄、赤糸玉等の出土が報告されている。縄類がG—18、J—15などの二つのグリッドに集中するのに対して、木製品類と籠はJ—13、k—13、k—14の三グリッドに跨った約四m×三mの範囲にほぼ纏まった出土状況を示している。これ

写真1　荒屋敷遺跡木製品出土状態

写真3　木製浅鉢未製品

写真2　木製浅鉢素材

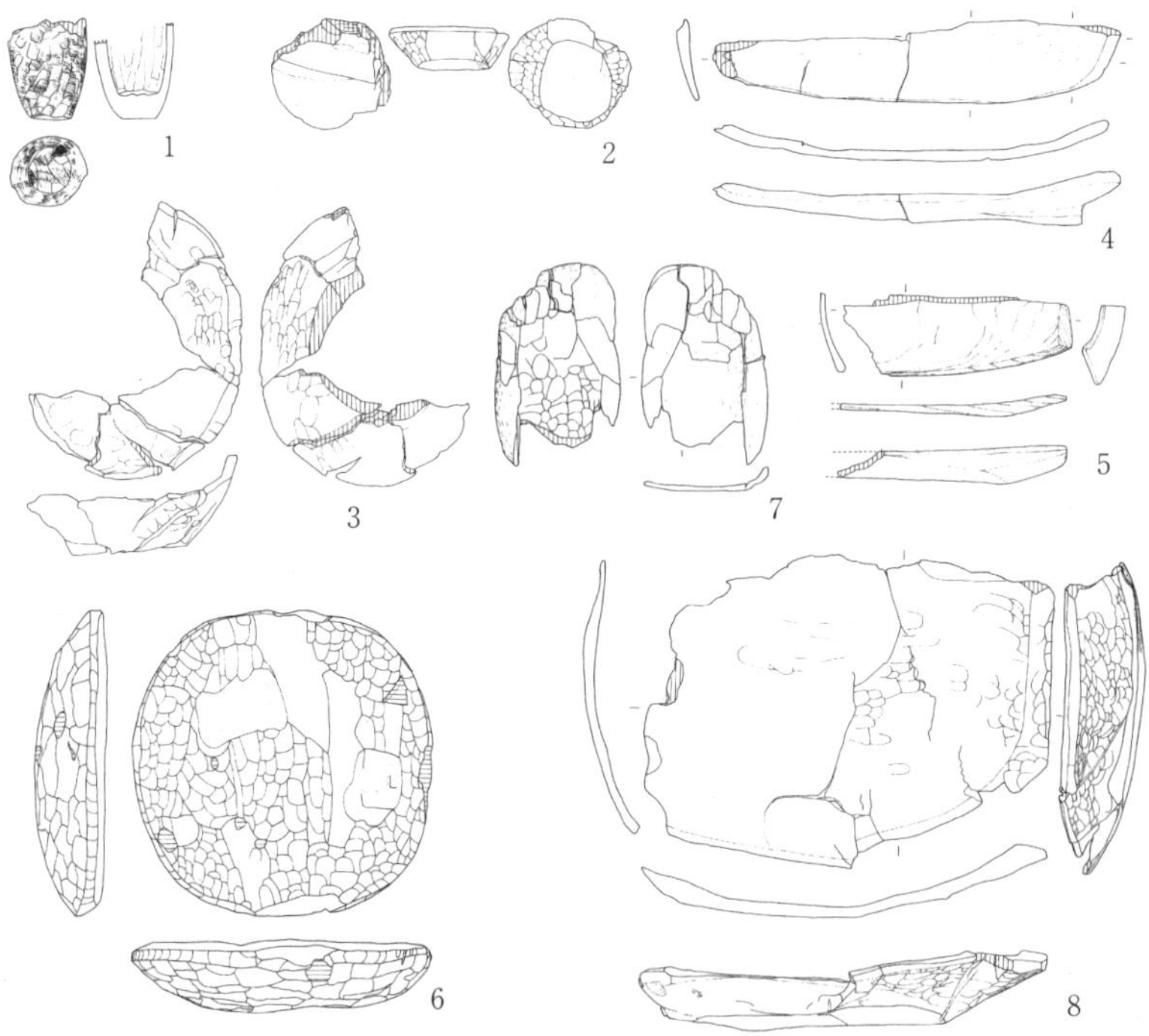

1コップ形容器，2・3鉢形容器，4・5舟形容器，6～8浅鉢形容器

第1図　荒屋敷遺跡出土木製容器

らの遺物毎に看取される空間的分布の相違が、各々が担った機能的背景を反映するものであるのかは不明であるが、木製遺物に限ってみれば遺棄であるにせよ廃棄であるにせよ、出土状況から判断する限りその一括性について疑問を挟む余地は無い（写真二）。

荒屋敷遺跡出土の木製遺物のなかで、特に注目すべきは二〇点余りにも及ぶ木製浅鉢の未製品の存在である。出土した製品から判断した場合、これ等の未製品の中には浅鉢を始めとして皿、コップ、盆等々の素材も含まれている可能性も存在するが、その形態から特定器種との対応関係を工程的に厳密に規定することは困難であり、以下、本論ではとりあえず木製浅鉢未製品として概括的に捉えて検討を進めることにしたい。

木製浅鉢未製品の類には僅かなクリ、コナラ、ケヤキ材を除き総てトチ材を素材としたもので、特筆すべき点はカマボコ状並びに略直方体形状の一面に外皮（樹皮）を残存させた例が極めて安定的に見出されている点にある。未製品の一部にはトチ特有の厚い鱗状の樹皮を残したものも認められる。この湾曲した外皮の反対側には平坦な未加工の素材分割面を有し、両端には恐らく石斧に由来する加工痕を明瞭に観察することができ、当該形態を形成する四面それぞれの構成特質をもって「未製品」と認識し得る根拠と言えるであろう。これ等の木製浅鉢未製品は、トチの原木から採取された初期の素材（原型）形態を表しているものであることは容易に察せられるが、本遺跡出土品の注目すべき点はそうした浅鉢等の木製品素材（原型）のみならず、完成品に仕上げてゆく各種工程品が明瞭な形で存在していることにある。

先ず荒屋敷遺跡から出土している木製容器のうち、完成品および略完成品（特定の器種への製作指向が明瞭なもの）を概観しておこう。木製容器の総てはトチ材を用いており、出土点数は一〇点ほどである。最初にコップ形の木製容器がある。現存資料は八・七cm×七・四cmで口縁部が大きく欠損していることから、本来は一二～一五cmほどの器高を有していたものと考えられる。次に鉢形の木製容器がある。口縁および底部が円形で他と比較して高さが突出してお

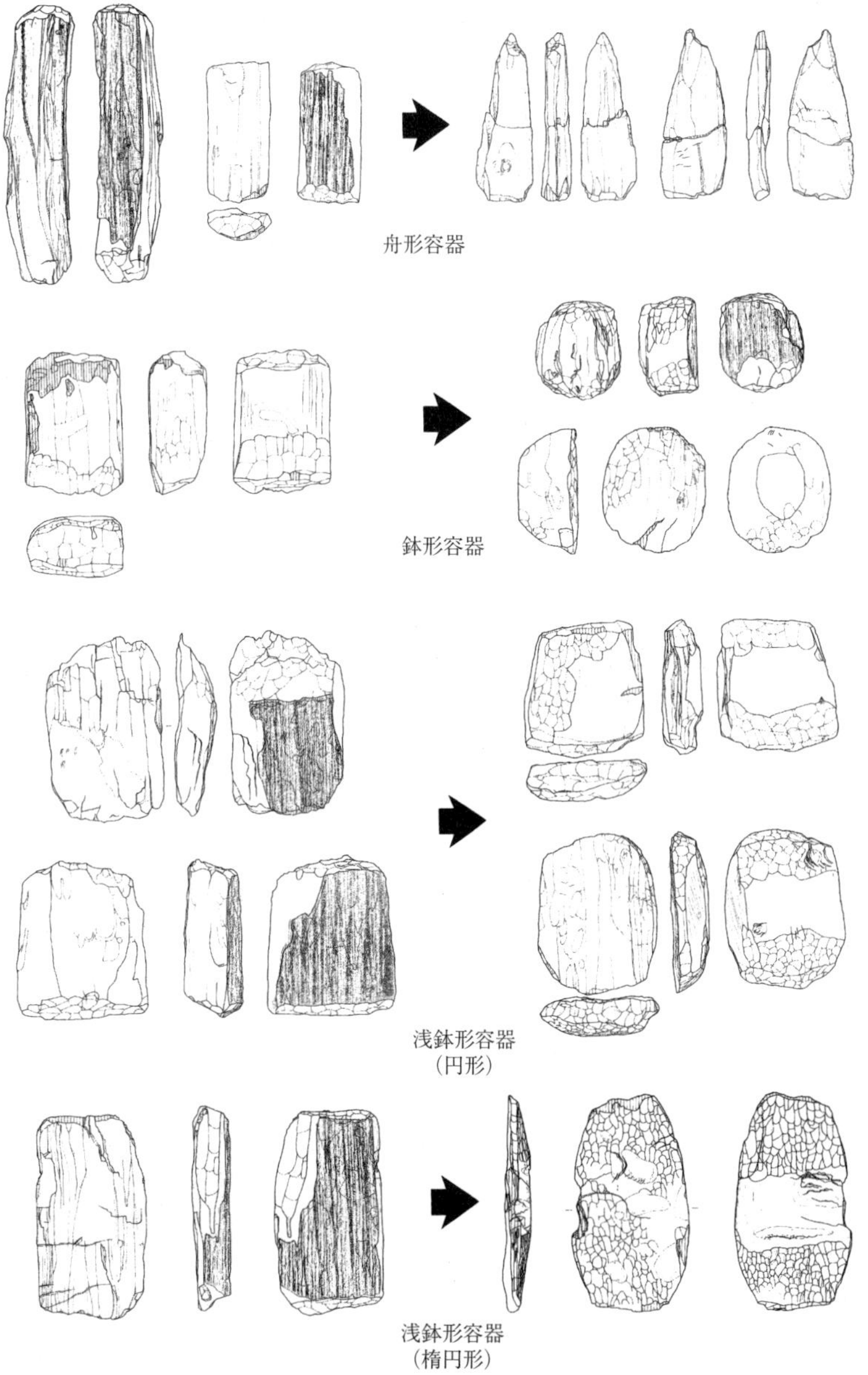

第２図　木製容器の素材（左）と未製品（右）

り、中型品（口径約二四cm、高さ約八cm）と小型品（口径約一〇cm、高さ約四cm）の二つが存在する。上面観が長方形状の舟形の木製容器は二点確認されており、そのうち一点には底部に脚部が設けられている。共に長軸方向に沿って欠損しているが長さ三〇～四〇cm、幅二〇cm、高さ一〇cm程であると考えられる。本遺跡の木製容器の主体を成す浅鉢は、上面観が楕円形のものと円形のものとがある。前者には大・中・小がセットで認められ、欠損してはいるものの各々の大きさ（長さ）は四〇～五〇cm、三〇～四〇cm、二〇～三〇cm程であったと推察される。浅鉢の中には円形の上面観を持つ一群も存在するようで、完成間近な未製品が一点存在する。口径は二七cm程であり、恐らく小型品に属するのであろう。

　出土したこれらの木製容器類は、やや特異なコップ形容器を除くと、形態的に相違する三つの木製容器群と捉えることが可能であろう。それぞれを仮に舟形、鉢形、浅鉢形とに三区分した場合、浅鉢未製品とした各々との概略的な対応関係が成立し得ることに気づく（第二図参照）。長楕円形状の舟形木製品の場合、他の鉢や浅鉢の素材と相違して底部から口縁部への立ち上がりは直線的で緩やかであるために、素材はもっぱら表裏に分割面を有する厚板材であったようである。長幅比の大きな板材や横木取りした素材がこの舟形木製品に加工されていった蓋然性はたかい。事実、未製品とした中には端部が凸状に加工された例があり、分割面には凹状の抉りの工程を留めた資料も

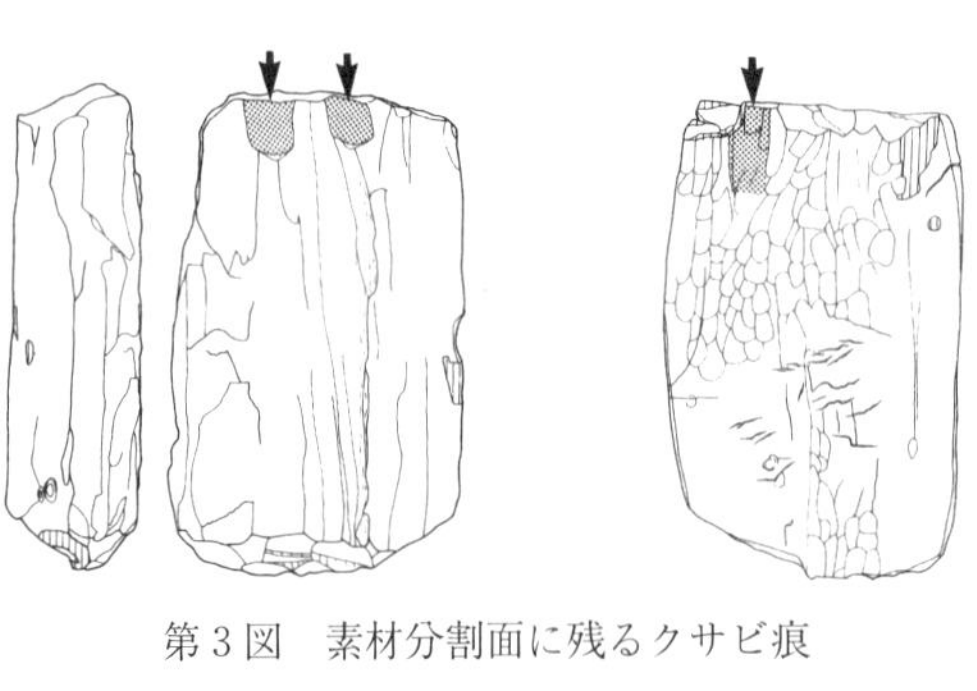

第３図　素材分割面に残るクサビ痕

写真４　浅鉢未製品に残るクサビ痕

存在する。木製鉢の場合は、長幅比が一：一程度の厚い横木が素材として用意されている。基本的には両側縁が更に分割面によって構成されて直方体形状に仕上げられ、未製品には鉢側面への加工が進んだ状況が明瞭に観察される。出土品の主体を占める浅鉢の場合には、基本的に「横木取り」された素材形状をそのまま生かすような加工が進められていったことが伺われ、素材は一様に分割面側に口縁を設けて樹皮面側を除去しつつ浅鉢底面の形成が計られたことが看取される。このように樹皮面側に浅鉢底部を設定することは、緩やかに湾曲する浅鉢底部形態が樹皮面のそれと合致することと決して無関係ではあるまい。

三　浅鉢製作における「分割横木取り」

荒屋敷遺跡出土の浅鉢未製品の最たる特徴として挙げられるのは、それらが規格的な四面によって構成されている点にある。カマボコ状および直方体形状に近い素材の四面は、既に指摘したようにそれぞれ表面：樹皮面、裏面：分割面、両端部：加工面という対応関係を成立させている。このような特徴的な四面構成の背景には、浅鉢未製品作出時の技術的工程が色濃く反映されている点については改めて指摘するまでもないであろう。ここで、その製作工程の復元を試みて見たい。

先ず最初に、切り倒したトチ原木の長軸に直交したかたちで溝状の切れ目を入れる。この痕跡が素材の両端部に残存する加工痕であろう。次に木口方向から切り取る（分割）することによってブロック状の浅鉢素材を切り取る。これは石斧等によって切り取るのではなく、あくまで分割であることは素材に残る分割面の観察からも明瞭に伺われる。恐らく木製のクサビ等を打ち込んでトチ原木から剝ぎ取るように分割したものであろう。事実、荒屋敷遺跡出土の素材が持つ分割面を子細に観察すると、一部の資料にクサビ痕が残っていることを確認している（写真四参照）。原木か

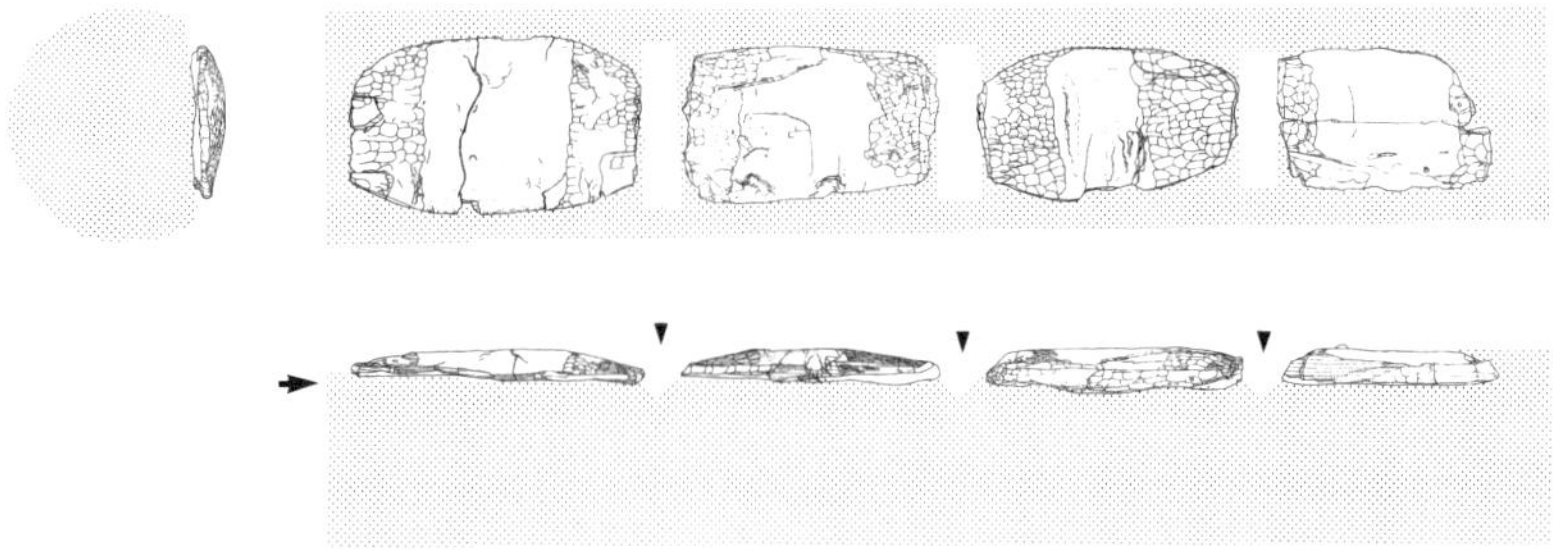

► 石斧によるV字状の切れ目の設定　➡ クサビを打ち込み原木から素材を剥離

第４図　「分割横木取り」模式図

らの素材分割手法については後述することとして、このような切れ目の設置→クサビによる分割という製作工程上のメリットは、一本のトチ原木から極めて効率的且つ合理的に多数の浅鉢素材の獲得可能な点にある。これを「分割横木取り」と仮称しておき、次なる研究に備えておきたい（第四図）。

本遺跡出土の木製容器には浅鉢の他にも鉢形容器や舟形容器等が存在し、それぞれに大・中・小といった法量のバラエティが認められる。「分割横木取り」工程の反復が優れている点は、目的とする容器形態の差異に呼応した浅鉢素材の取得が容易なことにある。例えば大型の浅鉢容器の素材を得る場合は、切れ目を浅く入れつつその間隔を大きく空ける一方、鉢形容器の素材獲得時には切れ目を入れる間隔を狭め、切れ込みを深くすればよい。

このように順次切り込みを入れたうえでクサビによる素材分割を重ねてゆけば、多数の木製容器素材の連続的な獲得が可能であり、原木から一列の「分割横木取り」が終了した時点で、原木を回転させれば新たな素材獲得ができる。素材である原木の大きさによっても異なるが、直径が八〇cm程度のトチ材であれば、少なくとも四列の「分割横木取り」が出来ることから、一本の原木から総数で数一〇個の容器素材の獲得が出来たに違いない。こうした「分割横木取り」はトチ材を使用した、浅鉢を始めとする木製容器製作を前提に特殊化したものとは考えられず、コナラやクリ、ケヤキ等の木材にも観察できる技法でもある。しかしながら、木製容器が備え持つ底部の緩やかな湾曲を用意する場合、しかもトチ材の白木の木質部（白太）を有効に活用していることを考えると、トチという特定の原材と鉢形容器の製作という対応関係においてとりわけ一般化した技術であることは認めて良いだろう。

四　木地師に見る浅鉢の製作

縄文時代の木製容器製作技術を考える場合、漆器の木地となる椀・皿・盆等の製作を担っている木地師の製作技術を検討することは意味のあるものと考えている。近世に至るまで木地師は原木であるトチやブナなど木材の豊富な山中に分け入り、仮小屋を設けて轆轤を用い椀や盆、鉢などを主に各種の製品を集中的に製作していた。木地師についてはその本拠地が近江の小椋谷とされ、文徳天皇の皇子である惟喬親王を始祖として社会的にも組織化されていた集団であることは良く知られている。

木地挽の基本的な技術については既に弥生時代に認められ（小林　一九六二）、近代に至って横挽轆轤から水車轆轤、そして電動のモーターで廻す轆轤へと、木地挽の動力や刳道具の種類は大きく変化したものの、原木の伐採や木取り、加工方法等が一新されるようなことはなかったと推察される。これは原木から特定形態の容器を作り出すという有機的関連性の基に成立した木工技術という普遍的側面が深く関わっていたからであろう。本論では木地師の史的検討を目的とするものではないので、特に彼らの原木材からの容器素材獲得（粗木取り）に焦点を当てて紹介してゆくこととしたい。

先ず、木地師が原木から目的とする容器の素材を獲得する方法として、基本的な方法が存在する点を確認しておこう。それは（一）「竪木取り」（漆を塗る飯椀、汁椀などの日常雑器を製作する場合）と、（二）「横木取り」（木目を大切にする盆や鉢、碁笥などを製作する場合）とであり、これによって夫々の製品は「木地椀」と「挽物」とに明確に区分されていた（篠原 一九九五）。木地師も前者の（一）を専門とする者（正面挽）と後者を専門とする者（横挽）とに区分されていたと言う。轆轤という機械の回転運動を利用して容器を製作する木地との直截的比較は妥当ではないものの、木材利用の基本形に関して言えば、縄文時代においても原木の木口方向から加工したものと横方向から加工した木製容器とに二大分することは可能である。荒屋敷遺跡のコップ形容器や新潟県分谷地A遺跡から出土した漆塗の水差し形容器などは、木地椀と同様な木取り方法であったことは間違いない。これに対して鉢や浅鉢、皿、盆などの木製品は、荒屋敷遺跡出土品に典型的に認められたような「分割横木取り」に依拠していたと評価できよう。「横木取り」に関しては、近代では電動鋸によって原木を予め大きく縦方向に半分断して、それを鉢や皿、盆など製品の大きさに見合った大きさに切り分けている。近世においては大鋸で原木を輪切り状態として、次にそれを楔を用いて半分として後、鋸を用いて切り分ける方法が一般的であった。使用する道具は相違するものの、効率的に原木から横木取りを行っている点は共通していると看做すことができようか。

ところで一部の木地師は近代に至っても尚、原木の豊富な山中に小屋を設けて集中的な木地生産に従事していた。嘗て秩父郡両神村に「関東最後の木地師」と呼ばれた職人がいた。既に故人となられた小椋弥一氏であり、氏の木鉢製作の様子が幸いにも「埼玉の木地師」として記録化されている（民文センター 一九八六）。秩父地方の木地師は漆塗用の白木地を製作するのではなく、蕎麦やうどん、団子などを作る際に用いる大型のこね鉢や養蚕で使用する木盆（お蚕盆＝コゾロ）などといった地場産業と強く結びついていた点に大きな特徴がある。故小椋弥一氏は荒川源流域の秩父郡旧大滝村栃本に生まれ、以後、トチ原木の豊富な場所を求めて四回の移住を行って特産のこね鉢や木盆の製作に係わってこられたという。もう一人の木地師小椋市蔵氏に至っては、良質な原木を求めて荒川源流域を八回も移住したことが明らかとなっている。故小椋弥一氏は民俗文化センターでの映像化に際して、以前の山間部でのこね鉢製作の方法を実演されているが、山小屋の設置や木地師の伐採に伴う儀礼的な側面も極めて興味深いものがあるが、特にここで注目されうるのがトチ原木からの鉢製品に係わる木取り方法にある。

トチは彫る時は柔らかく、乾くと目が詰まって割れることがないという理由から、こね鉢には最も適した材質の樹木とされている。柔らかく軽いことからかつては炭焼の人々もトチだけは残すことから、炭焼き用に山を買った人からトチ材のみを木地師が再購入することが多かったという。トチは水に弱く、湿らせておくとすぐに腐ったり渋がでて黒ずんでしまうという特徴もある。伐採の時期は木材の成長期を避けた晩秋から早春にかけてが最適であり、原木を伐採した後、直ちに素材獲得である「粗木取り」をおこなっていた。これはトチ材の乾燥の始まる前に「粗木取り」がなされなくてはならないことと、何よりも利用できる部分が外皮部を中心とした白太（しらた）部分で、中心部の赤身部分については「何の価値」もなかったことを理由とする。無駄な部分を伐採現場で除去し、大まかな素材へと一次加工したうえで小屋に持ち帰る方が、はるかに効率的であった為と推察される。

伐採したトチの原木からこね鉢を製作する際、先ず伐採

写真５　木地師による浅鉢素材製作工程（粗木取り）

した原木の上面に斧（ハツリヨキ）を用いて長軸方向に直交するV字状の切れ目を入れる。このV字状尾の切れ目の間隔は製作する木製容器によって異なるが、根本から順次大きなこね鉢用の素材を作って行き、上の方ではもっぱら木盆用の素材を採ったという。例えばこね鉢の場合は間隔が広く、一方で木のお盆の場合は狭くなる。同様にしてV字状の切れ目の深さも、製作する木製容器の大きさ（高さ）に比例するかたちで変化する。しかしながら、ヨキを使ったV字状の切れ目は、トチ原木の中心部にまで至ることは決してない。この最大の理由はトチの木の中央部は赤みがかった色調を呈した固くて割れやすい、しかも製品化の過程で狂いやすい部位であり、通常、このトチ材の中心部は伐採場所に放置された。こうしたトチ材の特徴から木製品の製作については、樹皮側の白太を中心とした木取り（「横木取り」、「剝ぎ取り」とも言う）した素材が利用されていたのである。

故小椋氏による横木取りの実演ではトチの原木にV字状の切れ目を入れた後、木口方向からクサビを打ち込んで横木取りがなされる。このケースでは直径約八〇㎝のトチの木からこね鉢の素材を獲得するのに三本のクサビが用いられている。クサビは本工程では恒常的に使用されたものであったが、いずれの場合も「粗木取り」に際して現地で調達するのが通例であったという。こうした工程（ヨキによる切れ目→クサビによる木取り）を反復してゆくと、原木の片側が剝ぎ取られた状態となる。すると木地師は原木を反転させて再び同様な手順に従って「粗木取り」をおこなってゆき、この結果に一本のトチの原木から数一〇個のこね鉢の素材を獲得できるのである（小鹿野町の今井松二氏によれば、直径一m程のトチの木からは約五〇～七〇個ものこね鉢用の素材を獲得できるという）。

トチ原木のほとんどが奥山中にてのみ得られるものであり、人里への運搬が不可能であったこと、伐採や加工に係わる動力や道具類が相違していたとはいうものの、ここに紹介した木地師の木取り方法には興味深いものがある。こうした鉢製作に係わる横木取りは、トチという木材の有する特徴を十分に知り尽くした木地師ならではの極めて実用的且つ合理的な方法であったと推察されるのである。伐採場所でこうした一次加工を遂行する背景には、トチが生木状態では柔らかいものの乾燥化が進むにつれて堅くなることから、なるべく早い段階での素材作りが要求されたからに他ならない。加えて、中心部付近の赤身部分は堅くて割れやすく、しかも製品化の過程で狂いが生じ易いことから、なるべく早い段階で除去する必要もあった。トチ材の白太部分が柔らかくて立て方向（板目方向）に割れやすいという性質とも相俟って、こうした素材獲得方法が一般化していたに違いない。トチ材という不変的な素材を対象に鉢形の容器を製作しようとした場合、縄文時代・近世といった時間的な相違を越えて共通したこのような手法（「分割横木取り」技法）に依拠せざるを得ないのかも知れない。技術を基本的に規定するのはあくまでトチという木材の有する性質で、道具はその属性を踏まえた上での効率性や成果を目的として間的・空間的に変化するものに過ぎないからである。

五　「分割横木取り」の実験

ところで、トチの原木に直交したV字状の切れ目を入れ、その後に木口方向からクサビを打ち込んだだけで容易く各種の鉢素材の取得が加工できるのか。特にトチ原木を割るのに木のクサビを用いて可能なのであろうかという疑問を抱いたことから、クサビを用いた分割実験をおこなった。実験に際しては今井氏から輪切り状態のトチ原木（樹齢四八年、直径四二cm、厚さ二五cm）を提供頂いた。原木は三ヶ月ほど前に伐採したもので、中心部の年輪の一五年、直径一四cmの部分は赤身がかっており、既にヒビが入っていた。堅さや歪みが生じることに加えて、赤身部分にはこのように伐採時に既にひび割れが生じている例も多かったに違いなく、これらの理由もあって中心部が木製容器の素材たり得なかったのであろう。

分割に際しては、長さ一五cm、幅五cm、厚さ三cm程のカシ製のクサビを三本用意し、それを木口方向から打ち込ん

第5図　材の分割と素材取り『椀師作業工程絵図』

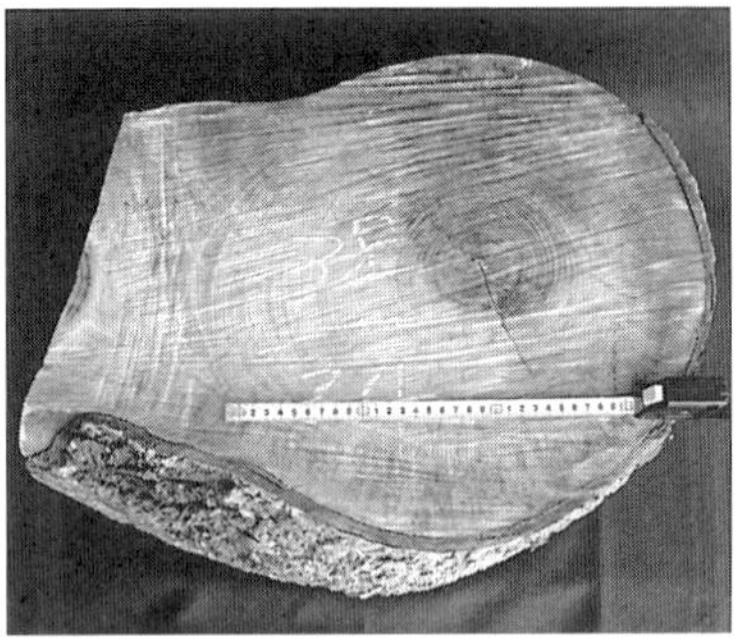

写真6　用意したトチ原木

写真9　板目方向のクサビ打ち込み

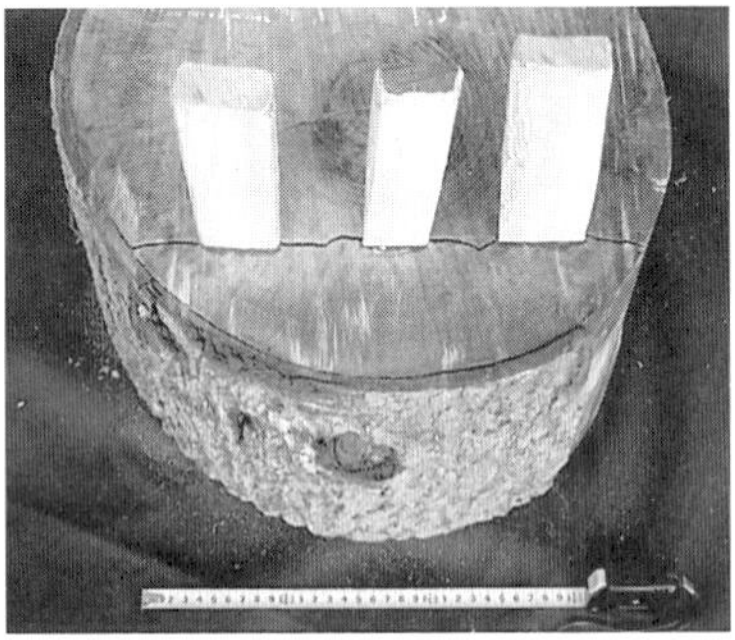

写真7　クサビを打ち込む

写真10　素材の割れ

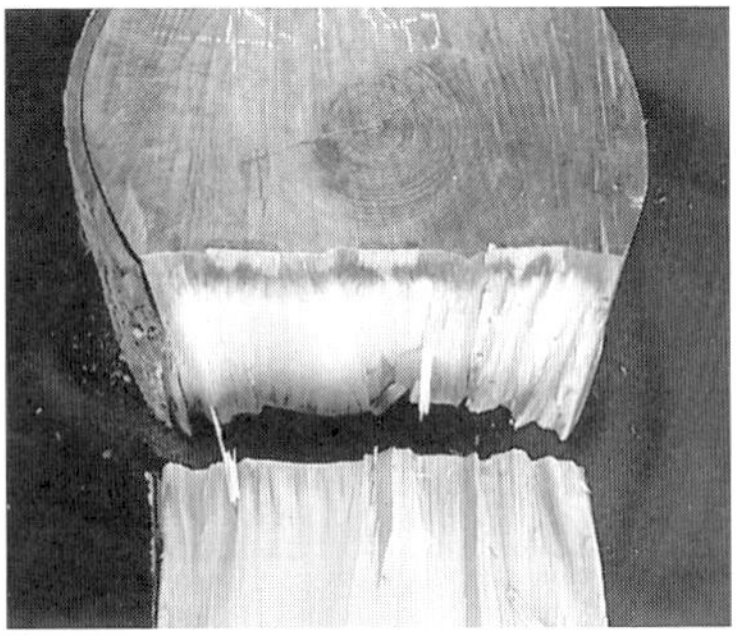

写真8　分割された素材

で厚さ約一〇㎝が確保できるように横木取りを試みた。当初、クサビを打ち込むに際して鉄斧で事前に溝を設けようと試みたが、しかし、柔らかなトチの木質部に溝を付けるのは容易でなく、斧を打ち下ろすと刃先が木質部に埋まって引き抜くことが困難となってしまう。そこで直接クサビを木口部に当てて打ち込んで見ると、何等問題なくスムーズに打ち込むことができた。三本のクサビの頭部を順次斧の尻で叩いてゆくと、板目方向に直線的な割れが生じ、更に打ち込んで行くと簡単にカマボコ形状の横木取りが出来た。同様な手順でもう一度横木取りを行ったが、カシ製のクサビ先端部および頭部の損傷はほとんど生ずることがなく、クサビによる横木取りがトチという木材の性質に合致した極めて合理的な技術であることが実感できた。横木取りされた素材分割面には凹状のクサビ痕が僅かに残り、クサビを打ち込んだ方向に放射状に近い亀裂痕の走行が認められた。割取られた側の分割面ではクサビ痕の直下に高まりが形成され、クサビとクサビの間には凹状の窪みが形成される。丁度、それは石核から剝離された剝片の様相にも類似したものであった。

荒屋敷遺跡の浅鉢未製品の中には側面にも分割面を有する資料が存在するが、この類の製作工程が樹皮面に垂直にクサビを打ち込んで分割されたのか、あるいは素材本体の分割と同様に木口方向からの打ち込みに拠るものであるのかを知る為の実験も実施した。後者では横木取りの場合と同じくスムーズな分割が可能であったが、樹皮面に直接クサビを打ち込んで分割しようとした場合、いくつかの点で不可能に近いことが判明した。

第一にクサビを打ち込むこと自体が困難であった。この様に樹皮面に垂直にクサビを打ち込む、即ち板目方向にクサビを打つ場合は堅い年輪部を分断することを意味し、クサビ自体が木質部に入って行かずにひび割れてしまう。尚もクサビを打ち込もうとすると、横木取りした素材自体が割れてしまった。こうしたクサビ使用は、結果的に意図した場所とは違った部位の破損を招き、しかもクサビ本体の頭部と先端部も著しく損傷することを知った。この実験結果から判断して、「分割横木取り」された浅鉢未製品に認められた素材側面の分割面形成も、やはり木口方向からクサビを打ち込んでの分割であった可能性がたかいものと判断されたのである。

六　未製品に見る製作技術とその保管

縄文時代の低湿地遺跡では、各種の木製品の出土が報告されている。とりわけ鳥浜貝塚、寿能遺跡の調査以後には縄文時代における木製遺物について注目が集まり、以後、萪内遺跡、忍路土場遺跡、近年では寺野東遺跡、栗林遺跡、青田遺跡、羽根尾貝塚、分谷地A遺跡、桜町遺跡など多数の低湿地遺跡の調査を通じて、豊富な木製遺物群の存在が明らかとなりつつある。こうした相次ぐ発見に準ずるかたちで当該資料の研究、木製容器類の形態的研究と技術も進展を見せている。特に建築部材については製作工程やその上部構造を含めた研究が盛んとなり、木製容器類については器形や文様、漆等の塗料の研究が進んだ。このような研究にあって、多くの研究者が製作工程に関しては原材を丸木、半裁材、そしてミカン割りに拠る分割材と大別して分析をおこなっているが、少なくともこの点については出土品との対応関係（特に材の径と木目との対応関係）から導き出された木取り方法に主眼を置いていることから誤認は少ないと考えられる。しかしながら、上記した諸遺跡から出土している未製品や完成品を瞥見する限り、実は荒屋敷遺跡出土品に普遍的に見出された「分割横木取り」という手法（それは近代にまで至る木地師の「粗木取り」技術とも一致する）と極めて共通している点も看過できない。

低湿地遺跡出土品を瞥見した限りにおいて、平面形態が長方形状を呈した分割材が意外に多く出土していることに気付く。それぞれの報告者はそうした長方形、カマボコ状の分割材を「木製容器素材」として指摘している場合もあるが、その生成に関する工程的な位置づけに関しては明らかにされているとは言い難い。一部資料では表皮部分に加工の施された例も散見されるものの、大半の資料は荒屋敷遺跡例を典型とした四面（樹皮面・分割面・加工面）構成によって成立している。樹皮面の湾曲の度合いと年輪の形状から判断しても、これらの資料が「分割」や「ミカン割り」によって得られたものではなく、「分割横木取り」によって獲得されていた蓋然性はたかい。何よりも両端部に残る加工痕の存在は重要である。何故ならばこの両端部に残る加工痕がまさに「分割横木取り」加工工程の介在例証と言い得るからである。トチ材に関しては再三に渡って指摘したように、中心部の赤身はまさに「不要な部分」であることから伐採箇所に放置されていた。イヌガヤ・サクラ（寿能）、ケンポナシ（羽根尾）、ヤチダモ（忍路土場）等、それぞれの地域環境に即した鉢・浅鉢用の素材選定がなされていたようであり、それらの材を用いた建築部材等は少ない。これらの材はトチと同様な性質を持っていることから、同じく伐採箇所で素材獲得がなされていた可能性を考えておきたい。クリ材を用いた鉢・浅鉢素材も上谷地A、栗林等の遺跡で確認されているが、他の用材と比較して分割が容易なうえに各種の建築部材として広範な利用の適うクリ材は、文字通り「半裁」「ミカン割り」することで杭や板、建築部材として多用な用途に応えていたのであろう。

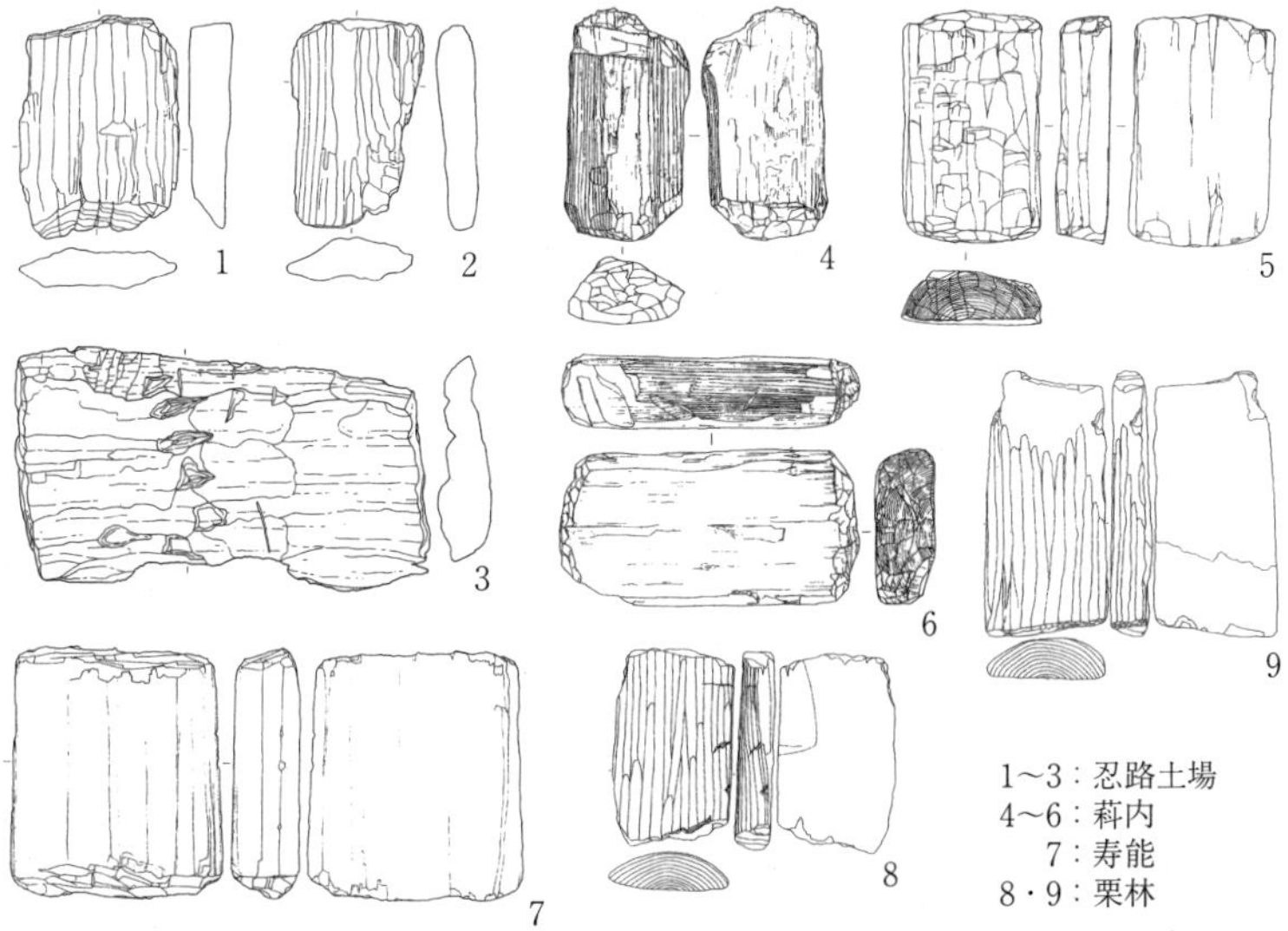

第６図　「分割横木取り」された容器素材

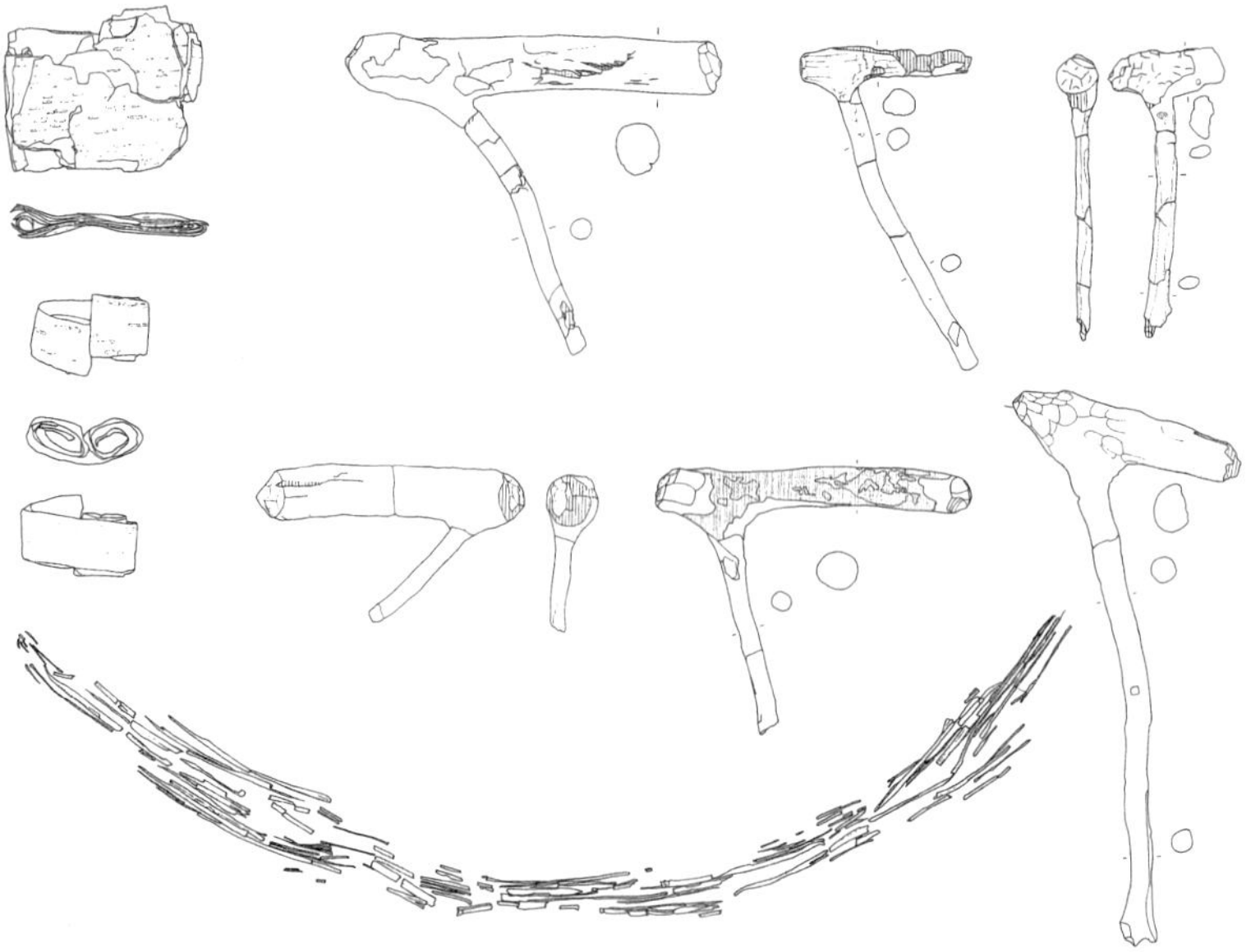

第７図　遺跡内に貯蔵された植物性遺物（樹皮，石斧柄，半裁タケ）

縄文時代に於ける各種の木製遺物に係わる「技術知」については、山田氏が鋭く指摘するとおりであろう（山田二〇〇五）。建築材、杭材、櫛、弓、そして容器等の製作目的に適った樹種選定は明確に存在していたことはもはや疑いようがない。そのような中で、木製容器類の製作に関しては、特定樹種を管理してそれに備えていたとは考えられない。容器素材として最も普遍的存在であるトチ材については、クリと同様に食料生産という側面から集落周辺に計画的に管理されていたと思われるが、しかし、容器製作の際に結実の盛んな樹齢五〇年以上のトチを恒常的に伐採していたとは思われない。やはり他の容器素材種と同様に生活圏域の他の場所から入手していたと考えるべきであろう。「分割横木取り」という技法は分割のためにV字状の切れ目を入れるが、見落とせないことはそれが明らかに分割に加えて容器形状（とりわけ底面形成）を意識した加工でもあった点にある。不要な中央の赤身部分を除去すると当時に、鉢形木製品の底部形成に係わる不要部分も一挙に除去する本技法の有効性は、当然のことながら集落への素材（未製品）運搬

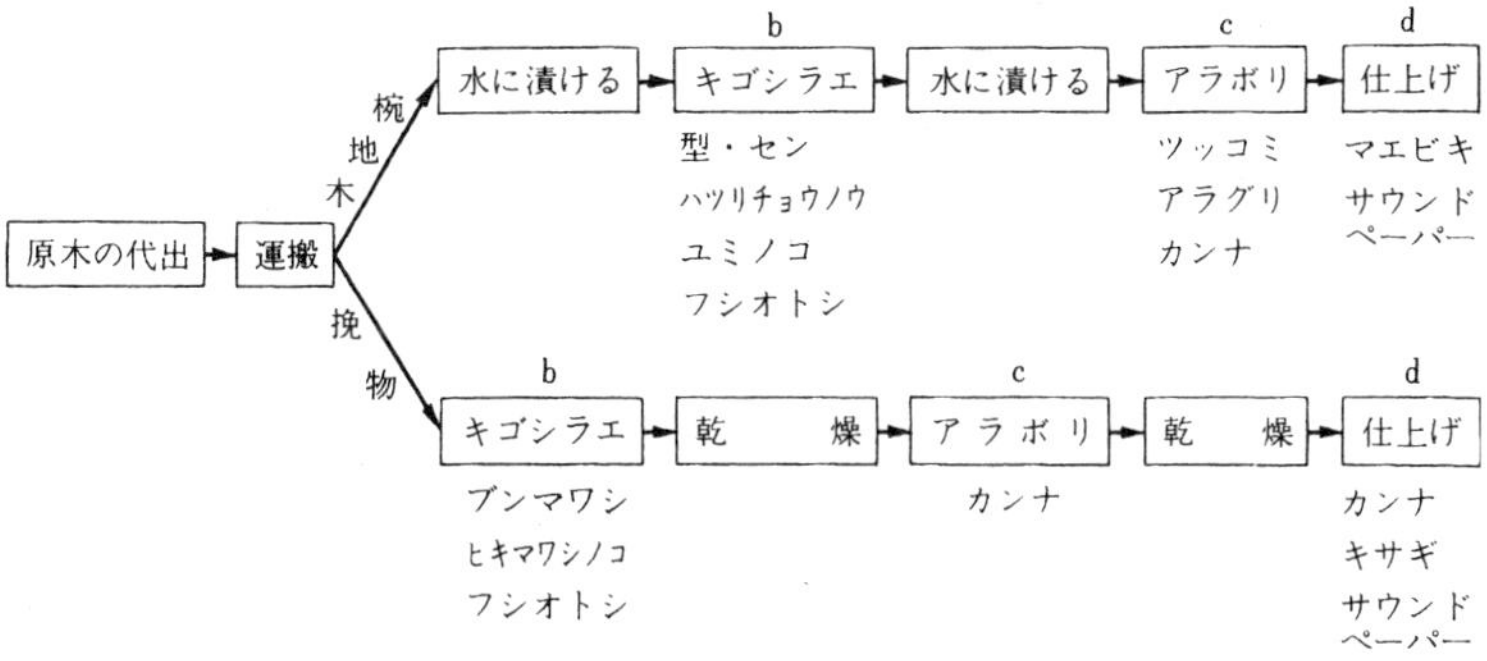

第8図　木地挽制作過程（藤原 1995）

も考慮したうえで成立していたに違いない。

荒屋敷遺跡の浅鉢形容器未製品については「水漬け土坑（水溜穴）に容器未製品が漬けられた状態で発見された」（山田 前掲）と評価されている。伐採地で「分割横木取り」された未製品類が集落内に持ち込まれていたことは疑いようがないが、それらが水漬け状態で保管・保存されたものであったのかという点については疑問がある。木地師への聞き取りを通じても「トチ材を水に漬けることは無い」からである。水に材を漬けることは、歪みや色調の変化、果ては腐敗を招く結果となり、寧ろトチ材については製作工程に「乾燥」という工程が組み込まれていることを知る（第八図）。荒屋敷遺跡の出土状態を見てもそこに土坑等の遺構存在は見出せず、多数の未製品が水に漬けられて状態を追確認することは不可能である。既に記したように未製品の一群は四×三m程の範囲に集中した状態で検出されているが、注目すべき点はこの地点からは浅鉢未製品のみならず石斧柄や櫂状木製品、鉤状の木製品と言った未製品が多数認められていることにある（第七図参照）。更にここからは樹皮（サクラ）と半裁されたタケが出土している。半裁されたタケは本遺跡から多数出土している籠類の素材と考えられ、サクラの樹皮も飾り弓用に用意されていたものと推察される。

トチ材にのみに依拠した浅鉢未製品の多量出土、石斧柄や櫂状木製品等の未製品に加えて、籠や弓の製作素材が纏まって出土していることを考えると、特にトチ材が製作途上で水漬け工程を介入しないとすれば、ここには木製遺物を主要とした各種の生活資材貯蔵空間との解釈も成立し得よう。無論、その場合には何らかの上屋構造を備えた「貯蔵庫」の存在が不可欠となるし、事実、荒屋敷遺跡の未製品集中域からは建築部材等の検出もなされているのである。トチ原木の伐採最適期は結実した実の収穫期の直後から早春にかけてである。「分割横木取り」による容器素材の獲得を原木伐採箇所で行い、素材を集落へと持ち帰って貯蔵しておく。同様にそこには重要な生活資材であった石斧の柄や籠を編むためのタケ、飾り弓用の樹皮なども貯蔵されていた。いずれも一年の成長期を終えた各種道具の素材としての最適時に確保されたものであったと推察され、タケや樹皮は束ねられたうえで大切に保管されていた状況が伺われ、特にタケについては総てが半裁されていることから籠用に蓄えられていたことは間違いない。

このような浅鉢未製品を始めとした石斧柄、樹皮、タケ材等といった各種の植物資源の未製品状態での貯蔵は、各種生活資材のライフヒストリーを考慮したうえでの装備変えと共に、計画的な資源調達と管理の産物でもある。そのような高度な生活全般にも係わる「技術知」の存在には、領域内に分散する各種の有用植物資源を生態学的視点から認知するメンタルマップ並びに、資源獲得に向けて何を契機としどのような手段をもって対処するのかといったフォークノレッジが集落構成員相互で共有されていなければならない。縄文時代の植物利用に係わる多角的な検討へのアプローチには、このような視点を常に意識してゆくことが不可欠となろう。

七　まとめ

福島県荒屋敷遺跡の浅鉢未製品に接した最初の印象は強烈なものであり、また、縄文時代の木工技術の水準の高さに素直な感動を覚えた。幸いにして同資料を展示する幸運に恵まれたことは、当該資料に全くの門外漢であった私をして何らかのかたちでこの第一級の資料を紹介してゆく責務を感じさせた。何故ならば、立派な報告書が上梓されてはいるものの、これ等の資料があまりにも研究者間に知られていないことに驚きを覚えたからに他ならない。敢えてこの問題でレポートを作成した理由であり、また覚書とした訳でもある。

本論の検討で導き出された木製容器の素材（原型）獲得方法としての「分割横木取り」に関しては、既に同種の「横木取り」が木製品の製作に一般的であったことが鳥浜貝塚の資料分析以後、萪内遺跡や忍路土場遺跡の木製品分析で再三にわたり指摘されてきたところではある。しかし、「横木取り」は木製品形状とそこに残る素材の年輪、および両者の対応関係から導き出された木材利用方法であるのに対して、「分割横木取り」は量的に安定した一括資料という分析背景と、木材自体を知り抜いた技術者である木地師の鉢作成技術との対応関係を踏まえた、原木から鉢・浅鉢を中心とした木製品素材獲得および形状作出の第一次加工を内包した技術工程として位置づけるべきものである。

木製品の加工に係わる問題と共にその保存・貯蔵に関しての言及も行ったものの、この問題へのアプローチには山積した問題がある。何故ならばそれには単に木製品に関する加工だけでなく各種の有用資源について多用な知識を技術論的に追求してゆかなくてはならないからであり、山田氏が力説される「縄文時代の多角的技術運用の組織化」という問題設定の意識化が不可欠だからである。本論での指摘は各種木製品についての限定的指摘、即ち木製遺物に関しては水漬けだけでない保管状況も視野に入れ、今後の研究に備える必要があることを指摘した。

最後に荒屋敷遺跡の資料見学に際してお世話になった三島町教育委員会小柴　謙氏、五十嵐稔氏、福島県立博物館藤原　均氏、森　幸彦氏、高橋　満氏に深く感謝します。今井松二氏、金子　薫氏には木地師のこね鉢製作に始まる様々な木工技術に関してのご教示を得た。岡村道雄氏、前山精明の両氏には様々なご教示を頂きました。（二〇〇五・一二・一〇脱稿）

引用・参考文献

秋山高志・林　秀夫他　一九八一『図録　山漁村生活史辞典』柏書房

遠藤元男・竹内淳子　一九八〇『日本史小百科11・工芸』

小林行雄　一九六二『古代の技術』塙書房

河岡武春　一九八三「木の文化」『民具マンスリー』16巻3号

篠原　徹　一九九五『海と山の民俗自然誌』吉川弘文館

須藤　護　一九七六「奥会津の木地師」『民具と生活　生活学論集1』ドメス出版

田口洋美　二〇〇一『越後三面山人記』人間選書　農山漁村文化協会

松田壽一郎　一九九〇『日本工芸技術史の研究』法政大学出版局

民俗文化センター　一九八六『刳物』埼玉民俗工芸緊急調査報告書第三集

民俗文化センター　一九九六『木工』民俗工芸収蔵資料解説目録Ⅱ

橋本鉄男　一九七九『ろくろ』法政大学出版局

青森県教育委員会　二〇〇四『岩渡小谷（4）遺跡Ⅱ』

秋田県教育委員会　二〇〇五『柏子所Ⅱ遺跡』

秋田県教育委員会　二〇〇五『上谷地遺跡　新谷地遺跡』

岩手県教育委員会　一九八二『盛岡市　萪内遺跡（Ⅱ）』

黒川村教育委員会　二〇〇三『分谷地A遺跡』

玉川文化財研究所　二〇〇三『羽根尾貝塚』

桜町遺跡調査団編　二〇〇一『桜町遺跡　調査概報』学生社

(財)北海道埋蔵文化財センター　一九八九『忍路土場遺跡・忍路5遺跡』

三島町教育委員会　一九九〇『荒屋敷遺跡Ⅱ』

埼玉県教育委員会　一九八四『寿能泥炭層遺跡発掘調査報告書』

田島町教育委員会　一九八〇『奥会津地方の山村生産用具（Ⅰ）』

(財)長野県埋蔵文化財センター　一九九四『栗林遺跡・七瀬遺跡』

日本生活学会　一九七六『民具と生活　生活学論集1』ドメス出版

山田昌久　二〇〇五「低湿地遺跡にみる縄文人の技術」『木が語る縄文ライフ―青田遺跡の最新成果から―』「水辺と森と縄文人―低湿地の考古学―」シンポジウム

民族文化映像研究所「奥会津の木地師」、「埼玉の木地師」の映像記録からは多くの示唆を得たことを附記しておきたい。

ある弥生集落の終焉

岩田明広

はじめに

弥生時代中期後半のある時、荒川扇状地末端に一つの集落が拓かれた。荒川とその支流の氾濫や流路の変更でできた微高地には、竪穴住居を主体とする建築物が建ち並んだ。小河川から引き込む大規模な用水路網を掘りぬき、広い水田を潤し、生活用水にあてていた（第一図）。しかし、あるとき、弥生の人々はこの集落を去った。

これまで埼玉県域の弥生時代中期の集落は、調査地点の偏在との関連で台地上の小規模集落の発見が先行してきた。こうした集落は短期間に廃絶されたと考えられてきたが、水田経営体としての集落の実態はわかっていなかった。北島遺跡一七、一九地点の発掘調査では、水田跡をともなう七八軒の竪穴住居跡などを検出し、妻沼低地や東松山市の銭塚・反町遺跡での集落跡などの調査事例とともに、弥生時代中期後半から後期初頭頃の拠点的な集落が、低地的景観地を好んで営まれたと考えられる状況が生じてきた。

小文では北島遺跡一七、一九地点を例に、水田経営を主な産業とした集落の終焉の要因に迫り、荒川中流域における弥生中期集落の廃絶の一つのモデルを考察する。

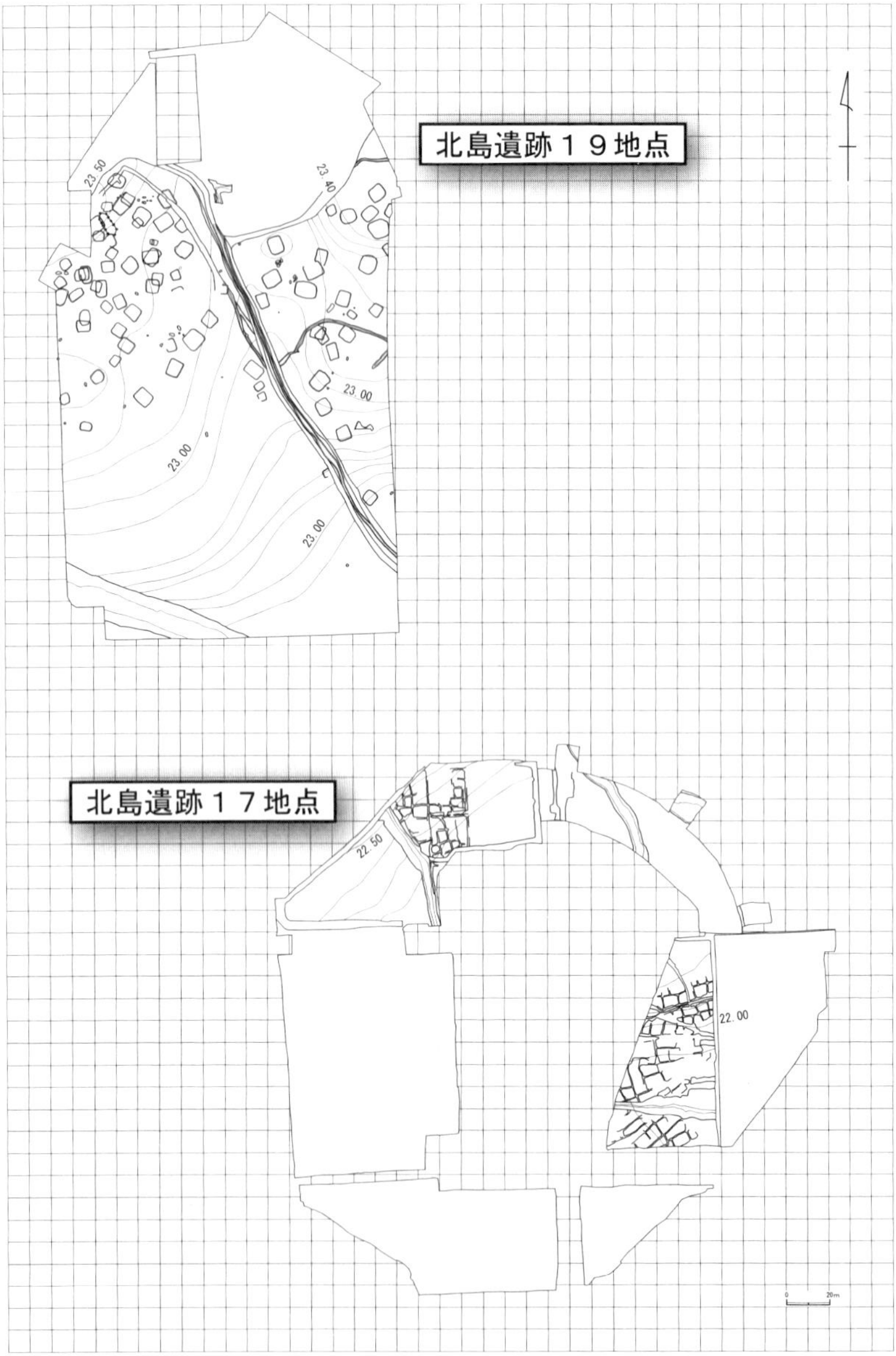

第１図　北島遺跡の弥生時代中期集落

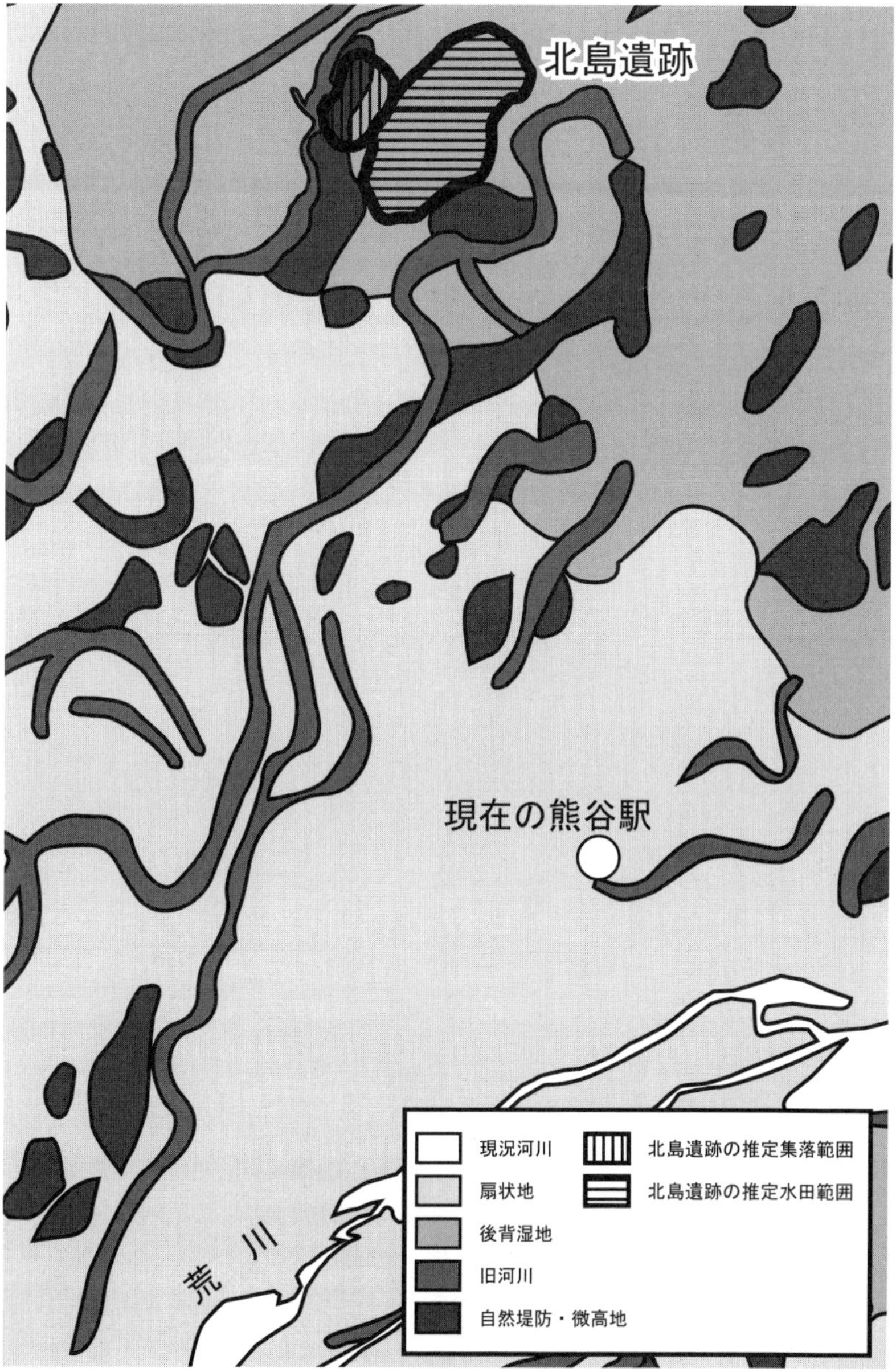

第2図　北島遺跡周辺の地質

一　北島遺跡の堆積環境と水田湿性

（一）堆積環境の画期

まず、小文で論拠とする遺跡周辺の堆積環境を確認しておこう。

関東平野を東流する荒川は、水源から河口までが一七三㎞と短く、山地部の急流は日本の河川の特徴をよく表している。しかし、関東平野に出ると広い扇状地を形作り、河口付近の低地と合わせ、流域内の平地面積五〇％という平地河川の特徴ももっている。このため、荒川扇状地には山地から多量の土砂が供給されてきた。扇状地には幾筋もの河川が伏流し、北島遺跡が立地する扇端付近では、湧水点とこれを水源とする小河川が認められる（第二図）。

さて、北島遺跡の基盤層は、関東造盆地運動による沈降で、扇状地性の砂礫層上に粘土やシルト、中・細砂層が分厚く堆積しており、調査時の所見では、地表下四ｍまで堆積状況に変化がなかった。この分厚い堆積層は、伏流水とともに宙水的な地下水を多く存在させている。このため、水田経営の形態や収量に密接に関係する地下水位は、荒川の長期的な水位変化に依存する反面、季節変動など短期的変化は大きくないと考えられる。

さて、地表近くの層序について詳しくみれば、第三図のようであった。層序のうち、大きく堆積環境が変化するのが、弥生中期の水田土壌の形成前後だ。それ以前にはシルトを主な母材とする層が長く堆積を続けていたが、弥生時代中期を境に洪水砂の堆積がみられるようになる。関東平野では、この時期の大きな地質学的変動はなく、堆積環境の変化の要因は、水田経営にともなう人為的な用水系統の開削による微視的な範囲の現象と考えるのが適当だ。

（二）北島遺跡の弥生中期水田の湿性

次に北島遺跡の弥生集落に関する基礎的な情報として、当時の水田湿性について検討してみよう。

北島遺跡の表層の現代水田は表面水型水田だったが、直下のほ場整備前の水田は半地下水型から地下水型水田で、排水用の土管が埋設されていた。近代以後の当地の水田が、少なくとも九月の水落しまでの間、地下水位が高く排水が必要な状況にあったことがわかる。このことは、埋没している水田土壌に、後世の還元による再土壌化が生じたことを考慮する必要があることを示していた。

北島遺跡の調査では古代・古墳時代・弥生時代の三層の水田土壌を検出した。これらは、いずれも耕作土層が黒泥土となっている他、鉄斑集積層やマンガン斑集積層は明確でなかった。特に弥生中期の水田跡では炭酸鉄の結核が認められるなど、地下水型水田の特徴を示していた。土壌は一様にグライ土で、これは集落域の生活面の土壌も同様だった。弥生中期の土壌湿性が検出時と同じでは、竪穴住居での生活が不可能だったことになってしまう。弥生中期と検出時の土壌湿性が異なることは明らかだ。北島遺跡の弥生集落の生活基盤を理解するためには、当時の土壌湿性を復元することからはじ

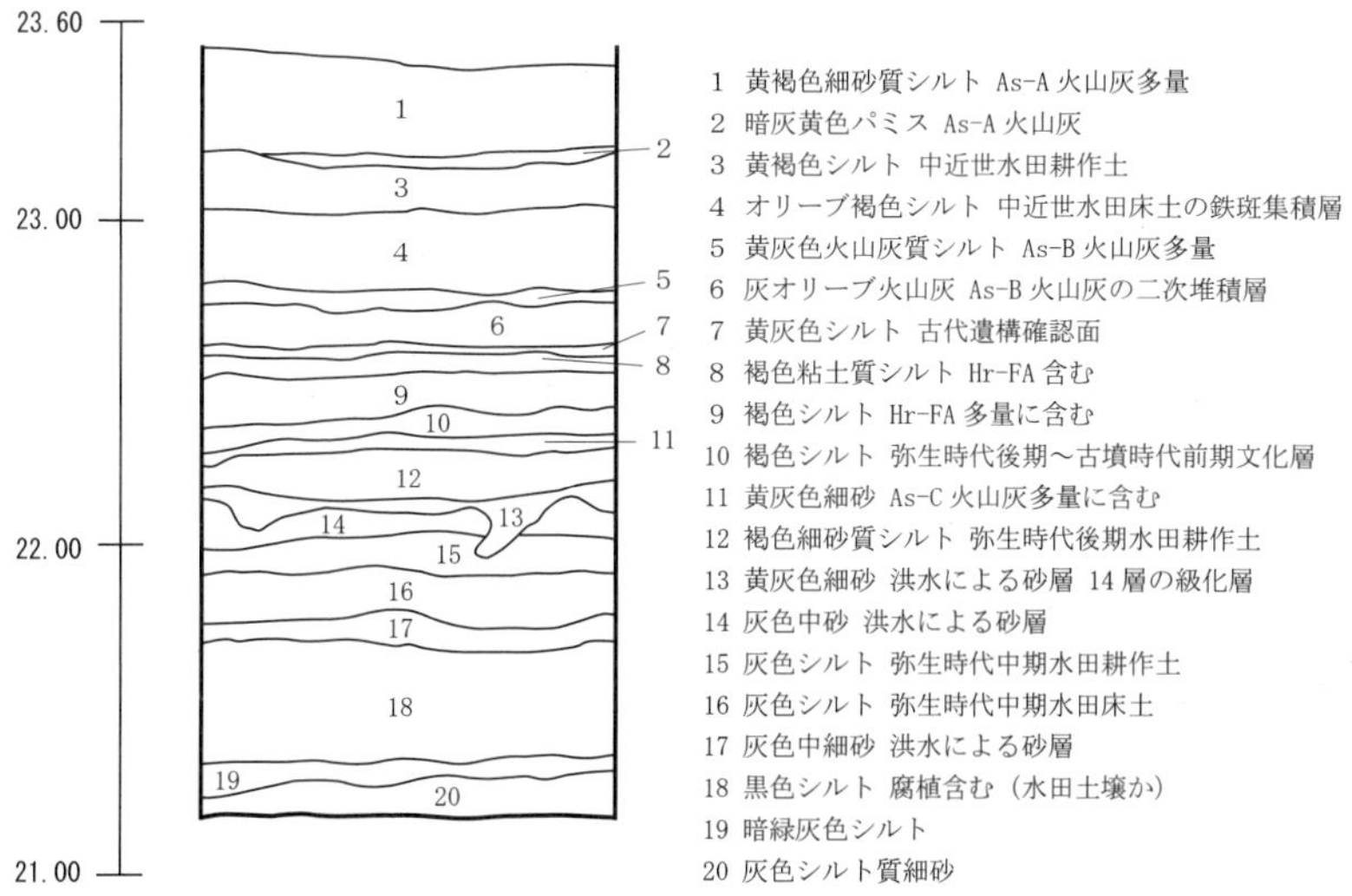

23.60
23.00
22.00
21.00
1 黄褐色細砂質シルト As-A 火山灰多量
2 暗灰黄色パミス As-A 火山灰
3 黄褐色シルト 中近世水田耕作土
4 オリーブ褐色シルト 中近世水田床土の鉄斑集積層
5 黄灰色火山灰質シルト As-B 火山灰多量
6 灰オリーブ火山灰 As-B 火山灰の二次堆積層
7 黄灰色シルト 古代遺構確認面
8 褐色粘土質シルト Hr-FA 含む
9 褐色シルト Hr-FA 多量に含む
10 褐色シルト 弥生時代後期〜古墳時代前期文化層
11 黄灰色細砂 As-C 火山灰多量に含む
12 褐色細砂質シルト 弥生時代後期水田耕作土
13 黄灰色細砂 洪水による砂層 14 層の級化層
14 灰色中砂 洪水による砂層
15 灰色シルト 弥生時代中期水田耕作土
16 灰色シルト 弥生時代中期水田床土
17 灰色中細砂 洪水による砂層
18 黒色シルト 腐植含む（水田土壌か）
19 暗緑灰色シルト
20 灰色シルト質細砂

第３図　北島遺跡の土壌層位

めなければならない。

検討材料の一つは、関東造盆地運動による沈降量にある。関東構造盆地の沈降量を、中川低地付近の沖積層厚四〇m以上（東京地盤調査研究会 一九五九など）から計算すると、一年あたり〇・一cm程度となり、弥生中期の地表は現在より一五〇cm程度高かったことになる。北島遺跡（一九地点）の弥生中期の地表面から現地表面までには、およそ八〇cm程度の堆積があった。弥生中期後半が紀元を挾む頃とすると、一年あたり〇・〇四cm程度となり、中川低地の沈降量からみて、さほど見当外れな値ではないといえる。

この沈降量を加味すると、ほ場整備前、現地表下一〇〜二〇cm程度を上面とした地下水位変動層との差は、九〇〜一〇〇cmとなり、弥生中期水田の開田当時の水田湿性は半地下水型と想像できる。

二 北島遺跡弥生集落の変遷

（一）水田湿性からみた集落のはじまり ―水田が先か、集落が先か―

水田経営集落の形成を考えるとき、重要な鍵の一つに、集落と生業基盤としての水田（用水系統含む）のどちらが先に形成されたかという問題がある。そしてこの問題への答えは、集落から人々が去る際の状況を間接的に投影することになる。

北島遺跡の弥生集落形成期の状況を明らかにする手がかりに、大規模な用水路網、精巧な堰、広い水田の検出という状況がある。(1) 少なくとも、発掘調査で検出した大規模用水路系統と水田を完成し維持するためには、同一区域に相当の人数が居住している必要があったことは確かだ。しかし、地質状況と花粉分析の結果からみて、森林資源に恵まれていたとは考えられず、相当の人数を維持できる食糧生産を主に水稲以外に頼っていたと結論するのは適当ではない。北島遺跡の集落では、はじめに居住をはじめた少数の人々か、近くの集落に住む人々が農耕地の整備を先行させ、後に多数の人々が移住してきたと説明するのが自然だろう。

ところで、実践農家への聞き取り調査から、次のような水田経営の状況がわかる。現在の埼玉県北部・中央部の水稲農家では、膝下程度までの沈み込みがある水田を「ヌカタ」「ヌカッタ」「ヌカダ」、膝以上の泥中への沈み込みのある場合を「ドブタ」「ドブッタ」などと呼び、その水田土壌は乾燥時には非常に固く、水を張ると泥濘が深い特徴があるという(2)。昭和三〇(一九五五)年代頃までは、深谷・熊谷付近のこうした水田では、暗渠排水として素焼きの土管に穴を空けた排水管を水田下に埋め込んでいたが、ほ場整備事業の進展による大規模な用水路の整備で、その必要性はなくなった(表面水型水田化した)という。この証言は北島遺跡での表層水田の所見と一致する。水田面より一m以上も深い用水路は不要な水を排し、イネが水を必要とする時期には用水を補うことができる。大規模水路を基調にした用水路網はシルトを主な母材とした水田では、非常に有効な戦略といえる。

弥生人が、大規模用水路による用排水の効果まで視野に入れたものであったか否かを証明する材料は、今の私にはない。しかし、開田当初半地下水型であった北島遺跡の水田で、大規模な労働投下を行った村人たちが、こうした状況に気づかなかったとするのは、さらに論拠を欠くことになるのかも知れない。

(二) 洪水痕跡と集落

北島遺跡の弥生集落を考える際の他方の重要な鍵は、住居跡および水田跡に残る洪水堆積物の状況だ。調査区北端で検出した小河川南岸の住居跡の多くは、竪穴部の深さが六〇cm以上あり、当時の地表面付近で確認できた。複数の住居跡の覆土には、クロスラミナのあるシルト質細砂層の洪水痕跡を認めることができた。住居跡の覆土に埋め戻された形跡のあるものはなく、自然堆積の過程で土器片の流入や遺棄が行われていたようだ。頻繁な洪水発生を示す形跡はなく、洪水層のラミナの方向や長さからみて、弥生集落の機能中に起こった大規模な洪水は基本的に一回であったと考えられる(3)。

洪水痕跡の在り方を頼りにすると、住居跡の廃絶時期を四つに区分することが可能だ。一つはまったく洪水痕跡のみられない時期〔I期〕、覆土最上層付近に洪水痕跡を有する時期〔II期〕、覆土下層～床面上に洪水痕跡を有する時期〔III期〕、洪水痕跡を掘り込み面としている時期〔IV期〕で、順次I～IV期の順に新しくなる。

生活をしていた状態で洪水堆積物で埋没した住居跡はなく、上屋構造の痕跡が残るものも腐朽した状態で、洪水をはじめとした埋没が進行していた。このことは、洪水時に居住していた住居は被災後も居住を続けていたことを示しており、大規模用水路内の堰の修復状況と一致する。

一方水田跡は、その経営期間内のいずれかの時点で洪水堆積物を被ったもので、開田はより古い。一方、洪水砂によって埋没していた部分を除くと、特に水田跡南半部で洪水砂はみられず、水田表面の凹凸の窪みにも洪水砂の堆積がみられなくなっていた。このことは、洪水堆積物の除去が可能だった水田や用水路が復旧されたことを示すものと思われる。一七地点の大規模用水路跡では、水路の半分程度を埋める砂質土の浚渫痕跡があり、これが洪水後の復旧である可能性が高い。

これらの状況は、洪水によって集落が廃絶された可能性を否定する。北島遺跡の弥生集落は、なんらかの事情で村人が去ったため終焉を迎えたことになる。

(二) 北島遺跡の集落変遷

住居跡・水田跡の時間軸分布

さて、右記の洪水痕跡を鍵にした廃絶時期毎に検出した遺構を列記すると、次のようになる。ただし△を付したものは、ラミナなどに関する調査時点の情報が不足している遺構だ。また、一七地点で検出した水田跡と小用水路については、洪水砂で埋没していたが、復旧も想定するといずれの時期にも継続していたと思われる。
〔Ⅰ期〕ＳＪ３２９、ＳＪ３３６、ＳＪ２１４△、ＳＪ１６５△
〔Ⅱ期〕ＳＪ２１０、ＳＪ３３１、ＳＪ３３７、ＳＪ１９９△、ＳＪ２１０△、ＳＪ３０３△、ＳＪ３０５△、ＳＪ３０６△
〔Ⅲ期〕ＳＪ１９８、ＳＪ２５９、ＳＪ３３８、ＳＪ３３９、ＳＪ３４０、ＳＪ３４８、ＳＪ１９５△、ＳＪ３１８△
〔Ⅳ期〕ＳＪ２１０、ＳＪ２１７、ＳＪ３０６△

土器編年の検討

小文は土器の考察を主眼としない。しかし、すでに文様に基づく土器編年とその上に立つ集落変遷が提示されており、洪水痕跡を鍵とした土器の変遷観を比較材料として提示する義務もある。また、集落の変遷を追う上で、できるだけ多くの遺構の時期を拾うことも望まれる。ここに一節を設けて、各期の土器の特徴を示しておきたい。

すでに提示された北島遺跡の土器編年は、吉田稔が遺構の重複関係と周辺地域の土器様相との整合性に基づき提示したもので（吉田 二〇〇三a・二〇〇四）、これをもとに「北島式」を設定した。吉田の編年は丹念に積み上げたものだが、系統性把握が中心で複雑な印象があり、小文のものさしには適さない。また、遺構の重複把握が困難な土壌だったという実態もある。

小文では、土器に関する知識のまとまりのうち、広範囲に共有される上位階層の知識に属する器形を中心に記述することにし、文様については特徴的なもののみを記述する。器種は出土量の多い壺形土器と甕形土器に限定する。土器の扱いに際しては、時間的まとまりを確保するため、住居跡出土土器のうち、生活痕跡が遺存したか床面上に廃絶

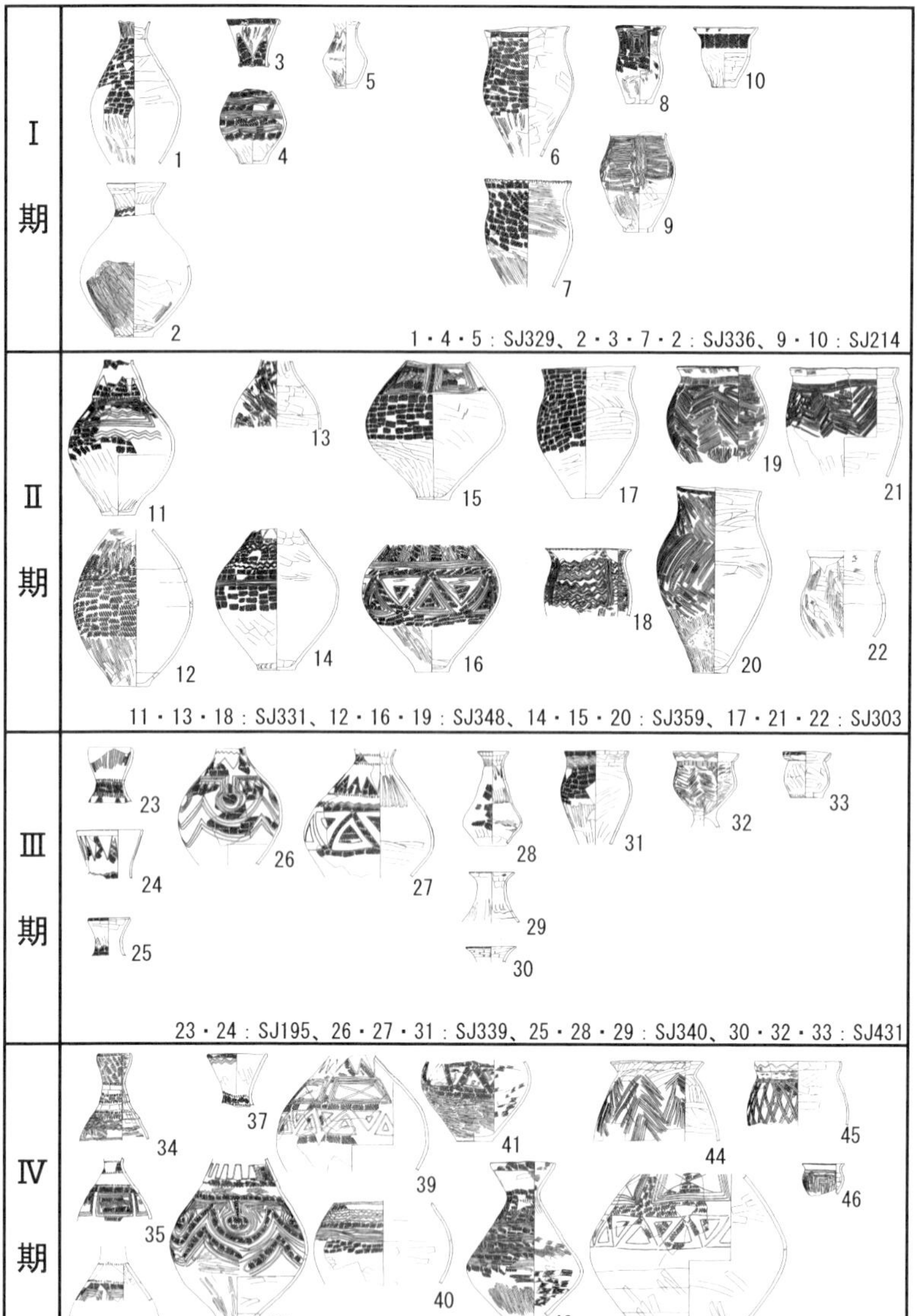
Ⅰ期
1・4・5：SJ329、2・3・7・2：SJ336、9・10：SJ214
Ⅱ期
11・13・18：SJ331、12・16・19：SJ348、14・15・20：SJ359、17・21・22：SJ303
Ⅲ期
23・24：SJ195、26・27・31：SJ339、25・28・29：SJ340、30・32・33：SJ431
Ⅳ期
34・38・46：SJ317、35・42・44：SJ210、36・39・41・45：SJ165、37・40・43：SJ217

第4図　各期の土器

間もなく位置することになったと考えられるものを中心に用いる。なお、土器の特徴の取扱いについては、別稿（岩田二〇〇三）の理論に従う。この要領で時期毎の特徴を列記すれば次のようになる（第四図）。

〔Ⅰ期〕壺形土器は、頸部から直線的に外反する口縁やゆるやかに中央部が張る胴部が特徴で、流麗な器形を基本とする。文様には頸部に波状文を施すものや、胴部に多帯の沈線文を施すものがある。他に、頸部と胴部の接点に屈曲部をもつ器形もある。甕形土器の器形は、単純口縁・複合口縁・受け口口縁などバラエティに富む口縁と、頸部のくびれが縦に長く器形全体についてもやや長い印象を特徴とする。口縁下に無文部があるものや、胴部に懸垂文が施されるものもある。

〔Ⅱ期〕壺形土器の器形は、胴部の張りが強いことを特徴とする。三角連繋文や重四角文の連繋、多帯の沈線文も特徴といってよい。甕形土器の器形は、単純口縁・複合口縁・受け口口縁のすべてがあるが、頸部・胴部がⅠ期に比べて短く、ずんぐりとした印象がある。懸垂文と幅の狭い波状文の組み合わせや、縦・横の羽状文が施される。

〔Ⅲ期〕壺形土器の器形は、短く開く口縁と胴下部が大きく角張るものの存在が特徴だ。胴部中央がそろばん玉のように張り出すものもある。胴部のゆるやかに張るものも張りが強いものが多い。胴下部の角張るものでは、口縁のヨコナデやミガキ・ハケ調整など、栗林式土器と特徴の一致するものがある。頸部と胴部の接点の屈曲の明確なものはほとんどない。甕形土器には、台付甕がみられ、縦の羽状文が施されるものがある。口縁下の無文部は幅広で明確だ。

〔Ⅳ期〕壺形土器の器形は、胴部のそろばん玉状の張り出しが顕著だ。胴下部が角張るものも、Ⅲ期に比べ張りが強い。口縁は広く外反する。頸部と胴部の接点に屈曲部をもつものもあるが、屈曲はほとんど目立たない。波状文が多様される印象がある。甕形土器の器形は、頸部の「く」字状のくびれが特徴的だ。文様には、重コ字文や斜格子文がみられる。

繰り返すが、小文では土器編年の検討を主にしないし、細分を進める意図もない。しかし、各期の土器にはそれぞれ特徴にまとまりがあるようなので、各々広域的な編年の中で位置付けておく必要はあるだろう。それには、出土土器中に多い栗林式土器と関係の深い資料を利用するのがよい。Ⅰ期の甕形土器の懸垂文や口縁下の無文部の存在などは栗林式成立以後にあたることを示すと思われ、Ⅱ期の細かい波状文や三角連繋文は栗林式や先行する小松式以来継続する要素だ（安藤 一九九九）。Ⅲ期の胴下部が角張る壺形土器に多帯の文様がみられないことや、短いながらも広く開く口縁は、栗林式でもやや新しい要素といってよい。これらの状況から、Ⅰ・Ⅱ期は長野県考古学会による長野盆地南部編年（長野県考古学会弥生部会 一九九九）の中段階古相、Ⅲ・Ⅳ期が中段階新相に相当すると考えられる。また、宮ノ台式土器との関係では、Ⅰ・Ⅱ期が安藤広道による編年の下末吉台地（安藤 一九九六）のⅢ期前半、Ⅲ期が同Ⅲ期後半、Ⅳ期が同Ⅳ期に該当すると思われる。なお、埼玉県域では、小敷田遺跡の次段階に位置づける（吉田 二〇〇二b）ことに問題はないだろう。

さて、吉田編年との比較では、個々の住居跡出土土器の位置付けや時期を代表する資料に、いくつかの齟齬が生じてしまった。これは、従来の型式学的な方法と地質学的条件に依拠した方法との違いであり、今後の理論的整備をまって再度検討する必要がある。しかし、流れや広域編年中での位置付けはほぼ附合しており、土器に関わる知識のまとまりとその階層を詳細におさえることで、個々の資料の最適な位置付けが行えると思われる。

（四）集落変遷

第五～八図は、先に示した各期に属する住居跡に、土器の特徴から廃絶時期を推測できる住居跡を加えた結果だ。これらの図には、弥生中期集落の生活当時の微地形を遺構確認面の海抜から推定した等高線で示してある。

北島遺跡に集落が形成される以前、当地は調査区北側に小河川が流れ、小河川沿いに自然堤防状の高まりが存在し

23.40
23.50
SJ426
SJ331
SJ348
SJ359
SJ330
SJ333
SJ259
SJ264
SJ337
SJ329
SJ412
SJ339
SJ340
SJ432
SJ431
SJ338
SJ336
23.20
SJ323
SJ269
SJ325
23.30
SJ317
SJ217
SJ199
SJ300
SJ198
SJ195
SJ303
23.20
SJ318
SJ306
SJ234
SJ305
SJ210
SJ173
SJ165
SJ214
SJ216
SJ320
23.00
SJ301
22.80
23.00
22.80
22.70
22.80
SJ368
23.00
23.10
0
20m

第５図　I期の遺構分布

第6図　II期の遺構分布

第7図　III期の遺構分布

第8図　IV期の遺構分布

ていたようだ。この微高地は、荒川の旧河道屈曲部に形成された砂堆の可能性もあり、調査区の中央付近でくびれた状態となっていた。

集落は成立期のⅠ期、微高地の稜線に並ぶように住居の建築が行われた。堆積土壌や水田経営と村落の運営の関係からみると、この時期のうちには、集落中央の大規模用水路が開削されたものと思われる。居住域が散漫に広がると土地利用や土砂の運搬などに問題が生じたはずだし、地下水位の高さによる居住可能地の範囲も初期は限定されていたはずだ。これらは、住居分布が偏っている状況の説明になるかも知れない。水田は開村以前から存在した可能性もあるが、この時期に開発が進み、一定の人口圧を支える生産力が形成されていったと想像できる。

Ⅱ期の居住域は、Ⅰ期の範囲を継続しつつ微高地上に面的な広がりをみせる。居住環境が充実する一方で、大規模用水路の埋没はすでにはじまっており、大雨などの災害によっては、増水や小規模な水害があった可能性もある。居住域の拡大は、大規模用水路が有効に機能し地下水位が低下したことと関係があるのかも知れない。

Ⅲ期には、居住域が最大となり、微高地上面のほか傾斜地にも住居が建築されたようだ。洪水はこの時期の中で起こったもので、小河川周辺・大規模用水路周辺・用水路末端の水田面に、洪水堆積物が多く堆積しており、洪水が用水路網を伝って集落を襲ったことがわかる。水田の一部や水路の埋没が進み、生産力の減退や二次災害発生の危険性が高まり、居住域としての適性が次第に失われていったものと想像できる。

Ⅳ期には、居住者数が減少しながらも、安定した微高地の大規模用水路西側を中心に住居が建築され、生活が続いていたようだ。大規模用水路東側では、住居が極端に少なくなっている。大規模用水路もさらに埋没し、通水量が減少したはずだ。水田を潤した大規模用水路（一七地点ＳＤ９１）では、通水量が半分程度になっていたと思われる（吉田 二〇〇四のＳＤ９１断面より）。

三　北島遺跡の終焉

さて、最後にここまでの材料をもとに、弥生時代中期後半の水田経営集落の一つが、どのように終焉を迎えたかについて概観してみよう。

弥生中期後半のある時期、近隣に居住し当遺跡や周辺の水田経営を行っていた集団が、なんらかの事由で当遺跡内の微高地に居住地の移動を目論んだ。彼等は先ず少人数で移住し、当地における生活環境の改善や生産基盤の整備を始めた。居住可能地の面積と環境、大規模用水路網の機能（初期の掘削には集団本体からの応援もあったかも知れない）、水田面積と機能などの条件が一定の人口圧を支えられるようになると、集団本体が段階的に移住を始めた。労働力の増加は、大規模用水路網の維持や拡大と広範囲の水田経営を可能にした。大規模用水路は居住域・水田域の地下水位を低下させ、居住可能地がより拡大し水田湿性が地下水型から半地下水型に変化したと思われる。

しかし、その機能とは裏腹に、大規模用水路は集落の環境に大きな影響をもたらした。小河川から直接引水するため、荒川扇状地全体の降雨状況と荒川の増減水が直接集落内に影響を与えることになった。河川増水にともない砂・シルトの用水路内への大量堆積をもたらしたのだ。さらに規模の大きな洪水による堆積作用は、大規模用水路や水田・居住地にも及んだ。大規模用水路の埋没が進むと、一旦低下した地下水位の再上昇により水田では湿性型が変化し機能低下が生じ、収量が集落全体の人口圧を支えられなくなっていったことだろう。居住域では居住可能地が再び微高地上に限定されるようになったと想像できる。Ⅳ期の住居数の減少は、こうした諸事情に対応して、近隣の良好な環境地への転居ともいえる移住がはじまったことを示すと考えて良いだろう。移住は、当地の使用可能な用水系統や水田を使用しつつ、人口圧を支えるための開拓の速度に合わせた、近隣地への段階的なものと考えるのが自然だ。

居住者の減少は労働力の減少そのものであり、生活環境の悪化に拍車をかけたかも知れない。

大規模用水路が、埋没し深さ幅を狭めながらも浚渫を繰り返して古墳時代までその機能を保っていたことは、こうした推論の状況証拠となり、農耕社会にとっての用水系統の重要性と、移動する集落に対して不動の農耕地という構造を示しているのではないだろうか。

北島遺跡の弥生中期集落の変遷研究は、すでに吉田稔(吉田 二〇〇三b)と松岡有希子(松岡 二〇〇三)によって行われているが、小文の検討で、そこで不明瞭だった集落形成期の状況や終焉の理由が、おぼろげに姿を現してきたと思われる。

おわりに

北島遺跡の集落変遷は、関東構造盆地における弥生中期集落の研究にいくつかの手がかりを提供してくれる。

一つは集落の一般的な変遷の姿「少数の住居跡→多数の住居跡→少数の住居跡→集落の終焉」というパタンを、同一地域で複数集めたものが、その地域の一つの集団の長期にわたる生活痕跡として捉えられる可能性があること、二つ目は集落の初現・終焉は集団の発生や途絶・離散・解体を即座に示すものではなく、環境変化に応じて移住した結果と考えられること(この移住は後期初頭の土器の不在から遠隔地への集団移住を想像する考え方(安藤 一九九八)などとは異なり「転居」といってもよいかも知れない)、三つ目は弥生中期の水田経営によって、すでに洪水等の人災を誘発する事態が生じていたことだ。

最近、前近代的な水稲農業が、水田風景の美しさによって、自然環境との理想的な関係の象徴と考えられることがある。しかし、関東構造盆地や大阪平野の前近代的な水田経営集落では、北島遺跡のように開発行為に端を発した災害が、初期の段階からありふれた現象だったと考える材料は少なくない。自然との相克は、前近代的な農耕社会でも大きな課題だったことがあらためて感じられる。

注

（1）現状の周辺地形をみるかぎり、水田面積は遺跡東部と北部のおよそ九ha程度と思われる。

（2）二〇〇五～六年の埼玉県鳩山町、吉見町、川島町の農家への聴取による。

（3）用水路内に堆積する程度の増水は複数回あったようだ。また、弥生集落の埋没過程で、深い住居跡の覆土上部に古墳時代初頭頃とみられる洪水痕跡がある場合もあった。

参考文献

安藤広道　一九九六「南関東地方（中期後半・後期）」『YAY！』弥生土器を語る会20回到達記念論文集

安藤広道　一九九八「相模川流域における宮ノ台式期の集落」『考古論叢神奈河』第7集

安藤広道　一九九九「「栗林式土器」の成立をめぐる諸問題」『長野県考古学会誌』92号

岩田明広　二〇〇三「認知科学的アプローチによる弥生時代後期土器文様の検討」『埼玉考古』第38号

貝塚爽平他　二〇〇〇『日本の地形―関東・伊豆小笠原―』東京大学出版会

黒沢　浩　一九九七「房総宮ノ台式土器考」『史館』第29号

劔持和夫　一九九〇「荒川流域における中期後半の弥生集落」『埼玉考古』第27号

東京地盤調査研究会　一九五九『東京地盤図』

長野県考古学会弥生部会編　一九九九『長野県の弥生土器』

松岡有希子　二〇〇三「北島式と集落」『北島式土器とその時代―弥生時代の新展開―』埼玉考古別冊7

吉田　稔　二〇〇三a「北島式の提唱」『北島式土器とその時代―弥生時代の新展開―』埼玉考古別冊7

吉田　稔　二〇〇三b『北島遺跡Ⅵ』埼玉県埋蔵文化財調査事業団報告書第286集

吉田　稔他　二〇〇四『北島遺跡Ⅶ』埼玉県埋蔵文化財調査事業団報告書第291集

埼玉の弥生後期土器についての一考察（予察）

小出輝雄

はじめに

ここ数年、南関東の後期弥生土器に関しての論考があまり見受けられなくなっている。最近では、「山田橋式」（大村二〇〇四a、b）、「二ッ池式」（黒沢二〇〇三、二〇〇五a）などが提唱されているが、まだ一般化していないようであり、後述するようにまだ問題点を残しているように思われる。また、埼玉県にとっては両者とも直接的な関わりが少ないようである。しかしながら、弥生後期という時代に、埼玉県内において人が住んでいなかったとは考えられない。土器に何かの指標があってしかるべきと、調査された資料の中にそれが存在するものと私考していたところ、最近発掘調査で出土した資料を契機として、これまでに出土していた資料を見直すことによってある程度の見通しが得られると考えるに至った。本稿ではその一例をとりあげて、弥生後期の土器編年について予察を述べてみることとしたものである。この試論が、武蔵野台地のほとんどの地域にまで敷衍できるものと考えている。

一　最近の状況と本稿の目的

これまでに言い古されてきたことであるが、一九八〇年代から九〇年代に膨大な資料の蓄積が行われ、いくつかの弥生後期に関する論考が発表された。しかし、その成果は充分にあげられていないまま、いまだに弥生後期の編年をめぐっての混乱は続いているものの、論考は九〇年代後半以降になって数は少なくなっている。後期の新型式として提唱された「鴨居上の台式」（大村・菊地　一九八四）以降では、黒沢浩氏の「二ッ池式」（黒沢　二〇〇三、二〇〇五a）大村直氏の「山田橋式」（大村　二〇〇四a、b）、の提唱があったくらいで後期全体をめぐっての本格的な論考はないといってもよさそうである。ここではこのような最近のいくつかの論考をめぐって、弥生後期の土器研究の現状を確認しておきたい。

「山田橋式」・「二ッ池式」とも南関東地方の中における、それまで「東京湾東岸」「西岸」などと言われてきた地域性を明確にした点で意義が認められよう。しかしながら、どちらも「久ケ原式」・「弥生町式」をどう考えるのかという考え方が筆者には伝わってこない。これは筆者の理解力に問題のあることと考えているが、この新しい「型式」の存在を認めたとしても、「弥生町式」は武蔵野台地を中心とした地域には問題点としては依然として残っているのである。大村・黒沢両氏の見解は置いておくとしても、久ケ原式・弥生町式を地域差ととらえるのか、「弥生町式」は存在しなかったと考えるのかによって少なくとも武蔵野台地あたりの地域性が全く異なったものとなってしまう。筆者は久ケ原式・弥生町式・前野町式というオーソドックスな変遷観を認める立場（小出　一九八三、一九九二）であるので、「弥生町式」の考え方を明確にしていない執筆者は、場合によってはむしろ多くの場合、その人の論考は無意味であると考える。それは筆者の個人的な見解としても、最近の弥生後期をめぐる論調の低調さは、資料の豊富さに比べ残念である。

本稿は以上のような大向こうなことを述べたものではない。むしろ重箱の隅をつつく程度のものである。埼玉県南部の武蔵野台地の北部にあたる地域の弥生後期のある時期の地域性・様相を探ろうとしたものである。

二　東台遺跡出土土器の様相

東台遺跡は埼玉県の南西部、武蔵野台地を東西に横断して流れる柳瀬川に面した富士見市内南端の台地上に位置する。これまでに弥生時代後期の方形周溝墓三基のほかに、平安時代の竪穴住居址や掘立柱建物址などが検出されているが、ここでは弥生時代の方形周溝墓出土土器を検討する（第一図）。方形周溝墓三基のうち一基は全体を調査しているが、二基は一部の調査に終わっている。それぞれから出土した土器は第二図のとおりである。

一号方形周溝墓（会田　一九七六、一九七七）から出土した土器は周溝部から、別地点で一個体ずつの二個体が出土している（第二図一、二）。いずれも口縁部が折り返しとなり、全体が無文である。底部は焼成後の穿孔が加えられている。二は底部の一部が残っているが、底部から胴部にかけての部分が立ち上がっている。器形は一が頸部と胴部の境にやや強い屈曲がみられ、頸部は緩く広がり直線的に立ち上がり、折り返し部がさらに外方に屈曲している。胴部下部と底部の接合部には屈曲が認められ、段を有している。二は頸部が胴部上半と口縁部が緩く接合し、口縁部全体は頸部から強く外反している。胴部下半に最大径を有し、接合のための段はもたない。

二号方形周溝墓（会田　一九七七）出土の土器は溝から出土した一点のみである。口縁部は弱い複合口縁となってやや幅広くなっている。複合部の下端には棒状工具による連続押捺が加えられている。胴部上半には一条のS字状結節文によって区画された単節斜縄文帯が二段施文されている。単節縄文はいずれも細かい施文である。器形は胴部全体

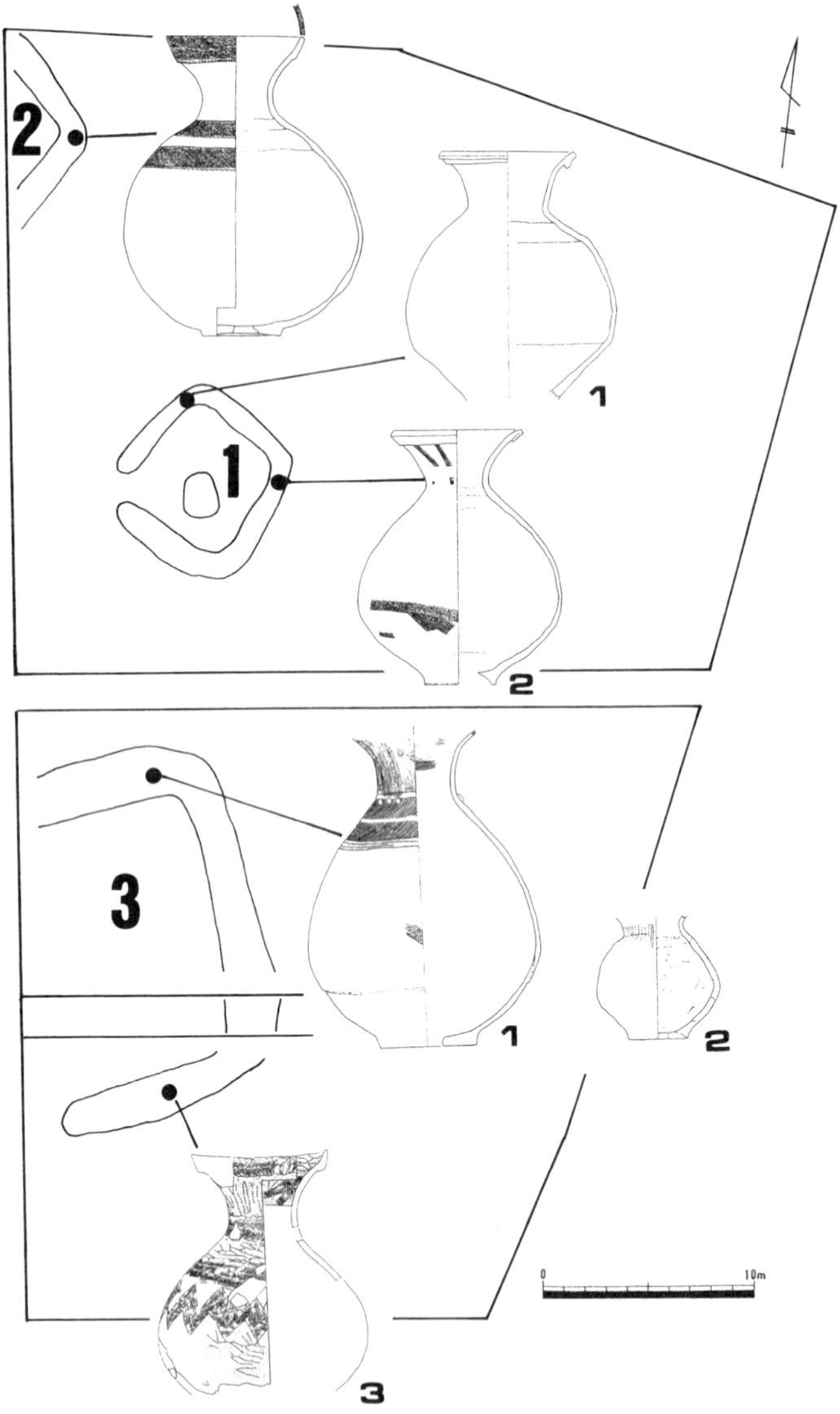

第１図　東台遺跡の弥生時代遺構と出土土器

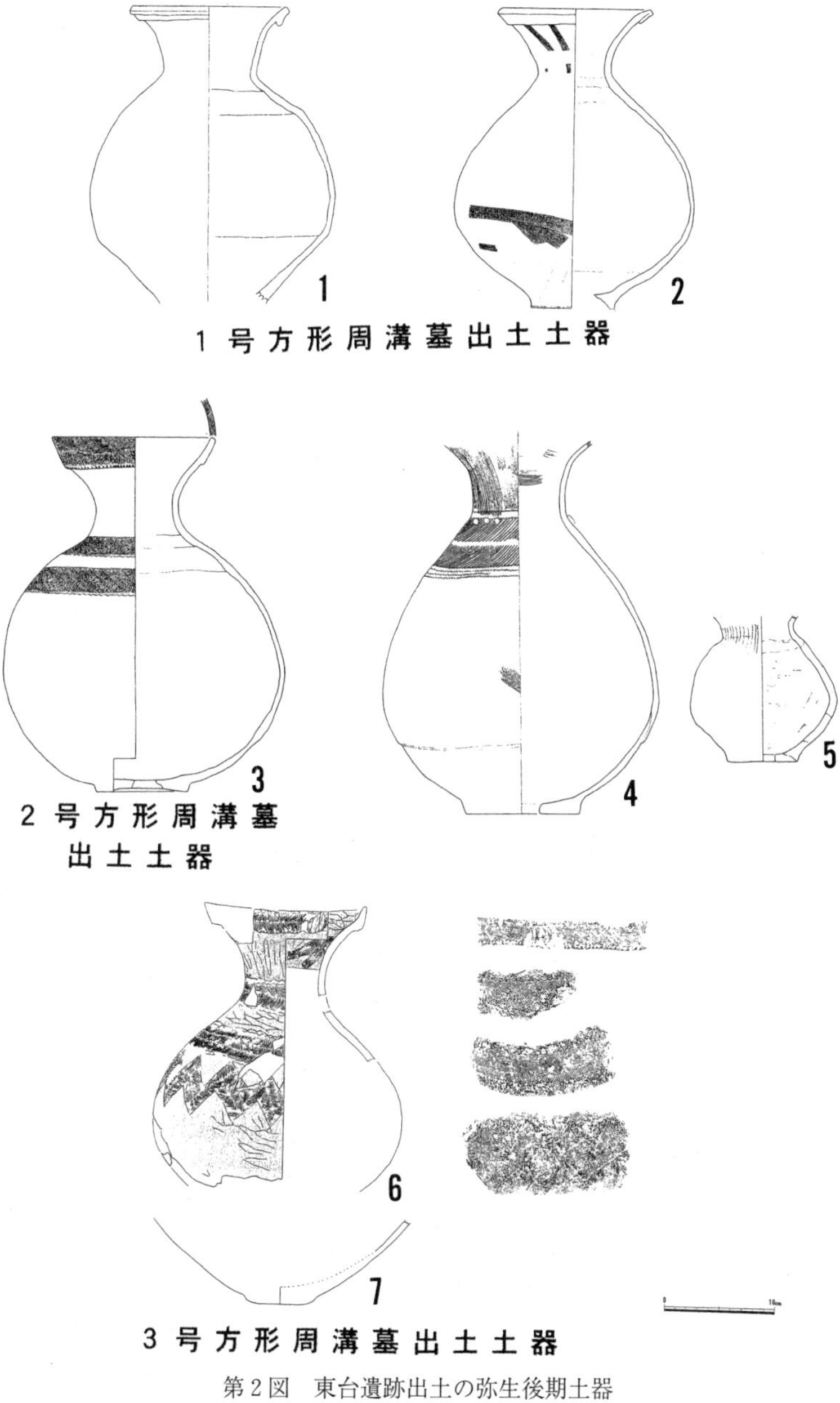

第2図　東台遺跡出土の弥生後期土器

が丸みをもち、頸部は胴部上半から緩やかにつづき口縁部となる。口縁の複合部はやや立ち上がりをもつようである。底部は胴部下半から突出している。底部には焼成後穿孔が認められる。

三号方形周溝墓出土土器の四（小出　一九七八）は胴長の器形をもつもので、口縁端部を欠いている。頸部は胴部上半から緩やかに接合し直立して大きく開く口縁端部につながる。胴部下半には明瞭な接合痕が段をもってつくられている。胴部上半には文様帯が施文されている。文様帯は上に二条、下に四条のS字状結節文で区画され、二段の単節斜縄文が施文されている。底部は突出して作られ、焼成後穿孔が認められる。五は盛り土状から出土したもので、底部穿孔土器である。頸部から強く屈曲する口縁部をもつが、端部を欠いているために全体は不明である。器形は胴部が横に張った形態をなすが、器面全体が丁寧に磨かれている。

六（堀　二〇〇五）は底部を欠いて完形品ではないが、全体の器形を伺うことができる。口縁部は複合口縁となり直立している。胴部はやや扁平となっているが、頸部に屈曲をもたずに緩くつながる。文様帯はいずれも単節羽状縄文である。口縁部は下端部に棒状工具による押捺が連続して加えられている。頸部に一帯の横帯文様帯をもち、胴部上半も一体の横帯文様帯をもっている。この頸部と胴部上半の文様帯はS字状結節文による区画がなされる。さらに、胴部上半の文様帯とその下から胴部最大径との間には、沈線で連続山形文帯が描かれ、その間に単節羽縄文帯が充塡されている。底部は不明であるが、別個体の六に似たものであったと推定される。

三　三号方形周溝墓出土土器の位置

本稿で特に取り上げたいのは三号方形周溝墓出土の土器群である。六番の土器が出土するまでは、東台遺跡の弥生土器である一～五の土器群を弥生時代後期末頃のものと考えていたが、六番の土器の出土によってその考えを改めざるを得なくなった。特に四番の土器によって、三基の方形周溝墓の中でも三号方形周溝墓を最も後出のものと考えていたが、六番の土器が同じ方形周溝墓の溝の中から、狭義の意味での共伴ではないにしても出土したことは驚きであった。

筆者は羽条縄文の存在と、「円乗院手法」の有無によって前野町式とそれ以前をわけて考えている（小出 一九九二）。これには最近も多少の批判（黒沢 二〇〇五c）もあるが、その考えを現在も基本的に変更する必要性はないと考えている。また、東京都弥生町遺跡出土の土器群（佐藤達夫他 一九七九、鮫島 一九九六、設楽 一九九九）を中心として弥生町式をとらえ、それ以前を久ケ原式とする考え（小出 一九八三）にも、最近の黒沢浩氏や大村直氏の論考（黒沢 二〇〇三、二〇〇五a、b、大村 二〇〇四a、b）とは別に、基本的には大きく変更する必要性を感じていない。(1)

以上のような考えの流れの中では、四と六の共伴は理解できないことであった。そのようなときに筆者の目にとまったのが、篠原和大氏の論考（篠原 二〇〇一、二〇〇二）であった。氏の論考は静岡県中部のモミダ遺跡出土の土器群に注目し、長い縄文原体を特徴とする「モミダ型」を菊川式後半に設定するものである。つまり、筆者は三号方形周溝墓出土土器のうち、四を長い縄文原体という「モミダ型」として関連をつけようと考えたのである。もちろん、「モミダ型」そのものが東台遺跡に存在するというのではなく、長い縄文原体をもつ土器が東台遺跡に存在することから、四は「モミダ型」の時期である菊川式後半、つまり弥生時代後期後半期のものであると考えたのである。四は長い縄文原体の他にも、底部が突出している点、胴部下半に接合のための段部があるなど東海的な要素を多くもっている。また、口縁端部は欠けているものの、円乗院手法が存在しないだけでなく、欠けている口縁部にそれの存在を推定するほどの欠けた部分はない。もし、ここにそれほどの大きな欠けた部分を想定するならば、それはもう東海系そのものである。このようないくつかの特徴から、四は「モミダ型」系統のものと考えることは妥当と考えられる。

六は最近の出土で、その位置づけが難しい土器である。これまでのオーソドックスな編年観では久ケ原式と考えられる。筆者はこれまで久ケ原式について直接的に述べたことはないが、本稿では弥生町式以前に位置づけられる久ケ原式として六を考えておく。(2)

筆者が考えている久ケ原式の最盛期(古~中期)の連続山形文は、沈線が太くて深い。それに対して本土器の連続山形文の沈線文は細くて浅い、というような大きな相違がある。また、全体の器形は古い時期には縦に長い感じをもつのに対して、本土器は多少上下に押しつぶされたような感じを持つ。まだ他にも、古手の久ケ原式(3)と比較すると相違する点があるが、いずれにしても六は久ケ原式の新しい時期のものと判断でき、前述している四の時期と整合することになるのである。これはつまり、四と六が出土した三号方形周溝墓は弥生時代後期中頃以降、弥生町式以前の久ケ原式後半段階のものと推定できるということである。

以上、三基の方形周溝墓が検出された東台遺跡は、当初筆者が考えていたような弥生時代後期終末段階のものではなく、弥生時代後期後半の方形周溝墓を含むものであった。ということは、本稿でその細部にわたった検討はできないが、東台遺跡の全体に対してもう一度考えてみる必要があることになる。最古のものは三号であることは前述したとおりであるが、つぎの段階のものをここでは一号方形周溝墓と考えておきたい。それは出土土器が無文であることから単純な比較はできないが、口縁部の折り返しが明瞭であることが最大の根拠である。二号方形周溝墓のそれは二重口縁部が不明瞭となり、古墳時代前期につながる要素が強いと思われるからである。本稿では三号→一号→二号の順で形成されたと考えておきたい。

おわりに

以上のように東台遺跡の方形周溝墓出土土器群は弥生後期土器を含むことが明らかとなった。

すでに篠原氏によって「モミダ型」の壺は又はそれの変容したものは「駿河地域各地、西相模地域及び八王子盆地周辺、武蔵野台地東部及び大宮台地、甲府盆地南部などの広い範囲に認められる」（篠原　二〇〇二）と述べられている。本稿はそれを裏付けるものとなった。武蔵野台地における後期土器群の一形態を考える一助になるものと思われる。さらにこのような土器群の探求を進めることによって、後期土器群の複雑さが明らかとなっていくものと考える。そのような意味で先見的な活動を続けている西相模考古学研究会（西相模考古学研究会　二〇〇一、二〇〇二）には敬意を表するものである。

今回も筆者の時間管理の不手際といつもながらの怠慢のために、思いつきを羅列した内容になってしまった。関係した皆様にお詫びとお礼を申し上げます。

注

（1）前者は設定に疑問がある。後者は基本的に中心が、東京湾東岸地域を中心とするものであるから、武蔵野台地部分とはつながりが薄い。

（2）「久ケ原式・弥生町式並行論」が成立しないことは明らかであるので、最近では地域差として考えることが有力である。しかし、それも弥生町式の考え方が不明である。

（3）久ケ原式の細分については別稿で再論したいと考えている。

引用・参考文献

会田　明　一九七六「東台遺跡第一地点」『富士見市文化財報告XⅠ』富士見市文化財報告第一一集
会田　明　一九七七「東台遺跡第三地点」『富士見市文化財報告XⅢ』富士見市文化財報告第一三集
大村　直　二〇〇四a『市原市山田橋大山台遺跡』財団法人市原市文化財センター調査報告書第八八集
　　　　二〇〇四b「久ケ原式・山田橋式の構成原理」『史館』第三三号
大村　直・菊地健一　一九八四「久ケ原式と弥生町式南関東地方における弥生時代後期の諸様相（予報）」『史館』第一六

号
黒沢　浩　二〇〇三「神奈川県二ッ池遺跡出土弥生土器の再検討」『明治大学博物館研究報告』第八号
　二〇〇五a「南関東における弥生時代後期土器群の動向」『駿台史学』第一二四号
　二〇〇五b「後期土器の地域性　報告（2）—久ケ原式・弥生町式の今日—」『考古学リーダー五　南関東の弥生土器』
　二〇〇五c「5．弥生町式と前野町式」『考古学リーダー五　南関東の弥生土器』
小出輝雄　一九七八「東台遺跡第五地点」『富士見市中央遺跡群Ⅰ』富士見市文化財報告第一五集
　一九八三「「弥生町式」の再検討」『人間・遺跡・遺物』
　一九九二「円乗院式施文の評価とその位置」『人間・遺跡・遺物Ⅱ』
佐藤達夫他　一九七九『向ケ岡貝塚』東京大学文学部
設楽博巳　一九九九「コラム八　復元した弥生土器第一号」『新弥生紀行』国立歴史民俗博物館
鮫島和大　一九九四「南関東弥生後期における縄文施文の二つの系統」『東京大学文学部考古学研究室研究紀要』第一二号
　一九九六「弥生町の壺と環濠」『東京大学文学部考古学研究室研究紀要』第一四号
篠原和大　二〇〇一「駿河湾地域の後期弥生土器と土器の移動」『シンポジウム弥生後期のヒトの移動　資料集』
　二〇〇二「地域の様相二　駿河」『考古学リーダー一　弥生時代のヒトの移動～相模湾から考える～』
西相模考古学研究会　二〇〇一『シンポジウム弥生後期のヒトの移動　資料集』
　二〇〇二『考古学リーダー一　弥生時代のヒトの移動～相模湾から考える～』
野本孝明　一九九九「タイプサイトの実像—久ケ原遺跡—」『文化財の保護』第三一号
比田井克仁　一九九九「遺物の変遷」『文化財の保護』第三一号
堀　善之　二〇〇五「東台遺跡二四地点」『富士見市内遺跡XⅢ』富士見市文化財報告第五七集
松本　完　一九九三「南関東地方における後期弥生土器の編年と地域性」『翔古論集』
　一九九九「集落の展開—武蔵野台地・東京低地—」『文化財の保護』第三一号

大きな方形周溝墓出土の超大型壺

柿沼幹夫

はじめに

古墳時代前期の方形周溝墓群中に、焼成前穿孔大型二重口縁壺や、規格的な焼成前穿孔中・小型壺による儀礼装置を備えた方形周溝墓が存在する。その大方は規模が大きく、形態的にも前方後方型をなすなど優位性をもっている。本稿で取り上げるのは、こうした様式化が進む以前、弥生時代の後期後半から古墳時代初頭にかかる時期の大型方形周溝墓から「超」が付くほどの大型壺が出土している事例についてである。埼玉県を中心とする地域に関しては、すでに県内研究者による指摘がある。

青木義脩氏は、さいたま市井沼方遺跡第九号方形周溝墓出土土器（青木 一九九四）を中心に分析し、器高又は最大径が五〇cm以上の壺を「特大級」とし、大型で鉄剣を伴うような「主墳級」に伴う場合が多いことを他の遺跡例も挙げて指摘し、その非日常性を強調している。早坂廣人氏は柳瀬川流域の方形周溝墓出土土器について、大型の壺は大きめな方形周溝墓から見つかる傾向があることを示唆されている（早坂 二〇〇四）。

小論は、改めて二氏の指摘を確認するとともに、いくつかの資料を追加し、土器棺とは異なる性格を有すると考えられる超大型壺について若干の検討を行ってみたい。

一　事例の提示

（一）　芝川流域

《井沼方遺跡》

二八次までの調査で、東西軸長が二〇〇mを超える環濠集落とその北部域に方形周溝墓が群在し、芝川流域では集落と墓域の関係を検討できる数少ない遺跡となっている（第一図）。第一七次の報告書（柳田・駒見二〇〇〇）では、確認された方形周溝墓二一基のうち壺が出土しているのが一三基・二一個体であるのに、四九基の住居跡から出土した壺は四個体であり、壺と方形周溝墓の祭祀とのつながりが強調されている。また、方形周溝墓の配置と陸橋部の方向から墓道を想定し、墓群が西側から広がったとする。九号と一〇号の間が開き主軸方向も若干異なることから二群以上にグルーピングできることをあげているが、その一方で一本の墓道を中心として計画的な築造がうかがわれるところから、集団の規制が全体に及んでいることも考えられる、としている。

二一基の方形周溝墓中、九号は（第二図）、東西グループの中で中心的な位置を占め、規模が最も大きく[1]（一二・八〇×一二・〇〇m）、主体部が確認された一〇基中で唯一、鉄剣を伴い特異な片口鉢[2]が出土した。先述したように青木義脩氏は、この遺構から出土した土器が台付甕も含めて大きめであり、とりわけ壺の一つが大きいことを指摘された（青木　一九九四）。壺は各コーナーとブリッジの両脇から出土し、超大型壺は南東コーナーで最上層から大きく割れた状態で出土したという。氏は、白幡上の台遺跡第三次調査第二号住居跡から出土した五個の壺の器高・最大径から、住居跡で日常使われている壺の大きさが器高・最大径ともに約三〇cmを目安としており、「やや大きめ」を四〇cm、「かなり大きめ」を四五cm、「特大級」を五〇cm以上とした。九号では、現存部の高さで五五・八cm（第二図五）、四

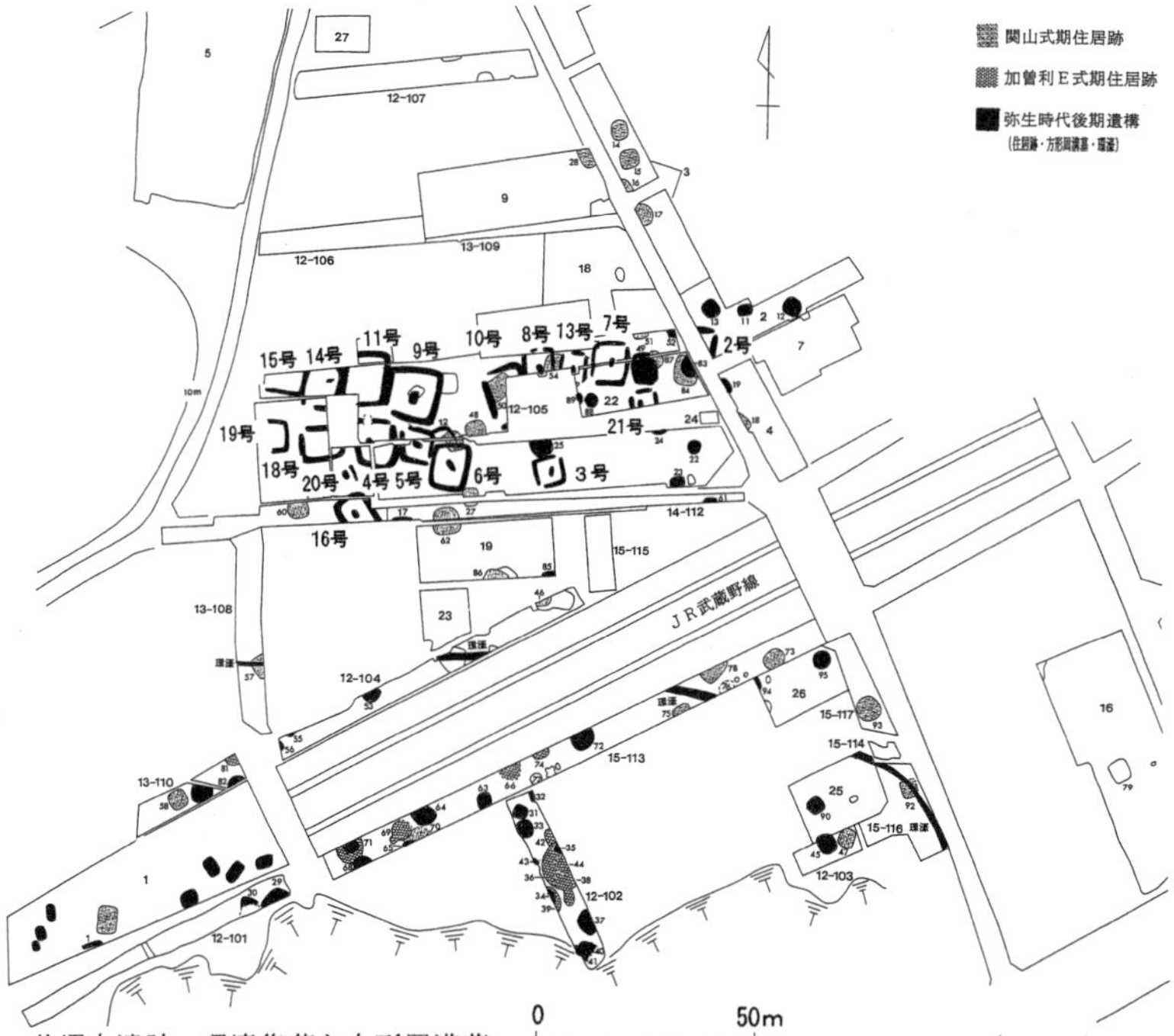

井沼方遺跡　環濠集落と方形周溝墓
（柳田・駒見 2000 から加筆転載）

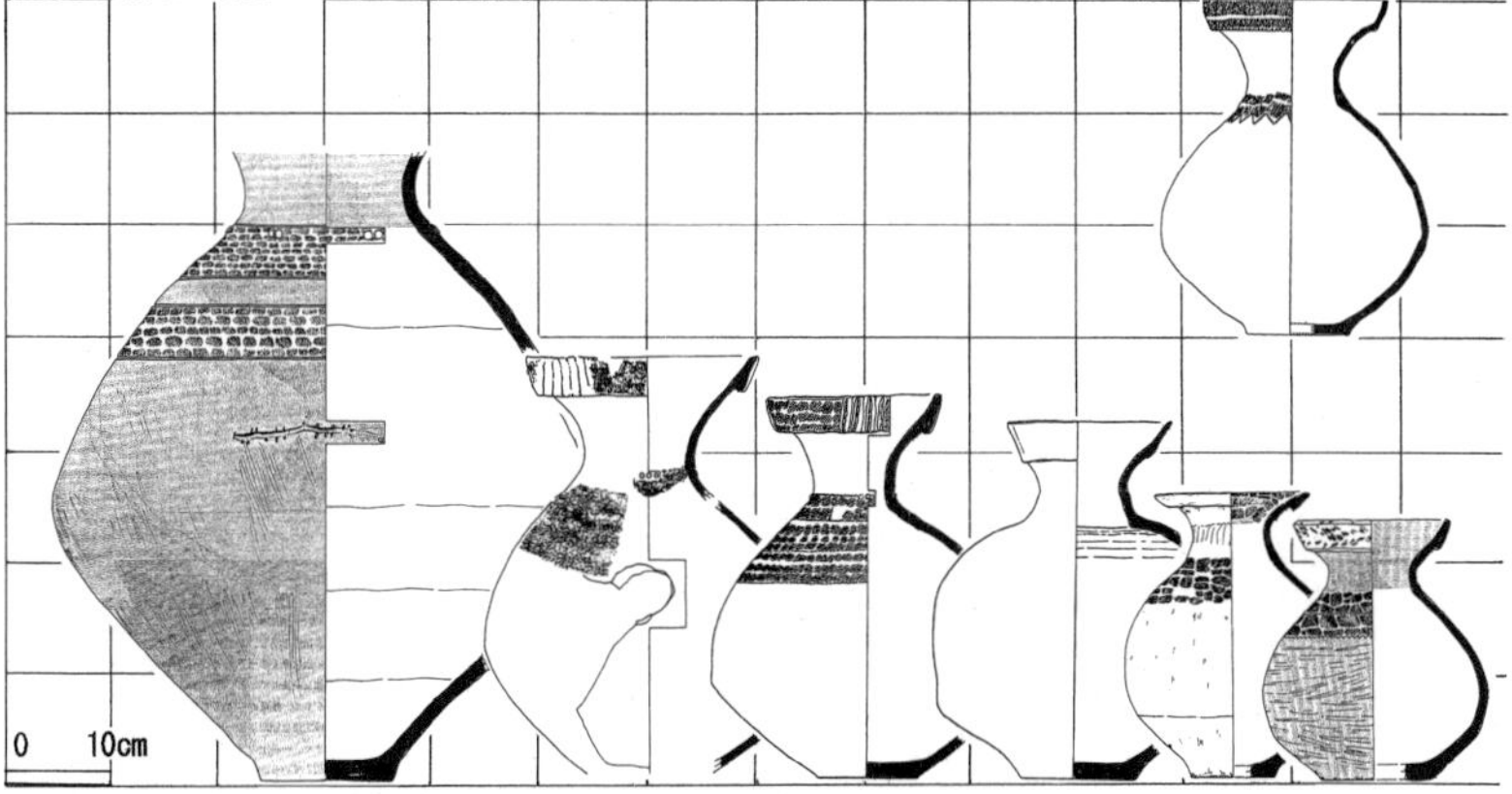

方形周溝墓出土土器比較（小倉 1987、青木・柳田 1994、高山・他 1997、大宮市 1968 から作図）

左から 井沼方９号（12.80×12.00）、１１号（11.50×10.10）、６号（10.60×9.00）、５号（7.90×7.70）、

４号（10.80）、１０号（13.20×9.20）　上：大宮公園内（9.50）　＊（　）は長軸×短軸m

第１図　井沼方遺跡と方形周溝墓出土土器の比較

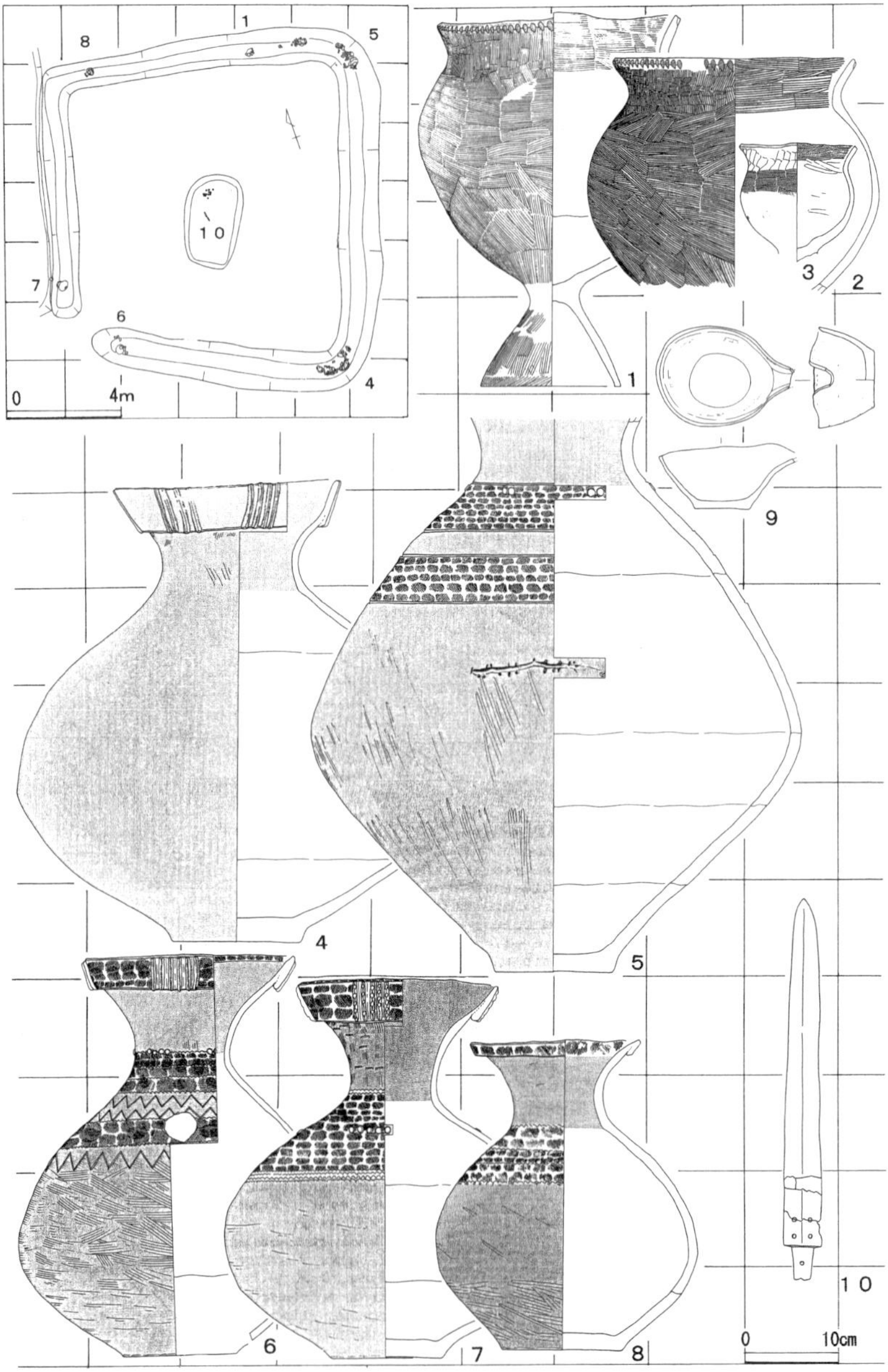

第２図　井沼方遺跡第９号方形周溝墓と出土遺物（青木・栁田 1994 から作図）

六・〇㎝（同四）、四〇・四㎝（同六）と大きく、他の方形周溝墓には（第一図）、四〇㎝を超えるものがないのと好対照である。[3] 因みに、芝川流域でほぼ同じ時期の大宮公園内遺跡の方形周溝墓は規模が一〇・二×八・五mで、壺は器高が約三〇㎝で標準である（大宮市 一九六八）。

（二）綾瀬川流域

綾瀬川右岸の遺跡として向原遺跡（浜野他 一九八四、橋本 二〇〇〇、橋本 二〇〇一）、戸崎前Ⅱ遺跡（橋本 一九九九）をあげる。

《向原遺跡》

上越新幹線や土地区画整理事業に伴う発掘調査で四基の方形周溝墓が検出され、SR一、SR二、SR—S一、SR—S二と命名されている。このうちSR—一、SR—S一、SR—S二は比較的近接し、数グループからなる同一集落に含まれるようである。大型のSR一は住居群の中心的な位置にあって周囲に住居のない独立的な位置にあるのに対し、規模が劣るSR—S一、SR—S二は住居群に近接し並列している（第三図）。SR一の規模は長軸一七・七四m、短軸一五・〇mであり（第四図）、超大型壺は器高五八㎝で、西側溝コーナーの埋土上層から出土している。もう一点「やや大きめ」の大型壺も出土しているが、報告書では出土状態は詳らかではない。この方形周溝墓出土土器には、明瞭に底部穿孔土器といえるものがない。

《戸崎前Ⅱ遺跡》

一九九七（平成九）年の発掘調査で大形の方形周溝墓の北側と南側の一部が調査されただけだが、南北軸長が約二一mを測る（第三・五図）。古墳時代前期の住居跡は四五軒検出され、それらは三期に分類されており、方形周溝墓はそのうちの二期に充てられている。方形周溝墓が単独存在なのか群在しているのかは不明であるが、二・三期の住居

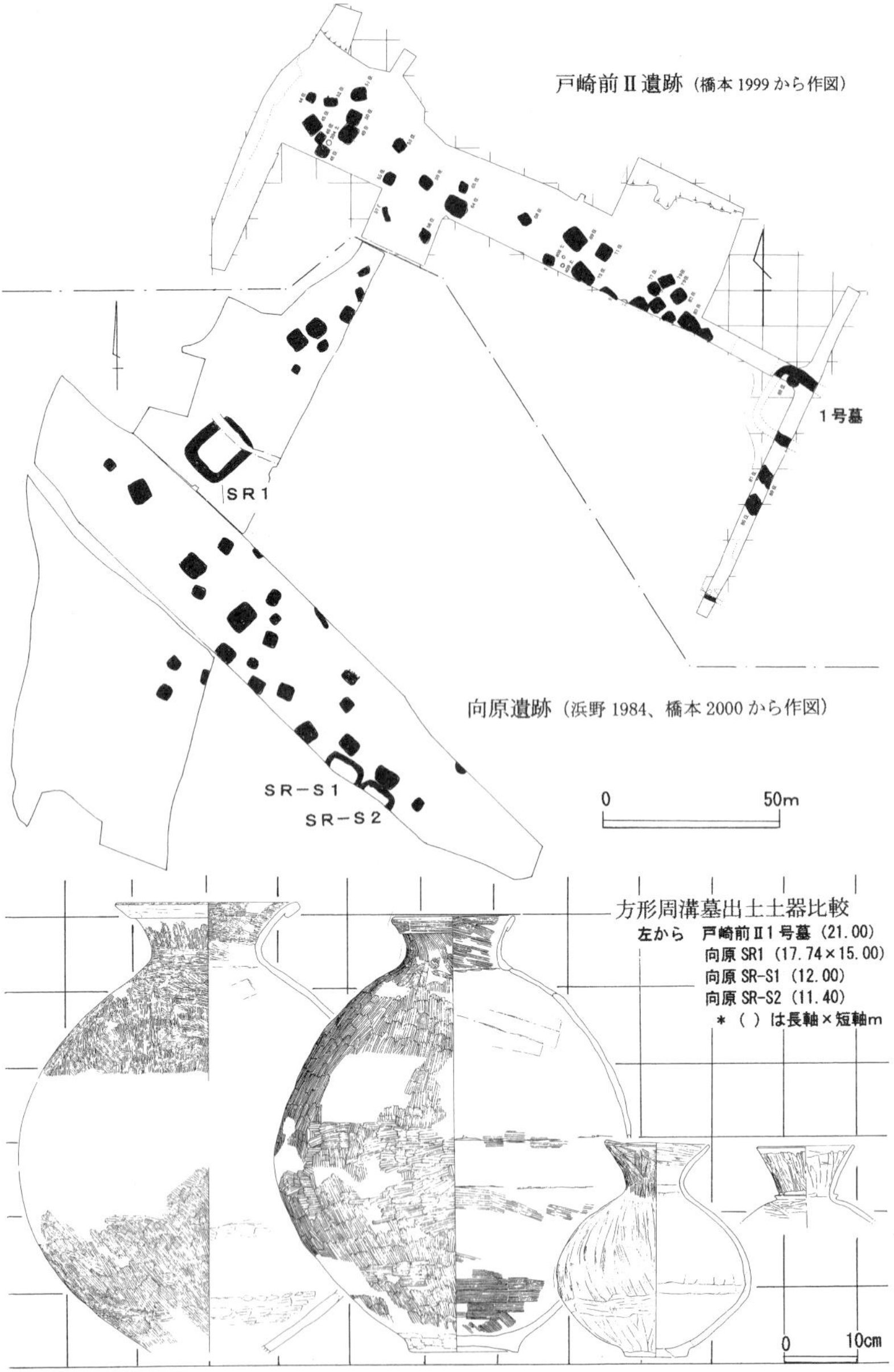

第3図　向原遺跡と戸崎前遺跡　集落・方形周溝墓・土器

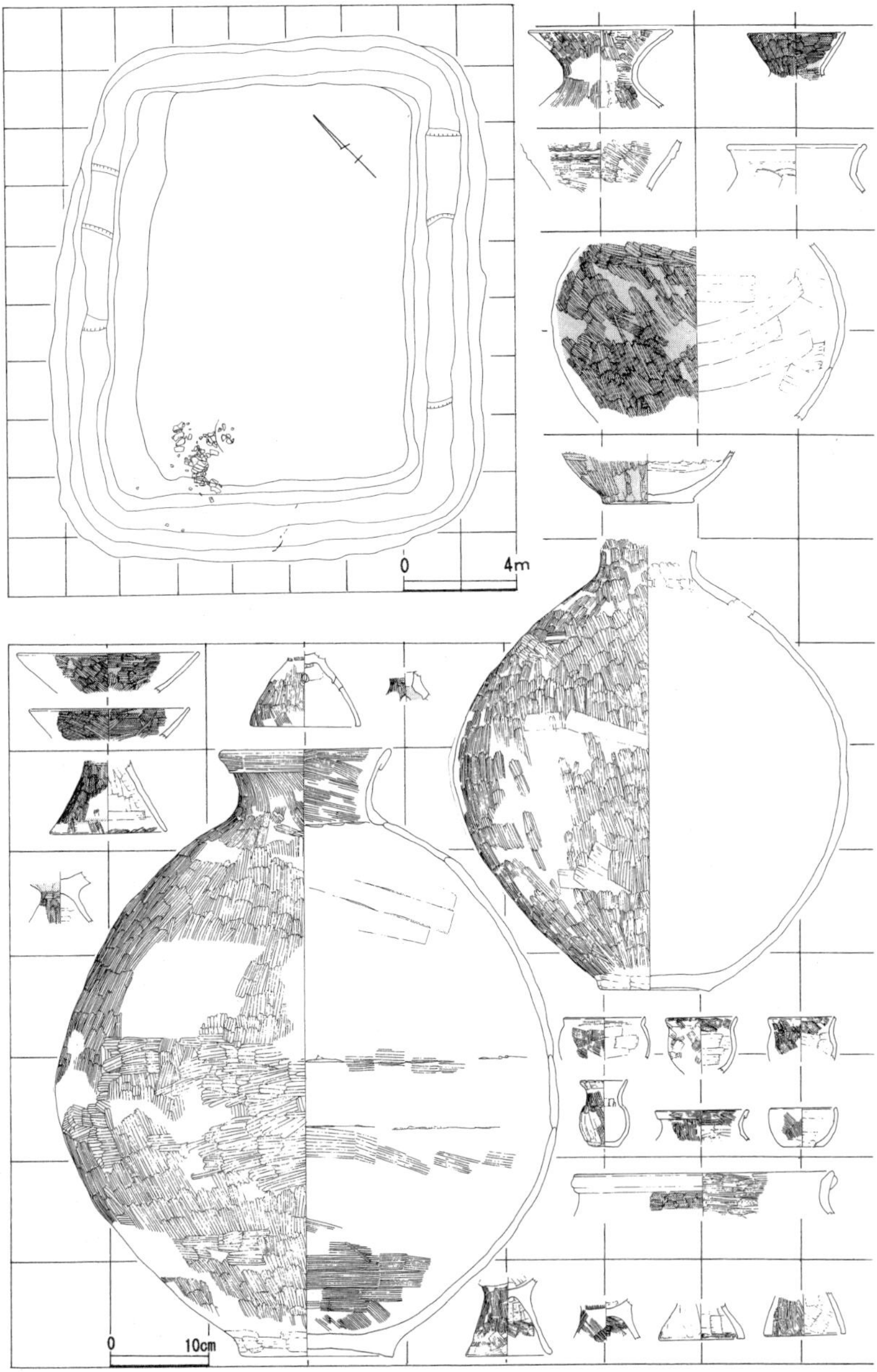

第4図　向原遺跡 SR-1 と出土土器（橋本 2000 から作図）

第5図　戸崎前Ⅱ遺跡第1号方形周溝墓と出土土器（橋本1999から作図）

群とは一定の距離があって周辺に空間があり、向原遺跡のあり方に類似するようである。超大型壺は北側溝コーナー付近から出土している。推定器高は六〇㎝を超え、丁寧に磨かれ表面と口縁内面は赤彩されている。その他の土器は、北東溝中央付近からまとまって出土しているが、組成は向原遺跡に類似している。

（三） 柳瀬川流域左岸

早坂廣人氏は、先述したように柳瀬川流域の方形周溝墓出土の大形土器については大きめの方形周溝墓から見つかる傾向がある、と指摘している（早坂 二〇〇四）。その前提として、富士見市内で検出された弥生時代の方形周溝墓の数は一二基で、不確実なものを含めても二〇基に届かず、検出された住居跡の数四八一軒と較べると、ごく限られた人のみが葬られる墓だったとしている。そして、方形周溝墓の規模（方台部長軸）と出土した壺の寸法とを比較し（第六図）、上記の指摘を行っている。柳瀬川流域（左岸）における大型方形周溝墓と超大型壺が確認された遺跡には、下流から富士見市氷川前遺跡、同北通遺跡、所沢市東の上遺跡がある。[4]

《富士見市氷川前遺跡》

この遺跡は厳密に言えば柳瀬川に面していないが、柳瀬川が現・新河岸川に合流する荒川低地を見下ろす台地先端部にある。これまでの調査では集落跡と方形周溝墓域との位置関係は明らかにされていないが、第三三地点（堀 二〇〇四）で方形周溝墓が二基（いずれも一部）検出されており、いずれも南北方向を基軸にしていることから並列していると考えられる（第七図）。第一号方形周溝墓は、西側溝の一部と南側溝で、南側溝の規模から長さ一二m以上と推定される。一号に近接した第二号方形周溝墓は四・五×四・四mで、一号に比し規模的に格差がある。超大型壺は器高約六四㎝で、一号の西溝南西コーナー寄りの覆土上層から一・九m×二・〇mの範囲で方台部から流れ込んだような破片の状態で出土したという。南溝からは、いずれも底面から小形壺二点、台付甕台部、高坏[5]一点が出土している。

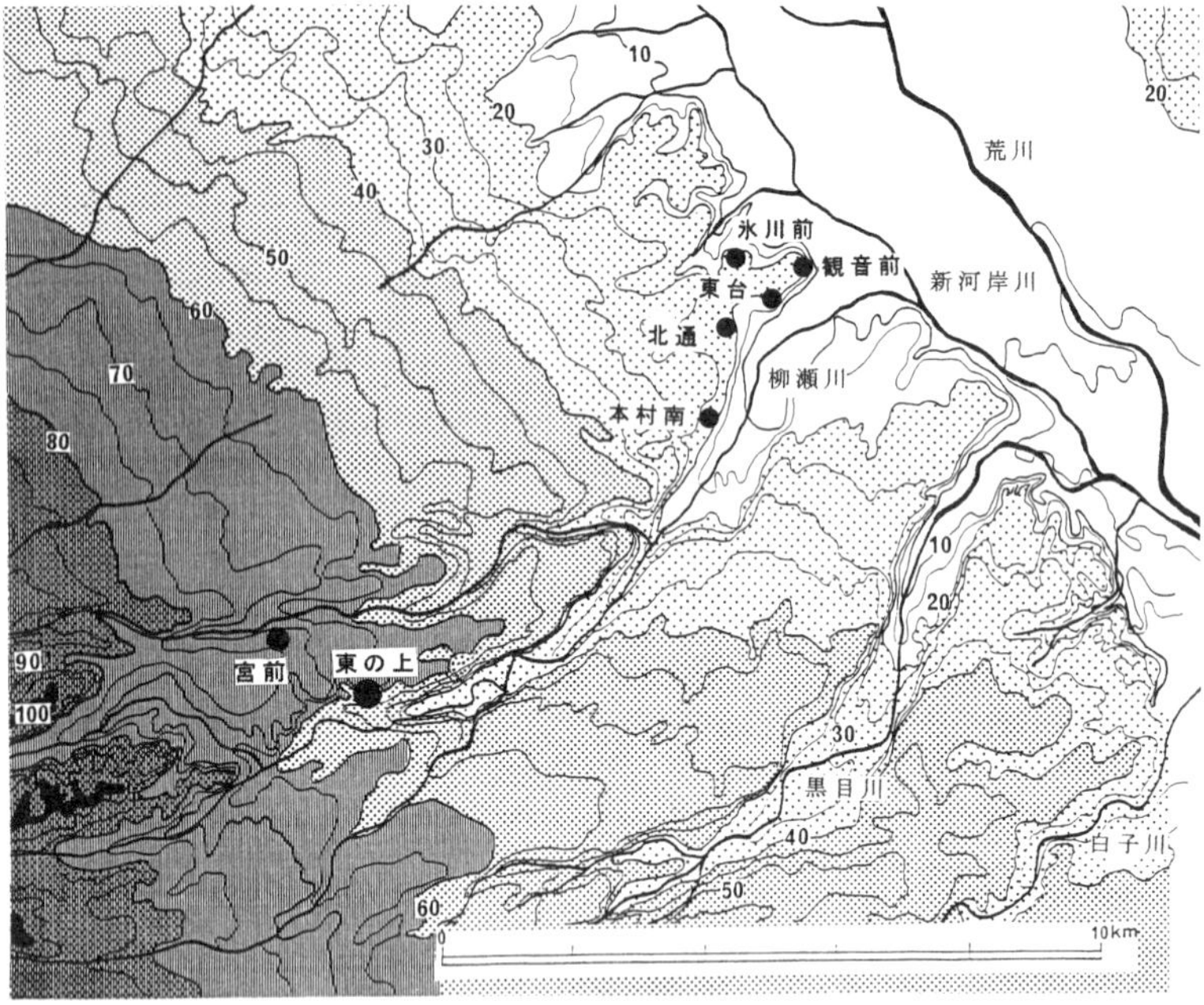

柳瀬川左岸の方形周溝墓検出遺跡（粕谷・小暮 1995 から加筆転載）

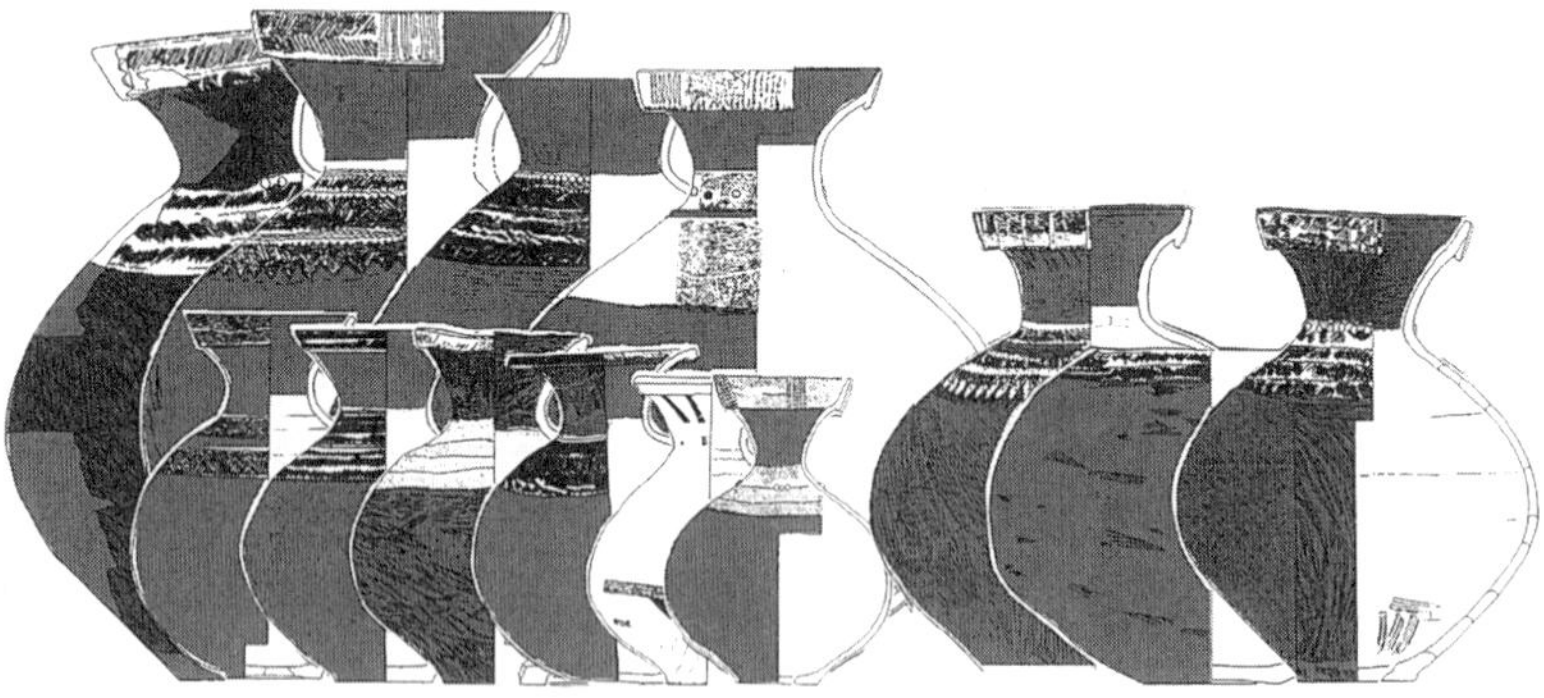

柳瀬川流域（左岸）の方形周溝墓出土土器（早坂 2004 から転載）

第6図　柳瀬川流域（左岸）の方形周溝墓と土器

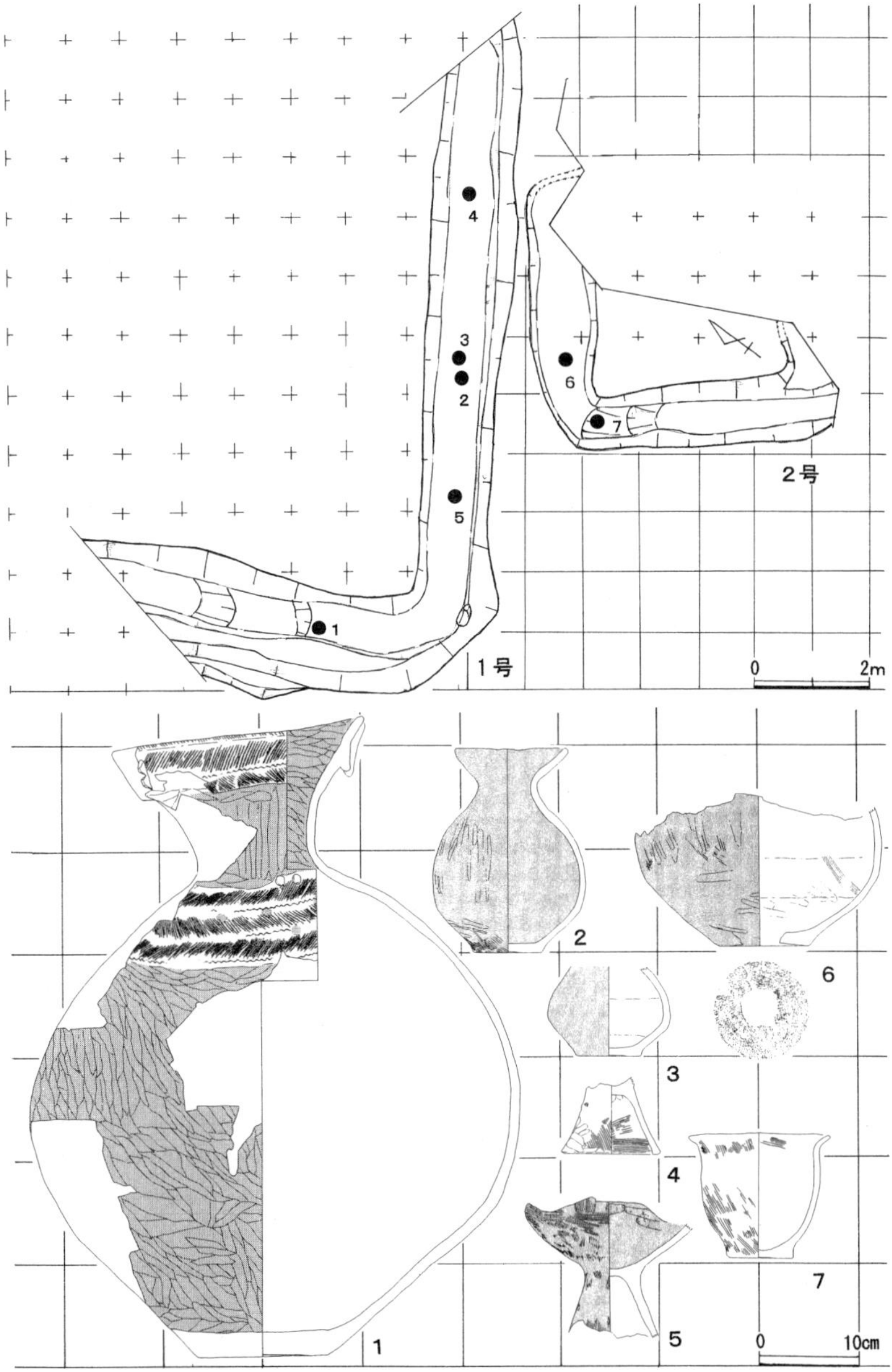

第7図　氷川前遺跡　方形周溝墓と出土土器（堀 2004 から作図）

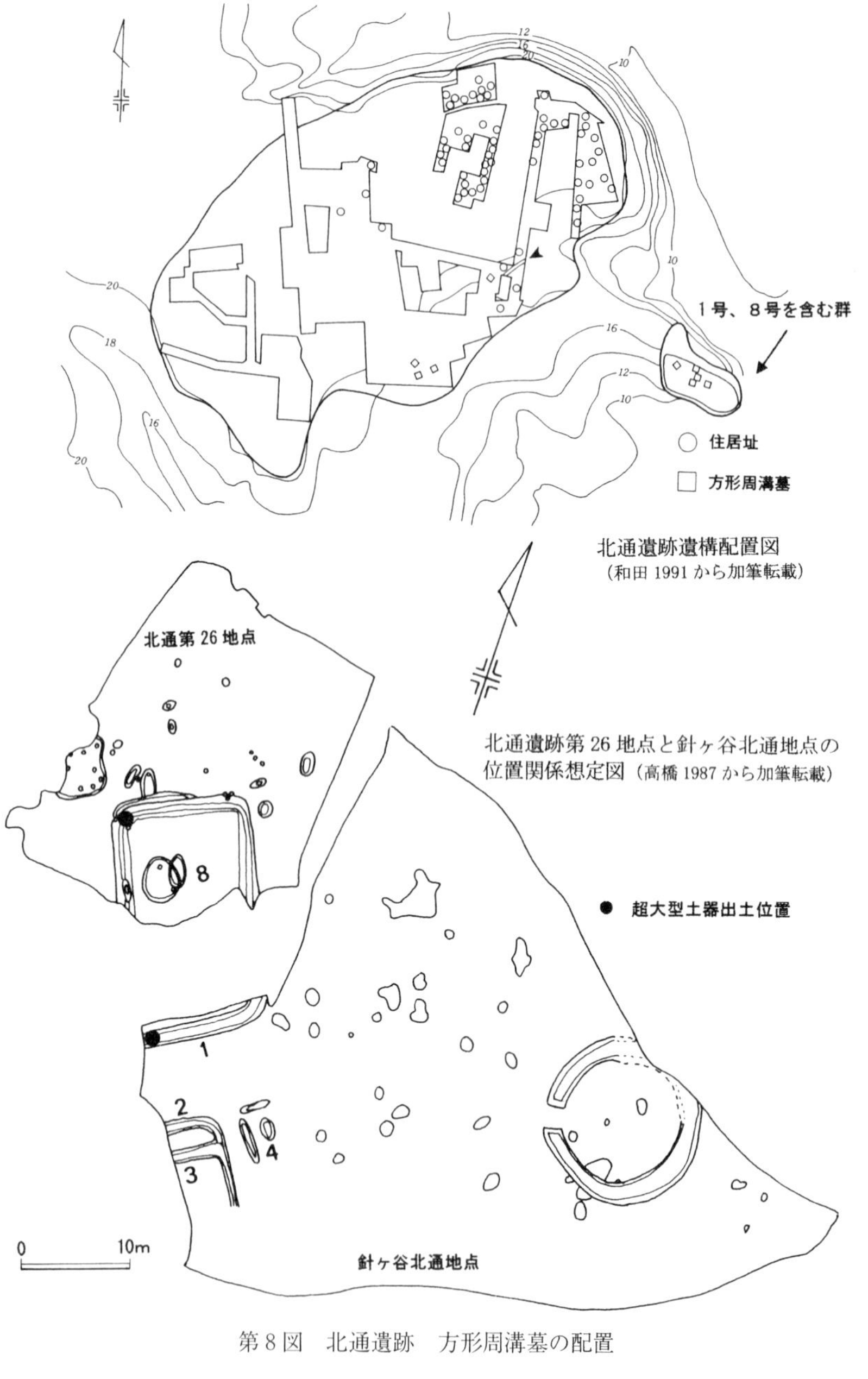

北通遺跡遺構配置図
（和田 1991 から加筆転載）

北通遺跡第 26 地点と針ヶ谷北通地点の
位置関係想定図（高橋 1987 から加筆転載）

第 8 図　北通遺跡　方形周溝墓の配置

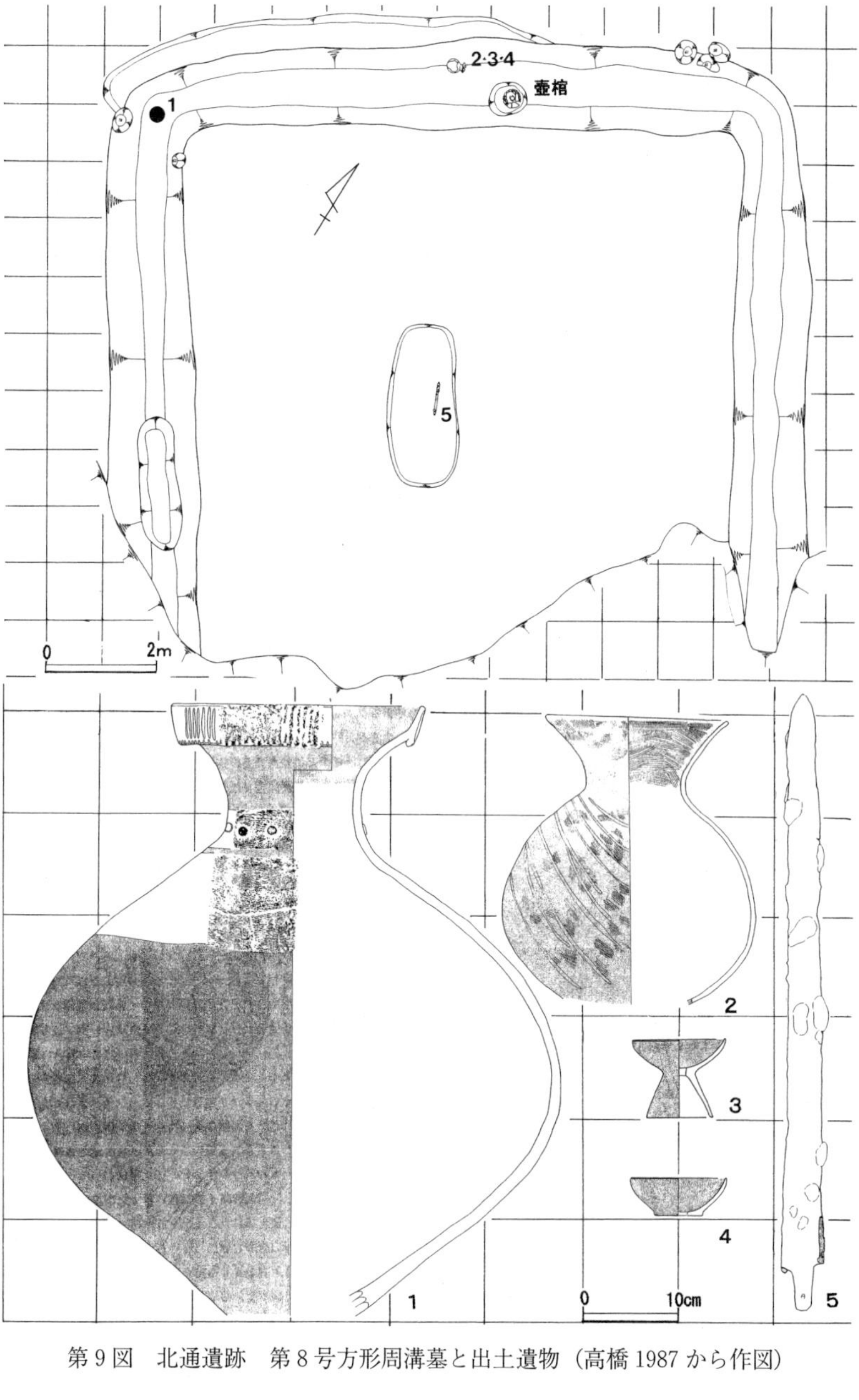

第9図　北通遺跡　第8号方形周溝墓と出土遺物（高橋 1987 から作図）

ている。

《北通遺跡》

集落跡の南東方向に延びる舌状台地上に墓域があり（第八図）、昭和四九（一九七四）年と昭和六〇・六一（一九八五・一九八六）年の発掘調査で五基の方形周溝墓と一基の円形周溝墓が検出され、一号と八号から超大型壺が出土している。

調査次数の異なる両者の位置関係は確定されていないが、位置関係の想定図（第八図）では最も高所にあって方向が一致し並列しているようであり、土器の様相から見て時期的には一号から八号への推移が想定できる。

一号（土井・宮崎・今橋 一九七五）は、南溝にあたる部分が確認されたのみで規模は明らかではないが、調査部分では一〇・八mあり、溝幅・深さから大型と推定できる。超大形壺は溝の西端の崖際の最上層から横転したような状態で出土しており、方台部から転落したものと解釈されている。この土器は、底部を欠いた状態で六〇cmの器高で、胴部最大径が五四cmと非常に大きく、早坂氏の比較図（第六図）の大型土器の中でも競り勝っている。

八号（高橋 一九八七）は南溝を欠くが東西軸長が一二・五mあり、最大溝幅一・七m、深さも一・七mある。主体部が残存しており、全長六一cmの鉄剣やガラス小玉三一点が出土している。超大型壺は、周溝の北西隅の覆土中位からほとんど小破片となって一×一・五mの範囲に集中して検出された。報告者は口縁部は胴部破片の下位から検出されているところから、周溝が半分ほど埋まりかけた状態で方台部から転落したものと解釈されている。また、北溝の覆土最上部からは、焼成後に底部が欠かれた壺、器台、焼成前穿孔の鉢が出土し、更にやや時期が降る土器棺墓が検出された。土器棺は高坏の坏部を蓋とし堀の覆土を掘り込んで埋設しており、「遺構」を伴わない超大型壺とは明らかに出土状態を異にしている。

《所沢市東の上遺跡》

柳瀬川の上流左岸に位置し、第五三次調査で方形周溝墓三基が検出された（粕谷・小暮 一九九五）。東の上遺跡では

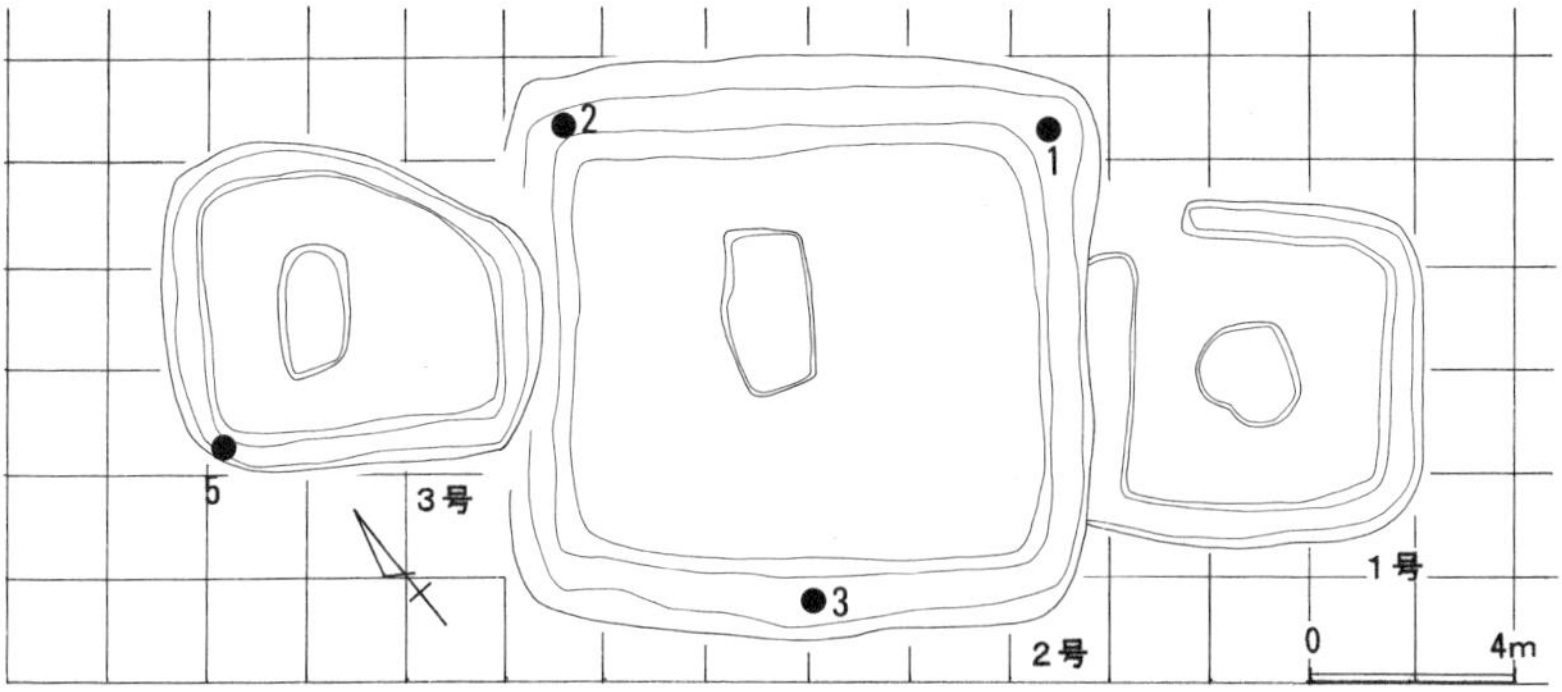

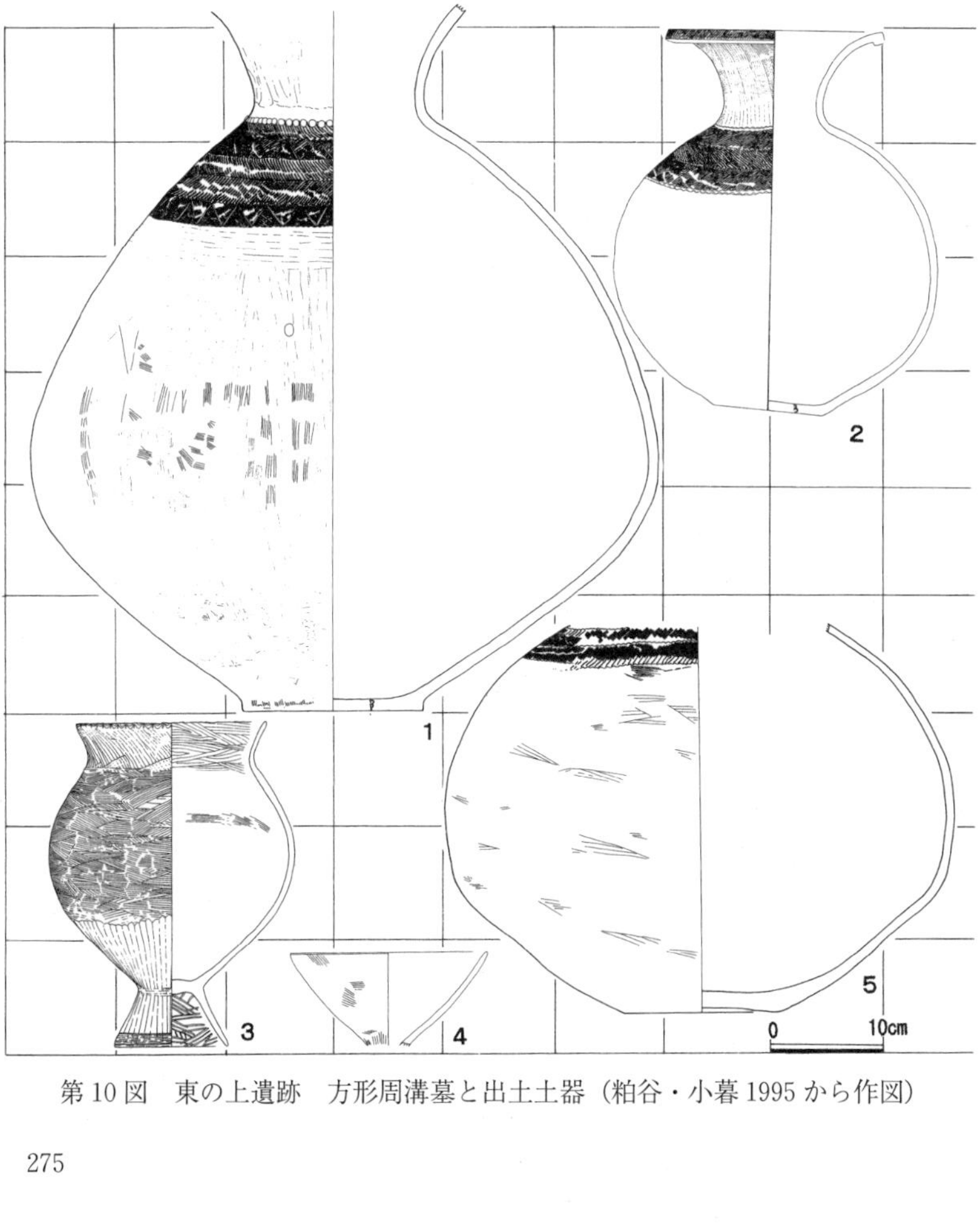

第10図　東の上遺跡　方形周溝墓と出土土器（粕谷・小暮1995から作図）

調査された住居跡が五〇基を超えており、集落に伴う墓域とされる。方形周溝墓は二号を真中に溝の一辺が重複しながら並列しており、一号→二号→三号と構築されている（第一〇図）。方台部の規模は、二号の南北が九・一八mで、一と三号が四・九mであり、溝の最大幅は、二号が二・〇〇mであるのに対し、一号が〇・九九m、三号が〇・九〇mであり、二号が他を圧している。

超大型壺は二号の北東コーナーから出土しており、現存器高六〇㎝、底部穿孔で口縁部が人為的に打ち欠かれている。二号からは更に、底部穿孔壺一、台付甕一、高坏一が出土している。三号は壺一（底部穿孔ではない）で、この土器も大ぶりである。壺三点はいずれも、溝コーナーから出土している。なお、三基とも主体部が確認され、ガラス玉が出土しており、二号九点、一号五点、三号二点となっている。

（四）越辺川流域

越辺川に面する坂戸市入西遺跡群では、広面遺跡（村田 一九九〇）・中耕遺跡（杉崎 一九九二）・稲荷前遺跡B区・C区（富田 一九九四）にまたがる大規模な方形周溝墓群が発掘調査されている。この中で最大規模を誇るのが広面SZ九で、外周を含めた規模は、東西五二・四〇m、南北四二・六〇mで、高さ二mの墳丘を残し、南東辺および北東辺に突出部を有する（第一一図）。更には、方台部の南西辺、西コーナー寄りから南東方向に向かって斜めにブリッジが設けられており、変形の前方後方型であり、方形周溝墓群中、特異で突出した存在である。

土器（第一二図）は溝中出土で、ブリッジ中央で同形態の焼成前穿孔中型有段口縁壺（口縁部径＝胴部径）四個体、ブリッジ東側で小型壺四（内、焼成前二）、南東部突出周辺からは壺六、器台二、高坏二が出土し、超大型壺はその内の一つである。図上復元で器高七〇㎝弱、胴部最大径が五〇・四㎝を測り、横帯縄文二段・赤彩の吉ヶ谷式系土器である。[6] 出土位置は突出部の東側で、東西二m、南北二・五mの範囲に溝底からかなり浮いた散乱した出土状態が確認

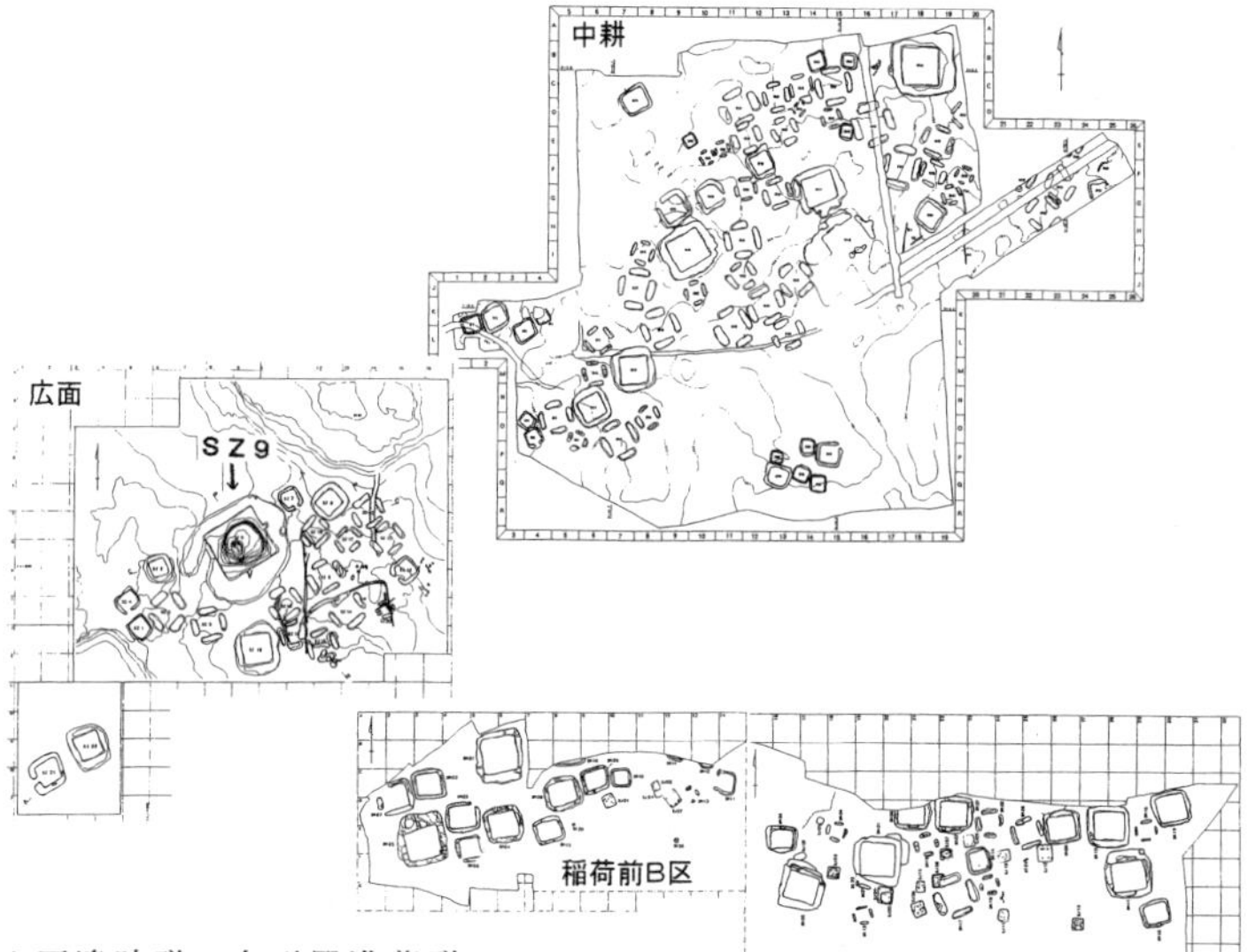

入西遺跡群の方形周溝墓群
（福田 2000 から加筆転載）

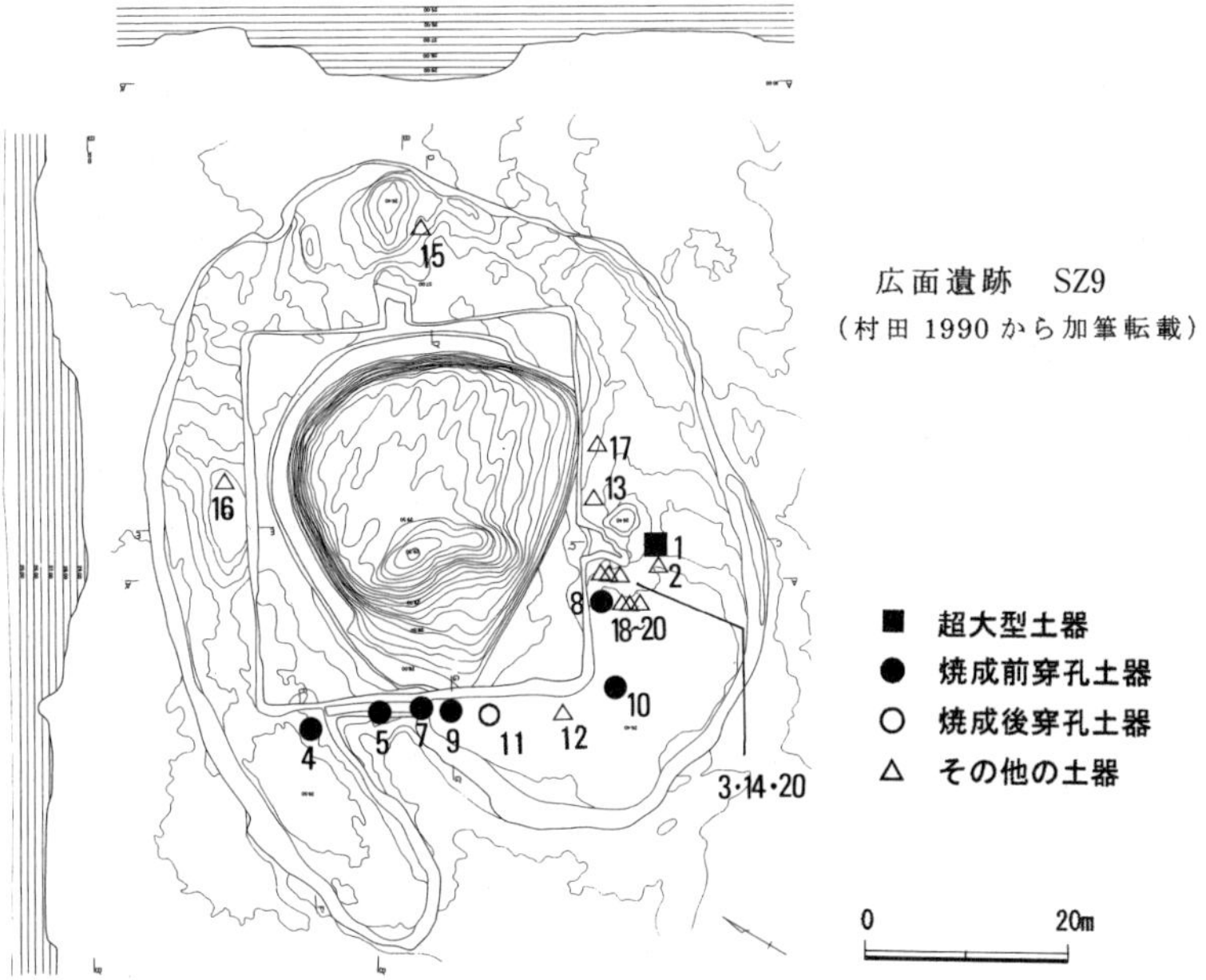

広面遺跡　SZ9
（村田 1990 から加筆転載）

第11図　広面遺跡SZ9と出土土器の位置

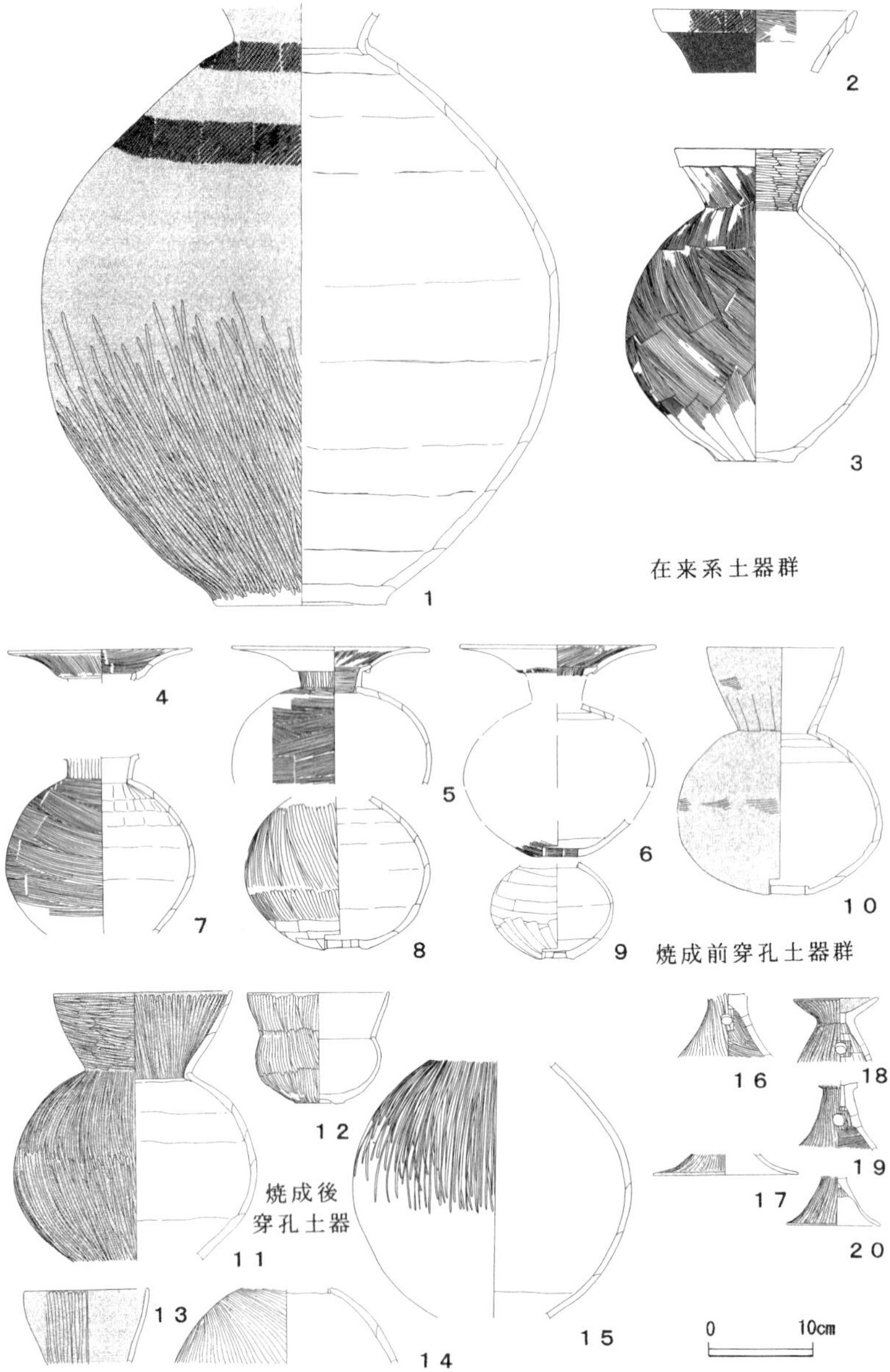

第12図　広面遺跡 SZ9 出土土器（村田 1990 から作図）

されている。報告者は、原位置について、葬送儀礼時、墳丘上に樹立されていたものか、あるいは、墳丘中に埋置されていたものが崩壊したものか、と二通りの可能性を想定している。

二　小　考

本稿で取り上げた事例は、従来、報告書等で弥生時代後期末から古墳時代初頭と表現されてきた時期で、『関東の方形周溝墓』（山岸 一九九六）の編年では、Ⅲ期後半からⅤ期初めに充てることができる。地域としては、荒川中流域右岸から下流域にかかる地域であり、広く渉猟した結果ではないが、この地域では顕著な特徴として指摘できる。古墳出現前夜の葬送儀礼については、外来の影響を受けつつ小地域の独自性もあったのではないかと私考する。(7)

Ⅲ期後半～末の井沼方遺跡では、大きく東西の二系列に分かれる方形周溝墓群のなかで九号墓は西系列に属し、東系列で最大規模の一〇号墓と対峙する位置にある。ただし、長軸×短軸の総体規模では九号墓が上回り、溝も深く幅広で鉄剣が出土する点も含めて一〇号墓より優位にある。その被葬者は、単位集落が複数存在すると考えられる環濠集落において、数集落を主導する有力な立場にある人物と考えることができる。しかし、柳瀬川流域ではⅢ期末の氷川前一号は流域開口部、北通一号が下流部、東の上二号が上流部と分立しており、有力者の勢力を流域左岸一帯にまで及ぶと見なすことはできない。ただ、その配列から北通一号から系譜を引くと考えられるⅣ期の八号では全長六一㎝の鉄剣を伴う。また、Ⅲ期では軸長一二m以上が大型の目安といえるが、Ⅳ期の向原遺跡はSR一が一七m、戸崎前Ⅱ遺跡一号では二一mを数える。そして、向原遺跡では数単位の集落間の空閑地に単独墓で存在し、戸崎前Ⅱ遺跡も同じあり方を示すと推定される。Ⅴ期の広面遺跡SZ９になると、方台部の一辺が二五mを超し、変形ながら前方後方型である。超大型壺を伴う大型方形周溝墓の被葬者の性格を規定するには更に手続きが必要だが、方形周溝墓の被葬者の中でも階層的に上位に位置し、次第に優位性を増し「首長墓」としての性格を強めていったことは想定できよう。

超大型壺の出土位置をまとめてみると上表のようになるが、報告書の中には土器棺（壺棺）の可能性を指摘しているものもある。しかし、掘り込みなど埋置した遺構は確認されておらず、合口に使用されたと考えられる土器も出土していない(8)。いずれも出土位置はコーナーないしはコーナー付近であり、溝の覆土中層から上層で口縁部が下向きの横位や破砕の状態で確認される場合がほとんどである。報告者の多くが溝の一定の埋没後方台部から落下したと解釈しており、筆者も意図的な破砕行為の結果とみるよりは、方台部コーナーに据えられた供献土器が落下したもの、とみなしたい。特にⅢ期では四隅のコーナーに大型の供献壺が置かれ、内一点が超大型壺として象徴的に扱われていた状況が推定できる。Ⅳ期では、北通八号のように浅鉢など焼成前穿孔が部分的に現われるが、超大型壺の存在と配置位置は継承されている。ところが、Ⅴ期の広面ＳＺ九では、主体を成すのは規格が一定の焼成前穿孔土器で、有段口縁中型壺三点、単口縁中型壺一点、小型壺一点で、出土位置もブリッジ中央とその周辺である。それに対して超大型壺は、南東部の突出部付近からの出土で脇の位置にある。焼成前穿孔土器を主体的な儀器とする外来性の強い葬送儀礼様式が導入される一方で、超大型壺の供献という地域伝統的な儀礼はなお別区で保守されていたのである。

大型方形周溝墓名	時期	超大型壺出土位置
井沼方九号	Ⅲ期後半	北東コーナー溝中
北通一号（針ヶ谷北通地点）	Ⅲ期末	南溝西コーナー寄り溝中
氷川前一号	Ⅲ期末	西溝南コーナー寄り溝中
東の上二号	Ⅲ期末	東コーナー溝中
北通八号（二六地点）	Ⅳ期	西コーナー溝中
向原ＳＲ一	Ⅳ期	西コーナー溝中
戸崎前Ⅱ一号	Ⅳ期	北コーナー溝中
広面ＳＺ九	Ⅴ期	南東部突出部付近溝中

本稿でⅣ期とした時期は、いわゆる東海系を始めとする外来系の参入が顕著になることで画期とする。だが、超大型壺は北通八号、向原ＳＲ一、戸崎前Ⅱ一号のいずれもが在来の様相を色濃く残すものである。外来系が定着したＶ

期になっても広面SZ九の超大型壺は吉ヶ谷式系で在来系である。地域伝統的な儀礼で使用される供献壺が在来系であることから、大型方形周溝墓の被葬者が外来系ではなく、在地勢力から成長してきた「首長」と考えることができる。超大型壺は「首長」の出自を示す象徴として、その系譜を誇示するため樹立されたのである。

おわりに

超大型壺の消長に関して更に触れなければならないが、紙幅も超えてしまった。周溝中の土器に関する伊藤敏行（一九八六・一九八八）、福田　聖（一九九六）、立花　実（二〇〇五）氏らの先行研究にも触れることができなかった。欠礼をお詫びするとともに、いずれ機会を改めて卑見を述べてみたい。

この小論を記すに至った契機は、青木義脩氏と早坂廣人氏の好視点に接したことによる。また、利根川章彦氏には懇切な助言を、並木　隆氏には資料の提供を賜った。銘記して厚く御礼申し上げる次第である。

注

（1）　方形周溝墓の規模は、以下、溝を含めた長軸×短軸とする。

（2）　片口鉢は、横からみると鳥形を呈するとされている。近隣で鳥形土器が検出されている遺構として、志木市・西原大塚遺跡一七号方形周溝墓がある（V期）。一辺が二〇mを超える大型で、報文では鳥形製品（土器・木製品）に関する小考もなされている（上田他　二〇〇〇）。

（3）　もっとも、東グループでは最大規模の一〇号は南東コーナーが未調査であり、今後出土しないとも限らない。

（4）　右岸では注（2）で触れた西原遺跡で二〇mを超える大型の方形周溝墓が検出されており、一七号でも器高が四二・三㎝の「かなり大きめ」の壺が南コーナー付近から破砕された状態で出土している。V期で二重口縁壺も出土していて、過渡的な様相をもつ。

（5）　台付甕と報告されているが、内面がヘラミガキされ内外面が赤彩されていることから高坏と考えられる。

(6) 吉ヶ谷式(Ⅲ期後半)では、東松山市・観音寺遺跡四号方形周溝墓が全容は明らかではないが一辺が約一八mと推定される大型で、主体部から鉄剣と銅釧が出土している(宮島 一九九五)。溝中から出土した四点の甕のうち三点は住居跡出土の甕より大ぶりで井沼方九号のあり方と類似する。吉ヶ谷式系では、吹上町(現 鴻巣市)袋・台遺跡三号方形周溝墓出土の壺(Ⅳ期)は超大型であるが、部分的な調査であり今回取り上げていない。

(7) 他地域では、例えば神奈川県平塚市・王子ノ台遺跡一号や二号では器高五〇cmを超える壺が出土しているが(西口 一九八八)、遺構の大きさとの相関関係は必ずしも認められない。

(8) Ⅳ期の北通八号では、本文中でも触れたように溝の埋没段階での掘り込みや合口で明確な土器棺墓が確認できる。板橋区・徳丸東遺跡の土器棺(壺棺)は、器高五八cmの超大型壺で掘り込みが確認されている(隅田他 一九九二)。Ⅳ期の東京都北区・七社神社遺跡二号(黒済他 一九八八)は規模の大きい方形周溝墓と推定され、北東コーナー付近から器高が六〇cm近い超大型壺が横転状態で出土している。掘り込みが確認されていないが、周りから頸部の割れ口を丁寧に面取りした小型壺と高坏脚部が出土していて合口に使用された可能性があり、リン・カルシウム分析の結果もあるので例示から外した。

引用・参考文献

青木義脩 一九九四「各論…方形周溝墓周溝内出土の大型土器をめぐって」『井沼方遺跡発掘調査報告書(第一二次)』浦和市遺跡調査会報告書第一八五集 浦和市遺跡調査会

青木義脩・栁田博之他 一九九四『井沼方遺跡発掘調査報告書(第一二次)』浦和市遺跡調査会報告書第一八五集 浦和市遺跡調査会

伊藤敏行 一九八六「東京湾西岸地域における方形周溝墓の研究Ⅰ」『研究論集Ⅳ』東京都埋蔵文化財センター

伊藤敏行 一九八八「東京湾西岸地域における方形周溝墓の研究Ⅱ」『研究論集Ⅴ』東京都埋蔵文化財センター

上田 寛他『西原大塚遺跡第四五地点』志木市遺跡調査会報告第六集 埼玉県志木市遺跡調査会・小松フォークリフト株式会社

大宮市 一九六八『大宮市史』第一巻考古編

小倉 均 一九八七『井沼方遺跡(第八次)発掘調査報告書』浦和市遺跡調査会報告書第五九集 浦和市遺跡調査会

粕谷吉一・小暮広史 一九九五『東の上遺跡』所沢市埋蔵文化財調査報告書第三集 埼玉県所沢市教育委員会

黒済和彦他 一九八八『七社神社前遺跡Ⅰ』北区埋蔵文化財調査報告第三集 東京都北区教育委員会

杉崎茂樹　一九九三『中耕遺跡』埼玉県埋蔵文化財調査事業団第一二五集　(財)埼玉県埋蔵文化財調査事業団

隅田　眞他　一九九二『徳丸東遺跡』板橋区教育委員会

高橋　敦　一九八七『針ヶ谷遺跡群』富士見市遺跡調査会調査報告第二七集　埼玉県富士見市遺跡調査会

高山清司・小倉　均他　一九九七『井沼方遺跡・井沼方南遺跡』浦和市内遺跡発掘調査報告書第二五集　浦和市教育委員会

立花　実　二〇〇五「方形周溝墓の埋まり方と祭祀の段階」『季刊考古学』第九二号　雄山閣

土肥　孝・宮崎朝雄・今橋浩一　一九七五『針ヶ谷北通遺跡発掘調査報告書』埼玉県遺跡調査会報告第二六集　埼玉県遺跡調査会

富田和夫　一九九四『稲荷前遺跡（B・C区）』埼玉県埋蔵文化財調査事業団報告書第一四五集　(財)埼玉県埋蔵文化財調査事業団

西口正純　一九八八『王子台遺跡（弥生時代編）』東海大学考古学研究会

橋本　勉　一九九九『戸崎前Ⅱ／薬師堂根Ⅱ』埼玉県埋蔵文化財調査事業団報告書第二一八集　(財)埼玉県埋蔵文化財調査事業団

橋本　勉　二〇〇〇『向原／相野谷』埼玉県埋蔵文化財調査事業団報告書第二三三集　(財)埼玉県埋蔵文化財調査事業団

橋本　勉　二〇〇一『向原遺跡Ⅱ』埼玉県埋蔵文化財調査事業団報告書第二七二集　(財)埼玉県埋蔵文化財調査事業団

浜野一重他　一九八四『向原・上新田・西浦』埼玉県埋蔵文化財調査事業団報告書第四一集　(財)埼玉県埋蔵文化財調査事業団

早坂廣人　二〇〇四『平成十五年度企画展　みずほの台地の弥生のくらし』富士見市立水子貝塚資料館

福田　聖　一九九六「方形周溝墓の死者儀礼」『関東の方形周溝墓』同成社

福田　聖　二〇〇〇『方形周溝墓の再発見』ものが語る遺跡三　同成社

堀　義之　二〇〇四「第六章　氷川前遺跡第三三・三四地点」『富士見市内遺跡Ⅻ』富士見市文化財報告第五六集　埼玉県富士見市教育委員会

宮島秀夫　一九九五「銅釧・鉄剣出土の方形周溝墓　観音寺遺跡四号方形周溝墓」『比企丘陵』創刊号　比企丘陵文化研究会

村田健二　一九九〇『広面遺跡』埼玉県埋蔵文化財調査事業団報告書第八九集　(財)埼玉県埋蔵文化財調査事業団

栁田博之・駒見佳容子　二〇〇〇『井沼方遺跡発掘調査報告書（第一七次）』浦和市遺跡調査会報告書第二八〇集　浦和市遺跡調査会

山岸良二編　一九九六『関東の方形周溝墓』同成社

和田晋治　一九九一『南通遺跡第一一地点発掘調査報告書』
富士見市遺跡調査会調査報告第三七集　富士見市遺跡調査会

方形周溝墓・周溝の覆土と出土状況

――鍛冶谷・新田口遺跡――

福田　聖

一　はじめに

一九八三年四月から一九八五年三月まで大学に入学したての私は、戸田市鍛冶谷・新田口遺跡の調査に参加させていただいた。西口正純氏をはじめとする多くの調査員の薫陶を受け、また息子同様に可愛がってくれた補助員さんたちのお陰で、毎日を楽しく過ごし、夜に大学に行くのも苦痛と感じることは全くなかった。考古学のイロハを教わり、発掘調査の技術を習得できたのはひとえにあの日々があったお陰である。しかし、その楽しさとは裏腹に若さゆえの思慮の足りなさや思い違い、問題意識の欠落があったのも素直に認めざるを得ない。

二〇〇五年、調査員となった私は川島町富田後遺跡で、かつての鍛冶谷・新田口遺跡と同じ光景を目の当たりにすることとなった。折しも、低地の周溝(1)の問題をここ数年継続して検討しており、まさに格好の材料を得た形である。調査を進める内、富田後遺跡でこれまで私が周溝を有する建物跡としてきた遺構の、覆土と遺物の出土状況にある共通性が認められるのではないかと思うようになった。

本稿では、この疑問を発端に、これまで近隣で最大級の「周溝」群が検出されている戸田市鍛冶谷・新田口遺跡

（塩野・伊藤 一九六八、伊藤 一九八四、西口 一九八六、小島 一九九〇・一九九四）を対象に、出土状況と覆土について若干の検討を行うことにしたい。

二 遺物出土状況と覆土表記の目安

これまでも方形周溝墓の出土状況については、方台部から供献土器が、周溝がある程度埋没した後に転落した、であるとか、周溝底で破砕して祭祀に用いたであるといった表現で記述されることが多い。しかし、こういった記述は解釈を含むもので、事実関係のみの表現とは言い難い。この点については既に何度か述べたことがあるものの、それも目的が異なるため、出土状況や覆土についての一部について取り上げたものでしかない。

そうした私も含めて偏った記述が多い中、方形周溝墓群から周溝を有する建物跡群へと、一次調査から二次調査の間に遺構の評価が一変した東京都北区の大周溝群の報告書『豊島馬場遺跡Ⅱ』における覆土や出土状況の記述は、遺構をどの種類の遺構とするかという切実な問題があるためか、基準を設けた詳細なものとなっている。（中島・嶋村・長瀬 一九九九）本稿では、それを参考にすることにしたい。

周溝覆土については、豊島馬場遺跡では上層に地山ブロックを多く含む層については埋め戻しの可能性があるとして網掛け（第一図）で表現されている。この覆土の形成については、いくつかの場合が考えられるが、改めて土層注記を通覧した結果、自然堆積（A）、下層に地山ブロックを多く含むもの（B）、全体に地山ブロックを含むもの（C）、埋め戻しの可能性のあるもの（D）、部分的に埋め戻しの可能性のあるもの（E）、不明なもの（F）があると考え、表記した。

遺物の平面的な分布状況については『豊島馬場遺跡Ⅱ』の「周溝全周に均一に分布する……均一（（1））、局所的

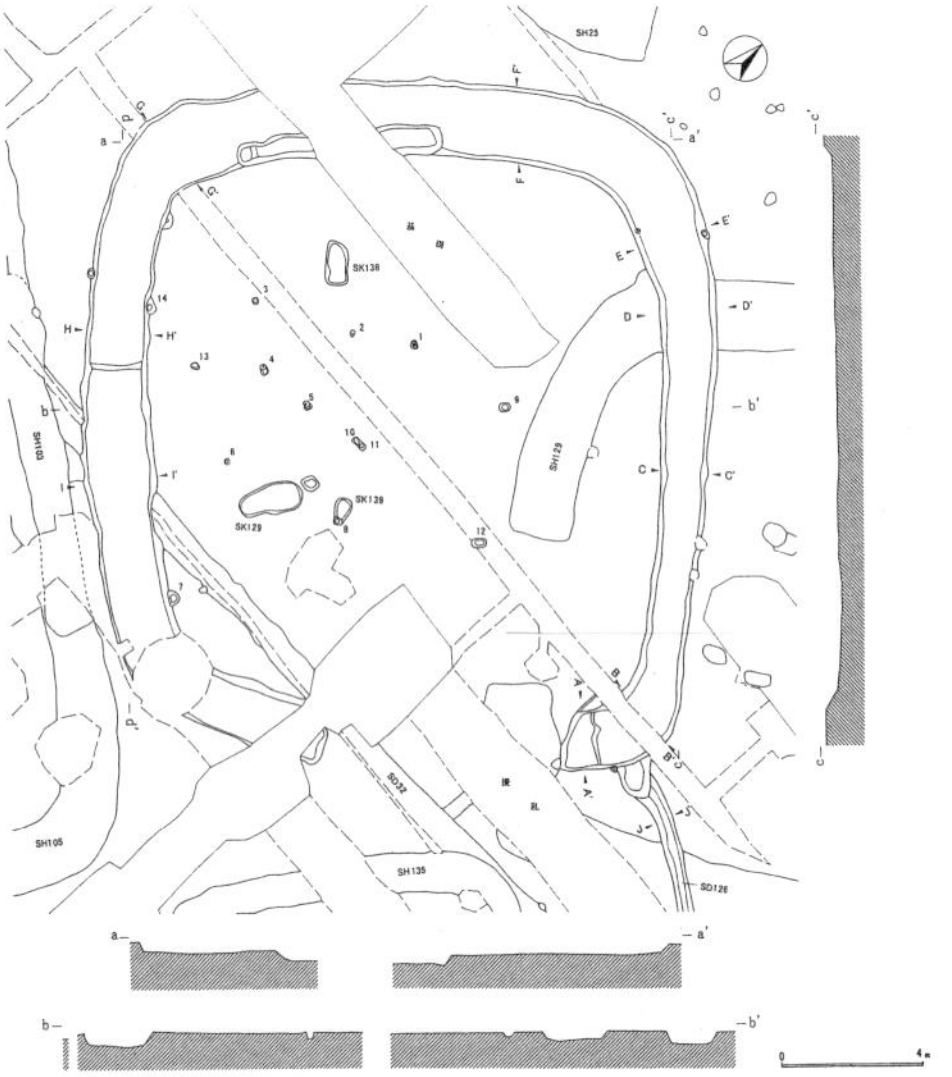

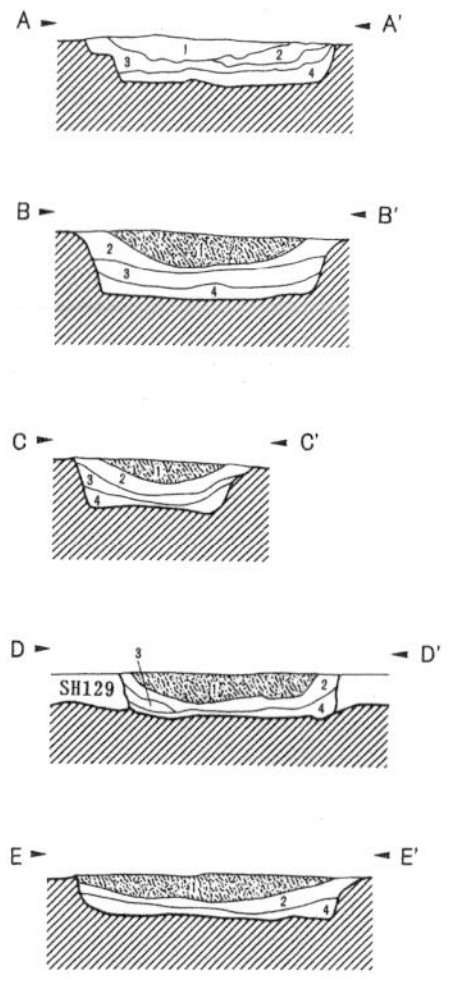

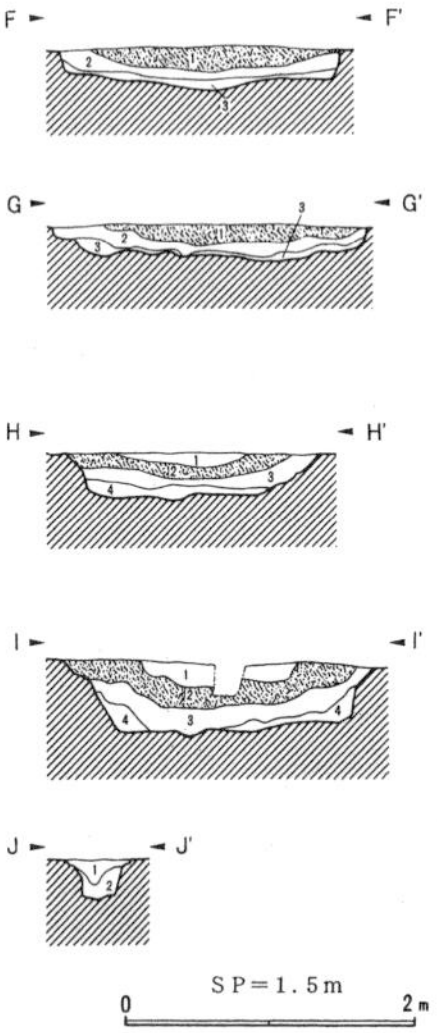

SH134・SD126土層説明

AA'
1. 黒褐色シルト層　青灰色シルト粒・塊を少量含み、白色粒・酸化鉄を含む。
2. 黒色シルト層　青灰色シルト粒・塊を多量に含み、酸化鉄を微量含む。
3. 黒色シルト層　青灰色シルト粒を微量含む。
4. 黒色シルト層　青灰色シルト粒・塊を多量に含む。

BB'
1. 黒色シルト層　青灰色シルト粒・塊を多量に含む。（埋土か？）
2. 黒色シルト層　青灰色シルト粒を微量含み、酸化鉄を少量含む。
3. 黒褐色シルト層　青灰色シルト粒・塊を含む。
4. 黒色シルト層　青灰色シルト粒・塊を多量に含む。

CC'
1. 黒色シルト層　青灰色シルト粒・塊、白色粒・酸化鉄を含む。（埋土か？）
2. 黒色シルト層　青灰色シルト粒・酸化鉄を少量含む。
3. 黒色シルト層　青灰色シルト粒を微量含む。
4. 黒色シルト層　青灰色シルト粒・塊を少量含む。

DD' EE'
1. 黒色シルト層　青灰色シルト粒・塊、白色粒・酸化鉄を含む。（埋土か？）
2. 黒色シルト層　青灰色シルト粒を微量含む。
3. 黒褐色シルト層　青灰色シルト粒を含む。
4. 黒色シルト層　青灰色シルト粒・塊を含む。

FF' GG'
1. 黒色シルト層　青灰色シルト粒・塊を多量に含む。（埋土か？）
2. 黒色シルト層　青灰色シルト粒を微量含む。
3. 黒色シルト層　青灰色シルト粒・塊を多量に含む。

HH' II'
1. 黒褐色シルト層　青灰色シルト粒を少量含み、白色粒・酸化鉄を含む。
2. 黒色シルト層　青灰色シルト粒・塊を多量に含む。（埋土か？）
3. 黒色シルト層　青灰色シルト粒を微量含む。
4. 黒色シルト層　青灰色シルト粒・塊を含む。

JJ'
1. 黒褐色シルト層　青灰色シルト塊を微量含み、白色粒・酸化鉄を含む。
2. 黒褐色シルト層　青灰色シルト粒・塊、酸化鉄を含む。

第1図　周溝埋め戻しの例　豊島馬場遺跡SH134（中島ほか1999より転載）

に分布する……集中（(2)）、非常に少ない……（(3)）」に「不明……（(4)）」を加えて表記した。

層位的な分布状況は、『豊島馬場遺跡Ⅱ』では「どの層位に集中するかによって上・中・下で示」されているが、その他にも床直、確認面、不明の場合が認められるため、床直（a）、下層（b）、中層（c）、上層（d）、確認面（e）、不明（f）という六通りの表記を行った。

遺物の出土状況については、平面的、層位的分布状況とは別に、遺物の量、遺存度を確認する必要があると考えた。遺物の出土量については、『豊島馬場遺跡Ⅱ』では点数表記が行われているが、鍛冶谷・新田口遺跡の報告書ではいずれにおいても記載がないため、ドットで示された出土状況図をもとに、多（1）、やや多（2）、やや少（3）、少（4）、僅少（5）、不明（6）、なし（7）に分け、表記した。

遺物は大部分が土器であるため、その遺存度についても検討した。報告書ではそうした記述がないため、実測図の表現されている全形が復元できているか否かをもとに、破片を主体とする（①）もの（破砕された状況を含む）、破片と復元実測によって全形の知れる少数のもの（②）、復元実測によって全形の知れる多数のものに加えて破片資料（③）（配置された状況を含む）[2]に区分し、表記した。

三　周溝・周溝墓の遺物出土状況と覆土

埼玉県戸田市鍛冶谷・新田口遺跡では、一一〇基の周溝墓、周溝を有する建物跡、周溝が検出されている。それらについては、平面形態、周溝の幅と深さ、出土土器の器種構成、遺存具合によって、既に方形周溝墓と周溝を有する建物跡に分けた（福田 二〇〇二）。ここでは、その振り分けに従って記述を進めることにしたい。（第一表）

方形周溝墓　方形周溝墓とその可能性のあるものとしては、七・一三・三七・五七・六一・七四・七六・八六・九

第1表　周溝の覆土と出土状況

No.	覆土	焼・炭	量	遺存	土器	平面	層位	備考
1	C		4	①		(3)	cd	
2	C		7	①		(3)	c	
3	F		4	①		(3)	f	
4	B		4	①		(3)	f	
5	E		2	①		(1)	f	
6	F		7				f	
7	A		2	②	器台	(3)	bcd	
8	D		4	①		(2)	bc	
9	B		4	①		(3)	f	
10	D		5	①		(3)	f	
11	D		5	①		(3)	f	
12	B	中層	1	③	小型壺ほか	(2)	cde	
13	B		4	③	底部穿孔壺	(3)	c	
14	A		7					
15	D		4	①		(3)	c	
16	F		5	①		(3)	f	
17	B	中層	5	②	壺	(3)	cd	炭化材
18	B	中層	1	①		(2)	cd	
19	B	中層	5	①				
20	F		5	①		(3)	f	
21	A	上層	1	②	広口壺・鉢	(2)	cd	土製勾玉
22	B		6	①		(3)	f	
23	A		4	②	高坏	(3)	d	
24	F		7					
25	B		1	①		(2)	f	
26	A		5	①		(3)	f	
27	D		1	②	器台・鉢	(1)	d	
28	D		4	①		(3)	d	
29	A		4	①		(2)	f	
30	A		1	②	壺	(2)	d	
31	A		2	①		(3)	bcd	
32	A		5	①		(3)	f	
33	B	上層	2	②	高坏	(2)	f	
34	B		1	①		(3)	f	
35	F		4	①		(4)	f	
36	B	有	4	①		(2)	cd	
37	A		1	②	壺	(2)	d	溝中溝、管玉
38	B		2	①		(3)	cd	
39	A		1	②	壺・広口壺	(2)	c	
40	A		4	①		(2)	d	
41	D	有	4	①		(3)	f	
42	B		2	②	高坏	(2)	f	
43	A		4	①		(3)	f	
44	B	中層	1	②	壺・台付甕	(3)	f	
45	D		4	②	壺	(3)	cd	
46	A		4	①		(3)	d	
47	B		2	①		(3)	f	
48	D		2	②	台付甕・鉢	(3)	cd	
49	D		5	①		(4)	f	
50	D		4	①		(4)	f	
51	A		4	①		(3)	f	
52	D		4	①		(3)	f	
53	A		4	①		(3)	f	
54	B		4	②	広口壺	(3)	f	
55	B		2	①		(2)	f	
56	A		4	①		(2)	cd	
57	A		5	①		(4)	f	
58	B		4	①		(4)	f	
59	B	中層	4	①		(3)	f	
60	B		5	①		(3)	f	
61	F		4	②	底部穿孔壺	(1)	f	
62	A	上中	4	①		(4)	f	
63	A		4	①		(4)	f	
64	F	下層	5	①		(4)	f	
65	F		5	⑤		(4)	f	
66	A		5	①		(3)	f	
67	A		7					
68	F		5	①		(3)	f	
69	F		5	①		(3)	f	
70	F		4	②	甑	(2)	f	
71	B		5	①		(3)	f	
72	B	上-下	5	①		(3)	f	土玉
73	B		4	①		(3)	b	
74	A		1	②	坩	(1)	d	
75	A		4	①		(3)	f	
76	A	中下	1	②	台付甕・高坏	(1) (2)	d	土錐
77	A		5	①		(3)	f	
78	B	中層	2	①		(1)	bcd	
79	B		4	①		(3)	f	
80	B		4	①		(2)	f	
81	A	有	3	②	甑・無頸壺	(2)	f	
82	D		4	①		(2)	f	
83	A		5	①		(3)	f	
84	B		4	②	壺・無頸壺	(3)	cd	
85	A		5	①		(3)	f	
86	B		1	①		(1)	cd	
87	A	中層	1	①		(1) (2)	d	
89	A		4	①		(3)	f	
90	A		5	②	壺	(3)	f	
91	D		4	②	壺	(3)	f	
92	A		5	①		(3)	f	
93	B		4	②	鉢	(3)	f	
94	B		4	①		(3)	f	
95	A		4	①		(3)	f	
96	A		4	①		(3)	f	
97	F		5	⑤		(4)	d	
98	F		7					
99	B		6					
100	B		1	②	壺・甕・器台	(2)	b	
104	A	床面	2	②	壺・台付甕	(3)	c	
105	A	上中	4	②	壺	(3)	cd	

〇・一〇〇号をあげた。（第二・三図）七・三七・五七・七四・七六・九〇号が自然堆積（A）と考えられる。三七号は溝中溝が掘り込まれており、自然堆積によって周溝が埋没した故の再掘削と考えられる。一三号は中層に、八六・一〇〇号は下層に地山ブロックを多く含む（B）。六一・九七号は自然堆積の可能性もあるが不明である。七六号は中～下層に焼土・炭化物を含む。また七号は、中層から古墳時代後期の所謂須恵坏模倣坏が出土しており、長期間開口していたと考えられる。

遺物は三七号で管玉が、七六号で土錘が出土しているほかは、土器である。出土量は、多いものが三七・七四・七六・八六号、やや多いものが七・一〇〇号、少ないものが六一号、僅少のものが一三・五七・九〇号である。平面的な分布は、七四・七六号が均一に、三七・八六・一〇〇号が集中して、七・一三・六一・九〇号が散在して出土している。層位的には七号が上～下層、一〇〇号が下層、一三号が中・下層、八六号が上・中層、三七・七六号が上層から出土している。六一・九〇号の出土層位は不明である。

七号は破片が主体で、規模に対して全形の知れるものは少なく、器台一点のみが復元実測されている。一三号は底部穿孔壺が、底部は下層から、胴部以上は中層からと分かれて出土している。図示されたものは　その他に器台一点のみである。三七号は破片が主体で、西溝から集中して出土している。南溝底では壺が破砕された状態で出土している。五七号は、破片が主体である。六一号は、破片に加えて底部穿孔壺が二点出土している。遺物は各周溝から出土している。底部穿孔壺は南溝から配置された状態で出土している。七四号は、破片が主体である。七六号は破片が主体だが、台付甕、高坏に全形の知れるものがある。南溝中央に特に集中している。八六号は、破片が主体である。ブリッジ周辺と北溝の東よりにやや集中している。九〇号は、完形の壺一点がコーナーから出土している。一〇〇号は破片が主体で、全形の知れる壺、甕、器台一点が西コーナー付近から出土している。コーナー周辺にやや集中して分布する。

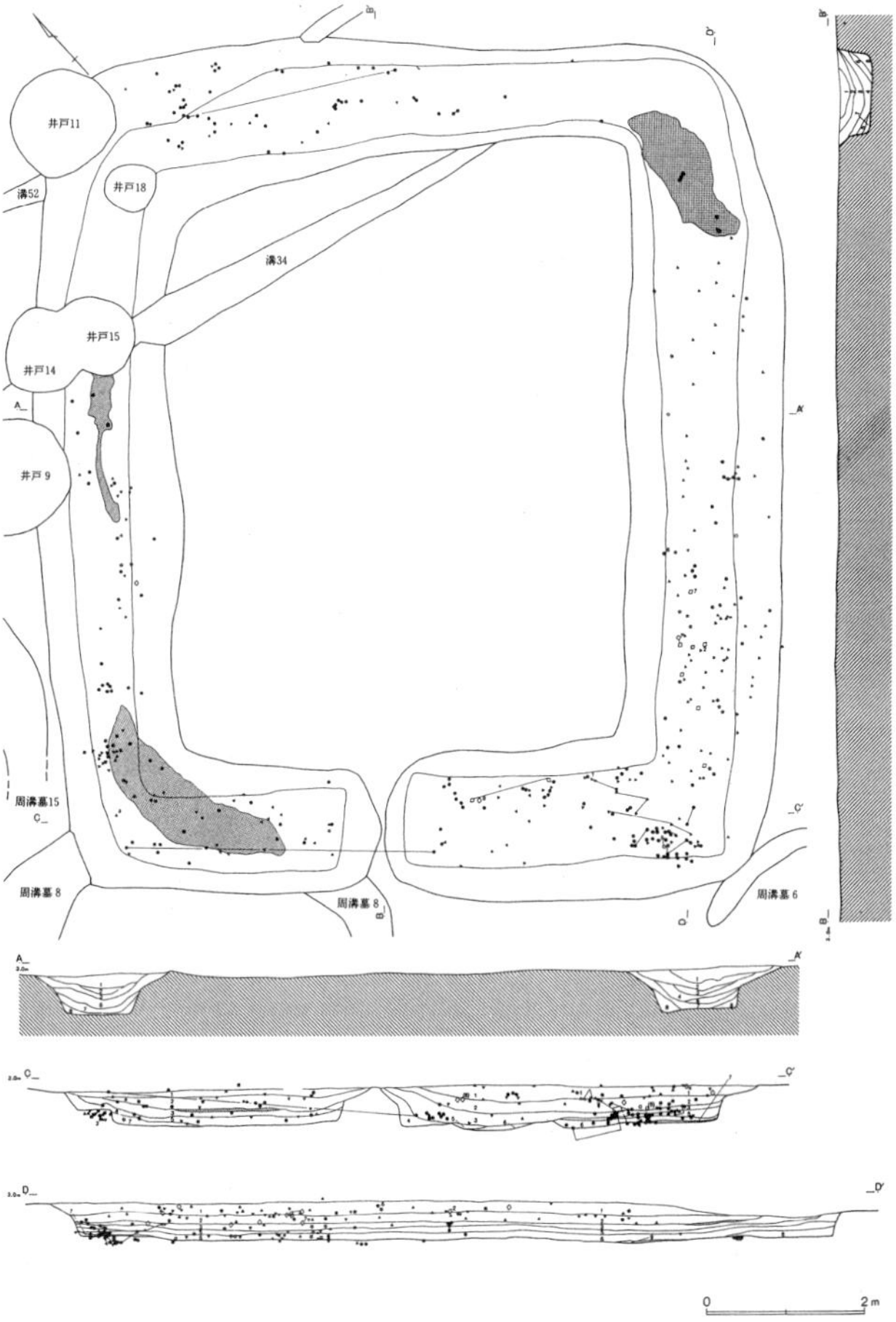

第7号方形周溝墓土層註

1　暗茶褐色土　白色粒子（ϕ0.5㎜)を多量に含み、赤褐色土粒子（ϕ1～2㎜)を少量含む。粘性なし。堅緻。

2　茶褐色土　鉄斑、白色粒子を多量に含み、黒色ブロックを少量含む。粘性ややあり。堅緻。

3　黒色土　灰褐色土ブロック、白色粒子、鉄斑を全体に少量含む。粘性あり。堅緻。

4　灰茶褐色土　黄褐色粒子を全体に含み、同粒子、白色粒子を少量含む。粘性ややあり。堅緻。

5　黄灰褐色土　黄褐色ブロックを全体に多量に含み、黒色土粒子、白色粒子を少量含む。

6　灰褐色土　黄褐色粒子を全体に多く含み、同ブロック、白色粒子、鉄斑を少量含む。粘性ややあり。堅緻。

7　暗灰褐色土　黒色土ブロック（ϕ1～2㎝)を多量に含み、灰褐色土ブロック（ϕ1～2㎝)を少量含む。粘性良。しまり強。

8　黄褐色土　茶褐色土を部分的に含む。粘性、しまり強。

9　黒色土　砂質ブロック、茶褐色土粒子、青灰色粒子を含む。粘性ややあり。

第2図　方形周溝墓（7号）（西口1986より転載）

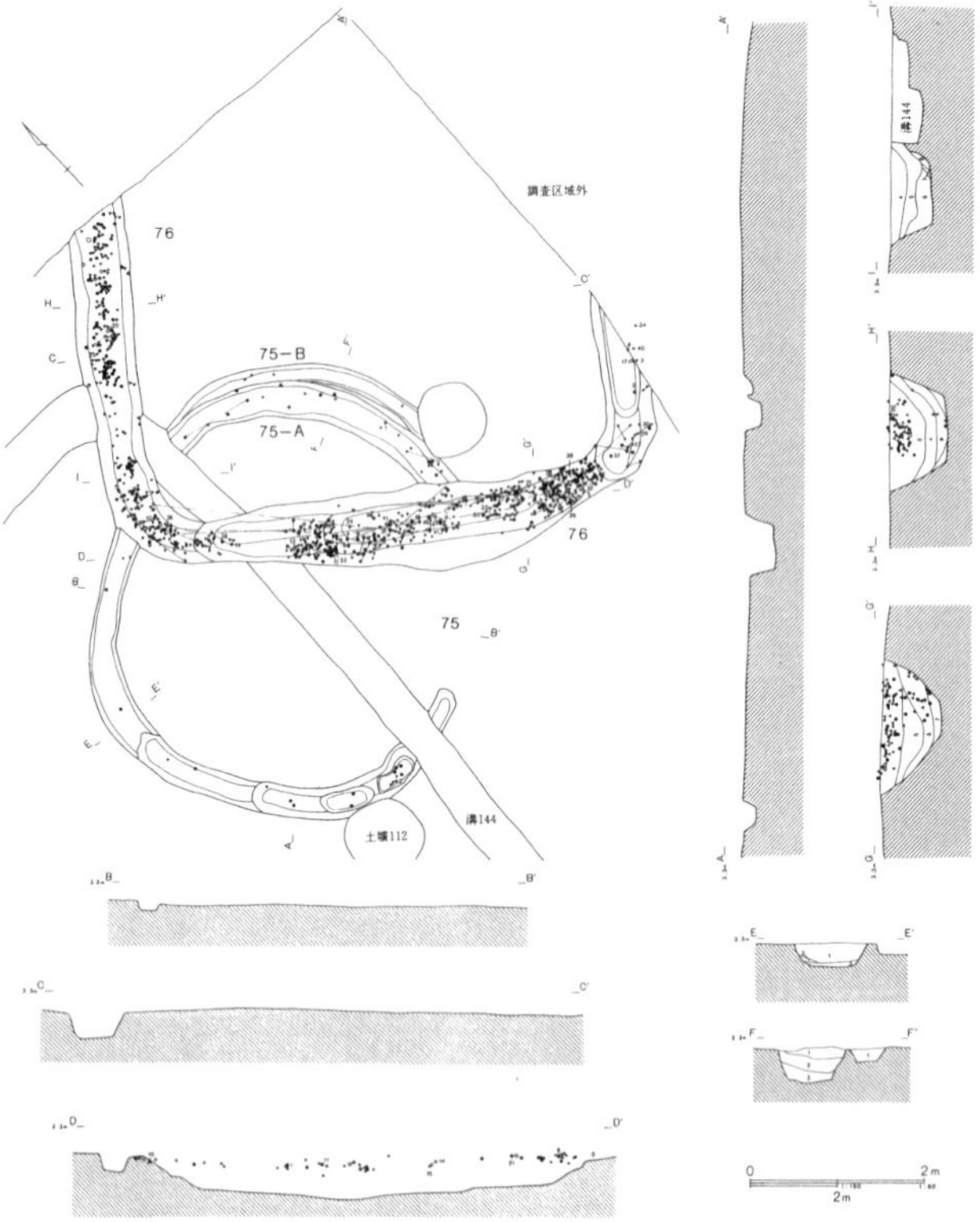

第75・76号方形周溝墓土層註

1	暗褐色土	黄褐色粒子（φ0.5～1㎜)をやや多く含み、同ブロック、黄灰色粘土ブロック赤褐色粒子を少量含む。粘性ややあり。しまり良。
2	黒褐色土	黄褐色粒子（φ0.5～1㎜)、黄灰色粘土粒子、赤褐色土粒子を少量含む。粘性やや強。しまり良。
3	黒色土	黄褐色ブロック、同粒子、黄灰色粘土ブロックを少量含む。粘性やや強。しまり良。
4	灰黒色土	淡黄褐色粒子、赤褐色粒子を少量ふくむ。粘性ややあり。しまり良。やや砂質。
5	灰褐色土	黄褐色粒子(φ1㎜)を全体に含み、Ⅰ～Ⅰ´地点では炭化物、焼土粒子を少量含む。粘性強。しまり良。
6	暗茶褐色土	淡黄色粘土粒子(φ1～2㎜)、焼土粒子を少量含む。粘性ややあり。堅緻。
7	淡褐色土	淡黄色粘土粒子を多量に含み、鉄斑、炭化物粒子を少量含む。粘性、しまり強。
8	淡褐色土	黄褐色粒子(φ1㎜)、黒色粒子(φ2～3㎜)を多量に含み、鉄斑も全体に含む。粘性強。しまり良。

第3図　方形周溝墓（76号）と周溝（75号）（西口1986より転載）

方形周溝墓は、後述する周溝と比べると概して出土量が多く、全形の知れる個体が多い(3)。また平面的にも均一な状態や集中して出土する傾向がある。出土量の多いものの方が、当然かもしれないが、そうした傾向がはっきり表れているようである。逆に層位的には、周溝同様中層以上から出土する例が多い。

周溝を有する建物跡

周溝（を有する建物跡）としては、一一～六・九～一二・一四～一七・一九・二一～三

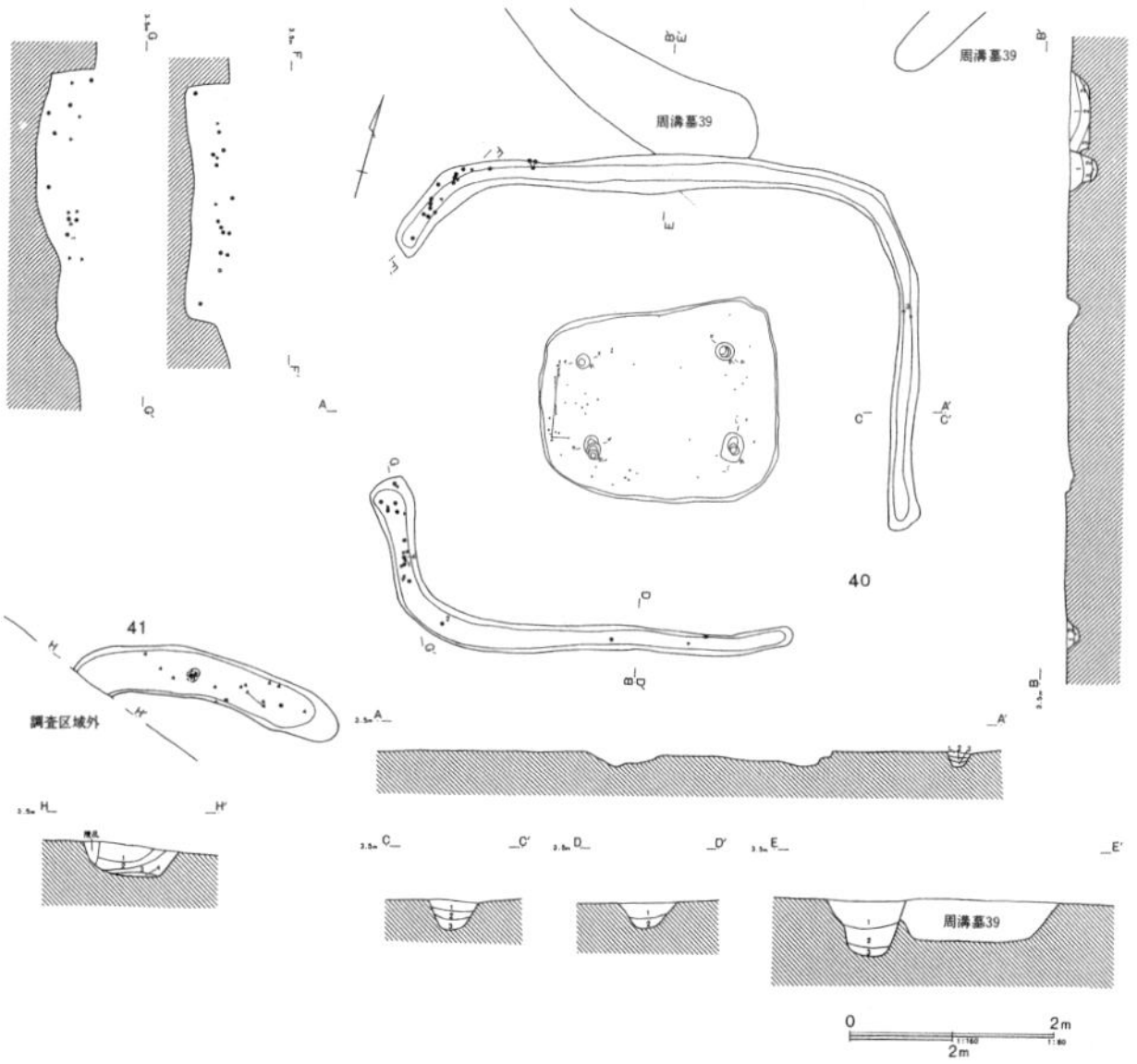

第40号方形周溝墓土層註
1　暗褐色土　橙褐色粒子、鉄斑を多量に含む。粘性ややあり。堅緻。
2　褐色土　黄褐色粒子、橙褐色粒子、鉄斑を少量含む。
3　淡黄色土　暗褐色土を含む。粘性強。しまりあり。

第41号方形周溝墓土層註
1　暗茶褐色土　黄褐色土ブロック（ϕ 2～3 cm）、鉄斑を少量含む。粘性ややあり。しまり強。
2　灰青緑色土　淡黄褐色ブロック（ϕ 2 cm）、暗茶褐色ブロック、橙褐色粒子を全体に含む。粘性なし。しまり良。砂質。
3　黒褐色土　灰青緑色土ブロック（ϕ 1 cm）、鉄斑をまばらに含む。
4　淡黄褐色土　粘性強。しまり強。

第4図　周溝を有する建物跡（40号）（西口1986より転載）

一・三三・三四(4)・三六・三八〜四〇・四四・四六〜五六・五八・五九・六六・六七・六九・七〇・七二・七三・七五・七七・七八・八二・八四・九二〜九六・一〇四・一〇五号をあげた。（第四図）

中でも鍛冶谷・新田口遺跡では、実際に周溝で区画された内部に竪穴住居跡、四本柱の掘立柱建物跡が確認されているものがある。私は四〇号（一六号住居跡）、一〇四・一〇五号（掘立柱建物跡）をその具体例として掲出したが、長瀬出氏は三号（五号住居跡）、二六号（一四号住居跡）もその例に含めている（長瀬 二〇〇〇）。既にそれらについては部分的なもののため判断を保留しているが、ここでは仮にそれらも含めて見ておきたい。

これらの覆土は、一〇四号が下層に地山ブロックを含むものの、いずれも自然堆積と考えられる。また、一〇四号は北溝の床面直上から、一〇五号は覆土上層と南西コーナーの溝中土坑中層から炭化物が出土している。直接周溝が火を受けているわけではなく、流れ込みである。

遺物は土器である。出土量は一〇四・一〇五号がやや多いが、三・四〇号は少なく、二六号は僅少である。一〇四・一〇五号は壺・台付甕に全形の知れるものがあるほかは、破片である。平面的には四〇号が開口部から集中して出土しているほかは散在して出土している。層位的には四〇号が上層から、一〇四・一〇五号は、前者が中層から、後者が上~中層にかけて出土している。その他は不明である。例が少ないため、参考程度にしかならないかもしれないが、量的に少なく、散在して、上層から、破片が出土するという傾向が認められる。

周　溝（第五・六図）　それ以外の周溝の覆土は、自然堆積のもの（A）が一四・二一・二三・二九・三〇・三九・四六・五一・五三・五六・六六・七五・七七・九二・九五・九六号の一六例、下層に地山ブロックを多く含むもの（B）が四・一二・一七~一九・二二・二五・三三・三四・三六・三八・四四・四七・五四・五五・五八・五九・七二・七三・七八・八四・九三・九四号の二三例、全体にブロックを含むもの（C）が一・二号の二例、埋め戻しの可能性のあるもの（D）が八・一〇・一一・一五・二七・二八・三〇・三一・四八・四九・五二・六七・八二号の一三例、部分的に埋め戻しの可能性のあるもの（E）が五号の一例、不明なもの（F）が六・一六・二四・六九・七〇号の五例である。自然堆積と考えられるもの、下層にブロックを多く含むもので、三九例と全体の六割強を占めている。地山ブロックを多く含み、埋め戻しの可能性があるものは全体の二割ほどである。この比率をどう見るかは解釈の問題かもしれないが、大半のものがほぼ何らの造作も受けないで、埋まりきったと考えるのが妥当であろう。

また、覆土に炭化物・焼土を含むものがあるが、粒子状のものが多く、七八号の北溝中層からまとまって出土している以外は明瞭に廃棄されたと判断されるものはない。一二号は南コーナー中層に、一九号は北西開口部中層に、二一号は上層に、三六号は層位は不明だが開口部に、四一号は層位は不明だがコーナーに、四四号は中層に、五九号は

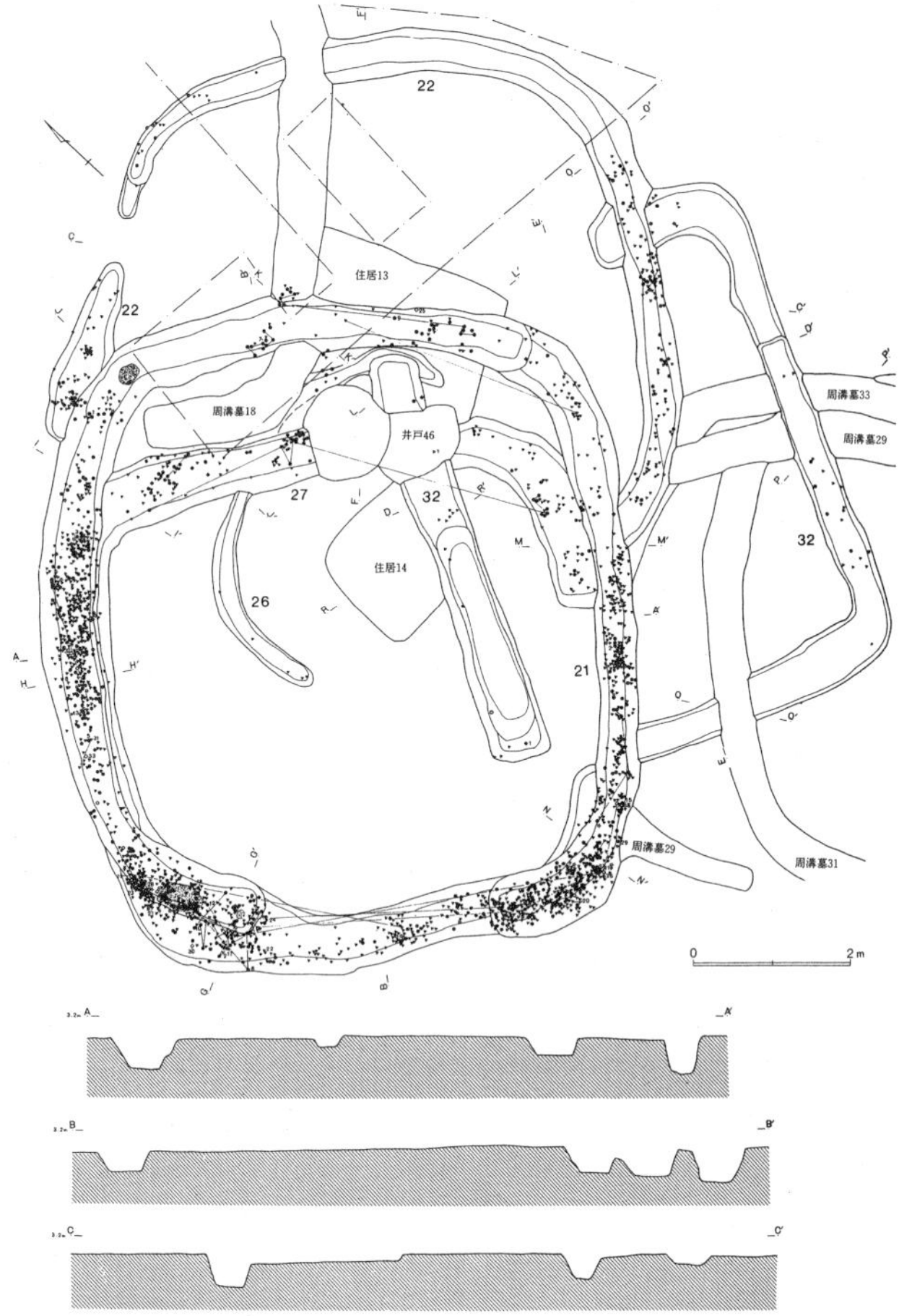

第5図　周溝（21・22・26・27・32号）（西口1986より転載）

開口部の中層に、六二号は上・中層に、六四号は下層に、七二号は上～下層に、八一号は層位は不明だが西溝開口部際に、八七号は層位は不明だが北東コーナー寄りの中層に認められる。

　出土遺物は、一部に木製品（④・一七号）、土製勾玉（二一号）、土錘（七二号）などの土製品もあるが、大部分が土器である。

　出土量は、多量のもの（1）が一二・一八・二一・二五・二七・三〇・三四・三七・三九・四四・七四・七六・八六・

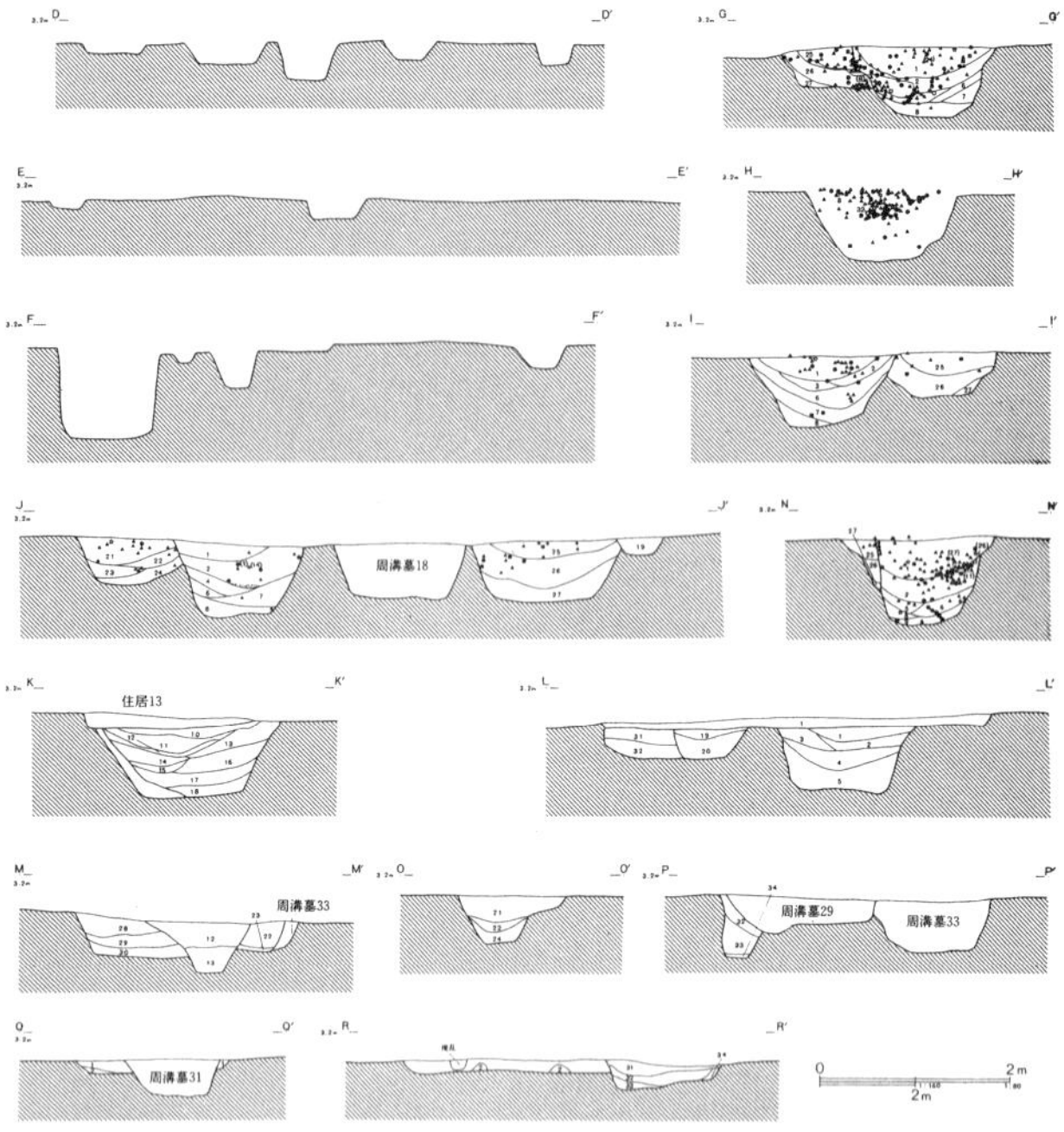

20	暗褐色土	黄褐色粒子、橙褐色粒子を少量含む。粘性ややあり。しまりあり。	28	暗黒褐色土	黄褐色粒子(φ1～3㎜)、焼土、鉄斑を全体に含む。しまりなし。粘性ややあり。
21	暗茶褐色土	黄褐色粘土粒子(φ1～2㎜)を全体的に多く含む。粘性なし。堅緻。	29	暗茶褐色土	黄褐色粒子、炭化物粒子を全体に含み、焼土、鉄斑を少量含む。粘性ややあり。しまりなし。
22	暗茶褐色土	黄橙色粘土ブロックを多量に含む。粘性ややあり。堅緻。	30	茶褐色土	黄褐色粒子を全体に密に含み、鉄斑、炭化物粒子を少量含む。粘性あり。しまりあり。
23	黄茶褐色土	黄橙色粘土粒子(φ1～3㎜)を全体に多量に含み、焼土を少量含む。粘性あり。堅緻。	31	暗茶褐色土	鉄斑を少量含む。粘性やや強。しまり強。
			32	暗茶褐色土	淡黄色粘土粒子を多量に含み、同ブロック、橙褐色粒子、鉄斑を少量含む。
24	暗茶褐色土	黄褐色土粒子(φ1～2㎜)を多く含み、茶褐色土を少量含む。粘性強。堅緻。	33	黒褐色土	黒色土を基本に黄褐色粘土粒子を全体に含み、同ブロック、鉄斑、橙褐色粒子をわずかに含む。粘性、しまり強。
25	暗灰褐色土	黄褐色粒子(φ1～2㎜)、橙褐色粒子(φ3㎜)を少量含む。粘性ややあり。しまり強。			
26	黒色土	黄褐色粒子(φ2㎜)を全体に含む。粘性あり。しまり強。	34	黒色土	黄褐色粘土粒子(φ2～3㎜)をわずかに含む。粘性強。堅緻。
27	暗黄褐色土	黒色土を基本に、淡黄色粘土ブロック、橙褐色粒子を多量に含む。粘性やや強。しまり強。	35	黄褐色土	茶褐色土を少量含む。粘性ややあり。堅緻。

第6図　周溝の断面（21・22・26・27・32号）（西口1986より転載）

八七号の一四基である。

やや多いもの（2）が五・三一・三三・三八・四二・四七・四八・五五・七八・一〇四号の一〇基である。

やや少量のもの（3）は八一号の一基である。

少量のもの（4）は一・四・八・九・一五・二三・二八・二九・三五・三六・四一・四三・四五・四六・五一～五四・五六・五八・五九・六二・六三・七〇・七三・七五・七九・八〇・八二・八四・八九・九一・九三・九四

～九六号の三七基である。僅少のもの（5）は一〇・一一・一六・一七・一九・二〇・二六・三一・四九・五〇・五七・六〇・六四～六六・六八・六九・七一・七二・七七・八三・八五・九二・九七号の二四基である。不明のもの（6）は二三・九九号の二基である。遺物量の記載のないもの（7）は二・一四・二四・六七・九八号の五基である。最も多いのが少量のもので、全体の三九パーセントを占めている。次いで多いのが僅少のもので二六パーセントである。両者で六割を超えており、概して遺物が多いとは言い難い。多量のものは一五パーセント、やや多量のものは一〇パーセントである。

破片が主体の例（①）は、一・二・四・五・八～一一・一五・一六・一八・二二・二五・二八・二九・三一・三二・三四～三六・三八・四一・四三・四六・四七・四九・五〇～五三・五五・五六・五八～六〇・六二～六四・六六・六八・六九・七一～七三・七五・七七～八〇・八二・八三・八五・八七・八九・九二・九四～九六号の五八基である。破片がほとんどで実測によって全形が知れるものが少数出土する例（②）は、一七・二一・二三・二七・三〇・三三・三九・四二・四四・四五・四八・五四・七〇・七四・八一・八四・九一・九三号の一八基である。一七号は壺が南西側開口部の溝中土坑から出土している。二一号は西側開口部から全形の知れる広口壺・鉢が、東側開口部から鉢が出土している。二三号は北東溝から高坏が出土している。二七号では大型器台・鉢の全形の知れるものが出土しているが出土位置は不明である。三〇号では南側開口部の上層から壺が出土している。三三号では南東溝の南寄りから高坏が出土している。三九号では南東側開口部の上層から壺二点、西コーナーから広口壺一点が出土している。四二号は南コーナーから高坏一点が出土している。四四号では壺、台付甕各一点の全形の知れるものが出土しているが、前者は位置が不明である。後者は北コーナー底面から出土している。四五号では壺一点が西コーナーから出土している。四八号では台付甕・片口鉢が北コーナーを挟んだ東西から出土している。五四号では南東溝開口部から広口壺一点が出土している。七〇号では南コーナーから甑一点が出土している。七四号では東溝上層から坩一点が出土し

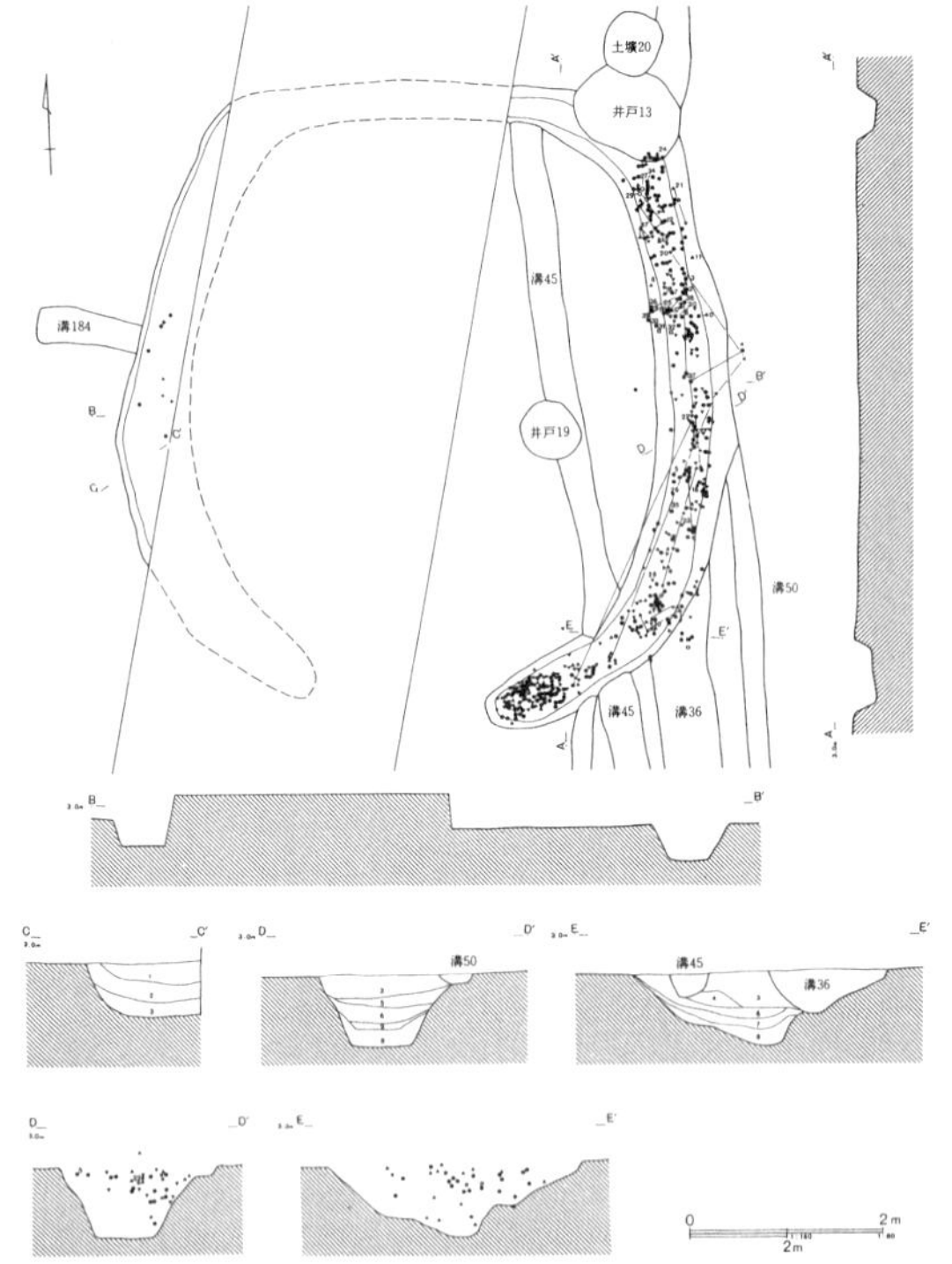

第12号方形周溝墓土層註

1	茶褐色土	黄褐色粒子(φ1～3㎜)、赤褐色粒子(φ1～3㎜)を多く含み、黒色土粒子(φ1～2㎜)を少量含む。粘性ややあり。しまり良。
2	黄褐色土	黄褐色粒子(φ1～3㎜)、赤褐色粒子(φ1～3㎜)を多量に含み、茶褐色土、黒色土粒子を少量含む。粘性ややあり。しまり良。
3	暗茶褐色土	黄褐色粒子(φ1～3㎜)、赤褐色粒子(φ1～2㎜)を少量含み、黒色土粒子、灰白色土粒子(φ1～2㎜)を多く含む。粘性ややあり。しまり良。
4	黄褐色土	茶褐色土を一部に含み、鉄斑を全体に含む。粘性あり。しまりなし。
5	暗茶褐色土	黄褐色粒子(φ1～2㎜)、焼土粒子を少量含み、鉄斑を全体に含む。粘性なし。堅緻。
6	黒褐色土	黄褐色粒子(φ1～5㎜)、炭化物、焼土を含む。粘性ややあり。堅緻。
7	褐色土	黄褐色粒子、同ブロック、炭化物を含む。粘性、しまりあり。
8	黄茶褐色土	黄褐色ブロック(φ2～3㎝)を多量に含み、茶褐色土を全体的に含む。炭化物を少量含む。粘性強。堅緻。

第7図　周溝の出土状況(12号-1)(西口1986より転載)

ている。八一号では北西コーナーの溝中土坑から、甑・無頸壺各一点が出土している。八四号では北コーナー上層から小型壺一点が出土している。九一号では東コーナーから壺一点が出土している。九三号では南西溝の開口部から鉢一点が出土している。

　実測によって全形が知れるものが多数出土し、加えて破片が出土するか、配置された土器が出土する例(③)は一二号の一基のみである。南東側開口部の底面に粉々の状態で大型壺が二点、東溝中

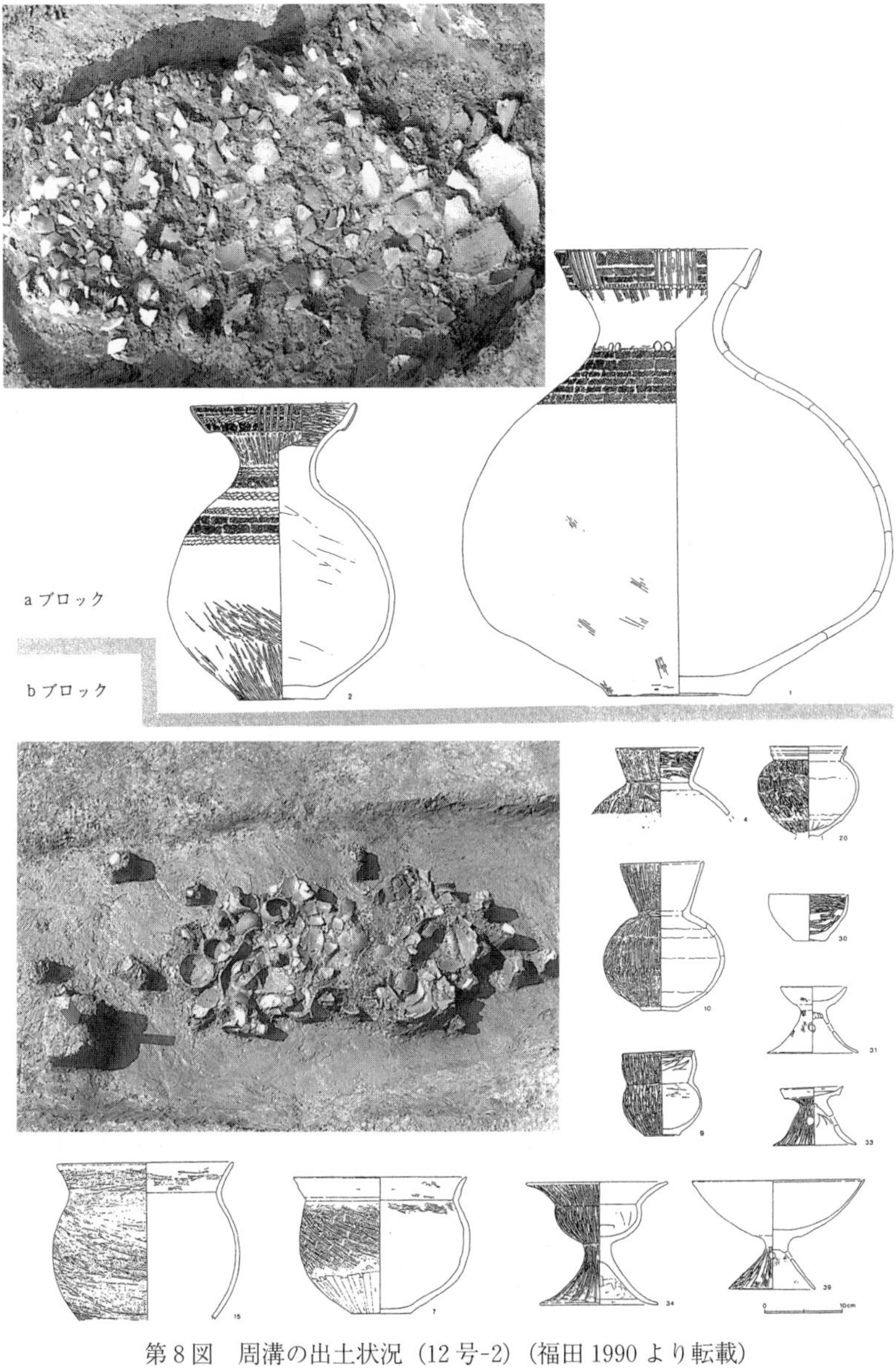

第8図　周溝の出土状況（12号-2）（福田 1990 より転載）

央の確認面から壺一、甕二、小型台付甕一、小型壺二、高坏二、器台二、鉢一点がまとまって出土している。

破片と思われるが状況が不明なもの（⑤）は六五・九七・九九号の三例である。こうしてみると破片の状態のものが実に全体の七二パーセントを占め、破片が主体であるといっても過言ではないだろう。調査時の印象だが、その破片もおよそ三～五㎝前後のいうなれば粉々の細片であった。これは故意に破砕して廃棄した結果なのであろうか。一方、少数ではあるが全形の知れるものがあること（一三パーセント）にも注意しておきたい。特に一二号の例（第七・八図）は確認面で完形に近い土器が一括廃棄された例として注目されるものである。[5]

平面的な出土位置は、均一（(1)）に出土しているものが、五二・七・七四・七八・八六号の五基である。また七六号は全体に均一だが、南溝中央に集中する傾向がある。八七号も均一だがコーナー付近にやや集中している。（(1)）（(2)）コーナーや開口部などの周溝の特定の箇所に集中して出土しているもの（(2)）は、八・一二・一八・二一・二五・二九・三〇・三三・三六・三七・三九・四〇・四二・五五・五六・七〇・八〇～八二・一〇〇号の二〇基である。（第九図）周溝全体から散在して出土するもの（(3)）は、一・三・四・九・一七・二二・二三・二六・二八・三一・三二・三四・三八・四一・四三～四八・五一～五三・五九・六〇・六六・六八・六九・七一～七三・七五・七七・七九・八三～八五・八九～九六・一〇四・一〇五号の四七基である。記載や図示がなく不明なもの（(4)）は、三五・四九・五〇・五七・五八・六二～六五・九七号の一〇基である。

散在して出土しているものが最も多く、全体の五七パーセントを占めている。一部に集中して出土しているものが二四パーセントで、出土量が少ないこともあるのだろうが八割以上が散在して出土している。全形が知れるものは、前述のように、コーナーや開口部から出土するものが多いようである。

出土層位は、溝底に接して出土しているもの（a）はなく、下層から出土しているもの（b）が七三・七九号の二例、下層から中層にかけて出土しているもの（bc）が八・一一号の二例、下層から上層にかけて出土しているもの

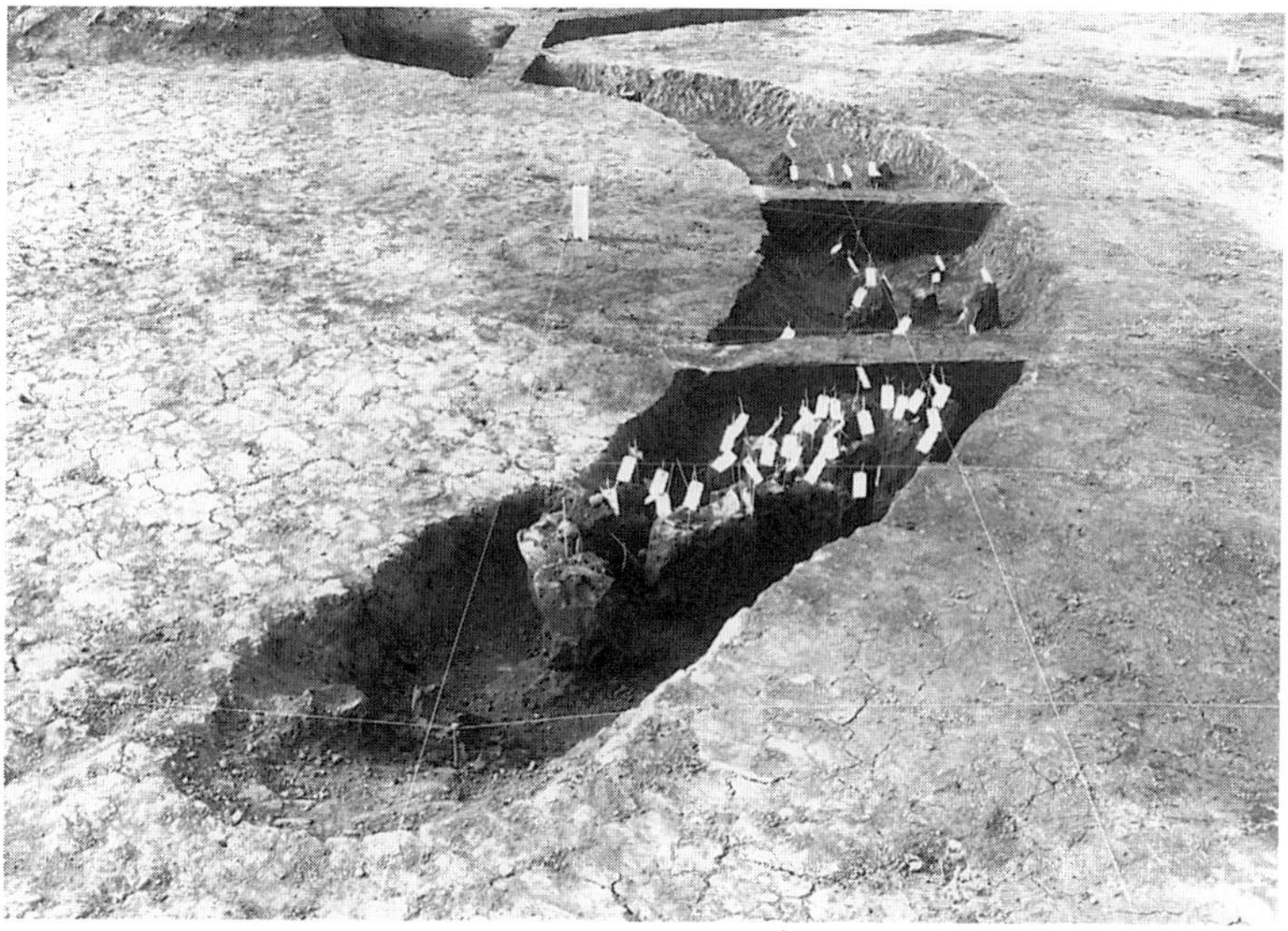

第９図　周溝の遺物出土状況（39号）（埼玉県立埋蔵文化財センター提供）

（ｂｃｄ）が、三一・七八号の二例である。中層から出土しているもの（ｃ）は、一五・三九号の二例、中・上層から出土しているもの（ｃｄ）が一・五・一七・一八・二一・三六・三八・四四・四八・五六・八四号の一一基、中層から確認面にかけて出土しているもの（ｃｄｅ）が一二号の一基である。上層から出土しているもの（ｄ）が二三・二七・二八・三〇・三七・四〇・四五・四六・七四・八七・九七号の一一例である。また、報告書の文中、図中に記載がなく不明なものは、二・四・六・九・一〇・一四・一六・一九・二〇・二二・二五・二六・二九・三三～三五・四一～四三・四七・四九～五五・五八～六六・六八～七一・七五・七七・八〇～八三・八五・八九・九一～九六・九九号の五五例である。不明のものが六割を占めるが、確認面・上・中層も全体の三割に上る。下層出土のものは一割に満たず、ほとんどが中層以上から出土していると考えていいだろう。

以上のように、周溝の覆土は自然堆積のものが大部分で、土器を主体とする遺物は出土量が少なく、破片が主体であり、散在して中層以上から出土するものが多いことが分かる。

四　機能のサイクル

以上のように方形周溝墓、周溝いずれも、大半のものが人為的に埋め戻されず、出土遺物にも完形のものが混じるとすれば、そのことのみからすれば、その状況が墓以外の性格を持つものであるから云々という特徴づけにはならないように見える。だが、両者を組み合わせて少し違った視点からみると、こうした状況の評価も異なってくる。周溝における土器の出土状況は、大半が中層より上、上層に細かな破片が散在して分布するという状況である。この出土状況と先の覆土の様相を重ね合わせると、中層まで埋没した周溝に土器の破片が廃棄されている、あるいは流れ込んでいる場合が多いということになる。

中層まで埋まった段階でそうした行為が行われた、あるいは流れ込むような状況が生まれたのであれば、その時点でこの周溝の機能が停止することが意識されていたと考えられる。上層で完形の土器が、開口部やコーナーの周辺から出土する状況も、そうした意識の延長線上で、周溝の機能停止を意識した儀礼的行為としても考えられる可能性がある。冒頭に掲げた豊島馬場遺跡のように、上層が埋め戻される例があるのも、そうした考え方に立てば首肯される。翻って方形周溝墓についてみると、覆土はいずれも自然堆積である。特に鍛冶谷・新田口三七号の溝中溝は、再度区画を意識したものと考えられ、他に例を見ないものの注目される。

遺物の出土状況では、上層から出土する破片もあるが、遺存率の高い土器が中層から出土する例が多い。これは、これまでにも何度か述べているような一連の方形周溝墓に認められる「埋没途中で土器を入れる」状況に相当するとも考えられる。また、七号では上層から古墳時代後期の坏が出土している。周辺に同時期の遺構が検出されていないことから、方形周溝墓にとって開きっぱなしの区画が可視的に認められることが重要であったことを示しているとも考えられる。こうした大型の方形周溝墓は、先祖の空間として長く意識されていたのかもしれない。

このように、覆土と出土状況を仔細に検討することにより、方形周溝墓、周溝の機能のサイクルとでも言うべきものを垣間見ることができた。方形周溝墓は長く意識される区画で、埋まりきるまでが一つのサイクルであり、周溝はもっと短い、中層まで埋没した時点が一つのサイクルと考えられていたと推察できる。それは、造られた目的、機能とはまた異なる当時の人々の意識を垣間見せるものである。

五　小結

以上のように、方形周溝墓と周溝の覆土・出土状況について検討を行なってきた。

今回は、紙幅と体力的な事情で、鍛冶谷・新田口遺跡のみの検討にとどまったが本来は旧入間川水系のもう一つの大周溝群である豊島馬場遺跡についても検討を行う予定で、作業の大半を終えている。こうした作業は、同様の方形周溝墓、周溝が検出されている全ての遺跡について、あるいは他の遺構についても行われるべきものであることは今更言うまでもない。「方形周溝墓の常識」が問われる昨今だからこそ、このような徒労とでも思えるような帰納的な作業が必要なのではないだろうか。それこそが将来の検討につながると考えられる。本稿で示したように土層注記や分布図が、その遺構の履歴、歴史を示すことを考えれば、土層注記一つとっても発掘調査でおろそかにできない。改めて襟を正したい。

本稿の内容については、富田後遺跡をともに担当した、渡辺慎太郎、岡田雄介の両氏に多くの御教示を受けた。また、鍛冶谷・新田口遺跡については小島清一氏に、豊島馬場遺跡については中島広顕、長瀬出両氏に、周溝については飯島義雄、及川良彦、栗岡潤の各氏に、方形周溝墓との関係においては伊藤敏行、立花実の両氏と方形周溝墓研究会の方々に有益な御教示を頂いた。以上の方々に末筆ながら感謝申し上げたい。

注

（1）関東地方のこの種の遺構については、未だ安定した評価が得られていない。建物跡であるか否かを論ずるのが本稿の趣旨ではないので、ここでは建物跡とそれ以外の種類の遺構の可能性を考え、「周溝」という呼称を用いることにしたい。

（2）このような土器の配置については古屋紀之氏の一連の研究がある。（古屋 二〇〇五）

（3）完形の土器、集中する出土状況が見られるのは、これを認定の目安として用いている裏返しともいえるかもしれない。

（4）前稿においては、三四号を掲載していなかったのでここで加えることにしたい。

（5）一二号周溝墓の例は、既に旧稿で方形周溝墓の例として用いたことがある。前稿でも訂正しているが、ここで改めて周溝としておきたい。

参考文献

伊藤和彦　一九八四『鍛冶谷・新田口遺跡第三次発掘調査概要』戸田市文化財調査報告XV　戸田市教育委員会

及川良彦　二〇〇四「方形周溝墓の抱える問題　関東地方の低地遺跡の再検討(5)墓と住居の誤謬」『方形周溝墓研究の今Ⅱ』八九～一二九頁　方形周溝墓シンポジウム実行委員会

塩野　博・伊藤和彦　一九六八『鍛冶谷・新田口遺跡』戸田市文化財調査報告Ⅱ　戸田市教育委員会

小島清一　一九九〇『鍛冶谷・新田口遺跡Ⅴ』戸田市遺跡調査会報告書第二集　戸田市遺跡調査会

小島清一　一九九四『鍛冶谷・新田口遺跡Ⅵ』戸田市遺跡調査会報告書第四集　戸田市遺跡調査会

立花　実　二〇〇〇「方形周溝墓の常識」『西相模考古』第九号　七六～八九頁　西相模考古学会

中島広顕・嶋村一志・長瀬　出　一九九九『豊島馬場遺跡Ⅱ』北区埋蔵文化財調査報告第二五集　北区教育委員会

長瀬　出　二〇〇〇「豊島馬場遺跡における「方形周溝墓」の再検討」『法政考古』第二六集　一～二六頁　法政考古学会

西口正純　一九八六『鍛冶谷・新田口遺跡』埼玉県埋蔵文化財調査事業団報告書第六二集

福田　聖　一九九〇「方形周溝墓と儀礼」『埼玉考古学論集』五五一～五六八頁　(財)埼玉県埋蔵文化財調査事業団

福田　聖　二〇〇一「埼玉県における低地の周溝墓と建物跡(5)」『埼玉考古』第三六号　三七～六六頁　埼玉考古学会

古屋紀之　二〇〇五「弥生墳墓の土器配置にみる祭祀」『季刊考古学』第九二号　九一～九六頁　雄山閣出版

弥生時代の打製石鏃

――北武蔵地方における打製石鏃の終焉――

村松　篤

一　はじめに

これまでの弥生時代の打製石鏃研究は、西日本の戦闘具としての研究が主体で[1]、関東地方で弥生時代の石鏃といえば磨製石鏃を中心に考えてきた。それは、東日本では弥生時代と縄文時代の重複遺跡が多く、出土状態では打製石鏃自体の時期決定がしづらいことや、打製石鏃は縄文時代の石器であるとの強い先入観があることも一因で、弥生時代の石鏃研究への取り組みは消極的であったといえる。

埼玉県内の弥生時代の集落では、打製石鏃は縄文時代から弥生時代に移り変わるとき減少もしくは消滅したものと考えられ、中期後半に磨製石鏃が出現したときに交代したものと認識されていた。しかし、中部高地や群馬県内の遺跡では、弥生時代を通して住居跡からの打製石鏃の出土例がみられ、中には磨製石鏃が共伴することがわかってきた。後期には鉄鏃も出土し、素材が限定されない「矢じり」の変遷が捉えられるようになりつつある。

そこで、埼玉県内におけるこれまでの調査例を再検証してみたところ、再葬墓の遺跡や墓坑を中心に、弥生時代に特定できる打製石鏃が存在することがわかってきた。また、調査報告書では、縄文時代の項目で取り上げられたものの中から弥生時代の遺構や周辺の包含層から出土した石鏃を抽出し、その特徴を検討してみた。ここでは、弥生時代の打製石鏃のあり方を通観し、縄文時代を代表する石器であった打製石鏃の終焉を思い描いてみたいと考えている。

二　打製石鏃を出土する遺跡（第一図～第五図）

ここでは埼玉県北部の利根川・荒川流域に分布する熊谷低地から江南台地北部にかけての遺跡を対象とする。弥生時代と推定される打製石鏃を出土する遺跡を取り上げ、各時期の石鏃の特徴を抽出してみたい。

まず、縄文時代後期から晩期の遺跡は調査例が少なく、出土した石鏃は出土数が多い遺跡でも二〇～三〇本程度で、山間部の遺跡のように数百点を越す石鏃が出土するイメージとは大きな隔たりがある。赤城遺跡では一五点の石鏃が出土した。局部磨製石鏃三点（1～3）、凹基のもの五点（4・5・7～9）、平基のもの一点（6）、凸基有茎鏃六点（10～15）であり、凹基のものは黒曜石を用い、有茎石鏃はチャートが主体である。原ヶ谷戸遺跡では、九点の石鏃が出土し、凸基有茎鏃が七点を占める。石材はチャート・メノウなどである。新屋敷東遺跡からは平基有茎鏃二点が出土する。これらの遺跡は時期的には後期中葉から晩期中葉までを主体とする集落遺跡であり、石鏃の細かな時期については不明である。石鏃の特徴は、有茎石鏃の基部は凸基有茎鏃で、弥生時代に見られる逆刺部分が発達した凹基有茎鏃は見られない。また、晩期特有の所謂尖基鏃や飛行機鏃の出土は確認されない。

次に、縄文時代最終末期から弥生時代中期中葉の再葬墓を主体とする遺跡を点検する。

横間栗遺跡は、熊谷低地に位置する弥生時代中期前半の再葬墓を中心とする遺跡である。再葬墓一三基・土坑七一基が検出され、壺・甕・石器・人骨が発見されている。石器は、これらの遺構分布範囲を中心に、打製石斧・打製石鏃・スクレイパー類が出土し、石鏃はすべて打製石鏃で三一点ある。凹基有茎鏃が一一点を占め（1～11）、二等辺三

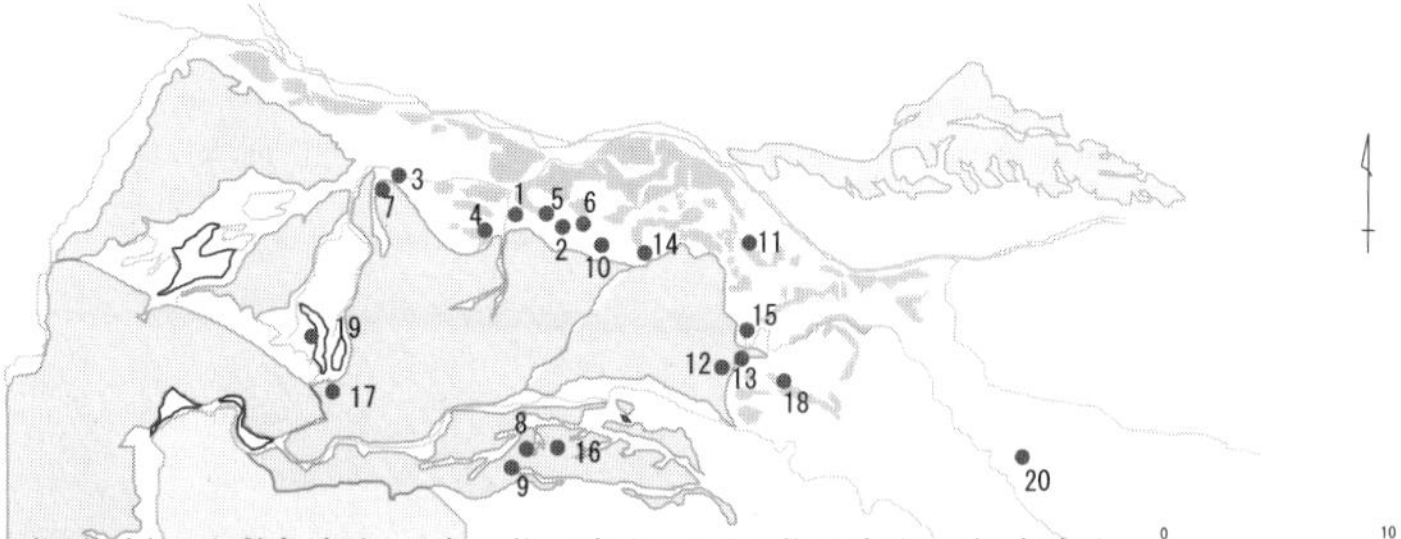

（深谷市）1上敷免遺跡　2宮ヶ谷戸遺跡　3原ヶ谷戸遺跡　4堀東遺跡　5新屋敷東遺跡　6清水上遺跡　7四十坂遺跡　8白草遺跡　9四反歩遺跡（熊谷市）10横間栗遺跡　11飯塚北遺跡　12前中西遺跡　13諏訪木遺跡　14一本木前遺跡　15北島遺跡（江南町）16姥ヶ沢遺跡（寄居町）17中山遺跡（行田市）18小敷田遺跡（美里町）19如来堂C・東山遺跡（鴻巣市）20赤城遺跡（伊奈町）21向原遺跡

第１図　弥生時代の打製石鏃出土遺跡（3・5・20は縄文時代晩期）

21

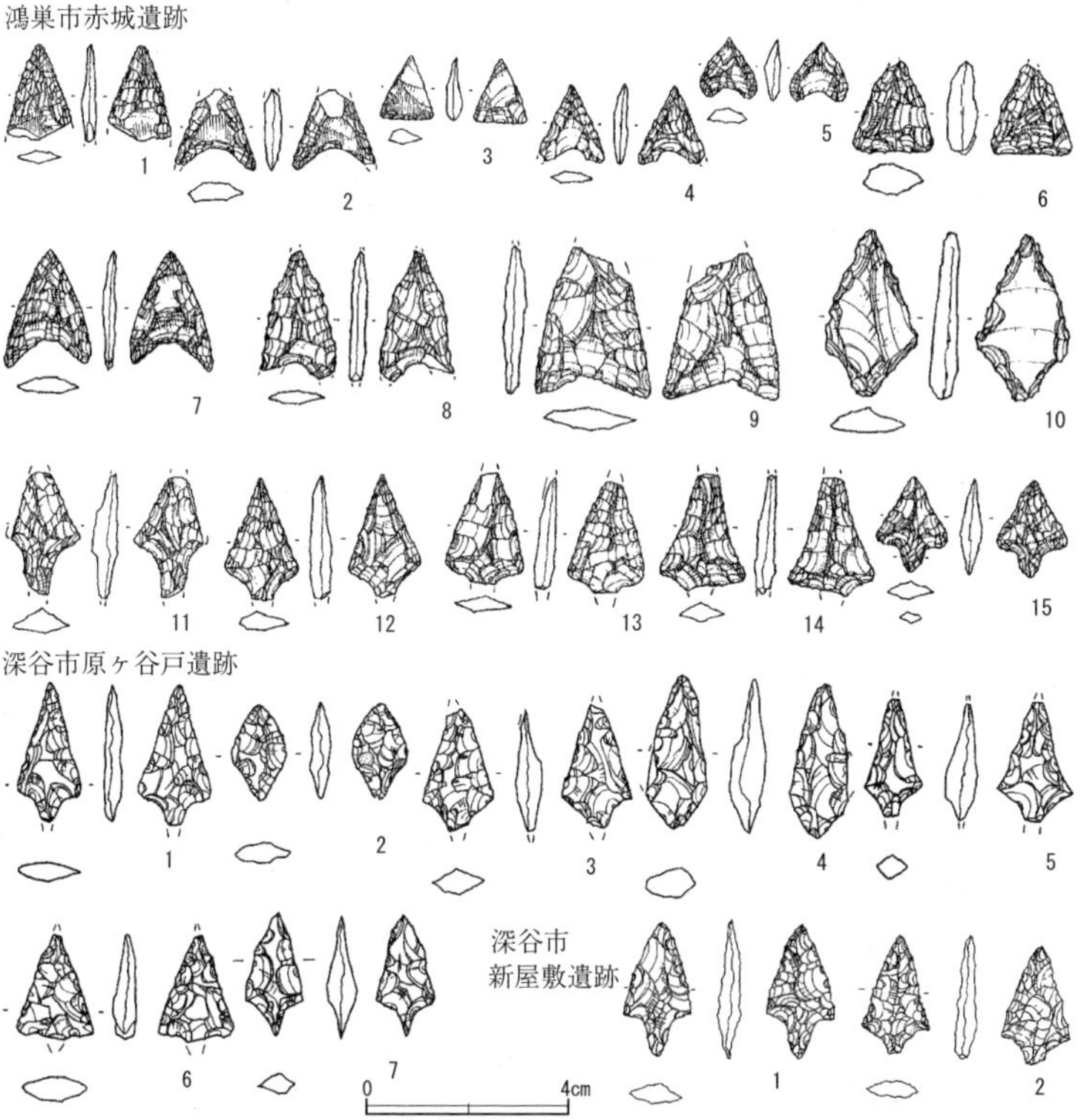

第２図　縄文時代後期後半〜晩期中葉の打製石鏃（図中の番号は遺跡ごととする）

熊谷市横間栗遺跡

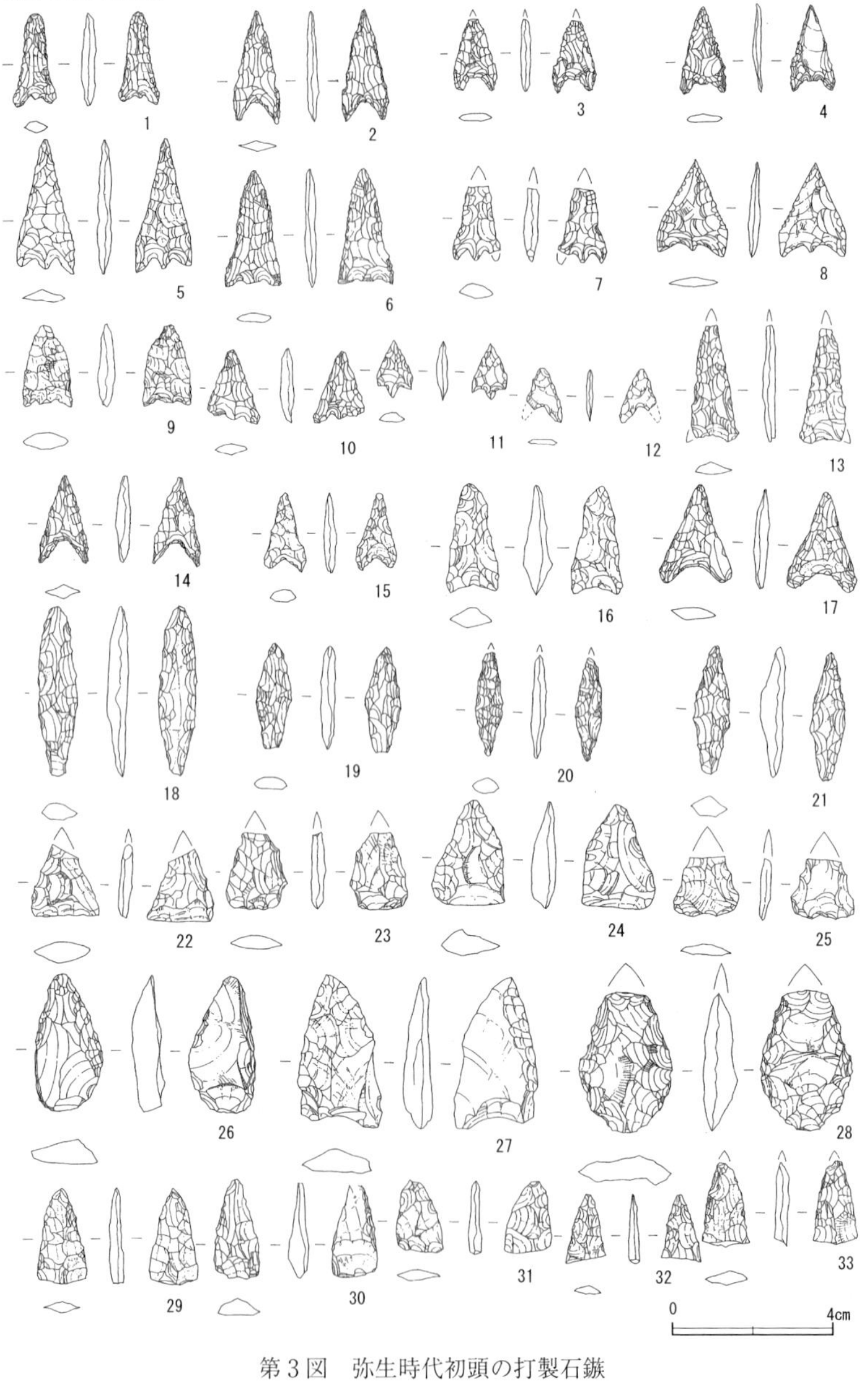

第３図　弥生時代初頭の打製石鏃

角形を呈し、基部の逆刺が強く張り出し湾曲する。茎部が極端に短く、形骸化したものが主体である。8は幅広の三角形に短い茎部がつき、側縁はくの字に屈曲する。9は厚手の黒曜石製で、側縁は丸みを帯びる。1は側縁が外反するもので、九号再葬墓の墓坑内から出土した。凹基のものは六点（12～17）あり、12は黒曜石製で、骨片や炭化物を覆土に含む二〇号土坑から18の尖基鏃とともに出土した。小形で縁辺を粗く調整加工を施しており、実用品とされたかは疑わしい。尖基鏃は四点（18～21）、平基のものは四点（22～25）、他に基部欠損五点（29～33）、大型で調整加工が粗いもの三点（26～28）が出土する。これら石鏃の中で、逆刺が湾曲して、実際は装着に用をなさないほど短く形骸化した茎部を特徴とする凹基有茎鏃が横間栗遺跡の石鏃の特徴といえ、横間栗型石鏃と呼称する。

上敷免遺跡は再葬墓と集落からなる遺跡で、集落部分の包含層から一一点の石鏃が出土した。八点が有茎石鏃、平基のもの一点、局部磨製石鏃が一点、円基のもの一点となる。縄文時代晩期以降の土器が出土しており、調査地区による分布から報告では弥生時代の石鏃は七点（1～7）としている。1の身の長い凹基有茎鏃は東海地方との関連を示唆するが、基部の作りは幅広でアメリカ式石鏃に類似し、逆刺を意識する。

四十坂遺跡は縄文時代晩期～弥生時代初頭にかけての遺跡として知られる。再葬墓群が検出され、二点の有茎石鏃が検出された。1は逆刺を長く残すチャート製の凹基有茎鏃で茎部は欠損する。2は飛行機鏃で、頁岩製である。ともに弥生土器の集中個所付近から検出された。遺跡ののる台地の下には縄文時代後晩期の原ヶ谷戸遺跡が隣接する。

飯塚北遺跡からは再葬墓群が検出されている。石鏃は六点検出され、平基のもの四点（1～4）と有茎のもの二点（5・6）からなる。6の基部は逆刺が明瞭に作られた凹基有茎鏃で、形骸化した茎部がある横間栗型といえる。

再葬墓の遺跡ではないが縄文時代晩期末葉から弥生時代初頭の土器群が出土する如来堂C遺跡から凹基有茎鏃（11～14）が出土する。二等辺三角形の凹基有茎石鏃で逆刺が長いタイプが目立ち、鋸歯縁を呈するものもある。他に凹基の石鏃（1～6）、平基鏃（7～10）が出土するが共伴するものか特定できない。隣接する東山遺跡からも同様の石

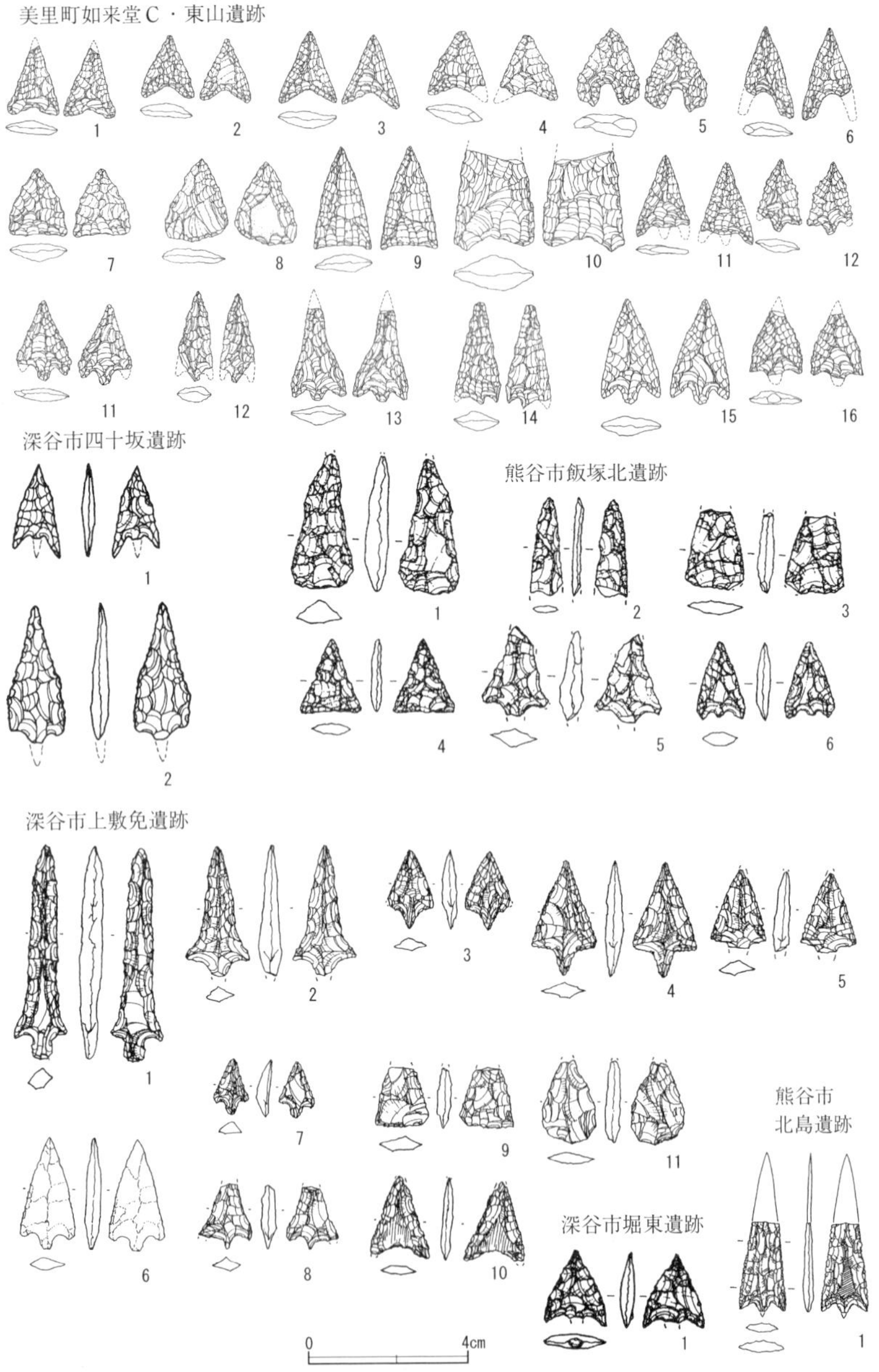

第4図　弥生時代初頭～中葉の打製石鏃

鏃が出土する(15・16)。また、堀東遺跡からは、逆刺が湾曲する小型の凹基有茎鏃が、弥生時代初頭の包含層から出土する。集落遺跡としては中期前半の小敷田遺跡で、河川に沿った包含層から、アメリカ式石鏃一点と長さ七cmほどの長大な磨製石鏃一点が出土する例が見られる。[2]

弥生時代中期中葉以降では、北島遺跡で細身の凹基有茎鏃が住居から出土する。また、前中西遺跡からは、遺構外ではあるが三点の凹基有茎鏃が集中して出土した。正三角形を呈するもので2・3は逆刺が湾曲する。横間栗遺跡の石鏃に比べ茎は長い。

宮ヶ谷戸遺跡からは、鋸歯縁を呈する二等辺三角形の凹基有茎鏃(1)、平基有茎鏃(2)、凹基鏃(3)が出土する。1の凹基有茎鏃は頁岩を用いており、ほぼ同形のものが清水上遺跡の中期後半の包含層から出土する。鋸歯縁を呈する流麗な二等辺三角形の凹基有茎鏃を中期後半段階のこの地域におけるひとつの特徴として押さえておく。また、宮ヶ谷戸遺跡の住居からは脚部の先端が平坦で左右非対称の凹基鏃が出土し、弥生時代中期後半の遺構に伴う出土例として注目される。

諏訪木遺跡からは、旧河川の中から石鏃が出土する。遺跡からは他に明瞭な縄文~弥生時代の遺構は検出されないが、河川跡から多量の土器、石器、木製品に混ざり、打製石鏃一九点と磨製石鏃一七点(20~34)が出土する。包含層内の層位が不明で時期は特定できないが、弥生時代中期後半から後期にかけての土器群が多量出土することと磨製石鏃の存在からこれらの打製石鏃の多くは弥生時代に属するものと推定される。打製石鏃は一三点が有茎石鏃で逆刺が強く湾曲するもの(5・14)や正三角形を呈するもの(8・9・13)、二等辺三角形を呈するもの(1~5・15・18)などが見られる。他に鋸歯縁を呈するもの(16)、厚手で大型の石鏃(19)も見られ、縄文時代晩期に特徴的な局部磨製の凹基鏃が二点(8・17)、飛行機鏃(10)が出土する。

後期の遺跡では、これまで打製石鏃が遺構に伴出する例は報告されていない。そこで弥生時代後期の遺跡で縄文時

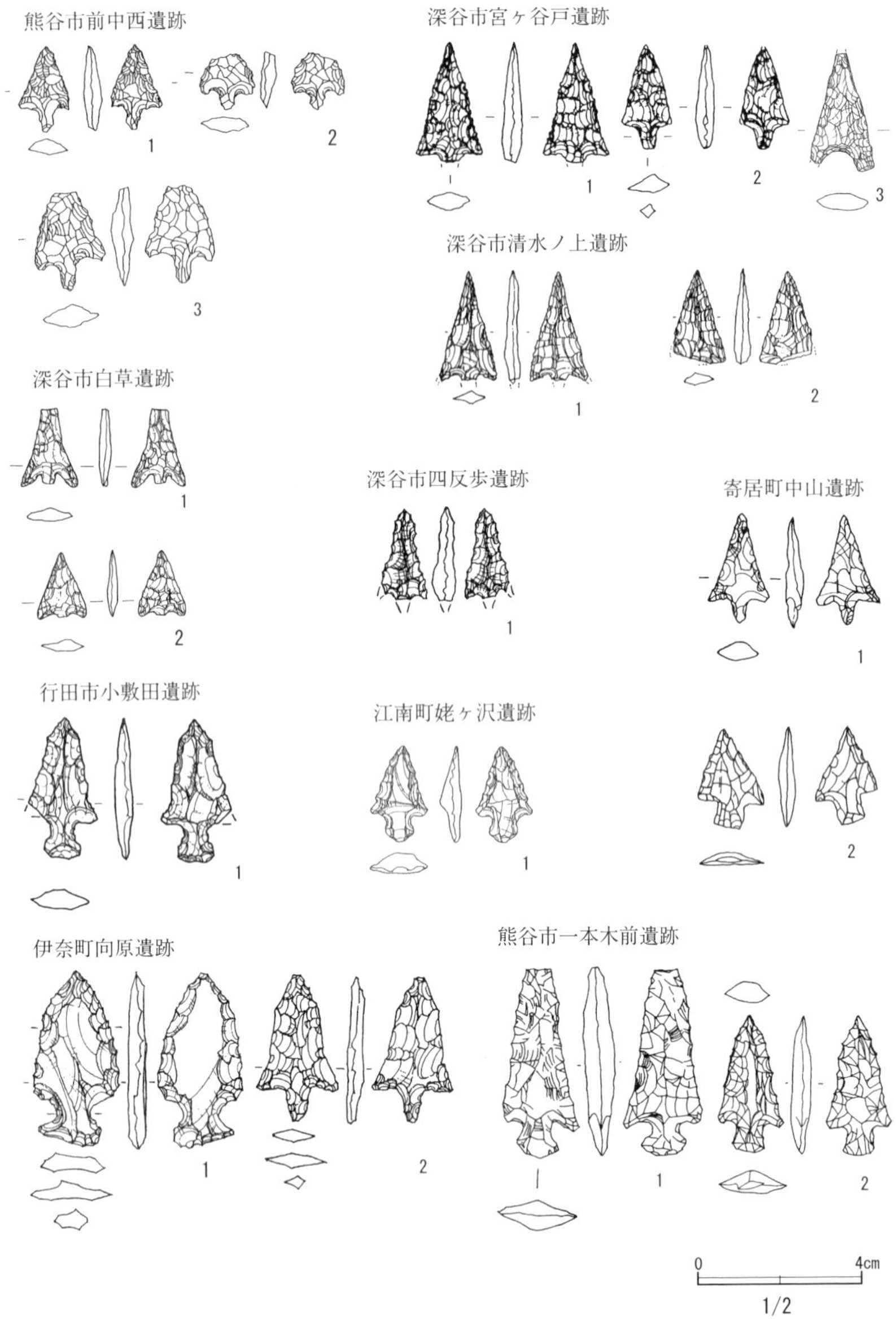

第５図　弥生時代後期～古墳時代初頭の打製石鏃

代の石器として報告された有茎石鏃を再検討した結果、白草遺跡などで打製石鏃が抽出できた。

白草遺跡は江南台地上に立地する遺跡で、吉ヶ谷式土器の二八軒の住居と二二基の土坑からなる集落で、有茎石鏃は二点が出土する。1は逆刺が大きく湾曲するもので、出土遺構は吉ヶ谷期の住居を切った平安時代の住居である。2は逆刺が強い凹基有茎石鏃で茎が短いのを特徴とする。

姥ヶ沢遺跡も同様に江南台地上に位置する吉ヶ谷期の集落である。磨石などの石器類を多量に出土する遺跡で、三号住居からアメリカ式石鏃が出土する。[3] その他、四反歩遺跡、中山遺跡などの吉ヶ谷集落の包含層などで出土した有茎石鏃は弥生時代に属する可能性が高く、中山遺跡からは姥ヶ沢例に似たアメリカ式石鏃が出土する。

なお、向原遺跡からは古墳時代初頭の2軒の住居からアメリカ式石鏃（1）、凹基有茎石鏃（2）が出土する。集落内の他の住居から銅鏃が出土していて、注目される。また、一本木前遺跡でも古墳時代初頭の住居と包含層からアメリカ式石鏃が出土し、打製石鏃の終末を考える上で興味が持たれる。[4]

三　弥生時代の打製石鏃の特性

埼玉県内では弥生時代の打製石鏃は、弥生時代の住居や土坑からの出土例は少なく、再葬墓、包含層、旧河川などから出土するのが特性である。そのため、遺構とのかかわりで時期を考えることが少なく、この出土状態が弥生時代の石器の時期を特定する根拠を失わせる一因と考えられる。[5]
打製石鏃は形態的には縄文時代晩期から基本形は継続するようで、有茎石鏃が主流を占める。弥生時代に属する石鏃は、平面形により以下に分類できる。
Ⅰ類　凹基のもの：①三角形鏃②二等辺三角形鏃③局部磨製鏃

Ⅱ類　平基のもの：①三角形鏃②大型で厚みのある鏃
Ⅲ類　凸基のもの：①二等辺三角形鏃②三角形鏃③五角形鏃
Ⅳ類　円基のもの
Ⅴ類　尖基鏃
また凸基の基部の形状は以下に細分される。
a　三角形状に茎部がつくもの（凸基有茎鏃）
b　平基の基部に直線的な茎がつくもの（平基有茎鏃）
c　逆刺が強調されるいわゆる凹基有茎型（凹基有茎鏃）
d　湾曲した脚部に茎部の名残のような短い茎部を有するもの（横間栗型）
e　三角形の体部に幅広の茎を配す、いわゆるアメリカ式石鏃

側縁の形状は湾曲するもの、直線的なもの、外反するものが認められ、脚部が張り出すものも見られる。調整加工は丁寧に施文されるものが多く、鋸歯縁を呈するものが見られる。一方、大型品は平基の三角形鏃で厚みがあるものが多く、調整加工は粗い。尖基鏃は縄文時代晩期以降に見られ、弥生時代中期前半まで残るようである。

弥生時代の打製石鏃の石材は、チャートを主体とし、粘板岩、頁岩、黒色安山岩が目立つ。(6) 黒曜石は横間栗遺跡で凹基の小型品や有茎石鏃に用いられ、中期前半までは素材として用いられる。縄文時代の石材が在地系のチャートなどが中心であったのに比べ、弥生時代に入るとチャート製のものは粗雑なつくりのものが多くなり、他地域に産地が求められる頁岩や黒色安山岩が目立つようになる。また、石鏃製作跡と推定されるような剝片類が散在するような遺跡は見当たらない。

石鏃の大きさは、長さは五・五㎝の上敷免遺跡の1と四・五㎝の横間栗遺跡の5が大きいほうで、ほかのものは

三・五㎝以下のものが主体となる。もっとも小さなものは一・三㎝である。重量は諏訪木遺跡や如来堂C遺跡の大型鏃が五gを越すのを別にすれば、凹基有茎鏃は三g以内に収まる。後期のものは、さらに小型化していく。一方、古墳時代初頭のアメリカ式石鏃は長さ四・〇㎝、重量三gを越すような大型品となり、弥生時代から大きく変化する。

四　周辺地域の打製石鏃

群馬県では縄文時代晩期に引き続き打製石鏃が多数出土する。藤岡市沖Ⅱ遺跡では、縄文時代晩期末から弥生時代初頭の打製石鏃が五七点出土している。有茎鏃が主体を占め、無茎鏃も出土し飛行機鏃なども確認される。ここでの特徴として凹基鏃は少なく、凹基有茎鏃で茎が縮小した横間栗型に、粗製の大型石鏃、尖基鏃が共伴し、横間栗遺跡と同様の様子がうかがえる。沖Ⅱ遺跡に後続する安中市注連引原遺跡では、茎部が痕跡的に残る凹基有茎鏃の存在が注目されている。(7) 中期後半以降は、磨製石鏃と共伴して打製石鏃が出土する一方、後期になると鉄鏃が出現する。ただし、中高瀬観音山遺跡のように多くの遺跡が縄文時代の遺構と重複するため、打製石鏃の帰属時期について明確に出来なく、弥生時代の打製石鏃の抽出は難しいようである。

栃木県では初期の再葬墓遺跡からは平基の有茎石鏃、中期後半以降の遺跡からはアメリカ式石鏃が出土する。アメリカ式石鏃は基部の作り出しにより基部に抉りこみを有するT字型鏃と茎部が幅広のものに大別される。東北地方からの影響を受けつつ、時期が特定できるものは少ないが、弥生時代後期まで石鏃は出土する。(8)

一方長野県では、中期の栗林期の住居内で磨製石鏃と有茎石鏃が共伴する。しかし後期になると打製石鏃の出土数は減少し、鉄鏃が普及する。しかし、長野・群馬県境の標高一五〇〇mの高地にある湯倉洞窟では二・五〇mの堆積層に縄文時代草創期から近代にいたる包含層が形成され、縄文時代から弥生時代への打製石鏃の変遷を知ることができる。ここでの石鏃は、後晩期の層で三三九点出土した石鏃のうち、有茎石鏃が六割程度を占めるのに対し、弥生時代の層になると一七二点出土する石鏃のうち約八割を有茎石鏃が占める。形態的には後晩期の形を踏襲して、平基、五角形鏃、厚みを有する大型の石鏃、尖基鏃などが見られ、縄文時代の層に比べ凹基有茎鏃は逆刺が湾曲するものが目立つようになる。また、磨製石鏃は出土していない。この洞窟では磨製石斧などの工具類は見られず、弥生時代を通して洞窟を使用した狩猟民のキャンプサイトと考えられ、平地の打製・磨製石鏃を併用する里の民と打製石鏃を用い高地で行動する山の民との狩猟方法や獲物の違いを指し示すのかもしれない。[9]

五　磨製石鏃との関係（第六・七図）

磨製石鏃は、集落から離れて単独で出土する例が多いと指摘してきた。[10] また、集落遺跡からの出土例を見ても、埼玉県内では打製石鏃と共伴したものはない。一方打製石鏃も遺跡の中で住居に伴わずに出土する例が目立つ。しかし群馬県内の遺跡では磨製石鏃と打製石鏃が共伴する例があり、同一遺跡での共存を認めることができる。

一方、旧河川から出土した遺物の中に打製石鏃と磨製石鏃が共伴する例が認められる。諏訪木遺跡においては、打製石鏃一九点と磨製石鏃一五点が長さ四〇mにわたる旧河川に点在して出土する。時期的には絞りきれないが、磨製石鏃の存在から中期後半~後期前半を中心とすると考えられる。このように河川の一定の範囲から集中的に石鏃類が出土するのは、旧河川周辺に狩猟対象となる鳥獣魚類が集まり、そこで狩猟漁労が行われた結果と推定される。多くの打製石鏃や磨製石鏃が遺棄されたことは、長い間、狩場とされた場所での出土例としてはある意味で当然のことと想定される。このように河川において石鏃が多量に出土する例は、高崎市新保遺跡でも認められ、集落内を横切る大溝から、多量の木製品とともに中期後半から後期後半までの打製石鏃と磨製石鏃が混在して出土する。[11] このような狩

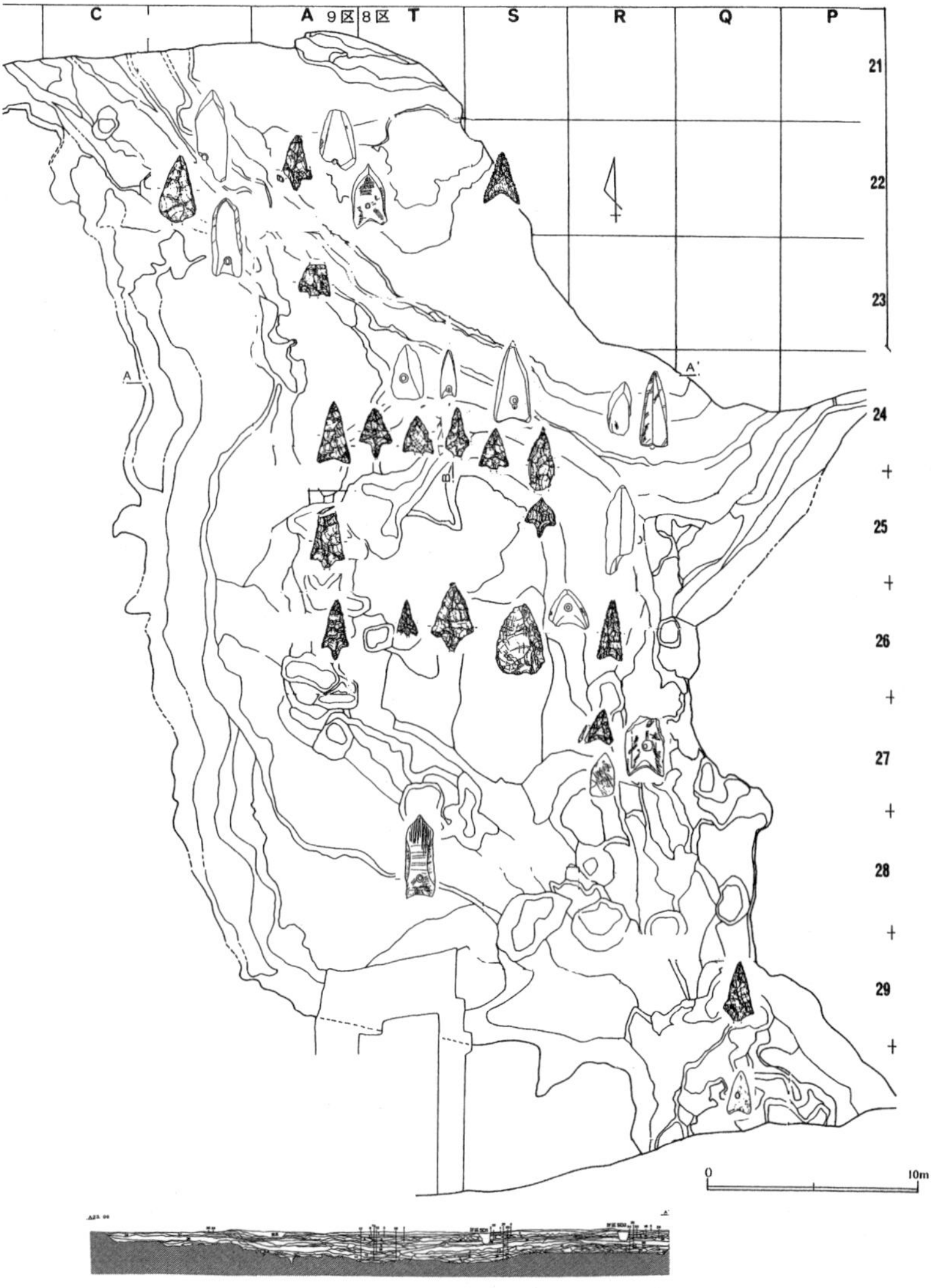

第6図　諏訪木遺跡河川跡C地点　打製石鏃・磨製石鏃出土状況

熊谷市諏訪木遺跡

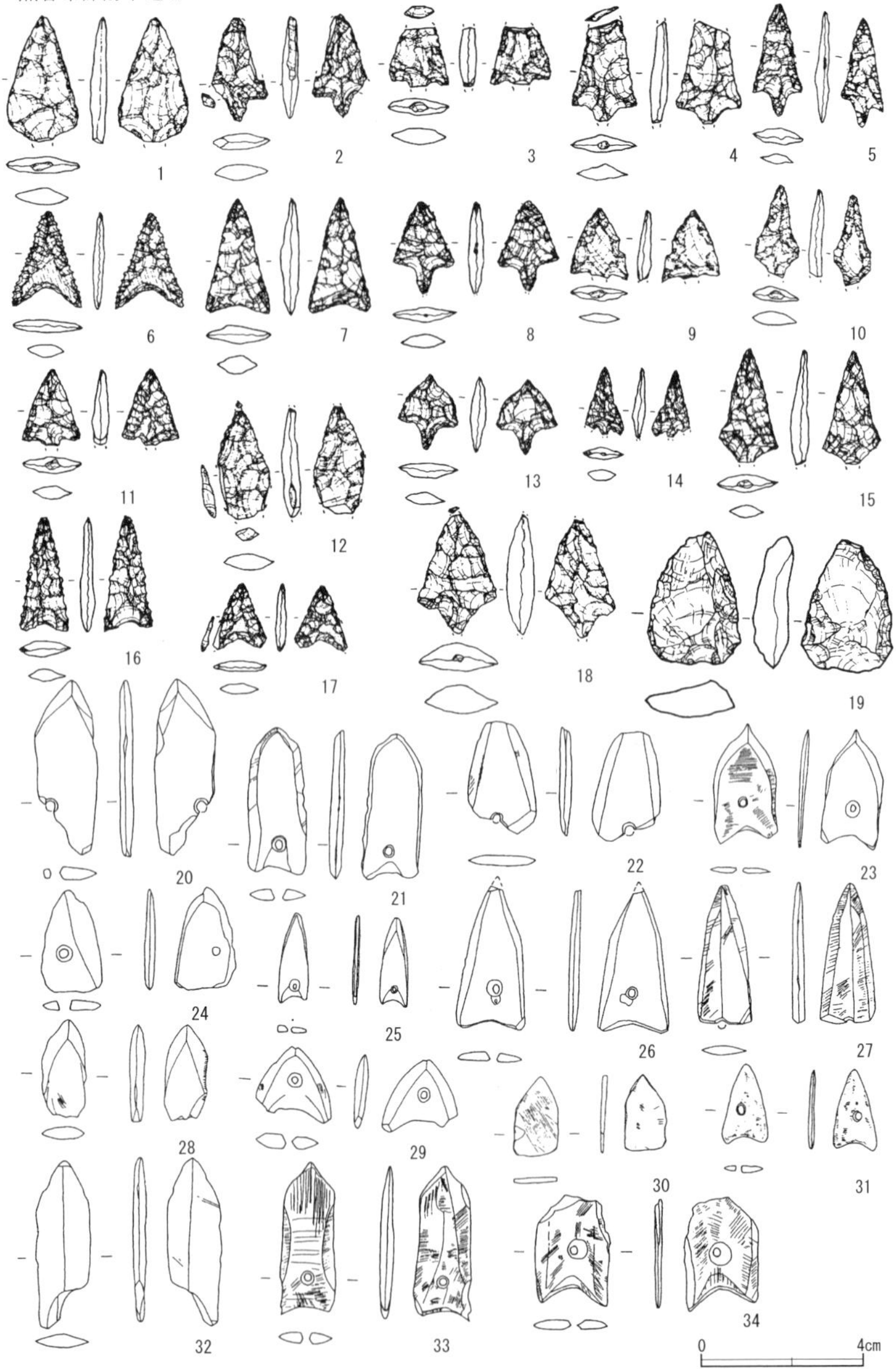

第７図　弥生時代中期後半～後期の打製石鏃と磨製石鏃

猟場と考えられる場所での石鏃の出土状態は、打製、磨製に限らないこの地域での石鏃の使用法を示すものと考えられる。

六　打製石鏃の変遷（第八図）

埼玉北部地域における打製石鏃は、縄文時代終末期から以下のような変遷を見て取ることが出来る。

①縄文時代晩期中葉までは、凸基式の有茎石鏃が出土するが、凹基の石鏃が主体を占める。

②晩期末葉から弥生時代初頭では、有茎石鏃が主体となり、逆刺が強調される凹基有茎鏃が出現し、主体を占めていく。[14]

③中期前半では、凹基有茎鏃が主体で、二等辺三角形で基部の逆刺が強調され、茎が小型化し着装の用をなさないほどに形骸化する横間栗型が現われる。同様のものは飯塚北遺跡や堀東遺跡で出土する。また、一次剥離面を残す片面加工のものが多く見られ、全面調整加工を行っていた縄文時代の手法からの変化と捉えられる。この時期まで、平基式の三角鏃や粗製の大型鏃が共伴する。

④中期中葉では、凹基の石鏃は減少し、現状で把握できたものは凹基有茎鏃だけとなる。[12]遺構に伴う出土例は減少し、粗製の石鏃は見られなくなる。このころから磨製石鏃が出現するものと考えられる。

⑤中期後半では、凹基有茎鏃が主体であるが出土例は減少する。この時期にはきれいな二等辺三角形で鋸歯縁を呈し、逆刺が発達する凹基有茎鏃が出現する。頁岩製の薄手で精巧なつくりで、ほぼ同型のものが宮ヶ谷戸遺跡と清水ノ上遺跡で出土する。宮ヶ谷戸型とでもいえる特徴で、同一工房の製作とも考えられる。

⑥後期になると、石鏃は小型化し、逆刺が強調される小型の凹基有茎鏃が吉ヶ谷期の遺跡から出土する。白草遺跡

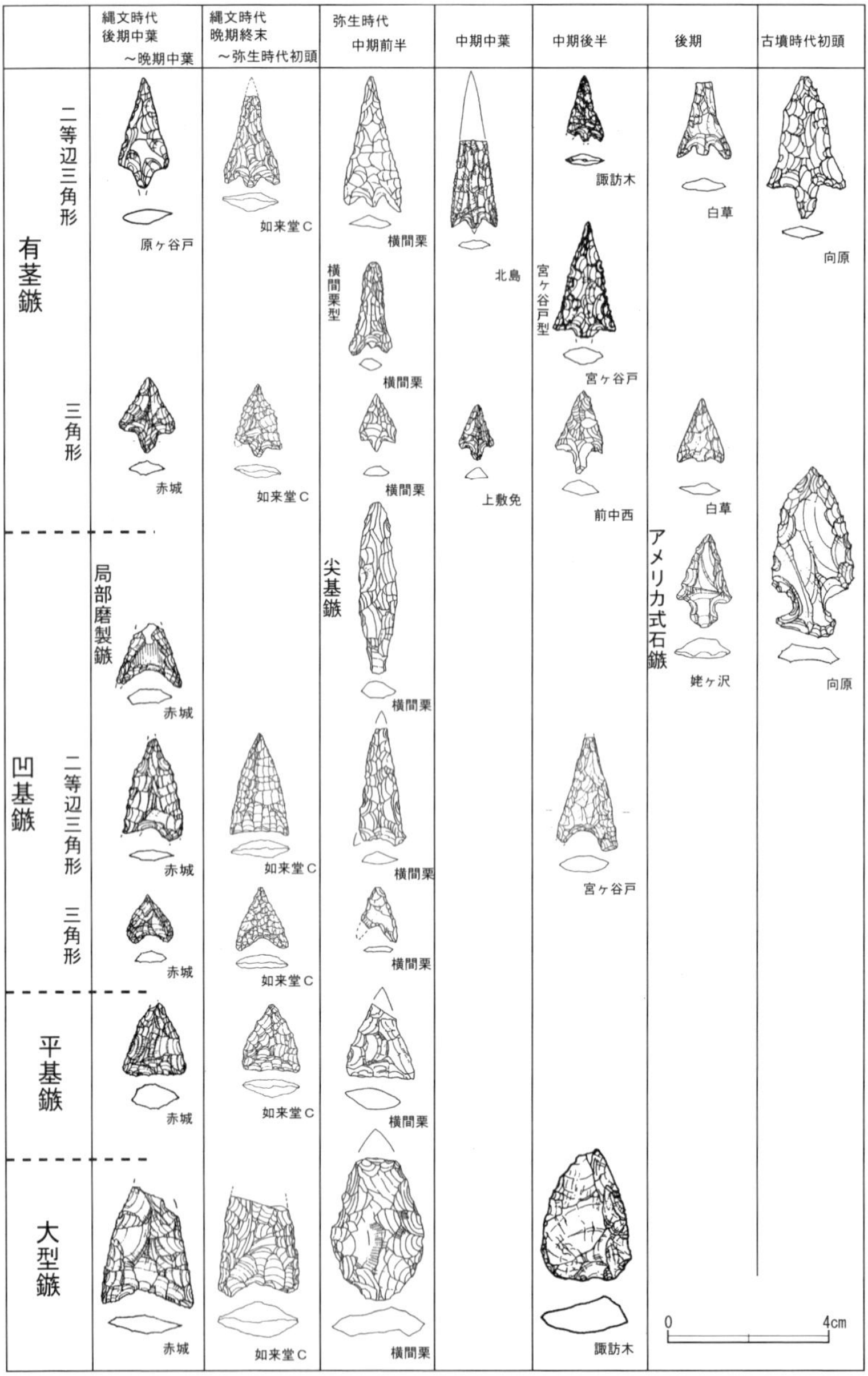

第8図　埼玉北部地域における打製石鏃変遷図

2は小型化した横間栗型といえ、その位置付けが注目される。また、小型のアメリカ式石鏃がこの時期から出現する。⑦古墳時代初頭には、アメリカ式石鏃が散見される。弥生時代後期の石鏃に比べ大型化し、調整加工も丁寧になっている。東北地方からの影響が指摘されることもあり、類例の増加が期待される。

これらの打製石鏃の変遷を考えると、凹基有茎鏃が弥生時代初頭期に出現し、中期後半~後期まで埼玉北部地域に存在していたことがわかる。凹基有茎鏃は二等辺三角形の長めのものと三角形の小型のものが併用されていたようで、凹基鏃にもその傾向が見られる。後期以降には、北からの影響を受けたアメリカ式石鏃が見られるようになり古墳時代初頭には大型化を遂げたものが稀に出土する。打製石鏃の側縁が湾曲するものや逆刺が強調される形態は、鉄鏃・銅鏃を模した可能性や骨角器などからの影響が考えられ⑭、今後は埼玉だけでなく、周辺地域に現われた鉄鏃、銅鏃などの先進的な遺物の出現時期も検討課題となる⑮。

七　まとめ

縄文時代、弥生時代の遺跡に限らず、石鏃は遺構に伴わず出土する例が多い。これは一部の石鏃製作遺跡を除けば、石鏃が残される環境が、住居などの生活の場というよりも、実際の活動の場に多く残されたためとも考えられる。つまり、遺物量が少ない理由は、住居に残される遺物ではなかった結果といえる。剝片剝離技術を駆使する石器製作の技術は、打製石鏃の消滅をもって、縄文時代以来の伝統を失うのであろう。その終末期の様相は磨製石鏃の使用や鉄鏃の普及などを経て、消滅していったものと考えられる。縄文時代にはホームメイドで製作できた打製石鏃が、弥生時代には画一性が強くなり、特定の石鏃製作者集団から供給されるようになったのかもしれない。そのため、各遺跡で石鏃製作を行わなくなり、数も減少し、生活の場である住居などから打製石鏃の痕跡が見えなくなったのであろう。

また、単独での出土例が多く見られるのは、狩場などで消費した結果と考えれば、自然であろう。周辺に弥生時代の遺跡がなくとも磨製石鏃が単独で採取されれば、その形態の特殊性から弥生時代のものと特定されている。打製石鏃にしても目に触れやすく、多くのものが報告書で取り上げられているので、今後は弥生時代の打製石鏃の特性が明らかになれば、縄文時代の遺物として扱われていた中から再抽出できるであろう[16]。

最後に、弥生時代において打製石鏃が果たした役割を考えてみたいと思う。西日本のこれまでの石鏃研究では、弥生時代に入っての石鏃の大型化をとらえて、戦闘用石鏃の出現と位置づけている。一方埼玉北部地域の石鏃のあり方は縄文時代晩期からの系譜を引く形式が主体で、大型化もしないし、数量も増加しているとは言えない。遺構などに備蓄した例もなく、墓に埋納された確実な例もない。狩場と考えられる河川内から集中して出土したり、集落周辺の包含層からその多くが出土する様子から見て、打製石鏃は狩猟具として用いられたと考えたい。

また、細々とではあるが打製石鏃の製作・使用が弥生時代後期から古墳時代初頭にまで引き続き行われていたことは重要である。少なくとも弥生時代を通して打製石鏃や磨製石鏃が狩猟具として継続していたことから、この地域での、鉄鏃・銅鏃の本格的な導入は古墳時代以降と想定することが出来る。また、磨石など他の石器や吉ヶ谷式土器の様相を見ても、縄文時代の伝統を色濃く残した地域といえる。狩猟採集や後期以降には増加する紡錘車などを用いた生業活動を中心とした地域社会であり、水稲農耕一辺倒ではなかったあかしと考えてみたい。

今回は、地域を限り弥生時代の打製石鏃の変遷に重きをおき検討したが、今後は数量的な検討やさらに広い地域での型式変遷を極め、打製石鏃の終焉を検証してみたいと考えている。

本稿を書くにあたり、弥生時代の石鏃について、柿沼幹夫氏をはじめ、青木克尚、大谷徹、小倉均、小林高、長谷川福次、松田哲、森田安彦の各氏から意見や情報をいただいた。感謝いたします。

注

(1) 弥生時代中期後半以降の打製石鏃の大型化を戦闘具への変化と捉えている(佐原真 一九六四)(松木武彦 一九八九)他

(2) 報文ではアメリカ式石鏃の祖形を示すと指摘するが、近くで検出された古墳時代前期段階の住居に伴うと考えられる。

(3) 後期の出土例では唯一遺構出土である。未掲載資料で森田安彦氏からご教示いただいた。

(4) 鴻巣市赤台遺跡の磨製石鏃も古墳時代初頭の住居から出土した。なお、弥生時代終末から古墳時代初頭に関しては古墳時代初頭と表記した。

(5) 弥生時代の石器を把握するためには、個々の遺跡における見落としに注意することが必要で、さらなる弥生石器の型式の精査が必要である。

(6) 報告書により石質の呼び名や認識に大きな差がある。今回は報告書の呼称を使用したが、石材鑑定の見直しが必要と考える。

(7) (大工原 二〇〇三)

(8) (海老原 二〇〇四)

(9) (関 二〇〇一)

(10) (村松 二〇〇〇)

(11) 新保遺跡で見られる打製石鏃は凹基石鏃が主体である。

(12) 長野・群馬地方では、晩期中葉には出現しており、やや出現が遅れるようである。

(13) 凹基の石鏃は、群馬や宮ヶ谷戸遺跡の出土例から見ても、存在することが想定される。しかし、現時点では特徴を抽出することはできず今後の課題としたい。

(14) 側縁が外反する打製石鏃を銅鏃の模倣と推定している。(海老原 二〇〇四)

(15) 鉄製品が出土しなくともメンテナンスのための砥石が必要と考えられるが、現在のところは弥生時代の遺構にはほとんど見当たらない。

(16) 県南地域ではこれまで報告された事例の中には、確実な弥生時代の石鏃はなかった。しかし、さいたま市東裏遺跡や大北遺跡で縄文時代とした石鏃に凹基有茎鏃が見られる。小倉氏よりご教示。

引用・参考文献

佐原　真　一九六四「紫雲出」詫間町教育委員会
松木武彦　一九八九「弥生時代の石製武器の発達と地域性―特に打製石鏃について―」『考古学研究』第三五巻第四号
長谷川福次　一九九七「北関東弥生時代の鉄器文化」土曜考古二一号
中村倉司　一九九四「関東の弥生時代」埼玉県立博物館
岡本孝之　一九九九「神奈川県の磨製石鏃」湘南考古学同好会会報七七

村松　篤　二〇〇一　「埼玉の磨製石鏃」埼玉考古三六号
関　孝一　二〇〇一　『湯倉洞窟』高山村教育委員会
村松　篤　二〇〇二　「弥生時代の紡錘車」埼玉考古三七号
及川良彦　二〇〇二　「有孔磨製小型尖頭器」東京都埋蔵文化財センター研究紀要XIX
大工原豊　二〇〇三　「後晩期の石鏃について」『刺突具の系譜』岩宿文化資料館
村松　篤　二〇〇三　「北島遺跡の弥生時代中期の石器」北島式土器とその時代要旨集
海老原郁夫　二〇〇四　「アメリカ式石鏃とその周辺」唐沢考古二三号

遺跡報告書

一九八二「甘粕山」埼玉県遺跡発掘調査報告書三〇集
一九八二「沼下・平原・新堀・中山・お金塚・中井丘・鶴巻・水久保・狢久保遺跡」埼玉県埋蔵文化財調査事業団一六集
一九八六「C11　沖Ⅱ」藤岡市教育委員会
一九八六「新保遺跡Ⅰ」群馬県埋蔵文化財調査事業団
一九八八「赤城遺跡」埼玉県埋蔵文化財調査事業団第七四集
一九九〇「明戸南部遺跡群Ⅱ」深谷市埋蔵文化財報告書三二集
一九九一「小敷田遺跡」埼玉県埋蔵文化財調査事業団九五集
一九九二「新屋敷・本郷前東」埼玉県埋蔵文化財調査事業団一一一集
一九九二「白草遺跡Ⅱ」埼玉県埋蔵文化財調査事業団一一八集
一九九三「白草遺跡Ⅰ」埼玉県埋蔵文化財調査事業団一二九集
一九九三「原ヶ谷戸・滝下」埼玉県埋蔵文化財調査事業団一二七集
一九九三「上敷免遺跡」埼玉県埋蔵文化財調査事業団一二八集
一九九三「四反歩遺跡」埼玉県埋蔵文化財調査事業団一三〇集
一九九三「清水上遺跡」埼玉県埋蔵文化財調査事業団一五二集
一九九五「中高瀬観音山遺跡」群馬県埋蔵文化財調査事業団一九四集
一九九八「千代遺跡群発掘調査報告書」江南町遺跡調査会
一九九九「中山遺跡」寄居町遺跡調査会報告二〇集
二〇〇〇「宮ヶ谷戸遺跡（第三次）」深谷市埋蔵文化財報告書第六三集
二〇〇〇「向原・相野谷」埼玉県埋蔵文化財調査事業団二三三集
二〇〇〇「堀東・城西Ⅱ」埼玉県埋蔵文化財調査事業団二五七集
二〇〇一「諏訪木遺跡」熊谷市遺跡調査会埋蔵文化財報告書
二〇〇一「向原遺跡Ⅱ」埼玉県埋蔵文化財調査事業団二七二集
二〇〇三「前中西遺跡Ⅱ」熊谷市教育委員会
二〇〇二「一本木前遺跡Ⅳ」熊谷市教育委員会
二〇〇三「四十坂遺跡」岡部町遺跡調査会
二〇〇三「北島遺跡Ⅵ」埼玉県埋蔵文化財調査事業団二八六集
二〇〇五「飯塚北遺跡」埼玉県埋蔵文化財調査事業団三〇六集

『武蔵志』と福島東雄の考古学

――豪農文人が観た埼玉の古墳――

塩野博

はじめに

埼玉県鴻巣市本町八丁目にある天照山勝願寺本堂西側の墓地に入ると、まず伊奈氏の墓塔が目に入る。その奥に豪農文人として知られる福島家四代当主（享保一九年一二月一九日・足立郡大間村生）福島東雄の墓を含む福島家の墓石群がある。東雄の墓石は、質素なもので、台石上の高さ八〇cm、幅三〇cmの方柱で、つぎのように鐫刻されている。

（正　面）　圓入院法山理順心海居士

（右側面）　草武藏鑑罹病不畢功壽七十歳」居士姓福島字幸作諱東雄好國學又好俳吟云杉夕」

夏の月に見はてゝおいのよも津山

（左側面）　享和三癸亥六月七日造」　孝子　福嶋熊之助知雄建

右側面の一行目に「武藏鑑ヲ草ス、病ニ罹リ功ヲ畢ラズ、壽七十歳」とある。これは『武藏鑑』を起草したが、完成をみずに病に罹り、七〇歳（享和三年六月七日）で歿したと、『武藏鑑』を起草した東雄の偉業を挙げている。東雄は荒川の治水事業をはじめ地域の農産業振興に力を傾注するなど大きな業績がある。しかし、この事実を記さず、武蔵国の地誌開拓の上に不朽の業績を残した文化・学術面を挙げているところに、この墓誌の大きな特徴がある。なお、福島東雄については、渡邉刀水の研究がある（渡邉　一九三二）。

この未完の地誌『武藏鑑』は、嘉永三年（一八五〇）八月、東雄の孫貞雄（福島家六代）が、『武藏鑑』の散失することを憂い、破れを補修、不足分を集めて三巻を加え、書名を『武藏志』とした。この『武藏志』は、各村の書き出しに、その地の土質や田畑の多少水利等が記してあり、本書の特色となっている。幕府儒者林大学頭の知行地（一〇か村）を管理する一人の老農耕者が寛政年間に武蔵国一円を実地踏査して著したものである事がわかる。もう一つの特徴は、本文と本文の加筆で、古社寺、史跡（貝塚・古墳・館城跡・寺院跡など）、石造物（板碑・石塔など）、さらに故事も採録してあり、東雄の学識・学風の一端がうかがえる。

本小稿では、『武藏志』に登載された古墳時代の遺跡や遺物をとおして、東雄の考古学の一端にふれてみる。なお、かつて「『武藏志』と福島東雄の考古学——貝塚と古墳——」と題して平凡社の『日本歴史地名大系歴史地名通信五〇』に登載したが、紙数の関係で概略を記すにとどまった。本稿は、それに補筆し改稿したものである。

一　『武藏志』中の古墳と出土遺物

『武藏志』に登載されている古墳と出土遺物を、壱巻の「豊島郡」から十六巻の「秩父郡」まで、順次抽出する。

（足立郡）石　櫃　　明用村ノ三島社ノ森ニ有　土人恐テ不開

（埼玉郡）大　塚《オホツカ》　熊野社下ニ窟アリ上ニ立石アリ

中　里《ナカサト》　大塚　（加筆）「大塚権現ハ塚ノ上ニ坐」

小　見《ヲミ》　真観寺新義真言宗長野長久寺末慈雲山福寿院ト号　寺領十石　当寺中ニ馬頭観音堂ハ群詣アリ

(加筆)「観音堂ノ後ニ舟状タル如クナル所アリ　夫ニ八尺四方ノ窟アリ　古ヘハ外ニモアリシヲ崩シテ石橋トセリ」

真名板《マナイタ》　華蔵院新義真言宗上ノ村一乗院末境内ニ薬師堂アリ　寺ノ裏ニ小高キ築山アリ　往古国ノ守ノ廟ナラン

若子玉《ワクタマ》　古塚多クアリ　石室アリ

埼　玉《サキタマ》　古塚多シ又岩屋モアリ　(加筆)「塚□ニ若王子塚ニ石室アリ　古ヘ国ノ守ノ王子ナラン　将軍山　御風呂山　皆塚ナリ　丸墓山　塚ノ内ニモ高クシテ高三丈斗　囲三百間斗也」

町屋新田《マチヤシンテン》　当所古ヘ鶴塚ト云所ナリ　神明浮塚ナリ鶴ケ崎ノ名是ヨリ出ル云

下　村《シモムラ》　村君村下分ナリ　……　永明寺法流ハ　永録(ママ)六年癸亥五月廿八日　吉祥院尊澄ヨリ伝古書アリ　寺領ナシ　境内牛ノ伏タル如キ丈余ノ塚アリ　上代ノ墳ノ様ナリ　今頂ニ薬師堂　下ニ仁王門　毎月十一日集詣アリ　薬師堂ノ傍同塚ノ上ニ熊野稲荷ノ社アリ　又聖徳太子　閻魔堂アリ　横沼ノ社地ニ文殊菩薩安置　其傍ニ塔ノ礎ト云アリ　文明年中ニ准后法親王道興ノ御歌アリ　誰か世にかわかれ初けん朽果ぬ其名もつらき村君の里

樋遣川《ヒヤリ》　三室社辺塚ヨリ出タル  瑠璃玉百余アリ径六分トアリ  輪径一寸四分　数四アリ　辛銅アリ鉄ニ金滅金也  鈴ノ如シ　紉貫穴行抜　地金錆テ不見　経リ六分アリ  玉白シ　丈ケ一寸五分　又同形ニテ  径九分大小トモニ八角ナリ鈴ノ如クナル金銀ノ玉モ四ツ有リシカ今ハ無シ　晴雨ヲ知テ気吐玉モ今失セヌト云々 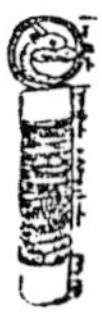 惣長七寸一歩　頭竜ノ丸　竪一寸五分横二寸也　上下縁一寸二分ツツ　握三寸二分　扠竜ノ丸真鍮カ金銅カ　錆テ分チ難シ　上下椽地鉄金滅金　厚サ服ノ如シ　握リ銀カ錫カ　錆テ見分カタル(シ)　蓙目

アリ　柄ニ目貫穴ナシ握ノ内モ腐レトモ全キハ金銀ニ助ケラレテ可成　竜ハ込ミ留金ト思ヘリ
鍔モ身モ腐テ寸ハカリモ不全　適身ノ腐残リハ片刄ニテ両刄ニテハ無　全体打延ナルカ　石子
塚　稲荷塚　浅間塚アリ　……　案ルニ垂仁帝五十六年八月　御諸別王ニ詔アリテ東国ヲ治玉
フ事有　此辺上代上野国ナルヘシ　天平ノ神器モ有テ神事久キ事疑フヘカラス　神孫東国ニ有
ト日本紀ニ見エタリ　姓氏録ニ上野下野ノ間ニ神孫多出セリ何レモ公又君ノ称号アレハ　村君
村モ其縁アリ　因テ三室ハ御諸別ノ王ノ霊　神孫ハ君村ニ座シテ年々祖霊ヲ祭玉フ例トナルニ
ヤ

（比企郡）　大　塚《オホツカ》　石窟ハ八幡ノ社ノ前小シ隔テ在　厚四五寸幅五六尺或ハ七八尺　青石ニテ畳ム　一窟三間ニ
テ　奥ハ方六尺斗　中ハ方九尺斗　口ノ間ハ又六尺斗　入口ハ小シ　南向ナリ　方言ニ守邦親
王ヲ　押籠奉ル所ニテ　奥一間ノ底ニ御棺アリ　此石蓋ノ上ニ五輪塔アリ　今ハ無シ　古ヘ土
人蓋ヲ　開カント欲ルニ及　雷鳴リ奇異ノ変ニ怖テ元ノ如シテ　終ニ不開ト云　（加筆）「石窟
ハ増尾村（地内ト）□□□云々　八幡（モ同）□□　若宮八幡ト云　窟ノ（内入口左ノ）「　」方ニ建治二年二月（二日ト銘ア）□□□□
リ」

須賀谷《スカヤ》　窟　稲荷社ノ下ニ在　南向ナリ
石　橋《イシハシ》　村ノ西ノ方ニ窟アリ
下唐子　岩窟アリ
大　谷《オホヤ》　雷電　社地ハ巒山ノ内　高キ所ナリ　遠キ境ヨリ松樹繁リ覆椀ノ如ニ見ユル
吹　塚《フキツカ》　村ニ塚アリ

（高麗郡）　的　場《マトハ》　三吉野塚アリ牛塚共ニアリ

（加美郡）帯刀《タテワキ》　当村塚多　土人云　石窟ナルヲ多崩シテ　石ヲ橋ト成　今ハ小ナルノミ窟ニ在ルヤ不知ト
云々
（秩父郡）皆野《ミナノ》　岩窟多　土人上代火ノ雨降シ時　栖ト云　可笑　ヒサメトハ大雨ノ事ナリ
金崎《カナサキ》　岩窟多ク在
（大里郡）八幡　甲山村ニ今世祭　甲山ノ名　山里ノ中ニ甲ノ頭形ノ如ナル所アリ　頂ヲ平ニスルニ石櫃在　其
中ニ甲冑馬上ノ瓦人形［　］出　故ニ其所ニ祭　当社ナリ　此村ニ塚多　玉　鏡等数出　是古
墳ナラン
甲山《カブトヤマ》　当村ニ甲鉢形ナル小山アリ　遠キヨリ能見ユル　此故ニ村ノ名アルニヤ　古ヘ土人彼山ノ頂
キヲ平クルニ石櫃有リ　中ニ甲冑馬上ノ瓦人形五ツ出ノ（ママ）　依テ八幡ニ祭ル　又外ニ塚多　玉鏡
ヲ得タリト也（『武蔵志稿』大里郡）
（横見郡）上細谷《カミホソヤ》　氷川　御所村ノ境畑中ニ飯玉ト云小塚ノ傍ニ坐ス　延喜式ノ伊波比神社是ナリ　土人飯玉
氷川ト奉称（『武蔵志稿』横見郡）
根小屋《ネコヤ》　古城　世ニ松山ノ城ト唱フ連山ノ鼻ニテ孤山ニ似タリ　裾ニ市川ヲ帯　南深田アリ　岸高フ
シテ不可登　碓岩ナリ　城地ノ頂ニ常水ノ池アリ　北ニ本丸ヨリ市川ヘ下ル峡道アリ　窟ノ如
シ　其中腹ニ普門寺ノ堂在　是ヲ穴室ノ観音ト云　此北山ノ麓ニ百穴ト云フ穴并数々有　蝙蝠
多　往古戦争ノ時敵ノ金堀ニハ非ス　土人云　上古ハ大（火）ノ雨降ス　依テ人是ニ住リト　云々絶
笑也（『武蔵志稿』横見郡）

の武蔵国八郡一三村、すべて現在埼玉県域に所在する古墳である。同じ武蔵国を構成する多摩川流域の多磨・荏原・久良岐・都筑・橘樹郡、武蔵野台地東縁部の豊島郡、東京低地西部の葛西地域、すなわち現在の東京都および神奈川

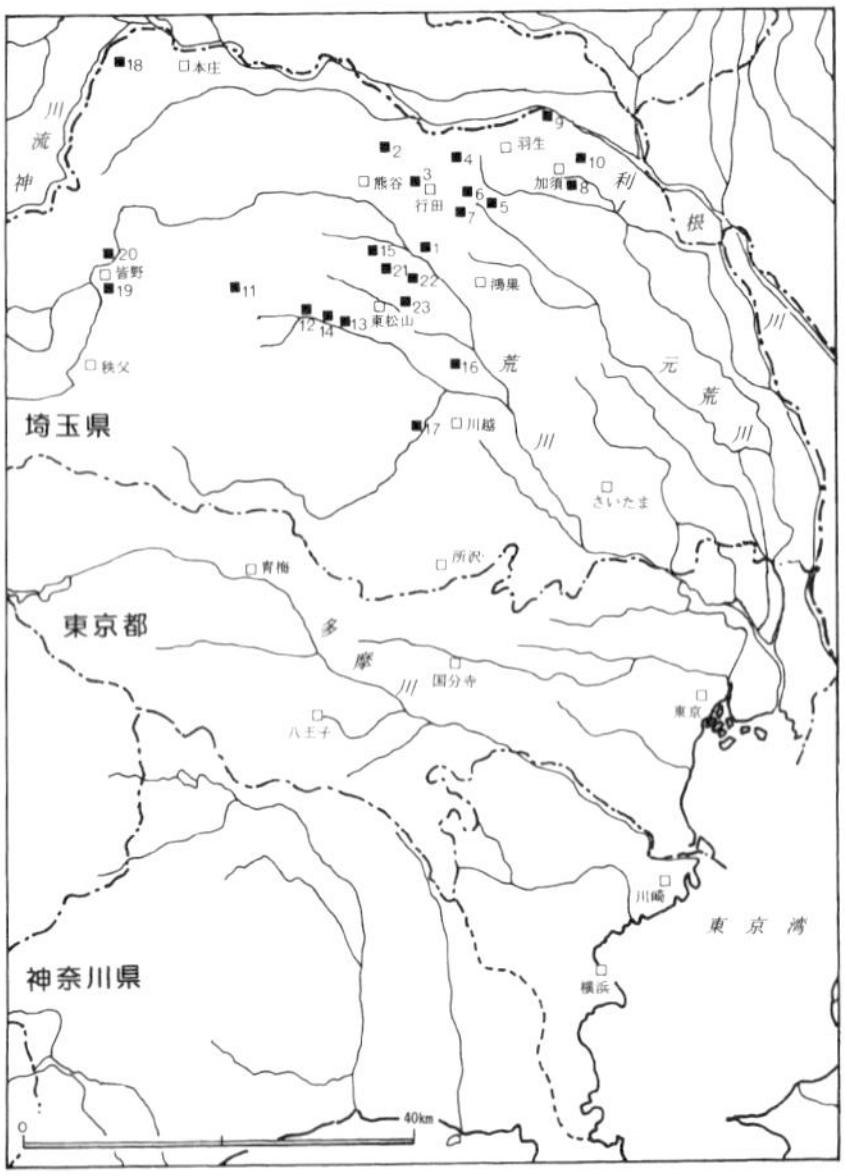

1	足立郡明用	（鴻巣市）
2	埼玉郡大塚	（熊谷市）
3	埼玉郡中里	（行田市）
4	埼玉郡小見	（行田市）
5	埼玉郡真名板	（行田市）
6	埼玉郡若子玉	（行田市）
7	埼玉郡埼玉	（行田市）
8	埼玉郡町屋新	（加須市）
9	埼玉郡下村	（羽生市）
10	埼玉郡樋遣川	（加須市）
11	比企郡大塚	（小川町）
12	比企郡須賀	（嵐山町）
13	比企郡石橋	（東松山市）
14	比企郡下唐子	（東松山市）
15	比企郡大谷	（東松山市）
16	比企郡吹塚	（川島町）
17	高麗郡的場	（川越市）
18	加美郡帯刀	（上里町）
19	秩父郡皆野	（皆野町）
20	秩父郡金崎	（皆野町）
21	大里郡甲山	（熊谷市）
22	横見郡上細谷	（吉見町）
23	横見郡根小屋	（吉見町）

第１図　『武蔵志』古墳記述の村位置概略図

県の一部に所在する古墳については、踏査記録がない。館城跡・寺院跡などの史跡や、板碑・石塔など石造物については詳細な記述があるのに、どうしても、理解し難い。

さて、福島東雄が採りあげた古墳と出土遺物は、きわめて簡潔に記述されているが、そのとらえ方に幾つかの傾向が看取される。すなわち、①古墳の所在と立地、②古墳の形状、③主体部の状況、④発見された遺物、⑤被葬者の性格、である。以下、福島東雄の記述をもとに、福島家と関係深い林大学頭述斎の建議に基いて、幾多の資料を収集して編さんされた官選の地誌『新編武蔵國風土記稿』（文政七年・一八二四）（以下『新記』と略す）などを援用して、東雄が訪れた古墳や遺物について、近年の調査例を含めて現状を整理してみる。

二　古墳の所在と立地について

まず、古墳の所在を記録したものとしては、「中里《ナカサト》大塚」は、行田市中里の字名を挙げたものであるが「大塚権現ハ塚ノ上ニ坐」と加筆され、古墳の上に小祠が鎮座していたものと考えられるが、現状は確認できない。さらに調査をしてみたいと考えている。

「真名板《マナイタ》」の古墳「小高キ築山」は、行田市真名板にある前方後円墳真名板高山古墳（全長約一二七m）である。この地域は、関東造盆地運動で地盤沈下がおこっている。この古墳も地質学と考古学との協同作業によって、約三m埋没していることが明らかとなった。さらに、盾形二重周溝の存在も確認されている。墳丘などから、六世紀後半の円筒埴輪片や土師器高坏脚部が採集されている（塚田ほか 一九九七）。

「若子玉《ワクタマ》」の「古塚多クアリ　石室アリ」は、小針沼北辺沿いの低台地西側、標高約一六mに前方後円墳愛宕山古墳・荒神山塚・三寶塚を中心に円墳八幡山古墳・方墳地蔵塚古墳、稲荷塚・笹塚・福仙塚などの小円墳をふくめ一〇〇基以上で構成されていた行田市若小玉古墳群である。『新記』は「若小玉村」に、「八幡社　社地は塚上ニテ。鋪十間四方。高サ一丈六尺。巽ノ方ニ塚ノ崩シ所アリ。其間ヨリ石櫃トオホシキモノ顕ル。三方平ラナル石ニテ疊ミ上ケ。厚サ一尺ノ黒キ岩石ヲ屋根トセリ。内ノ廣サ三疊ヲ敷ホドニテ。其中ニ八幡ノ石祠ヲ置。イカニモ上代ノ墳墓トミエタレド。今土人モソノ故ヲ傳ヘス。」と八幡山古墳について記している。さらに、地蔵塚古墳についても『新記』は「地蔵堂　廣サ一反三畝。高サ一丈八九尺ホドノ古墳ノ上ニアリ。前ニ石階アリテ。其右ニ岩窟アリ。内ハ八疊程ノ潤ニシテ。三方野面ノ石ヲモテ積上タリ、此内ヨリ矢ノ根ナト穿出スコトアリト云」と石室についても詳細に記述する。また、『新記』は若小玉村の小名「十輪寺」の古墳に触れ、「十輪寺　或ハシナヒ山ト云。此所ニ住メル農民徳右衛門ノ屋敷ニ。廣サ三畝高サ一丈程ノ塚アリテ。竹林叢ヲナス」とある。

このほか、八幡山古墳周辺の見取図には、「オトカ山」、「カキビン塚」、「ヤキバ」と称されていた古墳が所在し（小川ほか 一九八〇）、一一基の古墳が確認されている。なお、渡辺貞幸は、地籍図による若小玉古墳群の復原を試み（渡辺 一九九三）、荒神山塚古墳は十輪寺（重輪寺）跡の西にあった「しなび山」、『新記』に記されている「シナヒ山」と同じ古墳と推定した。さらに、字南大竹の南東部に松山古墳と諏訪神社古墳の所在および小円墳数基を確認した。しかし、現在墳丘をもつ古墳は、横穴式石室が開口する八幡山古墳と地蔵塚古墳の二基である。

「埼玉《サキタマ》」では、「古塚多シ又岩屋モアリ」と、行田市埼玉所在の古墳を総体的にとらえ、横穴式石室の存在に注目している。さらに加筆して、埼玉古墳群の将軍山、御風呂山（鉄砲山）、丸墓山古墳を列記し、「丸墓山　塚ノ内ニモ高クシテ高三丈斗　囲三百間斗也」と、略測ながら墳丘の計測値（現在墳丘径一〇五m、高さ一八m）を挙げている。

「町屋新田《マチヤシンテン》　当所古ヘ鶴塚ト云所ナリ　神明浮塚ナリ」は、加須低地のほぼ中央、標高約一三mの微高地に築造された加須市鶴ヶ塚古墳である。周囲は水田で、手子堀が流れ、まさに浮いている古墳の観がある。墳丘は大きく変形されており、現在の規模は径約一五m、高さ三mである。墳頂には大神宮が祀られている。主体部および、副葬品については知られていないが、かつて墳丘から靫形埴輪の下半部が出土している（塩野ほか 一九八四）。

「吹塚《フキツカ》」の「村ニ塚アリ」とは、川島町吹塚の微高地中央に、御嶽山古墳（吹塚古墳）が所在する。墳頂には祠、古墳の前に氷川社の社殿が建立され、墳丘の盛土の一部が崩されている。なお、周辺には削平された古墳の幾つかが所在しており（鈴木 一九五六）、吹塚古墳群が形成されていた。

「的場《マトハ》」「三吉野塚アリ牛塚共ニアリ」は、入間川中流域左岸、標高一五mの入間台地最南端、前方後円墳を中心に円墳三〇基以上で構成されていた、川越市的場古墳群の代表的な古墳、三芳野塚古墳と牛塚古墳である。なお、『新記』はこれらの古墳をはじめ周辺の風景を挿画し、的塚、三芳野塚、初雁塚、牛塚、旗塚の五基の古墳を記述して、『武藏志』の内容を補強している。

三芳野塚古墳は、川越城内に移された三芳野天神の旧地にあった円墳であるが、大正五年（一九一六）の東武東上線霞ヶ関駅開設工事で破壊された（小泉 一九九六）。牛塚古墳は現存し、発掘調査も行われている（川越市 一九七二）。すなわち、墳長四七mの三段築成の前方後円墳で、墳丘相似形の周溝が巡る。墳丘からは、南比企窯産の須恵器（酒井 一九八九）がまとまって出土。また、後円部石室開口部前面の周溝から耳環と土師器坏形土器が出土している。さらに、わずかながら埴輪が発掘されており、石室の前庭部を中心とした埴輪の限定的配置が推定できる（若松 一九八五）。主体部は河原石を用いた胴張りがある両袖型の横穴式石室で、二回の埋葬が確認されている。一次埋葬の棺床面から馬具（雲珠）、耳環、玉類、鉄鏃、大刀片が出土し、二次埋葬面からは、金銅製指輪、耳環、ガラス製小玉、大刀片、鐔、鞘尻金具、刀子、銀装刀子、鉄鏃、馬具（辻金具・心葉形十字透鏡板）が出土している。これら副葬品については、田中広明・大谷 徹による出土遺物の総合的な調査研究報告（田中ほか 一九九三）に詳しい。なお、築造年代は、六世紀末葉である（杉崎 一九九二）。

「帯刀《タテワキ》」には「当村塚多」とあり、上里町帯刀古墳群について記述している。この古墳群は、昭和四五年（一九七〇）の調査で古墳跡を含む三四基の円墳が確認されている。しかし、東雄が村民の話として「石窟ナルヲ多崩シテ石ヲ橋ト成」と記しているように当時から破壊された古墳が数多くあったことがうかがえる。

『武藏志稿』にある「横見郡」「上細谷《カミホソヤ》 氷川 御所村ノ境畑中ニ飯玉ト云小塚ノ傍ニ坐ス」の「飯玉ト云小塚」は、吉見町御所古墳群の横見神社古墳と考えられる。すなわち『新記』上細谷村の「飯玉氷川明神社」に、「社ノ後ニ神木トテ圍一丈五尺程ノ松アリ。此下ニ石槨アリト云傳フ」とある。なお、この「石槨」は明治五年に地元の人々により発掘されており、埼玉県立文書館寄託の井上家文書に『第七大區横見郡小三區御所村式内横見神社石櫃畧圖』（井上家一〇九五文書）がある。作成年月は付記されてないが、淡彩で方位が入れてあり、社殿裏の大木の間に石棺状の石櫃が開口した状態で描かれ、蓋石と石棺に寸法が書かれている。また、「小塚」とあるが、規模は、大正八年一月二八日付けの「延喜式内神社境内古墳調査」の報告（埼玉県行政文書大九九一―一―三）では、「形状圓形周圍約十間高五尺」とあり、東雄が踏査した時点でも、この規模を有していたものと想定される。現在も石室の一部が露出している。

古墳の立地については、丘陵上に築造され、遠望できる大型古墳をとりあげている。「大谷《オホヤ》」の神社「雷電」の記述の中に「社地ハ巒山ノ内　高キ所ナリ　遠キ境ヨリ松樹繁リ覆椀ノ如ニ見ユル」は、東松山市大谷の雷電山の頂き、標高約一〇〇mに築造された雷電山古墳である。墳頂中央に大雷神社が鎮座し、現在も東方に広がる平地から、遠望することができる。この古墳の規模と墳形は、墳長約八六mの帆立貝型前方後円墳である（坂本ほか 一九八六）。盛土は、後円部の最上段だけで、前方部および後円部の一・二段目は地山の凝灰岩層を削って造り出されている。葺石は、後円部の盛土部分に人頭大の石材が露出しており、また前方部頂部の平坦面に敷き詰められていたものと推定される。埴輪列は、墳頂部の肩口に沿って、直線を基調に口縁を接する状態で円形に樹立されたもの、墳丘に上下二段の樹立、周溝の外側すなわち外堤部での樹立、と四重の埴輪列が確認されている。なお、墳頂に鎮座する大雷神社の拝殿増築工事の際確認された方形埴輪列は、墳頂部の肩口の円筒埴輪列とは別に、主体部を囲繞する形で存在するものと理解される。埴輪は、ほとんどが「倒立成形」という、特徴的な技法で造形され、底部と口縁部が同様に外反して開く特異な器形である。また外面はハケ目をもたず、ヘラケズリの後にナデが丁寧に施されている。内面調整はユビナデのみで、ヘラケズリは施されていない。焼成は、野焼きによる黒斑があり、製作年代は五世紀第１四半期頃である（佐藤 一九八六）。この雷電山古墳は、段築・葺石・埴輪など典型的な古墳の様相を備えたもので、主体部も長大な粘土槨が想定され（坂本 一九八六）、その築造年代は、五世紀初頭の年代が与えられる。なお、帆立貝型前方後円墳ではあるが、卓越した立地や規模からみて、被葬者は広大な地域を支配下においたものと理解される。

「八幡　甲山村ニ今世祭　甲山ノ名　山里ノ中ニ甲ノ頭形ノ如ナル所アリ……」および、『武藏志稿』の「甲山《カブトヤマ》　当村ニ甲鉢形ナル小山アリ　遠キヨリ能見ユル　此故ニ村ノ名アルニヤ……」は、先述の雷電山から派生する比企丘陵北端、大里村（現熊谷市）青山字賢木岡、標高約五七ｍの緩斜面上に所在する「甲ノ頭形ノ如ナル」、「甲鉢形ナル小山」、径九〇ｍ、高さ一一・五ｍ、二段築成の大型円墳甲山古墳の立地である。墳頂に青山神社本殿、墳丘東側の裾に拝殿が建立されており、石段や参道で墳丘の一部が変形している。なお、拝殿のある東側を変形ではなく、張り出しとして解し、帆立貝式前方後円墳とする見方もあるが確証はない。近年、墳丘中段のテラス部分や墳丘の裾で、円筒埴輪の破片（低位置突帯埴輪を含む）などが採集されており（金井塚 一九九〇）、六世紀第３四半期の築造とされている（橋本 一九八七）。また、「八幡　甲山村ニ今世祭　……此村ニ塚多　玉　鏡等数出　是古墳ナラン」、さらに「甲山《カブトヤマ》　……又外ニ塚多　玉鏡ヲ得タリト也」と先の記述の文末にあるのは、甲山古墳と同じ丘陵上の甲山古墳群や、賢木岡古墳群を構成している円墳群と考えられる。

『武藏志稿』の「根小屋《ネコヤ》」では、鋭く湾曲して流れる市野川へ東から突き出した丘陵先端に築造された「古城」松山城の占地状況を記述した後に、市野川に面する標高約四五ｍの山稜、四か所の突出部斜面に、横穴が開口していた吉見百穴（吉見町）を「此北山ノ麓ニ百穴ト云フ穴并数々有　蝙蝠多　往古戦争ノ時敵ノ金堀ニハ非ス　土人云上古ハ大《(火)》ノ雨降ス　依テ人是ニ住リト云々絶笑也」と、所在を記したものである。そして、この百穴にまつわる村人の「人是ニ住リ」との伝承をあわせて紹介し、「絶笑也」と表現して、これを暗に否定している。

この横穴は、明治二〇年（一八八七）坪井正五郎を中心として発掘調査が行われ、二三七基の横穴を現出させたのである（坪井 一八八七a）。なお、横穴の性格について、東雄は先述のように否定していたが、坪井正五郎は「穴居」説を主張した（坪井 一八八七b）。この坪井の穴居説に対して「墓穴」説が神風山人（神風 一八八八）、秋乃舎色穂（秋乃舎 一八八八）によって唱えられ、いわゆる「穴居・墓穴論争」に発展した（坪井 一八八八、一八八九）（三宅 一八九二）。そして、大正一四年（一九二五）柴田常惠が史跡「吉見百穴」を調査し、その概要を詳細に報告し、今までの論争をその学史として理解し、「永い時間はすべてのものを正當に解釋せしめ、其後に於て横穴や古墳に闘する研究進渉し、此等の知識の發達すると共に、今や横穴が墓穴たることに就て殆んど異議を認めない。」と、名文で結び、まさに昭和の始めに江戸時代以来永い間広まっていた「穴居説」に終止符を打った（柴田　一九二七）。

その後、吉見百穴の本格的な調査が行われたのは、昭和二九年（一九五四）である。金井塚良一の指導で埼玉県立松山高等学校郷土部が行ったものである。その成果は、翌昭和三〇年（一九五五）『吉見の百穴』（吉見百穴保存会刊行）にまとめられ、横穴墓の数二一九基の分布・構造などが、新しい感覚で詳細に検討され、吉見百穴の新たな研究の出発となった。やがて昭和五〇年（一九七五）、吉見町史編纂委員会の『吉見の百穴　吉見町史資料編』、金井塚良一の『吉見百穴横穴墓群の研究』に結実した（金井塚　一九七五）。

三　古墳の形状について

「小見《ヲミ》」の古墳は、「観音堂ノ後ニ舟伏タル所アリ」、すなわち行田市小見の真観寺境内にある前方後円墳小見真観寺古墳（墳長一〇二m）である。ここでは、主体部の横穴式石室にもふれている。また『新記』「小見村」は、「観音堂　……此堂ノ後ノ方小高キ所ニ八尺四方ノ岩窟アリ」と、墳丘の形状についての記述は『武藏志』より簡単に記し、東雄も注目した主体部（岩窟）を中心に記述している。

「下村《シモムラ》」の「村君村下分」に所在する永明寺の「境内牛ノ伏タル如キ丈余ノ塚アリ　上代ノ墳ノ様ナリ　今頂ニ薬師堂　下ニ仁王門」と記述された古墳は、前方後円墳永明寺古墳（墳長七三m）である。『新記』「下村君村」には、「薬師堂　長三十間餘。横八間。高二丈許ノ塚上ニ建リ。是古代ノ貴人ノ墳墓ナルヘシ。阿弥陀堂　高八尺方四間許ノ古塚ノ上ニ立リ」とあり、「古塚」の形状についてはふれていない。また、永明寺古墳は、その形状から「牛頭山」ともよばれていたようである（大場 一九七五）。なお、昭和六年（一九三一）、後円部にある薬師堂の下から河原石を用いた礫槨と思われる主体部が発見され、多くの副葬品が発見された（村松 一九三二）。現存する副葬品は、耳環、鉄鋸、衝角付冑、挂甲小札、九窓鐔付大刀（銀象嵌大刀）片、刀子片、馬具（雲珠・銜・轡・壺鐙・鉄地金銅張鋲留金具）である。これらの副葬品は、六世紀前半代の特徴をもつもので、古墳の築造年代は、六世紀前葉末から後葉初頭と考えられる（栗原ほか 一九六九）（瀧瀬ほか 一九九六）。

東雄は、前方後円墳の形状について「舟伏タル所」あるいは「牛ノ伏タル如キ丈余ノ塚」と、見たまま表現した。円墳については、大里郡の「八幡」の項では、「甲山村ニ今世祭 甲山ノ名 山里ノ中ニ甲ノ頭形ノ如ナル所アリ」と村名の由来に関わる古墳の形状を除き、多くの古墳は、単に「塚」と表し、形状についてはこれを略している。

四 主体部の状況について

足立郡の「石櫃」は、吹上町（現鴻巣市）明用所在の前方後円墳三島神社古墳（墳長約五五m）の石室である。『武蔵志』には「土人恐テ不開」とあるのみで、石室の形態および計測値は記載されていない。しかし、『新記』に「三島社 ……社ニ向テ左ノ方ニ長九尺幅五尺餘ノ石片面アラハレテヲリ。……顕レシ石ハ全ク石槨ト見エタリ。」とあり、主体部は緑泥片岩で閉塞された横穴式石室と考えられる。東京大学史料編纂所所蔵版（内務省地理局編）『大日本國誌武藏國』名社・村社の項、「三島神社」には、「社宇古塚ノ上ニアリ高壹丈許周囲六七間ニシテ塚北ニ片石ヲ露ハス長九尺幅五尺許蓋シ石槨ノ側面ナリ……明治八年乙亥石片ヲ撤シテ其中ヲ窺フニ空洞ニシテ四方ハ圓石ヲ以テ甃シ上ハ青石ヲ蓋フト云」、すなわち、北側の後円部に横穴式石室が所在し、円礫で側壁が構築され、天井石は緑泥片岩が架構されていたと、主体部について詳しく記録されている。

「大塚《オホツカ》」の「熊野社下ニ窟アリ上ニ立石アリ」は、熊谷市中条大塚古墳の石室を記したものである。この石室は、緑泥片岩と角閃石安山岩を用いて構築された複室構造の胴張りがある全長九・六mの横穴式石室である。棺床面は、小礫が敷き詰められていり。なお、壁際に人頭大の礫と緑泥片岩の板石が並べ、溝を造りだしている。また、左奥は小礫の下に人頭大の礫が並べてあり、棺座の存在が想定されている。なお、棺座下から排水溝が入口に向かって伸びている。副葬品は、挂甲小札、鉄鏃、金銅鞘尻金具、塗漆木片、勾玉がある（寺社下ほか 一九八三）（寺社下 一九八五）。築造年代は、石室の構造、副葬品、墳丘出土の須恵器補強帯大甕などから七世紀第3四半期と考えられる。

「小見《ヲミ》」では、前方後円墳小見真観古墳の後円部に開口していた横穴式石室について「夫ニ八尺四方ノ窟アリ古ヘハ外ニモアリシヲ崩シテ石橋トセリ」と記す。この石室は、寛永年間（一六二四〜一六四三）に発掘されたと伝えられており、巨大な緑泥片岩を用いて構築した方形プラン複室構造の横穴式石室である。現状は、玄室と前室の二室で構成されているが、羨道が付設され三室構造である。床面は玄室、前室とも緑泥片岩の一枚石が敷かれ、玄室の床面には奥壁に平行して四本の溝が掘りこまれ、この部分に箱式石棺が想定できる。この造り付けの箱式石棺の例は、石材は異なるが千葉県竜角寺古墳群の栄町浅間山古墳（千葉県史料研究財団 一九九八）の石室が箱式石棺の置く方向などを含め小見真観古墳に酷似している。

「若子玉《ワクタマ》」の「石室アリ」とは、八幡山古墳と地蔵塚古墳の石室であろう。この二古墳の石室については『新記』「若小玉村」に詳述されており、東雄が踏査した時点には両古墳とも石室が開口していたものと考えられる。

八幡山古墳の石室は、旧地表から二・五m版築した面に構築された羨道・前室・中室・奥室で構成された推定全長一六・七mの巨大な横穴式石室である。主要な副葬品は、須恵器長頸壺、銅鋺、銀製弓弭金物、銅漆装方頭把頭、金銅装鞘尻金具、青銅製八花形棺金具、夾紵棺片がある。古墳の築造年代は、七世紀前葉頃である（小川ほか 一九八〇）。

また、地蔵塚古墳の石室は、羨道部が失われているが、長さ四・一mの胴張りがある横穴式石室である。なお、側壁に人物、馬、水鳥などの線刻画がある（栗原 一九六三）。

「埼玉《サキタマ》」には、「塚□ニ若王子塚ニ石室アリ」との加筆がある。また『新記』「埼玉村」には、「若王子塚……塚ノ中段少シク欠崩タル穴アリ。ソコヨリ内ヲ望メハ。四方厚サ五六寸ノ岩ヲ以テ盖トシ。石棺ニ如キモノ見ユ。コノ外幾所モ岩ノアラハレタル所アリ。ソコヲ踏ハ其内空虚ナルニ似タレハ。石棺ノ内廣キコト知ラル」と、石室の状態を記述している。これは、行田市若王子古墳群の若王子古墳の石室である。若王子古墳は、埼玉稲荷山古墳の東南東約八〇〇mに築造された墳長約一〇三mの前方後円墳で（杉崎 一九八六）、現在は破壊されて墳丘はない。明治三九年（一九〇六）に、発掘が行われ角閃石安山岩と緑泥片岩を用いた巨大な横穴式石室が現れている。用いられていた石材の一部は現在前玉神社境内にあるが、石材の使用法、加工法からみて若小玉古墳群の八幡山古墳の横穴式石室に酷似していたものと考えられる（田中ほか 一九八四）。

「大塚《オホツカ》」の「石窟ハ八幡ノ社ノ前小シ隔テ在　厚四五寸幅五六尺或ハ七八尺　青石ニテ畳ム　一窟三間ニテ奥ハ方六尺斗」は、槻川に向かって東西に長い丘陵の南側緩斜面、小川町大塚にある一辺約二八・二m、高さ約五・六m、二段築成の方墳穴八幡古墳の横穴式石室である。『新記』「増尾村」には「古墳及傍近圖」があり、石室の規模が説明されている。横穴式石室は、すべて緑泥片岩の板石を用いて構築されたもので全長八・二mである。羨道・前室・玄室で構成され、各室の入り口には、前門・玄門が設けられている。穴八幡古墳の築造年代は、大形の石材を用いた切石造りの横穴式石室から、七世紀中葉から後半代にかけての時期と推定される（高橋 一九九六）（高橋ほか 一九九九）。

「須賀谷《スカヤ》」に記す「窟　稲荷社ノ下ニ在　南向ナリ」は、嵐山町菅谷にある円墳稲荷塚古墳の横穴式石室である。石室は、緑泥片岩の割石を小口積みした胴張りがある複室構造の両袖型横穴式石室で、規模は、玄室長三m、前室長二・七mである（植木 一九九二）。東雄より先、天明六年（一七八六）に、同行者の志賀村（現嵐山町）の多田子健とともにここを訪れた江戸の国学者奈佐勝皐は、旅日記の『山吹日記』に、「木高き処の稲荷の社の下に石堂あり、広さ七尺はかり、大いなる石もてたゝめり。入口くつれて上さまの石かたふけり。古《（口）》は南になんむかへる。これらいにしへの墓穴なるへし」と、大きな石を用いて構築され、南に開口している横穴式石室を見学、しかも羨道部が崩れて天井石が傾いている様子まで、細かく観察している。

「石《イシ》橋《ハシ》」の「村ノ西ノ方ニ窟アリ」の記述は、東松山市石橋の若宮八幡古墳の胴張りがある両袖型横穴式石室（全長八・一五m）である。『山吹日記』にも「石橋村にかゝりて山口の右の方に木たちの繁みにすこしき社あり。其下に大なる岩室あり。入口は方四尺もやあらん。奥へ二間あまり、横九尺余りにて大なる平石もてたゝみたるなり。このほとりにはかゝるもの多しと子いへり」と、横穴式石室の大きさおよび、巨大な天井石について記し、この古墳の周辺に古墳が群集しているとの、同行者多田子健の説明を付している。さらに、この石室については、『新記』「石橋村」に「若宮八幡社　……此社ノ下ニ伊賀守ノ形骸ヲ藏セシ石棺アリト云。又土人ノ話ニ。明和ノ頃ニヤ村民善右衛門ト云者。伊賀守ノ子孫ナレバトテ。試ニ此地ヲ穿チシニ。果シテ石棺ヲ得タリ」とあり、「明和ノ頃」（一七六四～一七七一）には、その所在が確認され、広く知られていたのである。しかし、副葬品についての記載はない。

「下唐子」の「岩窟アリ」と記された石室は、現在確認できていない。東松山市下唐子には、墳頂に浅間神社が鎮座している未発掘の円墳御嶽山古墳（下唐子一号）や、二段築成の円墳冑塚古墳（下唐子二号）など多くの古墳が知られている。しかし、石室が開口していた古墳は寡聞にして知らない。ただ、昭和三四年（一九五九）に円墳冑塚古墳が発掘調査され、六世紀後葉と想定される凝灰岩の切石を用いた複室構造の横穴式石室（全長七・七m）がある（金井塚ほか　一九六四）。

「帯《タテ》刀《ワキ》」の上里町帯刀古墳群については、「土人云　石窟ナルヲ多崩シテ　石ヲ橋ト成　今ハ小ナルノミ窟ニ在ルヤ不知ト云々」とあるように石室が構築されていた。しかし、東雄の記述からはその形態・規模などは不明であるが、「今ハ小ナルノミ窟ニ在ルヤ」と散在する小古墳に石室が残存していることを想定している。近年の調査で確認された石室は、帯刀二〇号古墳（円墳）が、弱い胴張りがある両袖型横穴式石室で、六世紀中葉である。また、帯刀二号古墳（円墳）・帯刀三号古墳（円墳）は、胴張りがある両袖型横穴式石室で、模様積みで構築されており、七世紀前半の築造である（外尾　一九九二）。

「皆野《ミナ》」には「岩窟多　土人上代火ノ雨降シ時　栖ト云　可笑　ヒサメトハ大雨ノ事ナリ」とあり、多くの横穴式石室が開口していた。なお、『新記』には「氷ノ雨塚五ヶ所」とある。石室が開口していた古墳の中で「氷雨塚」ともいわれていた皆野大塚古墳（円墳）の片岩を用いた胴張りのある両袖型横穴式石室が著名である。現存する石室全長は九・一m、奥壁は下方に大形片岩一枚を用い、両側壁は片岩の小口積みで、天井は二枚の片岩の巨石で架構され、羨道部は片岩四枚が天井に用いられている。玄門は西側の門柱石を欠くが冠石や框石はよく残っている。築造年代は、七世紀前半である（小林　一九八八）。

「金崎《カナサキ》」は「岩窟多ク在」と簡単に記されているが、宝登山の山裾が、南西方向にのびた河岸段丘、皆野町金崎の金崎古墳群である。『新記』「金崎村」には、「塚　二ヶ所。一ハ村ノ東荒川ニヨレリ。高サ二間半許。廻リ三十間餘。ソノ中ニ沖口アリ。入口ノ高サ五尺餘。幅四尺五寸程。奥行一間半。横幅一丈許。行當リ平石ノ大ヒナルヲ。横ニカサ子上モ又大ヒナル平石ヲ以テ蓋トシ。其上ヘ土或ハ砂石ヲ盛リ揚テ営築セシモノナリ。村民カ屋敷内ニアリ。其傳ヘヲ失ヒケレト。上世ノ塋域ナルヘシ。一ハ往來ノ西脇。是モ村民屋敷内ニアリ。其サマ相同シ。サキニ窟中ヨリ古刀二振鐵鐔二枚出タルヲ。村民カ家ニ藏ス。時曲玉ノ如キモノト。箭鏃数多出シカ。是ハ矢ヒケルト云」と、石室の規模や出土遺物が図を挿入するなどして詳細に記され、『武藏志』の内容を補強している。かつては一〇基以上の円墳があったが、現在、墳丘と主体部が残るのは、大堺一号～三号古墳と、天神塚古墳の四基の円墳である。古墳群から出土した遺物のうち、天神塚古墳の大刀に装着されていた鐔に連続渦文、六窓鐔の耳に二重半円文の銀象嵌文様が確認されている（瀧瀬ほか 一九九六）。石室が開口している三基の古墳の中で、大堺三号古墳（氷雨塚）の横穴式石室は、紅簾片岩・石墨片岩など結晶片岩を主体的に用いた胴張りのある両袖型横穴式石室で、形態的にも色彩的にも美しい構造を呈している。石室の全長は八・〇五m、玄室長は五・一五mである（柿沼 一九八三）。築造年代は、玄室から、直刀、金環、勾玉、管玉の出土が伝えられているが、前庭部から須恵器大甕や、平瓶が出土しており、これらからみて、七世紀前半と考えられている。

五　発見された遺物について

『武蔵志』記載の古墳中「樋遣川《ヒヤリ》」の古墳は、発見された遺物について、『武蔵志』ではここのみ本文中に図を挿入して、具体的に記述しており、その関心の深さが知れる。加須市樋遣川には、東雄も「石子塚　稲荷塚　浅間塚アリ」と列記しているが、かつて穴咋塚・諸塚・石子塚・稲荷塚・浅間塚・寶塚・宮西塚の「樋遣川ノ七塚」が存在し、その中の一基である御室神社が鎮座する御室塚古墳（諸塚）に「御諸別王」の墳墓伝承があり、宮内省は明治三四年（一九〇一）、稲荷塚・浅間塚古墳をあわせて「御陵墓傳説地」に内定している（塩野 一九九六）。

『武蔵志』記載の遺物（玉類・環頭大刀）は、「三室社辺塚ヨリ出タル」とあるのみで、出土古墳は明らかにされていない。『新記』も、「諸塚　近キ頃此塚ノ邉リヨリ。古鏡古劔曲玉陶器ノ類アマタ堀《ママ》出セシトナリ。今村民藏セリ。」と記すだけで明瞭ではない。なお、『武藏國郡村誌』（明治八年・一八七五）は、「埼玉郡樋遣川村」の「古跡」の項で七基の古墳を記述している。中でも「穴塚　諸塚の東傍にあり……昔時此塚を村民発堀《ママ》せしに石室とも覺しき巾四尺長九尺余の平石を以て畳み其内に神器武具の類数多ありしにより即ち王の古墳ならんと該器具を秘藏せしが年所を経るに従ひ別当住職交替して何の時か皆紛失せりと……」。さらに、「宮西塚　……文政中発堀《ママ》して之れを閲るに四方二間余巨石にて囲みたる内に金輪一つ古鏡古劔曲玉長刀とも覺しきもの其他武器數種を見出せり此塚も亦王の子孫の古墳なりと伝へり又古器物は当時領主忍城主松平下総守の家に徴ず」と、二基の古墳から遺物が出土したことを記載している。この『武藏國郡村誌』の記述で注目されるのは、「穴塚」すなわち『新記』に記す「寶塚」古墳からは、石室と副葬品があったことが伝承されていたこと。また、宮西塚古墳は、石室があり、現在地元で保有している方格四獣鏡、馬具（轡・辻金具・杏葉）など（塩野ほか 一九八四）が出土していたことが判明したことである。したがって、宮西塚古墳の発掘が「文政中」（一八一八〜一八二九）であり、東雄が『武藏志』に記載した遺物は、宮西塚古墳より以前に発掘された寶塚（穴塚）古墳からの出土遺物の可能性が高い。しかも、出土した時期については、文化八年（一八一一）八月、漢学者の市河寛齋が、上野国地理踏査の途中、この環頭大刀を含む遺物の数々を実見したと想定できるつぎの記事で推測できる。すなわち、「九日覚次郎同道にて樋遣川村へ参候。是は村内に四五年以前古塚を発候もの有之候由ゆへ一覧に参り候。」（市川 一九九二）である。したがって、出土の時期は、文化八年（一八一一）を遡り、東雄が『武藏志』を起草していた頃、すなわち寛政年間末期であろう（塩野 二〇〇五）。

さて、「何の時か皆紛失」した寶塚（穴塚）古墳出土の遺物は、図と記録からみて、ガラス製小玉一〇〇余点、刀装具の責金具と考えられる輪金具四点、空玉、切子玉二点などのほか、環頭大刀がある。

環頭大刀の図は、環内の竜が右を向く裏側を描いた単竜環頭大刀である。図は、その特徴をよくとらえ、図に付けられた観察記録は、「惣長七寸一歩　頭竜ノ丸竪一寸五分横二寸也　上下縁一寸二分ツツ　握三寸二分　扨竜ノ丸真鍮カ金銅カ　鋳テ分チ難シ　上下椽地鉄金滅金　厚サ服ノ如シ　握リ銀カ錫カ　鋳テ見分カタル（シ）　蓙目アリ　柄ニ目貫

第２図　単竜環頭大刀図

穴ナシ握ノ内モ腐レトモ全キハ金銀ニ助ケラレテ可成　竜ハ込ミ留金ト思ヘリ　鍔モ身モ腐テ寸ハカリモ不全　適身ノ腐残リハ片刃ニテ両刃ニテハ無　全体打延ナルカ」とあり、計測値はもちろん、装具の素材など具体的に記してあり、その内容は科学的で現在の考古学の水準と言っても過言ではない。

　これから復元できる単竜環頭大刀は、残存長二三・四三cm。環頭（柄頭）は、環と環内の竜頭を一緒に鋳造したもので、材質は「竜ノ丸真鍮カ金銅カ」とあるが、銅に鍍金した金銅製であろう。大きさは高さ四・九五cm、幅六・六cmの楕円形を呈したもので、うろこ状の表現がある。竜頭は、錆びているかスケッチのためなのか詳細は不明であるが、竜の目が大きく描かれ、口を結んで舌と顎ひげは描かれていない。頭部の冠毛や角の表現は簡略化されている。柄の上下に着けられた筒金具は、幅三・九六cm、鉄地に鍍金したもので、両端に責金具（共造りカ）が用いられている。柄の握る部分は一〇・五六cmで、「銀カ錫カ　鋳テ見分カタル蓙《シ》目アリ」と記すが、銀線巻であろう。また、刀身は直刀と想定される。

　単竜環頭大刀の年代は、新納　泉によると単竜・単鳳大刀の盛行時期は、六世紀中葉から六世紀末である（新納一九八二）。したがつて樋遣川の寶塚（穴塚）古墳発掘の単竜環頭大刀の年代は、この時期の範疇と考えられ、六世紀中葉に比定される宮西塚古墳発掘の方格四獣鏡（鏡面一三・四五cm）、五棘をもつ鉄地金銅張鐘形鏡板付轡、鉄地金銅張素環杏葉、花弁文様を彫り込んだ有脚半球形辻金具などの馬具類と同時期であろう。

　このほか『武藏志』に記録されている遺物は、大里郡の「八幡」に甲山古墳の「石櫃」から「甲冑馬上ノ瓦人形□□出」とある。しかし、再埋納されて遺物の実態は不明である。また、甲山村の古墳から、玉や鏡が発掘されていることを記しているが、詳しい記述がなく、実態は不明である。

六　被葬者の性格について

埼玉郡「真名板《マナイタ》」記載の真名板高山古墳の被葬者については、「往古国ノ守ノ廟ナラン」と、同郡の「埼玉《サキタマ》」の若王子古墳の被葬者を「古ヘ国ノ守ノ王子ナラン」と推察している。真名板高山古墳の被葬者については、近年の調査から、この前方後円墳の築造規格が、埼玉古墳群で継続的に用いられてきた大山型であり、同時期の鉄砲山古墳に匹敵、もしくは凌駕する権力層が、埼玉古墳群以外に徐々に成長してきたことが指摘され、この真名板高山古墳築造の背景を、立地状況から「利根川水運の掌握による経済力」をもった人物を想定する興味深い考えが、塚田良道などにより提示されている（塚田ほか 一九九七）。

おわりに

『武蔵志』に記述された遺跡・遺物のうち古墳について概観してきた。古墳の被葬者については、当時の国学者の考えを踏襲しているが、古墳の記述は、立地を重視した古墳、墳形や群集墳にふれた古墳、主体部（窟・岩屋・石室）を中心に記述した古墳、遺物を詳述した古墳など、自ら実地踏査した成果が如実にわかる。また、樋遣川古墳群の賽塚古墳の遺物図を本文に挿入した方法は、後出の地誌や考古資料の説明に大きな影響を与えた。

さて、埼玉県内出土の環頭大刀は、きわめて少なく、行田市埼玉将軍山古墳の変形三葉環頭大刀、東松山市柏崎出土の双竜環頭大刀柄頭、皆野町稲荷塚古墳出土単鳳環頭大刀が知られていたにすぎない（瀧瀬 一九九一）。この三例に『武蔵志』記載の加須市樋遣川古墳群の賽塚古墳出土例が加わったのである。

これら環頭大刀の出土した地域および古墳は、それぞれ特異な性格や伝承がある。すなわち行田市埼玉将軍山古墳は全長九〇mの前方後円墳であり、武蔵国造（笠原一族ヵ）の墓域の中に築造された首長墓である。東松山市柏崎は、前方後円墳おくま山古墳をはじめ、胴張りをもつ横穴式石室を特徴とした柏崎古墳群が形成されており、明治三四年（一九一〇）に小原地区から珠文鏡や玉類が発掘されている。また、皆野町稲荷塚古墳は、知々夫彦命・知々夫姫命の墳墓が存在するとの伝承がある国神台地に築造された古墳である。そして、加須市樋遣川古墳群には、先述のように「御陵墓傳説地」として、御室塚古墳を中心に軍事氏族の御諸別王墓の伝承がある。出土古墳や周辺の伝承などから、環頭大刀と特定氏族を関係づけることについては、より慎重さが求められるが、無視することはできない。

このように考える時、加須市樋遣川古墳群の賓塚古墳出土の単竜環頭大刀を、武蔵国中を採訪し、多くの出土品を実見していたと思われる東雄が、あえて図を入れて『武藏志』に記録したのかは判らない。ただ想像するに、炯眼な東雄にして、きわめて珍しく、そして鮮烈な印象をもったからであろうか。または、御諸別王の伝承を十分承知していたからかも知れない。

今は原資料が失われて、図でよみがえった資料であるが、埼玉の考古学界にとって貴重な資料である。武蔵国において、装飾付大刀の各種別資料の集積や、分布、氏族と職掌の関係など研究が進むなか、この描かれた単竜環頭大刀も、その研究の一助になるであろう。

参考文献

秋乃舎色穂　一八八八　「坪井氏ノ穴居説ヲ駁シ併セテ横穴ハ最初ヨリ墓穴ナル事ヲ述フ」『東京人類學會雑誌』第四巻第三二號　東京人類學會

市川三陽　一九九二　『市川寛齊先生』　寛・米顕彰会

植木　弘　一九九一　『稲荷塚古墳』嵐山町埋蔵文化財調査報告五　嵐山町教育委員会

大場磐雄　一九七五　『記録―考古学史　楽石雑筆（上）』大場磐雄著作集第六巻　雄山閣

小川良祐・金子眞土　一九八〇　『埼玉県指定史跡八幡山古墳

石室復原報告書』 埼玉県教育委員会
柿沼幹夫 一九八三 「秩父郡皆野町金崎古墳群大堺三号墳の石室について」『埼玉県立博物館紀要―八・九―』 埼玉県立博物館
金井塚良一・小峰啓太郎 一九六四 『冑塚古墳』東松山市文化財調査報告第三集 東松山市教育委員会
金井塚良一 一九七五 『吉見の百穴』吉見町史資料編 吉見町史編纂委員会・『吉見百穴横穴墓群の研究』 校倉書房
金井塚良一 一九九〇 「米づくりと古墳の出現 大里村の古墳」『大里村史 通史編』 大里村
神風山人 一八八八 「北吉見村横穴ヲ以テ穴居遺跡ト爲スノ説ニ敵ス」『東京人類學會雜誌』第三巻第二五號 東京人類學會
川越市 一九七二 「牛塚古墳」『川越市史第一巻 原始古代資料編』 川越市
栗原文藏 一九六三 「古墳壁画の新資料―埼玉県行田市地蔵塚古墳―」『上代文化』第三三輯 國學院大學考古学会
栗原文藏・塩野 博 一九六九 「埼玉県羽生市永明寺古墳について」『上代文化』第三八輯 國學院大學考古学会
小泉 功 一九九六 「的場古墳群と牛塚古墳」『第九回企画展 古墳時代の川越展示図録』 川越市立博物館
小林 茂 一九八八 『皆野町誌 通史編』 皆野町
酒井清治 一九八九 「古墳時代の須恵器生産の開始と展開―埼玉県を中心として―」『埼玉県立歴史資料館研究紀要』第一一号 埼玉県立歴史資料館
坂本和俊・佐藤好司 一九八六 「雷電山古墳」『埼玉県古式古墳調査報告書』 埼玉県史編さん室
(財)千葉県史料研究財団 一九九八 『竜角寺古墳群からみた古代の東国―栄町浅間山古墳の調査成果をもとに―』(財)千葉県史料研究財団
塩野 博・中村倉司・礒崎 一・金子眞土 一九八四 「古墳時代の遺跡と遺物」『加須市史 資料編Ⅰ 原始・古代・中世・近世』 加須市
塩野 博 一九九六 「明治政府の古墳調査―埼玉県の「陵墓伝説地」をめぐって―」『埼玉県史研究』第三一号 埼玉県
塩野 博 二〇〇五 「埼玉考古学史―幾つかの事項―古墳とその出土品への関心 描かれた単竜環頭大刀」『特別展 あの遺跡この遺物 埼玉発掘五〇年史』 埼玉県立博物館
柴田常惠 一九二七 「吉見百穴」『埼玉茨城群馬三県下に於ける指定史蹟』史蹟調査報告二 内務省
寺社下博・金子正之 一九八三 「熊谷市大塚古墳の第一次調査」『第一六回遺跡発掘調査報告会発表要旨』 埼玉考古学会・埼玉県遺跡調査会・埼玉県教育委員会
寺社下博 一九八五 「熊谷市大塚古墳の第二次調査」『第一八回遺跡発掘調査報告会発表要旨』 埼玉考古学会・(財)埼玉県埋蔵文化財調査事業団・埼玉県教育委員会・埼玉会館

杉崎茂樹　一九八六「行田市若王子古墳について」『古代』第八二号　早稲田大学考古学会
杉崎茂樹　一九九二「北武蔵における古墳時代後・終末期の諸様相」『国立歴史民俗博物館研究報告』第四四集　国立歴史民俗博物館
鈴木誠一　一九五六『川島郷土史』　川島村役場
外尾常人　一九九二「上里町の古墳」『上里町史　資料編』上里町
高橋一夫・田中広明・水口由紀子　一九九九「古墳時代の遺跡　穴八幡古墳」『小川町の歴史　資料編1　考古』　小川町
高橋好信　一九九六「小川町穴八幡古墳の調査」『埋文さいたま』第二四号　埼玉県立埋蔵文化財センター
瀧瀬芳之　一九九一「埼玉県の拵《こしらえ》付大刀」『研究紀要』第八号　財団法人埼玉県埋蔵文化財調査事業団
瀧瀬芳之・野中　仁　一九九六「埼玉県内出土象嵌遺物の研究—埼玉県の象嵌装大刀—」『研究紀要』第一二号　財団法人埼玉県埋蔵文化財調査事業団
田中広明・大谷　徹　一九九三「東国における後・終末期古墳の基礎的研究（一）」『研究紀要』第一〇号　財団法人埼玉県埋蔵文化財調査事業団
田中正夫・小川良祐　一九八四「各地域における最後の前方後円墳　東日本Ⅱ　—埼玉古墳群周辺地域—」『古代学研究』一〇六　古代學研究會
塚田良道・中島洋一　一九九七「真名板高山古墳の再検討」『行田市郷土博物館研究報告第四集』　行田市郷土博物館
坪井正五郎　一八八七a「埼玉縣横見郡黒岩村及び北吉見村横穴探究記　上篇」『東京人類學會雜誌』第二巻第一九號　東京人類學會
坪井正五郎　一八八七b「埼玉縣横見郡黒岩村及び北吉見村横穴探究記　下篇」『東京人類學會雜誌』第二巻第二二號　東京人類學會
坪井正五郎　一八八八「神風山人君の説を讀み再び黒岩北吉見兩村の横穴は穴居の爲に作りしものならんとの考を述ぶ」『東京人類學會雜誌』第三巻第二七號　東京人類學會
坪井正五郎　一八八九「パリー通信　萬國博覧會場内人類學部の續き」『東京人類學會雜誌』第五巻第四六號　東京人類學會
新納　泉　一九八二「単竜・単鳳大刀の編年」『史林』第六五巻第四号　史学研究会
橋本博文　一九八七「関東地方の埴輪」『季刊考古学』第二〇号　雄山閣
三宅米吉　一八九二「横穴ハ塟坑ナルノミ」『東京人類學會雜誌』第七巻第七七號　東京人類學會
村松　勝　一九三二「村君村永明寺古墳」『埼玉史談』第三巻第三號　埼玉郷土會
若松良一　一九八五「比企地方の円筒埴輪」『第六回三県シン

ポジウム　埴輪の変遷―普遍性と地域性―』　群馬県考古学談話会・千曲川水系古代文化研究所・北武蔵古代文化研究会
渡辺貞幸　一九九三「地籍図等による古墳群の復元―埼玉古墳群周辺の場合―」『翔古論聚―久保哲三先生追悼論文集』久保哲三先生追悼論文集刊行会
渡邉刀水　一九三二「武藏志の著者福島東雄」『埼玉史談』第三巻第四號　埼玉鄉土會

无邪志国造と埼玉古墳群

雨宮龍太郎

はじめに

埼玉古墳群はそこに集合した各古墳の雄大さと、稲荷山古墳から出土した辛亥銘鉄剣の存在から、全国的に注目すべき古墳時代のモニュメントとなっている。さらに日本書紀安閑元年条の記事が、「笠原」の地名をあげて武蔵国造の内紛を伝えている。こうしてみると、埼玉古墳群は関連資料の豊富さとその重要性に恵まれている点において、古墳時代資料としては群を抜いている。それだけにこの古墳群をめぐる議論は活況を呈し、発表される関連論文も数多く現れている。しかし考察すべき資料が豊富で、その性格も考古資料と文献史料にわたっているということは、埼玉古墳群の真の歴史像に迫るのは容易なことではないということも意味している。そのためか既出論文の中には、断片的な資料を狭い視野から検討し、その結論自体が全体的な歴史観とどのように結びつくのか判明しないものも含まれている。この隘路を切り拓くのは、やはり古墳時代の全体的—少なくとも東国的規模の—歴史観の獲得と正攻法ともいえる考察手順であろう。

手短かにこの二つについて説明しよう。古墳時代の東国では、五世紀前～中葉に古墳の墳丘規模が巨大化し、やがて前方後円墳が各地に普及していき、群集墳も夥しく発生する。こうした状況を背景として、東国は各地で南北対立のドラマを展開していく。「北」とは上毛野君を中心とする上・下毛野連合であり、「南」とは大和王権と王権に協力的な南関東の在地首長層である。書紀が記す武蔵国造の内紛もこの対立の一コマであり、内紛が「南」の勝利で終わるように、対立全体も「南」が「北」を制して大化改新に移行する。こうした歴史の動向の中で埼玉古墳群を評価するためには、まず東国の国造の分布状況を把握することが前提となる。とくに令制武蔵国には三国造が並立しており、その解釈は是非とも果たさなければ先へ進むことができない。そしてむさし国造と埼玉古墳群の関係について論じてみた。残念ながら紙数の都合で、メインテーマのひとつである辛亥銘鉄剣の問題にはふれることができなかった。いずれ別稿を期したい。

一　西関東の国造

かつて斎藤忠氏は全国的な規模で、大化前代の国造と古墳群の分布を対照して、国造の支配領域をおおまかに推定した（斎藤 一九五八）。その問題意識と資料操作は優れていたが、当時各地域での古墳調査が今日ほど行き届かず、その意味で、未熟な基盤に立脚した結論の危うさも否定できない。その後、尾崎喜左雄氏は斎藤氏の業績を承けて、独自の東国国造論を展開した（尾崎 一九七二）。そこで、古墳調査が進展した現在の視点から、もう一度斎藤氏の有効な方法論に立ち帰って東国国造とその領域を論じてみたい。ここではひとまず、令制の相模・武蔵・上毛野が含まれる西関東に限定して、古墳分布のあり方から各国造の勢力範囲をおさえてみよう。なお古墳・横穴墓分布の基本資料は、神奈川県・東京都・埼玉県・群馬県に関わる文化庁編『全国遺跡地図』（文化庁 一九七六・一九七七・一九七七・一九八二）に依り、各都県史関係資料（神奈川県 一九七九・東京都 二〇〇四・埼玉県 一九八二・群馬県 一九八一）で補ないつつ第一図を作成した。

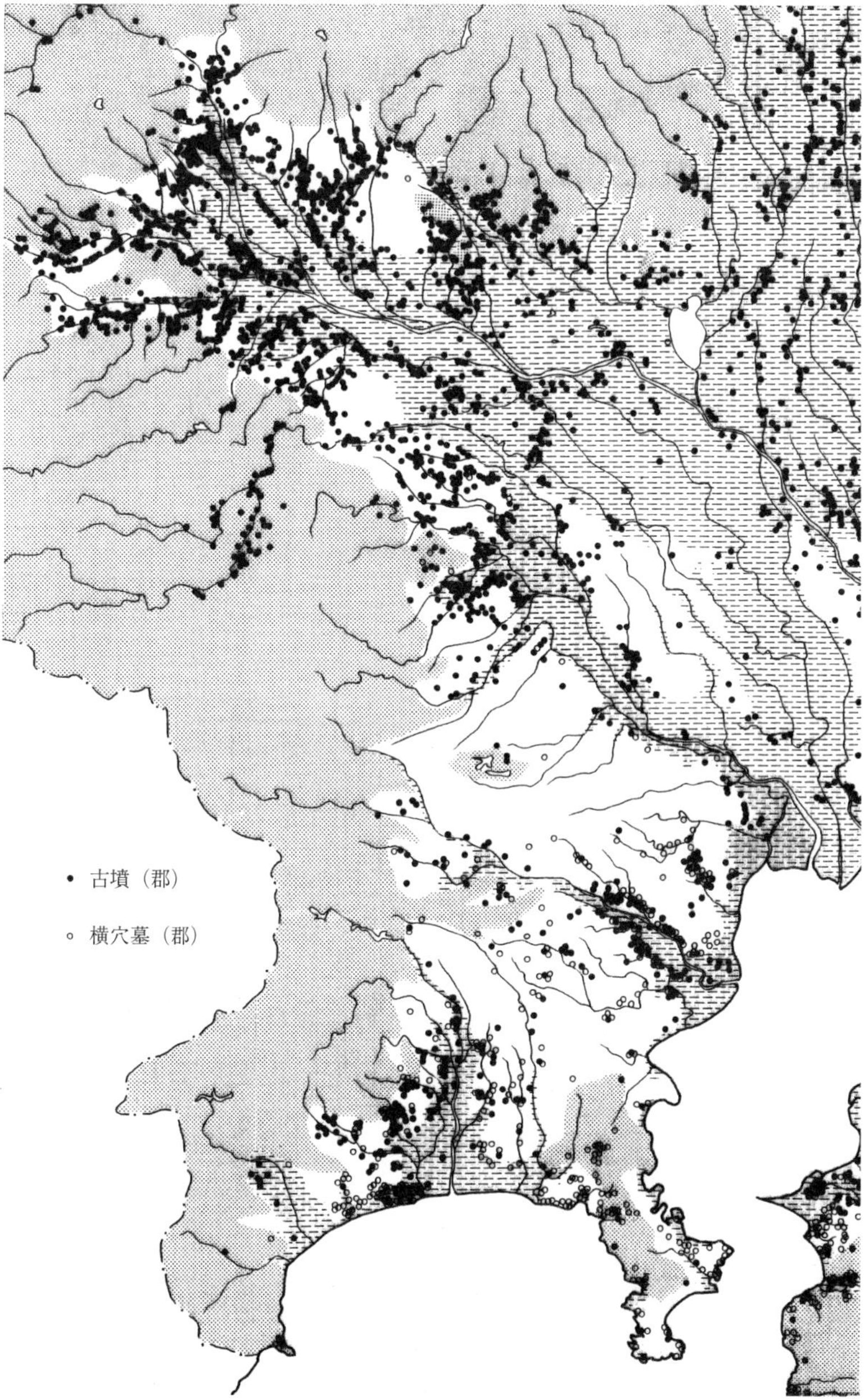

第１図　西関東の古墳・横穴墓分布

ここでは、「国造本紀」に記載された西関東の国造群を、南から北へ検討していく。『先代旧事本紀』は、第五巻「天孫本紀」と第一〇巻「国造本紀」に記紀に見られない独自の記事があり、「国造本紀」については、吉田晶氏が国造名に関しては、六世紀前半の実態を写した記事であるとして以来、通説となっている（吉田 一九七三）。

令制相模国には、師長国造と相武国造が記載されている。師長国造の勢力基盤は、斎藤氏は酒匂川流域にほぼ限定するが、尾崎氏は『類聚倭名抄』の相模国余綾郡磯長郷の記載から、相模国の西半、足上・足下・余綾の三郡と広く解釈している。この地域には古墳も密集しており、余綾郡磯長郷を師長国造の故地とみることは妥当的である。両者とも酒匂川流域を国府津の地名が残る故か、勢力範囲の内に取り込んでいるが、この地は東方の古墳群在地域とは孤立しており、古墳分布上もみるべきものがない。拠点となる川筋の違いもあって、師長国造の勢力基盤とは切り離して考えるべきである。古墳群在のあり方からみれば、師長国造の勢力基盤は大山東南麓の相模川右岸に相当するであろう。また師長国造の成立は、分布する古墳が後期古墳で構成されていることから、六世紀中頃であろう。

相武国造について、斎藤氏は愛甲郡・高座郡に比定し、尾崎氏は相模川左岸に故地を求めている。しかし相模川右岸は師長国造の勢力範囲であるし、相模川左岸は古墳の空白地帯である。令制相模国内には、師長国造の勢力範囲以外に、有力古墳の集中地はない。相武国造を古墳分布から割り出そうとすれば、相模国外の、たとえば、多摩川・鶴見川流域に求めざるを得ないのである。その一方で、横穴墓に目を転じれば、その分布は三浦半島を含めた相模国内全域に及んでいる。その広がり、すなわち令制相模国に匹敵する領域が、相武国造の版図に他ならないであろう。相武国造は横穴墓の進出とともに成立した後出的な国造で、その成立時期は六世紀末から七世紀初めと考えられ、その途上で先行した師長国造を併呑した可能性がある。このように、東国において国造の勢力基盤が古墳ではなく、横穴墓である事例は、相武国造のほかに、安房国造・伊甚国造があり、後期古墳の発達が貧弱であるのに対し、横穴墓が独占的に分布するという共通項が看取される。

次に、令制武蔵国には无邪志国造・胸刺国造・知々夫国造が記載されている。このうち无邪志国造と胸刺国造はその訓みが共通するところから、重複記載ではないかとする説が存在する。しかし「国造本紀」には両者の国造初祖と上祖が異なっているので、慎重に判断する必要がある。大化前代において令制武蔵国内には二国造があったのか、三国造であったのかは、国造と古墳密集地を対照する小論の立場からすれば重要問題であり、「国造本紀」の記載を尊重して无邪志国造と胸刺国造は別物であったと考えたい。ただし両者はまったく無関係ではなく、その名称と後述する特殊事情から、密接な親縁関係が想定できるのである。

无邪志国造と胸刺国造の関係について、古事記では天菩比命の裔として无邪志国造が挙げられ、日本書紀の一書ではそれが武蔵国造となっている。日本書紀は一貫して「むさし」および「むさし国造」を、「武蔵」および「武蔵国造」と潤色しているので、古事記に表記された无邪志が大化前代の実態であり、胸刺が存在するとすれば、无邪志に政治的に従属する立場にあったとしてよかろう。このことは「国造本紀」の国造系譜からみても矛盾はなく、无邪志国造の初祖は出雲臣系の兄多毛比であり、胸刺国造の初祖は兄多毛比の児伊狭知直となっている。

次に問題となるのは、无邪志国造と胸刺国造の勢力基盤である。まず令制武蔵国内の、各国造の勢力範囲に関する先学の考察を回顧しよう。知々夫国造については、『埼玉縣史』第二巻（埼玉県 一九三一）は秩父郡を含む北武蔵の大部分とし、その拠点は北武蔵の平野部に想定し、斎藤氏もまたそれにしたがっている。一方、尾崎氏は具体的に言明していないが、古墳の小規模性や新しさを論じているので、秩父盆地を想定していることが理解される。秩父国造が秩父郡を越えて、北武蔵一帯を支配したとみなすことは、その国造名からして無理がある。やはり秩父郡に限定するべきであろう。その成立時期は、分布古墳の年代観から六世紀後半になるであろう。

次に无邪志国造の勢力基盤である。『埼玉縣史』は氷川神社が所在する旧大宮市を中心とする入間郡・北足立郡の一部とする。これに対して、斎藤氏は胸刺国造を認めず、无邪志国造の勢力範囲を入間郡・北足立郡に加えて、多摩

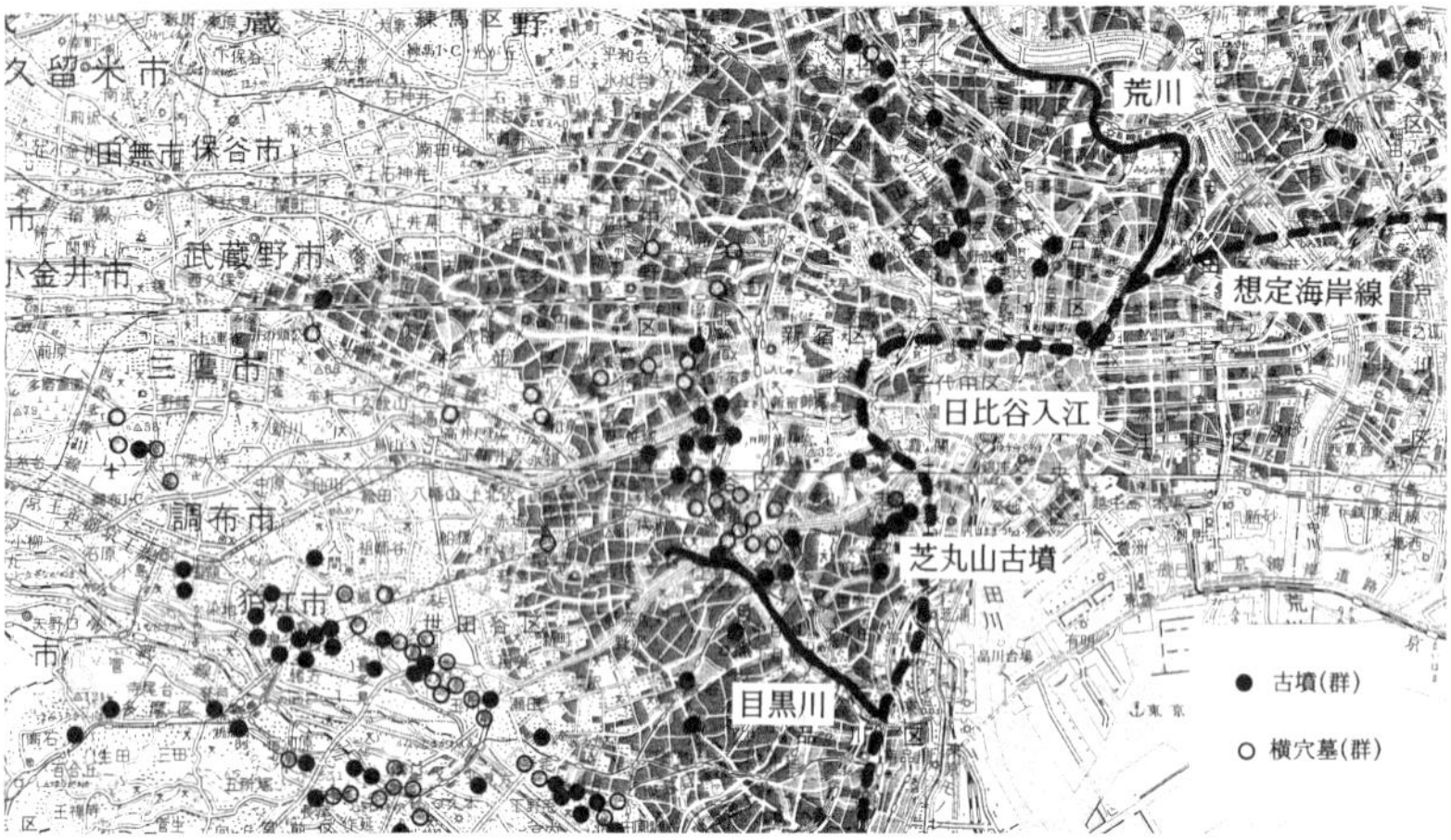

第２図　荒川下流右岸の古墳・横穴墓分布

川流域まで含めた広範囲を想定した。尾崎氏は无邪志・胸刺両国造を認めたうえで、无邪志国造の勢力基盤を相武国造との系譜的な近親性から、多摩川流域に比定した。これをみてわかる通り、无邪志国造の勢力基盤については通説は存在しない。令制武蔵国内における主要古墳の集中地は、北部の賀美・児玉・埼玉・比企郡と南部の荏原・橘樹郡に顕著である。両地域ともに前期古墳から連綿と古墳造営が続けられたが、国造制の一般的施行期である六世紀に限定すれば、墳丘規模の優劣は明らかに北部が突出している。したがって文献史料から優勢が読み取れる无邪志国造は、その勢力基盤を令制武蔵国の北部に維持していたと考える。无邪志国造の成立は、埼玉古墳群の存在が参考になるので、五世紀末から六世紀前半にかけてであろう。

　最後に胸刺国造の勢力基盤である。これについて『埼玉縣史』は、多摩川流域を想定し、尾崎氏は埼玉古墳群を中心とする埼玉・比企郡に比定した。小論では武蔵南部に注目するが、多摩川下流域を含む荏原・橘樹郡とは考えない。无邪志国造の拠る荒川流域と多摩川流域では、距離が隔たったうえに川筋が異なり、交通が不便であり、迅速な連絡は至難である。ここで想定するのは、荒川下流右岸地帯である。古墳時代にあっては、現皇居の周辺には日比谷入江と呼ばれる小さな入江が発達しており、その入江の東縁には大河荒川が、西縁には中小河川の目黒川が流れ込んでおり、その一帯は第二図にみるように、多数の後期古墳と横穴墓が造営されていた。その盟主的な古墳は、五世紀前～中葉に築造されたとみられる芝丸山古墳である。この地であれば北方の无邪志国造とは、同一水系で水運で円滑に連絡でき、至近的な多摩川流域への交通も至便である。さらに河口から東京湾に進出して、上総の諸国造との交流も期待できる。それゆえ胸刺国造の勢力基盤は荒川下流右岸一帯と考える。その成立は、分布古墳の年代観から六世紀後半であろう。

このように理解して問題となるのは、多摩川・鶴見川下流域の古墳地帯の存在である。この地には宝来山古墳・亀甲山古墳・加瀬白山古墳等、四世紀後半から五世紀前半の大古墳が集中し、関東地方でも屈指の有力な勢力圏を形成していた。その領域は芝丸山古墳が登場する頃には、荒川下流右岸にまで拡張されていたであろう。ところが野毛大塚古墳を最後として、五世紀末までにはこの地から大規模古墳は姿を消してしまい、やがて各地に国造が成立する六世紀の後半には、中規模前方後円墳を主体とする群集墳地帯に変貌していた。こうした状況の変化は、政治的・軍事的な求心力の低下を招き、多摩川・鶴見川流域と荒川下流右岸を再び切り離して、それぞれが孤立的な小世界に萎縮していった。そして、ちょうどその頃に北方から无邪志国造が荒川下流右岸に進出して、分国的な胸刺国造体制を構築するのである。无邪志国造の勢力拡張はここまでが限界で、多摩川・鶴見川流域はこの体制からは取り残されたと考えられる。この地域は独自に国造制を打ち立てることなく、やがて屯倉領に取り込まれてしまうのである。もしも在地権力が順調に成長して、六世紀代にも有力古墳を造営する力を保持していたならば、この地には「多摩国造」が誕生していたであろう。

ここで无邪志国造と胸刺国造の関係について述べておきたい。この問題は当時の「国造領」を考えるうえで格好の素材となる。荒川下流右岸に進出した无邪志国造は、なぜ当地をそのまま无邪志国造領とせずに、わざわざ初祖も異なる胸刺国造を作り出したのか。両者は遠く隔たっているばかりではなく、その中間には広大な武蔵野台地があり、両者の交流を大きく妨げていた。東国西部には、歴史的に有意味で、広大な未墾原野が三つ存在した。北から、利根川左岸の笠懸野（大間々扇状地）、利根川右岸の櫛引台地、荒川右岸の武蔵野台地である。これらの台地は乏水性が高く、古墳時代当時の技術をもってしては、耕地化がきわめて困難であったために、無人の処女地の観を呈していた。すなわち、国造支配の達しない無主の土地である。古墳時代の後期には、これらの不毛台地を取り残す形で、谷津田を中心に面的な開発が進展して、夥しい数の古墳が造営された。その結果は、不毛台地を挟んで、政治的・軍事的に有力な在地勢力が対峙することになる。笠懸野では西に伊勢崎市域の勢力、東に太田市域の勢力があり、櫛引台地では西に児玉郡域の勢力、東南に比企・大里郡域の勢力が勃興し、そして武蔵野台地では北に比企・入間郡域の勢力、南に多摩川中下流域の勢力が台頭した。大化前代の国造支配の特殊性は、これらの乏水性台地が拠点間近にあろうと、開墾の手を加えない限り無主の土地として放棄され、決して領土化はされないことである。国造は、アジア的共同体の首長を継承した性格を有し、その支配の本質的な対象は、土地ではなく、人民である。その人民を介して、かれらが耕作する土地や用水に間接的な支配権を及ぼしていた。だから、国造支配下の人民による開発の鍬が入って、はじめて国造の支配権が確立するのである。そのような状況下における国造領概念には、山岳地や大河川の氾濫原はもちろんのこと、如上の乏水性台地も含まれてはいないのである。その概念が大きく変化するのは、大和王権の在地社会への直接的進出である。大和王権が各地の国造支配下の土地を囲い込んで屯倉を設置し、屯倉領が成立して以来、この概念は、在地社会に急速に浸透し、支配する人民が不在な山岳・氾濫原・原野をも取り込んだ新しい国造領の概念が成立していったものと思われる。かくして无邪志国造による荒川下流右岸の経営は、武蔵野台地を除外した飛び地的な支配形態を余儀なくされ、水運に依存する支配の不安定性から、代官的な管理者を派遣して統治したと推定される。その呼称も无邪志国造そのものではなく、訓みは同じながら表記を胸刺国造と変更したのであろう。こうして成立した无邪志・胸刺国造領は、武蔵野台地を包括しきった令制武蔵国の骨格的な原型となるのである。

最後に上毛野国の勢力範囲について考える。上毛野国造という表記は「国造本紀」のみにみられ、記紀ではつねに上毛野君と表現されているので、上毛野国造職が存在したかについては疑問がある（下毛野国についても同様である）。しかしたとえ国造とは呼ばれなかったとしても、令制国域に匹敵する上毛野国の勢力範囲が存在したことは明らかな事実である。『埼玉縣史』は上武国境の利根川筋が、かつては現在よりもかなり南を東流していたとして、古墳時代の上毛野国の南限を大里・北埼玉郡の一部にまで及んでいたとしている。また尾崎氏は古墳時代の上毛野国の領域が、そのまま令制上野国に移行したとする一方で、横穴式石室の構造が群馬県を中心にして、栃木県は栃木市以西、埼玉県は荒川以北・熊谷市以西に共通するところから、その範囲を一時期における上毛野国の最大領域とみなしている。筆者は上毛野君は下毛野君とともに連合を形成し、北関東に覇を唱えていたと考えているので、両先学の見解はそれぞれ妥当的であり、とくに尾崎氏の考古資料による補足説明には説得力があるが、少々抽象的でもある。筆者が注目するのは、児玉郡を中心とする本庄台地の古墳地帯の帰属である。

第一図の古墳分布状況から明らかなように、令制上武国境となる神流川を挟んだ両岸の古墳分布は、神流川の流れにかかわらず上野側の多胡郡・緑野郡と武蔵側の賀美郡・児玉郡が切れ目なく一体化して、一大密集地帯を形成している。この密集地帯は、東に接する乏水性の櫛引台地を挟んで、その東南に展開する比企郡の別個の古墳密集地と対峙しているというのが大局的な古墳分布状況である。したがって神流川両岸の古墳の属性について、なんらかの共通性が看取されないだろうか。こうした視点は『討論　古代の群馬・埼玉』（金井塚他　一九八六）にも共通して問題にされている。出席者の関連部分の発言要旨をまとめてみよう。まず菅谷浩之氏は、神流川の両岸の共通性について、①円墳が主体で、古式の前方後円墳が存在しない。②横穴式石室が短冊形で小さく、狭長であり、構築の際の控え積みの方法が似ている。また金井塚良一氏は①胴張りを持つ横穴式石室の形態は、荒川を境にして三味線胴形の武蔵型と徳利形の毛野型に分かれる、という指摘がみられる。このように、分布の一体性や、横穴式石室の形態や構造上の類

似点等からみて、神流川の両岸は政治的にもまとまりのある地域と認識して差し支えないであろう。そこから本庄台地の古墳地帯は、古墳時代においては上毛野君の勢力範囲であり、乏水性の高い櫛引台地を挾んで无邪志国造と対峙していたと考えられる。そのことは上毛野君が南進策を推進すれば、ただちに无邪志国造と対立関係に踏み込むことになる。その潜在的な可能性が露出した事件が、ほかならぬ「武蔵国造」の内訌伝承ではなかろうか。

二　无邪志国造の内紛

日本書紀安閑元年（五三四）閏一二月是月条に記された関連記事は、短文なので全文を掲出しておく。

武蔵国造笠原直使主与同族小杵、相争国造、経年難決也。小杵性阻有逆。心高無順。密就求援於上毛野君小熊。而謀殺使主為国造。使主覚之走出。詣京言状。朝庭臨断、以使主為国造。而誅小杵。国造使主、悚喜交懐、不能黙已。謹為国家、奉置横渟・橘花・多氷・倉樔、四処屯倉。

さらに翌安閑二年五月甲寅条には、一連の屯倉とともに上毛野国緑野屯倉が設置された記事がある。

はじめに安閑元年条の史料的価値、すなわち信憑性について論じてみる。津田左右吉氏は、「氏族制度時代に於いてかういふ紛争を朝庭で裁断せられたとは信じ難い」、「武蔵国造を笠原直使主としてあるが、この書きかたでは笠原は氏の名のように見える。もしさうならば、武蔵の国造がかういふ氏をもっているといふことが、既に氏族制度時代の習慣に背いている」という理由から事実性を否定されている（津田 一九五〇）。はたしてそうであろうか。筆者はこの記事にはある程度の真実が含まれていると考える。その理由は、笠原直使主・同族小杵・上毛野君小熊等、現地の具体的な人名が多数登場している点である。このエピソードをまったくの述作とみる立場は、これらの人物も架空の存在に帰してしまうが、それは困難であろう。とくに笠原という地名が、倭名類聚抄の武蔵国埼玉郡笠原郷に照合し、地名も残留していることは重みがある。筑後国風土記（逸文）が石人・石馬の樹立する岩戸山古墳を、筑紫国造磐井の寿陵とみなすことによって、継体紀に記された磐井の反乱伝承に一定の信憑性を保証していることを想起すべきである。

しかしそれだからといって、この伝承のすべてが信頼するに足るものではない。疑うべき点は、伝承がかけられた年紀、国造職争奪と屯倉設置の関連性、「武蔵」という国号等多岐にわたる。そこでひとまず、伝承の核心を復原してから、これらの疑問点を究明していきたい。伝承の核心は、むさし地域の首長中枢が「経年」大和王権派と上毛野派に分かれて対立していたが、両派の頭目が使主と小杵の代に至ってついに内紛に発展した。その結果、大和王権派の使主が上毛野派の小杵に勝利して、小杵は誅殺された、という内容であろう。本条文解釈上のキーワードは「経年」である。これを単世代内の短期間とすれば、使主と小杵の偶発的な抗争となり、両者を後援する大和王権と上毛野君の立場の必然性も削減されて、事件全体が矮小化されてしまう。これに対して「経年」を世代を越えた長期間と捉えれば、両者の対立は父祖以来の大和王権派と上毛野君派との権力闘争が露顕した事件となって、无邪志国が抱え込んだ宿痾を見ることができる。この両解釈のうち、事件の歴史的な重みははるかに後者の方が高いので、筆者はそれに従う。

この事件はただ単にむさし一国に関わるばかりではなく、内紛の背後に上毛野君と大和王権が対立していることによって、東国全域を巻き込む大事件であったことを認識すべきである。その意味から、上毛野君が支配する上毛野国の特殊性について述べてみよう。もともと国造の由来について、古事記は成務天皇条に「大国・小国の国造を定め賜い、亦国々の堺と大県・小県の県主を定め賜いき。」と記し、書紀はそれを継いで同天皇四年二月朔条に「当国の幹了しき者を取りて、其の国郡の首長に任けよ。」と国造・県主が在地の有力豪族に出自することを規定している。もっともこれには、古事記景行天皇条と書紀同天皇四年二月甲子条に異伝があって、景行天皇の三人の太子（日本武尊・稚足彦・五百城入彦）を除く皇子七七人が諸国の国造・県主・稲置に封じられたという、相矛盾する記事がある。これについては「国造本紀」を対照するに、後者の異伝の確認が取れないので、伝承の上では前者の方が有力である。そうした一般状況の中で、上毛野国の始祖に関わる書紀の記述は異彩を放っている。

書紀崇神天皇四八年四月丙寅条に「豊城命（崇神天皇の皇子）を以て東《あづまのくに》を治めしむ。是上毛野君・下毛野君の始祖なり。」とある。「東《あづま》」の範囲は漠然としているが、古事記景行天皇条には「東方十二道」という表記と、それに関わる「東の国造」が見えている。豊城命の任地での治績は伝わらないが、やがて書紀景行天皇五五年二月壬辰条に「彦狭島王を以て、東山道の十五国の都督に拝けたまう。是豊城命の孫なり。然して春日の穴咋邑に到りて、病に臥して薨りぬ。是の時に、東国の百姓、其の王の至らざることを悲びて、窃に王の尸を盗みて、上野国に葬りまつる。」と豊城命孫の彦狭島が赴任中に死去し、その亡骸が「上野国」に埋葬されたことを報じ、さらに同景行天皇五六年八月条に「御諸別王に詔して曰く、『汝が父彦狭島王、任さす所に向ること得ずして早く薨りぬ。故、汝専東国を領めよ。』とのたまう。是を以て、御諸別王、天皇の命を承りて、且に父の業を成さむとす。則ち行きて治めて、早に善き政を得つ。……その子孫、今に東国に有り。」とあって、彦狭島の子御諸別が、父の遺業を継いで東国に赴き善政を敷き、その子孫が今も東国に残っている、と記すのである。長々と引用したこれら一連の記事からわかることは、天皇の皇子が東方十二道または東山道十五国とされる特定の方面に派遣され、しかもその子孫が代々その方面に赴任・留任しており、その拠点となったのは、後世上毛野国と呼ばれる地域の某所であった、ということである。上毛野国の成り立ちを語るこの伝承は、この国が百四十余国もあったという国造領国と、ひとしなみに考えることを許さない。この国と大和王権との関係は、あるべき姿としては親密かつ信頼にあふれるべき関係であり、大和王権からすれば、東国が平穏でありさえすれば、その支配は当事者およびその子孫である上毛野君に一任するという態勢まで読み取れるのである。このような疑心暗鬼の信頼関係は、時代はかけ離れているものの、室町幕府と鎌倉府のそれと実によく似ている。弱体的な中央政権と、特権を与えられた野心的な地域政権との葛藤を示すパターンとして記憶されてもよいだろう。

閑話休題、これら一連の伝承の重要性は、それが事実であるかないかというところにあるのではない。この伝承が、たとえば六世紀には上毛野君はもとより大和王権にも伝えられて、双方が共有していたであろうという点に尽きる。そのことはれっきとした政治的協定として機能するはずである。上毛野君はそのことを大義名分として、徐々に東国全域に支配を及ぼしていく。まず、その勢力基盤が充実する五世紀の早い段階で、渡瀬湿原の彼方の勢力を糾合して上・下毛野連合を形成する。やがて五世紀後半から六世紀にかけて、この連合は東方は海を求めて令制常陸北部を開発し（雨宮 未発表）、南方では无邪志国造一族の一派を懐柔して无邪志国の内紛を引き起こす一要因となるのである。この上毛野君の動向に対応する大和王権の行動については、後述するところである。このあたりで本題にたちかえり、「武蔵」国造の内紛を記述する書紀の疑わしい諸点の考察に移ろう。

まず「武蔵」という国号から検討しよう。日本書紀は大化前代の事象でも一貫して令制の「武蔵」号を使用している。本件の場合がそうであるし、日本武尊が甲斐から碓氷坂を目指す行程も、武蔵―上毛野経由であって、知々夫―上毛野ではない。大化前代の国造領を令制国で潤色すれば、そこに潤色以上の虚飾が発生する。この虚飾は本伝承の場合でいえば、令制武蔵国に統合された无邪志国・胸刺国・知々夫国のうち、首長中枢の内紛がどこで争われたのか、また使主から大和王権に献上されたという四屯倉がどこに所在したのかがぼかされてしまうという矛盾となって表れているのである。屯倉の所在地については後述するとして、前章で検討を加えたように、小論の立場はこの内紛の舞台は无邪志国であり、その勢力範囲は、笠原の地名も残存するいわゆる北武蔵の比企・埼玉両郡を中心とする地域とみなしている。

次に国造の問題について。書紀によれば、武蔵国造笠原直使主が同族小杵と争って国造の地位を確保したと読み取れるが、この記述もおかしい。国造職に就いていれば、大和王権に子弟を舎人として差し出すかわりに、領民支配を承認されているはずで（井上 一九五四）、その国造中枢が王権派と地元大勢力派に分かれて抗争するなどありえない。書紀の書きぶりは、明らかに国造制以前の在地首長層がまだ半独立的であった頃の、支配体制の不安定性、外部勢力からの圧力に屈しやすい状況を語って雄弁である。いわゆる北武蔵の地勢を考えれば、両派の地理的色分けはある程度想像できる。当時上毛野勢力下にあった本庄台地からは、櫛引台地の奥部湧水帯沿いに比企丘陵の北部台地へ至るルートがすでに開発されていた。したがって上毛野君が无邪志国を懐柔しようとすれば、まずこの地域から着手するはずである。いっぽう大和王権が无邪志国へ接近するためには、北ルート、つまり東山道は上毛野君の本拠地であってうかつに進入はできない。そこで南ルート、すなわち東京湾から荒川を遡行する路程がもっとも可能性が高い。そこで接触するのは、无邪志国の南部に位置する比企郡南部や入間郡の勢力であったろう。そのための軍事的駐屯地として荒川下流右岸や、多摩川・鶴見川下流の中小勢力が選ばれていた可能性がある。

かくて无邪志国の内紛が勃発するが、書紀の説明不足のために、その規模がわからない。ここで一番知りたいことは、大和王権からは軍事指揮官として高官が派遣されたのか、されなかったのか、派遣されたとすればそれは誰かという点に尽きる。そのことは内紛後の无邪志国造の歴史に深い影響を及ぼしていると考えられるのだが、残念ながら書紀は沈黙するばかりである。筑紫国造磐井の叛乱の際には、物部大連麁鹿比が大将軍として現地に赴任したが、このたびはいかがであったろう。内紛の顚末は、使主が勝利して上毛野派が駆逐されて、後援勢力が大和王権に一本化された。その結果无邪志国の支配層に対する大和王権の圧力は、以前よりも格段に高められたはずである。この時点で、无邪志国造が誕生したのであろう。この国の支配層が両派に分かれて対立抗争を繰り返していた段階では、まだ国造制を敷く条件が熟していなかったのである。前章でみたように、无邪志国造が荒川下流右岸に進出して胸刺国造領を建設するのは、この時点以後のことであり、当然大和王権もそれを承認していたであろう。无邪志国造の勢力を増長させて、上毛野君を牽制し、その南進をくい止めることが大和王権のねらいである。以上の考察からは、初代无邪志国造は笠原直使主であるという結論が導かれる。

しかしこの結論は「国造本紀」の記載と抵触するのである。そこでは无邪志国造の初祖を兄多毛比とし、その児の伊狭知直と大鹿国直をそれぞれ胸刺国造・菊間国造の初祖と記述している。国造系譜について記紀は、遠祖や上祖は記載するが、初祖すなわち初代国造の記述はみられない。その意味から各国造初祖を列挙する「国造本紀」は史料的価値が認められるのである。しかもその内容を、同じく国造初祖を記載する常陸国風土記と比較するとかなり一致しているので、その初祖名は本紀編者の勝手な創作ではなく、しかるべき古書—常陸国風土記の原典と親縁的な—を筆写したものと考えられる。その編集方針はその他の国についても貫かれているであろうから、そこに列挙された国造初祖は、常陸国風土記と同程度の信憑性を持つといえる。だが「国造本紀」の編集姿勢の信頼性とは別に、その記載内容を吟味すると、兄多毛比は无邪志国造の初祖であるとともに、岐閇国造の初祖にもなっている。このことはとても史実とはみなせない。さらに致命的なことに、伊狭知直を胸刺国造初祖としておきながら、別なところでは神伊勢都彦命を武刺国造初祖と記述する自己矛盾を冒しているのである。以上のことから、筆者は无邪志国造の初祖を兄多毛比とすることを躊躇せざるをえない。

それでは、无邪志国造の成立と屯倉の設置はどのように関連しているのだろうか。書紀では、使主が国造に就任できたので、謝意をもって横渟・橘花・多氷・倉樔の四屯倉を王権に献上したと伝える。さらに翌年には、上毛野君の贖罪を含意したとも思える緑野屯倉が上毛野国領内に設置されている。国造の反逆や不始末の贖罪として、その勢力圏に屯倉が設置される事例は、ほかにも伊甚国造や筑紫国造の例があり、その点で書紀は類型的に記述している。これらの事例からは、国造領と屯倉には深い関係があることが理解できるが、すべての屯倉が国造の贖罪行為から建設されたわけではあるまい。そこには国造の贖罪という因果律を持ち込んで、屯倉の設置縁起を説く書紀編者の述作意図が伺えるのである。したがってここで関係する五屯倉の設置時期を、内紛事件の直後と決めつける必要はないと考える。

そこで五屯倉の所在地を確認しておこう。まず无邪志国造が献上したとされる四屯倉は、通説では横渟屯倉＝武蔵国横見郡（埼玉県吉見町）、橘花屯倉＝武蔵国橘樹郡（川崎市住吉・横浜市日吉）、多氷は多末で多末屯倉＝武蔵国多摩郡（東京都府中市）、倉樔は倉樹で倉樹屯倉＝武蔵国久良郡（横浜市南西部）となり、上毛野国に点定された緑野屯倉は上野国緑野郡（群馬県藤岡市緑埜）とされている。これらの現地比定の中には疑わしいものも含まれているが、今はそれに代える妙案も用意できないので、ひとまずこれらを前提にして論を進めていこう。はじめに問題となるのは、无邪志国造が差し出したとされる四屯倉であるが、小論の立場からすればこのうち橘花・多氷・倉樔は无邪志国外に相当し、内紛後日談としては辻褄が合わない。地理的にみても、これらの三屯倉と横渟屯倉はかなり隔たっているのである。これらの三屯倉は倉樔はともかく、橘花・多氷は多摩川の中下流を占める地域で、大和王権の進出意図がよく理解できる。大和王権がこの地を直轄的な勢力下に置いて実質的な屯倉と化したのは、无邪志国の内紛勃発以前に、「経年」王権派と上毛野派が対立していた頃に遡るであろう。この地域、とくに多摩川下流域は、五世紀前半までは大古墳が相次いで造営される東国でも有数の権力所在地であった。それが五世紀中葉の野毛大塚古墳を最後にして大古墳が造営されなくなったことは前章でも記したとおりである。まさにその時期に大和王権は、多摩川下流域に進出を果たしたのであろう。その目的はこの地を征服するためにあるのではなく、无邪志国の内紛に乗じた上毛野君の南進政策を阻止するためのものであった。そのためには大和王権としての軍事的示威行動が是非とも必要になる。しかし大和から遠く離れた東国へ畿内の兵力を動員するのは大きな負担である。そこで東国の在地勢力を懐柔し、その軍事力を利用して上毛野君に対抗させる戦略を実行に移したのである。その際に後世の東山道筋は上毛野君の勢力下にあったので、いきおい東海道筋にその拠点を求めなければならない。そこで白羽の矢が立ったのが、当時東国屈指の権力規模を築いていた多摩川下流勢力であった。おそらく大和王権はこの勢力と軍事的な衝突を起こさず、平和的に懐柔して、その保てる軍事力を上毛野君に向けさせたのであろう。そして内紛が間近に迫り緊迫感が高まった頃、王権・多摩連合勢力は、示威行動を高揚するために荒川下流右岸に進出した可能性が高い。この地に駐屯すれば、上流の无邪志国へは川筋を遡行するだけで到着し、そのことは上毛野君に対して十分脅威になり得るからである。

かくて内紛は勃発し、終結したが、書紀にも記述されていないように、大和王権中枢から大官クラスの高官を派遣するほどの動乱にはいたらなかったらしい。荒川下流右岸に駐留していた王権・多摩連合勢力は、やがてそれぞれの本拠地に引きあげるわけだが大和王権の了解のもとに、その跡を引き継ぐ形で无邪志国造がこの地に進出して、分国的な胸刺国を建設するとともに、傀儡的な胸刺国造を置いたのではなかろうか。これによって荒川の中下流域は无邪志国造の庭となり、東京湾に乗り出して上総の諸豪族と直接交流することも可能となった。また无邪志国造の支配が盤石となれば、上毛野君の南進も絶望的となるのである。

その上毛野国では、書紀によれば内紛終結後の安閑二年五月に、領内の神流川左岸に緑野屯倉が点定された。この屯倉の設置によって本庄台地は上毛野国から切り離され、无邪志国に帰属することとなった。上毛野君の痛手は致命的であり、かつて東国一帯に轟いたその威勢も、もはや見る影はなくなった。その勢いの失速と反比例するかのように、无邪志国は胸刺国と本庄台地を大和王権からタナボタ式にもらい受け、東国における大国に成長した。その国造の奥津城は、大国にふさわしい壮大なものでなければならない。

この辺で関連した屯倉の設置時期をまとめて考察しておこう。まず橘花・多氷の屯倉について。橘花屯倉は多摩川・鶴見川下流を占め、多氷屯倉は多摩川中流一帯である。これらの地域には前述したように、五世紀中葉に大和王権が進出して、南下しつつあった上毛野君に対抗すべくいち早く直轄的な支配を進め、屯倉化を促進していたと思われる。本来であればこの地の在地首長は、六世紀には多摩国造として歴史に記されていたはずであるが、こうした事情から国造には任命されず、屯倉の管理を委任されていたのであろう。したがって関連した屯倉のなかではこの両屯倉の成立がもっとも早く、五世紀後半の早い時期を想定できる。大化改新後の律令体制への移行が推進されるまでは、多摩川流域は无邪志国にも相武国にも属さない王権の直轄地であったろう。そして七世紀後半のある時期に、王権子飼いの地は新制「武蔵国」に編付された。その当時の武蔵国の中心は、旧无邪志国の伝統的首邑が所在した北武蔵にあり、その関係から武蔵国は東山道に付属される。しかし大和王権との関係は、北武蔵よりも多摩川流域の方が格段に強く、親和的であった。そのため武蔵国府は多摩川中流の旧多氷屯倉に設置されるという、なんともアンバランスな政治決着をみたのである。その時点から武蔵国内では、无邪志派と多摩派との政争が繰り広げられたことは容易に想像がつく。その抗争にようやく終止符が打たれたのが、宝亀二年における武蔵国の東海道への付け替えであろう(続日本紀宝亀二年十月己卯条)。

次に緑野屯倉について。日本書紀はその設置を无邪志国の内紛の翌年に配している。もっとも書紀はその設置を他の多数の屯倉と同列に扱っており、その意味から上毛野君の贖罪的色合いは薄れている。確かにいえることは、この屯倉は无邪志国の内紛以前には設置される理由がなく、その設置は間違いなく内紛以後であろう、ということである。内紛終結後の比較的早い時期を想定できるが、この屯倉の設置時期は内紛事件に連動しており、この事件の年紀がかりに動けば、その設置時期も変動することになる。そうした事情を考えれば、設置時期は五世紀後半から六世紀前半と思われる。

なお横渟・倉樔の両屯倉については、通説的な比定地に疑問があるので、考察の対象外とする。

三　无邪志国造と埼玉古墳群

前章での考察では、无邪志国の内紛が収束して无邪志国造が誕生したことになる。そこであらためてこの事件が発生した年紀、暦年代を知る必要に迫られる。日本書紀はこの事件を安閑元年（五三四）にかけているが、はたしてそれが妥当かどうかを疑うことから論を進めよう。

書紀が配した安閑元年の妥当性を直接判断できる史料は、書紀を含めて存在しない。しかし書紀が描き出す五世紀後半から六世紀前半にかけての時代を展望すれば、雄略朝の吉備臣に始まって、継体朝の筑紫国造、そして安閑朝の无邪志国造（上毛野君）に至る一連の地方有力豪族が絡んだ叛逆・内紛事件は、大和王権の中枢部における王統の継承にまつわった継体・欽明朝の内乱と称される王権の動揺期に照応している（林屋　一九五五）。王権中枢が混乱して地方支配に関する的確な指令を発令できなければ、地方の主要豪族は独自の示威行動を起こして、周辺の中小豪族を制圧・懐柔する動きを示し始める。この時代には、そのような客観的状況は確かに存在していたであろう。次々と生起する地方の混乱を、個別的に、あたかもモグラ叩きのように対処克服していく過程で、やがて全国に拡充される国造制が生み出されたのではないだろうか。そのように理解すれば、上毛野君が背後に控える无邪志国造の内紛が、この時代に位置づけられることはきわめて妥当的である。

それでは地方が混乱した一世紀の中にこの内紛事件が含まれるので、この事件は書紀が記すように安閑元年の出来事として捉えてよいだろうか。文献史料のみからする考察では、それで矛盾はない。しかしこの事件に関しては、一方で有力な物的資料が存在する。すなわち埼玉古墳群である。行田市埼玉に所在するこの古墳群は、八基の大型前方後円墳と一基の大型円墳、その他の円墳から構成されており、大古墳が多数集合する点では東国有数の規模を誇る。この中に无邪志国造墓が含まれていれば、古墳群の編年成果から内紛の暦年代を考える手がかりが得られるであろう。筑紫の岩戸山古墳が国造磐井の寿陵であることから明らかなように、大和・河内の大王陵を除けば、各地の最大級の古墳やそれを含む古墳群が地元の国造の墓である可能性はきわめて高いのである。したがって埼玉古墳群には无邪志国造墓が含まれていると考えることが自然である。またそのように理解しなければ、无邪志国内には国造以上の権力を保有する支配者が存在したことになり、かりにそれを大和王権から派遣された中堅官人と想定すれば、无邪志国造墓はそれより格段に規模の小さな古墳に葬られ、无邪志国全域が屯倉化したことを意味するので、書紀の記載からは大きく違背してしまうことになる。

この辺で埼玉古墳群の築造年代を確認しておこう。埼玉古墳群の編年については、増田逸朗氏の綿密な業績を引用する（増田 一九九二）。その編年案に従えば、稲荷山古墳（墳長一二〇m、五世紀末）―丸墓山古墳（径一〇〇m、六世紀初）―二子山古墳（墳長一三五m、六世紀前）―愛宕山古墳（墳長五三m、六世紀前）―奥の山古墳（墳長六六・五m、六世紀中?）―鉄砲塚古墳（墳長一一二m、六世紀後）・瓦塚古墳（墳長七四・五m、六世紀後）―将軍山古墳（墳長一〇一・五m、六世紀末）―中の山古墳（墳長七九m、六世紀末～七世紀初）という序列が与えられる。无邪志国造墓を含む埼玉古墳群の築造年代は、その内紛事件を刻時する唯一の時計である。

内紛の年とされる五三四年は、埼玉古墳群の系列ではおそらく愛宕山古墳の築造期に相当する。しかし使主はさらに余命を保ったであろうから、その墳墓は奥の山古墳・鉄砲塚古墳・瓦塚古墳のいずれかになる。こうした比定作業をして使主以前の古墳―稲荷山古墳・丸墓山古墳・二子山古墳の性格を矛盾なく説明できれば、書紀の紀年は正しいとすることができる。しかし使主以前の三古墳を国造以前の王権派とすると、その勢力があまりに圧倒的で、それに対抗していた上毛野派は无邪志国内には存在しないことになり、両派が経年対立していたとする書紀の記載と矛盾してくる。さらに両派の対立当時よりも、上毛野派に勝利した使主の古墳が縮小している点はなおさら理解できない。すなわち書紀の紀年は信頼できないことになる。

それでは内紛の暦年代はいつ頃になるのか。使主の墳墓を稲荷山古墳と想定し、内紛は五世紀後半のある時点に勃発したと考えると、埼玉古墳群の時系列とよく調和するように思われる。経年対立していた両派はいずれも比企丘陵

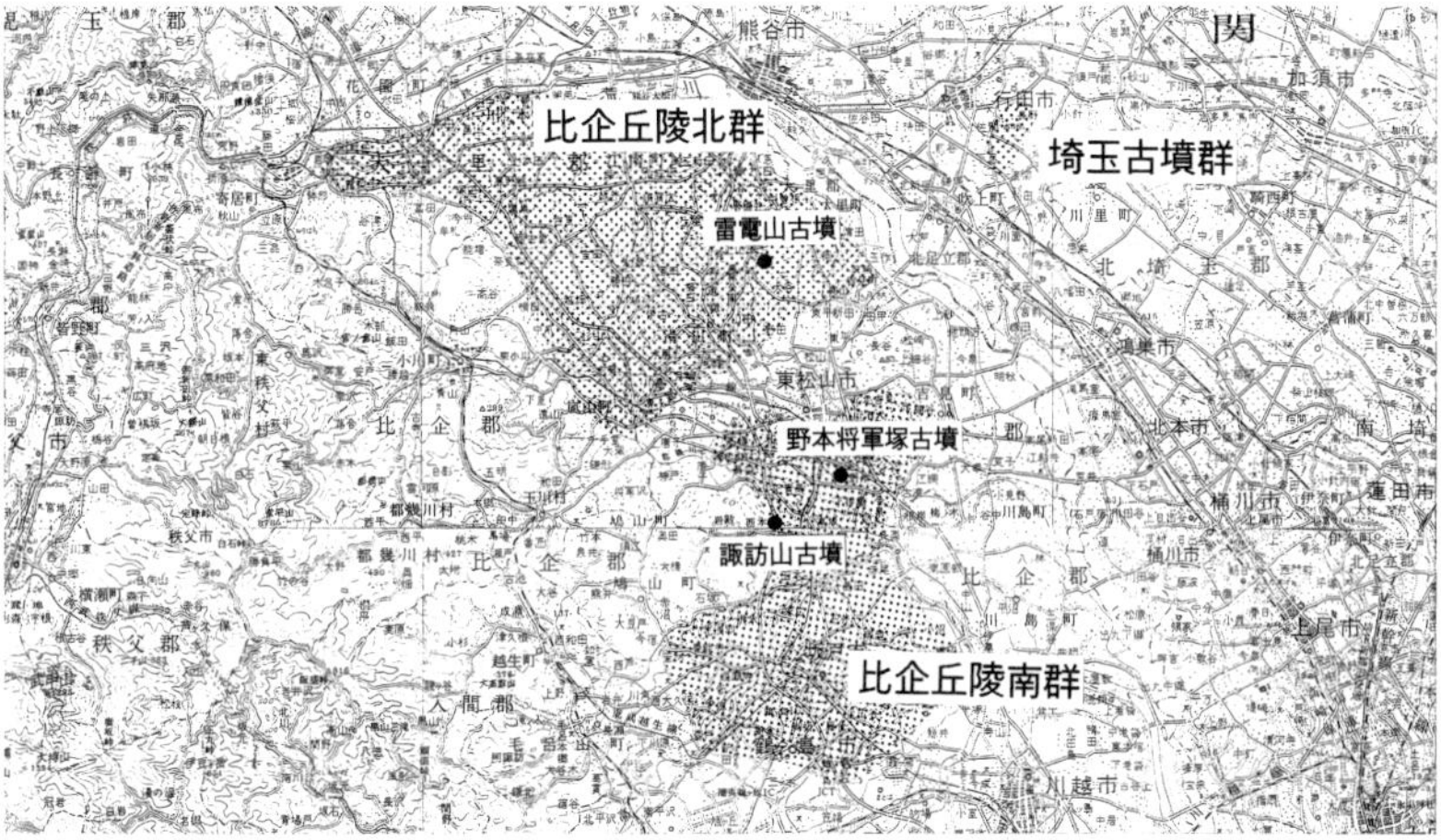

第３図　関連古墳の分布

の支配層であり、使主が内紛に勝利した結果、荒川を越えて埼玉の地に進出したのであろう。この地は利根川・荒川両河川に挟まれた水郷で、やがて利根川南岸に開発される「埼玉の津」は、上毛野国の喉元で利根川水運を管理する要衝となった。比企丘陵からの遷地をすすめたのは、おそらく大和王権であったろう。王権はその際に使主を国造職に任命するとともに「笠原直」を賜姓したと考えられる。稲荷山古墳・丸墓山古墳・二子山古墳と続く初期の古墳が、いずれも一〇〇m超級の規模を誇るのは、それまで分裂状態にあった无邪志国内を統一して、その国力を唯一の大古墳造営に向けさせる支配体制を整えたことを意味している。またその力は一方においては、荒川沿岸の泊津を整備して、植民領たる胸刺国の経営や上総諸国との交流に充てられたはずである。

　ここまで考察をめぐらすと、付帯する問題が見えてくる。両派が対立していた頃の比企丘陵の情勢と埼玉古墳群の盛衰である。前者の問題についてはさきにもふれるところがあり、大胆にも比企丘陵の北部が上毛野派で南部が王権派ではないかと推測していた。そこで第一図を再検討すると、当地の古墳分布状況は現東松山市街地を避けるように、大里郡から比企郡北部に密集する比企丘陵北群と、比企郡南部から入間郡に密集する比企丘陵南群とに二分できるようである。前者は花園町小前田を経由して、北西方の本庄台地の古墳地帯と連絡しており、後者は南方に展開する坂戸市域の古墳地帯と交通し、さらに越辺川から荒川本流に出て東京湾に至る水運も潜在的な交通圏である。そしてこの両群から五世紀中葉から後葉にかかる有力古墳を検索すると、北群では東松山市大谷に所在する三千塚古墳群中の墳長七六ｍの前方後円墳雷電山古墳が、また南群では同市西本宿に所在する墳長六一ｍの前方後円墳諏訪山古墳が浮かび上がる（第三図）。雷電山古墳は五世紀中葉、諏訪山古墳はやや遅れて五世紀後半と推定されている（東松山市 一九八二）。両古墳とも各郡中最古の前方後円墳であり、当地におけるその成立は内在的な必然性というより、遠隔地の大勢力が介在した外来的な要因によるものではないだろうか。この両古墳、およびそれが含まれる三千塚古墳群と諏訪山古墳群は、使主と小杵の先代グループにあたるのではなかろうか。

稲荷山古墳の墳長規模は、双方の古墳が把握する別個の労働力を、統一合体したことを如実に物語っている。无邪志国の支配中枢は、これ以後比企丘陵から埼玉へと転変する。

次に埼玉古墳群の盛衰について。埼玉古墳群は稲荷山古墳・丸墓山古墳・二子山古墳と一〇〇ｍ超級の巨大古墳が築かれた後、六世紀前葉から中葉に愛宕山古墳・奥の山古墳と墳丘規模が大きく縮小し、六世紀後葉の鉄砲塚古墳に至って再び墳丘規模が回復している。その縮小期に造営された愛宕山古墳・奥の山古墳は、前後の時期に比べると无邪志国造墓にふさわしくないのである。この時期には前代のように、无邪志一国をあげて古墳造営に充てる労働力を確保できなかったと思われる。これは明らかに国造権力が低下した証拠で、この期間は无邪志の最大権力すなわち国造職の所在が、一時埼玉から移動したのではあるまいか。その候補となる古墳は存在する。東松山市下野本に所在する墳長一一五ｍの前方後円墳野本将軍塚古墳である。この古墳は埼玉古墳群を除けば无邪志国内で唯一の一〇〇ｍ超級古墳であり、国造墓としての資格は十分に備えている。埼玉古墳群を残した笠原直からみれば、この古墳が所在する比企丘陵南部は、王権派の故地であり、自らの出身地でもある。したがって野本将軍塚古墳の被葬者は、おそらく笠原直の有力傍系親族で、その一族は笠原直のように荒川を越えることなく、この地にとどまって伝統的な勢力を温存していたのであろう。そして野本将軍塚古墳以後は、その周辺に大古墳が現れないことから、无邪志国造職は再び埼玉古墳群の鉄砲塚古墳の被葬者に戻されたと考えられる。しかし残念なことに、前方部の規模や埴輪の有無が判明しないため、野本将軍塚古墳の築造年代について通説は確立されていない。それゆえここで述べたことは、単なる憶説に過ぎないのである。しかし今後の調査や編年研究の進展によって、もしもこの古墳が愛宕山古墳・奥の山古墳に対応する時期に造営された可能性が高まれば、憶説は現実味を帯びた一説として歩み出すこととなろう。

引用・参考文献

雨宮龍太郎　未発表「古代東国の交通網―古墳時代の水運・横穴ロード・主要道の復原―」
井上光貞　一九五四「国造制の成立」『大化改新』要書房
尾崎喜左雄　一九七二「東国の国造」坂本太郎博士古希記念会編『続日本古代史論集』上巻　吉川弘文館
金井塚良一他　一九八六『討論　古代の群馬・埼玉』あさを社
神奈川県　一九七九『神奈川県史』資料編20
群馬県　一九八一『群馬県史』資料編3
埼玉県　一九三一「上代の武蔵統治」『埼玉縣史』第二巻
一九八二『新編埼玉県史』資料編2
斎藤　忠　一九五八「国造に関する考古学上よりの一試論」古代史談話会編『古墳とその時代』二　朝倉書店
津田左右吉　一九五〇「武烈紀から敏達紀までの書紀の記載」『日本古典の研究』下　岩波書店
東京都教育委員会　二〇〇四『東京都遺跡地図』インターネット版
林屋辰三郎　一九五五「継体・欽明朝内乱の史的分析」『古代国家の解体』東京大学出版会
東松山市　一九八一『東松山市史』資料編第一巻
文化庁　一九七六『全国遺跡地図（東京都）』
〃　一九七七『全国遺跡地図（埼玉県）』
〃　一九七七『全国遺跡地図（群馬県）』
〃　一九八一『全国遺跡地図（神奈川県）』
増田逸朗　一九九一「埼玉政権の法量的分析」財団法人埼玉県埋蔵文化財調査事業団編『埼玉考古学論集』
吉田　晶　一九七三「国造本紀における国造名」『日本古代国家成立史論』東京大学出版会

模様積石室墳の築造規格について

――神川町青柳古墳群の調査事例から――

金子彰男

はじめに

埼玉県児玉郡神川町は、県の北西部に位置し、神流川を挟んで群馬県藤岡市と対峙している。ここは、大里郡花園町の黒田古墳群とともに埼玉県内でいち早く横穴式石室が導入された北塚原古墳群が存在し（増田他 一九六九）、六世紀末から七世紀中葉にかけて模様積石室[1]が数多く築造されたところである。

古墳は古墳時代の土木技術の粋を集めて造った構築物であり、古墳は基準となる長さに基づいて構築されている。古墳は、あらかじめ定められた基準となる長さの単位に設計がなされ構築されるものである。埋葬施設に横穴式石室を採用する円墳の場合には、古墳を築造する場所の整地作業を行なった後に、定められた基準となる長さの単位に基づき、古墳の中心を定め、横穴式石室の奥壁・玄門部・羨門部・前庭部や石室を補強するための控積みの位置や、そして石室を覆う墳丘の葺石の位置や墳丘を区画する周溝の内側のラインを定め、構築していったと考えられる。

ここでは、青柳古墳群で埋葬施設に胴張りの模様積石室を採用している古墳を取り上げ、それらの石室や石室の周囲に構築されている控積みや葺石といった石積みの基礎となる根石が設置された平面から、それぞれの古墳の築造規格を復元し、比較検討していくことにする。

一　築造規格の復元の事例について

青柳古墳群

青柳古墳群の由来は、神川町合併以前の青柳村付近に古墳が集中していることから名付けられたものであり、この古墳群は、神流川によって形成された河岸段丘上に立地し、多くの古墳が群れをなして連なっている。これらのまとまりは南から城戸野（第一図一）・十二ヶ谷戸（同図二）海老ヶ久保（同図三）・二ノ宮（同図四）・北塚原（同図五）・南塚原（同図六）・植竹（同図八）・関口（同図九）・元阿保（同図一〇）・四軒在家（同図一一）の各支群に分けられている。また、南塚原支群の南東にある白岩丘陵上には白岩支群（同図六）がある。現在、青柳古墳群の古墳の総数は一七〇基ほどが確認されている。

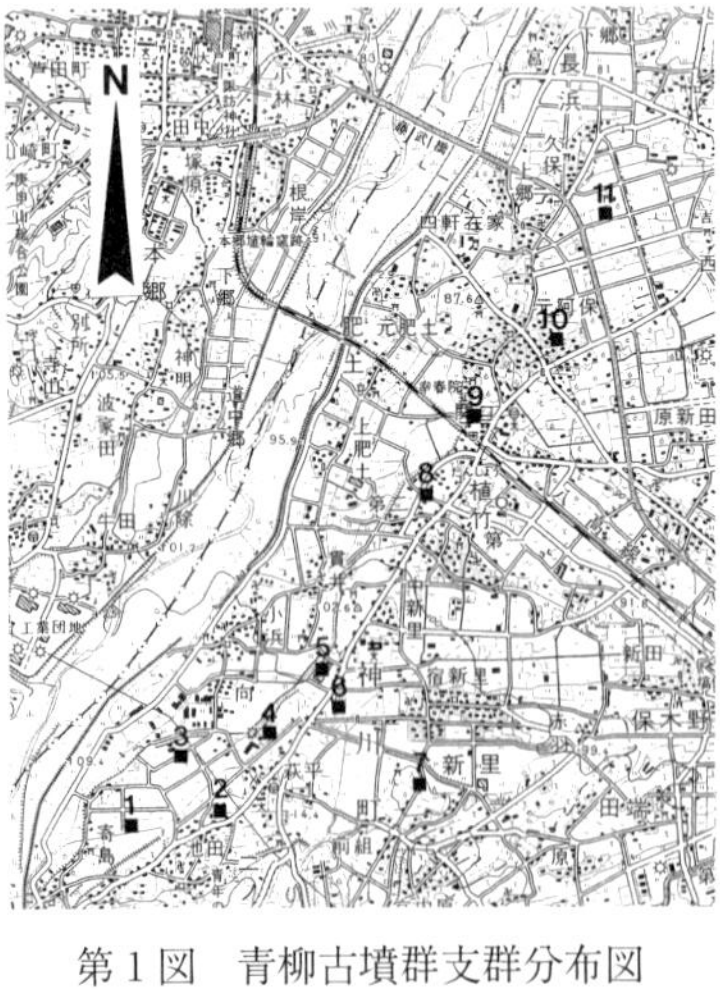

第１図　青柳古墳群支群分布図
(縮尺 10 万分の 1)

城戸野支群

最初に、青柳古墳群では南に位置する城戸野支群で（第四図）、築造規格が明らかにされている一五号墳と三〇号墳について述べてみたい（田村他 一九九七）。三〇号墳の石室内壁の積み方は模様積みではないが、石室平面の形態が胴張りであることと、一五号墳との比較するために取り上げた。

一五号墳は、石室の規模は全長六ｍ、玄室部長四ｍ、羨道部長二m、玄室部幅約二・四m、前庭部長一・八m、控積みの長さ八・五m、幅六・八五m、内側の第一葺石の径は一二m×一〇・七m、第二葺石の径は推定で一四mである。一五号墳は径約一四mの円墳で七世紀前半から中頃に築造されたと考えられている。(2)

築造規格の復元であるが、石室全長を主軸上で六等分するとa＝一mとなる。この値で割り振った復元図が第二図の右である。古墳の中心である点Oは、奥壁から長さaのところに位置する。これから古墳の規模を復元すると、石室全長六a＝六m、玄室部長四a＝四m、羨道部長二a＝二m、前庭部は長さが二a＝二m、羨門部での幅が二a＝二m、内側の第一葺石の径は一二a＝一二m、外側の第二葺石の径は一四a＝一四mとなる。控積みは、背面が点Oから三・五aのところに位置し、全長が八・五a＝八・五m、幅が七a＝七mとなる。第一葺石は、やや東西に長い円形を呈し復元ラインにのらないが、これは葺石を羨門部に取り付けるために意図的になされた行為と思われ、墳丘の構築が石室に規制されていることが窺える例である。

三〇号墳は、石室の規模は全長約六・八m、玄室部長四・七m、羨道部長約二・三m、玄室部幅二・三五mで、内壁は乱石積みである。控積みの長さ一〇m、幅約六m、内側の第一葺石の径約一四m、外側の第二葺石の径約一五mである。三〇号墳は径が約一八・五mの円墳で六世紀後半に築造されたと考えられている。

築造規格の復元であるが、石室全長を主軸上で六等分するとa＝一・一五mとなる。この値で割り振った復元図が第二図の左である。古墳の中心である点Oは、奥壁に位置する。これから古墳の規模を復元すると石室全長は六a＝六・九m、玄室部長は四a＝四・六m、羨道部長は二a＝二・三m、玄室部の最大幅は二a、前庭部の長さ二a、羨門部での幅は推定で二aである。内側の第一葺石の径は一二a＝一三・八m、外側の第二葺石の径は一六a＝一八・四mとなる。控積みは、背面が点Oから三のところに位置し、羨門部までの長さが九a＝一〇・三五m、幅が約六a＝六・九mである。

石室内壁の積み方や時期は異なるが、一五号・三〇号墳とも石室全長を六等分すると玄室部長：羨道部長が四：二となっている。石室全長を五ないし六等分した長さ（a）は、三〇号墳が一・一五m、一五号墳が一mであった。この数値から基準尺を求めることにする。ここでは計測値aを三〇㎝前後の除数で除し、完数となる値を基準尺とみなすことにした。その結果、一五号墳の基準尺は二五㎝、三〇号墳のそれは二八・七五㎝ないし二三㎝と推定され、異なる基準尺を用いていた可能性を示唆している。設計上での長さの単位Aは基準尺×完数であるから、古墳の規模はAの倍数で求められる。その結果、一五号墳が四（A＝一m）、城戸野三〇号墳が四ないし五（A＝一・一五m）であり、古墳によって完数が異なっていることがわかった。

海老ヶ久保支群

次に、城戸野支群の北東に位置する海老ヶ久保支群で（第五図）、模様積石室を採用し築造規格が明らかにされている一〇・一一・一八・二〇号墳について述べてみたい。（田村他 一九九七）。

一〇号墳は、石室の規模は全長約七m、玄室部長約四・二m、羨道部は壊されていた。控積みの長さ九・一七m、幅五・六m、内側の第一葺石の径が一一・二八×一〇・二八m、外側の第二葺石の径が約一四・三mである。一〇号墳は径が約一五・五mの円墳で七世紀前半に築造されたと考えられている。

築造規格の復元であるが、石室全長を主軸上で五等分するとa＝一・四一mとなる。この値で割り振った復元図が第三図上の右である。古墳の中心である点Oは、奥壁から長さaのところに位置する。これから古墳の規模を復元すると石室全長は五a＝七・〇五m、玄室部長は三a＝四・二三m、羨道部長は二a＝二・八二m、玄室部の幅はa、前庭部の長さ一・五aで、内側の第一葺石の径は八a＝一一・二八m、外側の第二葺石の径は一〇ないし一一a＝一四・一ないし一五・五一mである。控積みは、背面が点Oから二・五aのところに位置し、全長が六・五a＝九・一六m、幅が約四a＝五・六四mである。外側の第二葺石は主軸方向に長い形態で、一定値が求められなかった。

一一号墳は、石室の推定規模は全長約四・六m、玄室部長約二・七六m、羨道部長は約一・八四mである。周溝は西側で確認されている。一一号墳は周溝内径で約一一mの円墳で七世紀中頃以降に築造されたと考えられている。

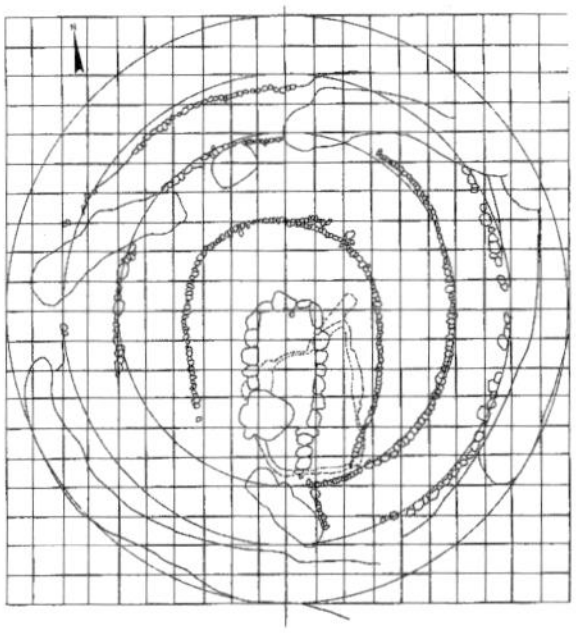
30 号墳

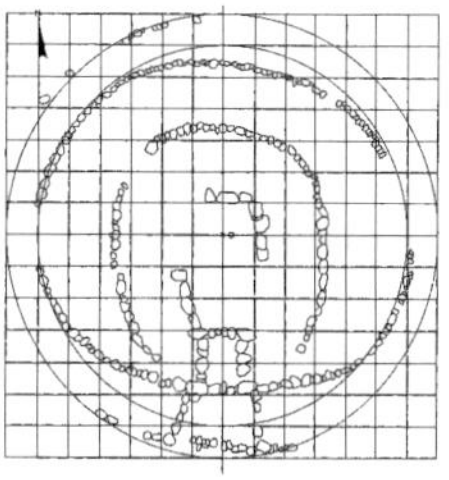
15 号墳

第 2 図　城戸野支群古墳復元図（一部改変，縮尺は 1/600）

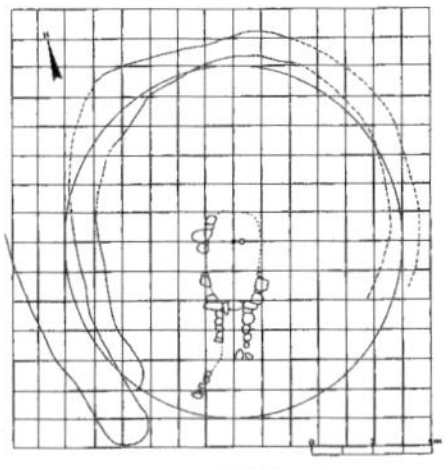
11 号墳

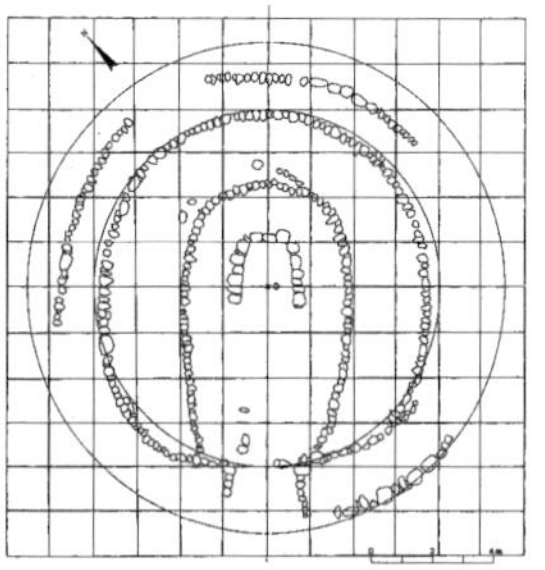
10 号墳

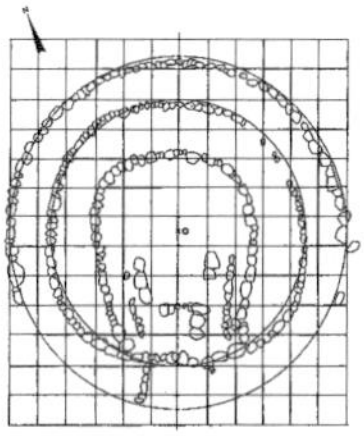
18 号墳

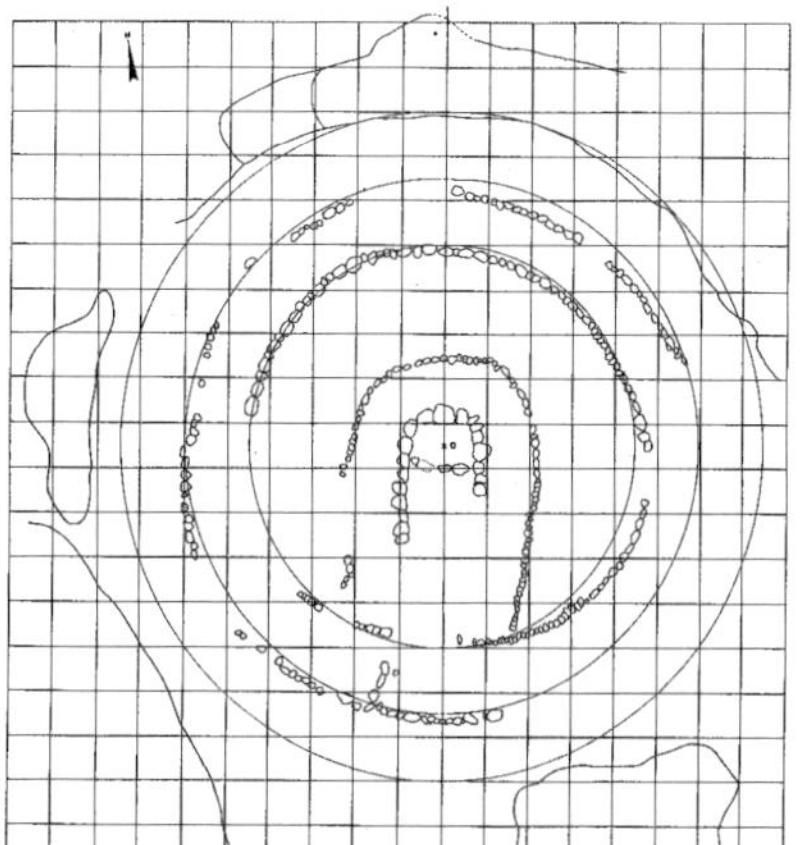
20 号墳

第 3 図　海老ヶ久保支群古墳復元図（一部改変，縮尺は 1/600）

築造規格の復元であるが、石室全長を主軸上で五等分するとａ＝〇・九二ｍとなる。この値で割り振った復元図が第三図上の左である。古墳の中心である点Ｏは、奥壁推定位置から長さａのところに位置する。

これから古墳の規模を復元すると石室全長は五ａ＝四・六ｍ、玄室部長は三ａ＝二・七六ｍ、羨道部長は二ａ＝一・八四ｍ、葺石は不明であるが、第一葺石の径を八ａ＝七・三六ｍ、第二葺石の径を一二ａ＝一一ｍ前後に復元できる。

一八号墳は、石室の規模は推定で全長四・六ｍ、玄室部長二・七六ｍ、玄室部幅一・九四ｍ、羨道部長一・八四ｍ、控積みの長さ六・四四ｍ、幅五・三八ｍ、内側の第一葺石の径は八・二八ｍ、外側の第二葺石の径は一一・〇四ｍである。一八号墳は径約一一ｍの円墳で七世紀中頃に築造されたと考えられている。

築造規格の復元であるが、石室全長を主軸上で五等分するとａ＝〇・九二ｍとなる。この値で割り振った復元図が第三図下の左である。古墳の中心である点Ｏは、奥壁から長さａ／二のところに位置する。これから古墳の規模を復元すると、石室全長五ａ＝四・六ｍ、玄室部長三ａ＝二・七六ｍ、羨道部長二ａ＝一・八四ｍ、玄室部の幅は二ａに、前庭部の長さは一・五ａに、羨門部での幅は二ａにそれぞれ近似する。内側の第一葺石の径は九ａ＝八・二八ｍ、外側の第二葺石の径は一二ａ＝一一・〇四ｍとなる。控積みは、背面が点Ｏから二・五ａのところに位置し、全長が七ａ＝六・四四ｍ、幅が六ａ＝五・五二ｍとなる。

二〇号墳は、石室の規模が推定で全長七・〇五ｍ、玄室部長四・二三ｍ、玄室部幅二・二三ｍ、羨道部長二・八二ｍ、控積みの長さ九・一七ｍ、幅六・三五ｍで控積みの根石は墳丘盛土上に設置されている。内側の第一葺石の径は一二・六九ｍ、外側の第二葺石は径が一五・六×一六・九二ｍである。周溝内径二一・二ｍの円墳で七世紀前半に築造されたと考えられている。

築造規格の復元であるが、石室全長を主軸上で五等分するとａ＝一・四一ｍとなる。この値で割り振った復元図が

第三図下の右である。古墳の中心である点Oは、奥壁から長さa／二のところに位置する。これから古墳の規模を復元すると、石室全長五a＝七・〇五m、玄室部長三a＝四・二三m、羨道部長二a＝一・八二mとなる。奥壁から長さaのところに仕切石を設置している。玄室部の幅は二aに、前庭部の長さは一・五aにそれぞれ近似し、羨門部での幅は二aにそれぞれ近似する。内側の第一葺石の径は九a＝一二・六九m、外側の第二葺石の径は一二a＝一六・九二mとなる。

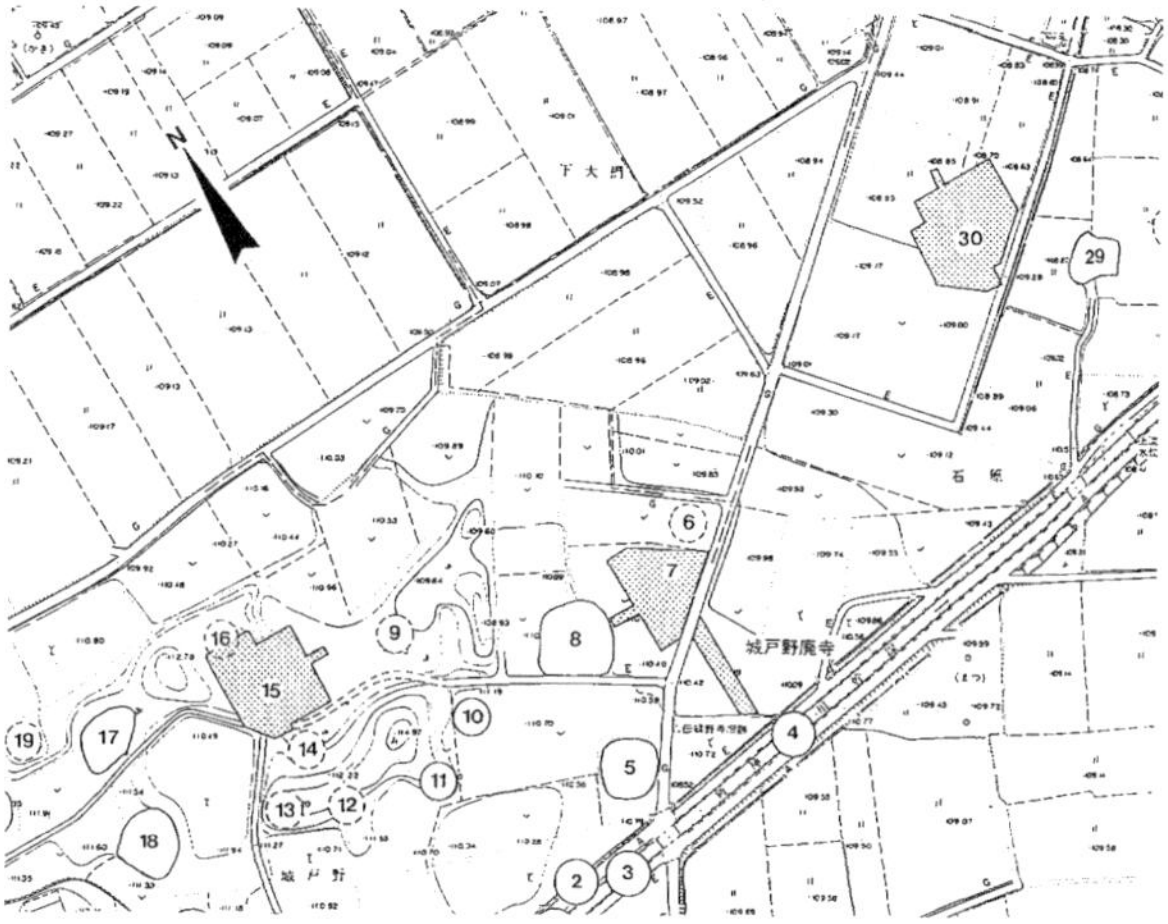

第4図　城戸野支群古墳分布図（縮尺は 1/4000）

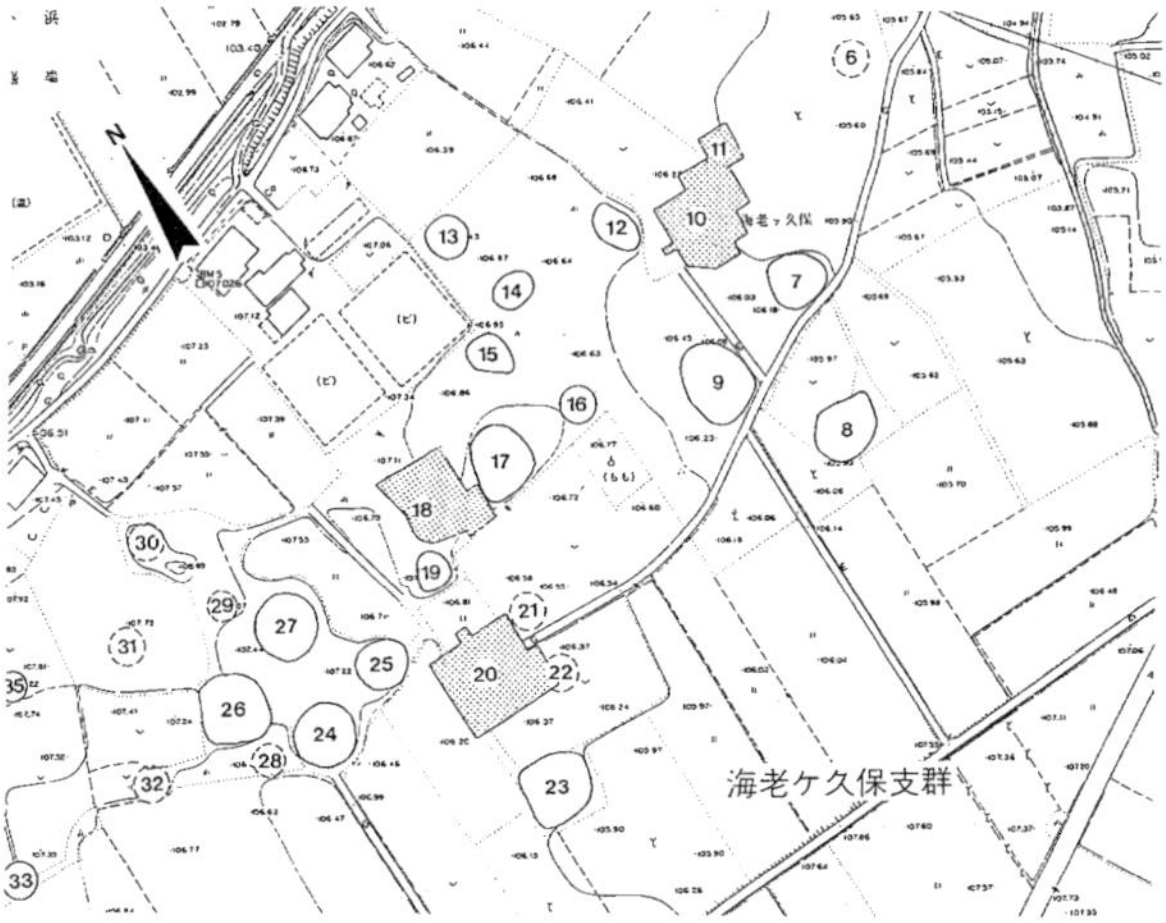

第5図　海老ヶ久保支群古墳分布図（縮尺は 1/4000）

控積みは、背面が点Oから二aのところに位置し、全長が六・五a＝九・一六五m、幅が四・五a＝六・三四五mとなる。二〇号墳は、第一葺石が東西に長い円形を呈し、東西で復元ラインに、第二葺石が北側で復元ラインにのらない点が指摘されるが、基本的にはa＝一・四一mという単位で築造されていたと考えられる。

一〇・一一・一八号・二〇号墳とも石室全長を五等分すると玄室部長：羨道部長が三：二となっている。石室全長を五等分した長さ（a）は、一〇、二〇号墳が一・四一m、一一、一八号墳が〇・九二mであった。城戸野支群と同じく計測値aを三〇cm前後の除数で除し、完数となる値を基準尺とみなすことにした。その結果、四基とも二三・三cmで、完数に最も近似する。設計上での長さの単位Aは基準尺×完数であるから、古墳の規模はAの倍数で求められる。結果は、一〇、二〇号墳が六（A＝一・三九八m）、一一、一八号墳が四（A＝〇・九三二m）で、古墳によって完数が異なっていることが看て取れる。

二ノ宮支群

次に、海老ヶ久保支群の東北東に位置する二ノ宮支群で（第七図）、模様積石室を採用し築造規格が明らかにされている一四、一七、一九号墳について述べてみたい（田村 一九九三、田村他 一九九七）。

一四号墳は、石室の規模が全長四・八九m、玄室部長三・一七m、玄室部幅一・三五m、羨道部長一・七二mである。一四号墳は築造面を掘り込んだ中に石室を構築する点が青柳古墳群では特異である。控積みの長さは六・五m、幅四・五mで、葺石は部分的に確認されている。一四号墳は、径約一一・五mの円墳で七世紀前半に築造されたと考えられている。

築造規格の復元であるが、石室全長を主軸上で六等分するとa＝〇・八二mとなる。この値で割り振った復元図が第六図上の左である。古墳の中心である点Oは、奥壁から長さaのところに位置すると考えられている。これから古墳の規模を復元すると石室全長は四・九二m、玄室部長は四a＝三・二八m、羨道部長は二a＝一・六四m、奥壁と玄門部の幅a＝〇・八二m、玄室部の最大幅は一・三五mで、一・五a＝一・二六mを意識しているものと思われる。

内側の第一葺石の径は一〇a＝八・二m、外側の第二葺石の径は一四a＝一一・四八mとなる。控積みは、背面が点Oから三aのところに位置し、全長が八a＝六・五六m、幅が五・五a＝四・五一mである。ちなみに石室構築部の掘り込み（図中の破線）は点Oから北・東・西それぞれ二a＝一・六四mの範囲にある。

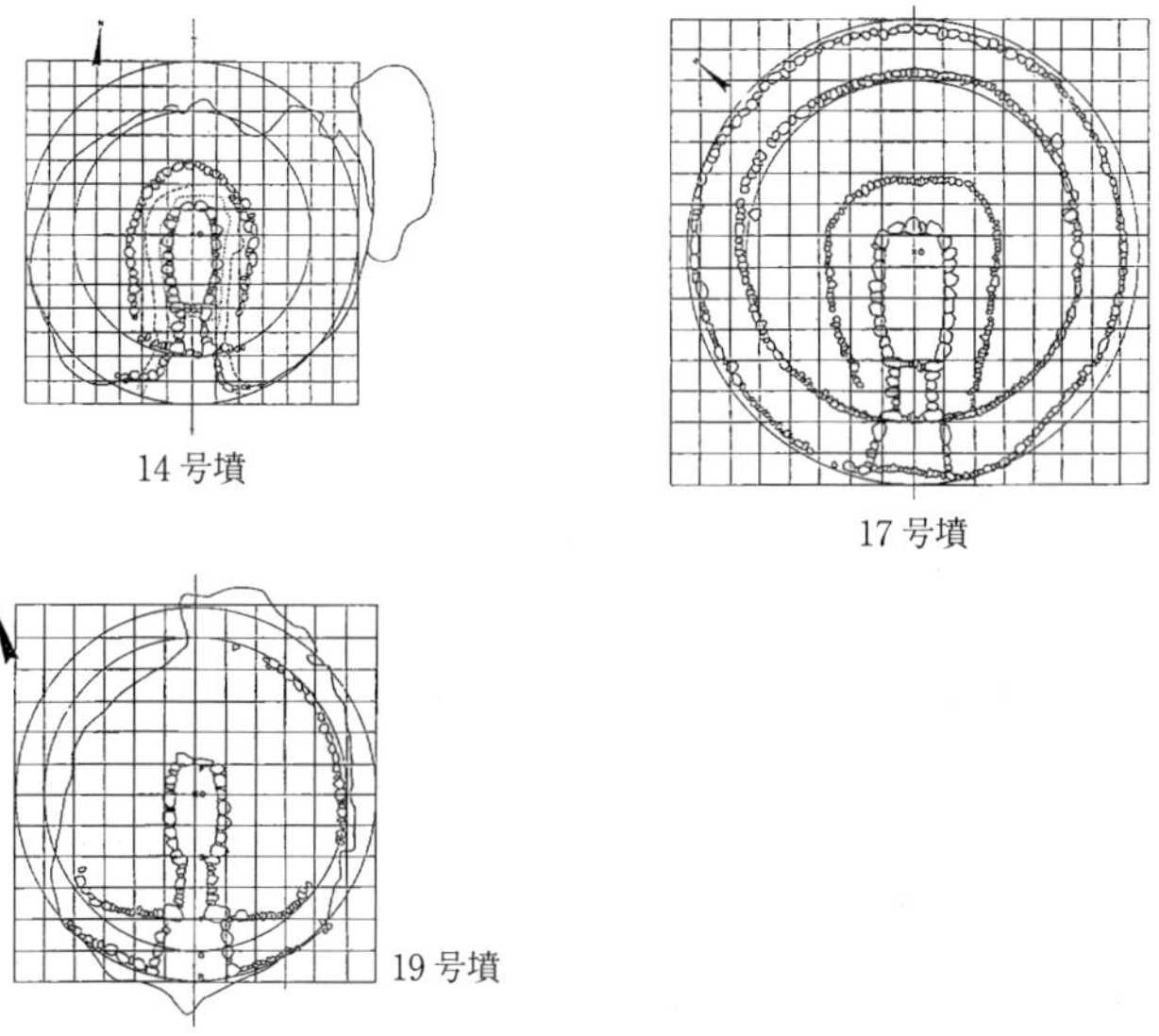

第6図　二ノ宮支群古墳復元図（一部改変，縮尺は1/500）

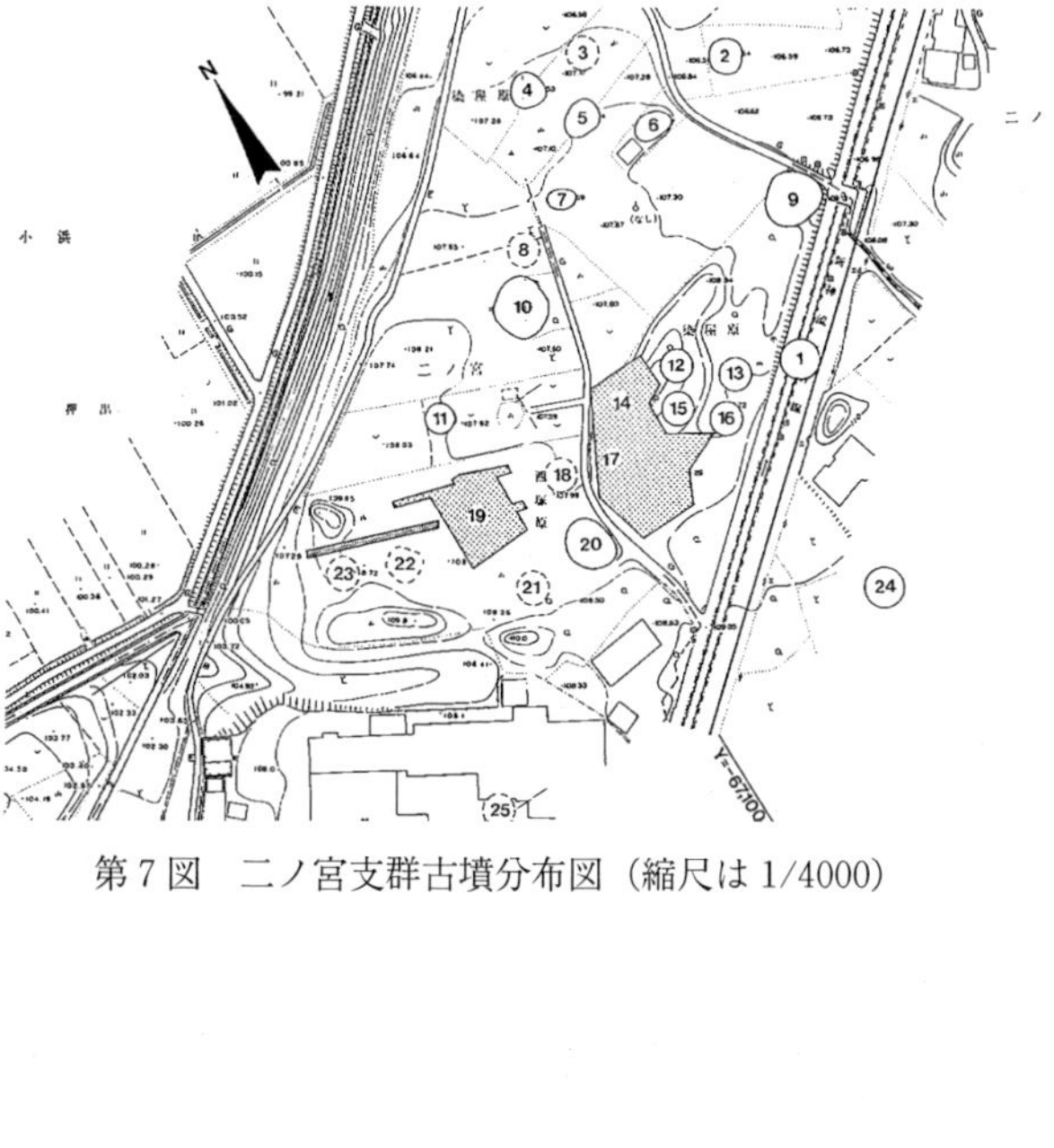

第7図　二ノ宮支群古墳分布図（縮尺は1/4000）

一七号墳は、石室の規模が全長六・二二m、玄室部長四・一二m、羨道部長二・一m、玄室部幅二・一mで、前庭部の長さは約一・八m、幅は羨門部で一・九mである。控積みの長さは八・二m、幅約六m、内側の第一葺石の径が約一二m、外側の第二葺石の径が約一五mである。一七号墳は、径約一五mの円墳で七世紀前半に築造されたと考えられている。

築造規格の復元であるが、石室全長を主軸上で六等分するとa＝一・〇四mとなる。この値で割り振った復元図が第六図上の右である。古墳の中心である点Oは、奥壁から長さa／二のところに位置する。これから古墳の規模を復元すると石室全長は六a＝六・二四m、玄室部長は四a＝四・一六m、羨道部長は二a＝二・〇八m、玄室部の最大幅は二aとなる。前庭部の長さ二a、羨門部での幅は二aである。内側の第一葺石の径は一一a＝一一・四四m、外側の第二葺石の径は一五a＝一五・六mである。控積みは、背面が点Oから二・五aのところに位置し、羨門部までの長さが八a＝八・三二m、幅が約六a＝六・二四mである。

一九号墳は、石室の規模が全長五・一m、玄室部長三m、羨道部長二・一m、玄室部幅約一・四mで、前庭部の長さは一・七八m、幅は羨門部で一・六五mである。控積みは構築されていない。内側の第一葺石の径が一〇・二m、外側の第二葺石の径は約一二・二mである。一九号墳は、径が約一三mの円墳で七世紀前半に築造されたと考えられている。

築造規格の復元であるが、石室全長を主軸上で五等分するとa＝一・〇二mとなる。この値で割り振った復元図が第六図下である。古墳の中心である点Oは、奥壁から長さaのところに位置する。これから古墳の規模を復元すると石室全長は五a＝五・一〇m、玄室部長は三a＝三・〇六m、羨道部長は二a＝二・〇四m、前庭部の長さ二a、羨門部での幅は二aである。内側の第一葺石の径は一〇a＝一〇・二m、外側の第二葺石の径は一二a＝一二・二四mである。第一葺石は、やや東西に長い円形を呈し復元ラインにのらないが、これは葺石を羨門部に取り付けるために意図的になされた行為と思われ、墳丘の構築が石室に規制されていることが窺える。

一四、一七号墳では石室全長を六等分すると玄室部長：羨道部長が四：二、一九号墳では五等分すると三：二となっている。石室全長を五ないし六等分した長さ（a）は、一四号墳が〇・八二m、一七号墳が一・〇四m、一九号墳が一・〇二mであった。前述の支群と同じく計測値aを三〇cm前後の除数で除し、完数となる値を基準尺とみなすことにした。その結果、三基とも二六・六cmで、完数に最も近似する。設計上での長さの単位Aは基準尺×完数であるから、古墳の規模はAの倍数で求められる。この完数は古墳によって異なり、一四号墳が三（A＝〇・七九八m）、一七、一九号墳が四（A＝一・〇六四m）で、古墳によって完数が異なっていることが看て取れる。

四軒在家支群

最後に、青柳古墳群で最も北に位置する四軒在家支群で（第九図）、模様積石室を採用し築造規格が明らかにされている二、三、六～八号墳について述べていく（田村 一九九六）。

二号墳は、石室の規模が全長七・九m、玄室部長四・六m、羨道部長三・三m、玄室部幅二・三m、前庭部の長さ二・四～二・九m、控積みの長さは一〇m、幅六・六mで、内側の第一葺石の径一四・四m、外側の第二葺石は一部しか残っていない。二号墳は径が約二〇mの円墳で七世紀前半～中頃に築造されたと考えられている。

築造規格の復元であるが、石室全長を主軸上で五等分するとa＝一・六〇八mとなる。この値で割り振った復元図が第八図上の左である。古墳の中心である点Oは、奥壁から長さa／2のところに位置する。これから古墳の規模を復元すると石室全長は五a＝八・〇四m、玄室部長は三a＝四・八二m、羨道部長は二a＝三・二二m、玄室部の幅と前庭部の長さは一・五a＝二・四一m、内側の第一葺石の径は九a＝一四・四七m、外側の第二葺石の径は一二a＝一九・三mである。控積みは、全長が六a＝九・六五m、幅が四a＝六・四三mである。玄室部長は計測値より二

○㎝ほど長くなるが、これは玄室部の主軸とのずれにより生じた誤差とされている。その影響を受けてか控積みも計測値より長くなっている。

三号墳は、石室の規模が全長六・七m、玄室部長三・九m、羨道部長二・八m、玄室部幅一・九m、前庭部の長さ二・五〜二・九m、控積みの長さは八・七m、幅六・二m、内側の第一葺石の径約一一m、外側の第二葺石は一部しか残っていない。周溝は部分的に確認されている。二号墳は、周溝内径で約二三mの円墳で、七世紀中頃に築造されたと考えられている。

築造規格の復元であるが、石室全長を主軸上で五等分するとa＝一・三四mとなる。この値で割り振った復元図が第八上の左である。古墳の中心である点Oは、奥壁から長さa／2のところに位置する。これから古墳の規模を復元すると石室全長は五a＝六・七m、玄室部長は三a＝四・〇二m、羨道部長は二a＝二・六八m、玄室部の幅は一・五a＝二・〇一m、前庭部の長さは二a＝二・六八m、内側の第一葺石の径は八a＝一〇・七二m、外側の第二葺石の径は一三a＝一七・四二mである。控積みは、全長が七・五a＝一〇・〇五m、幅が四・五a＝六・〇三m、周溝内径は一七a＝二二・七八m、外径は二三a＝三〇・八二m、幅三a＝四・〇二mである。

六号墳は、石室の規模は全長七・九m、玄室部長約三m、玄室部幅一・四m、羨道部長および前庭部長は不明で、控積みはない。内側の第一葺石の径は約六・四mである。六号墳は、周溝内径から径が九〜一〇mの円墳で、七世紀後半に築造されたと考えられている。

築造規格の復元であるが、石室全長を主軸上で四等分するとa＝一・〇七mとなる。この値で割り振った復元図が第八図左の中である。古墳の中心である点Oは、奥壁から長さaのところに位置する。これから古墳の規模を復元すると石室全長は四a＝四・二三m、玄室部長は三a＝三・二二m、羨道部長と前庭部長はa＝一・〇七m、内側の第一葺石の径は六a＝六・四三m、外側の第二葺石の径は八a＝八・五六mである。周溝内径は九a＝九・六七m、外径が一二a＝一二・八六m、幅三a＝三・二二mである。

七号墳は、石室の規模は全長約五・三m、玄室部長約四m、玄室部の最大幅一・五m、羨道部長一・三m、前庭部長は不明で、控積みの長さは六・七m、幅四・二mで、内側の第一葺石が部分的に確認されている。六号墳は、周溝

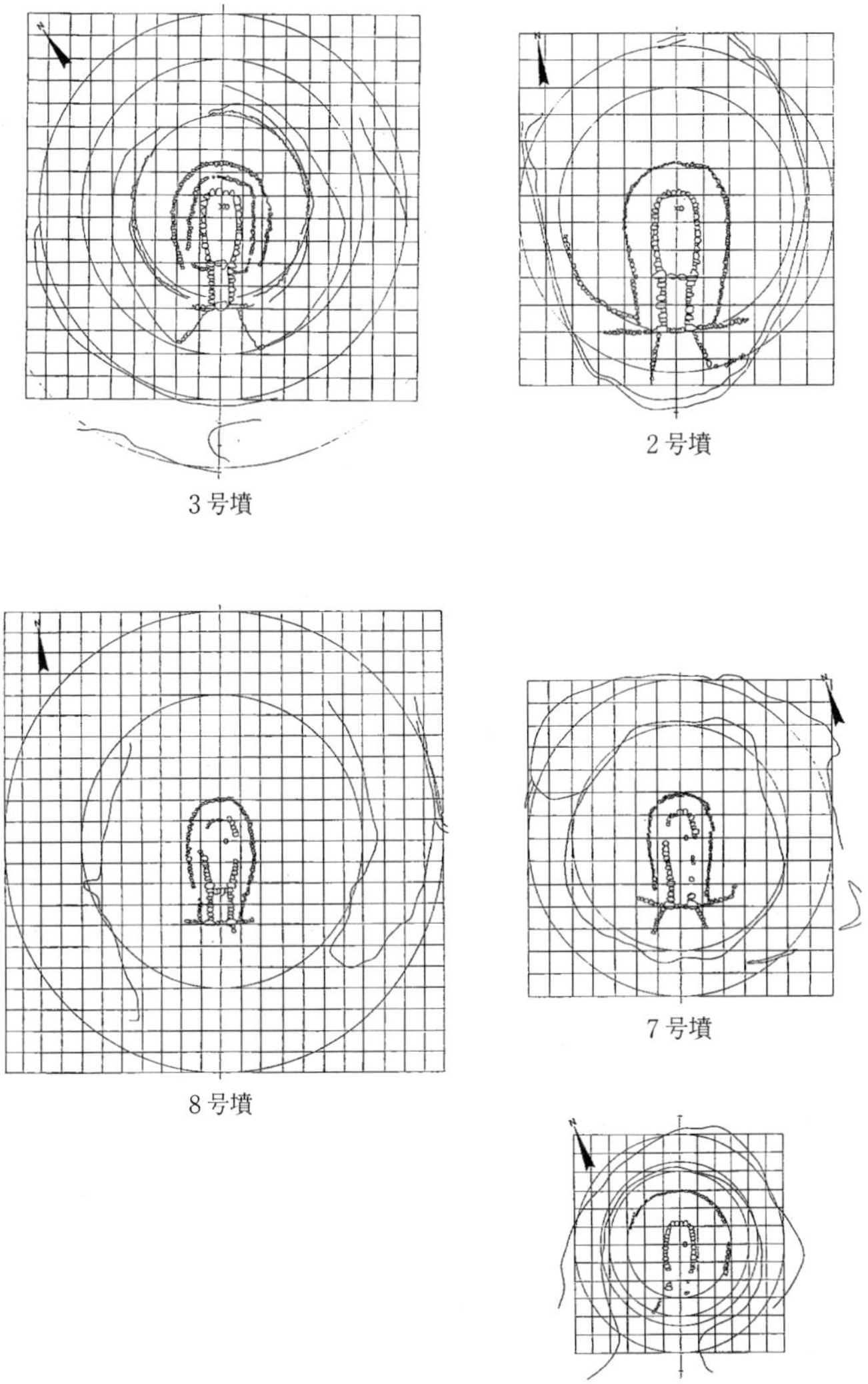

第8図　四軒在家支群古墳復元図（一部改変，縮尺は1/600）

内径から径が一三～一四mの円墳で、七世紀中～後半に築造されたと考えられている。

築造規格の復元であるが、石室全長を主軸上で四等分するとa＝一・三七mとなる。この値で割り振った復元図が第八図左の中である。古墳の中心である点Oは、奥壁から長さaのところに位置する。これから古墳の規模を復元すると石室全長は四a＝五・三六m、玄室部長は三a＝四・〇二m、羨道部長a＝一・三四m、奥壁から控積みまでの長さはa、第一葺石は点Oから三aのところにある。前庭部長を一・五a＝二・〇一mと仮定すると第二葺石の径はすると九a＝一二・〇六mに復元でき、周溝内径は一〇a＝一三・四m、外径は一四a＝一八・七六m、幅二a＝二・六八mである。

八号墳は、石室の規模は全長約五・三m、玄室部長約三・七m、玄室部幅約一・七m、羨道部長二・五m、前庭部長は不明で、控積みの長さは七・五m、幅四・三mで、内側の第一葺石が部分

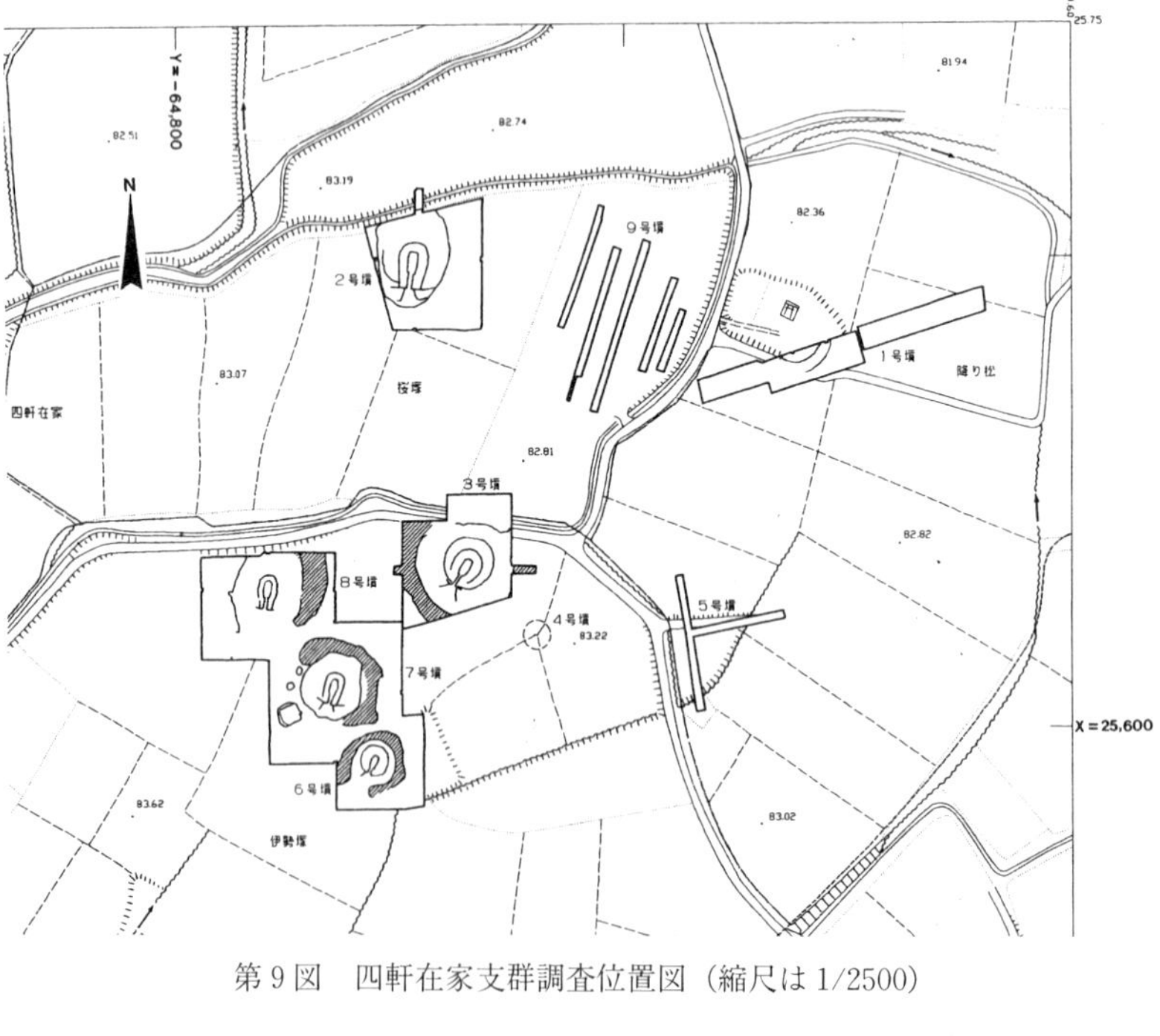

第9図　四軒在家支群調査位置図（縮尺は 1/2500）

的に確認されている。八号墳は、周溝内径から径が約一七ｍの円墳で、七世紀中頃に築造されたと考えられている。

築造規格の復元であるが、石室全長を主軸上で等分するとａ＝一・二四ｍとなる。この値で割り振った復元図が第八図右下である。古墳の中心である点Ｏは、奥壁から長さａのところに位置する。これから古墳の規模を復元すると石室全長は五ａ＝六・二ｍ、玄室部長は三ａ＝三・七二ｍ、羨道部長二ａ＝二・四八ｍ、奥壁から控積みまでの長さはａ、第一葺石は点Ｏから四ａのところにある。前庭部長はａ～二ａ＝一・二四～二・四八ｍ、周溝内径は一四ａ＝一七・三六ｍ、外径は二二ａ＝二七・二八ｍ、幅四ａ＝四・九六ｍである。

これら五基の古墳の石室全長を四ないし五等分すると二、三、八号墳が玄室部長：羨道部長三：二、六、七号墳が玄室部長：羨道部長三：一となっている。石室全長を四ないし五等分した長さ（ａ）は、二号墳が一・五八ｍ、三号墳が一・三四ｍ、六号墳が一・〇七五ｍ、七号墳が一・三二五ｍ、八号墳が一・二四ｍであった。前述の支群と同じく計測値ａを三〇㎝前後の除数で除し、完数となる値を基準尺とみなすことにした。その結果、八号墳では二四・八㎝となるが、他は二六・八㎝が完数に最も近似する。設計上での長さの単位Ａは基準尺×完数であるから、古墳の規模はＡの倍数で求められる。結果は、二号墳が六（Ａ＝一・六〇八ｍ）、三、七号墳が五（Ａ＝一・三四ｍ）、八号墳が五（Ａ＝一・二四ｍ）、六号墳が四（Ａ＝一・〇七二ｍ）となり、古墳によって完数が異なっていることが看て取れる。三号墳と七号墳は羨道部の長さが異なるが、同一の規格で作られた古墳と考えられる。

二　まとめ

ここまで青柳古墳群の城戸野・海老ヶ久保・二ノ宮・四軒在家の各支群で調査された模様積石室墳の築造規格の復元を試みてきた。その結果、古墳が単位Ａという設計上の長さに基づき築造されていることが認められた。

これらの模様積石室墳で計測されたaから導かれた基準尺の数値は、城戸野一五号墳が二五㎝、海老ヶ久保支群では二三・三㎝、二ノ宮支群では二六・六㎝、四軒在家支群では八号墳が二六・八㎝で、他の古墳は二四・八㎝であった。尾崎喜左雄氏は、横穴式石室の構築には、一尺が三五㎝近似の高麗尺と三〇㎝近似の唐尺が使用され、六世紀後半から七世紀後半の早い段階までは高麗尺が、それ以降は唐尺が使用されたと考えられた（尾崎 一九六六）。また、高麗尺以前の使用尺として、森浩一氏は一尺が二四㎝近似の晋尺を推定された（森 一九六五）。計測された基準尺の数値が二三・三㎝から二六・八㎝の間に収まることから、ここで紹介した模様積石室墳が採用した基準尺は、高麗尺や唐尺よりも、二四㎝近似の晋尺を採用していたのではないかと考えられる。なお、模様積石室墳ではないが六世紀後半の城戸野三〇号墳では基準尺の数値が二八・七五㎝ないし二三㎝であることから、同様に二四㎝近似の晋尺が採用されていた可能性が考えられよう。

設計上での長さの単位Aは基準尺×完数であるが、それらの数値は城戸野一五号墳が四で一m、海老ヶ久保支群では一〇、二〇号墳が六で一・三九八m、一一、一八号墳が四で〇・九三二m、二ノ宮支群では一四号墳が三で〇・七九八m、一七、一九号墳が四で一・〇六四m、四軒在家支群では二号墳が六で一・六〇八m、三、七号墳が五で一・三四m、八号墳が五で一・二四m、六号墳が四で一・〇七五mであった。海老ヶ久保一〇号墳と一一号墳、二〇号墳と一八号墳のように隣接している古墳で、採用している基準尺は同一であるが異なる完数による単位で築造規格がなされている例が確認された。

玄室部長と羨道部長の比率についてであるが、三：二、四：二、三：一の関係にあることがわかり、三：二を採用している古墳が八基（海老ヶ久保支群の四基、二ノ宮一九号墳、四軒在家二、三、八号墳）と最も多く、ついで四：二の三基（城戸野一五号墳、二ノ宮一四、一七号墳）、三：一の二基（四軒在家六、七号墳）であった。それぞれの古墳が築造された時期からみると、比率が三：二、四：二を採用している古墳は七世紀前半から中頃までで、時間的な前後関係ではないようであるが、三：一を採用する古墳の時期が七世紀中頃から後半であることから、比率三：一は時期的に新しいものと考えられる。

ここで述べた古墳のほとんどが、墳丘を構成する第一葺石が石室の羨門部に、第二葺石が前庭部先端に取り付くものであることから、石室全長（玄室と羨道部を含めた長さ）に墳丘の規模が規制されるようである。このことは城戸野一五号墳の葺石が羨門部付近で変形していることから窺うことができよう。

模様積石室墳の墳丘の中心は、玄室の奥壁からaないし二分の一内側の玄室内に位置することが確認され、六世紀後半に築造された胴張り型石室ではあるが内壁が乱石積みである城戸野三〇号墳のように奥壁に中心を置くものは確認されていない。

古墳の築造にあたっては、基準尺を用いた設計上での長さ単位Aに基づき、中心を定め、周溝を含めた墳丘の範囲を決めるのであろう。次に、主軸の方向を定め、奥壁・玄門・羨門・控積み・前庭部の位置を決め、中心から羨門までの長さを半径にして円を描き、第一葺石を中心から前庭部の先端までの長さを半径にして円を描き第二葺石の位置を決め、石室や墳丘を構築していったと考えられる。ただし、第二葺石と前庭部の構築は、墳丘の断面から第一葺石までの墳丘部と並行して行うのではなく、第一葺石がある程度構築されてから行なわれたと考えられる。

おわりに

青柳古墳群で報告されている模様積石室墳の平面の築造規格について述べてきたが、資料紹介的な内容になってしまった。模様積石室墳が数多く調査されている南塚原支群については未報告であるため、ここでは触れることができなかった。南塚原支群の報告書が刊行されてから、青柳古墳群での模様積石室墳の築造規格を改めて考えていきたい。

さらに、青柳古墳群における模様積石室墳以外の横穴式石室墳の築造規格や、ここでは触れることができなかった他地域の模様積石室墳の築造規格についてはこれからの課題としたい。最後になりましたが、ここで紹介した古墳の調査に携わられた田村誠氏にはお世話になりました。記して感謝申し上げます。

注

（1）模様積石室の構造的特徴を増田逸朗氏は、「平面形が両袖で胴張りプランを呈し、所謂「毛野型」徳利形をなし、側壁石積みの小口が、モザイク状に配置されている」と、六世紀第Ⅳ四半期に出現し、七世紀後半まで採用されたと考えられている（増田　一九九六）

（2）児玉郡域から群馬県藤岡市周辺の後期古墳では、石室の周囲に控積みと呼んでいる石積みが存在する。この石積みは石室を補強するために構築しているものと考えられている。なお、控積みの長さは羨門部までの距離である。

参考文献

尾崎喜左雄　一九六六　『横穴式古墳の研究』　吉川弘文館
田村　誠　一九九三　『二ノ宮一九号墳』　神川町遺跡調査会発掘調査報告第四集　神川町遺跡調査会
田村　誠　一九九六　『青柳古墳群四軒在家支群』　神川町教育委員会文化財調査報告第一三集　神川町教育委員会
田村　誠他　一九九七　『青柳古墳群城戸野・海老ヶ久保・十二ヶ谷戸・二ノ宮支群』　神川町教育委員会文化財調査報告第一六集　神川町教育委員会
増田逸朗　一九七一　「児玉郡神川村北塚原古墳群」『第四回遺跡発掘調査報告会発表要旨』　埼玉考古学会他
増田逸朗　一九九六　「模様積石室小考」『調査研究報告』第九号　埼玉県立さきたま資料館
森　浩一　一九六五　『古墳の発掘』　中央公論社

猪俣北古墳群内遺跡出土の把手付甑

中沢良一

はじめに

ここに紹介する資料は、埼玉県北部の美里町猪俣北古墳群内の集落遺跡の調査時に出土したものである。報告書作成の際には行方が不明であったために掲載を省かざるを得なかったが、継続的に探索を行ってきた結果、美里町遺跡の森館収蔵庫内において再発見された。資料の重要性から取り扱いについて美里町教育委員会の長滝歳康氏、発掘調査を担当された岡本幸男氏、丸山陽一氏等に相談したところ、埼玉考古学会で資料紹介することを快諾していただいた。そこで報告書(1)の欠を補うために、ここに紹介することにしたい。

一　猪俣北古墳群の概要

猪俣北古墳群は、埼玉県北部の児玉郡美里町大字猪俣字海道南一二九一番地ほかに所在する。周辺は松久丘陵の末端部にあたり、低丘陵上に多くの遺跡が存在する。遺跡の北側には普門寺古墳群、南側には掘立柱建物群が検出された上野遺跡や猪俣南古墳群、西南には古墳時代後期および平安時代の集落跡の検出された鍛冶屋峯遺跡などが集落と

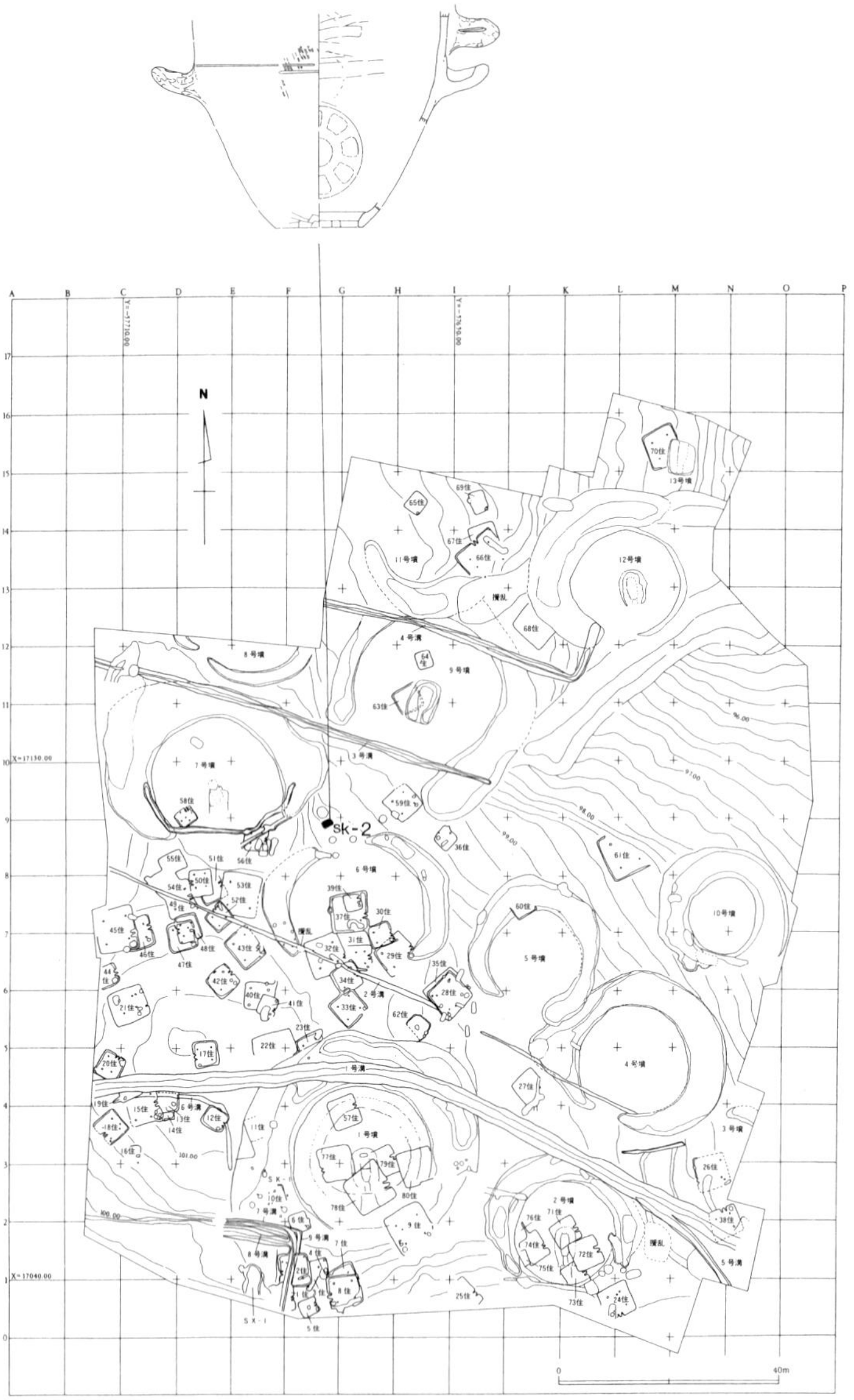

第1図　猪俣北古墳群全体図（丸山・中沢 1998 を改変）

墓域を分けるように低丘陵上に分布している。また、祭祀遺跡では、遺跡の西北西〇・八㎞地点に古墳時代中期から平安時代にかけての遺物の出土する、こぶヶ谷戸祭祀遺跡が存在する。さらに生産遺跡では、遺跡の南約四㎞の距離に古墳時代の須恵器窯の調査された末野遺跡が位置している。なお、周辺での近年の生業は、畑作が中心である。

猪俣北古墳群は、平成七年度に美里町教育委員会により、県営圃場整備事業に先立ち発掘調査が行われた。調査の結果、古墳時代後期の古墳群とそれ以前の古墳時代中期から後期にかけての集落跡が確認された。検出された主な遺構は、古墳一三基（うち良好な石室二基）と住居跡八〇軒、溝跡九条および土坑などである。

特徴的な遺物としては、八〇軒確認された住居跡のうち一一軒から古墳時代の須恵器が一七点出土したことである。このうち四三号住居跡からは、大阪府陶邑ＴＫ二一六型式[2]併行期の須恵器高坏が出土している。また、六世紀前葉の三八号住居跡からは、外面に平行タタキを施す酸化焔焼成の壺が出土している。この遺物は、後述する把手付甑を考える意味で重要である。なお古墳群の調査では、一号墳の石室内からは、ほぼ一領分の挂甲および肩甲と考えられる鉄製小札が出土している。また、前庭部では須恵器フラスコ形瓶が、前庭部壁際の石の上からは束になった状態の鉄鏃が出土している。なお、古墳時代中期から後期にかけての八〇軒で生活の営まれていた集落は、鬼高Ⅱ式期には古墳群へと変貌してしまう。その後の生活の痕跡は、土坑内に複数の羽口と須恵器蓋が埋納された八世紀末となる。

二　土坑ＳＫ―2と出土遺物

ＳＫ―2

把手付甑の出土した土坑ＳＫ―2[3]は、調査区域中央部やや西寄りのＧ９杭の西南約三ｍに位置する。六号墳から北へ約五ｍの距離にあり、東方約一〇ｍの地点には五九号住居跡が位置している。

遺構の規模は、長辺二・〇六m、短辺一・三八mの長方形で、確認面からの深さは、最深部で〇・三二mを測る。主軸方位は、N—60°—Eを指す。土層は八層からなり、上層より第一層（灰褐色土、砂礫含む）、第二層（暗褐色土、土器含む）、第三層（褐色土、土器含む）、第四層（褐色土、ローム塊含む）、第五層（暗褐色土、焼土含む）、第六層（黄褐色土、ローム塊・焼土含む）、第七層（褐色土、ローム粒子含む）、第八層（黄褐色土、ローム塊多く含む）に分けられる。このうち、出土遺物は第二層と第三層に集中している。本遺構は、掘り返しおよび、覆土にローム塊や焼土などがみられることから、数度の人為的な廃棄行為が行われたようである。

遺物の観察

一が把手付甑である。色調は明赤褐色で、焼成は比較的良い。胎土中には黒色ないし透明板状粒子や石英などを含んでいる。残存するのは、体部中位の破片（縦一三cm・横一二cm）で、牛角状の把手を有している。体部外面には、平行タタキを施した後に、器面をていねいにヨコナデ調整している。そのためタタキの痕跡は目立たない。タタキは、器面に向って左側に二〇度前後傾斜している。平行タタキは突出する凸部幅で約二mm、凹部幅で一mmから一・五mmほどであるが、ナデ等により若干変形しているため一定していない。体部外面には凹線が二条確認できる。これは、凹線が一周時点に同位置で重ならずに、上下にずれたためであろう。内面は、横位のナデを施している。また、把手接合部内面は平坦面をなしているが、同心円文等の当て具の痕跡はない。牛角状の把手は、体部外面に施された凹線部分に把手上位が位置している。把手を体部内側から挿入した可能性があるが確証はない。把手は、体部からやや上方に向けて接合の後に把手付根部分に粘土を充塡している。この把手の上面部に長さ三二mm、深さ一二mmの切り込みが施されている。側方部および下面部にはナデ以外の痕跡はみられない。底部は小片であるが、同一個体として復元した。平底で体部外面最下端部にヘラケズリを施している。蒸気穴は多孔であるが、外周の孔の形態は、外縁部に沿っ

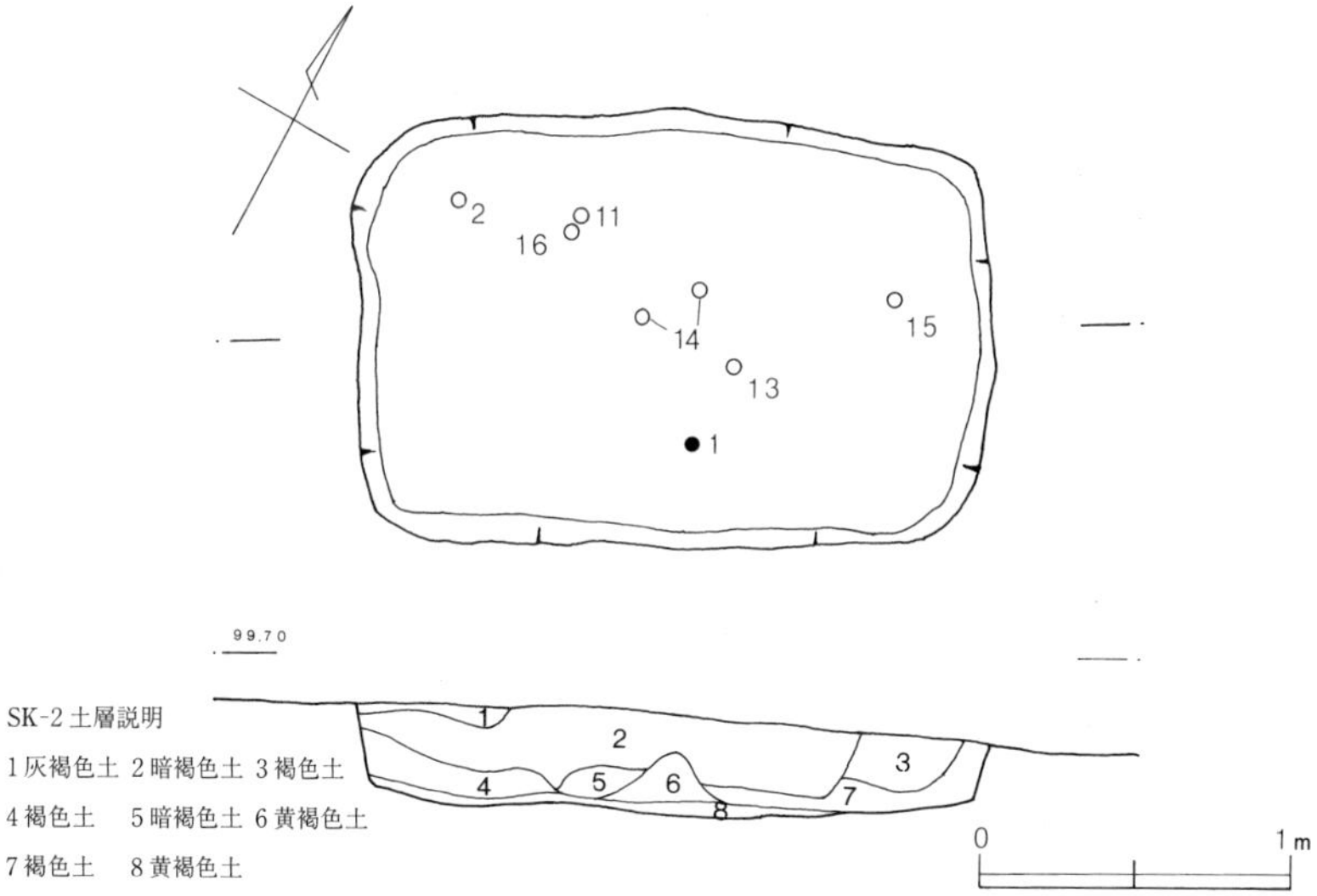

第2図　猪俣北古墳群内遺跡 SK-2

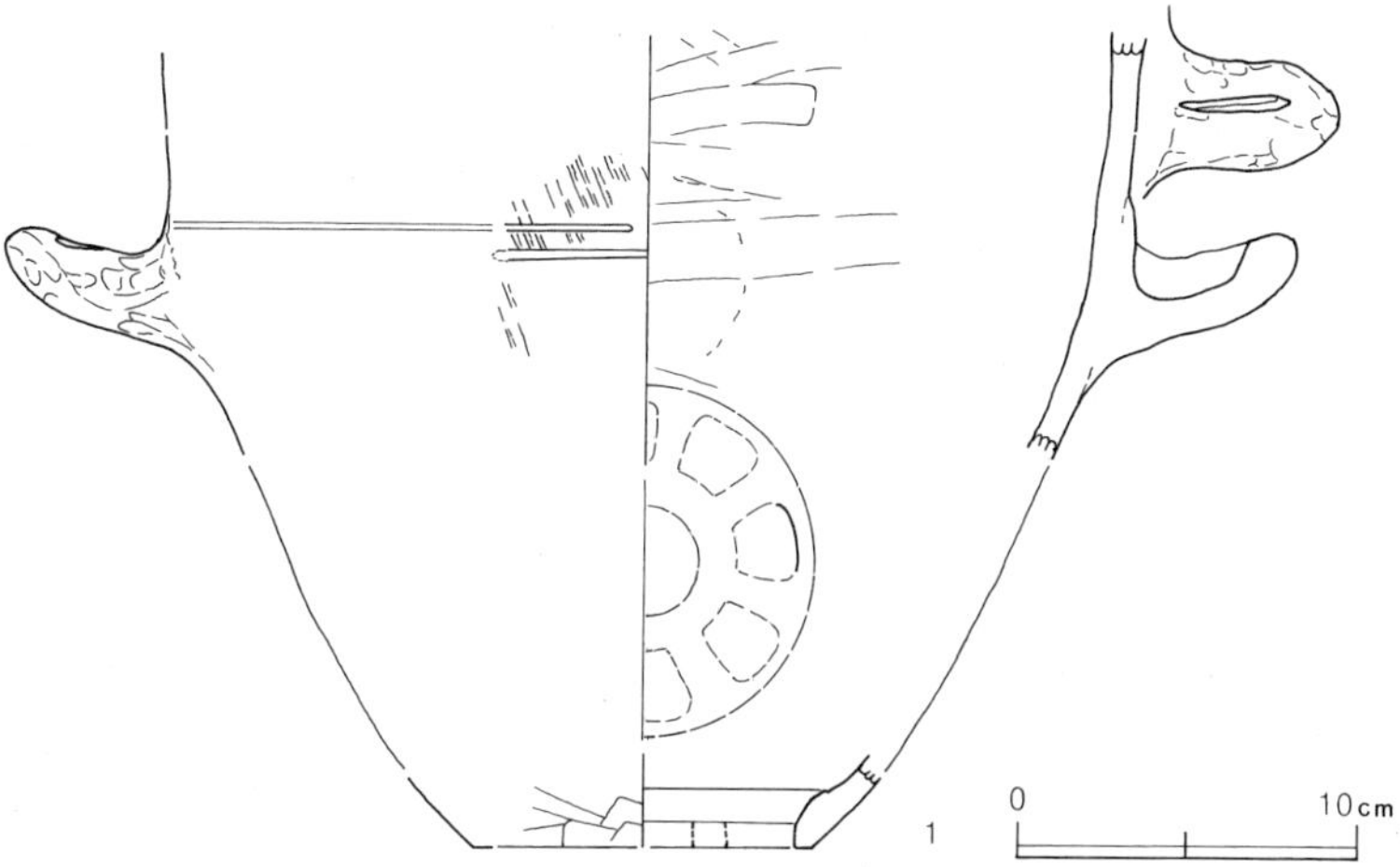

第3図　猪俣北古墳群内遺跡 SK-2 出土の把手付甑

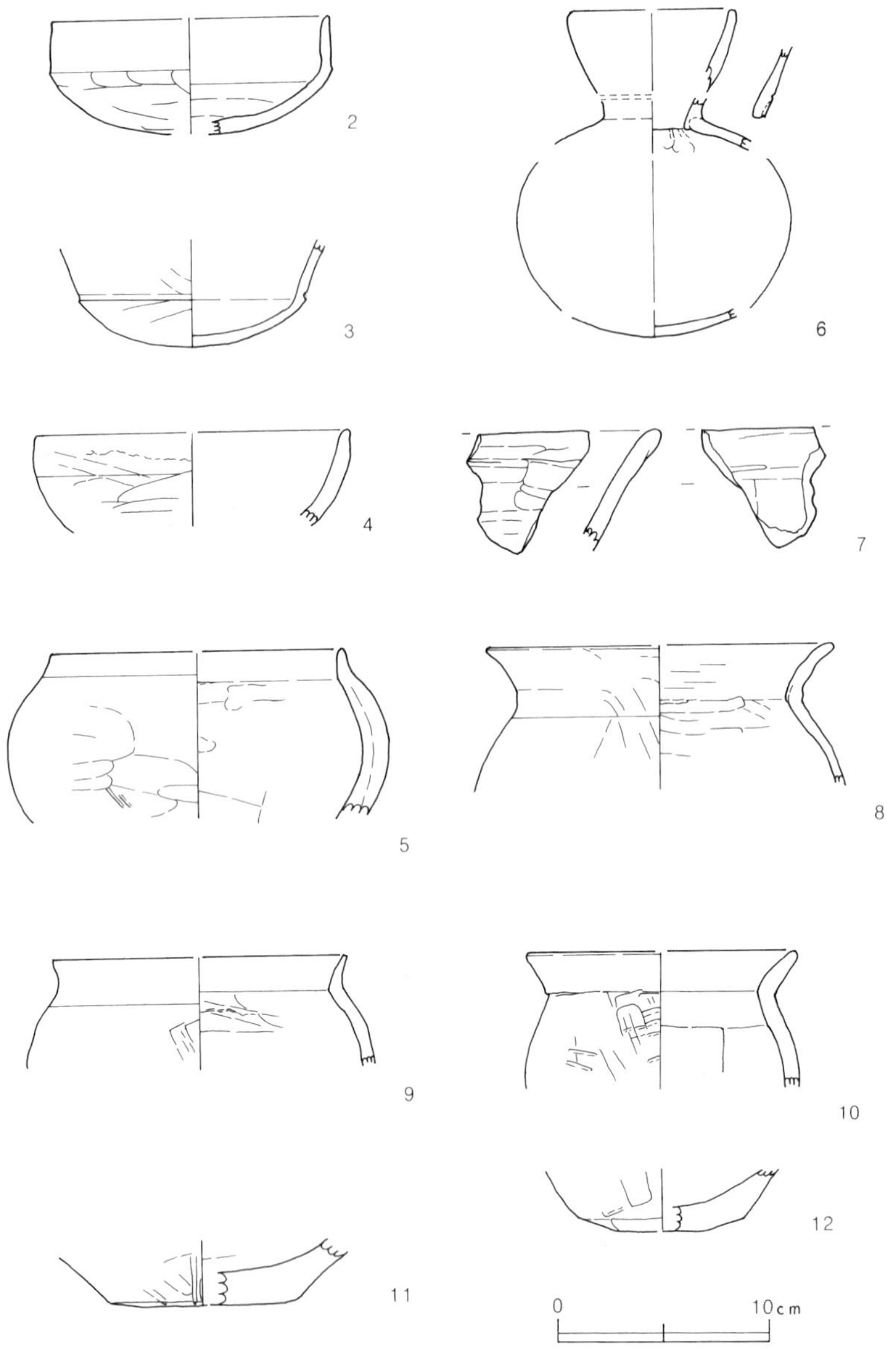

第4図　猪俣北古墳群内遺跡 SK-2 出土土器（1）

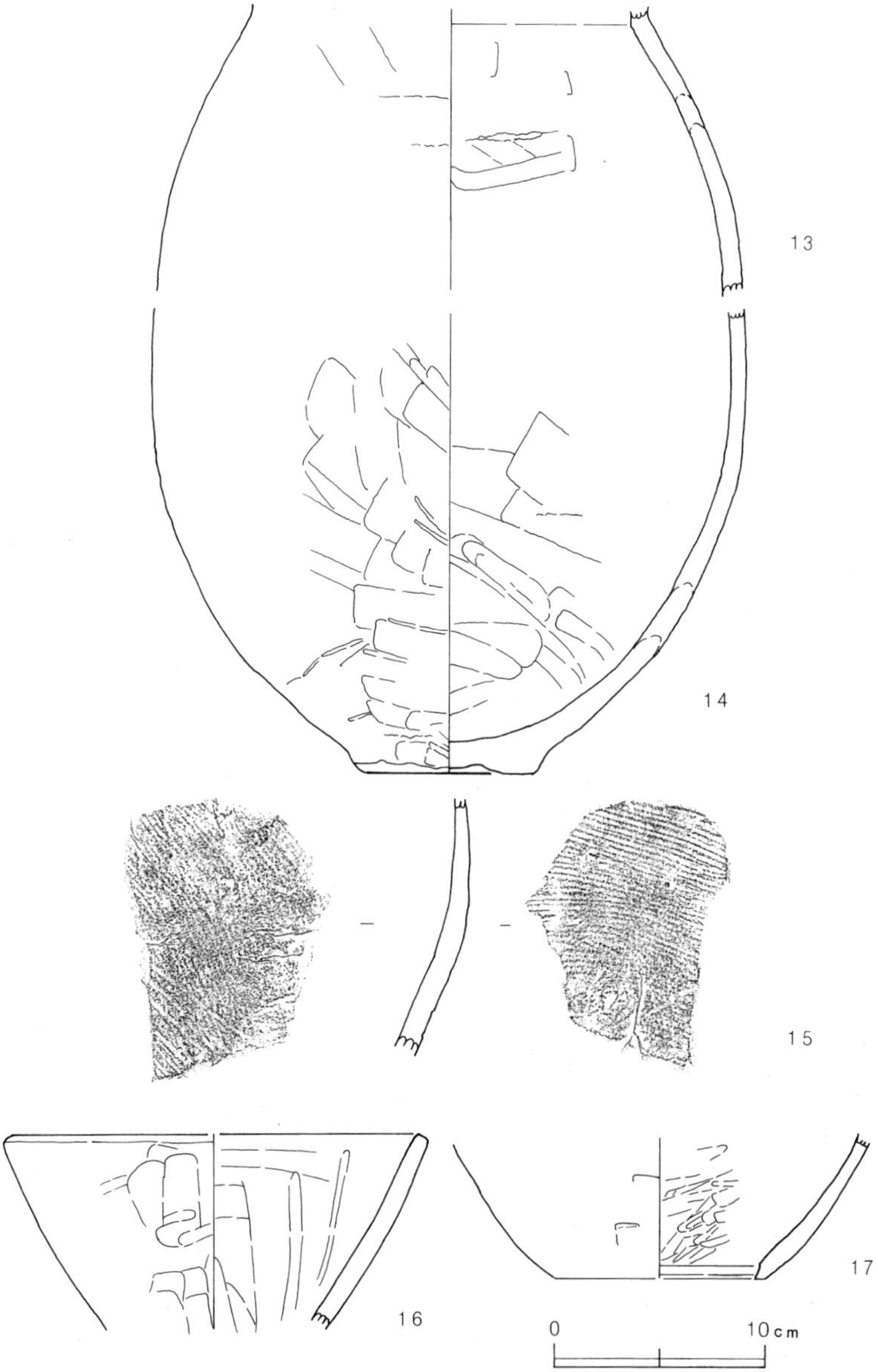

第5図　猪俣北古墳群内遺跡 SK-2 出土土器 (2)

第１表　猪俣北古墳群内遺跡 SK-2 出土遺物観察表

番号	器種	法量（cm）		胎土	色調	焼成	出土位置	調査時No.	残存率（%）	備考
		口径	底径							
1	甑			黒色板状、石英、赤色軟質粒子	明赤褐	A	覆土	20	15%	酸化焔焼成。体部と底部を同一個体として復元。牛角状把手の上面に長さ32mm、深さ12mmの切込みをもつ。体部外面把手貼付部上側に凹線を二条施す。外面に平行タタキ後に回転ヨコナデ。内面横位の工具ナデ。体部外面最下端部ヘラケズリ。底孔は多孔。外周孔は台形か？。
2	坏	(13.0)		黒柱、白、赤軟	鈍い黄橙～橙	B	覆土	1	40%	外面体部と口縁部の境に緩い稜をもつ。
3	坏			白、赤軟	橙	A	覆土		15%	体部外面にヘラケズリのノッキング痕。
4	坏	(14.6)		白、石英	鈍い黄褐～鈍い橙	A	覆土		15%	体部外面下位強いヘラケズリ、上位横位のナデ。
5	椀	(13.8)		白、黒板	明赤褐～黒褐	B	覆土		15%	体部は、板状に剥離する。脆い。
6	広口壺	(7.6)		赤軟、白	橙	B	覆土		15%	口辺部下位に段をもつ。
7	壺			白色砂粒	鈍い黄褐	A	覆土		5%	口縁部の小破片。推定口径は20cm程度か。口縁端部は折り返して肥厚する。内外面横位のナデ。
8	甕	(16.6)		片岩、白	鈍い黄橙	B	覆土		5%	口縁部内面のヨコナデは、木口板か太いハケメのような凹みがあり。
9	甕	(14.0)		黒板、白	鈍い橙	A	覆土		10%	口縁端部は平坦面をなす。
10	甕	(12.8)		赤軟、片、黒板	橙	A	覆土		15%	体部外面にヘラケズリ。ノッキング痕ないし平行タタキ痕か？。
11	甕		(9.3)	白、黒板	鈍い黄褐	B	覆土	6	5%	底部。脆い。
12	甕		(7.9)	黒柱、白色砂粒	橙～灰黄褐	A	覆土		5%	底部。
13	甕			石英、片岩、黒柱	橙、内面黒褐色	B	覆土	19	10%	
14	甕			片岩多、石英	鈍い黄橙～灰黄褐	B	覆土	12、14	20%	底部輪台状。
15	甕			黒柱、石英	鈍い黄橙	A	覆土	27	5%	胴部の破片で断面サンドイッチ状に黒色。外面縦位のハケメおよび数条のナナメの沈線？。内面横位のハケ（8本/2cm）。
16	甑	(20.0)		石英、砂粒	鈍い黄褐	B	覆土	5	10%	体部から口縁部に直線的に開く。胎土砂粒多い。
17	甑		(9.8)	黒板	鈍い黄橙	A	覆土		5%	底孔は、大単孔。

た直線部分が約一六㎜でわずかに変化が始まる。この点から底部蒸気孔は、外周部分が台形で中央部には円孔をもつ多孔式形態になるものと推察される。

把手付甑以外の遺物については、紙幅の都合により観察表で示した。このうち注意したい遺物に一五の甕の破片がある。外面にタテハケ、内面にヨコハケを施し、さらに外面下方左端に斜行する数条の沈線を施す特異なものである。SK—２では、外面にタタキを施す甑とハケを施す土器片とケズリを施す土器などが混在しているのである。

本遺構出土遺物の時期は、二～四の坏など陶邑TK二三～TK四七型式併行期にみられるものがある。しかし、七の壺のように口縁部を折り返した特徴から、五世紀中葉までに多くみられるものも含まれている。遺構の掘り返しや廃棄状況などから、五世紀の中葉から後半という幅のなかで考えておきたい。

三　把手付甑の意義

把手付甑の大きな特徴は以下の七点である。一、明赤褐色の酸化焔焼成。二、牛角状の把手をもつ。三、把手部上面に切り込みを施す。四、平底で蒸気孔は多孔式。五、体部外面に平行タタキ後にヨコナデ。六、体部外面把手接合部付近に凹線をめぐらす。七、外面最下端部にヘラケズリ、などである。このうち注意したいのは、三と五である。

埼玉県内出土の甑に、これらの特徴すべてを備えたもので、管見にふれるものはない。最も近いものは、行田市武良内遺跡(4)二号住居跡出土の甑である。牛角状の把手をもち、平底で蒸気孔は、中央円孔一と外周円孔六の一＋六孔の形態である。また、体部に浅い凹線が施され、一周して同一位置で重ならない点は、SK―2甑と同様である。口縁端部を平坦に仕上げている点や体部最下端部をヘラケズリする点など朝鮮半島系の軟質土器(5)（韓式系土器(6)）の影響が強い。ただし杉井健氏の指摘するように(7)、底孔は中央の円穴より外周円孔を大きく穿っている点のように特異な部分がある。先に注意した把手上面の切り込みや外面の平行タタキは施されておらず、黒斑が顕著な土師質である。

児玉地域では、本庄市古川端遺跡(8)八号住居跡や同南大通り線内遺跡一二号住居跡、美里町樋之口遺跡などから古墳時代中期の把手付甑が出土している。いずれも土師器であるが後二者の蒸気孔は、筒抜けの単孔で、SK―2甑との類似性は低い。古川端遺跡八号住居跡の甑は、把手付で底孔も中央と外周ともに円孔の多孔式である。しかし、把手は横幅が広く、蒸気孔は外周孔が大きく体部下端にまで達する異質なものである。

このように類例を埼玉県内に求めても直接の系譜はたどれない。把手上面の切り込みや外面のタタキは、むしろ朝鮮半島系軟質土器や初期須恵器の甑などに顕著な特徴である。積石塚や馬埋葬土坑などから渡来人に関わる遺跡と考えられている群馬県高崎市剣崎長瀞西遺跡(9)の五世紀代の甑がある。外面格子目タタキ、平底で蒸気孔は小円多孔形態である。把手は牛角状と先端を切り落とした二形態がある。口縁部は外反し、牛角状把手上面に切り込み、下面には刺突痕を有する朝鮮半島系軟質土器である。同遺跡からは平行タタキの長胴甕も出土している。さらに五世紀代に渡来人が多く存在した大阪府の東大阪市や四条畷市周辺の朝鮮半島系軟質土器にも多く認められ(10)、陶邑ＴＫ七三号窯、ＴＫ八七号窯(11)などの初期須恵器窯にも牛角状把手上面に切り込みや平行タタキを施すものが若干存在する。

須恵器が日本に導入された初期の操業には、渡来人が工人として関わっていたと考えられている。その渡来人たちが日常生活で使用する煮炊き具に軟質の平底鉢や把手付甑がある。前者は、日本国内では一般化せず、後者は土師器の形態として受容された。しかし、把手上面の切り込みは日本国内では受け入れられなかった。したがって平底鉢や把手上面に切り込みをもつ甑などは、渡来人の存在を示す指標となる[12]。外面のタタキは須恵器に導入されたが軟質の土師器には通常みられない。SK—2の把手付甑は、酸化焔焼成であるが完形品でないため黒斑を確認できない。焼成の具合からは、窯で焼成された可能性がある。しかし、朝鮮半島の軟質土器は窯で焼成されている。また、大庭寺遺跡[13]の軟質系土器も窯で焼成したようである。

以上の点から土坑SK—2出土の把手付甑は、渡来人ないし初期須恵器の製作者との関連性が考えられる。しかし、猪俣北古墳群内遺跡で同じ要素をもつ土器は、三八号住居跡の外面に平行タタキを施す酸化焔焼成の壺程度である。土器以外の遺物からは渡来人や須恵器製作者に関わる痕跡等は確認されておらず、この例だけで渡来人一世が居住し

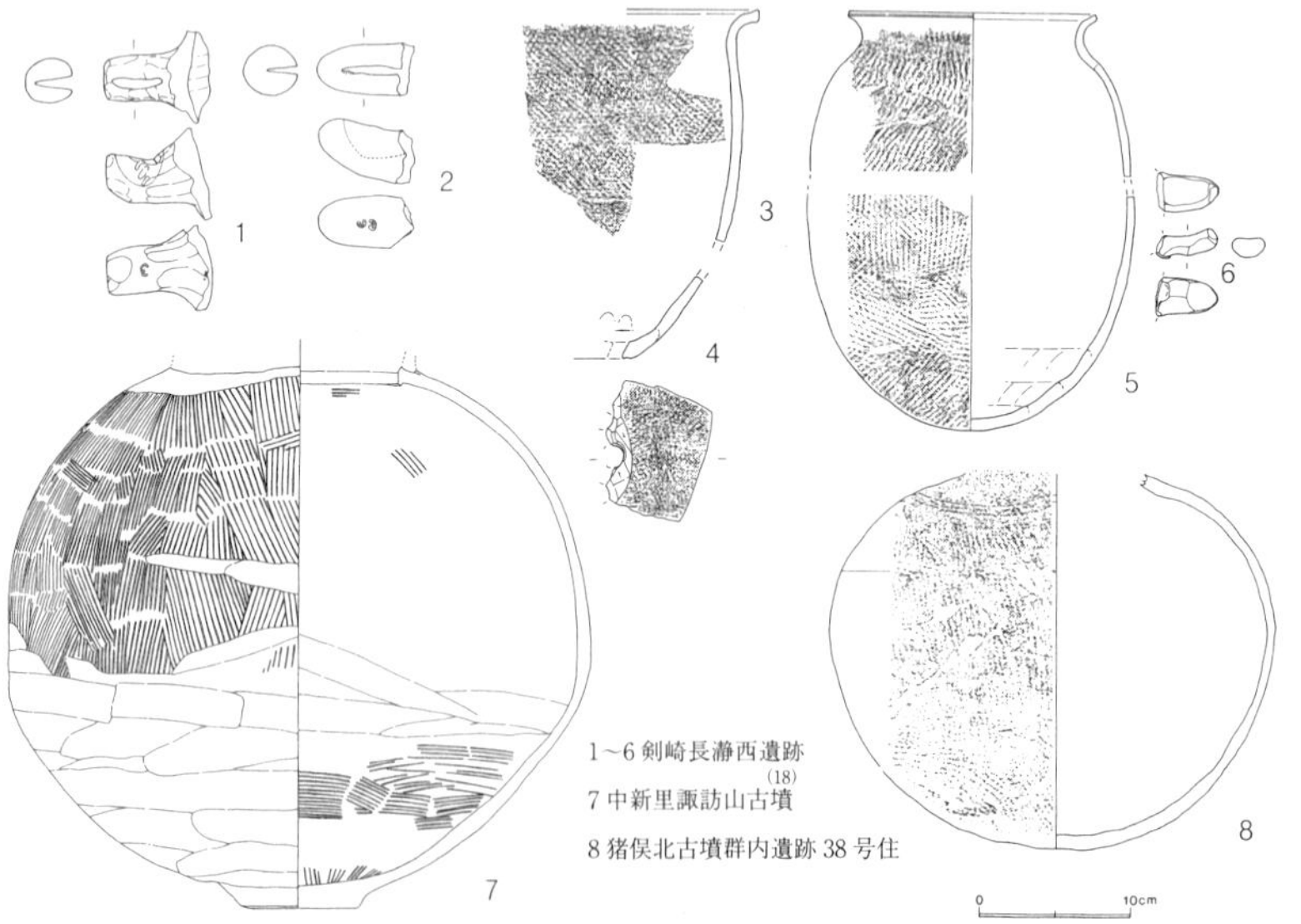

第6図　剣崎長瀞西遺跡と児玉地域のタタキを施す土器

たと断定することはできない。しかし、児玉地域では、金鑽神社古墳、生野山将軍塚古墳、公卿塚古墳などから格子目タタキを施した有黒斑の円筒埴輪が出土しており、酒井清治氏により半島系軟質土器の影響と指摘されている。⑭また、五世紀代の在地産と考えられる須恵器もミカド遺跡や後山王遺跡E地点⑮などで出土しており、当地域には須恵器窯操業開始期に渡来系の人たちが居住していたとの指摘もある。⑯このような周辺の環境を含めると猪俣北古墳群内遺跡の把手付甑は、その渡来系の人たちが居住していたことを示す資料と考えられる。そしてその居住の意味を考えたときには、遺跡内から初期須恵器を含むＴＫ二一六型式からＴＫ一〇型式併行期の須恵器がほぼ継続的に出土することや古墳時代のＴＫ二〇九型式併行期の須恵器窯の調査された末野遺跡⑰が四㎞以内という地理的環境は極めて重要な意味をもってくるものと考える。この末野窯跡群と猪俣北古墳群内遺跡と渡来系の人たちとの関係については、今後さまざまな角度から検討する必要があろう。

おわりに

猪俣北古墳群内遺跡出土の把手付甑の特徴から、末野窯跡群の縁辺部に渡来系の人たちが居住していたと考えた。その存在からは、末野窯跡群の操業がさらに遡る可能性も考えられよう。今後の課題としては、把手付甑とハケメを施す土器との問題がある。また、遺跡内から出土した須恵器を含めた胎土の科学的分析や猪俣北古墳群周辺から末野窯跡群にかけての丘陵部の詳細な須恵器窯跡分布調査も必要であろう。今後の研究の進展に期待したい。

最後に、資料の発表を快諾してくださいました美里町教育委員会の長滝歳康氏、ならびに発掘調査を担当された岡本幸男氏、丸山陽一氏には感謝申し上げます。また、左記の方々から多くの御指導・御教示を賜ったことを記して、お礼申しあげます。

岩瀬　譲、植野浩三、大鹿響子、大谷　徹、金子彰男、亀田修一、恋河内昭彦、酒井清治
坂本和俊、高野　学、田中清美、田村　誠、富田和夫、中西克宏

注

(1) 丸山陽一・中沢良一　一九九八『猪俣北古墳群・引地遺跡・滝ノ沢遺跡』美里町教育委員会　これまでに「猪俣北遺跡」と略称を用いたが、本稿では集落遺跡部分を猪俣北古墳群内遺跡とする。ただし略称も尊重したい。

(2) 田辺昭三　一九六六『陶邑古窯址群Ｉ』

(3) 土坑ＳＫ―2は、調査時にＦ―8区4号土坑として遺物を取り上げた遺構である。

(4) 金子真土　一九七七『鴻池・武良内・高畑』埼玉県教育委員会　資料実見の際に岩瀬譲氏にお世話になった。

(5) 今津啓子　一九八七「大阪湾沿岸地域出土の朝鮮系軟質土器」『東アジアの考古と歴史』下　岡崎敬先生退官記念論集

(6) 植野浩三　一九八七「韓式系土器の名称」『韓式系土器研究』Ｉ　韓式系土器研究会

(7) 杉井　健　一九九四「甑形土器の基礎的研究」『待兼山論叢』第二八号　大阪大学文学部

(8) 小久保徹他　一九七八『東谷・前山2号墳・古川端』埼玉県教育委員会　岩瀬譲氏にお世話になった。

(9) 黒田　晃　二〇〇二『剣崎長瀞西遺跡1』高崎市教育委員会　高崎市観音塚考古資料館の展示にて実見。

(10) 中西克宏　一九八八「把手付甑形土器について」『東大阪市文化財協会ニュース』三―三

(11) 中村　浩　一九七八『陶邑Ⅲ』大阪府教育委員会

(12) 亀田修一　二〇〇三「渡来人の考古学」『七隈史学』第四号　五頁

(13) 岡戸哲紀　一九九五『陶邑・大庭寺Ⅳ』大阪府教育委員会

(14) 酒井清治　一九八五「千葉市大森第2遺跡出土の百済土器」『古文化談叢』一五　九州古文化研究会

(15) 長滝歳康・中沢良一　二〇〇五『広木大町古墳群後山王地区　後山王遺跡Ｅ地点』美里町遺跡調査会

(16) 坂本和俊　二〇〇三「檜前馬牧設置の前史」『新世紀の考古学』

(17) 福田　聖　一九九八『末野遺跡Ｉ』埼玉県埋蔵文化財調査事業団
　赤熊浩一　一九九八『末野遺跡Ⅱ』埼玉県埋蔵文化財調査事業団

(18) 田村　誠　二〇〇四『中新里諏訪山古墳』神川町教育委員会

古墳時代における末野窯跡群の生産と流通

大谷　徹

一　はじめに

関東地方における古墳時代須恵器生産の様相については、未だ調査例は少ないものの各地で須恵器窯の調査がおこなわれ、その実態が明らかにされつつある（服部　一九九五a・b、鶴間　一九九九・二〇〇〇）。埼玉県内の古墳時代にさかのぼる須恵器窯跡は、北から末野、羽尾、平谷、桜山、根平、舞台、小用、西谷ツなどの各窯跡が調査されている。このうち六世紀前半に操業された東松山市桜山窯跡群をのぞくと、いずれも六世紀末から七世紀前半の時期に集中する。ただし、寄居町末野窯跡群だけが連続操業を開始している以外は、いずれも単発的な操業段階にとどまる。このほかに窯跡は未発見であるが、焼き歪みや窯壁の付着した須恵器の出土から児玉地域の丘陵地帯に五世紀代にさかのぼる須恵器窯跡の存在が想定されている（坂本　一九八一、中沢　二〇〇四）。また、近年の大規模開発に伴う発掘調査例によって、古墳や集落跡などの消費地出土の在地産須恵器も膨大な数にのぼり、窯跡出土資料との対比が可能になりつつある。

こうした調査成果をふまえ、高橋一夫（高橋　一九八〇・一九九一）、酒井清治（酒井　一九八八・一九八九・一九九三）、渡辺　一（渡辺　一九九五）、坂野和信（坂野　二〇〇一・二〇〇二）の各氏によって古墳時代における須恵器生産の実態解明が進められている。しかし、須恵器窯の多くが古墳への副葬品や集落における祭祀品といった特定目的の生産であったため、連続した型式変遷をたどることができず、時期的に近接していながらも系譜的に続かないのが実状である。そのために明らかに在地窯の製品であるにもかかわらず、生産窯が判然とせず、消費地出土品の産地同定を困難にしている。

埼玉県北西部に位置する末野窯跡群は、南比企窯跡群、東金子窯跡群、南多摩窯跡群と並ぶ古代武蔵国四大古窯跡群のひとつである。その製品は荒川以北の北武蔵北部地域を中心に広く供給され、律令形成期の七世紀後半から八世紀初頭には武蔵国内における官衙や官衙関連遺跡に対して主体的に供給をおこなっていたことが想定されている（鳥羽二〇〇四）。末野窯跡群産須恵器（以下、末野産須恵器と略す）の胎土の特徴としては、従前から片岩系の砂礫を多く含むことが指摘されており、[1]肉眼観察による産地同定を比較的容易にしている。本稿では、埼玉県北部を中心とした古墳や集落跡などの消費地出土須恵器の中から末野産須恵器を選別し、その分布、時期、出土遺構の性格などの検討から、末野窯跡群をめぐる生産と流通形態の様相について若干の検討を加えたい。

二　末野窯跡群の概要

末野窯跡群は、秩父盆地を北流した荒川が東に流路を変えて関東平野に注ぐ扇頂部の左岸に位置し、東西約八㎞におよぶ範囲に一九の支群が確認されている（埼玉県立歴史資料館編　一九八七）。古墳時代の窯跡が発見された第五支群は、荒川に面した緩やかに山裾の広がる山地末端部に侵入する小規模な谷に占地しており、平成五、七年の財団法人埼玉県埋蔵文化財調査事業団による末野遺跡の調査（福田　一九九八、赤熊　一九九九）と、その後隣接地を寄居町教育委員会が平成一〇年から一二年にかけて調査をおこない（小林・大鹿　二〇〇五・二〇〇六）、古墳時代後期から律令形成期におよぶ須恵器生産の実態が明らかにされている。

埼埋文の調査では三基の須恵器窯跡が調査され、七世紀初頭から中葉にかけて第三号窯跡、第二号窯跡、第一号窯跡の順で築窯されていた。とりわけ、第三号窯跡から埼玉古墳群中、最後の前方後円墳と考えられる中の山古墳へ底部穿孔壺、所謂須恵質埴輪壺（若松　一九八九）を供給していることが判明している。また、第三号窯跡出土須恵器には陶邑窯系譜の蓋坏、長脚二段透しの高坏、口縁部に斜線文様を施した大甕、および上野窯系譜の頸部補強帯甕、百

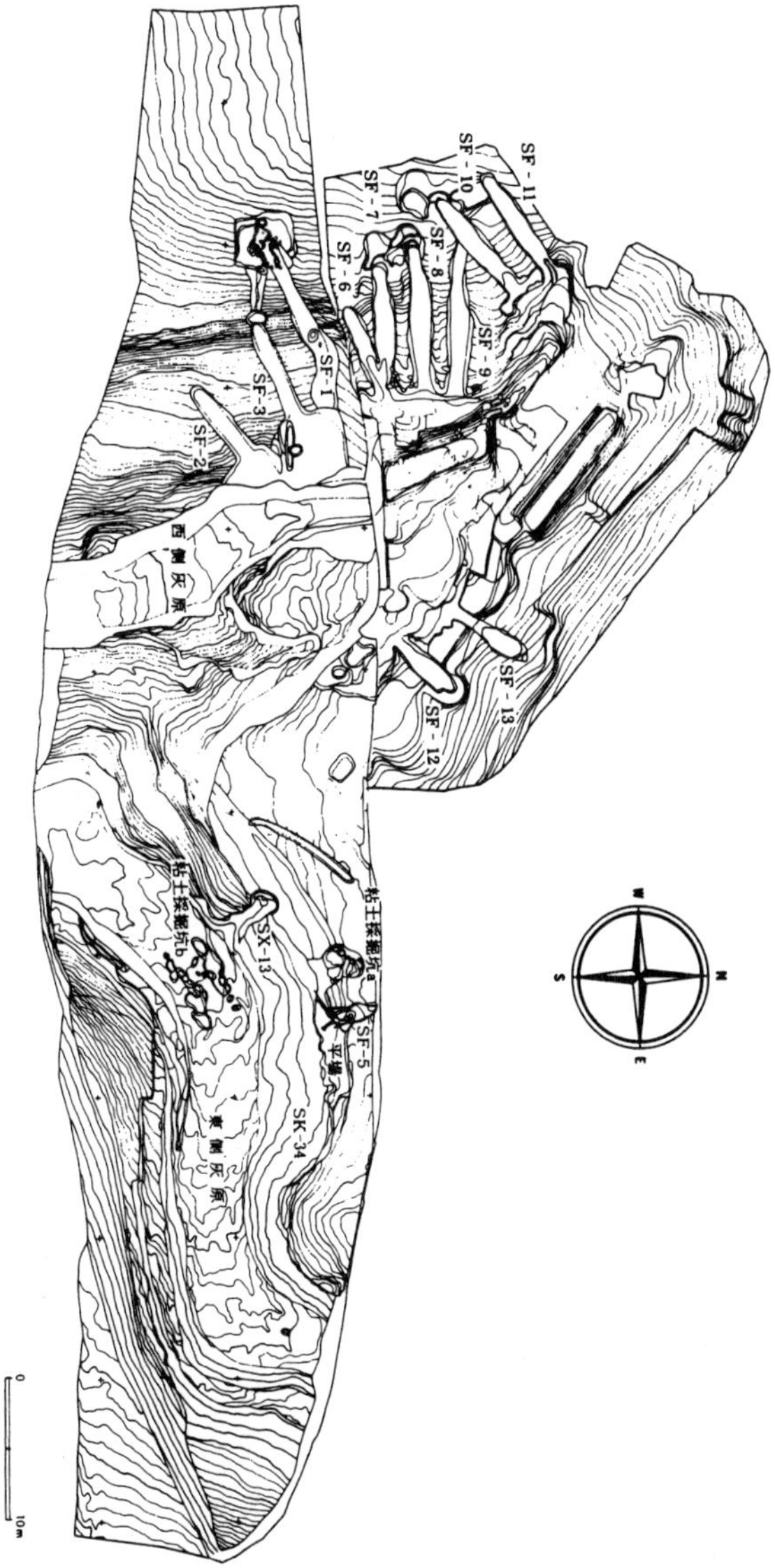

第１図　末野窯跡第５支群全測図（S＝1/750）

済系譜の平底壺等が認められ、その成立にあたって複雑な系譜関係が指摘されている（坂野 二〇〇二）。

寄居町教育委員会の調査は、埼埋文調査地点の北側の谷頭部を中心におこなわれ、第一～三号窯跡の北側に連続する斜面部に六基（第六～一一号窯跡）、これと対峙する斜面部に二基（第一二・一三号窯跡）の計八基が確認され、後者の二基は九世紀後半のものである。調査の結果、古墳時代の窯跡はＴＫ二〇九型式の古段階の第六・一〇・一一号窯跡から、ＴＫ二〇九型式の新段階の第三・八・九号窯跡へと連続的な操業がおこなわれ、六世紀末から七世紀初頭を中心とした年代に位置づけられる。しかし、第六号窯跡は灰原から出土した高坏などの様相からＴＫ四三型式にさかのぼる可能性が指摘されている。なお、第三号窯跡で焼成されていた器種構成を窯体内に残されていた破片数からみると、上野窯系譜の頸部に補強帯をもつ大甕の破片が大半を占め、次いで蓋坏の坏蓋、坏身、提瓶、高坏、壺脚部、底部穿孔壺の順となっている（福田 一九九八）。

三　末野産須恵器の様相

古墳時代後期における継続的な須恵器生産の実態が明らかにされた末野遺跡（＝末野窯跡第五支群）の調査成果をもとに、周辺の古墳群や集落跡などの消費地から出土した須恵器の産地同定を試み、末野産須恵器の様相を分析する。方法としては、窯跡出土品との形態的・手法的特徴の比較検討、ならびに肉眼観察による胎土分析の結果から末野産須恵器の判定をおこなう。そして、先の窯跡の調査で編まれた須恵器編年（赤熊 一九九九）を時間軸に採り、その分布動向を明らかにし、末野窯跡群における須恵器生産と流通形態について検討したい。

なお、現状では窯跡は未発見であるが、消費地の出土例から開窯の想定される五世紀末から六世紀前半の段階をここでは成立期として、暫定的に0期を設定する。

（一）０期の様相

０期は連続操業を開始するＩ期以前の段階である。開窯期に近い古段階と新段階に区分される。年代的には古段階がＴＫ四七・ＭＴ一五型式の五世紀末から六世紀初頭、新段階がＴＫ一〇型式・ＴＫ四三型式の六世紀前半から後半に位置づけられる。

古段階の出土例はさほど多くないが、酒井氏によって指摘された上里町東猿見堂遺跡Ｖ―五号住居跡の無蓋一段透し高坏、Ｒ―一六土器溜り地区の高坏型器台が開窯の時期を示す（酒井 一九八九）。前者は五世紀末、後者は六世紀初頭に位置づけられる。遺跡は、群馬県境に近い神流川流域に位置しており、末野窯跡から北へおよそ一六㎞にある。このほかに末野窯跡群から東へ約八㎞離れた荒川中流域右岸に位置する深谷市（旧川本町）如意遺跡の三三二号住居跡から焼き歪み、底部に高坏脚部と考えられる破片が付着した蓋坏の坏身が出土している。時期的にはＭＴ一五型式に位置づけられる。また、遺構外出土品であるが深谷市（旧岡部町）中宿遺跡からもＭＴ一五型式をさかのぼる可能性のある坏身が一点出土している(2)。

次に、新段階では同じく如意遺跡の二六三号住居跡からＴＫ一〇型式の坏身が出土している。この製品には片岩の小礫が含まれ、在地産であることが明瞭である。未だ量的には少ないが、拠点的な集落には古段階から継続的に供給されていたことがうかがわれる。一方、古墳では深谷市（旧花園町）黒田一号墳の無蓋高坏と提瓶、寄居町小前田九号墳の甕などが末野産の製品と考えられる。黒田一号墳出土の無蓋高坏は在地色が弱いが、提瓶は頸部が太く体部が大きく膨らみ、肩に鉤状の把手がついた在地色の強いものである。無蓋高坏は器形や手法の特徴からＴＫ一〇型式に比定され、六世紀中頃に位置づけられる。小前田九号墳の甕は胴部下半に最大径をもつ下膨れのものであり、胴部に螺旋状のナデを巡らした在地色の強い製品で、年代的にはＴＫ四三型式に比定される。

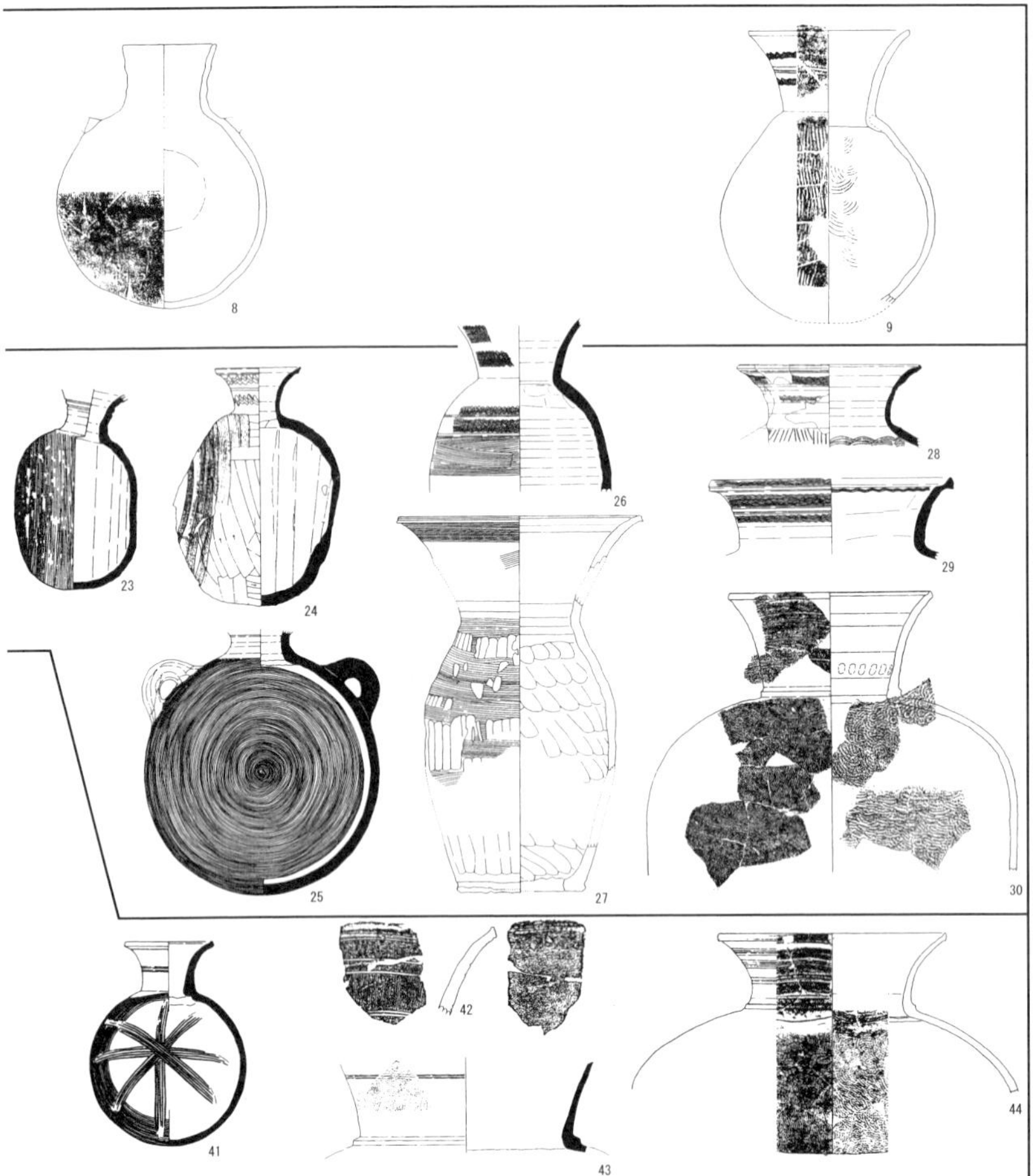

1：如意遺跡332号住居跡　2：中宿遺跡　3：東猿見堂遺跡V-5号住居跡　4：東猿見堂遺跡R-16土器溜り　5：如意遺跡263号住居跡　6・8：黒田1号墳　7：白山22号墳　9：小前田9号墳　10～13・20：末野3号窯跡　14・15・22・23：小前田1号墳　16：小前田15号墳　17・18：末野遺跡西側灰原3　19：黒田6号墳　21・27：中の山古墳　24：末野遺跡西側灰原　25・28：箱石3号墳　26・29：上敷免70号住居跡　30：三ヶ尻林4号墳　31：如意遺跡292号住居跡　32：臺遺跡26号住居跡　33：末野遺跡西側灰原2　34・36：末野1号窯跡　35：居立遺跡26号住居跡　37：北島遺跡第19地点　38：塚本山29号墳　39：塚本山28号墳　40：新ヶ谷戸1号墳　41：塩古墳群III支群18号墳　42：古里古墳群北田支群2号墳　43：根切遺跡3号住居跡　44：大堺3号墳　45・46：用土北沢遺跡①-11号住居跡　47・48：末野遺跡東側灰原二面　49：塚本山26号墳　50：樋ノ下5号墳　51～54：上ノ台3号墳　55～58：塚本山7号墳　59：立野17号墳　60：立野14号墳

（縮尺　30：1/18、43・44：1/15、その他は1/9）

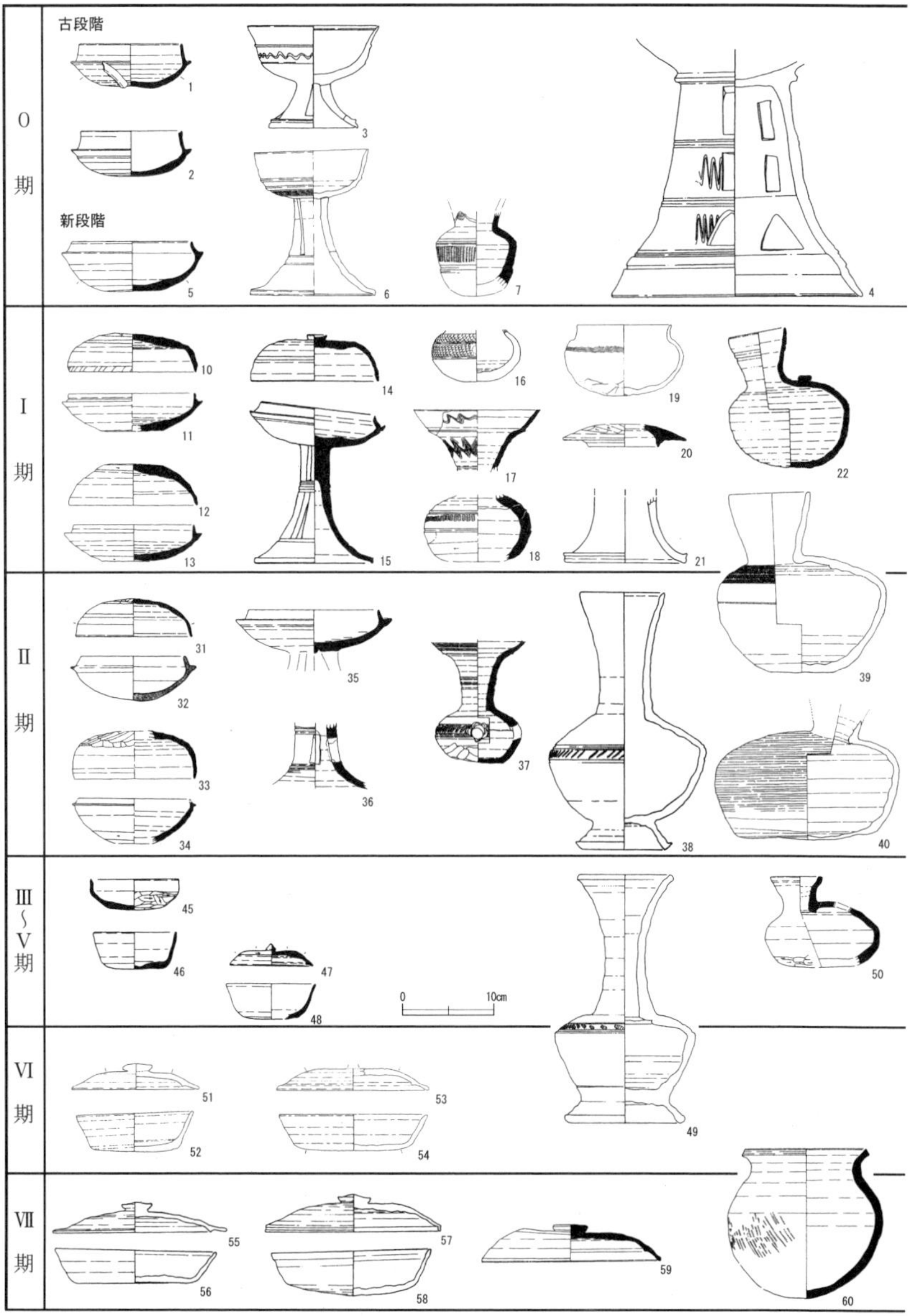

第2図　末野産須恵器の編年─古墳時代を中心に─

小前田古墳群と黒田古墳群は、ともに荒川中流域左岸に位置し、末野窯跡群から五〜六㎞の近距離にある。小前田古墳群は周辺では最大規模の古墳群で、帆立貝形の前方後円墳を主墳に中小の円墳から構成され、その被葬者層に末野窯の経営主体者との関連性が指摘されている（瀧瀨 一九八六）。このほかに深谷市（旧岡部町）白山二二号墳から出土した頸部に櫛描波状文、体部に列点文をめぐらした𤭯も末野産であろう。

この段階の末野窯跡群における須恵器生産のあり方は、大里・児玉地域を総括するような在地首長層が主体となり、首長層間のネットワークを媒介にしながら、陶邑窯や東海・上野諸窯などの先進地域から須恵器工人を招聘し、古墳への副葬品として、あるいは祭祀品として、特定目的のために単発的な操業がおこなわれた段階として位置づけられる（渡辺 一九九五、鶴間 二〇〇〇）。また、六世紀後半には北武蔵地域にも上野産須恵器の搬入が目立ち始め、とくに熊谷・行田地域には太田市金井丘陵窯跡群に代表される利根川東岸系の製品が、児玉地域には利根川西岸系の製品が搬入されていることが指摘されている（酒井 一九八八）。こうした上野産須恵器の動向が、末野窯の成立に関して大きく影響しているのであろう。

（二）Ⅰ期の様相

Ⅰ期は、末野窯跡第五支群を中心に連続的な操業を開始した時期である。先述したように第三号窯跡は、埼玉古墳群の中の山古墳出土の底部穿孔壺を焼成していたことが判明しており、末野窯の経営に埼玉古墳群に代表される最高首長層が何らかのかたちで介在していたことを示すものとして重要である。

集落跡では、如意遺跡に近接する深谷市（旧川本町）川端遺跡や上敷免遺跡からの出土例が知られる。川端遺跡四号住居跡からは体部にカキ目を施した大型の提瓶の破片が出土している。体部を大き目の円盤によって塞いでおり、末野窯跡では主体的な閉塞手法である。上野産須恵器の提瓶などには、胴部を絞り込んで閉塞する手法がみられるが、今のところ末野窯跡では同種の手法は確認されていない。また、上敷免遺跡七〇号住居跡からは口縁部の内外面に波状文をめぐらした小型の甕と徳利形壺が共伴している。口縁部内面に波状文をめぐらした甕は、末野遺跡灰原二でも類例が出土している。

末野窯跡群周辺の古墳群では、至近に位置する寄居町箱石二号墳の甕をはじめ、三号墳の提瓶と甕、小前田一号墳の有蓋長脚二段透し高坏・提瓶・平瓶・甕、一五号墳の𤭯、黒田六号墳の短頸壺・提瓶など、中小の円墳から多数出土している。このうち小前田一号墳からは末野産の製品がセットで出土しており、注目される。また、末野窯跡群から至近距離に位置する箱石三号墳の環状把手をもつ大型の提瓶、赤焼きの大甕なども在地化が進行していることをうかがわせる。下流の熊谷市三ヶ尻林四号墳でも東海産の高坏や提瓶とともに末野産の頸部に補強帯をもつ大甕が出土している。継続的な生産段階を反映するように、この時期から荒川中流域の古墳群に対して東海産や上野産などの搬入須恵器の不足分を賄うために、あるいは運搬が容易でない大甕などの大型器種を補完することを目的に末野産須恵器が広く供給されはじめ、その延長線上に埼玉古墳群が位置する。

行田市中の山古墳は、末野窯跡群から東へ約二五km離れており、荒川を利用した河川交通によって遠距離供給されている（福田　一九九八）。底部穿孔壺以外にも、頸部に補強帯をもつ大甕や台付壺の脚部などが出土しており、須恵器の大半が末野窯跡群、おそらく第三号窯跡で焼成されたものと想定される。墳丘を囲繞するための底部穿孔壺の大量需要が、直接的な契機と想定される。

この時期においても児玉地域への供給は継続しているが、肉眼観察では上野産須恵器との識別が難しく不分明な点が残る。ただし、神川町青柳古墳群の十二ヶ谷戸三号墳では、上野産の補強帯をもつ大甕複数個体と一緒に末野産の補強帯をもつ大甕一個体が伴出しており、上野産を補完している。同じく美里町白石古墳群でも、頸部に補強帯をもつ大甕がまとまって出土しており、上野産だけでなく、末野産の製品が含まれている可能性が高い。この古墳群では副葬品の中に金層三連玉や重層玉、トンボ玉などの希少なガラス製品が集中していることから、新来の技術を携えた渡来系の人々との関りが指摘されている（長滝 二〇〇二）。白石古墳群は、末野窯跡第五支群から間瀬湖を抜けて児玉地域に至るルートの出口部分に位置していることから、山越えルートによって人担や馬によって運ばれたことを容易に想像させる。第五支群の古い一群が、間瀬湖に近い谷部に位置することの意味がここにあると言えよう。つまり、荒川を利用した河川交通と山越ルートによる陸上交通の両方をにらんだ占地であったことを物語っている。[3]

（二） Ⅱ期の様相

Ⅱ期は、末野遺跡西側灰原二を中心に出土した口径のやや小型化した蓋坏（坏H）が生産された段階である。七世紀前半を中心に位置づけられ、概ね末野一・二号窯跡の操業期間に該当する。[4]

この時期に位置づけられるものは、集落跡では末野窯に隣接する工人集落と考えられている寄居町城見上遺跡をはじめ、松久丘陵東側の寄居町用土北沢遺跡・用土前峯遺跡、荒川右岸の如意遺跡などで出土している。さらに、熊谷市北島遺跡・一本木前遺跡、深谷市居立遺跡、上里町臺遺跡などにも集落内祭祀や住居内祭祀における使用を目的に供給された状況がうかがわれる。また、直線距離にして約四二㎞離れたさいたま市根切遺跡から口縁部に縦刷毛を施した頸部に補強帯をもつ大甕が出土しており、現状では最も遠距離供給された例として注目される。前段階における埼玉古墳群との結びつきを背景に、荒川以北を中心とした供給圏の圏外へ、とりわけ荒川を下った南に向かって拡大し始め、律令初期段階の広域供給の下地となる内陸交通網の整備が図られたことを推測させる。[5]

古墳からは、寄居町樋ノ下一五号墳の補強帯甕、荒川上流域の皆野町大堺三号墳の補強帯甕、児玉地域の美里町塚本山二八号墳の平瓶、熊谷市新ヶ谷戸一号墳の平瓶など、出土例が増加する。このうち塚本山二八号墳の平瓶は、肩部にカキ目を施し、体部上面は膨らみ平底で、底部は回転箆削り調整されている。また、新ヶ谷戸一号墳からは東海産のフラスコ瓶や坏とともに、在地産の平瓶・フラスコ瓶が出土している。フラスコ瓶に関しては末野産以外の在地窯産の可能性を残すが、平瓶は末野産であろう。年代的には七世紀前半でも中葉に近い時期に比定される。

さらに、南比企窯跡群や羽尾窯跡群の供給圏に近い、嵐山町古里古墳群北田支群二号墳の口縁部に縦刷毛を施した大甕や、江南町塩古墳群Ⅲ支群一八号墳から出土した体部に「米印」状のカキ目を施した提瓶も末野産と考えられる。また、秩父地域における須恵器の様相は、六世紀代の古墳の調査例が少なく判然としない。ただし、七世紀初頭の胴張り型横穴式石室をもつ大堺三号墳からは上野産と推定される平瓶、補強帯甕とともに末野産の補強帯甕が出土している。上野産須恵器は、山越

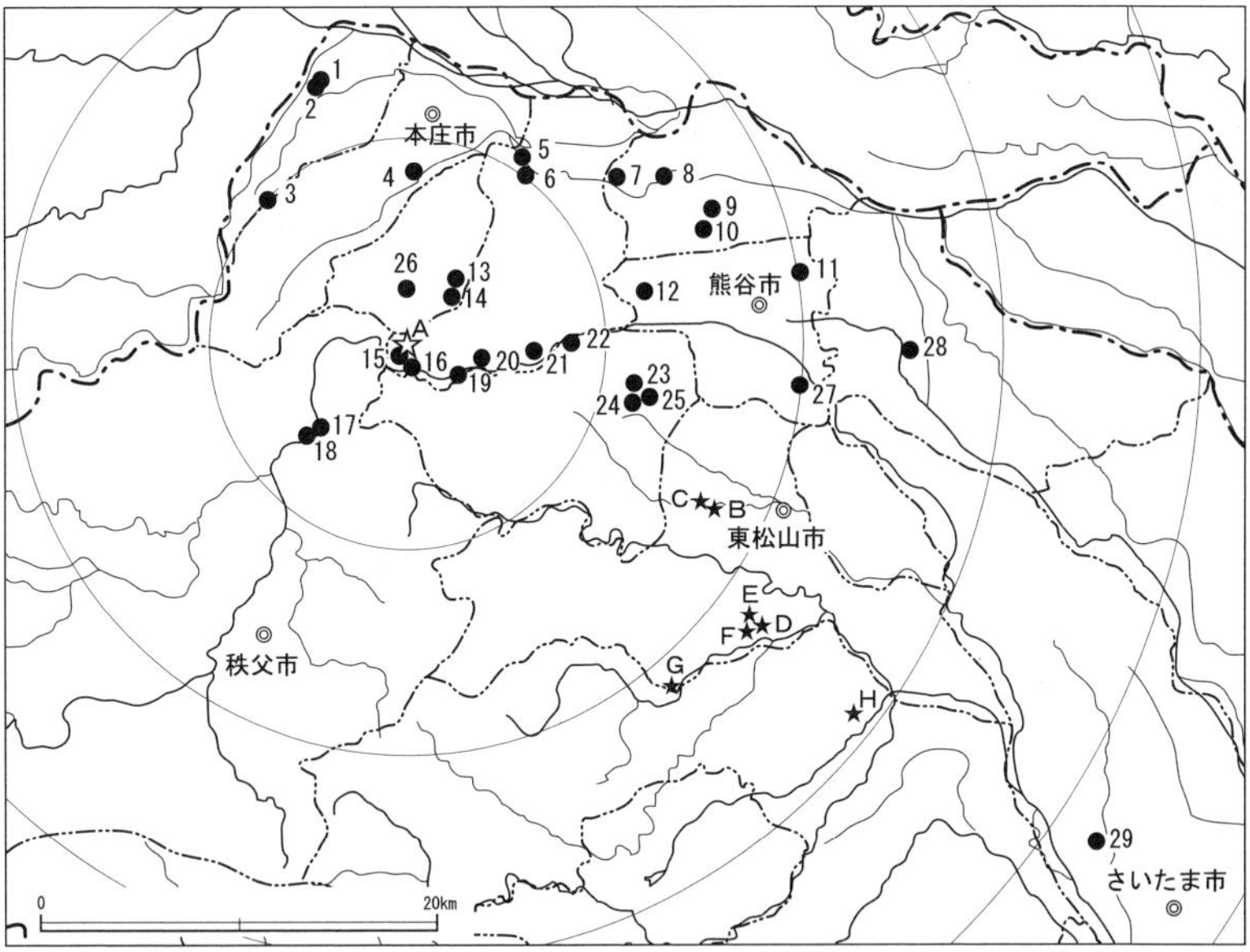

A 末野窯跡　B 羽尾窯跡　C 平谷窯跡　D 桜山窯跡　E 舞台窯跡　F 根平窯跡　G 小用窯跡　H 西谷ツ窯跡　1 臺遺跡　2 東猿見堂遺跡　3 青柳古墳群　4 塚本山古墳群　5 中宿遺跡　6 白山古墳群　7 上敷免遺跡　8 居立遺跡　9 一本木前遺跡　10 新ヶ谷戸古墳群　11 北島遺跡　12 三ヶ尻古墳群　13 用土前峯遺跡　14 用土北沢遺跡　15 城見上遺跡　16 箱石古墳群　17 上長瀞古墳群　18 金崎古墳群　19 樋ノ下古墳群　20 小前田古墳群　21 黒田古墳群　22 如意・川端遺跡　23 立野古墳群　24 古里古墳群　25 塩古墳群　26 白石古墳群　27 下田町遺跡　28 埼玉古墳群　29 根切遺跡

第3図　古墳時代の末野産須恵器の分布

えルートによって西毛地域の諸窯からもたらされたものと考えられる。(6) このように当該期には荒川を介した遠距離供給が実現されるとともに、今まで分布の希薄だった秩父地域や男衾地域にも点的な広がりが認められるようになることが大きな特徴である。

(四) Ⅲ期以降の様相―古墳出土須恵器を中心に―

末野編年Ⅲ期からⅦ期にあたる七世紀後半から八世紀第1四半期は、律令体制の整備段階として末野窯跡群が最も生産量を伸ばした時期である。古墳時代的な生産体制から質的転化を遂げ、坏Gや高盤、盤などの律令的な食器や硯などの文房具を官衙や官衙関連施設に向けて供給しており、武蔵国の中核窯へと大きく変貌した。具体的には、「榛澤評家」に比定されている深谷市熊野遺跡をはじめ、上里町八幡太神南遺跡、川越市霞ヶ関遺跡、行田市築道下遺跡、所沢市東の上遺跡などの官衙や官衙関連遺跡に地域を越えて供給しており、官需に備えるための本格的な稼動を開始したと言えよう。

一方、七世紀後半以降、終末期古墳の多くは追葬期に入り、複次葬が困難な小石室などが新たに築造されるだけに大きく変化していった。墓前祭祀では伝統的に東海産のフラスコ瓶や平瓶、長頸瓶などの遠隔地交易によって入手した搬入須恵器（利根川 一九八六）と土師器坏を用いた葬送儀礼が執り行われ、それを補完するように末野産の大甕や平瓶・台付長頸瓶などが選択的に供給されている。模様積の胴張り型横穴式石室を有する塚本山古墳群では、末野産の台付長頸壺が二六・二七・二九号墳の三基から出土している。

後続する末野編年Ⅵ・Ⅶ期に該当する七世紀末から八世紀第1四半期の段階では、長瀞町上長瀞古墳群の上ノ台三号墳から口径一六～一七cmと一二～一三cmの大小に法量分化した坏と大振りの扁平な擬宝珠摘みのついた返り蓋が出土している。また、荒川右岸の江南台地に位置する江南町立野古墳群では一七号墳から末野産の退化した返りをもつ大振りの蓋、一四号墳からは小型甕が横穴式石室の前庭部から出土している。さらに、塚本山七号墳からは、大振りの扁平な擬宝珠摘みのつく返り蓋と無返り蓋がみられる。これらは必ずしも築造当初の遺物ではないが、八世紀第1四半期までは確実に追葬や墓前祭祀が執り行われ、古墳として機能していたことを証するものであり、古墳の終末年代を考える上できわめて重要である。

四　おわりに

古墳時代における末野窯跡群の様相について、消費地出土の末野産須恵器の分布状況を中心に検討をおこなってきた。現状では窯跡は確認されていないが、消費地出土品からみると末野窯の開窯は、遅くとも五世紀末から六世紀初頭には生産が開始されていたと考えられる。この時期は、初期群集墳が各地で築造され始め、盛行する時期に符合していることから、古墳への須恵器の供給を主な目的に生産が開始されたと捉えられる。製品の形態や手法の特徴をみると在地色の少ない陶邑窯系譜のものや、上野などの影響を受けた在地色の強いものがあり、単発的な操業段階にあったことをうかがわせる。また製品の分布は、荒川以北の榛沢・幡羅・大里北部地域を中心とした北武蔵地域に広がっている。まさに、こうした主体的な供給圏こそが、直接的な経営主体者の存在を暗示しているものと言えよう。おそらくは、大里・児玉地域を総括するような中小の在地首長層によって管掌されていたものと想定される。さらに、六世紀末から七世紀初頭の連続操業段階になると埼玉政権との結びつきを背景に、より南へと分布域を拡大し、北武蔵地域における中核窯としての位置づけが明確になってくる。

こうした末野産須恵器をめぐる広域流通の動きは、六世紀後半から顕在化してくる緑泥片岩や房州石などの石室石材や生出塚窯産埴輪などの遠距離供給と軌を一にした現象と考えられる。つまり、こうした「古墳構築材」の広域供給を背景に各地の有力首長層が、地域を越えて相互に連携を深め、より広範な中小の在地首長層を自らの勢力下に結集することを企図した活動として位置づけることができる（太田 二〇〇二）。

今後の課題として、肉眼観察の限界性をふまえつつ、末野産須恵器をはじめとする在地産須恵器の抽出をおこない、対極に位置する南比企産や上野産須恵器などとの関連性を明らかにし、古墳時代における地方窯の需給関係の実態に迫ることが重要であろう。

本稿は、平成一八年二月一八・一九日の両日に開催された埼玉考古学会五〇周年記念シンポジウム『古代武蔵国の須恵器流通と地域社会』における赤熊浩一氏との共同発表「古墳時代的須恵器窯の流通とその実態—末野窯—」のために準備したものである。発表要旨の性格上紙幅に制限があったため、各資料に関する事実説明を大幅に削除しなければならなかったことから、その欠を補うために敢えて発表させていただいた。そのため論旨の部分では重複する箇所もあるが、ご寛恕願いたい。

なお、日頃より須恵器見学をともにさせていただいている古代生産史研究会埼玉分会の諸氏には、有益なご教示を賜りました。記して感謝申し上げます。

注

（1） 末野産須恵器の胎土は、石英・長石などの砂粒のほかに緑泥片岩をはじめとする片岩系の砂礫を多く混入するのが特徴である。色調は暗灰・青灰～緑灰色を呈するものが主体を占め、中には酸化焔焼成に近い橙褐色の焼き上がりの製品も含まれている。なお、胎土の化学特性に関しては岩田明広氏の詳細な研究がある。
岩田明広　一九九四　「末野窯跡群産須恵器の胎土と生産—流通に関する基礎事項—」『研究紀要』第一一号（財）埼玉県埋蔵文化財調査事業団

（2） 鳥羽政之氏のご教示による。

（3） 児玉地域における須恵器生産の初現は、本庄市（旧児玉町）ミカド遺跡出土須恵器から五世紀前半のＴＫ二〇八段階にさかのぼる可能性が指摘されている（坂本 一九八一）。その後も実態は不明ながら生産が継続していたことが、ＴＫ四七段階の窯壁が付着した須恵器を出土した美里町広木大町古墳群や鍛冶谷遺跡の例から指摘されている（中沢 二〇〇四）。地理的に近接しているだけでなく、末野窯の成立に関して、児玉地域における生産拠点の関与や生産地の移動の問題も含め今後検討しなければならない。

（4） 末野遺跡第一号窯跡は、排煙部の片側側面に溝が取りつく、所謂「排煙調整溝付窯」であるが（望月 一九九九）、操業の途中に横穴式石室に酷似する石積み技法によって煙道が改変される。こうした特徴的な排煙調整溝付窯が、須恵器生産の再編がおこなわれた六世紀後半以降に、北部九州から関東地方にまで広く分布することが知られている。菱田哲郎氏は、「継続的な生産地が確立していく過程は、地域社会の変容をもたらすものであると同時に、広範な地域間交流を促すものであった」と指摘する（菱田 二〇〇五）。

望月精司 一九九九「排煙調整溝付窯構造考」『林タカヤマ窯跡』小松市教育委員会

菱田哲郎 二〇〇五「須恵器の生産者―五世紀から八世紀の社会と須恵器工人―」『列島の古代史 ひと・もの・こと4 人と物の移動』岩波書店

（5） 東京都内、とくに荒川低地から続く東京低地周辺の古墳群や集落跡から出土する可能性が残されている。

（6） 富田和夫氏のご教示による。

引用・参考文献

赤熊浩一 一九九九『末野遺跡Ⅱ』埼玉県埋蔵文化財調査事業団報告書第二〇七集

太田博之 二〇〇二「埴輪の生産と供給」『季刊考古学』第七九号 雄山閣出版

小林 高・大鹿響子 二〇〇五「寄居町末野窯跡第五支群の調査」『第三八回遺跡発掘調査報告会発表要旨』埼玉考古学会ほか

小林 高・大鹿響子 二〇〇六『末野窯跡第五支群』寄居町文化財調査報告書第二七集

埼玉県立歴史資料館編 一九八七『埼玉の古代窯業調査報告書』埼玉県立歴史資料館

酒井清治 一九八八「関東における古墳時代の須恵器生産―群馬・埼玉を中心に―」『考古学雑誌』第七三巻第三号 日本考古学会

酒井清治 一九八九「古墳時代の須恵器生産の開始と展開―埼玉を中心として―」『研究紀要』第一一号 埼玉県立歴史資料館

酒井清治 一九九三「須恵器の編年 八関東」『古墳時代の研究』第六巻 雄山閣出版

坂本和俊　一九八一「ミカド遺跡出土の須恵器をめぐる問題」『金屋遺跡群』児玉町文化財調査報告書第二集
高橋一夫　一九八〇『羽尾窯跡発掘調査報告書』滑川村教育委員会
高橋一夫　一九九一「埼玉における古代窯業の展開」『埼玉考古学論集—設立一〇周年記念論文集—』(財)埼玉県埋蔵文化財調査事業団
瀧瀬芳之　一九八六『小前田古墳群』埼玉県埋蔵文化財調査事業団報告書第五八集
田中広明　一九九七「補強帯のある大甕の生産と流通」『埼玉考古』第三〇号　埼玉考古学会
田中広明　二〇〇五「古代東国の地域社会と土器の流通」『国士舘考古学』創刊号　国士舘大学考古学会
利根川章彦　一九八六「『やねや塚』と『新ヶ谷戸』」『埼玉県立博物館紀要』一三
鳥羽政之　二〇〇四『熊野遺跡Ⅲ』岡部町教育委員会埋蔵文化財調査報告書第九集
中沢良一　二〇〇四「埼玉県北部の集落出土の古式須恵器—美里町猪俣北遺跡を中心に—」『幸魂—増田逸朗氏追悼論文集—』北武蔵古代文化研究会
長滝歳康　二〇〇二『白石古墳群　登所地区・中原地区』美里町遺跡発掘調査報告書第一三集
鶴間正昭　一九九九「関東の七世紀の須恵器生産」『東京考古』一七　東京考古談話会
鶴間正昭　二〇〇〇「関東における古墳時代須恵器生産の出現から消滅—猿投窯・湖西窯編年の再構築—」『須恵器』東海土器研究会
服部敬史　一九九五a「東国における六・七世紀の須恵器生産—経営主体と工人をめぐって—」『王朝の考古学』大川清博士古稀記念論文集　雄山閣出版
服部敬史　一九九五b「東国における古墳時代須恵器生産の特質」『東国土器研究』第四号　東国土器研究会
坂野和信　二〇〇一「末野窯成立期の系譜と陶邑窯」『研究紀要』第一六号　(財)埼玉県埋蔵文化財調査事業団
坂野和信　二〇〇二「百済と倭の軒丸瓦—寺谷廃寺出土百済系古瓦について—」『百済研究』三六輯　忠南大学校　百済研究所
福田　聖　一九九八『末野遺跡Ⅰ』埼玉県埋蔵文化財調査事業団報告書第一九六集
若松良一　一九八九『奥の山古墳　瓦塚古墳　中の山古墳』埼玉古墳群発掘調査報告書第七集　埼玉県教育委員会
渡辺　一　一九九五「武蔵国の須恵器生産の各段階」『王朝の考古学』大川清博士古稀記念論文集　雄山閣出版
渡辺　一　二〇〇五「『東国の須恵器』の成立と展開」『古代東国の考古学』大金宣亮氏追悼論文集

倭の百済系素弁文様軒丸瓦の系譜

――寺谷廃寺瓦製作技法の検討――

坂野和信

はじめに

寺谷廃寺式軒丸瓦の研究について、現段階では、百済に所在する諸寺院との比較検討以前にまず、百済の瓦工を招聘して製作された飛鳥寺の三種類の軒丸瓦との比較検討を行うと同時に、渡来した百済系瓦工の技術的特徴を捉えることが必要と考える。飛鳥寺の瓦当文様意匠の系譜と製作技法の検討結果を踏まえて、推定寺谷廃寺創建期の軒丸瓦・丸瓦・平瓦の分析と分類を行い、その系譜の起源について考察する。推定寺谷廃寺は、資料採取段階[1]であるが、寺院の存在がほぼ確定できる。仮に、瓦製作（瓦工）工房跡の場合でも飛鳥時代初期においては、瓦製作自体が寺院造営を前提とすることであり、本稿で考察する主要な内容に大きな違いは生じないと考える。以下、推定寺谷廃寺を寺谷廃寺と称し、検討を行う三種類の軒丸瓦を当面、寺谷廃寺式軒丸瓦と呼称することにする。

なお、「百済と倭の軒丸瓦」として『百済研究』三六輯（忠南大学校百済研究所 二〇〇二年八月）[2]に掲載された論文と一部重複することを断っておきたい。

一　国内の寺谷廃寺式軒丸瓦の比較

1　寺谷廃寺式軒丸瓦の特徴

埼玉県比企郡滑川町に所在する寺谷廃寺（第一図）からは、三種類の創建期軒丸瓦[3]が出土している。各々①瓦当文様・②製作技法・③焼成方法・④胎土に特徴と相違がみられる。軒丸瓦の型式変化は、文様と瓦当部の接合技法に端的に現れるため、①・②を主な分類の基準にする。ＩＡ類、ＩＢ類、ＩＣ類（第二図１～３）の三類に分類できる。

第１図　寺谷廃寺と須恵器窯

ＩＡ類とＩＢ類は、弁区径（内区径）が一一・二㎝～一一・四㎝でほぼ同一と推定されるが、後述のとおり笵型が異なるとみられる。ＩＣ類は弁区径一三・三㎝で、ＩＡ・ＩＢ類とは蓮弁の寸法の違いが大きく、笵型が異なる。

ＩＡ類（第二図１）の瓦当文様は、一部に文様を残しており、その特徴は中房にみられる。中房の形状は低い凸型で、外側に丸みをもつ僅かな高まりをつくる。蓮子は蓮弁の中央、即ち、界線の中央にあたる位置に一粒みられるため、対角線状に四箇所とみられ、所謂一粒＋四粒と推定される。蓮弁は、やや肉厚でその界線が中房につながっている。ＩＡ類の蓮子の配置は、本稿二で述べ

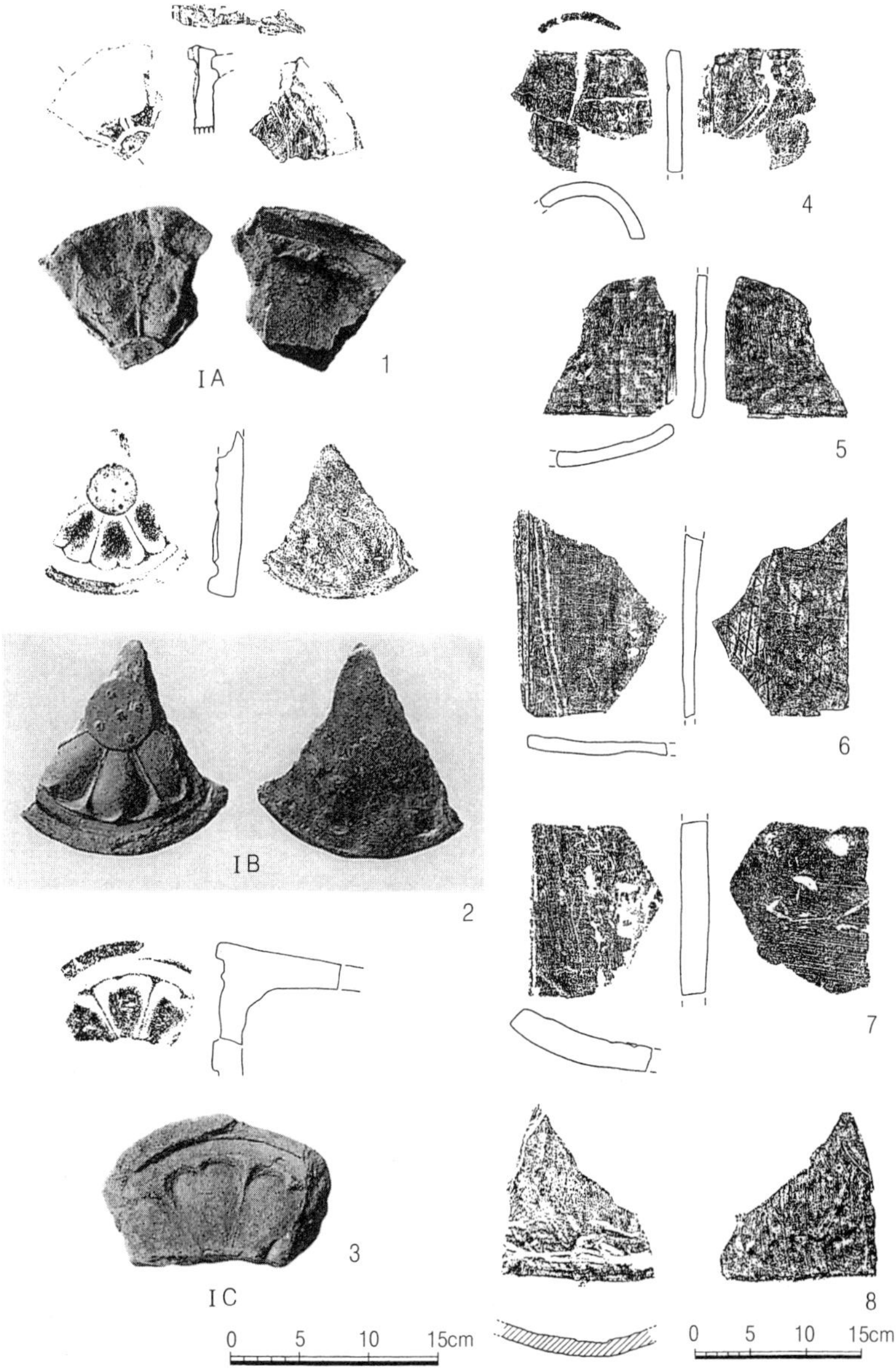

1~7:寺谷廃寺（1・3~6A 地点，2・7B 地点　文献 2）　8:平谷窯（文献 3D）

第 2 図　寺谷廃寺創建期瓦

る百済扶余時代の諸寺院における軒丸瓦の文様構成に認められる。

製作技法の特徴は、丸瓦との接合部にみられ、丸瓦の先端凸部を斜めに切り落とす接合であり、このため丸瓦凹部の布目痕が瓦当接合粘土の下部に写されている。瓦当裏面上部の接合粘土は、丸瓦の凸部と接合するため斜めに削り取られ、周縁が断面台形状に薄く造られる。瓦当裏面は平坦であり、瓦当裏面に切り込む痕跡は認められない。丸瓦凹部と裏面には、三角状に接合粘土が薄く加えられる。瓦当部と丸瓦凹部の接合面はナデで仕上げられる。この接合部の外面には、周縁に直交する木口ナデ、瓦当裏面に木口ナデと仕上ナデがみられる。軒丸瓦・丸瓦部ともに薄い造り（一・〇〜一・五㎝）である。焼成方法は、酸火炎焼成で良く焼き締っている。

ＩＢ類（第二図2）は、ＩＡ類と中房の蓮子の配置の違いから異なる范型と推定される。ＩＡ類は界線の中央に蓮子を配置しているが、この范型の蓮子は、蓮弁を区画する界線の延長上にあり、直角に四分割する位置に正確に配置され、一粒＋四粒である。また、中房の外縁は、極くわずかに高くなる。蓮弁は、弁端部の反転を表現するために三角状に高く突出してつくられることが特徴である。また、各蓮弁の肉盛も立体的で、界線が中房につながる端正な范型である。ＩＡ類の蓮弁の特徴も同様とみられる。後述のＩＣ類とは、蓮弁の形状に相違が認められる。

製作技法については、瓦当部はＩＡ類に比し全体にやや厚く、わずかに中央部に膨らみをもつ造りである。裏面には、范型に粘土を押し込む際の指圧痕が全体に残り、特に周縁部には指圧痕が明瞭にみられる。この面を仕上げる際の木口ナデと横ナデが丁寧に施されていることが、一つの特徴である。裏面の調整手法は、飛鳥寺創建瓦ＩＡ類の特徴を強く表し、両者を裏面から観察すると、瓜二つというほど良く似ている。

焼成方法は、還元炎焼成で硬く、表・裏面ともに淡青灰色の須恵質で断面は淡明褐色を呈する。丸瓦部は破損しているが、広端部や側面には再調整を行わない、やや厚い作りのものとみられる。

ＩＣ類（第二図3）は、瓦当面の直径が最も大きく、ＩＢ類を約二㎝弱上回ることから范型が異なる。蓮弁の形状はＢ類に相似するが、弁端の反転が低く桜花状に切り込むことが特徴である。瓦当周縁部の形はⅠＢ類と共通性が認められる。中房は欠失している。

製作技法は断面が直接観察できないが、丸瓦との接合部にみられ、ⅠＡ類と比較し接合粘土の肉盛が厚く、これに伴う丸瓦部も厚いことが一つの特徴である。製作技法の変化は、接合部の補強の変化に表れることから、ⅠＡ類とは異なる接合技法が採用されたと考えられる。接合部の丸瓦凹面から瓦当裏面には指圧痕がみられ、後にナデて仕上げを施している。焼成方法は、酸化炎焼成で、明赤褐色を呈する。胎土は、ⅠＡ類に比較し白色砂粒が多く、粘質性がやや低くなる。このようにⅠＣ類は、ⅠＡ・ⅠＢ類と比べ胎土と焼成および、瓦当文様、製作技法等にも相違が認められ、新しい型式のものである。

2　創建期丸瓦・平瓦の特徴

丸瓦、平瓦についても創建期に属する特徴的なものに限定して取扱うことにする（第二図4〜8）。寺谷廃寺創建期所用の平瓦は、一般に小型で土師器の造り方を髣髴とさせる、薄く丁寧な造りが特徴である。平瓦が小型であることは、当然、堂塔の構造物の規模が小型であったことを端的に反映している。

丸瓦の出土量は、平瓦に比べて極く僅かである。ⅠＡ類の丸瓦の調整手法と焼成法、胎土がほぼ一致する丸瓦（第二図4）を仮に丸瓦ⅠＡ類とする。この丸瓦ⅠＡ類、或いはこれに類似するものが、軒丸瓦ⅠＡ類丸瓦部に接合するものと推定される。この丸瓦ⅠＡ類は、凸面格子叩きの後に、木口ナデによって叩き痕跡を徹底して消し去る。広端部に丁寧なヘラケズリを行い、側面に面取りを施す薄い作りのもので酸火焔焼成である。

平瓦は、格子叩きと木口ナデによって成形、調整した薄く丁寧な作りの一群ⅠＡ類（第二図5・6・8）と、横ハケ目によって成形されるやや厚い造りのⅠＢ類（第二図7）の二種類に大きく分けられる。ⅠＡ類（5）は叩きを消し去るもので、同類（6）は、大型の菱形を単位とする浅い格子叩きで、広端部凹面にヘラ磨きを施す（8）がみられる。また、一・〇cm前後の極めて薄い造りが特徴である。平瓦A類は、胎土と焼成および造りともに軒丸瓦ⅠA類との類似性が高い。その焼成は酸火焔が主体であるが、還元焔焼成（6）もみられる。

ⅠB類（第二図7）の特徴は、凸面の全面を横ハケ目による調整手法が施されることである。側端部はヘラケズリによって再調整される。この平瓦は分割突起を目安に、ヘラで切込みを入れて割る「分割突起技法」を用いている。側端部の再調整は行われない。厚い造りで二・〇～二・五cmを測る。平瓦ⅠB類にみられる製作技法の特徴は、飛鳥寺創建段階の平瓦造りと一致していることである。

3　飛鳥寺軒丸瓦と製作技法の比較

飛鳥寺創建期の軒丸瓦はⅠA類（十弁・中房蓮子一粒＋五粒）、ⅡA類（十一弁・中房蓮子一粒＋五粒）の二種類に大きく分類されている（第三図1・2）。以下、飛鳥寺等の畿内における初期寺院の瓦当文様の分類は大脇潔[4]による。ⅠA類は、創建期所用瓦の約六割、ⅡA類は約二割を占めるもので、ⅠA類が飛鳥寺創建期の主要な堂塔の屋瓦に使用された。このⅠA・ⅡA類軒丸瓦は、相互の笵型の傷みによる先後関係と製作技法の変化による比較検討から、ⅠAa→ⅠAb→ⅠAcの順に推移することが既に指摘されている。この変遷過程と同様に、寺谷廃寺式軒丸瓦ⅠA類・ⅠB類・ⅠC類（第三図1～3）は、この変化の順序で、瓦当部、丸瓦部の造りが厚くなる傾向が認められる。寺谷廃寺式軒丸瓦ⅠA→ⅠB→ⅠC類という変化の方向性は、飛鳥寺と共通する特徴的な変化の仕方である。

寺谷廃寺式軒丸瓦の文様構成との関わり方からみると、百済瓦当文様に最も酷似し、飛鳥寺から一点のみ出土したⅠB類（八弁・中房一粒＋八粒、第三図3）が、飛鳥寺創建段階の軒丸瓦の中では、比較的類似する例である。飛鳥寺ⅠB類は、百済瓦工人の優れた特徴が随所にみられ、蓮弁は先端が反転して長い桜花状の切込みを加えている。中房

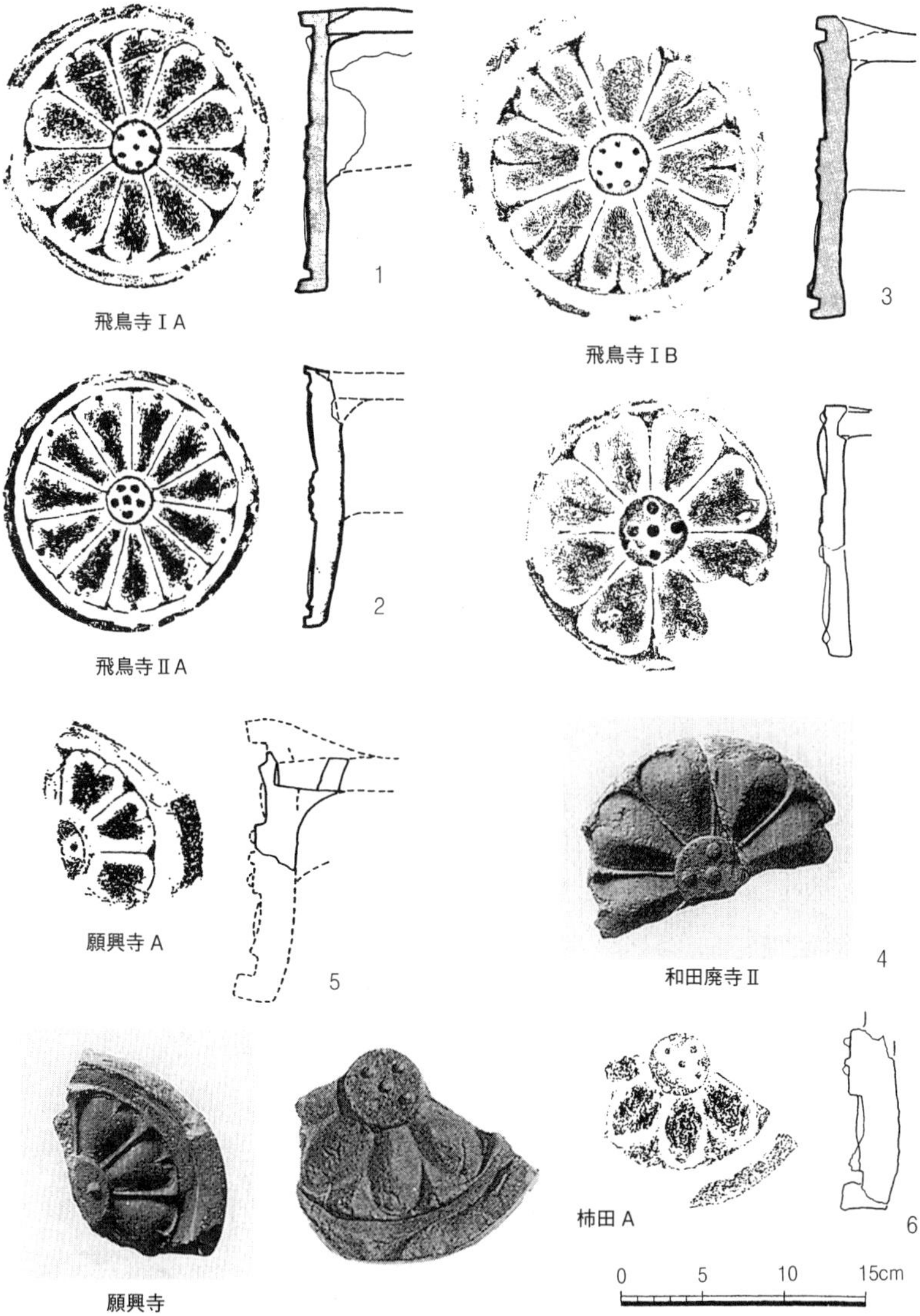

1~3：奈良県明日香村飛鳥寺（文献 4）　4：奈良県明日香村和田廃寺（文献 6）　5：奈良県天理市願興寺（文献 7）　6：滋賀県長浜市柿田遺跡（文献 8）

第 3 図　素弁八葉蓮華文軒丸瓦

はやや高く凸型に盛り上っている。これと比較して寺谷廃寺式ＩＢ類の蓮弁は、桜花状の切込みで蓮弁の反転を表すものではなく、蓮弁自体が小さく三角状の高まりを造って蓮弁の反転を表現していることが特徴である。

飛鳥寺ＩＡ類とⅡＡ類とは、蓮弁の表現や中房の形、何れとも相違するといわなければならない。加えて、飛鳥寺ＩＢ類は、藤井寺市衣縫廃寺に同范例が認められ、この瓦当文様意匠が、飛鳥寺創建の主要な軒丸瓦に使用されなかったことが不思議ですらある。飛鳥寺創建軒丸瓦は、その発願者である蘇我氏によって、この時期の百済寺院には認められない文様構成である「桜組」のＩＡ類（十葉）とⅡＡ類に決定され、百済本来のＩＢ類（八葉）は「様」であり、試しのために、百済の瓦工人に造らせたことになるのであろう。丸瓦との接合部が片ホゾ技法で、「弁端点珠」文の「星組」ⅡＡ類（第三図２）は、百済の別系統・系譜の工人達によって製作されたと理解できる。

一方、製作技法からみると、飛鳥寺ＩＡ・ＩＢ類は、丸瓦凸面の先端を切り落とす（削る）接合技法である。寺谷廃寺式ＩＢ類（第二図２）裏面の調整手法は、飛鳥寺ＩＡ類（第三図１）とほぼ同様であり、両者とも瓦当笵型に粘土を押込む際の指圧痕を、木口ナデと横ナデによって丁寧に再調整している。この製作技法の共通性から、寺谷廃寺のＩＢ型式も丸瓦との接合部は、丸瓦凸面を切り落とす接合技法であったと推定できる。焼成方法については、飛鳥寺ＩＡ類（第三図１）は酸化焰焼成である。寺谷廃寺式軒丸瓦の胎土については、三類とも類似しているがＩＢ類にはごく短い「白色針状物質」がみられ、ＩＡ・ＩＣ類には赤色微粒が含まれていることから、明らかに胎土に違いが認められる。創建段階における瓦の生産形態の検討については今後に委ねるが、酸化炎焼成の寺谷廃寺式軒丸瓦ＩＡ・ＩＣ類は「桜組」と同様専業窯で、還元炎焼成のＩＢ類は南西一・五㎞に隣接して所在する瓦陶兼業窯の平谷窯(5)から、それぞれ供給された可能性がある。

寺谷廃寺式軒丸瓦ＩＡ・ＩＢ型式は、丸瓦先端を削る接合技法であり、国内に類例を求めれば飛鳥寺の百済系造瓦技法で、その造瓦組織の一派である「桜組」ＩＡ・ＩＢ（第三図１・３）の製作技法の系譜に共通する。即ち東国においては唯一、飛鳥寺創建期の造瓦技法であることが指摘できる。「桜組」は、前述のとおり飛鳥寺の塔・金堂を中心とする、主要伽藍の所用瓦製作組織であり、百済から派遣された瓦工の第一陣であった。寺谷廃寺創建瓦と飛鳥寺の造瓦技法との共通点は、軒丸瓦ⅠA類の丸瓦接合技法、平瓦の凸面格子叩きの後に擦り消す手法、特徴的な横ハケ調整技法、および凹面には分割する際の「分割突起技法」である。これらの製作技法、調整手法に関する特徴は、飛鳥寺「桜組」と寺谷廃寺創建瓦に共通する製作技法である。

以上の検討結果から、直ちに飛鳥寺から「桜組」の瓦工が寺谷廃寺に派遣されたということを、短絡的に述べるつもりはない。ここでは寺谷廃寺の造立には、百済系瓦工の指導による造瓦技法と造瓦体制が存在したことを、少なくとも百済系の技術的系譜から確認することができることを指摘しておきたい。

4　国内における軒丸瓦の類例

近年、近畿地域の寺院跡等四箇所（第四図3・4・6・7）から、寺谷廃寺創建期の軒丸瓦と類似する文様意匠をもつ軒丸瓦が四例出土した。奈良県明日香村の和田廃寺（第三図4）と奈良県天理市願興寺（第三図5）および、滋賀県長浜市の柿田遺跡（第三図6）、兵庫県加西市繁昌廃寺（第四図7）である。これらの軒丸瓦は総て凸型中房で、間弁の延長上に一粒＋四粒の蓮子を「十」字に配する素弁八葉蓮華文軒丸瓦である。

（1）　和田廃寺

和田廃寺には、飛鳥寺の花組と星組の二系統・系譜の飛鳥寺創建期軒丸瓦および、和田廃寺Ⅱ型式（第三図4）等が出土している。[6]このⅡ型式は寺の塔跡から出土したものである。和田廃寺Ⅱ型式は、素弁八葉蓮華文に桜花形切り込みがほとんど表現されていない。范型は外区までであり、范型が周縁に及んでない。間弁は細く繊細に表され中房は凸形で蓮子が大粒であることが特徴である。

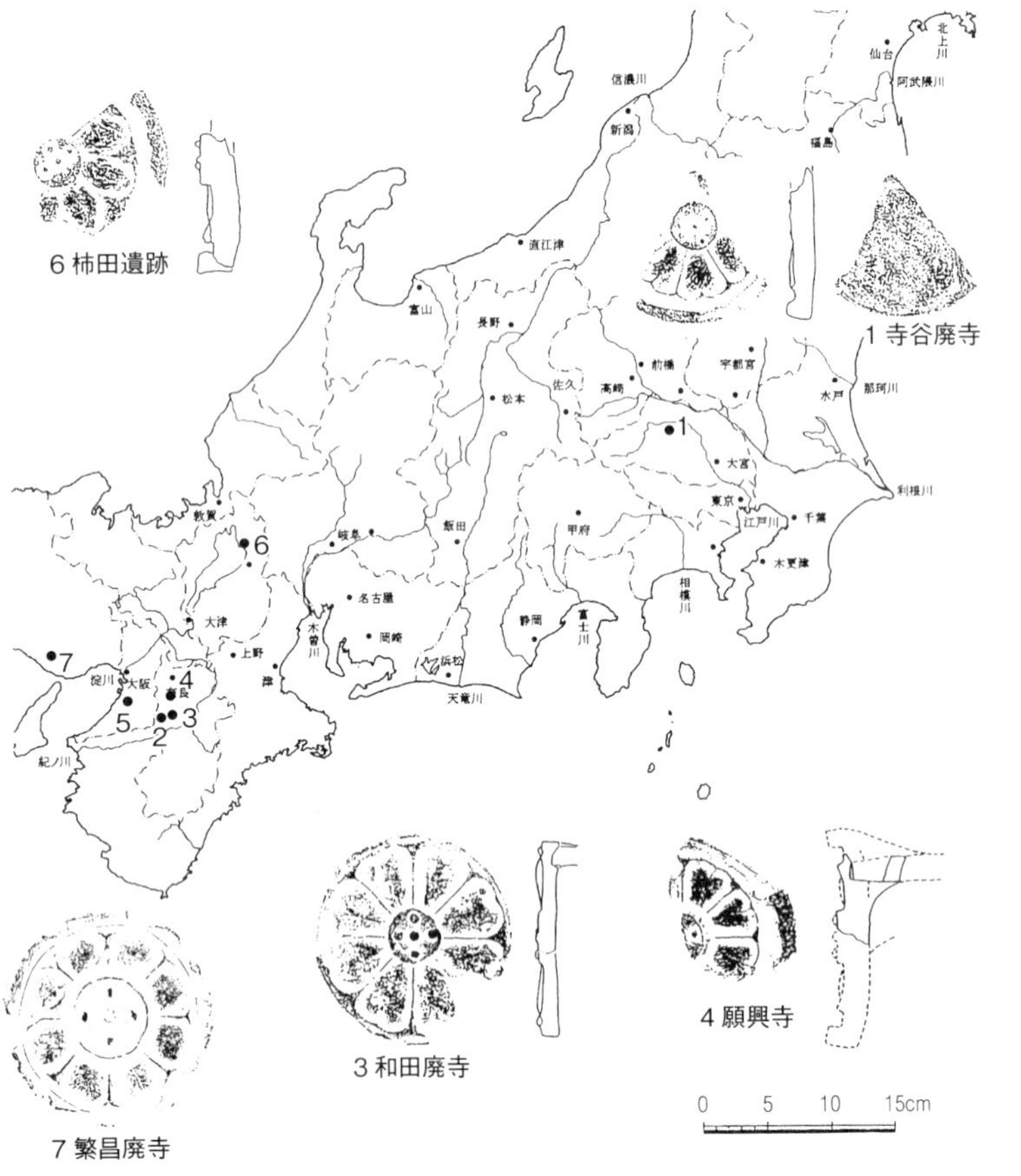

1：寺谷廃寺　2：飛鳥寺　3：和田廃寺　4：願興寺　5：大阪府藤井寺市衣縫廃寺　6：柿田遺跡　7：繁昌廃寺（文献9）

第4図　国内の素弁八葉蓮華文軒丸瓦（中房蓮子1粒＋4粒）

丸瓦との接合技法は、丸瓦先端の凸面に僅かに箆削りを加えて、瓦当裏面の接合溝に差し込んで接合するもので、瓦当部は薄く造る（第三図4）。和田廃寺Ⅱ型式の蓮弁は、高く盛り上がり、その反転を表現する桜花状の切り込みが極く小さい。寺谷廃寺ⅠB型式の軒丸瓦（第二図2）は、蓮弁と間弁の反転は高いが、蓮弁の盛り上がりが低い。さらに、寺谷廃寺ⅠA型式（第二図1）とは、中房の蓮子の配置が異なる。これらの点が両者の相違点である。寺谷廃寺ⅠA型式と和田廃寺Ⅱ型式との共通点は、丸瓦広端部の凸面先端を僅かに削って加工する接合技法に認められる。相違点として和田廃寺Ⅱ型式は、軒丸瓦の瓦当裏面の溝に丸瓦を接合するものであり、寺谷廃寺ⅠＡ（第二図1）は接合溝がないため両者の接合技法は異なる。両者の丸瓦の先端加工は、花組の接合技法と共通するが、しかし、花組の接合技法は丸瓦凸面の切り込みが広く深いことが特徴であり、前二者の接合技法とはやや異なることが指摘できる。

（2）　願興寺

奈良県天理市願興寺出土の素弁八葉蓮華文軒丸瓦「軒丸瓦Ａ」（第三図5）は、中房に一粒＋四粒の蓮子を周縁と外区の幅が広く蓮弁が短いことが特徴である。蓮弁には、桜花状の切り込みが小さく彫り込まれて間弁が強く表されている。中房は凸型で高い。この軒丸瓦の意匠は、蓮弁が短くその反転を表す桜花状の切り込みが小さく低いことが特徴である。

接合技法は、丸瓦広端部の凸面先端を斜めに広く削り、格子状の刻みを入れて瓦当裏面の接合溝に接合する。(7)接合部には表面と裏面に厚く補強粘土が盛られている。また、瓦当裏面にはナデによる凹凸がみえ、瓦当部は三㎝と厚い。寺谷廃寺ⅠＡ・ⅠＢ型式との差異は明らかである。願興寺の軒丸瓦の特徴は、先に述べた寺谷廃寺式軒丸瓦のうち創建期に遡らないⅠＣ型式（第二図3）の特徴に類似するものである。願興寺の「軒丸瓦Ａ」は、百済系譜の影響を受けた意匠と考えられるが、瓦当文様意匠と製作技法の変化から、国内で大きく型式変容したものとみられる。

（3）　柿田遺跡

滋賀県長浜市柿田遺跡（第三図6）は、寺跡の可能性が高いが伽藍は確認されていない。素弁八葉蓮華文軒丸瓦は、中房に一粒＋四粒の蓮子をもつＡ類（第三図6）と、中房の蓮子が一粒＋六粒タイプの素弁八葉蓮華文軒丸瓦Ｂ類も出土している。(8)両者とも蓮弁には桜花形の反転を造らない系譜である。柿田廃寺のＡ・Ｂ両軒丸瓦は、蓮子は異なるが、蓮弁と間弁および外区の造りに大きな差がみられない。軒丸瓦Ａ類と同Ｂ類の蓮子の差異は、明日香村の山田寺と同様に堂塔の所用瓦の差異を表している可能性がある。

柿田遺跡の「軒丸瓦A」（第三図6）は、蓮弁の彫り込みが深く細身でその先端が小さく反転するものである。A・B両者の間弁は楔形に高く盛り上がるが短く、中房まで達していない。中房は凸型で高く造られる。上記した願興寺軒丸瓦A（第三図5）と同様に、A・B共に中房が高く周縁と外区の幅が広く造られ、瓦当部が約三・〇cmと厚いことが特徴である。丸瓦部との接合は、丸瓦広端部の側面に斜めに刻みを入れて、その凹面先端を削って丸瓦裏面の接合溝に接合するものがみられる。接合部の補強粘土は薄く盛られる。

柿田A類の瓦当文様意匠（第三図6）は、寺谷廃寺Ⅰ型式A・B（第二図1・2）、和田寺Ⅱ型式（第三図4）とは型式差が大きい。寺谷廃寺ⅠC（第二図3）と願興寺の軒丸瓦A（第三図5）との文様および技法の相違も明らかである。しかし、この三者は共に外区の幅が広く瓦当部を厚く造る特徴が共通していることから、倭国内で変容した百済系文様意匠と製作技法が採用されたと考えられる。

（4） 繁昌廃寺

兵庫県加西市繁昌廃寺出土（第四図7）の素弁八葉蓮華文軒丸瓦（第四図7）は、凸型中房に一粒＋四粒の蓮子を配置する瓦当文様意匠であり、蓮弁の幅が国内出土例の中で最も広いことが特徴である。(9) また周縁と外区の幅が狭く蓮弁が短いことも特徴である。蓮弁には桜花形の切り込みがみられず、間弁が「Y」字状に彫り込まれている。中房は凸型で高く百済系素弁文様意匠に近い。しかし、百済素弁文様意匠には、必ず蓮弁の反転が表現されており、この軒丸瓦の意匠は既に蓮弁の反転がなく、文様構成自体が新羅の影響を受けた文様意匠である。法隆寺式軒平瓦とのセット関係が指摘されている。

国内で飛鳥時代に百済の影響を受けた軒丸瓦の資料が増加していることは確かである。しかし、寺谷廃寺式軒丸瓦について、日本国内の諸寺院との関係から国内では直接比較することは難しく、現時点では、寺谷廃寺式軒丸瓦の系譜や製作技法を畿内地域や国内の他の地域に求めても答えは得られない。結局、寺谷廃寺式軒丸瓦ⅠA・ⅠB型式の系譜は、倭国外の百済に求めることにならざるを得ないのである。

二　百済扶余と武蔵寺谷廃寺の軒丸瓦

寺谷廃寺ⅠA型式・ⅠB型式の文様意匠の系譜は、同系統・系譜の軒丸瓦が軍守里寺跡、錦城山寺跡、扶蘇山西腹寺跡、陵山里寺跡等の寺院と官北里等王宮跡等にみられる。寺谷廃寺式軒丸瓦の瓦当文様意匠は、百済においても決して主流となるものではないが、日本国内に比較して多くの検討素材が百済の軒丸瓦に存在することが明らかである。

1　瓦当文様の分類

寺谷廃寺創建期軒丸瓦と百済扶餘時代寺院の瓦当文様意匠を比較するために、中房の蓮子が一粒＋四粒で構成される素弁八葉蓮華文軒丸瓦を第五図に示すとおり、五型式に分類する。ⅠA型式（ⅠA）・ⅠB型式（ⅠB）・ⅠC型式（ⅠC）、ⅡA型式（ⅡA）・ⅡB型式（ⅡB）の五種類である（第五図1〜7）。ⅠA（百済ⅠA）・ⅡA（百済ⅡA）等と称する。総て、桜花形の蓮弁で中房の蓮子は、間弁の延長上に「十」字に配され一粒＋四粒である。

（1）ⅠA型式　軍守里寺跡の伽藍は、講堂と中門が回廊によって結ばれ、南北中軸線上に塔、金堂、講堂が一直線上に並ぶ百済の典型的伽藍配置である。ⅠA型式（第五図1）は発掘調査の所見から、金堂跡から多く出土したとされる。[10] 塔跡からは中房は低く小さいが、蓮子を各間弁の延長上に八粒配し、蓮弁がやや長く間弁と共に弁端が高く反転する端正な素弁八葉蓮華文軒丸瓦が出土している。この軒丸瓦との同范関係は、佳塔里寺跡・雙北里東寺跡に認められる。

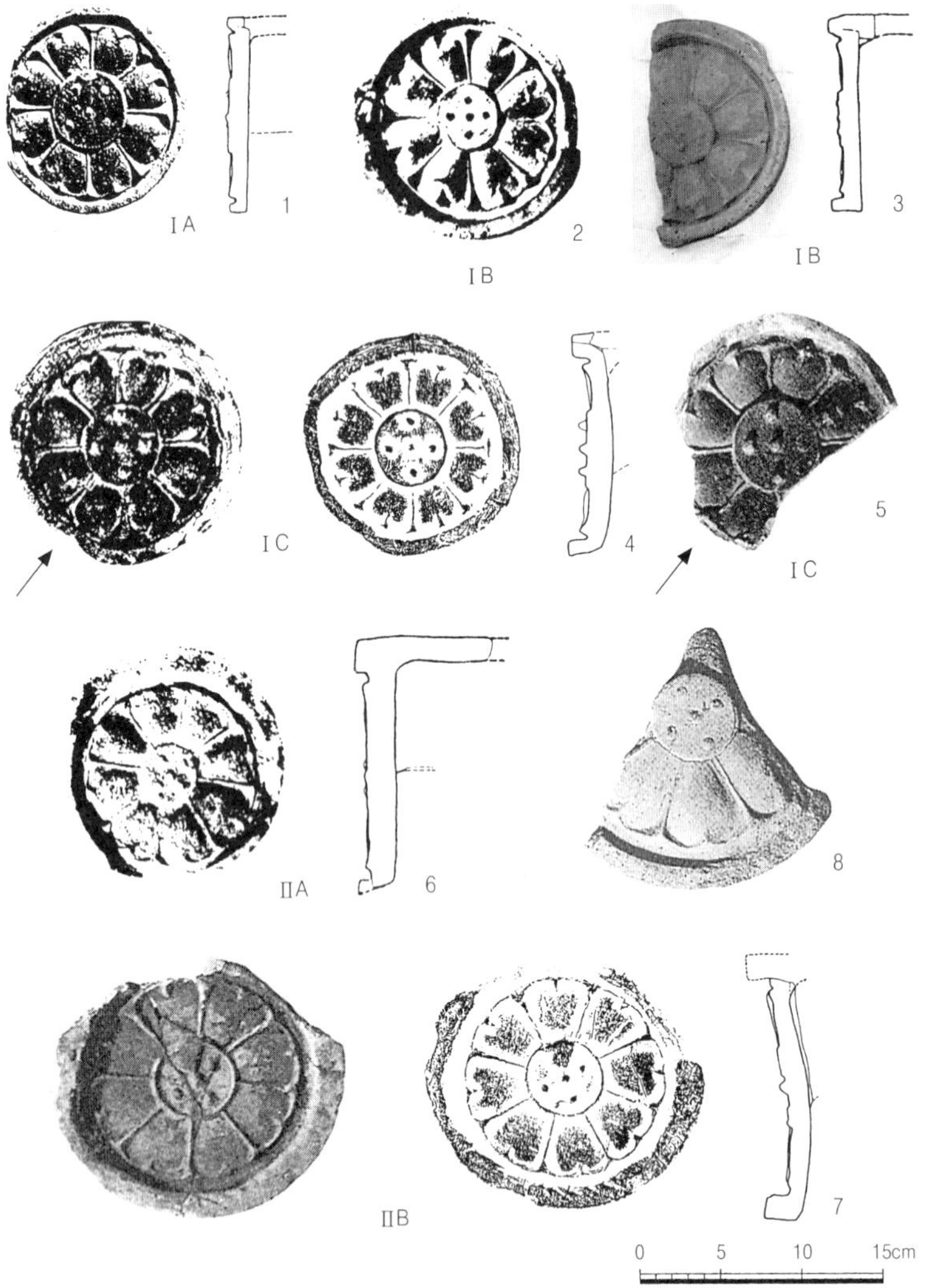

1・2：軍守里寺跡（文献 10・17） 3：錦城山寺跡（文献 17） 4・5：陵山里寺跡（文献 12）
6：扶蘇山西腹寺跡（文献 17） 7：官北里王宮跡（文献 15） 8：寺谷廃寺（文献 2）

第5図 素弁八葉蓮華文軒丸瓦（中房蓮子1粒+4粒）の分類

軍守里寺跡出土のⅠA型式（第五図1）は、中房が最も大きく低い凸型である。接合技法は丸瓦凹面を片ホゾに成形して瓦当部と接合するものである。接合粘土は裏面に僅かに加えられる。

（2）ⅠB型式　軍守里寺跡ⅠB（第五図2）と錦城山寺跡[11]ⅠB（第五図3）は、同文関係にある。ⅠAに比較し中房は小さいタイプで、蓮弁と間弁の端部が高く反り上がって立体的に范型が造られるものである。瓦当周縁部は薄くそして高く造られる。

製作技法の特徴は、瓦当部と丸瓦の接合部にある。丸瓦部は未加工に近いが、丸瓦凹面を片ホゾに薄く切り込む陵山里寺跡の接合技法「AC」[12]であることが観察できる。接合部裏面に加えた補強粘土は僅かであり、瓦当裏面の周縁に沿ったナデ痕がみられる。また、接合部の上面にあたる丸瓦先端部の凸面を斜めに削って丁寧に仕上げている。

錦城山寺跡は、軍守里寺跡の北東一・五㎞の錦城山の南西傾斜地に位置する。両寺院の瓦当文様には多くの共通点が認められ、ⅠA・ⅠBに同范関係がみられる。この瓦当文様は、寺谷廃寺式軒丸瓦ⅠA・ⅠBと同一系統の文様意匠をもつものである。

（3）ⅠC型式　陵山里寺跡出土のⅠC型式（第五図4・5）は、第二次・第四次発掘調査に拠って、同范関係が確認できる軒丸瓦が六点出土している。[13]写真で確認した限り、少なくとも二つの范型が認められる。軍守里寺跡ⅠA（第五図1）は中房が最も大きいことが特徴であり、ⅠCはⅠBより中房が大きく、ⅠA型式の系譜がⅠC型式に継承されている。ⅠCの蓮弁の肉盛りは薄く、間弁はⅠBと同様に高く反転している。また、瓦当周縁部はⅠBと同様に薄くて高い。したがって、ⅠC型式はⅠA型式・ⅠB型式にみられる二つの系譜を継承しているのである。

ⅠCで確認できた二つの范型は共に、中房の蓮子が極めて高く造られることが特徴である。范型の傷（第五図5・6「矢印」）が間弁に認められ、范型傷の進行と間弁の摩滅から第五図4→図5の順序で製作したことが分かる。瓦当部と丸瓦の接合技法は、丸瓦先端の凹面を片ホゾに加工するもので、接合部の粘土は少ない。瓦当裏面は工具をナデつけて平坦に仕上げられ、薄く造られるものが多い。

（4）ⅡA型式　ⅡA型式（第五図6）は、扶蘇山西腹寺跡から出土した軒丸瓦である。⑭弁端の反転が低く突起状で文様全体が平板的になり、中房も凸線で表現される。ⅠA・B・C型式とは、蓮弁や間弁・中房の表現方法自体が異なる。また、瓦当周縁部が低いことが特徴である。瓦当文様意匠自体に型式的・質的な変化がみられるものである。丸瓦との接合技法は片ホゾとみられる。瓦当裏面には、強く平行叩きを施してその上をナデており、ⅠA・ⅠB・ⅠC型式にはみられない成形技法である。瓦当部がやや厚く造られる。

（5）ⅡB型式　ⅡB型式（第五図7）は、官北里王宮跡⑮から出土した軒丸瓦で、ⅡAと同様、中房は凸線である。官北里王宮跡からの出土例は極く僅かである。官北里王宮跡では小さい中房に、間弁毎に小粒の蓮子を配する一粒＋八粒の文様構成の軒丸瓦（第六図6）が多くみられる。端正な文様意匠で瓦当部は薄く、創建段階の軒丸瓦とみられる。

ⅡB（第五図7）は蓮弁の外区と周縁部の幅が拡がり、周縁は高くて厚く造られるが、瓦当部は薄い。二つの間弁の延長上で、中房の左上にその1／8を占める大きな三角形の范傷が認められる。接合技法は、丸瓦凹面を片ホゾに加工するものとみられる。

2　百済軒丸瓦諸型式の検討

百済ⅠA型式は、軍守里寺跡の金堂所用瓦とみられることから、ⅠB型式より先行するものとして分類した。両者の違いは、ⅠA型式は中房が大きくⅠB型式は瓦当周縁部を高く造ることである。ⅠA型式とⅠB型式には時期差がほとんど無いものとみることができる。

ⅠC型式には、ⅠA型式の中房とⅠB型式の瓦当周縁部の特徴が継承されている。同時に、ⅠC型式の蓮子は極めて高く造られ独自の展開が認められることから、陵山里寺跡出土のⅠC型式段階には、瓦当文様意匠に大きな変化が起こったことが指摘できる。したがって、ⅠC型式はⅠA・ⅠB型式より新しい型式の軒丸瓦であり、時期差が認められる。

ⅡA型式（第五図6）は、ⅠA・ⅠB・ⅠC型式の文様意匠の特徴がほとんど継承されていない。ⅡA型式・ⅡB型式（第五図6・7）は中房が凸線化し、蓮弁は肉盛りが無く平板状に変化している。ⅡAは瓦当周縁部が低くⅡBは高いが時期差ではなく、造瓦集団の違いに拠る差異とみることができる。文様意匠自体が型式的、質的に変容した段階であり、その背景には、〝百済瓦工再編成〟に関わる出来事を反映していると考えられる。

軍守里寺塔跡は、百済の都が熊津から扶餘に遷都した五三八年以降に間もなく創建されたとみられる。金堂跡は軒丸瓦ⅠA型式であり時期が降る。創建期の軒丸瓦は、中房蓮子が一粒＋八粒・一粒＋六粒の素弁八葉蓮華文軒丸瓦とみられる。この塔跡から差し替え用の軒丸瓦ⅠC型式（第五図4・5）等が出土している。ⅠC型式は陵山里寺跡の石造舎利龕銘文から、六世紀3四半期の後半を上限とするものである。したがって、ⅠCより古相のⅠA・ⅠBには、六世紀中頃の年代を与えることができる。新相のⅡA・ⅡB型式は年代を確かめる文献史料はないが、七世紀初頭から七世紀前葉に位置付けられるであろう。

3　軒丸瓦の製作年代

寺谷廃寺のⅠA・ⅠB（第二図1・2）は、おしなべて軍守里寺跡等のⅠB型式（第五図2）と西腹寺跡ⅡA型式（第五図6）瓦当文様の中間的構成要素をもっている。軍守里寺跡等のⅠB型式と寺谷廃寺ⅠB型式の共通性は次のとおりである。両者は、共に中房の形状が同じで、蓮子は低くその周縁部から離れて、中央の一粒を中心に四粒の蓮子が直交する間弁の延長上に正確に配置されていることおよび、蓮弁の先端を三角状に盛り上げて反転を表すことが共通点である。

寺谷廃寺式軒丸瓦の系譜は、百済の軍守里寺跡、錦城山寺跡、陵山里寺跡等の差替用の軒丸瓦に、瓦当文様の系譜が比定できる。その文様意匠の導入段階は、七世紀前葉の西腹寺跡のⅡA型式（第五図6）まで降らない時期であることも明らかである。また、六世紀中頃の軍守里寺跡ⅠA・ⅠB型式（第五図1・2）の時期までは遡らない。軍守里寺跡の塔跡は前述したように、百済の都が熊津から扶餘に遷都した五三八年以降に間もなく創建されたとみられる。

陵山里寺跡は、塔心礎の直上で検出された石造舎利龕の刻銘から、その実年代が求められる。即ち、百済昌王とその妹兄公主に関する銘文には、「百済昌王十三年季太歳在丁亥妹兄公主供養舎利」とある。『三国史記』に拠れば、この石造舎利龕が「兄公主」の供養具として、五六七年に埋納されたことが判明した[16]。創建期の軒丸瓦は、中房蓮子が一粒＋八粒・一粒＋六粒の素弁八葉蓮華文軒丸瓦とみられる。この塔跡から差し替え用の軒丸瓦Ⅰ型式C（第五図4・5）等が出土している。ⅠC型式は六世紀3四半期の後半を上限とするものである。したがって、ⅠC型式より古相のⅠA型式・ⅠB型式には、六世紀中頃の年代を与えることができる。新相のⅡA型式・ⅡB型式は年代を確かめる史料はないが、七世紀初頭から七世紀前葉に位置付けられる。

ここで興味深いことが指摘できる。軍守里寺跡・錦城山寺跡ⅠB型式（第五図2・3）の系譜は、百済のⅡA型式・ⅡB型式には継承されていないことが明らかになった。寺谷廃寺ⅠA型式・ⅠB型式は、百済ⅠB型式の系譜に繋がる型式変化が認められる軒丸瓦である。まさに、百済からその系譜が切り取られたように、陵山里寺跡ⅠC型式の派生種とみられる〝百済ⅠD型式〟として、倭の寺谷廃寺式ⅠA・ⅠB型式が成立したと考えられる。一方、寺谷廃寺ⅠB（第五図8）と官北里王宮跡ⅡB型式（第五図7）は、外区と周縁の幅が広くなる傾向が共通している。しかし、両者には連弁と中房に大きな差異が認められ、寺谷廃寺式軒丸瓦ⅠA・ⅠB型式と百済ⅡB型式（第五図7）とは、型式的変化から時期差が認められる。この特徴は、日本国内での類似例として挙げた願興寺A・柿田遺跡A（第三図

5・6）にも共通して指摘できることである。

仮に、寺谷廃寺造営に軍守里寺等の軒丸瓦ⅠB型式を製作した系譜に繋がる百済瓦工人が寺谷廃寺の造瓦に関与し、その指導に基づく造瓦体制に拠る製作であったとすれば、次項で述べる百済の平瓦と同一の製作技法である平瓦ⅠB類（第二図7）の存在からも充分に蓋然性が高いと推察できる。

寺谷廃寺式軒丸瓦ⅠA型式・ⅠB型式（第二図1・2）の製作年代は、原型となった百済の軒丸瓦との比較検討と、国内での飛鳥寺の瓦当文様および造瓦技法の検討からみて、六世紀末から遅くとも七世紀初頭までに位置付けられる。特に、飛鳥寺創建期の瓦当文様構成とⅠA型式・ⅠB型式（第五図1～3）との関係から、六世紀末葉に遡る可能性が高いと推定できる。この年代観は、寺谷廃寺の創建期の平瓦を供給した平谷窯の須恵器の生産年代が、六世紀末から七世紀初頭に属することからも、確実性が高いと言える。

官北里王宮は『三国史記』に拠れば、武王三一年（六三〇年）に修繕され、王は一時期熊津城に滞在したとされる。百済ⅡB型式（第五図7）は、官北里王宮跡では極く少数であり、これだけでは暦年代を比定することは難しい。日本国内では、『日本書紀』舒明天皇一三年（六四一年）に造営が開始された飛鳥山田寺の創建軒丸瓦と、これに先行する瓦当文様型式の百済大寺は、素弁に単弁を加える桜花形蓮弁軒丸瓦である。これらの単弁軒丸瓦の成立以前の六三〇年代に、百済系譜の願興寺Aと柿田遺跡A軒丸瓦（第三図5・6）を位置付けることができると考えられる。この関係から百済では、官北里王宮跡を修理した暦年代（六三〇年）を百済ⅡA・ⅡB（第五図6・7）の上限として、また、その下限を六四〇年頃に比定することができるであろう。

4　瓦工の系譜と製作技法の検討

次に、寺谷廃寺式軒丸瓦・平瓦と百済の軒丸瓦・平瓦の製作技法の比較をする。寺谷廃寺ⅠA型式の接合技法は、

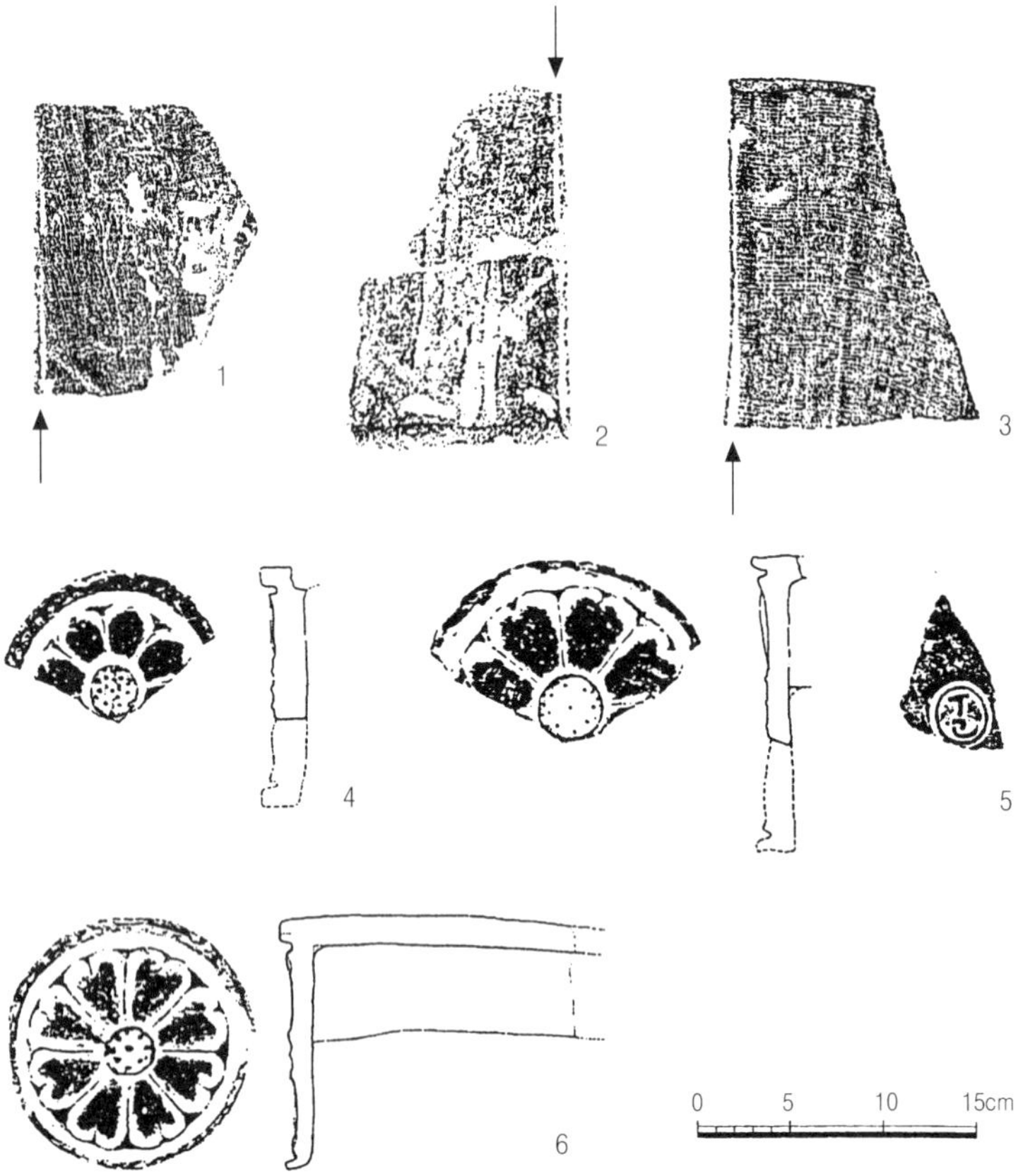

1：寺谷廃寺（文献 2） 2：飛鳥寺（文献 4） 3：龍井里寺跡（文献 19） 4・5：旧衙里寺跡（文献 19） 6：官北里王宮跡（文献 15）

第 6 図　平瓦分割技法の共通性と軒丸瓦

亀田氏の接合技法の分類に拠る「1回ヘラケズリ（Ⅰ）」技法[17]で丸瓦凸面を削る方法で接合している。日本国内では飛鳥寺「桜組」の技法に近いと言えるが、本稿二の2項で述べたとおり接合技法の細部に違いもみられた。

寺谷廃寺式ⅠA型式は、丸瓦凸面の一角を小さく削る技法であり、接合部の補強粘土も少ない。本稿一の4項で指摘したとおり、飛鳥の和田廃寺Ⅱ型式は寺谷廃寺と丸瓦の加工が一致する接合技法であった。この接合技法が百済においても使用された可能性を否定する確かな根拠は無い。一方、本稿二の1・2項で型式分類した百済の軒丸瓦の接合技法は、百済では主流の接合技法である丸瓦凹面を片ホゾに削る技法であり、差異が認められることも指摘できる。

平瓦の製作技法に関しては、寺谷廃寺の成形と調整手法の特徴として、格子叩きと木口ナデに拠る擦り消し技法および、平瓦凸面横ハケ目成形、分割突起技法（第六図1）等を挙げることができる。このうち特に平瓦の分割突起技法は、本稿一の2項で述べたとおり、飛鳥寺創建段階における造瓦技法の大きな特徴の一つであり、両者に共通した製作技法である。この共通性から、飛鳥寺の造瓦技法自体が百済瓦工の指導に拠る製作であることから、寺谷廃寺創建段階は、百済の造瓦技法に拠る丸瓦・平瓦の成形、調整手法が用いられたと推察したことがある。[18] 飛鳥寺の花組と百済の平瓦との製作技法が一致する技法は、飛鳥寺花組の平瓦分割裁線技法（第六図2）であり、扶餘では龍井里寺跡に認められることが、李タウン氏によって指摘された。[19] 分割裁線技法は、寺谷廃寺（第六図1）にも採用されたことを述べたが、扶餘では龍井里寺跡（第六図3）に認められることから、三者に共通する平瓦の製作技法である。

李タウン氏は、星組に特徴的な平瓦の分割指標となる分割突起・「分割界点」と枠板の綴じ紐の痕跡が、扶餘の旧衙里遺跡に瓦を供給した瓦工の平瓦造りと一致することを指摘した。星組を指導した瓦工は、旧衙里遺跡に瓦を供給した瓦工の一部であり、花組を指導した瓦工は、百済の龍井里寺跡に供給した瓦工の一部と推定している。そして星組瓦工は、「百済の製作技法を忠実に守っており、渡来時期は花組より先行する」[20] として、星組は花組瓦工より古く渡来した第一陣であったと述べている。しかし、百済においては、片ホゾ技法と花組の瓦当文様が主流であることが指摘できる。

5　製作技法と文様伝播の相異

飛鳥寺の創建に関わった百済系瓦工の技術導入についてみると、飛鳥寺花組の瓦当部と丸瓦部の接合技法は、百済の丸瓦「凸面一回転ヘラ削り」技法の系譜であるが、この技法自体が百済では、非主流派の技法である。星組の片ホゾ接合技法は百済において主流技法であるが、飛鳥寺の回廊や中門の創建瓦であるⅡ型式A（第三図2）の弁端点珠文様意匠の系譜は、百済で主流の軒丸瓦ではない。要するに飛鳥寺の造営は、一つの系統・系譜にまとまる本来の百済瓦工の系譜ではなく、文様意匠の系譜と製作技法の系譜が相異なる百済画工と瓦工による、変則的造瓦集団によるものであったという、結論を導きだすことができる。

特に、六世紀後末葉の百済においては、桜花形蓮弁が最も一般的な意匠である。弁端点珠軒丸瓦（第六図4）は、旧衙里寺跡の井戸下層から出土したが、二重に蓮子を加え多数化した蓮子をもつタイプである。井戸上層の桜花形蓮弁軒丸瓦（第六図5）には、「丁巳」の刻印があり、暦年代は五九七年に比定されている。[21]この軒丸瓦は中房蓮子が一粒＋八粒であり、飛鳥寺ⅠB型式（第四図3）と比較できるものであるが、ⅠB型式より桜花形の切り込みが短く、桜花形蓮弁文様の系譜のなかでは、中房が大きいことからも、新しい要素が認められる型式の軒丸瓦である。

旧衙里寺跡の弁端点珠軒丸瓦（第六図4）は、既に多数化した蓮子の構成であることが特徴であり、李氏が指摘する系譜の影響が飛鳥寺のⅡA型式（第三図2）の成立に関わったとは考え難い。飛鳥寺創建瓦と百済の瓦当文様の変遷過程からは、花組の桜花形蓮弁軒丸瓦・星組の弁端点珠軒丸瓦の何れにおいても、百済で中房蓮子が多数化する以前の瓦当文様意匠である。したがって、百済の軒丸瓦の型式と系譜関係からみても、飛鳥寺星組の創建軒丸瓦であるⅡA型式に型式的に繋がり、原型となる瓦当文様をもつ軒丸瓦は、今後、寺谷廃寺式軒丸瓦と同様に扶餘で発見できるであろう。

以上、寺谷廃寺式軒丸瓦ⅠA類、ⅠB類（第一図1・2）の製作年代は、文様型式と製作技法の原型となる百済軒丸瓦との比較検討、国内での飛鳥寺瓦当文様と造瓦技法の検討および、国内における凸型中房素弁文様軒丸瓦の類似例からみて、遅くとも七世紀初頭を降らない時期である。特に、飛鳥寺創建期の瓦当文様構成と百済ⅠA・ⅠB型式

（第五図１・３）との製作技法の共通性を重視すれば、六世紀末葉に遡る可能性が高いと推察できる。寺谷廃寺の創建瓦を供給した平谷窯の須恵器が六世紀末葉から七世紀初頭に属することからも、この年代観は確実性が高いと考える。

加えて、一九八二年に発表した論文[22]で示した、当時の資料である寺谷廃寺式軒丸瓦ⅠC類（第一図３）の年代観「六三〇年代」は、研究会等で様々な批判を受けたが、現在の研究結果からみても、寺谷廃寺式軒丸瓦ⅠA・ⅠB類との文様型式と製作技法との相違から、妥当な年代観であったと言える。

東国武蔵における最古の寺谷廃寺の造営は、これまでの古代史の見方からすれば、東国（関東地域）の歴史上では突出した出来事であり、説明が難しいとされるであろう。しかし、日本の古墳時代後期末に畿内以外の地域で、百済瓦工の指導に拠って製作された軒丸瓦と平瓦が存在し、その造瓦技術に拠って寺院造営が行われたのである。そして、この寺院造営は、古墳時代後期の関東地域と畿内地域との関係について、従来の畿内政権一極から、歴史を叙述する方法や考え方の枠組みの見直しを迫る事例でもある。即ち、東国支配層と畿内政権との国内での力関係を再評価する事柄と契機であり、倭と百済の外交においても、六世紀後末葉段階に東国勢力独自の路線の存在を見いだすことに繋がるであろう。

結び

以上の検討の結果、東国の寺谷廃寺の造営は、国内的契機だけでは捉えられないことは明らかである。日本の仏教導入過程との関わりについて、東国における飛鳥時代初期寺院の造営という視点から、その造営に関して三つの考え方を開示できるが、紙幅の都合で一つについて述べる。

六世紀末葉から七世紀初頭には、北武蔵に居住していた渡来系氏族の要請によって、既に日本に渡来し、畿内の初期寺院の造営に携わり経験を持っていた、百済系瓦工の一派が寺谷廃寺の造営に派遣されたとするものである。そのために築造立氏族の系譜である、軍守里系統等の百済瓦当文様意匠を軒丸瓦に表徴したと考える見方である。この際には、本稿一で指摘した寺谷廃寺が位置する地域において、六世紀末葉には定着していた先進的な須恵器生産技術と、それを支える財力および労働力が寺院造営の基盤となり、この地域に選地するための背景と関連があったことが、充分に推定できる。つまり、寺谷廃寺の創建には、畿内に定着した百済系造寺組織集団との協力関係があって、はじめて実現したという考え方である。

寺谷廃寺式軒丸瓦は、百済扶余時代前半期を確実に反映する文様意匠と製作技法である。この時代を反映する、素弁八葉蓮華文軒丸瓦の文様意匠を製作するためには、高度な画工と専門的技術が必要である。寺谷廃寺創建瓦の製作集団は、百済の瓦工が指導したことが充分に推察できる。したがって、北武蔵の一角に畿内の百済系氏族と直接的な関わりをもつ、当時の有力百済系氏族の本拠地ないしは、居住地域があったと想定できるのである。とりあえず、河内に本拠地をもち後に武蔵とも関わりをもつ飛鳥部吉志をその候補者として挙げることも可能である。

注

（1） 新しく採取された資料は、高橋史朗「武蔵国寺谷廃寺についての一考察」『考古学の諸相』一九九六年および、青木忠雄「北武蔵における初期寺院覚書」『埼玉史談』第四三巻第二号　埼玉県郷土文化会　一九九六年、による。

（2） 坂野和信　二〇〇二「百済と倭の軒丸瓦」『百済研究』三九輯　忠南大学校　百済研究所

（3） A坂野和信　一九八二「北武蔵における古代瓦の変遷」『埼玉県古代寺院報告書』埼玉県史編さん室

B坂野和信　一九八四　埼玉考古学会シンポジウム『北武蔵の古代寺院と瓦』

C坂野和信　一九九六「東国における最古の寺院」『東アジアにおける古代国家成立期の諸問題』国際古代史シンポジウム実行委員会

D坂野和信　一九九八「日本仏教導入期の特質と東国社会」『埼玉考古』第三三号　埼玉考古学会

(4) 大脇 潔 一九九四 「飛鳥時代初期の同范軒丸瓦—蘇我氏の寺を中心として」『古代』第九七号 早稲田大学考古学研究会
(5) 前掲注(3)D
(6) 花谷 浩 二〇〇〇 「飛鳥寺・豊浦寺の創建瓦」『古代瓦研究Ⅰ』 奈良国立文化財研究所
(7) 大西貴夫 二〇〇〇 「願興寺出土の飛鳥時代軒丸瓦」『古代瓦研究Ⅰ』 奈良国立文化財研究所
(8) 二〇〇一 『柿田遺跡』滋賀県長浜市教育委員会
(9) 一九九二 繁昌寺廃寺『兵庫県史考古資料編』兵庫県史編集専門委員会
(10) 一九三七 「軍守里寺跡」『朝鮮古蹟調査報告』 昭和十一年度古蹟調査報告 朝鮮古蹟研究会
(11) 亀田修一 一九八一 「百済古瓦考」『百済研究』第一二号 忠南大学校 百済研究所
(12) 二〇〇〇 『扶餘陵山里寺跡発掘調査進展報告書』—図面・図版 国立扶餘博物館 扶餘郡
(13) 二〇〇〇 『扶餘 陵山里寺跡発掘調査進展報告書』—本文— 一三九頁 国立扶餘博物館 扶餘郡
(14) 前掲注(11)と同じ。
(15) 尹武炳 一九九九 『扶餘官北里遺跡発掘報告(Ⅱ)』忠南大学校博物館 忠清南道
(16) 前掲注(13)と同じ。
(17) 亀田修一 一九八一 「百済古瓦考」『百済研究』第一二号 九六頁 忠南大学校百済研究所
(18) 前掲注(3)Dと同じ。
(19) 李タウン 一九九九 「百済の瓦からみた飛鳥時代初期の瓦について」『飛鳥・白鳳の瓦と土器』 帝塚山大学考古学研究会・古代の土器研究会共催シンポジウム資料
(20) 前掲注(19)八三~九六頁
(21) 前掲注(19)八六頁
(22) 前掲注(3)Aと同じ。

七世紀における「在地系土師器」の出現と歴史的意義

――武蔵野台地北西部の無彩系・黒色系土師器の一事例――

尾形則敏

はじめに

「流通」とは、日本商業学会の用語定義委員会によれば、「生産者から消費者にいたる生産物の社会的経済的移転」であるとされている。つまり、ただ単に物がある場所から別の場所に移動することを「流通」と言うのではなく、そこに社会性や経済性があってこそ「流通」と呼べると言うことである。[1]

それでは、流通の概念を理解し、考古遺物のうち縄文～古墳時代の土器に限定するならば、「流通品」即ち「製品レベル」で捉えられる製品はあるのだろうか。筆者はまず、縄文・弥生土器は、視覚的そして分類的にも「類似レベル」を脱することは難しいのではないかと考える。古墳時代では、須恵器がすでに産地同定の研究[2]により、その解明が飛躍的に進んできていると言えるが、土師器は未だ体系的に成されていないのが現状であろう。そうした中、群馬県伊勢崎市波志江中宿遺跡では、胎土分析の結果、出土したS字甕が同時に発見された粘土採掘坑の粘土で作られた土器であると示唆されたことは、今後の研究に期待されるところである。[3]

そこで本稿は、古墳時代後期[4]の土師器を須恵器や中・近世の陶磁器のように同一生産地を前提とした製品レベルの域にまで向上させることで、武蔵野台地北西部における六世紀末葉から七世紀初頭に見られる土師器様相の大きな画期についてを「在地系土師器」[5][6][7]の出現から、その歴史的な意義を考えていきたい。

一 在地系土師器の認識

(一) 武蔵野台地北西部における土器様相

これまでの研究で、埼玉県中部から南部の地域の古墳時代後期の土器様相については、例えば房総の有段口縁坏[8]・比企型坏[9][10]を分析した糸川道行氏は、「比企型坏が濃密に分布している武蔵の中部から南部にかけては、下野や常陸、房総の他の関東各地で赤彩土器を使用しなくなった以後も、赤彩土器を使用し続ける強固な伝統を維持した地域である[11]」と結論付け、田中広明氏は、「比企型坏を第2次再分配する集落では、比企型坏が基礎となり、ランクB・Cの土器は補完的に使われていた。[12]」と分析している。

しかし、筆者が武蔵野台地北西部の埼玉・東京の五世紀から七世紀の土器様相を概観した結果[13]では、七世紀以降、糸川氏が指摘するように比企型坏が濃密に分布する地域はそれほど広くなく、埼玉県上福岡市以南では、むしろ比企型坏の占有率は極めて少ない傾向にあった。さらに田中氏の分析では、時間軸上での比率は示されていないが、ランクB・Cの土器がすべての遺跡で補完的に使われているという状況ではなかった。

ここでは、以上の内容を前提に武蔵野台地北西部における土器様相の推移を把握し、同時に七世紀以降に主体土器として盛行すると考えられる「在地系土師器」を認識することにしたい。

①在地系土師器の出現以前の土器様相

第一図には、志木市城山遺跡129号住居跡出土遺物[14]を提示した。これらはすべて土師器で、坏・高坏・甕・甑形土器

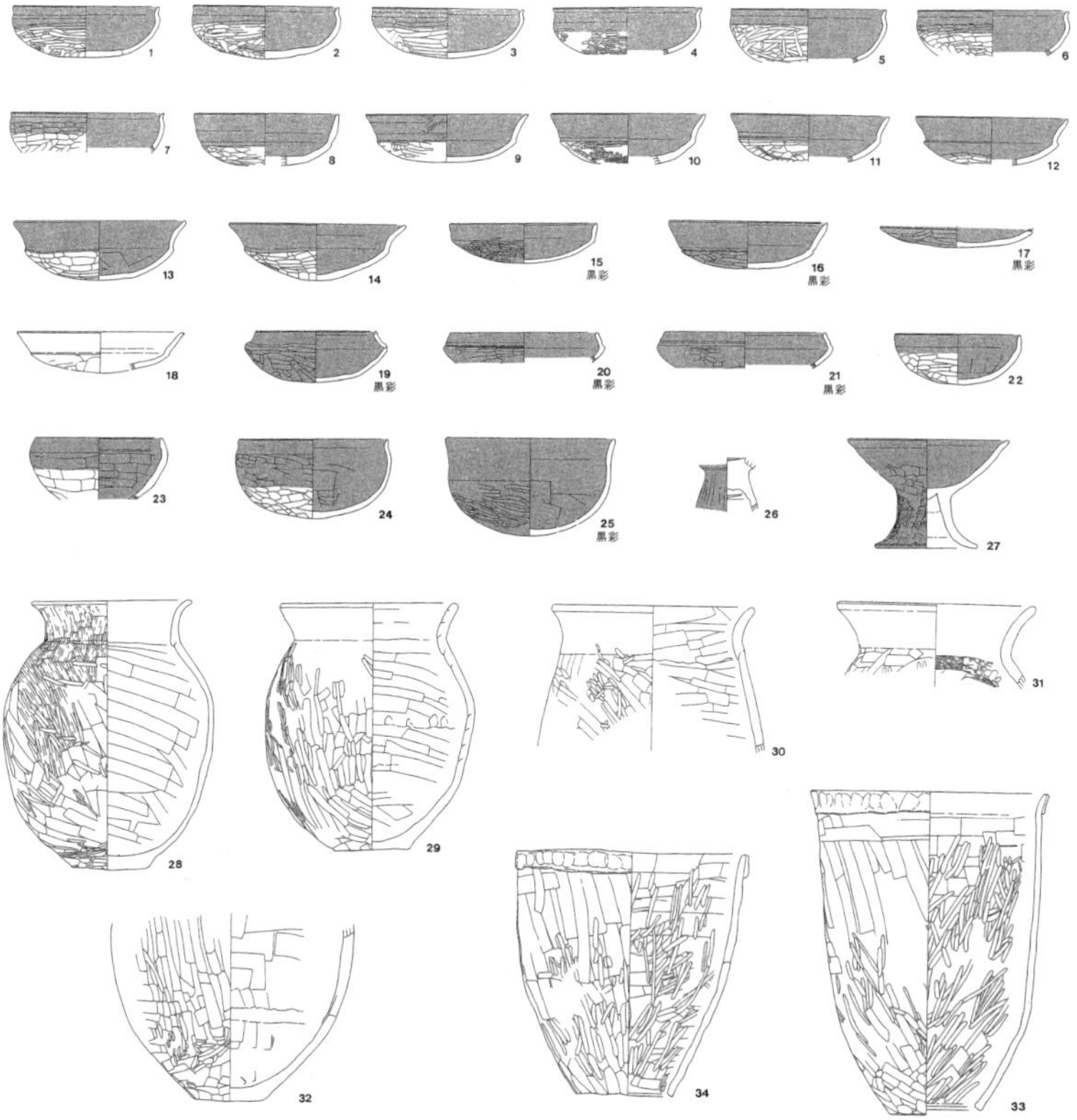

第1図

細　分　類	点　数	図版№
比企型坏	7	1～7
赤色系大型有段坏A	4	9～12
赤色系埦	3	22～24
黒色有段坏（蓋模倣）	3	15～17
黒色有段坏（身模倣）	3	19～21
赤色系大型有段坏B	2	13・14
赤色系有段坏	1	8
黒色系埦	1	25
小針型坏	1	18
合　計	25	

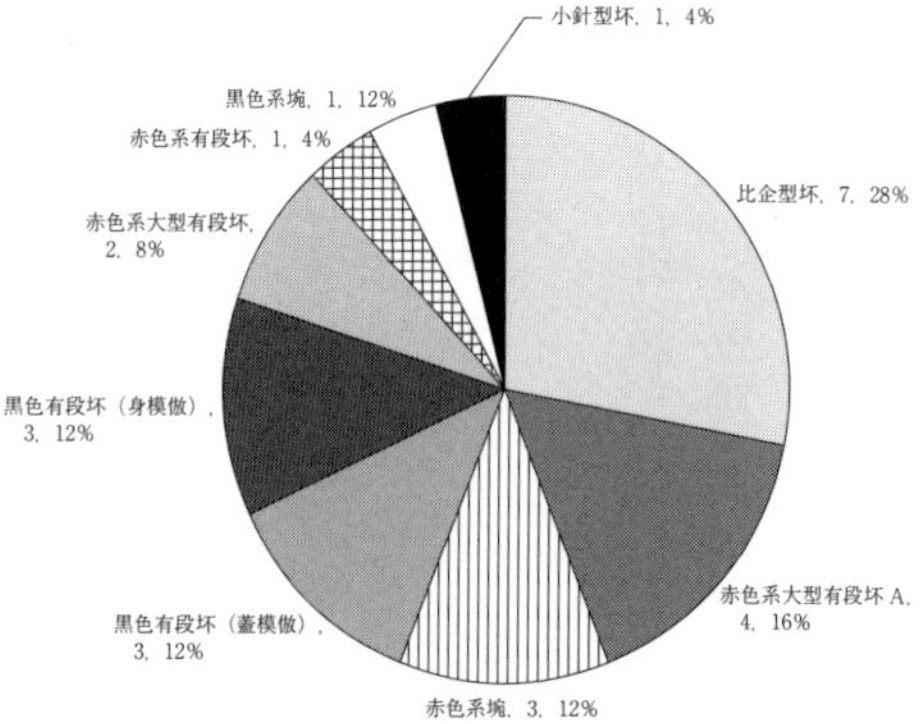

第1表　坏形土器の内訳

(以下「形土器」を省略。)に分類される。時期は六世紀中葉である。坏は二五点出土し、その内訳は第一表に示したように比企型坏が最も多く、全体の二八%を占め、小針型坏[15][16]を除き、有色系土器で構成されている。つまり坏は、志木市から見れば、すべて遠隔地からの流入品であると言える。ここで比企型坏と赤色系大型有段坏Aは、「初現段階の比企型坏の胎土・調整技法に共通する特徴をもつことから、同一場所において生産された可能性がある」[17]と指摘した製品である。黒色系土師器は、須恵器坏蓋・身模倣の有段坏で、おそらく群馬・栃木方面からの広域流通品であろう。高坏は比企型坏と同じ粘土の特徴をもつ。甕・甑は比企型坏とは違った胎土であり、さらに県北や大宮台地などの異なった地域とは大きく様相が異なるものである。

以上のように特に坏に関しては、比企型坏や有段坏(模倣坏)といった特色ある土器の出現により、視覚的にも容易に「製品レベル」での区別がしやすいという特徴に変化する。つまり、この時期の坏あるいは高坏などの小型製品は、地域が異なっても同一製品である場合が多いため、広域流通品として把握することが可能である。しかし、大型製品の甑・甕は、地域が異なると様相が異なるため、小型製品に比べ、流通範囲が狭いものであり、在地色の強い土器群と言えるであろう。

②在地系土師器の出現期の土器様相

ここでは、各地域の良好な資料を提示し、土師器様相を見てみることにする(第二一〜五図)。

富士見市別所遺跡7号住居跡出土遺物[18](七世紀中葉)

坏・鉢・甑・甕に分類できる。坏は九点出土し、すべて有稜系の無彩系土師器である。鉢は10が口縁部に最大径を測る小型鉢である。甑は15・16がやや小型、17が大型の筒抜け式のものである。甕は11〜14が長甕、18が丸甕である。前者はすべて胴部中位あるいは14が胴部上半に最大径を測るタイプで、ここでは口縁部に最大径をもつタイプは共伴していない。後者は大型の丸甕で、胴部上半に最大径をもつタイプである。

和光市花ノ木遺跡第4号住居跡出土遺物(19)(七世紀前葉)

坏・鉢・甑・甕に分類できる。坏はすべて口径一三㎝前後を測り、形態・法量ともに酷似する有段系の無彩系土師器であるが、多分に黒色系である可能性がある。鉢は7・8の二点で、どちらも口縁部が大きく外反する大型の浅鉢タイプである。甑は大型の筒抜け式のもので、胴部中位から上半に最大径を測り、口縁部が大きく外反している。甕は胴部中位に最大径を測るタイプで、胴部下半にはまだ膨らみが顕著に残り、長胴化途中のものと言えよう。

志木市城山遺跡1号住居跡出土遺物(20)(七世紀中葉)

坏・高坏・鉢・甑・甕に分類できる。坏は一一点出土しており、1が比企型坏で、他はすべて有稜系の無彩系土師器である。高坏は12・13の二点が伴う。そのうち13は赤彩されるもので、比企型坏と類似する胎土をもつ。鉢は、14〜16が小型タイプ、17が浅鉢、19・20がやや深身のもので、大小に分かれる。甑は21が中型、22が大型の筒抜け式のものである。甕は24〜26が長甕、18・23が丸甕で、そのうち18は小型、23は大型のものである。全般を通して、すべての無彩系土師器は同じ粘土・調整技法を特徴とする土器であると言える。土器様相は別所遺跡に類似する。

板橋区西台後藤田遺跡H4号住居跡出土遺物(21)(七世紀前葉)

坏・甕に分類できる。坏は1が比企型坏、他の四点はすべて有段系の無彩系土師器である。なお、この報告には、幸いに筆者が記述する機会を得ており、これらの坏は多分に黒色系土師器である可能性を指摘している。甕はすべて長甕で、胴部中位から上半に最大径を測るタイプである。土器様相は花ノ木遺跡に類似する。

以上、四遺跡の資料を見ることにより、坏に関しては、すでに広域流通品が主体になく、代わって無彩系あるいは黒色系土師器である在地系土師器を主体とする構成に変化していることがわかる。第三表を参照すると、これらの在地系土師器の出現により、前段階で主体を占めていた比企型坏等の広域流通品の割合が不安定になる段階は、六世紀末葉を初源に七世紀前葉から後葉にかけてがピークであろう。

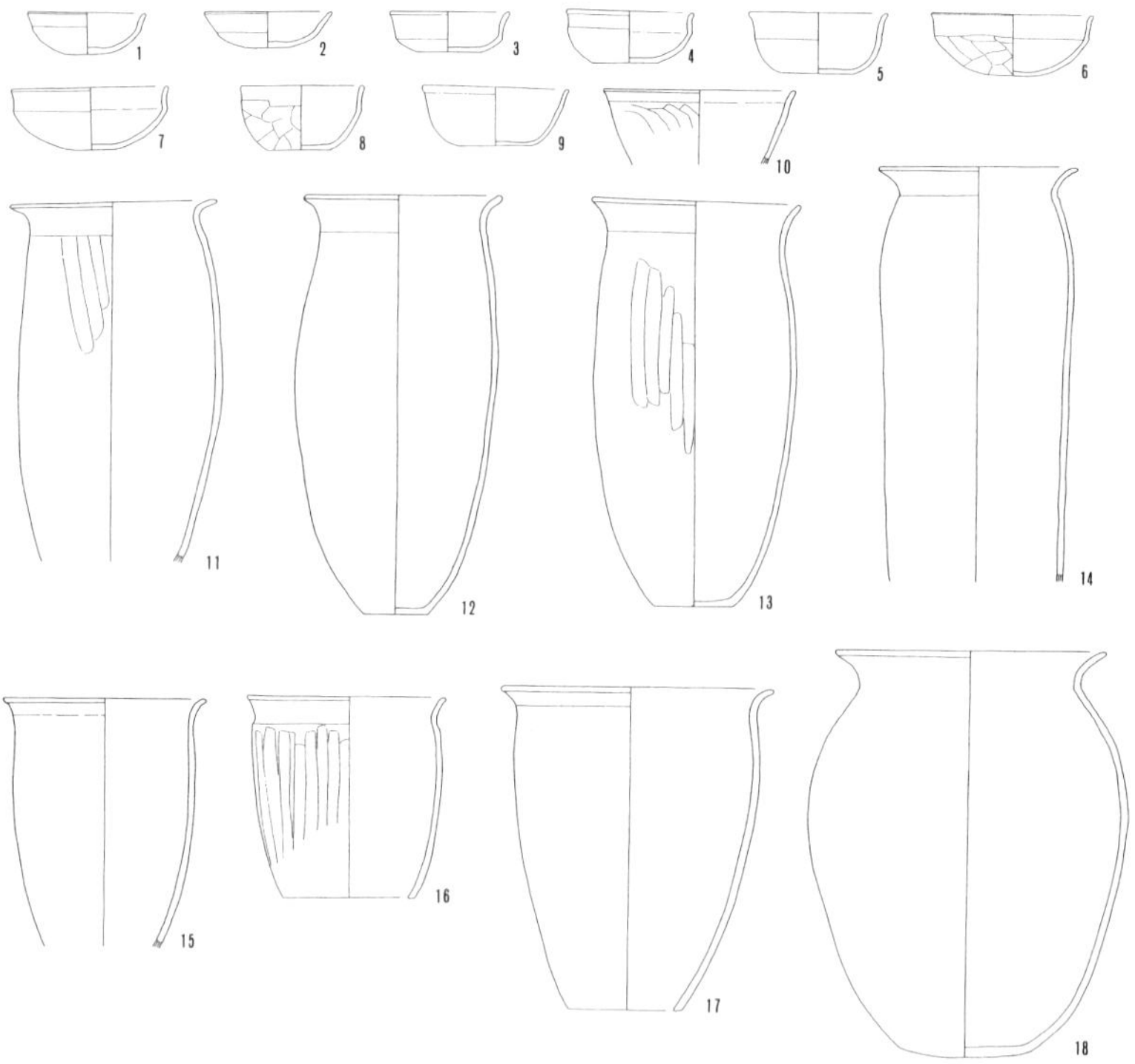

第２図　富士見市別所遺跡７号住居跡出土土器

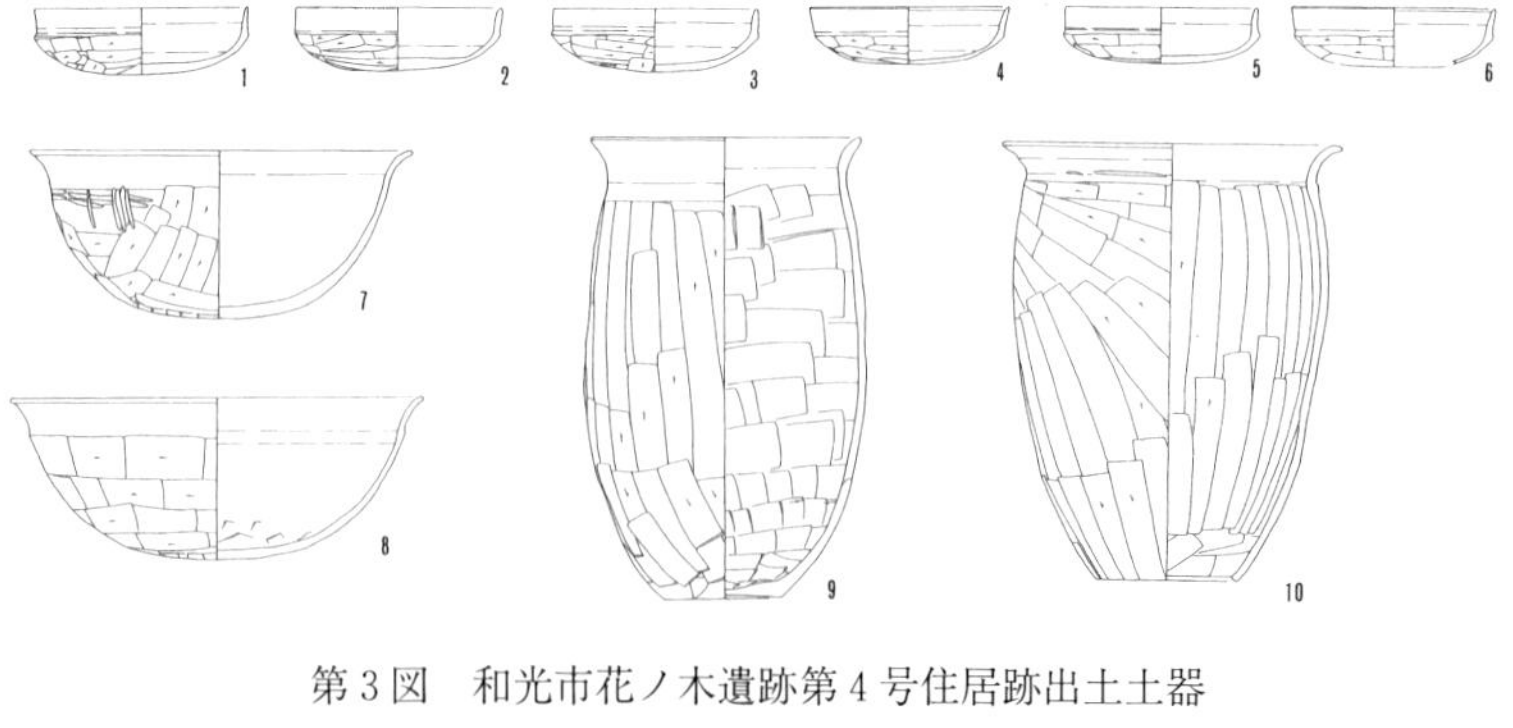

第３図　和光市花ノ木遺跡第４号住居跡出土土器

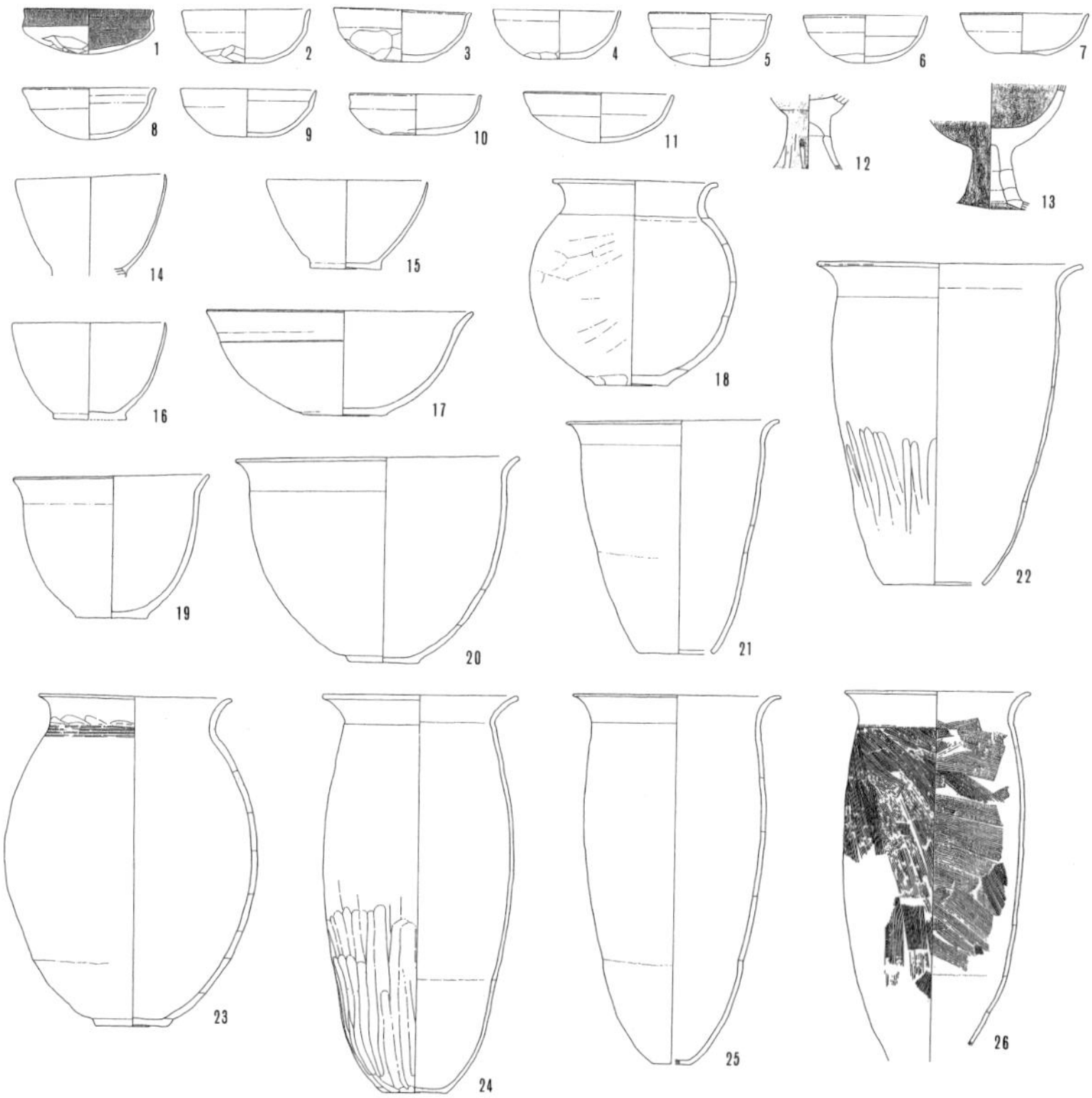

第４図　志木市城山遺跡１号住居跡出土土器

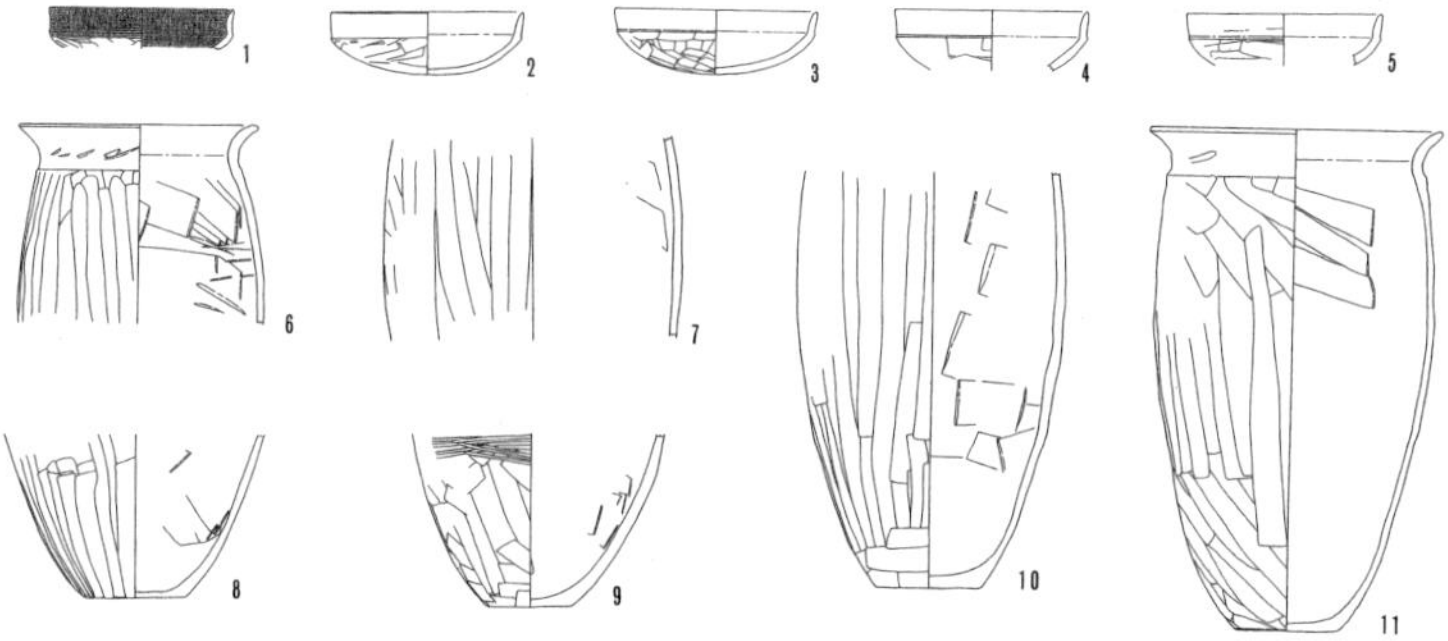

第５図　板橋区西台後藤田遺跡 H4 号住居跡出土土器

③在地系土師器の消滅期の土器様相

在地系土師器の割合が減少する七世紀末葉以降の土師器様相に相当する。この時期は、北武蔵型坏(22)(23)・畿内系暗文土器(24)(25)といった、いわゆる「国別タイプ」(26)と湖西製品の須恵器の割合が増加し、在地系土師器が徐々に弱体化の傾向を示す段階である。その後は南比企・東金子窯跡群の操業開始により、本格的に須恵器の生産が開始され、小型製品を中心とした土師器は完全に消滅の一途を辿ることになる。

(二) 在地系土師器の器種構成と特徴

武蔵野台地北西部における在地系土師器は、無彩系および黒色系土師器を主体とし、器種構成は、坏・鉢・甑・甕である。坩・壺・高坏は有色系のうち赤色系の強い土器であるためか未確認である。しかし、東京都の多摩地域の八王子市弁天池北遺跡(27)出土の土師器を見ると、坏に赤色系がかなりの割合で出土している。これらは他器種の土器の胎土に類似性があるため、多分に在地系土師器が含まれている可能性がある。今回の対象地域では、赤色系が無いとしているが、地域によってはこうした相違があるかもしれない。

第二表には、器種構成と各器種の分類基準を示した。以下、器種毎にその特徴と推移を簡単に説明する。

①坏

A類の有段系とB類の有稜系に二分することができる。前者は須恵器坏蓋の有段を意識しており、後者は前者に比べ、有段が弱く、横ナデによる最下端が体部との境で稜として確認できるものである。有段系にはしばしば黒彩が施されることが多々あり、意識しないと見逃してしまう製品も存在する。胎土の色調は暗橙色から黄褐色を基調とし、胎土には砂粒を多く、黄褐色・橙色粒子を含む。金雲母を含むものも存在する。調整は内面および口縁部外面が横ナデ、外面は体部から底部にかけてヘラ削り後ナデが施されるのが特徴で、七世紀中葉以降になると若干調整が粗雑に

第２表　在地系土師器の器種毎の主な分類基準

器　種	分　類			形　態　特　徴
坏形土器	A類			有段系のもの
		1		黒色系のもの
			a	口径14cm前後で、口縁部は直立し、有段は断面三角形状を呈するもの
			b	aよりやや小型化が見られる口径12cm前後のもの
			c	bがさらに小型化し、口径10cm前後の最小化のもの
			d	口径13cm前後
			e	口径14cm以上を測り、口縁部が大きく外反する大型タイプ
		2		無彩系のもの
			a	口径14cm前後で、口縁部は直立し、有段は断面三角形状を呈するもの
			b	aよりやや小型化が見られる口径12cm前後のもの
			c	陶邑編年のTK23・47型式の形態に類似するもの
			d	口径14cm以上を測り、口縁部が大きく外反する大型タイプ
	B類			有稜系のもの
		1		精製タイプ
			a	口径14cm前後で、口縁部は外傾する
			b	aよりやや小型化が見られる口径12cm前後のもの
			c	bがさらに小型化し、口径10cm前後の最小化のもの
			d	埦状を呈し、深身のもの
			e	底部から口縁部にかけて逆「ハ」字状に開くもの
		2		粗製タイプ
			a	口径14cm前後で、口縁部は外傾する
			b	aよりやや小型化が見られる口径12cm前後のもの
			c	bがさらに小型化し、口径10cm前後の最小化のもの
			d	埦状を呈し、深身のもの
			e	小型偏平のもの
鉢形土器	A類			底部から口縁部にかけて、ゆるやかに内湾気味に開くもの
		1		小型のもの
		2		中型のもの
	B類			浅鉢形を呈するもの
		1		複合口縁を呈するもの
		2		単純口縁を呈するもの
	C類			B類に比べ、器高が高く、口縁部が外反するもの
	D類			C類よりさらに器高が高く、高さ＞口径×1/2になるもの
		1		大型のもの
			a	複合口縁を呈するもの
			b	単純口縁を呈するもの
		2		小型のもの
甑形土器	A類			筒抜け式のもので、複合口縁を呈するもの
		1		複合口縁がしっかりしているもの
		2		複合口縁が不明瞭のもの
	B類			筒抜け式のもので、単純口縁を呈するもの
		1		大型のもの
			a	球胴のもの
			b	胴部中位にやや膨らみをもつもの
			c	胴部は直線的に長胴のもの
			d	長胴のものに比べ、やや横幅があるもの
			e	胴部上半に膨らみをもつもの
			f	胴部に把手をもつもの
		2		小型のもの
	C類			単孔式のもの
		1		複合口縁を呈するもの
		2		単純口縁を呈するもの
	D類			多孔式のもの
		1		胴部下半に膨らみをもつもの
甕形土器	A類			長甕タイプ
		1		胴部下半に膨らみをもつもの
		2		胴部中位に膨らみをもつもの
		3		胴部上半に膨らみをもつもの
		4		口縁部に最大径を測るもの
	B類			丸甕タイプ
		1		小型のもの
		2		中型のもの
		3		大型のもの
	C類			須恵器の大甕を模倣したもの

なり、口縁部直下には未調整部分が確認され、指頭成形による指紋が観察されるものが多い。七世紀初頭から前葉の初現段階には、口径一三㎝前後を基本とするが、中葉になると須恵器坏の小型化傾向に連動し、口径一二・一一㎝へと変化し、七世紀後葉には口径一〇㎝未満の最小化タイプも出現する。

②鉢

小型・中型・大型品、そして深鉢・浅鉢とバラエティーが豊富である。色調・胎土は坏と全く同じ特徴をもつ。調整も坏と基本的に同じであるが、体部外面のヘラ削り後のナデが化粧土（スリップ）を施したような薄い膜状の調整痕をもつ。この調整については、粘土の乾燥が進んだヘラ削り後の段階ではあり得ない痕跡であるため、現時点ではスリップと理解している。この技法が採用されている器種は、鉢以外に甑・甕といった大型製品に多い。

③甑

底部の違いから、筒抜け式・単孔式・多孔式に分類でき、さらに小型・大型品に細分可能である。色調・胎土は坏・鉢と全く同じ特徴をもつ。調整は鉢と基本的に同じであるが、胴部内面にはヘラナデ後細長い磨きが施されるものが存在する。この細長い磨きは、甑だけの特徴であり、小破片での器種特定に有効である。全体に七世紀中葉以降に粗雑化の傾向が見受けられ、細長い磨きは、七世紀後葉になると間隔が粗い暗文状のものに変化する。

④甕

大きくA類の長甕とB類の丸甕に分類でき、C類の須恵器模倣タイプは、現時点では志木市城山遺跡以外での出土例は皆無である。A類はさらに最大径の位置の違いから、B類は小型・中型・大型品の違いから細分が可能である。色調・胎土は坏・鉢・甑と全く同じ特徴で、調整は甑と基本的には同じであるが、内面の縦方向の細長い磨きは採用されていない。変化の方向は、特にA類の長甕は最大径の位置と膨らみの位置の違いにより、七世紀初頭から前葉は、最大径が口縁部と胴部中位のほぼ同位置にあり、胴部下半の膨らみに特徴がある。中葉には膨らみが胴部中位や上半に上がり、後葉では最大径を口縁部に測り、胴部下半は細長くスマートな器形に変化する。B類の丸甕もA類と同様に膨らみの位置に若干の変化があり、七世紀中葉以降、胴部上半の膨らみ・張りに特徴がある。

以上、武蔵野台地北西部では、六世紀末葉以降、坏では赤色系・黒色系とする広域流通品を主体とする土器群から無彩系および黒色系土師器を主体とする土器群へと大きな変化が捉えられる。そして同時に、すべての器種構成においても同じ特徴をもつ製品に変化していることに注目する必要がある。つまり、こうした全器種を含め共通する土器様相が、「製品レベル」による同製品であり、これが「在地系土師器」の実態であったと考えられる。

これについては、「二〇〇二　彩の国埼玉　発掘調査速報展」[28]に出展した志木市城山遺跡第42地点148号住居跡出土土器で説明したが、「小型製品の坏・鉢形土器のみならず大型製品の甑・甕形土器についても同様な粘土や成形技術によって製作された」とし、「七世紀に入り、土器様相において在地色が顕現する背景には、土器の生産の場が集落から比較的近距離に位置していたことを意味する」[29]と記述している。

二　坏に見られる地域差

すでに、筆者は武蔵野台地北西部に位置する埼玉県上福岡市～和光市を対象に五世紀から七世紀の土器様相を分析し、七世紀における地域性の顕現を指摘した[30]。さらに、荒川下流右岸地域に位置する練馬区・板橋区・北区の集落と土器様相を概観し、在地系土師器の坏のうち、有段系が板橋区赤塚氷川神社北方遺跡・西台後藤田遺跡といった和光市に近い地域ではその傾向が強いものと結論付けた。

ここでは、改めて第六図に坏A類の有段系とB類の有稜系の分布状況を示した。なお、この分布図は、その特徴差を強く表現するために一住居跡において坏を五点以上出土した住居跡のみを掲載することにした。

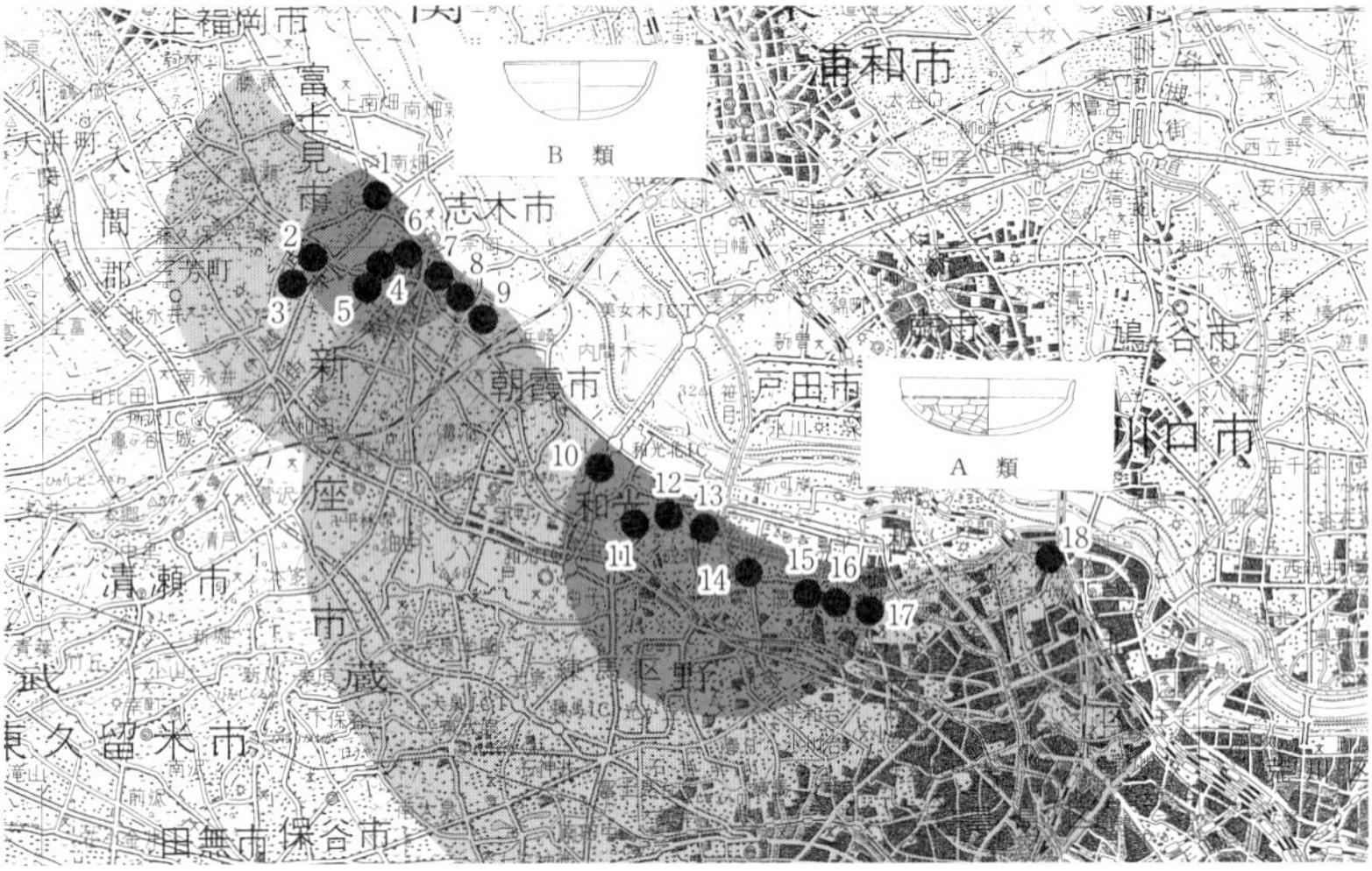

第6図　坏の分布状況

第3表　6世紀末葉から7世紀末葉における在地系坏形土器の割合

No.	遺跡名	都県名	区市町村名	地点名	遺構名	在地系無彩・黒色系坏の割合				時期	文　献
						有段系	有稜系	他型式の坏	占有率		
1	観音前	埼玉	富士見市	第5地点	3号住居址	0	4	2	67%	7C 後葉	高橋他 1984
2	別所	埼玉	富士見市		1号住居跡	0	9	0	100%	7C 中葉	佐々木・小出 1984
				第7地点	7号住居跡	0	9	0	100%	7C 中葉	小出 1987
3	北通	埼玉	富士見市	第44地点	第34号住居跡	0	2	3	40%	7C 中葉	加藤 1994
4	城山	埼玉	志木市	第1地点	1号住居跡	0	10	1	91%	7C 前葉	佐々木・尾形 1988a
					3号住居跡	0	10	1	91%	7C 初頭	
					19号住居跡	5	6	0	100%	7C 中葉	
					41号住居跡	0	2	3	40%	7C 前葉	
					42号住居跡	2	1	2	60%	7C 中葉	
					48号住居跡	5	2	0	100%	7C 後葉	
					49号住居跡	1	3	3	57%	7C 後葉	
				第7地点	69号住居跡	4	4	0	100%	7C 前葉	佐々木・尾形 1991
				第13地点	80号住居跡	1	2	6	33%	7C 中葉	佐々木・尾形 1996
				第42地点	133号住居跡	0	3	4	43%	7C 前葉	尾形・深井・青木 2005
					134号住居跡	0	3	3	50%	7C 中葉	
					148号住居跡	8	20	3	90%	7C 前葉	
5	中道	埼玉	志木市	第2地点	5号住居跡	0	2	5	29%	7C 中葉	佐々木・尾形 1988b
				第21地点	13号住居跡	4	0	3	57%	7C 中葉	佐々木・尾形 1996
				第33地点	17号住居跡	1	1	3	40%	7C 中葉	尾形 1996
6	中野	埼玉	志木市	第25地点	16号住居跡	1	2	3	50%	7C 初頭	尾形・深井 2001
				第49地点	66号住居跡	7	0	0	100%	7C 中葉	尾形・深井・青木 2004
7	田子山	埼玉	志木市	第4地点	11号住居跡	1	7	0	100%	7C 後葉	佐々木・尾形 1992
				第48地点	53号住居跡	3	1	5	44%	7C 後葉	尾形・深井 1999
8	大瀬戸	埼玉	朝霞市	第1地点	1号住居跡	2	0	3	40%	7C 後葉	中山 1985
					3a号住居跡	0	2	3	40%	6C 末葉	
					3b号住居跡	0	1	13	7%	7C 後葉	
					4号住居跡	0	1	5	17%	7C 後葉	
					5号住居跡	0	1	8	11%	7C 前葉	
9	ハケタ・中道	埼玉	朝霞市		第13A号住居跡	0	3	13	19%	7C 後葉	石村・肥沼 1982
10	花ノ木	埼玉	和光市	第3次	第8号住居跡	6	1	2	78%	7C 前葉	鈴木・及川・菊池 2000
				県事業団	第4号住居跡	6	0	0	100%	7C 初頭	西井・新屋他 1994
11	吹上	埼玉	和光市	第3次	第9号住居跡	4	0	2	67%	7C 前葉	鈴木・上原他 2003
					第25号住居跡	2	0	10	17%	6C 末葉	
					第49号住居跡	0	2	21	9%	7C 末葉	
12	妙典寺	埼玉	和光市	第1次	第6号住居跡	2	1	2	60%	7C 初頭	鈴木・牧田・前田他 2002
13	赤塚氷川神社北方	東京	板橋区		H-14号住居址	1	0	4	20%	7C 末葉	鈴木他 1989
					H-17号住居址	1	3	8	33%	7C 後葉	
					H-22号住居址	0	2	8	20%	7C 後葉	
					H-23号住居址	4	0	5	44%	7C 後葉	
					H-26号住居址	3	0	3	50%	7C 中葉	
					H-32号住居址	13	0	12	52%	7C 中葉	
14	大門	東京	板橋区		6号住居跡	2	0	4	33%	7C 初頭	隅田他 1990
15	徳丸東	東京	板橋区		1号住居跡	2	2	3	57%	7C 中葉	小林・隅田 1992
					6号住居跡	4	0	2	67%	7C 中葉	
					8号住居跡	5	4	5	64%	7C 前葉	
16	西台後藤田	東京	板橋区		H2号住居跡	4	0	1	80%	7C 前葉	藤波・林・中村他 1999
					H4号住居跡	4	0	1	80%	7C 前葉	
17	中台畠中	東京	板橋区		106A号住居跡	4	2	34	15%	7C 後葉	守谷他 2000
18	赤羽台	東京	北区		K13号住居址	2	0	7	22%	7C 中葉	永峯・鈴木・大谷他 1992

※1住居跡から5点以上出土のデータ

これによると、A類の有段系は第三表の占有率からみて、和光市花ノ木遺跡（第三図）・妙典寺遺跡を上流地域に下流地域の板橋区西台後藤田遺跡（第五図）にかけて高い比率を示し、B類の有稜系は富士見市観音前遺跡・別所遺跡（第二図）、志木市城山遺跡（第四図）・田子山遺跡を中心に高い比率を示す傾向が見受けられる。地形的にみると概ね黒目川を境に和光市側には有段系が、朝霞市側には有稜系が主体を成し、さらにそれぞれの中心地から離れるにつれ、その比率が希薄になるものの互いに共伴関係があることから、両者は排他的な存在ではないことも注目する必要があろう。厳密には、ポイント的な偏在を示すことも特徴である。

これについては、志木市城山遺跡の藤根　久・今村美智子氏の分析[31]により、坏A類とB類はほぼ同一粘土であり、その粘土は比較的近隣地の可能性があるという結果から、筆者は「貴重な粘土を他地域の集団と共有するためには、安定した秩序を保持するためのかなり強い規制とそれを行使することができる強い統率能力をもつ首長層レベル間でのプロトコルが取り交わされなければ不可避」とし、「結論的には粘土的に同じ材料であることは、非常に近接した粘土採掘場を保有した他集団が存在し、何ら規制もなく排他的な状況であることはあり得ない」と推測している。[32]

なお、富士見市より上流の上福岡市では、七世紀全般を通し、一貫して坏はすべて比企型坏で構成されており、この地域が比企型坏に強く依存している地域であることは明白である。そして三芳町では上福岡市と富士見市・志木市の中間的な土器様相を呈していた。さらに下流の北区では七世紀中葉の赤羽台遺跡[33]で、有色系土器を主体とし、その内訳は赤色系が比企型坏で、その他は広域流通品である黒色系有段坏と有段口縁坏であった。こうした実態は在地系土師器の生産に深く関わりがない地域であった可能性がある。

以上のように、坏を主体とした地域差は明確に捉えることができたが、大型製品である甑・甕については、非常に変化に乏しく未だその差異が把握されていないのは事実である。今後、大型製品には仕上げである、化粧土（スリップ）という特徴的な技法が見られることから、こうした製品の分布状況を的確に把握することにより、在地系土師器の実態を解明することが可能であるものと思われる。

三　在地系土師器の出現と歴史的意義について

ここでは、在地系土師器が顕現した時期である七世紀前葉～後葉がどういう時代であったかを把握するために、鈴木靖民氏の論考[34]を参考に在地系土師器の出現の歴史的背景や土器生産体制について考えることにしたい。

鈴木氏は、古墳時代の首長を「大王（天皇）を最高首長とし、毛野や吉備などの地域統合体の首長を地方（地域）首長、国造級の首長を在地首長、その下のレベルの小首長を村落首長」として規定し、七世紀前半の段階を「この時期に成長するのは彼らの中心である在地首長下の村落首長層」と説明している。

そこで、古墳時代後期の土師器の生産体制を掌握した人物を鈴木氏の規定した首長に対応させてみると、比企型坏・有段口縁坏などの広域流通品の掌握者については、「在地首長層」に相当するものと考えられる。この「在地首長層」を中心とした土器生産は、古墳時代後期よりもさらに古くから生産が開始しているものと想像される。そして在地系土師器の掌握者については、その製品が広域流通品に比べ、流通範囲が狭小であり、七世紀前葉に新製品として顕現するという特徴から、「在地首長層」の下位レベルの「村落首長層」に相当するものと考えられる[35]。

さらに今回、有段系と有稜系の坏に見られる分布差を土器生産の掌握者の違いということで捉えることが可能であるならば、狭小なエリア内で少なくとも二単位の「村落首長層」の存在が確認できたことになる。

鈴木氏による七世紀前半の時代は、「円錐形クランが村落首長の下で個別経営を始めた有力家長層を中心に再編されつつあったことを示す。村落首長層は有力家長層の台頭を背景に、氏族的結合の紐帯として勢力を強める」と分析されているが、この状況は広域流通品の土器生産に関与していなかった今回の武蔵野台地北西部では、七世紀前葉以降に比企型坏を中心とする広域流通品を受け入れず、独自に在地系土師器の生産体制を確立させたという内容に共通することから、「村落首長層」たる人物が土器生産の個別経営を始めたことを示唆する事例と言うことができるのではないかと考える。

古墳時代後期の土師器、特に五世紀末葉から六世紀後葉にかけての広域流通品の分布は、強大な首長層の支配勢力の範囲を示していたかもしれないが、主に製品そのものの「流通」の状況を意味していたのであろう。しかし、七世紀の在地系土師器の分布は、一つの文化のまとまりを示していることで異なり、そのまま「村落首長層」の勢力範囲を示しているものと考えられる。

四　今後の課題

ここでは、今後の課題を以下にまとめることにする。

①今回の対象地域以外でも在地系土師器が存在するかを検討し、七世紀の社会構造そして「村落首長層」の台頭を含めた歴史的動向を追究する必要がある。そのためには、やはり土器を見る目を養うこともさることながら、今後は自然科学分析の積極的な導入による総合的な研究が不可欠となる。筆者は、前述したように志木市城山遺跡出土の在地系土師器の実態の解明を目的に胎土分析を行った[36]。その結果、考古学的な分類基準と胎土分析という粘土レベルでの分類が一致することになった。つまり、見かけ上の分類は製品レベルまで向上した分類ということである。

②行田市築道下遺跡出土の比企型坏を実見し、胎土が異なっていることが確認できた。同時に、熊谷市北島遺跡Ⅴの報告[37]で、田中広明氏は、比企型坏の産地について「荒川水系、利根川水系、ローム台地の粘土、比企・入間の原土が用いられている」と明示していることに注目される。これについては、型式的には比企型坏であっても製品レベル

では異製品であるという現象である。これらの粘土の異なる比企型坏は、本来の比企型坏の生産者から見て、例えば枝分かれ的な工場で製作されたのか、それともその地域での在地系になるか、今後追求する必要がある。

③比企型坏・有段口縁坏などの個々の型式のみの分析を行うのではなく、その他の器種を含めた全器種を総合的に分析する必要がある。現在、桜岡正信氏が武蔵型甕と北武蔵型甕の胎土と焼成の共通性を指摘しているが[38]、おそらく、生産者から見れば、一器種の土器だけを生産しているのではなく、日常で必要な他器種の土器をも製作しているものと想定できる。こうした中、比企型坏の生産者は、すべての器種を製作していると言えるであろう[39]。さらに、落合型坏も新宿区上落合二丁目遺跡[40]の土器を見ると、甕の色調・胎土そして粗いヘラ削り面を残す技法は、落合型坏に共通するため、製品レベルで同一製品と考えられる。

④筆者は、この在地系土師器の分布状況を把握することにより、各地域での八世紀における建郡直前の地域的なまとまりを確認できると考えている。本対象地である場合、豊島郡・新羅郡・入間郡に相当する地域での土器様相が地域の境界とオーバーラップしていない様相は、建郡直前の社会構造を把握する上で重要であろう。

おわりに

古墳時代後期の土師器の生産体制は、おそらく「社会的分業と技術的分業[41]」が確立していたと考えられる。この社会的分業と技術的分業の確立は、土器生産に伴う作業時間や作業工程といった無駄を改善することにより、ますます専門性を増し、生産性を向上させていったものと想像される。

こうした結果、土器の生産地・製品の収束化現象が発生し、前段階では困難であった土器の視覚的な区別が可能になったと考えられる。この現象は、すでに集落単位での土器生産が終了し、同時により大きなエリアを統率できるような在地首長層レベルを管理者とした土器生産の開始を意味するのである。これが、比企型坏・有段口縁坏といった広域流通品の出現に如実に現れているのである。

そして、今回対象とした武蔵野台地北西の地域は、古くから広域流通品である比企型坏等の生産に関わっていなかった地域であるが故に七世紀の土器様相の画期を在地系土師器の出現により明確に捉えられたのだと言える。これは即ち、鈴木氏の「在地首長層」より下位レベルの「村落首長層」の台頭の実態を意味していたのであった。

その後、在地系土師器は七世紀末葉に急速に衰退するが、これは紛れもなく律令制の導入による「古代国家成立[42]」の最も大きな画期の中で垣間見られた地方情勢の一端の現象であったのである。

注

(1) 宇野政雄　一九八〇　「流通政策の諸問題」『流通政策の諸問題シンポジュウム』日本商業学会年報

(2) 三辻利一　一九九〇　「須恵器の産地」『古代史復元七』講談社

(3) 藤根　久・今村美智子　二〇〇三　「第三節　土器の胎土材料と粘土採掘坑対象堆積物の特徴」『波志江中宿遺跡』日本道路公団　伊勢崎市　財団法人群馬県埋蔵文化財調査事業団

(4) 本稿では、古墳時代の時代区分を前・中・後期の三段階に区分し、前期を四世紀全般、中期を五世紀初頭～中葉、後期を五世紀後葉～七世紀全般とする。

(5) 尾形則敏　二〇〇二　「武蔵野台地北西部における古墳時代の地域性」『あらかわ』第5号　あらかわ考古談話会

(6) 尾形則敏　二〇〇五　「荒川下流右岸地域における古墳時代中・後期の様相（二）」『あらかわ』第8号　あらかわ考古談話会

(7) 尾形則敏・深井恵子・青木　修　二〇〇五　『城山遺跡第42地点発掘調査報告書』志木市遺跡調査会調査報告第10集　志木市遺跡調査会

(8) 田中広明　一九九一　「古墳時代後期の土師器生産と集落への供給」『埼玉考古学論集―設立一〇周年記念論文集―』財団法人埼玉県埋蔵文化財調査事業団

(9) 水口由紀子　一九八九　「いわゆる〝比企型坏〟の再検討」『東京考古』第7号　東京考古学会

(10) 尾形則敏　一九九九　「いわゆる「比企型坏」の編年基

準の要点」『あらかわ』第2号　あらかわ考古談話会
(11) 糸川道行　一九九七「房総の有段口縁坏・比企型坏」『古代』第一〇四号　早稲田大学考古学会
(12) 田中広明　一九九五「関東西部における律令制成立までの土器様相と歴史的動向―群馬・埼玉県を中心として―」『東国土器研究』第四号　東国土器研究会
(13) (5)・(6)と同じ。
(14) 尾形則敏・深井恵子　一九九九『志木市遺跡群9』志木市の文化財第27集　志木市教育委員会
(15) 斎藤国夫　一九八〇『小針遺跡発掘調査報告書―B地区―』行田市文化財調査報告書第一〇集　行田市教育委員会
(16) 劔持和夫　二〇〇〇『築道下遺跡Ⅲ』埼玉県埋蔵文化財調査事業団報告書第245集　財団法人埼玉県埋蔵文化財調査事業団
(17) (10)と同じ。
(18) 小出輝雄　一九八七「第6章　別所遺跡第7地点の調査」『針ヶ谷遺跡群』富士見市遺跡調査会調査報告第二七集　富士見市遺跡調査会
(19) 西井幸雄・新屋雅明他　一九九四『花ノ木・向原・柿ノ木坂・水久保・丸山台』埼玉県埋蔵文化財調査事業団報告書第134集　財団法人埼玉県埋蔵文化財調査事業団
(20) 佐々木保俊・尾形則敏　一九八八『城山遺跡発掘調査報告書』志木市遺跡調査会調査報告第4集　志木市遺跡調査会
(21) 藤波啓容・林　辰夫・中村智美他　一九九九『西台後藤田遺跡』板橋区遺跡調査会
(22) 福田健司　一九八一「南武蔵における奈良時代土器編年」『シンポジウム盤状坏―奈良時代土器の様相―』
(23) 鈴木徳雄　一九八四「いわゆる北武蔵系土師器坏の動態」『土曜考古』第9号　土曜考古研究会
(24) 西山克己　一九八四「東国出土の暗文を有する土器(上)―資料紹介―」『史館』第一七号
(25) 西山克己　一九八五「東国出土の暗文を有する土器(下)―東国出土の暗文土器―」『史館』第一八号
(26) 河野喜映　一九八三「集落址出土土器の編年と背景」『神奈川考古』第一四号　神奈川考古学会
(27) 土井義夫・塩野崎直子他　一九八一『弁天池北遺跡』八王子市弁天池北遺跡調査会
(28) 発掘調査速報展は、平成一四年七月二七日(土)～九月一日(日)まで、埼玉県立博物館で開催された。
(29) 埼玉考古学会他　二〇〇二『二〇〇二　彩の国埼玉発掘調査速報展』レジュメ
(30) (5)と同じ。
(31) 藤根　久・今村美智子　二〇〇五「土師器の胎土材料」報告書は(7)と同じ。
(32) (7)と同じ。

(33) 小林重義・大谷　猛他　一九九二『赤羽台遺跡―古墳時代中期～近代編―』東北新幹線赤羽地区遺跡調査会　東日本旅客鉄道株式会社
(34) 鈴木靖民　一九九三「日本古代国家形成史の初段階―首長制社会論の視角から―」『國學院雑誌』第九四巻第一二号
(35) 筆者は今まで「在地首長層」として捉えてしまった経緯がある。
(36) (7) と同じ。
(37) 田中広明　二〇〇二『北島遺跡Ⅴ』埼玉県埋蔵文化財調査事業団報告書第278集　財団法人埼玉県埋蔵文化財調査事業団
(38) 桜岡正信　二〇〇三「武蔵型甕について―上野地域の生産と流通―」『高崎市史研究』17　高崎市市史編さん専門委員会
(39) 埼玉県坂戸市で加藤恭朗・坂野千登勢氏にご教示を受けた。坂戸市は比企型坏の生産に古くから関わっていた地域であるため、出土する製品は時間軸上の変化はあるが、普遍的に同じ粘土と技術で製作されたと考えられる。今後、比企型坏は全器種を含めた「比企系土師器」という一つのブランドとして把握する必要があるものと実感する。
(40) 徳澤啓一・山田美和　一九九五『上落合二丁目遺跡』青木電器工業株式会社　新宿区上落合二丁目遺跡調査団
(41) 田中由多加・渡辺好章・小坂　恕他　一九九六『流通と商業』創成社
(42) 山中敏史　一九八七「6　律令国家の成立」『岩波講座日本考古学6』

参考文献

石村喜英・肥沼正和　一九八二『宮戸ハケタ遺跡発掘調査報告書』朝霞市文化財調査報告書第9集　朝霞市教育委員会
尾形則敏　一九九六『志木市遺跡群Ⅶ』志木市の文化財第23集　志木市教育委員会
尾形則敏・深井恵子　二〇〇一『埋蔵文化財調査報告書2』志木市の文化財第31集　埼玉県志木市教育委員会
尾形則敏・深井恵子・青木　修　二〇〇四『中野遺跡第49地点』志木市遺跡調査会調査報告第7集　埼玉県志木市遺跡調査会
後藤健一　一九八九「付載　湖西古窯跡群の須恵器と窯構造」『静岡県の窯業遺跡（静岡県内窯業遺跡分布調査報告書）』静岡県教育委員会
加藤秀之　一九九四「第4章　北通遺跡第44地点」『富士見市内遺跡Ⅱ』富士見市文化財報告第44集　富士見市教育委員会
小林三郎・隅田　眞　一九九二『徳丸東遺跡発掘調査報告書』文化財シリーズ第72集　板橋区教育委員会
佐々木保俊・小出輝雄　一九八四「第Ⅴ章　別所遺跡の遺構

と調査」『針ヶ谷遺跡群』富士見市遺跡調査会調査報告第23集　富士見市遺跡調査会

佐々木保俊・尾形則敏　一九八八ａ『城山遺跡発掘調査報告書』志木市遺跡調査会調査報告第4集　志木市遺跡調査会

佐々木保俊・尾形則敏　一九八八ｂ『中道遺跡発掘調査報告書』志木市遺跡調査会調査報告第5集　志木市遺跡調査会

佐々木保俊・尾形則敏　一九九一『志木市遺跡群Ⅲ』志木市の文化財第16集　志木市教育委員会

佐々木保俊・尾形則敏　一九九二『中道遺跡第12地点　中道遺跡第13地点　田子山遺跡第4地点　田子山遺跡第5地点発掘調査報告書』志木市の文化財第18集　志木市教育委員会

佐々木保俊・尾形則敏　一九九六『城山遺跡第12地点　城山遺跡第13地点　西原大塚遺跡第14地点　中野遺跡第11地点　中野遺跡第16地点　市場裏遺跡第1地点　田子山遺跡第10地点　中道遺跡第21地点　田子山遺跡第13地点　西原大塚遺跡第21地点　市場裏遺跡第2地点　中道遺跡第26地点』志木市の文化財第24集　志木市教育委員会

佐々木保俊・尾形則敏　一九九九『志木市遺跡群9』志木市の文化財第27集　志木市教育委員会

鈴木一郎・牧田　忍・前田秀則他　二〇〇二『四ツ木遺跡（第3次）・妙典寺遺跡（第1次）』和光市埋蔵文化財調査報告書第26集　和光市遺跡調査会　和光市教育委員会

鈴木一郎・及川恒夫・菊池仁志　二〇〇〇『市内遺跡発掘調査報告書3』和光市埋蔵文化財調査報告書第23集　和光市教育委員会

鈴木一郎・上原健二他　二〇〇三『吹上遺跡（第3次）』和光市埋蔵文化財調査報告書第30集　和光市遺跡調査会　和光市教育委員会

鈴木敏弘他　一九八九『赤塚氷川神社北方遺跡（Ⅰ）』文化財シリーズ第64集　板橋区教育委員会

隅田　眞他　一九九〇『大門遺跡発掘調査報告書』建設省関東地方建設局大宮国道工事事務所　板橋区大門遺跡調査会

高橋　敦他　一九八四『松山遺跡第3地点　観音前遺跡第5地点　ハケ上遺跡第4地点　松ノ木遺跡第30地点　松ノ木遺跡第31地点発掘調査報告書』富士見市遺跡調査会調査報告書第22集　富士見市遺跡調査会

中山清隆　一九八五『大瀬戸東遺跡』朝霞市埋蔵文化財発掘調査報告書第13集　朝霞市遺跡調査会　朝霞市教育委員会

永峯光一・鈴木敏弘・大谷　猛他　一九九二『赤羽台遺跡―古墳時代中期～近代編―』東北新幹線赤羽地区遺跡調査会　東日本旅客鉄道株式会社

西井幸雄・新屋雅明他　一九九四『花ノ木・向原・柿ノ木坂・水久保・丸山台』埼玉県埋蔵文化財調査事業団報告書第134集　財団法人埼玉県埋蔵文化財調査事業団

守谷幸一他　二〇〇〇『中台畠中発掘調査報告書』中台畠中遺跡調査会　株式会社日立製作所

北武蔵における評の成立

知久裕昭

はじめに

北武蔵の地は、埼玉古墳群を築いた勢力の存在や、数多く分布する古墳時代以降の集落跡等から、古代武蔵の中で最も重要な地域の一つであったと考えられる。また、榛沢評家跡と考えられる熊野・中宿遺跡や幡羅評家跡と考えられる幡羅遺跡が発見される等、現在の考古学でも注目を集める場所である。(1)近年では、幡羅遺跡の調査も進み、徐々にではあるがその様相が明らかになりつつある。地理的に幡羅評のほぼ中央に位置し、交通の要衝でもあったと考えられる幡羅評家は、それまで墓域であった台地の縁辺に、七世紀後半に突如建設される。榛沢評家もほぼ同様の経過を辿って建設されると考えられ、両者の間には密接な関係が想定される。両地域では、評家跡の調査だけでなく集落跡の調査も進み、その様相が大分明らかになっている。そこで、集落の展開や土器組成の変化等を通して、両地域を含む北武蔵における律令制始動期の様相に迫ってみたいと思う。

一　集落の展開と評境（第一図）

幡羅・榛沢地域は、北の利根川、南の荒川に挟まれており、北半は妻沼低地、南半は櫛挽台地という地形である。集落が低地へと進出するのは縄文時代中期末葉以降と考えられ、弥生時代中期の上敷免遺跡や横間栗遺跡、四十坂遺跡等の周辺は比較的早くから開発が行われていたものと思われる。古墳時代前～中期までの集落分布は、それまでよりやや広がりを見せるものの、基本的には変わらないものといえ、低地末端部に沿って展開している。台地先端湧水等を利用して、灌漑を行い易い場所を利用しているものと考えられる。

古墳時代後期になると、集落分布は特に幡羅地域で劇的な変化を遂げる。利根川と小山川の合流点の南西部からは集落が認められなくなり、東部においては、低地の中央部や、櫛挽台地東端と妻沼低地の境界付近へと開発が広範囲に及ぶようになる。上敷免遺跡や一本木前遺跡等幾つかの拠点的な集落が大規模化するのもこの頃である。新たな集落の中で特に注目されるのは、城北遺跡である。周辺の遺跡と同様に五世紀後半頃出現するが、他の集落がその後も存続する中、六世紀中頃をもって消滅する。出土遺物の中には、韓式系土器に類例のある輪状つまみをもつ土師器蓋が存在することや、馬六個体分、牛一個体分の骨が出土していること等から、周辺に分布する集落群の中では最も渡来系集団の関与を想わせるものがある。低地の更に北東部については、洪水等による堆積層が厚いことや、調査が余り及んでいないことから明確ではないが、更に多くの遺跡が存在していることが想定される。

上敷免遺跡の西側では、古墳時代後期になると集落の空白域を呈する。戸森前遺跡も六世紀前半頃をもってとだえるため、現在の唐沢川西岸は集落がほとんど認められなくなる。この傾向は八世紀になるまで続くものと考えられる。この要因について、一つには生産性の問題が挙げられる。利根川と小山川の合流点付近の小山川南岸には、台地先端

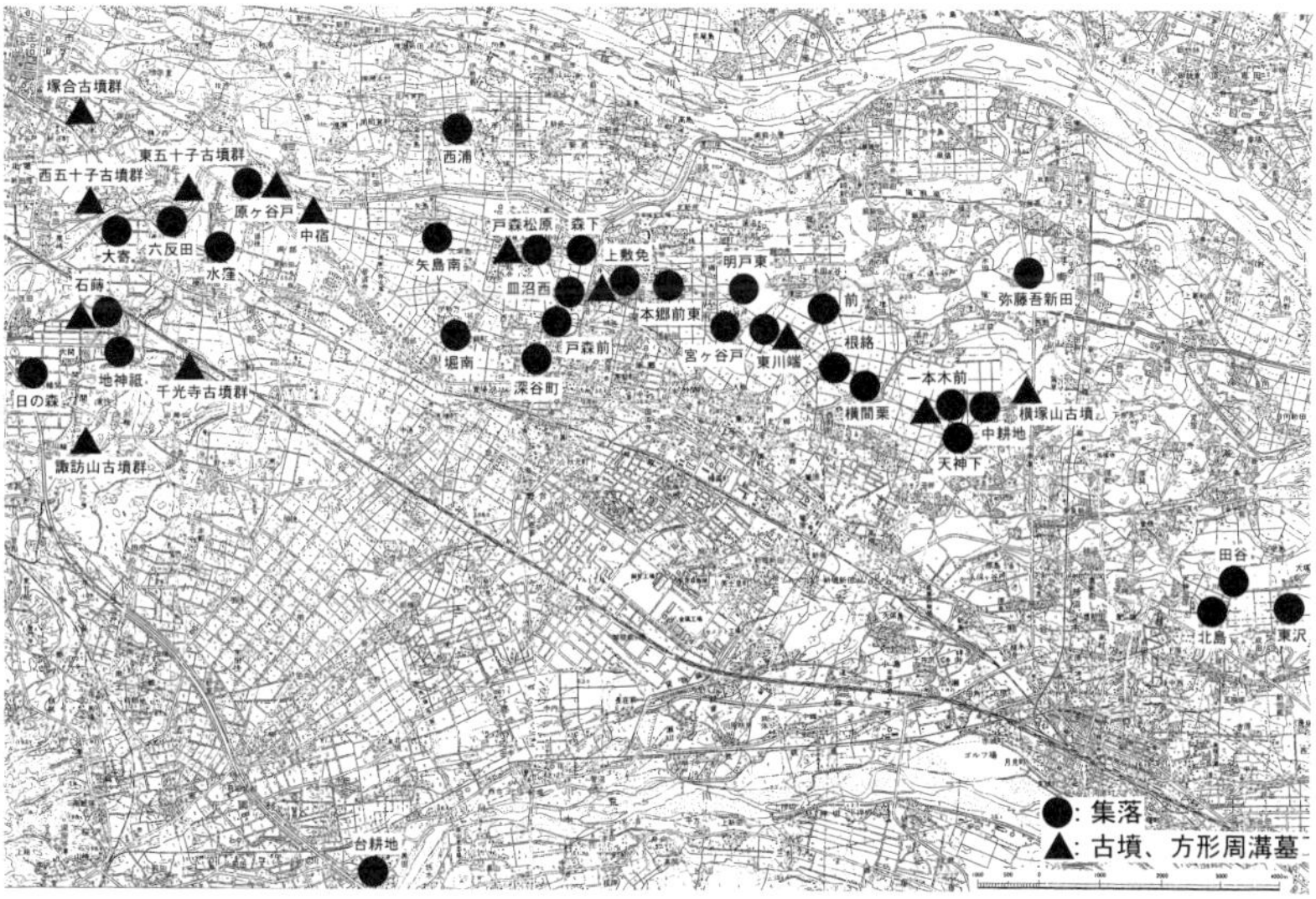

古墳時代前～中期

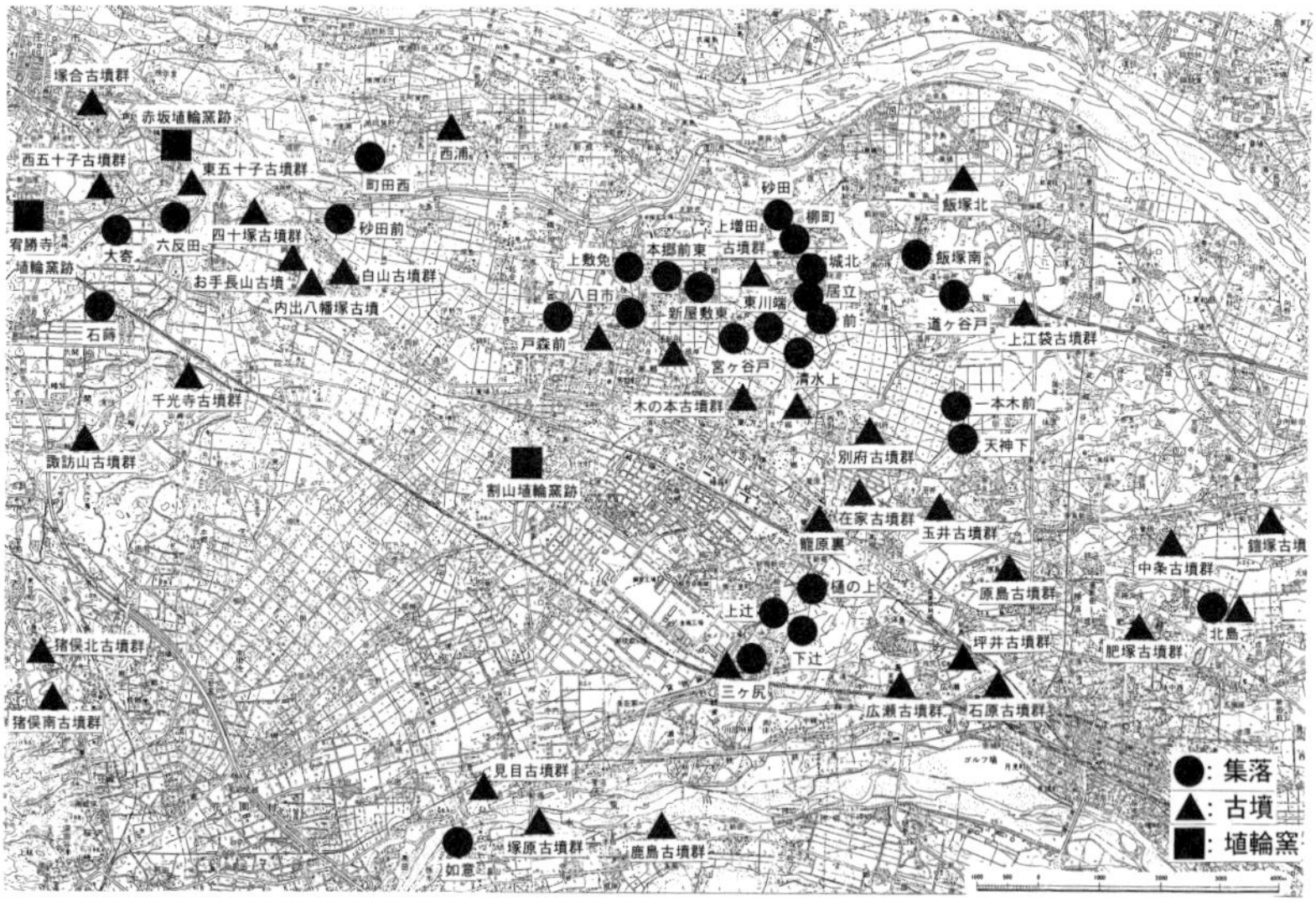

古墳時代後期

第１図　古墳時代の遺跡分布

湧水や洪水等に関係する湿地に由来するとみられる「沼」を含む地名が多く、小山川および利根川流域に「島」を含む地名が多く存在する（第二図）。「島」の地名については、利根川の氾濫によって形成された島状微高地が由来とされる[2]。つまりこの地は、初期の農耕に適していた湿地帯と河川の氾濫が多かったであろう地域で、古墳時代後期において、生産性のより高い上敷免遺跡以東に労働力が投下されたのではなかろうか。

なお、近世の郡境は上敷免遺跡等の集落群西端部付近に当たる。立評当初は明確な評境が存在していなかった可能性があるが、そもそもコホリの呼称は元来その支配の下に編成された人的側面から発したとされ[3]、初期の評は立評氏族等の支配が及ぶ集団の領域という性格を持っていたといえる[4]。そのため、古墳時代後期の集落群をほぼそのまま編成して立評を行っているとすれば、近世郡境と余り変わらない位置に、後々境界が固定していったことが推定できる。恐らく境界線としては、河川や道路[5]が意識されたであろう。幡羅・榛沢評の推定される境界が、集落域の空白域に該当することは、必然性をもったものと考えられるのである。

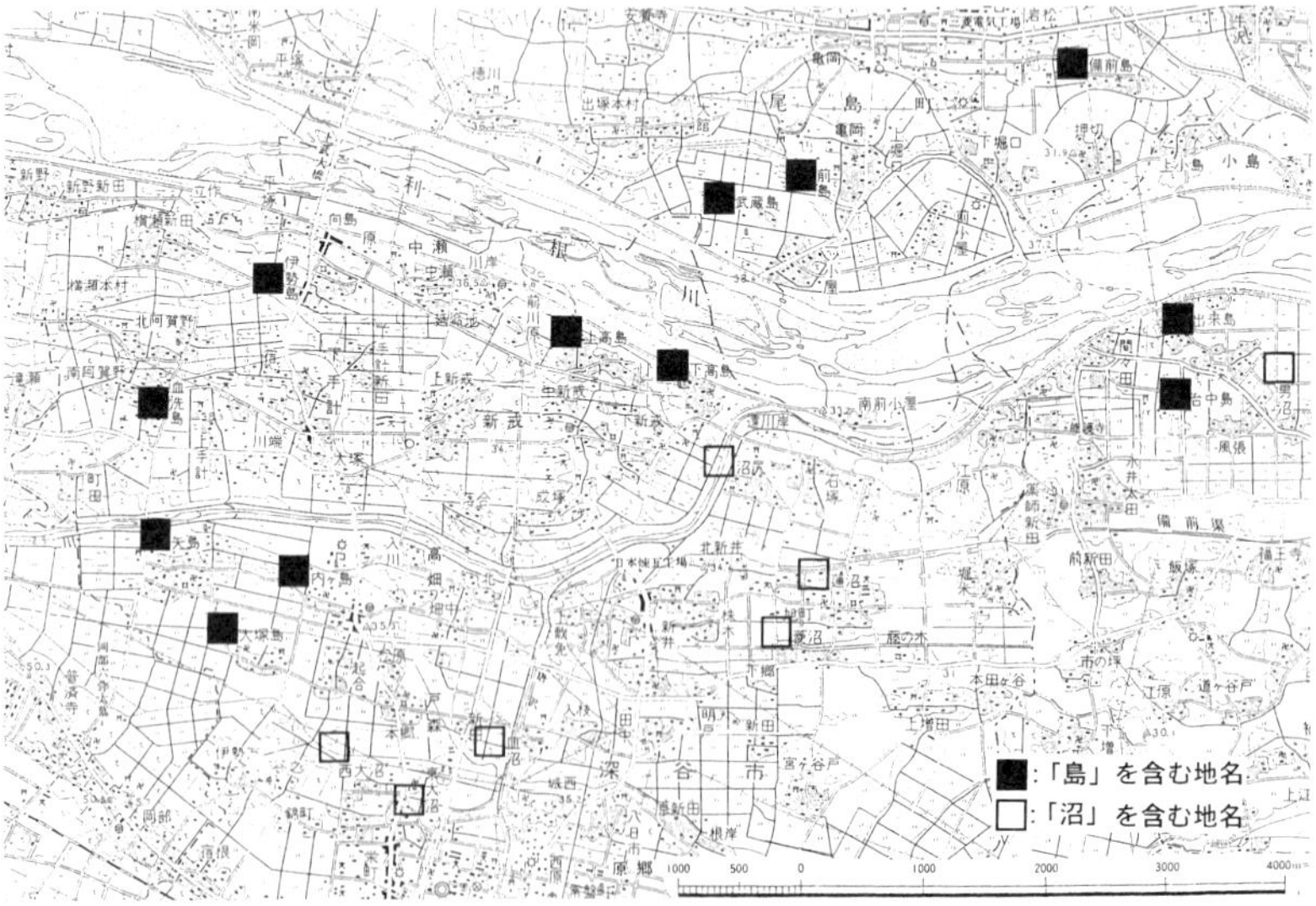

第２図　利根川・小山川合流点付近の地名

一方、幡羅・埼玉評の境界については、近代の郡境とほぼ同じとするか、それよりやや西とするか二通りの可能性が考えられる。つまり、北島遺跡周辺をどちらの評に含めるかということに帰結する。北島遺跡は弥生時代中期から継続する遺跡であるが、七世紀後半に住居数が著しく増加する傾向がある。周辺の遺跡には、南東約二kmに池上遺跡、約二・八kmに小敷田遺跡がある。これら両遺跡からは、評名である「前玉」の省略と思われる「前」の墨書土器が出土しており、埼玉評域である可能性が高い⑹。また北東約二kmには中条条里遺跡、南東約七・五kmに埼玉古墳群があり、これらの遺跡群と北島遺跡とは不可分であると思われる。転じて西側には、古墳時代後期およびそれ以降を通じて大きな集落は認められない。こうしたことから、北島遺跡は埼玉評西端に位置していた可能性が高い。

次に、集落規模の変遷を見ていく。第一図に挙げた遺跡群の内変遷を辿りうる資料が蓄積されているものは、立地から第三図の七地域に区分し得る。これらそれぞれの地域内の集落規模はほぼ同一歩調をとって増減しているという特徴を示す。変遷の様子から、〈一類〉六世紀にピークをもち、七世紀以降減少するもの、〈二類〉七世紀後半にピークをもち、八世紀に減少するもの、〈三類〉八世紀まで増加を続けるものの三つに類型化される。

一類は上敷免遺跡等、砂田遺跡等、一本木前遺跡、砂田前遺跡等の四地域である。これらの地域には六世紀における拠点的な大集落が営まれ、七世紀前半に激減、後半に更にやや減少する。二類は宮ヶ谷戸遺跡等の地域である。すぐ南の台地上に建設される幡羅評家に最も近い集落群で、七世紀後半に集落規模が一つのピークを迎える。このことは、評家の建設に関連する集落の動きと捉えられる。三類は北島遺跡、大寄遺跡等の二地域である。

注目すべきは、一類が七世紀以降減少するが、二類は七世紀後半にピークが来るという点である。こうした集落の動きから、評家建設に関わる人口は一類から二類へと供給された可能性が高いと考えられる。むろん、一類は七世紀前半には激減していることから、直接的な動きとは考えられない。支配者層の意向等何らかの外的要因も加わって、遺跡の様相が明確とはなっていない低地中央部の新たな開発のために、労働力の移動が行なわれ、それを経て二類へ

幡　羅　評

上敷免・八日市・新屋敷東・本郷前東

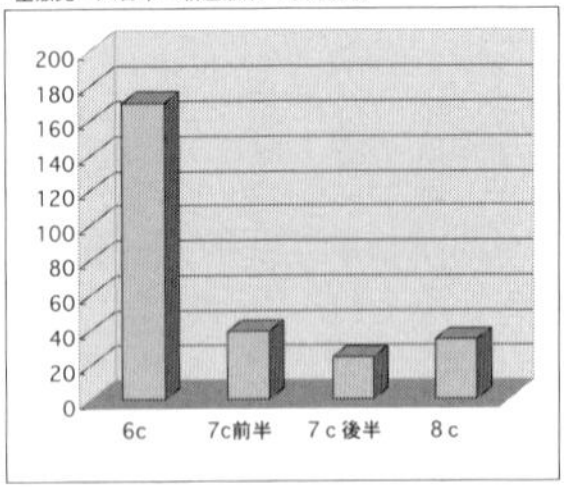

宮ヶ谷戸・東川端・清水上

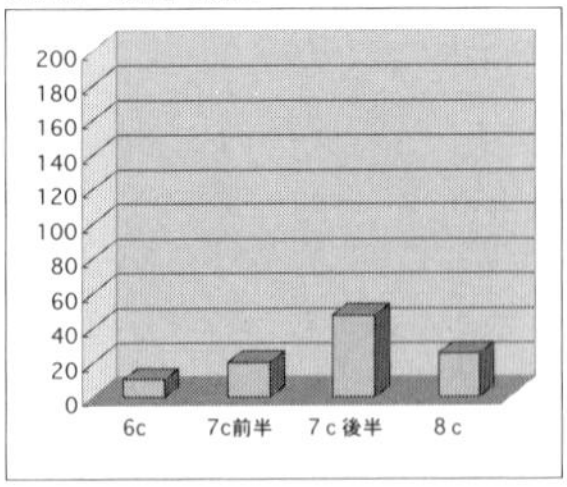

砂田・柳町・城北・居立・前

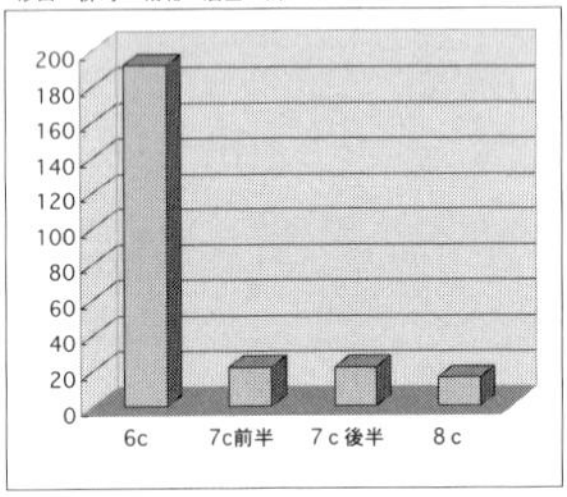

一本木前

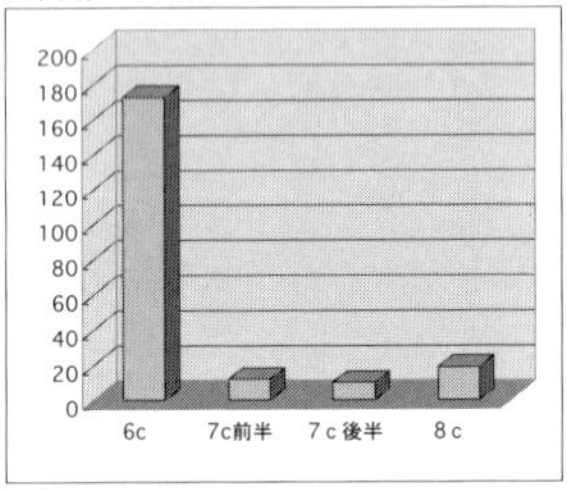

埼　玉　評

北島

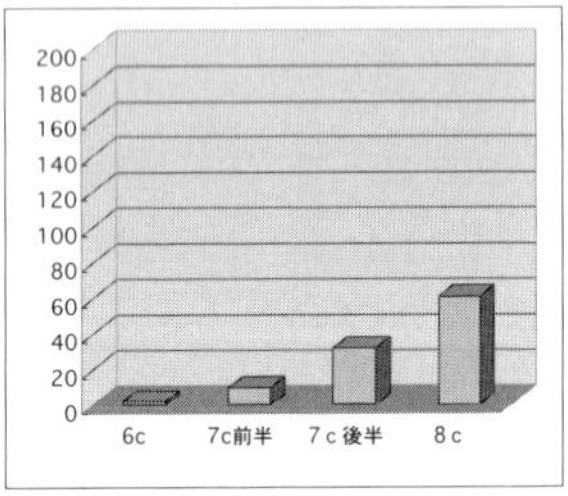

榛　沢　評

砂田前・町田西

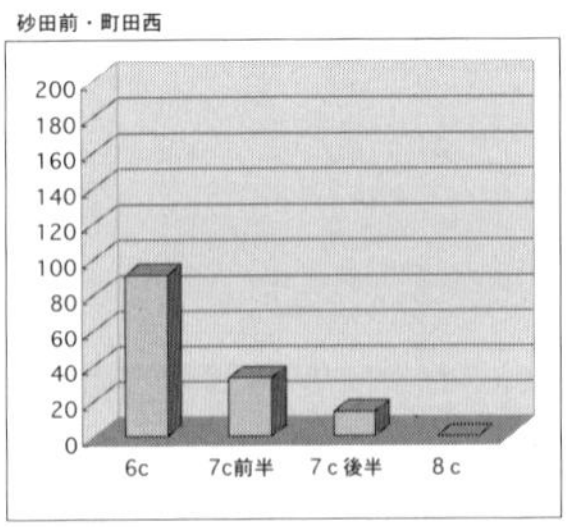

大寄・宮西・六反田・西浦北

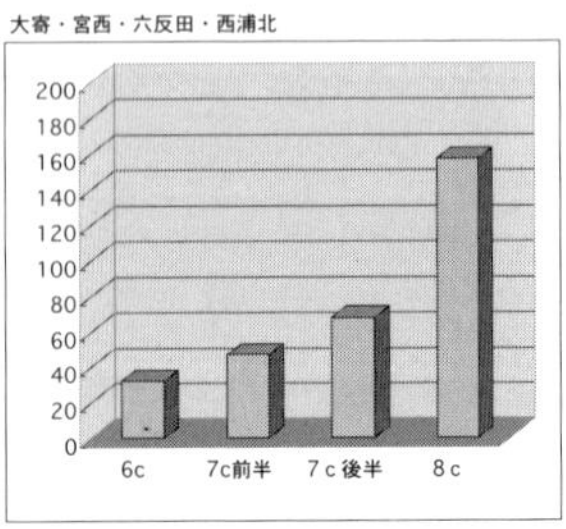

第３図　集落規模の変遷

の動きがあったことも考えられよう。六世紀中頃をもって消滅する城北遺跡も、そうした原因による一例と思われる。以上から、人口の移動は幾度となく行なわれていたが、七世紀後半という画期に、評家の建設に伴う大きな人口移動があったものと考えられる。

次に三類であるが、六世紀代には小規模であったものが徐々に住居数を増加させていく。そして、九～一〇世紀にかけては、北島遺跡で方形の区画施設、西浦北遺跡では緑釉手付瓶等の奢侈品が出土する等、一般の集落からは一線を画する様相を呈する。更に、北島遺跡では道路跡が検出され、交通の要衝であったことから、富の集積する地点であると捉えられる。また、三類については、評督や郡司層或いは新興勢力の拠点としても考え得る。一方、幡羅地域において、この類型に当たる集落群は認められなかった。しかし、妻沼低地北東部の旧妻沼町域には、八世紀後半～一〇世紀まで継続する飯塚北遺跡があり、方形区画施設や大型の掘立柱建物群、多量の施釉陶器が出土している。前述したようにこの周辺は様相が余り明らかになっていないが、北島遺跡や西浦北遺跡と対比し得るものと思われる。周辺に分布するであろう集落群と併せて、この類型に対応する可能性がある。

二　古墳の展開（第一図）

幡羅・榛沢地域における古墳の分布は、古墳時代前～中期においては、集落の比較的近くにある。しかし、古墳時代後期になると、集落域と古墳域が明瞭に分かれる場所が現れる。深谷市原郷から東方にかけては、一部を除いて、低地に集落、台地先端に古墳が築かれる。また、北島遺跡と三ヶ尻遺跡等の間にはほとんど集落は認められないものの、古墳群は多く築かれている。

幡羅地域に築かれている主要な古墳を見ていくと、後期では全長四四ｍの帆立貝式前方後円墳である鎧塚古墳と、それとほぼ同規模と思われる木の本古墳群中にある一基や中条古墳群中にある二基を最大のものとし、径三〇m程度以下の円墳がほとんどを占める。前方後円墳の可能性があるものも幾つかあるようであるが、墳形、規模は明確ではない。終末期のものと考えられるのは、広瀬古墳群中にある上円下方墳と考えられている宮塚古墳（一辺約二四m）や鉄製鞘尻金具、銅製双脚足金物等が出土した径二〇m未満の円墳群の籠原裏遺跡がある。(7)

次に榛沢地域について見ていくと、中期に全長三九mの帆立貝式前方後円墳一基を含む諏訪山古墳群、後期に全長五一mの前方後円墳である寅稲荷塚古墳を含む四十塚古墳群、全長四五mの前方後円墳であるお手長山古墳、終末期では径三三mの内出八幡塚古墳、一辺三七mの方墳である愛宕神社古墳がある。寅稲荷塚古墳は六世紀後半頃、お手長山古墳は六世紀末頃のものと考えられており、六世紀後半から七世紀にかけて、寅稲荷塚古墳→お手長山古墳→内出八幡塚古墳→愛宕神社古墳と首長墓が変遷していくと考えられている。(8)

埼玉地域の場合は、五世紀末頃から首長墓とみられる古墳等が次々と造営され、埼玉古墳群と呼ばれる。六世紀末頃には、底部穿孔の須恵器壺を樹立した前方後円墳である中の山古墳、七世紀には一辺約四〇mの方墳である戸場口山古墳、埼玉古墳群の北方約二・五㎞の地点にある埴輪を持たない前方後円墳の小見真観寺古墳、直径約八〇mの円墳である八幡山古墳等の大型墳が築かれる。

次に、それら三地域の比較を行ないたい。幡羅地域では、六世紀代には全長四〇mを超える規模の帆立貝式前方後円墳が数基認められる。これはほぼ同時期における榛沢地域の寅稲荷塚古墳と比べ、規模は僅かに小さく、墳形が帆立貝式と前方後円墳という相違点がある。また、埼玉地域と比較すると、古墳の規模には格段の差がある。そして、幡羅地域の古墳群では、終末期の首長墓と見做し得る古墳は現在のところ確認されていない。籠原裏古墳群は、立地や出土遺物から幡羅評家との関係が深いと考えられ、また宮塚古墳は特殊な墳形を持つと考えられるものであるが、いずれも規模が小さく、埼玉及び榛沢地域とは異なる様相を示している。今後、幡羅地域においても前方後円墳や終末期の首長墓が確認される可能性があるが、現状では、六世紀代から集落規模に比べ古墳が傑出していないことが指摘できる。

三　土器組成にみる官衙

今回対象としている地域で、評家と見做される遺跡は熊野遺跡と幡羅遺跡がある。熊野遺跡については鳥羽政之氏の精力的な研究があり、(9)初期評家と認識し得るとしている。(10)また、幡羅遺跡については調査及び遺物の整理は途上であるが、初源期とみられる資料が徐々に充実しつつある。そこで、熊野遺跡と幡羅遺跡の土器の対比を行ないたい。

熊野遺跡はこれまでに一〇〇次以上の調査が行なわれている。現在それら全ての成果が公表される段階ではないが、近年相次いで報告書の刊行とそれに伴う論考が発表されている。その出土土器に関する主な論考に、富田和夫氏によるもの(11)と鳥羽政之氏によるもの(12)がある。富田氏は、出土土器を七期に分類し、今回問題としている七世紀後半～八世紀初頭についてはⅠ～Ⅱ期に分け、それぞれを古相、新相に分類している。その編年によると、有段口縁坏は段が徐々に退化し、模倣坏と共にⅡ期中にほぼ消滅、暗文坏はⅠ期古相では小振りのものがみられ、新相では扁平な器形が目立つようになる、北武蔵型坏はⅠ期新相では古相より器高の低い浅身が増加するとしている。一方、鳥羽氏は、宮都（飛鳥・藤原地域）出土須恵器と熊野遺跡出土須恵器の対比から、熊野遺跡の形成について考察している。対象としているのは一三一次一住、四七次二住、六〇次一住の三軒の住居跡出土土器で、一三一次一住を飛鳥Ⅱを主体としⅢを含む段階、四七次二住を飛鳥Ⅲを主体としⅣを含む段階、六〇次一住を飛鳥Ⅳを主体とする段階としている。富田氏の編年との対応関係は、それぞれがほぼⅠ期古相、Ⅰ期新相、Ⅰ期新相～Ⅱ期古相の一部に相当する。(13)

ここでは、鳥羽氏が編年を行なった三軒の住居跡出土の主に土師器供膳具について考察を加えたい（第四図）。住居

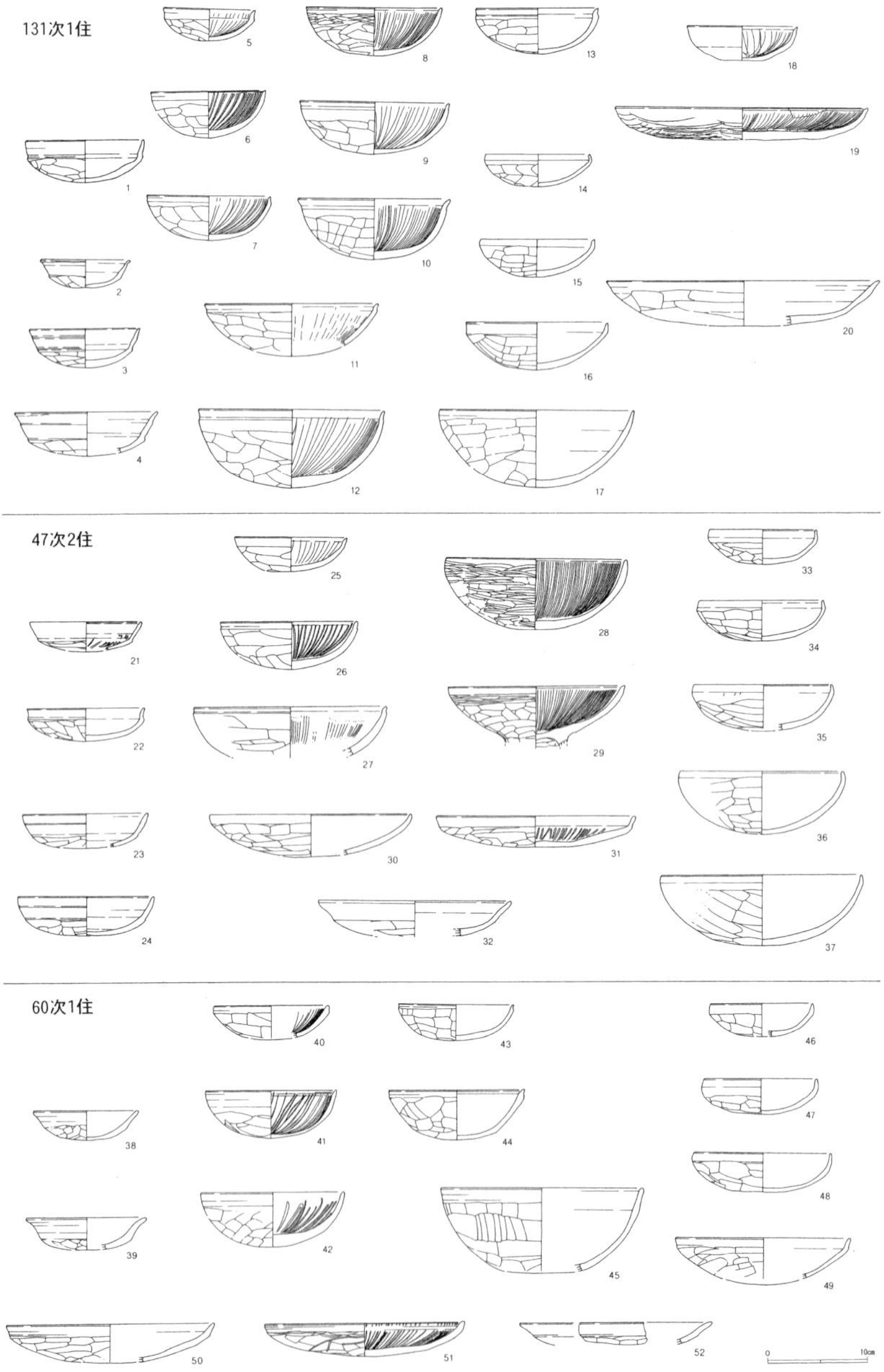

第4図　熊野遺跡出土土師器

跡一括資料は厳密な意味での同時性を反映している訳ではないが、住居が廃絶されてから廃棄行為が終了するまでの限定された時間幅での同時性は保証されているものと考える。そのため、その組成比率についても、一定の時間幅における傾向を示しているものとし、これを積極的に評価したいと思う。器形の変化については富田氏の論考があるので特には触れず、主な器種である模倣坏、有段口縁坏、暗文坏、北武蔵型坏、皿を中心とする土師器の組成比率についてみていく（第五図）。一三一次一住は在来器種である有段口縁坏が最も多く、供膳具の約三分の一を占める。また、七世紀後半に新たに登場する北武蔵型坏と暗文坏も若干少ないものの、それに近い割合を占める。特筆されるのは、畿内産土師器（第四図18・19）の出土である。評家建設における中央の関与のあり方を示唆すると思われる。次に四七次二住では、有段口縁坏は激減し、北武蔵型坏が半数以上を占めるようになる。坏では暗文坏が次点であるがその割合は一割程度と少なくなる。注目されるのは、皿と須恵器の割合が増大することである。特に皿は、官衙との結び付きの強い器種とされる盤と共に、律令体制成立期に新たな供膳具として登場するものであり⒁、この変化は大きな意味をもつものと思われる。また、北武蔵型皿（第四図32）も僅かに認められるようになる。六〇次一住では、四七次二住とほぼ同じ組成比率を示す。このことから、この組成が安定したものとなっていることが指摘できよう。以後、有段口縁坏や模倣坏の消滅といった変化が起こるが、基本的にはこの組成が継承されていく。この三つの一括資料からは、スムーズな変化が看取でき、少なくとも榛沢評における一つのモデルと捉えることはできよう。このことを前提とすると、土器組成の変化から、熊野遺跡成立期と考えられる一三一次一住の段階と四七次二住の段階の二回の画期を認めることができる。

次に幡羅遺跡では、一三住と七五土壙の資料が挙げられる（第六図）。一三住の資料は、現在のところ幡羅遺跡の中では最古段階とみられる資料である。熊野遺跡との対比では、一三一次一住までは明らかに遡らず、四七次二住とほぼ併行すると思われ、七世紀第Ⅳ四半期に位置付けられる。須恵器の比率は低く、土師器の器種組成では暗文坏が約

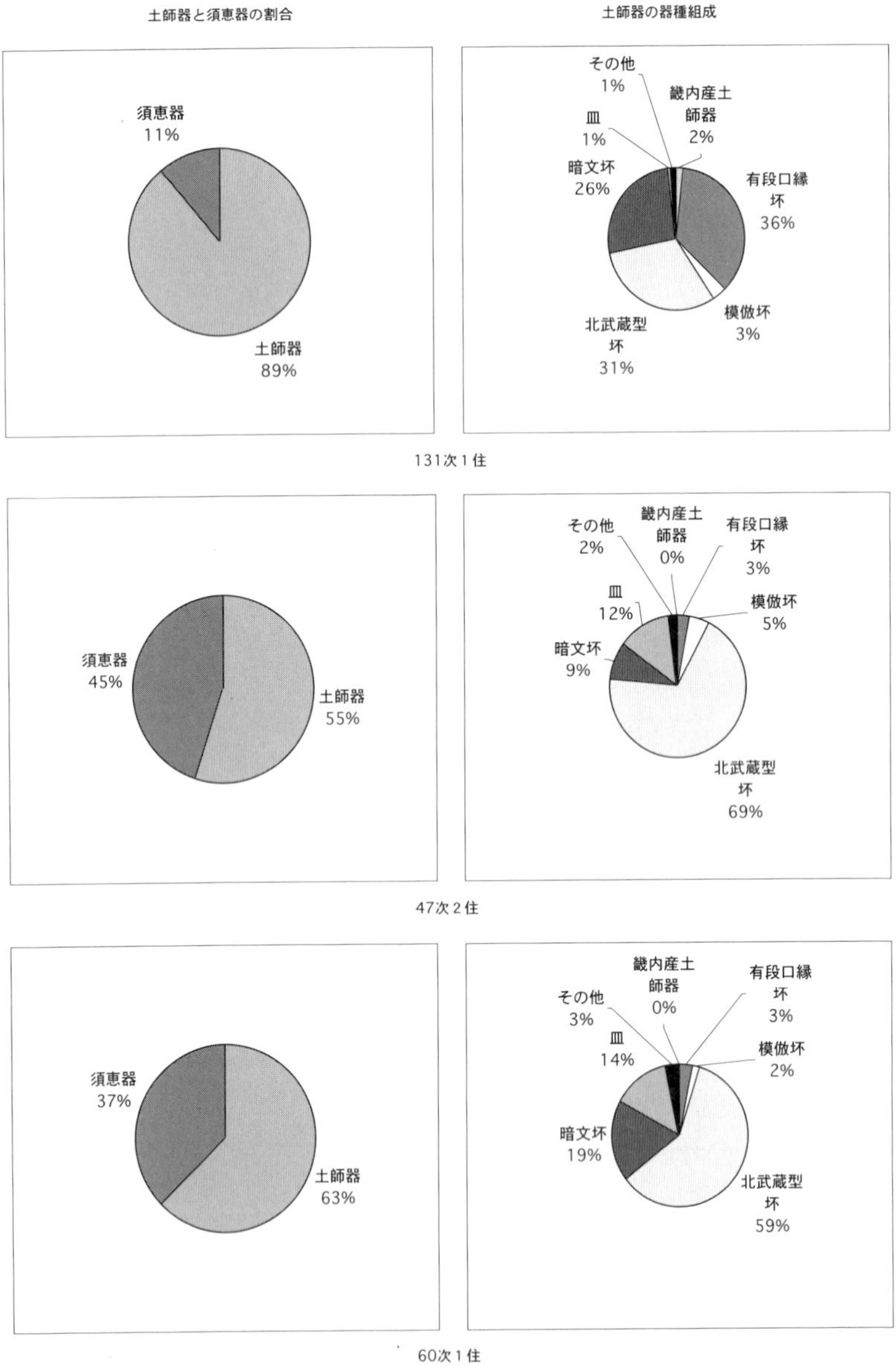

第5図　熊野遺跡の土器組成

半数を占め、北武蔵型坏の比率は低い。暗文皿は成立しており、皿の割合は増加傾向にあるが、全体的に熊野一三一次一住の組成に似ている。暗文坏と北武蔵型坏を新器種、有段口縁坏と模倣坏を在来器種としてそれぞれ一括りにして見た場合、熊野一三一次一住とほぼ同じ様相を示す。七五土壙は七世紀末頃に位置づけられる。土師器皿や須恵器の割合が増大し、暗文坏、北武蔵型坏、在来器種の割合が拮抗する。幡羅遺跡では、熊野遺跡と同様に土師器皿や須恵器の割合が増大していく傾向があるが、土師器坏は暗文坏が優勢で、在来器種が根強く残ることがこの二つの一括資料から読み取れる。このことは、土師器の生産と流通の問題と深く関わると思われる。

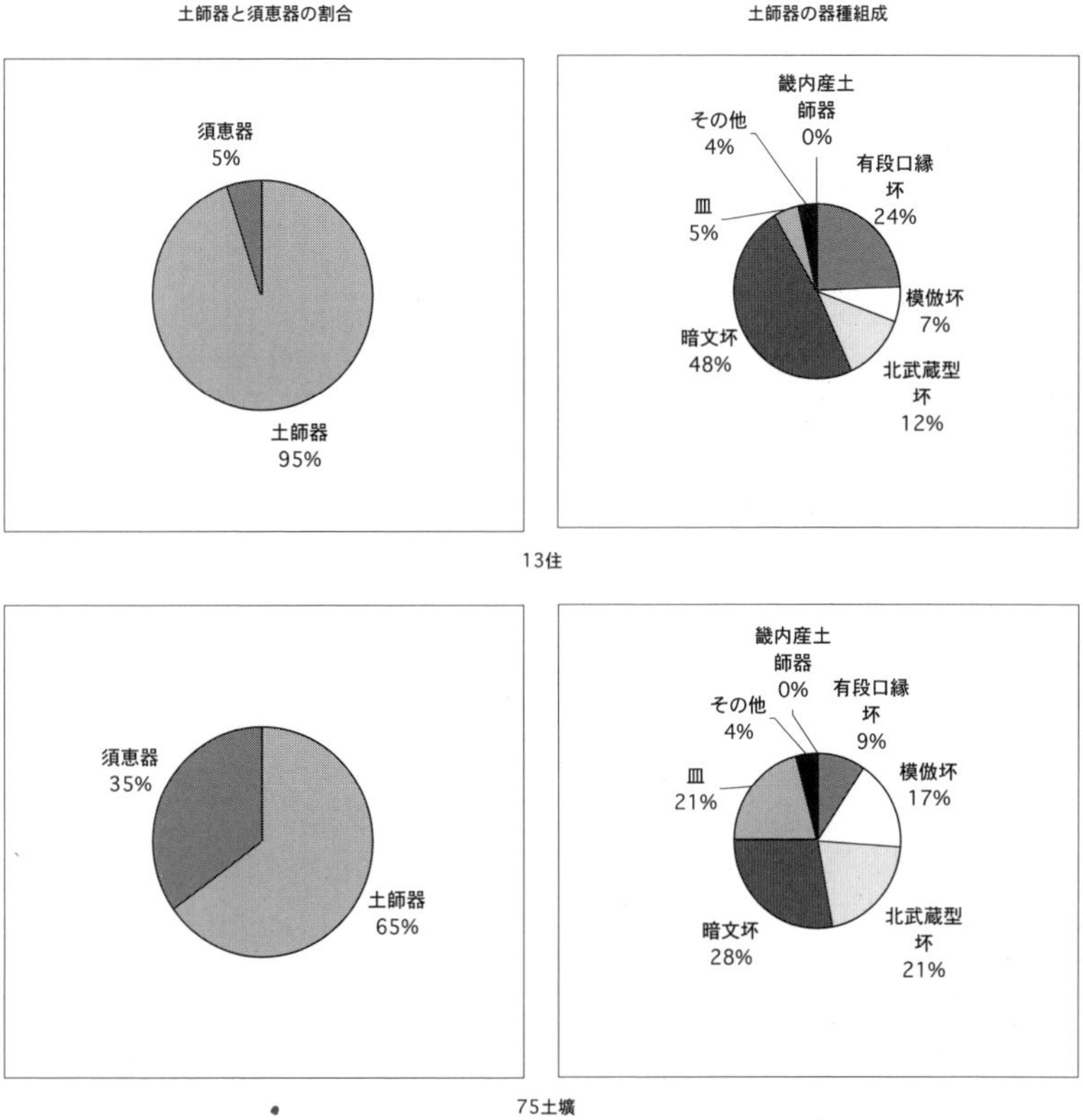

第6図　幡羅遺跡の土器組成

熊野遺跡と幡羅遺跡は、土師器供膳具の器種組成に地域性による違いが認められた。しかし、土師器皿や須恵器の増大の様な基本的な変化は同一歩調をとっている。両遺跡を比較すると、幡羅一三住は熊野四七次二住にほぼ併行するとみられるため、幡羅遺跡の変化の時期が一見一段階遅れるようにみえる。しかし、熊野四七次二住出土土器は飛鳥Ⅲ～Ⅳに亘る大きな時間幅をもっている。そのため、大きく土器組成が変化したのはその中の一時期とみられる。基本的な変化がほぼ同じ時点で起こったとするなら、幡羅一三住の段階以後を画期とすることができるのではないか。

四　熊野遺跡と幡羅遺跡

前章で土器組成の分析を行なったが、もう一度熊野遺跡の三軒の資料について考察を加えたい。土器組成から二つの画期が確認されるとした。一つ目は熊野遺跡の出現期に当たる一三一次一住の段階であり、参考となる飛鳥水落遺跡の年代は六五〇年代～六六〇年代と考えられている。[15] 二つ目の画期は四七次二住の段階で、年代観は六七〇年代～六八〇年代とされる。[16] 遺構の上では、前段階の建物群の一部が建て替え、或いは新造された可能性が考えられている。幡羅遺跡出土土器との対比から、画期となるのはこの時間幅の中でも特に後半に当たる可能性が高い。次の六〇次一住（年代観は六八〇年代～六九〇年代）の段階には主な建物群は廃絶している状況が想定されている。そして、官衙の機能は北に隣接する中宿遺跡へと移ったものと考えられる。鳥羽氏の年代観に依るなら、六五〇年代～六六〇年代に熊野遺跡が成立し、六八〇年代～六九〇年代頃に中宿遺跡へと機能が移転したことになろう。土器組成の上での二つ目の画期がもたらされて僅かな間に熊野遺跡の機能が移転したことになり、この二つの画期は切り離しては考えられないものと思われる。畿内の影響の下に成立した新器種の導入と熊野遺跡（初期評家）の成立、土器組成の大きな変化、即ち律令期的土器組成の受容と中宿遺跡（評家）の成立とはそれぞれセットで捉えることができよう。

一方、幡羅遺跡は初源期において二×二間の床面積一〇m²前後の倉庫や多くの竪穴建物が造られる。先に挙げた一三住に隣接して八×二間の側柱式掘立柱建物が造られ、位置関係や一三住のカマドが建物を意識した位置に造られること等から、当初併存していたと考えられる。この掘立柱建物の北側には、二×二間の小規模な倉庫が存在し、居宅的な性格も考えられる。一三住の土器の検討では、評家が整備される直前に認められる土器組成の画期の前段階と思われ、一三住および周辺の建物群の成立が初期評家の段階であったことがいえる。幡羅評家の成立は七世紀第Ⅳ四半期には確実であるが、これまでの調査成果からは、熊野遺跡一三一次一住の段階まで遡ることは確認されておらず、遺跡の成立時期が熊野遺跡より若干遅れる可能性がある。だが、今後の調査で更に古い遺構、遺物が検出される可能性があるため、現在のところ、幡羅遺跡の成立時期は熊野遺跡とほぼ同時期、或いはそれより若干遅れる時期と二通り考えられる。

五　評の成立と展開

ここでは、北武蔵において評はどのように成立していったか考えてみたい。常陸国風土記からも分かるように、評は何段階かの分割を経て成立する場合が多くみられる。北武蔵においても加美郡・那珂郡の存在から、分割を経ていることは想定できる。荒井秀規氏は、北武蔵の評の分割の復元を試み、孝徳朝期にカミ・ナカ・シモ、飛鳥浄御原令施行期にカミ・児玉・ナカ・榛沢・幡羅（シモ）へ分割された可能性が最も高いとした(17)。幡羅地域およびその周辺においては、古墳時代後期には既に集落分布にまとまりと隔絶が形成され、評が分割される素地が存在したことは既に述べた。後世の郷（里）数によると、幡羅評は八里、埼玉評は五里、榛沢評は五里になり、これらが同時に成立したなら、幡羅評が当初から最大規模となる。しかし、大化改新詔等には、郡司の任用にあたって国造を優先することが定められている等、当初の評の成立には、立評氏族の勢力差が大きく関係すると思われる。常陸国では、多くが国造氏族によって建評され、また分割されていったことが考えられる[18]。ムサシ国造の本拠地が埼玉であると認められるなら、七世紀代まで確実に大規模な古墳を築造しており、急激な凋落は考えにくく、立評の当初に小規模な評となる可能性は低いのではなかろうか。熊野遺跡の成立が七世紀中葉であることを考えると、孝徳立評時[19]もしくは遅くとも孝徳立評から僅かの期間内でカミ・ナカ・シモ評が成立したものと思われる。位置的に榛沢評はナカ評に、幡羅評はシモ評に含まれ、ムサシ国造氏族の勢力を大きく見るなら、シモ評に埼玉・大里評域が含まれる可能性が考えられる。その場合、和名類聚抄の編まれた時期の郷（里）数を当てはめると、カミ評は八里、ナカ評は九里、シモ評は一七里となる。後に埼玉は五里と小規模になるが、当初は武蔵でも有数の大規模な評だったと想定することも可能である。

次にそれぞれの更なる分割が想定される。荒井氏は、ナカ評はナカ評と榛沢評へと分割されたとしている。また幡羅評は、即ちシモ評としている。評の具体的な分割の状況を考えると、熊野遺跡を榛沢評とナカ評が分割される以前のナカ評の評家だったとする場合と、分割後に成立したものとする二通りの考え方が可能である。現状では、熊野遺跡以外にナカ評つまり榛沢・那珂評域に、七世紀中葉まで遡る官衙的な遺跡が確認されておらず、終末期まで首長墓の変遷が追える榛沢評の熊野遺跡の地に分割以前からナカ評家があった可能性が高い。前章で幡羅遺跡の成立時期は熊野遺跡とほぼ同時期、或いはそれより若干遅れる時期の二通りが考え得るとした。前者ならば、幡羅評＝シモ評となるであろうか。ただし、短期間内での分評もあるので、俄かには決し難い。カミ・ナカ・シモ評の分割はほぼ同時期に行なわれたと思われるので、後者ならば、シモ評家は別の地にあった可能性が高くなり、前述したような大規模な評の存在が想定できる。その場合、幡羅地域の古墳群が劣勢なのが傍証となろう。

地方官衙の多くは七世紀末～八世紀初頭に出現するものがほとんどとされる[20]。幡羅遺跡も中宿遺跡もこの頃に整備されたと考えられ、歴史的背景にある飛鳥浄御原令の施行が大きな画期であったといえよう。しかし、幡羅遺跡の成立は明らかにこれに先立っており、当初のシモ評家が別の地に存在したとするなら、カミ・ナカ・シモ評が更に分割される状況を示すことになる。これらの分割は恐らく一斉に行なわれた訳ではなく、七世紀第Ⅳ四半期～八世紀初頭を中心に順次行なわれていったと思われる。

おわりに

熊野遺跡や幡羅遺跡は、それまで墓域であった場所に、七世紀後半という時期に突如として官衙的施設を伴う集落が造られ、成立時の性格を初期評家と認めることが可能である。両遺跡は、同じ様な立地で、ほぼ同じ時期に成立しているため、関係が強いと思われる。しかし、評の成立時には在地有力者の勢力差が強く反映すると考えるなら、その成立過程に差異があることも想定される。その後、当初優勢であったろうムサシ国造の本拠地たる埼玉評は小規模な評に、また、現在のところ大規模な古墳の存在が確認されていない幡羅評は八里を有し、北武蔵では最大規模の評となる。集落の分布状況から、既にその様な分割が行なわれる素地があったにせよ、律令制の浸透に伴う大きな変化が考えられる。

そもそも、評の成立過程を考古学的に示すことは困難を伴う。初期評家における遺構が明確な官衙遺構となっていないことも一因であろう。今回の検討では、初期評家の成立と評家の成立には、土器組成の変化を伴うことが確認できた。土器の変化が内的なものに留まらず、社会構造の変化をも強く反映することが考えられる。また、評家の成立に際しての集落の動きも認めることができた。古墳時代以降の土器、集落、古墳等を総合的に分析することの必要性が示唆されると思う。

幡羅遺跡の調査は今後も継続して行なわれ、遺構や遺物の詳細な分析を行なうことで、遺跡の成立や変遷が更に明らかになってくると思われる。今後、それらの成果を通してより広い地域の遺構、遺物を分析することで、より具体的な評の成立過程や、生産と流通、社会構造の変化についての考察が可能となることが期待できる。

最後に、熊野遺跡と幡羅遺跡出土土器の検討を行なうに当たり、鳥羽政之、竹野谷俊夫、宮本直樹の各氏には多大な助言と協力を頂いた。記して感謝の意を表したい。

注

（1）評は大宝令以後、郡に改められるが、ここで対象とする時期は主に七世紀後半であるため、特に支障の無い限りは評と呼ぶことにする。

（2）柴崎伊勢三他　一九九五『深谷の地名』深谷郷土文化保存会

（3）鎌田元一　一九八〇「評制施行の歴史的前提」『史林』六三巻四号

（4）山中敏史　二〇〇一「評制の成立過程と領域区分」『考古学の学際的研究』

（5）上敷免遺跡の西側には唐沢川の旧流路が想定される他、八日市遺跡では古代および古代末頃の二本の道路跡が確認されている。

（6）宮瀧交二　二〇〇二「埼玉県における郡家研究の現状と課題」『坂東の古代官衙と人々の交流』埼玉考古学会

（7）八角墳の可能性も指摘されている。

（8）岡部町教育委員会　二〇〇二『古代の役所』

（9）鳥羽政之　二〇〇三「東国における郡家形成の過程」『古代武蔵国を考える』古代武蔵国研究会

（10）正倉等の施設が整備される前段階のものを区別する場合、初期評家とする。

（11）富田和夫　二〇〇二「調査のまとめ」『熊野遺跡（A・C・D区）』『埼玉県埋蔵文化財調査事業団報告書第二七九集』

（12）鳥羽政之　二〇〇四「土器様相の変化からみた熊野遺跡の形成」『熊野遺跡Ⅲ』岡部町教育委員会埋蔵文化財調査報告書第九集

（13）注（12）に同じ。

（14）鶴間正昭　二〇〇一「関東における律令体制成立期の土師器供膳具」『東京考古』一九

（15）奈良国立文化財研究所　一九九五『飛鳥・藤原宮発掘調査報告』Ⅳ

（16）注（12）に同じ。以下、熊野遺跡についての記述は、注（12）の論考に依る。

(17) 荒井秀規　一九九八　「神奈川古代史素描」『考古論叢神奈川』第七集
(18) 鎌田元一　一九七七　「評の成立と国造」『日本史研究』一七六頁
(19) 孝徳朝期に全面立評が行なわれたことを前提とする。
(20) 山中敏史　一九九四　『古代地方官衙遺跡の研究』塙書房

参考文献

青木克尚　一九九五　『砂田／天神／宮ヶ谷戸遺跡Ⅱ』埼玉県深谷市埋蔵文化財発掘調査報告書第四一集
赤熊浩一　二〇〇〇　『熊野／新田』埼玉県埋蔵文化財調査事業団報告書第二五一集
浅野晴樹　一九八九　『北島遺跡』埼玉県埋蔵文化財調査事業団報告書第八一集
岩瀬　譲　一九九五　『前・居立』埼玉県埋蔵文化財調査事業団報告書第一五一集
梅沢太久夫他　一九八一　『六反田』岡部町六反田遺跡調査会
大里郡市文化財担当者会　一九九二　「大里地域の遺跡Ⅰ」『埼玉考古』第二九号
大谷　徹　一九九六　「関東における終末期古墳」『飛鳥・白鳳時代の諸問題Ⅰ』国際古代史シンポジウム実行委員会
太田博之　二〇〇三　『有勝寺裏埴輪窯跡・有勝寺北裏』本庄市埋蔵文化財調査報告第二六集
大屋道則　一九九四　『清水上遺跡』埼玉県埋蔵文化財調査事業団報告書第一五二集
岡部町教育委員会　二〇〇二　『古代の役所』
川口　潤　一九八九　『本郷前東遺跡』埼玉県埋蔵文化財調査事業団報告書第七八集
木戸春夫他　二〇〇三　『宮西遺跡Ⅰ』埼玉県埋蔵文化財調査事業団報告書第二八八集
黒済和彦　二〇〇五　「埼玉県における前方後円墳以後と古墳の終末」『前方後円墳以後と古墳の終末』東北・関東前方後円墳研究会
劔持和夫　一九九三　『ウツギ内・砂田・柳町』埼玉県埋蔵文化財調査事業団報告書第一二六集
古池晋禄　一九九一　『町田西遺跡』埼玉県深谷市埋蔵文化財発掘調査報告書第三一集
古池晋禄　一九九五　『町田西遺跡（第二次）』埼玉県深谷市埋蔵文化財発掘調査報告書第四四集
古池晋禄　一九九五　『町田西遺跡（第三次）』埼玉県深谷市埋蔵文化財発掘調査報告書第四五集
佐藤康二他　一九九八　『砂田前遺跡』埼玉県埋蔵文化財調査事業団報告書第一九八集
佐藤忠雄他　一九八三　『西浦北・宮西』岡部町教育委員会
澤出晃越　一九八五　『上敷免遺跡（第二次）／上敷免北遺跡』

埼玉県深谷市埋蔵文化財発掘調査報告書第一一集

澤出晃越　一九九〇『上敷免遺跡（第三次～第六次）／上敷免北遺跡（第三次）』埼玉県深谷市埋蔵文化財発掘調査報告書第二六集

塩野　博　二〇〇四『埼玉の古墳（大里）』さきたま出版会

塩野　博　二〇〇四『埼玉の古墳（児玉）』さきたま出版会

寺社下博　二〇〇〇『一本木前遺跡』熊谷市教育委員会

寺社下博　二〇〇一『一本木前遺跡Ⅱ』熊谷市教育委員会

寺社下博　二〇〇三『一本木前遺跡Ⅳ』熊谷市教育委員会

瀧瀬芳之他　一九九〇『東川端遺跡』埼玉県埋蔵文化財調査事業団報告書第九四集

瀧瀬芳之他　一九九三『上敷免遺跡』埼玉県埋蔵文化財調査事業団報告書第一二八集

田中広明　一九九二『新屋敷東・本郷前』埼玉県埋蔵文化財調査事業団報告書第一一一集

田中広明　一九九五「関東西部における律令制成立までの土器様相と歴史的動向」『東国土器研究』第四号

田中広明　二〇〇二『北島遺跡Ⅴ』埼玉県埋蔵文化財調査事業団報告書第二七八集

田中広明　二〇〇四『北島遺跡Ⅸ』埼玉県埋蔵文化財調査事業団報告書第二九三集

知久裕昭　二〇〇〇『宮ヶ谷戸遺跡（第三次）』埼玉県深谷市埋蔵文化財発掘調査報告書第六三集

知久裕昭　二〇〇二「幡羅郡」『坂東の古代官衙と人々の交流』埼玉考古学会

知久裕昭　二〇〇三『八日市遺跡』埼玉県深谷市埋蔵文化財発掘調査報告書第六八集

富田和夫　二〇〇〇『大寄遺跡Ⅰ』埼玉県埋蔵文化財調査事業団報告書第二六八集

富田和夫　二〇〇一『熊野遺跡（A・C・D区）』埼玉県埋蔵文化財調査事業団報告書第二七九集

鳥羽政之他　二〇〇一『熊野遺跡Ⅰ』岡部町遺跡調査会埋蔵文化財調査報告書第九集

鳥羽政之他　二〇〇四『熊野遺跡Ⅲ』岡部町教育委員会埋蔵文化財調査報告書第九集

中山浩彦　一九九五『宮ヶ谷戸／根岸／八日市／城西』埼玉県埋蔵文化財調査事業団報告書第一七二集

中村倉司　一九八九『北島遺跡（第九・一〇・一一地点）』埼玉県埋蔵文化財調査事業団報告書第八八集

中村倉司　一九九九『岡部条里／戸森前』埼玉県埋蔵文化財調査事業団報告書第二一七集

長谷川厚　一九九五「東国における律令制成立以前の土師器の特徴について」『東国土器研究』第四号

比田井克仁　二〇〇五「南武蔵における律令国家形成期の集落動態」『東京考古』二三

福田　聖他　二〇〇二『大寄遺跡Ⅱ』埼玉県埋蔵文化財調査

事業団報告書第二八〇集
松田　哲　二〇〇〇『籠原裏古墳群一〇号墳』熊谷市籠原裏遺跡調査会
松田　哲　二〇〇二『一本木前遺跡Ⅲ』熊谷市教育委員会
宮本直樹他　二〇〇二『町内遺跡Ⅲ』岡部町埋蔵文化財発掘調査報告書第七集
山川守男　一九九五『城北遺跡』埼玉県埋蔵文化財調査事業団報告書第一五〇集

律令制成立期における須恵器流通の一様相

——八幡太神南遺跡群出土須恵器の検討——

富田和夫

はじめに

古墳時代における須恵器は主に古墳の副葬・供献用であった。当然生産量は少なく、集落レベルでは圧倒的な土師器の出土量に対して、須恵器の出土は限定的なものに留まっていた。ところが、七世紀以降、寺院の建立、律令体制の整備に伴い、仏具や官人の饗宴用食器等の需要に応じるため、次第に地方の須恵器生産は活発化していった。そして武蔵国においては八世紀初頭の南比企窯跡群の本格的操業を契機として、一般集落に須恵器が日常什器として普及するようになることが知られている。

本稿では律令制成立期（概ね七世紀後半～八世紀初頭）に、消費地における須恵器流通が如何に行われたのか、埼玉県児玉郡上里町・本庄市に所在する八幡太神南遺跡群をケーススタディとして取り上げ検討する。方法論としては須恵器を胎土や色調、焼きの状態・質感に、形態や調整技法を重ね合わせ、肉眼観察でその生産地を推定した。東海産や武蔵産（南比企・末野産）など比較的共通理解が進んでいるものがある一方で、上野産須恵器のように非常に判断の難しいものも多く(1)、不確実性や誤認を一定程度含むことは否めない。特に対象とした遺跡群が武蔵北部に位置し、上野と近接する点は須恵器の産地同定をより困難にしている（第一・二図）。それでも須恵器の流通を語る際には産地同定は避けて通れない課題であり、不備を承知で試論を展開した。

一　八幡太神南遺跡群の概要

児玉郡上里町と本庄市にまたがる立野南遺跡・八幡太神南遺跡・熊野太神南遺跡・今井遺跡群G地点（以上富田・赤熊　一九八五）・往来北遺跡（丸山・外尾　一九九一）は女堀川左岸に広がる平坦な洪積台地上（本庄台地）に立地し、隣接した位置に営まれた遺跡である（第一図）。遺跡名称は異なるが地形的な制約はなく、時期的にも七世紀後半を中心とした集落であるなど実質的に同一遺跡と考えても良い。ここでは八幡太神南遺跡群と総称しておきたい。周辺には八世紀初頭〜一〇世紀初頭まで継続した律令期の大集落将監塚・古井戸遺跡（井上　一九八六・赤熊　一九八八）が位置し、おそらく八幡太神南遺跡群と将監塚・古井戸遺跡は時期的にも空間的にも関連性をもつ遺跡群と考えられる。

八幡太神南遺跡群では往来北遺跡の形成が最も早く七世紀前半である。七世紀後半には新たに八幡太神南遺跡・今井遺跡群G地点が形成され、七世紀末の立野南遺跡に連続する。周辺の古墳時代後期の集落は一㎞以上隔たった女堀川右岸の自然堤防上に川越田遺跡（富田・赤熊　前掲書、恋河内　一九九三）、左岸に今井川越田遺跡（礒崎　一九九五）が存在するが、八幡太神南遺跡群の位置する台地内陸部に集落が進出するのは往来北遺跡の七世紀前半が嚆矢である。

往来北遺跡では大溝跡が検出され、八幡太神南遺跡と今井遺跡群G地点との間にある熊野太神南遺跡で発見された大溝跡、更にその上流で将監塚遺跡大溝跡に繋がることが明らかにされた（岩瀬　一九八八、丸山・外尾　前掲書）。この大溝は鈴木徳雄氏によって「真下大溝」と命名され、児玉条里水田に関わる灌漑用水の調整施設的な性格と理解されている（第一図）。特に重要な指摘は、大溝の開鑿は旧児玉郡域全体に及ぶ大開発事業であること、大規模な労働力の

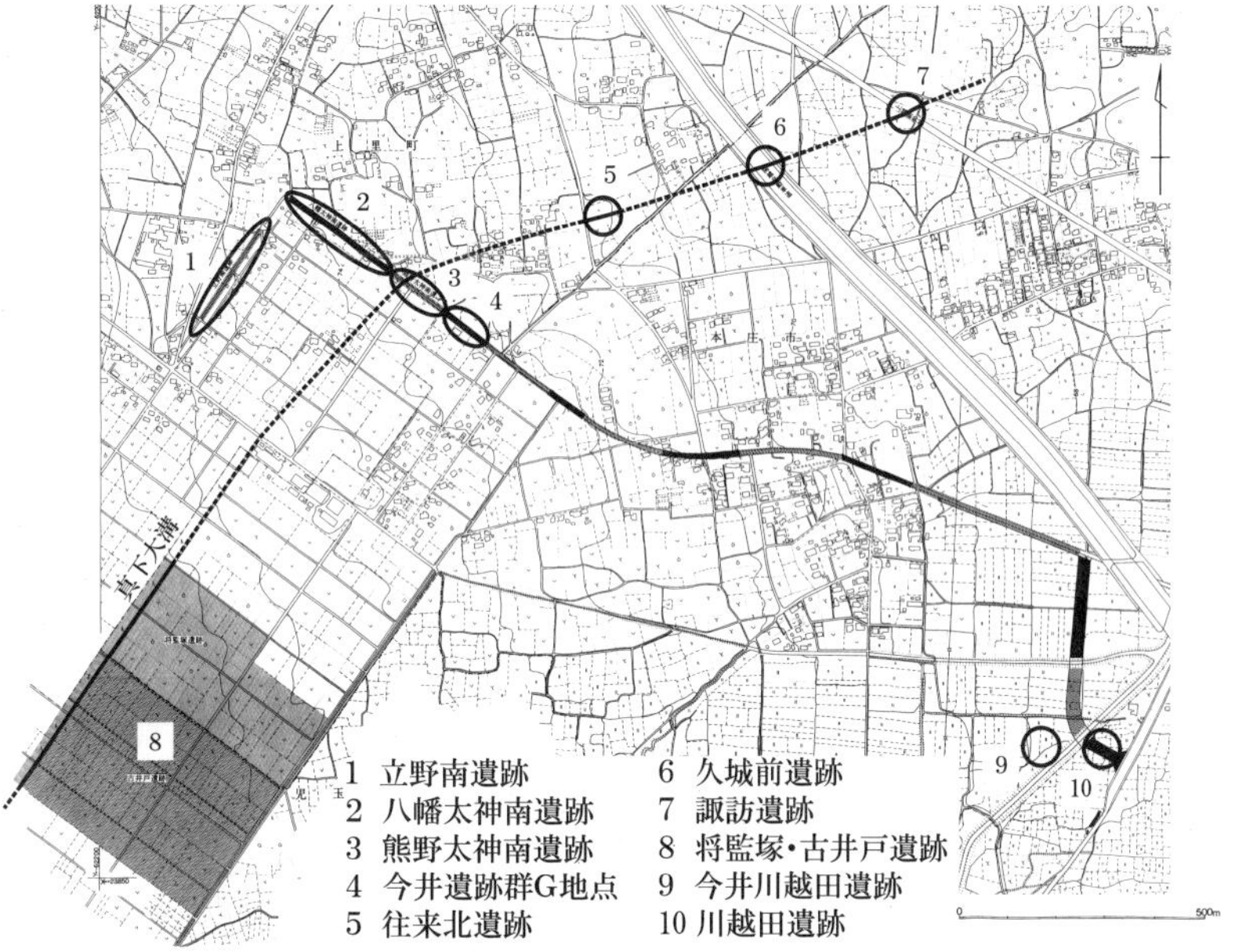

1	立野南遺跡	6	久城前遺跡
2	八幡太神南遺跡	7	諏訪遺跡
3	熊野太神南遺跡	8	将監塚・古井戸遺跡
4	今井遺跡群G地点	9	今井川越田遺跡
5	往来北遺跡	10	川越田遺跡

第1図　遺跡群分布図

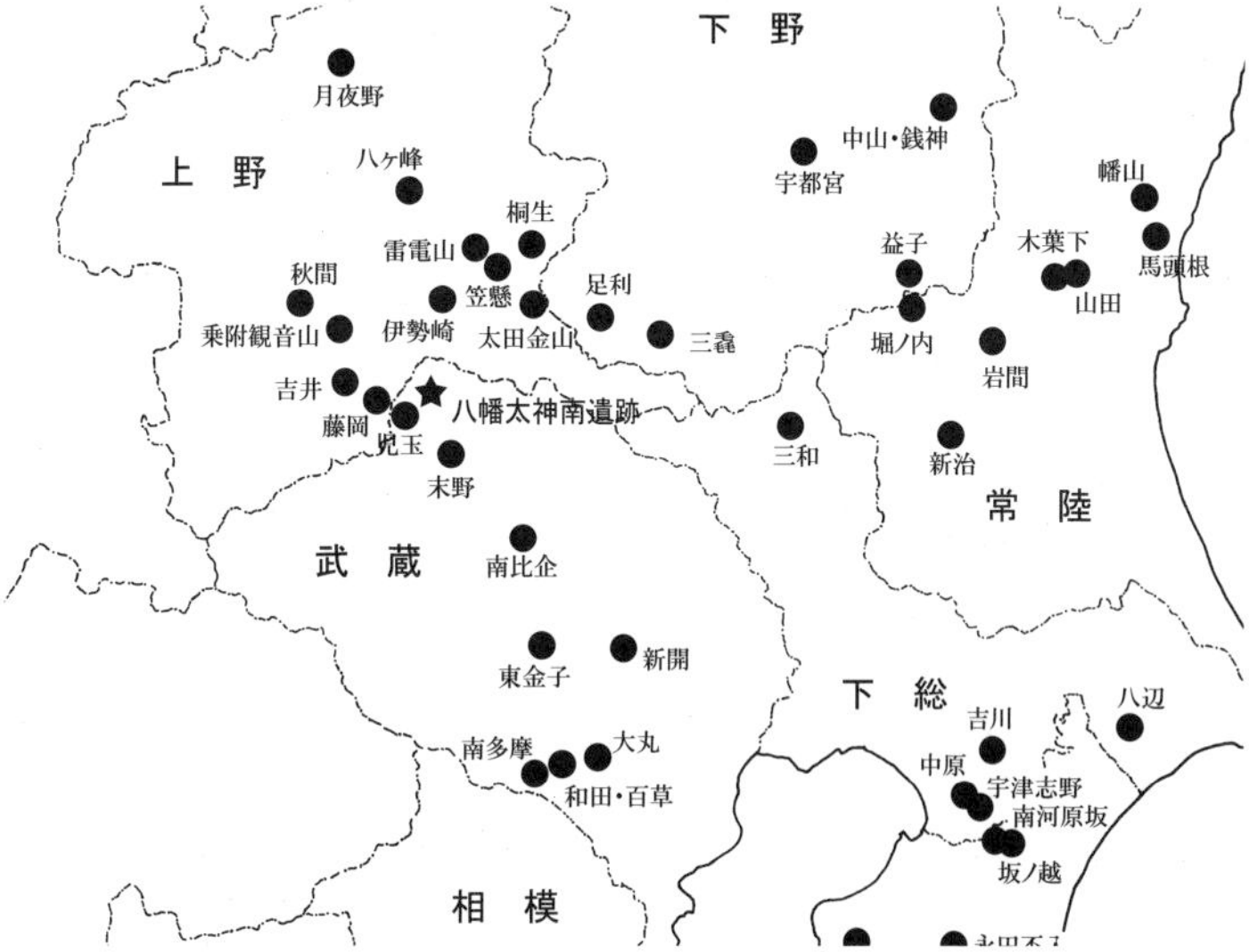

第2図　関東地方の須恵器窯跡群分布図

編成と、非在地的な技術的指導力が不可欠であったという点である（鈴木 一九八九）。大溝の開鑿と八幡太神南遺跡群の形成が如何に関連していたのかが問題となるが、開鑿時期に関して、鈴木氏は将監塚・古井戸遺跡の出現する七世紀末～八世紀初頭頃を想定している。八幡太神南遺跡群はそれ以前の集落と理解されているが、往来北遺跡大溝における須恵器出土状況の理解によっては大溝開鑿年代を七世紀後半まで遡上させることも可能となろう。また、八幡太神南遺跡をめぐっては賀美評家と推定する説（坂本 一九九四・田中 一九九六）もあるように、遺跡の性格は注目されるところである。

二　須恵器の産地構成

（一）　八幡太神南遺跡

八幡太神南遺跡A地点1号住居跡は多量の土器が出土した。土師器供膳器では北武蔵型坏が圧倒的に多く、少量の模倣坏、北武蔵型暗文坏、北武蔵型皿と内面に放射＋螺旋暗文を施した畿内産の皿Aが伴う[2]。北武蔵型坏は丸底・深身の形態で、口縁部は内屈または内彎するものが主体を占める。畿内産の皿Aは飛鳥Ⅳ期段階の搬入品と考えている（坂野・富田 一九九六）。

須恵器は坏H、坏G、長脚2段高坏、フラスコ形瓶・長頸瓶・平瓶・壺などがある。供膳器の主体は坏Gで、坏Hは4点に過ぎない。胎土や色調、形態から大きく8群に分けることが可能である（第三図）。

第Ⅰ群　やや黒味を帯びた青灰色から灰色、褐色のものまであるが、大粒の礫や片岩が含まれる点に特色がある。胎土やつくりから寄居町に所在する末野窯跡群産と考えた。1～12は坏G蓋で口径八・五～一〇・九㎝。つまみは小さな宝珠形で、天井部は回転ヘラケズリ調整。かえりは口縁部より突出するものと内に入るものがある。12は最大で

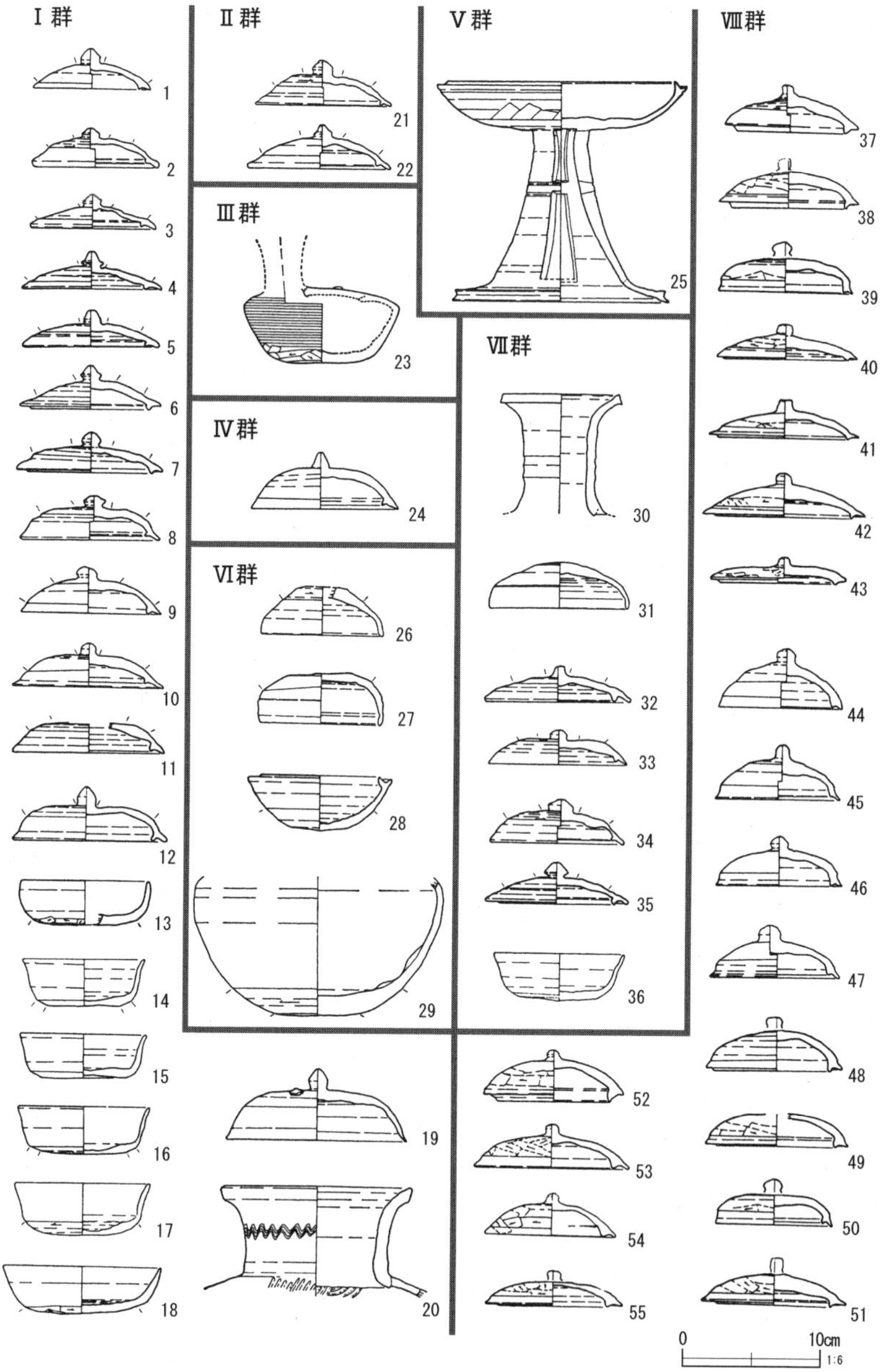

第３図　八幡太神南遺跡の土器群

口径一〇cm前後の坏身と組み合う。

13〜17は坏G身で、口径は八・六〜九・五cm。13は口縁部が内湾気味に立ち上がり、底部はヘラ切り後、一部手持ちヘラケズリ調整される。(3) 14〜17は腰を持ち、口縁部は外反気味に立ち上がる。底部調整はヘラ切り後、ナデだけで仕上げるもの(15)、手持ちヘラケズリ後、外縁部を回転ヘラケズリ調整されるもの(14・16)、底部全面回転ヘラケズリ調整されるもの(17)がある。15については手持ちヘラケズリ後ナデを加えた後、外縁部回転ヘラケズリ調整されているようにもみえる。坏G底部調整の多様性は、末野窯跡群産坏Gの特徴として既に赤熊により指摘されている(赤熊 一九九九)。18は口径が一回り大きく(口径一一・四cm)、扁平で口縁部が開く形態から坏Aとできようか(但し、有蓋形態であろう)。底部は手持ちヘラケズリ調整。19は短頸壺蓋と思われる。20は壺である。

第Ⅱ群 ややざらついた粗い胎土で、雲母状の微粒子や黒っぽい砂粒を含む。黄灰色と灰褐色に焼き上がる(21・22)。末野産の可能性が高いが上野産かもしれない。

第Ⅲ群 灰色で緻密な胎土である。黒色粒子が吹き出て、礫の混入は少ない。平瓶(23)がある。胎土の特徴から上野の秋間窯跡群産と考えておく。体部カキ目、底部手持ちヘラケズリ。

第Ⅳ群 素地土が粉っぽく比較的精選されているが、夾雑物がやや多い。坏G蓋が1点ある(24)。つまみは円錐状、天井部はナデ調整される。口唇部は尖り気味と個性的な器形である。産地は不明確であるが、西毛地域のものであろうか。

第Ⅴ群 やや砂っぽい素地土で、含有鉱物は少ない。灰色に焼き上っている。有蓋長脚2段高坏(25)がある。口径一六・四cmで、この段階の製品にしては大型で上野産と考えておく。胎土は乗附観音山窯跡群産に比較的近いという印象をもった。

第Ⅵ群 灰色から明灰色、緻密なやや砂っぽい胎土で、夾雑物は少ない。湖西窯産と推定される。26・27は坏H蓋で、天井部は回転ヘラケズリ調整。28は坏H身。深身で口縁部の立ち上がりは低い。29は平瓶か。

第Ⅶ群　灰色からやや赤みを帯びた黒灰色で、黒色粒子が吹き出している。非常に緻密な胎土で硬質の焼き上がり。つくりも良い。猿投窯産と推定する。30はフラスコ形瓶。31は坏H蓋で、口縁部に沈線が巡る。天井部は板状圧痕が残り、回転ヘラケズリは確認できない。形態や胎土から猿投産と考えられる。[4] 32は乳頭状つまみで、内面に非常にしっかりとしたかえりが付く。外面には自然釉が被る。[5] 33〜35は硬質感のある焼き上がりで天井部回転ヘラケズリ。非常に精巧なつくりである。36は坏G。底部はヘラ切り無調整である。回転ヘラケズリを用いない点では通例と異なるが、薄手で精巧なつくりと、黒色粒子の含有、硬質な焼きから猿投産と考えておきたい。

第Ⅷ群　非常に稚拙なつくりの坏G蓋を一括した。器形的には天井部の高い半球形に近いもの（45〜48）と、肩の張るもの（39・50等）、扁平なタイプ（40・43）などバラエティがある。還元焔焼成と酸化焔焼成のものを含み、胎土的には砂粒の比較的少ないものと砂粒を多く含むものがある。赤色粒子が目立つ。つまみは宝珠か乳頭状を意識したものか不明確で、内面にかえりをもつ。天井部の調整は回転ヘラケズリ、手持ちヘラケズリの両者があり、その後にナデ調整を加える例が多い。すべて蓋のみで、セットを構成するべき坏身は1点も存在しないという特異な一群である。焼きの状態から大きく3種に分かれる。

a群…灰色に硬く焼き締まるものはないが、弱い還元焔焼成を受けたもの（37〜43）。

b群…器表面は黒色や褐色で酸化焔焼成の製品。ロクロを使用したか疑わしいものもある。但し重ね焼きの痕跡を残すもの（44）、器肉が灰色に還元するもの（47・48）があり、窯状施設で焼成したものであろうか。

c群…還元焔焼成を受けた痕跡はなく、また、胎土も極めて粗い。天井部外面は手持ちヘラケズリ調整で、内面に極めて弱いロクロの渦巻き痕がみられるものもある。焼きや胎土は土師器に類似している（51〜54）。

第Ⅷ群土器は胎土・焼成・形態や調整技法ともに須恵器の中では異質な存在である。稚拙なつくりから在地産と考えて誤りない。見習い工人、あるいは土師器工人が作った可能性を想定することさえ可能であろう。

（二）今井遺跡群G地点2号住居跡

今井遺跡群G地点は八幡太神南遺跡の東側に近接して位置する。竪穴住居跡は五軒検出され、全て七世紀後半代に位置づけられる。中でも、2号住居跡と5号住居跡からは須恵器が比較的まとまって検出された。2号住居跡からは坏G、坏H、椀または坏B、高坏、無台盤、平瓶または長頸瓶、壺蓋、甕などの器種が出土した。

第Ⅰ群　八幡太神南遺跡Ⅰ群とほぼ共通し、末野窯跡群産と考える（第四図1～18）。1はかえりが突出し、長頸壺の蓋であろう。2～7は坏G蓋、8～11は坏G身である。蓋のつまみは宝珠形で、蓋と組む身の口径は八・五～一〇㎝となる。8・11は底部へラ切り後ナデ調整、9・10は回転へラケズリ調整である。12は椀または坏Bか。14は高坏で、脚部に線状の透が四方に刻まれている。15は盤脚部か。16～18は無台盤。17は堅緻な焼き上がりで上野（西毛か）産の可能性もある。

第Ⅱ群　やや砂っぽい素地土で礫を含む。器表面は比較的滑らかである（19）。坏G蓋で湖西産に近い印象を受けるが、つくりが雑で、あるいは上野（西毛）か。天井部は回転へラケズリ。

第Ⅲ群　硬質感のある焼き上がりで胎土は緻密、黒色粒子を多量に含む（20）。坏Gで底部はへラ切り後無調整。猿投産または秋間産と思われる。へラケズリ調整を欠くが、猿投産に近い印象を受ける。

第Ⅳ群　緻密な胎土で夾雑物は少ない。色調は暗灰色、部分的に赤みを帯びた黒灰色で、硬質感がある（21）。坏H身が1点ある。小振りではあるが蓋受けの立ち上がりが高く、底部回転へラケズリ調整を行うこと、胎土・色調からも猿投産と推定される(6)。

第Ⅴ群　やや砂っぽい胎土で精選されている。明灰色に焼きあがり、自然釉が付着する（22）。湖西産と考えられ

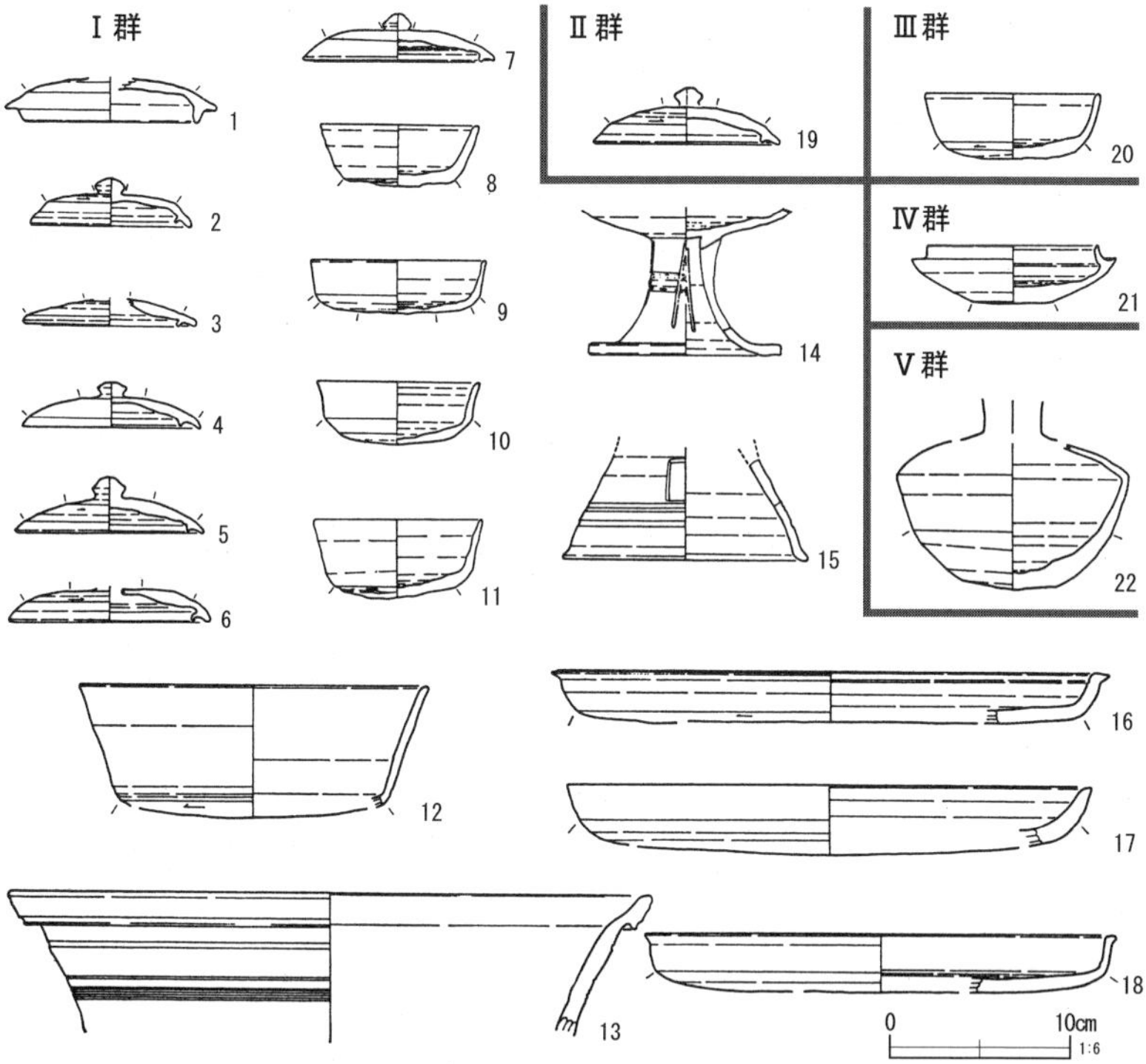

第4図　今井遺跡群2号住居跡出土土器群

る。器種は平瓶または長頸瓶か。胴部下半と底部は回転ヘラケズリ。

今井遺跡群2号住居跡出土須恵器は五群に大別された。主体は第Ⅰ群、末野産で、上野産（か）、東海産（猿投・湖西）が少量伴うというあり方を示す。

（三）　今井遺跡群G地点5号住居跡

2号住居跡の南に隣接する。須恵器は坏G・無台盤・坏B蓋または高坏蓋・フラスコ形瓶・平瓶（か）がある。[7]

第Ⅰ群　青灰色～灰色で、片岩などの礫が目立つもの（第五図1～11）。末野産と考える。1～5は坏G蓋、宝珠つまみで天井部回転ヘラケズリ。6～9は坏G身。底部調整は手持ちヘラケズリ（6）、ヘラ切り後一部手持ちヘラケズリ（7・9）、ヘラ切り後ナデ調整と思われるもの（8）があり、多様である。10・11は坏B蓋か。11は

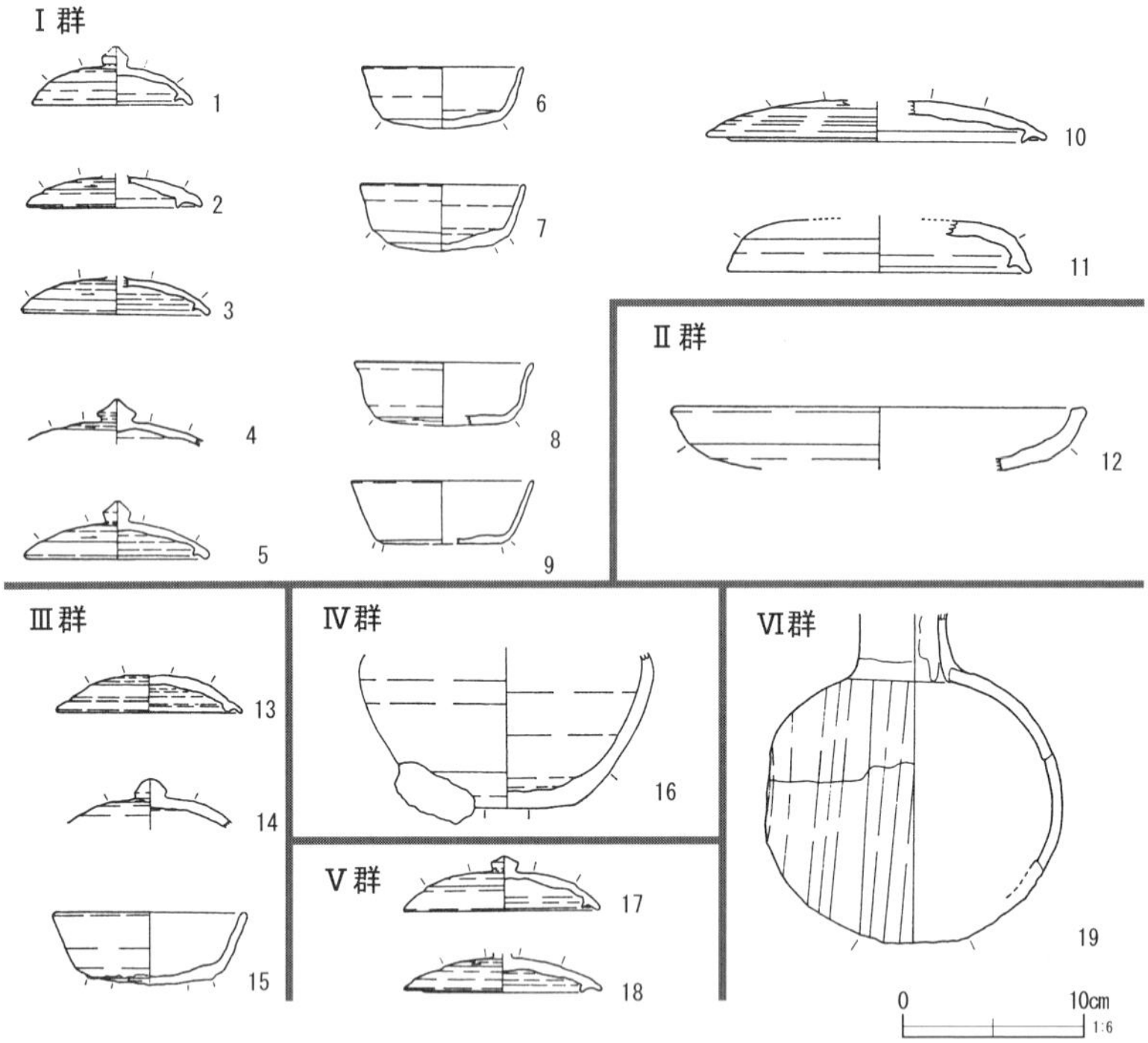

第5図　今井遺跡群G地点5号住居跡出土土器群

天井部にカキ目が施される。[8]

第Ⅱ群　灰色で片岩などの大粒の礫を含む。胎土はやや粗いが比較的硬質に焼きあがる。無台盤が1点ある（12）。末野産または児玉・藤岡産の可能性もある。

第Ⅲ群　黄褐色または褐色に焼きあがるもの（13～15）。赤色粒子の混入が目立つなど、胎土から見ると八幡太神南遺跡第Ⅷa群、第Ⅷb群に近いが、つくりは稚拙なものではない。産地は不明確であるが在地産と考えられる。13は弱い還元焔焼成を受ける。14・15は褐色に焼きあがる。15は坏Gで、口径は一〇・八cmと第Ⅰ群のそれよりも一回り大きい。底部はヘラ切り後無調整である。

第Ⅳ群　胎土は比較的緻密で黒色粒子が吹き出す（16）。平瓶と思われ、窯壁が付着する。秋間産と推定しておくが、東海産の可能性もある。

第Ⅴ群　第Ⅳ群同様黒色粒子が吹き出す。

坏G蓋が2点ある。17は硬質でしっかりしたつくり。猿投産と考える。18は素地土がやや砂っぽく軽量感がある。猿投産としたが、東海産に留めたほうが良いかもしれない。

第Ⅵ群 明灰色、やや砂っぽい胎土で夾雑物は少ない(19)。フラスコ形瓶で湖西産。

このように、今井遺跡群G地点5号住居跡出土須恵器は第Ⅰ群の末野産が主体となり、在地産、上野産、東海産が少量混じるという構成をとる。

(四) 立野南遺跡

立野南遺跡2号住居跡からは須恵器無台坏(坏A)・高台付坏(坏B)・坏蓋・長頸瓶・甕・鉢とロクロ土師器の坏A・坏B・坏蓋・盤、畿内産土師器坏Bがある(第六〜八図)。

第Ⅰ群 灰色に焼きあがるものと、灰白色からクリーム色に焼き上がるものがあるが、片岩などの礫を比較的多く含む。素地土は粗いが末野産よりもやや良質な印象を受ける(第六図)。坏Aと蓋は3乃至4種に法量分化する。坏はやや厚い底部から口縁部に向かって先細りしつつ外傾するものが多い(19〜34)。35〜37は坏B。蓋は環状つまみで、かえりが突出する特徴的な形態が主体となる(1〜18)。38は甕、39は鉢で灰白色に焼きあがる。産地は不明確である。環状つまみの存在からは上野系譜であることを見て取ることができる。形態的には藤岡系というよりは秋間系となろうが、[9] 胎土的には秋間産よりもかなり粗い印象である。現在未発表資料であるが、児玉窯跡採集須恵器に類似した形態のかえり蓋がある。[10] まとまった量が供給されていることからも、とりあえず児玉窯を含む在地窯から供給されたと考えておきたい。

第Ⅱ群 灰色から暗青灰色に焼きあがり、片岩などの礫も比較的多い。胎土も粗い(第七図40〜48)。末野産か。

第Ⅲ群 灰色〜灰白色に焼きあがり、第Ⅰ群よりも素地土は比較的細かい。礫の混入もやや少ない。児玉産か藤岡

Ⅰ群

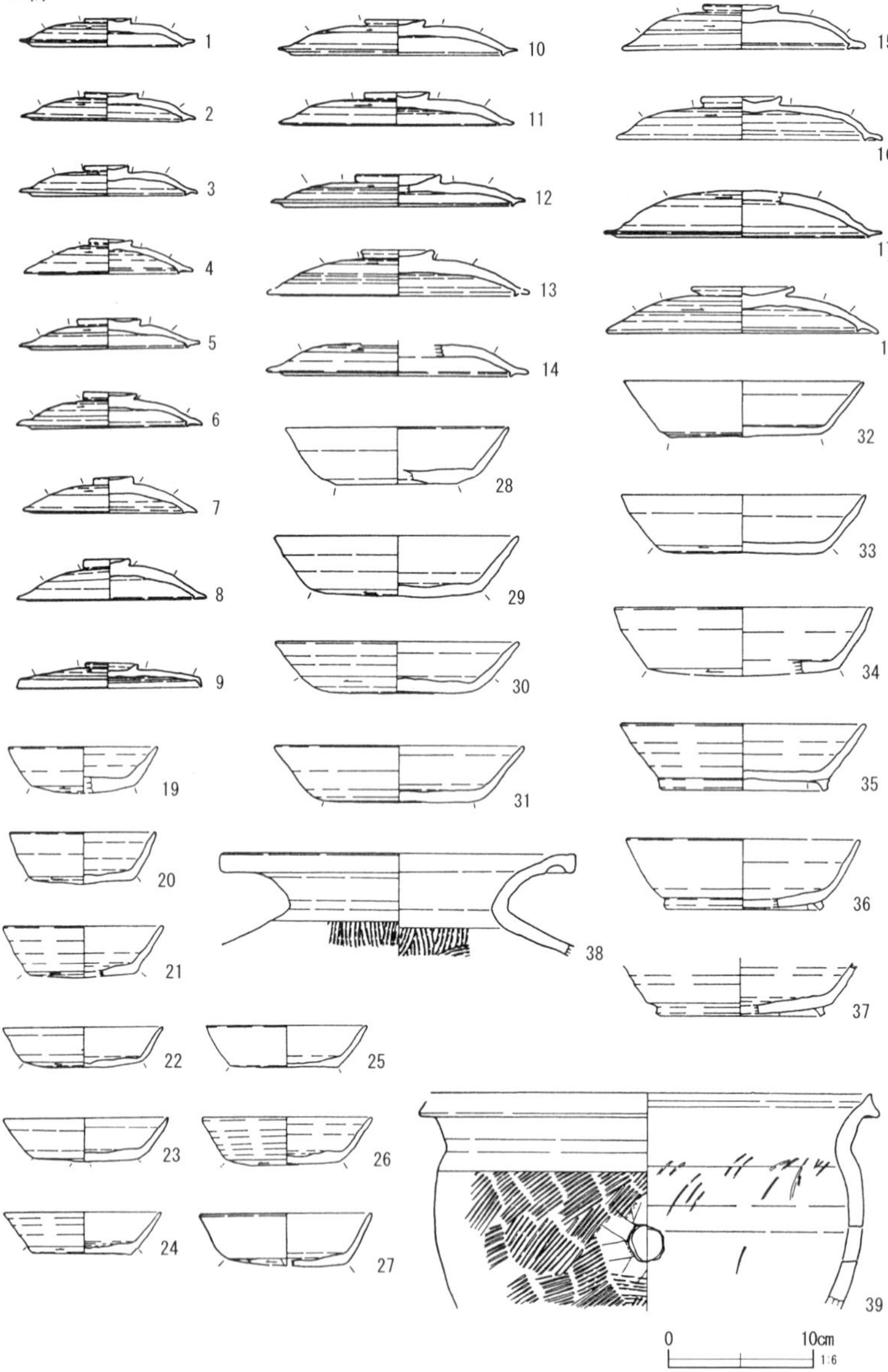

第６図　立野南遺跡２号住居跡出土土器群 (1)

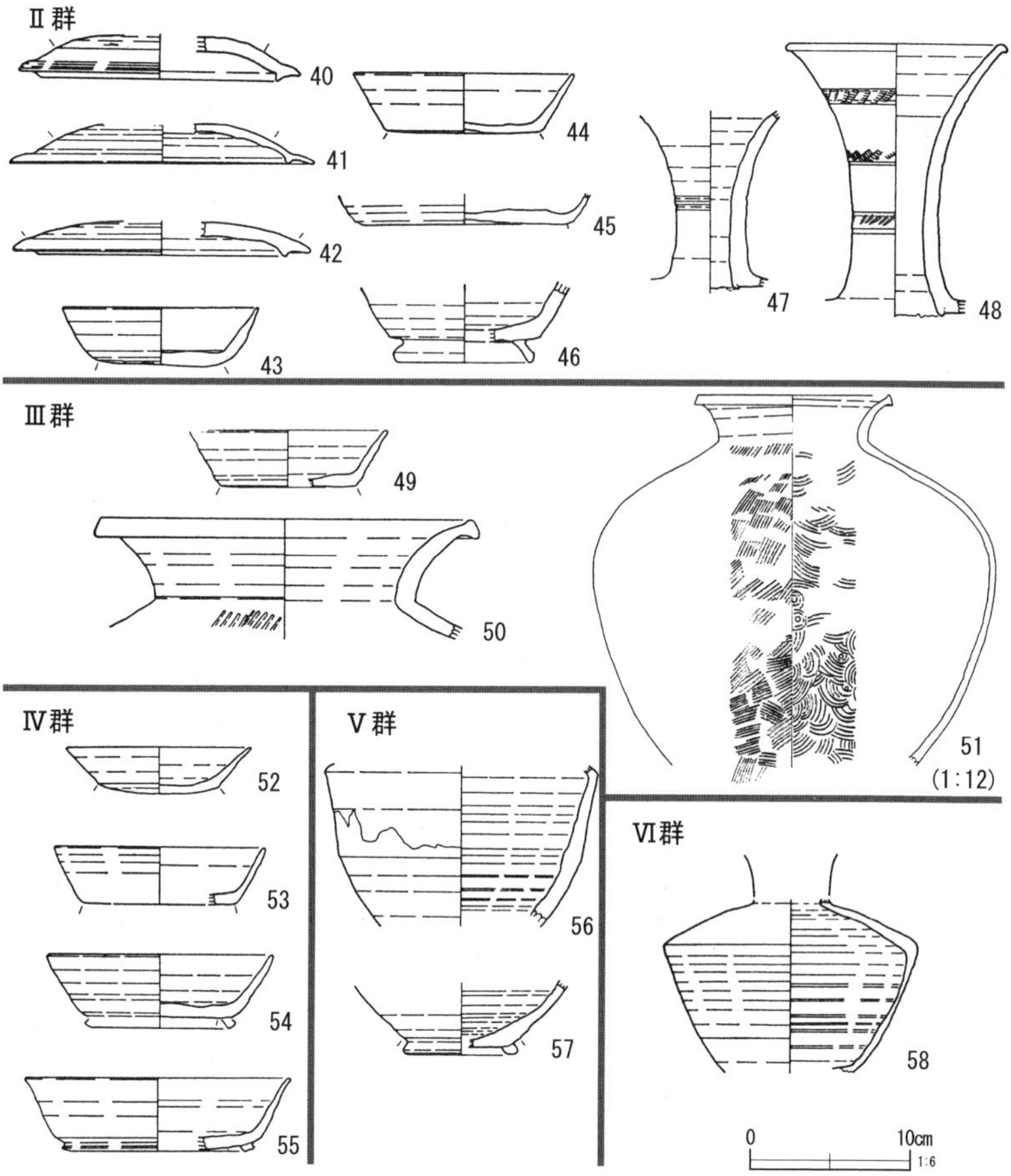

第7図　立野南遺跡2号住居跡出土土器群（2）

産の可能性を考えている（49～51）。

第Ⅳ群　胎土は緻密であるが、やや礫や砂粒の混入が目立つ。西毛産と推定した（52～55）。

第Ⅴ群　胎土が比較的緻密で、礫の混入が少ない。黒色粒子が吹き出しており秋間産または東海産である（56・57）。56は器壁が厚い。秋間産か。

第Ⅵ群　胎土が緻密で黒っぽく焼きあがる。器厚は薄く仕上げられる。東海産（猿投産）の可能性を考えておきたい。

第八図にはロクロ土師器を掲げた。器種としては坏

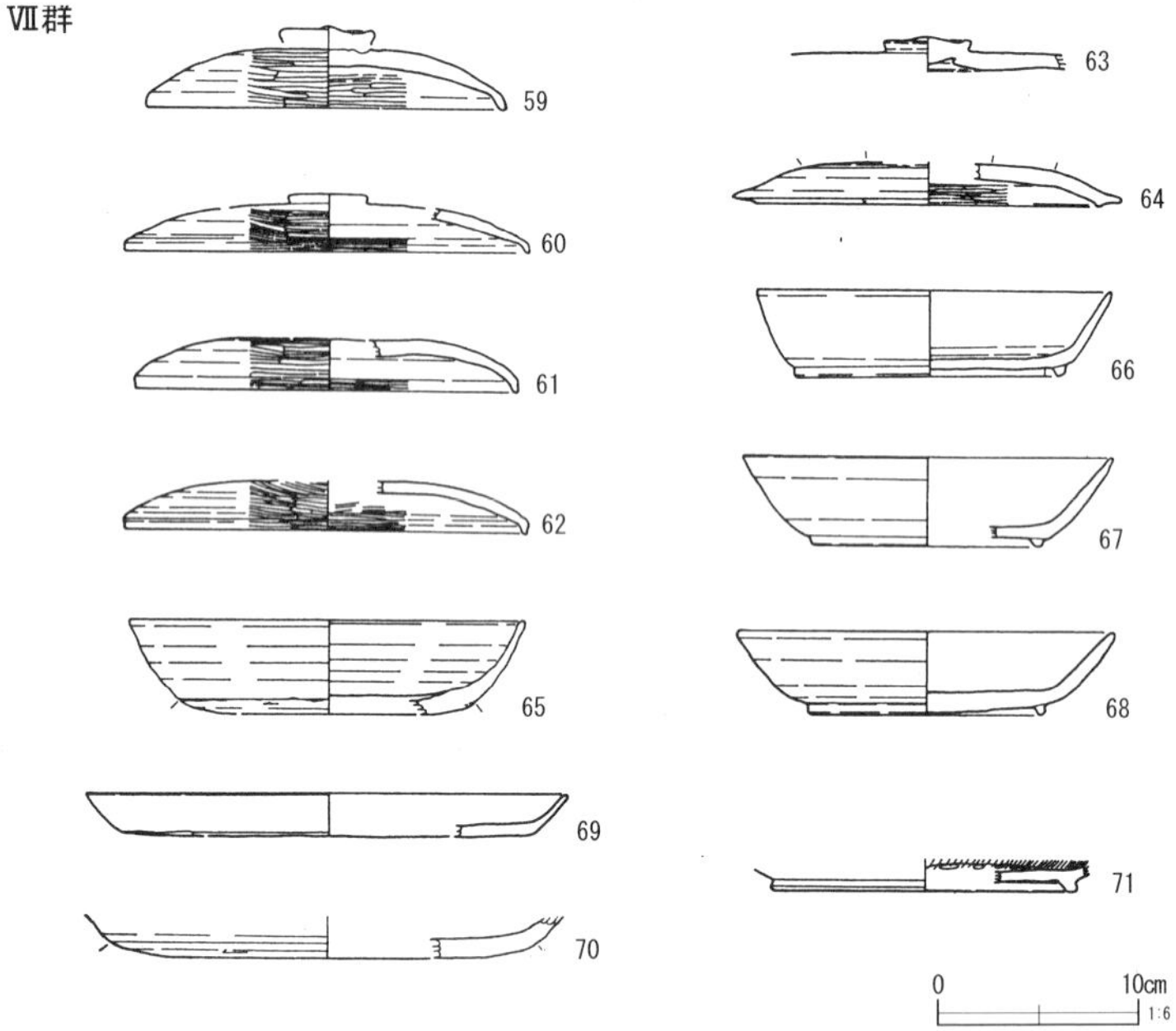

第８図　立野南遺跡２号住居跡出土土器群（3）

Ａ（か）・坏Ｂ・坏Ｂ蓋・無台盤がある。すべて大振りの製品である。蓋は擬宝珠つまみで、無かえりが多い点は須恵器とは異質であるが、かえりを持つ例をみると、形態は須恵器のそれと酷似している点は興味深い。

このように立野南遺跡では第Ｉ群の須恵器が多量に供給されている点に特色がある。３または４種に法量分化した坏Ａ（蓋）、大振りの坏Ｂ（蓋）を中心に一括して供給されたと考えられる。更に言えば、ロクロ土師器坏Ｂは口縁部内面のかえりの形態類似、坏Ｂが主体となる点からも須恵器工人が生産に関わった可能性が高いと考えている。立野南遺跡は児玉窯を含む在地窯から一括供給され、不足分を末野や上野、東海産で賄ったようである。

（五）往来北遺跡

往来北遺跡は八幡太神南遺跡・今井遺跡群Ｇ地点から東に約二五〇ｍの地点に位置する。七世紀前半から七世紀後半にかけての竪穴住居跡が二〇軒検出された。須恵器は集落内を貫流する大溝からまとまって出土した。摩滅しているものはほとんどないことから、周囲で使用されたものを投棄したか、大溝の開鑿に伴う祭祀に使用された可能性を考えて良かろう。器種は坏H・坏G・高坏・低脚盤・短頸壺蓋・フラスコ形瓶・平瓶・壺・甕などがある。特に坏Gが多い点は八幡太神南遺跡や今井遺跡群G地点と同一傾向である。

第Ⅰ群 暗青灰色～灰色で、胎土に粗い片岩や白色鉱物を含む（第九図1～3）。末野産と考える。

第Ⅱ群 粗い夾雑物が非常に多く含まれ、器壁が厚い。在地窯産か。宝珠つまみのかえり蓋がある（4・5）。K―16号住居跡から同一胎土で、一回り大きな製品（無台坏とかえり蓋）が出土しており、法量分化した段階と考えたほうが良いであろう。

第Ⅲ群 灰色で粗い白色鉱物をやや多く含む。小型の高坏と蓋がある（6～8）。藤岡窯跡群または吉井窯跡群産と推定しておく。

第Ⅳ群 往来北遺跡で主体を占める土器群である。灰色～灰白色、黄灰色に焼きあがる。胎土は比較的緻密であるが、やや砂質で硬質感はない。細かい白色鉱物の含有が目立つ（9～29）。高温で焼成されたものには黒色粒子が吹き出す。坏Gは身、蓋ともに器厚が非常に薄いこと、身の底部調整および蓋の天井部調整は手持ちヘラ削りによるなど、共通性がある（9～22）。坏G身には①浅身で口縁部が外反するもの（15～17）、②やや浅身で口縁部が直立または内湾気味に開くもの（18・19）、③深身で丸底のもの（20～22）の3タイプがある。①類はいわゆる「ハ」の字状口縁の坏蓋（酒井 一九八二）と同一形態であり、本来対応するであろう坏H身が存在しないことから、坏G身として生産されたと理解できる。坏H蓋から坏G身へのまさに「逆転」現象、イコール保守性の踏襲という意味でも、「上野の須恵器」（渡辺 二〇〇五）そのものといえ、上野系譜と考えておきたい(11)。23は高坏蓋か。やはり薄く仕上げられる。天井部は回転ヘラケズリ。24・25は長脚2段2方透高坏と思われる。26・27は低脚盤、29は平瓶。西毛産（乗附

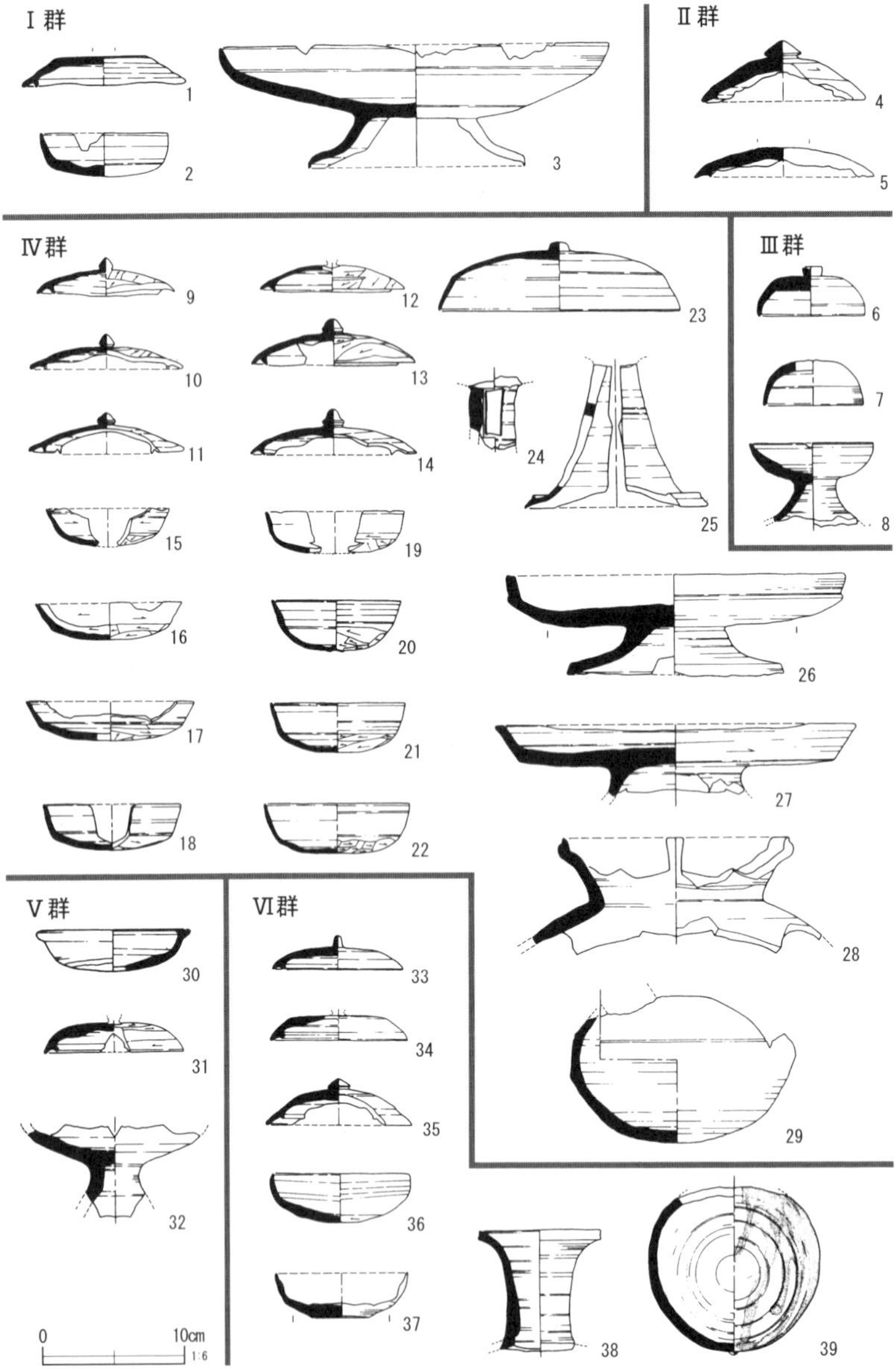

第９図　往来北遺跡の土器群

観音山または秋間産か）と考えておきたい。

第Ⅴ群　明灰色で、やや砂っぽく緻密な胎土（30～32）。30は坏H身、底部ヘラ切りで仕上げは雑。31は坏G蓋。32は高坏。湖西産と考える。

第Ⅵ群　銹色から紫灰色、灰色で緻密な胎土、非常に硬質に焼きあがる。坏G蓋（33～35）と坏G身（36・37）、フラスコ形瓶（38・39）がある。坏G蓋と身は回転ヘラケズリ調整されている。猿投産と考えた。

このように、往来北遺跡の須恵器は大きく6群に弁別された。なかでも、第Ⅳ群（西毛産）が主体を占めていた。第Ⅲ群も上野西毛産と考えられ、西毛産が圧倒的に供給されていることがわかる。末野産、東海産（湖西・猿投産）は少量混じる程度である。

三　八幡太神南遺跡群における須恵器流通の特質と遺跡の性格

（一）　産地別の流通実態

前節の検討により八幡太神南遺跡群出土須恵器は、末野窯跡群産、児玉窯跡群産を含む在地産、上野（西毛）産、東海産（猿投窯跡群・湖西窯跡群）から構成されていることが推定された（第一〇図）。八幡A1号住居跡・今井G2・5号住居跡、往来北遺跡はいずれも坏Gを主体とする土器群という意味でほぼ同時期といえるが、産地別の構成比率は微妙に異なる。まず、八幡A1号住居跡では末野産が36％、稚拙な在地産が35％を占める。東海産は湖西・猿投産合わせて11点、20％である。供膳器では末野産はすべて宝珠つまみの坏Gで、坏Hは1点もない。湖西産では3点すべてが坏H、猿投産では坏Hが1点、坏Gが5点となる。一見坏G・坏Hが混在するかに見える土器群も産地別に吟味すると、その特色が鮮明となる。既に赤熊浩一氏により、末野窯跡群では坏Gの生産開始に伴い坏Hは生産停止状

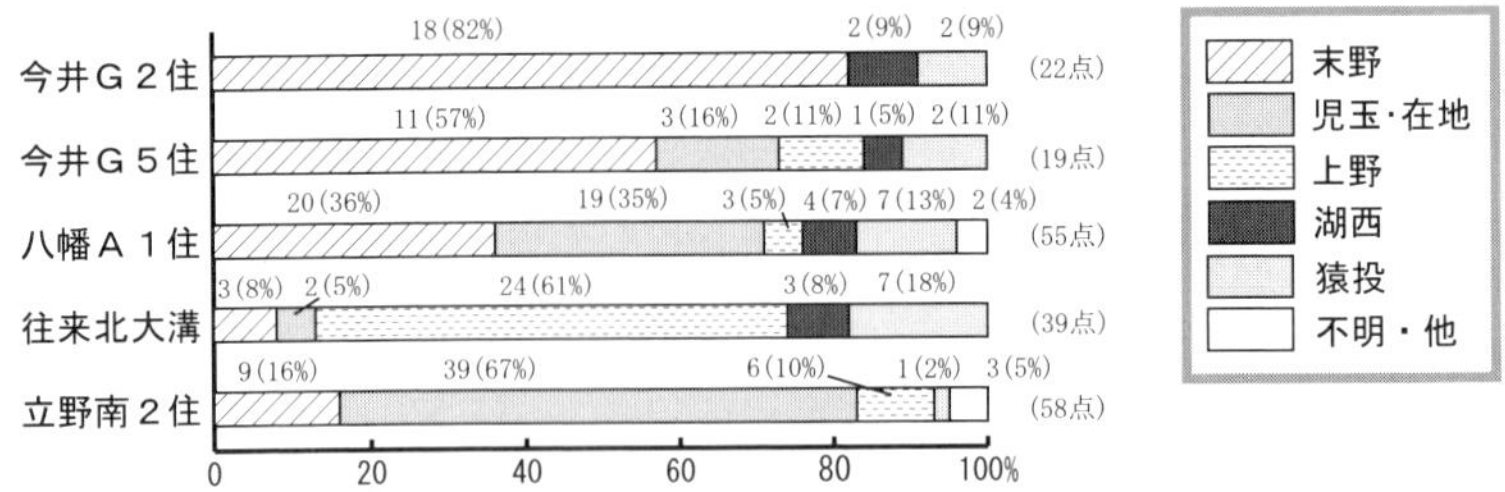

第10図　八幡太神南遺跡群須恵器の産地構成

態となることが指摘されている（赤熊 一九九九）が正鵠を得ていよう。一方、坏Ｈは湖西産および猿投産と推定され、七世紀後半にいたっても湖西窯と猿投窯では坏Ｈの生産が残存するとの指摘を裏付けている（尾野 一九九七・鶴間 二〇〇一）。それにしても東海産須恵器、それも坏Ｈ・坏Ｇが定量で供給されている点は注目してよい。

同時に稚拙な在地産須恵器、それも坏Ｇ蓋のみ多量に出土する点も興味深い。注文者側の意向なのか、生産者の意識なのか、いずれにせよ須恵器それも坏Ｇ蓋に対する強い意識をうかがわせるものといえる。また、稚拙な製品であっても搬入されていることは、須恵器の食器を多量に取り揃える必要に迫られていたという理解も可能である。

今井Ｇ２・５号住居跡も基本的に同一傾向を示し、末野産を主体とした在地産須恵器が70％を超える。末野産の比率は今井Ｇ２号住居跡が最も高く82％、次いで今井Ｇ５号住居跡（57％）、八幡Ａ１号住居跡（36％）と続く。往来北遺跡では末野産は3点（8％）に過ぎず、主体は上野産に取って代わられている。立野南遺跡はやや後出し、七世紀末葉頃に位置づけられるが、やはり末野産の比率は低く、児玉窯かとも推定される在地の窯場から一括供給されていた。

こうした状況からは、特定あるいは複数の窯場から安定的な製品の供給が行われた形跡は見出せない。多量の須恵器や畿内産土師器が出土し榛澤郡家（評家）と推定されている岡部町熊野遺跡では、七世紀後半（飛鳥Ⅱ期新段階並行）から七世紀末葉に至るまで末野産須恵器が主体的に（安定的に）供給されたことが判明している（鳥羽 二〇〇四）。同じ武蔵国北部域に所在する遺跡であるが、須恵器の流通に関しては対照的なあり方といえよう。

武蔵国内において七世紀代の須恵器を多量に出土する遺跡を挙げると例えば川越市霞ヶ関遺跡では湖西産須恵器が多量に搬入されており、猿投産および末野産須恵器と南比企産須恵器が少ないながら定量加わるという状況がみられた[12]。行田市築道下遺跡、さいたま市根切遺跡においても湖西産（東海産）須恵器が多量に搬入されていた（富田 二〇〇二a）。このように、七世紀代の須恵器流通は広域流通を実現した湖西窯、古墳時代の長期継続窯たる末野窯と上野の諸窯などと交通関係や地域性に基づき、各地域毎あるいは遺跡毎に流通状況は大きく異なるのが実態といえる。

七世紀後半代にあっては在地の須恵器生産が限定的であったために、須恵器を多量に保有する集落自体が非常に少ない。ここに例示した熊野遺跡は榛澤郡家（評家）、霞ヶ関遺跡は入間郡家（評家）、根切遺跡は足立郡家（評家）、築道下遺跡は埼玉津に関連した拠点施設（栗岡 二〇〇二）に比定され、いずれも官衙に関連すると予想される遺跡である。東京都多摩ニュータウンNo.三四二遺跡（小山窯）は円面硯や脚付盤、坏G・坏Bなどを含む官衙的な製品を焼成しており、鶴間正昭氏により相模国高倉評家に供給されたことが想定されている（鶴間 二〇〇〇）。このように今のところ須恵器を多量に出土する遺跡は官衙または官衙的様相を示す遺跡が多いことは指摘できよう。寧ろ小山窯の例をとれば、七世紀後半代の在地における須恵器生産自体、官衙（評家や郡家）の整備と密接に関連していたと考えるべきであろう。不特定集落での使用を前提とした八世紀以降の「流通」とは異なり、基本的には特定遺跡の特定用途のための須恵器生産・「供給」関係が浮かび上がるであろう。

八幡太神南遺跡群に話を戻すと、円面硯が存在しないが、多量の須恵器保有、畿内産土師器や脚付盤の存在、立野南においては土師器と互換性を持つロクロ土師器を持つことなどは官衙的な器種組成やあり方を示すものと考えられる。八幡太神南遺跡における稚拙な在地産須恵器の多量出土も饗宴用食器を間に合わせ的に確保するためであろう。また高坏は律令食器たる高盤の代替品として使用されたと考えることができる。時期的に下降する立野南遺跡以外から出土した食器の主体は坏Gであることから、坏Gこそ、律令食器の象徴的存在であったことがうかがえる。鳥羽政之氏により熊野遺跡の成立（榛澤評家の成立）と末野窯跡群における坏G生産の本格化は密接な関連性があると指摘されている（鳥羽 二〇〇四）が、傾聴すべき意見である。八幡太神南遺跡群はおそらく熊野遺跡に次いで末野産坏Gが搬入されていた。何らかの原因で末野産坏Gが入手不能の際には、在地産や往来北遺跡のように上野産で賄ったと考えられる。

（二） 遺跡の性格

以上、出土須恵器の分析から見る限り八幡太神南遺跡群は官衙的な色彩が濃いといえる。既に坂本和俊氏・田中広明氏は「賀美評家」を想定した。一方、鳥羽政之氏は遺跡群が児玉・賀美両郡の境界付近にあること、遺跡内を貫通する「真下大溝」が「古九郷用水」を水源としていることなど、児玉郡との関わりが強い点を強調している（鳥羽 一九九八）。重要な視点である。これらを受けて、宮本直樹氏は賀美・那珂・児玉に分割される以前の旧児玉評衙と推定した（宮本 二〇〇二）。往来北遺跡大溝出土土器から真下大溝の開鑿が七世紀後葉にまで遡る可能性は高い。飛鳥京出土木簡により、天武朝段階には那珂評が立評されていたことが知られていることから、八幡太神南遺跡群の形成は児玉・賀美分割前の評家（仮に賀美評家とする）との関わりの中で理解できるのではないか。立野南遺跡出土土器は坏Bやロクロ土師器を揃え、典型的な律令食器の組成を示すものといえる。少なくとも七世紀末葉までは官衙的な土器様相が辿れる。児玉郡・賀美郡分割時期は八世紀初頭前後となろうか。

四　まとめと課題

八幡太神南遺跡群を例に採り、須恵器の産地同定を試みた。その結果、武蔵国北部の代表的な窯跡である末野窯を中心として、児玉窯を含む在地窯、上野の製品、湖西窯・猿投窯の東海産須恵器が供給されていたことが判明した。東海産が少なく、末野産が主体となるという意味では、湖西産を主体とする武蔵南部とは異なり、北部に位置する熊野遺跡と共通する。しかし、在地産や上野産の在り方は熊野遺跡とも異なるし、遺跡群内部においても必ずしも一致していない。こうした個性的なあり方自体、七世紀段階の須恵器流通の実態を示すものと考えることができる。

また、須恵器を多量に出土する集落が非常に少なく、そうした遺跡が官衙または官衙的な遺跡に集中することから、七世紀後半における武蔵国における須恵器生産、特に末野窯に関していえば、主として評家・郡家での使用（官人層の饗宴や文書事務など）を前提とした生産であったと理解することが可能であろう。八世紀初頭以降、南比企窯跡群の本格稼働を契機とした須恵器の日常什器化という流れとは一線を画した生産と流通システムであった。そして、八幡太神南遺跡群は賀美・児玉郡分割以前の評家の一部となる可能性があることを指摘した。

今後の課題はいくつもある。上野産須恵器に関しては、実態が不明確なこともあり、産地同定そのものに問題を残す。また、児玉窯に関しても生産と流通実態を明らかにする必要がある。東海産須恵器については、湖西産の広域流通が強調されてきたが、猿投産の坏H・坏Gも一定量搬入されていることが予想された。東海産須恵器、特に猿投産須恵器の特定と流通実態の再検討も必須である。様々な課題を抱えての試論となった。誤解や誤認は今後訂正していきたい。ご教示を乞う次第である。

本稿の執筆にあたり、下記の方々にご教示・ご協力をいただいた。深く感謝いたします。特に、赤熊浩一氏は共に報告書を作成し、日頃から須恵器の流通に関して討論してきた。また、古代生産史研究会の会員の方々からは産地同定の検討や流通論に関してさまざまなご協力をいただいている。記して感謝いたします。

赤熊浩一・池本正明・大江正行・大鹿響子・大谷　徹・岡田勇介・加藤恭朗・金子彰男・神谷佳明・菊地　真・木

津博明・黒済和彦・黒済玉恵・恋河内昭彦・小林　高・桜岡正信・城ヶ谷和広・清水保男・外尾常人・田中　信・鶴間正昭・鳥羽政之・西井幸雄・根本　靖・平野寛之・昼間孝志・山本　靖・渡辺　一

注

(1) 上野産須恵器の産地同定に関しては、大江正行氏・神谷佳明氏・木津博明氏・桜岡正信氏のご教示を得たが、十分把握できていない面がある。誤認が多々あろうかと思われるが、ご容赦願いたい。今後も特徴の把握に努めていきたい。

(2) 皿A、坏H、坏Gなど分類器種名については奈良国立文化財研究所の使用法に従った。

(3) 報文では坏H蓋（第三一図92）としたが、対応する坏H身がないため、坏G身と訂正する。

(4) 城ヶ谷和広氏のご教示を得た。

(5) 城ヶ谷和広氏に外面の釉調や色調は猿投産に似るが、猿投産には乳頭状つまみの坏Gが非常に少ないこと、内面のかえりが大きく厚みがある点違和感があるとのご教示を得た。

(6) 城ヶ谷和広氏のご教示を得た。

(7) 他に坏B・坏B蓋（か）・低脚盤が各1点、坏G蓋が2点あるが、今回実見できなかったため、分析対象からは除外した。

(8) 大宮大寺下層SK121からは猿投産の坏B蓋天井部にカキ目を施す例が出土している（西口・玉田 二〇〇一）

(9) 環状つまみは藤岡窯跡群と秋間窯跡群で形態・技法が成立したとされている（神谷 一九九七）。藤岡窯跡群の環状つまみは端面が面取りされている例が多く、面取りのない立野南遺跡は秋間窯跡群のそれに形態的には類似することを指摘した（富田 二〇〇一b）。

(10) 児玉窯跡群は児玉町飯倉にある。児玉町教育委員会恋河内昭彦氏、資料を採集した清水保雄氏のご厚意により実見した。七世紀後半～末葉、九世紀代の資料がある。近々公表される予定である。

(11) 大江正行氏、木津博明氏からは主に胎土の特徴から上野産ではないとのご教示を得た。感謝申し上げる。今後、類例の出土を待って再検討したい。

(12) 古代生産史研究会として川越市教育委員会田中　信氏・平野寛之氏のご厚意により霞ヶ関遺跡および周辺遺跡から出土した資料を実見させて頂いた。

引用・参考文献

赤熊浩一　一九八八　『将監塚・古井戸―歴史時代Ⅱ―』埼玉県埋蔵文化財調査事業団報告書　第七一集
赤熊浩一　一九九九　『末野遺跡Ⅱ』埼玉県埋蔵文化財調査事業団報告書　第二〇七集

井上尚明　一九八六『将監塚・古井戸―古墳・歴史時代Ⅰ―』埼玉県埋蔵文化財調査事業団報告書　第六四集

井上唯雄・大江正行　一九八六「生産遺跡」『群馬県史　資料編二』原始古代二

岩瀬　譲　一九八八「将監塚・古井戸遺跡の大溝について」『将監塚・古井戸―歴史時代Ⅱ―』埼玉県埋蔵文化財調査事業団報告書　第七一集

神谷佳明　一九九七「律令成立期の須恵器の系譜―群馬県―」『東国の須恵器―関東地方における歴史時代須恵器の系譜―』古代生産史研究会

木津博明　一九九二「上野国窯業考（序）」『研究紀要一〇』財団法人群馬県埋蔵文化財調査事業団

恋河内昭彦　一九九三『川越田遺跡Ⅱ』（B・C地点の調査）児玉町遺跡調査会報告書　第一四集

酒井清治　一九八一「房総における須恵器生産の予察（Ⅰ）」『史館』第一三号

酒井清治　一九八五「日本考古学会第34回例会発表要旨　関東における古墳時代の須恵器生産―群馬・埼玉を中心に―」『考古学雑誌』第七三巻第三号

坂本和俊　一九九一「榛沢郡の成立前夜」『今よみがえる古代の役所』公開シンポジウム『中宿遺跡』を考える　北武蔵古代文化研究会

坂本和俊　一九九四「埼玉県　三八幡太神南遺跡」『古代官衙の終末をめぐる諸問題』第三回　東日本埋蔵文化財研究会

城ヶ谷和弘　一九九六「律令体制の形成と須恵器生産―七世紀における瓦陶兼業窯の展開」『日本考古学』第三号　日本考古学協会

鈴木徳雄　一九八九「古代児玉郡の開発と真下大溝」『真下境東遺跡』児玉町文化財調査報告書　第九集

田中広明　一九九六「武蔵国の加美郡と陸奥国の賀美郡」『埼玉考古』第三二号

鶴間正昭　二〇〇〇「南多摩窯跡群における国分寺創建以前の須恵器生産」『研究紀要』ⅩⅦ　東京都埋蔵文化財文化財センター

鶴間正昭　二〇〇〇「関東における古墳時代の須恵器」『第一回東海土器研究会資料　須恵器生産の出現から消滅―猿投窯・湖西窯編年の再構築―』第一分冊　発表要旨

鶴間正昭　二〇〇一「関東出土の東海産須恵器」『第一回東海土器研究会資料　須恵器生産の出現から消滅―猿投　窯・湖西窯編年の再構築―』第五分冊　補遺・論考編

鶴間正昭　二〇〇二「関東出土の畿内産土師器をめぐる須恵器」『東京考古』第二〇号

富田和夫・赤熊浩一　一九八五『立野南・八幡太神南・熊野太神南・今井遺跡群・一丁田・川越田・梅沢』児玉工業団地関係埋蔵文化財発掘調査報告Ⅰ　埼玉県埋蔵文化財調査事業団報告書　第四六集

富田和夫　二〇〇二a　「飛鳥・奈良時代の官衙と土器─官衙的土器と搬入土器の様相─」『古代坂東の官衙と人々の交流』
富田和夫　二〇〇二b　『熊野遺跡A・C・D区』埼玉県埋蔵文化財調査事業団報告書　第二七九集
鳥羽政之　一九九八　「律令期集落の成立と変貌（上）」『土曜考古』第二二号
鳥羽政之　二〇〇四　『熊野遺跡Ⅲ』岡部町教育委員会埋蔵文化財調査報告書　第九集
西口壽生・玉田芳英　二〇〇一　「大官大寺下層土坑の出土土器」『奈良文化財研究所紀要二〇〇一』
服部敬史　一九九五　「東国における六・七世紀の須恵器生産─経営主体と工人をめぐって」『王朝の考古学』大川清博士古稀記念論文集　雄山閣出版
坂野和信・富田和夫　一九九六　「飛鳥時代の関東と畿内─北関東における七世紀の土器様相─」『東アジアにおける古代国家成立期の諸問題』
福田　聖　一九九八　『末野遺跡Ⅰ』埼玉県埋蔵文化財調査事業団報告書　第一九六集
丸山　修・外尾常人　一九九一　『往来北遺跡発掘調査報告書』上里町教育委員会
宮本直樹　二〇〇二　「武蔵国各郡の官衙及び関連遺跡　四．児玉郡」『古代坂東の官衙と人々の交流』
渡辺　一　一九九五　「武蔵国の須恵器生産の各段階」『王朝の考古学』大川清博士古稀記念論文集　雄山閣出版
渡辺　一　二〇〇五　「「東国の須恵器」の成立と展開」『古代東国の考古学』大金宣亮氏追悼論文集　慶友社

生産地から見た須恵器流通の諸問題

渡辺一

はじめに

本稿は、武蔵国における主に七世紀後半以降九世紀後半までの須恵器の流通を大きく四段階に区分し、各段階の問題を生産地の立場から論じたものである。ところで本論の成稿が可能なのは、本稿に先立って行われた須恵器の流通にかかるシンポジウムの成果およびそのために準備された消費地の産地同定の膨大な成果を共有できることを前提としている（ただし成稿は本稿が先）。またこの問題に関して生産地の立場に立つのは、武蔵国の須恵器流通を主導してきた南比企窯跡群に多くの調査成果が蓄積され、そのなかに流通に関する情報が少なからず含まれているためであるが、合わせて生産地側からの問いかけが、各種情報に恵まれた生産地周辺の消費遺跡で検証できるためである。以下、そうした消費遺跡を多数抱える入間郡北部を中心に、南比企窯跡群がつくる須恵器流通の諸問題について論じてみたい。ただし七世紀後半段階の南比企窯跡群はいまだ脇役である。

一　特定的流通段階の問題

ここでは七世紀後半から八世紀初頭が対象となる。この段階の須恵器窯の生産品には、盤類など金属器模倣品が目立つが、その流通状態を見ると、同時代の一般集落からの出土は少なく、評家関連集落などから集中的に出土し、この段階の須恵器の消費状態の特徴の一つとなっていることが知られる（富田 二〇〇二）。ところで、遺跡の性格によって出土量に較差のある段階の須恵器流通は、須恵器の流通上どのような段階に位置しているのであろうか。

ここには流通上の二つの側面が認められる。一つは、それ以前の古墳や横穴墓の副葬品や墓前祭祀品として消費された段階に認められる須恵器流通との関わり、一つは、それ以後の一般集落の日常品として消費された段階に認められる須恵器流通との関わりである。結論的にいえば、この段階の須恵器流通は、古墳や横穴墓に向けられた副葬須恵器のような、特定的な供給を前提にした流通形態により近いものであったと考えられる。それは、古墳や横穴墓と官衙および官衙関連集落（以下、官衙を含めて「官衙関連」と呼ぶ）では存在形態が異なっていても、須恵器の供給地として見ると、官衙関連それ自体も古墳や横穴墓同様に特定的存在である点では同じ範疇のなかにあるからである。したがって特定的存在を主たる対象とした流通は、流通といっても特定の需給関係に基づくものである。いうまでもなく一般集落では、これが非特定の需給関係、生産地から見ると具体的な消費主体が見えない状態、すなわち不特定多数を前提とした需給関係に基づくことになる。その点で、七世紀後半から八世紀初頭の段階の須恵器流通は、特定的流通段階として捉えておくことができる。(1)

武蔵国の場合、この段階の須恵器が定量的に検出されている主な遺跡は、北から①八幡太神遺跡（富田・赤熊 一九八五）、②熊野遺跡（富田 二〇〇二、鳥羽政之 二〇〇四）、③霞ヶ関遺跡（埼玉県 一九八四）、④東の上遺跡（根本 一九九八）、⑤簗道下遺跡（劔持 二〇〇〇）などである。このうち特定的な需給関係は、児玉古窯跡群と①の間で、②と末野窯跡群で認められ、とくに②は当該期の特定流通にとって象徴的事例として捉えられるものである。それに対してそのままでは特定流通では捉えられないのが③～⑤の場合である。いずれも生産地から遠ざかっており、そのためと思われるが、③～⑤では国内外の複数の生産地から供給を受けている。

問題は、この複数からの供給と特定的流通の関係である。この場合、とくに供給量の多い東海産（湖西産）須恵器と末野産須恵器が重要であるが、両者が官衙関連への特定供給以前から、古墳や横穴墓に対して広く供給している点に着目すれば、官衙関連への供給はその延長線上として捉えられ、この場合も、一対一のあり方を基本とした①②同様に構造上は特定流通の範疇として括ることが可能となる。そして供給地が単一的、複合的な場合のいずれであっても、この特定的な需給関係（特定流通）が可能であったのは、古墳への供給システムが引き続き機能していたこと、そして評督などの初期官衙の官人が在地首長から選ばれて、この供給システムを継承できていたことを物語っている。この点でも初期評家と目されている熊野遺跡（鳥羽 二〇〇一）で取り交わされていた需給関係があらためて注目されることとなる。それは、同遺跡周辺に古墳時代五世紀後半以来の各時代の首長墓が点在しており、その延長線上に七世紀後半の大形建物を伴った熊野遺跡が誕生したと捉えられているからである（鳥羽・青木 二〇〇二）。そして熊野遺跡周辺の首長墓に象徴される古墳時代の供給関係のうち、末野窯跡群の画期となる七世紀前後から七世紀中頃にかけて形成された副葬須恵器などの需給関係が、同一系譜の首長層のなかでそのまま再生され、七世紀後半の熊野遺跡における定量的な食膳具を中心とした須恵器の受容に結びついていたものと思われるからである。

一方、複数の産地から定量的供給を受ける特定的流通の事例、とりわけ杯Hや杯Gが大量に南関東に供給される段階の湖西産との間で取り交わされる需給関係では、厳密には特定的流通だけでは捉え切れない要因を含んでおり、次段階以降の食膳具流通を誘引したと考えられる点からも注意が必要である。しかしこの場合でも在地側の流通網は、それ以前に供給されていたフラスコ形長頸瓶や平瓶を踏襲していると認められることから、当該期における湖西産との間で取り交わされる需給関係は、在地首長層が七世紀前半以来維持してきたその延長線上に見出すことができる。また、国外的なことでなく国内的なことでは、霞ヶ関遺跡で末野産が八世紀初頭まで南比企産を凌いでいる点がある。これに注意が必要なのは、地理上は南比企産が主体となる越辺川流域を中心とした比企南部や入間北部がその間に介在していることから、南比企窯との間で特定的な需給関係を結ぶべきであるのにそうなっていないためであるが、これは霞ヶ関遺跡に集約される入間川水系を中心とした在地首長層と南比企窯の関係が、熊野遺跡と末野窯のような関係でなかったことを暗示しているといえる。両者の関係は今後の課題だが、後述する越辺川水系の在地首長層と南比企窯との関係が、その流通範囲を制限する方向で関与していたことによるものだとすれば、これも特定的需給関係を前提とした当該期の須恵器流通の別の一面（流通の選り分け）を覗かせているものと言える。

二　面的流通確立段階の問題

ここでは八世紀前半から中頃（国分寺建立詔以前）が対象となる。以下、八世紀前半という場合は、この年代幅による。八世紀前半は、武蔵国における須恵器流通の画期に当たる。特定的需給関係を前提とした流通（特定的流通）から流通先を特定しない流通に変わったからである。言い換えれば前代の流通が点的広がりにとどまっていたのが、面的広がりに変わったといえる。具体的には入間郡および高麗郡で須恵器の定量出土が広く認められる状況をいう。また流域ごとにその広がりが形成されるようになるこの状況は、まさに点的広がり段階、言い換えれば重点的流通段階とは流通の性格が大きく変質したことを物語っている。この面的流通に関わるのが、前段階では末野窯跡群に比べ相対的に狭域的だった南比企窯跡群である。

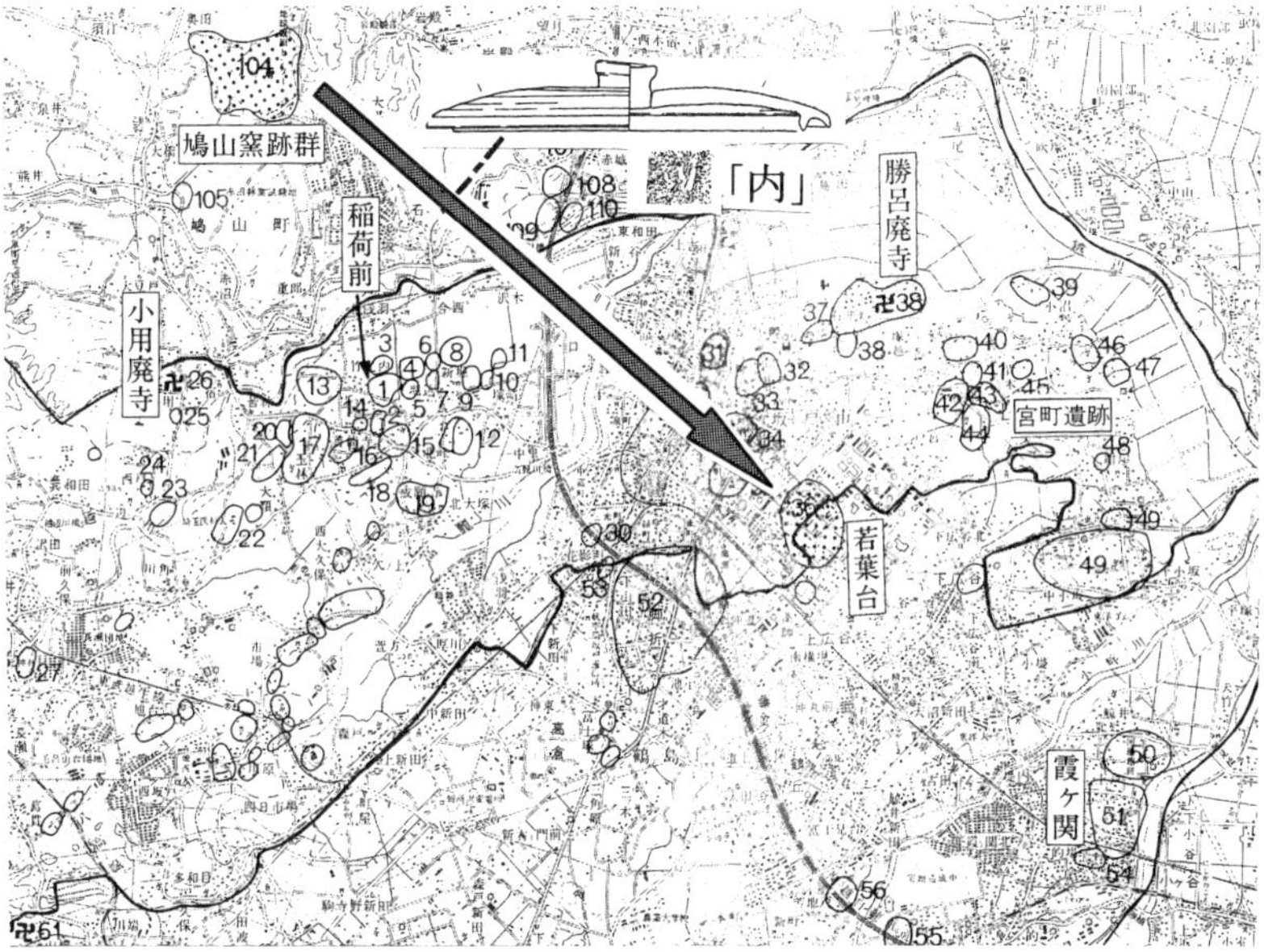

第１図　南比企窯跡群（鳩山窯跡群）と若葉台遺跡連関図（原図：富田 1992 年に加筆）

ところで流通側に生起したこの変化は、生産地側では七世紀後半から八世紀初頭には認められなかった窯業工人集落の成立として立ち現れるが、この工人集落の成立で問題となるのは、集落成立に関する主体性の問題、すなわち自主的なものであったのか否かの点である。この問題を考える上で注目される須恵器に、八世紀前半段階に集中して生産される一群の押印須恵器がある。そのなかでも大量に生産されている押印「内」の須恵器の存在がとりわけ注目される（渡辺一 一九九〇）。

工人集落に付随する須恵器窯の内、主体となる小谷《こやっ》B窯跡は、この「内」を焼く窯が最初に築かれ、しかも関連する窯が計五基を数える。一か所（一窯場）として見ると操業規模も前段階よりはるかに大きく、また操業状態も継続的である。この押印「内」は、蓋（とりわけ二重口縁蓋）に押される例が最も多く、この二重口縁蓋（坏蓋と埦蓋）を除くと確認されているものでは、単口縁の蓋、盤、坏、平瓶、甑であるが、二重口縁蓋を除くと、単口縁蓋に一定量が見込まれるほかは微量である。押印須恵器とりわけ二重口縁蓋は、同じ窯のなかで「内」を押さないで摘みも異なる単口縁とは明瞭に造り分けられており、生産段階から供給先が特定されていたことを教えている。

この特定された供給地として注目されるのが若葉台遺跡である（第一図）。押印「内」の須恵器の消費地での確認例はわずかだが(2)、そのなかにあって少量とはいいながらも、若葉台遺跡からは押「内」の印須恵器である二重口縁蓋がまとまって出土しているからである。押印「内」の須恵器を中心にすると、この須恵器（二重口縁蓋）の焼成のために開窯したとさえ言える。したがって工人集落もその開窯に合わせて成立していたといえるので、多分に自主的なものではなかったと認められる。しかし、成立時の工人集落を見ると、複数の集団からなっており、押印「内」の二重口縁蓋を生産するのは、その構成集団の一つにすぎない。したがって工人集落全体が他律的契機で成立したとは言い切れず、集落設営を巡る経緯は、依然流動的と言わなければならない。

ただし、二重口縁蓋の非生産集団でも別印の「内」による押印須恵器が認められるほか、「大」「木」「立」などの押印須恵器を製作している点は、その「内」を含めて量的には限定した量にとどまると言え、需給関係からは、押印「内」の二重口縁蓋の周辺に位置づけることが可能であるから、その成立には他律的要素が多分に備わっていたと認められる。しかし、流通論の立場から見れば、同じ窯業でもまさしく他律的契機に基づく特定供給と呼ぶに相応しい瓦窯の需給関係とはあくまでも一線を画しているとみるべきであり、特定の須恵器との間で特定的需給関係が見出せるとしても、全体的にはその生産量からみて多用な需給関係の一形態と見做しうる。これは、瓦と異なる須恵器に備わる「モノ」的要素として理解しておかなければならない。

以上のように、面的流通の契機と一体的な工人集落の成立が、特定遺跡である若葉台遺跡の要請に応じていたとすれば、面的流通の主体者も若葉台遺跡であったことになるが、別に指摘したことがあるように（渡辺一 二〇〇六a・b）、若葉台遺跡は地方豪族の居住する集落（かりに「居宅集落」と考えられるので、具体的には越辺川流域からその周辺地を勢力とする地方豪族層が須恵器流通に一次的に関与していたことになる。そして想定したようにその地方豪族層の中核に位置するのが、その中に西大寺への寄進で知られる大伴部直赤男を抱える大伴部直氏でよいとすれば、問題は郡司でない地方豪族がいかにして一郡規模（以上）の面的流通を達成しえたかである。この場合、「路家」の墨書土器（須恵器）や石製錘、秤の留金具が出土した周知の宮町遺跡（大谷 一九九一）の存在が改めて注目される。またそれと共に注目されるのが、若葉台遺跡の立地が国府関連集落のように台地内であり、農耕関係を優先させていない点である。これは、居住員の生産関係を考える上に遺跡内の複数の長方形建物の存在と合わせて大変興味深い点であり、若葉台遺跡が須恵器を含めた諸物資流通に関係していたのではないかと考えさせられる背景となっている(3)。

しかし、一つ注意しなければならないのは、南比企窯の面的流通が一部で八世紀第1四半期段階においてすでに入間・高麗郡域を越え、そのなかに国府関連遺跡が主要な消費地となっている点である。これが若葉台遺跡を中心とした流通とは別な国府との一次的関係を想定すべき流通関係であるのか、それともこれも若葉台遺跡の流通の範囲内であるのか、郡家との関係をどのように理解していけばよいのかなど単純でない問題が潜んでいる。ここではひとまず若葉台遺跡を中核とした流通構造の一環に組みこみ、当該段階の面的流通から派生する課題の一つとして、今後の八世紀代の地方における須恵器流通の立体的議論の構築に備えておきたい(4)。

三　最大流通域形成段階の問題

年代的には八世紀中頃（武蔵国分寺創建期以降）から後半・末葉が該当する。以下、八世紀後半とする場合は、この年代幅をいう。南比企窯の場合、その流通が最大規模になったのは、八世紀第３四半期から同第４四半期にかけてである。その範囲は、凡そ武蔵国一円から上野国の東部（東毛）の利根川流域、下総国の東京湾沿岸のうち武蔵国寄り、相模国東部に求めることができる。(5) 個別品の単独的流通はさらに広がると予想されるが、ここでは一定量の出土が面的に確認できそれが連続して捉えられる範囲の最大遠隔地を結ぶ線を最大流通域とする。

この段階にも若葉台遺跡は引き続き生産と流通上の中核的立場(すなわち本稿で言う「主体者」)に位置していたと考えられる。それは一か所に膨大な量の投棄された須恵器が確認できる点、たとえば実測された坏の点数だけでみても、B地点六号住・八号住(鶴ヶ島町教育委員会 一九八四)で各二五〇点以上、C地点複合住居(鶴ヶ島町教育委員会 一九八三)で一二三二点(「実測不可能須恵器数」二三〇〇点)が確認できるためである。また搬入された須恵器の中には熔着須恵器が含まれている点(加藤・坂野 二〇〇五)もこれを補っている。これは投棄時点を遡って若葉台遺跡に須恵器が大量に集積されていた状況を物語っている。まさに主体者の周辺に生起する現象としても妥当である。なお大量投棄が、いかなる状況で発生したものか判然としないが、(6) 生産地の工人集落で窯出しに伴う二次選別で竪穴建物に投棄された数量は三七八点(内坏は二八八点)であることからも、通常の生活廃棄品の量を大きく上回っている点だけは確かである。

この大量廃棄で注目されるのは、同投棄場所が若葉台遺跡の当該期における中心場所(第二図「中心域」)に当っており(斎藤・早川 一九九三)、その傍らに長大な脇殿を伴う四面廂の大形掘立柱が存在している点である(第二図上)。また、投棄品中およびその周辺から朱書された「時山」の朱墨土器が多数出土し、大形建物跡との関係が注目される点である。朱墨土器自体が特殊と考えられることから(宮瀧 二〇〇二)、この大量投棄と朱墨土器そして大形建物跡の三者が取り揃う景観は、明らかに一般集落のそれと隔絶している。このことからも若葉台遺跡は引き続き生産地すなわち南比企窯の主体者の立場に立っていたこと、より拡大した状態でその経営に参画していた状況を髣髴させる。

一方、当該期の流通にかかる生産地側の痕跡にもいくつかの特徴的な変化が見出せる。それは主に①「管理型」の別稿では大伴部直赤男をこの段階前半(第二図Ⅱ期)の中核者に想定した(渡辺一 二〇〇六a)。

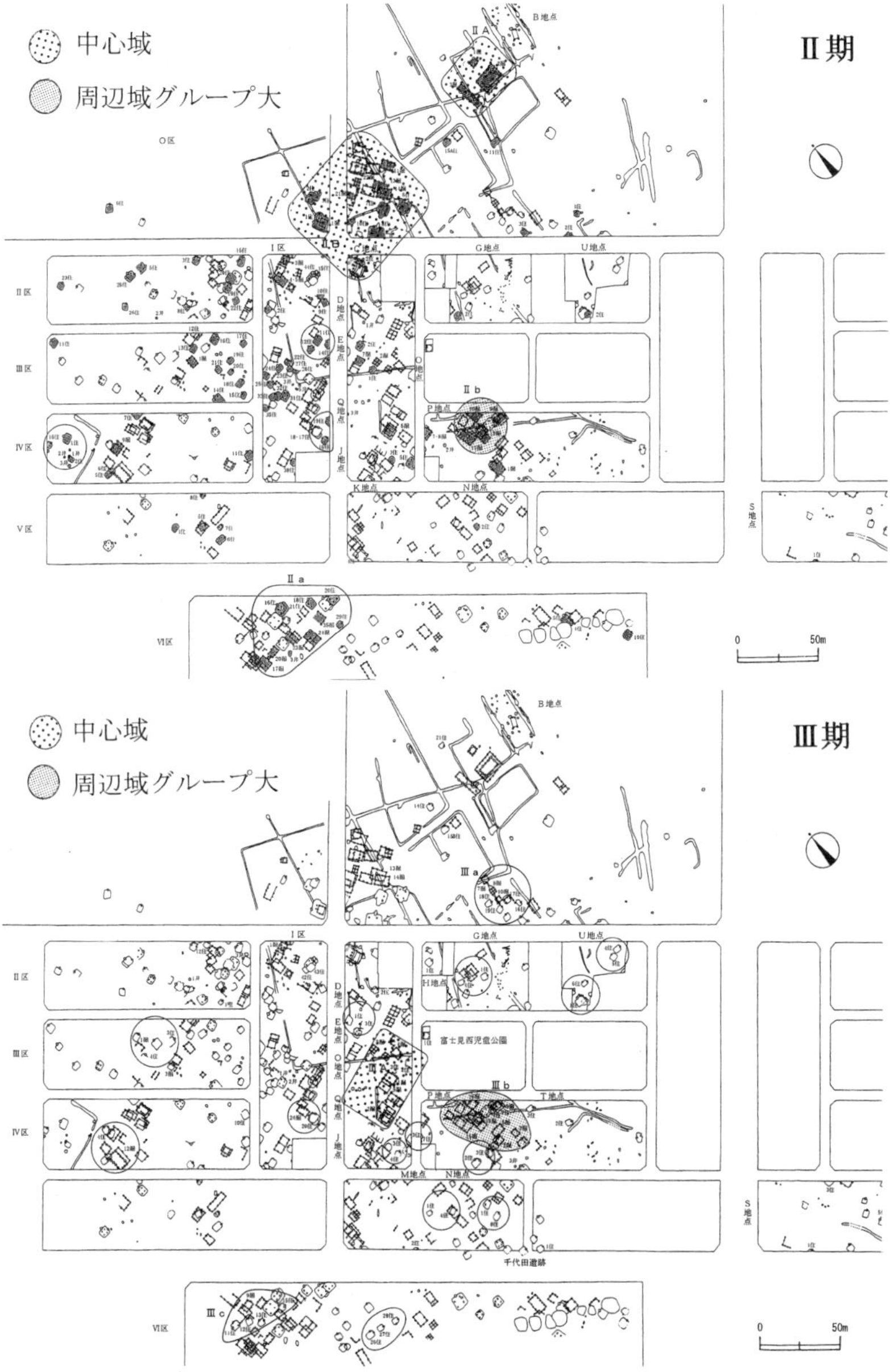

第2図　若葉台遺跡II・III期集落構成対比図（斎藤・早川1993年を転載）

建物が出現した点、②選別のための専用的な竪穴建物（「選別建物」）が出現したことである。①は、工房的要素を排除した大形の竪穴建物と掘立柱建物跡、総柱建物跡からなり、窯場のなかに縦系列が導入されたことを教えている（渡辺 一九九四）。②も見方によっては①と連動していると認められる。それは、選別建物が、集落のなかで孤立した場所に設けられ、集落内の特定の建物群に付随していないからである。したがって集落全体に付随した選別建物であると認められ、機能上「管理型」建物と連動していると認められるからである。①と若葉台遺跡とりわけ大形建物跡を直接結びつける物的証拠は見出せないが、生産地側に遺された「山」や「大マ廣道」（大伴廣道）のヘラ書き須恵器は興味深い資料である。将来的には「時山」「高山」との関連次第で両者を仲介する資料となる可能性がある点は注意される。なお、この段階以降、ヘラ記号の種類と記号率がそれ以前と比べて多くなり、ヘラ記号における画期をなし、当該段階における生産地側の変化の一つに加えられるが（渡辺一 一九九〇）、この画期も窯場の組織化に連動した現象と捉えられる。

以上のようななかで当該段階に南比企窯の最大流通域が形成される。次の問題は、その形成過程の具体的把握であるが、ここでは一つの分析視角として流通それ自体がつくる方向性（流通方向）に着目し、そのなかで最大流通域の形成過程をたどるとともにその問題点に言及してみたい[7]。

南比企窯がつくる流通方向には、大きく北・南・東が認められる。この三方向は前段階と比べると、各方向にそれぞれ拡大しているが、かりに河川を基準にすると、その拡大化は、北では古利根川から以北への、南では多摩川以南への、東では旧入間川以東への伸張として現れている。現象的には前段階と同様の面的流通、その連続的拡大として捉えられるが、拡大に伴う伸張力がはたして各方向とも同質であったのか否かが問われる。その点で注目されるのが、北方向では糸切り須恵器の北進、南方向では相模国府と捉えられる四之宮遺跡および周辺遺跡での定量出土、東方向では武蔵国の東山道から東海道への編属替えとそれに伴う駅路の変更、すなわち武蔵国府から東折して豊嶋郡を経て下総国府にいたる新たな路線の設定である（中村 一九九六）。このうち、南と東方向は、政治的色合いの強い比較的同質の因子であるが、北方向はそれに対して明らかに異質な因子として捉えられる。

糸切り須恵器の北進とは、具体的には底部切り離し技法に糸切り技法を採用する窯場が北方向（から東北方向）に拡大したことであるが、この拡大時期が南比企窯の須恵器の最大流通域の形成と時期的に対応している点が注目される。これが表面上の一致に終わるのではなく、関連があると考えられるのは、美濃須衛窯の技術が、同窯の主要な流通先の一つである信濃に派生している点（渡辺博人 二〇〇二）、同様に東海産の須恵器を大量に導入している上総に東海系の技術が派生している点（郷堀・小林 一九九七）などと類似しているからである。物と技のどちらが先であったのか、セットであったのか、具体的部分は課題だが、南や東と違う因子であったと認められる点は、次段階の須恵器流通とも連動する部分があり、その違いを含めて注意しておく必要がある。ここでは北への因子が社会的、南や東の因子が政治的であったと捉えておきたいが、いずれにしてもこの異なる両者が相俟って、八世紀後半の南比企窯の最大流通域が形成されたと考えておきたい。南の因子にも東のそれ同様に官道流通の要因が多分に含まれていたものと思われる。なお、焼き物の流通それ自体は、元来社会的要素が強い。政治的という場合もそれを前提にしている。

四　流通域再編段階の問題

主に九世紀前後から九世紀後半までが対象となる。八世紀第4四半期以降、中断状態に陥っていた末野窯跡群が本格的な操業を再開し、北方向における南比企産の一円的流通に大きく分け入ってくる。この新たな動きは、南方向にも認められ、八世紀中頃から定量的操業段階に入っていた東金子窯跡群の場合も、八世紀第4四半期の窯跡の実態がいまだ判然としないが、その頃より操業頻度を高めて、高麗郡中心の流通から南比企産の流通内に大きく分け入ってくる。この末野窯の再開や東金子窯の操業拡大と南比企窯の生産がどのように関係しあっているのか不明だが、南比企窯における中核的工人集落の解体・再編が時期的に重なる点は、それに続く南多摩窯の御殿山窯跡群の開窯と含めて注意しておかなければならない点である。

ところで、工人集落に認められた解体・再編現象は、若葉台遺跡にも集落の縮小・再編として認められ、構造的にも大形建物跡を伴わないようになるなど集落変遷上の画期となっている。この新たな集落段階を迎えて問題なのは、従来の須恵器生産の主体者の立場が変質したのか喪失したのかであるが、この点の評価に関わるのが、「中心域」の移動である（第二図下）。この「中心域」が倉庫を伴って引き続き「コ」の字形建物配列を示し、官衙的要素が認められるとされる点、「中心域」に付随する「周辺域」に大量の須恵器を出土する竪穴建物跡（P地点四号住）が認められる点に着目すれば、引き続き須恵器生産の主体者として関与していたと認められる。ただし、「中心域」の移動は、それが主体者の固有名詞の変更を意味するのか否かで評価は二分されることになるが、若葉台遺跡の縦構造のなかで窯業に直接的に関わる階層が、大形建物段階でも別であったこと、そのために大形建物が廃絶した後の集落再編段階にも存続していたことを意味しているとすれば、主体者像はその階層的問題も含め、若葉台遺跡成立段階に遡って再検討が必要となる。今は課題としておきたい。なおこの段階の集落の変質は広域的な社会現象であるから、若葉台遺跡の場合も大枠ではこの広域現象として捉えておく必要がある。

生産地における当該期の流通にかかわる新たな要因で注目されるのは、①ヘラ記号の変化と②数量記名須恵器の出現、そして③最終段階における中・大形甕の製造中止である。③は今回取上げない。①では八世紀代の単一記号（多いのは「×」「二」）中心から複数記号に変化し、そのなかに数量記号でないかと思われる「一」「二」などの横棒記号が認められ、「一」ではそのヘラ記号率（ヘラ記号須恵器÷出土総点数×一〇〇）が一三％の値を示す例があり、これを一〇回に一回とすれば、従来の識別記号から数量記号に変化したことを意味している（渡辺二〇〇二）。この点を若葉台遺跡と結び付けると、数量記号の導入は窯場の経営ないし管理の方式に変化があったことを意味していると考えられる[8]。すなわち、八世紀代は、焼き上がりに対する製品評価に重点があるのに対して、九世紀代は焼き上がった量に対する評価（数量評価）に重点があったと想定されるからである。さらに具体的に言えば、八世紀代では誰が何を焼いたかに重きがあったと言える。このことは、焼き上がった製品を通じて工人個人およびその所属集団（家族）、引いてはその結合体である工人集落の再生産を達成しなければならないから、それが数量でなく、製品評価であった点は、操業頻度を規定する需要量すなわちここでいう「数量」は、一次的には工人によって管理されていたのではないことを物語っているといえる。厳密な選別（三次選別＝おそらく他者選別）が行われているのはそのことの反映といえるが（渡辺 一九九五）、その選別の先には集落の再生産を可能にする対価が用意されていたものと考えられる。この対価方式が、どこまで遡るか注目されるが、八世紀前半の特定的流通段階にも「×」を採用する窯（柳原A一号窯）が伴うことから[9]、工人集落成立段階にまで一部遡及するものと考えられる[10]。

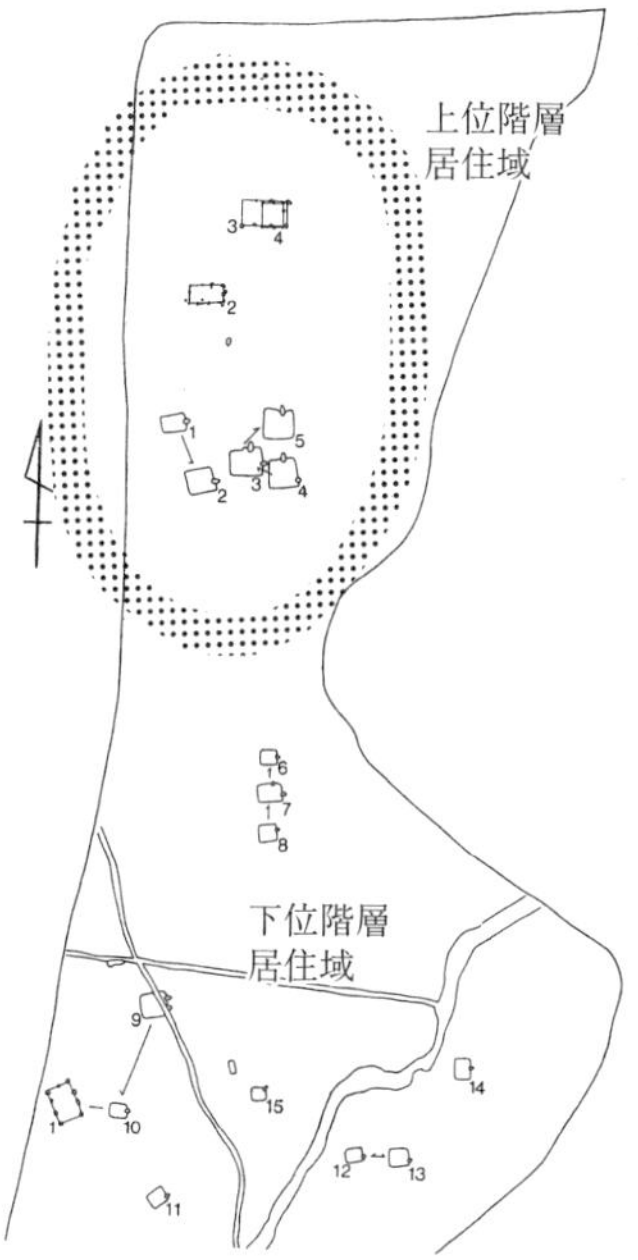

第3図　伴六遺跡と居住域区分

九世紀段階には窯と工人が一対一の関係ともいうべき個人持ちの窯ないし単位集団持ちの窯に変わっていくが、生産側に認められる個別分散化現象は、流通面にどのように反映しているのであろうか。生産地の周辺でこの問題を考える上で注目される集落遺跡に越辺川上流域右岸の未開拓地に進出した伴六遺跡（富田 一九八二）がある。別に分析したところでは（渡辺一 二〇〇六b）、伴六遺跡のなかには建物規模や鉄器の保有量で階層差が確認され、上位居住者は自ら武装する上層農民にも見立てられたが（第三図）、この階層差は須恵器の保有量にもそのまま現れていて、一軒から七〇余の須恵器坏類が出土した例が含まれる。報告書掲載量ではあるが、上位階層者居住域（一五五点）対下位階層者居住域（二二点）の須恵器保有率は、八八％対一二％である[11]。保有状態は議論のあるところだが、通産保有量が集落のなかで卓越していたとして大過なければ[12]、これは消費側が浮かび上げる当該段階の流通の一形態といえる。この集落内の個別集団による卓越的な須恵器保有は、生産側の個別分散化とあたかも対応しているかのようで注目される。ちなみに五号住（九世紀後半）の七〇余点に認められるヘラ記号は、底部欠損が少なくないが、「二」の三点が確認される。産地側と消費側に現れる個別的現象にいかなる交易関係が復元されるかが当該段階の流通上の最大の問題であるが、南比企窯が流通再編に伴って流通範囲（交易距離）を縮小したことと、個別分散化の現象はひとまず整合的である。この点からも若葉台遺跡段階のそれとは異なる流通に移行していたものと考えられる。

まとめ

以上、時代を追って、七世紀後半から九世紀後半までの二〇〇年間を大きく四段階に分けて各段階の流通問題を論じてきた。第一段階では特定的流通段階として初期官衙への流通をそれ以前の七世紀前半以来の古墳時代の在地首長が保有していた需給関係を継承したものであると捉えた。したがって流通範囲は点的広がりに留まるとした。第二段階ともいうべき面的流通段階では、南比企窯の管掌者の存在に注目し、特定須恵器との関係から若葉台遺跡をその主体者と捉え、同遺跡が流通に関与する面的広がりを論じた。次の第三段階ともいうべき最大流通域形成段階では南比企窯がつくる流通方向に着目し、各方向の流通上の意義について論じた。このうち北方向と南・東方向では流通を促す因子に違いが認められ、北方向では南比企窯の技術の拡散が流通を誘引したとし、南・東では東海道編属に伴う官道の路線変更がそれにあたると論じた。以上の二つの要因のもとで最大流通域が形成されたとした。最後の第四段階ともいうべき流通域再編段階では、ヘラ記号に注目し、それが工人個人の識別段階（八世紀）から製品数量の確認段階（九世紀）に機能変化した点に着目し、それが生産側の個別経営化と連動している点を指摘し、さらにこの個別化が消費遺跡でも確認できる点を指摘した。この生産側と消費側に認められる個別化を繋ぐ流通形態の時代的特性は不明ながら、若葉台遺跡段階とは異なるだろうとした。

注

（1）この特定的性格は、この時代の生産地のあり方が新規開窯であり、製品の内容や技術水準が相対的に高い点、開窯が招聘工人による場合が多い点からも理解される。すなわち開窯に先立って供給先が特定されていることを前提にしていたと考えられるからである。

（2）押印「内」の須恵器が出土しているのは、武蔵国府関連集落を除くと、越辺川流域の長岡遺跡、稲荷前遺跡のほか、都幾川流域の西浦遺跡程度で、坂戸台地内陸部の若葉台遺跡に集中している。今後ともこの状況に大きな変化はないだろう。

（3）ただし物資集積に関する木簡などの文字資料や運搬具などの具体的出土遺物は見出せない。

（4）なお、若葉台遺跡の性格は、若葉台遺跡シンポジウム以来、諸説（官衙、豪族居宅、西大寺庄家）があり、最近では高麗郡の郡衙関係遺跡説（宮瀧 一九九九）があり、出土遺物からも高麗郡との関連が強い集落とする理解（富田 二〇〇二）が提示されている。本稿の地方豪族居宅集落説は、若葉台遺跡シンポジウムに遡るものだが、高麗郡郡家ないし関連遺跡説で修正すべき場合、須恵器生産や流通の関係がどうなるのか、機会をみて検討してみたい。

（5）以上は、主に各地での実見や情報を基にしたものである。

（6）加藤恭朗氏は饗宴後の一括廃棄としている（加藤 二〇〇五）

（7）流通がつくる方向性については、観点はやや異なるが土器と東山道武蔵路の関係として以前検討したことがある（渡辺 一九九八）。

（8）より具体的な数量表記に「四百内」（八世紀第4四半期後半）がある。「数量・供給先」と理解したが（渡辺 一九九二）、その後も亀ノ原窯跡群灰原から「一佰」「千二佰」（共に九世紀第2四半期）などのヘラ書資料（未発表資料）が追加されている。この点については、石川安司氏（ときがわ町教育委員会）より年代観などをはじめ多くのご教示を賜った。発表をご快諾いただいた点とあわせ、この場を借りお礼申し上げます。

(9) 柳原A一号窯では大小の「×」が使い分けられている（渡辺 一九八八）。

(10) なお鳩山窯跡群のヘラ記号やヘラ書文字に関しては、末木啓介氏による体系的な分析があり（末木 一九九八・二〇〇三）、消費遺跡を視野においている点からも興味深いので、参照されたい。「内」に関する理解や「民需」の用語について建設的な批判をいただいたが、「内」の具体的な意味については依然不明としなければならない。一方、「民需」についてはここでいう非特定需給関係と一体的なものであること、「民需」と対に使った「官需」とはここでいう「特定的需給関係」の謂いであると補足しておきたい。

(11) 計算に当たっては便宜的に上層階級五軒（一～五号住）の合計に対し、下層階級から機械的に抽出した五軒（六～一〇号住）の合計を基にした。

(12) 覆土出土が多いが、とくに祭祀がなされたような痕跡は報告書の記載を含め認められない。

引用・参考文献

大谷 徹 一九九一『宮町遺跡Ⅰ』埼玉県埋蔵文化財調査事業団調査報告書第九六集

劔持和夫 二〇〇〇『築道下遺跡Ⅲ』埼玉県埋蔵文化財調査事業団調査報告書第二四五集

加藤恭朗 二〇〇五「Ⅴ 若葉台遺跡の特色と歴史的性格」『若葉台遺跡発掘調査報告書Ⅵ』埼玉県坂戸市教育委員会

加藤恭朗・坂野千登勢 二〇〇五『若葉台遺跡発掘調査報告書Ⅵ』埼玉県坂戸市教育委員会

郷堀英司・小林信一 一九九七「生産遺跡の研究3―須恵器―」『研究紀要』一四 (財)千葉県文化財センター

埼玉県 一九八四「霞ヶ関遺跡」『新編埼玉県史』資料編古代1奈良・平安

斎藤 稔・早川由利子 一九九三「Ⅶ まとめ」『若葉台遺跡群O・P・Q・R・T地点、富士見西児童公園発掘調査報告書』

末木啓介 一九九八「集落出土のヘラ記号からみる須恵器の生産と流通―武蔵国の場合―」『研究紀要』第一四号 (財)埼玉県埋蔵文化財調査事業団

末木啓介 二〇〇三「須恵器に刻まれた記号と文字―南比企窯跡群出土例を中心に―」『研究紀要』第二五号 埼玉県立歴史資料館

鶴ヶ島市教育委員会 一九八四『若葉台遺跡群A・B・B地点南発掘調査報告書』

鶴ヶ島市教育委員会　一九八三『若葉台遺跡群C〜I地点発掘調査報告書』

富田和夫　一九八二『伴六』埼玉県埋蔵文化財調査事業団調査報告書第一一集

富田和夫『稲荷前遺跡（A区）』埼玉県埋蔵文化財調査事業団報告書第一二〇集

富田和夫　二〇〇二a「飛鳥・奈良時代の官衙と土器―官衙的土器と搬入土器の様相―」『埼玉考古学会シンポジウム　坂東の古代官衙と人々の交流』埼玉考古学会

富田和夫　二〇〇二b『熊野遺跡（A・C・D区）』埼玉県埋蔵文化財調査事業団調査報告書第二七九集

富田和夫・赤熊浩一　一九八五『立野南・八幡太神南・熊野太神南・今井遺跡群・一丁田・川越田・梅沢』埼玉県埋蔵文化財調査事業団調査報告書第四六集

鳥羽政之　二〇〇一「2熊野遺跡の性格について（予察）」『熊野遺跡Ⅰ』岡部町遺跡調査会埋蔵文化財調査報告書第九集

鳥羽政之　二〇〇四「2土器様相の変化からみた熊野遺跡の形成」『熊野遺跡Ⅲ』岡部町教育委員会埋蔵文化財調査報告書第九集

鳥羽政之・青木克尚　二〇〇二「榛沢郡家と幡羅郡家」『埼玉考古学会シンポジウム　坂東の古代官衙と人々の交流』埼玉考古学会

中村太一　一九九六「東国駅路網の変遷過程」同著『日本古代国家と計画道路』吉川弘文館

根本　靖　一九九八「所沢市東の上遺跡の基礎的研究―初期の須恵器と8世紀の土師器―」『あらかわ』創刊号　あらかわ考古談話会

宮瀧交二　一九九六「一天狗遺跡と墨書土器について」『一天狗遺跡J地区一三地点発掘調査報告書』鶴ヶ島市教育委員会

宮瀧交二　二〇〇二「朱墨土器に関する覚書」『古代文字資料のデータベース構築と地域社会の研究』平成一一年度〜一三年度科学研究費補助金（基盤研究（B）（2）研究成果報告書』研究代表者吉村武彦　明治大学

渡辺　一　一九八九『鳩山窯跡群Ⅰ―窯跡編（1）―』鳩山窯跡群遺跡調査会・鳩山町教育委員会

渡辺　一　一九九〇「第三章第三節　文字資料」『鳩山窯跡群Ⅱ―窯跡編（2）―』鳩山窯跡群遺跡調査会・鳩山町教育委員会

渡辺　一　一九九二『鳩山窯跡群Ⅳ―工人集落編（2）―』鳩山窯跡群遺跡調査会・鳩山町教育委員会

渡辺　一　一九九四「須恵器作りのムラ―工人集落の歴史的性格―」関　和彦編『古代東国の民衆と社会』古代王権と交流2　名著出版

渡辺　一　一九九八「武蔵路を通った人々と物流」『国府・国分寺・東山道』古代武蔵国シンポジウム実行委員会

渡辺　一　二〇〇二「第Ⅴ章第二節5　ヘラ記号・ヘラ書」

『天沼遺跡第2次発掘調査報告書』鳩山町埋蔵文化財調査報告第二〇集　鳩山町教育委員会
渡辺　一　二〇〇六a　「須恵器の流通を巡る諸問題」『埼玉考古学会五〇周年記念シンポジウム　武蔵国の須恵器流通と地域社会』埼玉考古学会
渡辺　一　二〇〇六b　「第一編第六章第三節一比企・入間地方の古代集落とその特徴」『鳩山の歴史　上』　鳩山町
渡辺　一　二〇〇六c　「第一編第六章第二節三　地域の古代豪族層」『鳩山の歴史　上』　鳩山町
渡辺博人　二〇〇一　「七・八世紀における美濃須衛窯と信濃」『信濃』第五三巻第一一号通巻六二二号　信濃史学会

古代武蔵国入間郡における交通と地域社会

――若葉台遺跡・東の上遺跡の史的意義――

原　京子

はじめに

現在の埼玉県北部、古代の武蔵国入間郡には、東山道武蔵路ルートが南北に縦断する。この地は、北武蔵と南武蔵の中間地点にあたる。

文献史料によると、入間郡の郡司クラスの人物として、神護景雲三年（七六九）に西大寺へ商布千五百段、稲七万四千束、墾田四十町歩、林六十町歩を献進した功績により、その死後の宝亀八年（七七七）六月五日外従五位下の位階を追贈された大伴部直赤男が存在した。また藤原仲麻呂の乱で功績を挙げ、のちに持節征東軍監、征討副将軍となり「征夷」で活躍した入間宿禰広成（物部直広成）も知られる。なお、広成は、延暦八年（七八九）の「征夷」敗戦の責任を負わされるが、のちに常陸介にも任命された。したがって、入間郡の郡司クラスは西大寺や常陸国等と繋がりがあったことが窺われる。

これら入間郡における郡司クラスの活動拠点として真っ先に考えられるのは郡家であろう。

入間郡においては、未だ郡庁や正倉域とされる遺構の検出は認められていないが、推定地として最も有力とされるのが川越市霞ヶ関遺跡周辺である。霞ヶ関遺跡からは「入間郡」を略した「入」の文字を冠している「入厨」の墨書土器が出土している。「厨」と記された墨書土器は郡家等の饗饌場のおける廃棄所等から出土すると想定されているため（平川 二〇〇〇）、付近には郡家施設が存在したと思われる。また霞ヶ関遺跡は入間川における河川交通の要所に面している上、東山道武蔵路の推定ルートにもなっている（木本 二〇〇〇）。さらに入間川流域における農業生産拠点にも面している。榛沢郡家正倉域が検出されている岡部町熊野遺跡、中宿遺跡では、正倉は一定の空間に集中し、運河の水運等が完備され「農業生産と交通拠点」が一体化しており、この条件は霞ヶ関遺跡付近にも適合している。

さらに郡の交通機能に着目すれば、霞ヶ関遺跡から南下した川越市八幡前・若宮遺跡が興味深い。この遺跡からは「驛長」と記された墨書土器が土坑から出土していることから（田中信 一九九四）、周辺には交通制度の施設「駅家」が存在した可能性が高い。駅家施設には制度的規制があるものの、実態としては入間郡家と直結した経営がなされたとみるべきで、郡の機能に包括される。郡家と駅家は有機的関係にあったのだろう。

このように河川交通、農業拠点という立地条件に加え、中央との連絡路としての駅路、また、それを中継する駅家等が集約的に存在する霞ヶ関遺跡・八幡前若宮遺跡周辺を入間郡の行政の中心と捉えるべきであろう。

また一方では、入間郡域と想定される周辺にも、大規模な集落跡や官衙関連遺跡が検出されている。とくに若葉台遺跡と東の上遺跡が注目される。坂戸市と鶴ヶ島市にまたがる若葉台遺跡は入間郡北部、所沢市東の上遺跡は入間郡南部付近に位置し、この両遺跡の共通点は東山道武蔵路、またはその推定ルートに沿っていることである。入間郡を縦断するこのルートは歴史地理学、考古学、文献史学等各分野の研究者間で、ほぼ一致した見解とみられる。したがって、地域社会と交通の様相を知る上では、この両遺跡が最も適切な資料であると考える。また、東山道武蔵路はいわゆる官道ではあるが、律令法における規制が存在しながらも、その実態としては中央と地域の交通機能を有していると思われる。このように交通路に沿った地域社会の復元は、首長層と中央との活動や交流を示す手法として最も有

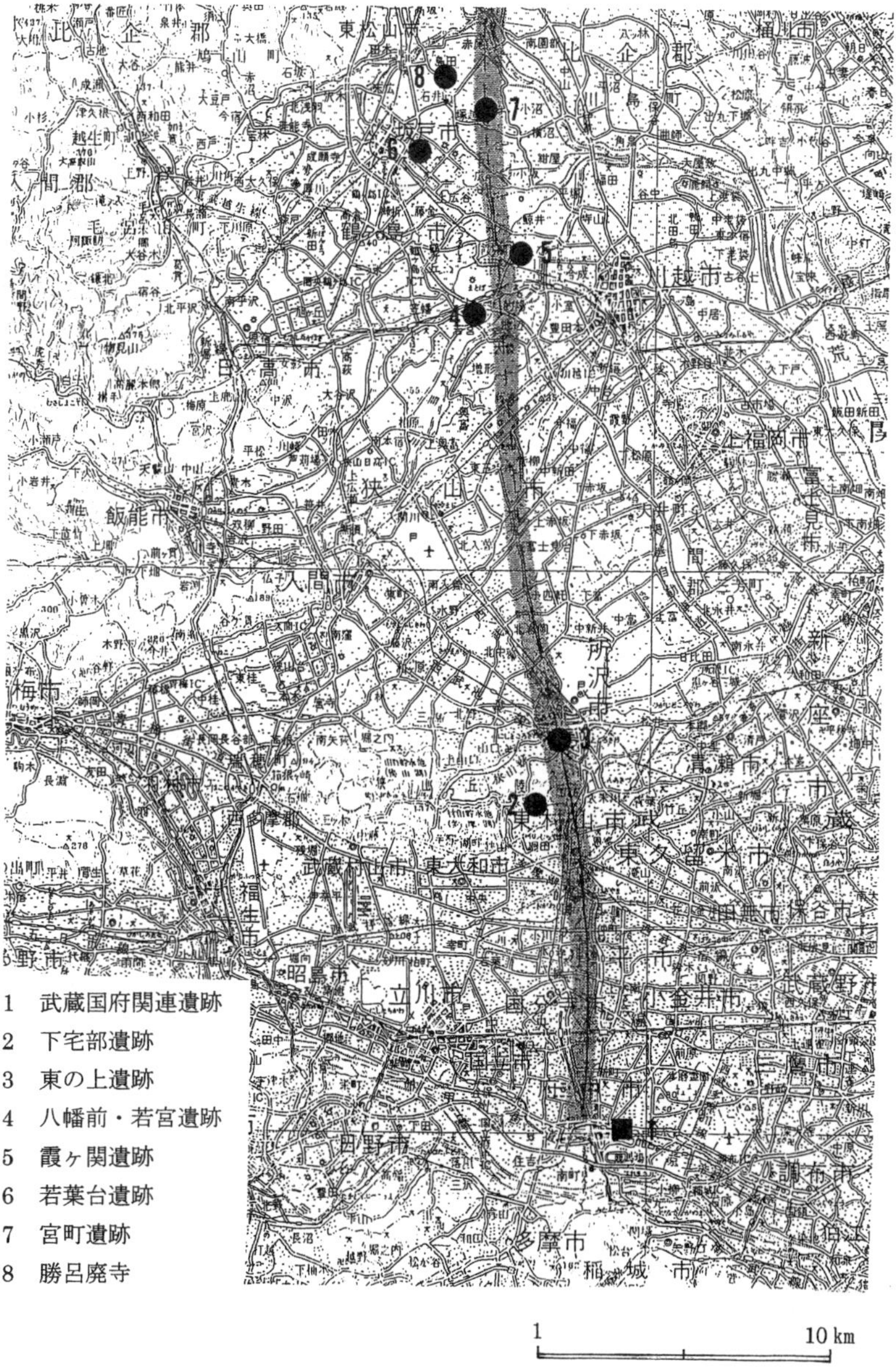

1 武蔵国府関連遺跡
2 下宅部遺跡
3 東の上遺跡
4 八幡前・若宮遺跡
5 霞ヶ関遺跡
6 若葉台遺跡
7 宮町遺跡
8 勝呂廃寺

第１図　入間郡・多磨郡城・東山道武蔵路復原ルートと官衙

効であろう。

本稿では東山道武蔵路に展開する入間郡北部、南部を考古学資料により考察する。また、時間軸は七世紀後半に設定し、地方官衙や集落跡が出現する一画期として捉え、その継続期間として八世紀段階までを見通す。入間郡における首長層と中央との活動が交通路をめぐりどのように展開したのであろうか。これらの地域社会における景観復元を試みたい。

一　入間郡北部における地域社会

若葉台遺跡における集落の性格

若葉台遺跡は八世紀第一四半期から九世紀第四四半期まで存続し、住居跡二七九軒、掘立柱建物跡二三四棟等が確認されている。その周辺には一天狗遺跡、山田遺跡等の集落跡も存在し、若葉台遺跡を含め一体として捉えられる。若葉台遺跡から検出された掘立柱建物跡の規模は二間×三間が最も多く、倉庫と考えられる建物跡は少ないという。この小規模な掘立柱建物跡群は養蚕による生産体制が行われたことを示すものと指摘されている（加藤 二〇〇五）。出土した紡錘車は石製、土製、鉄製含め、その総数は四一点である。この集落における主とした生業活動が養蚕業と特定出来るかは別にしても、多数の紡錘車の出土は紡織等の生産活動が盛んであったことを示す。

また、若葉台遺跡では同一文字の墨書土器「時山」が集中する遺構ブロックが認められる。「時山」は朱書されたものも纏まって出土し、ほかにも「高山」と記された墨書土器も出土している。天平宝字一九年（七四七）「肖奈」姓（天平勝宝二年（七五〇）「肖奈」は「高麗」に改姓）を下賜された福信は武蔵守等要職に着く人物であるが、同族として「大山」「広山」等の記載があることから、「時山」「高山」は人名の可能性があると指摘されている（宮瀧 二〇〇二）。

入間郡に隣接された高麗郡は、持統元年（六八七）に高麗五六人が常陸国へ移されたのち、霊亀二年（七一六）に駿河、甲斐、相模、上総、下総、常陸、下野の七国の高麗人一七九九人を武蔵国へ移住させて建郡された。常陸国の接点を若葉台遺跡に求めると、ここからは常陸産の須恵器坏、甕等が出土しているので、おそらくこれらは常陸国からの移住者により、もたらされたのだろう。

このように若葉台遺跡では高麗一族の人名と思われる墨書土器や常陸国との交流を示す土器が出土し、さらに農業生産に依存しない紡織等の生業活動がなされたという特徴がある。

この若葉台遺跡から北東へ約二・五㎞離れた位置に勝呂遺跡群が位置する。

勝呂遺跡群には七世紀後半の創建とされる古代寺院、勝呂廃寺が存在する。勝呂廃寺は越辺川による沖積地帯を臨む坂戸台地に位置し、背後には六世紀後半を中心とした塚越、勝呂、新町古墳群が連なる。越辺川に面した広大な沖積地帯は農業による生産性が高い地域であったと推定される。周辺には古墳時代より連綿と続く集落地帯が存在するが、勝呂廃寺が創建された七世紀後半以降、この付近の集落は減少傾向にあるとみられ、その一方では若葉台遺跡において大集落が形成される。(1) 農業生産の拠点となる越辺川周辺とは異なり、若葉台遺跡は水運の無い台地上に形成される。このような勝呂遺跡群と若葉台遺跡における立地の違いをどのように捉えるべきであろうか。

この要因は移住者集団と関わるものと推定される。若葉台遺跡の集落は、その帰属時期が八世紀第一四半期から遡らないことから、高麗郡建郡記事の時期との整合性が認められるため、宮瀧交二氏が「高麗郡の建郡と軌を一にして営まれた集落」と指摘しているように（宮瀧 二〇〇二）、若葉台遺跡は高麗郡の一部として捉えるべきであろう。

したがって、水運の無い台地上において若葉台遺跡の集落が形成された要因は、農業に依存しない生業活動もその一つとして上げられるが、越辺川周辺との距離観は移住集団とこの地域を基盤とする首長層との住み分けを意識したものと考えられる。

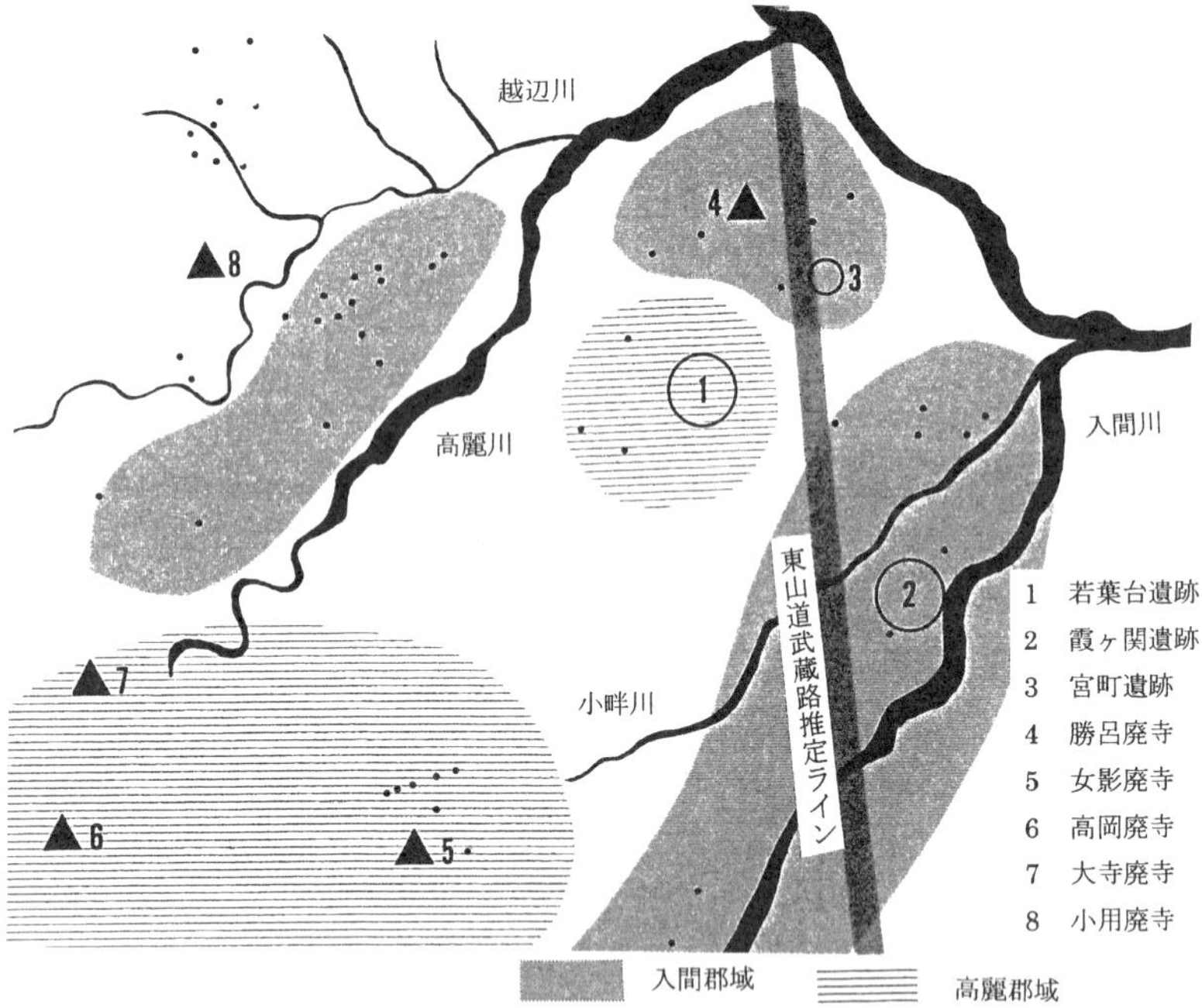

第２図　入間郡北部域・入間郡と高麗郡概念図

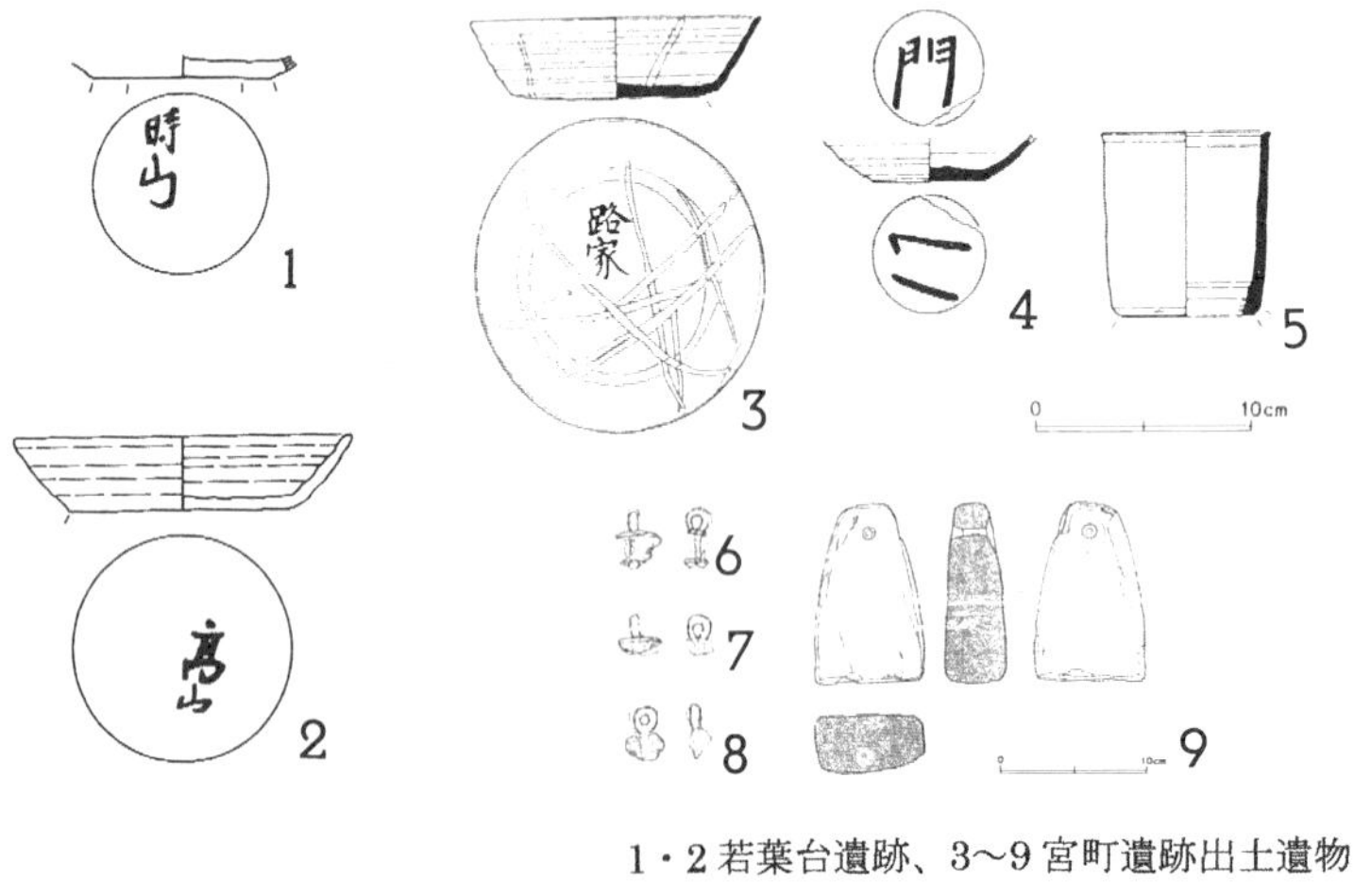

1・2 若葉台遺跡、3～9 宮町遺跡出土遺物

第３図　若葉台遺跡・宮町遺跡出土遺物

このような理由から若葉台遺跡周辺を高麗郡の集落と想定できるのである。では、何故に高麗神社、女影廃寺、大寺廃寺、高岡廃寺等が配置される日高市近辺ではなく、この地域に高麗郡とされる行政区が楔状に打ち込まれたのだろうか。

若葉台遺跡をめぐる地域社会

八世紀初頭、若葉台遺跡が形成される一方で、同じ入間郡域北部である越辺川周辺においては集落跡の減少傾向が認められることは先に述べたが、この時期、関東系土器が東北地方で出土することから、その要因として東北対策による人員の移動等も想定される（今泉 二〇〇五）。おそらく勝呂廃寺の創建、再整備はこの人口減少等にみられる地域社会の変化に関係したものと思われる。

勝呂廃寺は出土瓦、住居跡の重複関係から、その創建は七世紀後半に位置付けられる。ここからは金堂もしくは講堂と推定される掘立柱建物跡、区画溝、基壇等が検出され、また塔の存在を示唆する九輪も出土していることから、本格的伽藍配置がなされた寺院と考えられている（高橋 一九九四）。入間郡内では、このような本格的伽藍配置をもつ古代寺院は勝呂廃寺以外には存在しない。ここから最も多く出土する瓦は八世紀第二四半期であり、高麗郡内にある女影廃寺の創建期の系譜を引く瓦も出土している。女影廃寺は高麗郡建郡と関わる寺院とみられ、その創建は建郡された霊亀二年（七一六）頃を目安とされている。この女影廃寺と連動するように勝呂廃寺の再整備が行われたと考えられる。

古代寺院は地域の開発事業と仏教思想との関わりの中、地域の首長層における支援、経営により行われると考えられ（鈴木 二〇〇二）、勝呂廃寺を創建した主体者はこの地域における伝統的首長層であることが想定できる。この伝統的首長層は仏教を基軸として、文化の伝道等の知識や思想を中央との交流から取り入れたのだろう。また、入間郡内において本格的伽藍配置をもつ古代寺院が勝呂廃寺以外に認められないことは、入間郡の中心とは異なる役割をこの地域が担っていたと思われる。それは入間郡の支配領域を越えるイデオロギー的拠点としての位置付けであった。その後、若葉台遺跡を中心とする高麗郡の拠点集落は、八世紀初頭に行われた勝呂廃寺の再整備を促したのではないだろうか。これは勝呂廃寺を創建した入間郡と高麗郡の人々の連携無くしては成し得ない事業である。そうすることで、この仏教を基軸としたイデオロギー的拠点は、伝統的首長層と若葉台遺跡の新興首長層との間の支配領域を越えた地域間交流を可能にしたと思われる。

この勝呂廃寺の再整備後、八世紀第二四半期頃に出現する宮町遺跡は、これらの首長間で築かれた有機的関係を傍証するものと考えられる。

宮町遺跡は、若葉台遺跡と勝呂廃寺の中間地点にあたり、東山道武蔵路推定ラインはこれらの遺跡間を通過するとされている。この遺跡は坂戸市北東部の台地の陸部に位置し、八世紀第二四半期から一〇世紀前半まで集落が存続していたと考えられている。宮町遺跡からは「路家」「門」の墨書土器や石製錐と棹秤の留金具、計量器とされるコップ形須恵器が出土している。庇付溝持ちの掘立柱建物や大型住居跡も検出されており、井上尚明氏は交通関係施設の周辺に広がる「市」に関わる遺跡と想定している（井上 二〇〇二）。

この宮町遺跡の出現要因は勝呂遺跡群の農業拠点と若葉台遺跡周辺における紡織等の生産体制、さらに中央との交流がなされた結果とみられる。

入間郡域北部における地域社会は、勝呂廃寺創建や高麗郡の建郡を契機として、中央や他地域との交流拠点へと転じたのである。

二　入間郡南部における地域社会

柳瀬川流域における集落動向

入間郡の隣接郡である新羅郡は、天平宝字二年（七五八）に新羅僧、尼等を閑地に移住させて建郡が行われた。この新羅郡とされる地域は七世紀末葉における集落の大編成が行われなかったと思われる。

尾形則敏氏は荒川右岸流域における豊島郡域、新羅郡域と想定される集落跡をグループ化して分析を行った結果、七世紀末葉、練馬区・板橋区・北区の豊島郡域と想定される地域では、広域に及んで計画的な集落経営が認められ、また、それとは対照的にその上流である埼玉県和光市・朝霞市・富士見市、後の新羅郡域と想定される地域では集落が偏在し、様相が異なることを指摘している（尾形 二〇〇四）。このような集落の動向は、豊島郡を中心とした勢力が後の新羅郡域となる地域にまで及ばなかったことを示す。

このような状況から新羅郡の建郡記事にある「閑地」と認識された地域とは、比較的小規模な首長層が占拠していたため国家が有力首長を介して取り込めなかった地域を指していたと思われる。

さらに入間郡と多磨郡の境界付近とされる柳瀬川下流域・狭山丘陵付近もこの「閑地」と同様であったと推測できる。七世紀後半から八世紀初頭にかけての柳瀬川下流域・狭山丘陵付近では点在的に集落跡が確認されているものの、この地域においても核とみられる大規模な集落跡は認められない。

ところが東の上遺跡周辺のみ状況が異なる。七世紀後半、それまで遺跡の空白地域に東の上遺跡が形成され、さらに隣接地には北秋津横穴墓群が造営されたのである。

東の上遺跡をめぐる地域社会

東の上遺跡は幅員約一二mの道路遺構である東山道武蔵路が検出されている遺跡である。その道路側溝の築造年代は七世紀第四四半期の須恵器が指標となっている。また七世紀後半から一〇世紀前半までの住居跡三八三軒、掘立柱建物跡群八八棟、円形有段遺構、区画溝等が検出されている。この遺構の中でも七世紀末から八世紀初頭に造られた区画溝と区画内の総柱掘立建物跡は駅家（根本 二〇〇二）、郡家（市毛 一九八九）等の説がある。ここからは馬の戯画、具注暦の漆紙文書、馬具、「田」の字の焼印等も出土していることから、官衙的性格として捉えて間違いないだろう。

ところが、東の上遺跡の立地条件は、武蔵国内の多くの地方官衙や大集落とは異なり、農業生産と河川交通が一体となるものではない。この遺跡が面している柳瀬川下流域は、河川交通としては不適切であったことが指摘できる。東の上遺跡の東に秋津という地名があるが、これは「津」とされる河川交通を示す地名ではなかったようだ。江戸時代後期に編纂された『新編武蔵野風土記』には「アキツ」は「渥土・アクト」つまり「悪土」から由来する地名であるとされている。近世においてもこの付近での河川交通は認められない。また、この遺跡が立地する台地上付近には集落跡が七世紀後半まで希薄であったことからも窺えるように、大規模な農業生産が行われていたとは考え難い。

では、何故に東の上遺跡における官衙的性格の遺構、集落がこの地域に形成されたのであろうか。これは東山道武蔵路造営との関わりが考えられる。

入間郡の中心である霞ヶ関遺跡より八幡前・若宮遺跡を経由して南下すると東の上遺跡までは集落跡は存在しない。同様に多磨郡、国府域から東山道武蔵路を北上し国府方面の恋ヶ窪谷周辺域から東村山市を通る空堀川まで集落の存在は皆無で、武蔵野の原野が広がっていたものと思われる。そのため国府から入間郡に到る東山道武蔵路の維持運営のための中継点が必要であったと思われる。

また、この地域が選定された条件の一つに、狭山丘陵・柳瀬川流域では谷戸田経営などが行われていたこともある

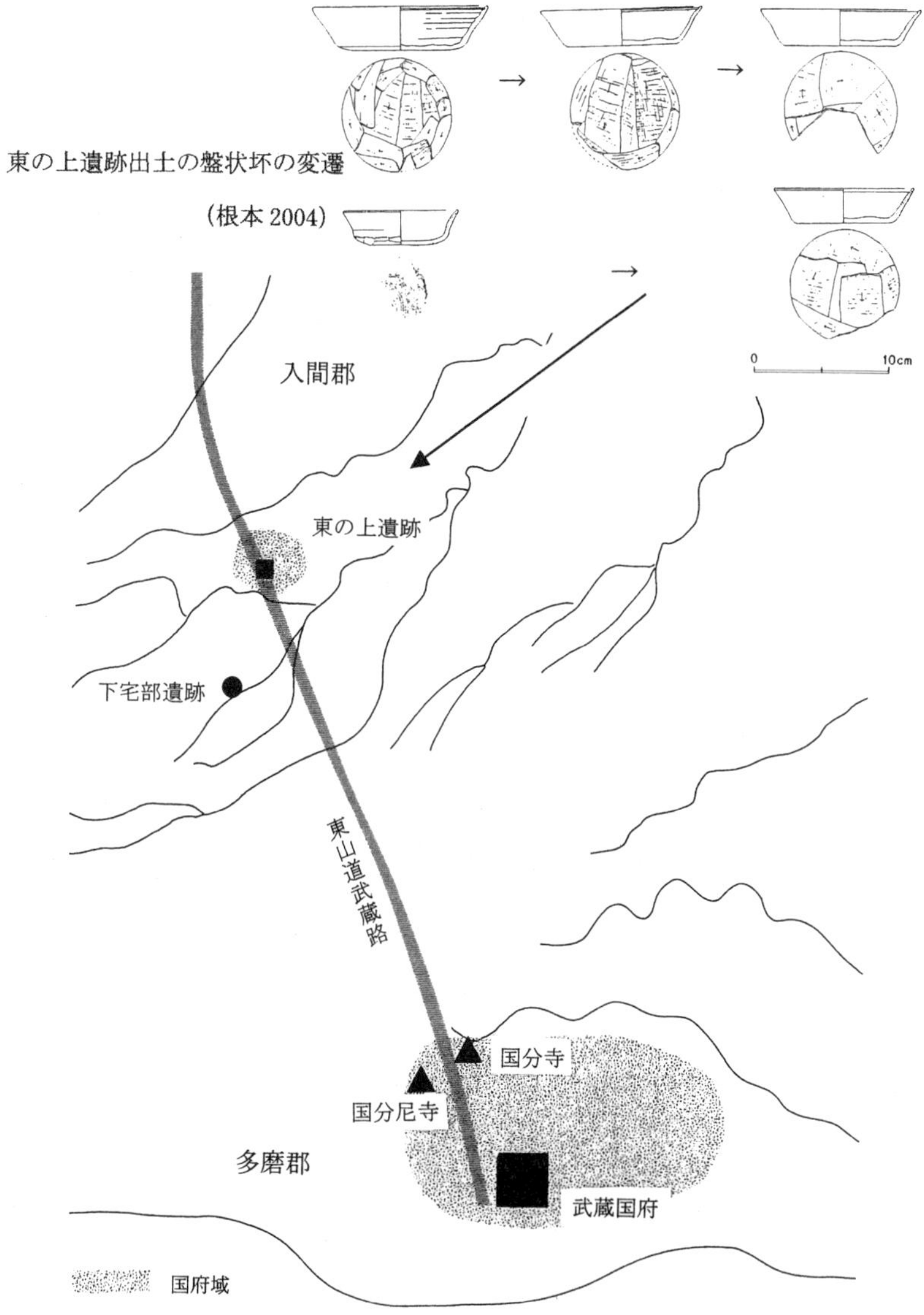

第４図　入間郡南部域・入間郡と国府域概念図

だろう（黒済和彦 二〇〇一）。しかし、先に述べたように七世紀後半から八世紀前半における周辺の集落状況からみても、この地域には入間郡を中心とした勢力が充分及んでいない状況と判断でき、地域を統合する核となる首長層の存在は認められない。そのため、東の上遺跡における大規模な集落を形成し、維持運営した主体者はこの地域の首長層とは考え難い。

では、その主体者は誰であろうか。東の上遺跡における特徴的出土遺物から考えてみたい。

この遺跡における七世紀後半から八世紀前半の搬入土器に着目すると、湖西産須恵器のほか、七世紀後半の東北産の栗囲式坏、静岡東部や伊豆諸島に分布する八世紀前半の駿東甕、八世紀第二四半期から第三四半期に位置付けられている落合型坏等多種多様である。なかでも盤状坏が多量に出土していることは注目される。

盤状坏の分布圏は主に南武蔵の外周地域とされている（福田 一九七八）。武蔵国府域外で東の上遺跡のように多量に出土する遺跡は周辺地域には存在しない。

盤状坏は、ロクロ整形、平底、おもに内外面が赤彩されており、八世紀第一四半期から第二四半期のほぼ五〇年の間で出現、消滅するという特徴を持つ。武蔵国内で出土する初期のものには波状のミガキや斜状暗文が施され、法量も一七センチを越えるものが多く、畿内産土師器指向の土器として考えられている（田尾 二〇〇二）。赤彩された盤状坏は、饗宴や儀礼に関係した土器と思われるが、国府整備における工房との関連も指摘されている（青木 二〇〇三）。また東の上遺跡における盤状坏出土集落は、国府からの移住者が持ち込んだとする見方もある（根本 二〇〇四）。

このような盤状坏の特徴は、たとえ国府工房等で使用された土器と解釈しても、国府域との交流を示すものとみられる。また駿東甕、栗囲式土器等の搬入品のバリエーションは、武蔵国内における他の地方官衙には認められない現象である。

国府造営に関わる盤状坏、東海、東北地方との交流を示す土器類の出土から鑑みると、やはり、この地域の首長層だけでは東の上遺跡の維持運営は成し得ないと思われる。おそらく東山道武蔵路を含め、東の上遺跡の形成には国宰・国司の直接的関与があったと考えられ、東の上遺跡はいわば国府域の一部（飛び地）として捉えるべきである。東の上遺跡の集落、官衙的遺構、東山道武蔵路等は周辺の地域社会に大きな変化を与え、次段階における地域の経済発展を促したものとみられる。

下宅部遺跡は東の上遺跡から南西方向に二㎞ほど離れた場所に位置する。この遺跡は柳瀬川から分流した北川の低地という地理環境にあり、古墳時代の旧河道や古代水辺の祭祀に関わるとされる池状遺構が検出されている。七世紀後半から八世紀前半に限定すると、下宅部遺跡からも湖西産須恵器が出土している。

このような東山道武蔵路の流通機能について富田和夫氏は、埼玉県域において遺跡別に搬入土器のデータ集成を行っている（富田　二〇〇二）。とくに湖西産須恵器（東海系）の分布状況に注目すると、榛沢郡家正倉跡とされる熊野遺跡、埼玉郡官衙関連遺跡の北島遺跡、河川交通における津とされる築道下遺跡、足立郡家の候補地の根切遺跡、入間郡家関連または駅家関連遺跡の東の上遺跡等、官衙もしくは官衙関連遺跡に比較的多く分布し、そのほとんどは河川に面した地域であり、大量消費とともに流通の拠点となる傾向が認められるという。また湖西産須恵器の流通は河川交通を主とし、東山道武蔵路が補足するとされている（渡辺　一九九八）。この流通ルートは官衙間ネットワークと繋がるため、おそらく東の上遺跡を中継点として下宅部遺跡周辺の集落等にもたらされたのだろう。

この七世紀後半段階において、盛んに地域へ搬入されていた湖西産須恵器等の動向は、地域支配の拠点において、国宰・国司と首長層との間に執り行われた儀式、饗宴での需要が想定されるのである。

また下宅部遺跡からは呪術行為に用いたとされる「家成」等と記された墨書土器が多数出土している。他にも櫛、鞍、皿、曲げ物等の木製品や折られた鉄製横刀等も出土している。これらは祭祀行為に使用された遺物と特定できないものの、これらを所有した階層が存在していたことは注目すべきであろう。また下宅部遺跡における池状遺構では八世紀後半から九世紀後半頃の出土遺物が最も多く、この遺構のピークと思われる。その周辺からは八世紀中葉とされる瓦塔も出土している。祭祀跡と推定される池状遺構から多数の遺物が出土していることは、未検出の集落の存在を示唆する。また、瓦塔を所有するような階層を輩出していたことが窺われる。

このように下宅部遺跡のピークとされる八世紀後半から九世紀後半は、東の上遺跡から波及した地域社会の変化として捉えることが出来るのである。

おわりに ――入間郡における交通と地域社会――

入間郡家が設置されたと推定される霞ヶ関遺跡を中心とする勢力内では、有力首長を媒介とした地域支配が展開されたとみられる。しかし、文献史料に登場する大伴直赤男、入間宿禰広成等、また、神護景雲三年（七六九）入間郡の正倉焼失事件も譜第を擁護することで処理されていることから、譜第以外の複数の有力首長が入間郡内に存在していたことは確かである。八世紀後半には西大寺と結びつく勢力、国家に保護された譜第や東北遠征、常陸国において活躍する人物を輩出する等、諸勢力が拮抗する状況であったことが窺われる。したがって、入間郡における中心を霞ヶ関遺跡周辺と想定しても、郡司職を争う勢力は他地域にも存在していたものとみられる。また、中央や他地域との交流が活発に行われていたことも明らかである。その一方、入間郡に隣接し、または割いて建郡された高麗郡、新羅郡は、入間郡と中央との間に軋轢を生じさせたと推測される。

このような入間郡内における状況から判断し、中央、他地域との交流拠点が複数存在すると予想し、その考察を行った。交流を可能にするのは交通であるため、東山道武蔵路沿いに展開する入間郡における地域社会の復元を試みた。その結果、入間郡周辺域では、中心域とは異なる様相が認められた。

七世紀後半段階、入間郡域北部において勝呂廃寺が創建され、古墳時代より連綿と続く首長層は仏教を受容することを契機に、新たな地域支配が行われたとみられる。この寺院を基軸としたこの地域は、入間郡における中央と直結した文化センターとして位置付けられる。その後、勝呂廃寺周辺に着目すると、入間郡北部では高麗郡の一部とされる若葉台遺跡の集落が形成され、女影廃寺等と連動するように勝呂廃寺の再整備が行われたものとみられる。入間郡域、高麗郡域を越え、伝統的首長層と新興首長層は多元的地域支配を確立していったのである。若葉台遺跡が選地された理由は、勝呂廃寺を建立した首長層が仏教を通じて中央との強い繋がりを持っていたことが大きな要因であろう。

ところが、渡来人等の移住により形成された若葉台遺跡は、仏教における思想などの伝播だけでは無く、それまで農業に依存してきた地域の経済基盤を一変させたのである。若葉台遺跡では紡織等による生業活動が行われており、おそらく中央へ納める布等の集中的生産体制が図られたのだろう。そののち、東山道武蔵路における流通機能は他の生産物との交換経済を可能にし、市的性格をもつ宮町遺跡へと繋がったものと解釈できる。

また、入間郡南部の状況は北部とは異なる。東山道武蔵路の維持運営、または国府造営に関わるため、国府域からの移住により東の上遺跡が形成され、それを基点として国宰・国司が強力に介入したものと思われる。国府域には工房なども存在し、都市的な様相をしめしていた。ここには多くの物資等様々なものが集積し、多摩川流域を中心にした大規模な集落がその消費地となっていた。このような国府域における状況からみると、東の上遺跡は国府造営と関係したインフラ事業の拠点とも理解でき、一種の出先機関、または国宰・国司の居所等の可能性もあるだろう。たとえ東の上遺跡が律令法における駅家、郡家関連の性格であったとしても、この地域社会においては中央との交流拠点として確固たる位置付けがなされたものとみられる。のちに展開する下宅部遺跡における大規模な池状遺構や出土遺物は、この地域における首長層の経済的変化を示唆する。

入間郡南北の周辺域の状況は、高麗郡や国府造営拠点が東山道武蔵路を介して中央と直結していた。この東山道武蔵路は制度としては公的な駅路と思われるが、七世紀後半段階では既に交通機能は地域社会の中に取り込まれていたといえる。たとえ、駅路の整備が七世紀末と解釈しても、これらの二ヶ所については部分的にせよ、駅路以前に中央との交通手段が存在していたのであろう。入間郡内における交通機能を面で捉えると、中心地域における有力首長層を媒介とした支配が郡家を中心に展開するのみではなく、仏教を基軸とした古代寺院は北部周辺の首長層と高麗郡との接点、また南部では国府造営に関わる拠点としての位置を獲得し、中央や他地域を繋げる役割を果たした。入間郡は隣接する高麗、新羅郡の建郡という中央との軋轢がある中、このような交通・交流システムを形成していた。これは「中央と首長層の間で執り行われた硬軟織り交ぜた地域支配の実態」と解釈できるだろう。これら楔状に打たれた交流拠点は支配体制とかかわりながらも地域社会へと波及し、経済活動を中心にして独自な展開をみせる。さらに詳細な研究成果が蓄積されつつある現在、時間軸の幅や地域を広げることで、より明確に地域社会像を復元できるのではないだろうか。

注

（1）　加藤恭朗氏にご教示を賜りました。

引用・参考文献

青木　敬　二〇〇三「盤状坏の史的背景」『和田西遺跡の研究』考古学を楽しむ会
市毛　勲　一九八九「武蔵国入間郡の郡衙について」『古代』八七
井上尚明　二〇〇二「官衙をとりまく施設と人々」『埼玉考古学会シンポジウム　坂東の古代官衙と人々の交流』埼玉考古学会シンポジウム資料
今泉隆雄　二〇〇五「文献史料からみた七世紀の陸奥南部」『日本考古学協会二〇〇五年福島大会シンポジウム資料集』
大谷　徹　一九九一『宮町遺跡Ⅰ』埼玉県埋蔵文化財調査事業団報告書第九六集
尾形則敏　二〇〇四「荒川右岸流域における古墳時代中・後期の様相（一）―東京西北～東北部を中心とした五～七世紀の遺跡と土器様相―」『あらかわ』第七号
加藤恭朗　二〇〇二「資料集・武蔵国各郡の官衙及び関連遺跡一七　入間郡―若葉台遺跡周辺―」『埼玉考古学会シンポ

ジウム　坂東の古代官衙と人々の交流』　埼玉考古学会シンポジウム資料

加藤恭朗　二〇〇五「Ⅳ遺構について」『若葉台遺跡　若葉台遺跡発掘調査報告書Ⅵ』　坂戸市教育委員会

加藤恭朗他　一九八九『若葉台遺跡　若葉台遺跡発掘調査報告書Ⅰ』　坂戸市教育委員会

加藤恭朗他　一九九三『若葉台遺跡　若葉台遺跡発掘調査報告書Ⅱ』　坂戸市教育委員会

加藤恭朗他　一九九五『若葉台遺跡　若葉台遺跡発掘調査報告書Ⅲ』　坂戸市教育委員会

加藤恭朗他　一九九七『若葉台遺跡　若葉台遺跡発掘調査報告書Ⅳ』　坂戸市教育委員会

加藤恭朗他　一九九七『若葉台遺跡　若葉台遺跡発掘調査報告書Ⅴ』　坂戸市教育委員会

木下　良　一九九〇「上野・下野両国と武蔵国における古代東山道伝路の再検討」『栃木史学四』

木本雅康　一九九二「宝亀二年以前の東山道武蔵路について」『古代交通史研究』創刊号

木本雅康　二〇〇〇『古代の道路事情』吉川弘文館

黒済和彦　二〇〇一「第Ⅵ章官道がとおる—第二節　古代の東村山—二項」『東村山市史五　資料編　考古』　東村山市史編さん委員会

黒済玉恵　二〇〇一「第Ⅵ章官道がとおる—第二節　古代の東村山—四・五項」『東村山市史五　資料編　考古』　東村山市史編さん委員会

鈴木靖民　二〇〇二「古代相模の地方寺院と首長—茅ヶ崎市下寺尾廃寺をめぐって—」『神奈川県歴史博物館総合研究報告　総合研究—さがみの国と都の文化交流』　神奈川県立歴史博物館

田尾誠敏「暗文土器からみた相模における畿内の影響」『神奈川県歴史博物館総合研究報告　総合研究—さがみの国と都の文化交流』　神奈川県立歴史博物館

田中　信　一九九四「埼玉・八幡前・若宮遺跡」『木簡研究』一六

田中広明　二〇〇二「古代地方官衙の初現と終焉」『埼玉考古学会シンポジウム　坂東の古代官衙と人々の交流』　埼玉考古学会シンポジウム資料

田中広明　二〇〇四「東山道駅路の変更と集落の編成」『駅家と在地社会』　奈良国立文化財研究所

徳澤啓一・山田美和　一九九五「落合型坏を伴なう土器群の編年」『上落合二丁目』　新宿区上落合二丁目遺跡調査団・青木電気工業株式会社

富田和夫　二〇〇二「飛鳥奈良時代の官衙と土器」『埼玉考古学会シンポジウム　坂東の古代官衙と人々の交流』　埼玉考古学会シンポジウム資料

中村太一　一九九六『日本古代国家と計画道路』　吉川弘文館

根本　靖　二〇〇一「東の上遺跡の基礎研究―七世紀から八世紀の坏形土器の変遷」『あらかわ』四号
根本　靖　二〇〇二「所沢市東の上遺跡の性格について―官衙的性格を中心にして―」『埼玉考古』三七　埼玉考古学会
根本　靖　二〇〇四「東の上遺跡の研究Ⅵ―盤状坏研究ノート―」『あらかわ』第七号
高橋一夫　一九九四「東国の中の武蔵古代寺院」『渡来人と仏教信仰』雄山閣出版
平川　南　二〇〇〇『墨書土器の研究』吉川弘文館
原島礼二　一九七八「大伴部直赤男と西大寺」『埼玉県史研究一』埼玉県史編さん室
宮瀧交二　二〇〇二「埼玉県における郡家研究の現状と課題」『埼玉考古学会シンポジウム　坂東の古代官衙と人々の交流』埼玉考古学会シンポジウム資料
福田健司　一九七八「南武蔵における土器編年とその史的背景」『考古学雑誌』第六四巻　第三号
渡辺　一　一九九八「武蔵路を通った人々と物流」『国府・国分寺・武蔵路　研究の現状と保存・活用』武蔵国シンポジウム資料

古代の北武蔵と菱

――菱子貢進木簡と菱田――

伊佐治康成

一　はじめに

『枕草子』（一四〇段）に「をそろしげなる物」として、「つるばみのかさ。焼けたる野老《ところ》。水ふゞき。」と並んで菱が挙げられている。「つるばみのかさ」とは櫟の実の毬《いが》、「焼けたる野老」とは焼いた山芋、「水ふゞき」とは鬼蓮のことで、いずれも棘や鬚根の形状が清少納言には畏怖すべきものに感じたようである。そして菱も、四隅が菱形に角張って鋭いことから、これらと同類に扱われている。

本稿でこれから論じようというのが、この菱（子）である。[1] 古代において菱が各地の池沼に自生していたことは、『肥前国風土記』（高来郡）の土歯《ひじは》池に「荷《はちす》・菱」が多く生えるという記述や、[2]『万葉集』の柿本朝臣人麿歌集に「君がため浮沼の池の菱摘むと我が染めし袖濡れにけるかも」（巻第七、一二四九）、豊前国の白水郎の歌に「豊国《とよくに》の企救《きく》の池なる菱の末《うれ》を摘むとや妹《いも》がみ袖濡れけむ」（巻第一六、三八七六）と菱を摘む様子が詠われることからも確認できる。また、やや時期は下るが、平安末期に成立した七番目の勅撰和歌集である『千載和歌集』に「夏歌」として分類される源俊頼の歌にも「あさりせし水のみさびにとぢられて菱の浮葉にかはづなくなり」（巻第三、二〇三）と詠われる。

青葉高氏の説明によれば、菱とはアカバナ科（或いはヒシ科）に分類される水生一年草で、各地の池や沼に生える。その実（果実）は完熟すると茎から離脱して泥中で年を越し、翌春発芽する。茎は直立し分枝して水面に現われ、三角形で気室をもつ水上葉を放射状に展開する。そして、夏になると白い四弁花をつける。果実は水面下で発育し、扁平な菱形で両側に鋭い刺がある。果内には種子ができ、その子葉には炭水化物四〇、蛋白質五・八、脂質〇・五％を含み栄養価値が高い。若い果実は青皮を剥いで生食し、成熟した果実は灰汁抜き後に茹でて食べ、蒸してから乾かして粉にし、菱飯や各種料理や菓子の材料にする。また菱の実は解毒作用や胃病に薬効があるとして薬にもされる（青葉 一九九一）。

さて、奈良国立文化財研究所（現在は独立行政法人文化財研究所 奈良文化財研究所）による一九八七年の平城京第一八六次発掘調査で、所謂「長屋王邸宅跡」にあたる平城京左京三条二坊八坪中央南寄りの区画塀東で検出された井戸SE四七七〇から次のような菱子貢進木簡が出土した（『平城京木簡一』六八号）。

・武蔵国策覃郡宅□駅菱子一斗五升

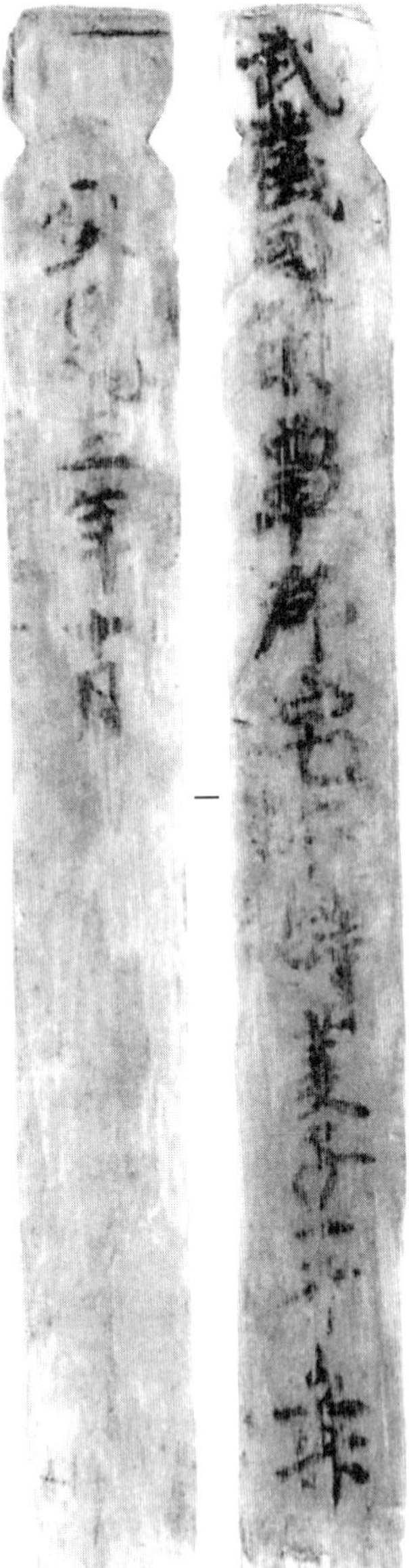

▲菱子貢進木簡
（奈良文化財研究所許可済）

・霊亀三年十月　　一七八×二一×五　〇三二

この木簡には上端部左右に切込みがあり、霊亀三（七一七）年十月に武蔵国策覃郡（埼玉郡）宅□駅が菱子一斗五升（現在の約六升）を中央に貢進した際の付札であり、従来知られていなかった東山道武蔵路ルートに関わる駅名が記されていることや、駅が貢進主体となっているという前例のない付札木簡であることから多くの論者によって注目されている（樋口 一九八九・二〇〇五、舘野 一九九一、木下 一九九一、木本 一九九二、寺崎 一九九五）(4)。本稿では貢進物の菱子に焦点を当て、律令制下における菓子貢進制度の中に菱子の貢進を位置付けるとともに、九条家本延喜式裏文書の「武蔵国大里郡坪付」に記載された「菱田」に着目して古代の北武蔵と菱との関係を考えたい。尚、本論集の性格上、考古学的な視点から論究することが要請されようが、考古学については門外漢であるため、必然的に文献史学からの立論が中心となる。この点、予め諸賢の寛恕を請う次第である。

二　菓子貢進制度と菱子の貢進

1　菱子貢進木簡と菓子

菱子貢進木簡が出土したSE四七七〇は『平城京木簡一』の解説によると、現状で南北一・九m、東西二・三m、深さ一・九mの土坑状を呈し、四層に大別された三層目の木屑層から二二六点の木簡がまとまって出土し、中には大きな話題を呼んだ「長屋皇宮」と記す木簡も含まれている（七七〜七九号）。このうち年紀をもつ木簡は菱子貢進木簡の霊亀三年一〇月のほか、前月の霊亀三年九月の欠損による内容不明のもの（一〇七号）、養老元（七一七）年一二月廿二日の日付をもつ若翁帳内に対する米飯支給に関するもの（六一号）の三点がある。霊亀三年一一月に養老と改元されているので、SE四七七〇出土木簡は霊亀三・養老元年を中心とするものと考えてよい。またSE四七七〇からは、菱子の貢進以外に伊豆国賀茂郡賀茂郷川合里伊福部別が「調荒堅魚」を貢進した木簡（六九号）や、近江国犬上郡瓦郷からの米の貢進を示す付札木簡（七二号）なども出土している。

ところで通常、付札木簡の一般的な書式は国郡郷名＋貢進者＋税目＋品目＋数量＋年月日を記すが、長屋王家木簡の付札木簡は、その書式の多くが国名あるいは郡名や税目・年月日を省略し、さらに貢進者名や物品名、数量を欠く簡略なものである。これらのことから、長屋王家の付札木簡の過半数が近江・越前・周防・讃岐の四ヵ国に集中するという貢進国の隔たりなどから、付札木簡の多くは長屋王家の封戸など律令的給付に関わること、こうした長屋王家の封戸の経営のために税司が派遣・任命され、税司は封戸物の交易・進上や現地での出挙経営などに従事していたことが明らかにされた（渡辺 一九九五、寺崎 一九九五）。税司に関しては「武蔵税司」とある木簡から（『平城宮発掘調査出土木簡概報』二八）、当国に長屋王家の封戸が設定されていたことが確認できる。ただ、菱子貢進木簡には税目の省略はあっても国・郡名および進上主体は明記されているので、長屋王家の封戸に関わる木簡ではない。

菱子は菓子として中央へ貢進されていたことが、『延喜式』の規定から知られる。すなわち、『延喜式』には大膳下式（巻三三）の諸国貢進菓子、宮内省式（巻三一）の諸国例貢御贄に多くの諸国から貢進された菓子が挙げられるほか、内膳司式（巻三九）の諸国貢進御贄の年料に信濃国の梨子・干棗・姫胡桃子が、主計上式（巻二四）には中男作物の呉桃子（越前・加賀国）・平栗子（丹波・因幡国）・搗栗子（丹波・但馬・美作・備中国）、椎子（丹後・伯耆国）が、民部下式（巻二三）に栗子（丹波国）がそれぞれ挙げられている。こうして京に貢進された菓子のうち、諸国貢進菓子は大膳職が検収して内膳司に附すことになっていたが、甘葛煎だけは蔵人所に直進した。一方、諸国例貢御贄は内裏に直進し贄殿に納めることになっていた。このように様々な方法で菓子が貢進されているが、このうちの諸国貢進菓子に丹波国が「菱子二棒」を貢進する規定が見えており、そこに武蔵国の菱子貢進のことは見えないが、本稿で論ずる貢進木簡の菱子も菓子と判断してよいだろう。菓子とは主に木の実や果物を指し、『令集解』職員令40大膳職条には「菓」

に対して、「伴云」として中国の典籍を引用して「野王案。説文。木実曰レ菓。草実曰レ蓏。張晏注漢書。有レ核曰レ菓。無レ核曰レ蓏。臣讃云。木上曰レ菓。地上曰レ蓏也。」という注釈を加えている。また『和名類聚抄』（巻一七）では、「菓蓏」の「菓」を「久太毛乃」、「蓏」を「久佐久太毛乃」という和名を載せている。

ちなみに菱子は、『延喜式』に新嘗祭料（巻第五、神祇五・斎宮）・新嘗祭供御料―夜料・解斎料・豊楽料・中宮豊楽料（巻第三九・内膳司）、神今食料（同上）、供御月料（同上）、九月九日節料（巻第三三・大膳下）、釈奠料（巻二〇・大学寮、巻五〇・雑）として見えている。

2　律令制下の菓子貢進制度

さて、菱子と同様に菓子の貢進を示す付札木簡は平城宮・京から数点出土しており、これらをもとに八世紀における菓子貢進の実態を探ってみよう。

A・「甲斐國《（追筆）》」山梨郡雑役胡桃子一古
・天平寳字六年十月　　二二九×一九×一四　〇三一

B　駿河國安倍郡貢上甘子□□□《（御カ）》　寳龜元年十二月　　二三二×八×四　〇三一

C・美作国真《（ママ）》郡中男作物搗栗壱斗
・　天平十年　　一七二×二四×五　〇三二

先ずA木簡は、平城宮跡中央北部にあたる大膳職推定官司内の土壙SK二一九から出土した付札木簡であり（『平城宮木簡』一、一九号。同様の木簡がもう一点出土している〔二〇号〕ほか、後半が欠損していて判読できない木簡〔一四号〕も同内容のものであろう）、甲斐国から胡桃子が貢進された際に古（籠）に付されたものである。「胡桃子」（呉桃子）とはいうまでもなくクルミ（オニグルミカ）であり、『和名類聚抄』（巻一六）では薑蒜類として「胡桃」の和名を「久流美」とし、『本草和名』（第一七巻）でも同様に「久留美」という和名を挙げている。A木簡は直木孝次郎氏が指摘されたように大膳職と関係の深いものであり（直木 一九六八）、菓子として胡桃子が甲斐国から貢進され、大膳職に検収されたことを示すものであろう。『延喜式』（巻二三、民部下）には年料別貢雑物として甲斐国から「胡桃子一石五斗」が貢進されることになっており、早川庄八氏はA木簡に見える「雑役」を雑徭とした上で、年料別貢雑物の起源をここに見ておられる（早川 一九六五）。また、『延喜式』段階では甲斐国からの胡桃子の貢進は見えないが、諸国例貢御贄との諸国貢進御贄の年料には信濃国の姫胡桃子（ヒメグルミ）が挙がっており、A木簡の胡桃子も贄として貢進された可能性がある。

雑徭によって贄が調達されたことは、賦役令37雑徭条古記が「充二雑徭一」るものの一つに「御贄獦贄送」をあげるが、これは御贄獦贄を送る労役だけを指すのではなく、採取することも含んでいたと理解されること（吉田 一九八三）や、『類聚三代格』弘仁一三（八二二）年閏九月廿日官符の徭丁を列挙した中に「採二甘葛汁蜜及猪膏等一丁」などとあり、甘味料の甘葛汁蜜（甘葛煎）が諸国例貢御贄の主要品目であること（勝浦 一九七七）といった点からも確認される。

次にB木簡は、平城宮跡第二次内裏東方の東張出し部西辺の排水溝SD三〇五〇から出土した付札木簡であり（『平城宮木簡』二、二五三八号）、ここからは「酒司」「造酒」などの墨書のある土師器杯片なども出土している。この西方約四mのところにあるSD三〇三五からは、「造酒司符」木簡（同二二三五号）や「造酒司解」木簡（同二二三六号）なども出土しており、この辺りに造酒司が置かれていたらしい。それはともかく、B木簡は宝亀元（七七〇）年に駿河国安倍郡から貢上された甘子に付けられた木簡で、甘子（柑子）とは柑橘類の果実である。『和名類聚抄』（巻一七）では菓類として「加無之」、『本草和名』（第一七巻）では「加牟之」という和名を挙げ、いずれも「カムシ」と読んでいる。『続日本紀』神亀二（七二五）年一一月己丑条には、従五位下を授位された佐味朝臣虫麻呂と播磨直弟兄について「初齎二甘子一、従二唐国一来。虫麻呂先殖二其種一結レ子。」とあり、唐から甘子の種子を持ち帰って栽殖したことが語られ、その後駿河国などでも栽殖されるようになったのだろう。甘子は『延喜式』段階では、諸国貢進菓子として駿河を始め遠江・因幡・阿波国から貢進され、諸国例貢御贄としてもこの四ヵ国と相模国から貢進されることになっている。また内膳司式には、令殖すべき雑菓樹四百六〇株中「柑卌株。小柑卌株。」とある。B木簡には税目の記載がないが、樋口知志氏が指摘されたように木簡中に「御」と推定できる文字があり、その位置が贄貢進付札の「御贄」記載の位置に対応していることなどから（樋口 一九八九）、贄として貢進されたようである。

最後にC木簡は、平城京左京三条二坊八坪の二条大路の南を大路に沿って東西に走る溝ＳＤ五一〇〇から出土し（『平城宮発掘調査出土木簡概報』二二）、天平一〇（七三八）年に美作国真嶋郡から中男作物として貢上された搗栗（カチグリ）に付されたものである。周知のように中男作物は、『続日本紀』養老元（七一七）年一一月戊午詔によれば、

（前略）自レ今以後、宜レ蠲二百姓副物及中男正調一。其応レ供二官主用一料等物、所司宜下支二度年別用度一、並随二郷土所出一付レ国、役二中男一進上。若中男不レ足者、即以折二役雑徭一。（下略）

とあり、正丁の調副物と中男正調を廃止して中央官庁が必要とする物品を中男を役して調達し、中男が不足の場合には丁男の雑徭によって補うことにしたものである。菓子がこうした中男作物として貢進されることは、『延喜式』主計上（巻二四）に中男作物として呉桃子（越前・加賀国）・平栗子（丹波・因幡国）・搗栗子（丹波・但馬・美作・備中国）、椎子（丹後・伯耆国）が、民部下（巻二三）に栗子（丹波国）がそれぞれ挙げられていることにも示されており、美作国が中男作物として搗栗子を進上することは、いわば奈良時代以来の規定を継承したものであろう（関根 一九六九）。平城京跡からは、主計上式に中男作物として搗栗子を貢進する国として挙がっている備中国の英賀郡から貢上された搗栗に付された付札木簡も出土している（『日本古代木簡選』二五六号）。その他、『延喜式』の規定には受け継がれなかったが河内国から（甘）栗子が進上されたことを示す付札木簡（『平城宮発掘調査出土木簡概報』二九）や、越前国丹生

郡鴨里から進上された栗一斗に付された付札木簡（『平城京木簡』一、四三七号。『平城京木簡』二、二二九六号）もある。また、諸国貢進菓子・諸国例貢御贄には丹波・播磨・美作の三ヵ国から搗栗子が進上されることが見えている。実際にも栗子の貢進ではないが、平城宮出土木簡中に

因幡国法美郡広湍郷清水里丸部百嶋中男海藻御贄陸斤　天平八年七月　三二七×一七×三　〇一一

という中男作物によって海藻の贄を調達したらしいことを示す付札がある（『平城宮発掘調査出土木簡概報』三二）。この他同様の木簡が二点あり（『平城宮木簡』四、四六六八号および『平城宮発掘調査出土木簡概報』二四）、いずれも因幡国からの付札木簡であるという点がいささか気かがりだが、すでに直木孝次郎氏が中男作物と贄との関係が密接であることを明らかにされており（直木　一九六九）、C木簡の搗栗は贄として中男作物によって調達・貢進されたと判断してもよさそうである。

以上の検討結果から、菓子は主に贄として貢進され[5]、その採取・調達方法として雑徭や中男作物による場合もあったらしい。このことは、武蔵国の菱子も贄として進上された可能性を示唆する。そこで改めて、菱子貢進の付札木簡を検討しておこう。

3　菱子貢進と駅

菱子貢進付札木簡で注目されるのは、これまでに類例のない駅によって貢進されていることである。菱子を採集した主体としては、舘野和己氏が指摘されているように駅戸によるものと考えるのが妥当であろう。この駅戸に関する先行研究は坂本太郎氏の先駆的な業績以来多くの蓄積があるが（坂本　一九二八）、本稿の問題関心からは駅戸の特徴を明らかにした永田英明氏の研究に注目したい（永田　二〇〇四）。それによると、駅戸とは駅家経営に従事する戸であり、そこから色役である駅長と駅子が提供されるように（厩牧令15駅各置長条・賦役令19舎人史生条）、駅戸集団の課

丁は駅子とされた。また木簡・文書史料等にみえる駅戸表記の検討を踏まえて、駅戸集団としての駅家が国―郡―里といった地方組織の中で里に準じる位置を与えられていたが、駅家と里との明確な違いは集団の編成原理にあり、里が全国一律に五〇戸原理で編成されるのに対して、駅戸集団はあくまでも駅家経営の労働力である駅子を編成した集団であって、その規模は駅馬数に対応して個々の駅家のランクに応じて異なっていたという。菱はこうした宅□駅の駅戸集団によって管理され、菱子が調達されたと考えられる。

駅と贄との関わりについては、その輸送のあり方に端的に示されている。勝浦令子氏の指摘によれば、贄の輸送に当っては原則として雑徭が用いられ、国郡司クラスの御贄使等に引率されて京進し、その粮料が正税支給されていたが、その他駅伝という特権的な取り扱いがあったことにも注目し、贄の輸送には時として駅伝が利用されていたことを明らかにされた。即ち『続日本紀』天平二年四月甲子条に挙げられた太政官処分の第三項には、

太政官処分、（中略）又国内所レ出珍奇口味等物、国郡司蔽匿不レ進。亦有下因二乏少一而不上レ進。自レ今已後、物雖二乏少一、不レ限二駅伝一、任レ便貢進。国内施行雑事、主典已上共知。其史生預レ事有レ失、科レ罪亦同也。

とあって、国内で産出する「珍奇口味等物」を、国司・郡司が蔽匿して進上せず、また産出量が乏少という理由で進上しないことに対し、今後は産出量が乏少であっても、駅馬と伝馬とを限らず都合のよい手段で貢進することを命じている。そして、ここに言う「珍奇口味等物」とは贄を指すものとみられる。また公式令48在京諸司条義解には「宮内省依二御贄一乗レ駅之類」とあって、諸司が駅馬を利用できる例として贄の輸送が挙げられており、実際にも天平六（七三四）年出雲国計会帳「解弁官解文肆拾壹条」の（天平六年）七月に「一　二日進上茂浜藻　御贄弐荷事／右附駅家進上」（／は改行を示す）とあるように（平川　一九八四）、贄が駅家に附して進上されている様子がはっきりと示されている。武蔵国の菱子の場合も、駅が進上主体になっていることの意味を考えれば、駅伝によって輸送されたと判断してよいだろう。こうした特別な方法によって中央へ輸送された菱子は、生鮮性を確保するという意味を重視すれば、

やはり贄であった可能性が高い。

三　「武蔵国大里郡坪付」と菱田

菱は最初に触れたように池沼に生育するが、深い池沼や水深の変化する池では生育が悪く、水深が一m余りの場合が生育が良いとされるので、中央に貢進された菱子が採取された宅□駅周辺には、そうした池沼が広がっていたという景観が復元できよう。木下良氏は宅□駅が菱子を納めていることを重視して、当駅が武蔵国北部の利根川・荒川流域の低湿地に位置していた可能性の強いことを指摘されているが、その際に注目されたのが荒川流域の埼玉県熊谷市の南から大里町（現熊谷市）に広がる「武蔵国大里郡坪付」（以下「大里郡坪付」と略称）に記載された菱田の注記である。この「大里郡坪付」は管見の限り、古代における「菱田」の存在を示す唯一の史料であり、本稿の問題関心にとっても看過し得ない。

九条家旧蔵の「大里郡坪付」は、紙背が『延喜式』（巻二二）の書写に利用されたことで偶然伝わり、現在は東京国立博物館に所蔵され、国宝の指定を受けている。これを世に広く知らしめたのが竹内理三氏であり、『平安遺文』への収録に際して「武蔵国大里郡坪付」という文書名を付し、長元元（一〇二八）年の項に収載している。「大里郡坪付」は前後が欠けて正式な文書名や作成時期は不明だが、紙面全体に大里郡印が捺され、現状では次頁上図に見るように四条から九条にわたる四六の里数、約一〇五〇の坪数が記載されている。

「大里郡坪付」に記載された大里条里は、現在の荒川と和田吉野川に挾まれた紡錘状の地帯に広がり、地形的には江南台地の東端と荒川の間の低地に広がっている（埼玉県a　一九八七）。この「大里郡坪付」については、これまでにも東国の条里制研究や開発の様相を探る上でも注目され、主に現地比定や条里坪付の復元を中心に議論が重ねられて

	1里	2里	3里	4里	5里	6里	7里	8里	9里	10里
4条	某　里	栗生里	田作所里	速津里	箭田里	牧川里	石井里			
5条	富久良里	郡家里	中嶋里	高田里	□□里	鵞田里	幡田里	楊田里		
6条	□□麻里	楊井里	新生里	新□里	青山里	三鵞里	隴　里	楊師里	川俣里	
7条	牧津里	勾田里	桑田里	麴　里	榎田里	粟籠里	下榎里	宥田里	新野里	川辺里
8条	勾田里	桑田里	糟田里	片崩里	柒田里	物部里	柱田里	幢田里	直　里	川辺里
9条	川辺里	麴田里								

「大里郡坪付」の里の配置図

きた（三国 一九五九、原島 一九七八、足利 一九八三、森田 一九八四・八八、埼玉県a 一九八七、埼玉県b 一九八七、大里郡市文化財担当者会 一九九三）。中でも森田悌氏は多くの点で注目すべき指摘をされており、本稿の問題関心に沿ってその論点を整理しておく。先ず、その性格や成立時期について、「大里郡坪付」は中央へ進官される国衙作成の校田帳に先行する郡単位の校田帳で、大里郡衙から武蔵国府へ提出された文書であり、その作成時期は遅くとも九世紀末ないし一〇世紀初めまでのこととする。また条里の比定にあたり、条は北から南に、里は西から東に進み、坪並配列方向は千鳥式であるとした上で、地理的な状況などを踏まえて四・五・六条は七・八条より一ないし二里程度東にずれて里が始まっている可能性が高いという。そして大里郡条里の所在地を、荒川新扇状地以東の熊谷・行田間の忍川以南、行田市佐間から吹上町（現鴻巣市）東部方面へ南流する忍川以西、和田吉野川以北の低湿地に擬している。

比定地の問題は論者によって様々な見解が提出されているが、「大里郡坪付」が国衙作成段階以前の校田帳であったこと、一部の里の起点を東にずらす復元案については些か問題もあろう。即ち、前者に関しては「大里郡坪付」が条里のほぼ全域にわたって各坪ごとに田積や「公」田・「乗」田・「菱」田・「庄」田といった注記を施している事実などから、郡衙に保管されていた校班田図や校班田帳のような班田行政に関わる帳簿に基づいて作成されたことは間違いないであろうが、それが校田帳であったとする確証は得られない。また、後者については条里の進み方や坪並配列方向は支持したい（以下の行論でもこれに基づく）が、里の起点をずらすという不規則ともいえる配置は国家による田地把握システムから見ると極めて合理性を欠くように感じる上、足利健亮氏が七条二里と八条一里にある勾田里と七条三里と八条二里にある桑田里を南北に相接するものと見て、八条の里の起点を一里東へ動かし、九条一里の川辺里も七・八条の川辺里に続くとする修正案に加え、七条〜九条の三条を一里分東へ寄せる第二の修正案を提示されているといった具合に、やや恣意的な操作に陥りやすい。従って、こうした想定は一案ではあってもまずは里の起点は東西いずれかにあったと考えて議論を進めていくべきであるし、菱田などの分布のあり方からも無理は生じない。

さて、「大里郡坪付」に注記された「菱」の検討に入ろう。「菱」の注記は表に示したように四条から八条の二三一坪に記載がある。例えば、冒頭の四条某里の記載を掲出すると、

卅坪八段菱四段三百歩 公　　卅一坪六段 菱三段
卅二坪六段 菱二百歩　　卅三坪八段二百歩
卅四坪一町 公　　卅五坪四段百卅卜 公
卅六坪五段　　二百卅卜 公

のように各坪付面積の下に割注・細注の形で「菱」の面積や公田であることを示す「公」と注記される。このうち、「公」は公田を意味していることは間違いないが、「菱」について原島礼二氏は「いかなる性質のものかわからない。公田と対比されるもののようだが、「菱」と私田とがどうも結びつくにくい」との理由で明言を避けておられ、三友国五郎・足利健亮の両氏は「菱」を菱田とみて湿地沼地を意味するとされる。また森田悌氏も「菱」の意味は判然としないとされながらも、「大里条里が荒川新扇状地の扇端部分に当る湧水地帯ないし低湿地にのっていることからみ

表　「武蔵国大里郡坪付」の菱田

条	里	菱田坪数	記載総面積 町 段 歩	菱田面積 町 段 歩	菱田比率 %
4条	1某　里	3	(4.8.200)	0.8.140	17.27
	2粟生里	12	26.7.220	4.6.208	17.40＋α
	3田作所里	14	19.9.038	4.3.245	21.93
	4速津里	10	15.4.146	3.1.050	20.48
	5箭田里	4	9.8.162	0.7.130	7.47±α
	6牧川里	4	3.4.220	0.3.200	10.27±α
	7石井里	2	0.1.200	0.1.200	100.00
小計		50	(80.4.106)	14.2.093	17.68±α
5条	1富久良里	21	14.7.000	9.7.009	66.00＋α
	2郡家里	12	16.0.184	3.5.200	22.15
	3中嶋里	9	16.6.034	0.9.050	5.50
	4高田里	5	17.1.251	0.8.280	5.32
	5□□里	3	15.7.350	1.2.180	7.91
	6鷲田里	5	12.4.240	0.3.120	2.67
	7幡田里	1	4.6.060	0.0.060	0.03
小計		56	101.4.055	16.6.179	16.41＋α
6条	1□□麻里	6	3.4.010	1.4.340	43.91
	2楊井里	7	11.0.334	1.5.130	13.84
	3新生里	7	16.2.236	1.6.320	10.42
	4新□里	7	33.6.340	1.3.250	2.28
	5青山里	4	23.5.207	0.7.250	3.26
	6三鷲里	14	8.4.356	3.7.000	55.30
	8楊師里	4	28.5.280	1.3.211	4.75
小計		49	155.3.003	11.9.331	7.72
7条	3桑田里	1	33.3.280	0.9.240	2.89
	6粟籠里	2	33.5.090	0.2.300	0.84
	7下榎里	5	18.3.320	0.8.230	4.69
	8宥田里	19	24.4.130	13.2.040	54.06＋α
	9新野里	8	19.5.150	2.1.120	10.91
小計		35	197.8.343	18.2.210	9.22＋α
8条	2桑田里	2	25.3.330	1.8.000	7.08
	3糟田里	4	8.5.263	1.9.130	22.58
	4片崩里	4	27.0.046	0.8.000	2.96
	5柒田里	2	21.0.290	0.5.000	2.38
	6物部里	1	31.9.064	0.8.000	2.50
	9直　里	7	19.4.072	0.6.280	3.49＋α
	10川辺里	5	5.6.35□	0.8.318	15.59±α
小計		23	211.7.277	7.4.008	3.49＋α
総計		213	746.8.064	68.5.101	9.17＋α

注

1. 小数点第3以下は切り捨て。
2. 菱田比率の「＋α」「±α」の表記は欠損部分があることにより，菱田面積の増減が推定される場合に付した。
3. 4条2粟生里16坪は2段にわたって重複しているが，下段は「衍」字のようなので計算の対象から除外した。
4. 4条4速津里の記載総面積の総計は「拾□町肆段佰肆拾陸歩」とあるが，判明部分を計算すると総面積は15町3段72歩であり，21坪の欠損部分の面積を推計すると1段74歩となる。従って，総計の欠損部分は「15町」と推定される。
5. 6条4新□里の記載総面積の総計は，実際の計算では33町6段340歩となるのでこれに拠る。
6. 6条6三鷲里の記載総面積の総計は，実際の計算では端数の生じる可能性はなく何らかの誤りと思われる。それを承知の上で29坪の欠損部分を推定すると，最も整合性の高い数値は「三段」となるので，これによって菱田面積を集計した。

て、菱注は食用菱の植っている湿田の謂かもしれない」と指摘され、菱注は公田・乗田の田積中に占める菱田の面積を示しているらしいと述べられた。例えば、先に引用した史料冒頭の四条某里卅坪は八段の公田のうち菱田が四段三百歩を占めるという意味に解釈できる。(6) ただ、先述したように菱の最適な生育条件は水深が一m余りの池沼であることから、単なる湿地帯まで含めて菱田と考えてよいかは検討を要しよう。

それはともかく、「大里郡坪付」に記載された菱田を森田氏の示された方法で計算していくと、表に示したようにその面積は実に記載された総面積の約一割に当る六八町六段三〇一歩以上に達し、いわば二里分以上が水田耕地ではなかったことになる。(7) 特に、五条一富久良里に至っては菱田比率が六割を超え、「逃去」との注記が付されるほどの不安定耕地帯でもあった。鈴木哲雄氏は、「逃去」という公田耕作放棄が公田の「菱田」化＝不安定耕地化の進展と結び付けて考えられているが（鈴木 一九八〇）、富久良里以上に菱田面積が多い七条八宥田里では、菱田比率五四％ながら「逃去」という事態は起きておらず、「菱田」化が耕作放棄や不安定化の進展をもたらしたというだけではなく、富久良里の置かれた地理的環境や菱田の存在を積極的に評価すべきかと思われる。

こうした菱田は大里郡条里内に散在して認められ、かつ坪付全体が菱田であるケースは一町の菱田が一一坪に跨って存在する七条八宥田里南部以外は稀であることから、謂わば耕地と池沼・湿地とが複雑に入り組んだ状態であったことを窺わせる。そして、菱田の周辺地はかなり不安定な耕地であったと考えられよう。さらに、北西部と南西部では菱田が坪付を越えて一定程度の広がりをもって分布していることにも注意される。これは、従来から注目されてきたように西側の九条一川辺里、東端の四条六牧川里・六条九川俣里・七条十川辺里・八条十川辺里といった里名の存在などから、北西から南東に流れる二本の河川の存在が予想されるなど、(8) 河川流域にあたっていたこととも無関係ではないだろう。

大里郡条里内の池沼化した菱田の存在は、荒川など流域河川による氾濫を一つの要因にしていることは疑いない。

『日本三代実録』貞観元（八五九）年四月七日壬申条には「武蔵国去秋水捞……竝賑給之。」といった記事も見い出せる。ただ、多くの菱田は条里制施行当初から菱の生育する池沼として広範に存在していたと考えられ、こうした池沼をも条里内に取り込んで公田として把握することになったのではないか。条里内は単なる水田耕地ばかりでなく、荒廃田・荒地はもとより、畠作地や栗林なども存在する多様な土地利用が展開し、多様な生業が複合的に営まれていたことにも注目すれば（伊藤 二〇〇五）、池沼を条里内に取り込んで菱田として利用してきたことの意味を積極的に評価すべきであろう。

ところで、大里郡の東は埼玉郡に接するが、ここで埼玉郡の宅□駅の駅戸集団によって菱子が調達されたことに改めて注目される。荒川流域に沿った低湿地帯には大里条里ばかりでなく、菱が生育できるような池沼が広範に見られたことが予想され、宅□駅の駅戸集団によって「大里郡坪付」のような公田としての菱田から菱子が調達された可能性もある。こうした菱田の存在が、菓子の贄として中央に貢進される前提となっていたものと思われ、八世紀段階から北武蔵の池沼には多くの菱が生育していたのだろう。

四　おわりに

菱子貢進木簡および「大里郡坪付」を素材として、古代の北武蔵における菱について検討してきた。それを簡単に要約すれば、①武蔵国埼玉郡宅□駅が貢進した菱子は菓子であり、それは贄として中央へ進上されたこと、②その管理・調達は宅□駅の駅戸集団によってなされ、生鮮性を確保するために駅伝によって輸送されたこと、③こうした菱子が調達できる前提として、「大里郡坪付」に見えるような菱田が河川流域の低湿地帯に広範に存在し、一部は菱田として公田に取り込まれていたこと、を明らかにした。もとより、こうした指摘が新味に乏しいことは承知しているが、菱子貢進木簡と「大里郡坪付」の「菱」という、他に所見のない貴重な事例が埼玉郡・大里郡という隣接する地域に関わって見出されたことは、古代の北武蔵の景観を考える上でも見逃せない上、条里内の土地利用や生業を考える上でも多くの知見を提供してくれよう。

序において、清少納言が菱と並んで「をそろしげなる物」として挙げた「水ふゞき」の鬼蓮に関連して、平城京長屋王邸宅の邸内内郭東堀の東の井戸SE四七七〇から、

・武蔵国足立郡土毛蓮子一斗五升

・　天平七年十一月　　一五六×二二×五　〇三一

という菓子である蓮子の荷札木簡が出土していることも興味深い（『平城宮発掘調査出土木簡概報』二〇）。この木簡については別稿で述べたことがあるので繰り返さないが（拙稿 一九九五）、やはり蓮も菱と同様に池沼に生育する植物であり、贄として中央へ貢進されていた。また、序で取り上げた肥前国高来郡の土歯池には「荷・菱」が多く生育している様子が記されるが、「荷」とは蓮のことであるから、菱と蓮とが同じ池沼に生育している状況も想定されよう。もしも清少納言が武蔵の池沼に足を踏み入れたならば、その驚きはいかばかりかなどと想像を巡らせて、拙い稿を閉じたい。論じ残したことも多いが、すべて他日を期したい。

注

(1) 菱の字義についてわが国での用例を見ておくと、和訓を持つ現存最古の漢和字典で昌泰年間（八九八～九〇一）に成立した昌住撰『新撰字鏡』（草部五九）〔群書類従本〕では、「芰。渠智反。去。蔆也。比志。」、「菱。七伯反。水中菜也。比之。」とあって、それぞれ和名も比志・比之として芰（蔆）・菱を区別しているようだが、和訓はいずれも「ヒシ」であり、これらは同実異名であろう。また承平年中（九三一～九三八）に成立した源順撰『倭名類聚抄』（二〇巻本・巻一七）〔京都大学文学部国語学国文研究室編『諸本集成倭名類聚抄』本文編―真福寺本〕では、「菱子」について『説文解字』を引用した上で「比之」という和名を記し、平安後期

以降に編纂された『類聚名義抄』(観智院本・僧上)〔天理図書館善本叢書本〕では「菱」をヒシ、「菱人」をヒシノミ・水フブキノミと訓じている。このように、中国とは異なり、我国の字書類では中国の事例を踏襲しているのみで、用字や和名の違いからの区別はない。

(2) 土歯池について『古代地名大辞典』(角川書店、一九九九年)には、「池名は池に菱が多かったことに由来するか」とも指摘されている。

(3) 菱子が薬用とされたことは、北魏・賈思勰撰『斉民要術』(巻六第六一養魚の附録)の次の記載からも確認できる(西山武一・能代幸雄訳『校訂訳註斉民要術』上・下、アジア経済出版会、一九六九年)。

芰の種法。【一に菱ともいう。秋に実が黒熟したとき採取して、池中にバラ撒くと自生する。本草にいう、「蓮、菱、芡中の米は上品。此を薬食すれば中を安んじ、臓を補い、神を養い、志を強くし、百病を除き、精気を益し、耳目を聡明にし、身を軽くし、老に耐えしめる。たくさん蒸して日に曝し、蜜と和して餌《だんご》にして食べると、長命して神仙となる。たくさん作っておけば、凶歳といえども、此に頼って荒年を無事に度《わた》ることができる。」】。

また、当然のことながら本草書にも菱子(実)が取り上げられ、その薬効について説明される。その最も早い例として、梁・陶弘景『神農本草経集註(本草集註)』(巻七)に上果として「芰実、味甘、平、無㆑毒、主安㆑中、補㆓五臓㆒、不㆑飢、軽㆑身。一名、蔆。」と記され、続けて「性冷、恐非㆓上品㆒。」といった註を付す。これは、唐高宗の顕慶四(六五九)年に蘇敬らによって『神農本草経集註』を修訂した最初の勅撰本草書である『新修本草』(菓部巻第一七上)にも受け継がれ、陶弘景の註に続けて「謹案、芰作㆑粉極白潤、宜㆑人。」といった短い註を付しているが、薬効は『斉民要術』の内容と類似にしたものとなっている。

(4) 東山道武蔵路についての研究史については、江口桂「武蔵国」(古代交通研究会編『日本古代道路事典』第二章、八木書店、二〇〇四年)に網羅されているので参照願いたい。

また、かつて筆者も菱子進上木簡について簡単に知見を述べたことがあり(拙稿 一九九四)、一部論点が重なるところもあるが、今回新たな視点から再構成したものである。

(5) 但し、菓子がすべて贄として貢進されたわけではない。令制下においては周知のように大膳職が菓子や雑餅等の製造に当たっていた。養老職員令40大膳職条によれば、主菓餅二人が置かれて菓子や雑餅等の製造に当たっていたことが知られる。その後、大同三(八〇八)年正月二〇日に主菓餅は主醤とともに廃され(『類聚三代格』巻四)、以後主菓餅の職掌は『延喜式』(巻三二、大膳上)に「菓餅所火雷神一座」とある菓餅所が設置されて、これに引き継がれたようである(同じく主醤の職掌は醤院が引き継いだ)。

こうした菓子製造にかかる菓子類は、主に諸国から貢進されて大膳職に収納されたものが充てられたと推測されるが、その際注意されるのは大膳職と供御の調理を担当する内膳司との関係であろう。そもそもこの二つの官司は、藤原宮跡内裏東側の南北溝SD一〇五から出土した「膳職白主菓餅申解解」[(一六六)×(九)×五　〇八一](『藤原宮』二一号)という習書木簡から知られるように、大宝令制定以前の段階では膳職という一つの官司であった。そのためか、八世紀段階においても分化した両官司は職掌上密接に関連しており、内膳司が供御の膳を調製するのに必要な食料品は大膳職から支給されていたのである(直木 一九六八、俣野 一九九二)。つまり、諸国から貢進された菓子は大膳職に収納された上で必要分が内膳司に付されたのであり、大膳職で製造される分の菓子は別に確保されていたと見られる。

そのことを考える上で改めて注目されるのが、『延喜式』の諸国貢進菓子・諸国例貢御贄・諸国貢進御贄の年料の関係である。詳細は別に譲らざるを得ないが、これら三者の関係については諸国例貢御贄は諸国貢進菓子と年料とを併せたものにそれぞれ対応するというのが通説となっている(勝浦令子 一九七七)。しかし、山尾幸久氏が明言されたように諸国貢進菓子はもともと大膳職の職掌であり、例貢御贄として貢進される果実類は『御贄』と意味づけられていることが重要であって、大膳職が検収し内膳司が天皇の食膳に供する果実類とは別であるとの主張を重視したい(山尾幸久 一九九一)。この規定が八世紀段階にまで遡るかの断定はできないが、少なくとも贄とは別に貢進された菓子の存在にも注意しておく必要があるだろう。

また、菓子に関する興味深い木簡がある。天平八(七三六)における聖武天皇の芳野行幸に際して「御果備納料」としての壺と瓶を請求したものであり(『平城宮発掘調査出土木簡概報』二四)、菓子が壺や瓶に入れられて保管されたらしいことを具体的に物語っている。

(6) 但し、七条六粟籠里廿五坪「九段菱二段百六十歩」とある事例は、菱田と公田と総計が九段になることから、それぞれ別のものとして九段の内訳を示しているようである。すると、この場合の菱は公田ではないことになろうか。

(7) 『新編埼玉県史』(通史編1)五五〇～五五三頁に載せられている大里郡坪付集計および大里郡坪付内訳では、坪付面積にかかる注記の公田と菱田とを分けて集計している。例えば冒頭の「卅坪八段公菱四段三百歩」について大里郡坪付内訳の表の集計では、八段から菱田四段三百歩を差し引いた三段六〇歩を公田として集計しているようだが、八段すべてが公田であると考えるので集計結果は自ずと異なってくる。その他、大里郡坪付内訳の表では四条五里・六里の菱田が集計されていなかったり、四条七里の「菱」を「乗」として乗田に集計するなど誤りが多く、それは大里郡坪付集計にも反映されている。表が県史の集計結果と数値が異なるのは、主にこうした理由に拠る。

(8) 原島礼二氏は、四条六牧川里・七条一牧津里という里名から牧の存在に注目されるとともに、牧津里や四条四速津里から河川の渡場の存在を指摘される。また今回は条里復元の現地比定を全く行なっていないため、具体的な地名や河川名などと重ね合わせて議論できないが、例えば大里郡市文化財担当者会による論考では現状の地形に「大里郡坪付」を当てはめて、東側の川は忍川旧流路、西側の川が通殿川で、条里が一条から十条までとすると、その範囲は北は星川、南は和田吉野川、東は現忍川で区切られた地域と想定している。

参考文献

青葉 高 一九九一 『野菜の日本史』 八坂書房
足利健亮 一九八二 「関東地方―主として北関東の条里」 浅香勝輔ら著『歴史がつくった景観』 古今書院
伊佐治康成 一九九五 「律令制下の土毛貢進について」『ヒストリア』一四七頁
一九九四 「武蔵国関係木簡二題」『八潮市史研究』15
伊藤寿和 二〇〇五 「陸の生業」『列島の古代史』2 岩波書店
大里郡市文化財担当者会 一九九三 「大里地域の遺跡Ⅱ」『埼玉考古』30
勝浦令子 一九七七 「律令制下贄貢納の変遷」『日本歴史』352
木下 良 一九九一 「上野・下野両国と武蔵国における古代東山道駅伝路の再検討」『栃木史学』4
木本雅康 一九九二 「宝亀二年以前の東山道武蔵路について」『古代交通研究』創刊号
埼玉県a 一九八七 「条里遺跡と荒川」『荒川』人文Ⅰ
埼玉県b 一九八七 『新編埼玉県史』通史編1(原始・古代)第五章第五節
坂本太郎 一九二八 『上代駅制の研究』 至文堂
鈴木哲雄 一九八〇 「武蔵国熊谷郷における領主と農民」『地方史研究』163
関根真隆 一九六九 『奈良朝食生活の研究』 吉川弘文館
舘野和己 一九九一 「平城宮跡出土の武蔵の荷札木簡」『新編埼玉県史だより』別編4
寺崎保広 一九九五 「長屋王家木簡郡名考証二題」『文化財論叢』Ⅱ所収 同朋社出版
一九九九 『長屋王』 吉川弘文館
直木孝次郎 一九六二 「平城宮跡出土の木簡と大膳職」『奈良時代史の諸問題』 塙書房
一九六九 「贄に関する二、三の考察」『飛鳥奈良時代の研究』 塙書房
永田英明 二〇〇四 「駅伝馬制経営の基本構造」『古代駅伝馬

制度の研究』 吉川弘文館
早川庄八 一九六五 「律令財政の構造とその変質」『日本古代の財政制度』 名著刊行会
原島礼二 一九七八 『東松山市と周辺の古代』 東松山市
樋口知志 一九八九 「律令制下贄貢納の変遷について」（下）『東北大学附属図書館研究年報』22
　　二〇〇五 「川と海の生業」『列島の古代史』2 岩波書店
平川 南 一九八四 「〔校訂〕出雲国計会帳」『漆紙文書の研究』 吉川弘文館
俣野好治 一九九二 「内蔵寮と内膳司」『長岡京古文化論叢』Ⅱ 三星出版
三友国五郎 一九五九 「関東地方の条里」『埼玉大学紀要』社会科学編8
森田 悌 一九八四 「武蔵国大里郡条里について」『日本古代の耕地と農民』 第一書房
　　一九八八 「開発の諸相」『古代の武蔵』 吉川弘文館
山尾幸久 一九九一 「『延喜式』の御贄をめぐって」（上）『古代文化』43―2
吉田 孝 一九八三 「雑徭制の展開過程」『律令国家と古代の社会』 岩波書店
渡辺晃宏 一九九五 『平城京左京二条二坊・三条二坊発掘調査報告』本文編第Ⅴ章1木簡 奈良国立文化財研究所

朝鮮半島と日本の底部糸切り離し技法

酒井清治

はじめに

筆者は一九九五年、韓国扶餘にある陵山里廃寺（陵寺）の発掘調査を見学した際、現場で発掘したばかりの多くの土器片を見せていただいた。その中から無台椀の底部に静止糸切り痕を見つけ、発掘担当者であった金正完氏とこの遺物の重要性について語ったことを記憶している。これが韓国における糸切り痕に出会った最初である。

その後糸切り技法の資料を実見する機会に恵まれずそのままになっていたが、二〇〇三年四月から一年間忠南大学校百済研究所へ在外研究で訪れた際、忠南大学発掘資料をはじめ多くの発掘資料を見る機会を得て、百済泗沘期に静止糸切り技法が多数存在することを再確認した。また国立扶餘博物館の金鐘萬氏が百済土器の論文で糸切りにも論究されており、百済の糸切り技法の概要が分かるようになってきた。さらに、畿甸文化財研究所で発掘した華城旗安里遺跡の楽浪土器、ソウル大学校博物館所蔵の夢村土城やシル峰遺跡の高句麗土器を実見し、底部切り離し技法の違いを知ることができた。

本稿では楽浪、百済、日本列島の静止糸切り技法と、回転糸切り技法への転換についてを中心に述べてみたい。

一　朝鮮半島の糸切り離し技法

（一）楽浪土器

楽浪土器について①円筒形土器（第一図一）などは、底部円盤造り→粘土紐積み上げ→（叩き成形）→轆轤成形、②丸底壺などは粘土積み上げ→叩き成形→轆轤成形→底部叩き出し、③花盆形土器は内型に布を被せた上に粘土を貼り付け叩き成形する内型造りであるという。いずれも中国の土器製作技法の系譜を引く。谷豊信氏が楽浪土城出土の土器を紹介して、基本的な製作技法は粘土紐積み上げと轆轤による回転ナデ調整とし、しばしば叩き技法が併用されるとした。轆轤からの切り離しは、静止糸切りで回転糸切りの確かな例はないとした。糸切りを持つ器形は小型鉢、鉢、盤、盆、罐などをあげている。また谷氏は彩篋塚に副葬された罐に回転糸切りがあるものの、楽浪土城に回転糸切りが見られないことについて、①楽浪郡地域には回転糸切りは行われず、彩篋塚の土器は他地域からの搬入品である。②楽浪郡地域でも回転糸切りは行われたがあまり普及せず、彩篋塚の土器は例外的な部類に属する。③楽浪郡地域でも回転糸切りが行われたが、楽浪土城の存続した時期には一般的でなかったなどの可能性を考えられた（谷　一九八四～六）。

続いて楽浪土城出土土器の技法を検討した鄭仁盛氏は、円筒形土器について粘土塊水挽き成形でなく、粘土紐積み上げ成形を基本とし、叩き技法を加えるとする。その多くは最初粘土板を敷きその上に粘土紐を積み上げていくとした。楽浪土器はいずれも静止糸切りというが、壺などに回転糸切りも存在するとした。製作技法の中で粘土板を敷いてから積み上げていくとしたことは、高句麗土器・百済土器とも共通することで、重要な指摘である（鄭　二〇〇二）。

呉永賛氏も韓国国立中央博物館所蔵の平底短頸壺二点、ソウル大学校博物館所蔵鳳山郡智塔里土城出土平底土器底

1 楽浪土城　2 東海松亭洞 6 号住居跡　3・4 ソウル峨嵯山シル峰遺跡　5 ソウル夢村土城
6 華城花山 4 号墳　7 扶餘芝仙里 8 号墳　8 扶餘松菊里遺跡　9・10・11 扶餘合松里遺跡

第 1 図　朝鮮半島の底部切り離し技法（1/6, 5 は 1/8）

部片に回転糸切りが見られることから、静止糸切りが主体であるものの、回転糸切りが当時一般的に広く行われていた製作技法だとした（呉　二〇〇一）。しかし、現段階では日本出土の楽浪土器も含めて見ても静止糸切り技法が主体であり、回転糸切り技法の類例はわずかである。

（二）高句麗土器

高句麗土器はソウル大学所蔵の夢村土城、峨嵯山第四堡塁、峨嵯山シル峰堡塁の良好な資料があり、その底部切り離し技法について見てみよう。

高句麗土器の基本的な製作技法は、粘土紐を積み上げたのち、中型品はナデや磨きで整形し、格子状などの暗文が見られる場合も多い。小型品には轆轤回転のナデが見られる。管見によれば底部切り離しに糸切り技法を使用した例は見られない。高句麗土器は平底であり、中型・小型品いずれも底部は薄く、厚みが一定している。最大の特徴は皿、盤、椀、あるいは甑、瓶などの底部中央に二分割するように一直線の突線、あるいは段差となった線が見られる例が多い（第一図三・四）。この線に平行して木目が見られるものもある。また、小型皿の中にはこの突線・段差が底部から口縁近くまで湾曲しながら続いており、口縁部では横ナデで消されている例がある。この底部の一直線の突線や段差は二枚の板を合わせた隙間に粘土が入って反転した痕跡と考えられる。また、反転した粘土の先端が尖ること、堅い粘土を押し付けた時に出来る細かなひび割れが見られないことから、柔らかい粘土を密着させたようである。

峨嵯山シル峰保塁出土土器の底部には一直線の合わせ目の線が確認できたうち、その長さは壺では一二・六㎝や一八㎝が、甑では一五～一八㎝が、蓋では一七・五㎝や三〇㎝が、皿では八・六～一四・六㎝が、椀では九㎝が確認できた。最大三〇㎝の平面に密着した土器を剥がそうとした場合、製作後すぐに剥がすことは離れ砂などの剥離剤を使用していないことからも容易ではない。しかも高句麗土器底部は均一の厚さで薄い。これらからかめ板の上で製作した後、そのまま移動し乾燥させたと考えられ、そのかめ板が二枚の板を中央で接合していたため、そこに粘土が入り込んだのではないかと考えられる。

一方小型皿で口縁近くまで突線や段差が続くものは、轆轤盤の上では付着するとは考えられず、段差のある直線から見ても組合わせた外型に薄い粘土を入れて底部を作った型作りと想定される。皿の中には内面に圏線が一〜四本巡るものがあるが、これは外型に入れたまま轆轤の上で回転しながら圏線を描いたものであろう（第一図三）。

このように高句麗ではかめ板の上や型作りで製作していたようで、糸で切り離す技法は導入されていなかったと考えられる。

（三）新羅土器

新羅の三国時代、統一新羅様式、統一新羅段階の陶質土器・瓦質土器は基本的にヘラ切り離し技法と考えられ、そのいずれにも糸切り技法は確認できない。

（四）百済漢城期

最近韓国内には華城旗安里遺跡など楽浪土器の出土が多くなるにつれ、糸切り技法を持つ楽浪土器も増加している（第一図二）。しかし、糸切り技法について百済土器との関係は不明確である。漢城期の糸切りを持つ百済土器は、華城発安里遺跡の甑把手の先端を糸で切断し、弧状の糸切り痕が残る例だけである。同様な例は近くの華城花山古墳群にある（第一図六）（韓神大学校博物館 二〇〇二）。また、風納土城では断面方形の環状土製品があるが[1]（第一図五）（韓神大学校博物館 二〇〇四）、環状内面に布目があり、瓦製作技法との関連も想定されるが、土器技術との関連は不明である。糸切りを持つ楽浪土器が漢江南部にまで出土するものの、いまだ漢城期百済土器の底部切り離し技法としての糸切り痕は確認されていない。

（五）百済熊津期

明確な熊津期の糸切り離し技法は扶餘芝仙里八号墳出土瓶が上げられる（第一図七）（扶餘文化財研究所 一九九一）。八号墳は左片袖の横穴式石室で、共伴遺物は三足土器と短頸壺である。石室、共伴遺物から熊津期と考えられる。また、静止糸切りを持つ瓶は大型で端正な作りで、外面に格子叩き文が見られ、等間隔に三本の圏線が巡る。焼きは甘く、金鐘萬氏のいう灰色土器にあたる。また、同四号墳からも静止糸切り痕をもつ椀が出土する。いずれにしても熊津期の糸切りはごくわずかであるが、静止糸切り技法の出現が熊津期にあることは確かで、端正で大形の瓶は泗沘期の瓶を遡るといえよう。

（六）百済泗沘期

韓国で糸切り技法が報告され始めたのはそれほど古いことではない。一九九一年、権五榮氏は松菊里遺跡の椀について報告では木理痕と平行線文の打捺としたが（国立中央博物館 一九九一）、平行線文の打捺としたもの（第一図八）は明らかに泗沘期の静止糸切りである。

その後百済熊津期、泗沘期の土器を研究している金鐘萬氏は、泗沘期土器の轆轤からの切り離し方法は三種類あるとした（金 二〇〇二）。一つ目は紐を利用した静止糸切り法、二つ目はヘラを利用した回転ヘラ切り離しで、扶餘陵山里寺址（陵寺）で出土するという。三つ目は底部をまず作り、輪積法や巻上法によって成形するものがあるとした。三つ目にあげられたものは底部に切り離した痕跡のないもので、完成後底部を轆轤から工具を使わず剝がしたものと考えられ、日本の陶磁器用語の「板起こし」にあたると思われる。扶餘亭岩里窯跡に例があり、轆轤接地面がそのまま残る。韓国では平底底面が台に接していた時に付着した方形痕（ゲタ印・ゲタ痕ともいう）が残る例が多くみられるが、金鐘萬氏は長方形の痕跡を日陰で乾かすときに直に置かないで台を使用した痕跡とする。なぜ乾燥するのに痕跡が付くほど押しつけるのか、また方形痕のほとんどが中心に付くのか疑問である。方形痕は乾燥時の台の痕跡とするよりも成形時に付着した轆轤の中心にはめ込まれた轆轤軸の軸受けを着装した痕跡、すなわちゲタ印あるいはゲタ痕と考えられる。また、亭岩里窯跡例などにはかめ板の上で乾燥すれば付着しない粘土のまくれが、底部周辺に見られることから、柔らかい段階で轆轤からはずしたものと想定される。さらに亭岩里窯跡の轆轤から剝がした椀には体部に平行叩きがあり、軟質土器の方形痕を持つ深鉢形土器も叩きを持つことから、轆轤あるいは回転台上に粘土板を置いて粘土を積み上げ、叩き技法で成形したのち、底部を轆轤からはがした方法が想定される。最近このような轆轤構造について検討した土田純子氏は、筆者が以前手回し轆轤構造を念頭に置いて検討した（酒井 一九八五）のに対して、蹴轆轤構造として再検討されている。土田氏は、轆轤の心棒が轆轤盤の中心に当たる部分に枘穴を開けて埋め込まれた木の痕跡であるとするが、その可能性が高い。(2) 方形痕の出現がいつからか定かでないが、高速回転が必要な陶質土器出現以前の可能性があり、軟質土器の製作に蹴轆轤が使用されたのか、回転台であったのか検討を要するが、回転台であっても軸を受ける中心構造は同様であった可能性がある。

金鐘萬氏によれば静止糸切りは扶餘松菊里円形土壙、芝仙里四号墳、同八号墳、宮南池、陵山里寺址などで出土し、雙北里遺跡、東南里遺跡、扶餘佳塔里遺跡などでも出土するという（金 二〇〇二）。また管見によれば雙文里遺跡、扶餘合松里遺跡（第一図九〜一一）、泗沘都城などにもある。器種はほとんどが無高台の椀であるが、芝仙里八号墳は瓶である。なお、金鐘萬氏は扶餘旧衙里井戸址で回転糸切りが一例あるという。もし存在したとしても基本的に泗沘期の糸切り技法は静止糸切り技法が主体といえよう。

二　日本の糸切り離し技法

日本の中で糸切り技法が最初に出現するのは現段階では出雲・尾張・武蔵だと思われるが越前にもあるという。それぞれの地域の糸切り技法を紹介してみる。

出雲国庁では出土須恵器を五形式に分け、第3形式の無高台坏、高台坏、盤、𤭯、長頸瓶などに糸切りが見られるとした（松江市教育委員会 一九七〇）。しかし、広江耕史氏によれば第2形式の環状つまみを持つ蓋の中央に静止糸切りが残るものがあるという[3]。第2形式にはかえりを持つ蓋が一点図示されるが、ほとんどかえりが見られない時期で、報告書では第2形式を「大原評」の木簡から藤原宮の時期とする。

高広遺跡ではⅢB期に蓋坏、𤭯、長頸壺に静止糸切りが出現するという（島根県教育委員会 一九八四）。蓋はかえりのあるものに加えてかえりがないものが出現するという。この静止糸切りを持つ蓋は、環状つまみで高台坏と組み合うようである。ⅢB期は陶邑Ⅳ型式に並行するとして七世紀末から八世紀前葉とする。

大谷晃二氏は、糸切りを持つ器形のうち蓋坏をB3型、𤭯をA9型、長頸瓶を5型とし、並行関係から出雲8期としたが明確な年代には触れられていない。蓋坏B3型は、蓋にかえりが付かないが環状つまみで、坏身には高台を持つ。𤭯は平底で静止糸切りのち無調整である。長頸瓶は高台が付く（大谷 一九九四）。

柳浦俊一氏は蓋にかえりを持つ坏・蓋Bを第1期とした（第二図）。この蓋坏は環状つまみを持ち、坏身は高く外傾する高台が付く。蓋Bの主体はヘラ切りであるが、静止糸切りがわずかに見られるという。また、𤭯は静止糸切りののち無調整で平底である。続く第2期（古）段階は蓋Bのかえりが消滅し、静止糸切りが優位な段階とした。柳浦氏は島根東部では第1段階（七世紀後葉）に静止糸切りが導入され、第2段階（七世紀末から八世紀前葉）でも古い時期である第2段階（古）に静止糸切りが主体となり、第2段階（新）以降回転糸切りが優勢になるという（柳浦二〇〇一）。

　尾張で最も古い糸切りは名古屋市高針原一号窯SY01窯体内の無高台の椀A・Bに見られる回転糸切りである（第三図一・二）。池本正明氏は報告書でこの窯の須恵器を五期に分け、窯体内出土資料が最も新しく、そこから出土する糸切りを持つ椀A・BをV期とし、斉藤孝正氏編年にあてた場合C—二号窯式八世紀前半にあたり、尾野善裕氏の編年にあてるとⅣ期中段階七世紀後半であるとした（愛知県埋蔵文化財センター一九九九）。尾野氏はこの資料を取り上げ、Ⅳ期古段階〜中段階の過渡期（六七五年頃〜六八五年頃）前後に位置付けられるとした（尾野二〇〇一）。しかし、高針原一号窯は窯体の壁面が一五面を数え、途中床面を掘り直す大きな改修が行われており、その廃土が灰原に間層として広がり、その上下の灰層で遺物の様相が変化していることからも、池本氏が詳述しているように長期間操業した窯と考えられ、SY01窯体内の回転糸切りの椀は七世紀末から八世紀初頭まで下がるのではないかと想定したい。

　志賀公園遺跡の坏G（第三図三）は報告書（愛知県埋蔵文化財センター二〇〇〇）によれば底部内面見込

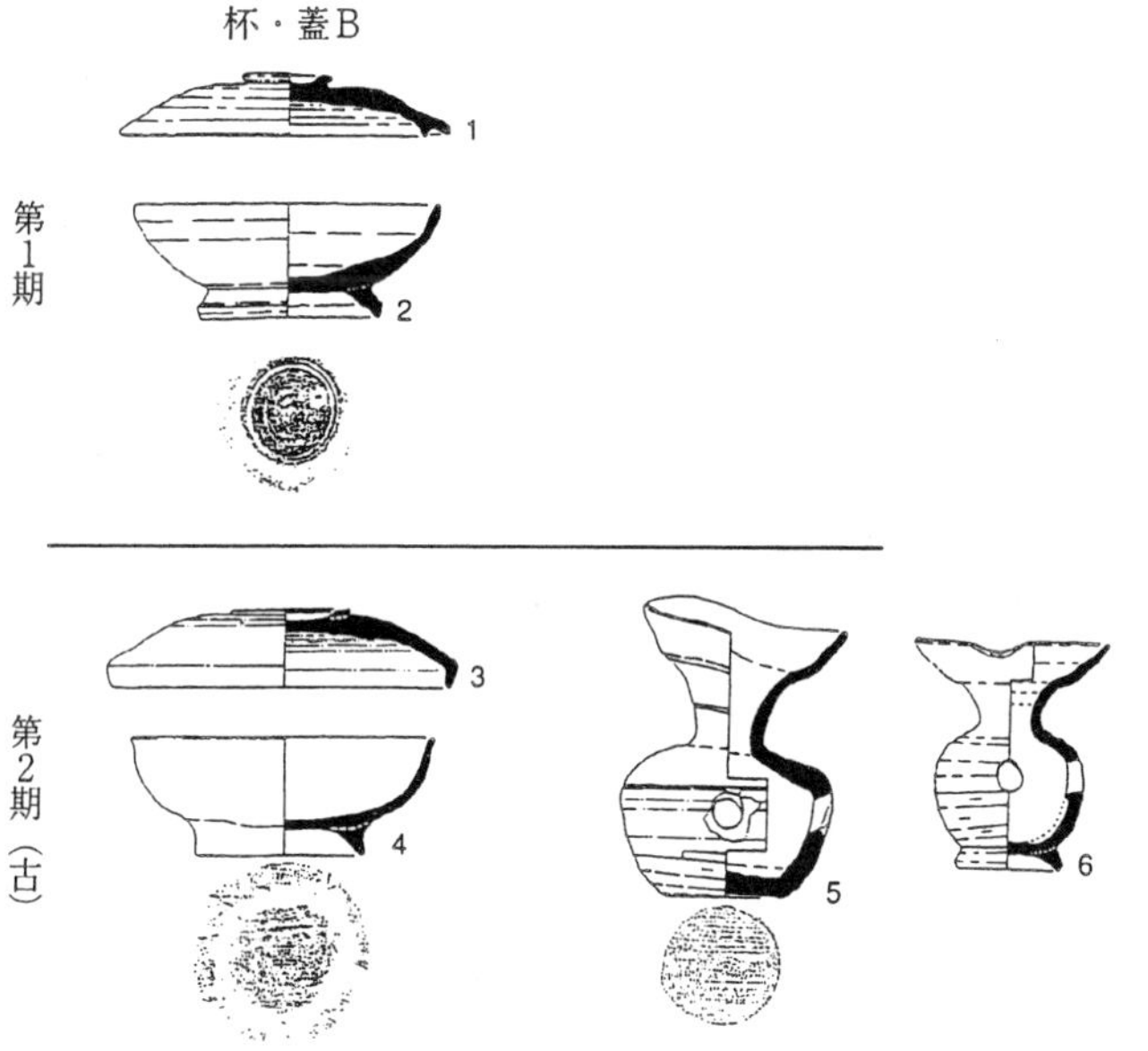

第2図　島根東部（出雲）の底部切り離し技法（柳浦 2001 を改編）

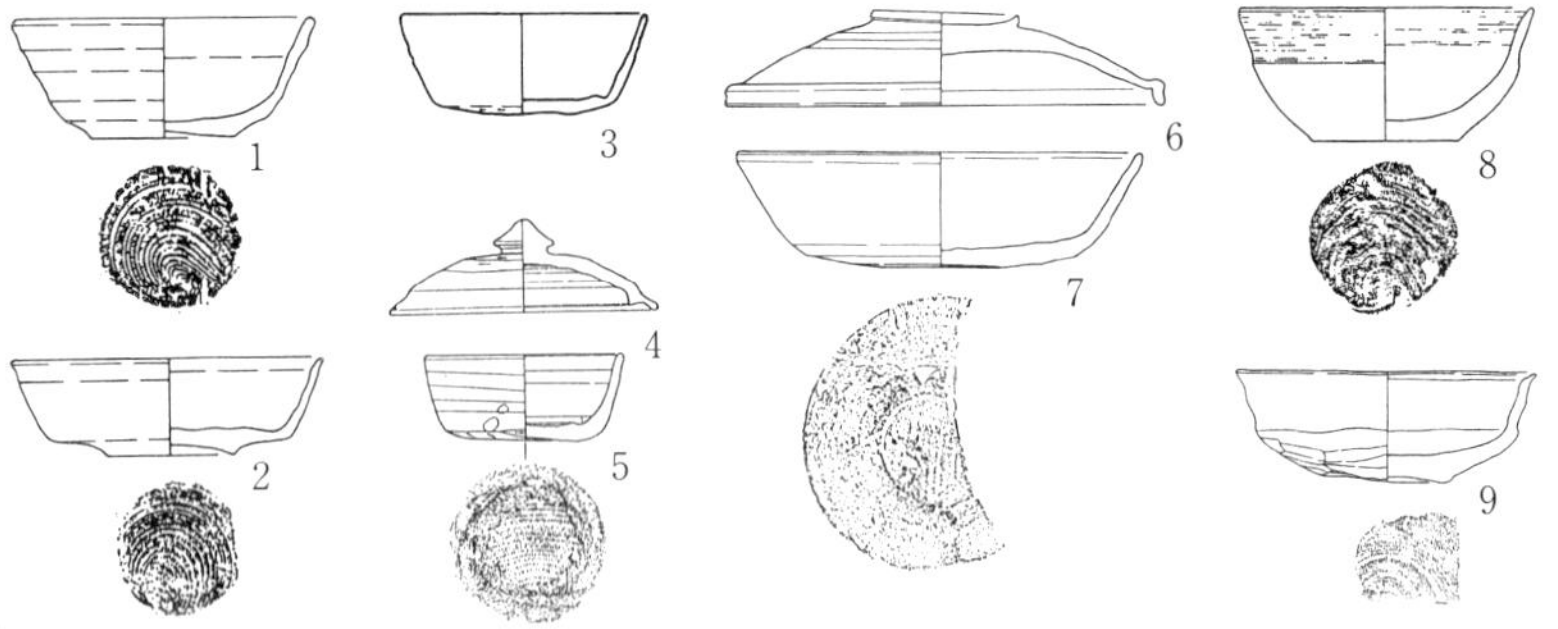

1・2愛知高針1号窯　3愛知志賀公園遺跡　4・5埼玉若宮台遺跡第58号住居跡　6・7埼玉山下6号窯　8群馬堀ノ内遺跡 GH-5号住居跡　9群馬前沖72号住居跡

第3図　日本の底部切り離し技法（1/6）（8・9は土師器）

みに見られる糸切りで、いわゆる円柱造りの痕跡である。出土地点はNR07黒色土層（古代上層）で七世紀末から八世紀初頭ということで、先に挙げた高針原一号窯に近い年代であろう。回転糸切りについて尾野氏は後続するNN一〇五窯跡に見られないとしたが、Ⅳ新期には再び少数存在するとしている（尾野 二〇〇一）ことから、継続して存在している可能性がある。いずれにしても尾張において回転糸切りが最初に出現することは、出雲・武蔵と異なり注目される。

武蔵においては七世紀第三四半期の埼玉県上里町若宮台遺跡第五八号住居跡出土坏の静止糸切りが最古である（第三図四・五）。内山敏行氏は群馬県太田市大道東遺跡B—三号住居跡出土坏の静止糸切りも七世紀後半から八世紀初頭として上げられた（内山 二〇〇一）。続く八世紀初頭には北武蔵の南比企窯跡群山下六号窯に静止糸切りが見られる（第三図六・七）。この窯は鳩山Ⅰ期であるが、その時期の後半には回転糸切りが出現し、その後は回転糸切りだけになっていく。また南武蔵の南多摩窯跡群百草・和田一号窯にも北武蔵の影響下に八世紀初頭静止糸切りを持つ坏身が出現する。福田健司氏は土師器の糸切り技法が須恵器に導入されたと想定したが（神奈川考古同人会 一九八三）、その考え方が支持されている。内山氏は陶邑TK四三型式並行の静止糸切り土師器が栃木県上三川町磯岡遺跡・壬生町新郭遺跡から出土し、TK二〇九・TK二一七型式並行時期の静止糸切りも含め、七世紀前半から八世紀前半にかけて神奈川・東京・埼玉・栃木、さらに山梨にも分布するとした。このほか管見によれば静止糸切り土師器坏は群馬県堀ノ内遺跡（第三図八）・前沖遺跡（第三図九）、内匠上之宿遺跡にも出土する。土師器と須恵器の静止糸切りの違いは、土師器は糸をたるませて引くため、入りの糸目に対して出の糸目の間隔が狭くなり、弧を描く場合が多くまた上げ底になっている。須恵器は強く張ったため糸目がほぼ並行で、直線的で弧を描いてもわずかである。土師器の糸切りは最終的にはヘラケズリにより丸底を意図しているため、接着した成形品を切り離すことだけを目的にしているのに対して、須恵器は切断とともに平底を意図して切り離したと考えられる。

この三地域のほか北陸の福井県武生市王子保窯跡群中の七世紀後半から末頃の坏類に静止糸切りがあるというが、この地域はヘラ切りが主体であり、のちに継続しない。同窯跡群で瓦生産を行っていることから、糸切りの関連が想定されている（春日 二〇〇二）。

なお日本において五世紀の須恵器伝播当初から継続的に生産されてきた陶邑窯跡群では糸切りの出現は八世紀後半（末頃）以降といい、八世紀代の糸切りはほとんどないという（佐藤 二〇〇二）。

三 糸切り離し技法の系譜

（一）朝鮮半島の糸切り離し技法の系譜

朝鮮半島周辺を見たところ糸切り技法は中国に源流が求められる。楽浪にも糸切りは存在するものの、楽浪土城址出土の土器は静止糸切りがほとんどである。近年韓国内や日本で糸切り技法を持つ楽浪土器が発見されているがいずれも静止糸切りである。また、日本、韓国で糸切り技法を持つ楽浪土器の再検討が行われ、回転糸切りが存在することが確認されるようになってきたもののその量は少なく、やはり静止糸切りが主体であることに変わりがない。

畿甸文化財研究院が発掘した華城発安里遺跡の三世紀末あるいは四世紀前半の百済軟質土器の甑は、牛角状把手先端を糸切りで切断したようで、切断面に静止糸切り痕を見ることが出来る。華城花山古墳群にも見られることから、あるいは百済土器に糸切りが存在する可能性が出てきた。とはいうものの漢城期の陶質土器底部にヘラ切り痕は存在するものの糸切りは確認されていない。韓国内で楽浪人が居住していたと考えられる華城旗安里遺跡でも、楽浪土器の影響を受けた糸切り技法を持つ百済土器は出土していない。おそらく百済では轆轤技術と叩き技法は取り入れたものの、底部糸切り離し技法は導入していないと考えられる。風納土城の環状土製品は糸切りが見られるものの布目を持つことから、瓦生産の糸切り技法との関連が想定されるが、風納土城の瓦には糸切りが見られないことから両者の関係については今後検討を要する。

同様に高句麗も新羅も糸切り技法を導入していないことは、国によって土器の系譜が様々であったことを示していよう。

百済熊津期については扶餘芝仙里八号墳の瓶から静止糸切りが存在することは明らかである。芝仙里八号墳出土瓶の特徴は底部の厚みが一定で、轆轤の上に適当な厚さの粘土円板を置き、その上に粘土紐を積み上げていったと考えられる。この技法は前代から百済あるいは馬韓（全羅南道地域）だけでなく朝鮮半島に広く見られる。底部内面には轆轤目の凹凸もなく、底部と体部および体部との屈折部も厚みがほぼ一定である。

百済泗沘期の糸切り技法は数多くないものの、一定量存在する。いずれも静止糸切りであることから楽浪土器の系譜を引くという考え方もある。しかし、漢城期にはないことからも、楽浪土器との年代差がありすぎ、系譜としては連続しないと考えられる。金容民氏は百済泗沘期の各種の土器について、百済が漢江へ再度進出した五五一年頃に高句麗から影響を受けたと考えられている（金　一九九八）。その考え方を認めるならばその時糸切りが百済に導入された可能性はどうであろうか。確かに百済・高句麗の形態は類似するものの現段階では高句麗に糸切り離し技法が確認できず、また、百済に見られる叩き技法が高句麗に少ないことから直接的な関係はないと考えられる。また五五三年には漢山地域を新羅に奪われてしまうことから、短期間でしかも戦いの場で高句麗からの導入はあり得ないであろう（酒井 二〇〇四）。また中国からの伝播を考えるならばなぜ回転糸切りがないのか疑問である。

熊津期に始まり泗沘期に多く見られる静止糸切り技法は、おそらく百済の底部円板作りで薄く成形する技法と関連した技法であろう。このあり方は楽浪土器と共通している。亭岩里窯跡のように轆轤との接地面を残す椀の底面が薄いことから考えて、製作時の円板は薄かったと想定できる。底部が円板状の薄い粘土であるため、轆轤盤に沿って糸を引く必要から静止糸切りにした可能性がある。この糸切りが瓦製作技法の影響を受けた可能性についてはどうであろうか。熊津期に瓦が存在するものの糸切り技法を持つ土器は管見によれば芝仙里古墳群の例だけである。泗沘期の亭岩里瓦窯跡から出土した椀は、瓦と併焼されており、同一工房あるいは近接する工房で製作された土器だと想定できる。しかし、この窯出土の椀は轆轤台の圧着痕が見られ、糸切り痕が見られないことから、瓦から糸切り技法が導入されてはいないであろう。百済の土器系譜は漢城から熊津へ都を移したことにより技術が低下し、生産体制も整備できないままであったと考えられる（酒井 二〇〇五）。最近発掘された熊津末期と想定される青陽鶴岩里窯跡の土器を見ても全体に作りが悪いものが多く、この系譜は泗沘期まで続いている。これに対して新たに出現した土器群がある。これは風船技法で製作した金属器模倣の高台付椀に代表される精良な土器群である。硯などとともに中国南朝の梁などの影響で出現したと想定される（酒井 二〇〇四）。芝仙里八号墳の瓶から中国からの糸切り技法を伴う新たな技術導入は熊津期に遡るであろう。その土器系譜が泗沘期土器群の中の精良な土器群を作り出していったのであろう。この土器群は金鐘萬氏が灰色系土器、灰色土器と呼ぶもの（金 二〇〇二）で、宮都・役所・寺院など官的な施設から多く出土するように、官営工房的な生産体制が整備され、そこで生産されたものであろう。

（二）日本の糸切り離し技法の系譜

日本の糸切り技法は出雲・武蔵・越前が静止糸切りであるのに対して、尾張は回転糸切りである。まず静止糸切りから回転糸切りへ変化した出雲と武蔵を見よう。

出雲の地域は𤭯・短頸壺・長頸壺など一部の形態が早くから平底化する特異な地域である。特に𤭯は大谷氏のA3型から平底が出現するが、これは氏の出雲2B期、陶邑MT一五～TK一〇型式並行で、この時期から地域色が見られるという。そのほか坏Gのかえりを持つ器形も天井部が平坦になるものがある。このことは底部円板造りであった可能性が高い。そのような伝統があったため静止糸切りが取り入れられたのであろう。特に注目すべきは𤭯や長頸壺に糸切り技法が導入されることで、日本の糸切り導入期には他では見られないことである(4)。

武蔵は七世紀後半の須恵器に静止糸切り技法が見られるが、関東の各地にはそれより以前の土師器に糸切り技法が存在する地域で、日本列島のうちでも様相の異なる地域である。土師器の糸切りは陶邑TK四三型式並行の六世紀後半にすでに見られる。当地で確実に糸切りを持つ瓦の出現は七世紀後半であり、土師器の糸切り技法が瓦の糸切り技法から影響を受けたと考えられない。従来から土師器の中に潜在的に存在した技法の一つであろう。土師器の静止糸切りは関東各地で出土すること、須恵器の静止糸切りは武蔵・上野に見られることが指摘できる。内山氏は須恵器の糸切り技法について「須恵器坏の手持ちヘラケズリは土師器起源説を支持する」と土師器から糸切り技法が導入されたと、福田氏らと同様の見解である（内山 二〇〇一）。しかし、須恵器坏の手持ちヘラケズリを根拠の一つとされているが、楽浪や百済泗沘期、日本の底部静止糸切り離し後に周辺手持ちヘラケズリを施す例があり、ヘラ切り技法も同様であることを考えると根拠としては弱いであろう。

最初から回転糸切りが出現する尾張では池本氏が七世紀末から八世紀初頭、尾野氏は六七五年頃～六八五年頃とするが、その導入の契機について尾野氏は瓦生産との関わりを述べている。尾張では最初から回転糸切りが出現することは、この地域の須恵器生産が高度な轆轤技術であったため、当初から回転糸切りの導入が可能であったのではないかと想定する。

(三) 朝鮮半島と日本の糸切り離し技法の関連

日本列島では静止糸切りに続いてすぐに回転糸切りに転換することは、朝鮮半島と比較しても特記されることである。楽浪に回転糸切りがあるものの、静止糸切りが主体であり、百済泗沘期は静止糸切りだけであり、高句麗・新羅には糸切りがないのである。回転糸切りは出雲では柳浦第2期(新)の段階八世紀前半、武蔵では鳩山I期八世紀初頭、尾張でも七世紀末から八世紀初頭に出現する。東海の中でも湖西窯跡群では峠場第一地点四号窯の八世紀第二四半期に回転糸切りが、東北地方ではヘラ切りが主体であるものの宮城県色麻町日の出山窯跡群A地点、C地点五号窯から静止糸切りが八世紀前半には出土し、続いて回転糸切りも出現して増加していくようである。

ではなぜ朝鮮半島では回転糸切りに転換していかなかったのであろうか。楽浪・高句麗・百済では基本的に平底土器は底部円板造りである。楽浪土器の円筒形土器は口径一〇～一二㎝と小形でありながら叩きを持つ例があり、百済泗沘期の椀にも叩きを持つ例が多い。これは赤褐色軟質深鉢形土器とも共通している。深鉢形土器には底部に方形痕を持つものが多く、底部円板造りで製作されている。また、韓国では白井克也氏が検討した、腰部ケズリを回転台からの分離前に行う未分離腰部ケズリが見られることから(白井克也 一九九七)、日本で論議されているような底部円柱造りではなく円板作りであったと考えられる。このことから静止糸切りを採用した楽浪土器と百済泗沘期の土器は、粘土円板を一枚ずつ置いて成形していったため、轆轤盤に沿って静止糸切りを行ったのであろう。扶餘合松里遺跡の無高台の椀は、一㎝に一八本という細かい糸目の静止糸切りで、糸が細いため強く張ることができなかったために、糸が∩字状に引かれたことが、底部に∩字状の波が連続して見られることからも分かる。このような底部の広い静止糸切りでは水平の見当もなく底部を同じ高さ（厚さ）に切るのが難しいと想定され、泗沘期において高い位置で切る底部円柱造りは考えられない。おそらく泗沘期の静止糸切りは伝統的な粘土円板作りの延長上にある、大量生産に至っていない段階の底部糸切り離し技法であったと考えられる。

日本で静止糸切りから回転糸切りへすぐに転換していくのはなぜであろうか。武蔵では須恵器が早い段階に静止糸切りから回転糸切りに転換したのは、伝統的な回転ヘラ切り離しに習熟していたためであろう。また、八世紀に入ってからの律令体制の整備による需要などに対する生産量の増加に伴う効率化も考えられる。おそらく、出雲も同様と考えられ、生産体制の整っていた尾張では糸切り導入当初から回転糸切りを行ったのであろう。

効率化の技法として上げられるものに円柱造りが上げられるが、この技法は武蔵で最初に論議された技法である。須恵器の底部が剝がれたときその面に糸切りが見られることや、底部内面の見込みに糸切りが見られることから考え出された技法であるが（服部・福田 一九七九）、尾張、湖西にも見られることが確認されてきた。しかし、ヘラ切り技術圏である地域ではその痕跡が見いだされないため、全国的に論議されることはなかった。最近円柱造りを積極的に評価しようとする後藤健一氏は、ヘラ切りの円柱造りも存在すること、愛知県志賀公園遺跡の古墳時代の系譜を引く坏H、および飛鳥時代に出現する平底の坏Gの底部内面の見込みに見られる糸切りから、円柱造りが七世紀まで遡る技法であるとした。さらに西弘海氏のいう五世紀末から六世紀初頭に回転ヘラ切り離し技法が登場することを援用して、後藤氏は底部円柱造りの開始と考えられた（後藤 二〇〇二）。

まず後藤氏が取り上げられた志賀公園遺跡の糸切り痕を持つとした坏Hは、本報告（愛知県埋蔵文化財センター 二〇〇〇）によれば木製無文当て具痕とされ、糸切りではない。西氏のいう回転ヘラ切り離し技法の登場が円柱作りの開始につながるかについては、百済において漢城期の三足土器（三足の付く坏）に底部円板作りと回転ヘラ切り離しが併存することからも、必ずしも円柱作りにつながるとはいえないであろう。新羅と加耶については、陶質土器の蓋坏の出現が日本よりも遅れ、日本に回転ヘラ切り離し技法が登場する頃、はたして新羅・加耶に円柱作りがあったのか不明確であるが、大加耶の坏に方形痕の残る例もあることから円柱作りはなかったと考えられる。日本や朝鮮半島の国々では、窯での焼成量はそれほど多いものではなく、新羅の統一新羅様式段階でも高坏で一段しか置いてない例もあり（東国大学校慶州キャンパス博物館 二〇〇二）、積み重ねも二～三段程度で、蓋坏については栄山江流域で百済系土器が三段までである（酒井 二〇〇五）。一窯で焼く量から考えても五～六世紀あるいは七世紀に至っても円柱造りという技法を導入して大量生産をまだ行っていなかったといえよう。

筆者は従来から想定されているような円柱造りはないと考えている。円柱作りが一般的ならもっと出土頻度が高いはずで、切り損ねて再度切った場合や底部円板作りに糸切りで切った円板も使用された可能性もあったと想定したい。ヘラが上を向く程度や糸切りの際糸を持つ指が動きやすく、切りやすい程度の高さはあったと思う。泗沘期の静止糸切りも切断前の粘土は円板作りよりもやや厚め位であろう。それは泗沘期の静止糸切りの切断位置に、切る前に指で窪ませるアテがないことから、底部円板の厚みが指を入れるほどなかった可能性がある。それが日本ではアテを入れることもあり、回転糸切りが発達する要因となったのは、古墳時代からのヘラ切りによる轆轤盤と製品の切断位置の関係を受け継いで、切断位置を高くしていったため回転糸切りにすぐに移行していったと想定される。

では静止糸切りを使用した百済泗沘期と日本の関係はいかがであろうか。百済が六六〇年滅亡後多くの渡来人が日本へ移住したことは知られている。日本においても七世紀のかえり蓋（坏G）や高台坏（坏B）など新たな器種が登場するが、これは大陸との関わりが想定されている。硯についても白井氏は百済系譜獣脚硯の存在について指摘されている（白井 二〇〇四）。尾張を除けば出雲・越前・武蔵は静止糸切り技法であり、一般的に坏に見られること、出雲では坏・盤・䞓のほか瓶にあること、時期について七世紀後半に見られることは百済滅亡後の渡来人によって製陶技術の一つである糸切り技法が伝えられたと想定したい。しかし、その際導入する地域と導入しなかった地域があること、同地域でも工人集団によって異なっていたことは、泗沘期の椀の底部切り離しが糸切りだけではないことから も、日本でも七世紀後半には従来のヘラ切りも存続する地域、尾張のように回転糸切りとして導入する地域など多様 であったと考えられる。日本の中で静止糸切り導入後すぐに回転糸切りに転換していった理由は、百済の底部成形技 法が粘土円板を作ることにあるのに対して、日本では七世紀初頭の坏Hのように底部中心が薄く周囲を厚く腰を作る 成形で、底径が小さくヘラ切りしやすく、それも回転で切り離す技術が一般的であったため、回転糸切りへすぐに移 行したのであろう。

最後に糸切り技法に関する問題について触れておこう。五世紀初頭の須恵器生産開始期の底部切り離し技法につい て、その時期の坏や椀に限って見てみると、底部円板造りで切り離しは轆轤から工具を使わずに剝がしたいわゆる板 起しのため平底で、底部には轆轤盤などの圧着痕が見られ、朝鮮半島と同様方形痕を持つ例もある。また、製作時の 轆轤回転方向が朝鮮半島と同様左回転であることも、この時期の轆轤は朝鮮半島から伝わった蹴轆轤であろう。

西弘海氏は五世紀末から六世紀初頭に回転ヘラ切り離し技法が登場するという（西 一九八六）が、陶邑深田遺跡 の観察からTK二三型式段階にはすでにヘラ切り技法が存在し、それより遡る可能性がある。初期須恵器が平底から 丸底に移行する時、粘土円板は小型になり、粘土円板の上に積み上げる粘土は厚くして丸底にしてもへたらないよう にしたため、坏の中央部が窪み、周囲が厚い器形になる。丸底にするために成形時の底径が小さく、それにより回転 ヘラ切り技法でも切り離すことができたのであろう。このような丸底は、日本の求めた器形であり、平底から丸底へ の変化は、蹴轆轤から手轆轤への転換と関わり、その痕跡は陶邑の中で轆轤回転方向が左から右への変遷に見られよ う。また陶邑深田遺跡には、D類坏身は「回転台からの切り離しには静止糸切り法によっているものも認められる」(5) （大阪府文化財センター 一九七三）とある。それが確実なら列島での最古の糸切り技法であり、須恵器切り離し技法が 朝鮮半島から伝播したいわゆる板起こしから、ヘラ切り離しへ転換していく中で存在した切り離し技法の一つであろう。しかし、この技法は陶邑には取り入れられなかった。この糸切り技法が出現した経緯は、当時の朝鮮半島に糸切り技法が存在しないことから伝播したとは考えられず、陶邑において試行錯誤の中で考え出された技法であり、ゆえに後に続くこともなかったのであろう。

おわりに

須恵器への糸切り技法の導入は、特に関東では福田健司氏をはじめ大方の見解として、土師器の糸切りが須恵器に導入されたと考えられているが、出雲や尾張、越前では須恵器に糸切りが導入される段階に土師器に糸切りが見られない地域もある。本稿では百済滅亡後渡来人によって糸切り技法が日本へ伝播してきた可能性を説いたが、その根拠も乏しい。どのように伝わったかなど残る問題も多く、今後さらに検討を進めたい。

なお、本稿は駒澤大学平成一七年度特別研究助成（共同研究）「東アジアにおける遺跡と遺物の総合的研究」の研究成果の一部である。

注

（1）　韓神大学が発掘した風納土城出土の平瓦は粘土紐づくりで糸切り痕は確認できていない。

（2）　土田純子氏にご教示いただいた。

（3）　広江耕史氏にご教示いただいた。

（4）　㼽が平底化する地域は日本の中にはなく、朝鮮半島の栄山江流域に一般的であり、両地域の関係について積極的に評価したい。

（5）　中村浩氏に確認したところ静止糸切り痕があったとのことであるが、資料調査ではすべての資料を見つけることが出来ず、確認できた資料の中には存在していなかった。また技法を記した遺物カードにも記載はなかった。資料実見に際し、西川寿勝氏にお世話になった。

参考文献

愛知県埋蔵文化財センター　一九九九『細口下一号窯・鴻ノ巣古窯・高針原一号窯』

愛知県埋蔵文化財センター　二〇〇〇『志賀公園遺跡』

内山敏行　二〇〇一「関東の須恵器製作技法」『古代の土器研究』第六回シンポジウム

大阪府文化財センター　一九七三『陶邑・深田』

大谷晃二　一九九四「出雲地域の須恵器の編年と地域色」『島根考古学会誌』第一一集

尾野喜裕　二〇〇一「東海地方における須恵器製作技法の転換とその背景―猿投窯を中心に―」『古代の土器研究』第六回シンポジウム

春日真実　二〇〇一「北陸の様相」『古代の土器研究』第六回シンポジウム

神奈川考古同人会　一九八三「シンポジウム奈良・平安時代土器の諸問題」『神奈川考古』一四

韓神大学校博物館　二〇〇二『花山古墳群』

韓神大学校博物館　二〇〇四『風納土城Ⅳ』

金鐘萬　二〇〇二「百済土器に見られる製作技法―泗沘時代を中心として―」『朝鮮古代研究』第三号

金容民　一九九八「百済泗沘期土器に対する一考察―扶蘇山城出土土器を中心に―」『文化財』三一輯

呉永賛　二〇〇一「楽浪土器の製作技法」『楽浪』　国立中央博物館

国立中央博物館　一九九一『松菊里Ⅳ』

後藤健一　二〇〇一「湖西窯跡群の須恵器製作工程について」『古代の土器研究』第六回シンポジウム

酒井清治　一九八五「千葉市大森第二遺跡出土の百済土器」『古文化談叢』一五号　九州古文化研究会

酒井清治　二〇〇四「百済泗沘期の風船技法で製作した高台付椀」『山下秀樹氏追悼考古論集』

酒井清治　二〇〇五「韓国栄山江流域の土器生産とその様相―羅州勢力と百済・倭の関係を中心に―」『駒澤考古』第三〇号

佐藤　隆　二〇〇一「陶邑窯跡群の製作技法」『古代の土器研究』第六回シンポジウム

島根県教育委員会　一九八四『高広遺跡発掘調査報告書』

白井克也　一九九七「九州大学考古学研究室所蔵古新羅土器Ⅱ」『古文化談叢』第三八集

白井克也　二〇〇四「筑紫出土の獣脚硯」『九州考古学』　九州考古学会

谷　豊信　一九八四「楽浪土城址出土の土器（上）」『東京大学考古学研究室紀要』第三号

谷　豊信　一九八五「楽浪土城址出土の土器（中）」『東京大学考古学研究室紀要』第四号

谷　豊信　一九八六「楽浪土城址出土の土器（下）」『東京大

学考古学研究室紀要』第五号
鄭　仁盛　二〇〇三「楽浪円筒形土器の性格」『東京大学考古学研究室紀要』第一八号
東国大学校慶州キャンパス博物館　二〇〇二『慶州孫谷洞・勿川里遺蹟（Ⅲ）』
西　弘海　一九八六「平底の土器・丸底の土器」『土器様式の成立とその背景』真陽社
服部敬史・福田健司　一九七九「南多摩窯址群出土の須恵器とその編年」『神奈川考古』第六号
扶餘文化財研究所　一九九一『扶餘芝仙里古墳群』
松江市教育委員会　一九七〇『出雲国庁跡発掘調査概報』
柳浦俊一　二〇〇一「島根県東部(出雲)の切り離し技法と長頸壺頸部接合技法」『古代の土器研究』第六回シンポジウム

新羅建郡と古代武蔵国の鉄生産

赤熊浩一

はじめに

古代日本の鉄生産は、古墳時代後期に朝鮮半島からの技術導入によって箱形炉を使用して生産が開始される。箱形炉の技術は西日本を中心として発展し、七世紀後半になると中央政府による東国経営を契機に東日本にも進出すると考えられている。群馬県粕川村三ヶ尻西遺跡では、発掘調査によって炉跡が発見され、箱形炉による鉄生産が行なわれたことが明らかとなった。七世紀末から八世紀初頭になると箱形炉と横口式炭焼き窯による鉄生産は、東国の初期郡家の形成や陸奥国における蝦夷対策のための武器・武具の生産を目的とし、主要な地域に展開すると考えられる。

さらに、奈良時代になると、半地下式竪形炉と登り窯状の炭焼窯による新しい鉄生産技術の導入が計られる。千葉県流山市富士見台遺跡や同市中の坪遺跡では、八世紀前半の竪形炉が発見されている。また、武蔵国内でも桶川市宮ノ脇遺跡、八世紀中葉の大井町東台遺跡で竪形炉が発見された[1]。竪形炉による鉄の生産はいうまでもないが、遺跡から鋳型が多く出土することから、寺院や国府、国分寺、官衙などで使用する仏具をはじめとする鋳造品の生産が、竪形炉導入の大きな要因と考えられる。その後、奈良・平安時代を通して東国各地に竪形炉による鉄生産が展開する[2]。

そこで、古代武蔵国の鉄生産はどのような展開を示すのか、発掘調査された遺跡の様相を把握し、八世紀中葉に武蔵国内に竪形炉の導入契機となった大井町東台遺跡の鉄生産技術の系譜について考え、武蔵国内の鉄生産と新羅建郡との関わりについて探ってみたい。

一、古代武蔵国の箱形炉と竪形炉

古代武蔵国における鉄生産の遺跡は、第一表にまとめたとおりである。これまでに一一の遺跡が発掘調査されている。寄居町箱石遺跡、大井町東台遺跡、川口市猿貝北遺跡、伊奈町大山遺跡、桶川市宮ノ脇遺跡、花園町台耕地遺跡、寄居町中山遺跡、岡部町菅原遺跡、西浦北遺跡、宮西遺跡、川本町如意遺跡である（第一図）。

鉄生産は砂鉄を炉内に入れ、木炭とともに燃焼させ、鉄製品の素材となる鉄塊を造る技術である。その際の炉形は箱形炉と竪形炉に大きく分類される。箱形炉は、古墳時代後期に出現し、西日本各地で広く検出されている。一方、竪形炉は、奈良時代に出現し、東日本を中心として検出され、平安時代になると東日本各地により多く見られる。同じ砂鉄を使用しながらも、箱形炉で造られた鉄塊はチタン濃度が低い鉄、竪形炉で造られた鉄塊はチタン濃度が高い鉄が生産される特徴がある。また、竪形炉の遺跡からは、出土遺物の中に鋳型が共伴する例が多くこの鉄を溶解した鋳物製品が製作されていたと見られる。竪形炉の導入は鋳鉄の生産と大きく関わっていたと考えられ、この竪形炉導入の経緯には渡来人が大きな役割を担っていたと考えられ、新たな鉄生産技術の変革に及んだものといえる。

箱形炉による鉄生産は、奈良時代初頭に寄居町末野地区の箱石遺跡で行われる。箱石遺跡は、(3)砂鉄を原料とした縦置きの箱形炉である。出土した土器から八世紀第１四半期と位置づけられている。箱石遺跡は、末野窯跡群内に位置し、古代律令期の瓦や須恵器生産が行なわれている地域でもある。

箱石遺跡での箱形炉による鉄生産の目的は、武蔵国内の初期郡家形成に伴う鉄製品の供給と関連が強いと考えられ

第１表　古代武蔵国の鉄生産遺跡一覧表

時期	製鉄遺跡	炭焼窯	鍛冶工房遺構
650 年			
	+	中原遺跡（横）	皀樹原・檜下遺跡 熊野遺跡
700 年	箱石遺跡（箱）	如来堂Ｃ遺跡（横）	
	宮ノ脇遺跡（竪）		
	東台遺跡（竪）	東台遺跡（横） 東台遺跡（地）	武蔵国府
800 年			
	大山遺跡（竪）	大山遺跡（地）	椿山遺跡
	猿貝北遺跡（竪） 台耕地遺跡（竪）		
900 年	菅原遺跡（竪） 中山遺跡（竪）		
	西浦北遺跡（自） 中宿遺跡（自） 宮西遺跡（自） 如意遺跡（自）		

製鉄遺跡　箱＝縦置箱形炉　竪＝半地下式竪形炉　自＝自立式竪形炉
炭焼窯　横＝横口式炭焼窯　地＝地下式登窯状炭焼窯

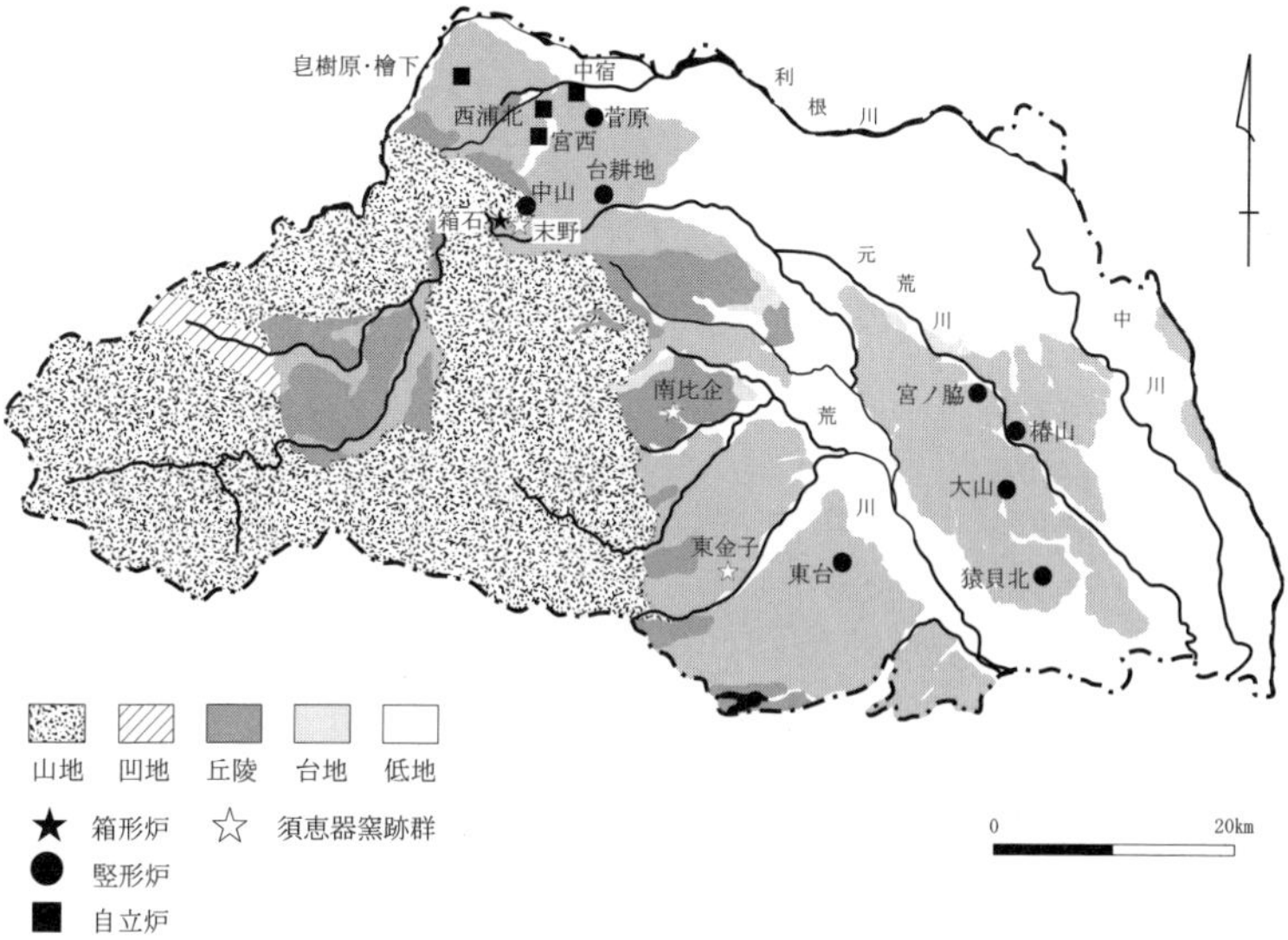

第１図　埼玉県内の鉄製生産遺跡

る。しかも、この系譜は、瓦や須恵器生産と同様、上野国の影響が考えられ、箱形炉の遺跡が検出されている粕川村三ヶ尻西遺跡や太田市峰山遺跡(4)など東毛地域の系譜が考えられる。また、箱石遺跡の周辺には、如来堂C遺跡から横口式炭窯が検出されている。出土遺物がほとんどないことから時期は不明だが、箱石遺跡と同時期と考えられる。

竪形炉による鉄生産は、奈良時代の八世紀前半に桶川市宮ノ脇遺跡で竪形炉一基を検出し、八世紀第3四半期に大井町東台遺跡で行なわれる。東台遺跡では、竪形炉一一基、登り窯状の炭窯二基を検出した。

平安時代になると、製鉄遺跡は、元荒川流域に竪形炉の展開が見られる。川口市の猿貝北遺跡で竪形炉六基を検出し、大量の鋳型を出土している。また、伊奈町の大山遺跡では、竪形炉一九基を検出し、獣脚鋳型などを出土した。荒川中流域では、花園町の台耕地遺跡で竪形炉三基を検出し、獣脚鋳型などを出土した。岡部町の菅原遺跡でも、竪形炉一基を検出し、獣脚鋳型などが出土した。寄居町中山遺跡では、竪形炉一基を検出し、印章鋳型が出土した。

これらの遺跡は、いずれも半地下式の竪形炉の構造を持ち、炉の形態は円筒型である。羽口については、大山遺跡から大口径羽口(第六図)が出土している。また、猿貝北遺跡からも大口径羽口が出土している。この大口径羽口は、粘土で別造りであるようにも見えるが、先端部が操業時に解けてしまった結果、短くなり残存したと考えられる。残存長一七・五cm、推定外径一四cm、孔径八・七cmである。しかし、これまで炉本体との装着法については不明であったが、大山遺跡一〇次調査の結果、鞴から直接送風を受ける羽口の根幹部分と考えられ、炉壁部分に装着される別造りでの羽口ではあるが、炉内に筒状に長く送り込まれる炉と一体型の羽口であることを富田氏は明らかにされた。

平安時代後期になると、自立式小型竪形炉による鉄生産が行なわれ、榛澤郡域を中心に遺跡が展開する。岡部町西浦北遺跡からは、製鉄・精錬遺構一四基、鍛冶遺構一基を検出した。岡部町宮西遺跡では、製鉄炉跡一基が確認されている。岡部町中宿遺跡からは、精錬鍛冶炉一基を検出した。また、小型竪形炉を検出した遺跡からは鋳型の検出は認められず、精錬鍛冶の鉄滓が認められる。

二、東台遺跡の鉄生産技術

(一) 竪形炉の系譜

武蔵国内での初期竪形炉による鉄生産は、宮ノ脇遺跡や東台遺跡である。東台遺跡で検出された炉跡は、いずれも半地下式の竪形炉である。炉壁は粘土にスサを混ぜて造られており、炉内径は概ね六七～八七㎝、炉跡の上からの断面形態はいわゆる「ハート型」である。調査者の高崎氏は調査報告書の中で、送風施設である羽口の復元を行っている。羽口は大口径羽口と呼ばれているもので、円筒状の炉を構築する際に炉壁の一部として、炉壁と一体にして造り付けたものである。しかも、送風部分の内径は一四～一〇〇㎝と大型である。

武蔵国内の竪形炉は、一般に「ハート型」と呼ばれる円筒状の炉である。東台遺跡一～四号炉(第三図)、大山遺跡第一〇次調査第一号炉のように、炉壁の中央奥壁部分がせり出し、上から見るとハート型をしていることから、このような炉形で呼ばれている。調査の結果、大山遺跡の担当者である富田和夫氏は、このせり出したハート型部分の内側が羽口施設であり、送風管であることを付き止め、従来言われていたような溶解のために形態が変形したのでは無く、炉の底部付近まで送風できる羽口構造としての機能であると考えた。

大口径羽口は、早くから穴澤氏が注目し、この系譜は、朝鮮半島に求められることを指摘している。[5] 第二図の①は慶州隍城洞遺跡から出土した大口径羽口である。また、②は鎭川石帳里遺跡出土、③は蜜陽沙村遺跡出土の大口径羽口と鋳型である。[6] 朝鮮半島における竪形炉はいわゆる溶解炉の傾向が強く、鋳型を伴うことが特徴のようである。

竪形炉が検出される遺跡からは、いずれも鋳型の出土が認められることから、竪形炉による鉄生産技術は、鋳造技術と一体であったことをうかがわせる。

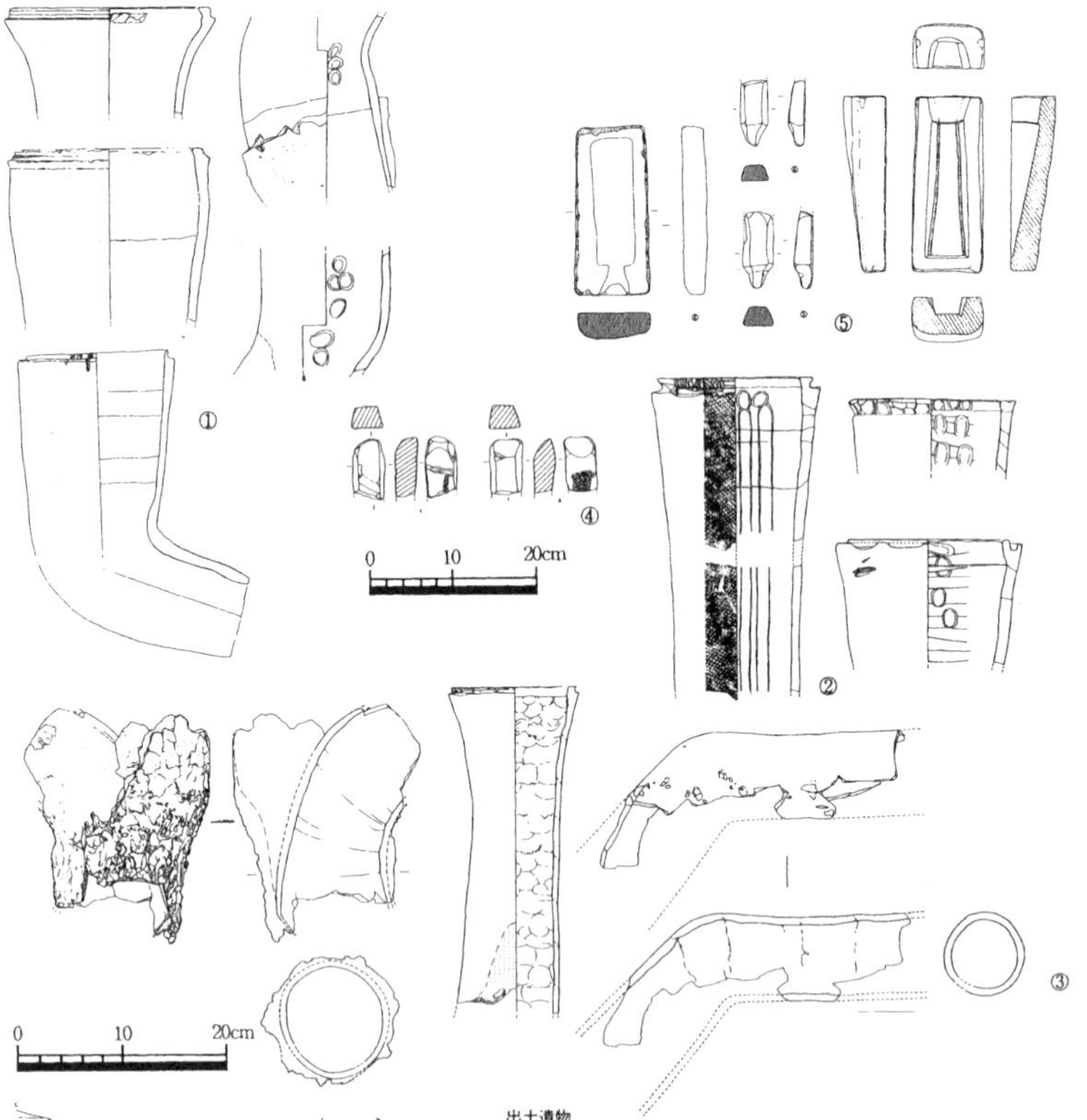

出土遺物

①・⑤ 慶州隍城洞遺跡　②・④ 鎭川石帳里遺跡　③ 密陽沙村遺跡

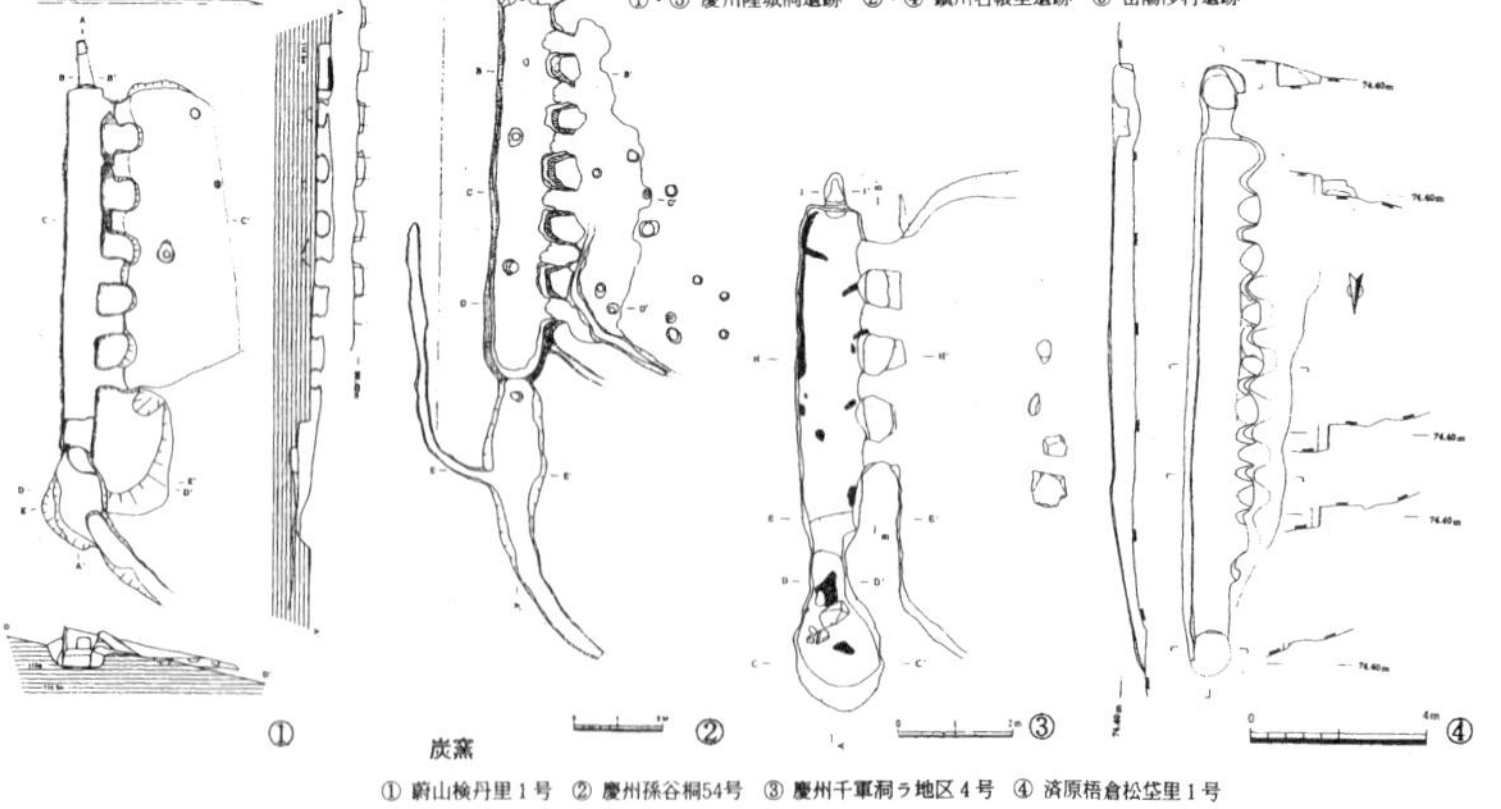

炭窯

① 蔚山検丹里1号　② 慶州孫谷桐54号　③ 慶州千軍洞ラ地区4号　④ 済原梧倉松垈里1号

第2図　新羅・百済・加耶地域の鉄生産遺跡と炭窯（孫 明助　2002）

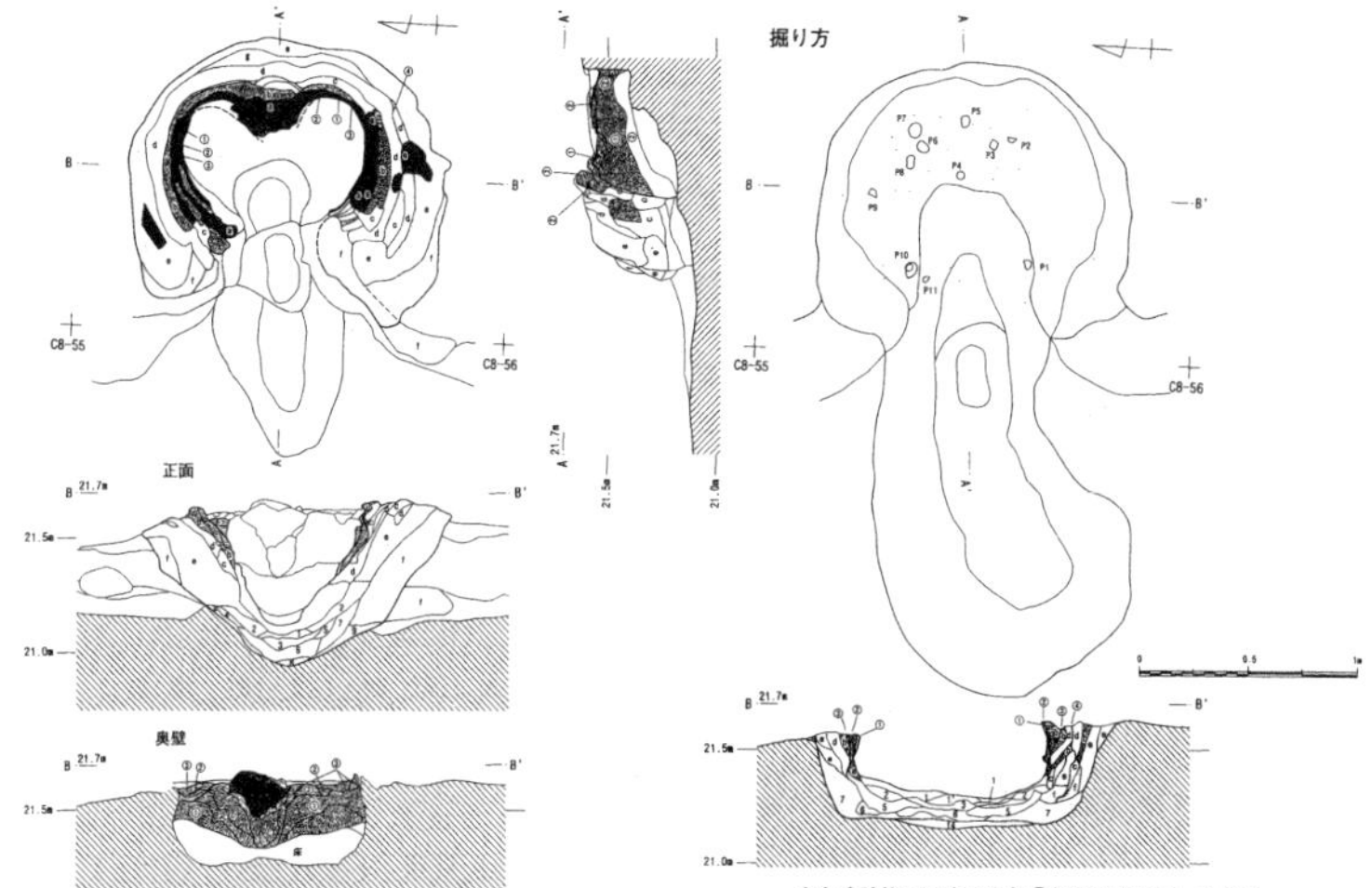

東台遺跡第18地点４号炉②炉微細平面図・土層図

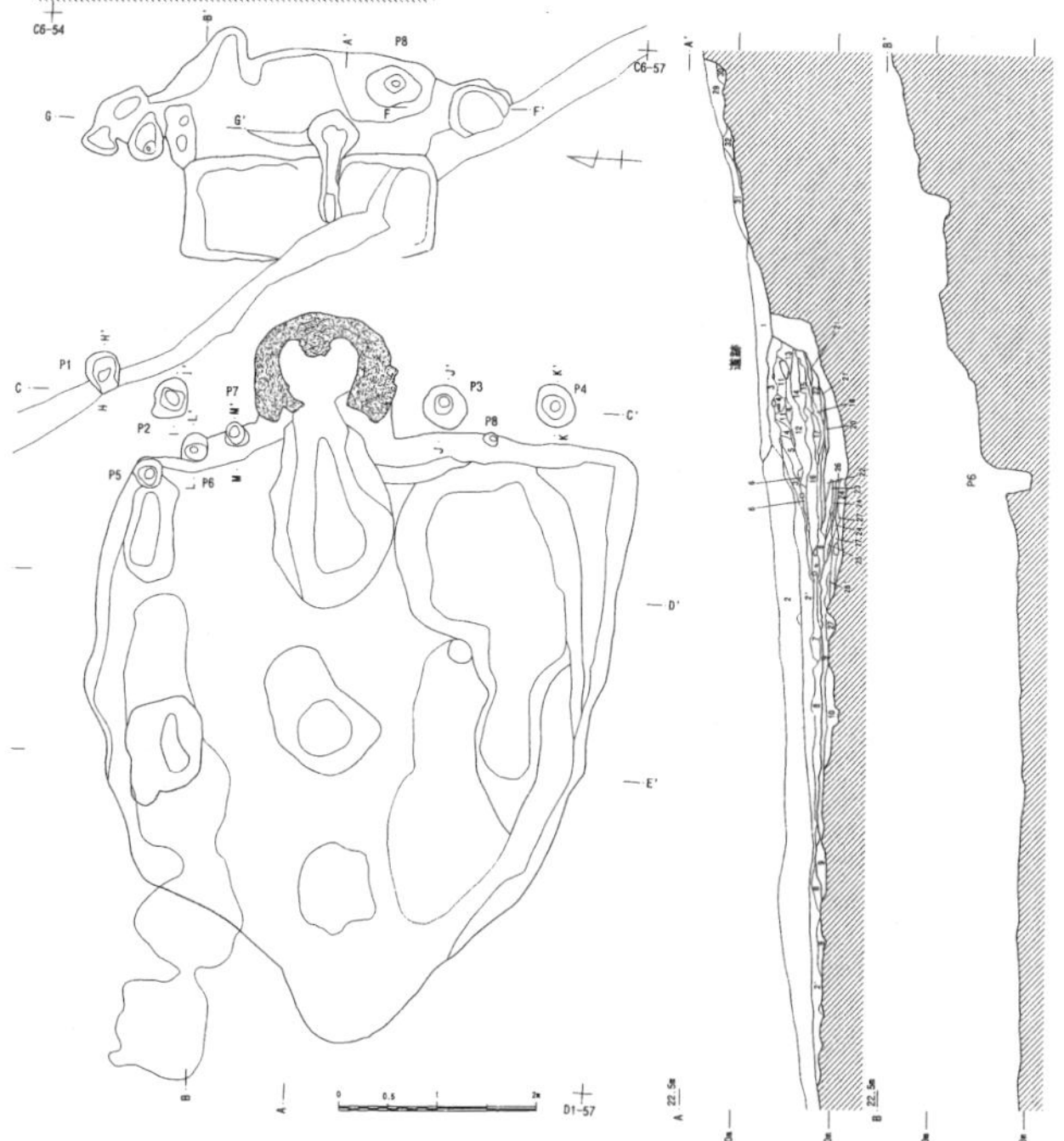

東台遺跡第18地点４号炉①平面図・土層図・断面図

第３図　大井町東台遺跡の竪形炉

いずれにせよ、竪形炉の技術系譜は朝鮮半島の新羅地域に見ることができる。

（二）搬入土器の存在

東台遺跡の竪形炉による鉄生産技術を持つ工人は、在地組織の工人とは考えられない。そこで、遺跡出土遺物の中に他地域からの搬入土器が無いか注目し検討した(7)。

その結果、出土土器の多くは、在地の南比企窯跡産須恵器、在地産のいわゆる北武蔵型坏に近似した土師器坏、鉢、甕などである。しかし、これらの土器に混じって、他地域の土器（第四図）も認められた。

第一は、土器の胎土中に銀雲母を大量に含む須恵器甕の破片である。黄灰色で、外面に平行叩きを施し、内面は撫でられている。やや焼成が甘く軟質である。一・二号粘土採掘坑および特殊遺構、グリッドから八点（第四図1～8）検出され、いずれも同一個体の破片と見られる。霞ヶ浦周辺の粘土の可能性があり、新治産須恵器甕と考えられる。新治産の須恵器甕は常総型甕と呼ばれ、常陸から下総地域に広く分布していることが知られている(8)。

第二は、平底の土師器坏である。法量が大きく、口径・底径が大きい。整形は、体部外面を横方向に二～三段に別けて削り込む。器肉は全体にやや厚く、特に底部が厚い。胎土は砂粒が多く含まれ粗雑である。一見すると壺の底部破片のようにも見間違える。このような特徴は、下総周辺で検出される土師器坏に近似する。東台遺跡からは、一号炉一二三、一号粘土採掘坑二〇、二号木炭窯一〇・一二・一三の五点（第四図9～12）が出土している。

第三は、ロクロ土師器である。胎土はやや粉っぽく、ロクロ整形で底部糸切り後、外周を回転ヘラケズリし、酸化焔焼成により焼きが軟質である。一号粘土採掘坑二四（第四図14）および一号特殊遺構一三で、同一個体である。

第四は、酸化焔焼成の器肉の厚い甕である。外面は撫で調整、内面は横方向の指撫でを施す。六号木炭窯一七の底部破片一点（第四図15）、一号特殊遺構から胴部破片二点が検出されている。

第一～四の土器が工人の系譜を考える重要な手がかりであり、新治産の常総型甕が分布する地域と平底の土師器坏

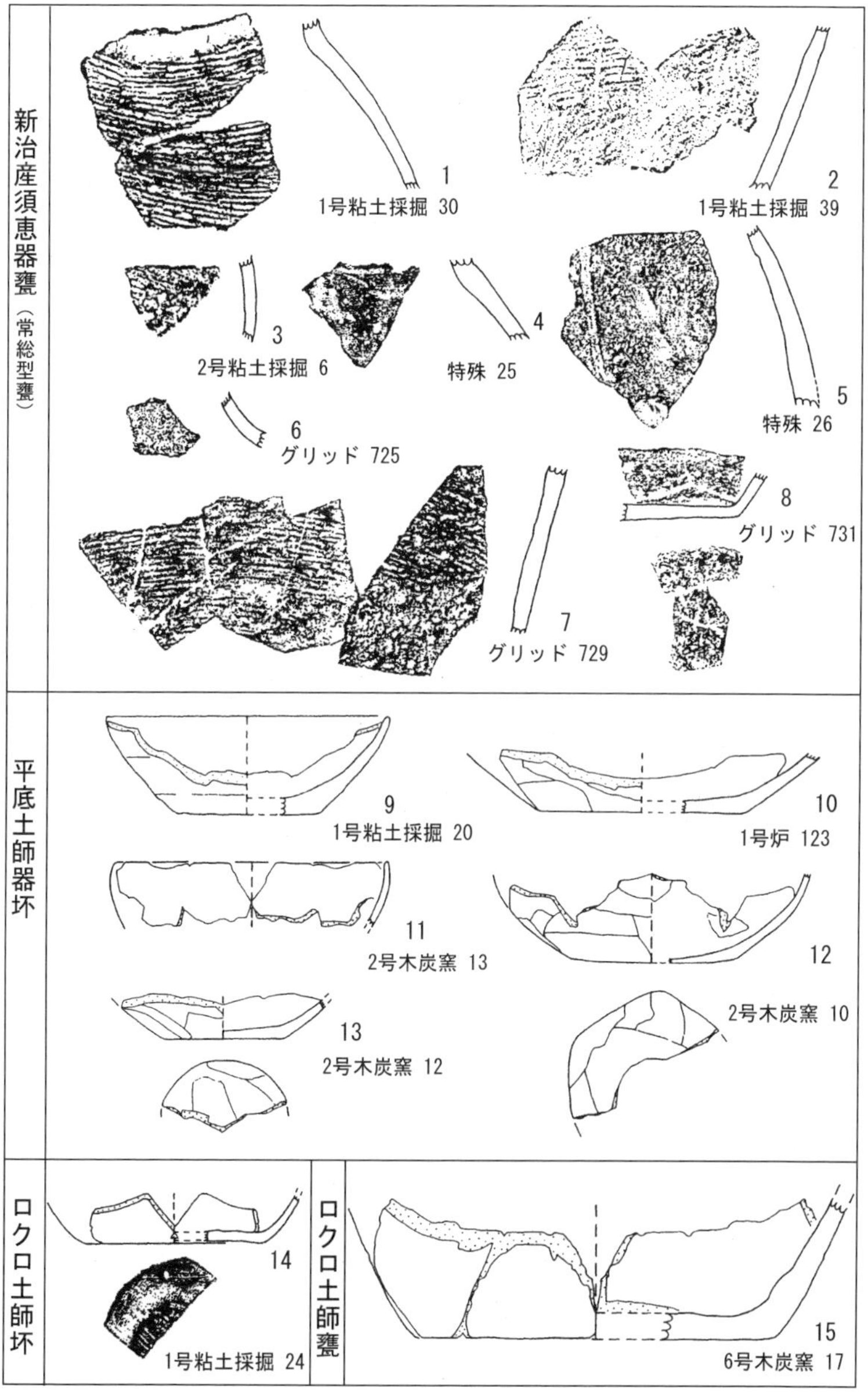

第４図　東台遺跡出土搬入土器

が見られる地域を考えると、下総地域が考えられる。

(三) 羽釜鋳型の系譜

東台遺跡からは、四号木炭窯の左側壁に作られた煙道部分の床面に近い開口部に鋳型がはめ込まれて検出された。この木炭窯は製鉄用の木炭を焼成した窯であり、時期は八世紀後半と位置づけられている。この鋳型は、羽釜の鋳型で、鍔から口縁部分にかけての「口型」部分にあたる。

五十川伸矢氏は、「日本古代の鋳鉄羽釜」の中で鋳鉄羽釜の系譜を考え、一、高句麗・新羅の羽釜、二、渤海の羽釜、三、遼・金の羽釜、四、高句麗の羽釜の四系譜を東アジアの鋳鉄鋳物釜として資料集成した。[9] そして、日本の伝統的な羽釜の形態は、高句麗・新羅の羽釜に見られる形態を継承していると指摘した(第五図)。これら分類された系譜と比べると、東台遺跡出土の羽釜の形態的特徴は、口縁部の立ち上がりにあり、ほぼ直線的に上方に伸びる点である。高句麗・新羅の形態に近似し、渤海の羽釜のように口縁部が内傾に伸びる形態と大きく異なる点が明らかである。

また、飛鳥川原寺寺域北端発掘調査で、川原寺付属の金属工房を切り込んで検出された鉄釜鋳造遺構に残された鋳型から復元された羽釜は、口縁部が短く直立し、体部は球状である。口径八七・二cmで、肩部に幅八・四cm、厚さ二cmの鍔がつく。松村恵司氏はこの羽釜は川原寺に供給されたものと考え、さらに、溶解炉片と共伴する土器から藤原宮期(七世紀末~八世紀初頭)に製作された鉄羽釜と考えられている。[10]

鋳型から推定される形態の特徴は、鍔から肩部が球形に立ち上がり、口縁部が上方にほぼ直線的に立ち上がる。このような形態は、高句麗・新羅系譜の羽釜の形状をよく映しているといえよう。

一方、福島県相馬郡鋳造遺跡出土の羽釜や秋田城出土の羽釜の形態は、鍔から肩部が内傾に外反し、口縁部もそのまま、同じように内傾に外反して立ち上がっており、渤海の羽釜の系譜に近いと考えられる。

このように鋳型から復元される羽釜の形態的特徴を見ると、東台遺跡出土の羽釜鋳型は、口縁部の立ち上がりだけ

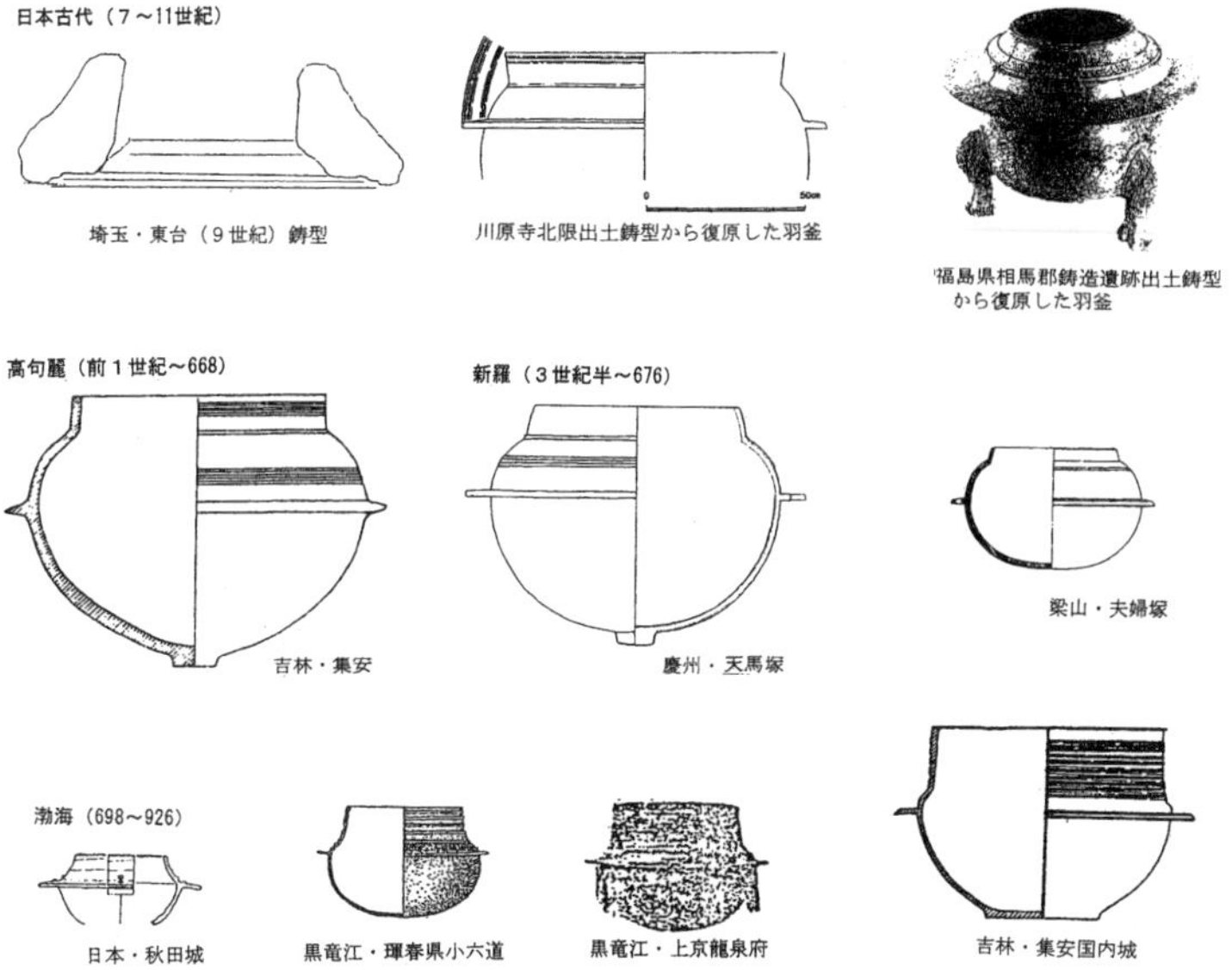

第5図　朝鮮半島の鋳鉄羽釜（五十三　2005）

第6図　大山遺跡D区出土大口径羽口

を見ると高句麗・新羅系統とすることができる。

三、新羅建郡と鉄生産

武蔵国における律令制社会の中で、初期郡家の形成が行われた段階では、古墳時代の伝統を持った地域を中心として、瓦・須恵器・鉄の生産活動が行われていた。特に、賀美・児玉から末野周辺は武蔵国の主要生産地であったと考えられ、鉄は箱形炉による生産が行われた(11)。

しかし、国府・国分寺整備段階にあっては、武蔵国内生産による自給体制で行われていた可能性が指摘できるが、在地の技術では限界があり、技術者を招来し、瓦・須恵器・鉄などの生産が行われたと考えられる。このほか、郡家の造営においても建物の建築や土木工事も技術者の招来が不可欠であると考える。

また、従来の生産システムでは、賄いきれない要素があり、新しい技術導入が図られたと考えられる。瓦や須恵器の量産体制と同様に鉄生産においても、変革が要求されたのであろうか。渡来人の移住には、こうした狙いがあったものと考えられる。

前章で、東台遺跡の鉄生産技術における系統・系譜を示唆する竪形炉・搬入土器・鉄羽釜の鋳型について検討した結果、半島および新羅系譜の技術導入によって竪形炉が取り入れられた可能性の強いことがわかってきた。

武蔵国での新羅建郡は、彼らのもつ技術力が大きな要因であったと考える。武蔵国に移住した新羅人は、竪形炉を構築し、大口径羽口の送風による製鉄技術を備え、鋳型を製作し、鋳造技術をも兼ねた技術者集団であったと考えられる。東台遺跡の地で鉄生産を行った技術者は、まさに新羅建郡に関わりのある人々ではないだろうか。しかも、ここでの生産活動は、武蔵国レベルの主導によるものであり、国府・国分寺・尼寺の造営に大きく関わったと考えられ

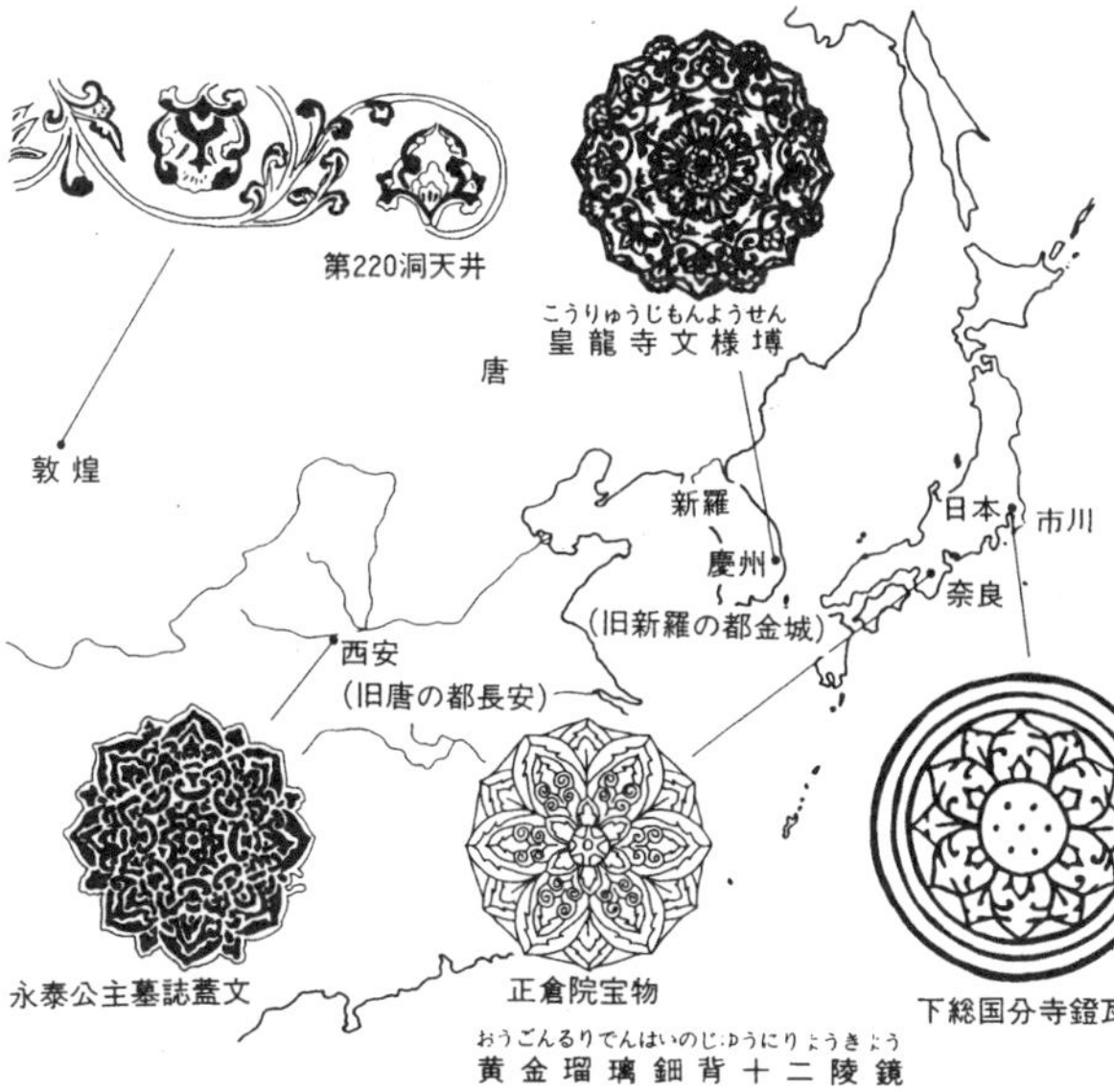

宝相華文の分布

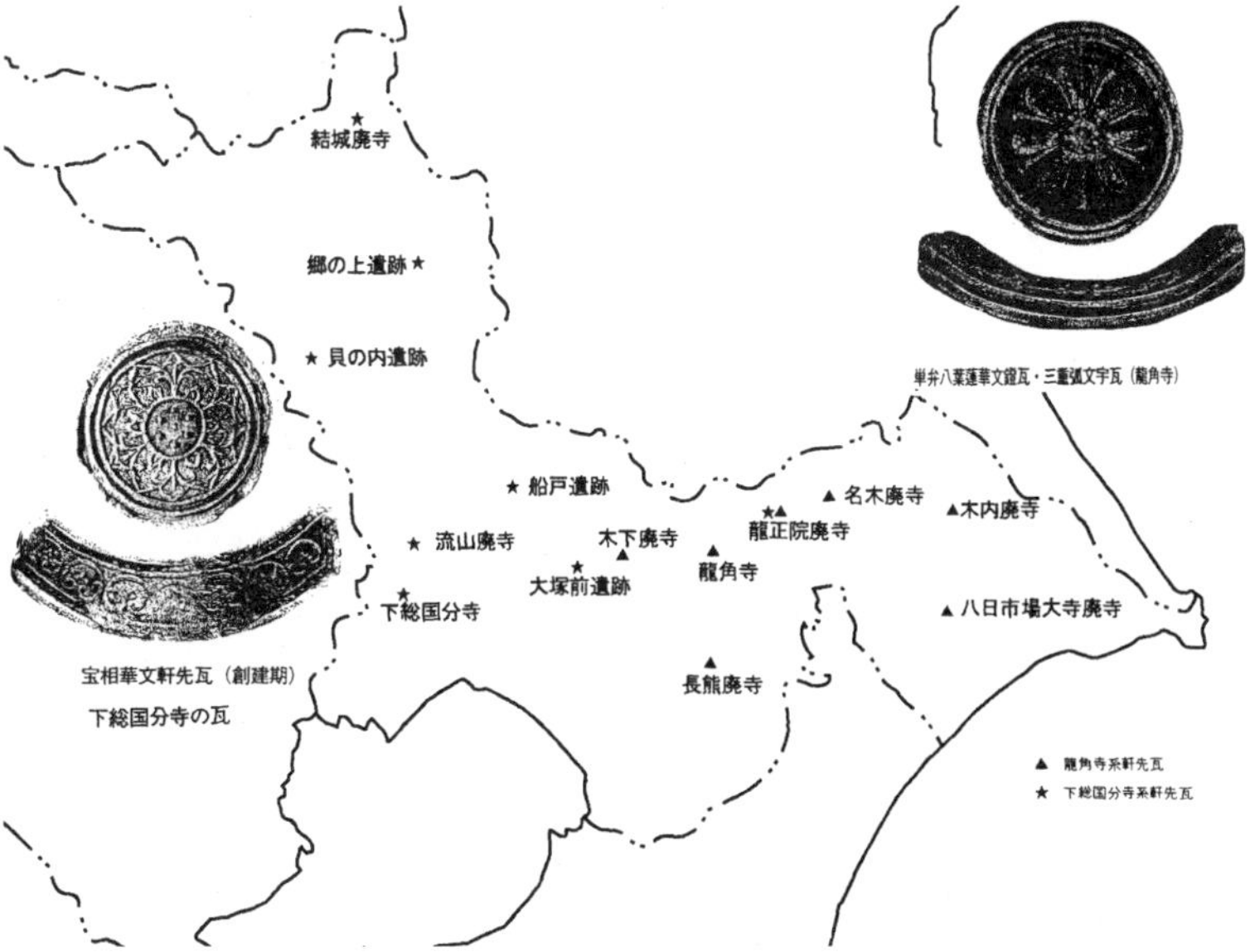

第７図　宝相華文と単弁八葉蓮華文軒丸瓦の分布

る。ゆえに新羅郡として建郡し、武蔵国の住民として処遇され、これまでの論功としての待遇を行ったものと推測される。

天平宝字二年（七五八）八月帰化の新羅僧三二人、尼二人、男一九人、女二一人を武蔵の国の閑地に移し、これにて、始めて新羅郡が置かれる。また、天平宝字四年（七六〇）四月には、帰化の新羅人百三一人が武蔵の国に配置されている。彼らの中に、技術者がいた可能性が考えられないだろうか。

武蔵国入間郡は、自らの領地を別けて新羅郡を建郡した。入間郡の北辺の地である南比企窯跡は、瓦や須恵器生産を担い、南辺の地では、東台遺跡が鉄や鋳造品の生産を担ったと考えられる。いずれも、国府・国分寺・尼寺の建立に生産の目的があり、国家主導型であったと考えられる[12]。

その後、律令国家の体制が変化し始めると、生産活動は、在地首長や郡レベルでの展開を見せ、特に足立郡に生産の基盤を移行し、元荒川流域に鉄生産の場を展開するようになる。ここでも、製鉄の竪形炉と鋳造の鋳型は必ずセットで検出され、新羅的鉄生産様式が見られる。

おわりに

古代武蔵国の鉄生産技術の系譜と導入経緯が明らかとなりつつあり、東台遺跡から出土した雲母片を多量に含む常総型甕や平底土師器坏の存在は、下総地域との関係がうかがえる。そして、この地域が新羅系統の様相を持っていることも注目される。

酒井清治氏が指摘したように、下総国分寺の宝相華文軒丸瓦は新羅系であることが注目される[13]（第七図）。関東で初期の半地下式竪形炉が導入される遺跡は、下総国に位置する富士見台遺跡や中の坪遺跡である。そして近接する流山廃寺[14]からは、やはり、新羅系統瓦文様と考えられている宝相華文軒丸瓦、軒平瓦が出土している。[15] また、新羅系統の軒丸瓦が出土する茨城廃寺には、近接して連房式鍛冶工房が検出された鹿の子C遺跡が存在する。さらに常陸国の鹿島郡や行方郡などの問題、陸奥国に置かれた行方郡の鉄生産経営など課題は広がりを見せる。

　現状では、竪形炉導入の系譜を考えたとき、新羅建郡の真の目的が見えてくるように思う。今後、こうした視点で東国の鉄生産遺跡の検討を進めていきたい。

　最後に本稿をまとめるにあたり、穴澤義功、高崎直成、富田和夫氏に御教示を賜った。記して感謝申し上げる。

注

(1) 高崎直成　二〇〇五『東台製鉄遺跡』—東台遺跡Ⅳ(第15・18地点)—文化財調査報告書第三五集　埼玉県大井町教育委員会

(2) 穴澤義功氏には、製鉄遺跡について日ごろから数々のご指導、ご教示をいただいている。
　穴澤義功　一九八四「製鉄遺跡からみた鉄生産の変遷」『古代を考える』三六　古代を考える会
　穴澤義功　一九八四「製鉄遺跡からみた鉄生産の展開」『季刊考古学』第八号　雄山閣出版
　穴澤義功　一九八七「関東地方を中心とした古代製鉄遺跡研究の現状と課題」『日本古代の鉄生産』たたら研究会

(3) 寄居町箱石遺跡は平成一二年に発掘調査が行われた。現在、整理作業が進められている。
　宮井英一　二〇〇〇「よみがえる古代の末野コンビナート」遺跡見学会資料

(4) 谷藤保彦・上野川勝　二〇〇三「峯山遺跡発見の古代製鉄遺構」『群馬文化』二七四　群馬県地域文化研究協議会

(5) 穴澤義功　二〇〇二「日本古代の鉄生産」『古代東アジアにおける倭と加耶の交流』国立歴史民俗博物館
　大澤正己　二〇〇二「金属学的分析からみた倭と加耶の鉄—日韓の製鉄・鍛冶技術—」『古代東アジアにおける倭と加耶の交流』国立歴史民俗博物館

(6) 孫明助　二〇〇二「韓国古代の鉄生産—新羅・百済・加耶」『古代東アジアにおける倭と加耶の交流』国立歴史民俗博物館

(7) 東台遺跡出土遺物はふじみ野市教育委員会の高崎直成氏の好意で遺物を実見させていただいた。

(8) 高橋一夫氏は、常総甕と武蔵甕の分布を現在調査されている。その途中結果をうかがうと、下総国内でも流山地域には多く流通しているが、柏など少ない地域も存在する。また、庄和町でも常総型甕は出土している。古代鉄生産の遺跡と分布の範囲が如何にかかわるか、今後の成果に期待される。

(9) 五十川伸矢　二〇〇五「日本古代の鋳鉄羽釜」『鋳造遺跡研究資料二〇〇五』鋳造遺跡研究会

(10) 松村恵司　二〇〇五「川原寺寺域北端の金属工房」『鋳造遺跡研究資料二〇〇五』鋳造遺跡研究会

(11) 篠崎　潔　二〇〇四「児玉郡周辺地域の鍛冶・製鉄関連遺構について」『幸魂』―増田逸朗氏追悼論文集―

(12) 佐々木稔　二〇〇五「古代東国の鉄関連生産の性格―八～十世紀代の生産経営主体の解明にむけて―」『東京考古』二三　東京考古談話会

(13) 酒井清治　一九九七「関東の渡来人―朝鮮半島系土器から見た渡来系―」『倉田芳郎先生古希記念　生産の考古学』同成社

(14) 小栗信一郎　一九九八「富士見台第Ⅱ遺跡C地点」『千葉県の歴史』資料編　考古三　千葉県

(15) 市立市川考古博物館　一九八八『市立市川考古博物館展示解説』によれば宝相華文軒丸瓦、軒平瓦が検出される遺跡は、下総国分寺、流山廃寺のほか、大塚前遺跡、船戸遺跡、龍正院廃寺、貝の内遺跡、郷の上遺跡、結城廃寺である。これらの遺跡分布は、龍角寺系軒先瓦の分布地域と異なり国分寺造営以降の新興地域である。また、新治産須恵器の供給地域とも合致する。

参考文献

中島利治　一九七九『大山』埼玉県遺跡発掘調査報告書第二三集　埼玉県教育委員会

佐藤忠雄　一九八三『西浦北・宮西』岡部町教育委員会

酒井清治　一九八四『台耕地（Ⅱ）』埼玉県埋蔵文化財調査事業団報告書第三三集　（財）埼玉県埋蔵文化財調査事業団

山本　禎　一九八五『猿貝北・道上・新町口』埼玉県埋蔵文化財調査事業団報告書第五二集　（財）埼玉県埋蔵文化財調査事業団

大屋道則　一九九六『菅原遺跡』埼玉県埋蔵文化財調査事業団報告書第一六九集　（財）埼玉県埋蔵文化財調査事業団

小林　高　一九九九『中山遺跡』寄居町遺跡調査会報告書第二〇集　寄居町遺跡調査会

栗岡　潤　二〇〇五『大山遺跡第一〇・一一次』埼玉県埋蔵文化財調査事業団報告書第二九九集　（財）埼玉県埋蔵文化財調査事業団

木戸春夫　二〇〇五『宮西遺跡Ⅱ』埼玉県埋蔵文化財調査事業団報告書第三一〇集　（財）埼玉県埋蔵文化財調査事業団

赤熊浩一　二〇〇五『中山遺跡』埼玉県埋蔵文化財調査事業団報告書第三一三集　（財）埼玉県埋蔵文化財調査事業団

武蔵国大里郡大字冑山小字雷発見の「田村」と記した祝部土器
——明治十一年発見の墨書土器について——

宮瀧交二

はじめに

先年筆者は、埼玉県熊谷市冑山(旧埼玉県大里郡大里町冑山)にあって、明治二十(一八八七)年、まだこの時は東京帝国大学理科大学の大学院生であった人類学者・坪井正五郎［文久三(一八六三)年～大正二(一九一三)年］とともに吉見百穴の発掘調査を手掛けたこと等で知られている在野の考古学者・根岸武香［天保十(一八三九)年～明治三十五(一九〇二)年］がその私邸の一隅に設けた考古資料の陳列室である「蒐古舎」について、埼玉県下の博物館発展史にあって欠くことの出来ない代表的な私設博物館的施設であったとして紹介したことがある(宮瀧 二〇〇四)。その執筆の途中、関連文献の調査を進めている過程で、偶然にも我国の墨書土器研究の歩みを考えようとする際に看過することの出来ない重要な事項を記した文献に邂逅した。小稿では、このささやかな邂逅を紹介するとともに、ここに記された事項の歴史的意義を考察しようとするものである。

なお、小稿の執筆に際しては、前稿と同様、根岸家の御当主根岸友憲氏、及び熊谷市教育委員会の出縄康行氏より種々の御教示を賜った。また、掲載写真の撮影に際しては、埼玉県立浦和図書館の御理解を得た。ここに記して感謝したい。

一　大野雲外・柴田常恵が報告した武蔵国大里郡大字冑山小字雷発見の「田村」と記した祝部土器

明治三十六（一九〇三）年六月二十日に発行された『東京人類学会雑誌』第二〇七号は、坪井正五郎と親交を結び東京人類学会の運営を物心共に支えていた根岸武香の追悼号であった。その目次をここに掲げれば、

○論説及報告
根岸武香氏紀（ママ）念号の巻首に　坪井正五郎
武蔵の古墳　柴田常恵
図版考説　大野雲外・柴田常恵
○雑録
根岸武香君小伝　柴田常恵
故根岸武香君の辞世に就て　山中　笑
国分寺瓦とモールス氏　中沢澄男
根岸家の古物に就て　大野雲外
雑筆六則　柴田常恵
根岸家所蔵古物目録
紀（ママ）念号出版費寄付人名
○雑報

というものであった。

先ず巻頭の「論説及報告」の項では、坪井が根岸の追悼号発行の理由を述べている。次に、昭和三（一九二八）年から始まる埼玉県史編纂事業に際してその監修顧問に就くことになる考古学者・柴田常恵［明治十（一八七七）年～昭和二十九（一九五四）年］が「武蔵の古墳」と題する論考を寄せている。これは、その次に掲載されている柴田と考古学者・大野雲外［文久三（一八六三）年～昭和十三（一九三八）年］の手になる根岸の収集した考古資料の図解である「図版考説」を、より有効に理解・活用してもらえるようにと考えて執筆した論考である。すなわち柴田は、「図版考説」に掲載されている根岸の収集した考古資料の殆どが、根岸の居住する武蔵国大里郡大字冑山付近を中心としたものであったため、「聊かその発見の場所と周囲の形勢を知るに便せんが為め」に執筆したのである。その中で筆者の目を惹いたのが、柴田が冑山に所在する古墳とその出土遺物について述べた後に続けた以下の一文である。

此他小字雷より左の諸品を発見せしあり、即ち

斎部土器の皿（内外側に墨を以て二個所に田村の二字記さる）一、素焼皿（丹を塗抹す）二、褐色の小壺五、模造銅質漢鏡一、滑石製の模造鏡、鉾、曲玉、管玉及び紡錘車各一、土製管玉九、

以上の物は製作の点より云ふも、文字の記さるゝ点より見るも、他の古墳に比して、稍後期の製作品たる事は明かにして、芸術変遷の跡を見んとするには頗る面白き材料たるものにて、現に根岸家に蔵せられ、此物に就き大野延太郎君は本誌第百六十九号に図示して記述せらるゝあり、（後略）

この一文、特に斎部土器の皿に関する記述は、明らかに現在で言うところの墨書土器に関する記述であるとみてよいであろう。その内容を整理すれば以下の通りである。

①武蔵国大里郡大字冑山小字雷より出土した石製模造品等の遺物の中に、「内外側に墨を以て二個所に田村の二字記さる」「斎部土器の皿」一点が存在する。

②当該資料は根岸家が所蔵している。

③当該資料に関しては、『東京人類学会雑誌』第一六九号に大野延太郎が報告している。

この大野延太郎こそ、前掲の大野雲外の本名であるが、本追悼号の「雑録」の項に収められている大野の「根岸家の古物に就て」の中にも、この墨書土器に関する記述がある。

(前略)次に大里郡大字青山小字雷発見の古物は曾て(本誌第百六十九号参照)説述せし(中略)余は此度これが為めに、柴田氏と共に同家に数日間滞在して、古器類及ひ関係の書類等を調査して写し得たるもの少なしとせず、熟覧せば九年以前とは材料も従つて増加し見たるものも初めて見たるやの疑ひあり、亦た見落したるものもあり、或は発見することありしと思はれます、こゝに相違の点ありしものは、雷発見の祝部土器の皿の中に田村と記したる文字は最初に明瞭に読むことが出来た其当時後世の戯書かと思ひ不思議でしたが、今はこの例往々ありて亦た側面に同様の文字記しありしを知らざりしが今度気付きたりし(後略)

そもそも東京帝国大学人類学教室へ画工として就職し、後に考古学に関心を持ち助手となっていた大野は、本追悼号に根岸の収集した考古資料を「図版考説」として報告するに際して、柴田と共に根岸家を再訪し、改めて「蒐古舎」に陳列されていた考古資料を調査し図化したのであろう。この時大野は、

④かつて「祝部土器の皿の中」すなわち見込み(内側の底)部分に認めた「田村」の墨書は体部外面にも存在したことを認めたのであった。そうなると、本追悼号で柴田・大野が参照する明治三十三(一九〇〇)年四月二十日発行の『東京人類学会雑誌』第一六九号における大野の論考「石製模造品に就て」も、確認しておかなければならない。当該論考は、東日本各地から発見された石製模造品について紹介したものであるが、その中に大里郡大字青山発見の石製模造品が以下のように紹介されている。

第一図(イ)(ロ)(ハ)(ニ)(ホ)(ヘ)(ト)は武蔵国大里郡大字青山字雷にて発見せるものにして根岸武香氏

の所有たり。（イ）は銅鏡の簡単なるもの。周囲に線を刻みたるのみにして別段の模様無し。中央に鈕あり。（ロ）は滑石製の円盤にして中央に二個の孔あり。少しく欠損せり。（ハ）は滑石製粗造板状の勾玉なり。（ニ）は同質の管玉なり。（ホ）も同質の紡錘車なり。中央に孔あり。（ヘ）は赤き素焼きの壺なり。（ト）は青き祝部皿にして田村の二字を記せり。

この内容を、前掲の柴田の「武蔵の古墳」に記された内容と比較すると、その対応関係は、

［大野論考（明治三十三年）］	［柴田論考（明治三十六年）］
（イ）銅鏡（簡単なるもの）	模造銅質漢鏡　一
（ロ）滑石製の円盤	滑石製模造鏡　一
（ハ）滑石製粗造板状勾玉	滑石製曲玉　一
（ニ）滑石製粗造管玉	滑石製管玉　一
（ホ）滑石製粗造紡錘車	滑石製紡錘車　一
（ヘ）赤き素焼きの壺	褐色の小壺　五
（ト）青き祝部皿（田村の二字を記せり）	斎部土器皿（内外側二個所に田村の二字）一
	丹塗の皿　二
	滑石製鉾　一
	土製管玉　九

となり、柴田が明治三十六年に「武蔵の古墳」を記した時点で、根岸家の「蒐古舎」には、明治三十三年の大野論考では紹介されていなかった雷発見の資料として、褐色小壺が四点、丹塗の皿が二点、滑石製鉾一点、土製管玉九点が存在していたことを知ることが出来る。また、ここに掲げたように（第1図）、この七点の資料の図が添えられており

○石製摸造品に就て

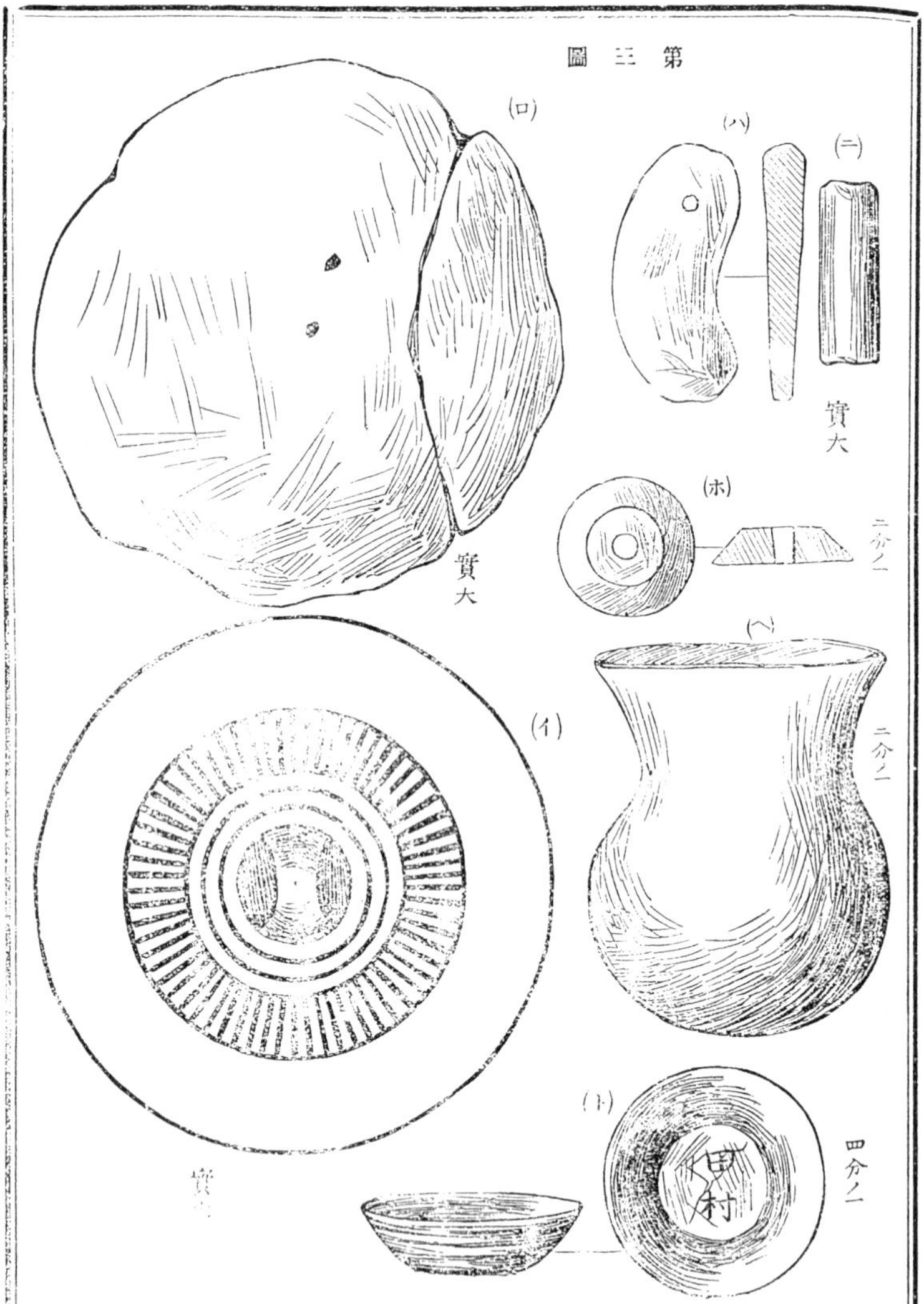

第1図　明治33年4月20日発行『東京人類学会雑誌』第169号所収の図

(図中に「第三図」とあるのは、「第一図」の誤植であろう)、この図によれば、「田村」の二字は、「青き祝部皿」の見込み部分の中央に縦に二字、大きくバランス良く記されていたことがうかがわれる。

以上のように、『東京人類学会雑誌』第一六九号における大野の論考、及び『東京人類学会雑誌』第二〇七号の柴田と大野の論考は、大里郡大字冑山から出土した「田村」と記された墨書土器が根岸家の「蒐古舎」に収められていたという大変貴重な情報を私達に伝えてくれているのである。以上が、『東京人類学会雑誌』から判明する「田村」と記された墨書土器に関する総ての情報である。

二　『武蔵国大里郡吉見村誌』に綴られた彩色図

そして今回、本稿の執筆に際して、この「田村」と記された墨書土器に関する新たな情報が得られたので、ここに紹介したい。

先頃、塩野博氏は、埼玉県下の古墳とその出土遺物の全貌を博捜し、その積年の調査・研究成果を『埼玉の古墳』全五巻として上梓された。その中で塩野氏は、熊谷市(旧大里町)船木山下出土の重圏文鏡について言及されているが、埼玉県立浦和図書館が所蔵する『武蔵国大里郡吉見村誌』と題された綴りの中に「村誌　大里郡冑山村」と記された冊子が収められており、そこに同所から出土した考古資料を描いた彩色図が四枚程綴じ込まれ、その中に重圏文鏡のみならず「田村」の二字を記した祝部土器」が描かれていたことを紹介されている(塩野 二〇〇四)。この「村誌　大里郡冑山村」と記された冊子が、なぜ『武蔵国大里郡吉見村誌』に収められているかを疑問に思われるむきもあると思われるが、大里郡冑山村が、明治二十二(一八八九)年に大里郡吉見村大字冑山となっているためではないかと思われる(その後大字冑山は、昭和三十年、吉見村から大里村に編入されている)。すなわち、この綴りは、明治二十二年以降のいずれかの時期に現在の体裁にまとめられて『武蔵国大里郡吉見村誌』という題名を与えられ、その後埼玉県立浦和図書館に収められたのであろう。

さて、この塩野氏の論考に導かれ、早速筆者も浦和図書館の郷土資料室を訪ねて『武蔵国大里郡吉見村誌』（埼玉県立図書館資料番号：1000310617030、請求記号：S295.9/ム）を実見したところ、確かに当該資料は、皇国地誌編集のための関係資料を調査・収集して提出するように命じられた明治五（一八七二）年九月二十四日の太政官布告第二八八号を受けて、明治十二（一八七九）年から同十八（一八八五）年にかけて次々と国に進達された『武蔵国郡村誌』（埼玉県立文書館　一九九七）の編纂に関わる資料の綴りに他ならなかった。大里郡のそれに関しては、明治十三（一八八〇）年七月三十一日に国に進達されていることが明らかにされているが（重田　二〇〇五）、残念なことに、この『武蔵国大里郡吉見村誌』と題された綴りが何時頃まとめられたものかは判然としない。しかしながら、綴りの中程には「胄山村字雷船木山下明治十一年五月廿五日堀（ママ）地所獲　太サ如図」と題された四枚の彩色図が綴じ込まれており、『武蔵国大里郡吉見村誌』が進達された明治十三年以前の所産であるということで、時間的には矛盾しない。そして驚くべきことは、この彩色図の中に「田村」と記された墨書土器の絵が丁寧に描かれていたことである（写真1）。「太サ如図」とあるように本図は原寸で描かれており、個々の資料の色調も丁寧に再現されている。カラー写真が存在しなかった当時にあっては、まさに最高の記録手法が採られていたのである。その図は、まるで昨日描かれたように鮮明なものであり、一見して日本古代の墨書土器研究史を考える上での第一級史料であることが判明し、興奮せざるを得なかった。明治十一（一八七八）年といえば、根岸武香がE・S・モースの大森貝塚の発掘調査に触発されて黒岩横穴群を発掘調査した翌年にあたり、根岸の考古学への関心が高揚していた時期に他ならない。本図は根岸が描かせたものとみて間違いないであろう。その詳細に関しては次章で述べることにしたい。

武蔵国大里郡大字冑山小字雷発見の「田村」と記した祝部土器

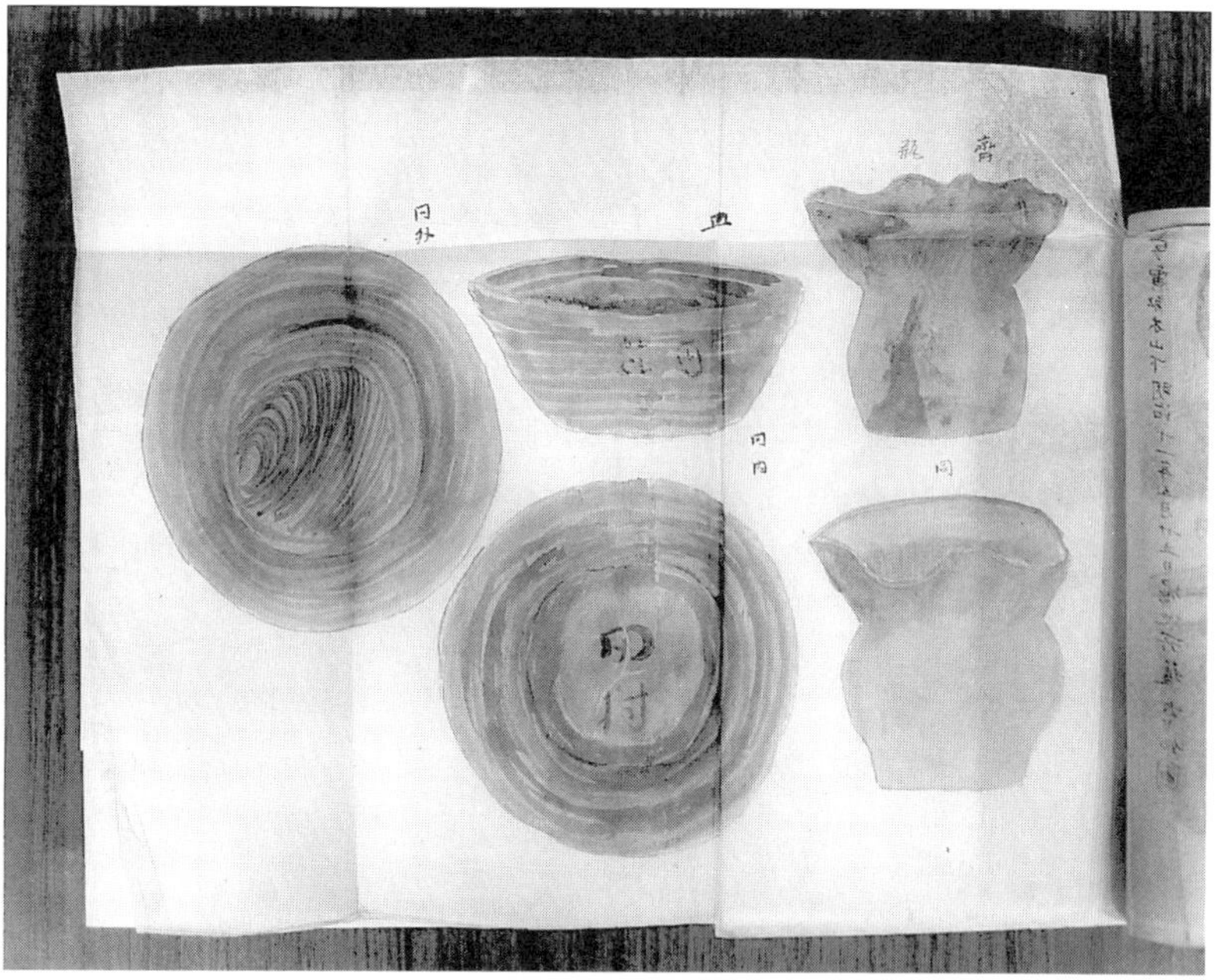

写真１　『武蔵国大里郡吉見村誌』綴じ込みの彩色図

三　「田村」と記された祝部土器及び出土遺跡の検討

さて本章では、前章で紹介した墨書土器に関する情報について検証を加えてみたい。先ず、明治三十六（一九〇三）年の時点で、根岸家の「蒐古舎」に収められていたこの「田村」と記された墨書土器であるが、根岸友憲氏、及び根岸家に今日残されている考古資料に詳しい熊谷市教育委員会の出縄康行氏の御教示によれば、現時点では該当する資料は確認出来ないとのことであった（最近まで根岸家の「蒐古舎」に残されていた考古資料は、現在、熊谷市教育委員会に移管されているが、この中にも該当する資料は存在していない）。周知の通り、武蔵国北埼玉郡上中條村（現・熊谷市上中条）の鹿那祇東古墳出土の短甲武人埴輪をはじめとして、「蒐古舎」に収められていた考古資料のいくつかは根岸武香の死後、東京国立博物館に寄贈されており、当該墨書土器も何らかの事情により根岸家を離れた可能性も考えておかなければならないであろう。いずれにしてもいつの日か、当該資料が再び私達の前に登場する日を俟たざるを得ない。

そうなると、現在私達に残されているのは前章で御紹介した三本の論考と、埼玉県立浦和図書館が所蔵する『武蔵国大里郡吉見村誌』所収の図に他ならない。先ず、その器種であるが、当該墨書土器について大野と柴田は、「斎部土器の皿」、「青き祝部皿」等と表記されており、この当時、「斎（祝）部土器」は現在の須恵器を指す呼称として用いられていたこと、また「青き」という表現からすれば、当該資料は間違いなく須恵器の坏であるとみてよいと考えていたが、『武蔵国大里郡吉見村誌』所収の図を見れば、須恵器の坏であることは一目瞭然であった。上面図・側面図・底面図のいずれも灰色に塗られており、更に体部の表裏には、制作時、粘土塊を引き上げた際に指の腹によってついた成形痕跡である所謂「のた目」が同心円上に幾重にも表現されている。また、底部には回転糸切り痕も丁寧に描かれているが、更に細部の描写に注目すれば、回転糸切り痕の輪郭から少し間を置いた外側に底部の稜線が描かれているようであり、底部に関して言えば、回転糸切り後の外周部箆削り整形（調整）が看取出来る。

その法量であるが、注目すべきは、『東京人類学会雑誌』第一六九号に掲げられた図に、「四分ノ一」というスケールが記されていることであり、ここから復原されるその法量は、口径が約十二cm、底径が約六cm、そして器高が約二・八cm以上となる（器高に関しては、ここに掲げられた図が真横から描かれたものではなく、上方から俯瞰するものとなっているため、実際の器高は二・八cmを大きく上回るものと考えられる）。また、先述のとおり『武蔵国大里郡吉見村誌』所収の図は、「太サ如図」とあることから原寸で描かれているものと思われ、実測すると、その口径は約十二cmと先の数値と一致している。また、底径は約七cm（回転糸切り痕の径は約五・五cm）あり、『東京人類学会雑誌』掲載図より約一cm程大きくなっている。

この法量を手掛かりとして、埼玉県下の須恵器坏から同様の法量を持つものを検索すれば、第2図のとおり、現在の比企郡ときがわ町（旧玉川村。平成十八年二月一日に都幾川村と合併し、ときがわ町に）に所在する南比企窯跡群将軍沢

武蔵国大里郡大字冑山小字雷発見の「田村」と記した祝部土器

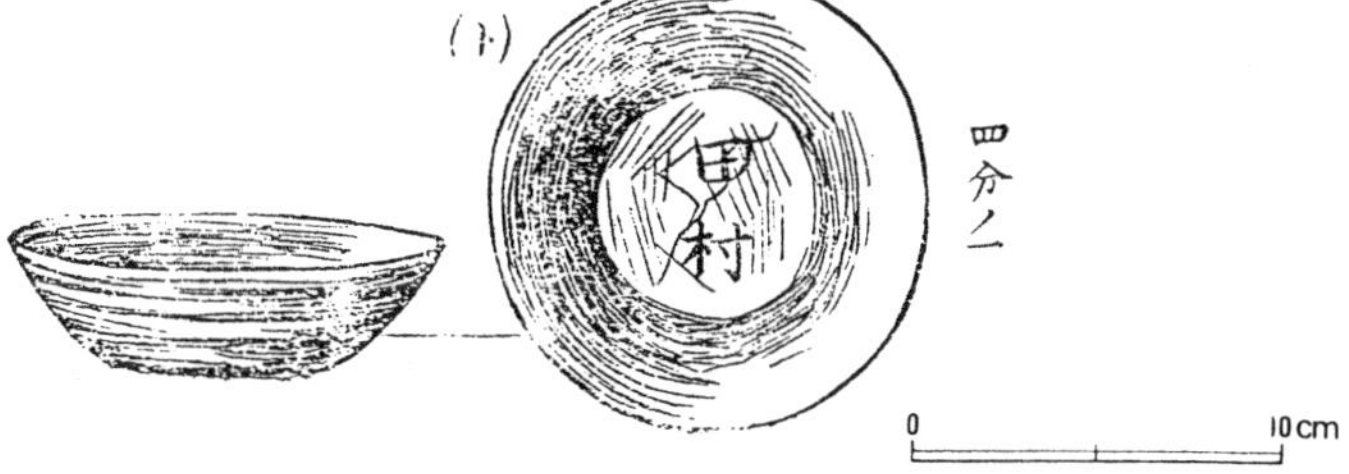

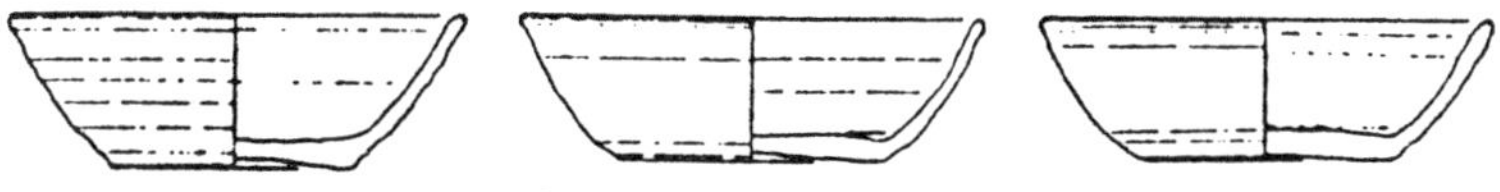

第２図　上段／『東京人類学会雑誌』掲載の祝部土器の皿
下段／南比企窯跡群将軍沢地区第６支群Ｅ群１号窯跡出土の須恵器坏

地区第6支群E群1号窯跡および3号窯跡出土の須恵器坏群がこれに対応する基準資料と考えられる。その年代観は九世紀前半、特に第1四半期に比定されている（埼玉県立歴史資料館　一九八七）。従って当該墨書土器は、概ねこの時期の資料とみておくことが妥当であろう。現在、関東地方の集落遺跡から出土する墨書土器は、一般に八世紀後半頃より増加し九世紀代に盛行する傾向にあるが、九世紀第1四半期頃という当該墨書土器の年代観はこの点からも首肯出来よう。

次に「田村」と記された墨書についてであるが、前述のように『東京人類学会雑誌』第一六九号に大野が紹介した時点では図にもあるように墨書は坏の見込み部分にのみ存在するとされていたが、同誌第二〇七号には「亦た側面に同様の文字記しありしを知らざりしが今度気付きたりし」とあり、体部外面にも「田村」の二字が記されていたことが判明する。そして更に、『武蔵国大里郡吉見村誌』所収の図を見れば、体部外面の墨書は横位で記されており、墨色もやや掠れているようである。大野が当初、この体部の墨書を見逃してしまったことも首肯出来よう。

「田村」と記された墨書土器は、これまで京都府京都市の平安京跡右京一条三坊及び、滋賀県坂田郡近江町の世継遺跡等から出土しているが（吉村　二〇〇二）、この二字が何を意味するのかは現時点では不明である。

加えてこの墨書土器が出土した場所であるが、武蔵国大里郡大字冑山

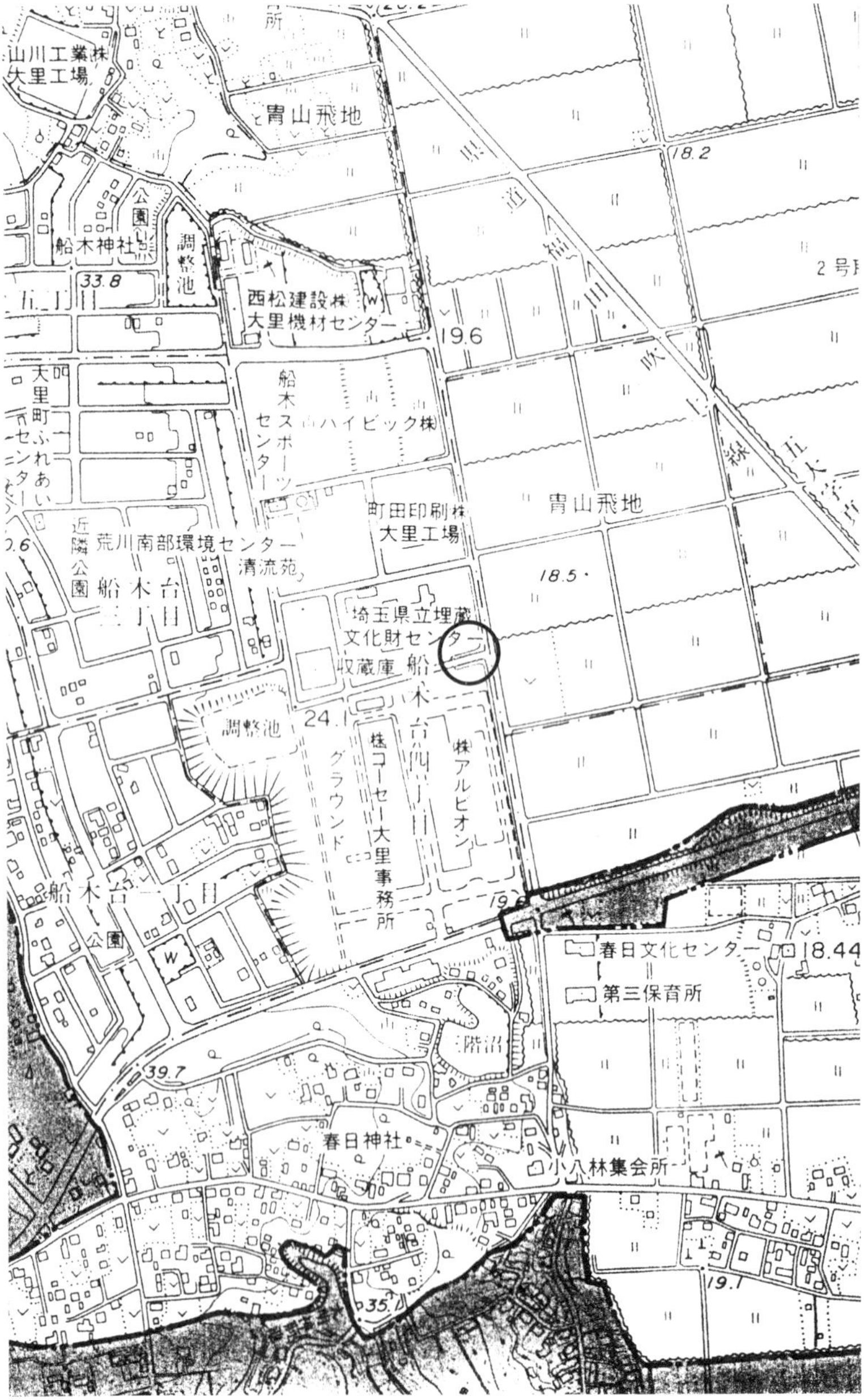

第3図　大里郡大字胄山小字雷の位置（S＝1/10000）

小字雷は、熊谷市教育委員会の出縄康行氏の御教示によれば、現在の熊谷市（旧大里村。平成十七年十月一日に熊谷市と合併）船木台四丁目の一画がこれに該当するとのことである（第3図中の〇印）。現在、同地は、奇しくも埼玉県立埋蔵文化財センター及び財団法人・埼玉県埋蔵文化財調査事業団の敷地となっているが、旧地形は殆ど現存しておらず遺跡の大半は消滅していると考えざるを得ない。また、これに続く北西の丘陵は、縄文時代から奈良・平安時代にかけて続く複合遺跡である船木遺跡として古くから知られている（埼玉県教育委員会 一九七五）。現在、この旧武蔵国大里郡大字青山小字雷や船木遺跡を含む一帯は広大な宅地となっているが、宅地造成に先立って旧大里村教育委員会の手で埋蔵文化財の発掘調査が実施されており、現在報告書が刊行されつつある。旧大里村教育委員会では、この船木遺跡をはじめとする一帯の一一遺跡を旧石器時代から中・近世にかけての複合遺跡群として大里村南部遺跡群と名付けている（大里村南部遺跡群調査会・大里村教育委員会 一九九七）が、出縄氏の御教示によれば石製模造品や九世紀代の須恵器坏等も出土しているとのことであり、前掲の柴田・大野の論考で紹介された遺物の組成と何ら矛盾することがないことは特筆されるところである。今後、大里村南部遺跡群出土遺物の整理作業が進む中で、柴田・大野論考で紹介された遺物との相互比較作業も可能となるであろう。

四　墨書土器研究史の中の「田村」と記された祝部土器

さて、この「田村」と記された墨書土器の出土は、前掲のとおり『武蔵国大里郡吉見村誌』所収の図によれば、明治十一（一八七八）年であり、その二十二年後の明治三十三（一九〇〇）年に報告されたということになる。

ここで墨書土器の研究史を省みれば、既に指摘されているように『宇治拾遺物語』には、「土器のそこ」に「朱砂にて、一文字」を記すという行為の存在を確認することが出来るが（藤原 一九八八）、墨書土器の出土報告ということになれば、原秀三郎氏が注目した（原 一九八八）、昭和三（一九二八）年の岸熊吉による奈良県奈良市平城宮跡東大溝跡からの「墨書の存する窯器」六点の発掘とその報告（岸 一九三四）、そして奇しくも同じく昭和三年に発掘調査された三重県桑名郡多度町（現桑名市）の柚井遺跡からの一三〇余点に及ぶ大量の墨書土器の出土とその報告（鈴木一九二八）まで下がるのではないかと思われる。従って、今回本稿において紹介した明治三十三年の『東京人類学会雑誌』第一六九号に掲載された大野延太郎（雲外）の論考「石製模造品に就て」は、現時点において管見の限り、最も早く学術雑誌にその出土が報告された墨書土器ではないかと思われるが如何なものだろうか。

なお、学術報告ではないが、近世の好事家たちが書き遺した膨大な随筆や紀行文等の中に、おそらく文字を記した古代の土器に関する報告があるのではないかと危惧されるが、現時点では管見に入らず、その検索は今後の課題としたい。また、大野の明治三十六年の『東京人類学会雑誌』第二〇七号掲載の「根岸家の古物に就て」における「其当時後世の戯書かと思ひ不思議でしたが、今はこの例往々ありて」という記述からすれば、この当時、この大里郡大字冑山発見の「田村」と記された墨書土器の他にも、文字を記した土器の存在が知られ始めており、大野がこれらを実見していた可能性も考えておかなければならないであろう。

おわりに

今日、墨書土器をはじめとした古代の遺跡出土文字資料に関して、恣意的な解釈を加え、むしろ科学的な研究を遅滞させかねないような仕事が時折見受けられることは、甚だ遺憾である。それに比べて、今回御紹介してきた明治期の墨書土器に関する諸家の報告は、実に客観的に記された科学性の高いものであり、資料の性格を忠実に第三者に伝えようとしていることに改めて驚かされる。旧石器時代遺跡の捏造事件等をはじめとして、考古学という学問の科学性が問われている今、私達が根岸武香や大野延太郎（雲外）、柴田常恵等の研究姿勢から学ぶことは決して少なくないであろう。

最後となったが、埼玉考古学会のこれまでの諸活動に敬意を表すとともに、併せて今後の諸活動が、更に広く一般の考古学に関心を寄せる方々の期待に応えるべくより一層発展することを祈念して、稿を閉じるものとしたい。

参考文献

『角川日本地名大辞典』編纂委員会　一九八〇『角川日本地名大事典11　埼玉』
江坂輝彌・芹沢長介・坂詰秀一　一九八三『日本考古学小辞典』
埼玉県教育委員会　一九九八『埼玉人物事典』

引用文献

鈴木敏雄　一九二八「三重県桑名郡多度村柚井貝塚誌考」『考古学雑誌』一八―一〇・一一
岸　熊吉　一九三四「平城宮遺構及遺物の調査報告」『奈良県史蹟名勝天然記念物調査報告』一一
埼玉県教育委員会　一九七五『埼玉県遺跡地名表』
埼玉県立歴史資料館　一九八七『埼玉の古代窯業調査報告書（末野・南比企窯跡群）』
原秀三郎　一九八八「土器に書かれた文字」（岸俊男編『日本の古代14　ことばと文字』）中央公論社
藤原良章　一九八八「中世の食器考・〈かわらけ〉ノート」『列島の文化史』五
大里村南部遺跡群調査会・大里村教育委員会　一九九七『大里村南部遺跡群発掘調査報告書　Ⅰ』
埼玉県立文書館　一九九七『近代埼玉地誌遊覧―彩りのマップ&ガイド―』
研究代表者・吉村武彦　二〇〇二「出土文字資料データベース―墨書・刻書土器編」『平成十一～十三年度科学研究費補助金（基盤研究B2）』
宮瀧交二　二〇〇四「大里町冑山・根岸家の「蒐古舎」について―埼玉県博物館発達史の研究・1―」『紀要』二九　埼玉県立博物館
塩野　博　二〇〇四「大里町船木山下出土の重圏文鏡をめぐって」『埼玉の古墳　大里』さきたま出版会
重田正夫　二〇〇五「埼玉県における皇国地誌の編輯過程」『文書館紀要』一八　埼玉県立文書館

〔付記〕

脱稿後、(財)埼玉県埋蔵文化財調査事業団の大谷徹氏より、「田村」の墨書土器が出土した現地、現・熊谷市船木台に所在する船木神社境内に、本稿で紹介した根岸武香による明治十一年の発掘調査に言及した石碑が現存する旨を御教示いただいた。早速、大谷氏に同行をお願いして実見したところ、碑文は以下のようなものであった。明治二十七(一八九四)年一月というと、根岸が貴族院多額納税者議員に選出された年にあたり、満五十四歳の時の選書である。

残念ながら本稿で取り上げた墨書土器に関しては言及されていないものの、発掘調査に関しては「會丘麓を堀りて鏡・玉・瓶・瓮を獲る。是れ古の祭器也。益口碑を信じ、之を評すべからざる也」と記されている。根岸は「會(たまたま)」と謙遜しているが、船木神社が所在する小高い丘を発掘して「古老相傳」の船木神社建立にまつわる「口碑」を考古学的に解明しようとした根岸の科学的探求心をここに垣間見ることが出来る。

【釈文】

船木神社修造之記

繼絶興廢豈可已況報于本乎武蔵國大里郡
有一古里曰箕輪冑山後分為二邨今又合為
一邨改稱曰吉見箕輪之地有一丘曰舩木山
舩木古曰之舩來蓋山下通舩檝也古老相傳
上古无邪志國造兄多毛比命始治足立之府

【読み下し】

船木神社修造之記

絶えたるを継ぎ、廃れたるを興すこと、豈に已む可けんや。況んや本に報いるをや。武蔵國大里郡に一古里有り。曰わく箕輪冑山。後に分ちて二邨と為す。今又合せて一邨と為し、改めて稱して曰わく吉見箕輪。之地に一つの丘有り。曰わく舩木山。舩木は古くは之舩來と曰わく。蓋し山下を舩檝通るゆえ也。古老相傳ふ。上古、无邪志國造兄多毛比命、始めて足立之府を治めしとき、一葦而

一葦而航于此棄舩登丘俯瞰平原曰美哉邦
土因立祠祀所崇素盞鳴尊舩木神社是也物
換星移祠又頽矣明治維新百廢俱擧世世衣
食于此土者相議修焉廟貌潔清明神來格會
堀丘麓獲鏡玉瓶瓫是古之祭器也益信口碑
之不可評也又議琢石立萃表旁起□〔負カ〕質劖縁
記云　明治二十七年一月
青山世農根岸武香謹撰并書

して此に航る。舩を棄て丘に登りて平原を俯瞰して曰わく「美しき哉邦土」。因りて、祠祀所を立て、素盞鳴尊を崇ぶ。舩木神社是也。物換り星移り、祠又頽る。明治維新、百廢俱に擧り、世世此土に衣食する者、相議して修む。廟貌は潔く清明になりて、神來格す。會丘麓を堀りて鏡・玉・瓶・瓫を獲る。是れ古の祭器也。益口碑を信じ、之を評すべからざる也。又議して石を琢いて萃に立て、負いたる質を起こして旁に表し、縁を劖してここに記す。　明治二十七年一月
青山の世農・根岸武香、謹んで撰び并せて書く

古代の地域開発と牛馬の管理

田中広明

はじめに

『一遍上人絵伝』の「四条京極の釈迦堂」の境内は、牛車や人でごった返している。一匹の白馬が、後ろ足を蹴り上げ、鐙が宙を舞う。喧騒は、さらに高まり、男、女ともに逃げ惑っている。左には、尻に鞭打つ男、右には、髭面の厳つい男が、白馬をなだめるが、埒が明かない。白馬の尻には、「有」という文字が、はっきりと見えた。

牛馬を問わず、器物、材木、調度など、所有関係の明示や組み立ての符丁、物品の検印として古来、焼印が押された。「有」は、その焼印で押された文字である。

諸国に置かれた官の牧では、『厩牧令』の駒犢条によると、二歳になった駒《こうま》と犢《こうし》は、九月に国司と牧長が、「官」字の焼印を駒なら左の髀《もも》、犢なら右の髀に押し、毛色、歯、歳を『牧馬帳』に記し、国府、太政官へ送った。

いわゆる御牧や勅旨牧では、「朱」(武蔵国秩父牧)、「松」(武蔵国小野牧)、「栗」(甲斐国穂坂牧)などの焼印が用いられ、これも『牧馬帳』に相当する台帳で管理されていたと考えられる。焼印は、文字で人や物を管理する古代国家(律令国家)の象徴的なアイテムであった。

ところで、焼印は、一九八一年以降、発見例が増加し、現在までに三〇余例を数える。発見例の増加ごとに高島英之氏が、焼印の体系的な研究を進められている（高島 二〇〇三他）。一方、これまでに牧の研究は、西岡虎之助氏（西岡 一九五三）以来、山口英男氏（山口 二〇〇〇他）まで立錐の余地が無いほど細かく進められ、ここで論を起こすことは、屋上に屋を架すことになりかねない。

しかし、考古学的な検討が、焼印について十分尽くされたとは思われず、また出土遺跡と地域との関係性が、個別にまた相対的に論じられたともいえない。本稿では、遺跡の実態を踏まえ、文献史学の成果を考慮し、古代の地域開発と牛馬の管理について、やや大胆な仮説を提示してみたい。

なお最初に断っておきたいが、ここにあげる焼印のすべてが、馬や牛に押されたとは限らず、木器や材木に押された可能性もある。両者を分ける手立ては少ない。

一　焼印の研究史と問題点

東国で始めて焼印が発見されたのは、埼玉県の北坂遺跡である。一九八一年に増田逸朗氏によって報告されたこの遺跡は、関越自動車道の発掘調査で発見された（増田 一九八一）。「中」という文字である。ほぼ同時期に神奈川県の中原上宿遺跡（明石 一九八二）、向原遺跡（清水 一九八二）などで「井」や「孒」の焼印が発見された。

焼印の発見事例が増えるにつれ、古代牧の研究者から、焼印についての提言が行われた。前沢和之氏（前沢 一九九一）や山口英男氏（山口 一九八六・一九九四・二〇〇〇）は、牧の総合的研究の中で焼印を取り上げ、印文の検討や焼印による牛馬の管理、牧の経営などを『厩牧令』や『延喜式』等の史料から追求された。

考古学側も瓦吹堅氏（瓦吹 一九八八）や徳江秀夫氏（徳江 一九八九）などが、蓄積されつつある事例の集成を行い、古代史の研究成果を受け、瓦吹氏は、茨城県上村田小中遺跡、徳江氏は、群馬県荒砥洗橋遺跡の性格を位置付けた。

その後、高島英之氏が、群馬県矢田遺跡の発掘調査を機に体系的なまとめを行われた。高島氏の論旨は、以下の六点である。①慶雲四年に摂津、伊勢ほか二三国に鉄印を渡した。②諸国牧の牛馬には、「官」という文字が押された。③私牧の牛馬にも焼印が押された。④焼印の文字と同一集落から出土した墨書土器の文字が、一致する場合がある。⑤焼印は木製の容器や道具にも押された。⑥文字を構成する鉄棒と軸棒との組み合わせ方法を分類した。

このような研究の流れを受け、二〇〇〇年、山梨県考古学協会では、「古代の牧と考古学」というシンポジュウムを開催し、牧にかかわる遺跡の相互研究が行われた。さらに二〇〇五年、同協会では、この成果を踏まえ、古代から近世の牧を取り上げたシンポジュウムを行ったのである。

さて、本稿では、まず高島氏の⑥にかかわる焼印のつくりについて、さらに細かく検討を進めていくこととしたい。

二　焼印の特徴

①分布　焼印を出土した遺跡は、現在のところ北は茨城県日立市から西は、山梨県明野町に及ぶ。東山道では、信濃・上野・下野の三国、東海道では、甲斐・相模・武蔵・下総、常陸の五国である。なかでも上野、武蔵国は圧倒的に多く、六割が、この二国に集中している。ただし現在のところ、わずかに三〇例に過ぎないことから、今後の資料の増加で形成が変化するかもしれない。

いずれにせよ、古代から中世にかけて良馬の産地となる陸奥や、農耕馬の象徴である飛騨、あるいは北陸地方、東海地方からの報告は、今のところ無い。上野、武蔵国に隣接する諸国に限られるということとなる。

なお、文献史料に残る印文は、信濃、上野、甲斐、武蔵国の各牧の事例である。

②文字　焼印は一文字であるが、二字が重なり、一文字となった異体字も存在する（群馬県荒砥洗橋遺跡の「大上」）。

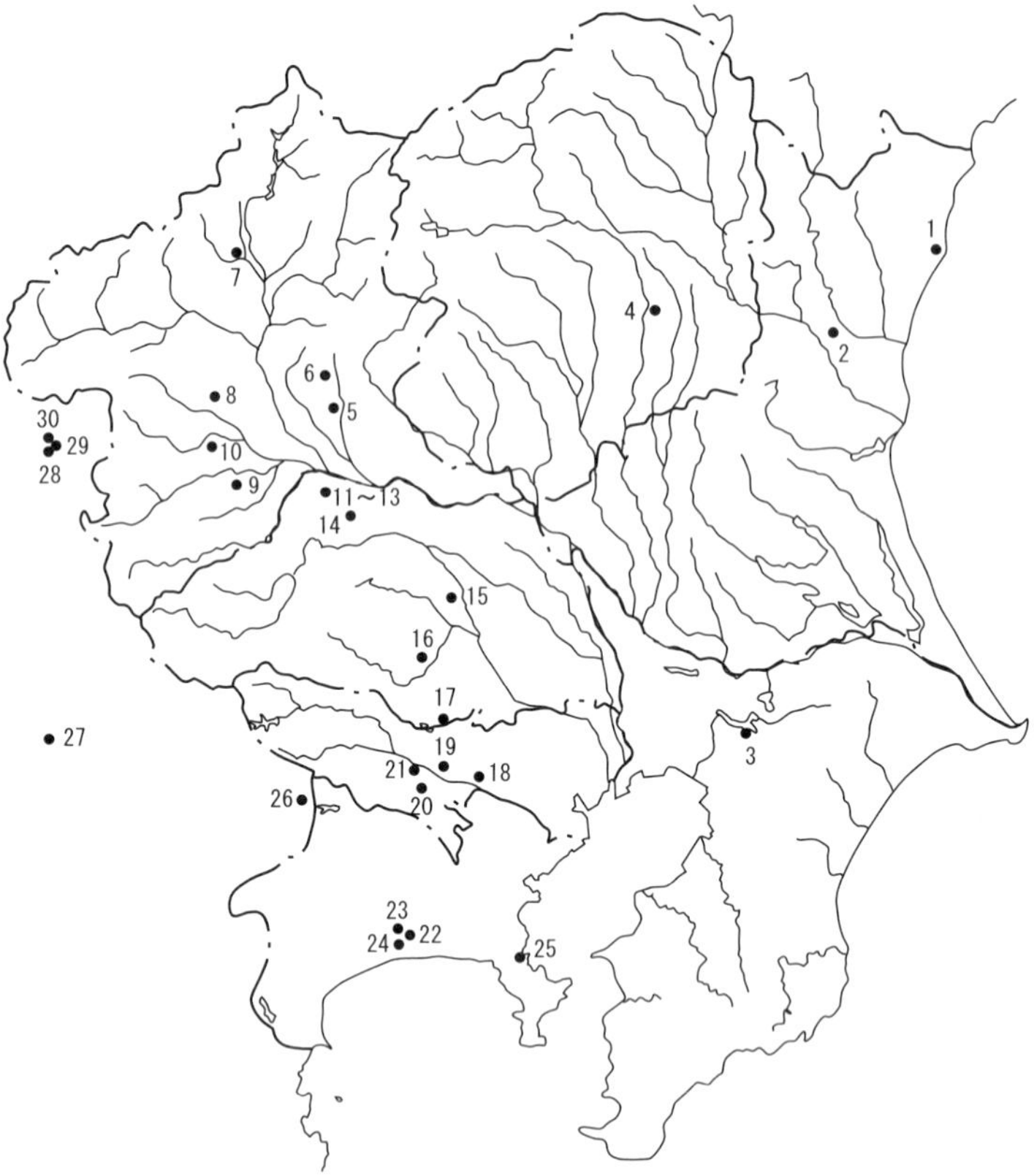

1金木場　2上村田小中　3清水作　4免の内台　5荒砥洗橋　6堀越中道
7藪田　8高浜広神　9矢田　10八木連荒畑　11～13中堀　14北坂　15円山
16宮ノ越　17東の上　18中耕地　19武蔵国府関連　20川島谷　21落川
22中原上宿　23向原　24構之内　25池子　26上野原狐塚　27梅之木
28栗毛坂　29下曽根　30聖原

第１図　焼印出土遺跡分布

多くの場合、同一遺跡（集落遺跡）から出土した墨書土器と共通の文字が書かれる場合が見られる。これは印文と集落内の集団が、共通であることを示す。

また、焼印の印文が、同一の遺跡内に無い場合は、集落外の集団や王臣家の牧にかかわる文字であるかもしれない。さらにこれまで発見された事例は無いが、「官」字の焼印は、諸国牧の印である。あるいは、慶雲四年に「摂津、伊勢ほか二十三国」へ渡された鉄印にも「官」と書かれていたかもしれない。

なお、焼印が、列島内で墨書土器の豊富な地域に分布することから、墨書土器の形成過程と焼印の発生には、深いかかわりがある可能性を考慮しておきたい。

③製作技法　焼印のつくりを細かく観察すると、三類八小類に分類することができる。

Ⅰ類　角棒を鍛接でつなぎ文字を構成する焼印。次の四小類に分かれる。

ａ類　柄の軸棒を文字の中心にあけた孔へ挿入する。文字と柄は別作り。茨城県金木場遺跡例（1＝以下、番号は、分布図、実測図と共通）。

ｂ類　柄の軸棒の先端を折り曲げ、文字の一画を構成する。茨城県上村田小中遺跡（2）、千葉県清水作遺跡（3）、群馬県矢田遺跡（9）、埼玉県宮ノ越遺跡（16）、東京都中耕地遺跡（18）、神奈川県構之内遺跡（24）、同県池子遺跡群（25）など比較的見られる。

ｃ類　柄の軸棒を折り曲げて文字の一部とし、別の角棒で作った字画の部品を柄の軸棒に束ねて文字を構成。群馬県堀越中道遺跡（6）、埼玉県北坂遺跡（14）、神奈川県向原遺跡（23）などがある。

ｄ類　角棒で作った文字を柄の軸棒の先端を打ち延ばした台に接合。一見、鋳造印を模倣したように見えるが、印の外枠が無いことや文字が単純なことから、印文と柄の装着手法のひとつと考えたい。神奈川県中原上宿遺跡（22）のみ。

Ⅱ類　角棒の先端を打ち延ばし、文字の一画を構成する。各字画は、切込みを入れて組み合わせ、文字を構成する。文字の一画は、細く扁平となる。

ａ類　角棒の先端が、ヘラ状となる。栃木県免の内台遺跡（4）、群馬県八木連荒畑遺跡（10）、埼玉県中堀遺跡（13）、同県東の上遺跡（17）、東京都川島谷遺跡（20）がある。

ｂ類　角棒の先端は、「T」字状に打ち延ばされる。群馬県荒砥洗橋遺跡（5）、埼玉県中堀遺跡（11、12）、同県円山遺跡（15）、東京都武蔵国府関連遺跡（19）、同都落川遺跡（21）、山梨県梅之木遺跡（27）がある。

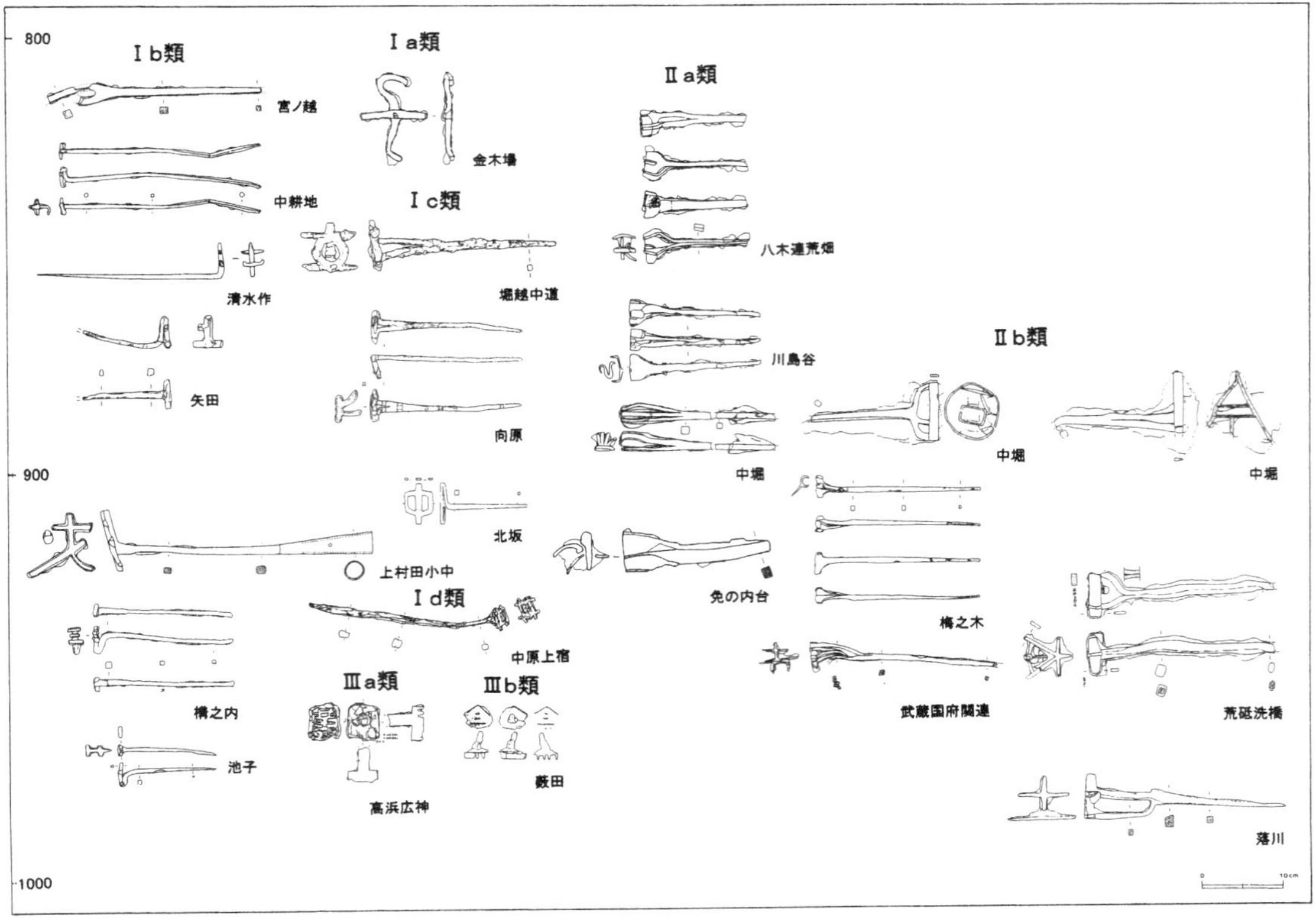
800
900
1000
Ⅰb類
宮ノ越
中耕地
清水作
矢田
Ⅰa類
金木場
Ⅰc類
堀越中道
向原
北坂
上村田小中
Ⅰd類
中原上宿
Ⅱa類
八木連荒畑
川島谷
中堀
免の内台
Ⅱb類
中堀
中堀
梅之木
武蔵国府関連
荒砥洗橋
落川
構之内
池子
Ⅲa類
高浜広神
Ⅲb類
薮田
0
10cm

第2図　焼印の変遷

Ⅲ類　鋳造製の焼印。

ａ類　鉄製の焼印。群馬県高浜広神遺跡のみ。慶雲四年に「摂津、伊勢ほか二十三国」へ渡された「官」字の鉄印は、印文の形が同一だったとすると、鉄製の鋳造印だったかもしれない。

ｂ類　銅製の鋳造印。群馬県藪田遺跡から出土したが、古代の焼印ではないかもしれない。ほかに類例なし。

④焼印の変遷　製作技法による焼印の変遷を第二図に示す。焼印は、竪穴住居跡からの出土が多いことから、共伴遺物をもって当該時期を割り当てることとした。

古代の焼印は、九世紀初頭から登場し、一〇世紀末までのおよそ二〇〇年間、出土を確認できる。まず角棒を組み合わせたⅠ類、なかでも字画が単純でつくりも単純なⅠｂ類は、最も製作が容易で数も多く、一〇世紀後半まで作られる。Ⅰａ類は、初期の焼印であることから、柄と文字を別作りとする製作過程の模索がみられるが、その後に続かなかった。焼印分布の最北端ということも考慮する必要があろう。Ⅰｃ類は、やや遅れて九世紀中葉に登場する。そして一〇世紀中葉にⅠｄ類をみる。

Ⅱ類は、まず鉄棒の先端をヘラ状としたⅡａ類が、九世紀前半に登場し、一〇世紀前半まで存在を確認できる。鉄棒の先端を「Ｔ」字形に薄く延ばしたⅡｂ類は、九世紀末まで見られないが、一〇世紀後半まで存在を確認できる。Ⅱ類は、ａ類からｂ類へと変化したようにも見られるが、もともと別系統であったと考えたい。Ⅲａ類は、一〇世紀前半の事例のみである。

このようにⅠ類、やや遅れてⅡ類が登場するが、いずれの焼印も鉄鏃や鉄釘、馬具の製作技法を選択的に用いており、これらを生産していた鍛造工人が、焼印の使用者、あるいは管理者から依頼を受け、製作したと考えたい。

なお、木柄に装着した部分に木質が残る場合がある。上村田小中遺跡の焼印は、木柄の部分に鉄板を巻きつけており、焼印の全体像を知ることができる。

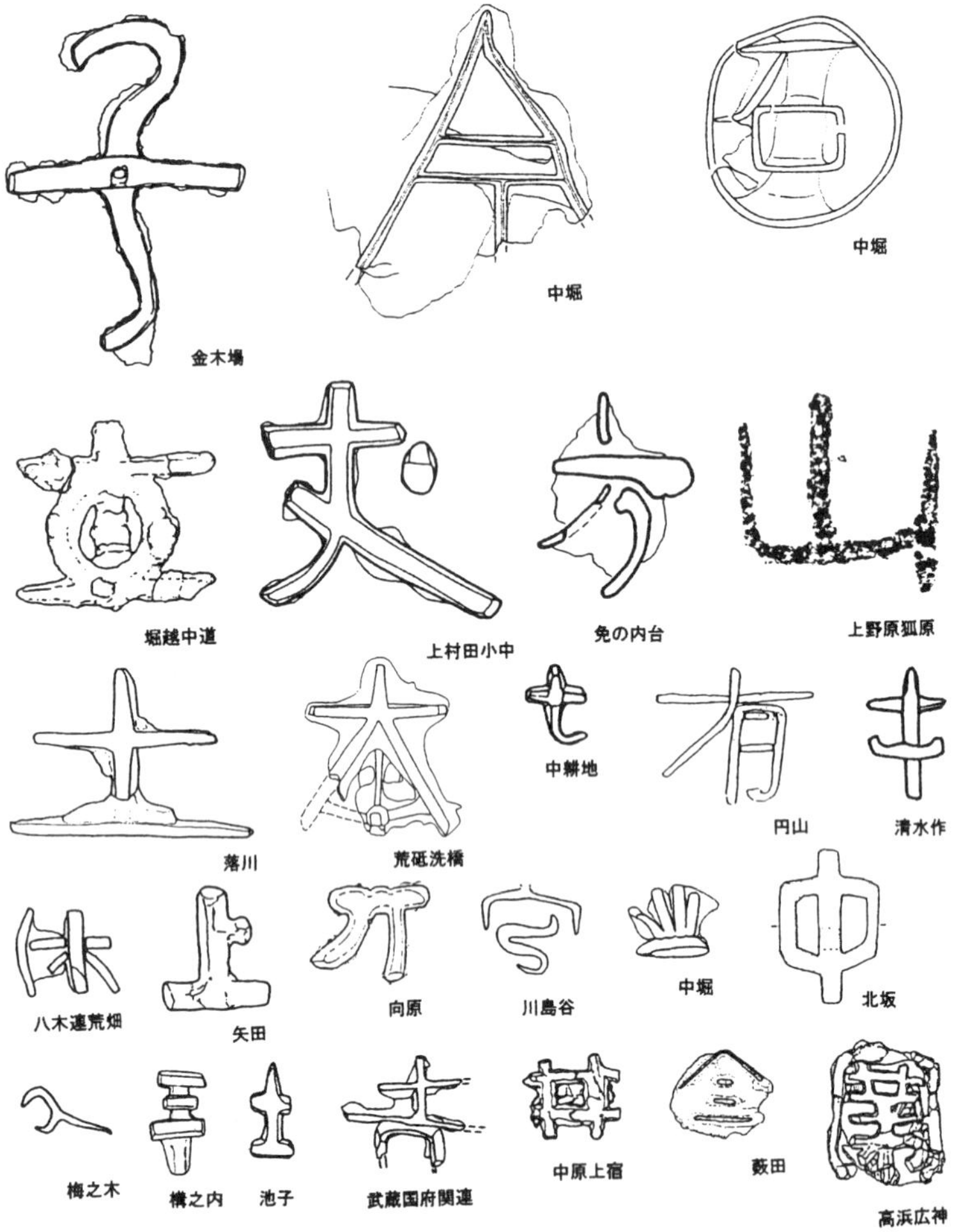
金木場
中堀
中堀
堀越中道
上村田小中
免の内台
上野原狐原
落川
荒砥洗橋
中耕地
円山
清水作
八木連荒畑
矢田
向原
川島谷
中堀
北坂
梅之木
構之内
池子
武蔵国府関連
中原上宿
薮田
高浜広神

第３図　印文の比較

⑤印文の大きさ　印文の大きさには、高島氏も指摘するように大小の二種類がある（高島二〇〇二）。小形の焼印の中には、木器に押した焼印が含まれているかもしれない。印文の大きさは、延暦一五年（七九六）二月二五日の太政官符が参考になる。上野国から官の馬が盗難にあい、「官」印の上から私印を押し、証拠を隠滅していると報告があったので、私印を「長さ二寸、広さ（幅）一寸五分以下」とするように決められたのである。

本稿で扱った焼印は、前述のように九世紀以降であることから、すべてこの太政官符の規定対象である。しかし、印文が大きい「子」、「令」、「石」、「立」、「丈」、「方」、「山」、「土」、「大上」、「有」、「吉」など大きな印文の一群は、この規定外となってしまう。

⑥印文の性格　印文は、帰属する集団の認識表示である。多くの場合、焼印を出土した同一集落から同一文字の墨書土器が出土していることから、焼印の印文が、屋（家）号や氏族の名をつけたといえる。たとえば茨城県金木場遺跡の焼印「子」は、同集落から「子家」という墨書土器が出土しており、同県上村田小中遺跡では、焼印「丈」に対し、墨書土器「丈」が出土し丈部氏にかかわる集団と判断できる。

これに対して一定規模の面積を発掘調査しながらも焼印の文字と墨書土器が一致しない例がある。群馬県矢田遺跡や埼玉県中堀遺跡、同県北坂遺跡、同県東の上遺跡、東京都武蔵国府関連遺跡、神奈川県池子遺跡、山梨県上野原狐塚遺跡などである。これらの焼印は、同一集落外に印文にかかわる集団がいたか、王臣家や寺社など王権や畿内の領家にかかわる印文であった可能性を考えておきたい。

三　中堀遺跡と焼印

ここで「石」と「令」の焼印が出土した埼玉県上里町中堀遺跡について、検討してみよう。

①中堀遺跡の特徴　中堀遺跡は、これまでにも紹介してきたが、武蔵国最北端に営まれた勅旨田の経営拠点である。九世紀初頭に編成され、九世紀後半に最盛期を迎えた。その後、九世紀末に大火災に見舞われ、一○世紀初頭に復興を遂げたが、一○世紀末に終焉を迎えた遺跡である。遺跡内は、道と溝で瓦葺建物群、大形掘立柱建物群、竪穴住居群、鍛冶工房群などの区画に分割されていた。

出土遺物の中には、初期貿易陶磁器、緑釉陶器、灰釉陶器、金粒付着灰釉陶器など、一般の集落遺跡からは出土しない奢侈的な遺物が豊富に出土した。また漆紙文書や多量の牛馬骨、さまざまな鉄製品なども出土した。とくに鉄製品では、鎌二点、鋤先六点、鉄槌一点、鉄鉗二点が、融着した状態で出土したことから、これらの一括を保管していたことが明らかとなった。

また、食器を大量に保管していた二間四面堂も存在し、中から「南」の墨書土器がまとまって出土した。この「南」と書かれた土器は、遺跡内の複数の竪穴住居跡からも出土しており、二間四面堂から竪穴住居跡

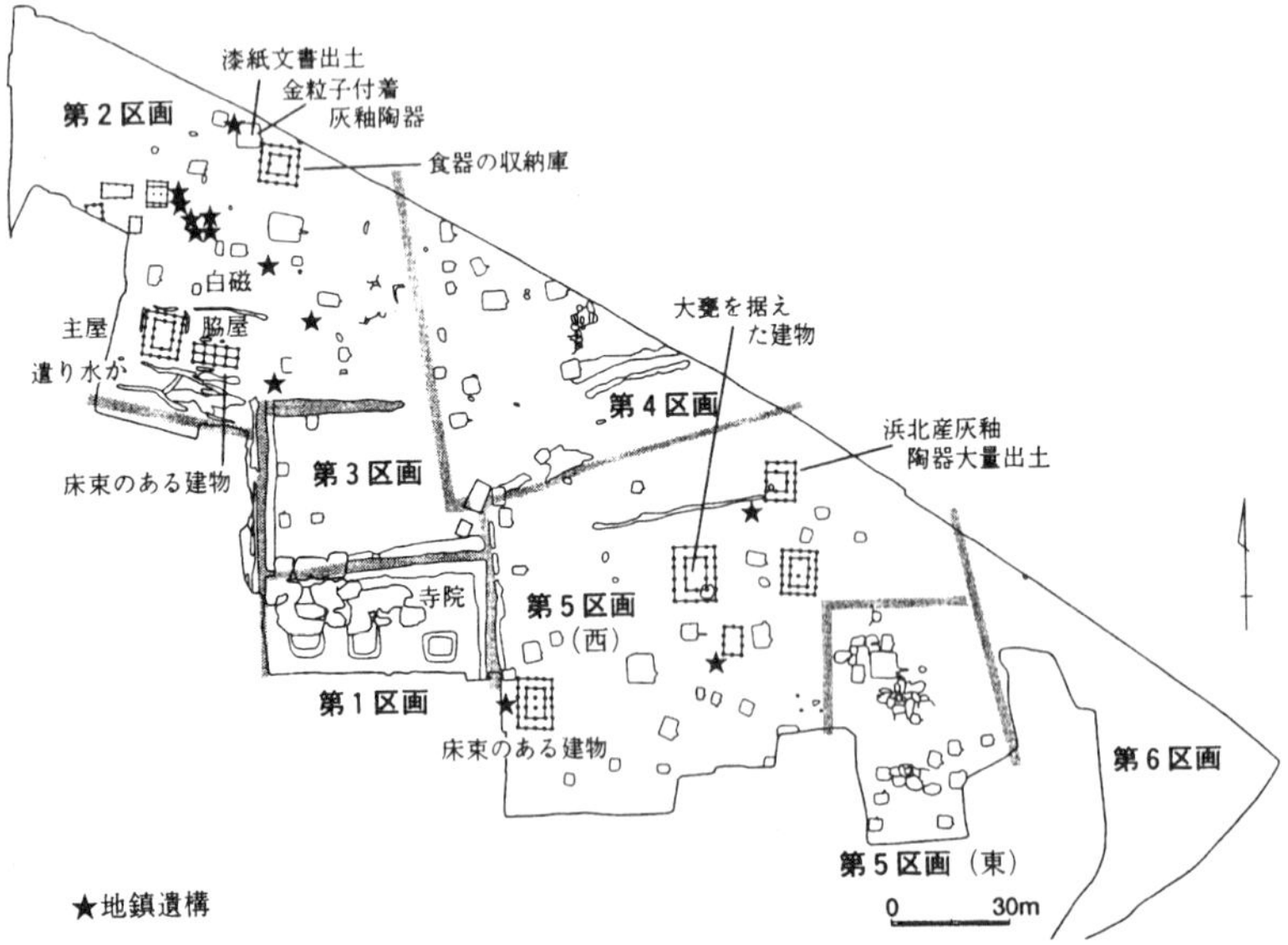

第４図　中堀遺跡の区画と性格

へ拡散したと考えた。その契機は、大規模な饗宴や儀式を考えたい。

さて、出土した遺物から中堀遺跡の流通を考えると、まず灰釉陶器は、中堀遺跡の地理的条件を考えたならば、東山道ルートを経由した東濃地方の製品が多く消費されたはずであるが、実態は、遠江国、三河国で生産された製品が、東海道ルートを経由して中堀遺跡へもたらされている。その流通には、武蔵国府が大きく関与していたと考えるべきであろう。

しかし、土師器や須恵器などの一般消費財は、在地の寄居町末野窯や群馬県吉井窯などで生産された製品が消費された。須恵器の大甕についても大量の破片が出土し、総重量一・二tに及ぶ。須恵器窯の灰原から大量の破片が出土するが、一般集落から須恵器の大甕が出土することは稀であり、その供給先が、このような中堀遺跡であったといえよう。なお、大甕を据えた穴を残す掘立柱建物も存在した。

瓦葺建物（寺院）の瓦も一般に上野国分寺系瓦と呼ばれる軒丸瓦、軒平瓦、および平瓦、丸瓦が用いられ

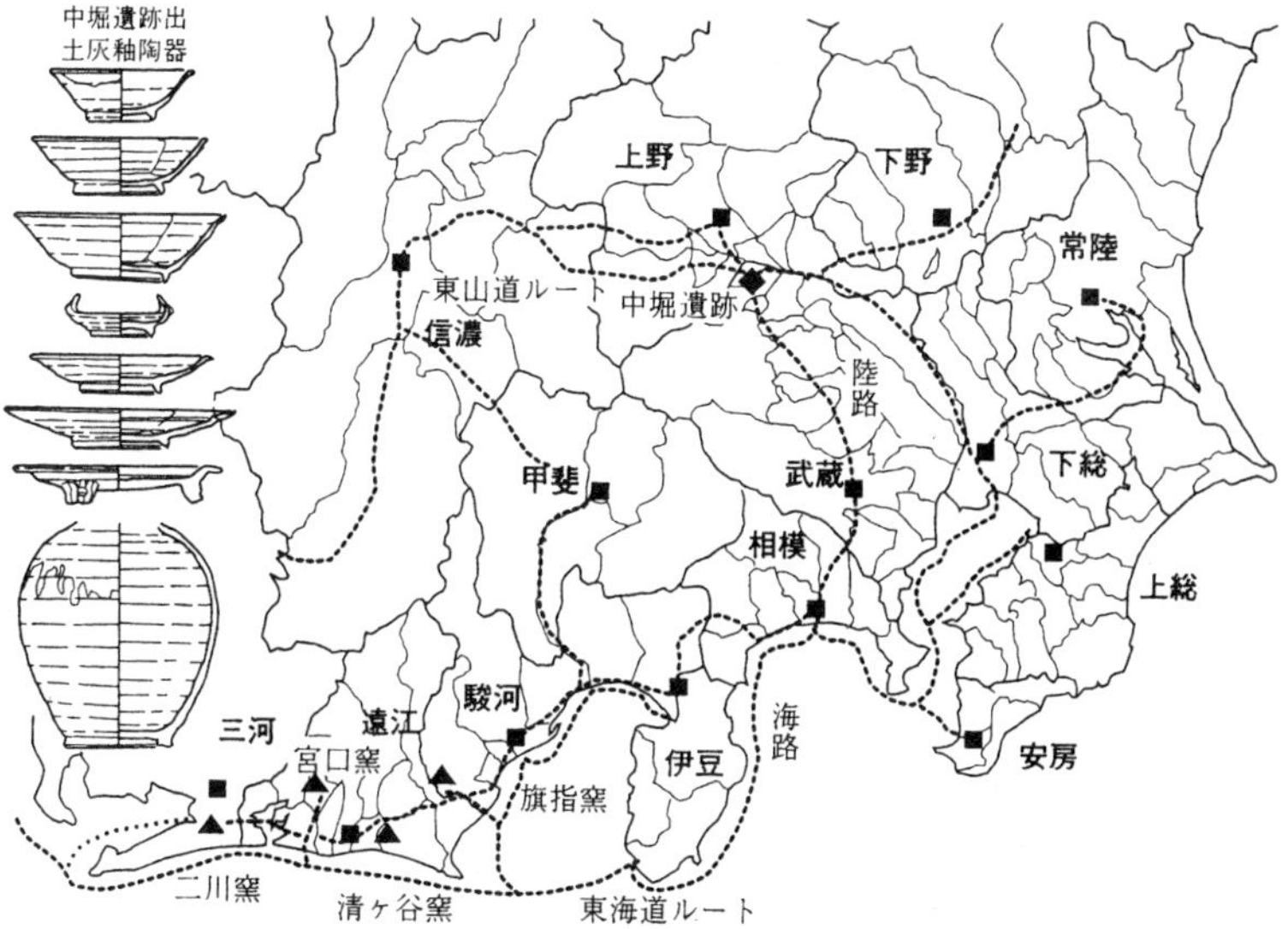

第５図　中堀遺跡への灰釉陶器の流通ルート

ており、末野窯、吉井窯で生産された製品である。
これとは別に中国からの初期貿易陶磁器や緑釉陶器などの高級食器、紺地金泥経などの金泥にかかわる硯、土師器の坏を二つ合わせ口にして、小穴に埋納する地鎮の修法等、都で流行るものが、中堀遺跡には移植されたのである。

②九世紀の坂東　さて、このような中堀遺跡が、九世紀から一〇世紀にかけて営まれた歴史的背景について、若干記しておく必要があろう。

長引く東北三八年戦争や度重なる造都と遷都によって、古代国家の財政は、危機的な状況に陥った。そこで延暦二四年（八〇五）、藤原緒継と菅野真道が、桓武天皇の御前で政策論争（徳政相論）を繰り広げた。天皇は、緒継の建議「方今天下の苦しむところは、軍事と造作なり」を受け入れ、漸く征夷事業は終わりを告げたのである。

続く平城天皇は、諸道観察使や国司を地方に遣わし、諸国の情勢把握に努めた。彼らは、とくに陸奥国の兵站地となった坂東諸国の弊亡を伝えた。そこ

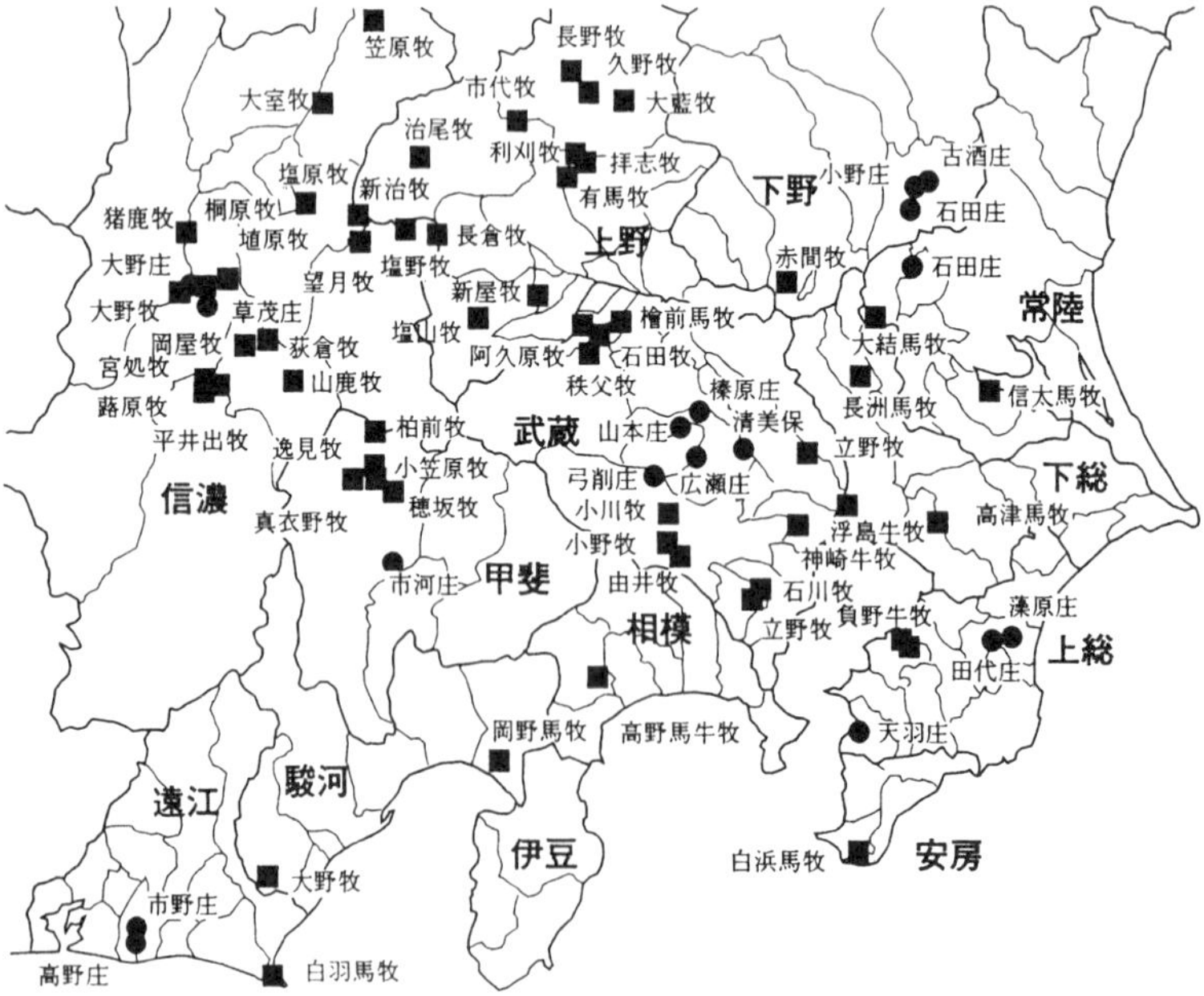

第6図　10世紀までに初見の知られる牧（■）と庄（●）

で官司の統廃合や雑戸の解放など政策が打たれ、財政の建て直しが図られたのである。

しかし、これらの施策は、国庫の支出を緊縮させる効果はあったが、藤原薬子の変を経て嵯峨・淳和・仁明天皇へと政権が移動すると、今度は天皇家や親王・皇女家あるいは後院の支出が、次第に膨張し、永年の蓄えを脅かすこととなった。そこでまず天長三（八二六）年、親王が、大国である上総・常陸・上野国へ太守（国守）として任命され、親王任国制が始まる。そして他の坂東諸国、武蔵・下野・上総・相模国には、天長から承和年間を中心に勅旨田や後院勅旨田が設置されることとなった。

武蔵国の場合、天長六（八二六）年一一月には、淳和院（西院）の後院勅旨田として空閑地二九〇町が充てられ、翌天長七（八二七）年二月には、空閑地二二〇町へ正税一万束が開発料として充てられた。さらに承和元年（八三四）二月には、幡羅郡の荒廃田一二三町が、冷然院の後院勅旨田とされた。

勅旨田は、これまで開発されていない空閑地や耕作が放棄された荒廃田など、それまで「公私共利」であった地や、「三年不耕」となった地に新たに財政の投下を行い、後院や親王家などの経済を再生させようとした政策である。その設置場所の占定には、当該国の国司や議政官の意見が大きく反映された。

とくに坂東復興計画の第二弾として、かつて武蔵国守だった参議文室秋津の打ち出した交通政策は、東海道の流通を活性化させた。彼は、承和二年（八三五）、東海道の主要渡河点に浮橋・渡船・布施屋を増設し、東海道諸国の調・庸などを円滑に京へ運ぶ施策を打ち出した。

調を京へ運ぶ者が、天候不順のときに渡船が出ず、「闘乱」となって調を失うことにならないように諸施設を設置したというが、実は、国家や都市に集住した荘園の領主達が、勅旨田や初期庄園からの税や年貢が、安定的に確保できる算段をしていたのである。しかしこの官符を契機として、征夷事業で情報伝達と軍事行動の迅速性から重視されていた東山道から東海道へ、物や人の流れが一部動くこととなった。

都城から東国へ下ったのは、調や庸を運ぶ者、彼らを引率した綱領・綱丁、国司やその随伴者をはじめ、勅旨田や王臣家庄園の管理者が、都城や下向途中の諸国で入手した文物を東国へもたらした可能性は高い。

尾張守藤原元命が、「受領は倒るる所に土をつかむ」(『今昔物語集』)と、京の私邸へ任期中に蓄えた莫大な文物を運んだと強調されるが、京から地方への赴任にあたっても彼らは、国家や王臣の代弁者として、様々な物資を東国へもたらしたのである。そうやって中堀遺跡へは、施釉陶器や初期貿易陶磁器など都の文物が、集積されたのである。

この承和・天長年間の二つの施策、親王任国・勅旨田設置と交通施策が、坂東の復興に大きな役割を与えた。とくに征夷事業にかかわった氏族が、国司として坂東諸国に派遣され、腕力で国ごとの新しい税収制度を推進した。そしてこの時期、肝いりで進められた地域開発のひとつが、中堀遺跡だったのである。

③焼印と武蔵国司　さて、中堀遺跡からは、前述のように「石」、「令」の二点の焼印と判読不能な焼印一点

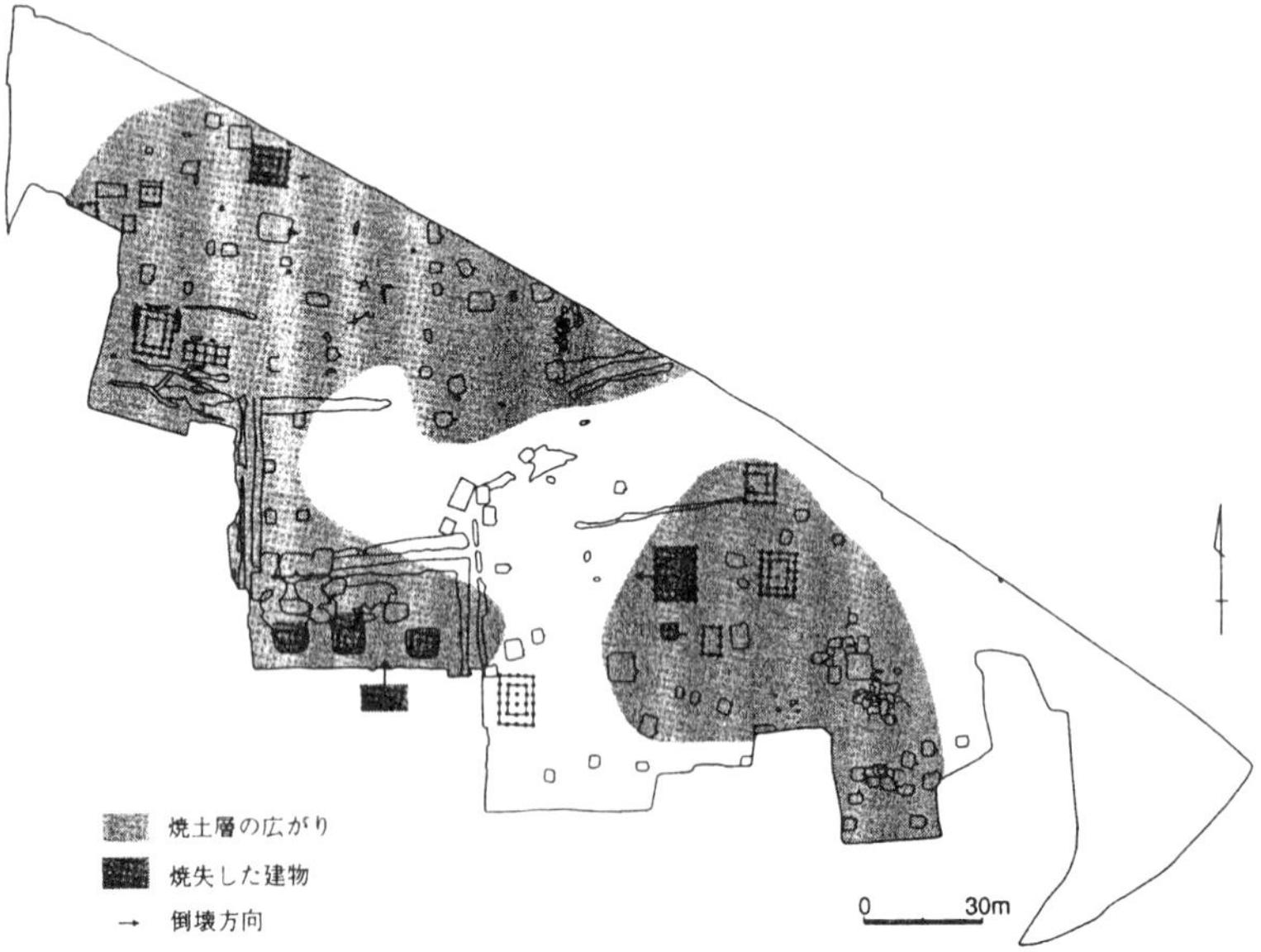

第７図　中堀遺跡の焼土範囲

が出土した。「石」、「令」は、中堀遺跡を覆う焼土層直下から融着したまま出土した。これは同時に保管されていた二つの焼印が、九世紀末におきた火災の後、回収されないまま中堀遺跡に残されたことを示す。

「石」は、秩父郡長瀞町石田《いわた》とされる「石田牧」の「石」である。石田牧は、児玉郡神泉村阿久原の「阿久原牧」とともに、後に朱雀院の秩父牧となる。同牧は、延喜五年（九〇五）に朱雀院秩父牧の牧司である高向利春が、醍醐天皇に飾りたてた馬を牽き、天皇から黄掛一領を頂く栄誉に預かった。

これを契機に彼は、延喜一〇年（九一〇）武蔵権少掾、翌年は武蔵介、同一四年（九一四）に従五位下、同一八年（九一八）に武蔵守と、国守への道を上り詰める。彼のように同一国に留任しながら出世する人物は稀であった。一般的に官人は、いくつかの国を受領し、螺旋階段を上るように出世していた。

おそらく馬の飼育と駒牽というパフォーマンスに長けた彼は、この無類の才能を武器に天皇親政（「延喜・天暦の治」）を進めようとしていた宇多天皇・醍醐天皇に仕えたのである。しかし彼の強引な政治手腕は、延喜一九年（九一九）、かつて武蔵国権介であった辺境軍事貴族の源仕《あたる》から反感を買い、襲撃を受けることとなった。

源仕は、国府の官物を奪い、官舎を焼くなど乱行を尽くす。この事件を契機として、高向利春と武蔵国とのかかわりは途絶える。しかし彼は、牧の経営手腕を買われ甲斐国守となり、武蔵国の経験を甲斐国に活かしたのである。

また、もう一つの「令」は、武蔵国幡羅郡に設置された冷然院の勅旨田一二三町とのかかわりを考えたい。つまり「令」は「冷」を示していると考えたいのである。さきの朱雀院秩父牧では、「朱」という文字の焼印を用いていたことが、『政治要略』から明らかである。そこから発想して、冷然院にかかわる牛馬に「冷」（「令」）の文字の焼印が用いられたと考えたのである。

ところで公の牧の管理は、中央から派遣される牧司が作る『牧馬（牛）帳』という台帳で行われていた。また、勅旨田の管理・運営も国司（守）に委ねられていた。勅旨田は、正税の一部を出挙し、その利稲を運用して経営されて

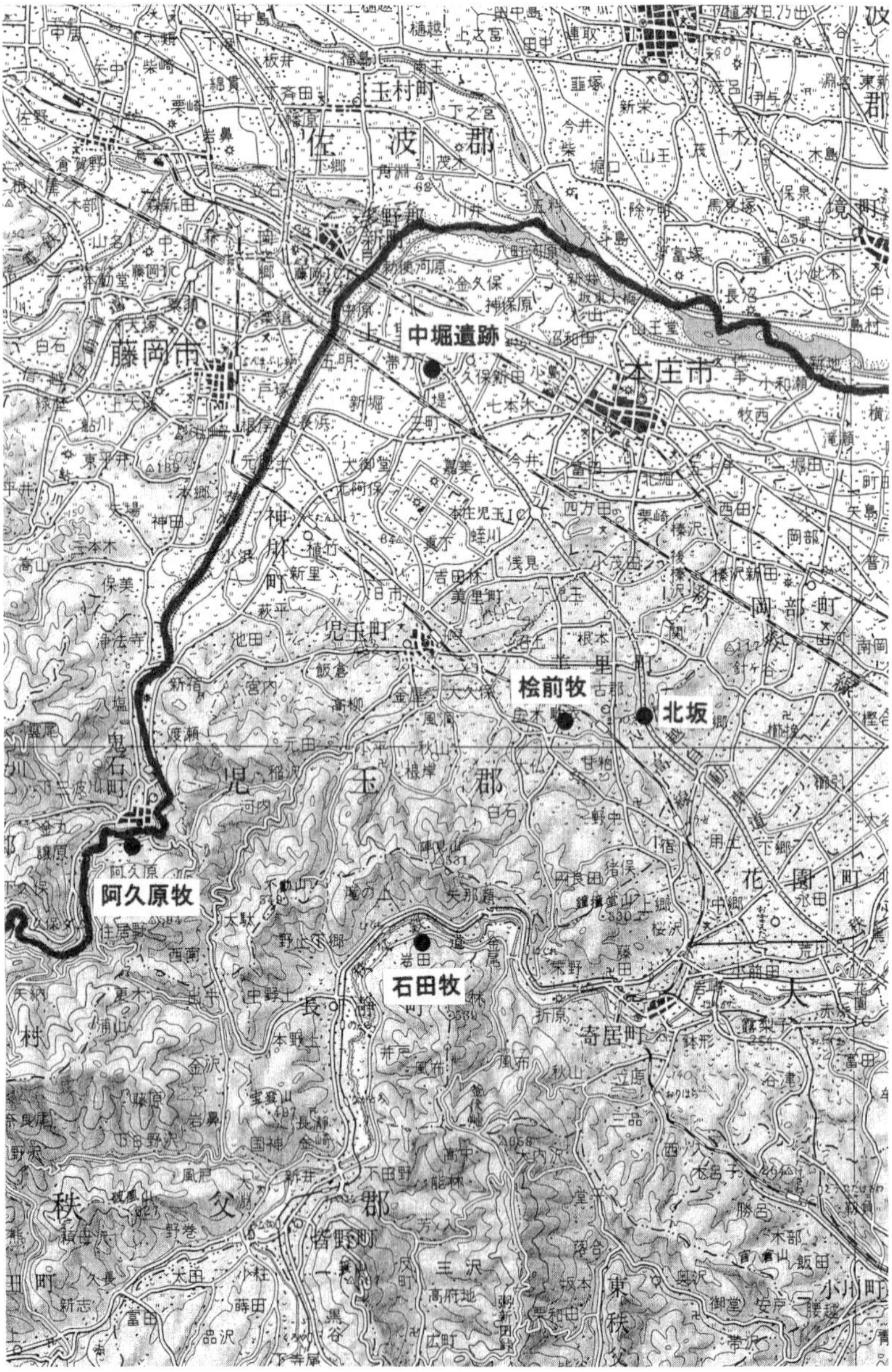

第８図　中堀遺跡と秩父牧（1/200000）

いた。つまり牧も勅旨田も実際の管理運営は、国司にかかわっていたのである。

つまり中堀遺跡では、勅旨田の経営にかかわるとともに、同遺跡から遠く離れた複数の牧で放牧された馬の管理まで携わっていたのである。このような院宮王臣家にかかわるような牧では、現地の牧に保管されたのではなく、国府や中堀遺跡のような直接、国司がかかわるような特別の遺跡に厳重に保管されていたのであろう。

そして中堀遺跡の関与した牧馬は、集落に直結する馬ではなく、駒牽きを一つの目的として生産された院宮王臣家にかかわる良馬である。またすべての馬が、駒牽きに用いられたのではない。中堀遺跡では、埼玉県内で最も馬の骨や歯が多数出土したことを踏まえると、その中には、中堀遺跡で官人等のために準備された馬や、死後、解体され皮や骨などが、手工業生産者の手で製品とされ、活用していた可能性が高いといえよう。

まとめ

古代の焼印について、分布や表された文字、焼印の製作技法と変遷、印文の大きさなどを検討した。その結果、古代の焼印は、三類八小類の製作技法を確認することができた。なかでもヘラ状や「T」字状の部品を組み合わせて文字を構成するⅡa類、Ⅱb類は、主体的な製作技法である。もともと、焼印の出土点数がとても少ないことから、その製作技法の連続的展開は、これ以上探ることはできない。考えられるのは、焼印を生産する動機（契機）は、集落でも国家でも焼印を、管理して使用する側の要求に応えて生産したのである。おそらく生産の技術的連動は、先行製品の模倣という形をとったに違いない。

また、現在、焼印の分布は、東国に限られ、その時期も九世紀から一〇世紀に限られる。しかし慶雲四年に摂津、伊勢ほか二三国に鉄印を配ったことを踏まえると、将来的には、分布域、上限も奈良時代まで遡るはずである。

ところで、平安時代前期に設置された勅旨田の経営拠点と考えた埼玉県中堀遺跡から、「石」と「令」の焼印が出土したこと、しかも火災の焼土層の下から二つが融着して出土したことは、衝撃的な事実だった。つまりひとつの遺跡で、別々の牧の牛馬を同時に管理していたことを実証したからである。「石」は、朱雀院の秩父牧となる「石田牧」の「石」。「令」は、幡羅郡に一一三町の勅旨田を抱える「冷然院」の「令」と考えた。

そして牧の経営、耕地の確保、交通の掌握といった地域センターとして、中堀遺跡が経営されていたことが、改めてわかったのである。

参考文献

明石　新　一九八一　『中原上宿』　中原上宿遺跡発掘調査団

阿久津久　一九九一　『金木場遺跡・向畑遺跡』（財）茨城県教育財団

荒井健二　一九九九　『武蔵国府関連遺跡調査報告二二・武蔵国分寺跡調査報告二』　府中市教育委員会

大野　悟　二〇〇〇　『構之内遺跡発掘調査報告書』　平塚市遺跡調査会

大坪宣雄　一九八四　『町田市川島谷遺跡群』　町田市小田急野津田・金井団地遺跡調査会

瓦吹　堅　一九八八　『上村田小中遺跡』　大宮町教育委員会

小林真寿　二〇〇一　『上芝宮Ⅱ・Ⅲ・Ⅵ、下曽根Ⅱ・Ⅲ・Ⅳ・Ⅴ・Ⅵ・Ⅶ』　佐久市教育委員会

小林真寿　二〇〇五　『聖原』　佐久市教育委員会

佐野　隆　二〇〇二　『梅之木遺跡Ⅰ』　明野村教育委員会

清水　博　一九八二　『向原遺跡』　神奈川県立埋蔵文化財センター

高井佳弘　二〇〇〇　「馬のいる風景―日本古代における馬の飼育の景観復元―」『研究紀要』一八　（財）群馬県埋蔵文化財調査事業団

高島英之　一九九二　「矢田遺跡出土の平安期における文字資料について」『矢田遺跡Ⅲ』　（財）群馬県埋蔵文化財調査事業団

高島英之　一九九二　「古代の焼印についての覚書」『古代史研究』一一　立教大学古代史研究会

高島英之　一九九四　「古代東国の村落と文字」『古代王権と交流』　名著出版

高島英之　二〇〇〇　「古代上野国の牧」『古代の牧と考古学』　山梨県考古学協会

高島英之　二〇〇一　「群馬県榛名町高浜広神遺跡出土の平安

時代焼印について」『青山考古』第一八号　青山考古学会
高島英之　二〇〇三「古代の群馬郡—国府・国分寺・官牧—」『グンマはクルマから始まった—なぞ解き「群馬」の名の由来—』かみつけの里博物館
高島英之　一九九九「焼印」『高浜広神遺跡』（財）群馬県埋蔵文化財調査事業団
谷口　肇　一九九九『池子遺跡群　Ⅸ』（財）神奈川考古学財団
寺島俊郎他　一九九一『上信越自動車道埋蔵文化財発掘調査報告書2』（財）長野県埋蔵文化財センター
徳江秀夫　一九八九「荒砥洗橋遺跡出土の文字資料の様相」『荒砥洗橋・荒砥宮西遺跡』（財）群馬県埋蔵文化財調査事業団
十時俊作　一九九七『中耕地遺跡—第三地点・第六地点の調査—』調布市教育委員会
平岡和夫　一九九〇『古立東山遺跡・古立中村遺跡・八木連狸沢遺跡・八木連荒畑遺跡』妙義町遺跡調査会
福田健司　二〇〇二『落川・一の宮遺跡　Ⅲ』落川・一の宮遺跡調査会
前沢和之　一九八五『藪田遺跡』（財）群馬県埋蔵文化財調査事業団
前沢和之　一九九一「上野国の馬と牧」『群馬県史』通史編二原始古代二
増田逸朗　一九八一『北坂』（財）埼玉県埋蔵文化財調査事業団
宮内勝巳　一九八七『坂戸遺跡』坂戸遺跡発掘調査団
山口英男　一九八六「八・九世紀の牧について」『史学雑誌』第九五編第一号　東京大学史学会
山口英男　一九九四「文献から見た古代牧馬の飼育形態」『山梨県史研究』二
山下歳信　一九九七『大胡北部遺跡群　堀越中道遺跡』大胡町教育委員会
若松良一　一九八六「大里村円山遺跡の調査」『埼玉県遺跡調査報告会　発表要旨』埼玉考古学会

第1表　焼印一覧

№.	遺跡名	所在地	遺跡の種類	出土遺構	印文	墨書土器	縦×横	長	年代	分類
1	金木場	茨城県日立市	集落	47住	「子」	「午家」か「子家」			8C末～9C前半	Ⅰa
2	上村田小中	茨城県大宮町	集落	8住	「丈」	「丈」	77×82	330	10C前半	Ⅰb
3	清水作	千葉県佐倉市	集落	45住	「キ」	「キ」か「中」	44×28	232	9C中葉	Ⅰb
4	免の内台	栃木県芳賀町	集落	236住	「万」	「万」、「萬」	56×78	181	10C前半	Ⅱa
5	荒砥洗橋	群馬県前橋市	集落	9住	「太」か「大上」	「大上」	58×52	216	10CⅠ	Ⅱb
6	堀越中道	群馬県大胡町	集落	3住	「立」	「立」	60×71	230	9CⅡ	Ⅰc
7	藪田	群馬県月夜野町	集落、窯跡	遺構外	「□」		30×35	35	不詳	Ⅲb
8	高浜広神	群馬県榛名町	集落、寺院	32住	「苐」		39.5×27	28	10C前半	Ⅲa
9	矢田	群馬県吉井町	集落	647住	「上」		40×35	108	9CⅢ	Ⅰb
10	八木連荒畑	群馬県妙義町	集落、寺院	20住	「水」か	「水」、「連」	35×41	132	9CⅢ	Ⅱa
11	中堀	埼玉県上里町	勅旨田拠点	遺構外	「石」		72×68	160	9C末	Ⅱb
12	中堀	埼玉県上里町	勅旨田拠点	遺構外	「冷」か		86×100	160	9C末	Ⅱb
13	中堀	埼玉県上里町	勅旨田拠点	遺構外	「□」			192	9C末	Ⅱa
14	北坂	埼玉県岡部町	集落	13住	「中」		51×34	97	9C後半	Ⅰc
15	円山	埼玉県大里町	集落	18住	「有」		70×80	260	9C前半	Ⅱb
16	宮ノ越	埼玉県狭山市	集落		「□」				9CⅡ	Ⅰb
17	東の上	埼玉県所沢市	東山道、集落		「由」か「由」					Ⅱa
18	中耕地	東京都調布市	集落	3住	「七」	「七」	26×23	249	9CⅡ	Ⅰb
19	武蔵国府関連	東京都府中市	国府	M36-SI28	「吉」		(39)×45	250	10C前半	Ⅱb
20	川島谷	東京都町田市	牧の集落	遺構外	「官」か「冨」か「　」	「冨」	29×34	161	9C後半～10C前半	Ⅱa
21	落川	東京都日野市	集落	L10-9土壙	「土」	「土」	57×81	250	10C後半	Ⅱb
22	中原上宿	神奈川県平塚市	国府	SX01	「井」	「井」	33×22	230	9～10C	Ⅰd
23	向原	神奈川県平塚市	集落	16住	「兀」	「兀」	37×32	187	9C後半	Ⅰc
24	構之内	神奈川県平塚市	国府	3号井戸	「王」	「王」	22×19	173	10C前半	Ⅰb
25	池子	神奈川県逗子市	集落	埋没谷	「土」か「干」		33×13	120	不詳	Ⅰb
26	上野原狐原	山梨県上野原町	集落	I14住	「山」		35×35	200	10～11C	
27	梅之木	山梨県明野村	牧の集落	74土壙	「□」	「□」か「本」	29×23	203	9CⅣ～10CⅠ	Ⅱb
28	栗毛坂	長野県佐久市	集落		「□」					
29	下曽根	長野県佐久市	集落		「□」					
30	聖原	長野県佐久市	集落		「金」	「金」				

＊番号は、分布図（第1図）と対応。2の焼印は、点画なし。7は銅製。11は「石田牧」の「石」。12は「冷然院」の「令」。17は「由比牧」の「由」か。27は穂坂牧か小笠原牧。

足立郡における九世紀後半から一〇世紀の煮炊具について

末木啓介

はじめに

九世紀後半から一〇世紀にかけて個別人民支配を基に強力な中央集権国家を目指した律令体制が変容し解体していく。郡衙のように極めて政治的な構造物が消滅するだけではなく、日常什器として流通している土器も機を同じくして変化していくことは知られている。このことは、土器が単なる消費財として流通していたのではなく、当時の社会秩序の中で生産され流通していたことを意味している。

県内では九〇年代以降該期の遺跡の調査事例が増え、考古学的視点から社会体制の変化過程解明に向けた研究が進みつつある。しかし、九世紀後半以降の土器群については、編年指標となる大規模窯跡の衰退や、年代比定資料となる灰釉陶器について年代観が一定しないことなどからある種の閉塞感も生まれている。

こうした状況の中で水口由紀子氏は古代末期の煮炊具を積極的に取り上げ、多様性と画期を提示するとともに生産体制に切り込んだ（水口 一九九一）。また、渡辺一氏は汎関東的に須恵器と土師器の関係を検討し、非ロクロ土師器圏である上武型土器生産圏とロクロ土師器圏である常総型重圏構造という考え方により、食膳具と煮炊具の生産関係に重要な視点を提示した（渡辺 一九九七）。足立郡は上武型土器生産圏の外縁に当たると思われ、律令的土器生産が崩壊していく中で常総地域と関わっていくとされる。本論ではこうした特質をもつ足立郡を例に九世紀後半以降の武蔵型甕とその後の煮炊具について検討を加え、古代的な土器生産・流通が崩壊していく過程の一端を明らかにしようとするものである。

一　足立郡における武蔵型甕の変遷と分布

煮炊具の分類

八世紀以降、足立郡内の煮炊具は武蔵型甕が消費される。武蔵型甕の基本的な特徴は倒卵状の器形、胴部内面中位下に見られる接合痕、胴部外面上位は斜め方向、中位以下は縦方向にヘラ削り整形を施すことなどが挙げられる。そしてこうした特徴をもつ甕が西関東を中心に西は甲信地方、東は下総、上総にまで見られる。規格性の強さと広範な分布から一郷レベルをはるかに上まわる生産が行われていたとの指摘もある（鈴木 一九八三）。

武蔵型甕の変遷は先学の研究により、口縁部形態に顕著に見られることが分かっている。すなわち、口縁部が「く」の字状となるものから、「コ」の字状となり、さらにそれが崩れ器厚も厚くなるという過程である。ここでは口縁部が「く」の字状のものをA類、「コ」の字化が認められるものから崩れていくものまでをB類とし、「コ」の字状に移行過程のものをBⅠ類、「コ」の字状口縁のものをBⅡ類（第四図三・一二など）、「コ」の字状口縁が崩壊過程にあるものをBⅢ類（第六図一・六など）、「コ」の字状口縁が崩れ、器厚の厚いものをBⅣ類（第七図一・一八など）とする。一方、これまでの研究により、常総方面の煮炊具の影響を受けて武蔵型甕と入れ替わるように北武蔵東部に出現する胴部上位を縦方向のヘラ削り、胴部下位を横方向にヘラ削り整形する甕をC類とする。年代的にはA類が九世紀第1四半期、BⅠ類が九世紀第2四半期、BⅡ類が九世紀第3四半期、BⅢ類が九世紀第4四半期、BⅣ類が一〇世

1 下忍・向遺跡
2 新屋敷遺跡
3 馬室埴輪窯跡群
4 宮岡遺跡
5 市場Ⅰ遺跡
6 八重塚遺跡
7 榎戸遺跡
8 宮ノ脇遺跡
9 向原遺跡
10 戸崎前遺跡
11 宮内Ⅳ遺跡
12 在家遺跡
13 平塚氷川遺跡
14 大山遺跡
15 赤羽遺跡
16 秩父山遺跡
17 尾山台遺跡
18 今羽丸山遺跡
19 東北原遺跡
20 深作稲荷台遺跡
21 深作東部遺跡群
22 上之宮遺跡
23 東宮下原口遺跡
24 氷川神社東遺跡
25 B-17号遺跡
26 土呂陣屋跡
27 馬宮遺跡群
28 水判土堀の内遺跡
29 根切遺跡
30 白鍬宮腰遺跡
31 宿宮前遺跡
32 大久保領家片町遺跡
33 神田天神後遺跡
34 下大久保新田遺跡
35 本村遺跡
36 御蔵山中遺跡
37 A-64号遺跡
38 南中野諏訪遺跡
39 中原後遺跡
40 上木崎東遺跡
41 駒前遺跡
42 大古里遺跡
43 北宿遺跡
44 宮本遺跡
45 松木北遺跡
46 松木遺跡
47 駒前南遺跡
48 原山東遺跡
49 大間木内谷遺跡
50 和田北遺跡
51 一ツ木遺跡
52 大崎東新井遺跡
53 下野田稲荷原遺跡
54 東裏遺跡
55 行谷遺跡
56 椚谷遺跡
57 南方西台遺跡
58 上台遺跡
59 戸塚五丁目遺跡
60 戸塚三仏寺遺跡
61 猿貝北遺跡
62 赤山陣屋
63 赤山遺跡
64 叺原遺跡
65 八本木遺跡
66 東本郷台遺跡
67 三ツ和遺跡
68 前田宇前田第1遺跡
69 前田宇六反畑第1遺跡
70 二軒在家遺跡
71 蜻蛉遺跡
72 伊興遺跡
73 若宮八幡神社遺跡

第１図　甕Ｂ類分布

紀前葉と考えている。なお、足立郡内の武蔵型甕の胎土には、角閃石、赤色粒子が多く見られるほか、金雲母を少量含むという特徴があり、利根川水系の粘土を使用していると考えられる。(1)

甕B類の分布と消費される食膳具の特色

第一図はB類の分布である。分布にはさいたま市内を中心にいくつかのまとまりが見られ、西部の鴨川下流域では水判土堀の内遺跡(一八)、根切遺跡(一九)、大久保領家片町遺跡(三二)などの遺跡群がある。この地域は近年の調査成果や研究により、八世紀代の足立郡衙の有力候補地とされる。次に芝川中流域に立地する南中野遺跡(三八)、駒前遺跡(四一)などがある。これらの上流に九世紀代の足立郡の中心的遺跡とされる氷川神社東遺跡(一四)が存在する。また、見沼低地の東側から綾瀬川右岸に掛けての地域には、下野田稲荷原遺跡(五三)、東裏遺跡(五四)がある。川口市内では大規模な集落遺跡は調査されていないが、叺原遺跡(六四)などから武蔵型甕を使用する火葬墓が多数検出されている。このほか、鳩ヶ谷市三ツ和遺跡(六七)は多量の灰釉陶器が出土するなど、地域開発の拠点的集落と考えられる。

B類が出土する遺跡の分布はBⅠ類からⅢ類まで、Ⅱ類をピークにあまり変化することなく推移している。しかしBⅣ類が出土する遺跡は極端に減少し、足立郡北部に偏る傾向が見られるようになる。BⅣ類段階以降の集落が減少していく傾向は足立郡内に限ったことではなく、東日本を中心に広く認められるところでありその背景として律令体制崩壊過程における地域社会の変容と「平安海進」とも呼ばれる気候の変動が指摘されている(坂上 二〇〇一・田中二〇〇三)。古墳時代から続く古代的な在地支配の上に成り立っていた律令体制のもとで行われていた土器生産・流通についても社会秩序の変化の中で新たな展開を見せていくことが推測される。第二図は鴻巣市新屋敷遺跡(二)、氷川神社東遺跡、そして先述の鴨川流域の遺跡群、綾瀬川右岸の遺跡群から出土した食膳具について、須恵器、須恵系

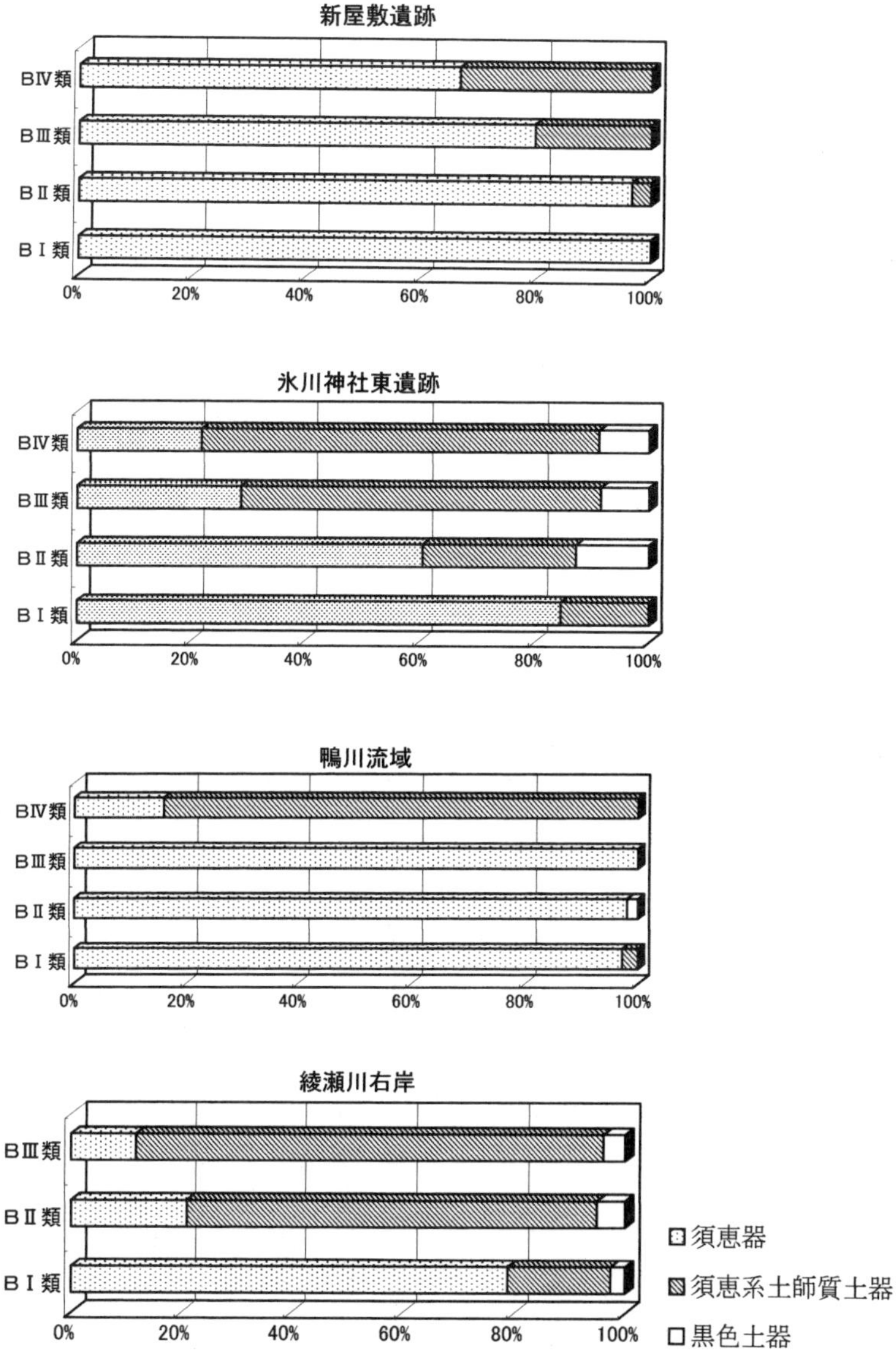

第２図　食膳具にみられる地域性

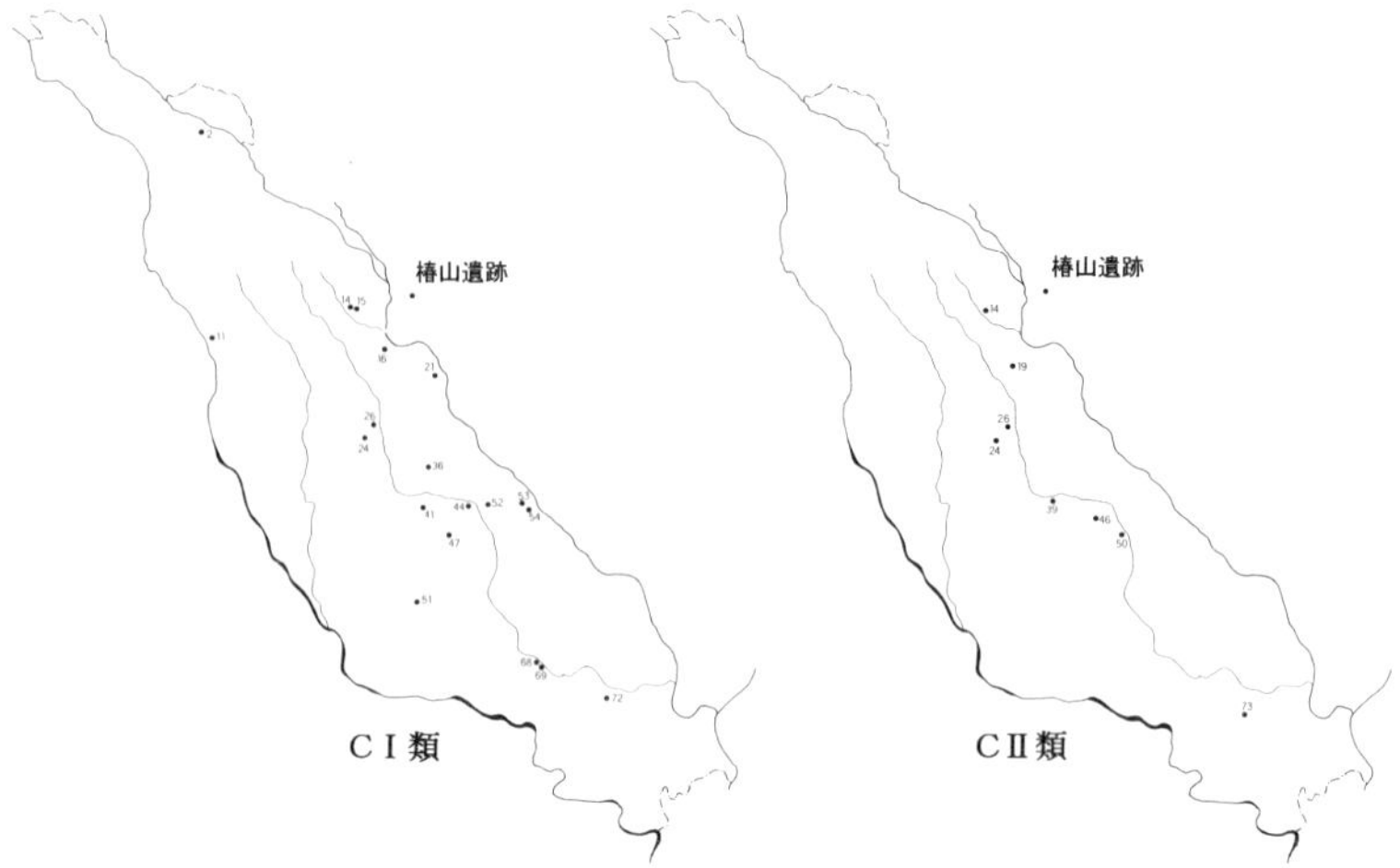

第３図　甕Ｃ類の分布

土師質土器（いわゆるロクロ土師器）、黒色土器に分けて共伴するB類を基に出土量をグラフ化したものである。BⅠ類段階ではいずれの地域でも須恵器を圧倒的に使用し、地域性はあまり見られないがBⅡ類段階になると綾瀬川右岸で急激に須恵系土師質土器が使用されるようになる。また氷川神社東遺跡でも須恵器の比率は六〇％と減少する。一方、足立郡北部の新屋敷遺跡と西部の鴨川流域では、須恵器が主体であり郡内での地域差が顕著となる。大宮台地以東では、九世紀中葉以降に須恵器の東金子産へのシフト、須恵系土師質土器の地域内生産開始など大きな変化が指摘されている（田中前提書）。こうした地域性が煮炊具にどの程度見られるのであろうか。その格好の検討材料が甕C類である。

二　甕C類の出現と普及

甕C類の分類と分布

C類としたものは、胴部外面上位から中位まで縦方向のヘラ削り、胴部下位に横方向のヘラ削りを施すもので（第七図二九・三〇など）、縦方向のヘラ削りがみられず雑なナデ整形のものもある（第七図二、第九図一など）。前者をCⅠ類、後者をCⅡ類とする。このほかに頸部下までヘラ削りが届かず、ナデ整形となるⅠ類とⅡ類の中間的なものもあるが今回はⅠ類に含めて扱う（第八図四、第一一図一〇）。器形は頸部に締まりがあり口縁部が長く外反するもの（第九図七・八など）と、頸部の締まりが弱く、口縁部は立ち上がり気味となるもの（第一一図一九・二〇など）がある。

C類は常総型甕の要素をもつもので、その最大の特徴は、武蔵型甕では見られないロクロという須恵器製作技法の導入であり、足立郡内のC類の中にも底部に回転糸切りの痕跡が確認できるものがある（第九図七・八）。このような特徴からC類はB類から系統的に連続するものではないといえる。

C類の分布は足立郡中部から東部地域に集中している（第三図）。B類の分布図と比較するとBⅣ類の分布よりも南側に中心があり武蔵型甕衰退との関連を伺わせる。なお、C類の検討に当たっては、足立郡に隣接する蓮田市椿山遺跡も含めて行う。

甕C類の変遷

B類との関係を考えていくために両者の共伴事例からC類の変遷を検討していく。現在のところ足立郡内ではA類、BⅠ類に伴出する例は未確認でありBⅡ類段階で出現すると考えられる。

第四・五図は甕BⅡ類と共伴するものをとりあげた。このうち上尾市宮内Ⅳ遺跡三号住居二と下野田稲荷原遺跡二号住居一三は実測図を見る限り似ている。いずれもCⅠ類である。強く直線的に外傾し、口縁端部は丸く仕上げ明確な面を形成しない。第四図一三は胎土中に金雲母やキラキラする微粒子を多量に含みきめの細かい土であり報告書によると搬入品とされている。

氷川神社東遺跡一一号住居出土の四は、口縁部が短く外傾し端部内面に面をもつCⅠ類で、とても厚く手のひら大

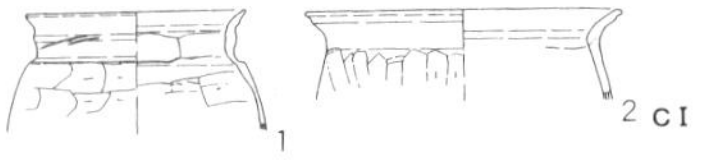

宮内Ⅳ遺跡3号住居

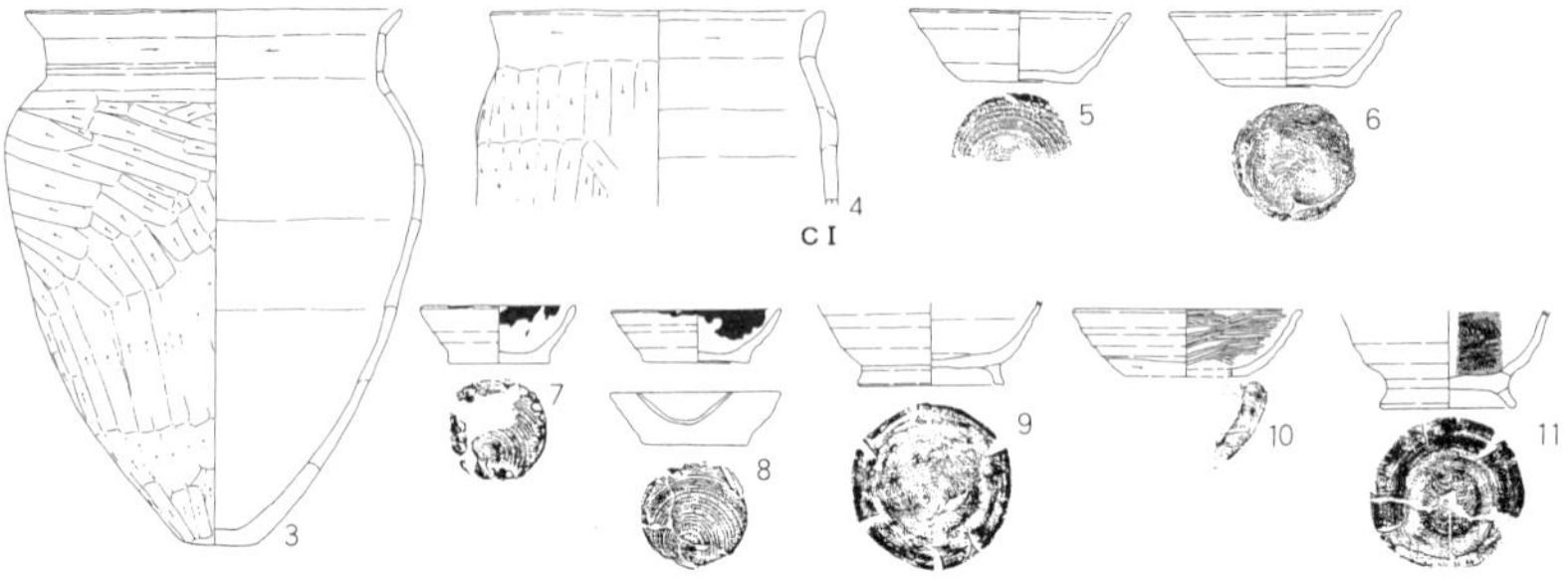

氷川神社東遺跡11号住居

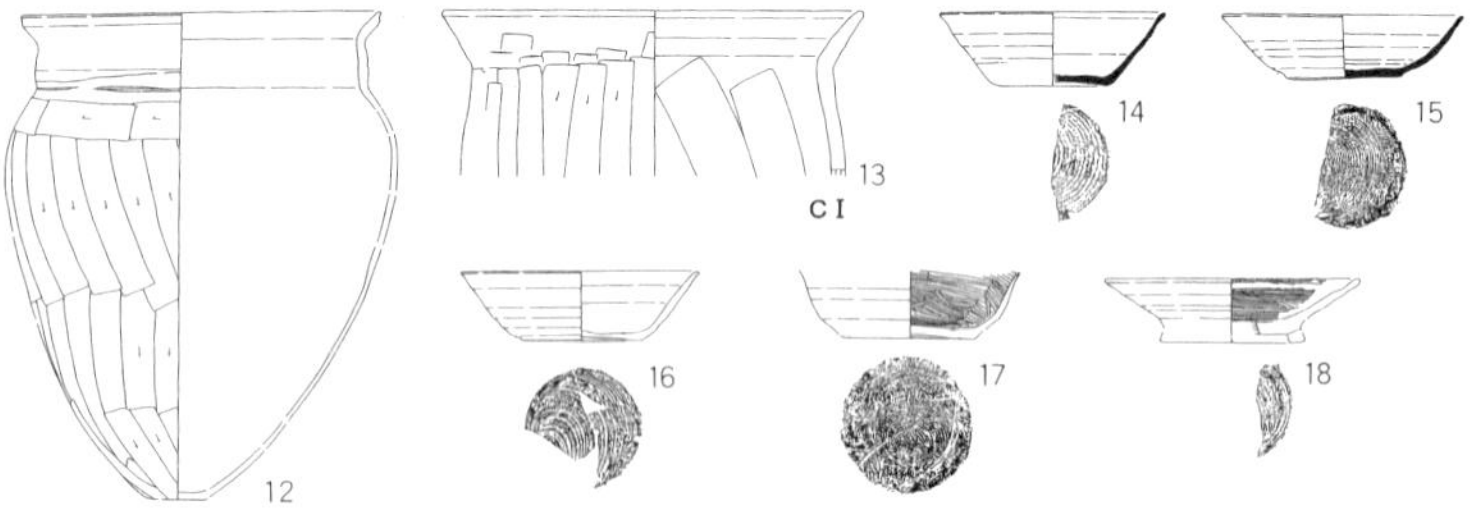

下野田稲荷原遺跡2号住居

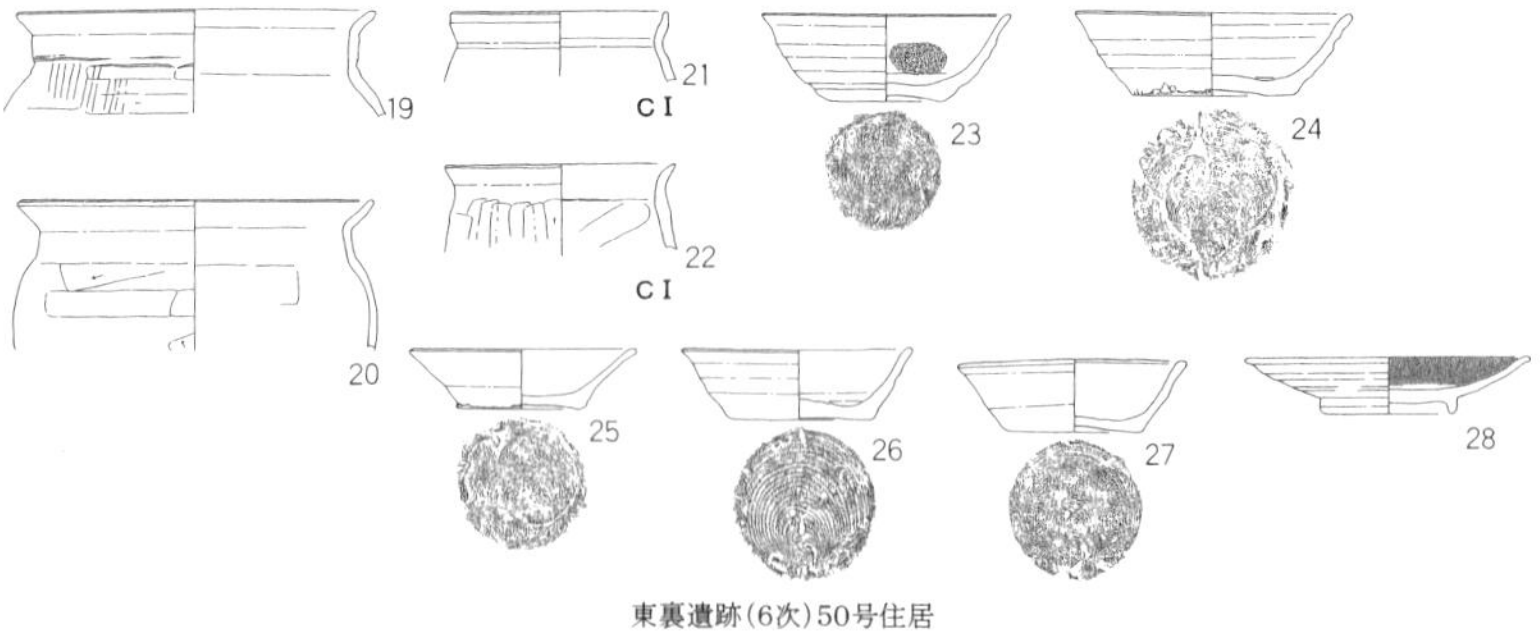

東裏遺跡(6次)50号住居

第4図　甕ＢⅡ類と共伴する甕Ｃ類 (1)

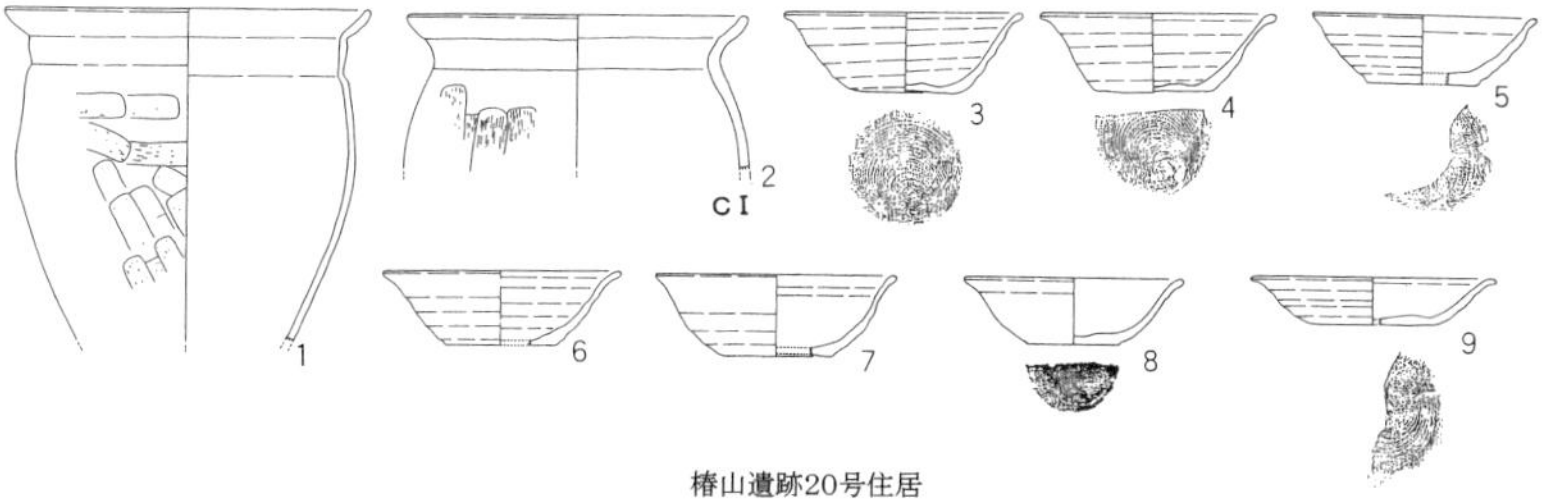

第5図　甕BⅡ類と共伴する甕C類（2）

の破片であるが重量感がある。胎土は角閃石やキラキラする微粒子を多量に含み若干粗い感じの土である。この土器がBⅡ類の三と伴出するか判断に迷う。七・八など小形坏は同時期の東裏遺跡などで出土する同タイプのものより小振りである。東裏遺跡五〇号住居の二一は口縁端部が受け口状に短く立ち上がる。二二は口縁端部内面が平になり、肩部の張りは見られない。第五図の椿山遺跡二〇号住居二はCⅠ類で口縁部内面が窪むように弱く湾曲している。胎土には角閃石を含まないが、雲母粒子やキラキラする微粒子を含みきめ細かい。このようにBⅡ類に伴出するC類はCⅠ類に分類されるものの、形状や胎土にはバラエティが多く、特定の生産地からの一元的な供給とは考えにくい。

次段階であるBⅢ類とC類の共伴資料は非常に少ない（第六図）。新屋敷遺跡D区五七号住居一はBⅣ類としてもよいが、実見した限り「コ」の字がもう少し明瞭であることからBⅢ類とした。共伴する二はCⅠ類で、口縁部は短く強く外反し端部は丸い。器肉は厚く、胎土に角閃石はほとんど見られず砂粒を多く含み粗い。氷川神社東遺跡三号住居七はCⅠ類で、口縁端部がつまみ出されるように内屈する。この特徴は伴出するB類五・六にも見られる。同様の特徴をもつ甕が椿山遺跡四号小竪穴から出土している（第六図一二）。この遺構ではC類との共伴は見られないがほぼ全体が把握できる。図では分かりにくいが、頸部は短いながらも「コ」の字状となり、胴部上半は斜め方向のヘラ削り、下半は縦方向のヘラ削りが施され、胴部中位内面の接合痕も観察できることから明らかにB類である。胎土には角閃石を含み、淡褐色の色調など氷川神社東遺跡出土のものと共通する。口縁部に見られるC類の要素は、煮炊具生産における両者の融合を示すものであり、こうした点は宮崎由利江氏がすでに指摘している（宮崎 一九九三）。

第一図のBⅢ類の分布を見ても明らかなように、この段階でも煮炊具の主体はC類ではない。また少ない出土例であるが前段階同様にC類も多様である。しかし、口縁端部のつまみ出しに見られるような次段階以降に顕著となる特徴が現れ、それがB類にも反映していることは、B類とC類は相互に影響を及ぼすような関係にあったことが推定される。

次にBⅣ類との伴出関係を見てみたい（第七・八図）。この段階になると出土量が増加するだけでなく、C類の口縁端部は折返し状あるいは、つまみ出すように肥厚し端部は面をもち、口縁部内外面ともに木口状工具による回転ナデ整形を施すなど型式的なまとまりを

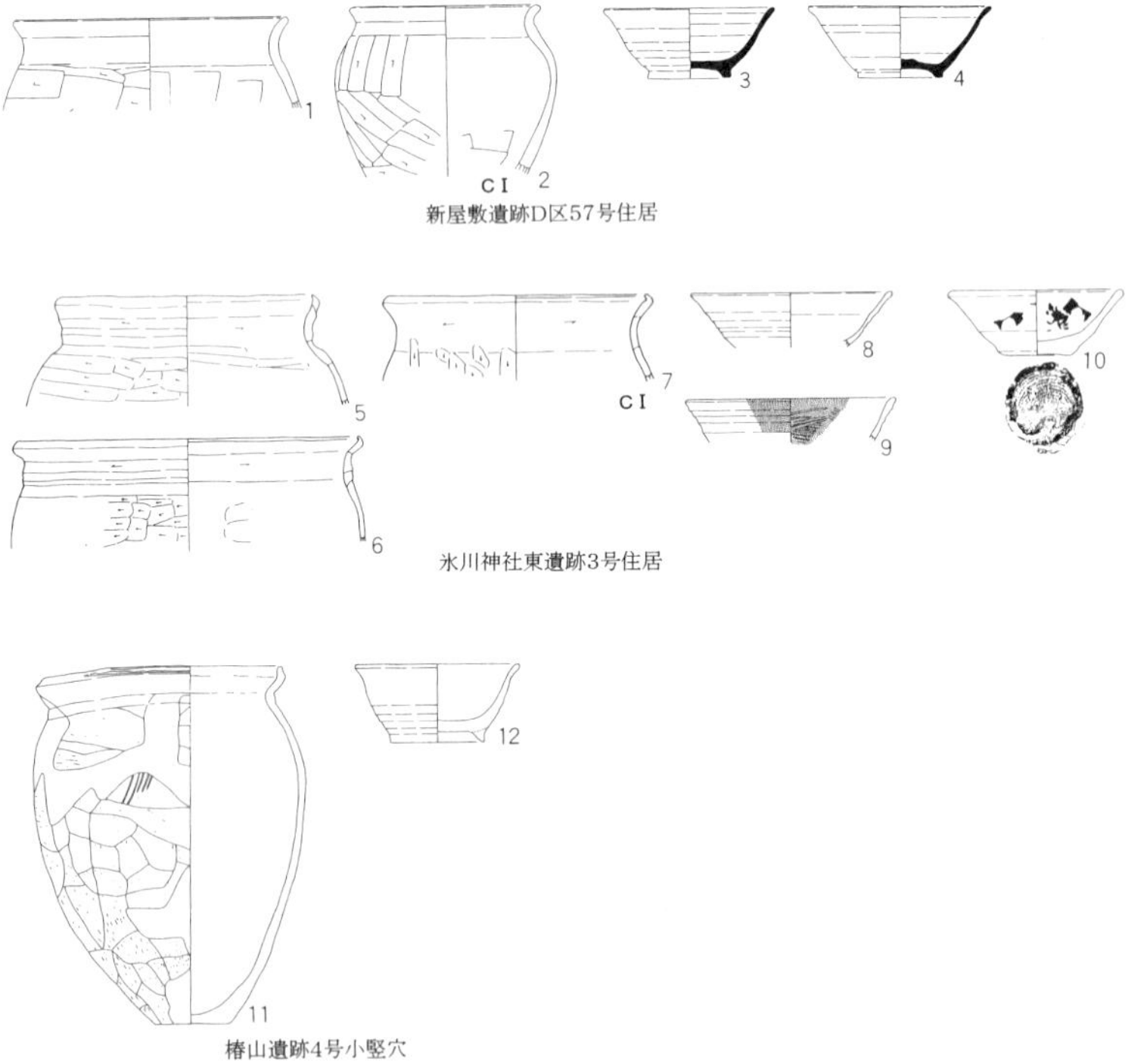

第6図　甕BIII類と伴出する甕C類

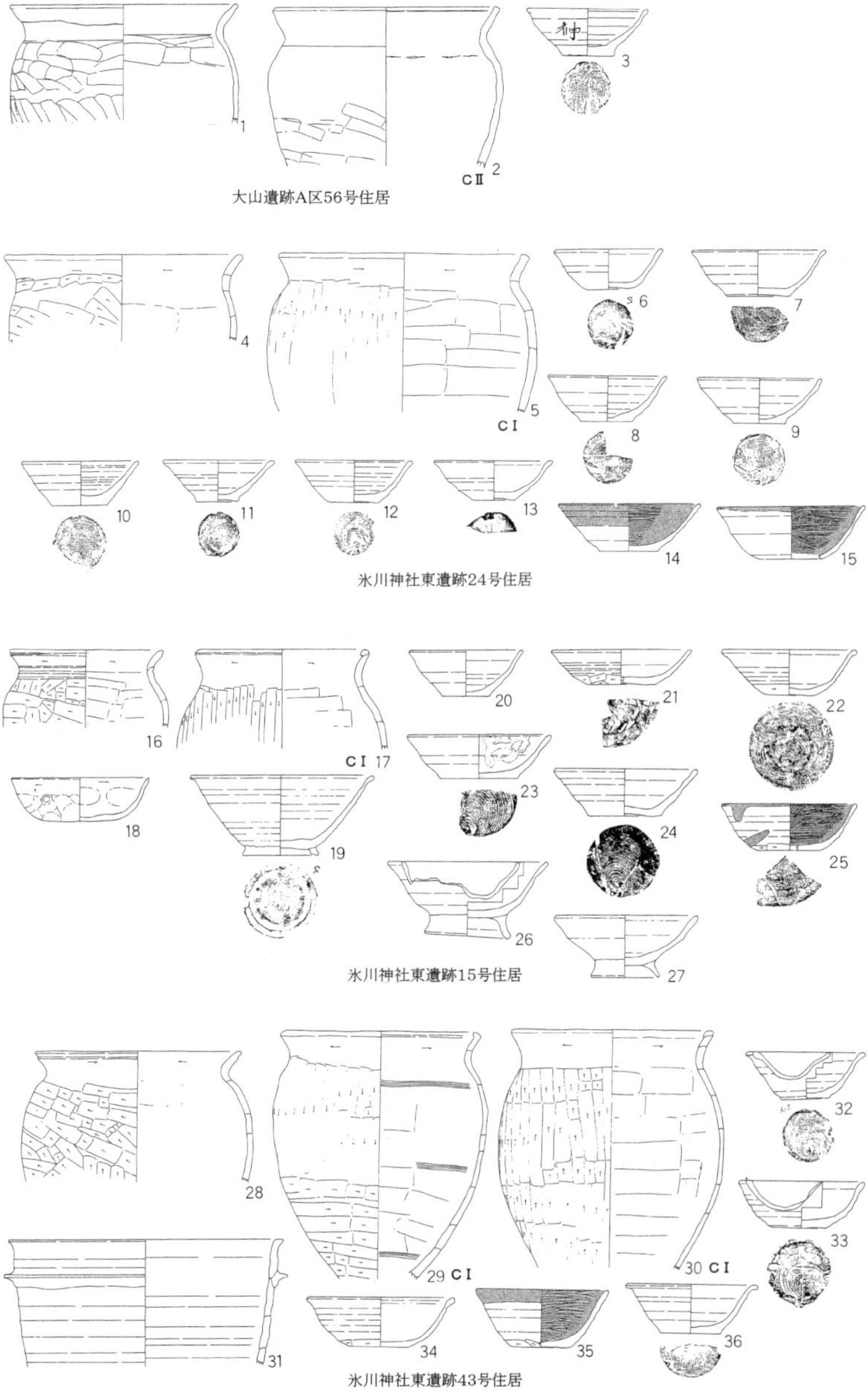

第7図　甕BⅣ類と伴出する甕C類（1）

もつことから定量的な生産が行われるようになった段階と考えられ、氷川神社東遺跡ではB類を凌駕する出土量となる。また、大山遺跡A区五六号住居（第七図二）はCⅡ類でこの段階から見られるようになる。この住居からは小片ながらCⅠ類も出土している。ただし氷川神社東遺跡ではCⅡ類の出土は見られない。このほかCⅠ類の中でも第七図五のように厚く重量感があるものと一七、二九、三〇のように共伴するBⅣ類と同程度の厚みしかなく軽い感じのものがある。椿山遺跡三号生産跡のC類は口縁部が短く屈曲するもの（第八図三・四）があるなど足立郡内のC類とやや異なる傾向を示す。このようにこの段階のC類にもバラエティがあるようだが、氷川神社東遺跡一五号住居一二、四三号住居二九、三〇のように定量的な生産が行われていたと思われるものや、次段階以降に継続していくCⅡ類が出現する。C類の胎土は角閃石を含むなど利根川水系の粘土を使用していると思われる。この段階の食膳具は氷川神社東遺跡一五号住居で高足高台埦がみられ、椿山遺跡三号生産跡の食膳具も酸化焔焼成が主体となる。

以上、B類との共伴関係からC類の変遷を見てきたが、BⅠからBⅢ類段階までのC類はバラエティに富むが出土量は少なく、BⅣ類段階になると定型的な甕となり、煮炊具の主体となる遺跡も出てくるなどこの段階に画期が認められる。

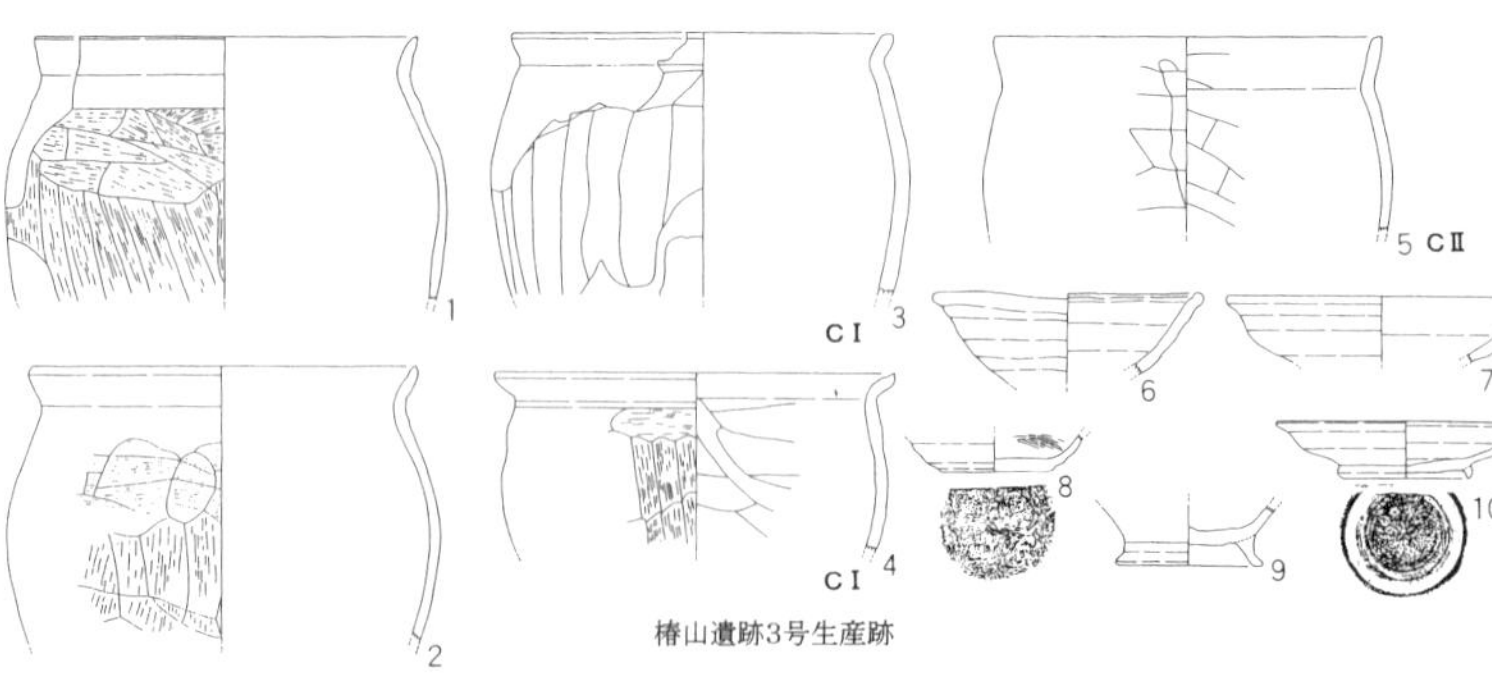

第8図　甕ＢⅣ類と伴出する甕Ｃ類（2）

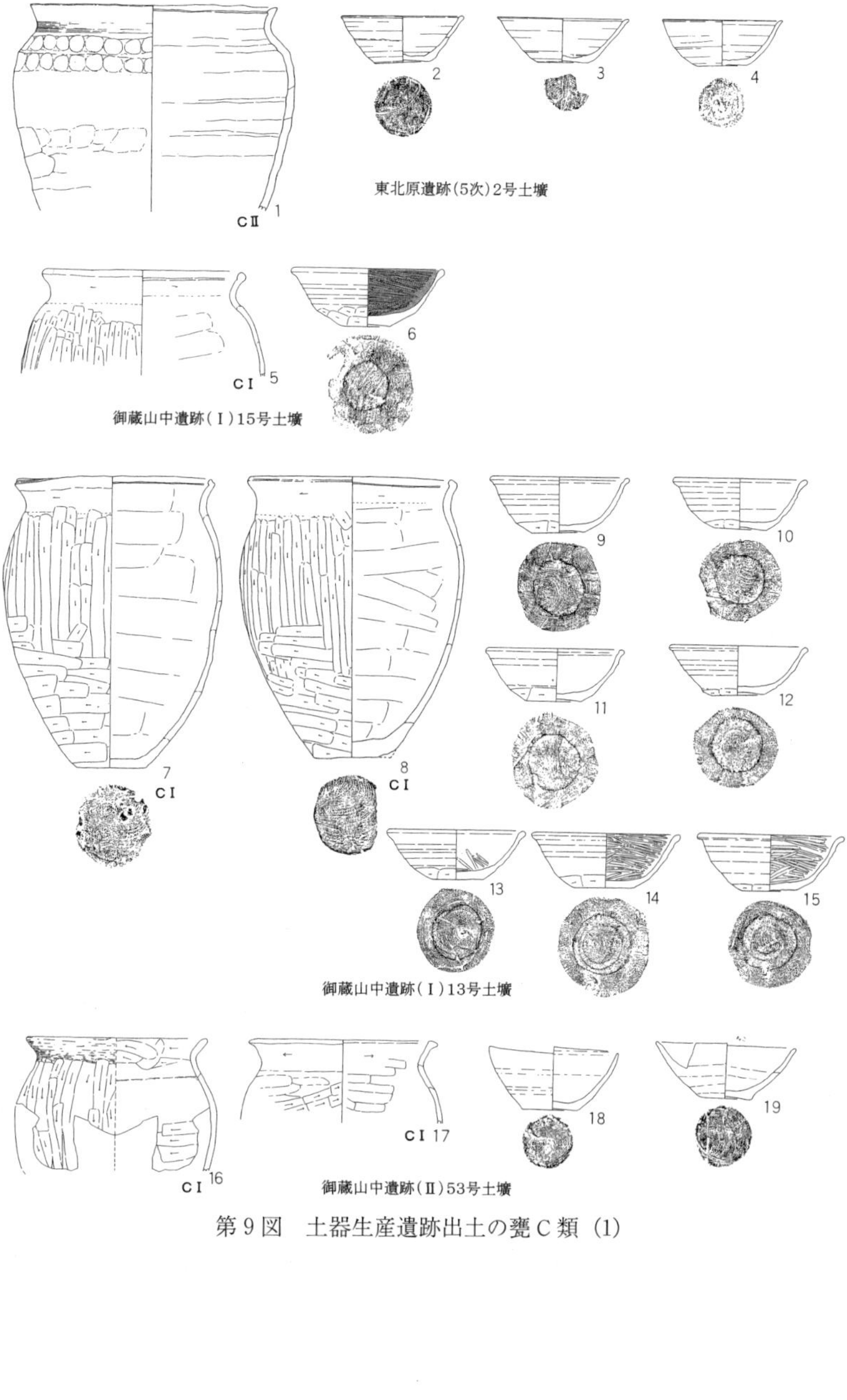

第9図　土器生産遺跡出土の甕C類 (1)

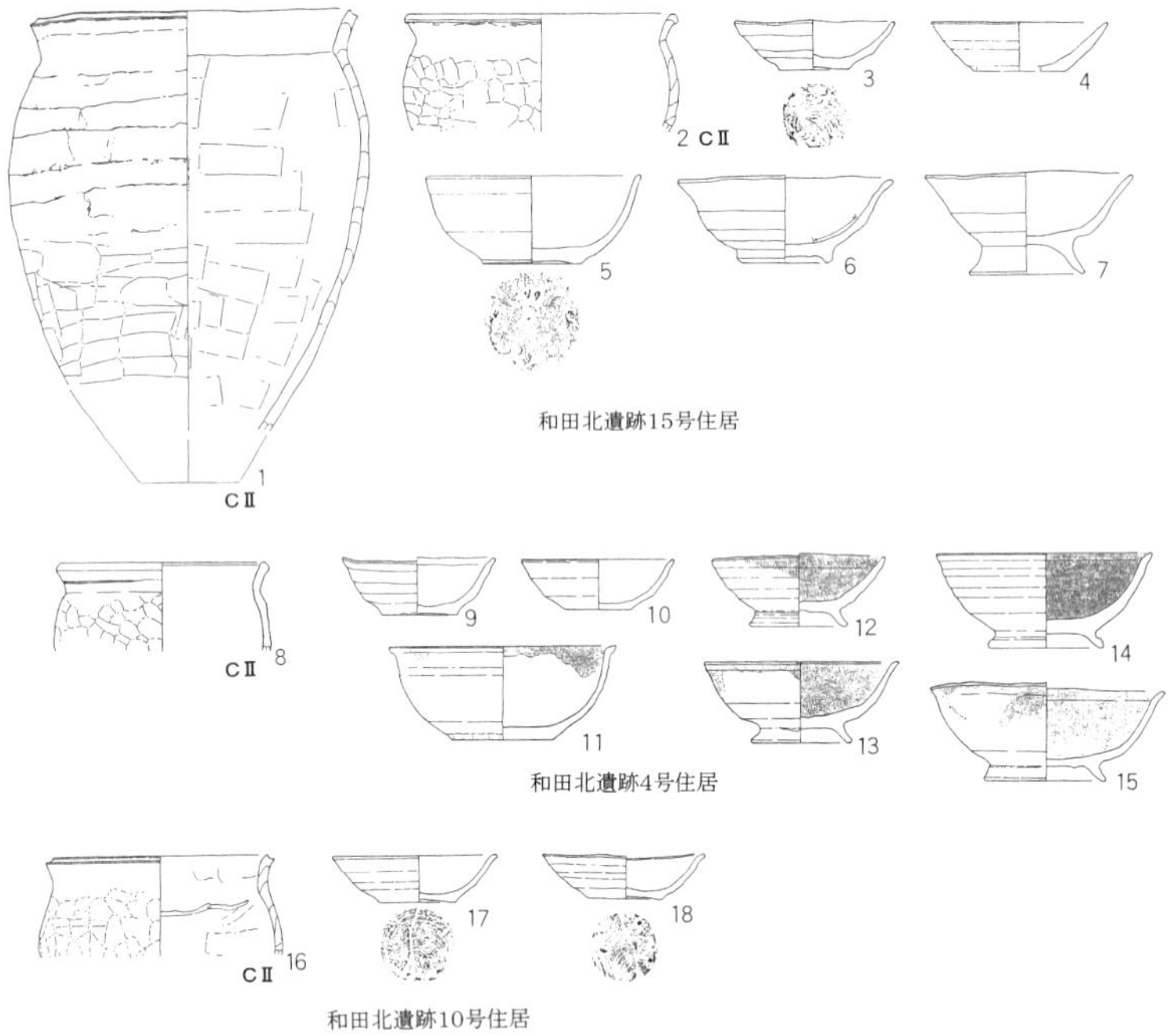

第10図　土器生産遺跡出土の甕C類（2）

足立郡で生産された甕C類

足立郡内にはC類の生産にかかわったと思われる遺跡が三箇所ある。北から東北原遺跡（第三図一九）、御蔵山中遺跡（三六）、和田北遺跡（五〇）でいずれも芝川右岸以東である。東北原遺跡ではC類の出土は小破片が多く、全容が把握できるのは五次調査二号土壙出土のものだけである。第九図一はCⅡ類で胴部中位以下は横方向のヘラ削りが施される。胎土には角閃石を多く含み、伴出する食膳具より粗い。口縁端部内面は小さく折返し肥厚する。胴部は肩部で強く張る。伴出する食膳具は糸切り底で比較的深めの坏である。

御蔵山中遺跡ではC類の焼成遺構が検出されている。一三号土壙から全容が分かるものが二点出土している（第九図七・八）。底部は糸切り底で、口縁端部は折返し状に肥厚し平坦面を作る。胴部のヘラ削りは縦、横ともに明瞭で、縦方向のヘラ削りは頸部直下まで達している。伴出する食膳具は底部および体部下端を手持ちヘラ削りする。また内面にミガキが施されるものも出土している。五三号土壙のC類は、口縁部が強く屈曲し端部内側への折返しも見られない。また一七は胴部上位にナデ整形と横方向のヘラ削りが混在する。伴出する食膳具は糸切り底の小さな底部から内湾気味に体部が立ち上がる深めの坏である。

和田北遺跡では焼成遺構からC類は出土していないが、住居跡から全容が分かるものが出土している。いずれもCⅡ類で口縁部は短く弱く外反する。共伴する食膳具は、第一〇図三・四・九・一〇・一七・一八など浅い皿状の坏や高足高台埦（七）、高台が「ハ」の字に開く黒色処理された高台埦である。

以上のようにそれぞれの土器生産関連遺跡で出土するC類は異なる。また同じ御蔵山中遺跡でも異なるタイプの土器が生産されている。これが時期差に起因するものか判断が難しいが、食膳具を見る限り御蔵山中遺跡一三・一五号土壙→東北原遺跡二号土壙・御蔵山中遺跡五三号土壙→和田北遺跡と変遷すると思われ、C類は大まかにCⅠ類からCⅡ類へ変遷していくことが推測できる。ただし、先述のように大山遺跡A区五六号住居からはCⅡとCⅠ類が共伴していて、CⅡ類はCⅠ類が消滅した後まで生産が継続するとも考えられる。また、御蔵山中遺跡一三・一五号土壙出土のC類は、BⅣ類と共伴する氷川神社東遺跡四三号住居のものと類似することから（第七図二九・三〇）BⅣ類段階と思われ、和田北遺跡のCⅡ類はその次段階の一〇世紀中葉以降と考えられる。

その他の甕C類について

第一一・一二図には集落遺跡から出土した主なC類について集成した。第一一図にはCⅠ類、第一二図にはCⅡ類を基本的に集成している。CⅠ類では第一一図三、六、一〇のように郡北部を中心に肩部の張りが強いものがある。また、氷川神社東遺跡一七、一八号住居ではいわゆる「ロクロ甕」や羽釜と伴出する。この羽釜については以前検討したことがあるが（末木二〇〇四）、ロクロ甕を含めC類と同様の胎土、焼成である。さいたま市土呂陣屋跡L地点

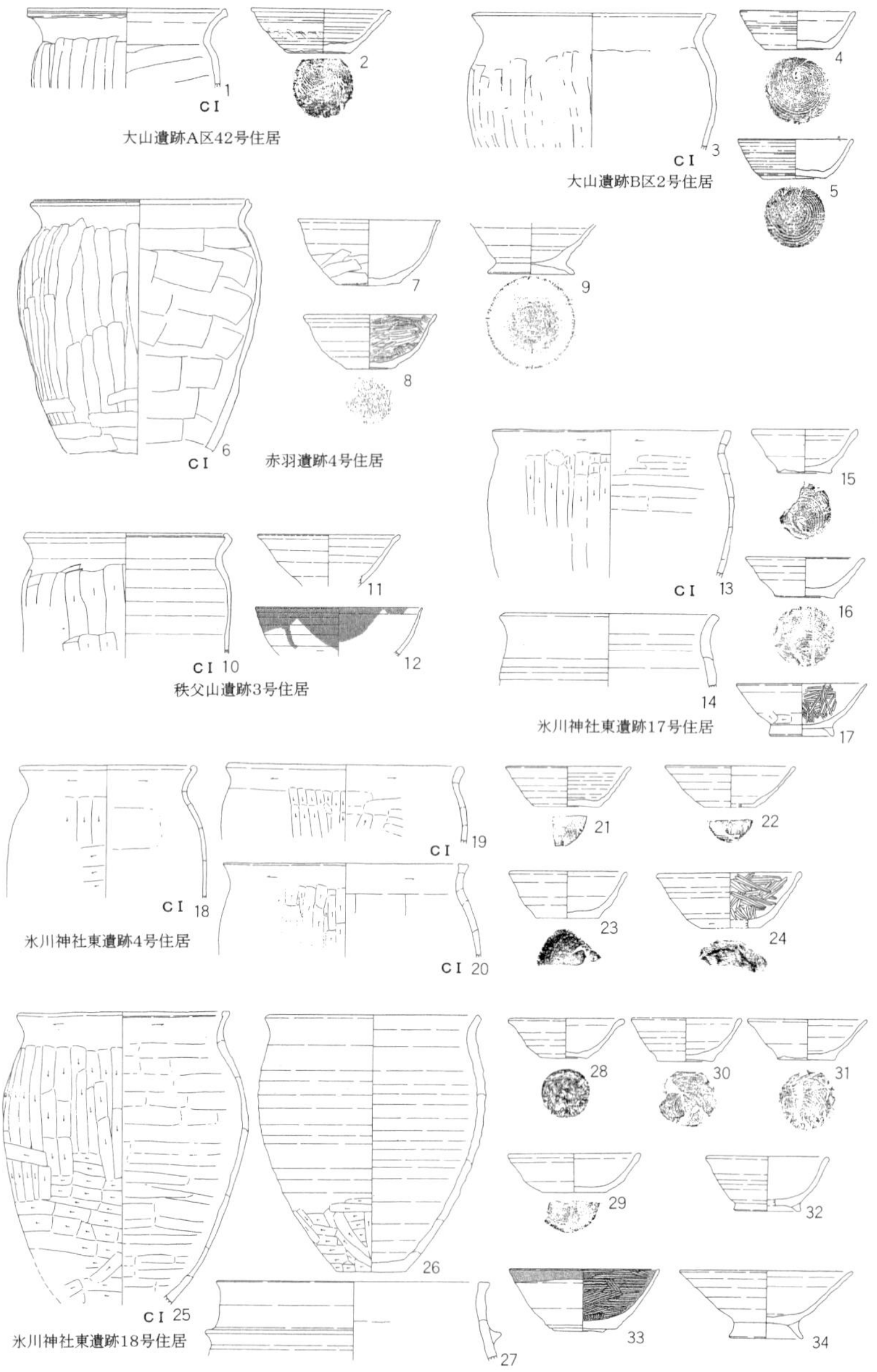

第11図　その他の甕C類 (1)

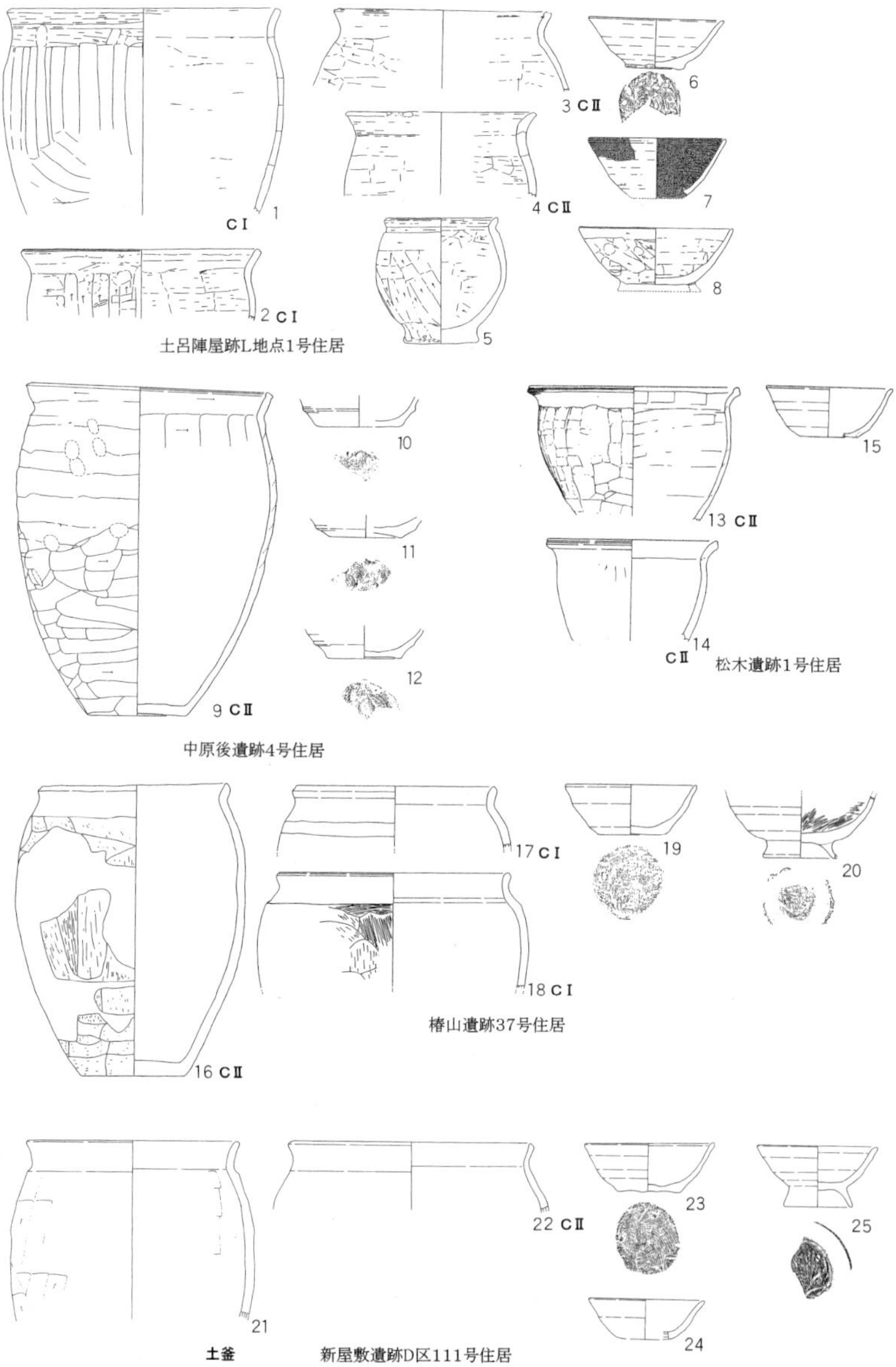

第12図　その他の甕C類（2）

一号住居はCⅠ・CⅡ類両者が出土している。CⅠ類一、二は口縁部の外反が弱く口径が大きい。CⅡ類四は口縁端部が丸くなる。五は台状底部の小形甕で南武蔵などとの関連も想定されるが胎土中には角閃石を多く含む。中原後遺跡四号住居九は和田北遺跡一五号住居一と類似する。椿山遺跡では口縁部が短く外傾するものがある（第一二図一六～一八）。新屋敷遺跡D区一一一号住居二一も器形的には同タイプであるが椿山遺跡のものが胎土中に角閃石を含むのに対して、新屋敷遺跡のものは小礫と金雲母を多量に含む粗い土で、縦方向のヘラ削りも非常に弱く群馬県を中心に土釜と呼ばれているもの（三浦・黒沢　一九八九）の範疇に入ると思われる。[2] なお、CⅡ類はこのほかに大山遺跡でまとまって出土している。[3]

甕C類の生産と食膳具

大宮台地以東の食膳具では九世紀中葉に下総地域の影響が顕著となるが、足立郡内の煮炊具は食膳具の状況とはやや異なるようである。煮炊具は食膳具から遅れること半世紀以上経過した一〇世紀前葉に画期を迎え、B類の衰退とともに常総型甕の影響をもつC類が郡内で生産され始めたと考えられる。B類の焼成遺構は未発見ではあるが、BⅢ類の一部に両者が融合したと思われるものが見られることや、両者の胎土に大きな違いが見られないことからも、C類の生産はこれまで煮炊具生産が行われていなかった地域に突然現れたものではなく、煮炊具生産にある程度の素地が備わっていた地域において開始された可能性がある。また、御蔵山中遺跡では食膳具と煮炊具であるC類が生産されている。一〇世紀前葉に煮炊具と食膳具を同じ焼成窯で生産する事例は、足立郡に限らず羽釜などでも同様であり、この時期から見られることだが、御蔵山中遺跡で生産された手持ちヘラ削りを施す食膳具とCⅠ類が必ずセットで分布するとは限らず、食膳具は、C類よりも多様で分布範囲も狭いと思われる。こうした煮炊具と食膳具の分布範囲に見られる相違は、九世紀後半までの武蔵型甕と北武蔵型坏、南武蔵型坏、須恵器坏の関係の縮小版とも言え、渡辺氏が指摘している補完的供給関係（渡辺前提書）という考え方が縮小しながらも継続していたといえないであろうか。羽釜が同じ胎土・焼成の食膳具と同一の分布範囲をもつようになるのは食膳具に小皿が出現する段階と考えられ（末木前提書）、足立郡内のC類はその段階を待たずに消滅したといえる。

おわりに

律令体制における地方支配の担い手は、古墳時代に地域の核となる古墳を造営する力を持っていた在地首長層であり、律令政府は彼らを大領や小領に任命し地方支配の前面に据えた。彼らは律令官人としてだけではなく、それまで共同体の首長として果たしてきた役割を継承することで地方支配を進め、土器を始めとする様々な物資調達に深く関わっていたのである。BⅣ類段階以降に見られる地域性の表れと分布範囲の縮小は、郡司層の共同体首長としての役割の終焉を象徴的に表す現象といえよう。

以上、煮炊具の変遷を当時の社会秩序の中で位置づけようと筆を起こしたが、残念ながら日ごろの不勉強がたたり当初の目的を果たすことなく筆を置くことになってしまった。特に煮炊具と食膳具の関係や下総を始めとする隣接地域の様相など検討が必要な課題がいくつもある。今後こうした点を視野に入れ再考を期したい。

本論作成に当たり、青木文彦氏、岩瀬譲氏、小倉均氏、小宮雪春氏、笹森紀己子氏、田中和之氏、中野達也氏にはお忙しい中、資料調査の便宜だけでなく貴重な御助言を賜った。文末ながら記して謝意を申し上げる次第である。

注

（1）武蔵型甕の胎土は一様であるとの認識もあるが地域差がある。足立郡や埼玉郡など北武蔵東部では、少量ながら金雲母が混入する。また、今回は対象とはしなかったが、武蔵と下総の国境に立地する春日部市の遺跡では、武蔵国側の八木崎遺跡、浜川戸遺跡から出土する煮炊具の胎土は本論のものに類似するが、古隅田川の左岸である下総国に立地する小渕山下遺跡、小渕山下北遺跡では、角閃石や雲母など多量に含みザラつく粘土が使用されている。

(2) 三浦、黒沢氏の論によると、土釜はそれ以前の土師器甕からの系譜が追えず、ロクロ甕や羽釜と胎土、整形に類似性が認められるとされる。こうした点だけを見れば今回検討したC類＝土釜となるが、一〇世紀以降の煮炊具は地域性が顕著となることから、各地域ごとにその様相を明らかにした上で土釜についてもその位置づけを見直す必要があると考える。

(3) B区一号住居、D区製鉄遺構、G区三号住居で出土している。

参考文献

黒済和彦　一九九九「毛長川流域における古墳時代後期以降の土師器の様相」『毛長川流域の考古学的調査』足立区伊興遺跡調査会

坂上康俊　二〇〇一「律令国家の転換と「日本」」『日本の歴史第五巻』講談社

末木啓介　二〇〇四「北武蔵の羽釜」『研究紀要第二六号』埼玉県立歴史資料館

鈴木徳雄　一九八三「古代北武蔵における土師器製作手法の画期」『土曜考古第七号』土曜考古学研究会

田中広明　二〇〇三「古代集落の再編と終焉」『中世東国の世界』一北関東　高志書院

長谷川厚　一九九六「古代前半期における関東地方の煮炊具の様相」『古代の土器研究―律令的土器様式の西・東―四煮炊具』古代の土器研究会

三浦京子・黒沢はるみ　一九八九「平安時代の煮炊具について―土釜」とは何か―」『研究紀要六』群馬県埋蔵文化財調査事業団

水口由紀子　一九九一「武蔵国における中世成立期の煮炊土器小考」『埼玉考古学論集』埼玉県埋蔵文化財調査事業団

宮崎由利江他　一九九三『氷川神社東遺跡・氷川神社遺跡・B―一七号遺跡』大宮市遺跡調査会

渡辺　一　一九九七「土器生産における二つの重圏構造」『古代の土師器生産と焼成遺構』窯跡研究会

武蔵国における村落寺院について

井上尚明

はじめに

国分寺や郡寺などのような伽藍配置の整った寺院以外に、古代の村落社会の中には開放的で簡易なつくりの〝寺院〟が存在した。このような〝寺院〟を村落内寺院あるいは村落寺院と位置付け、『日本霊異記』に記載がある堂的な施設ではないかとも指摘されている。呼称や堂との関連などについては諸説があるが、本格的な伽藍配置を持たない村落の〝寺院〟は遺構・遺物から確実に存在し、特に東国の古代社会の中では宗教施設という意味だけに留まらない重要な位置を占めている。本論では、これまであまり検討されることのなかった武蔵国の村落寺院を取り上げ、各地の例や類似遺構との比較などを試み、武蔵国の在地社会における仏教の波及を検討したい。

なお、遺構の比較基準や呼称については『古代の官衙 Ⅰ遺構編』（奈良文化財研究所 二〇〇三）を参考とし、村落社会に存在する簡素な寺院の総称として〝村落寺院〟を使用している。また、仏具に関わる遺物については、形態や用途からの呼称あるいは文献上の名称などが引用される場合もあり、例えば鉄鉢形土器では仏鉢・鉄鉢・瓦鉢などが使用されている。文献史学の立場からも土器の名称については細かな検討がされているが（荒井 二〇〇五）、ここでは用途や材質を限定させるような表現を避け、鉄鉢形土器や稜椀などの用語を使用することとした。

一　村落寺院の構造をめぐって

村落寺院の構造や類型化あるいは性格などについては、須田勉氏や笹生衛氏をはじめとして、各視点から検討が行われている。また、各地で仏教関係遺物・遺跡の集成や分析も進んでいる。しかし、武蔵国を対象とした遺跡の検討という点では、山添奈苗氏の分析（山添　二〇〇三）以外積極的とは表現し難い状況である。これは、両総地域などと比べると対象となる遺跡数の少なさが大きな要因でもあるが、資料が少ない地域でも検討は進められており、認識と取り組みの遅れは否めない。この章では、各地の代表的な村落寺院と県内の豪族居宅や神社など、構造的に類似した遺構と比較して、その差を再確認してみたい。

（一）東国の村落寺院

栃木県柿の内遺跡（阿部他　一九九二）からは、五×二間の二六〇号掘立柱建物跡と束柱を持つ三×二間の身舎に四面廂とさらに南を除く三面に孫廂を有する二六一号掘立柱建物跡が接するように並んで発見された。二六一号掘立柱建物跡から火舎香炉の一部が、竪穴住居跡からは鉄鉢形土器が出土しており、村落寺院と想定されている。近接した状況から二六〇号を建替えて二六一号を建設したと考えられていたが、正堂と礼堂からなる双堂建築であることが確認されている（須田　二〇〇二）。双堂建築は、密教的法会を営む建物で、東国では正堂から双堂へ発展することが指摘されており、悔過の法会や致富への願望のための施設と位置付けられている。正堂の身舎と廂の柱穴は、長方形を基本とした掘りかたで、同規模であるが束柱はやや小さい。三面の孫廂は円形プランで小形であり、柱筋や本数も不揃いである。建物の規模や礼堂と合わせた全体像は、大規模な建物として復元できよう。

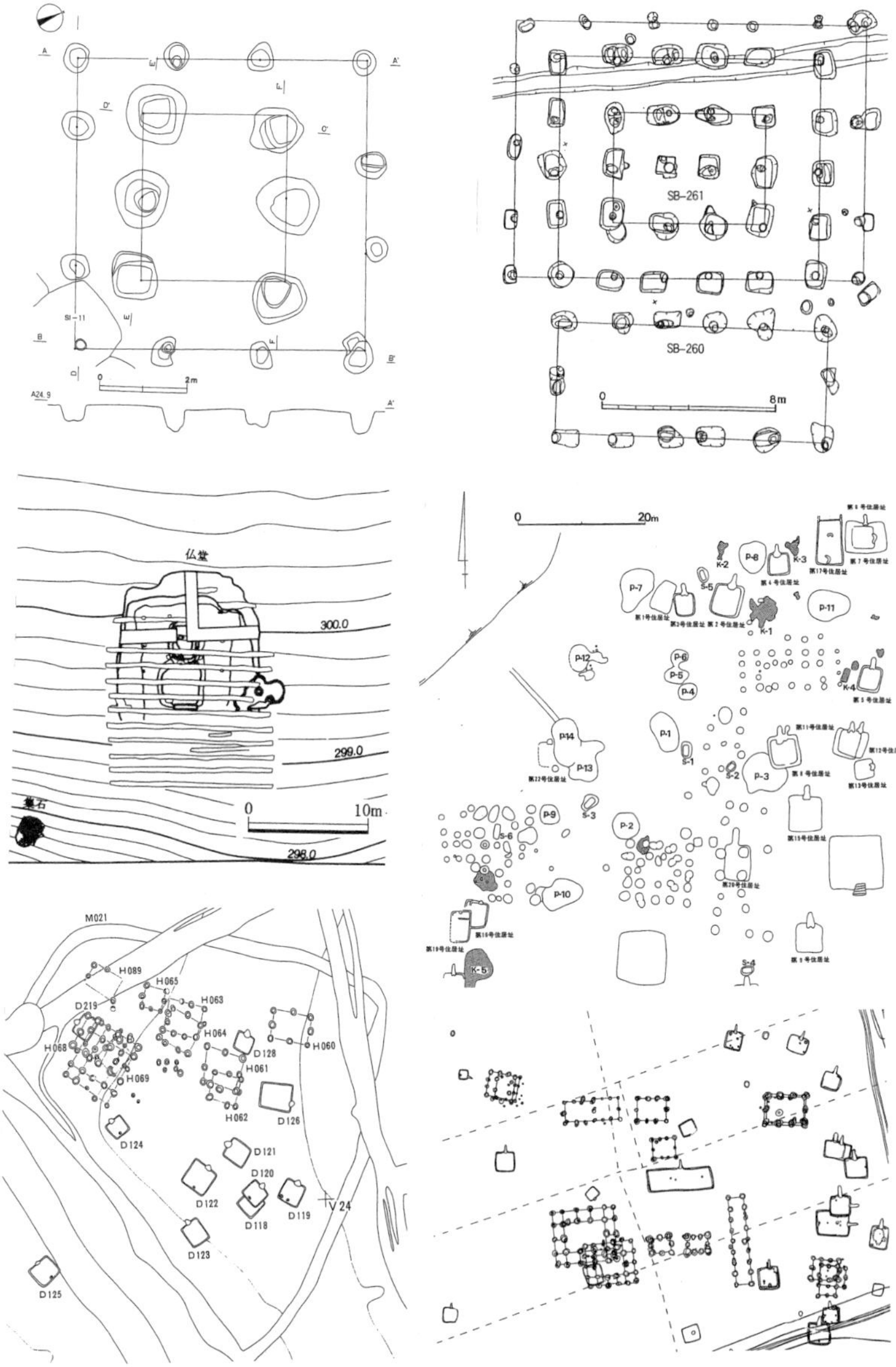

第１図　各地の村落寺院（右上から横に，柿の内・長峯・荻ノ原・三原田諏訪上・遠寺原・白幡前の各遺跡）

茨城県長峯遺跡は、三×二間四面廂の建物が二棟発見された寺畑遺跡から三〇〇ｍほど東の細い尾根上にある遺跡で、二×一間四面廂の建物が一棟確認されている（黒澤他 一九九七）。桁行方向の廂柱の位置が南北面とも身舎と柱筋が一致せず、南面の中央は大きく開口している。建物周辺から壁土や釘が出土している。竪穴住居跡からは「長谷寺」「万福」「国厨」墨書土器や鉄鉢形土器・円面硯などが検出された。寺畑遺跡とは時期的にほぼ一致するが、寺畑遺跡では大型の四面廂建物と、長屋風建物と呼ばれる掘立柱建物が伴っており、構造的に異なっている。また、長屋風建物は僧坊の可能性を指摘されている（上高津貝塚ふるさと歴史の広場 一九九八）。二×一間の身舎という例外的間数で小規模であることや、廂が変則的に三×三間となっていることなど、三×二間四面廂の定型的ともいえる寺畑遺跡の建物とは構造ばかりでなく村落寺院としての性格的な違いも感じさせる。

群馬県三原田諏訪上遺跡は、赤城西麓の舌状台地末端の南斜面に位置し、八世紀後半から九世紀中頃までの集落と一体となった瓦塔を安置した仏堂であると指摘されている（小林 二〇〇四）。南斜面に一一ｍ四方の平面コ字状・断面Ｌ字状の掘り込みをし、中央にロームを掘り残した基壇とこれを囲むように三×二間程度の礎石建物を建設している。部分的に瓦葺で、計画的な地形整形を伴う建物である。この建物は集落の西端に位置し、廃絶された時期も集落と一致しており、構造以外にも計画性を伺うことができる。このように、上野国では四面廂の建物以外にも、三原田諏訪上遺跡や仏堂線刻紡錘車が出土した戸神諏訪Ⅲ遺跡（岡本他 一九九三）のような外観上も異なるタイプの建物が発見されている。両総地域などとは違う在地仏教のあり方が想定できよう。

千葉県萩ノ原遺跡（寺門他 一九九七）は、養老川と小櫃川に挟まれた台地上にあり、版築基壇二基と二×二間四面廂および六×三間の建物などが発見されている。二×二間の身舎は長方形のプランで、三×二間を意識したと考えられるが、廂を含めた形状は四×四間の正方形に近いプランを採用している。このため身舎と廂の距離は、梁側が短くなる結果となっている。二基の基壇建物は正方形に近い平面形を呈しており、当遺跡における寺院の基本形は方形といえよう。瓦塔・風鐸・青銅製匙や「寺」「佛」「塔寺」などの墨書土器が出土しており、鍛冶遺構の存在も確認されている。時期的には八世紀末~九世紀末頃で、四面廂建物から基壇へと建て替えられている。製鉄関連遺構との関わりからは、工人達によって造営された寺院ではないかと指摘されている。四面廂建物や基壇の北側には、僧坊であろう六×三間の建物が確認されている。

千葉県白幡前遺跡（(財)千葉県文化財センター 一九九一）では、八世紀から一〇世紀にかけての二七九軒の竪穴住居跡と一五〇棟の掘立柱建物跡などが発見されている。井戸向遺跡や北海道遺跡など同時期の遺跡密度が高い地域である。三×二間四面廂の建物を含め、九棟の掘立柱建物跡と一〇軒の竪穴住居跡が、一辺が四六m程の不整形の溝によって区画されている。竪穴住居跡や溝からは瓦塔が出土しており、四面廂建物と同時期とされている。寺院関係の遺物としては他に、「佛」墨書のある鉄鉢形土器・人面墨書土器・灯明具・温石などが出土しており、八世紀末から九世紀初頭に建設された村落寺院である。両総地域においては、不整形ではあるが区画施設を伴う稀有な例として注目できよう。区画の外側からも廂付の建物や瓦塔と「大寺」「寺」墨書土器などが出土しており、寺院施設の移動が考えられている。

千葉県遠寺原遺跡（(財)君津郡市文化財センター 一九八五）は永吉台

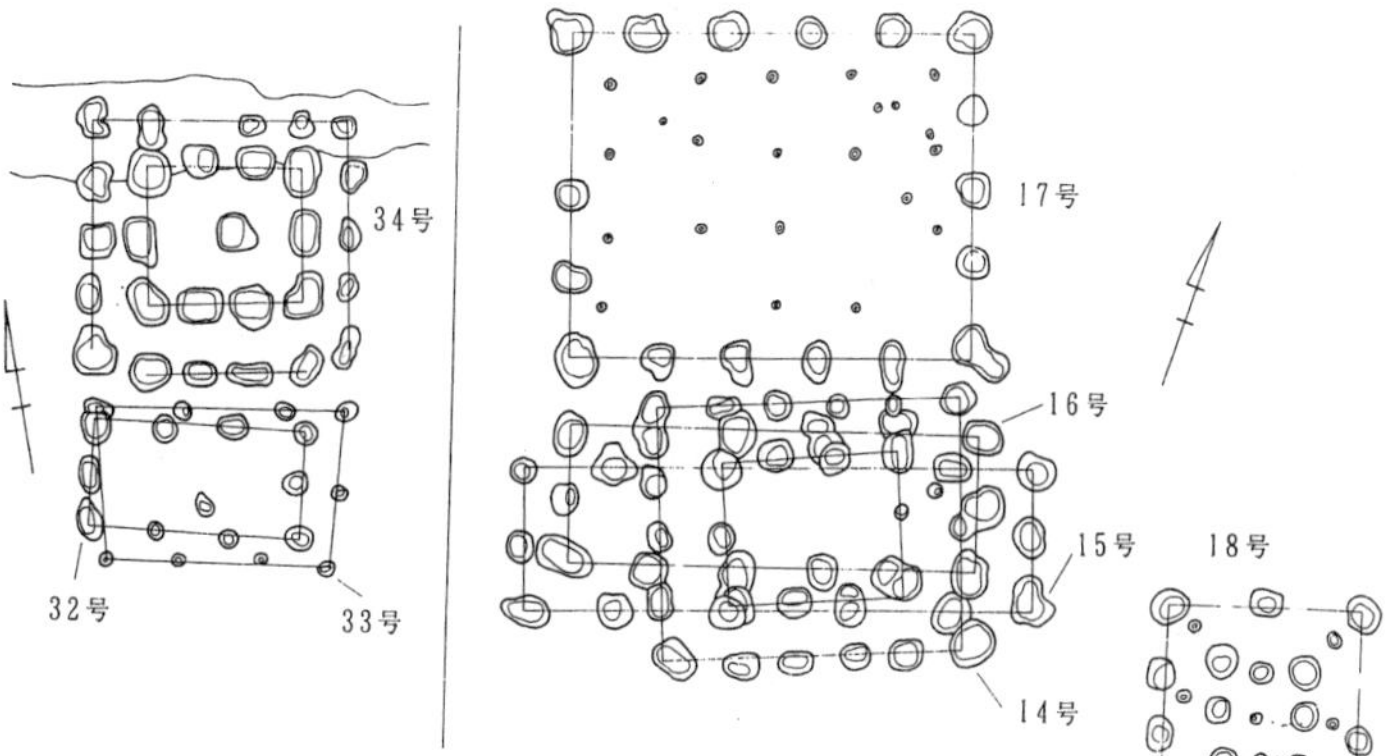

第２図　藪根不動原遺跡（かながわの古代寺院より転載）

遺跡群の一つで、小櫃川支流の台地上に立地する。一七棟の掘立柱建物跡と五一軒の竪穴住居跡などが検出され、三×二間の身舎に四面廂の付く建物を中心に、遺構が規則的に配置されている。八世紀末の創建で、瓦塔・鉄鉢形土器・香炉の蓋・灰釉の薬壺などと「寺」「僧」「佛」などの墨書土器が出土している。須田氏は四面廂建物の正堂を中心に二×二間の倉・長大な竪穴の僧坊と屋や厨の構成から、坪地業の四面廂建物と倉・八×一間の掘立柱建物の僧坊さらに屋と厨への変遷を想定している（須田 二〇〇五）。地形的にも台地縁辺部に沿って建物が配置されている。建物の変遷については、正堂は掘立柱建物から坪地業・僧坊は竪穴住居から掘立柱建物へ移行しており、村落寺院の構成や各建物の性格を付与可能な例として評価できよう。

神奈川県藪根不動原遺跡（広瀬他 一九八二）は、一度の調査で三三棟の掘立柱建物跡と五五軒の竪穴住居跡および墓壙などの遺構が発見され、鉄鉢形土器や浄瓶・瓦塔などが出土している。五×四間の正堂とその前面に建替えられた五×二間の二棟の礼堂が、さらに礼堂と重複する三×二間四面廂、その東に二×二間四面廂の建物が存在する。五×四間の建物は身舎のみであるが、内部に束柱と考えられる小ピットが並んでいる。別の地点でも、三×二間四面廂の正堂とその南面に重複する二棟の三×二間の礼堂がある。藪根不動原遺跡では、双堂建築を基本とした建物と、時期の異なる四面廂建物の二種類の形態が見られる。

以上のように、各地の村落寺院を列挙してみたが、四面廂建物を中心に双堂・基壇などの様式があり、僧坊や倉などが伴う場合も見られた。中心建物で最も多く見られる三×二間の身舎に四面廂が付く建物も、廂部分を含めた間口は五×四間となり、身舎のみの藪根不動原遺跡の正堂と同規模となっている。身舎のみから廂付建物への変遷も指摘されているところであるが、最終的な間口は一致するような計画あるいは規制も感じることができる。二×一間や二×二間のような規模の小さな身舎を持つ、長峯遺跡や藪根不動原遺跡については、廂柱が身舎と柱筋を通さず、変則的な位置に穿たれている。三×二間四面廂の建物と比較すると、小型というだけではない部分の簡素さや非計画性を伺うことができる。廂を含めた正堂のプランについては、長方形系と方形系に分類でき、基壇建物は方形系が基本となっている。また、僧坊には竪穴から掘立柱建物への変遷が見られ、何れも長大な長屋風の建物となっている。遠寺原遺跡の竪穴の僧坊は、長辺側中央にカマドが構築されており、竪穴住居としての基本的な構造は備えている。

（二）豪族・有力者の居宅

上里町中堀遺跡は、上武国境を流れる神流川の扇状地に広がる、九世紀前半から一〇世紀後半に及ぶ遺跡で、溝や道で区画されたブロックの中に寺院・工房・居宅・住居などが配置されている（田中他 一九九七）。九世紀後半に区画が整備され、寺院区画は三棟の地業と工房とされる細長い竪穴住居跡などが確認されている。工房ブロックでは鋳銅・鍛冶・漆などの工房が発見され、居宅ブロックでは四面廂建物と大型住居が検出され、陶器や貿易磁器が出土している。武蔵国勅旨田の経営拠点ではないかと想定されており、金泥付着灰釉陶器を含む豊富な陶磁器や経典・漢詩の漆紙文書の出土から、僧や文士の存在も指摘されている。寺院ブロックは九世紀末を最盛期として、鬼瓦を葺いた建物などと二軒の竪穴住居跡が発見されており、トリベの出土などから鍛冶工房ではないかとされている。二軒とも長方形を呈し、一軒は七・七五×三・一六ｍと長辺と短辺の差が倍以上あり、瓦・灯明皿・円盤状土製品などが出土している。形態から僧坊を兼ねた建物ではなかろうか。寺院ブロックでは四面廂の掘立柱建物は確認されなかったが、居宅と住居ブロックでは二面から四面廂の建物が何棟も発見されている。

熊谷市周辺で居宅と考えられる遺跡がいくつか発見されている。諏訪木遺跡（吉野 二〇〇一）では、九世紀後半から一〇世紀を主体とした時期に、大型建物を中心に区画溝が巡っている。数棟の四面廂建物が確認されているが、身舎は三×二間で同位置で建替えられている建物もある。八号掘立柱建物跡は一部溝持で、廂の外側にさらに小穴が巡っている。規模も小さく浅い柱穴であるが、身舎・廂と柱筋を通しており、足場のような作業用柱穴ではなく孫廂と

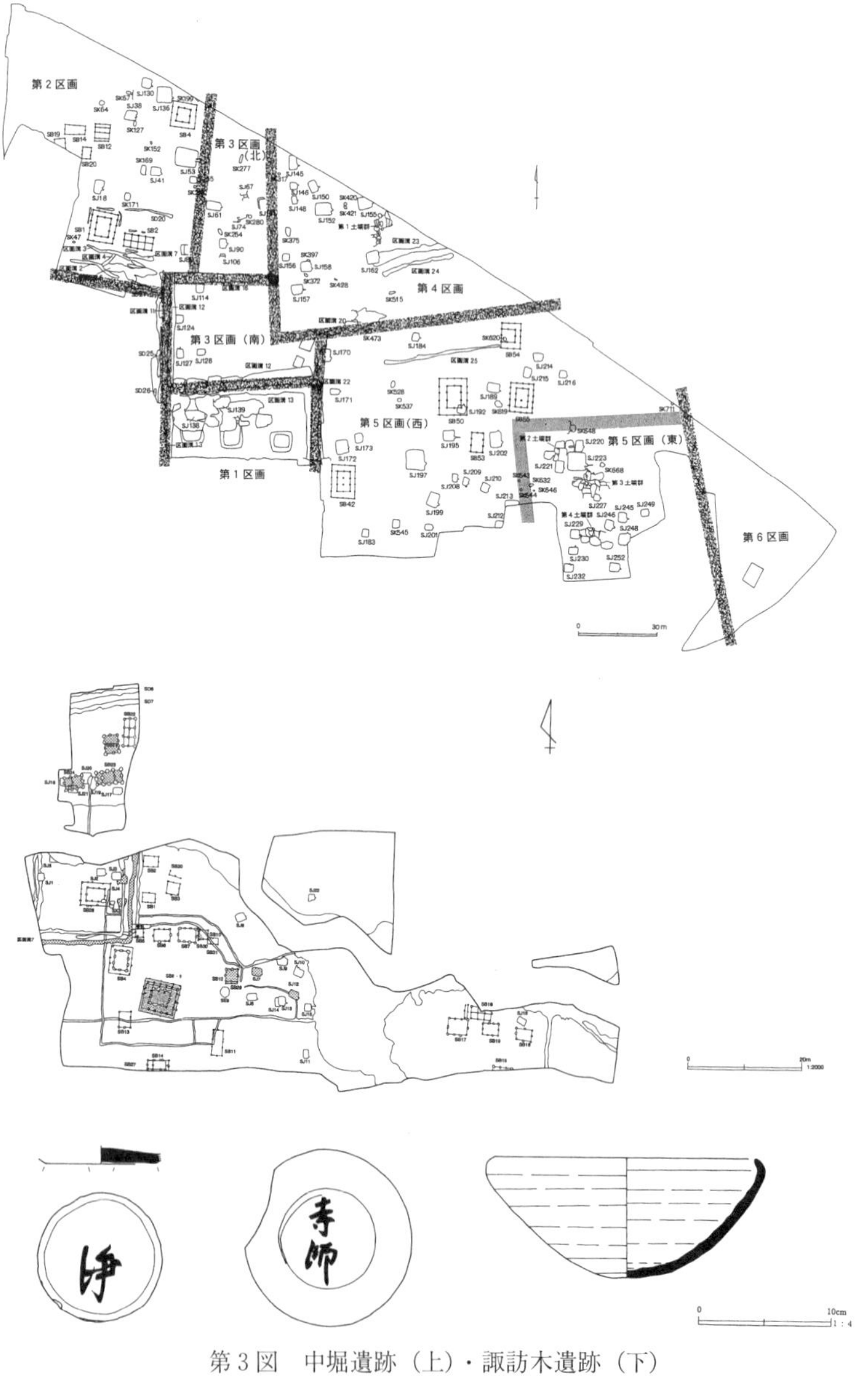

第3図　中堀遺跡（上）・諏訪木遺跡（下）

なる可能性もある。遺物としては、鉄鉢形土器・稜椀・「寺師」「浄」「院」墨書土器・三彩小壺や鉄鉢などが出土している。また、諏訪木遺跡の大きな特徴として、斎串・人形・馬形を使用した河川祭祀が行われていることが挙げられる。仏教関連の遺物が出土していることから、中堀遺跡のような寺院ブロックが周辺に存在する可能性も残されているが、斎串などと考え合わせた時、寺院や仏教と直結させるのではなく、宗教関係の遺跡としての評価も必要であろう。下田町遺跡（赤熊他 二〇〇四）は九世紀末から一〇世紀の在地領主層の館跡と考えられている遺跡で、区画溝内の七×二間四面廂建物を寝殿として、三×二間四面廂を対殿とした配置関係が指摘されている。鍛冶や漆工房も発見されている。北島遺跡第一九地点（田中他 二〇〇四）では、四脚門のある二条一対の区画溝内から五×二間四面廂の建物などが発見され、習書木簡や円面硯などが出土している。九世紀から一〇世紀の豪族居宅とされている。

武蔵北部を中心にしたこれらの遺跡の共通点としては、低地や河川を望む台地あるいは丘陵上の遺跡ではなく、自然堤防に立地することや、時期的に九世紀後半以降に遺跡のピークが来ることがある。また、基本的に複数の建物や住居を区画する施設が存在することや、陶器類の多出あるいは多様な遺物の出土なども大きな特徴である。四面廂建物も三×二間以上の規模で、長方形プランを基調としたものが主屋となっている。居宅内における堂の存在や、中堀遺跡のような各ブロックの展開なども想定することが必要であるが、村落寺院との類別は可能である。

(三) 神社関連遺構

美里町上野遺跡（中沢 二〇〇〇）は、古墳群や律令期の遺跡が多く分布する独立低丘陵群の一つに位置し、二一七軒の竪穴住居跡と二二棟の掘立柱建物跡が発見された。南斜面で東西二五m、南北二四・五mほどの菱形プランの柵列と内部で七棟の建物群が確認された。柵列の柱間距離は二・五mほどで、区画内には蔀風の四間の柱列も並んでいる。時期的には八世紀前半から九世紀初頭である。建物群は基本的に東西を桁行・南北を梁行に揃え、重複関係から二から三期の変遷が辿れる。南から、区画内最大規模の四×二間と三×二間の側柱建物が重複し、その北面に並ぶ三×二間総柱と三×二間側柱建物も重なるように重複している。この西側で一×一間の小型建物が重複しており、東側では二×二総柱と柱穴列が単独で存在する。位置を替えずに重複していることから、建替えられたと考えられる。灰釉陶器や鉄鉢形土器などが出土しているが、柵列よりもやや新しい時期となる。さいたま市氷川神社東遺跡（渡辺他一九九三）は、武蔵国一宮の氷川神社境内という特殊な立地条件の遺跡であり、遺構・遺物も非常に特徴的な様相を呈している。一〇世紀前葉の門を伴う区画柵列内に、三×三間の二棟の総柱建物が並ぶ地区があるが、官衙の正倉のような大型柱穴ではない。金銅仏や浄瓶・三足盤などの仏具、「上寺」などの墨書土器、多量の灯明具、さらには鉄製の口琴などが出土している。特に、仏像・「延喜通宝」などは地鎮や鬼門封じとされるピットから出土しており、柱抜取り痕出土の口琴も占いや託宣との関わりを指摘されている。氷川神社東遺跡は、神祇祭祀ばかりでなく、仏教的・陰陽道的要素も取り込んだ宗教センター的な存在として位置付けられるのではなかろうか（井上二〇〇二）。一宮として律令国家が関与している神社の影響を強く感じる遺跡である。府中市武蔵国府関連遺跡の一〇六七次調査では、国衙の北西（戌亥）方向に鎮座する国府の守護社（江口二〇〇四）であるとされる神社遺構が発見されている。三×二間の身舎の北と西の二面に廂が付き、この建物を囲むように二重の区画溝が巡っている。八世紀末から九世紀前半の期間存続したとしているが、構築時期をさらに遡らせる考えもある。国府関連遺跡の近接する地区からは、「戌」「神」墨書土器や工房も発見されているが、区画周辺からは神社を連想させるような遺物は出土していない。

さて、武蔵国内の神社関連遺構を見てきたが、大きな特徴として、区画施設内に一から数棟の建物が並び、総柱建物はあっても四面廂のような大型建物は存在しない。区画内は基本的に掘立柱建物で構成され、竪穴住居跡を取り込むことはしていないようである。また、仏教的な遺物は共伴するが、神社に特徴的な遺物は出土していないことなどが指摘できる。立地的にも丘陵あるいは台地を基本とし、区画施設や建物の規模とともに居宅遺構とは大きな格差を

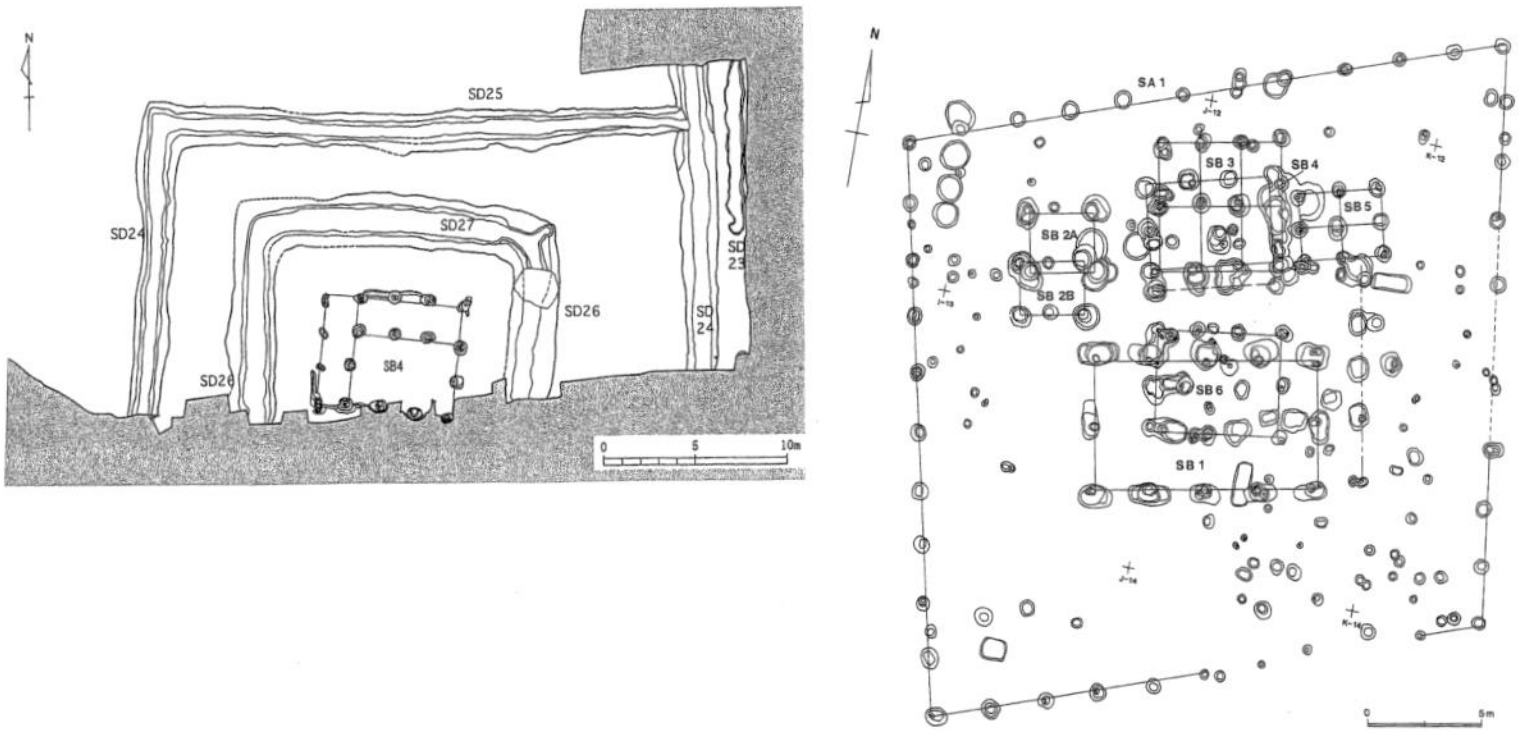

第4図　上野遺跡（右）・武蔵国府関連遺跡（左）

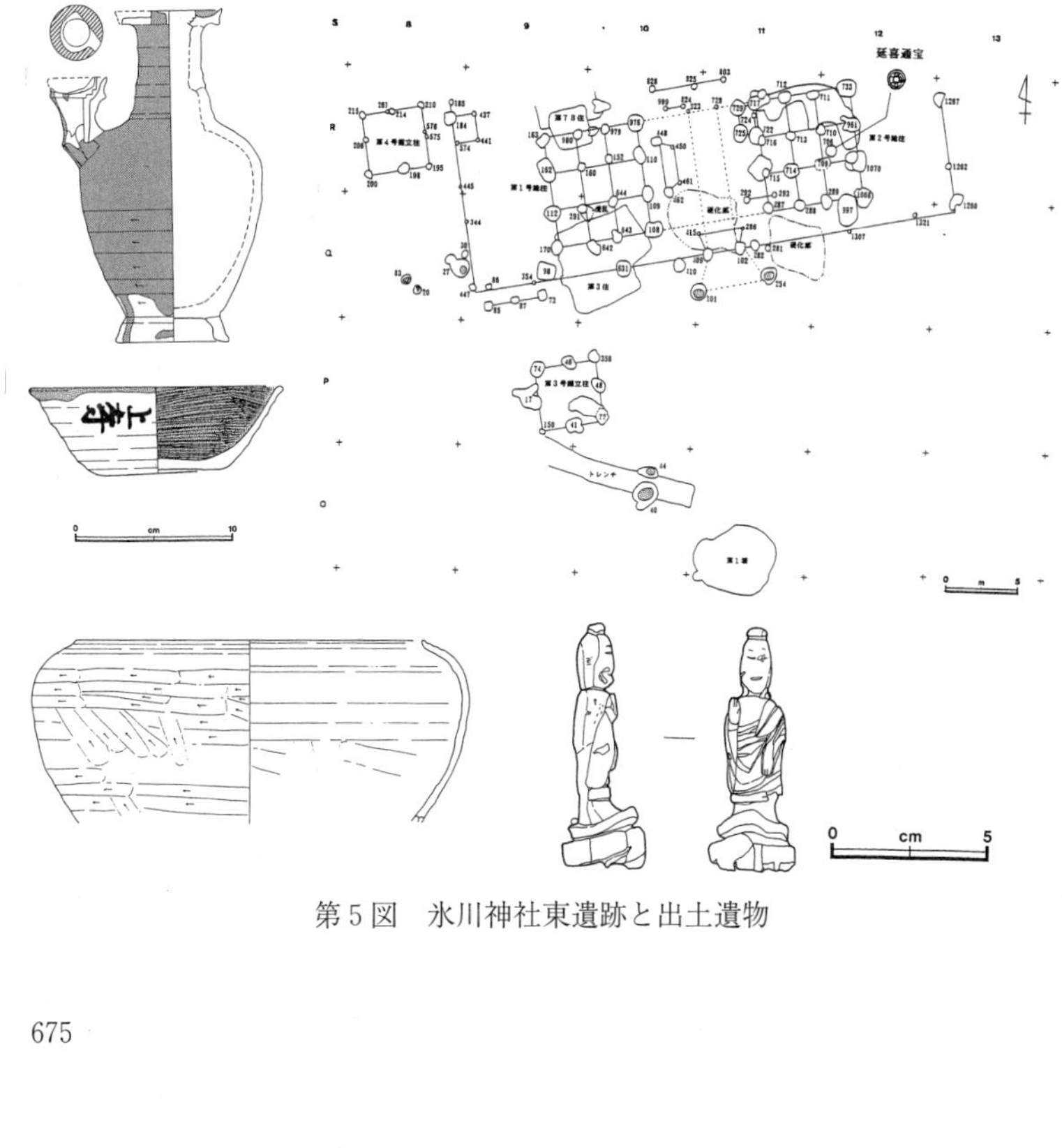

第5図　氷川神社東遺跡と出土遺物

見ることができる。立地など村落寺院と共通する部分もあるが、四面廂建物が主流にならない点や建物を遮蔽する規模の小さな区画施設など、相違する点も少なくない。

二　出現期の村落寺院

これまで、村落寺院は八世紀中頃を初源として、八世紀後半から九世紀にかけて広く展開するとされてきた。前章で見てきた東国各地の村落寺院も概ねこの時期を主体とするものであり、八世紀前半代に遡るものはなかった。しかし、武蔵国内では所沢市東京道南遺跡（飯田　一九九三）と多摩市和田西遺跡（多摩市教育委員会　二〇〇一）が八世紀前半代に出現しており、現状では武蔵国南部のこの二遺跡が、遺構として把握できる最古の村落寺院として位置付けられる。

東京道南遺跡は、都県境となる柳瀬川北岸のテラス状に張出した台地平坦面に所在し、三棟の掘立柱建物跡と四軒の竪穴住居跡およびこれらを囲む溝が発見された。中心となる建物は三×二間四面廂で、柱穴規模は身舎部分よりも廂部分の方が大きく、四隅の柱穴は内側を向くタイプである。柱穴の規模や構造からは、五×四間を強く意識して計画的に建設したことが伺える。この他に二×二間の側柱建物が二棟と四軒の竪穴住居跡が確認されている。これらの遺構は、主軸方向をほぼ一致させるもので、竪穴住居跡はカマドが四面廂建物に向かないような配慮で構築されている。区画溝は南北五〇m、東西六〇m以上の規模で、八世紀第2四半期を主体とする時期である。区画内の二号住居跡からは、鉄鉢形土器や火打金と火打石、編み具状の石が出土している。火打金は火や火花にかかる浄化などから、祭祀関係の遺跡などに埋納・供献されるのではないかと指摘されており（関　二〇〇二）、さらに灯明への点火など実用的な面も考える時、寺院との関係は深いといえる。以前、寄居町の山中にある釜山神社で行われた粥占神事で、実際の火打ちを実見したが、用具を揃えれば誰でもすぐに使用できるものではない印象を受けた。また、生産や流通も限定されるもので、東国の村落社会では使用する人物・施設も限定されていたと考えるのが妥当であろう。編み具と考えられる棒状の石は三〇個出土しており、日常的な作業も行っていたのであろう。区画内の遺構は、出土遺物や主軸方向あるいは配置関係から同時期と考えられ、当初から正堂を中心に規則的に建設されたと考えられる。僧坊・倉などの性格を各遺構に対比させることは現状では困難であるが、あえて想定すれば、四本柱穴を持ち床面も硬化し、豊富な出土遺物がある二号住居跡を庫裡的な機能と作業場的建物に、正堂に近い一・三・四号住居跡を僧坊に、二・三号掘立柱建物を倉などとしておきたい。四面廂建物を備えてはいるが、僧坊とされる長屋風の竪穴住居あるいは掘立柱建物は存在しない。柳瀬川上流四㎞には該期の拠点的な遺跡で、官衙的色彩の強い東の上遺跡が東山道武蔵路に沿って広がっている。対岸の清瀬市下宿内山遺跡では、多数の墨書土器や銙帯などが出土しているが、左岸側には東の上遺跡まで律令期の遺跡はほとんどなく、両遺跡は政治・宗教施設として有機的関係にあることが伺える。

和田西遺跡に関しては、概報の他に分析や検討も行われており

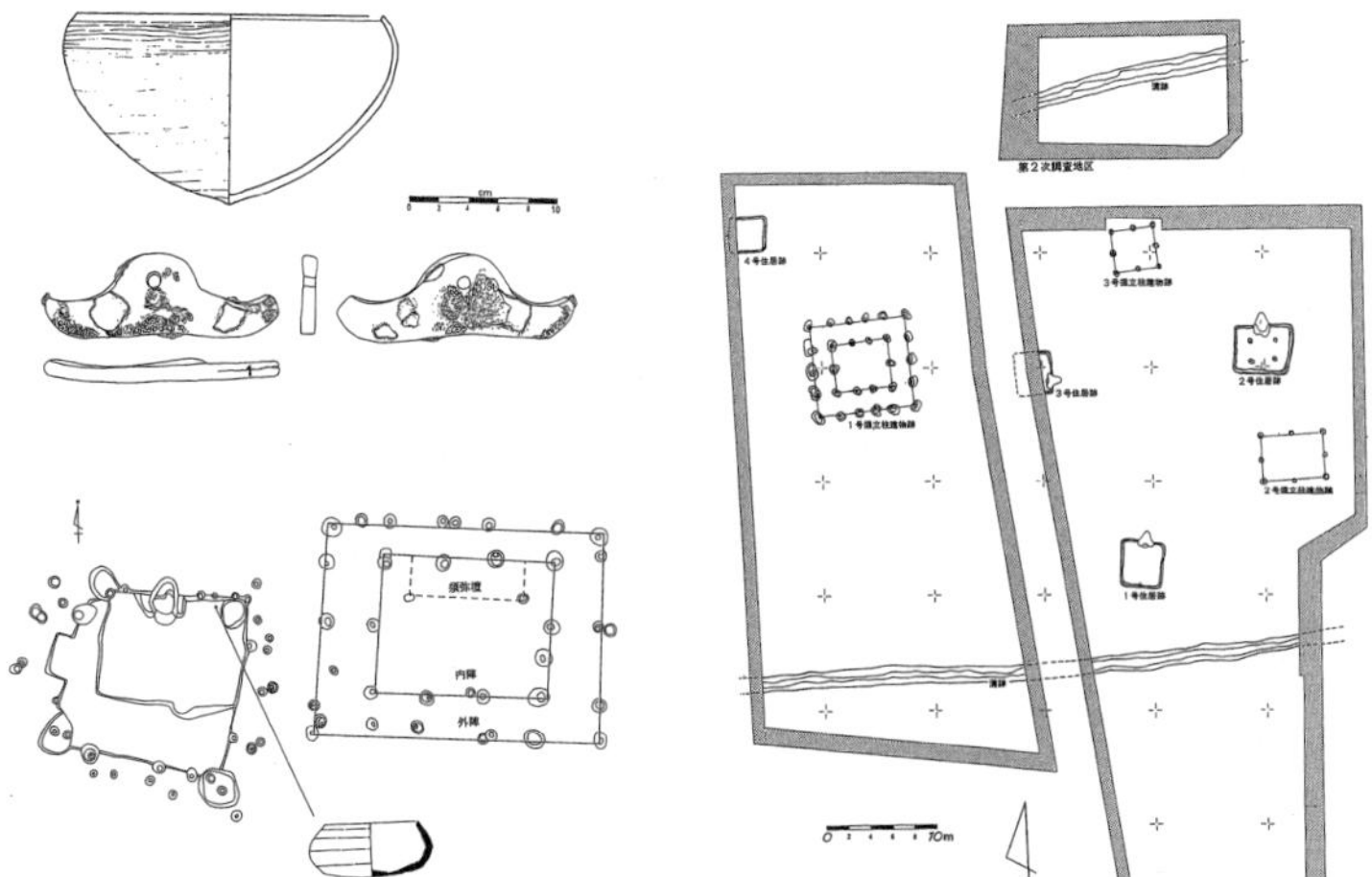

第6図　東京道南遺跡と出土遺物（右）・和田西遺跡（左下）

（多ヶ谷 一九九七、山添 二〇〇三）、最古段階の村落寺院と評価されている。遺跡は多摩川の支流である大栗川右岸の台地上に位置し、国府周辺の工房群の一つで拠点的な工人集落である。奈良・平安時代の遺構は調査区全域に広がっているが、四面廂の一〇〇〇号遺構と竪穴である七〇七号遺構は、周辺に他の遺構が存在しない空閑地を形成して並んでいる。一〇〇〇号遺構は三×二間の身舎に四面に廂が付く建物で、身舎の北側桁行に須弥壇を支えていたとされる一対のピットがある。廂は柱筋・軸線ともにやや不揃いである。七〇七号遺構は四面廂建物の西に南北軸を揃えて並び、各コーナーに柱穴を穿ち壁外柱穴が周囲に巡っている。床面にはL字にベッド状遺構が確認できる特異な構造をしている。合子形の須恵器や盤状坏が出土しており、八世紀第2四半期と考えられ、これらの遺構は、須弥壇を有する村落寺院と庫裡ではないかと指摘されている。しかし、村落内の生産活動の繁栄を祈る宗教施設としての機能だけではなく、国府と関連のある僧侶や官人が儀礼も行う公共の場としての性格も備えていたとされている。

出現期の村落寺院である二遺跡を見てきたが、何れも四面廂建物と付属施設を伴っている。東京道南遺跡では区画施設も確認されており、出現当初から完成度の高い構成を見ることができる。時期は八世紀第2四半期に出現するが、長期間存続するものではなく、建替えや増設することなく短期間で終焉を迎えている。この出現期の村落寺院が、両総地域や瓦塔安置施設を中心とする上野・武蔵北部でなく、村落寺院の密度も低い武蔵南部に存在することは看過できない。成立に関しては、距離的にも近い国分寺や国府が関与していたことは充分考えられる。

三　武蔵国の村落寺院

この章では、武蔵国の北から順に村落寺院の可能性が指摘できる遺跡を列挙して、特徴をまとめておきたい。

美里町甘粕山遺跡群（駒宮他 一九八〇）は、志戸川右岸の標高九三から九九mの丘陵上に位置し、小さな谷を挟んで対峙する五ヶ所の遺跡から成っている。東山遺跡は甘粕山の東端部の遺跡で、掘立柱建物四棟と竪穴住居四軒が発見され、掘立柱建物群が並ぶ南斜面からは瓦塔・瓦堂が集中して出土している。掘立柱建物は五×三間一棟・三×二間二棟・二×一間一棟で、廂付きや総柱建物はないが、柱穴は大きく深い。二×一間の四号掘立柱建物跡と重なるように五重塔と金堂片が混在して出土しているが、柱穴からの出土は見られない。瓦塔片は一〇m四方程度の範囲に分布しており、現状では四号掘立柱建物跡が瓦塔と瓦堂を安置した建物の可能性が高いが、四号と瓦塔分布は同一等高線上にのっており斜面下方には流出していない点が気に掛かる。瓦塔と混在する土器からは、九世紀前半には建物が建設された可能性がある。東山遺跡北西一〇〇mの同一丘陵上にある如来堂A遺跡からは、四棟の掘立柱建物跡と二軒の竪穴住居跡が発見され、三足華盤や双耳壺や巡方などが出土している。報告では堂的な施設は、東山遺跡から如来堂A遺跡に移築し、二軒の竪穴住居は堂守的機能であったとしている。また、甘粕遺跡群では、東山遺跡から鞴羽口、如来堂D遺跡から炭焼窯、対岸には「カナクソ」地名が残されており、鉄生産との関わりが考えられる。瓦塔が安置されていたと想定される東山遺跡の二×一間の建物は、前章で見た茨城県長峯遺跡の身舎と非常に類似しており、平坦面の少ない丘陵や尾根に立地するなど占地的にも共通点が見られる。

深谷市西龍ヶ谷遺跡（鳥羽 二〇〇〇、宮本 二〇〇四）は、針ヶ谷堀川右岸に沿って広がる南北に長い遺跡で、九世紀代の掘立柱建物跡、竪穴住居跡、井戸が調査されている。三×二間の身舎に四面廂が付く建物が一棟発見されているが、調査区内には同時期の掘立柱建物は他に確認されていない。九世紀前半の竪穴住居跡が周辺に四軒分布し、土師器脚付椀などが出土している。神奈川県東耕地遺跡から（大上他 一九八六）「罡本寺」墨書がある土師器高坏と蓋がセットで出土しており、仏飯具あるいは飲食器としての用途を想定でき、西龍ヶ谷遺跡の脚付椀も在地社会で使用された仏具と考えたい。北一㎞には官衙的様相が見られる律令期の集落である熊野遺跡や、さらに北一㎞には榛沢郡正倉と推定される中宿遺跡が台地縁辺部に立地している。こういった歴史的環境からは、整理途上であり限られた資料

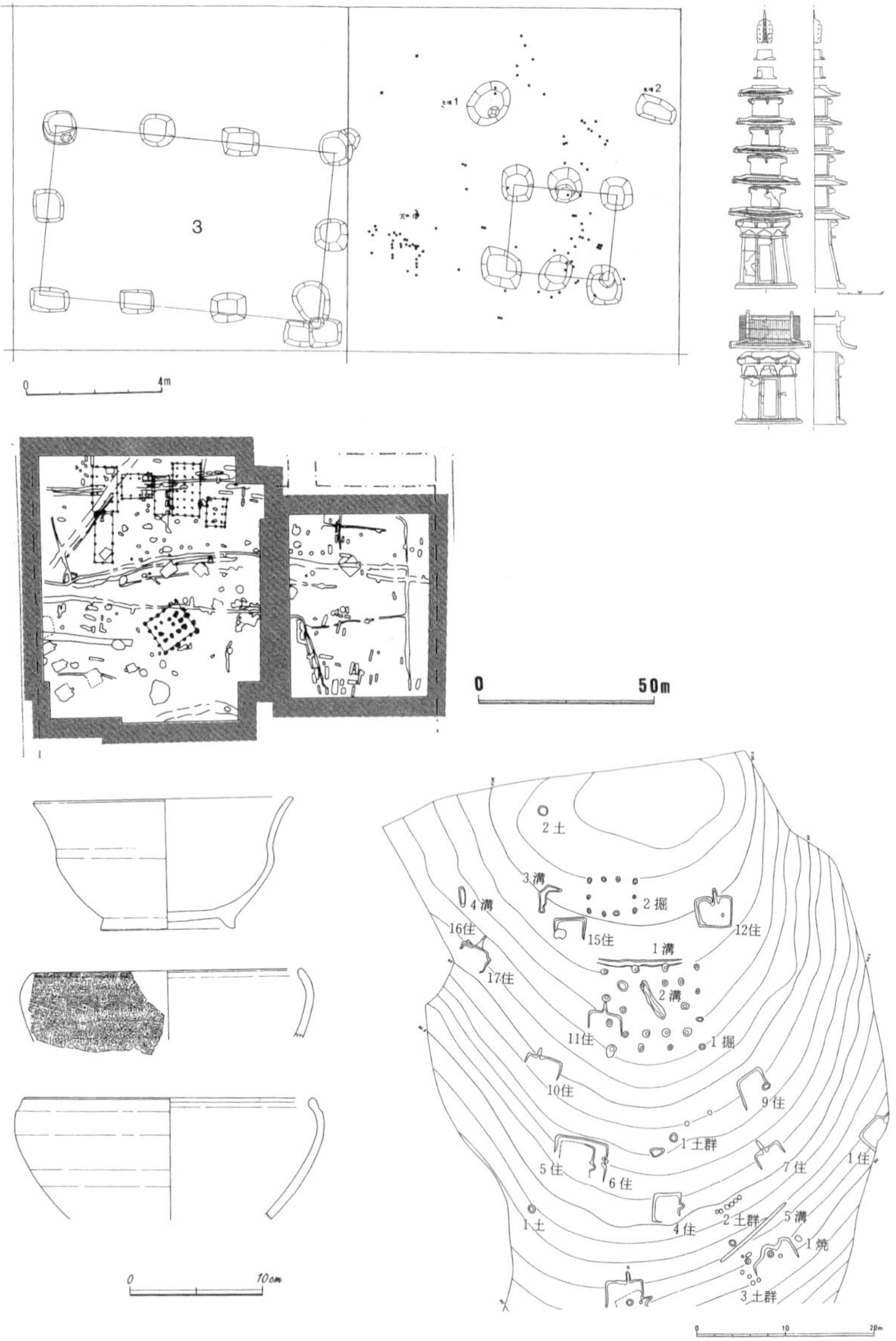

第7図　東山遺跡瓦塔出土分布図（上）・西龍ヶ谷遺跡（中）・柳沢Ａ遺跡と遺跡群出土土器（下）

内であるが、台地奥部の開発と関わる村落寺院の可能性を指摘しておきたい。

嵐山町柳沢A遺跡（植木 一九九七）は、嵐山滑川ゴルフコース内に点在する二一の遺跡の一つで、遺跡群は市の川・滑川水系の小規模な谷が入り込む馬の背状の小支丘が連なる地形に分布している。遺跡からは二棟の掘立柱建物跡と一五軒の竪穴住居跡が発見されている。丘陵の頂部に近い南斜面に、三×二間の身舎に四面廂の建物とそのやや上方に桁行を揃えた三×二間の側柱建物が並んでいる。斜面下の竪穴住居跡からは、稜椀や椀形滓などが出土している。出土土器の主体は八世紀後半であろう。遺跡群内の中尾遺跡と用土庵B遺跡から三個体分の瓦塔が発見されており、台田嶺A遺跡から鉄鉢形土器、天裏遺跡から鉄鉢形土器と円面硯、用土庵A遺跡からは稜椀などが出土している。遺跡群内の仏教的要素は強い。遺跡群内には一三の奈良・平安時代の遺跡が所在し、四面廂建物や瓦塔といった仏教関係遺構・遺物の他に、炭焼窯・鍛冶炉・焼土跡といった主に鉄生産に関わる遺構が発見されており、東山遺跡同様丘陵地の村落寺院と製鉄との関わりが伺える例である。

坂戸市稲荷前A遺跡（富田 一九九二）は、越辺川右岸の低台地上に点在する入西遺跡群の一つで、遺跡北側の沖積地には条里が広がっている。稲荷前遺跡では、七世紀から一〇世紀まで集落が営まれており、八世紀後半頃から大型掘立柱建物跡を中心とした規則的な配置を見ることができる。九世紀後半の時期には、三×三間総柱に四面廂の建物を中心に、三×二間総柱建物と三×二間側柱建物二棟の構成の建物群が想定されている。鉄鉢形土器や「占」墨書土器などと、時期は古くなるが円面硯や郡名・郷名習書墨書土器などが出土している。四面廂建物は総柱で、廂も不揃いなことから縁の可能性も指摘されている。中心建物が総柱であることや、建物群の主軸が南北棟であることなど、これまで見てきた村落寺院とはやや様相が異なるが、候補の一つとしておきたい。

坂戸市と鶴ヶ島市に跨る若葉台遺跡（斉藤他 一九八四・一九九三、加藤他 二〇〇五）については、これまで官衙をはじめ荘所や居宅など（鶴ヶ島町教育委員会 一九八三）いくつかの説が俎上に上がっており、最新のデータでは八世紀初

第8図　稲荷前A遺跡（右上）・塚越遺跡（左上）・若葉台遺跡（下）

頭から一〇世紀初頭までの二三四棟の掘立柱建物跡と二七八軒の竪穴住居跡などが発見されている。遺跡の北東端で、他の遺構とは隔絶したように空閑地に囲まれた建物群が配置されている。東西棟の四×三間四面廂建物と、その西側に並ぶ六×二間の長大な南北棟建物および三×二間の側柱建物で構成され、遺跡の中核的建物群として注目されていた。この建物群の時期は、主軸の並びなどから八世紀第2四半期後半から八世紀後半とされている。遺跡からの出土遺物には、稜椀・奈良三彩・銅鈴・和同開珎・「時山」「高山」墨書土器や火打金・丸鞆などがある。四面廂建物が正堂、六×二間の建物が僧坊と想定されており、現状では村落寺院説が有力である。

朝霞市塚越遺跡（肥沼 一九九六、照林 一九九九）は、荒川に注ぐ新河岸川の支流である黒目川と越戸川に挟まれた台地上に位置し、掘立柱建物跡二棟と竪穴住居跡二軒が発見されている。四面廂建物とこれに二×一間の小型建物がL字状に並び、二軒の竪穴住居跡は何れも火災住居で、粘土の堆積から一軒は工房の可能性がある。報告などでは、中心建物は四×二間四面廂としているが、廂の隅柱が欠如し身舎の内部にも小柱穴が巡るなど、拡張した痕跡が確認できる。柱穴のプランや深さからは、当初束柱を持つ二×二間身舎の四面廂建物であったが、桁行方向に各一間拡張したもので、梁側にある小ピット列は縁か足場穴ではないだろうか。正堂が四×二間の身舎を持つ村落寺院は希少であることから、拡張した段階で建物の性格に変化があったのではなかろうか。前に述べた諏訪木遺跡の二三号掘立柱建物跡は四×二間で棟持柱を配する建物であり、二×二間から四×二間へ拡張したと考えられ、廂や束柱はないが塚越遺跡と似た状況を示している。工房と考えられる竪穴住居跡と二×一間の建物が重複しており、性格と組合せにも差があったのであろう。出土遺物には、陰刻花紋のある緑釉蓋や「加」墨書土器と、建物の柱穴から炭化米・炭化材が検出されている。炭化米は鎮壇的な祭祀の痕跡とも指摘されている。時期は一〇世紀前半である。塚越遺跡の北六〇〇ｍに位置する、向山遺跡（照林 二〇〇〇・二〇〇四）からは、掘立柱建物跡二〇棟などの九世紀代の遺構が発見されている。報告書の刊行がまだなので細かな状況は不明であるため、全測図などから概観すると、廂付建物を含む掘立柱建物群がL字状に並び、手付瓶・円面硯・石帯などが出土している。また、墓壙が伴っていることも注目できよう。さらに、向山遺跡の西に隣接する中道・岡台遺跡からは瓦塔が出土しており、塚越遺跡を中心とした仏教関連遺跡が続いている。

最後に、遺構としては把握できないが、出土遺物から村落寺院の可能を示唆しうる遺跡をいくつか取り上げてみたい。大宮台地北部の北本市では、遺構としては村落寺院を含めた仏教的施設の発見や古代瓦の出土はないが、荒川左岸の台地上に展開する律令時代の遺跡群から、仏像線刻紡錘車をはじめ鉄鉢形土器や「奉入寺」の墨書土器など仏教的色彩の強い遺物が出土している。時期的には八世紀後半から九世紀前半を主体としており、荒川を望む台地縁辺とその支流である江川流域に集中している。特に江川上流域の讃岐谷遺跡では、鉄鉢形土器、「矢邊室使物」「八」「川名」「真願奉」などの墨書土器、灯明具として使用された坏類、須恵器蓋の転用硯などと、内面に漆の付着した小型台付椀や漆容器として使用された長頸瓶・水瓶が出土している。小型台付椀は南比企産の須恵器で、飲食器・仏飯具とも類似しているが（奈良国立博物館　一九六四）、台は小さく扁平である。漆容器類の共伴からは、パレットとしての用途が考えられ、漆の使用に関わる土器群として注目できよう。これらの一括遺物は竪穴住居跡から出土しているが、残念ながら調査面積も狭く遺跡の状況を知るには情報も少ない。しかし、以上の出土遺物からは仏教との関わりは明瞭で、時期は八世紀中頃から第３四半期であろう。同じ江川の下流左岸の榎戸遺跡からは「奉入寺」の墨書土器が出土しており、讃岐谷遺跡とは時期的にも近く、周辺に仏教施設が存在する可能性は高い。

これらの遺跡の他に、北本市域では荒川を望む台地縁辺に、北から阿弥陀堂遺跡・宮岡遺跡・市場Ⅰ遺跡・下宿遺跡など律令期の仏教と関わる遺物が出土する遺跡が点在している。荒川低地に突出する舌状台地の阿弥陀堂遺跡（磯野　一九九七）では、底部内面に「丸人」、底部外面に「人」の墨書がある須恵器高台坏が出土しており、転用硯としても使用されている。宮岡遺跡（吉見他　一九九八・二〇〇一）は、阿弥陀堂遺跡の南側の台地に小さな谷を挟んで対峙しており、これまでに何次かの調査が実施され、八世紀前半から集落が存在することが確認されている。二次調査六号住居跡からは、稜椀や鉄滓、桃の核あるいは骨や貝が出土している。四次調査の一号住居跡から出土した八世紀後半の須恵器坏には、「私印」が押印されており、生産地である鳩山窯跡群とこの遺跡でしか発見されていない。集落

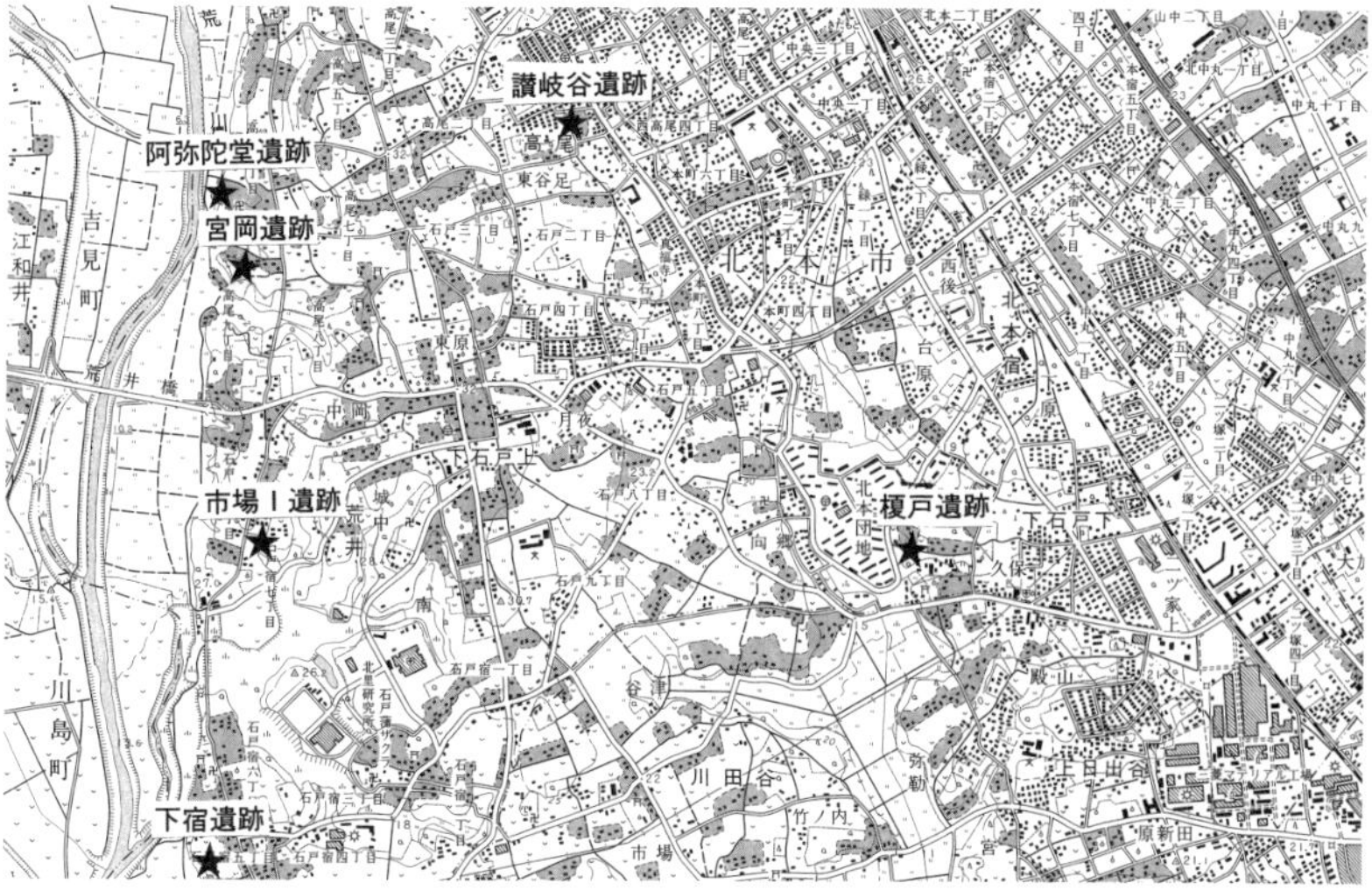

第 9 図　北本市内関連遺跡

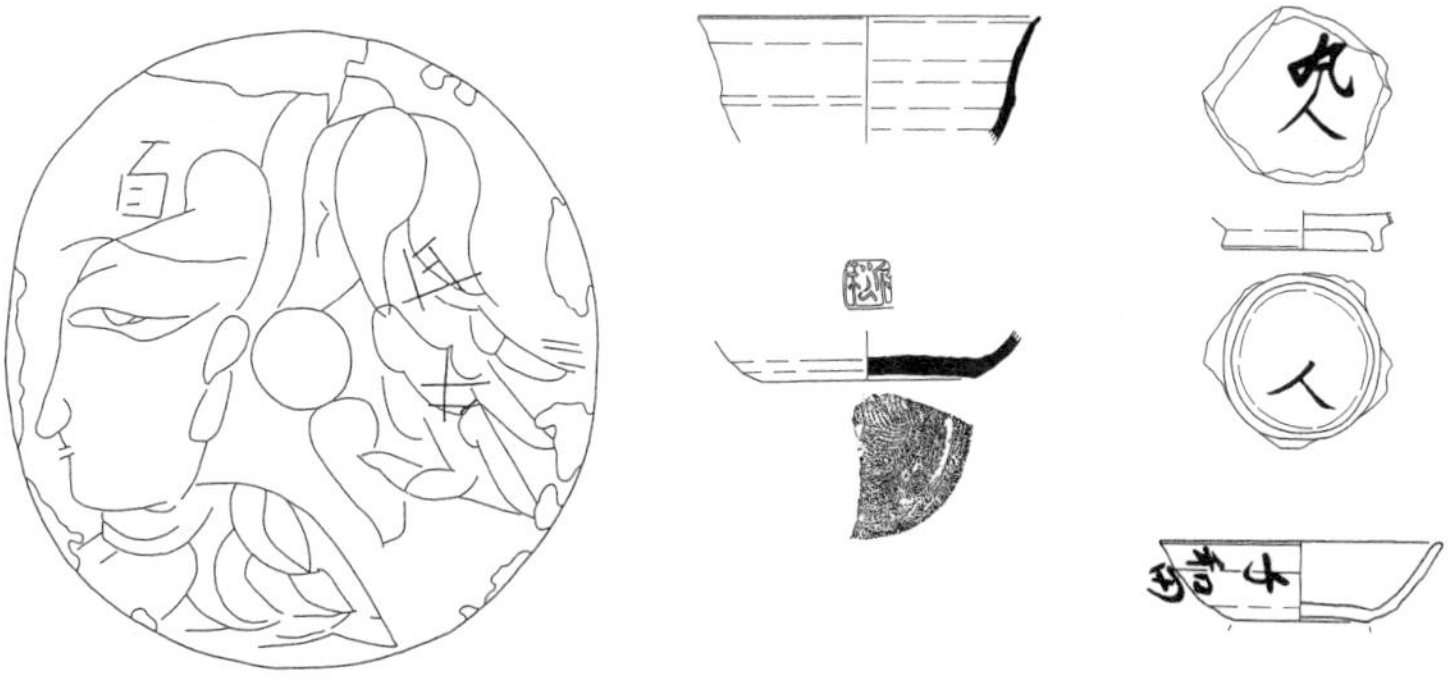

第 10 図　北本市内出土遺物

内祭祀で使用した土器とも考えられている。市場Ⅰ遺跡（磯野 一九九四）は、宮岡遺跡の南一㎞に位置し、八世紀前半の一号住居跡から短頸壺と桃の核、九世紀前半の二号と三号住居跡から「子和田」「東」の墨書土器、平瓶や手鎌が出土している。下宿遺跡（磯野 二〇〇〇）は市場Ⅰ遺跡のさらに南一㎞の桶川市との境に位置し、八世紀初頭から集落が形成される。八世紀末～九世紀前半の三号住居跡から、蛇紋岩製仏像線刻紡錘車や火打金、転用硯などが出土している（吉見 一九九九）。紡錘車には右手で施無畏印を結ぶ如来と右手の上に「牛甘」と刻まれている。製作者は仏像や仏画に接する機会が多い人物との指摘もあり、火打金の出土とともに寺院以外での宗教的儀式の一端が垣間見える遺跡である。江川流域の讃岐谷遺跡・榎戸遺跡を含む北本市域の律令時代遺跡群は、時期的には約一世紀、距離的には半径約二㎞の範囲に収まっており、仏教的要素の強い遺物によって有機的な結合関係を想定することができる。前述したように、現状では遺構として仏教施設を確認することはできないが、八世紀後半以降武蔵国足立郡北部の集落遺跡に仏教信仰が導入され、ある程度定着したことを示す遺物群である。関連遺跡の密度からも、宗教活動の拠点を含む遺跡群であったことも充分考えられ、瓦を葺かない施設の存在が予想できる。宮岡遺跡や下宿遺跡では八世紀前半から集落が形成されており、鉄滓や青銅製巡方の出土からは、この地域に仏教文化を受け入れる素地はすでに整っていたと考えられる。仏教的要素の強い遺跡群成立の要因として、荒川の河川交通に関わる施設や陸路の存在、さらには宮岡遺跡出土「私印」押印から、鳩山窯跡群などとの流通に関わる可能性も想定できよう。

武蔵国の村落寺院では、柿の内遺跡や藪根不動原遺跡のような双堂建築や、萩ノ原遺跡のような掘立柱建物跡から基壇建物、あるいは遠寺原遺跡のように掘立柱建物跡から礎石建物への変遷などを把握することはできない。また、身舎のみの建築から廂を付け、さらに双堂へと発展する状況なども確認できない。しかし、出現当初から四面廂建物が存在することや、僧坊と考えられる長屋風建物も古い段階から備わっているなど、村落レベルにおいて信仰としての仏教だけではなく、設備を含めた施設についての知識や技術とともに官が主導・介在した姿が投影できる。

四　村落寺院研究の課題

これまで、武蔵国の村落寺院について現状の確認と、各地の事例や類似遺構との比較を見てきた。居宅遺構の構造と対比してみると、中心建物が四面廂であり居宅エリア内から仏教関係の遺物が見られる共通点などがあるが、低地に立地し遺跡の盛隆時期が九世紀後半となる点や、さらに建物配置や規模の大きな区画施設の設置など、村落寺院との差も見ることができる。しかし、居宅建物にも三×二間の身舎に四面廂が付く例が多く、建物単体で比較した場合、その差を抽出することは困難である。また、神社遺構との比較では、区画施設の有無などが大きな特徴となる。武蔵国府関連遺跡や群馬県鳥羽遺跡では一棟の建物を区画する、狭い範囲の多重区画溝があるなど、村落寺院との構造上の差は大きい。立地的には台地上である点や、上野遺跡や佐賀県徳永遺跡あるいは御手水遺跡のような双堂に近いタイプの建物配置が見られるなどの近似点も見られる。佐賀県の例では、四面廂建物の南面に三×二間の側柱建物が並行し、小型で簡易な建物であるが双堂と類似した構造となっている。神社遺構に特徴的な遺物が明確になっておらず、遺物からの峻別は難しいが、先にあげた区画施設の問題など、ある程度の区別は可能であろう。いずれにしろ、在地社会に伝統的な神社と八世紀に出現する村落寺院は、同時期の類似した宗教施設として、村落社会の中で並存したのである。建設の背景やよって立つ基盤となるもの、あるいは村落内における両者の果たした役割など、どのように棲み分けしていたのか大きな課題である。また、区画施設の有無については、区画施設を有しないことが村落寺院の特徴の一つでもあったが、東京道南遺跡や寺院だけの性格には限定できないが氷川神社東遺跡など、区画が存在する村落寺院も確認できる。区画施設を持たない多くの村落寺院も、竪穴住居や掘立柱建物など生活遺構との混在はなく、周囲に空閑地を設定した構造を基本とする傾向にある。このことは、物理的な遮蔽施設がなくても、占有空間を意識しているものであり、建物だけではなく空閑地も含めた敷地の前提があったと考えられる。敢えて想定すれば、宗教施設としての清浄空間の確保とともに、広場的なエリアが設定されていたと言えるであろう。しかし、区画施設が必須条件でないことは、神社施設との大きな差であり、両者の棲み分けのヒントとなるかもしれない。

武蔵国の村落寺院を立地から見ると、東山遺跡や柳沢A遺跡のような、樹枝状の支谷が入り込む複雑な地形の丘陵地帯に施設が造られる場合と、若葉台遺跡のように平坦面が確保できる台地に展開する遺跡に大別できる。自然堤防や扇状地に造られることはなく、水田となるような低地帯を避けていることは明らかであり、建設における占地要件や規制があったことが伺える。他県の例でも、台地に立地することを基本とし、低地との比高差がある舌状台地や尾根などを選んでいる傾向がある。丘陵立地型の村落寺院では、南斜面に桁行を等高線に平行させて建設する傾向が強く、このことは、施設への通路や開口の方向などを示唆するもので、斜面を登って行くと丘陵頂部の森を背景に建つ村落寺院の姿が浮かんでくる。また、瓦塔との繫がりを強く感じられ、東山遺跡では四面廂を持たない小型建物に安置されていた例を見ることができる。丘陵立地型の周辺からは、製鉄関連遺構・遺物や炭焼窯跡などが発見されており、生産遺跡特に製鉄との関係を指摘しておきたい。和田西遺跡は国府関連の工人集落とされ、台地上の遺跡も出現当初から生産との関わりを持っており、建立の背景の一つとして評価できるだろう。

出土遺物から仏教の普及を裏付けられる遺跡の代表として、北本市域の遺跡群を取り上げたが、『古代仏教系遺物集成・関東』(考古学から古代を考える会 二〇〇〇)で集成されているように、単体の遺物も含めれば武蔵国内からも多くの仏教関連遺物が出土している。特に、古代道路が調査されて話題となった西吉見条里遺跡(太田 二〇〇五)から「大佛」の線刻がある紡錘車が出土しており、交通・流通の拠点とも考えられる光山遺跡群(井上 一九九四)からは「袈」の墨書土器や鉄鉢型土器、稜椀やコップ形須恵器、轡が出土している。宮町遺跡(大谷 一九九一)からも「路家」墨書土器・棹秤・コップ形須恵器とともに稜椀が発見されている。流通や交通と仏教遺物出土遺跡との関係を考える例として注目したい。さらに、元荒川の河川交通との関連を強く感じさせる築道下遺跡（吉田　一九九七他）でも、四面廂を含む多くの廂付建物や、鉄鉢形土器・火打金などが発見されており、陸上交通だけではなく内水面交通と仏教の関わりも指摘しておきたい。

村落寺院を媒介とした仏教信仰は、製鉄などの工業や交通・流通の整備とも密接に関わりながら、八世紀後半以降東国の村落社会に浸透していった。村落寺院の密度が高いのは両総などを主体とした地域であるが、現状では八世紀前半に南武蔵に建立された二遺跡を端緒として、台地から丘陵地帯に広がっていった。構造や規模に差があるように、村落寺院にもいくつかの種類や階層性が存在することはこれまでに指摘されているとおりである。しかし、根底にあるのは村落社会の中における現世利益的な願望であり、これが広く受け入れられた大きな要因でもあろう。

おわりに

これまでに官衙や集落の分析をしてきた過程で、寺院と仏教遺物については常に気に掛かっていた存在であった。しかし、集落から出土する仏教遺物と、伽藍配置と瓦を中心とした寺院研究が直接的に結びつく接点は多くはなかった。このような格差を埋めるキーワードの一つが須田氏が提唱した村落寺院であり、これにより、寺院研究だけではなく集落研究の幅も大きく広がった。武蔵国内でも村落寺院の可能性を指摘される遺跡はあったが、比較分析するには数も少なく、個々の遺跡の指摘や検討が主であった。本論では武蔵国の村落寺院の現状確認といくつかの傾向を述べたが、課題の山積を改めて意識したにとどまってしまった。今後の課題として、村落社会における神社と寺院の存在意義について検討を続けていければと考えている。

なお、文末になりましたが、故上野恵司氏をはじめ、須田勉・荒井秀規・飯田充晴・三田光明・磯野治司・宮瀧交二の各氏には、貴重な助言や資料を頂きました。あらためて感謝いたします。特に、立正大学の上野氏にはお亡くなりになる数ヶ月前にお会いして、仏教考古学の研究が進んでいる立正大学の資料を頂いたりしました。突然のことで言葉もありませんでしたが、この場を借りて改めて御冥福をお祈りします。

引用・参考文献

赤熊浩一他　二〇〇四『下田町遺跡Ⅰ』（財）埼玉県埋蔵文化財調査事業団

飛鳥資料館　一九八四『小建築の世界』

阿部　茂他　一九九二『辻の内遺跡・柿の内遺跡』（財）栃木県埋蔵文化財センター

荒井秀規　二〇〇五「延喜主計式の土器について（下）」『延喜式研究第二一号』

飯田充晴　一九九三『東京道南遺跡』所沢市教育委員会

池田敏宏　一九八九「武蔵国における平安仏教受容の一様相」『土曜考古一四』土曜考古学研究会

池田敏宏　一九九九「仏堂施設における瓦塔出土状況について（素描）」『土浦市博物館紀要九』

磯野治司他　一九九四『市場Ⅰ遺跡』北本市遺跡調査会

磯野治司　一九九七『阿弥陀堂遺跡』北本市教育委員会

磯野治司他　二〇〇〇『下宿遺跡』北本市教育委員会

井上尚明　一九九四『光山遺跡群』（財）埼玉県埋蔵文化財調査事業団

井上尚明　二〇〇〇「考古学から見た古代の神社」『紀要二五』埼玉県立博物館

井上尚明　二〇〇一「古代神社遺構の再検討」『研究紀要一六』（財）埼玉県埋蔵文化財調査事業団

植木智子　一九九七『滑川嵐山ゴルフコース内遺跡群』滑川嵐山ゴルフコース内遺跡群発掘調査会

上野川勝　一九九六「古代下野における「山寺」の成立と天台仏教」『唐沢考古一五』唐沢考古学会

江口　桂　二〇〇四「古代地方官衙における「社」に関する一考察」『白門考古論叢―稲生典太郎先生追悼考古学論集―』中央大学考古学研究会

大上周三他　一九八六『東耕地遺跡』神奈川県立埋蔵文化財センター

太田賢一　二〇〇五『西吉見条里遺跡』吉見町教育委員会

大坪宣雄　二〇〇〇「民間における仏教の受容」『かながわの古代寺院』神奈川県考古学会

大谷　徹　一九九一『宮町遺跡Ⅰ』（財）埼玉県埋蔵文化財調査事業団

岡本範之他　一九九三『戸神諏訪Ⅲ遺跡』沼田市教育委員会
加藤恭朗　二〇〇五『若葉台遺跡発掘調査報告書Ⅵ』坂戸市教育委員会
勝又直人　二〇〇二「静岡県における古代仏教遺物の様相」『研究紀要九』(財)静岡県埋蔵文化財研究所
上高津貝塚ふるさと歴史の広場　一九九八『仏のすまう空間』
木本雅康　一九九四「氷川神社と太陽方位信仰」『古代東国の民衆と社会』名著出版
黒澤春彦他　一九九七『長峯遺跡』土浦市教育委員会
肥沼正和他　一九九六『向山遺跡・稲荷山遺跡・塚越遺跡』朝霞市教育委員会
考古学から古代を考える会　二〇〇〇『古代仏教系遺物集成・関東』
小林　修　二〇〇四「群馬県赤城村三原田諏訪上遺跡の仏堂跡」『日本考古学一七』日本考古学協会
駒宮史朗他　一九八〇『甘粕山』埼玉県教育委員会
埼玉考古学会　二〇〇二『坂東の古代官衙と人々の交流』
(財)君津郡市文化財センター　一九八五『永吉台遺跡群』
(財)千葉県文化財センター　一九九一『八千代市白幡前遺跡』
(財)千葉県文化財センター　一九九七『研究紀要一八　古代仏教遺跡の諸問題』
斎藤　稔他　一九八四『若葉台遺跡群』鶴ヶ島町教育委員会
斎藤　稔他　一九九三『若葉台遺跡』鶴ヶ島市遺跡調査会
阪田正一　一九九六「古代房総の民衆と仏教文化」『考古学の諸相』坂詰秀一先生還暦記念会
笹生　衛　一九九四「古代仏教信仰の一側面」『古代文化四六』(財)古代学協会
笹生　衛　一九九八「古代集落と仏教信仰」『仏のすまう空間』上高津貝塚ふるさと歴史の広場
笹生　衛　二〇〇四「古代村落における祭祀の場と仏教施設」『季刊考古学八七』雄山閣
静岡県教育委員会　二〇〇三『静岡県の古代寺院・官衙遺跡』
寺門義範他　一九九七『萩ノ原遺跡』日本文化財研究所
菅原章太　一九九八「墨書土器の機能に関する一試論」『堅田直先生古希記念論文集』真陽社
鈴木孝之・若松良一　二〇〇一「信仰資料としての紡錘車」『研究紀要一六』(財)埼玉県埋蔵文化財調査事業団
須田　勉　一九八五「平安初期における村落内寺院の存在形態」『古代探叢Ⅱ』早稲田大学出版部
須田　勉　二〇〇〇「東国における古代民間仏教の展開」『国士舘大学人文学会紀要三二』
須田　勉　二〇〇一「東国における双堂建築の出現」『国士舘史学九』国士舘大学史学会
須田　勉　二〇〇二「国分寺と山林寺院・村落寺院」『国士舘史学一〇』国士舘大学史学会
須田　勉　二〇〇五「村落寺院の構造とその信仰」『古代の信

仰を考える』 第七一回日本考古学協会総会国士舘大学実行委員会
関 義則 二〇〇二「埼玉県出土の火打金」『埼玉考古三七』埼玉考古学会
高崎光司 一九八九「瓦塔小考」『考古学雑誌七四―三』 日本考古学会
多ヶ谷香理 一九九七「和田西遺跡の「村落内寺院」」『東京の遺跡五七』 東京考古談話会
田中広明他 一九九七『中堀遺跡』(財)埼玉県埋蔵文化財調査事業団
田中広明他 二〇〇四『北島遺跡Ⅳ』(財)埼玉県埋蔵文化財調査事業団
多摩市教育委員会 二〇〇一『和田西遺跡』
千葉県立房総風土記の丘 一九九一『年報一四 シンポジウム平安前期の村落とその仏教記録集』
鶴ヶ島町教育委員会 一九八三『若葉台遺跡シンポジウム』
照林敏郎 一九九九「埼玉県朝霞市宮原・塚越遺跡第一地点検出の掘立柱建物跡について」『あらかわ第二号』 あらかわ考古談話会
照林敏郎他 二〇〇〇『向山遺跡第三・四・五・六地点発掘調査報告書』 朝霞市教育委員会
照林敏郎 二〇〇四「朝霞市の奈良・平安時代の遺跡について」 朝霞市博物館研究紀要第七号
栃木県立しもつけ風土記の丘資料館 一九九九『仏堂のある風景』
富田和夫 一九九二『稲荷前遺跡A区』(財)埼玉県埋蔵文化財調査事業団
冨永樹之 一九九四～九六「村落内寺院の展開(上)～(下)」『神奈川考古三〇～三二』 神奈川考古同人会
冨永樹之他 二〇〇五「奈良・平安時代の宮ヶ瀬遺跡群の研究Ⅲ」『研究紀要一〇 かながわの考古学』(財)かながわ考古学財団
鳥羽政之 二〇〇〇『町内遺跡Ⅰ』 岡部町教育委員会
直木孝次郎 一九六八「日本霊異記にみえる「堂」について」『奈良時代史の諸問題』 塙書房
中沢良一他 二〇〇〇『上野遺跡』 美里町教育委員会
奈良国立博物館 一九六四『密教法具展』
奈良文化財研究所 二〇〇三『古代の官衙遺跡Ⅰ 遺構編』
橋本澄朗 一九九四「堂のある風景―『今昔物語』の世界から―」『峰考古一〇』 宇都宮大学考古学研究会
平野 修 一九九六「古代仏教と土地開発」『研究報告七』帝京大学山梨文化財研究所
平野 修 二〇〇二「出土文字資料からみる古代甲斐国の仏教信仰」『山梨県考古学協会誌一三』 山梨県考古学協会
三舟隆之 二〇〇二「『日本霊異記』に見える『堂』と『寺』」『続日本紀研究三四一』 続日本紀研究会

宮瀧交二　一九八九　「古代村落の「堂」」『塔影二二』　本郷高校

宮瀧交二　一九九五　「「山野路辺」における「百姓」の「造塔」について」『古代史研究一三』　古代史研究会

宮本直樹　二〇〇四　『町内遺跡Ⅴ』　岡部町教育委員会

山添奈苗　二〇〇三　「武蔵国の村落内寺院」『和田西遺跡の研究』　考古学を楽しむ会

吉田　稔　一九九七　『築道下遺跡Ⅰ』　(財)埼玉県埋蔵文化財調査事業団

吉野　健　二〇〇一　『諏訪木遺跡』　熊谷市遺跡調査会

吉見　昭他　一九九八　『宮岡遺跡第二次調査』　北本市教育委員会

吉見　昭　一九九九　「仏像を刻んだ紡錘車」『埋文さいたま三二号』　埼玉県立埋蔵文化財センター

吉見　昭他　二〇〇一　『宮岡遺跡第四次調査』　北本市教育委員会

立正大学考古学会　一九九九　『考古学論究五〈出土仏具の世界〉』

古代笠の一例

――熊谷市北島遺跡例からみた――

鈴木孝之

はじめに

埼玉県熊谷市に所在する北島遺跡は、熊谷市教育委員会による発掘調査のほか、(財)埼玉県埋蔵文化財調査事業団によって、たびたび発掘調査が実施された。遺跡は、時期的には弥生時代中期後半から中近世にまで及び、内容的にも規模的にも県内屈指の遺跡の一つといえる。これらについては、すでに発掘調査報告書(Ⅰ～ⅩⅢ)が刊行されている。

北島遺跡は、熊谷市教委による調査区のほか、(財)埼玉県埋蔵文化財調査事業団の設定した調査区が第1～21地点まで存在するが、各地点の調査面積については大小さまざまである。これらの発掘調査によって遺物が数多く出土しており、内容的にも実に多種多様といえる。そういった中の一つに、第19地点で検出された「笠」と思われる遺物がある。この遺物については、発掘調査報告書の中でごく簡単に触れたことがある(鈴木 二〇〇五)が、準備不足によりきわめて粗雑なものとなってしまった。そのため、この機会に再度検討してみたいと思う。

但し、再考であるため、すでに報告書の中で述べた事柄と重複する部分や、また逆に異なる部分が生ずることも充分考えられる。しかし、両者の場合のいずれについても、あえてそのままに論を進めていくこととする。

一　遺跡の概要

北島遺跡は、広範囲にわたる遺跡である。そのため、ここでは「笠」が検出された第19地点を中心とした概要説明を行いたいと思う。

北島遺跡は、自然堤防上に立地する遺跡という性格上、河川の氾濫に伴う影響をたびたび被っており、往時の生活面は一定したものではなかったと推定される。言い換えるならば、その当時の生活面は、河川の氾濫による洪水砂を冠ることによって失われ、地形的に徐々に高まりを増していき、これに伴い生活面も徐々に高くなっていったと考えられる。発掘調査の結果、実際に複数の生活面が検出されたのである。

第19地点およびその周辺では、概ね四枚の生活面が確認された。これらの生活面は、下から弥生時代中期後半、その上面に古墳時代前期~後期、次いでその上面に古代、さらにその上面に中近世を中心としたものであった。これらの面を、上面から一面一面調査していった。具体的には、上から数えて四面目の生活面では弥生時代中期後半の集落跡・墓域・水田跡および当時の河川から水田域に水を導くための堰跡などが検出された。三面目では、古墳時代前期の集落跡と墓域、畠跡などや後期の古墳跡など、二面目では古代の集落跡や水田跡および水辺の祭祀跡など、そして一面目では中・近世の遺構が検出されている。

また、北島遺跡の北東に隣接している田谷遺跡においても、やはり文化層が四面検出されており、ここでも集落跡・墓域や古墳跡などが確認されている。

北島遺跡とその北東に位置する田谷遺跡を併せて、これまでに住居跡八四九軒、掘立柱建物跡二二五棟、井戸跡一六三基・土壙一、四四九基、溝跡一、二二七条、柵列九条、道路跡六条、その他数多くの遺構が検出されている。

二　笠の検出状況

各生活面は洪水による埋没によるためか、上面の遺構が下面まで達しているものもあるが、基本的に各生活面がパックされた状態であった。そして、笠の出土した土壙は、古代の遺構確認面（上から数えて二面目の生活面）を調査している過程で検出された。このことから、笠が出土した土壙は、古代のものであると判断した。(1)

この土壙は、位置的には第19地点内の遺構密集範囲の一画に該当し、周辺には掘立柱建物跡・溝跡のほか、土壙やピット等が多数存在していた。(2)この土壙は、そうした中で、周辺に散在している土壙やピットの内の一つとして検出された。

笠の出土した土壙と、周辺の遺構との有機的な関連性については不明である。この土壙が検出された際、覆土の土色・土質は、周囲の土壙やピットのものと大きな違いはみられず、暗褐色の堅固な粘質土であった。そのため笠の出土した土壙についても、周辺の土壙と同じく、一土壙として着手した。

そして、移植ゴテによる最初の一掘りで掘り上げた覆土に密着した状態で、植物繊維が出土した。因みに、調査地点全体の土質が硬いため、最初の一掘りで掘り下げ得たのは遺構確認面から三～四㎝程である。そこで、この植物繊維を覆土ごと土壙にできた窪みに戻し、土壙およびその周囲に散水し、その上面に大型のビニール・シートを幾重にも折りたたんで覆うことにした。

この時点では、この遺物の種類や性格・規模などは不明であったが、植物を用いた人口遺物であることまでは認識できた。この遺物の取り扱いについて検討した結果、まず、この土壙の覆土を取り除いて植物繊維から成る遺物全体

第１図　北島遺跡出土の笠（反転）

を検出し、その上面と土壙の周囲に樹脂を施して固め、土壙ごと土のブロックとして取り上げる。笠の上面は樹脂で覆われるため、上面側からの掘り下げは不可能となる。このことから、土壙を土壙として、断面図までおさえるための完掘は断念せざるを得ないことになる。

そして、この土のブロックを屋内に移し、下面側から土を徐々に除去して、遺物を検出することとした。

笠の上面に樹脂を施した後、土のブロックの取り上げに関しての具体的な作業は、以下のとおりである。まず、笠出土遺構より一回り大きく、縦約八〇㎝、横約一〇〇㎝、そして高さについては、土壙が深い場合を想定して高さ六〇㎝程のブロックとした。次に、土壙周辺の土を取り除き、底面に板を差し込んで地面から分離をして、取り上げを行った。ついで、この土のブロックを発掘調査事務所に持ち帰り、樹脂で覆われていない側（＝土壙の下側）を上に向けた状態に設置する。この笠の表面には、樹脂が固まった状態で密着しているため、反対（裏）側から土を取り除き、笠を検出するという工程を取ることになる。

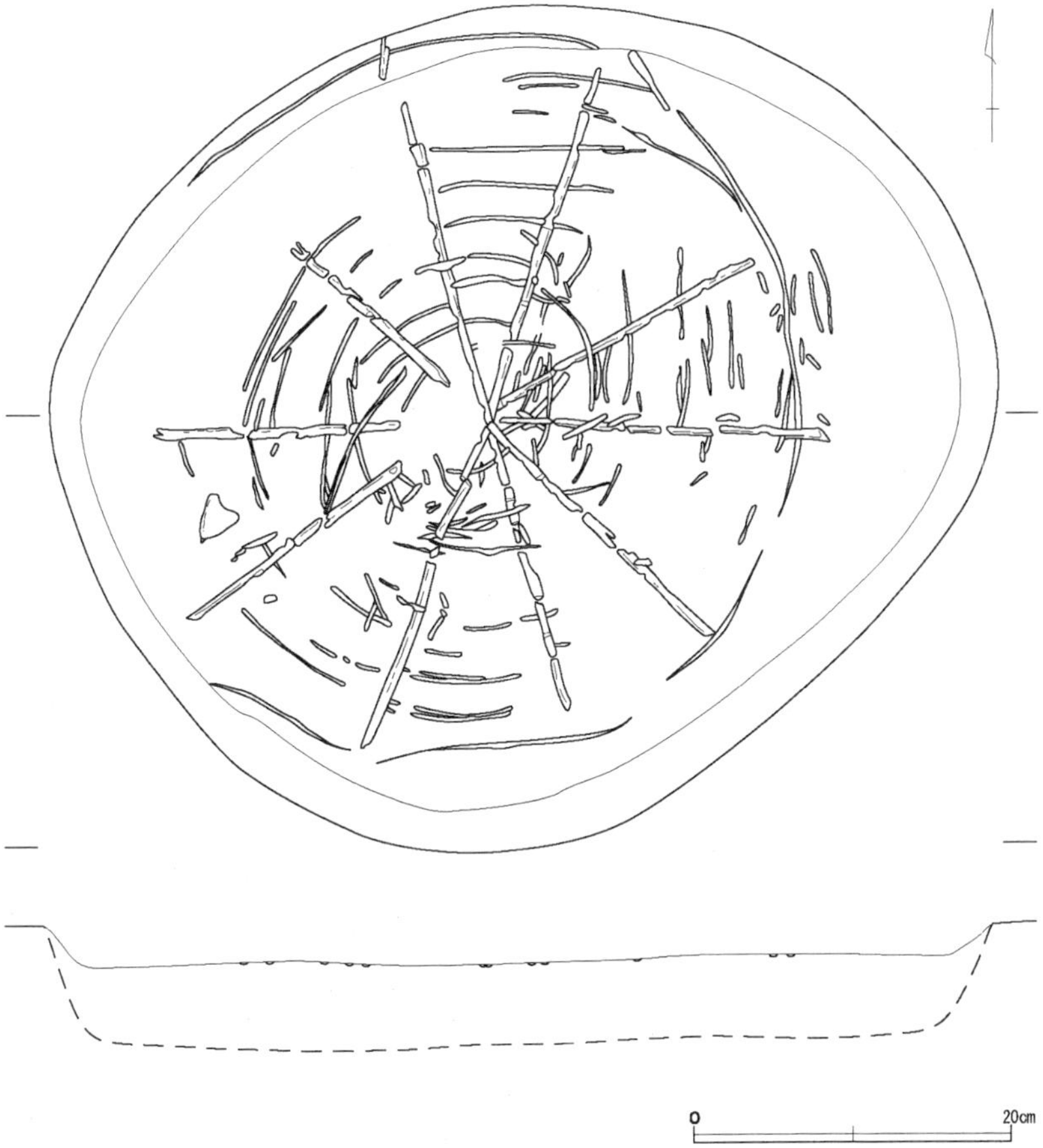

第2図　笠出土状況図（1）

ブロックの土を除去するにあたっては、このブロックを取り上げた地点の土と、土色・土質などを比較しつつ、地山であるのか土壙の覆土であるのかを検討しながら行い、明らかに地山と考えられる土層を特定した。その結果、このブロックの土層の大部分については、地山の土質と大きな違いは認められなかった。つまり、このブロックの大部分は地山であり、笠は浅い土壙の直上、もしくは直上付近に位置していると想定した。この地山部分を除去した後、土壙の覆土の可能性をもつ土層をスライスするようにして、徐々に取り除いていった。

この土ブロックの厚みがかなり残り少なくなった段階で、土壙と思われる楕円形のプランが識別できた。この段階からは、この楕円形の内側のみ掘り下げて（理論上は、掘り上げていくことになる）いくことにした。そして、土壙内の土を五cm程取り除いた位置で、笠の内面が現れた・（第一・二図）。土壙のプランが確認されてから、笠が検出されるまでの土は、この土壙の覆土ということになるが、笠の上面（＝土壙の覆土）と同様に、暗褐色の堅固な粘質土であった。

笠が検出された位置での、この土壙の規模は五七・三cm×四三・七cmで、楕円形を呈しているが、これはあくまでも、裏側からみた数値である。遺構確認面から笠までの深さは八～九cm程で、底面は平坦もしくは平坦に近いものであったと推定される。

なお、笠の出土した地点を土壙という遺構として論を進めているが、微地形的な窪地に笠が落ちていたという可能性も否定できない。しかし、土のブロックをスライスしていく過程で、主観ながら底面窪地ではなく、平坦に近いとの感触を得た。そして、笠の周囲にみられる楕円形の内側と外側では土色・土質が異なっているということから、これを土壙と判断した。

この笠の上面・下面の状況から推して、笠は土壙が五cm程埋まった時点でここに入った、または入れられたと推定される。(3) 検出された時点では、笠は上面を上に向け、平坦な状態であった。この笠の形状が円錐形を呈するものであった場合、これは土圧によって潰れたものと思われる。その場合、笠が潰れて広がった分だけ、本来の径よりも少し大きくなっていると推測される。この点から、この笠の出土した土壙は、笠よりも一回りから一回り半ほど大きなものであったことになる。

この土壙の覆土を取り除いている際に、笠の直上から、土師器の小破片が一点出土した。つまり、実際には笠の下に存在していたことになるが、作業を行っていく過程でそれ以外の遺物は出土していない。この土壙と、その周囲に存在するさまざまで、なおかつ多数の遺構との関連については、残念ながら不明であるといわざるを得ない。

三　検出された古代笠の概要

次に、この笠の構造について、気づいた点を箇条書きしてみたい。なお、笠の各部位にはそれぞれ名称があると思われるが、ここでは仮称で表現していきたいと思う。まず、この笠が立体的な場合を仮定して、その頂点の部分を頂上部（第三図におけるAの部分）、ここから放射状に広がる骨組みを骨枠（同図1～10）、骨枠を桁とすれば梁にあたる部分を横枠（同図16～26等）、笠の周縁部（同図11～15）を縁枠と呼称して、記述していくことにする。

なおこの笠は、検出時点においても遺存状況は決して良いものではなく、整理作業の段階ではさらに劣化した状態であった。以下に記す事柄は、発掘調査時に撮影された遺物写真（第一図）と、その写真を基に作成した遺物実測図（第二図）を主とし、さらに小稿を起こすにあたり、笠を再度観察し直した結果を基にしたものである。

笠は、土のブロックを反転して検出したものであるため、遺物写真や遺物実測図は、笠を下（＝内側）からみた状態となっている。また、笠についての記述をするにあたって、実測図中にアラビア数字とアルファベットを付して、各部位の位置を示すこととした(4)（第三図）。さて、出土した笠について気付いた点は、以下のとおりである。

1＝Aの位置を中心として、一〇本の骨枠（1〜10）が放射状に広がっている。この笠は水平に広がるいわゆる平笠ではなく、立体的な形状であると仮定した場合、Aの部分が笠の頂上部に相当すると考えられる。但し、骨枠を数えるのに、笠の頂上部（A）から縁枠までを一本の骨枠と考えたため計一〇本となった。しかし、頂上部を挟んで、骨枠がほぼ直線状を呈していることを念頭に写真を観察すると、骨枠1・6、2・7は、連続しているようにも見受けられる。他の骨枠は、笠の上の土が除去し切きれていない段階であるため、状況は不明である。遺物実測の時点では、一本の骨枠がどこからどこまでであるのかという点を意識していなかったため、実測図中には、頂上部を跨いで一本であるのか否かについての情報は反映されていない。

頂上部を跨いで一本の骨枠である場合、頂上部での骨枠の形状について、次の三点が想定される。

a＝骨枠は平坦な状態。

b＝骨枠は湾曲する。

c＝骨枠は屈曲する。

笠の形状として、aでは円盤形（平笠）、bで半円球形、そしてcについては円錐形（尖り笠）が想定される。

a・bでは、骨枠は頂上部で折れてしまうことはない。bの場合、笠は半円球を呈するまでの深さはなく、ごく浅いものであった可能性も考えられる。

cの場合、a・bの場合と違って骨枠を屈曲させるために折り曲げることになるが、骨枠が折れて切れてしまうことはないのであろうか。この点については、思いつきの疑問として掲げるのみであり、何ら私案を示すことはできない。

なお、頂上部を跨いで一本の骨枠、つまり材を折り曲げたものであるならば、骨枠は計五本ということになる。

2＝「1」で述べた事柄と一部重複するが、1〜3・5〜7の骨枠は、Aの部分で接している。これが骨枠本来の

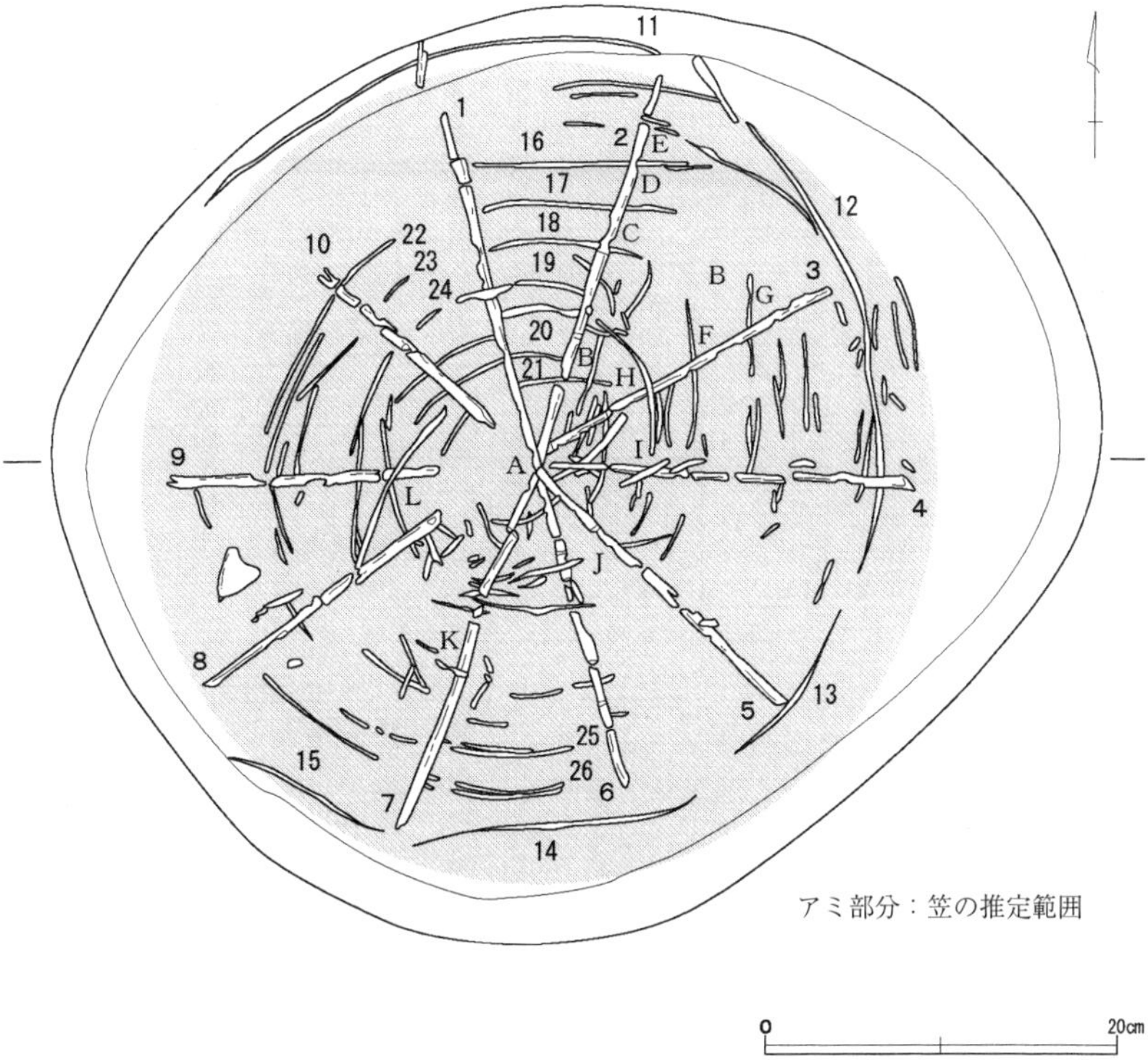

第3図　笠出土状況図（2）

位置関係を反映しているものであれば、この笠の構造は、頂上部から周縁部（11～15）の材へと、隙間なく直線的または湾曲して広がっていたと思われる。

3＝骨枠は、他の部位と同様に遺存状況が良くないものの、その並び方や開き具合からみて、消滅している材はないと推定される。この点から、この笠の骨枠の数は、一〇本または五本であると判断した。骨枠が一〇本の場合、均等に配されていれば、笠の頂点（図中のA）を中心として各骨枠の開く角度は、各々三六度となる。均等ではなくとも、それに近いものであれば、三六度前後の角度が想定される。実際に、検出された笠の骨枠の開く角度は、骨枠1から時計回りに、三五度・三四度・

三一度・四二度・三二度・三八度・三四度・三三度・四六度・三五度であり、最大一五度の角度差がある。本来、この笠の骨枠の開く角度にこれだけのばらつきがあったとは、一般的には考えづらい。各々の骨枠の角度は、均等もしくは均等に近いものであったと推測される。この笠が検出された時点では、骨枠1～2間の三五度、2～3間の三四度、6～7間の三八度、7～8間の三四度、8～9間の三五度、10～1間の三五度については、数値的にみて、骨枠の本来の形状をある程度とどめているといえよう。

この点についても「1」で述べた事柄と、若干重なることになる。骨枠が一〇本ではなく五本である場合、頂上部から外れている骨枠に、開く角度に歪みが出ている可能性が考えられると共に、骨枠が頂上部から分離しているものについても角度に歪みが認められる。笠が潰れる際に、真上からの圧力（土圧か）がかかった場合、骨枠はほぼ均等に開いた状態で潰れると考えられる。しかし、出土した笠の骨枠の開く角度にはばらつきがみられる。その原因については、以下の二点が挙げられる。

a＝圧力が真上から加わったのではなく、斜め方向から加わった場合。

b＝一〇本（または五本）ある骨枠の劣化の仕方が均等ではなかった場合。

aについて、斜め方向から圧力がかかった場合、笠は歪みながら潰れるものと推定される。笠が斜め方向からの土圧で潰れる際に歪んだ結果という可能性が考えられる。

bについては、骨枠の劣化の仕方にばらつきがあれば、圧力に対して、各骨枠の変形の仕方が異なると思われる。この場合、骨枠や横枠の、材としての強度の違いによる場合と、材の欠損などによる強度の違いによっても、笠は歪みながら潰れると推定される。換言するならば、横枠に欠損部分があれば、骨枠を引っ張る力は弱まることになる。その結果、笠が潰れる際には歪みを生ずる可能性が生じる。

しかし、残念ながら出土状況からだけでは、両者の可能性のいずれであるか、またはまったく異なる要因であったかについては判断できない。

4＝各々の骨枠の現存長は、1が二〇・〇cm、2が二二・五cm、3が一八・〇cm、4が二一・〇cm、5が一八・五cm、6が一七・五cm、7が二一・〇cm、8が一六・五cm、9が一五・五cm、10が一二・九cmである。最大長（骨枠2の二二・五cm）と最小短（骨枠10の一二・九cm）に最大九・六cmの差があるというように、現存長にも幅がある。本来、同じ長さであったと思われる骨枠であるが、同じ遺構内にあって、ここまで現存長に差異がある。これは、この笠が土中で劣化していく過程で、遺存状況に差異が生じたことによるのか、あるいは自然的または人為的の別は不明ながら、埋まった時点ですでに骨枠の長さが異なっていたことによるのであろうか。その場合は、可能性の一つとして笠が破損したため廃棄されたとも考えられよう。この点に関しても、あくまでも推測の域にとどまる。

骨枠全体をみると、長短の別だけではなく、骨枠が途切れている箇所が多数みられる。これらのすべてが使用している時点で分断されたとは考えづらい。この笠が土中に埋まった時点から検出されるまでの期間内で、劣化した可能性も考えられる。これは、縁枠や横枠についても同様であろう。

いずれにしても、遺物の遺存状況から推して、本来の長さを示す数値ではないといえよう。なお、骨枠の現存最大幅は八mmであるが、この点についても骨枠そのものや、各部位によっても差異が認められる。

5＝写真観察の結果、骨枠には節がみられることから、材質は不明ながら、竹や葦などの茎を使用していると推定される。

6＝この茎は、縦方向に断ち割ったもので、断ち割られた側の面を、笠の日除け・雨除けのための部材に向け、節のある側の面を笠の下面（＝人頭側）に向けていると考えられる。

7＝笠の骨枠や横枠に貼られた日除け・雨除けのための材は、軟質なため消滅しており、比較的堅固な枠材のみが遺存したものと推定される。

8＝11～15の材は、笠周縁部を縁取る縁枠であると推定される。これらはいずれも、骨枠から外れた状態であり、骨枠8～10の部分では、縁枠は失われている。骨枠から外れている縁枠については、土圧によって潰れる時点で外れたのか。それとも、骨枠のところで述べたような状況で、「破れ笠」状態であったのか。少なくとも、土中に完全埋没した期間内において外れた結果ずれた、とは物理的にみても考えにくい。この点は、他の部位についても同様と考えられる。

9＝しかし、この縁枠がどの段階で外れたかという点はさておき、これらの縁枠は、骨枠の先端部から比較的近い位置にあることから、ある程度、当時の規模を反映しているものと考えられる。

10＝この骨枠の中心Aから周縁部までの規模は、11までが二三㎝、12までが二〇・五㎝、13までが二〇㎝、14までが一九・五㎝、そして15までが二四・五㎝である。

11＝遺物検出時点での所見では、縁枠は骨枠より細く、横木よりは材が太いと思われる。笠の遺存状態が悪く、この材が骨枠や横枠で使用したものと同じ植物で、これをさらに細くしたものであるのか、あるいは別の植物であるのかまでは、判断することができなかった。

12＝16～21、22～24、25・26の横枠の間隔は、概ね二㎝前後でほぼ等しい。その他、ごく部分的に残存している材でも、同間隔のものが散見される。遺存状況は良くないが、これらの横枠は、比較的良く、原形や原位置をとどめていると思われる。

13＝横枠の材は、骨枠や縁枠と同じ植物であるのか否かは不明であるが、骨枠と同じ材の茎をさらに細く断ち割ったものであろうか。またあるいは、藁状のものであるのか。「11」のところで述べたように、笠の遺存状況が悪く、そこまでの判別は残念ながらできなかった。

14＝横枠と骨枠の位置関係をみると、B～Gを始めとして、多くの横枠が、骨枠を潜っている。これに対して、H

～Lの部分では、横枠が骨枠を越えている。以上の点から、この笠は編笠や組笠ではなく、縫笠であると推定される。続いて、この笠の形状について検討してみたい。笠の形状には、円盤形・半円球形・円錐形・円錐台形・円筒形・漏斗形・帽子形・褄折形・桔梗形など、さまざまな形状が知られている。

2でみた事柄から、頂上部に突起状の構造をもつ、市女笠（第四図1）の可能性はきわめて低いと考えられる。14で触れたように、この笠は編笠・組笠、張笠ではなく、縫笠であると考えられる。縫笠の場合、その形状は、円盤形・半円球形・円錐形・円錐台形などが代表的なものである。では北島遺跡から出土した笠の形状は、これらの内のどれに該当するのか。

9・10・12でみたように、この笠は本来の形状を比較的良くとどめていると思われる。これらの点から、頂上部から周縁部までの規模は、直線距離で二五㎝前後と推定される。但しこの数値は、この笠が平笠である場合を除いて、あくまでも笠の頂上部から周縁部までの長さであり、笠そのものの直径を示すものではない。

この規模の骨材を用いて半円球形や円錐台形の笠を造った場合、きわめて径の小さなものにならざるを得ない。特に、前者では顕著であろう。その規模では笠としての実用性がきわめて低くなり、現実的には考えづらい。その結果、この笠の形状としては、円盤型（平笠）または円錐形（尖り笠）の二つの可能性が残る。但し骨枠が、Aから周縁部までの材一〇本というタイプではなくAを跨いだ五本である場合、Aの部分で屈曲することになる、という点に無理があるのか否か不明である。それに対し、半円球形のタイプでは、丈の低いものであれば、可能性は残るかも知れない。

北島遺跡第19地点で検出された笠について、気付いたのは以上の事柄である。これらのみからでは、平笠または尖り笠、あるいは半円球形のいずれであったか、笠の形状を特定することは困難である。

笠の形状を特定するため、笠の類例をあたってはみたが、この時期に限らず笠の類例は得られなかった。残念ながら、この笠の形状は円板形または円錐形、そして第三の候補として半円盤形が考えられる、とまでしか表現できないのが現状である。

四　絵図に描かれた笠

そこで、試みに絵画資料をあたってみることにした。管見ながら、平安時代に描かれた絵画資料で、笠を描いた例は決して豊富であるとはいえない。そのため、時期幅をさらに広げて、時代は下るが鎌倉～室町時代に作成された絵画資料についても、併せてみていきたいと思う。

資料としては、『粉河寺縁起』・『鳥獣人物戯画』（共に平安時代末～鎌倉時代初期）・『一遍聖絵』（鎌倉時代初期）・『一遍上人絵伝』（鎌倉時代後期）・『法然上人絵伝』・『親鸞上人絵伝』・『天狗草子』（共に鎌倉時代末）・『慕帰絵詞』（室町時代初頭）『石山寺縁起』（室町時代初頭～後期）等々に描かれた笠である。

具体的な資料としては、中央公論社刊の『日本の絵巻』シリーズ（小松茂美（編））と『新版　絵巻物による日本常民生活絵引き』シリーズ（澁澤敬三・神奈川大学日本常民文化研究所（編））である。これらの資料に掲載された絵図の中に登場する笠の数を、形状別に数えてみることにした。その際に、平笠（円盤形・第四図2）・尖り笠（円錐形・同図3）、半球形の笠、そして参考までに、市女笠および、その他または形状不明の笠の五種類に分けて数えてみた。なお、カッコ付きの数値は、その型の笠である可能性のある笠の数を意味する。絵図に描かれた笠を、形状別に数えるにあたって分類したのは小稿の筆者（鈴木）であるため、見誤りや見落としの可能性は否定できないが、あくまでも参考資料として掲げておきたい。

古代笠の一例

1

2

3

1　市女笠（『粉河寺縁起』）
2　平笠　（『法然上人絵伝』）
3　尖り笠（『慕帰絵詞』）
澁澤敬三ほか（編）1990より

第4図　絵巻物に描かれた笠

なお、以下の数値は、これら二つのシリーズに掲載された絵図にあたった数値であり、各絵巻全体に登場する笠の総数ではないことを、予めお断りしておく。

・『粉河寺縁起』では、平笠・尖り笠・半球形の笠ともに掲載無し。市女笠―一例、その他または不明―一例であり、絵図に描かれた笠資料そのものが少なかった。

・『一遍聖絵』では、平笠―（一）例、尖り笠―六例、半球形の笠―記載無し、市女笠―五七例、その他または不明―五例であり、市女笠が最多で八割を超える。

・『鳥獣人物戯画』では、平笠・尖り笠・半円球形の笠ともに掲載無し。市女笠―五例、その他または不明―七例であり、絵図に描かれた笠の資料そのものが少なかった。

・『法然上人絵伝』では、平笠―（三）例、尖り笠―三例、半円球形の笠―記載なし。市女笠―二八例、その他または不明―七例であり、市女笠が七割近くを占め最多であった。

・『天狗草子』も絵図に描かれた資料そのものが少なく市女笠―四例で、これ以外の笠はみられなかった。

・『親鸞上人絵伝』では、平笠・尖り笠・半円球形の笠ともに掲載無し。市女笠―八例、その他または不明―四例であった。

・『一遍上人絵伝』では、平笠―(二)例、尖り笠―一+(二)例、市女笠―一八〇例、その他または不明―一七例であり、全体の九割近くを市女笠が占めている。

・『慕帰絵詞』では、市女笠―一例、平笠―掲載無し、尖り笠―二例。半円球形に近いと思われる形状の塗り笠が一例描かれている。その他または不明―二例であり、絵図に描かれた笠資料そのものが少なかった。

・『石山寺縁起』では、平笠・尖り笠・半円球形の笠ともに掲載無し。市女笠―一一例、その他または不明―九例であり、これも絵図に描かれた笠資料そのものが少なかった。

絵画資料の性格にもよるが、以上の資料を見た限りでは、圧倒的に市女笠が多いといえよう。被っているのは、その名が示すように女性が多いとはいえ、男性が被っている例も決して少なくはなく、男性にも普及していたことが窺える。これに対して半円盤形の笠は、絵画資料そのものが確認されなかった。

ここに示し得た絵画資料そのものが少なく、しかも偏りがあるのは否定できない。その中での検討には、おのずと限界がある。また、どういった形態・形状の笠が、いつ頃現れ、普及あるいは衰退していったのか。笠を用いる人物の、階層による違いはあったのか。さらに、男女の違いはあるのか等々、さまざまな課題が想定できるが、それらについてはここで扱うには手に余る問題である。

しかし、これまでたびたび眺めてきたように、今回検出された笠の構造からみて、市女笠の可能性は考えづらい。市女笠は、外出時の女性の顔を隠す意味もあったのか、絵をみる限り、顔の半分、あるいは顔全体を隠してしまう程の深さがあり、しかも径の大きな笠であると考えられる。余談ではあるが、これは秘面という習いの存在を示しているものであろうか。

さて、以上の絵画資料に限らず、絵図の表現は、細かな点まで描き込まれている例もあるが、近代絵画にみられるような写実性は認められない。

言い換えるならば、各種の絵図には、当時の風俗・習慣・事物などを肌理細やかに表現しているものでも、遠近法に代表されるような近代的絵画表現は求められない。即ち、絵図に描かれている様々なもの（人物や物）の大小の比率は、現実における大小の比率を反映したものではない。絵図において、笠が人物の背丈の三分の一程の大きさで描かれていたとしても、現実に両者の大小の比率が一対三とは考えにくい。

記述が冗長となるが、一つのポイントであると思われるため、いま少し続けたい。絵画に描かれた笠と、それを被った人物との比率がまったく同じとまでは考えられぬものの、やはり、市女笠の規模は大きかったと思われる。これらの点からも、発掘調査によって検出された北島遺跡の笠は、市女笠ではないと判断した。

次いで、平笠は総計（六）例であり、いずれもその可能性が考えられる、という資料である。これら六例に共通するのは、人物と比較して、非常に大きいという点である。結び紐で、首から背中へ提げている例がほとんどであるが、どの笠も後頭部から、腰よりも下に及ぶほどの大きさに描かれている。

また、絵によっては編み目が表現されている例があり、藺草《いぐさ》のような植物で編んでいるようにも見受けられる。すでに述べたように、絵画の中に描かれている物の規模について、絵としての表現の精度が、どれ程のものであるかは不明であるが、平笠のみが他の笠に比べてどれも大きく描かれているのは、やはり他の笠よりも相対的に大きいものと推定される。

今回検出された笠と同規模（総径二五cm程度）の平笠が、絵図に描かれたとしても、第四図2のような規模の笠にはならないと推測される。また、編み笠では、構造的に骨枠・横枠・縁枠を持たないと考えられることからも、平笠の可能性はないと考えられる。

同図3の尖り笠は、縫い目と覚しき表現が見受けられる小振りなものである。市女笠や平笠が、今回検出された笠とは、かけ離れて大きなものであるのに対し、絵図にみるような尖り笠は、規模的に近い。さらに、縫笠と考えられるという点でも共通している。

五 小結

根拠としてはきわめて脆弱で印象に近いものではあるが、私見として、北島遺跡で検出された古代の笠は、形状的には丈の低い円錐形を呈する尖り笠であり、製作技法から表現するのであれば縫笠であると推定される。別の表現をするならば、「菅笠」に近い形状・構造・規模をもつ縫笠であると考えておきたい。

そしてこの形状ではないとしたら、安易な推論ながら次なる候補としては、丈の低い、浅く湾曲する半円球形の笠であると考えておきたい。

おわりに

発掘調査報告書（鈴木 二〇〇五）中や小稿中でも述べたとおり、北島遺跡第19地点で検出された笠は、周辺の土壙やピットとさしたる違いがみられない「普通」の土壙から出土したものである。それは、移植ゴテによる最初の一掘りで掘り上げた覆土に、植物の繊維が付着していたことによって確認された。その最初の一掘りを行ったのは、ほかならぬ筆者自身である。そのため個人的な思い入れもあり、少しでもこの資料を活かしたいと起こしたのが小稿である。

しかし筆者の力量と準備不足のため、何とも客観性を欠く不満足な結果となってしまった。今後、現在の笠との比較検討も行なうと共に、類例の発見を心待ちにしたい。

最後に、小稿を起こすにあたり、田中広明、福田　聖の両氏に御教示を頂いた。記して感謝申し上げます。

注

(1)　この点については、小稿を進めるにあたっての一つのポイントとなる。そこで筆者の主観であるのみであるのか否か、同じく北島遺跡の調査の担当者であった田中広明・福田　聖の両氏にも意見を求めてみた。その結果、両氏も古代の遺構であるとの考えを示された。筆者はこれを、当時の担当者の所見を代表したものと考えている。

(2)　当初、遺跡位置図・調査区全体図のほか、遺構分布図等々を掲載する予定であったが、紙幅の都合上、これらの掲載は省略せざるを得なかった。

(3)　以上の二点のほかに、置かれた、という可能性も否定できない。つまり、何らかの作業を行為を行う際に、被っていた笠をはずして、ひょいと置いて、そのままになってしまった、という可能性も蛇足として述べておきたい。

(4)　平面図に関しては、本文中で述べたように笠が反転した状態である。これに対して断面図については、上面で笠を確認した際の状況と、下面で笠全体を検出した際の状況から起こした模式図である。そのため、厳密には平面図と断面図は矛盾した状態となっているが、あえてそのままとした。

参考文献

礒崎　一・山本　靖　二〇〇五『北島遺跡XIII』埼玉県埋蔵文化財調査事業団報告書第305集
黒田日出男編　一九九七『歴史事典3　かたちとしるし』弘文堂
小松茂美　一九八八『日本の絵巻16　石山寺縁起』中央公論社
小松茂美　一九九〇『日本の絵巻5　粉河寺縁起』中央公論社
小松茂美　一九九〇『日本の絵巻6　鳥獣人物戯画』中央公論社
小松茂美　一九九〇『日本の絵巻19　西行物語絵巻』中央公

論社
小松茂美　一九九〇『日本の絵巻20　一遍上人絵伝』中央公論社
澁澤敬三・神奈川大学日本常民文化研究所編　一九九〇『新版絵巻物による日本常民生活絵引』東京印書館
埼玉県　一九九一『埼玉の民俗写真集』
鈴木孝之　二〇〇五「北島遺跡で検出された笠について」『北島遺跡ⅩⅡ』埼玉県埋蔵文化財調査事業団報告書第304集
田中広明　二〇〇二『北島遺跡Ⅴ』埼玉県埋蔵文化財調査事業団報告書第278集
田中広明　二〇〇四『北島遺跡Ⅸ』埼玉県埋蔵文化財調査事業団報告書第293集
富田和夫・鈴木孝之　二〇〇五『北島遺跡ⅩⅡ』埼玉県埋蔵文化財調査事業団報告書第304集

大宮台地における城館跡と街の成立について

——足立郡誕生から戦国期の街を考える——

秦野昌明

はじめに

本論では、平成一四年『埼玉考古』掲載の「足立郡誕生への一考察[1]」をもとに、「環壕集落の分布」から連合体の誕生をとらえ、同「古墳時代後期集落の分布」から各地域の開発と発展のようすを考察した。そして、同「奈良・平安時代集落等の分布」から律令制下の社会状況のようすを概観する。さらに「水は結び、谷は隔てる」という視点から『和名類聚抄』にみる足立郡各郷の比定を試みた。加えて、発掘調査により明らかとなった館の分布並びに市場開催地から中世の道と街の成立について考察し結びとした。

なお、諸遺跡の分布にかかる資料は埼玉県教育委員会刊行の『埼玉県埋蔵文化財発掘調査要覧』（昭和二六年～昭和四〇年）から『埼玉県埋蔵文化財調査年報』—平成一五年度—までの資料を基本とした。

一　足立郡の萌芽

ここでは「弥生時代における大宮台地の環壕集落」について概観する。

埼玉県内における「環壕集落」は弥生時代中期以降に出現し、後期の隆盛を経て古墳時代初頭に終焉をむかえる。平成一五年度までの県内における環壕集落の報告例は（所在の可能性を含め）四一件に及ぶ(2)。では、大宮台地における環壕集落誕生前夜のようすはどのような状況であったのか。筆者は次のとおり考える。第一に、出土する土器の多様性、方形周溝墓と副葬品に代表される弥生時代中期文化の高まりによる、集落の増加、拡散を生み出していた。第二に、鉄器の伝播で生産力が向上し、集落の増加、拡散を後押しした。第三に、遺物の大量出土に至る焼失住居の検出の確率が高く、集落立地や単なる焼失ではなく、その確率の裏面にある燃やされるという社会状況、そして地域間での対立・争いが起こっていたこと等が考えられる。

一方、武蔵野台地においても、関連遺跡の発掘調査からは大宮台地と同様の様相になっていたことが十分推定できよう(3)。

大宮台地における環壕集落からみた環壕の機能、造営目的等については、次のとおり考える。

環壕集落の誕生から衰退、消滅の経緯をみると。誕生期の中期環壕集落（大和田本村北遺跡、御蔵山中遺跡）は、初期稲作農耕が定着した時期の集落で、谷津の入り組んだ高低差の大きい台地上と、その間の小河川等により造り出される一つの隔絶された地域に造営されている。まさにフロンティアーに進出した拠点型集落であり、自らの存在を誇示した環壕集落と考えられる。立地は集落（集団）の独立維持を容易にしたと考えられるが、反面、「大きな統合への困難さ」ともなったであろう。ただし、集落相互のクニ的まとまりの萌芽はあったと考える。

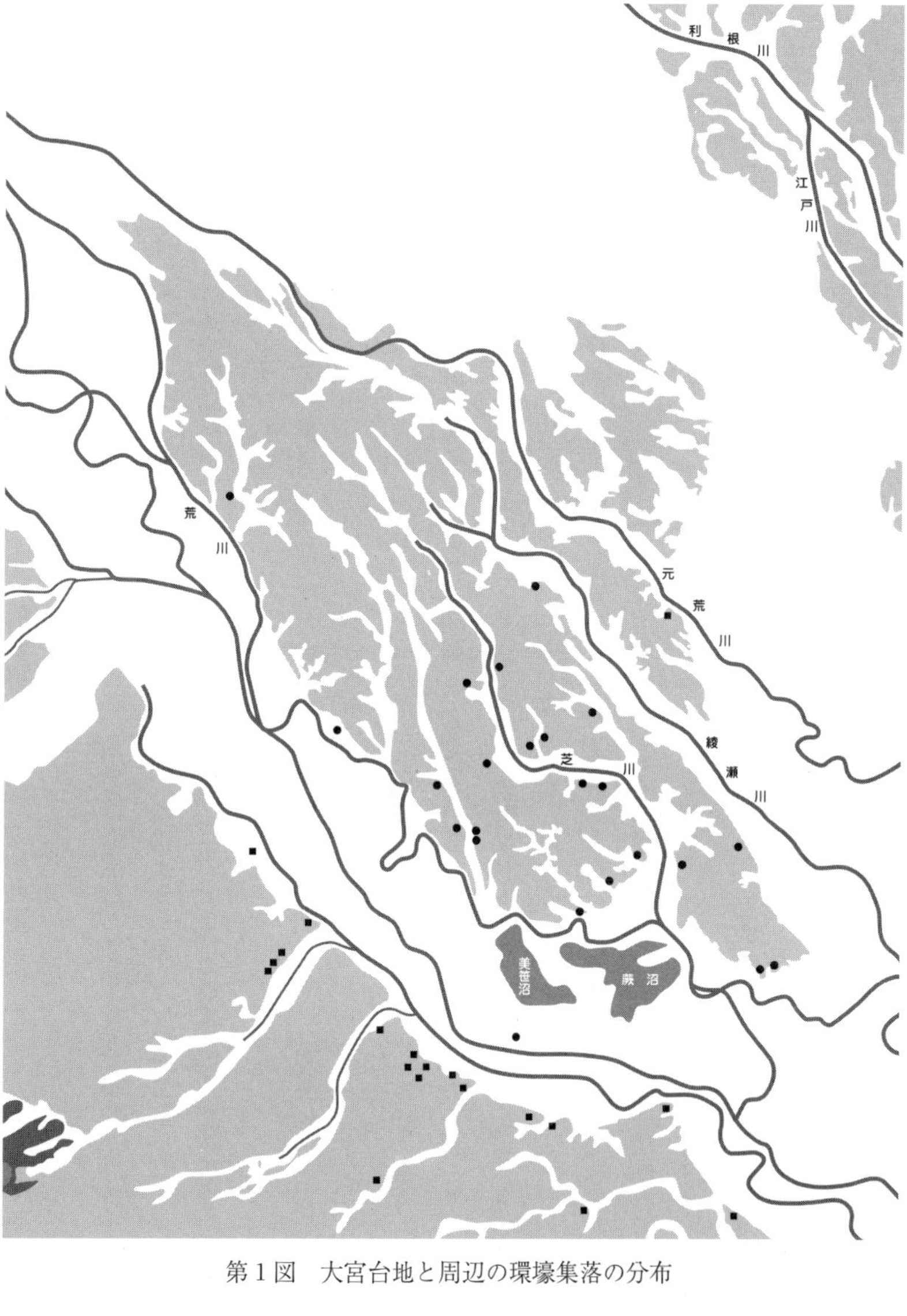

第１図　大宮台地と周辺の環壕集落の分布

第二期（後期）は、土屋下遺跡にみられるような東海地方からの農耕技術を携えた者が居住し、自然堤防上へ進出した拠点集落が想定できる。

第三期（後期末～古墳時代初頭）は馬場北遺跡、北宿遺跡、中里前原遺跡、中里前原北遺跡、与野東遺跡、深作東部遺跡群、染谷遺跡群、大宮A―六一号遺跡等にみられるもので、耕地や水利をめぐる地域共同体、あるいは対立・抗争、異集団の侵入等に対抗する（政治的）連合体へまとまる過程で出現した拠点的集落であり、広域連合（クニ）を形成しつつある環壕集落と考える。

さらに、大宮台地における環壕集落の造営密度の濃さと、同じ様式の壕開削という現象は、一定地域においては、「対立の構図」ではなく、「結び付きの構図」があったとみたい。

例えば、後期の拠点的集落は―西からの緊迫した情報あるいは指導者たる者の構えとはかくあるべきという考えを摂取しつつ―社会的等級の象徴としても「壕」を開削し、集落の外観を、あるいは指導者の力を誇ったという姿である。仮に大宮台地という地形的地域内において、拠点的集落＝環壕集落という意識（社会的等級の象徴）の共有化が成ったとすれば、後期後半こそ、同台地に一つの連合体が成立したとみることができる。

第一図「大宮台地周辺における環壕集落」の分布を一望すると、大宮台地に一つの大きなまとまりが見られる。あるいは武蔵野台地にも一つのまとまりが見られる。さらに、現東京都の板橋・赤羽・王子にかけての分布も、おさえておく必要があろう。

集落の周囲に「壕」をめぐらす集落形態を共有する「意識」は、この時代（クニが芽を出した時代）を次の時代（クニが幹となる時代／五領期後半）へ押し上げる推進力の一つとなったと考える。したがって、環壕集落の密度が濃くなる弥生時代後期こそ、古墳時代を経て、大宮台地にあっては足立郡誕生（八世紀初頭）へ向かう、あるいは武蔵野台地にあっては新座郡、豊島郡誕生の序曲の時代として大いに意義ある時代であり、環壕集落はその象徴的姿と考えている。

二　古墳時代後期の集落分布

古墳時代後期の旧足立郡地域も、大和地方との連携を深めつつ、次第に律令制を軸とする統一国家の波にのまれて行く。この時期の集落分布からは、大宮台地におけるいくつかの核が概観できる。第二図「古墳時代後期集落の分布」をもとに、旧入間川（現荒川）および綾瀬川の流れに沿い北から見てみよう。

第一に、旧入間川に沿う大宮台地西縁の箕田から川田谷に帯状の集落分布がある。あわせて江川用排水路の流れる谷奥の上日出谷周辺にまとまった集落が見られる。代表的集落遺跡に新屋敷遺跡、八幡耕地遺跡、領家・宮下遺跡、雨沼Ⅰ遺跡等がある。また鴻巣市常勝寺古墳群、馬室古墳群、北袋古墳群、八重塚古墳群、川田谷古墳群並びに馬室窯跡等が特筆できる。

第二に、綾瀬川に沿う大宮台地東縁の鴻巣から伊奈・小針に集落分布がある。代表的集落遺跡に大山遺跡等がある。また菖蒲町の栢間古墳群並びに鴻巣市生出塚窯跡等が特筆できる。

第三に、旧入間川に沿う大宮台地西縁の畔吉から馬宮・植水地区、さらに大久保にかかる自然堤防上の集落分布がある。あわせて鴨川奥の指扇、三橋周辺に集落分布が見られる。特筆できる古墳群に植水古墳群、側ケ谷戸古墳群等がある。植水古墳群にかかる代表的集落遺跡に大宮B―一〇五遺跡、大宮C―九遺跡、大宮C―一〇四遺跡、側ケ谷戸古墳群にかかる代表的集落遺跡に根切遺跡、大宮B―九九遺跡、大宮B―一〇五遺跡、大宮C―三遺跡、大宮C―一〇四遺跡等がある。また、白鍬古墳群、大久保古墳群にかかる代表的集落遺跡に宿宮前遺跡、本村遺跡、上大久保新田遺跡、八王子浅間神社遺跡等がある。

第2図　大宮台地の古墳時代後期集落の分布

第四に、鴻沼低地に隔てられた台地の両岸、並びに大宮台地最南端の西堀、田島、別所地区へ半月状に分布する自然堤防上の集落分布がある。代表的集落遺跡に小村田東遺跡、与野東遺跡、根岸・白幡本宿・別所子野上遺跡、大谷場貝塚等がある。また、土合古墳群、白幡古墳群等が特筆できる。

第五に、見沼低地に隔てられた台地の西岸の分布がある。代表的集落遺跡に北宿遺跡等がある。

第六に、大和田・片柳支台の広域に及ぶ分布がある。代表的集落遺跡に大宮A—一一六遺跡等がある。また東宮下地区の古墳群等が特筆できる。

第七に、安行支台の鳩ヶ谷市周辺に集落分布がある。代表的集落遺跡に三ツ和遺跡、上野田遺跡等がある。また新郷古墳群等が特筆できる。

第八に、毛長川流域の自然堤防上の集落分布がある。代表的集落遺跡に伊興遺跡等がある。また伊興古墳群等が特筆できる。

これらの分布からは足立郡成立期前夜のようすをうかがい知ることができる。

三　足立郡の設置

「足立郡」の設置時期は不詳であるが、平城宮跡の長屋王宅跡北側の溝から出土した木簡に「武蔵国足立郡土毛蓮子一斗五升」「天平七年十一月」[4]とあり、天平十三年（七四一）聖武天皇の国分寺造営の詔で創建された武蔵国分寺献進瓦に「足」の押印、「足立」のヘラ書き等がみられ、すでにこの時期には「足立郡」が周知されていたことを示している。

文献では『続日本紀』天平宝字八年（七六四）十月条[5]、神護景雲元年（七六七）八月条[6]、同年十二月条[7]に「足立郡の

人　丈部直不破麻呂」にかかる記事がある。

そして、承平五年頃（九三五／源　順）撰による『倭名類聚抄』（「高山寺本」天理大学附属天理図書館所蔵）によれば、足立郡内には四つの郷があり、そのうち三つの郷に訓み方が書かれていることが分かる。(8)

「足立郡
堀津　發度　殖田　宇惠太　稲直　伊奈保　大里」

また、『延喜式』（九二七）神名帳(9)では、足立郡の官社として次の四社の記述がみられる。

「足立郡四座　大一座　小三座
足立神社　氷川神社　名神大　月次新嘗　調神社　多気比売神社」

四社のうち、足立神社はさいたま市植田谷本の小島昭三氏（小島勘太夫屋敷）内にあったものといわれている。氷川神社は、さいたま市高鼻の氷川神社をさすといわれるが、位置については周辺の発掘調査(10)等から再考を要する。調神社はさいたま市岸町にある神社をさし、伊勢神宮の初穂を納める正倉にかかる「調」あるいは「調連」等の関連が考えられている。多気比売神社は桶川市篠津の神社をさすと考えられている。

四　奈良・平安時代の集落分布

この時期の集落分布からは、古墳時代後期に引き続き、大宮台地におけるいくつかの核が概観できる。第三図「奈良・平安時代集落の分布」をもとに、北から見てみよう。

第一に、旧入間川に沿う大宮台地西縁の帯状の集落分布がある。代表的集落遺跡に新屋敷遺跡、下宿遺跡、阿弥陀堂遺跡、宮岡遺跡等がある。特筆される遺跡には、羽口・鉄滓の出土をみ製鉄遺構が検出された新屋敷遺跡、「子和

第3図　大宮台地の奈良・平安時代集落の分布

田」の墨書坏・平瓶等を出土した市場I遺跡、銅製帯飾（巡方）や仏像が彫られた紡錘車を出土した下宿遺跡等がある。条里では、吹上町の明用条里、小谷条里が知られる。なお、集落分布は古墳時代後期より減少傾向にある。

第二に、綾瀬川に沿う大宮台地東縁の集落分布がある。代表的集落遺跡に宮ノ脇遺跡、中三谷遺跡、伊奈町小針地区（薬師堂根遺跡・戸崎前遺跡・向原遺跡等）、大山遺跡等がある。なお、集落分布は古墳時代後期より減少傾向にある。

第三に、旧入間川に沿い、かつ奥まった鴨川低地に隔てられた台地の両岸、並びに馬宮・植水地区の自然堤防上の集落分布がある。代表的集落遺跡に領家・宮下遺跡、堀の内遺跡、土屋下遺跡、大宮C―一号遺跡、大宮C―一〇八号遺跡、外東遺跡、本村遺跡、白鍬宮腰遺跡、八王子前原遺跡、大久保道場遺跡、大久保領家片町遺跡等がある。特筆される遺跡には、古瓦を出土した堀の内遺跡、猿投古窯の蔵骨器を出土した八王子市道六号線地下遺跡、石製帯飾（巡方）を出土した大久保領家片町遺跡、古瓦・蔵骨器を出土した大久保領家道場寺院跡、仏像、螺髪の出土した宿宮前遺跡等がある。条里では、さいたま市の植田谷条里、大久保条里が知られる。なお、水判土から島根、大久保に至る集落分布は古墳時代後期の立地を踏襲して発展している。

第四に、鴻沼低地に隔てられた台地の両岸、並びに大宮台地最南端の半月状の分布と、あわせて戸田方面へ延びる自然堤防上の集落分布がある。代表的集落遺跡に曲庭遺跡、根岸遺跡、一ツ木遺跡、南浦和三丁目遺跡等がある。特筆される遺跡には、火葬痕と蔵骨器を出土した今宮二号遺跡がある。条里では、さいたま市の田島条里が知られる。

第五に、見沼低地に隔てられた台地の西岸の大宮公園、上木崎、三室、大間木にわたる分布がある。代表的集落遺跡に貝崎貝塚遺跡、和田北遺跡周辺等がある。特筆される遺跡には、口琴・浄瓶・金銅仏・石製帯飾（巡方）・銅鈴・銅銭等を出土した「氷川神社東遺跡」、瓦塔（破片）を出土した上木崎遺跡、同上木崎三丁目遺跡がある。なお、集落分布は内陸への拡大が顕著である。

第六に、大和田・片柳支台の広域に及ぶ分布がある。特筆される遺跡には、石製帯飾（巡方）を出土した大宮A―

一五一号遺跡がある。なお、集落分布は支台全域への拡大がみられる。

第七に、安行支台の鳩ヶ谷市周辺から北方へ拡大する集落分布がある。代表的集落遺跡に下野田稲荷原遺跡、東裏遺跡、安行慈林下村中遺跡、前田字六反畑第一号遺跡等がある。特筆される遺跡には、石製帯飾（鉈尾）を出土した東裏遺跡、製鉄遺構が検出された猿貝北遺跡、古瓦を出土した天神山遺跡、「足」の墨書のある土師器を出土した安行中学校遺跡、火葬墓二六基が検出された叺原遺跡、同七基が検出された宝泉寺遺跡、同五基が検出された赤山陣屋遺跡、同四基が検出された三ツ和遺跡、同一基が検出された天沼遺跡等がある。なお、集落分布は支台全域に拡大が顕著である。

五　郷の比定

足立郡各郷の比定については、『新編武蔵風土記稿』、『日本地理志料』、『大日本地名辞典』、旧『埼玉県史』、旧足立郡内の各『市史』（以下「諸書」と称す）等で、先学・諸氏が論じておられる。

小川良祐氏は『鳩ヶ谷市史』[11]のなかで、『高山寺本』と『元和古活字本』の相違点を比べ、足立郡内では当初は堀津、植田、稲直、大里の四郷であったが、後に郡家、餘戸の二郷が加えられ六郷となったと考察され、古墳群をもとに郷の比定をされている。

そこで筆者は古墳時代後期集落の分布をもとに、「水は結び、谷は隔てる」という視点で、地形および旧河道等を「境」として、第四図の如く一定の区割りを想定してみた。さらに、名称の固定についても考察してみた。

では、個々の「郷」について考察してみよう。

「堀津郷」は、増補『大日本地名辞書』[12]に「（略）鴻巣駅近く、登戸村あり、野堀津の謂にして、即堀津郷の遺号にあらずや、凡箕田、鴻巣、馬室、常光の辺に古郷名を欠く、蓋此郡北の村里に擬すべし。（略）和名抄、諸郷の記載より論ずれば、首に堀津を掲ぐるは、北を首としたりと覚ゆ」とある。『古代地名語源辞典』[13]では「字義から見ると、『掘削により出来た津（＝港）』という意味にとれる。」としている。

ところで、鴻巣市には馬室窯、生出塚窯等の大規模な窯跡群がある。馬室窯は台地西岸に立地し、五世紀後半から六世紀末までの約百三十年間にわたり操業している。生出塚窯は台地東岸に立地し、六世紀初頭から同末までの約百年間にわたり操業している。そして馬室窯は荒川流域の桶川市川田谷古墳群まで製品等を供給していると考えられている。生出塚窯は元荒川流域の行田市、吹上市、騎西町、菖蒲町、さいたま市旧大宮東部等まで製品等を供給し、かつ、荒川流域の東松山、大里村、北本市、桶川市、川越市、さいたま市旧大宮西部、戸田市等まで広く製品等を供給し、さらに千葉県市原市方面や神奈川県川崎市周辺までの供給圏が推定されている。[14]これらのことから、六世紀を通しこの地に大きくにぎわう「津」の存在が想定できる。足立郡誕生期には窯場としての機能を失っているが、堀津の名を奈良時代以前に呼称していたと仮定すれば、この地に比定することに妥当性がある。

反面、河川流域の生出塚窯等で生産された埴輪をもつ古墳群や、足立郡四座の立地もまた「津」の存在を想定でき、台地縁辺に極めて多くの可能性をみることができる。加えて『古代地名辞典』に「原島礼二説では（略）足立区舎人町にある『登戸』の地名」あるいは「足立区伊興町の小名『下戸』もホリツ→オリツトがよく相通じる」[15]とある。かつ『倭名類聚抄』に重要なヒントがある。「堀津　發度」の記載である。この「發度」は明らかに訓み方であって、『古代地名辞典』では「発度（ハット、ハト、ホツ）→鳩谷と転じた」としている。諸書も「発度郷」としての解釈として、中世の鳩井郷・矢古宇郷にて、鳩ヶ谷市・川口市東部・旧南部領としている。

筆者は「堀津郷」を足立郡南東端、毛長川流域の伊興から、西側の見沼低地と東側の綾瀬川に挟まれた安行支台全域の範囲とし、中世に「鳩井郷」、「矢古宇郷」、「渕江郷」等と称されたさいたま市野田・大門、川口市安行・東本郷、

利根川
江戸川
大里郷
荒川
殖田郷
稲直郷
（郡家郷）
芝川
元荒川
綾瀬川
堀津郷
旧河道
（余戸郷）
美笹沼
蕨沼
〔凡例〕
1．足立神社
2．氷川神社
3．調神社
4．多気比売神社
5．氷川女躰神社
6．中山神社
7．下宿遺跡（巡方）
8．大宮A－151号遺跡（巡方）
9．氷川神社東遺跡（巡方）
10．東裏遺跡（鉈尾）
11．大久保領家片町遺跡（巡方）
12．八王子市道6号線地下遺跡
（県指定／薬壺形蔵骨器）
13．安行中学校遺跡
14．明用条里跡
15．小谷条里跡
16．植田谷・大久保条里跡
17．田島条里跡
古墳群

第4図　足立郡四郷（六郷）の位置

鳩ヶ谷市および東京都南足立周辺に比定する。また、その基盤としては、鳩ケ谷から毛長川沿いの自然堤防上に立地する古墳時代後期集落であり、葛飾・江戸川方面から北上し、旧入間川や綾瀬川へ向かう分岐点でもある。あわせて新郷古墳群、伊興古墳群の所在も見逃せない。ただし、『延喜式』官社のない点は今後の調査を待ちたい。

「殖田郷」は、宇恵太と訓む。諸書とも、さいたま市植田谷地区を中心とすることで一致している。ただし全体像では違いを残す。『古代地名語源辞典』では「谷筋、谷地筋などの奥の『末田』の意であろう。『田』は田んぼではなく『処』とも考えられる。」としている。

旧入間川河道から見た場合、畔吉から植水・植田谷、別所、小谷場地区へ蛇行する周辺地域が考えられる。また、その基盤としては植田谷本から大久保地区に濃密に分布する古墳時代後期集落であり、植水古墳群、側ケ谷戸古墳群、白鍬古墳群、大久保古墳群の立地、土合古墳郡、白幡古墳群の所在も見逃せない。仮定地域には『延喜式』神名帳の官社「足立神社」、並びに調を収納する正倉にかかわる「調神社」もある。

筆者は、「殖田郷」を江川用排水路の流れる谷から藤右衛門川の流れる大田窪の谷の範囲とし、中世に「畔牛郷」、「殖竹（田）郷」、「中茎郷」、「上内野郷」、「与野郷」、「大窪郷」、「芝郷」と称された上尾市畔吉、さいたま市指扇、植田谷本、与野、別所、小谷場周辺に比定する。

「稲直郷」は、伊奈保と訓む。諸書とも近世に伊奈荘および大谷領と称された地域に比定されている。『埼玉県史』では、伊奈荘は近世初頭の代官伊奈氏(16)に由来する可能性を指摘し、「検討を要する」としている。『古代地名語源辞典』では「イナは『砂』の意。ホは『秀でた高所』つまり『砂地の自然堤防』、または『丘陵地』を呼んだ地名か。あるいは、イは接頭語で、ナホは『まっすぐな地』の意か」としている。また、稲積（大隅国）、稲羽（因幡国）等は農耕神の信仰にかかる「語」とする反面、稲巧（美濃国）、稲敷（常陸国）、稲向（信濃国）、稲庭（上総国）、稲妻（長門国）等の地名は自然堤防・丘陵地にかかる「語」としている。筆者はイナホ＝伊奈とすることには時代的に無理があり、伊奈氏領有以前に「イナ」という訓がない状況では、地形的な視点と集落分布を重視したい。また、増補『大日本地名辞書』に「首に堀津を掲ぐる」とすると、吉田東伍氏と「首」の方位は「北」と「南」で大きく異なるが、筆者は堀津郷の北、殖田郷の東の台地としてよいと考える。また、その基盤として古墳時代後期集落の分布は三室地区、上木崎・氷川神社地区、片柳支台（宮ケ谷塔・御蔵・片柳地区）であり、綾瀬川沿い東宮下氷川神社周辺の古墳群の所在も見逃せない。仮定地域には『延喜式』神名帳の官社「氷川神社[17]」がある。

筆者は、「稲直郷」を綾瀬川と原市沼川の合流地点から、大和田・片柳支台全域、および大宮主台東部地域の範囲とし、上尾市原市、中世に「片柳郷」等と称された大宮市片柳・御蔵の東部台地、三室・大谷口等の浦和南東部台地に比定する。

「大里郷」は、諸書が「大里」が「大調」の誤りで「大調郷」と解し、調神社の所在するさいたま市南部から蕨市・戸田市・川口市南西部としている。だが「里」が「調」の誤りとするにはしかるべき根拠が必要である。根拠の希薄な場合、原典に忠実であるべきであろう。『古代地名辞典』では「主要な中心地となる村」の意としていることからも、その基盤となる旧入間川沿いの古墳時代後期集落の分布は密度がたいへん濃く、鴻巣市生出塚古墳群、常勝寺古墳群、馬室古墳群、北袋古墳群、八重塚古墳群、川田谷古墳群、菖蒲町の栢間古墳群の所在も見逃せない。また、仮定地域には『延喜式』神名帳の官社「多気比売神社」がある。

筆者は、「大里郷」を足立郡北端から、西を鴨川の谷、東を綾瀬川と原市沼川の合流地点、南を上尾市戸崎・さいたま市今羽町地区の谷が入り組み、大宮主台を分断する地点とし、中世に「箕田郷」、「馬室郷」、「桶皮郷」と称された吹上町、鴻巣市、北本市、桶川市、伊奈町、上尾市中心部に比定する。

さて、『元和古活字本』に記載のある「郡家郷」、「余戸郷」についてであるが、前述の如く「追記」と仮定して論を進める。

「郡家郷」は、諸書が郡衙の所在地を中心とする大宮から片柳、三室周辺地域とする。筆者は、「稲直郷」から分離したと考えた場合、見沼の谷を境として西側台地部の大宮公園から南下し上木崎、さらに三室から大間木へ広がる地域が該当地となろうかと考える。まさに、古墳時代後期集落の分布と比して奈良・平安時代集落の拡大こそが、分離を可能とした傍証といえまいか。

「余戸郷」は、一里五〇戸の編成を行った際、一〇戸以上五〇戸未満の端数を「割り余りの戸」とすることで生じた郷である。筆者は、『中川水系Ⅰ総論・Ⅱ自然』[18]にみる「沼沢地」（大宮市史第一巻にいう「美笹沼」、「蕨沼」）の存在と水害の受けやすい土地柄に鑑み、この地の総面積に比して耕作可能地の少ない古代の蕨・戸田市美谷本・笹目地区を「余戸郷」と想定する。

六　その後の足立郡

次に第四図にみられる奈良・平安時代の古瓦・瓦塔・石製帯飾（巡方、鉈尾）等の出土遺物の分布、古寺社、条里遺跡等のようすは、律令制度の完成後の足立郡の姿を現していると考える。なかでも、石製帯飾の出土に注目したい。[19]

さて、鎌倉時代以降、一五世紀に至る状況は、考古学的には不詳である。しかし、城館跡並びに「市場祭文」[20]等から、街場のようすを考察することは可能であろう。第五図「城館跡の分布と市場開催地」をもとに概観してみよう。全体として、陸の道は「とはずがたり」[21]にみるように中世においては主流と考えにくい。城館跡の分布からみた街場の形成は河から支流（谷津）へという①旧入間川と元荒川に沿った地域に街場が考えられよう。そしてそれは太古以来の主たるようすであろう。ただし一四～一六世紀に至る城館跡と市場開催地（辻や街の周縁部）の分布からは、②青木―鳩ケ谷―大門―末田―岩付への道がみられ、それはいわゆる鎌倉街道中つ道の宿駅とも重なる。また、③水子―

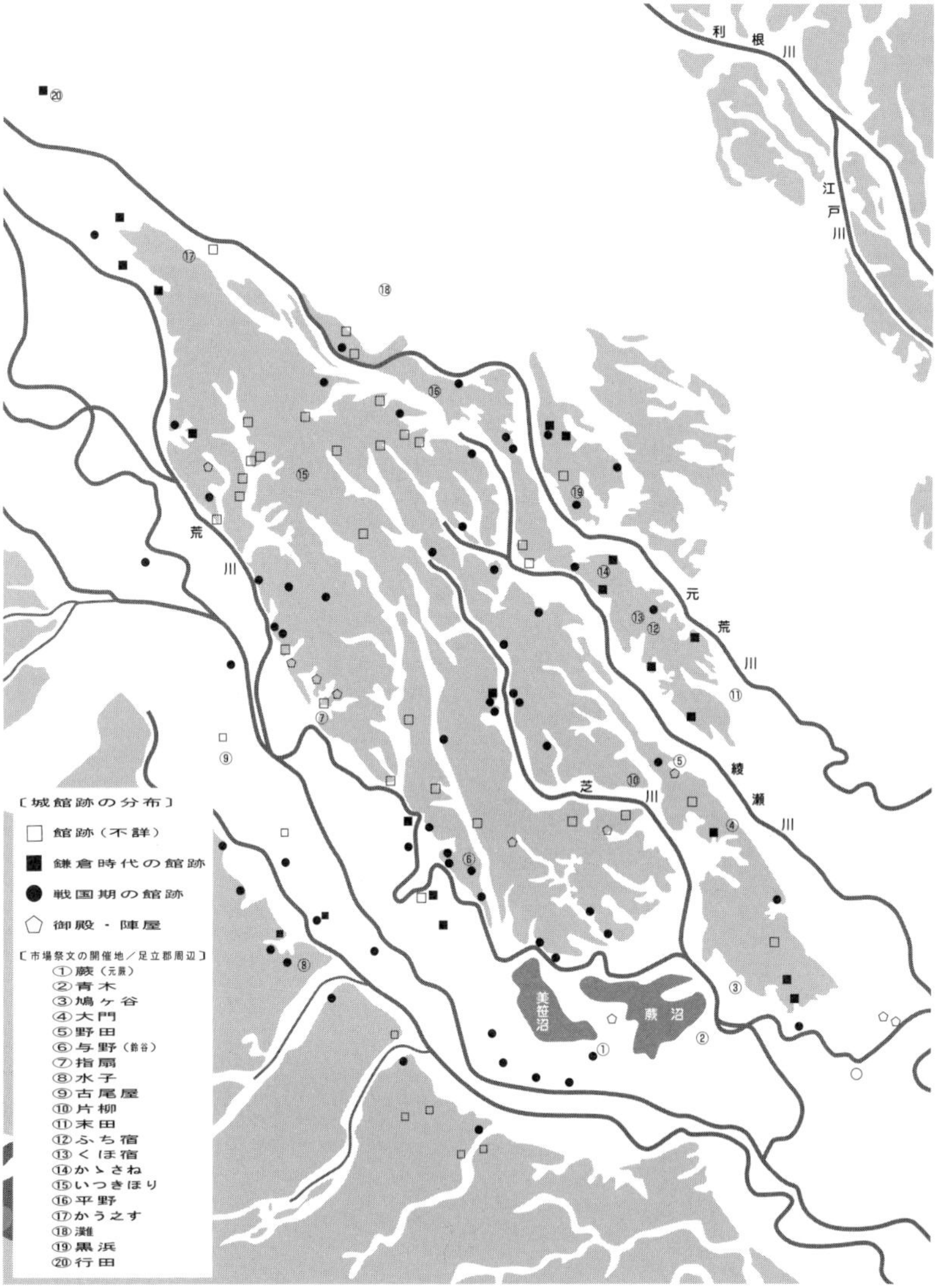

第５図　大宮台地と周辺の城館跡・市場の分布

与野―片柳―野田―岩付への道がみられ、それは鎌倉街道上つ道と中つ道をつなぐ間道であり、「羽根倉合戦[22]」という出来事も伝えられている。さらに、④蕨―与野―指扇―古尾屋―川越への道も想定できよう。これらの道沿いには街場が想定できる。

なお、中山道の宿駅（御殿遺構も含む）が成立するのは岩付城攻略後のことである。

おわりに

以上、大宮台地における環壕集落の開闢を「足立郡」誕生の萌芽ととらえ、古墳時代後期集落および古墳群の分布を基に、奈良・平安時代集落等の分布を加え、足立郡六郷の比定を試みた。そして今回、城館跡の分布と市場開催地から中世の街場の所在を想定した。昭和六二年『埼玉の考古学』に環壕集落の考察を試み、その到達点としていた、「大宮台地の街の成立」が描けたことに安堵している。ついては、ぜひ、先学諸師の皆様のご指導、ご叱責をいただければ幸いである。

なお、各時代の遺跡分布については、発掘調査の行われた遺跡を主として考えた。資料については、都市化に伴う開発の多少による密度のばらつきを考慮しなければならないが、確認調査並びに発掘調査件数および調査地域、複合遺跡の時代内容等から極端な資料結果とはなっていないことを付け加えておきたい。

末筆ながら、本稿に活用した報告書をつくられた皆様方のご苦労に敬意を表する。

注

（1）秦野昌明　二〇〇二「足立郡誕生への一考察」『埼玉考古』第三七号　埼玉考古学会

（2）秦野昌明　一九八七「埼玉県内における環壕集落につ

いて」『埼玉の考古学』　新人物往来社
(3)　秦野昌明　二〇〇〇　「大宮台地における環壕集落について」『埼玉考古』第三五号　埼玉考古学会
　秦野昌明　二〇〇〇　「埼玉県内における環壕集落について」平成一二年九月二七日付―埼玉県埋蔵文化財調査センター主催「市町村埋蔵文化財担当者研修会」講話資料
(4)　一九八三　『新編　埼玉県史』資料編四　古代二古文書・記録　埼玉県
(5)　一九七七　『浦和市史』第二巻　古代中世史料編Ⅰ　二一頁　『続日本紀』天平宝字八年十月七日の条「庚午、詔加賜親王大臣之胤、及預討逆徒諸氏人等位階、○中略　授従五位下安曇宿禰三国　○中略　並従五位下、○中略　正六位上丈部直不破麻呂　○中略　並外従五位下」
(6)　一九七七　『浦和市史』第二巻　古代中世史料編Ⅰ　二九頁　『続日本紀』神護景雲元年八月二十九日の条「丙午、○中略　外従五位下丈部直不破麻呂為下総員外介」
(7)　一九七七　『浦和市史』第二巻　古代中世史料編Ⅰ　二九頁　『続日本紀』神護景雲元年十二月六日の条「壬午、武蔵国足立郡人外従五位下丈部直不破麻呂等六人賜姓武蔵宿禰」
(8)　一九八三　『新編　埼玉県史』資料編四　古代二古文書・記録　埼玉県
(9)　一九六一　黒板勝美、国史大系編修会編　新訂増補『国史大系　延喜式』前篇　吉川弘文館
(10)　立木新一郎・下村克彦・山形洋一・山口康行　一九九三　大宮市遺跡調査会報告第四二集『氷川神社東遺跡　氷川神社遺跡　B―一七号遺跡―県営硬式野球場・周辺施設整備事業関係埋蔵文化財発掘調査報告―』　大宮市遺跡調査会
(11)　小川良祐　一九九二　『鳩ヶ谷市史』通史編　第四章
(12)　吉田東伍　一九七二　増補『大日本地名辞書』第六巻　坂東冨山房
(13)　楠原佑介他編　一九八一　『古代地名語源辞典』　東京堂出版
(14)　山崎　武　二〇〇〇　『鴻巣市史』通史編一　第五章第二節
(15)　楠原佑介他編　一九八一　『古代地名語源辞典』　東京堂出版
(16)　一九七九　『国史大辞典』（吉川弘文館）では伊奈氏は清和源氏の流れにして、はじめ戸賀崎ついで荒川姓を称したが、七代易氏のとき信濃国伊那郡に住す。九代易次のとき、叔父易正との内紛で東海地域に流浪す。易次の子忠基は松平広忠・家康に臣従、三河国幡豆郡小嶋（愛知県西尾市）の土豪として勢力を延ばす。忠次のとき家康の信任を得、家康の関東入国後　武蔵国に領地・陣屋を設け地方支配の筆頭となる。
(17)　現大宮氷川神社は、棟札で文禄五年（一五九六）伊奈熊蔵が再建したとされる。中山道が公道となって以降おおいに

発展したものといわれ、近世以前の歴史は口碑伝承のみである。また、近年の発掘調査からは奈良時代の遺構・遺物が全く検出されず、遺構は野球場周辺で検出され、九世紀中頃から一〇世紀前半に隆盛を誇る。一方、氷川神社は丈部不破麻呂の子孫である武蔵武芝の代に「平将門の乱」に荷担し失脚したので、奉斎者の変動があったと考えられる。そして、遺構もその規模を小さくして行く。また奉斎者の変動後、高鼻・中川・宮本の三社に分社し現在に至るとする考えもあるが、古代集落の分布からは高鼻地区、中川地区、宮本地区の三つに大別される集団がみえる。すでに古代において三奉斎者勢力の基礎ができていたと考えられるが、いかがであろう。

(18) 一九九三『中川水系I総論・II自然』―中川水系総合調査報告書一―埼玉県　第二図・第二三図参照

(19) 一九八八　埼玉県立歴史資料館編『埼玉の中世城館跡』埼玉県教育委員会

(20) 杉山正司　一九八〇「中世末武蔵東部の市における諸問題」『埼玉県立博物館紀要―七』

(21) 次田香澄　一九八七『とはずがたり』講談社学術文庫

(22) 羽禰蔵の合戦は、足利尊氏方の高麗彦四郎経澄が直義方の上杉憲顕を打つべく、観応二年一二月一七日（一三五二年一月一二日）埼玉郡鬼窪に兵をあげる。高麗経澄軍は一九日、府中に進撃する途中、与野郷鈴谷から上峰を経て（羽禰蔵道）進軍し、蛇行する旧入間川（現荒川）の渡河点であった羽禰蔵（現さいたま市大久保あたり）で、難波田九郎三郎の軍に迎撃されるが、これを撃破する。観応二年一二月一九日の出来事であるが、現在の暦では一三五二年一月一四日の出来事。

参考文献

大護八郎　一九五七「浦和市上木崎古代遺跡発掘報告書」『浦和市の文化財保護』浦和市教育委員会

大宮市史編さん室編　一九七一『大宮市史』第二巻古代中世編　大宮市役所

蘆田伊人編集校訂　一九七七　大日本地誌大系一三『新編武蔵風土記稿』第七巻　雄山閣

青木義脩他　一九七七　浦和市遺跡調査会報告書第五集『上木崎三丁目遺跡発掘調査報告書』浦和市遺跡調査会

「角川日本地名大辞典」編纂委員会　一九八〇　竹内理三『角川日本地名大辞典』一一　埼玉県　角川書店

戸田市市史編さん室編　一九八一『戸田市史』資料編一原始古代・中世

川口市市史編さん室編　一九八六『川口市史』考古編

吉川國男　一九八七『荒川』人文I―荒川総合調査報告書二―第二章第四節　埼玉県

浦和市総務部市史編さん室編　一九八七『浦和市史』通史編I　浦和市役所

与野市総務部市史編さん室編　一九八七『与野市史』通史編上巻

川口市市史編さん室編　一九八八『川口市史』通史編上巻

鴻巣市市史編さん調査会編　一九八九『鴻巣市史』資料編一考古　鴻巣市

一九九〇『桶川市史』第一巻　通史編　桶川市

北本市教育委員会市史編さん室編　一九九〇『北本市史』第三巻下　古代・中世資料編　北本市教育委員会

上尾市教育委員会編　一九九二『上尾市史』第一巻　資料編一原始・古代　上尾市

埼玉県立歴史資料館編　一九九二『埼玉の中世寺院跡』埼玉県教育委員会

日本歴史地名大系第一一巻『埼玉県の地名』一九九三　平凡社

北本市教育委員会市史編さん室編　一九九四『北本市史』第一巻　通史編Ⅰ　北本市教育委員会

塩野　博他　一九九九『埼玉県の歴史』山川出版社

一九九九『古代地名大辞典』本編　角川文化振興財団

小倉　均　一九九九「南伊勢系土器とそのあり方」『浦和市史研究』第一四集　浦和市総務部行政管理課

柳田博之、山田尚友、近藤行仁　二〇〇〇　浦和市遺跡調査会報告書第二七七集・『東裏西遺跡（第二次）・東裏遺跡（第四次）・下野田稲荷原遺跡（第三次）・大門西裏南遺跡（第二次）発掘調査報告書』―浦和市大門上・下野田特定土地区画整理地内発掘調査報告二―　浦和市遺跡調査会

梅沢太久夫　二〇〇三『城郭資料集成　中世北武蔵の城』岩田書院

秦野昌明　二〇〇四「幻の寿能城・埋もれた今宮館」『埼玉史談』第五一巻第三号　埼玉県郷土文化会

さいたま市立博物館　二〇〇五『戦国時代のさいたま』―城と館からさぐる―　特別展図録

備蓄古銭の検討
――出土地点の詳細から――

赤石光資

埼玉県の中世社会の研究に、地中から出土する備蓄古銭の課題がある。出土状況や地点の把握と歴史的検討、銭貨自体の種類と分類などといった研究が求められている。歴史・考古・流通経済学、貨銭学など多分野で解決していくべき素材である。

栗原文藏氏は、埼玉県内出土の二七例（その後三四例）の備蓄古銭を把握されて、「出土位置は付図に示したが、鎌倉街道上道沿いに多い傾向がある」と述べられている。[1]氏の調査研究の過程で、筆者が住む埼玉県上尾市においても備蓄古銭の出土例を御教授いただき、現在までに四箇所からの古銭出土を確認している。そこで、ぜひ県内の一覧例に加えていただきたく、さらに、調査に際して感じた出土地点の詳細を考えたく筆をとった。というのは、この四例のうちの三例が、中・近世の館城跡内からの古銭出土であり、その歴史的環境に関心が惹かれたからである。なお、県内の分布や各地点の詳細は、栗原氏の成果を全面的に引用させていただいた。[2]

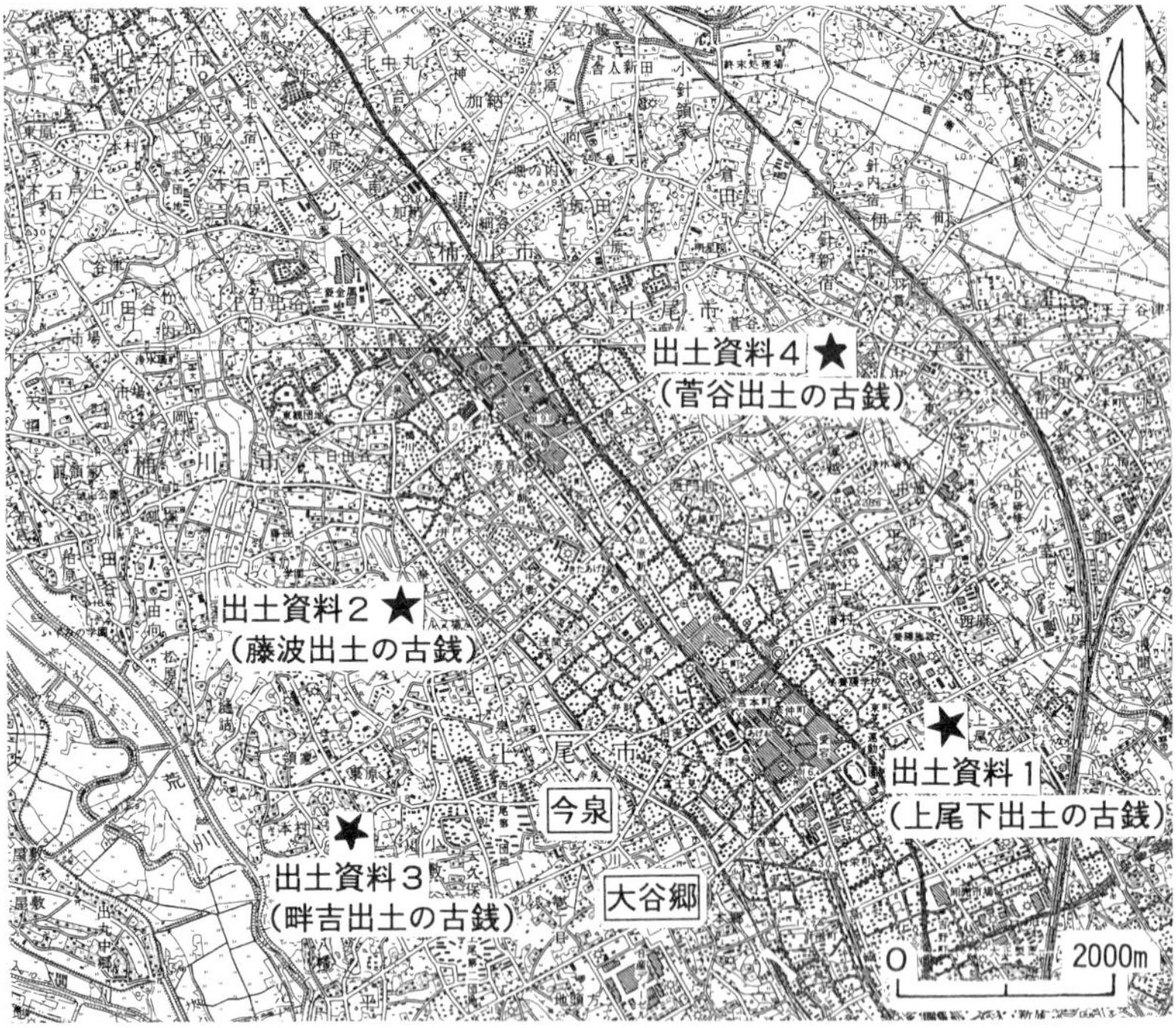

第１図　上尾市内における備蓄古銭の出土位置（★印）と中世の地名

一　備蓄古銭の検討方法と課題の所在

出土備蓄古銭には、さまざまな意義や研究方法、視点がある。

（1）出土地点の時代背景の解明。

（2）貨幣経済の実態究明と経済史的観点から見た地域史の研究[3]。

（3）埋蔵目的とされる、①蓄財した富豪による財産の隠匿および備蓄、②土地の開発に先立つ土地神に対する祭祀としての埋納などの見解の解明[4]。

（4）出土古銭の分類、研究、合わせて出土地点の検討をする。具体的には、銭種、先鋳銭か後鋳銭か、銭種の組み合わせによっての埋蔵年代の把握、伴出物の検討、同時期遺構や文献的資料、出土遺構の状態把握、出土地点の遺跡内における捉え方。

表　上尾市出土の備蓄古銭一覧

現在伝わる遺物・記録・伝承 遺物	記録	伝承	発見者	出土時期 【　】は確認方法	古銭の出土量 【　】は確認方法	説明／出土例
なし	『東京日日新聞』埼玉版（大正8年11月9日付け）	なし	小田川吉五郎さん	大正8年10月25日（1919年） 【左記の新聞】	「古銭二千餘枚」 【左記の新聞】	**出土資料1** 上尾下出土（大字上尾下）
なし	①『東京日日新聞』埼玉版（昭和11年3月15日付け） ②石井研堂「土中の古錢界」『貨幣』223号（1937年）	「幕末～明治初期の盗賊輿五右衛門が盗んだ大判・小判を大杉の根元に埋めたものか」（要旨）と伝える。	増田元春さん	昭和11年3月13日（1936年） 【左記の新聞】	「五貫百匁」 【左記の新聞】	**出土資料2** 藤波出土（大字藤波）
出土古銭555枚	なし	なし	西村志んさん	昭和49年2月22日（1974年） 【発見者のご教示】	「四升ほど」 【発見者のご教示】	**出土資料3** 畔吉出土（大字畔吉）
出土古銭8枚	なし	なし	石井　等さん	昭和50年代の中頃（1980年頃） 【発見者のご教示】	（不詳）	**出土資料4** 菅谷出土（菅谷二丁目）

以上の項目のうち、本稿では、出土地点の遺跡内における捉え方を主題として検討してみたい。

栗原氏は、埼玉県内における備蓄古銭の出土例（三四例）を分析され、まとめている。[5]その一端を抽出させていただくと、

・（年代）三四例のうち一例を除いて埋蔵年代は中世に遡る。その年代にも幾つかの段階がある。

・（出土場所）城館跡などが少なからず含まれている。

・（人）中世の武士・豪族の遺したもので、その興亡の証人といえる。

という。館城跡に関しては、「城跡からの出土は2例」「館跡出土あるいは館跡と強い関連が推定される出土例は4個所」であるとともに、「寺域内からの出土例も2個所」と考えられている。

これらの見解について、上尾市内の実例を明らかにすることで少しでも深く考える一助になれば幸いである。なお、本稿では、四箇所の出土地点と連結して歴史的な館城跡を同時に記述していくが、両者は直接的には関係があるものではない。歴史的な理解を深めるために出土

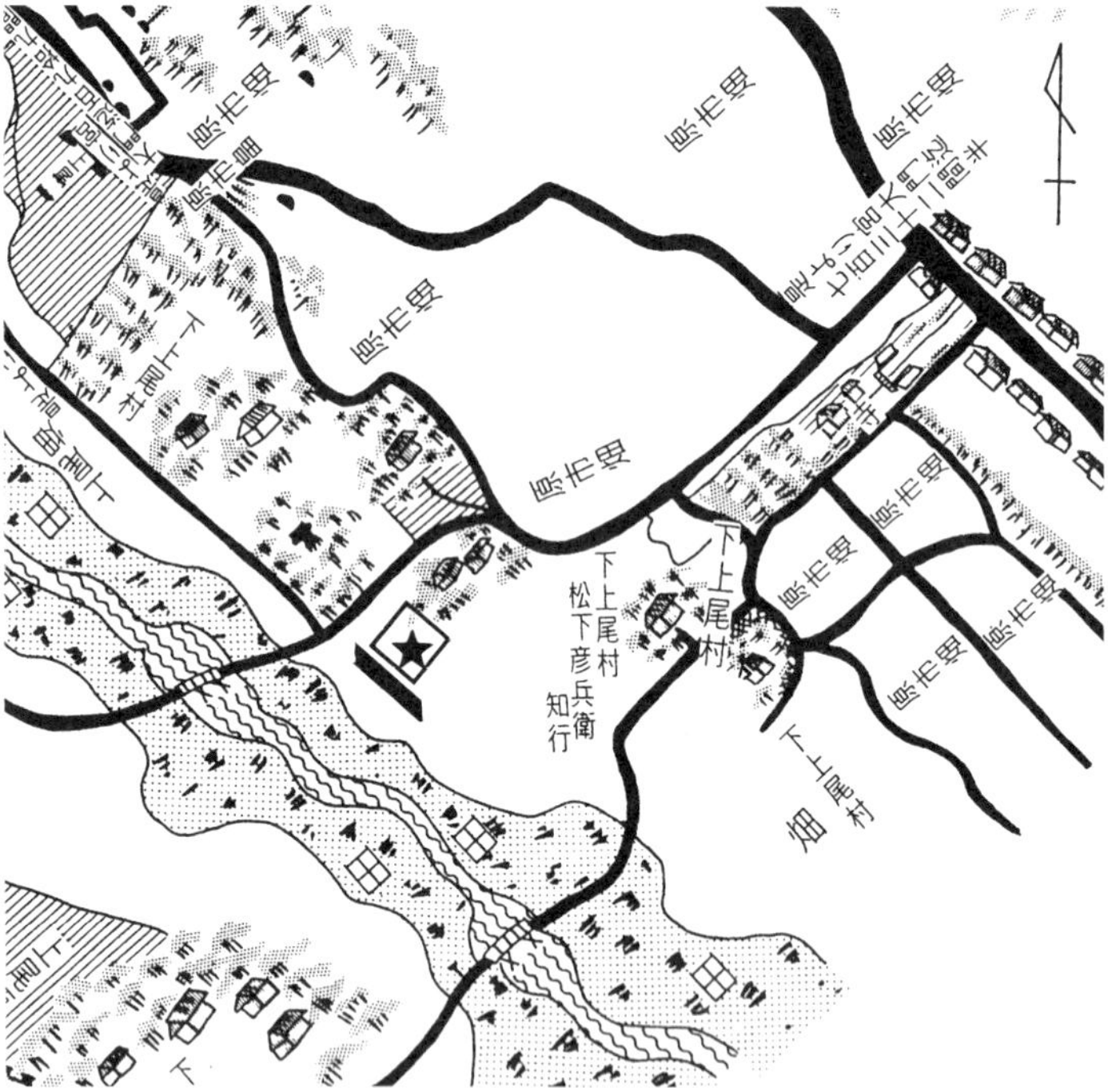

第2図　出土資料1（上尾下出土の古銭）の出土位置（★印）

地点の履歴を説明するものである。

二　上尾市内出土の備蓄古銭
——四例の詳細——

上尾市内では、備蓄古銭は四箇所からの出土が知られている（以下、四箇所／四例を「出土資料1」～「出土資料4」と称する。第一図、表）。出土した事実確認は、筆者が昭和六一年から平成八年にかけ実地調査した。その方法は、ⓐ当時の報道新聞による（上尾下）、ⓑ当時の報道新聞と聞き取り調査による（藤波）、ⓒ聞き取り調査と出土古銭の実見による（畔吉・菅谷）ものであった。聞き取り調査の相手の人は、ⓓ発見者ご本人（藤波・畔吉）、ⓔ発見者から直接聞いた人（菅谷）、ⓕ伝聞で覚えている人（上尾下）である。それらⓐ～ⓕを組み合わせて本稿の基本資料とした(6)。

第３図　出土資料２（藤波出土の古銭）の出土位置（★印）と「養老の水」（↓印）

出土資料１　上尾下出土の古銭
——西尾氏陣屋跡内

出土地の状況　第二図の★印は、「陣屋跡と稱する畑地を耕作中地下三尺ばかりの處より古銭二千餘枚を發掘」という地点である。[7] 第二図のベースである絵図は、「原市村・上尾村の村境争論裁許絵図」（延宝六年＝一六七八）である。[8] 昭和六〇年の調査では、「うちやしき」という区域と堀跡が確認されており、[9] 筆者が絵図にそれらを書き入れた。第二図の□印が「うちやしき」の位置、その西際に堀跡がある。「うちやしき」は周囲の土地にくらべて〇・五mほど低くなっている平坦地であり、その一角から古銭が出土している。

西尾氏陣屋跡と西尾氏　西尾氏陣屋跡の範囲は、明確ではない。現状において陣屋跡は、妙厳寺から西方の陣屋公民館（敷地内に稲荷社がある）や「うちやしき」、堀跡を含む一帯が推定されている。延宝六年の絵図では、推定地には陣屋

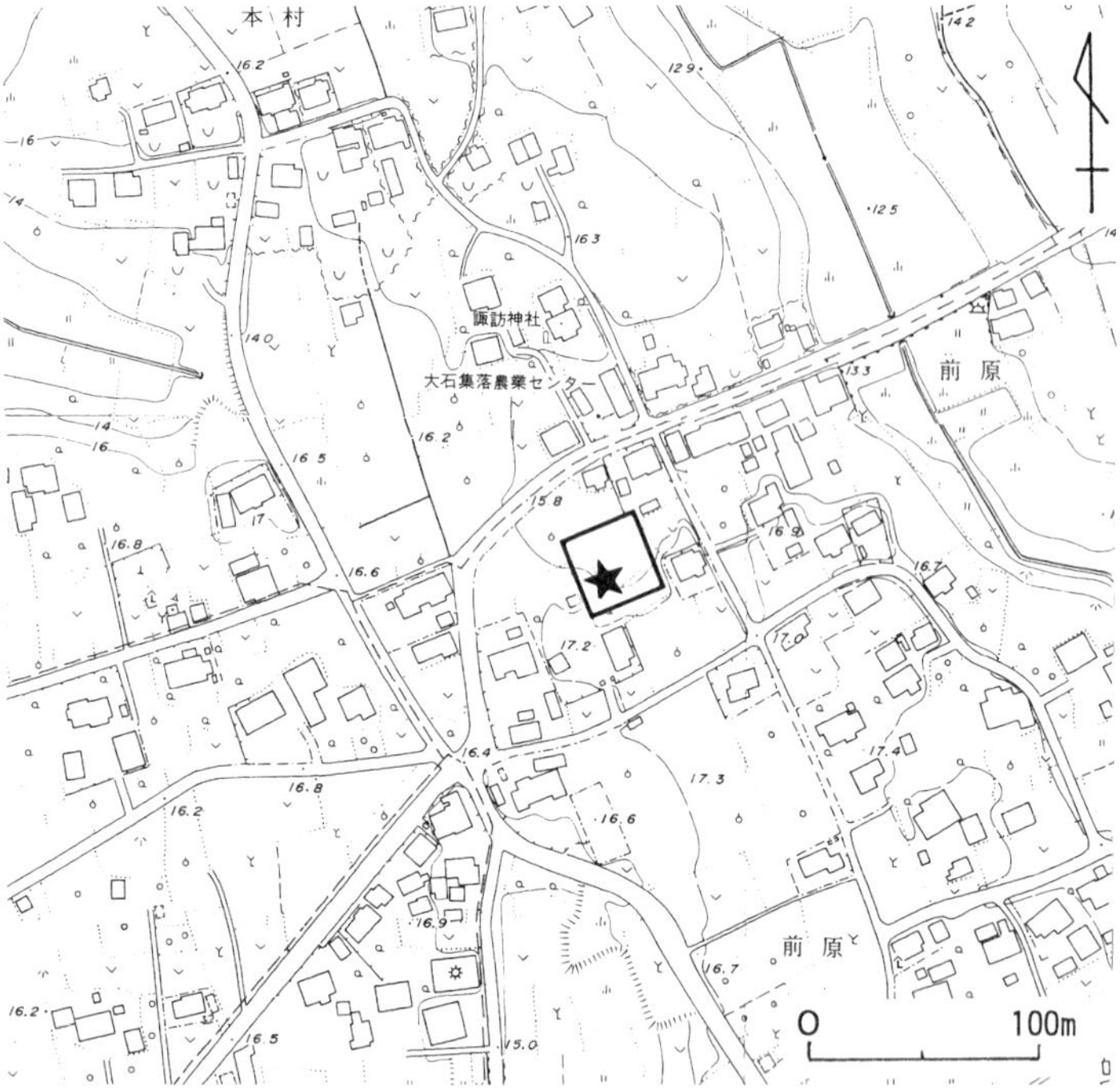

第４図　出土資料３（畔吉出土の古銭）の出土位置（★印）

を示すものはとくに描かれてはいない。現在推定する地域と絵図とを照合すると、絵図では北西に天神社があり、妙厳寺は「寺」と表記されている。

『新編武蔵風土記稿』には「西尾氏陣屋蹟　村ノ南ニアリ。當所ハ西尾隠岐守吉次其子丹後守二代コヽニ住セリ。（中略）其後丹後守元和四年常陸國土浦ヘ轉セシトキ。當所ノ陣屋ハ廢セリト云[10]」。

出土資料２　藤波出土の古銭
——屋敷跡は不詳

出土地の状況　第三図の★印から「五貫百匁」の古銭が出土した[11]。その場所は、大宮ゴルフコース内、交差する旧道のやや南に位置する。昭和一一年の開墾後に松・桜の木が植えられ、昭和三一年にゴルフコースの造成が行われた。出土地は、洪積台地の肩部にあり、平坦である。「多少の地形改造はなされているものの、旧地

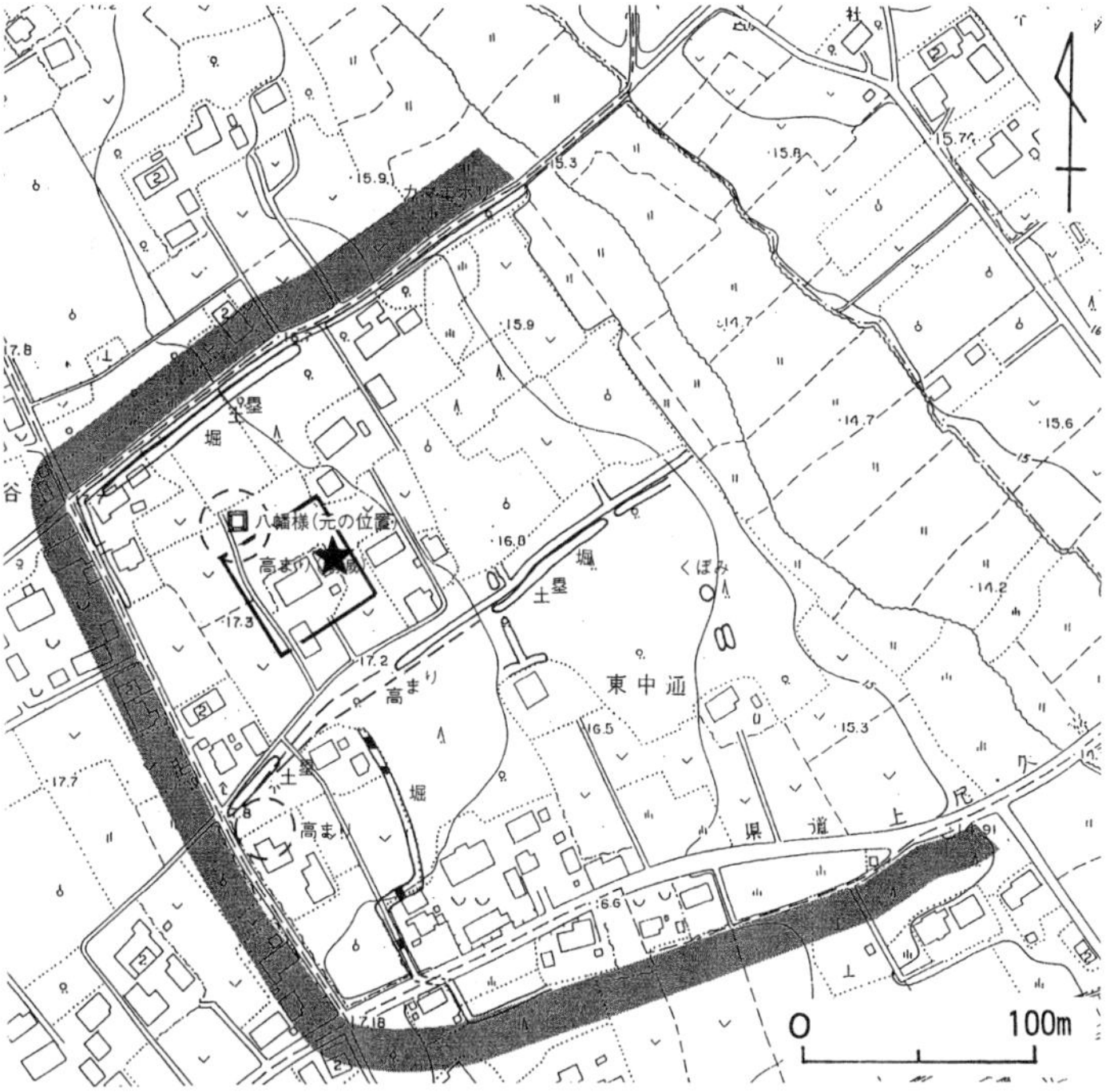

第5図　出土資料4(菅谷出土の古銭)の出土位置(★印)

形はまあまあ保たれている」(発見者の増田氏談⑫)。というが、中・近世の屋敷・館跡は確認されていない。

出土地点の伝承　①泥棒の「○○よござえもん」がお金を盗んで原ヶ谷戸というヤマに埋めた。後世の人がその伝承を聞いてヤマを発掘したが見当たらなかったという。②かつて、南方に「養老の水」と呼ばれる湧水の池があったという(第三図の→印)。③古銭出土地点の南東方〇・四kmに「カナヤマ」と地元で呼ばれる地点がある。

出土資料3　畔吉出土の古銭
——井原氏屋敷跡内

出土地の状況　第四図の★印から「四升(七・二ℓ)」ほどの古銭が出土した(発見者の西村氏談⑬)。出土地点は、西村家の母屋の北から東に広がる平坦地、「くぼったま」と呼ばれている区域(第四図の□印)の一角である。第四図の

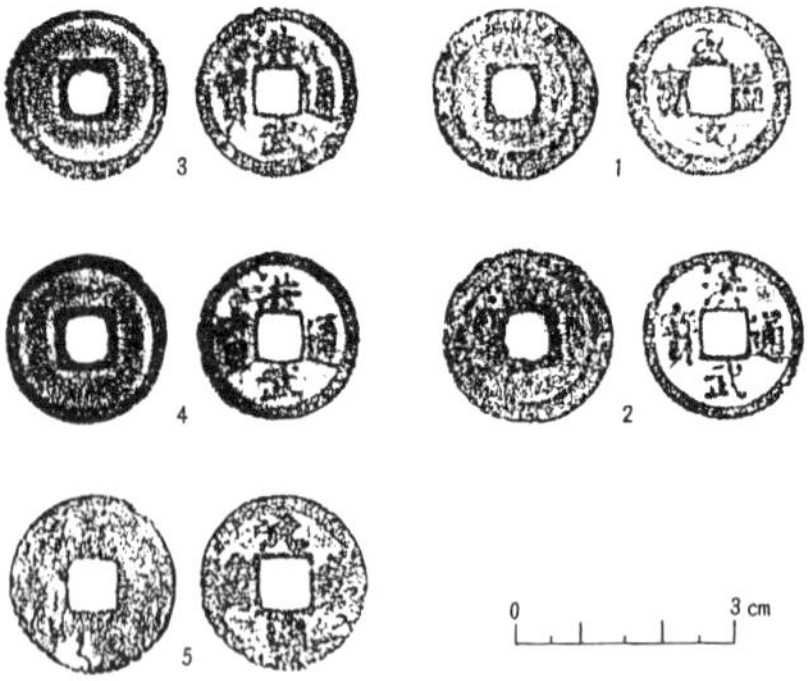

第6図　菅谷北城跡内の出土古銭（石井家）

等高線を見ると、★印の南側が急激な段差地形になっていることがわかる。「くぼったま」から北側の諏訪神社（畔吉地域の鎮守）参道にかけての一帯が周辺にくらべてくぼみ、中央にはZ字状に屈曲した道路が東西に走る。諏訪神社の北西数十mに旧家・井原家がある。同家は、上尾市に現存する最古の古文書（天正一七年＝一五八九）に記される「井原土佐守」家と考えられている。

井原氏屋敷跡と井原氏　井原氏屋敷跡の範囲は、第四図で右に説明したとおりである。天正一七年の古文書が地元の徳星寺に伝わっている事実から、戦国期の天正一七年現在に井原土佐守が畔吉を領有し、居住していたことが推測される。地理・歴史的に見ても、畔吉地域は要所と考えられる。同氏の屋敷は、諏訪神社を中心にした辺りに、南北三〇〇m×東西二〇〇mの長方形プランが推定される。

『新編武蔵風土記稿』には「舊家者彌市　代々名主ヲ勤ム。先祖ヲ井原土佐守政家ト稱シ。岩槻ノ十郎氏房ニ仕ヘシモノナルガ。落城ノ時打モラサレ。當所ニ来リ住セリト云[14]」。

出土資料4　菅谷出土の古銭——菅谷北城跡内

出土地の状況　第五図の★印から古銭（第六図）が出土した。出土地点を含む四方（第五図の□印）は、周辺よりもやや低くなり、平坦である[15]。古銭の発見状況は次のようである（所蔵者の石井さんから[16]）。昭和五〇年代中頃、発見者・石井　等さんが自宅（出土場所の西側）の東側の植木を移動させていたところ古銭を発見した（第六図）。植木の根周りの穴があいた時のことで、深さは不詳である。古銭はひもに通してあって重なって（密着して）いたが、ひもは粉になって消滅してしまった。発見当時、密着した古銭の細長い塊が、円を描くようにいくつも並んであった（多量の備蓄古銭の様子を物語っている）。なにかの入れ物に入っていたこともなく、土の穴のままであった。

菅谷北城跡と春日氏　菅谷北城跡は、出土遺物や近隣に残された板碑などから、一四世紀の中頃には築城または存在していたようであり、一七世紀頃まで存在していたと考えられる。[17] 規模が東西二四〇～三〇〇m×南北三〇〇～三五〇mの台形プランである。居住者は不詳である。が、重要な史料がある。観応の擾乱（観応元年＝一三五〇年）で勲功をあげた春日八郎行元に対し、桶皮郷内の菅谷村にあった丸七郎の領地を恩賞として与えるというものである。[18] 領地を差し出した丸七郎が菅谷北城に居城していた可能性もある。

『新編武蔵風土記稿』には「古城蹟　小名北ニアリ。凡四方二丁餘ニシテ北ノ方ニ堀ノ蹟トオボシキ所アリ。又二ノ曲輪トモ云ヘキ堀ノ跡アリ。何人ノ居蹟ナリヤ。来由詳ナラス。（中略）今ハ東光寺。及ビ村民ノ居宅。或ハ畑トナリテ境界定メガタシト云。[19]」

三　文書記録から見た出土地点――領有の変遷――

1　出土地点の遺跡内における捉え

前項でみた出土資料2（藤波出土）を除く三例は、くぼ地かつ平坦地から出土している。くぼ地や平坦地は、周囲の土地と比べて低くなっており、人の手により造成（削平）された区域と見られる。そのようなくぼ地や平坦地は、中世から近世初頭の館城跡の縄張りの中では中ほど辺り（中央ではないが）に位置しているといえる。その範囲内に古銭の出土があったのである。

2　出土地点と中世文書

前項の四箇所の古銭出土地点に関して、鎌倉時代から徳川家康が関東へ入国した天正一八（一五九〇）年八月ころまでの地域を語る中世文書を挙げると次のようである（「　」は文書の標題名。（　）は所蔵・出典。▬ は天正一八年への変換）。事象は、あくまで上尾市域の記述に限り、足立郡や武蔵国といった広域に関する記述は割愛した。

出土資料1　上尾下出土の古銭――西尾氏陣屋跡内

･･･ 金剛界九会曼荼羅種子奥書（永禄三年＝一五六〇年）→順良房が、曼荼羅を「武州上足立於原宿書之畢」という。（林家文書）

･･･ ･･･ 「北条家印判状」「北条家検見書出」（永禄一〇年＝一五六七年）→代官を命じる。検見と年貢の進納。（平林寺文書）

▬ ▬ 西尾吉次が原市村など一四宿村を知行（天正一八年＝一五九〇年）

･･･

上尾下村の東隣り、地続きで原市村があった。原市村は、一五六〇年頃は「原宿」と呼ばれ、江戸時代前期まで「原宿」「原市」と並び称されていた。両村の境目に位置する妙厳寺には、初代・西尾吉次の墓がある（以降、歴代当主の供養塔が建立されている）。

出土資料2　藤波出土の古銭――屋敷跡は不詳

「大道寺政繁（カ）禁制写」（永禄六年＝一五六三年）→河越城将・政繁が密厳院へ禁制を下し、寺中で河越足軽の乱妨狼藉を厳禁した。（武州文書）

「伊奈忠次知行書立」（天正一八年＝一五九〇年）→忠次による知行の明細の書きつけ証文（牧野家文書）

牧野康成が畔吉村など石戸領を知行（天正一八年＝一五九〇年）

「武州足立郡藤波之郷御縄打水帳」「武州足立郡藤波之郷屋敷御縄打水帳」（天正一九年＝一五九一年）→藤波郷の水田・屋敷地の検地帳（矢部家治家文書）

出土資料3　畔吉出土の古銭——井原氏屋敷跡内

足立遠景が「安須吉」と号し、畔吉を領していたと考えられる。（一二〇〇年代初期）足立郡地頭・足立遠元の子息。（新編埼玉県史）

「足利氏満御判御教書」「宗重孝打渡状」（康暦二年＝一三八〇年）→氏満が畔牛郷の塩田の跡地を金陸寺へ寄進。金陸寺への沙汰の申し付けを命じる。（円覚寺文書）

「太田氏房印判状」（天正一七年＝一五八九年）→徳星寺・門前の諸役を免除する。（徳星寺文書）

「伊奈忠次知行書立」（天正一八年＝一五九〇年）

→代官・忠次による知行の明細の書きつけ証文（牧野家文書）

牧野康成が畔吉村など石戸領を知行（天正一八年＝一五九〇年）

徳川家康朱印状（天正一九年＝一五九一年）

→徳川家康が、徳星寺へ三石の寺領を寄進する。（徳星寺文書）

畔吉の領有変遷を史料から追えば、安須吉→塩田帯刀左衛門尉→金陸寺→（?）→井原土佐守→**牧野康成**、である。

足立遠元は、遠景（号・安須吉）はじめとした息子たちを、郡内の各領地に住まわせた。「安須吉」の号は、「畔牛」（康暦二年＝一三八〇年の御教書）の郷名の同音異字であろう。[20]

出土資料4　菅谷出土の古銭――菅谷北城跡内

「足利尊氏袖判下文写」（文和元年＝一三五二年）

→尊氏は菅谷村を勲功の賞として春日行元に宛行う。（新編武蔵風土記稿）

「借銭状」（文正元年＝一四六六年）、「檀那売券」（文明四年＝一四七二年）

→「借銭状」は、須田一門の檀那職を質に入れ、銭一貫文を借りるというもの。「檀那売券」は、須田一族一円の檀那職を鳥居殿に永代に売り渡すというもの。（ともに米良文書）

━

西尾吉次が原市村など一四宿村を知行（天正一八年＝一五九〇年）

菅谷の領有変遷を史料から追えば、丸七郎→春日八郎行元→（?）→西尾吉次、である。

3　古銭は出土していないが中世文書のある地域

上尾市内において四箇所以外に、中世文書に地名が出てくる地域が一箇所ある。市内の西南部の鴨川流域、中世のころ「大谷郷」と呼ばれた地域である。「今泉（一六〇〇年代初期に大谷領の村であった今泉村）」と「大谷郷」の地名（―印）を記す三点の古文書である。

「足利直義下知状」（建武元年＝一三三四年）→直義は武蔵国大谷郷などの地頭職を勲功の賞として三浦時継に宛行う。（宇都宮文書）

「太田道誉書状写」（永禄八年＝一五六五年）→太田道誉（資正）は高麗豊後守に加村および豊島豊前守分の今泉を遣わす。（史籍雑纂）

「北条家裁許印判状写」（天正三年＝一五七五年）→小田原評定衆は大谷郷の給田の訴訟を裁許する。（武州文書）

（？）が今泉村、大谷郷を知行（天正一八年＝一五九〇年）

四　まとめ

前項において、備蓄古銭の背景を考えるために、各出土地点ごとに中世の文書記録を時系列に並べてみた。しかし、館城跡や古銭を説明するような内容の記録はなく、文書を用いて出土地点の中世史を語ることは難しいといわざるを得ない。

総体的に、四箇所を年代ごとに遡るようにまとめてみよう。

一九世紀　上尾下（西尾氏）、畔吉（井原氏）、菅谷（古城蹟）では、『新編武蔵風土記稿』（文政一一年＝一八二八）に屋敷跡や旧家の記述が掲載されており、当時は伝承があったのである。

天正一八年　上尾下には西尾吉次が居住し、畔吉は牧野康成、菅谷は西尾氏の領有となった。

後北条氏　上尾下・原市辺りや畔吉は、岩付太田氏の支配下にあった。

一五世紀後半　須田氏の活躍。

一四世紀　足利氏が畔吉や菅谷を領有した時代。

一三世紀初期　足立氏の時代。畔吉を領地とした号「安須吉」（足立遠景のこと）という人物。

備蓄古銭については、今後、「発掘調査の実施など、追跡調査の必要」があり、「総合的にとらえて行く必要がある。そうすることによって、多少とも中世史の透間がせばめられて行くものと思われる」[21]。出土地点における遺構と遺物を探求することが、直接的な方法として最良なのである。

館城跡は中世の人々の意識が多様かつ膨大に集約された歴史遺産であることから、研究対象とするには限りがないほど奥深いものである。古道や周辺神社・寺院・居宅などとの関係も課題の一つであると考える。

注

（1）栗原文藏　一九八四「埼玉出土の中世備蓄古銭について」『研究紀要』第六号　埼玉県立歴史資料館
栗原文藏　一九八八「埼玉出土の中世備蓄古銭について（補遺）」『研究紀要』第一〇号　埼玉県立歴史資料館
（2）注（1）の文献
（3）坂詰秀一　一九八六「出土渡来銭研究の視角」『日本考古学論集5　生業・生産と技術』吉川弘文館
（4）小川　望　二〇〇一「日本貨幣略史」『図説　江戸考古学研究辞典』柏書房
（5）注（1）の文献
（6）上尾市　一九九九「第四章　館城跡」『上尾市史』第九巻
（7）大正八（一九一九）年一一月九日付けの新聞記事「古銭を發掘す畑地から二千餘枚」『東京日日新聞』埼玉版
（8）延宝六（一六七八）年一二月一四日付けの絵図を、上尾市史編集において書き写した解説図である。絵は表面で、裏面に「原市村と上尾村が村境争論をしたことについて、幕府評定所が裁許した」内容が記されている。（矢部基久家文書）
（9）埼玉県教育委員会　一九八八『埼玉の中世城館跡』
（10）新編武蔵風土記稿巻之一四六「上尾下村」の条
（11）昭和一一（一九三六）年三月一五日付けの新聞記事「徳川末期怪盗傳　百年目の今日謎漸く解ける　怪盗が埋めた古銭ザク〳〵大石村の山林から」
（12）赤石光資　一九八七「藤波発見の古銭（聞き書き）」『上尾史学会会報』第一一号
（13）赤石光資　一九九九「第四章　館城跡」『上尾市史』第九巻
（14）新編武蔵風土記稿巻之一五一「畔吉村」の条
（15）石井家の氏神様（八幡様）は、かつては高まりの上に位置していたということと、平坦な土地の状況を勘案して、山林の開墾によって多少は平坦化したとも予想されるのだが。なお、石井家は、「キタンチ」と呼ばれている。
（16）赤石光資　一九九七「菅谷北城跡内の出土古銭」『菅谷北城跡』上尾市史編さん調査報告書第一一集　上尾市教育委員会
（17）吉川國男　一九九七「まとめ」『菅谷北城跡』上尾市史編さん調査報告書第一一集　上尾市教育委員会
（18）文和元年九月一八日付け「足利尊氏袖判下文写」（新編武蔵風土記稿巻ノ一四七「菅谷村」の条に載る。）
（19）新編武蔵風土記稿巻ノ一四七「菅谷村」の条
（20）加藤　功　二〇〇〇「第二編　中世　第一章　鎌倉幕府と上尾」『上尾市史』第六巻
（21）栗原文藏　一九八八「埼玉出土の中世備蓄古銭について（補遺）」『研究紀要』第一〇号　埼玉県立歴史資料館

埼玉県熊谷市妻沼経塚の再検討

水口由紀子

はじめに

一般的に「経塚」と呼ばれるものは平安時代から江戸時代まで存在する。末法思想に基づき経典を後生に伝え、自他の極楽往生を目的として行われた平安～鎌倉時代、六十六部廻国納経が中心となる室町～戦国時代、礫石経が中心となる江戸時代というように、時代とともに「経塚」の性格も変化してきた。

坂詰秀一は平安～鎌倉時代の埋経を主体的に行った遺跡は「埋経遺跡」という呼称の方が理に適っているのではないかという議論を行っている（坂詰 一九九〇）。筆者もこれに賛同し、「経塚」を遺跡としてとらえ直そうという趣旨のもと、「埋経遺跡」という用語を使用したことがある（水口 二〇〇四）。本稿でも遺跡の通称として「経塚」という言葉を用いるが、考古学的な認識としては、埋経遺跡・埋経遺構という用語を使用したい。

さて、埼玉県内にはこれまでに七か所の埋経遺跡が確認されている。その中で本稿が取り上げる妻沼経塚は発掘調査報告書が刊行された唯一の事例である（小沢他 一九五九、田島他 一九八二）。昭和三二年に妻沼小学校の校庭拡張工事中に偶然発見され、急遽記録保存がなされたので、細かな点で不明な部分も多々ある。しかし、個々の埋経遺構の構造がある程度分かり、たいへん貴重な事例と言える。

本稿では妻沼経塚の再検討を行い、二・三の問題点を指摘してみたい。

一　妻沼経塚の立地と環境

妻沼経塚は熊谷市大字妻沼二四九二にあり、利根川の氾濫原内の自然堤防縁辺部に立地する。標高は約二八ｍあり、同じ自然堤防上には聖天様の愛称で知られる歓喜院聖天堂、大我井神社などがある（第一図）。現在、歓喜院前に建つ善光寺式阿弥陀三尊を彫る板碑（熊谷市指定文化財）は元は妻沼小学校内にあったと言われている（第二図）。また、夫木和歌抄に収められている藤原光俊が詠んだ「大我井の杜」はこの経塚の近辺ではないかと推定されている。

歓喜院聖天堂は、治承三（一一七九）年に斉藤実盛が守本尊の大聖歓喜天をまつったことに始まると伝えられている。本尊は建久八（一一九七）年銘の歓喜天の御正躰錫杖で、重要文化財に指定されている。斉藤実盛は長井荘の荘官となり、この地に移り住んだことが『平家物語』巻七に記されている。長井荘の立荘の時期はどこまで遡るのか分からないが、治承前後には平家知行の荘園として存在していた。その荘域は旧妻沼町を中心とした一帯と推定されている（田代　一九九〇）。

さて、『平家物語』巻四・治承四年の記述の中に「長井のわたり」という利根川の渡河点が登場する。江戸時代には現在の刀水橋の近辺に河岸と渡船場があった。おそらく、平安末から鎌倉時代にかけて、妻沼経塚の周辺は長井庄の中心地であり、渡河点に近い交通の要衝でもあったと思われる。

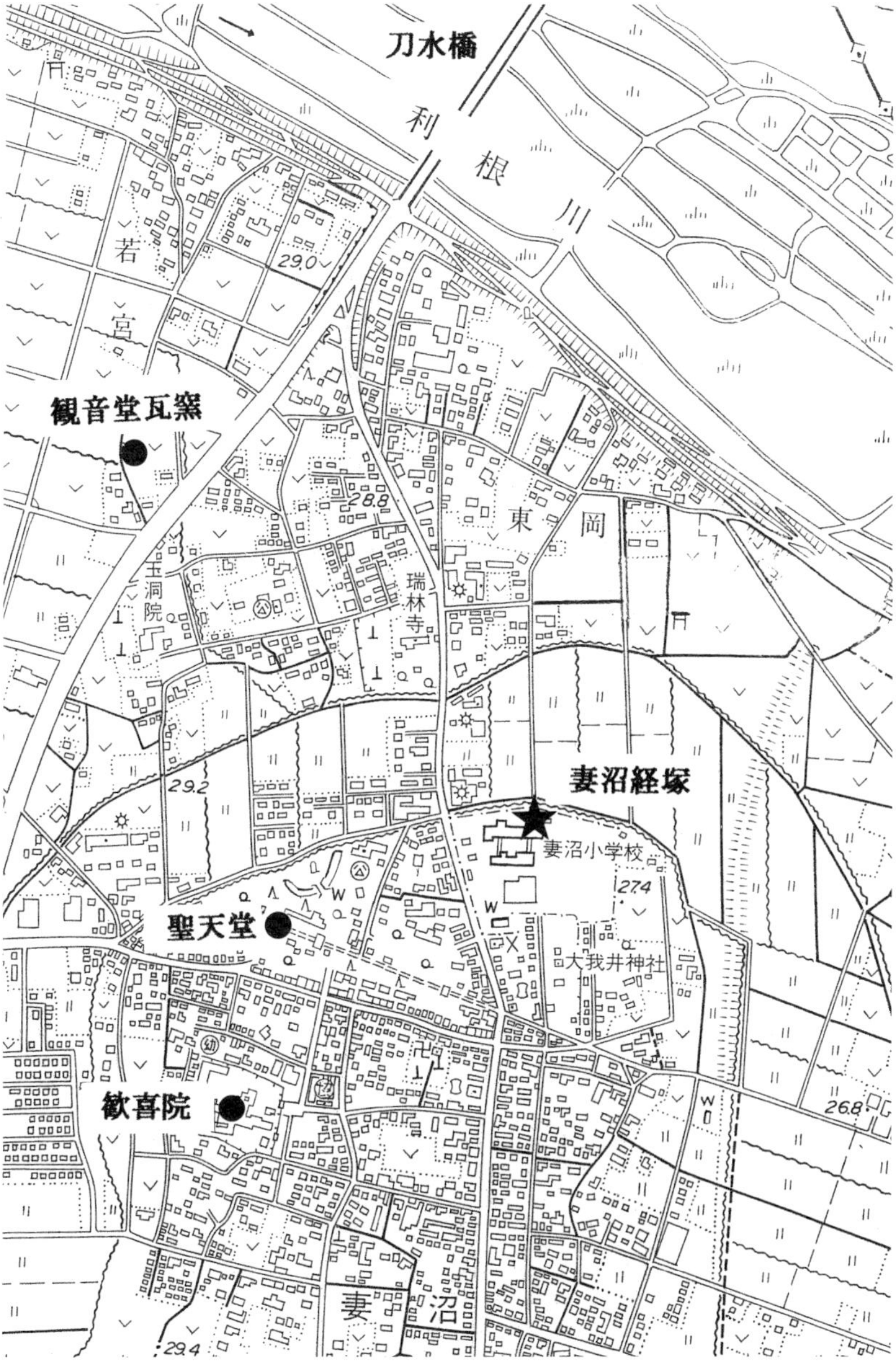
刀水橋
利
根
川
若
宮
29.0
観音堂瓦窯
28.8
東
岡
瑞林寺
玉洞院
29.2
妻沼経塚
妻沼小学校
27.4
聖天堂
大我井神社
歓喜院
26.8
妻
沼
29.4

第１図　妻沼経塚の位置

二　埋経遺構各説

埋経遺構としては第一号から第四号までの四つあり、それぞれ三から四m離れて検出された（第二図）。報告書の記載と筆者の資料熟覧の所見を交えながら、まず、個々の遺構を紹介していきたい。

（一）　第一号経塚（第三図）

地表面から一m程下に河原石で造られた石室風の石組みがあり、その中に経筒が直立した状態で納められていた。石室の直径は約九〇cmで、二〇cm前後の河原石が使用されていた。経筒外容器は無く、直納式である。経筒の周りには七口の短刀が取り囲むように水平に置かれ、石室内は木炭混じりの土が充填されていた。

経筒は銅鋳製で、筒身と底部を一度に鋳造した一鋳式である（第三図1）。総高二二・三cm、蓋は平蓋である。底部外面、やや縁に寄った位置に「一」の字の湯口が残るが、丁寧に再調整されている。蓋の裏面には経巻の痕跡だけが六つ残っていた。筒身は錆が進んでいるものの、当初の器表面が比較的よく残っている部分を観察すると、鋳造後磨き調整が施されているように思われる。また、筒身の二か所に墨書が観察できる。一か所は「久安（一一四五〜五一）」という年号が書かれている。その下にも墨書は続くが、状態が悪く判読できない。

短刀は長さ三〇cm前後のもので、所々に木質部が残っているものもある。

経筒から一〇cm程離れた所にはコップ形の土製品も副葬されていた（第三図3）。口径三・五cm、器高四cm程の小型なもので、土師質で、完形品である。当該期の類例がなく、用途は不明である。

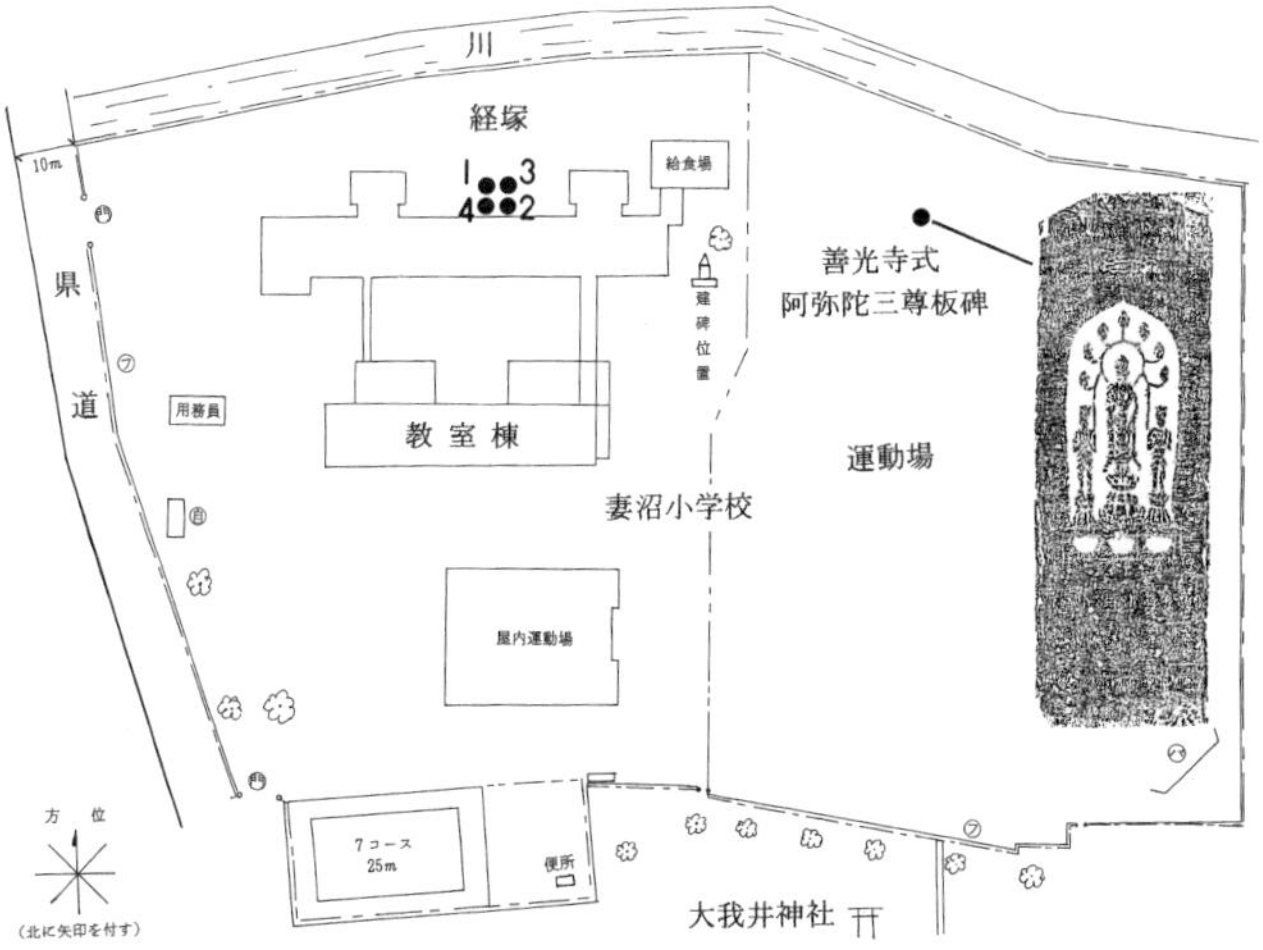

第２図　妻沼経塚の配置図

第一号経塚			
鋳銅製経筒	一点	久安（一一四五～五一）銘	総高二二・三cm
短刀	七点		長さ三十cm前後
土師質小壺	一点		総高四cm
土師片	多数		
第二号経塚			
山吹双鳥鏡	一点		径一〇・五cm
常滑産甕	一点		
第三号経塚			
鋳銅製経筒	一点		総高二二・七cm
経巻	四巻		
素文鏡	一点		径八cm
秋草鳥鏡	一点		径一〇cm
草花双鳥鏡	一点	台石下より出土	径八・七cm
松喰鶴鏡	一点		径九・七cm
藤花鏡	一点		径一〇・九cm
銅製花瓶	一点	鍍金	総高五・八cm
青磁片	一点		
白磁片	四点		
櫛片	一点	台石下より出土	
桧扇片	一点		
短刀	多数		
土師片	多数		
第四号経塚			
常滑産甕	一点		総高六九・八cm
籬菊花鳥鏡	一点		径一一cm
草花双鳳鏡	一点		径一〇・五cm
白磁合子	一点		径四・二cm
桧扇片	一点		
白磁片	一点		
短刀	多数		
土師片	多数		

第１表　妻沼経塚出土遺物一覧

（二）　第二号経塚（第四図）

地表面からの確認距離は記述が無く不明で、上半部分はすでに失われた状態で検出された。胴部下半から底部にかけての常滑甕が河原石に囲まれて正位の状態で出土した。報告書の出土状態図からは少なくとも二分の一以上は残っているように見えるが、現存する甕の破片は四分の一程度である。甕の中の底部に近い所から山吹双鳥鏡が一面出土した。鏡は一部欠損する部分があるものの、器表面は光沢があって遺存状態は良好と言える。甕の覆土は土状になっている褐色の物質で、報告者は紙ではないかと推測している。甕の口縁部が欠損しているため、時期特定はできない。

（三）　第三号経塚（第五図）

地表面から約二〇cm程下に葺石が検出され、その中に石室があった。石室の底と天井にあたる部分は比較的平たい大きな石が使用されており、経筒が直立した状態で納められていた。経筒に外容器は無く、直納式である。葺石の範囲から塚の直径は二m前後、高さは一・五m前後と推定される。石室の周囲からは短刀が多数出土しており、その総数は五、六十口に上ると報告された。鏡は六面出土しているが、そのうちの三面は石室の底石の下から出土した。報告書の写真・表にやや混乱が見られ、草花双鳥鏡以外の二点は特定できなかった（第一表）。その他に銅製花瓶・櫛・桧扇・白磁・青磁などが副葬されていた。塚の覆土には木炭片や金粉が混入していた。

経筒は銅鋳製で、筒身と底部を一度に鋳造した一鋳式である（第五図1）。総高二二・七cm、口径一三・五cmあり、銘文は確認できない。筒身内からは経巻が四巻、経巻を巻いた紐も確認できるが、土とともに腐食した状態で検出された。底部はきれいに整形されているが、痕跡から見る限り「一」の字の湯口では無いように思える。蓋には宝珠形の鈕が付き、天井部には二段の甲盛を持ち、幅のある鍔状の縁が巡るという特殊な形をしている。

銅製花瓶は口径二・四cm、器高五・三cm、胴径三・五cmある（第五図4）。小型品であるが、完形で、鍍金の痕跡が

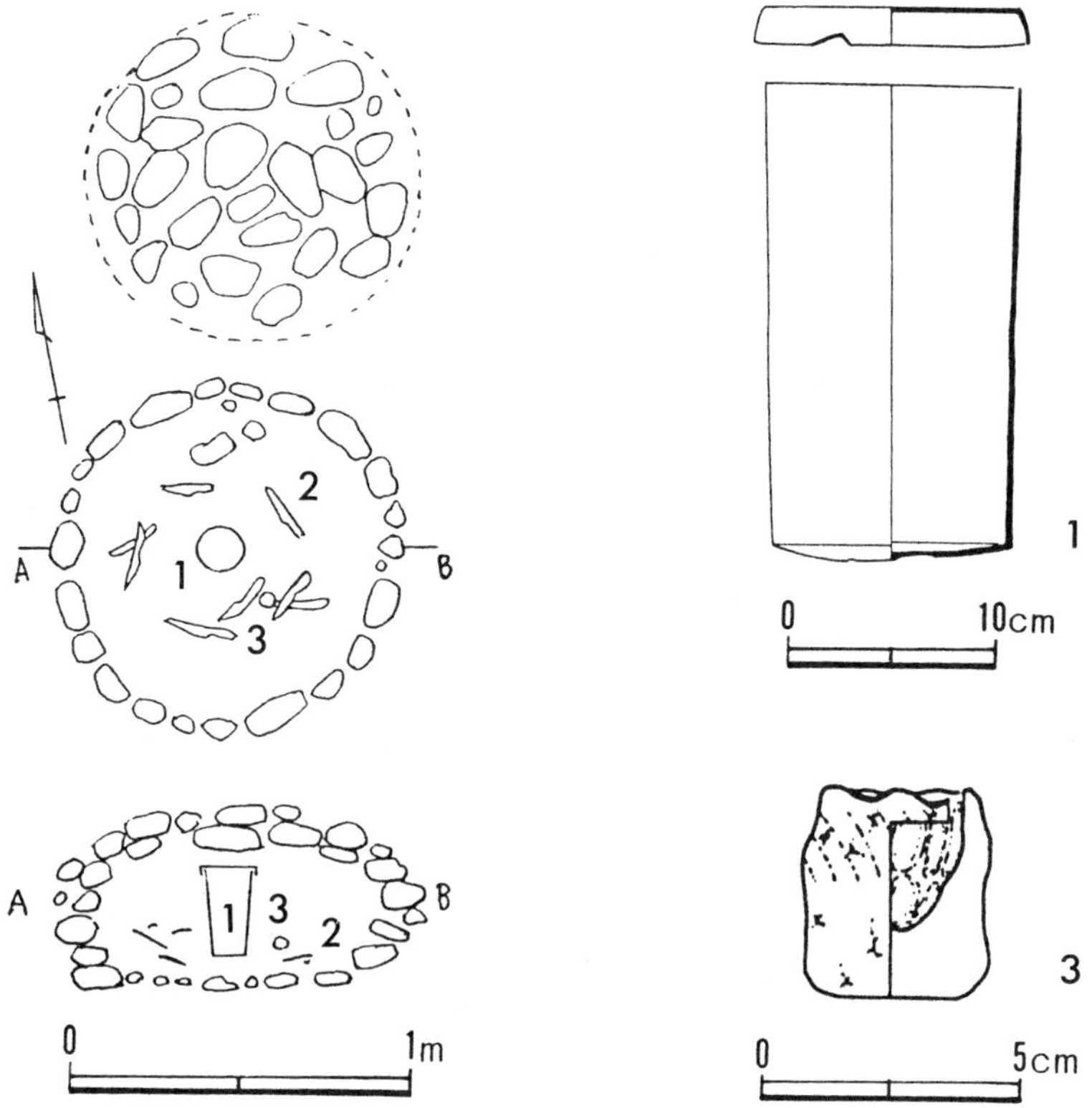

1．経筒　2．短刀　3．小壺

第3図　第一号経塚

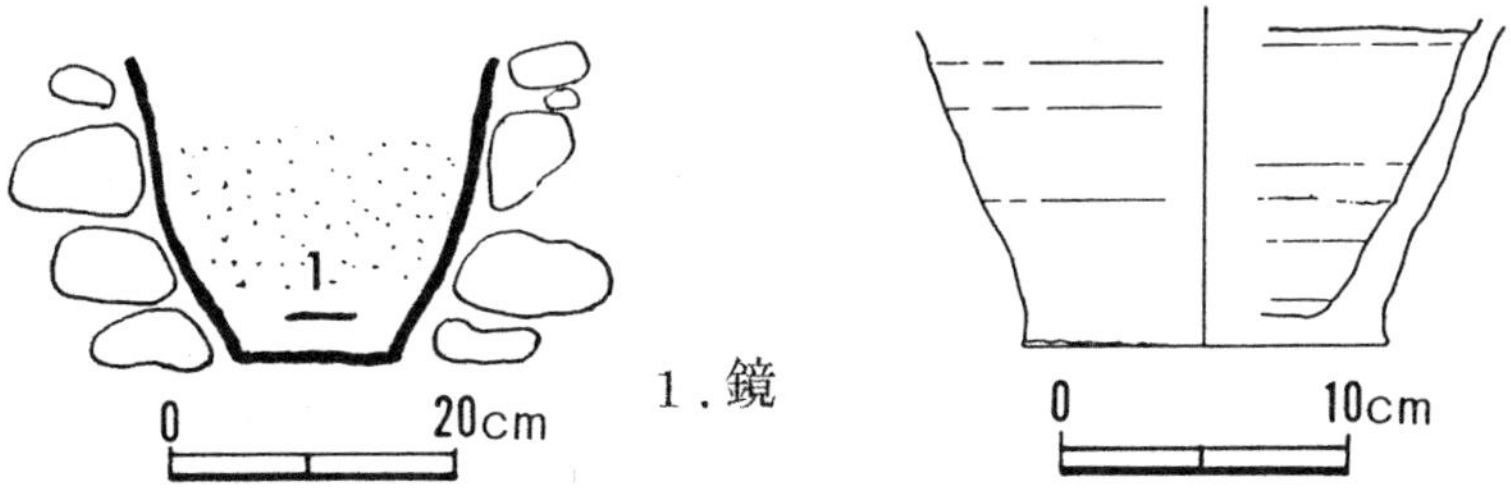

第4図　第二号経塚

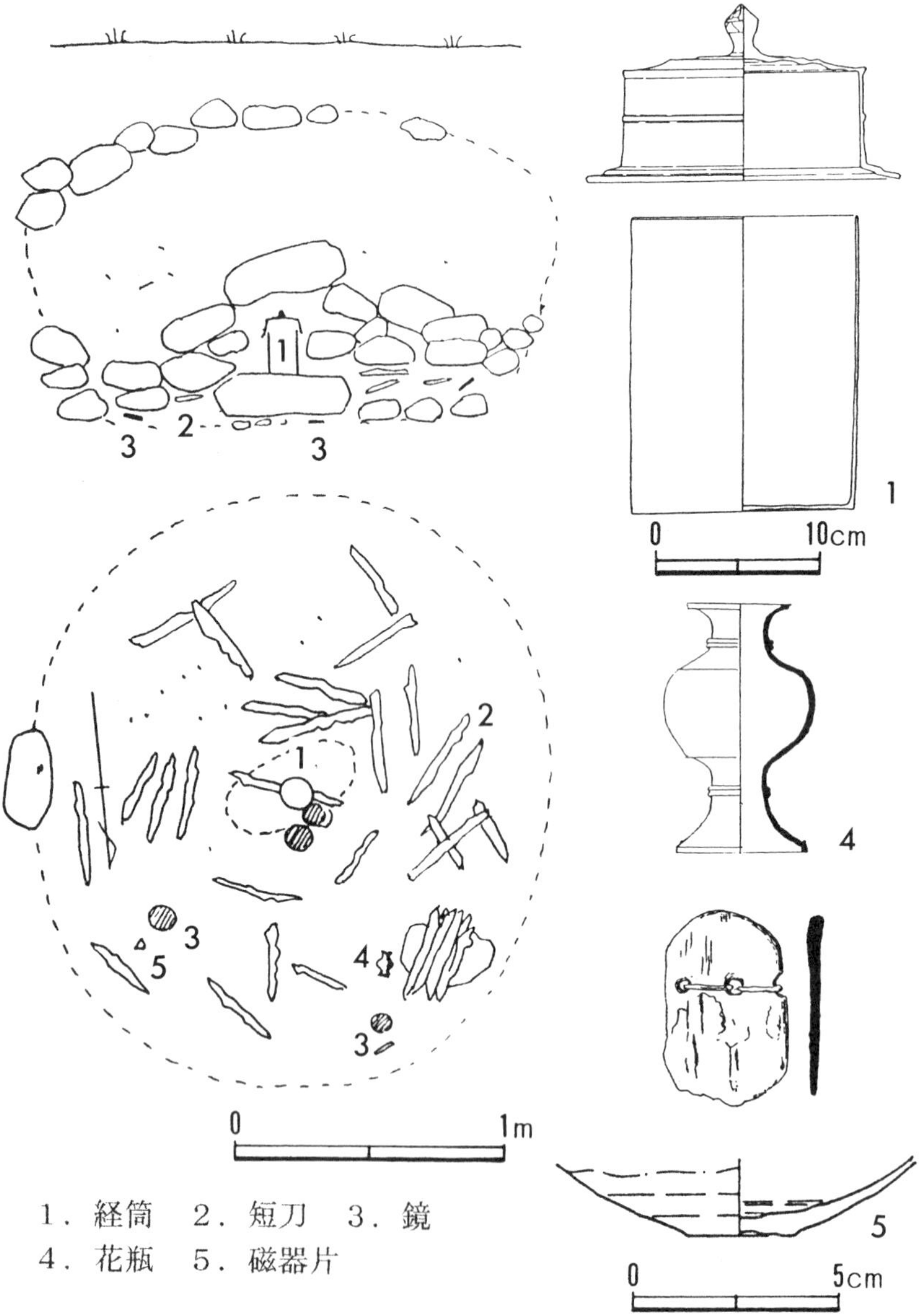

第5図　第三号経塚

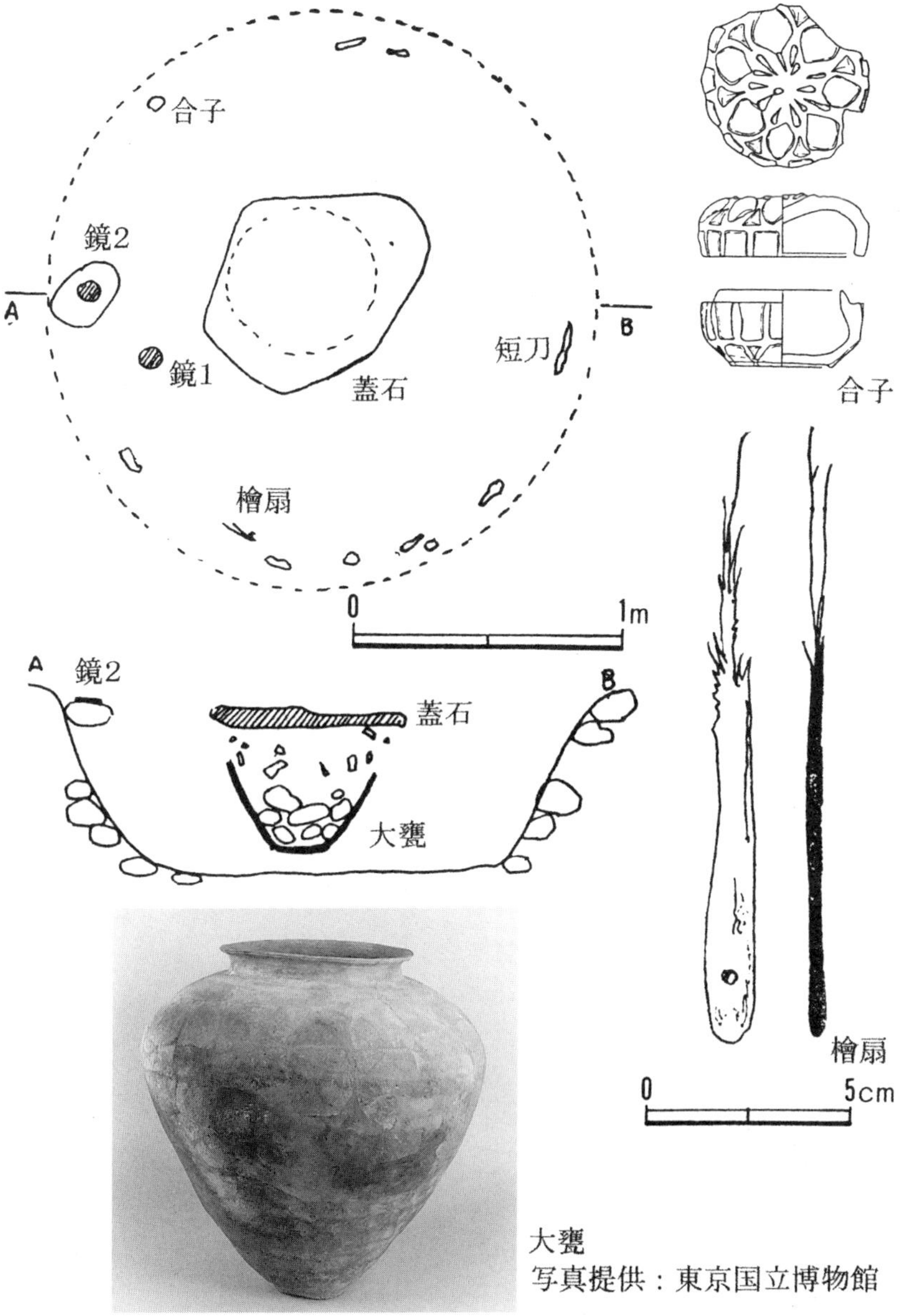

第6図　第四号経塚

所々に残っている。京都・稲荷山の山中経塚、奈良・那智山経塚、茨城・東城寺経塚や栃木・日光男体山から同じような小型の花瓶が出土している。日光男体山の報告書では口径に対する胴径・底径・器高は時代が下るに従って大きくなっていくことが記されている（佐野 一九六三）。それに照らし合わせると、この花瓶は口径一に対して器高二・二となり、平安末から鎌倉初頭の数値に合致する。

櫛と思われる木製品は歯の部分が失われており、現存部分で三か所の穴があけられ、紐が通っていた（第五図５）。石室の底石の下に鏡二面の間に挟まれた状態で出土した。

桧扇は炭化しており原型を止めないが、金糸と銀色の粘土質の物質が付着した状態で東側の被覆石上からまとまって出土した。当初は何らかの装飾が施されていたのであろう。

磁器片は全部で五片あり、石室内と塚覆土内から出土したようであるが、それぞれの破片の出土状態は現状では確認できない。その内訳は青磁片が一片、白磁片が四片である。青磁は蓮華文を内面に彫った碗である。体部の破片で、碗Ｉ２ａに分類されるもので、一二世紀中頃から後半に位置付けられている。白磁は碗二点、皿一点、残り一点は小破片のため器種等を特定できない。碗は二点ともⅥ類で、内面に櫛目による文様が施される。皿はⅥ類で、無文、釉色は黄色味が強い。いずれも一一世紀後半から一二世紀前半に位置付けられているものである。

(四) 第四号経塚 （第六図）

検出段階ですでに遺構の上部は失われたものと思われる。径二ｍの土壙の中央から石で蓋をされた大甕が出土した。土壙の縁には河原石が積まれていた。土壙の縁に近い方には短刀十口程、鏡二面、合子一点、桧扇一点、白磁片一点が大甕を取り囲むように副葬されていた。蓋石は絹雲母片岩で、大きさは八〇×七六㎝、厚さ六㎝である。

大甕は口径四一㎝、器高六九・八㎝、胴径七七㎝あり、大型である。甕の中からは口縁部と肩部の破片と拳大の河原石が下半から検出されたのみである。大甕の中に何が入れられていたのか不明であるが、完形の甕に何かを納め、拳大の河原石を置き、さらに板石で蓋をしたものと思われる。大甕は常滑の製品で、口縁部形態から常滑編年2型式（一一五〇～一一七五）から3型式（一一七五～一一九〇）にかけての時期にあたり、一二世紀後半と推定される。

鏡は草花双鳳鏡と籬菊花鳥鏡である。前者は平面での出土位置は記録があるものの、垂直方向の位置が不明である。後者は葺石と思われる河原石の上から、鏡の表を上にして置かれた状態で出土した（第六図鏡2）。

合子は青白磁で径四・二㎝、総高二・五㎝である。蓋外面は花の文様が型取りされている。底部外面は施釉されず、内面には蓋・身とも黒色の物質が付着している。

三　埋経遺構再考

個々の遺構について概要を説明してきたが、報告書には土師破片が第一号経塚・第三号経塚・第四号経塚から多数出土したと記載されている。今回はそれらを熟覧できなかったので、残念ながらそれらがどのような遺物であるのか確認することができなかった。（妻沼小学校近辺では土師器や須恵器が表採されるということなので、あるいは前代の遺物が覆土中に混入したものかもしれない。）

次に、埋経遺構とされる四つの時期について簡単にまとめておきたい。

・第一号経塚　経筒の墨書から久安年間（一一四五～五一）と推定される。
・第二号経塚　常滑甕の口縁部が欠損しているため、時期を特定できない。
・第三号経塚　経筒に銘文が無く、時期を特定できない。ただし、破片であるが、白磁・青磁の時期は一一世紀後半から一二世紀後半の間に納まっている。

・第四号経塚　常滑甕が2型式から3型式の中に納まるので、一二世紀後半を中心とした時期と考えたい。

これらの遺構が同時期に構築されたのか、半世紀程の間に時間差をもって構築されたのかは断定する根拠が無い。また、埋経の主体者についても、銘文や経巻からは手がかりが全く無い。以前、南武蔵の経塚について論じたときに、埋経の主体者は僧侶のみの場合と在地領主（武士と呼ばれる階層の人々を含む）と僧侶が協力して行う場合の二者があることを紹介した（水口　二〇〇四）。長井荘の荘官となり、治承年間に移住してきた斉藤実盛はまさに「武士」と呼ばれる階層に属する人物である。しかし、第一号経塚は久安年間であるので治承年間より先行する。長井荘の立荘の時期や当初の荘官についての史料が残っていないので推測の域を出ないが、おそらくこの地域を配下に治めていた在地領主が埋経に関わっていたものと考える。

さらに、青白磁合子や桧扇が副葬品として納められていたことから、経塚造営に女性が関わっていたと考える。経塚に埋納される経典は法華経が多く、当時女人往生を説く法華経信仰は女性との関わりが深かったからである。

さて、次に検討したいのは、経筒が検出されなかった第二号経塚、第四号経塚は埋経遺構なのであろうかということである。なぜなら、平安末～鎌倉時代の経塚と墓は同じ場所に構築される例が少なからず認められるからである。

保坂三郎は文献史料を検討する中から平安時代の墳墓と経典の関係について論じた（保坂　一九七二）。そして、公卿・藤原兼実の日記『玉葉』の養和二（一一八二）四月の一連の記事をもとに、この頃には埋経が葬儀の一環として儀式的な行事になっていたと結論付けられた。その一連の記事には、下記のような内容が記されていた。

前年末に崩御された皇嘉門院の追善供養のために如法経を書写し、最勝金剛院にある女院の墓所の近辺に埋納した。そして、その上に石で垣を築き、石製五輪塔を建てた。また、写経に際しては料紙から水にいたるまで、当時の法式に則って厳粛に行われた。

藤澤典彦は『玉葉』より遡る史料、権中納言・源師時の日記『長秋記』を用いて、墓地における様々な供養行為の

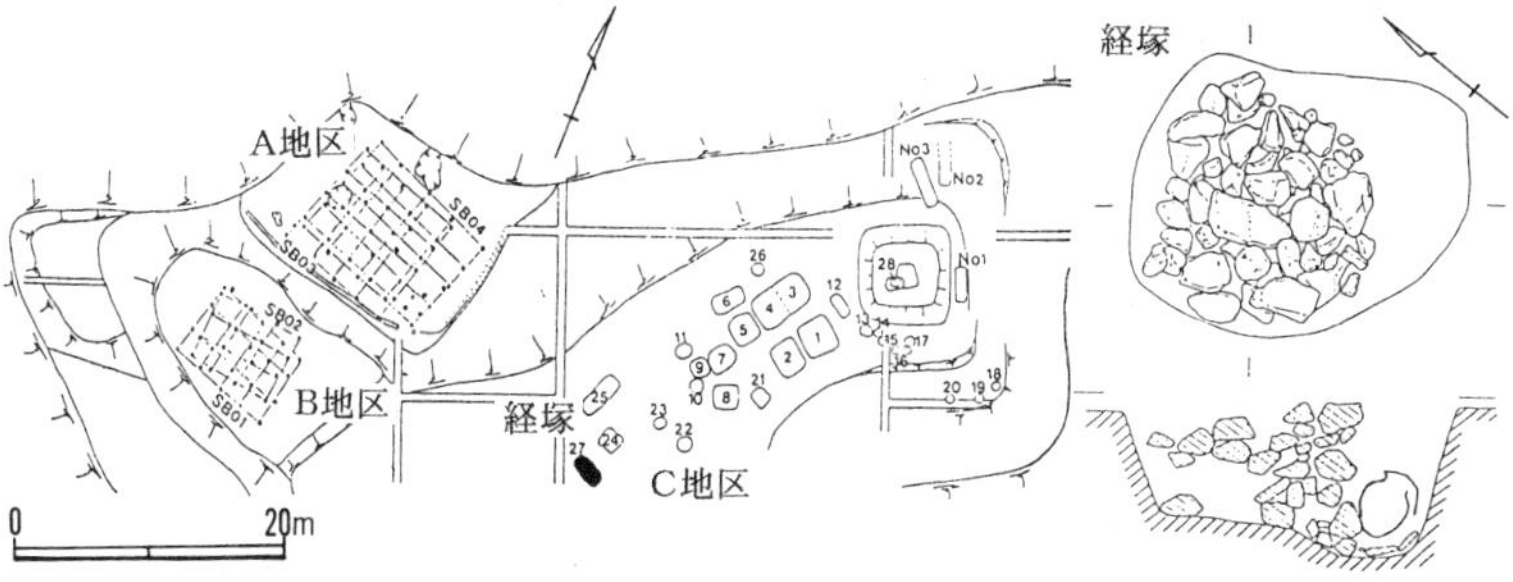

第7図　大道寺経塚

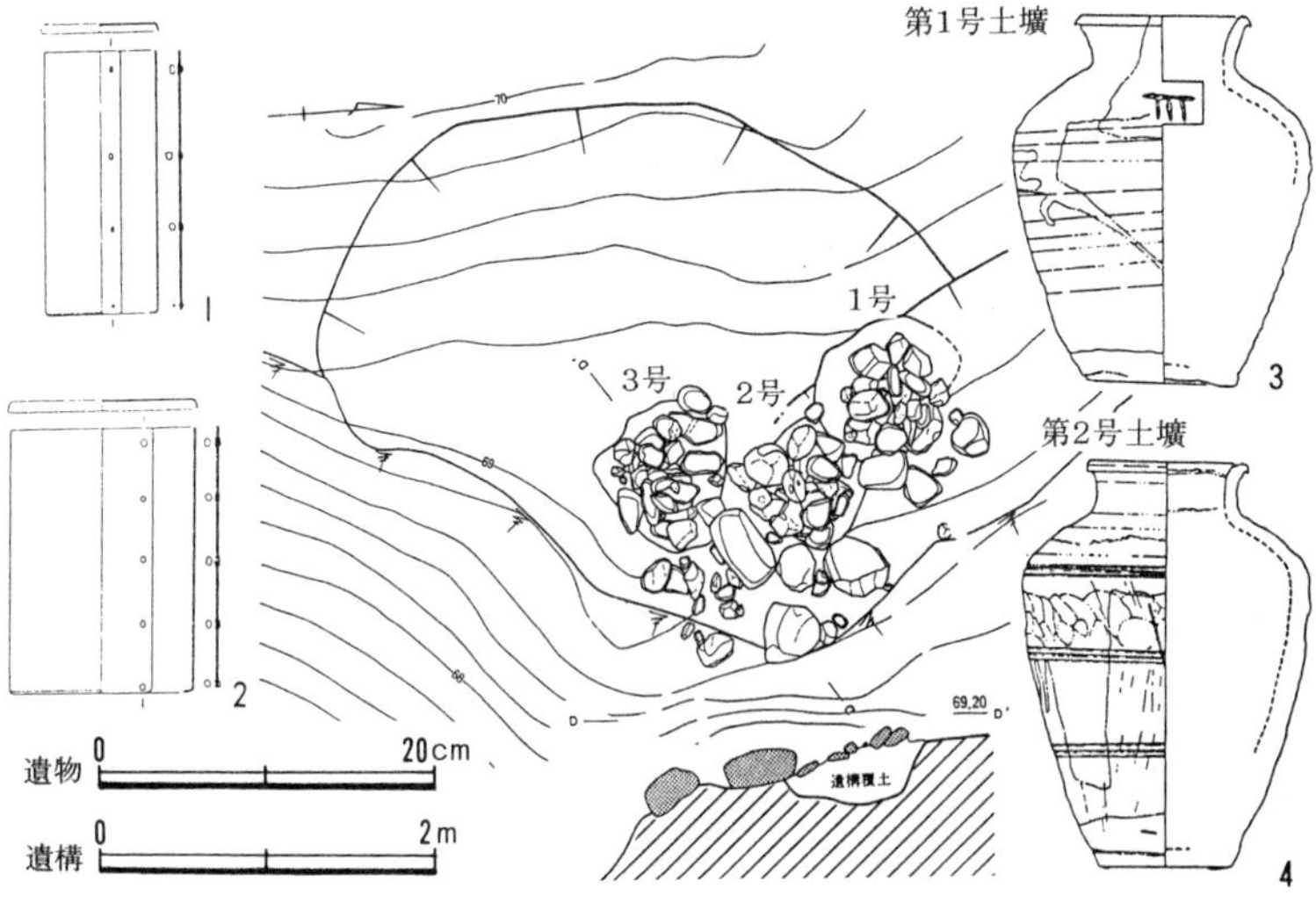

第8図　大丸城経塚

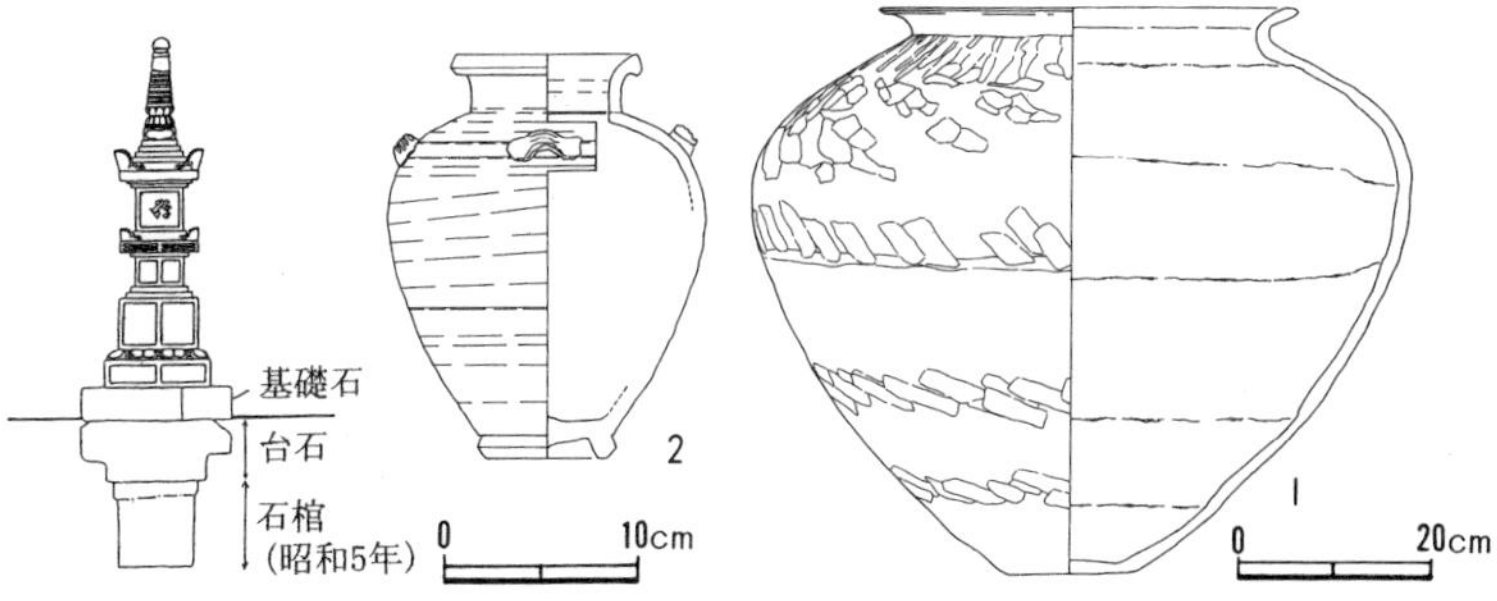

第9図　伝大串次郎重親塔

一つとして経典が納められたことを紹介している（藤澤 一九八九）。その記事は天永四（一一一三）年三月廿二日条で、墓の上に三重の石塔を建て、その中に法華経四巻・陀羅尼経等を納入したとある。

京都北部の発掘事例を検討した杉原和雄は、「経塚」と墓地との密接な関連を指摘し、単なる埋経遺構のみで解釈できない「経塚」の複雑な面を問題提起した（杉原 一九八九）。これらの論考で取り上げられた例の中からここでは二つ紹介しておきたい。

京都府京丹後市権現山経塚では前期古墳の墳丘上に五基の遺構が検出された。そのうち、四基は土壙と石組み遺構がセットになっていた。一・二号遺構は墓壙と考えられる土壙の壁面に横穴をあけ、石組みを築き、その中に経筒が納められていた。三・四号遺構は墓壙と考えられる土壙と切り合う小土壙内に石組を築き、その中に経筒と思われる筒型土製容器が納められていた。

京都府福知山市大道寺経塚では、C地区で二七基の土壙墓とともに一基の埋経遺構が検出された（第七図）。土壙墓は鎌倉から南北朝時代を中心とした時期と考えられており、蔵骨器が納められていた。埋経遺構は一・七五×一・四mの楕円形の土壙の一角に石室を造り、経筒外容器を納めたものであった。また、他方の空間には和鏡・銭貨・小皿・白磁破片を副葬し、礫で覆っていた。経筒外容器の中からは三口の経筒が検出され、一口は銅製であった。他の二口は筒身が竹製、蓋と底は木製であった。墓壙出土蔵骨器よりも経筒外容器の方がやや先行するという所見から、埋経遺構が築かれた後に墓地が築かれたと推定されている。

前者は墓地における供養行為として埋経遺構が築かれた例と考えられ、後者は神聖な場所として埋経や埋葬を行う地として同一の場所が選ばれた例と考えられる。西国の事例をもとにしての結論なので、東国にどの程度当てはまるのかは慎重にならなければならないと考えるが、東国にも類似した事例があるのでここで紹介したい。

東京都稲城市大丸城経塚は多摩川を臨む標高七〇mの丘陵斜面に位置する（渡辺他 一九八七）。ただし、遺構は東向

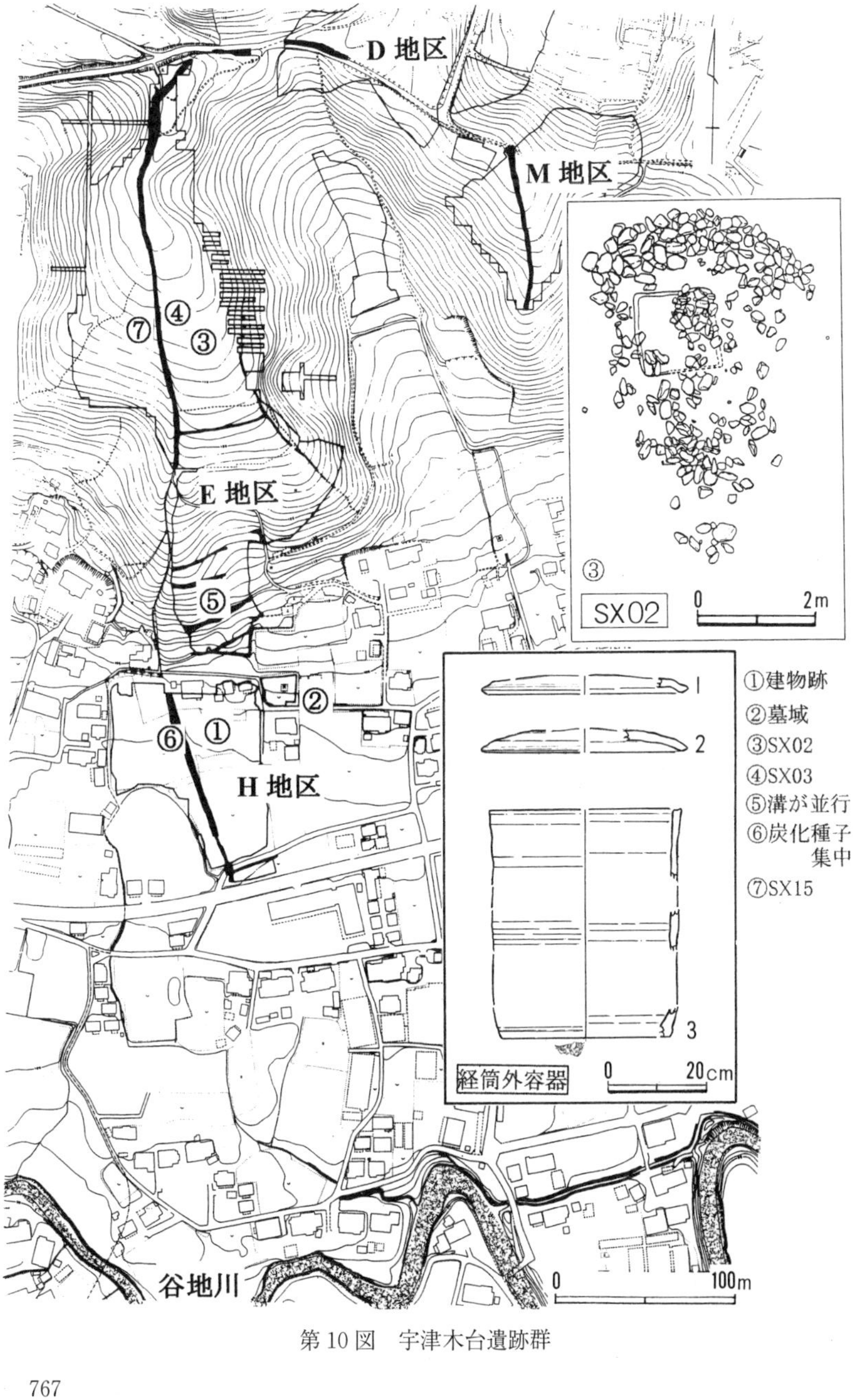

第 10 図　宇津木台遺跡群

きの斜面に構築されているので、眼下に多摩川を直接臨むことはできない。丘陵斜面に小さな平場を造成し、北側段切りと呼称された平場からは墓跡が二基（第一、第二号土壙）、南側段切りと呼称された平場からは埋経遺構（第三号土壙）が一基検出された（第八図）。

第一号土壙は長辺八〇cm、深さ五七cmの不整形の土壙で中央に奈良時代の瓦で蓋をされた渥美産壺が検出された。壺の下には北宋銭一九枚と骨粉が散在していた。渥美産壺は一二世紀後半から一三世紀前半の所産で、銭貨の内訳は太平通宝（初鋳九七六年）一枚、大観通宝（初鋳一一〇七年）一八枚であった。第二号土壙は長径七〇cm、深さ二七cmの不整形の土壙で、中央に平石で蓋をされた常滑産三筋壺と刀子が検出された。三筋壺は一二世紀代の所産である。双方とも礫と河原石で覆われていた。

第三号土壙は最大長八八cm、深さ四三cmの不整形の土壙で、横倒しの状態で二点の経筒が検出された。覆土下半は炭が充塡されており、上面は礫で覆われていた。経筒は双方とも銅板製で第七図1の中には経巻が八巻残っていた。第七図2の中には一六巻の経巻が確認でき、少なくとも二〇巻は納められていたと推定されている。

平場の新旧関係は不明と報告されており、埋経遺構が墓に先行するのか、墓の供養行為として埋経されたのかは残念ながらわからない。

東京都八王子市宇津木台遺跡群では谷地川に面した小さな谷を囲い込んだ堀が合計五五〇mに亘って検出された（第一〇図、渋江他　一九八八）。推定総延長は千から千五百mに及び、堀で区画された領域の面積は約一〇万m²（九町歩）と推定されている。この区画内に居住施設・墓域・水田・畠・山林などが含まれており、一つの開発単位として認識されている（橋口　一九九〇）。経筒外容器はE地区SX15（第一〇図⑦）の周辺から蓋は二個体分、身は一個体分確認された。この遺構は堀の外側にあり、礫や各時代の遺物片が雑然と出土しており、ある時期に周辺にあった礫や遺物を片づける目的で集積された場所で、これ自体が埋経遺構ではないようである。これに近接して、堀の内側にはSX02

(第一〇図③)という約一・四m四方の土壙があり、その中には木棺墓が納められていた。そして、上面は大小の河原石で覆われていた。これに隣接して礫が集積されたSX03(第一〇図④)があり、埋経遺構と推測されている。木棺墓は一基のみで、隣接して埋経遺構も築かれていたような状況から、この木棺墓は屋敷墓的な性格を持ったものではないかと筆者は考えている。堀の中から一二世紀後半から一五世紀後半の遺物が出土しているので、堀が機能していた時期はこれと前後する幅と思われる。遺物の中には渥美産や常滑産の陶器の他に、白磁碗Ⅸ類・同皿Ⅸ類・同安窯系青磁皿・龍泉窯系青磁碗Ⅰ―4類・同Ⅲ類・青磁双魚文鉢・高麗青磁梅瓶などの舶載磁器もある。ある程度の階層以上の一族が開発した領域であることをこれらの遺物は示唆している。

この二つの事例とも埋経遺構と墓の前後関係が特定できないが、東国においても両者の密接な関係を指摘できる。最後に検討したいのは、第四号経塚から検出された大甕についてである。この大甕は先にも紹介したが、口径四一cm、器高六九・八cm、胴径七七cmある。通常、外容器として使用される甕は口径二〇から三〇cm、高さ三〇cm台のものが多く、それに比較するとこの大甕がいかに大きいかわかる。かつて、関秀夫はこの大甕について「経塚出土の壺としては、これまでのところ、もっとも大きなものである。」とコメントしている(関 一九八八)。

関東周辺において経筒外容器として使用された大甕で最も大きなものは、管見の限り神奈川県鎌倉市永福寺経塚から出土したものである。渥美産の大甕で口径三六cm、器高四七・五cm、胴径五一・五cmである。妻沼第四号経塚の大甕はこれよりも二回り程大きい。

一方、中世前期の墓に伴う大甕の類例としてここでは比企郡吉見町伝大串次郎重親塔下から出土した一二世紀後半の渥美産大甕を取り上げたい(第九図)。この甕は口径三八・三cm、器高五一・六cm、胴径六二・四cmあり、妻沼第四号経塚例よりもやや小ぶりである。この塔は二重式の宝篋印塔で、永和二(一三七六)年一一月に建てられたものである。この塔は昭和五年に土地改良工事に伴って塔下の掘削が行われており、詳細な工事内容は刊行物としては残っていないが、次のようなことが伝わっている。塔下には大甕が埋まっており、その中には火葬骨が詰まった白磁四耳壺が納められていた。この掘削の時に大甕が破損したため、その代わりとなる石棺を作り、その中に四耳壺を納めた。平成一一年度に塔の保存処理・覆屋設置工事に先立ち再び塔下を発掘したところ、台石の周りからこの大甕の破片が折り重なるように出土した（太田 二〇〇二）。そして、石棺の中から四耳壺が出土し、四耳壺の周囲には炭化物が詰め込まれていた。白磁四耳壺は完形で、器高二一・九㎝あり、一三世紀前半の所産と思われる。その中に納められていた火葬骨の総重量は七五〇ｇあり、鑑定したところ壮年後半の男性と推定されるという結果が出ている。大串次郎重親の生没年は不詳であるが、元服に際して畠山重忠が烏帽子親となり、その一字「重」をもらったと言われている。大串氏は横山党の一族で、重親は宇治川の合戦や奥州征討では源頼朝側についていたが、その後畠山重忠の乱に際しては北条氏側についていたことが文献に残されている。この墓が重親のものである確証は何もないが、石塔下の白磁四耳壺は時代的に符合している。また、大甕が蔵骨器の外容器として使用されていた可能性が高い点に注目したい。

次に取り上げたいのは、埼玉県外の例ではあるが、長野県飯田市の文永寺五輪塔である。この五輪塔は弘安六（一二八三）年銘のある石龕に納められている。これを解体修理したところ、床石に穴が穿たれ、下に貫通していることがわかった。また、その床石の下には常滑産大甕が埋設されており、甕の内部には六割がた火葬骨・炭化物が入っていた。藤澤典彦は床石の穴は納骨孔で、この五輪塔は墓地の中の総供養塔であり、また、納骨塔であったのではないかと推定されている（藤澤 一九八九）。甕の中には火葬骨の他に被熱した鉄釉小壺・土師器皿・数珠玉・銭貨も含まれており、それらの年代から一五世紀中頃までは納骨が続けられたのではないかと言われている。この大甕は口径四三㎝、器高六八㎝、胴径七〇㎝程の大きさで、妻沼第四号経塚の大甕の大きさに近似している。

また、発掘事例ではないが、東京都府中市俗称石畑または石畑塚から出土した甕五個体は、内二個体は入子状になり、人骨が入っていた甕もあったと言われている（深澤 一九九二）。このうち、一個体は現在所在不明で、残り四個体は府中市郷土の森博物館で保管されている。一号甕は一三世紀前半の渥美産で、口径三二・四㎝、器高四四・七㎝。二号甕は一三世紀後半の常滑産で、口径三三・三㎝、器高四四㎝。三号甕は一四世紀前半の常滑産甕で、口径五二㎝、器高七三・四㎝。四号甕は一四世紀中頃の常滑産甕で、口径四二・四㎝、器高五八㎝。ここは旧常光寺(定光寺)に隣接した中世墓と考えられている地点である。また、現存しないが『武蔵名勝図絵』には定光寺に由来する仁安二(一一六七)年藤原守道銘の経筒の銘文が掲載されている。現存する甕は中型から大型で入子になることは不可能なので、現存しない蔵骨器の外容器として使用された可能性がある。

以上見てきたように、妻沼第四号経塚出土の大甕は埋経遺構に伴う外容器としては破格の大きさであり、中世墓に伴う蔵骨器の外容器や納骨容器として使用された大甕の大きさに近似している。この大甕の中から骨が出土したとの報告がないので推測の域を出ないが、妻沼経塚が埋経遺構のみで構成されていない可能性を指摘しておきたい。

まとめ

以前、南武蔵の埋経遺構についてまとめたことがあるが、その時には、中世墓と埋経遺構の密接な関連についてまで踏み込んだ議論ができなかった(水口 二〇〇四)。その後、埼玉県内の埋経遺跡の出土資料を熟覧する機会があり、これまで述べてきたように、妻沼経塚については中世墓と埋経遺構が複合した遺跡ではないかと考えている。「経塚」と呼ばれるものは古い調査事例や偶発的に発見されたものが多く、今日的な目で個々の資料を見直していく必要性を筆者は強く感じている。特に、古代末から中世初頭の資料はたいへん少なく、埋経遺跡はその時期の貴重な資料であり、地域の歴史を考える上で欠かすことができないと考えるからである。

本稿をまとめるにあたり、左記の方々から御助言・御協力をいただいた。文末ではあるが、ここに記して深く感謝の意を表したい。

浅野晴樹氏、太田賢一氏、岡田賢治氏、栗岡眞理子氏、日高慎氏

引用・参考文献

太田賢一　二〇〇一「吉見町伝大串次郎重親塔保存修理工事と出土遺物」『第三三回遺跡発掘調査報告会発表要旨』

岡田賢治　二〇〇五『図録　中世陶磁への招待』川越市立博物館

小沢国平他　一九五九『妻沼経塚調査報告書』埼玉県妻沼町教育委員会

蔵田　蔵　一九六六「経塚論　十四」『ミュージアム』一八四

坂詰秀一　一九九〇「経塚の概念」『古代學研究所研究紀要第一輯』(財)古代學協會

佐野大和　一九六三「第四章　六　銅製容器」『日光男体山』

渋江芳浩他　一九八八『宇津木台遺跡群XII』

関　秀夫　一九八八『経塚—関東とその周辺』東京国立博物館

杉原和雄　一九八九「経塚と墳墓」『考古学雑誌』七四—四

田島一郎他　一九八二『大我井経塚』妻沼町教育委員会

野澤　均　二〇〇三「埼玉の経塚」『考古学論究』第六号

橋口定志　一九九〇「中世東国の居館とその周辺」『日本史研究』三三〇

水口由紀子　二〇〇四「埋経遺跡が語る十二世紀の南関東」『中世東国の世界2　南関東』高志書院

村木二郎　二〇〇三「東日本の経塚の地域性」『国立歴史民俗博物館研究報告　第一〇八集』

深澤靖幸　一九九二「武蔵府中定光寺とその周辺」『府中市郷土の森紀要』第五号

藤澤典彦　一九八九「中世墓地ノート」『仏教芸術一八二』

保坂三郎　一九七一『経塚論考』中央公論社

渡邊克彦他　一九八七「No.五一三遺跡」東京都埋蔵文化財センター調査報告書第八集

板碑と中世墓の相関について

磯野治司

はじめに

近年、板碑を考古資料として捉え直す研究が活発化しつつある。この場合、板碑の扱い方にはおよそ二つの立場があろう。一つは板碑を文字の書かれた石製品（＝モノ）として観察し、塔や種子・蓮座等の形態的属性、さらには製作技法のあり方から情報を導き出す方法であり、今一つは中世墓等から出土する板碑に着目し、遺跡という場の有する情報との関連において板碑を理解する方法である。このうち遺跡から出土する板碑は、中世遺跡の調査の進展によって飛躍的に数を増しており、東国においては中世を代表する遺物の一つといってよい。

このように地中から出土する板碑を「出土板碑」あるいは「埋没板碑」と呼ぶが、出土板碑が重視される理由は、板碑自体の情報に加え、遺跡という「場」の情報が付帯するためである。つまり板碑が本来どのような場所に立てられ、また機能を終えた板碑が如何に扱われたかという問題を窺う上で格好の資料といえるのである。

ただし出土板碑といっても、その出土のあり方は実に多様である。かつて久保常晴氏はこうした出土板碑を埋没状況から①塚上式、②土坑式、③地下坑式、④水平散布式と四類型に分類した（久保 一九六六）。また坂詰秀一氏は出土板碑の理解には原位置を保っているか否か、後者であれば意識的な埋設か放置かという判断の必要性を指摘している（坂詰 一九九六）。原位置を保持していれば、板碑本来の性格を窺う稀有な事例となり、原位置を失って移動したものは遺構への埋設か投棄か、または集積後の遺棄かという差異の認識によって有効な情報となり得る。こうした出土板碑の類型を模式図で示せば、第一図のようになろう。

小稿では第一図のうち原位置埋没、あるいはその可能性が高いと推測される板碑群を取り上げ、板碑と中世墓との相関に注意し、東国における板碑を伴う墓制の特質を明らかにすることを目的としたい。

一　中世墓に伴う板碑の研究小史

板碑が地中から出土することは、板碑研究の初期から認識されていた。しかし、墳墓に伴う板碑の実体が明らかとなるのは、おそらく昭和三八年、毛呂山町「崇徳寺跡延慶の板碑」の移転に際して下部から蔵骨器が検出されたのを嚆矢とするであろう（柳田 一九六四）。その後、昭和四五年に鳩山町熊井妙光寺でも同様の事例（大沢 一九七〇）が確認され、にわかに板碑と蔵骨器との関係が注目されるに至った。

昭和五〇年代半ばは、板碑と中世墓との関係を窺う上で重要な調査が相次ぐ。昭和五四年の和光市新倉午王山遺跡（有元 一九八一）、小川町一ノ入遺跡（諸岡 一九八〇）、そして翌年の入間市円照寺裏中世墓址（浅野 一九八二）の調査がそれで、前二者は主体部が存在しない板碑群、後者は主体部を明瞭に伴う板碑群という対置されるような墓域構造が眼前に現れた。また、これと相前後して発表された諸岡勝氏の「板石塔婆を伴う中世墓址」（諸岡 一九八〇）は、

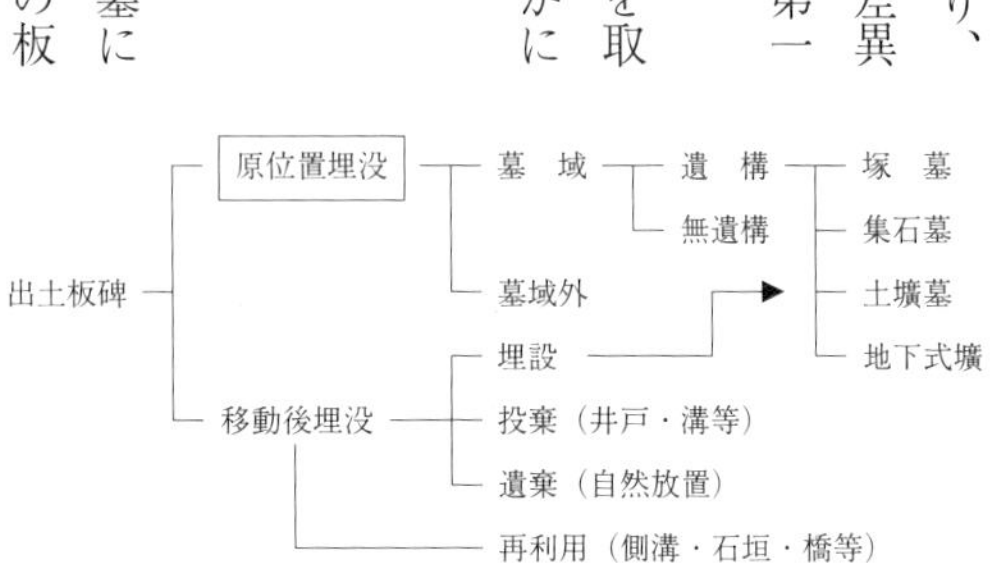

第１図　出土板碑の類型概念図

埼玉県内の中世墓から出土した板碑の事例を集成し、墓域の立地条件や板碑の銘文構成から墓標化の問題を掘り下げ、以後の研究に指針を与えている。また昭和六三年、縣敏夫氏は死没を意味する銘文の整理から板碑の墓標化を捉え（縣 一九八八）、同年、新倉明彦氏は群馬県の事例から、同様の問題に注意を払っている（新倉 一九八八）。

平成に入ると、中世墓研究をテーマとする学際研究が高まる中、改めて中世墓と板碑の関係に注目が集まる。千々和到氏は宮城県名取市大門山遺跡の事例から、銘文の検討によって墓域出土の板碑を理解する視点を提示し（千々和 一九九二）、また平成七年の毛呂山町歴史民俗資料館の特別展図録『発掘される板碑』（村木 一九九五）は、中世墓と板碑との関係を通観する試みであった。その後、中世墓研究の深化は板碑を伴う中世墓の変遷と画期をより明瞭化し、藤沢典彦氏（藤澤 一九九七）・栗岡眞里子氏（栗岡 二〇〇三）等の研究へと展開している。[1]

以上のように中世墓から出土する板碑の研究は、①板碑を伴う中世墓の立地、②板碑の墓標化、③中世墓の変遷と板碑との相関等が論点となってきた。当初は墓標化の問題が重視されていたが、近年ではそのことは等閑視され、中世墓研究の成果に依拠する方法で出土板碑が扱われる傾向にある。立場の相違であり異論はないが、墓標化の問題は未だに課題を残しているといえよう。そこで小稿では、a板碑と主体部との位置関係、b中世墓と銘文の変化との相関、c板碑の墓標化、という三つの問題点に留意しつつ検討を進めたい。

二　板碑を伴う中世墓の諸相

①**築道下遺跡**（第二図・劔持 一九九八）

行田市野に所在し、元荒川左岸の自然堤防上に位置する。堀で方形に画された墓域には集石墓三群、荼毘跡四基、周囲に井戸跡が確認され、墓群から板碑二二基、五輪塔三基以上、蔵骨器六個体、焼骨ピット一三基が出土した。墓

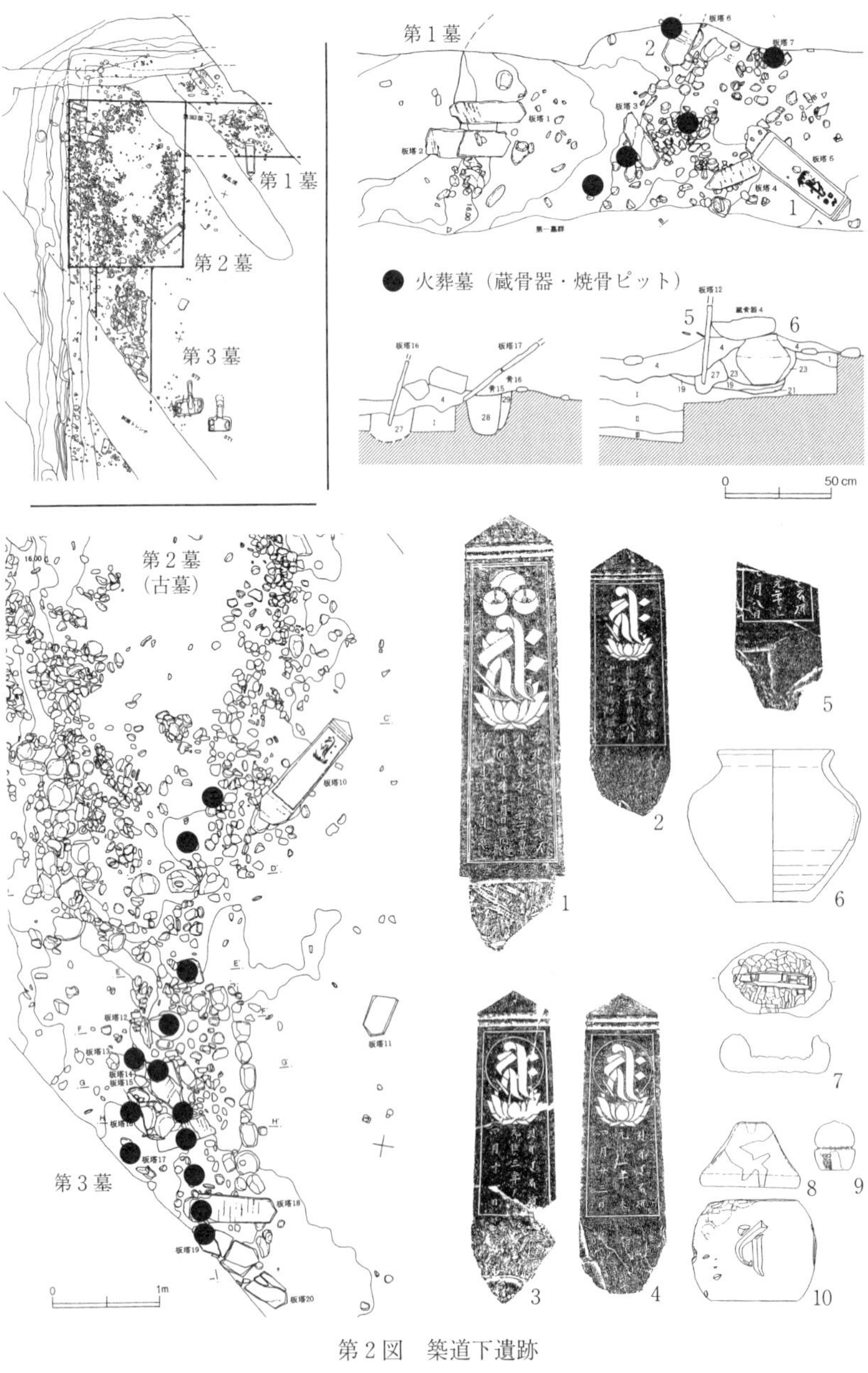

第1墓
第2墓
第3墓
火葬墓（蔵骨器・焼骨ピット）
板塔1
板塔2
板塔3
板塔4
板塔5
板塔6
板塔7
板塔12
蔵骨器4
板塔16
板塔17
0
50cm
第2墓
（古墓）
板塔10
板塔11
板塔12
板塔13
板塔14
板塔15
板塔16
板塔17
板塔18
板塔19
板塔20
0
1m

第2図　築道下遺跡

域の造営時期は板碑の紀年銘等から一三世紀第4四半期から一四世紀第2四半期ごろと想定される（第六図）。

墓群は北西隅の堀に沿って帯状に展開し、人頭大の熔結凝灰岩を配列して長方形の区画を三つ連ね、内部には礫を敷き詰める。中央の第二墓群は土壇状を呈して規模が大きく、板碑造立以前の古墓と思われる。中央部の無遺構、無礫部分は、崩落によって空白化した可能性が窺える。北側の第一墓群、南側の第三墓群は低平で規模も小さく、おそらく第二墓群に後続して付設された墓群であろう。埋葬施設はいずれも火葬墓で、火葬骨は蔵骨器または有機質の容器に納められたものである。これらは概ね直線的に配列されており、規則性に富む。板碑の多くは埋葬施設の直上や周囲に転倒していたが、第三墓群では蔵骨器の背後に立てられた板碑の下半部が、第二墓群では焼骨ピットの直上に台石が検出されており、板碑は第一墓群では南面、第二・三墓群では東面して立っていたものと考えられる。

板碑は弘安六（一二八三）年から明徳三（一三九二）年までの銘を有する（第六図）。一四世紀代の一群は「大日如来真言」「光明真言」を刻み、種子にバンを配するなど真言密教色が強く、それ以前とでは造立に携わる宗教者に変化が見受けられる。このうち第二図1と2、3と4はそれぞれ双碑であろう。1は「貞和二（一三四六）年丙戌八月／十九日成阿禅尼」、2は「貞和二（一三四六）年丙戌／十月日道円逆修」とあり、夫「道円」が妻「成阿禅尼」の追善供養と自身の逆修供養を目的に造立されたものである。この場合、紀年銘の「八月十九日」は没年月日、「十月日」は供養日の可能性が高いものと思われる。[2]

②円照寺裏中世墓址（第三図・浅野 一九八二）

入間市野田に所在し、入間川から一〇〇ｍほど北側の台地上に位置する。東には「元弘三年の碑」をはじめ加治氏ゆかりの板碑群で著名な円照寺が隣接しており、同寺と関係の深い墓域であろう。

調査区全域に礫が散在し、礫を用いて八区画の墓域が形成されていた。[3] 中央部西寄りの方形区画は南北四・一ｍ×

東西三・五mと規模が大きく、出土状況は不明だが中央から常滑壺二個体が並列して検出されており、位置的にも本墓域中の古墓（a墓址）と推定される。その後、これと結縁するように西・北・東辺に新墓が付設され、さらに東側の集石土壙墓へ展開したと想定される。このうち最も遺存状況が良好なのはb墓址で、南北三・八m×東西二・六mの長方形区画に礫を配列し、内部には五基の主体部を設ける。主体部は中央部に二基（1・2）が並列し、他の三基（3～5）は南辺付近に位置する。主体部は1～3が焼骨を有機質の容器に納め、4は渥美壺、5は在地産須恵器系陶器を蔵骨器に用いていた。注目すべきは1～4の主体部に板碑の基部が遺存しており、いずれも遺構の西寄りに埋設され、東面していたことが明らかとなった点である。d墓址はa墓址の東辺に付設されたもので、南北一・八m×東西一・五mの区画内に主体部が一基確認され、その直上に建武元（一三三四）年銘の板碑が転倒していた。常滑壺を埋設した主体部と一次的関係を認めてよいであろう。これら集石墓の造営時期は一四世紀前半に比定される。

③城添遺跡（第三図・渡辺二〇〇三）

鳩山町熊井の妙光寺の西側に所在し、南比企丘陵の主谷の一つである「熊井の谷」の左岸中腹に立地する。東西を支谷に挟まれ、南方へ突出した端部に占地し、西方への眺望にすぐれている。調査区からは荼毘跡一八基、墓群四二単位が確認され、荼毘跡は調査区の西側、墓群は東側に偏在する。埋葬形態は焼骨を蔵骨器や銅器、有機質の容器に埋納する火葬墓と土壙形態の土葬墓とに大別される。ここでは集石を伴う前者について整理する。

確認された埋葬施設のうち、初期段階の遺構は四一号墓とされる墓群の北端（仮称a墓）と南端（仮称b墓）にある。(4)a墓は蔵骨器として常滑壺と蓋に捏ね鉢を用い、その北側に全長二mと推定される板碑の基部を埋設していた。またb墓は楕円形プランの土壙状遺構に凝灰岩製台石を用いて板碑を埋設しており、帰属する主体部は不明ながら、a墓と同様に主体部に伴っていたであろう。周囲には二九基の焼骨ピットが集中しており、大型板碑と結縁するように周

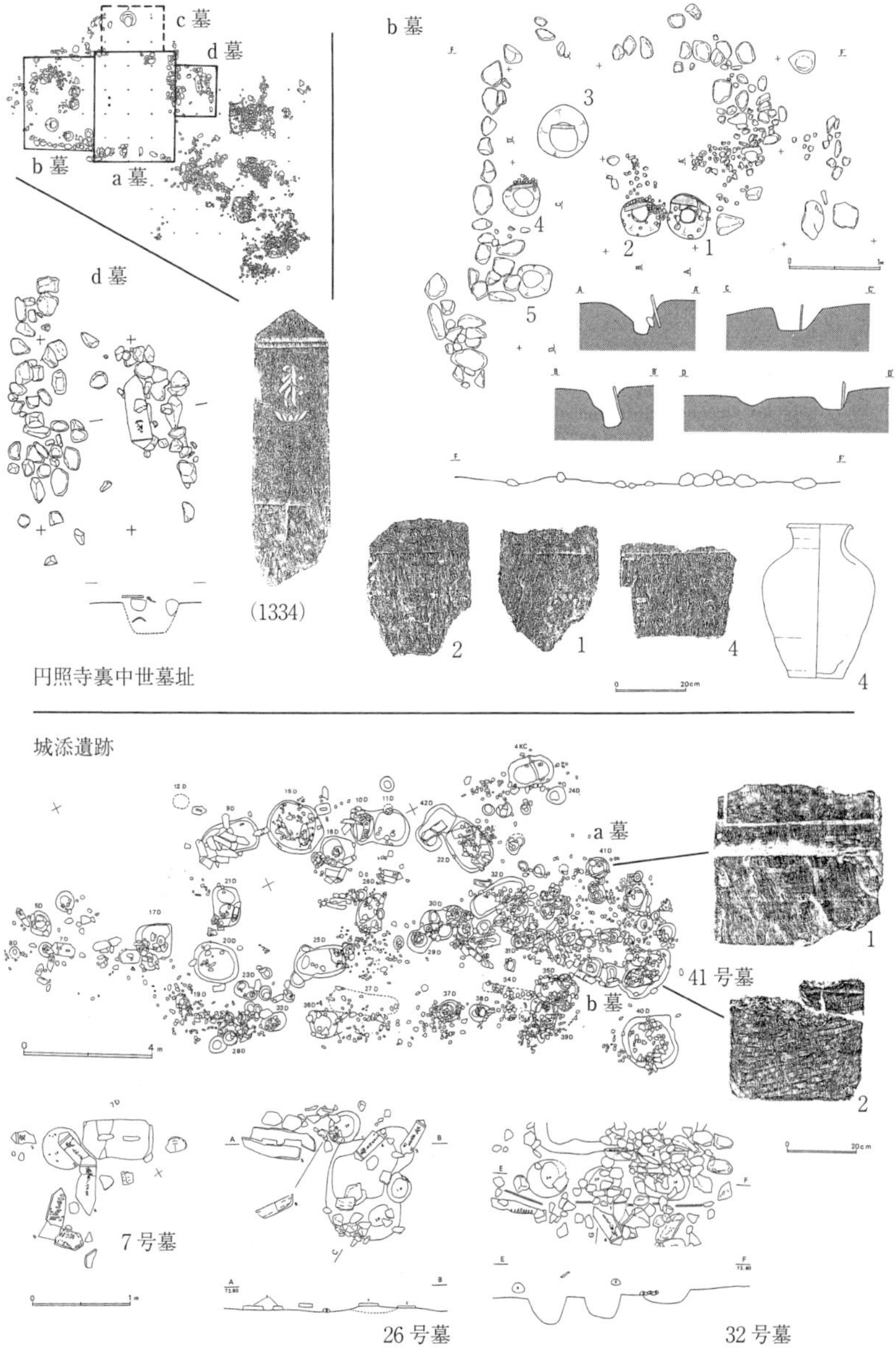

第3図　円照寺裏中世墓址・城添遺跡

囲に埋納されたものと思われる。(5)なお、焼骨ピットを主体とする火葬墓は、ほぼ等高線に沿ってここから複数列で西側へと展開する傾向が看取され、七号墓・二六号墓・三一号墓には原位置を保つように台石が付属し、火葬墓上に横位に板碑が立ち並ぶ景観を彷彿とさせる。

板碑は破片や台石を含めて六七基が出土し、文保二(一三一八)年から正長[二](一四二九)年までの紀年銘を有する(第六図)。一四世紀代を主体に一三六〇年代をピークとする。一四世紀終末の減少を経て一時造立が復活しており、火葬墓から土壙墓への転換時期を示唆している。土壙墓には板碑を埋設する事例が多く、これについては後述したい。

④一ノ入遺跡(第四図・諸岡他 一九八〇)

小川町角山に所在し、外秩父山地と比企丘陵に囲まれた断層盆地の北西部、兜川北岸の丘陵南斜面に占地する。平均傾斜三〇度の斜面に東西二か所の平場を造成し、墓域としている。東側平場は長さ八m、奥行き一・五mの規模で、中央部の二連の台石を中心に東側で二か所の板碑挿入痕と二基の板碑、西側で台石や転倒した板碑が検出された。また西側平場では台石二基が併存し、板碑の基部が遺存する。板碑は一五基が出土し、康永四(一三四五)年から応永二〇(一四一三)年までの紀年を有する(第六図)。台石と同数の板碑が認められ、墓域と板碑との関係を窺うに十分な事例であるが、板碑の下部や周囲に主体部はなく、茶毘跡が三基確認されたのみである。

⑤新倉午王山遺跡(第四図・有元 一九八一)

和光市新倉に所在し、荒川を北に望む武蔵野台地の北西端に位置する。独立段丘が南東部へ張り出す台地斜面に占地し、北東部は金泉禅寺に接している。墓域は斜面をテラス状に造成しており、板碑群は斜面の等高線に沿って東西一三mの範囲から約四〇基が出土した。また、板碑群西側の上・下段より茶毘跡が五基、上段では常滑大甕の口縁部

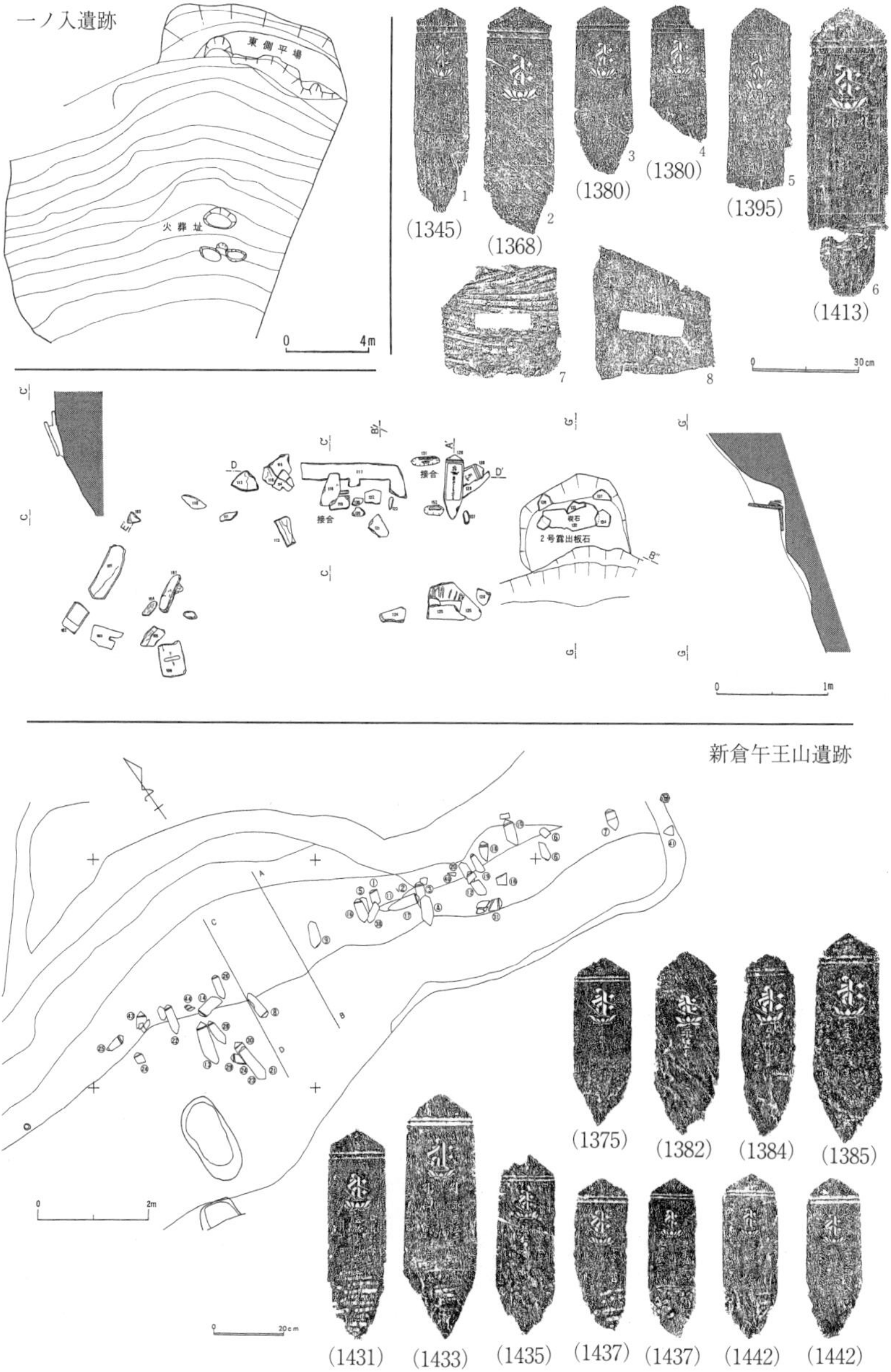

第4図　一ノ入遺跡・新倉午王山遺跡

を蔵骨器とした火葬墓が一基検出されている。板碑群は分布と紀年の上から東西に分離され、東群から西群へと造立地点が移行したことがわかる。板碑の下部や周囲に埋葬施設は認められないが、調査区西部の斜面上・下段には荼毘跡群、南端部では広範な火葬骨の散布が確認され、板碑群との関係に興味が持たれる。

板碑は応安八（一三七五）年を初見とし、明応五（一四九六）年まで造立され、ピークは一五世紀前半である（第六図）。なお、常滑甕を伴う火葬墓の上面には四基の板碑が配され、最新の紀年を有するものは明応年間であった。常滑大甕は一四世紀後半の所産であるが、火葬墓は一六世紀代の造営と考えられる。

⑥**北宿遺跡**（第五図・中村　一九八三）

さいたま市緑区に所在し、大宮台地を開析する見沼代用水の低地を北に、その支谷を西に望む台地上に占地する。墓域は西に開いたコ字状の溝で画され、東西六・六m×南北五・六mの規模である。区画内の中央部に鍵の手に板碑が立てられており、板碑下部に埋葬施設はない。ただし、区画の内外には荼毘跡が五基検出され、板碑群と隣接している。板碑は一六基が出土し、基部をそのまま地中に挿入していた。元亨四（一三二四）年から応永三（一三九六）年までの紀年を有し、ピークは一三六〇年代にある（第六図）。なお、四号とされた荼毘跡からは大窯Ⅳ期（一六世紀末）の折縁皿が出土しており、板碑と荼毘跡とは直接結びつかない可能性がある。

⑦**上の山遺跡**（第五図・坂上　一九九二）

横浜市緑区に所在する。鶴見川の支流である大熊川に開析された谷戸に南面し、南方へ舌状に張り出した丘陵の南端斜面に占地する。西中世墓址と呼ばれる墓域は、斜面を削平して四か所の平場を造成し、中央の平場が幅六・五m、奥行き五・五mと規模が大きい。平場の全域から四二基の墓壙と全容の知れる板碑が五〇基ほど出土した。墓壙は火

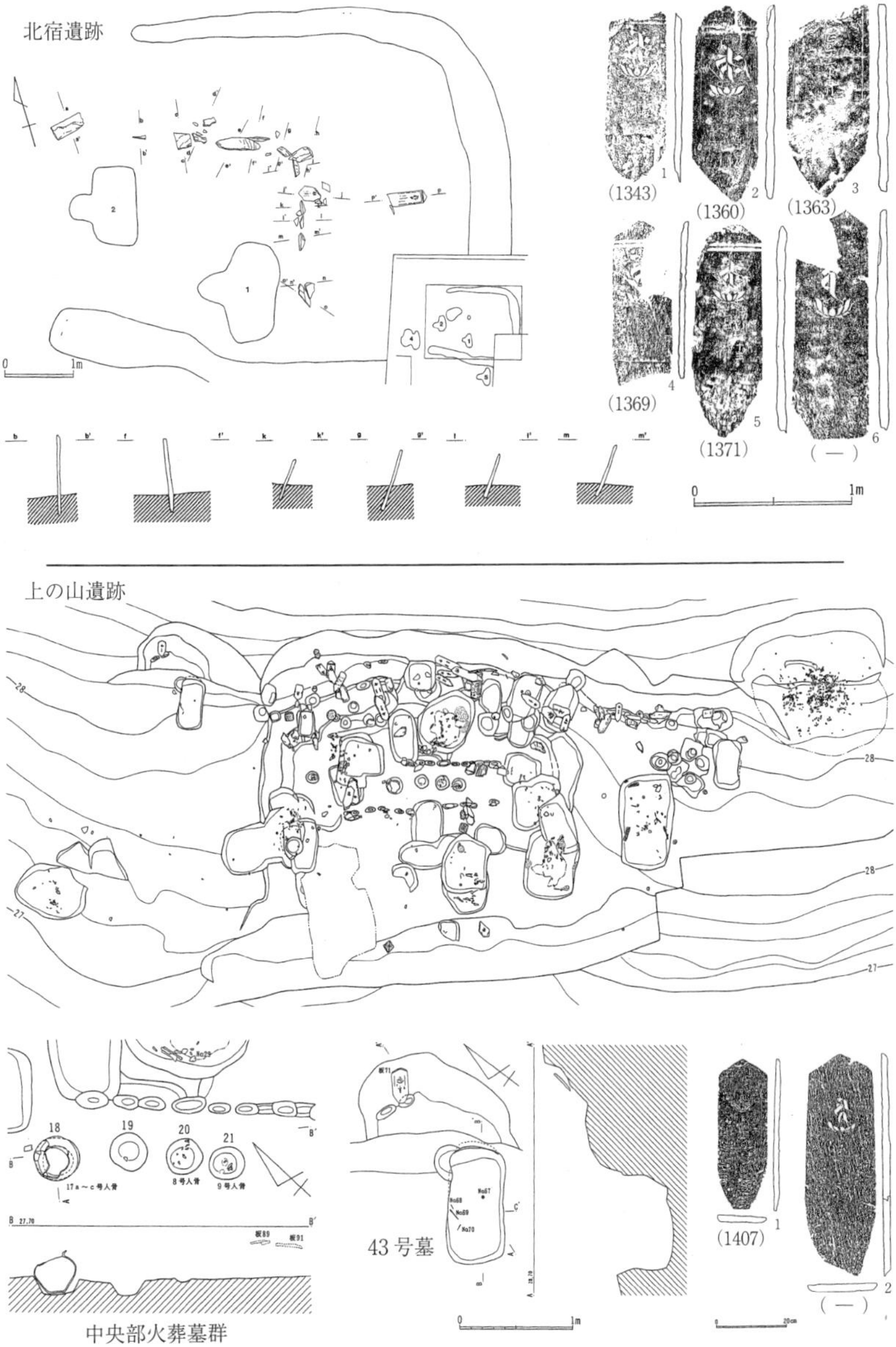

第5図　北宿遺跡・上の山遺跡

葬墓と土葬墓が混在し、前者は蔵骨器を伴うもののほか、火葬骨を埋納または直葬した土壙墓等が認められる。

墓域の形成は中央部の蔵骨器を伴う火葬墓から始まり、五基が列をなす。その背後には板碑の挿入ピットが並び、墓壙と直接対応していたであろう。ただしピットの配列は密で、しかも前面にもう一列、さらに北辺にも散在している。このため、板碑は以後展開していく土壙墓群にも伴うが、主体部とは位置的な対応関係にないことがわかる。

板碑は貞治三（一三六四）年から文明一四（一四八二）年までの銘を有し、一四世紀末から一五世紀第3四半期まで造立される（第六図）。多くの資料に花瓶を有し、銘文は紀年銘のみで法名を刻銘しない点は本地域の特徴である。

西暦	築道下	城添	北宿	一ノ入	新倉午王山	上の山	御殿前
1260							
70							
80	●						
90	●						
1300	●●						
10		●◇					
20	●●	●●●●	●				
30	●●●	●●●●					
40	●■□	●●●●	●●	●			
1350	●	●●■					
60		●●●■■□◇	●●●●●	●		●	
70		●●■■■	●		●		
80		●		●●	●●●●		
90	●	■■	●●■■	●	●	●●●●●	
1400		●	▲		●●●●■▲	●●●●	
10		■■		■	■◆◆	●●●●	
20		■■			■■◆▲▲	●	
30					■▲▲▲▲▲	●●	
40					▲▲△△		
1450					▲▲	●●●●	
60					▲▲	●●●●	
70					■△	●●●●	▲
80						●	▲▲
90					▲		▲▲
1500							▲▲▲
10							▲▲
20							△
30							
40							
1550							▲
1560							

凡例　●：紀年のみ配置（A 類）。■：中央に紀年，左又は両側に法名を配置（B 類）。◆：紀年を中央と左側，法名を右側に配置。▲：中央に法名，両側に紀年を配置（D 類）。※白抜きは逆修塔

第6図　遺跡別板碑年代分布

⑧御殿前遺跡（後藤 一九九二）

東京都北区西ヶ原一丁目に所在し、荒川低地を望む武蔵野台地の東端に位置する。一五、六世紀に営まれた墓域が広範に検出され、A～Dと四群の土壙群、荼毘跡二基、地下式壙五基、井戸、段切状遺構等が稠密に分布する。板碑

は二四基が出土し、応永十□（一四〇四～一二）年から天文二二（一五五三）年の紀年銘を有するが、ピークは一五世紀末から一六世紀初頭である（第六図）。このうち明確に原位置を保つものはないが、土壙群Aでは土壙四基の北および東側に板碑の基部が列をなして検出され、土壙の背面側に板碑が立っていたことがわかる。

三　板碑と中世墓との相関

㈠　板碑を伴う中世墓の概要と変遷

前章では代表的な板碑を伴う中世墓を検討した。このうち最も古い形態は火葬墓を主体とする集石墓である。築道下遺跡では古墓と想定される第二墓群を中心に新墓（第一・三墓群）が横位に付設され、その付設部に板碑が造立されていた。板碑は火葬墓に伴って直線的に配列され、主体部の背面側あるいは直上に立てられている。その規則的な配置は造墓期間中に板碑が立ち並んで上部標識として機能し、墓参が行われていたことを物語る。墓群の変遷は石組みによる「横位拡張型」で、板碑もこれに規制されて直線配列となる。城添遺跡、上の山遺跡の構造も基本的には同様であるが、墓域が石組みによって区画されないのは時期的に後出のためであろう。

また円照寺裏中世墓址では、方形に石組みされた古墓を中心とし、新墓を周囲に付設した様子が看取された。「周辺拡張型」を呈する。それぞれ方形の石組み内に火葬墓を設けるが、仮称a墓およびb墓ではその中央部に二基が並列しており、墓域形成の初期段階で夫婦墓を設けている。a墓では夫婦墓のみ、b墓では夫婦墓の後に三基の火葬墓が追葬され、こうした夫婦墓から家族墓への展開は藤澤典彦氏の示す中世墓の変遷観に符合する（藤澤　一九九〇）。

なお、集石墓に板碑が伴う事例には、このほか鹿島中世墳墓跡（塩野　一九七二）・舟山遺跡（塩野　一九八〇）・崇徳寺跡（梅沢　一九九二）、浜川戸遺跡（中野　二〇〇二）等が確認できる。

第1表　土壙埋設板碑一覧表

	遺跡名	土壙番号	紀年（古）	紀年（新）	基数	出土層位	出典
1	道場寺院跡	SK84	1472	1513	8	中層	山田（1998）
2	B-22号遺跡	SK10	1369	1454	6	上面	石井（1996）
3	西大宮バイパスNo.4遺跡	SK25	1363	1395	5	下層	山形（1986）
4	城添遺跡	4D	1364	1371	4	上面	渡辺（2003）
5		9D	1351	1429	16	上面	
6		21D	1418	1418	3	上面	
7		22D	1341	1372	5	中層	
8	神明台遺跡	–	1336	1382	4	上面	佐藤（1996）
9	坂東山遺跡	SK4	1368	1490	4	中層	鈴木（1996）

さて、一四世紀前半に盛行する集石墓は、その後土壙墓へ転換していくものと一般的に考えられている。しかし、その過程は判然とせず、顕著なのは主体部を伴わない板碑の存在である。一ノ入遺跡・新倉午王山遺跡では斜面に平場を造成し、横位に板碑を配列する事例、北宿遺跡では溝の内側に板碑をL字に配置する事例が確認されたが、いずれも主体部はなく、周囲に少数の茶毘跡が確認されるに過ぎない。こうしたあり方について、有元修一氏は新倉午王山遺跡の報文中において、①埋葬と関係する供養執行地、②両墓制における詣墓、③火葬場と供養地である可能性を指摘する。また桃崎裕輔氏は「造塔」「造墓」の分離を説き（桃崎 一九九五）、さらに近年、野澤均氏は「拝所」としての位置付けを提唱している（野沢 二〇〇五）。板碑群はそれぞれ規則性をもって配置され、明らかに礼拝の対象として機能しているが、これに対応する埋葬施設の実体が不明である。この場合、埋葬形態には二つのケースが想定されよう。一つは板碑の周囲に散骨した可能性、もう一つは板碑に対応する土壙墓が墓域外に設けられた可能性である。一四世紀後半は板碑造立数がピークに達する時期にあたり、明らかに造立階層が拡大している。そのことが火葬を伴う墓制の簡略化を促し、散骨へと推移した可能性は故なしとしない。特に先の三遺跡ではいずれも茶毘跡が隣接していた。しかも午王山では調査区の南端で焼土・炭化材・骨片が広範に認められており、散骨の痕跡として指摘することもできよう。一方、火葬は舎利信仰に基づく遺体浄化の観念を伴うが、土葬はその対極にあり、屍の忌避観念が葬地と祭地とを分離させたことは想像に難くない。北宿遺跡では前項の事例の他、第四次調査でも主体部が不明瞭な板碑群が検出されている（中村 一九八七）。実は支谷を挟んだ対岸の大古里遺跡では、少数の板碑を伴う大規模な茶毘跡・土壙墓群が知られており（小倉 二〇〇一）、両遺跡の関係

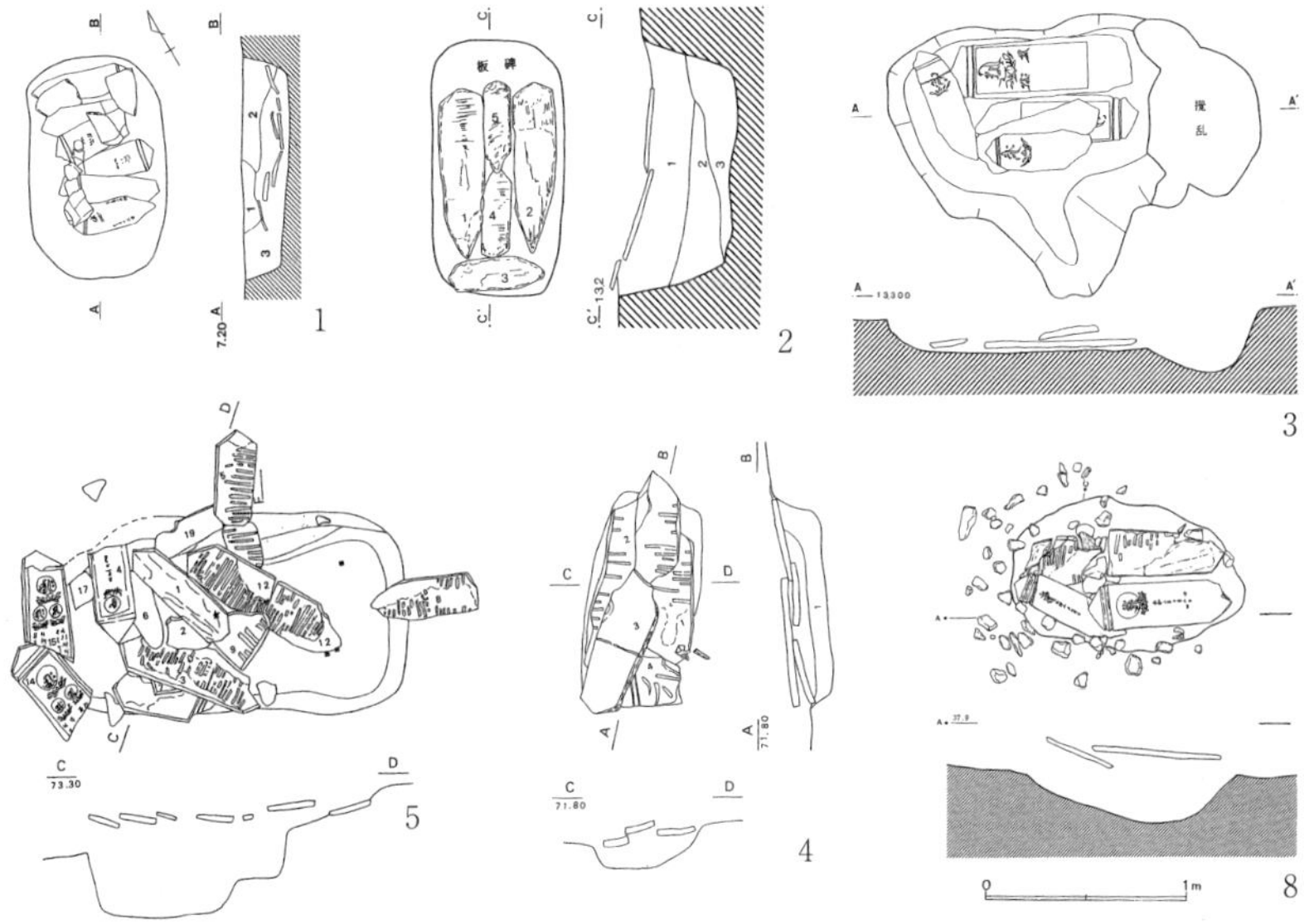

第7図　土壙埋設板碑の事例（番号は第1表に同じ）

が注目されよう。二つの埋葬形態についてはいずれとも決しがたい。今後、考古学的に検証していく必要はあるが、双方ともに並存した可能性を想定しておく。

その後、一五世紀には土壙墓が一般化すると考えてよい。城添遺跡や上の山遺跡では、明らかに火葬墓から土壙墓への変遷が認められ、直線配列の火葬墓群と重複して方形配列の土壙墓群が形成されている。後者ではその中央部や北辺部に板碑の埋設痕があり、板碑が土壙墓とは位置を違えて並列していた様子が窺えた。ただし、多くの場合は土壙墓群とどのような位置関係で板碑が立てられていたかは不明である。先の御殿前遺跡の他、針ヶ谷遺跡（佐々木 一九七九）や道場寺院跡（山田 一九九八）等で土壙やピットに伴う事例が知られるに過ぎない。この時期の板碑は全長が五〇から六〇cmと小型で、容易に移動できることが原位置を失っている大きな要因であろう。そこで、ここでは墓域内の板碑を一括埋納したと想定される土壙墓を取り上げ、板碑と土壙墓との関係を窺う一助としたい。

県内における主な板碑埋設土壙は第七図・第一表に掲げた九例である。これらはいずれも長方形土壙の覆土中層または上面に板碑を水平に配置したもので、無論、被葬者との一次的な関係はない。ただし、閉塞行為を想定させる点から遺体の忌避意識が作用しているように思われ、宗教的な意図をもった再利用といえる。第一表のうち、西大宮バイパス（3）・城添遺跡（4）・神明台遺跡（8）は単独出土であり、土壙墓群中に位置しない。埋設された板碑の紀年銘が一四世紀後半にまとまるのは、おそらく主体部に伴わない時期の板碑を一括したためであろう。他は概ね土壙墓群に伴い、最新の紀年銘はいずれも一五世紀から一六世紀代である。板碑が機能を失う時期をおよそ三〇年と見積もれば、これらは一五世紀後半以降に埋設されたと考えてよい。しかしながら板碑を上部標識とする土壙に無縁化した板碑を埋設するとは思えない。おそらく板碑を造立しなくなった段階の行為か、あるいは異常死等の特異な埋葬形態であろう。ともあれこれらの事例からも、一五世紀代に土壙に板碑が伴っていたことが十分に推測される。

　さて、こうした中世墓と板碑との関係を大まかに時期区分すれば次のようになる（第八図下段）。

〔第Ⅰ期〕　初発期板碑の段階で、下部と板碑の関係が知られる出土事例がない。行田市佐間の嘉禎二（一二三六）年銘板碑はかつて塚上に位置し、東京都大田区環8光明寺遺跡ではこの時期の塚墓が検出されている（野本　一九九七）。「餓鬼草子」に描かれた景観が想定されよう。また主体部との位置関係は不明だが、北本市東光寺等の多くの事例から、墳墓堂の傍らに建てられたことも想定される。その解明は今後の課題であり、ここでは仮にⅠ期とした（一三世紀第2・3四半期）。

〔第Ⅱ期〕　石組み墓が盛行する時期で、舎利信仰の観念に基づき火葬骨を板碑の下部に奉安する形態をとる。板碑は規則的に配置され、上部標識として、また礼拝の対象として機能する（一三世紀第4四半期～一四世紀前半）。

〔第Ⅲ期〕　板碑が主体部から乖離する時期である。板碑の規則的な配列により外観は第Ⅰ期と同様であるが、埋葬形態・主体部との位置関係が変化する。火葬墓と散骨が並存するａ期と散骨と土壙墓が並存するｂ期の細分を想定しておきたい。（一四世紀第3四半期～一五世紀第2四半期）。

〔第Ⅳ期〕　土壙墓が主体となる時期で、一五世紀後半には大規模な地縁的集団墓が形成される。そこに板碑を伴う景観は関西の惣墓と対比される。板碑は土壙墓に伴って礼拝の対象として機能するが、必ずしも主体部に伴うことを原則としない（一五世紀第3四半期～一六世紀）。

(二)　銘文構成との相関

それでは、前項で検討した板碑と中世墓の変遷は、板碑の銘文との間に何らかの相関をみせるであろうか。板碑に刻まれた銘文要素とその構成の変化は、「社会的・宗教的な変化を反映している」とした諸岡勝氏の視点があり（諸岡　一九八三）、三宅宗議氏（三宅　一九九八）や筆者（磯野　二〇〇三）によっても検討されてきた。

銘文配列を大まかに分類すれば、第八図上段のようになる。A類は紀年銘のみを刻むもので、紀年銘を中央に配置するもののほか、これを二行・三行で配列するものを含める。B～D類は紀年銘

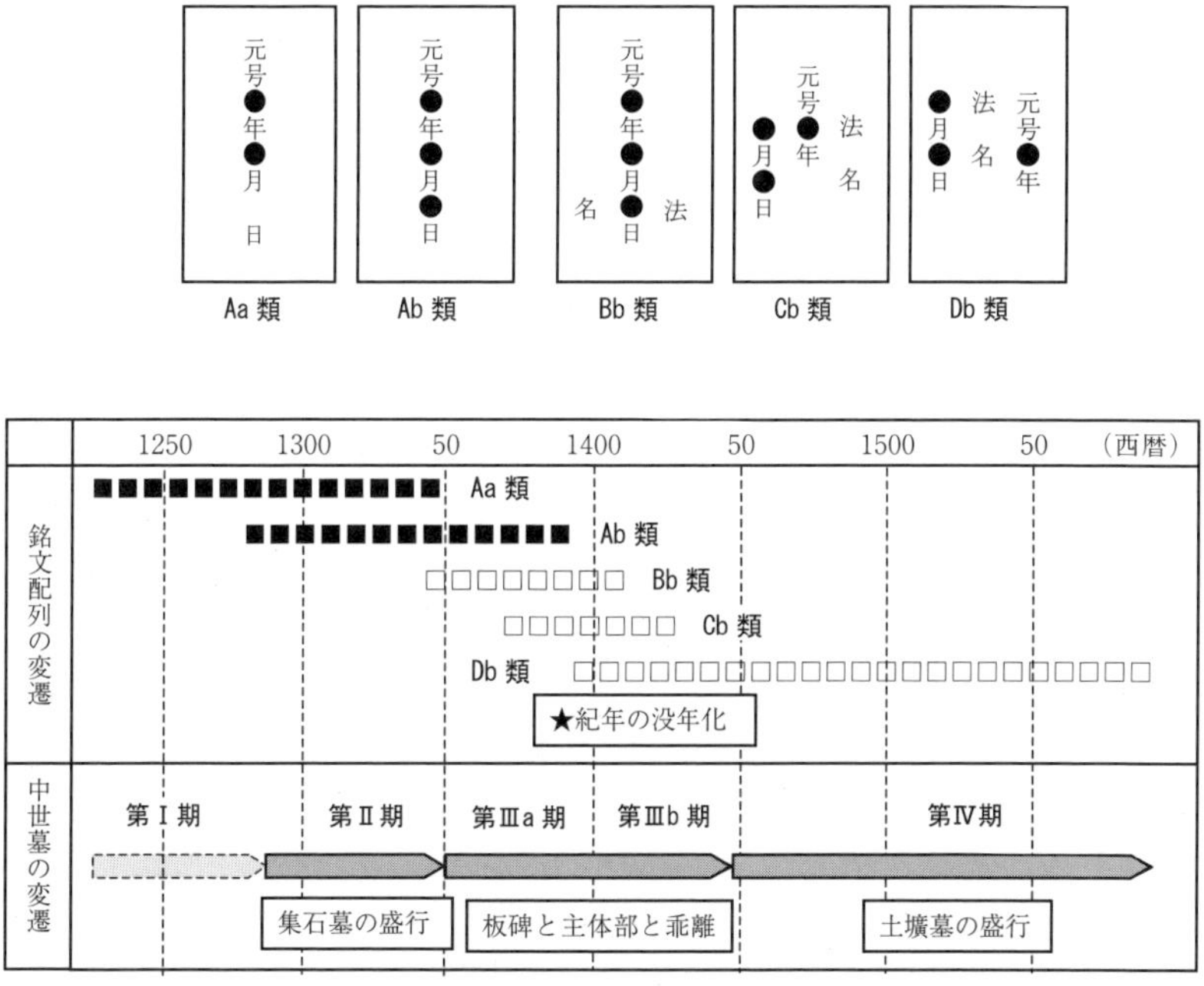

第8図　銘文配列と中世墓の変遷

に法名を加えるもので、法名を紀年の両側に配置するものをB類、右側に位置するものをC類、法名を中央に配置するものをD類とし、さらに日付を略すものをa類、有するものをb類と細分する。目安として旧北足立郡内の板碑を取り上げ、各類型の年代分布を示したのが第八図中段である。これによればAa類→Ab類→Bb類→Cb類→Db類とそれぞれが重複しつつ変遷している。これを先の時期区分と対応すれば、Ab類の出現は集石墓の出現（Ⅱ期）と、Bb類の出現は主体部を伴わない板碑群の出現（Ⅲa期）と、Db類は土壙墓が主体化するⅢb期とそれぞれ対応しており、両者の相関を認めてよいだろう。

銘文の変化のうち、法名が出現する画期は一四世紀の後半である。この時期は伝統的な集石墓の形態が崩れ、散骨や土壙墓の出現といった墓域構造の大きな変革期にあたる。また家を単位とする墓域からより開放性の高いものへと展開していく過渡期でもあり、その中で帰属を明示する意味から法名を記す必然性を説明することができるであろう。

四　いわゆる板碑の墓標化について

板碑と主体部との位置関係を整理する場合、両者の距離が基準の一つとなり得る。両墓制研究における新谷尚紀氏の視点を援用すれば（新谷　一九七六）、次の四類型が設定できよう（第九図）。Ⅰ類は板碑が主体部上に位置するもので、さらに主体部の真上に位置するもの（a類）と主体部の背面側に位置するもの（b類）とに細分される。Ⅱ類は主体部には直接伴わないが、墓域内に配置される例で、上ノ山遺跡はその好例である。第Ⅲ類は主体部に伴わず、しかも墓域外の隣接地に位置する事例、第Ⅳ類はさらに遠隔地に位置する事例となる。Ⅲ類とⅣ類の実例を示すことは

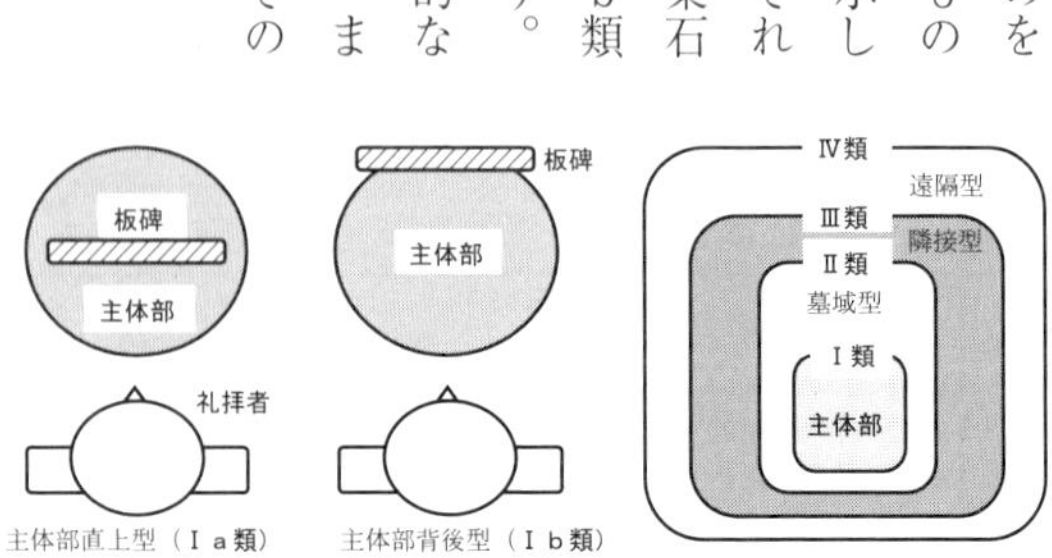

第9図　板碑と主体部との位置関係

難しいが、Ⅲ類は新倉午王山遺跡・一ノ入り遺跡、Ⅳ類は北宿遺跡等が比定される可能性を有する。

さて、主体部に位置するⅠ類は墓標としての機能が想定され、従来はこうした事例を「墓標」、Ⅱ～Ⅲ類を「供養塔」と分類する考え方があった。両者の位置によって性格を判断する方法である。一方、銘文のあり方から性格を判断する方法もある。例えば「死没」「逝去」等の銘を有するもの、また法名を中心とする銘文構成を墓標的とする考え方で、前者は服部清五郎氏の指摘（服部　一九三三）や先の縣敏夫氏による集成があり、後者は後半期の板碑の特徴とする位置づけがある（千々和　一九七三）。しかし、従来の板碑研究では板碑に墓標的な機能を認めることには慎重で、どちらかといえば「供養塔」か「墓標」か、という選択の中で後者を排す傾向にあった。このため主体部に伴う板碑を例外的に捉えてきたが、その後、発掘調査の進展は紀年銘のみの板碑に主体部が伴い、墓標的銘文の板碑ではその逆であるという矛盾を明らかにし、板碑と墳墓との理解にある種の混乱を招いてきたといえよう。

墳墓出土の板碑の理解を複雑にした背景には、いくつかの理由が考えられる。一つは板碑研究の底流に潜む「供養塔」か「墓標」か、という二者択一のパラダイムである。「供養塔」と「墓標」とは、本来は次元の異なる概念に基づいている。供養塔とは仏に結縁し、これを供養することで本願を果たす装置であり、その内面性を第一義とする。だからこそ多様な形態をもつ板碑が塔婆であり得る。一方「墓標」とは礼拝の対象であり、墳墓の位置を示すという外面性に基づく。したがって、塔婆である板碑が墳墓に立つ場合、礼拝の標識として機能を果たすことは自然であり、両者は不可分の関係にある。二者択一では理解が難しい。それでもなお「墓標」としての性格を否定する立場には、おそらく「墓標」という概念に「近世墓標＝非塔婆」という意味合いを含んでいるためであろう。

板碑研究の初期段階では、板碑を塔婆とする概念形成が主要なテーマであった。服部氏は『板碑概説』において墓碑的な板碑を指摘し、それを稲村坦元氏の「青石塔婆論」を否定する根拠ともしたが、このことはあまり注目されず、その後、柴田常恵氏は板碑の性格を「供養の為に造立されたもので、何人の墓所たるを表示せんが為でない」とし、近世墓標に対しては「殆んど宗教的の意味を含蓄せぬ」と言い切っている（柴田 一九三六）。同様の考えは多くの研究者間の合意を形成し、塔婆であることを強調する結果、板碑と近世墓標とを対立概念化し、板碑研究が中・近世墓から切り離される素地を生み出したといえるであろう。しかしながら、実は初期の近世墓標に供養塔としての側面を見出すことは容易で、願文形式の銘文は、むしろ板碑のそれよりも塔婆的である（縣 一九八七）。さらに、近世墓標と主体部との位置関係についても、必ずしも小稿でいうI類に限定されるものではない。つまり近世墓標への一方的なイメージが、板碑との関係性を否定し、結果として板碑の性格をも限定してきたことが指摘できよう。

では、板碑の墓標化とは何を意味するのであろうか。それは銘文上の墓標化、被供養者銘の主格化、主尊の矮小化、紀年の没年化等によって顕在化するが、このことは三宅宗議氏のいう死者・生者への供養意識が「主尊供養の回路」から次第に被供養者への直接性を強めていく過程であり（三宅 一九九八）、近世墓標への連続性に他ならない。

また墓標としての機能は、天台座主良源が塔婆を「是為二遺弟等時々来拝之標一示也」と認識していたことからも知られるように（水藤 一九九一）、板碑に限らず塔婆が本来有していた機能の側面である。これまで検討してきた墳墓出土の板碑は、おしなべて礼拝の対象とするにふさわしい原位置を示していた。礼拝者にとって立ち並ぶ板碑は霊魂の留まる依代であり、主体部の位置に拘わらず墓標として機能していたに違いない。おそらく土壙墓段階では、両者の位置関係は当事者にとってさして重要な問題ではなかったであろう。したがって、板碑と主体部の位置関係は墓標か否かの判断基準とはなり得ず、まずは両者間の類型として理解すべき必要があると考えるのである。

おわりに

これまで板碑と中世墓の相関をテーマとし、当初の目的である板碑と主体部の位置関係や墓標化の問題等について言及してきた。墓標化の問題はあえて板碑研究における負の部分に触れたが、これは板碑と近世墓標との接点を見失うべきではない、との考えに基づく提言である。なお取り上げた中世墓は板碑を伴う事例に限定し、さらに紙数の関係で割愛した遺跡も少なくない。このため偏狭な考察となり、とりわけ火葬墓から土壙墓への転換、さらに板碑と土壙墓との関係については多くの不備を残す結果となった。また壙墓から出土する逆修塔は、墓域に立てられた「生前墓標」としての性格を想定しているが、この点についても触れる余裕を持たなかった。併せて今後の課題とする。

さて、中世墓の実像を現代に伝える築道下遺跡は、西方に元荒川を望む微高地に位置し、川原石を敷き詰めた墓域に整然と板碑が立ち並んでいた。板碑の背後には元荒川が流れ、彼方に秩父の山々が横たわる景観は、此岸と彼岸とを切り結ぶ結界の空間であり、まさに賽の河原をビジュアル化した壮大な装置を思わせる。そこで執り行われた追善・逆修といった数々の儀礼、中世人が板碑に込めた祈りに思いを馳せつつ擱筆したい。

注

(1) 近年では斉木勝氏による房総地域の出土板碑の集成（斉木勝「千葉県内出土板碑の諸相」『研究連絡誌』六六号 二〇〇四）、および大貫英明氏による相模地域の集成（大貫英明「板碑の立つ風景—発掘される板碑—」『國學院大學考古学資料館紀要』二一輯 二〇〇五）がある。

(2) 紀年銘の没年化は一四世紀末ごろに一般化するが（磯野二〇〇三）、北埼玉郡等その時期が早まる地域があり、真言系宗教者との関連が窺える。

(3) 報告書中のA墓を東西に二分し、東側を古墓とし、これを基点とする展開を想定してみた。

(4) 報告書中の四一号墓2C（北端）と1C（南端）を指す。

(5) 比企地方では正法寺阿弥陀堂跡・崇徳寺跡等で、一四世紀初期の大型板碑が散見され、同様の性格が窺える。

引用・参考文献

縣 敏夫 一九八七 「板碑にみる近世墓塔の源流」『日本の石仏』四一 日本石仏協会
縣 敏夫 一九八八 「墓塔としての板碑」『考古学ジャーナル』二八八号 ニューサイエンス社
浅野晴樹 一九八二 『入間市円照寺裏中世墓址』 入間市教育委員会

有元修一　一九八一「中世火葬墓と板碑」『新倉午王山遺跡』和光市午王山遺跡調査会
石井葉子他　一九九六『B―22号遺跡（土呂陣屋跡）発掘調査報告』大宮市遺跡調査会
磯野治司　二〇〇三「個人銘板碑の紀年をめぐる一試論」『考古学論究』九号　立正大学考古学会
梅沢太久夫　一九九一「崇徳寺跡の調査」『研究紀要』一三号　埼玉県立歴史資料館
大沢喜一　一九七〇「板碑を伴出せる中世墳墓」『埼玉史談』一七巻一号　埼玉県郷土文化会
小倉　均　二〇〇一『大古里遺跡発掘調査報告書』浦和市遺跡調査会
久保常晴　一九六六「横浜市港北区新吉田町出土の板碑群」『日本歴史考古学論叢』吉川弘文館
栗岡眞里子　二〇〇三「北関東の中世墓と埋葬」『中世東国の世界Ⅰ　北関東』高志書院
劔持和夫　一九九八『築道下遺跡Ⅱ』埼玉県埋蔵文化財調査事業団
後藤昌徳　一九九二『御殿前遺跡』東京都北区教育委員会
坂上克弘　一九九二『上の山遺跡』横浜市埋蔵文化財センター
坂詰秀一　一九九六「板碑研究の一視点　埋没板碑の語るもの」『研究紀要』二号　毛呂山町歴史民俗資料館
佐々木保俊　一九七九『針ヶ谷遺跡群Ⅱ』富士見市遺跡調査会
佐藤春生　一九九六「毛呂山町神明台遺跡の調査」『研究紀要』二号　毛呂山町歴史民俗資料館
柴田常恵　一九三六「青石塔婆の紀年と法名」『埼玉史談』七巻五号　埼玉郷土文化会
塩野　博　一九七二『鹿島古墳群』埼玉県教育委員会
塩野　博　一九八〇『舟山遺跡』埼玉県教育委員会
新谷尚紀　一九七六「両墓制についての基礎的考察」『日本民俗学』一〇五号　日本民俗学会
水藤　真　一九九一『中世の葬送・墓制』吉川弘文館
鈴木秀雄　一九九六『坂東山・坂東山西・後B』埼玉県埋蔵文化財調査事業団
千々和　到　一九七三「東国における仏教の中世的展開」『史学雑誌』八二編二号
千々和　到　一九九一「板碑・石塔の立つ風景」『考古学と中世史研究』名著出版
中村誠二　一九八三『北宿、馬場北遺跡他　発掘調査報告書』浦和市遺跡調査会
中村誠二　一九八七『馬場北遺跡・北宿遺跡他』浦和市教育委員会他
中野達也　二〇〇二『浜川戸遺跡8・10次他』春日部市教育委員会

新倉明彦　一九八八「出土板碑より見た板碑の造立と破棄について」『群馬の考古学』　群馬県埋蔵文化財調査事業団
野澤　均　二〇〇五「拝所考」『立正史学』九七号　立正大学史学会
野本孝明　一九九七『環8光明寺地区遺跡調査会報告』環8光明寺地区遺跡調査会
服部清五郎　一九三三「板碑と墓碑」『板碑概説』　鳳鳴書院
藤沢典彦　一九九〇「墓地景観の変遷とその背景」『日本史研究』三三〇号　日本史研究会
藤沢典彦　一九九七「板碑資料からみた中世墓地構造の展開」『帝京大学山梨文化財研究所研究報告』八集
三宅宗議　一九九八「武蔵型板碑の銘文配置（上）（下）」『埼玉史談』第四五巻一・二号　埼玉郷土文化会
村木　功　一九九五『第六回特別展　発掘される板碑』毛呂山町歴史民俗資料館
桃崎裕輔　一九九五「東日本における中世墓の様相」中世墓研究会発表要旨
諸岡　勝他　一九八〇『一ノ入遺跡』　埼玉県教育委員会
諸岡　勝　一九八〇「板石塔婆を伴う中世墓址」『研究紀要』二号　埼玉県立歴史資料館
諸岡　勝　一九八三「板石塔婆」『与野市史文化財編』　与野市企画部市史編さん室
柳田敏司　一九六四「板碑をともなう蔵骨器について」『歴史考古』一一号　日本歴史考古学会
山形洋一　一九八六『西大宮バイパスNo.4遺跡』　大宮市遺跡調査会
山田尚友　一九九八『道場寺院跡・大久保領家遺跡（第6次）』　浦和市遺跡調査会
渡辺　一　二〇〇三「鳩山町内中世墓の発掘調査」『鳩山の中世石造物』　鳩山町史編集委員会

江戸周縁地域に見る墓制
――中世から近世における連続性と非連続性――

田口哲也

一　はじめに

近世の墓制は、中世からどのような過程を経て成立したのであろうか。

考古学による近世墓研究は少なくとも関東地方に限定すれば、都市部偏重で行なわれてきたことは明らかなことである（江戸遺跡研究会 二〇〇一）。しかし、江戸の墓制は都市としての江戸成立過程の特異性もあってか、考古学的に見た場合、特に中世との間で断絶しており、中世～近世への連続性・非連続性を明らかとすることは困難である。一方、近年の研究の進展はほとんど見られないのが実情であるが、中・近世が連続している江戸周縁地域の墓制研究は、墓制の連続性・非連続性を重要視する立場から見れば有意義であるといえる。本論は、埼玉県という江戸に隣接した農村地域における中・近世の墓制の要素の連続性・非連続性に着目し、各時代の特徴および、中世から近世にかけての墓制の大きな流れを把握することを目的とする。そこで、まず①論の中心となる埼玉県の近世の墓制について、研究を概観し、その上で再検討を行なう。そして、②再確認された近世の墓制の特徴を中世の墓制と比較することで、要素の連続性・非連続性を見出し、墓制の全体像を把握することとする。

二　研究小史

冒頭で江戸周縁地域における墓制研究は非常に少ないと述べたが、埼玉県も例外ではない。そのような中、野澤均氏は墓制を都市と農村、中世と近世という観点から、江戸市中の一七世紀の事例と埼玉県の中・近世の事例の対比を行なっている。埼玉県の近世墓を扱ったという点、中世と近世、および農村と都市の墓制の比較検討を行なったという点において研究史的に先駆的なものといえる。氏は中世の墓制は火葬・土葬が混在しているが、近世に入ると都市部を除き火葬はほとんど消滅するという。また、土坑墓を見ると、土葬は所謂直葬が中心であったが、近世では棺の使用は一般的になるとする。さらに、墓標は江戸市中では寛永・元和年間頃、江戸近郊では、元禄期以降急激に確認できるようになるという。このような変化は急激なもので、これをもって中世墓から近世墓への画期と捉えることができる。そして、この画期は一六世紀後半から一七世紀のどこかに設定できるとする（野澤 一九九七、一九九八）。

筆者は、埼玉県の近世墓を特に土坑墓の墓坑形態に着目して農村地域の墓制の特徴に迫った（田口 二〇〇五）。墓坑形態は埋葬施設の種類をある程度反映しており、また、埋葬施設の形態とそこに埋葬される遺体の埋葬姿勢には相関関係が認められることに注目して墓制の変遷を試みた。その結果、近世で一般的となる座棺は一七世紀中葉に急激な増加が認められ、それと反比例して、中世では主流を占めていた臥葬・臥棺など中世的要素は減少していく。一方、墓地単位での変遷は寺院所属の墓地は一七世紀中葉～後葉にかけて相次いで造営が開始されるが、比較的安定して長期間造墓が続く。一方、所謂「家墓」(1)は特に一七世紀末以降に造営が多くなる。このタイプの墓地は寺院墓地と比較すると造営期間が短く、廃絶される確率が高いといえる。このような傾向は南関東の他地域―神奈川県、東京都下も類似している。このように南関東地方に限定すると一七世紀中葉～一八世紀前葉にかけて近世的墓制が完成した。さらに、一七世紀の都市における事例として東京都中央区八丁堀三丁目遺跡第二次調査の成果と比較した。八丁堀三丁目遺跡では、早ければ一六世紀末には座棺が登場し、その後、土葬では座棺が主体を占めるようになる。また、一七世紀中葉段階に埋葬施設の組成の変化や遺構数の増加などが生じており、ここに一つの画期が認められる。(2)

以上、先行研究から都市部と農村部では座棺がそれほど時間差なく普及していったこと、また、臥葬・臥棺といった中世的要素は時期が下ると共に減少傾向を示すが一七世紀段階では都市部、農村部共に比率が高いことなどが明らかとなった。これらのことから、巨視的には都市や農村という地域的な枠を超えて大きな流れが存在するということができる。では、次に埼玉県における近世の墓制について再検討を行なう。

三　埼玉県における近世墓の特徴の再検討

ここでは、埼玉県内の近世墓遺跡で、造墓期間が把握できる四八遺跡を用いて、近世埼玉の墓制の再検討を行なう。再検討するのは、遺体の処理方法、墓坑形態（埋葬施設）の組成と墓地形態の変遷である。この時、重要となるのが、埋葬施設の種類の特定と時期区分の決定である。

まず、埋葬施設についてであるが、木製の埋葬施設は検出されず、墓坑のみが検出されるというパターンが埼玉県では多い。消失した埋葬施設を知るための手がかりの一つとなるのが、墓坑形態であると考える。その前提となる概念が、「墓坑形態、特にその平面形態は埋葬施設の形態を反映している」というものである。このような概念を前提とした墓坑形態から埋葬施設の種類を推定する方法は、これまで経験的には行なわれてきたが、体系化したのは長佐古真也氏が多摩丘陵地の近世墓の事例を検討する際に用いたのが最初であろう（長佐古　一九九六、二〇〇四）。筆者もこの方法を用いて、かつて埋葬施設の組成比や埋葬施設の種類の変遷について検討を加えたが、その結果、埋葬施設の形態と墓坑形態にはある程度の誤差があるものの、一定の相関関係が認められるという結論に達した（田口 二〇〇五）。そこで、今回も埋葬施設が明確ではない墓坑に関しては、墓坑の平面形態から埋葬施設の種類を推定する。以上のことを踏まえて次のような分類を行なった。

一類は臥葬・長方形木棺の使用が想定される。墓坑平面形態は長方形、底面は比較的平坦、壁面は垂直に立ち上がることを基本とする。長方形木棺は屈葬が主体であるが、伸展葬用の棺も存在すると思われる。二類は臥葬・直葬が想定される。墓坑平面形態は長方形、もしくは楕円形、底面、壁面は一類と比較するとやや粗い調整であることが多い。三類は座葬・円形木棺の使用が想定される。墓坑平面形態は円形、不整円形を基本とする。一、二類より墓坑深度は深いが、平面の規模は小さい場合が多く、底面や壁面は整っている場合が多い。四類は座葬・正方形木棺の使用を想定している。平面形態は正方形、もしくは隅丸方形等を呈する。規模は三類に近く、底面や壁面は整っている場合が多い。棺に使用された鉄釘が大量に出土する場合がある。五類は一～四類に該当しなかったものをまとめた。基本的には埋葬方法が不明なものを一括した。

以上、五分類とした。なお、埋葬施設の種類が判明している場合、または、報文で推定されている場合、墓坑形態より、そちらを優先して分類する。すなわち、円形木棺が用いられていれば仮に墓坑形態が方形であったとしても三類として分類する。

次に時期区分の決定には、基本的には副葬された銭貨を用いることとした。副葬された銭種の組成が、渡来銭のみの組成で永楽通寳を含まないものをⅠ―ａ期、含むものをⅠ―ｂ期、組成の中で最も新しい銭貨が古寛永通寳であるものをⅡ期、以下、最も新しい銭貨が文銭であるものをⅢ期、新寛永通寳であるものをⅣ期、寛永通寳鉄銭が最新の銭貨でなおかつ鉄銭が組成比の半分以下のものをⅤ―ａ期、半分を超えるものをⅤ―ｂ期、そして、文久永寳が最も新しいものをⅥ期とした。具体的な時期はⅠ―ａ期を一五世紀以前、Ⅰ―ｂ期を一五世紀～一七世紀前葉、Ⅱ期を一

第１表　埼玉県における墓坑形態の変遷

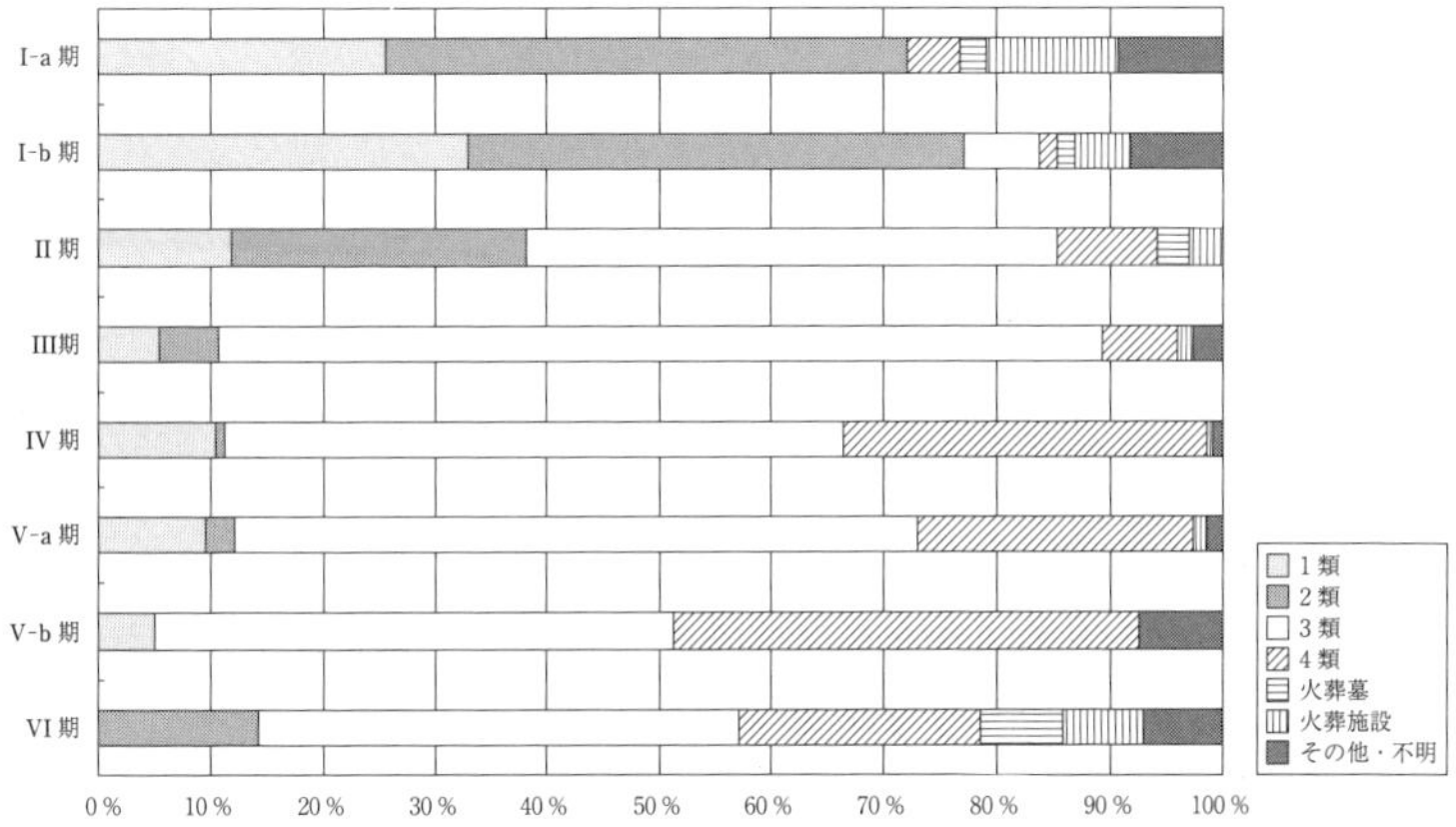

七世紀中葉、Ⅲ期を一七世紀後葉、Ⅳ期を一八世紀前葉、Ⅴ—ａ期を一八世紀中葉～後葉、Ⅴ—ｂ期を一九世紀中葉まで、そしてⅥ期を一九世紀後葉とした[3]。

以上を基準にして、四八遺跡から検出された墓坑のうち、時代決定が可能な五九四基のデータ化を行なった（第一表）。以下、このデータを基準に論を進めることとする。

遺体処理——火葬

近世埼玉での遺体の処理方法は火葬と土葬が確認できるものの、火葬の比率は非常に低い。遺体処理を基本的機能とする火葬施設と処理後の火葬骨を埋葬する火葬墓に分かれる。火葬施設は時によって、火葬後、拾骨されずにそのまま埋められ、墓としても機能する場合もある。火葬骨は土坑内から検出される例のみであることから、遺存しない材質を用いた蔵骨器を埋設したか直葬したものと推測される。

時期毎の火葬の様相を見ると、一七世紀前葉以前のⅠ期の段階に多くが集中する。これは、鶴ヶ島市お寺山遺跡やさいたま市大古里遺跡など中世から造墓が続く火葬比が高い遺跡を集成に加えたためである。Ⅱ期以降の火葬施設に関しては、狭山市森ノ上遺跡（Ⅱ期）と鶴ヶ島市若葉台遺跡群Ａ地点（Ⅵ期）で検出された事例などが存在する。火葬墓はⅡ

期以降、火葬施設と同様に激減するものの、ほぼ近世を通じて存在していると考えることができるだろう。火葬墓は全て直葬で、中世の埼玉や江戸市中で用いられる陶製火葬蔵骨器[4]は現時点では確認できない。このように、埼玉県では近世に入ると火葬は激減するものの近世を通じて存在し続けている。

遺体処理二――土葬と埋葬施設

埼玉では、近世段階に入ると土葬が圧倒的優位となる。土葬における遺体の埋葬方法は、大きく臥葬と座葬に大別できる。臥葬は直葬、および長方形木棺、座葬は円形木棺（所謂早桶）、正方形木棺、甕棺が確認できる。木棺に関しては、立地の問題から遺存する確率が低い。一方、腐敗・消滅することのない甕棺はほとんど出土していないのが現状である。したがって、ほとんどのケースでは、墓坑のみが検出されることとなる。そのような状況の中、少ないながらも埋葬施設が良好な状態で検出された近世の遺跡が存在するが、いずれも円形木棺であり、正方形木棺は確認できない。ここで、円形木棺について、具体的に検討してみよう。

庄和町寺屋敷遺跡[5]では真言宗延命院に関連すると考えられる墓地が検出されており、一七世紀後半～一八世紀前葉にかけて造営されたと思われる。遺跡からは三二基の埋葬施設が検出されており、その全てが円形木棺である。三二基中比較的遺存状態が良好な二六基の底部について簡単な統計学的処理を行なった結果、平均値四五・七cm、最頻値四三cm、標準偏差七・五となった。また、二六基のうち被葬者が成年層であることが判明している一三基に限定して再度統計学的処理を行なうと、平均値四九・二cm、最頻値五二cm、標準偏差四・二となる。また、未成年層は三基で、木棺底径はいずれも四〇cm前後であった。

円形木棺が検出されたもう一つの遺跡に朝霞市中道・岡台遺跡第5地点[6]がある。遺跡は掘立柱建物址群と墓域に分かれており、互いに隣接していることから家墓と推定されている。造営期間は一八世紀中葉～一九世紀前葉とされる。

検出された土坑二三基のうち、報文では一一基（うち一基は甕棺）を墓坑としており、その他の土坑についての詳細は不明としている。ただ、墓域内に土坑から桶が検出されている場合は、埋葬施設と捉えることができるだろう。性格不明土坑から検出された桶も含めると一七基が検出された。そのうち、底径が推定可能な事例は五基で、三号土坑七五㎝、一二号土坑三七㎝、一三号土坑七二㎝、二〇号土坑九五㎝、二三号土坑四三㎝であった。このうち報文により埋葬施設と確定できるものは三号土坑、二〇号土坑、二三号土坑である。

さて、今回、挙げた二例は一七世紀後半～一八世紀前葉の寺院墓地、一八世紀中葉～一九世紀前葉の家墓と異なった時期と性格の墓地ではあるが、共通点として円形木棺を用いた墓地であることが挙げられる。差異は円形木棺の規模に表れており、寺屋敷遺跡の場合、被葬者が成年層と未成年層では規模に差が見られ、成年層では五〇㎝前後、未成年層では四〇㎝前後が主に用いられている。この傾向は、一七世紀後葉～一九世紀に造営が行なわれた江戸市中の寺院墓地の円形木棺規模の傾向に非常に類似している（田口 二〇〇一、二〇〇二）。一方、中道・岡台遺跡第5地点の円形木棺底径は四〇㎝台も含まれるが、七〇～九〇㎝台の大型の木棺が使用されている点が寺屋敷遺跡とは大きく異なる。寺屋敷遺跡で早い段階で使用される円形木棺の規模の定型化が起こる大きな原因の一つに寺院墓地という寺院によって管理された画一性の高い墓地であるという性格があるのではないだろうか。逆に中道・岡台遺跡第5地点で規模に画一性が少ない理由は家墓という個人的性格の強い墓地だからという可能性はあるだろう。

以上、土葬の埋葬施設について検討を加えた。円形木棺についてはわずかながら、傾向は摑めたと思う。その他の棺については事例がほとんどなく中道・岡台遺跡第5地点から甕棺一基が確認されているに過ぎない(7)。円形木棺以外については今後、事例の増加を期待したい。

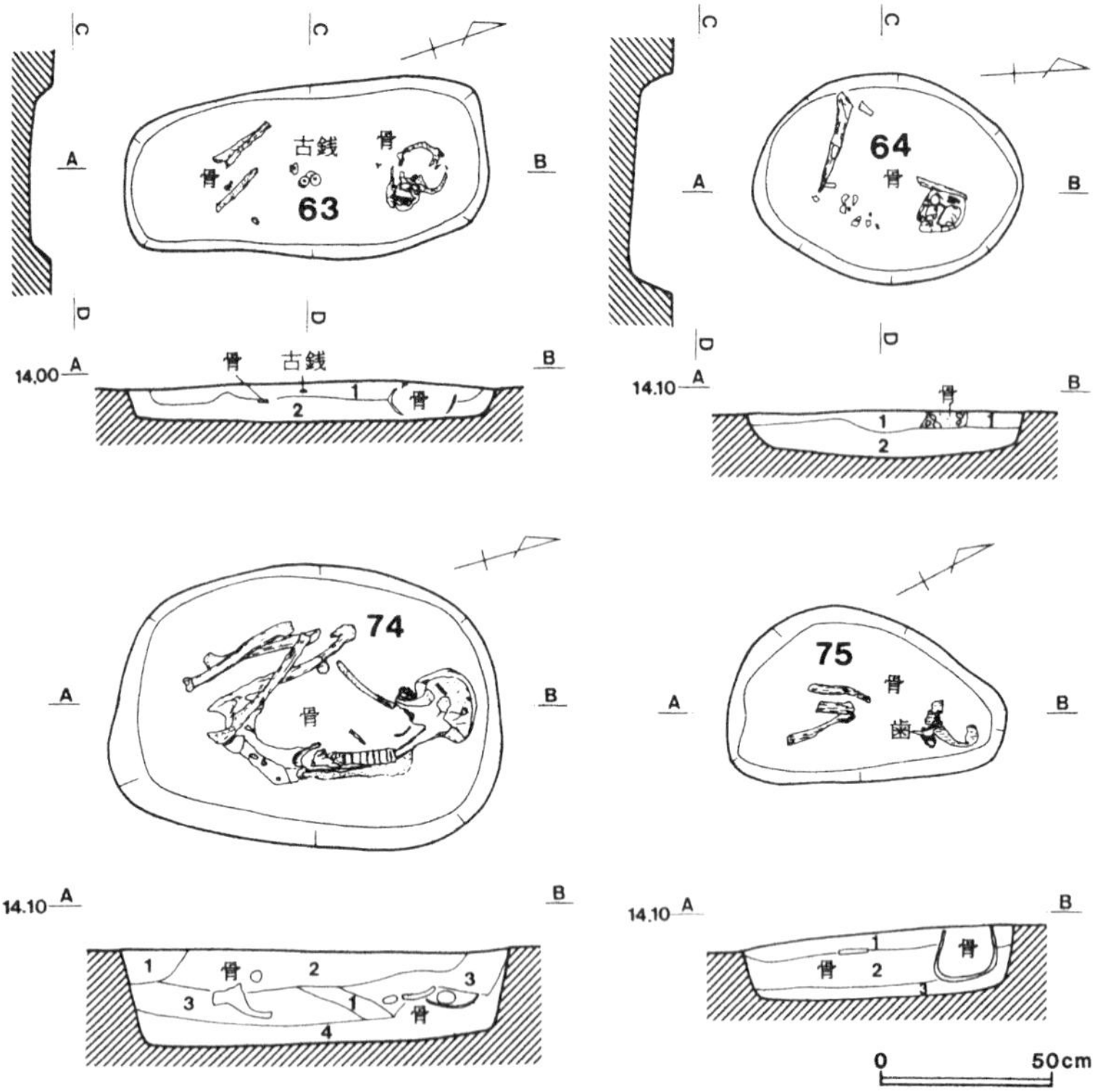

第１図　埼玉県の臥葬墓（さいたま市大古里遺跡）

墓坑形態（埋葬施設）と変遷・画期（第一・二図）

ここでは、墓坑形態（埋葬施設）の変遷と画期について見ていくこととする。まず、時期毎に組成を見ていくと、Ⅰ—a期は一類およそ二六％、二類四七％で合計約七六％、三類が約五％と臥葬が圧倒的である。また、火葬墓・火葬施設もやや高い比率が出ている。続くⅠ—b期もほぼ同様の組成を示し、一類三三％、二類四四％で計七八％、三、四類が計八％と前段階よりも比率が僅かに上昇し、火葬・火葬施設はやや比率が下がる。Ⅱ期になると、三類が四七％と急増するのに対して、一類約一二％、二類およそ二六％で計三八％と激減している。また火葬施設・火葬墓もさらに減少傾向を示している。Ⅲ期に入るとⅡ期に見られた傾向がさ

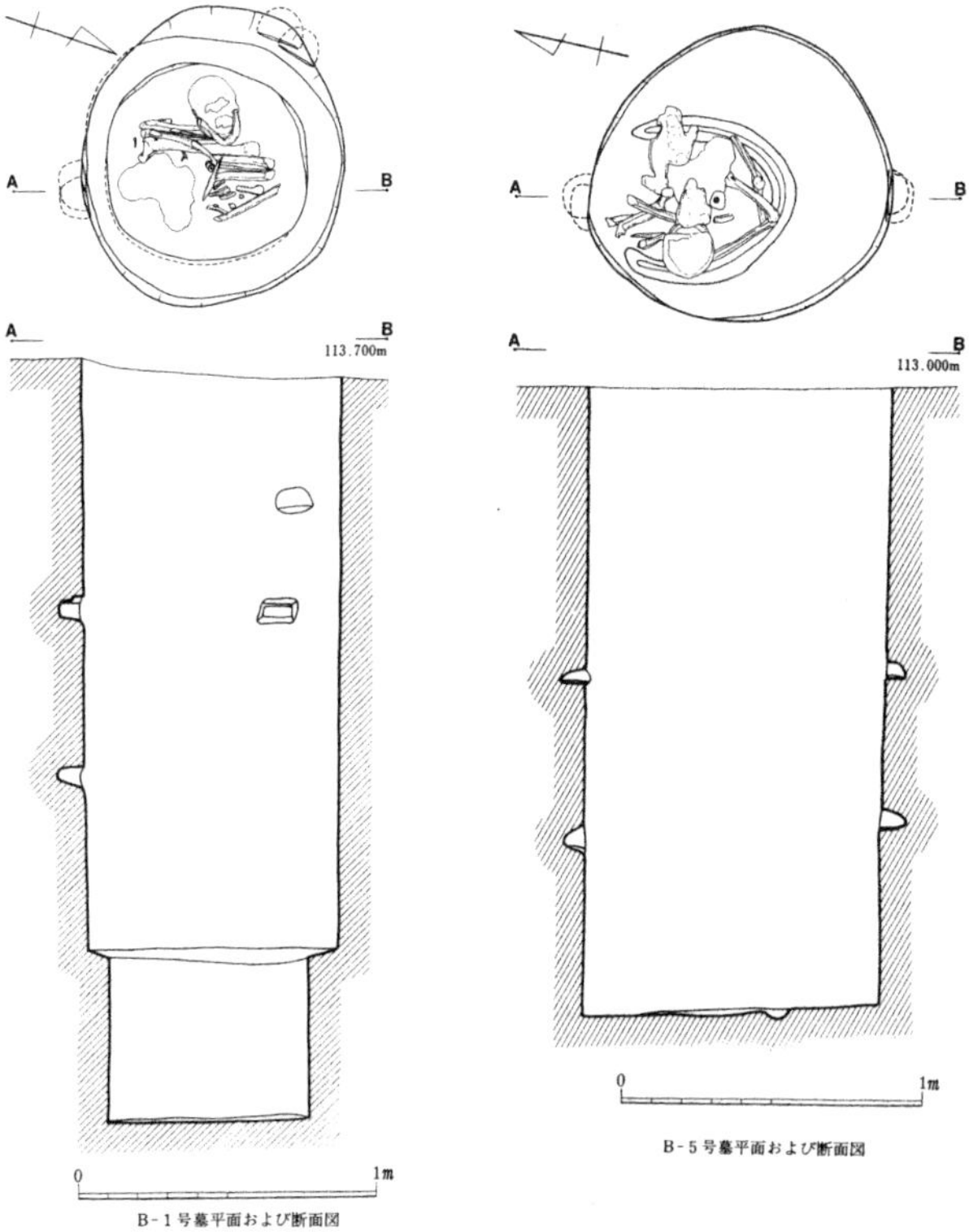

第２図　埼玉県の座葬墓（所沢市お伊勢山遺跡）

らに強くなる。一、二類それぞれ五%、計一〇%とさらに減少し、三類七九%、四類およそ七%、計八六%となり、非常に高い比率となる。Ⅳ期に入ると一、二類は計一〇%と前段階と同じ比率であるが、三類五五%、四類三二%となり、座棺の中でも四類の増加という現象が起こる。Ⅴ—a期はⅣ期と同様の傾向が続くが、Ⅴ—b期になると四類が四一%と比率が上がる。Ⅵ期に入ると二類が一五%と上昇し、三、四類はやや減少に転ずる。

　さらに、埼玉県の近世墓の変遷と画期を求めると、Ⅰ—a、b期の段階では一、二類の臥葬が葬法の中心であり、三、四類の座葬は僅かしか確認できない。しかし、Ⅱ期に入ると臥葬と座葬の比率が逆転する。ここに一つの大きな画期を求めることができる。その後、

Ⅲ期に入ると座葬の比率はさらに高くなり、Ⅳ期の段階になると座棺の中でも四類の比率が高くなる。このⅣ期にもう一つの画期を見出すことができそうである。そして、Ⅴ―a、b期では多少の比率の差は見られるものの大きくは変化していない。最後のⅥ期でも座葬優位には変わらないが、二類の増加が生じる。この二類の増加は近代に入ってからの臥葬の復興の影響による可能性がある。ここにもう一つの画期を求めることが可能であろう。(8) 以上、近世埼玉県の墓制は一七世紀前葉以前、一七世紀中葉～一八世紀前葉、一八世紀中葉～一九世紀中葉、そして一九世紀後葉の四期に区分することが可能である。

墓地形態と変遷・画期 (第二～五図)

近世の墓地は、単独～十基程度の規模の小さい墓地と数十基～百基を超える墓地に大別できる。規模はその墓地の被葬者集団の規模を反映している可能性があるから、前者は家墓、一方、後者は寺院関連墓地、または村落内や村落単位による共同墓地と考えられる。いずれの墓地も現在、県内で実際に目にすることができるが、家墓は血縁関係を基本とするタイプ、寺院墓地や共同墓地は宗教的関係や地縁的関係を基本とするタイプの墓地といえる。このような墓地形態は埼玉県内だけでなく、江戸周縁地域にも確認できる。埋葬施設単位での墓制の変遷・画期は明確となったが、ここではその上の単位、すなわち墓地単位についても検討する必要がある。そうすることで、被葬者集団や葬送墓制の背後にある社会システムの変化を把握することが可能だからである。

第二、三、四および五表は遺構数別にまとめた上でそれぞれ造墓期間を示している。まず、第二表は単独検出の遺跡をまとめており、性格を明確にすることは必ずしもできないが、報告書によっては特殊な墓制（中世の屋敷墓的性格か）と推定されている場合もある。(9) もちろん、調査範囲の問題や墓坑群が形成されていたにもかかわらず、調査時に墓坑と認定できなかったことも考えられることから慎重に検討していく必要があるだろう。変遷を見ると、単独墓は

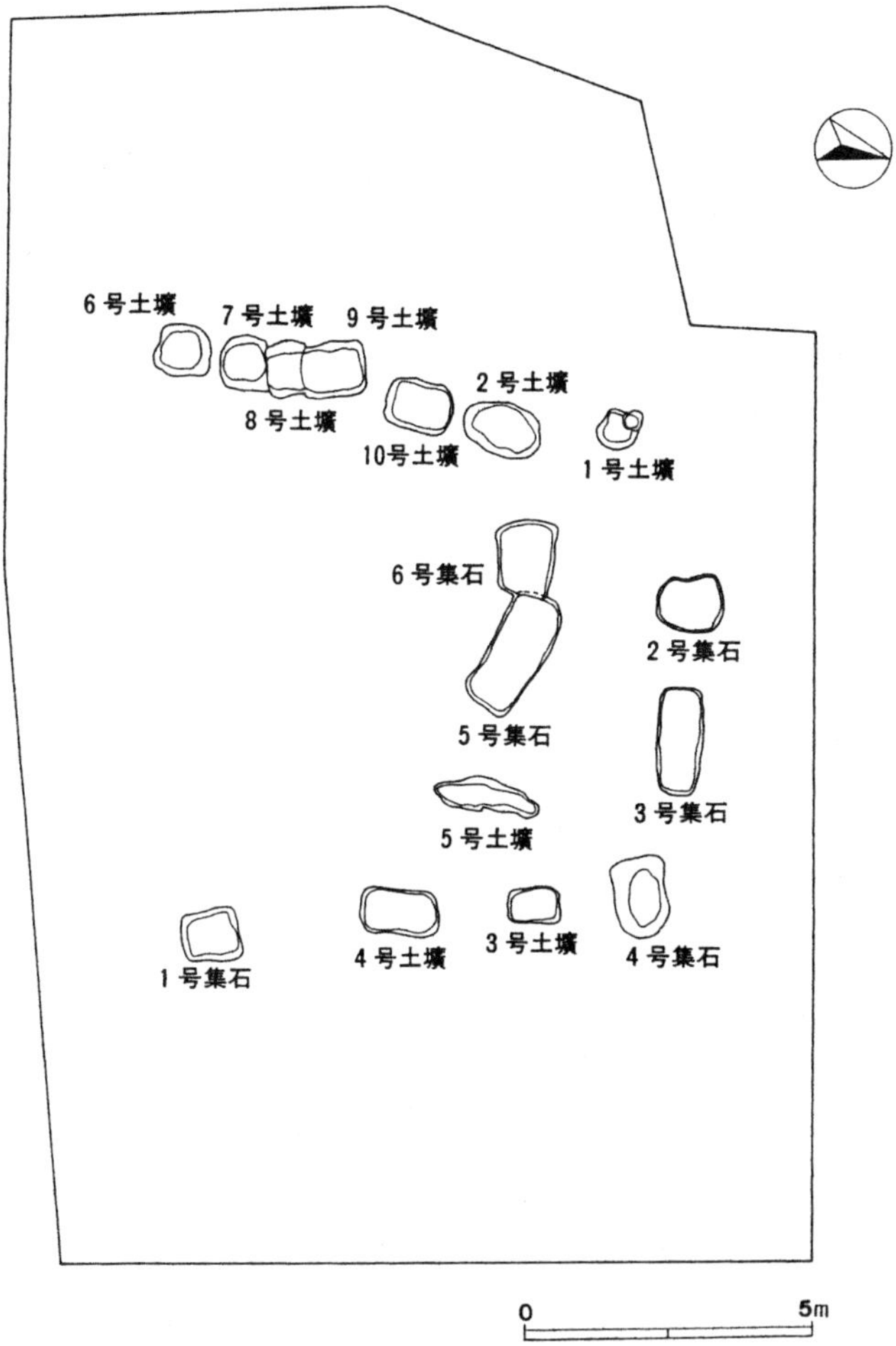

第3図　埼玉県の墓地形態その1　家墓（毛呂山町毛呂山館遺跡）

近世を通じて確認できる。仮にこれらが特殊な性格を持つものであるのならば、中世のみでなく近世までの長期間存在した墓地形態ということができる。第三表は数基単位、第四表は十基以上が検出された墓地である。多くは家墓と推測されており、各墓地の造営期間は当然ながら単独墓と比較すると長いものが多い。造営の開始はⅠ―a期から確認できるが、この時期は数は少なく、Ⅱ期に入ると増加が始まり、Ⅲ～Ⅳ期には造墓が本格的となる。多くはⅤ―a、b期に造墓が終了している。第五表は大規模で、共同墓地もしくは寺院墓地と考えられる一群である。傾向として、共同墓地はⅠ期から、寺院墓地はⅡないしⅢ期に造墓が開始される。また、造営期間が長く、位置を変更しつつ現在も墓地が連続しているものも存在すること、時期的な理由もあるが、埋葬施設の標準化・規格化が認められることなどが挙げられる。

画期については、Ⅱ期段階でⅠ期から続く中世的要素の強い墓地の造営が終了すると共に、寺院墓地や家墓などの造営が開始されるが、本格化するのはⅢ～Ⅳ期にかけてとなる。したがって、一七世紀前葉以前、一七世紀中葉～一八世紀前葉、そして、一八世紀中葉以降とするこ

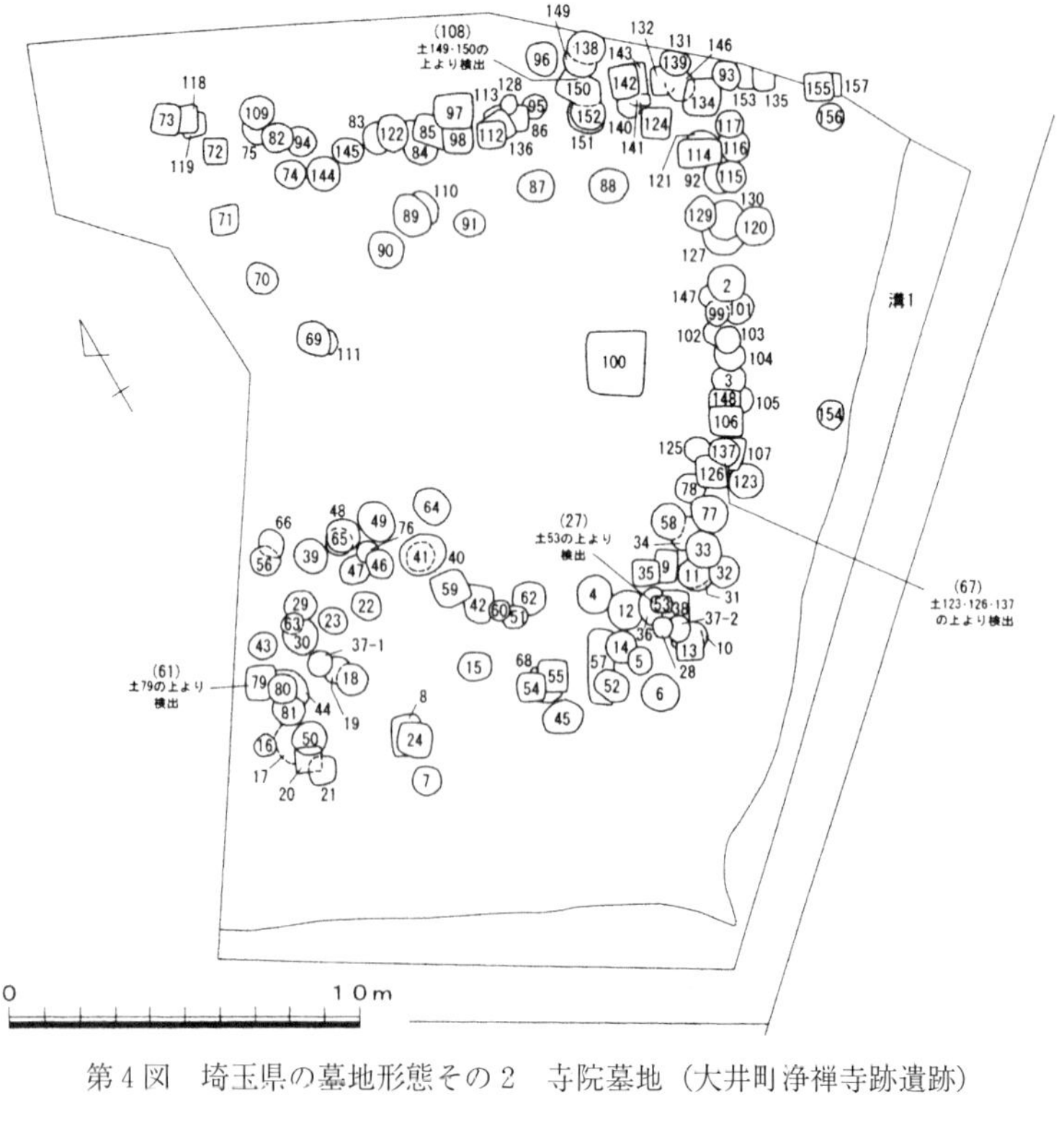

第４図　埼玉県の墓地形態その２　寺院墓地（大井町浄禅寺跡遺跡）

第２表　埼玉県における墓地の規模と変遷その１

遺跡名	遺跡の種類	遺構数	I-a 期	I-b 期	II 期	III 期	IV 期	V-a 期	V-b 期	VI 期
深谷城跡	単独	1	■	■						
馬込五番遺跡	単独	1		■						
森ノ上遺跡	単独	1			■					
峰岸北遺跡	単独	1			■					
新屋敷遺跡Ｂ区	屋敷墓	1				■				
久保山遺跡	単独	1				■				
大堀山館跡	単独	1					■			
二反田遺跡	単独	1						■		
上・宮下遺跡第２次	単独	1						■	┅	
地慶沼遺跡	単独	1						■	■	
北宿南遺跡第２次調査	単独	1						■	■	
若葉台遺跡群Ａ地点	単独	1								■

第３表　埼玉県における墓地の規模と変遷その２

遺跡名	遺跡の種類	遺構数	I-a 期	I-b 期	II 期	III 期	IV 期	V-a 期	V-b 期	VI 期
小渕山下北遺跡２次	居館、もしくは集落に伴うものか	4		┅	■					
畠山館跡	単独	2		■	■	■	■			
中道遺跡第26地点	家墓か	2			■	■				
大久保山遺跡 A1 道路地区	家墓か	5			■	■				
如意遺跡	家墓	9			┅	┅	■			
宮ノ脇遺跡	家墓？	2					■			
広見西遺跡	家墓	3					■			
用土北沢遺跡	家墓か	5					■	■		
水深北遺跡（第７次）	家墓？	2					■	┅		
中原前・駒前遺跡	家墓	4					■	┅		

とができるだろう。このように、近世における寺院墓地と家墓は特に一七世紀前葉から一八世紀前葉にかけて造営が活発となる。その背景には寺請制度の整備や近世的「家」制度の確立があり、このような墓地形態の造墓が本格的となるということは同時に近世社会システムの一端の確立を示すものといえる[10]。

遺体処理、埋葬施設、墓地形態の三つの要素に絞って近世埼玉の墓制の特徴と変遷・画期について再検討した。最後に全体の流れをまとめると以下のようになる。埼玉県の近世の墓制は、臥棺主体、また、火葬比の高い一七世紀前葉以前（出土銭貨による時期区分のＩ—ａ、ｂ期）、座棺が急増し、墓地の造営が活発化する一七世紀中葉～一八世紀前葉（Ⅲ～Ⅳ期）、近世的要素が出揃い、安定する一八世紀中葉～一九世紀中葉（Ⅴ—ａ、ｂ期）、そして、臥棺が再び増加する一九世紀後葉（Ⅵ期）に区分が可能である。また、近世的墓制

第4表　埼玉県における墓地の規模と変遷その3

遺跡名	遺跡の種類	遺構数	I-a期	I-b期	II期	III期	IV期	V-a期	V-b期	VI期
戸崎前遺跡第7次	家墓か	14	━	━						
広木上宿遺跡	家墓か	14	┅	━						
大崎北久保遺跡	家墓か	16		━				━	━	
野竹遺跡	家墓	45	━	━	━	━	━	━	━	
明花向A遺跡	家墓	17		━	━	━	━	━		
掘ノ内遺跡	家墓	13			━	━	━	━		
関戸足利遺跡	家墓か	13			━	━				
宮林遺跡	家墓か	13				━	━	━		
光山遺跡	家墓	13				━	━	━		
伊勢塚・東光寺裏	家墓か	16				━	━	━		
お伊勢山遺跡	家墓か	39				━	━	━		
代正寺遺跡	家墓か	C区7基、D区18基、F区15基、H区2基				┅	━			
与野東遺跡	家墓か	12				━				
新田遺跡B	家墓か	67基以内					┅	┅		
中道・岡台遺跡第5地点	家墓か	18						━	━	
稲荷窪遺跡	家墓か	10						━		
毛呂氏館跡	家墓	10						━	━	━

第5表　埼玉県における墓地の規模と変遷その4

遺跡名	遺跡の種類	遺構数	I-a期	I-b期	II期	III期	IV期	V-a期	V-b期	VI期
坊荒句遺跡	共同墓地か	52	━	━	━					
大古里遺跡	共同墓地か	192	━	━	━	━				
お寺山遺跡	共同墓地もしくは満福寺関連墓地	118	━	━	━	━	━			
熊野遺跡B区	共同墓地か	46基以内	┅	┅	┅	┅	━	━		
笹久保宮野遺跡	曹洞宗地蔵院墓地、もしくは共同墓地	61		━	━	━	━	━		
寺屋敷遺跡	寺院墓地	32			━	━	━			
五畑東遺跡	法城寺管理の五畑共同墓地	273			━	━	━	━	━	━
新寺遺跡	寺院墓地か	44				━	━	━		
浄禅寺遺跡	寺院墓地	152				━	━	━	━	━

の特徴としては火葬の激減、座葬・座棺の普及、近世的制度に基づく寺院墓地、家墓の成立などを列挙することができる。

ここまでで、埼玉県における近世の墓制の全体像を概ね把握することができた。次に埼玉県の中世の墓制を概観し、その上で、中世から近世にかけての要素の連続性・非連続性を明らかにする。

四　中世に見る近世的要素の出現

ここまでの検討からも分かるように、近世埼玉の墓制の特徴として、①土葬主体、②座棺の使用、③寺院墓地と家墓、といったものを挙げることができる。しかし、当然のことではあるが、ある日突然「近世的墓制」が成立したわけではない。近世の墓制を構成するさまざまな要素は中世にはすでに存在しており、上述した①～③はすでに中世段階で確認できる。このような、近世に連続する要素がある一方で、近世まで連続せず中世段階で消滅する要素も存在する。この連続・非連続する要素に着目して中世の墓制を概観してみよう。

埼玉県内での中世の墓制については、比較的多くの研究が発表されており、全体の様相が明らかになりつつある。中世でも火葬と土葬が混在しており、前者では火葬蔵骨器、および直葬、土葬は木製棺、もしくは直葬が一般的である。中世に明確化した墓地形態として、石塔類、配石を伴う火葬墓中心の墓地や井戸や地下式坑を伴う溝状遺構によって区画された大規模墓地の他、屋敷墓、一族単位の小規模墓地などを挙げることができる。画期は、論者によって多少異なるが[11]、これは、各自の重要視する要素が異なるためであると思われる。本論では近世の墓制への連続性・非連続性という視点から中世の墓制を三期に区分した。第一期は一三世紀後半～一四世紀代で、この時期、埼玉県の中世の墓制を特徴づける石塔類を伴う火葬墓中心の墓地が出現した時期であると同時に板碑も増加が認められる時期である。先の近世の墓制の時期区分ではⅠ—a期に該当する。次に一五世紀～一六世紀後葉を第二期とした。この時期は火葬墓中心の墓地の終焉、一族単位の墓地や寺院墓地、大規模墓地の増加の他、個別要素では座棺の増加、火葬蔵骨器の減少などが確認できる[12]。近世の墓制の時期区分ではⅠ—b期の大部分と同時期となる。そして、中世墓地のほとんどが造営を終了する一六世紀末〜一七世紀前葉を第三期とした。この時期は、近世の墓制の時期区分ではⅠ―b期の一部と合致する。各時期の特質については、近世を基準とした場合、第一期を中世の墓制の盛行期、第二期を転換期、そして、第三期を終焉期と捉えることができる。なお、一部の墓地については、近世まで造営が続くが、近世墓に分類したうちⅠ―a、b期に主体があるものがこれに該当する。

これまでで明らかとなった近世の墓制の特徴的な要素を中世段階に求めた結果、それらの要素は中世段階ですでに確認できる。このことは、近世の墓制がある時、突如、成立したのではないということを意味している。すなわち、特に一五世紀以降一定の期間をかけて徐々に近世の墓制の成立の下地が形成され、一七世紀に入ると近世の墓制の成立に結実したと考えられる。ここに中世から近世への要素の連続・非連続を見ることができるのである。

五 まとめ

江戸に隣接した農村地域である埼玉県の中近世の墓制について、要素の連続性・非連続性を軸にして検討してきた。ここで、最後にもう一度まとめることで全体像を把握することにしたい。

中世における近世への胎動は、特に一五世紀以降本格的となる（第二期、Ⅰ―b期）。この時期は個別要素では座棺の増加、火葬蔵骨器の減少など、墓地単位では火葬墓中心の墓地の終焉、一族単位の墓地や寺院墓地などの増加が認められる。近世に主流となる要素の原型の多くはこの時期に目立つようになる。もちろん、それぞれの要素がそのまま近世へと続くとは限らず、内在する性質に一定の変化が起こった上で近世へと向かうと考えることが妥当である[13]。

次の一六世紀末〜一七世紀前葉段階で今回、近世墓として取り上げた墓地を除く多くの中世墓地は終焉に向かう（第三期、Ⅰ―b期）。中世的墓制の終焉期である。そして、一七世紀中葉には、臥葬に変わり座葬・座棺が急増、近世的社会システムの整備と並行するかのように、新たな寺院墓地、家墓が成立する（Ⅱ期）。近世の墓制の成立期である。以後、近世の墓制は一七世紀後葉を経て一八世紀前葉には完成へと向かう（Ⅲ～Ⅳ期）。その背景には墓制を支える社会システムの一部である近世的寺院制度、近世的「家」制度の成立が背景にあるものと考えられる。そして、一八世紀中葉以降、安定し、成熟期に入る（Ⅴ—a、b期）。このように一〇〇年以上をかけて成熟した近世的墓制は近代に入り、伸展葬の復興と共に終焉を迎える（Ⅵ期）。このように、一五世紀、および一七世紀前葉に相次いで中世的要素が減少、消滅すると共に、逆に一五世紀以降、近世的要素が目立つようになる。そして、それらの要素は一七世紀中葉段階で墓制の中心を占めるようになる。注意すべきは、中世から近世への変化が一見、急激にも見えるが、そのような変化が生じる下地は中世段階で徐々に形成されていったものであること、また、一七世紀中葉段階で成立した近世的墓制も一〇〇年以上をかけて完成・成熟していったことである。

要素の連続性・非連続性から埼玉県における中世の墓制の全体像は概ね明らかとなった。しかし、紙面の都合上、墓標などの上部構造の検討や、連続・非連続を生じさせる中近世の社会システムについて深く追求することができなかった。今後は、これらを含めた上でさらに研究を進展させることが必要となってくる。

謝辞

本論を掲載するにあたって、埼玉県埋蔵文化財調査事業団大谷徹氏には多大なご協力をいただいたことをここに感謝申し上げます。また、埼玉県内の近世墓を研究するに際して、当該地での発掘調査に参加したことは大きな経験となりました。そのような機会を平素から与えて頂いている川口市教育委員会金箱文夫、吉田健司、春日肇の三氏には心より感謝申し上げます。さらに、本論を作成するにあたって、石川郁、草野尚詩、鳥越多工摩の三氏にはさまざまな助言を頂いたことを感謝いたします。

注

(1) 本論では、中世に多く確認できる屋敷地に付随した単独～数基の土坑墓を「屋敷墓」、一方、屋敷地に隣接して主に近世的「家」制度のもとに血縁関係者によって構成された墓地を「家墓」と呼称する。屋敷墓の概念については勝田至氏などの研究に詳しい(勝田 一九九三、二〇〇三)。

(2) 八丁堀三丁目遺跡(第2次)遺跡調査会二〇〇三『八丁堀三丁目遺跡Ⅱ』

(3) 銭貨を年代判定として用いる場合、埋葬時期に誤差が生じる可能性もあるが、鈴木公雄氏の一連の研究により一定の蓋然性はあるものと考える(鈴木 一九九九など)。同時に多くの資料を同一基準のもとにデータ化するに際して最適な副葬品という利点を重要視した。

(4) 江戸では一七世紀後半以降、瀬戸・美濃産の有耳壺が蔵骨器として用いられるようになる。定型化が認められることから専用器の可能性も考えられる(惟村 一九九八)。

(5) 庄和町教育委員会 一九九三『寺屋敷・須釜遺跡発掘調査報告書』

(6) 朝霞市教育委員会 二〇〇二『中道・岡台遺跡第5地点発掘調査報告書』

(7) 近世では常滑産の甕棺が埋葬施設として使用されるが、被葬者層は主に旗本クラスである(田口 二〇〇三)。検出例の大半は江戸などの都市部に限られているが、近年、農村地域でも検出例が確認できる(横須賀市教育委員会 二〇〇二)。しかし、その検出数の差は歴然としており、発掘箇所の偏差も原因の一つと考えるが、現時点での江戸と周縁地域の墓制の差異の一つである。

(8) 近世から近代への墓制の画期は一八七一(明治四)年の佐賀藩一〇代藩主鍋島直正の葬儀に求めることができる(田口 二〇〇四)。

(9) 埼玉県埋蔵文化財調査事業団 一九九六『埼玉県埋蔵文化財調査事業団報告書第一七五集 新屋敷遺跡C区』

(10) 中世から近世の寺院制度については例えば、圭室文雄一九八三『日本仏教史 近世』吉川弘文館、圭室文雄一九九九『葬式と檀家』吉川弘文館など、また、中世と近世の家制度については、大日方純夫編 二〇〇二『日本家族史論集2 家族史の展望』吉川弘文館などを参照されたい。

(11) 近年では、浅野晴樹氏や栗岡眞理子氏などが論考を発表している(浅野 二〇〇四・栗岡 二〇〇三、二〇〇五など)。また、中世墓の資料集成も行なわれている(中世墓資料集成研究会 二〇〇五)。

(12) ただし、このような変化は急激に現れたものではなく一四世紀代には変化の予兆が見られる。

(13) 中世段階で成立した寺院墓地や一族単位の墓地の多くは近世段階で中心となる要素である。しかし、これら中世段階で成立した墓地の多くは近世までは存続しない。同じ墓地形態でもその背景にある寺院や「家」の制度は中世と近世では性格が異なると考えられる（圭室 一九八三、一九九九、大日方 二〇〇二など）。このような墓制の背後に存在する社会システムの変化が一六世紀末〜一七世紀前葉にかけての物質的な断絶を引き起こしたと考えることが可能ではないだろうか。

引用・参考文献

朝霞市教育委員会 二〇〇二『中道・岡台遺跡第5地点発掘調査報告書』
浅野晴樹 二〇〇四「第2章 南関東の中世墓と埋葬」『中世東国の世界2 南関東』二五三〜二七四頁 高志書院
江戸遺跡研究会編 二〇〇一『図説江戸考古学研究事典』柏書房
浦和市遺跡調査会 二〇〇〇『浦和市遺跡調査会報告書第三〇〇集 大古里遺跡発掘調査報告書（第20地点）』
大日方純夫編 二〇〇二『日本家族史論集2 家族史の展望』吉川弘文館
勝田 至 一九九三「中世の屋敷墓」『日本歴史民俗論集6 家と村の儀礼』六八〜一〇九頁 吉川弘文館
勝田 至 二〇〇三『死者たちの中世』吉川弘文館
栗岡眞理子 二〇〇三「第3章 北関東の中世墓と埋葬」『中世東国の世界1 北関東』二七五〜二九八頁 高志書院
栗原眞理子 二〇〇五「埼玉県における中世墓の様相」中世墓研究会資料
毛呂山館跡発掘調査会 一九九六『毛呂山町埋蔵文化財調査報告第一三集 毛呂氏館跡』
埼玉県大井町遺跡調査会 二〇〇四『大井町遺跡調査報告第一二集 本村遺跡Ⅲ 浄禅寺跡遺跡Ⅱ 苗間東久保遺跡Ⅱ 大井氏館跡遺跡Ⅱ』
埼玉県埋蔵文化財調査事業団 一九九六『埼玉県埋蔵文化財調査事業団報告書第一七五集 新屋敷遺跡C区』
庄和町教育委員会 一九九三『寺屋敷・須釜遺跡発掘調査報告書』
鈴木公雄 一九九九『出土銭貨の研究』東京大学出版会
惟村忠志 一九九八「江戸の火葬墓をめぐる諸問題」『東京考古』16 五七〜七六頁 東京考古談話会
田口哲也 二〇〇一「近世墓の基礎研究—円形木棺の方量研究—」『博望』第2号 一六三〜一七九頁 東北アジア古文化研究所
田口哲也 二〇〇二「近世墓の基礎研究—円形木棺の方量研究2—」『博望』第3号 七四〜一〇〇頁 東北アジア古文化研究所
田口哲也 二〇〇三「近世墓の特徴と展開」『史紋』第1号 六三〜九〇頁 史紋編集委員会
田口哲也 二〇〇四「近代の墓制—長方形木棺を中心とした

近代墓の概観—」『史紋』第2号　二九～四〇頁　『史紋』刊行会
田口哲也　二〇〇五「埼玉県の近世墓」『史紋』第3号　四七～五八頁『史紋』刊行会
圭室文雄　一九八三『日本仏教史　近世』吉川弘文館
圭室文雄　一九九九『葬式と檀家』吉川弘文館
中世墓資料集成研究会　二〇〇五『中世墓資料集成—関東編（1）—』
長佐古真也　一九九六「発掘事例にみる多摩丘陵の墓制」『江戸遺跡研究会第9回大会　江戸時代の墓と葬制』三～三〇頁　江戸遺跡研究会
長佐古真也　二〇〇四「発掘事例にみる多摩丘陵周辺の近世墓制」『墓と埋葬と考古学』四七～九〇頁　吉川弘文館
野澤　均　一九九七「近世前期の墓地景観について—八丁堀三丁目遺跡を中心として—」『第9回関西近世考古学研究会大会　西日本近世墓の諸様相』三九～四八頁　関西近世考古学研究会
野澤　均　一九九八「近世前期の墓地景観について」『関西近世考古学研究Ⅵ　特集西日本近世墓の諸様相』六三～七二頁　関西近世考古学研究会
八丁堀三丁目遺跡（第2次）遺跡調査会　二〇〇三『八丁堀三丁目遺跡Ⅱ』
横須賀市教育委員会　二〇〇二『横須賀市文化財調査報告書第三七集』
早稲田大学　一九九四『お伊勢山遺跡　第5部鎌倉時代から江戸時代』

埼玉県の近世墓について

野澤　均

一　はじめに

江戸近傍における近世墓の研究、長佐古信也氏(1)の多摩を中心とした先行研究があり、埼玉県内では田口哲也氏(2)の研究がある。

しかし、近世墓自体の研究は、江戸遺跡研究会や墓標研究会などの活発な活動が行われているもののこれからの分野であろうと思われる。

そこで本論では、長佐古氏や田口氏の研究の流れに導かれ、埼玉県内の中世から近世への墓制変換の画期について考察することとしたい。

長佐古信也氏は、『江戸考古学研究事典』(3)の中で「考古学からみた近世段階の墓制については、現時点での大雑把な傾向をうかがうならば、近畿周辺を中心に認められる一部の例外を除き、①一族墓（イエバカ）の形成、②棺の使用、③石塔（墓標）の建立」という三つの特徴を指摘している。

かつて筆者は「近世墓は下記の3つの施設によって構築されているもので、3つの要素がそろって初めてその景観が復元される。

1　標識施設（墓標や卒塔婆など墓の標識となるもの、ただし標識施設内に埋葬施設を持つものも存在する。）
2　上部施設（標識施設以外の地上施設。ただし唐櫃などのように地上施設と埋葬施設が同一のものも存在する。）
3　下部施設（埋設された埋葬施設である。ただし、両墓制等では存在しない場合もある。）[4]」と記したことがある。

この見解は現在でも変わらない。

本論では、中世末と考えられる遺跡から一七世紀中頃までの造墓と考えられる遺跡を取り上げその画期について考えてみたい。

二　標識施設について

埼玉県に見る墓標の出現

江戸御府内においては、大田区池上本門寺[5]などで江戸時代の初頭の墓標調査例があるほか、遺跡からの出土が知られている。ここで取り上げることとする墓標は、いわゆる板碑型と呼ばれる形状を示し、台座部が台形を呈する特殊な型式のものである。この墓標源流は、武蔵型板碑に求めることは難しく、関西地域の墓標の出現に関係するものと考えている。

東京都新宿区自證院遺跡[6]では、同報告書第二五〇図一四の髭題目が刻まれた墓標の断片が初期墓標に該当するものと考えられる。

また、中央区八丁堀三丁目遺跡[7]でも三基の初期墓標が出土している。

埼玉県内でも同種の墓標は存在している。川口市芝長徳寺墓地に所在する川口市指定史跡「代官熊沢家の墓[8]」には、一〇基の墓標が存在する。報告書中位牌型とする一、二、八の三基の墓標が、初期墓標と考えられる。一は寛永一〇

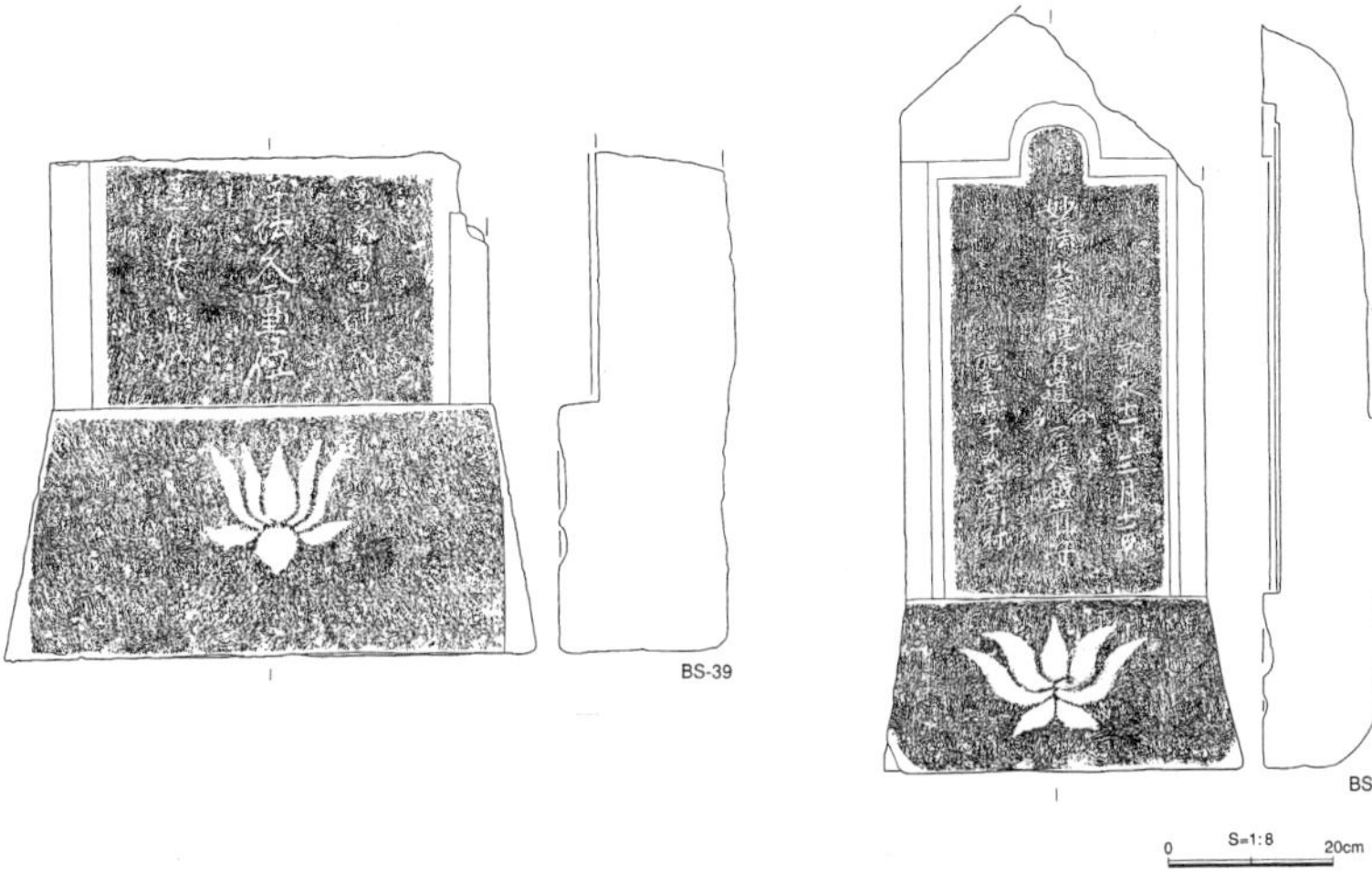

第１図　八丁堀三丁目遺跡第二次出土墓標

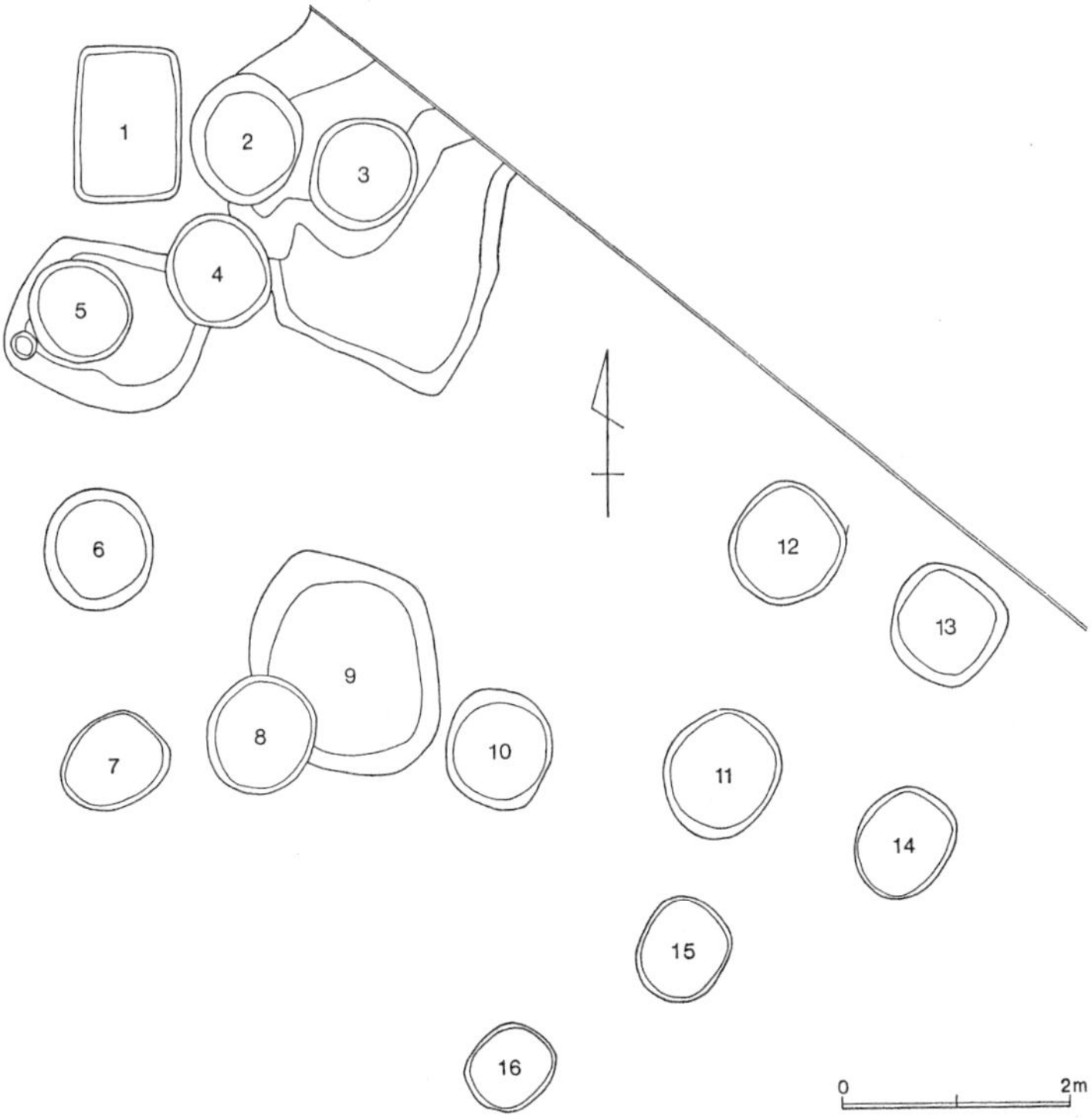

第２図　東光寺裏遺跡近世墓

（一六二三）年銘、二は無銘、八は元和八（一六二二）年が刻まれている。これらは僧侶と武士階級の墓標として造塔されたものである。

そのほかにも、朝霞市内[9]ではこのような墓標が二カ所で確認されている。

墓標の造立は、現在の民俗例では三回忌や十回忌など年忌を目安として立てられる例が多いとされる。そのため、墓標に刻まれる年号と実際に造立された年代との間に格差があるのではないかという問題が提起される。

しかし、この形態の墓標は、庚申塔に同様な形態のものが存在していることから、後世の追善供養ではなく慶長頃から寛永頃にかけ造塔されたものと推定される。埼玉県内では、八潮市伊草の円蔵院には、寛永一六（一六三九）年銘山王二一仏種子を刻んだ庚申塔[10]が所在するが、これも初期墓標の形状を呈しており注目される。

東京都足立区正覚院には元和九（一六二三）年銘阿弥陀三尊来迎が陽刻された庚申塔[11]が存在するがこれも初期墓標の形状を呈したものである。東京都北区赤羽宝幢寺所在の寛永一六（一六三九）年銘の庚申塔[12]は、山王二一仏が刻まれているもので板碑型と報告されている。

また、同様な庚申塔は神奈川県三浦市南三浦に所在する明暦四（一六五八）年銘塔[14]などもこれに後続する庚申塔と考えられる。

庚申塔に刻まれる年号が、供養塔という性格上から造立時期と大きく異なるとは考えがたいことから、このような型式の墓標が、造立年次と大きな差が無く立てられたものと認識させる、資料となるものであろう。このことから、初期墓標の形状を呈するものでこの形式の石塔が、江戸時代前期には成立していたものと推定される根拠の一つとなろう。

このように、元和・寛永頃には、御府内だけではなく、その近傍の埼玉県地域にも近世型墓標が出現していたことが理解される。近世墓における墓標の造立は、御府内に始まったものと考えられるが、近接する埼玉県地域にも若干の遅れを以て伝播したものと推測される。

しかし、その造立者は、僧侶や武士階級であり庶民層に墓標の造立の習俗が一般化したのは、元禄頃であったと推測される。

それでは埼玉県内の庶民階級の墓標は、いつ頃出現したのであろうか。県内の墓標調査では、やはり新座市大和田地区⑮の調査が先駆といえよう。

新座市大和田の普光明寺では、塔形墓標は一七世紀前半から造塔されているようだが、非塔形墓標は一七世紀後半からの造塔が認められ、一六〇〇年代後半から墓標の造立が増加していることが理解される。

その他にも、古い年号を持つものとしては、形状等は未確認であるが三郷市内では、寛永一四（一六三七）年の墓標⑯が報告されている。しかし、その他の墓標は、一六〇〇年代前半には造立されているが半ば頃から増加することが確認されている。

富士見市下南畑鶴新田墓地の墓標⑰造立も一七世紀中頃以降に始まっている。

県北部の小川町の墓標調査⑱でも同様な年代観が得られている。

東京都福生市の事例⑲では、やはり一六八〇年代から墓標造立が増加する。

このように、近世初頭の墓標出現は、江戸地域では元和・寛永頃と考えられている。実際に池上本門寺などには尖頭形の墓標が存在している。

しかし、埼玉県内では、庶民の墓地に墓標造立が開始されるのは一七世紀中頃からであり、ここに長佐古氏の言う画期が認められることになる。

三　近世墓地の下部構造について

近世墓地の類型には、墓地の形成過程において寺院に伴う寺墓、一ヶの墓として一定の区域内に造墓された家墓、屋敷の敷地内に造墓された屋敷墓などのバリエーションの存在が指摘できる。本論でも、この分類に則り近世期の墓地跡について記述することとする。

①　家墓

東光寺裏遺跡[20]は、大里郡岡部町後榛澤に所在する。標高五六・五m前後の微高地状に立地する遺跡で、上越新幹線の建設に伴う調査が昭和五〇（一九七五）年に実施され、縄文時代前期住居跡三軒、古墳時代中期住居跡二軒、平安時代住居跡一一軒などが検出された。近世墓は、一七世紀後半から一八世紀に位置づけられる近世墓が一五基検出されている。第一号墓は平面形が長方形を呈するほか、他の一四基は径約一mの円形を呈しており、両者とも底面はほぼ平坦である。出土遺物としては、渡来銭＋古寛永＋文銭・古寛永＋文銭・古寛永＋文銭以外の新寛永・文銭＋文銭以外の古寛永という組み合わせの銭貨が出土している。そのほか一一基の墓からは素焼き土器が出土している。

当遺跡からは人骨そのものは検出されていなかったが、六道銭と考えられる銭貨や副葬品と考えられる素焼き土器が出土することなどから、当遺構が墓であることは異論のないものと考える。これらの点を考慮して、当遺構群は北東部に開くコの字型を呈する配置の可能性が指摘される。

お伊勢山遺跡[21]は、狭山丘陵中に立地する遺跡である。大学校地造成のため昭和五九（一九八四）年から昭和六一（一九八六）年まで実施された。近世墓とされる遺構は、総数四一基を数える。ただし、報告書では、人骨の検出されたもののみを近世墓として扱っているため実数はもっと多いものと考えられる。

お伊勢山遺跡から検出された近世墓は、単独に立地するものが二基、A墓地から一七基、B墓地から二二基が検出されている。

A墓地は、一七世紀前半から構築され、一八世紀中葉に終焉するものと考えられている。このうちA—一七号墓が、六道銭が古寛永のみで構成されることから最も古いと考えられている。A—一七号墓は、平面形は長方形を呈し、底部はなべ底状を呈するタイプで、中世的な形状を残したものと考えられる。これに続く墓としてA—三号墓がある。ここでは六道銭に文銭が用いられていることから一七世紀後半の構築年代が考えられているが、A—一七号墓と異なり平面形は円形を呈し、底部は平坦となる。この形状から早桶状の棺の存在が予測される。これ以後A墓地で構築された近世墓は、平面形円形で底部は平坦となり、釘等の遺物が出土している例もあり早桶などの棺の存在が予測される。墓の配列は、北側を開けるL字状の配列で墓坑が重なって配列されたものと考えられる。

B墓地は、溝に区画された区域内に構築され一八世紀後半以降に構築されたものと考えられている。検出された二二基の墓の平面形は円形を呈し、底部は平坦である。人骨が集中して出土することや釘が検出されていることから早桶状の棺施設が使用されたものと考えられる。土坑は、A墓地に比べ相対的に深く段を構築したものや足掛けと考えられる掘り込みを持ったものなどが出現し、A墓地に比べ手の込んだものとなっている。墓地の配列は、直線状に並ぶもので、報告書では北東部に入り口を想定している。

一八世紀後半から一九世紀にかけて造墓された屋敷墓が、毛呂氏館跡(22)で検出されている。この遺跡は、平成七（一九九五）年に調査されている。近世墓関連と考えられる遺構は、土坑一〇基、集石土坑六基が確認された。この遺跡の特徴は、一六基の土坑が南側を開口部としてコ字状に配置されていることである。このことは、南側からの墓参を意識したもので、このような形状は江戸時代前半期の東光寺裏遺跡で確認されている。

六号土壙とされる遺構では、板碑や自然礫が土坑内に落ち込んだ形で検出されており、埋葬当初この空間には土は充填されていなかったことが分かる。このことから鑑み、棺が主体部となっていたことが理解される。しいて言うなら、棺は遺構平面が円形を呈し、底部が平坦であることから早桶であった可能性が高い。また同様な形状は、一号土壙にも認められる。

集石土坑については、報告書では性格不明としながらも、焼礫の存在から火葬跡・荼毘跡の可能性にも言及しているが、埼玉県内の民俗事例では、やはり土葬が多いように思われる。このことから集石土坑とした遺構も墓坑であり、石組みは郭上の構築物であり、焼礫の存在は、墓上祭祀の一環として行われる送り火などの痕跡とも想定される。今後の資料の増加に期待したい。

上部施設が想定される調査例に花園町宮林遺跡㉓がある。この遺跡からは、人骨の出土はないが埋没谷内に集石土坑が一三基検出されており、報告書ではこれらを近世墓として取り扱っている。遺構が群集しL字状に配置される点など鑑みるとその見解は妥当なものであろうと推定される。これら近世墓の断面観察によれば礫が一定の塊を持って堆積している状況が読み取れる。このことから、この集石状の堆積は墓施設の上部構造として、造られた集石が棺の腐食とともに棺の空間内に落下したものと推定されよう。当遺跡からは、この近世墓以外にも八基の集石が確認されており、三・四・六・一〇号集石などは集中して営まれ、集石の堆積状況やL字状の配置など類似点もあり、近世期の墓坑であった可能性もある。これらの近世墓は、出土遺物から鑑み一八世紀後半頃から営まれたものと考えられる。

家墓の一形態と考えられる遺跡に皆野町妙音寺遺跡㉔がある。当遺跡は、国道一四〇号線バイパス工事に伴い平成七（一九九五）年に調査された。三沢川の河岸段丘を利用して構築された寺院跡の性格を持つ遺跡であるとされる。遺跡の西側には、棚田が構築され生活面から少し離れた場所に墓域が設定された例といえる。

寺院関連遺構として段丘斜面に構築された三箇所の平場と四箇所の供養塔群が調査されている。これらは、道路跡に沿って構築されており、墓参等が行われていたことが示唆される。

第一供養塔群とされた最も大規模な石組みが存在する。ただし石組みの下部には下位遺構等は存在していない。ここからは、板碑・五輪塔の部材などが検出されており、中世末期供養塔類で墓域が構築される。第二～四供養塔群には、近世の記年銘を持つ墓標が造立されている。ここでも石組みが存在しているが、下部には埋葬遺構と考えられる土坑などは検出されていない。

報告書では埋葬遺構が検出されていないことから、これら石造物群を供養塔と呼称しているものと解される。ただし、道路跡に面して構築されている点、追善供養の遺物と考えられ陶磁器や銭貨が検出されていることから、これらの遺構に対する供養は連続して行われていた可能性が指摘できよう。

② 寺墓

庄和町寺屋敷遺跡(25)では、三二基の早桶が検出されている。六道銭の組み合わせとしては、八号墓の古寛永と文銭の組み合わせが最も早く出現し、六号墓の文銭のみの組み合わせが後出的と考えられるが、それほどの大きな時間差を考えることはできない。このことから一七世紀後半には造墓活動が開始された墓地跡であろう。この遺跡からは、少なくとも一七世紀後半には、早桶が使用されていたことが理解される。報告書によれば、当遺跡には、かつて真言宗豊山派の延命院が所在したとされ、この地域の開墾が延宝二（一六四四）年に開始されたとされており、墓地の造墓開始年代と一致する。遺構配置図からは、北側の早桶群と南側の早桶群の存在が読み取れるようで、北側早桶群については東部分に空白が認められコ字状配置を認められる可能性も示唆される。

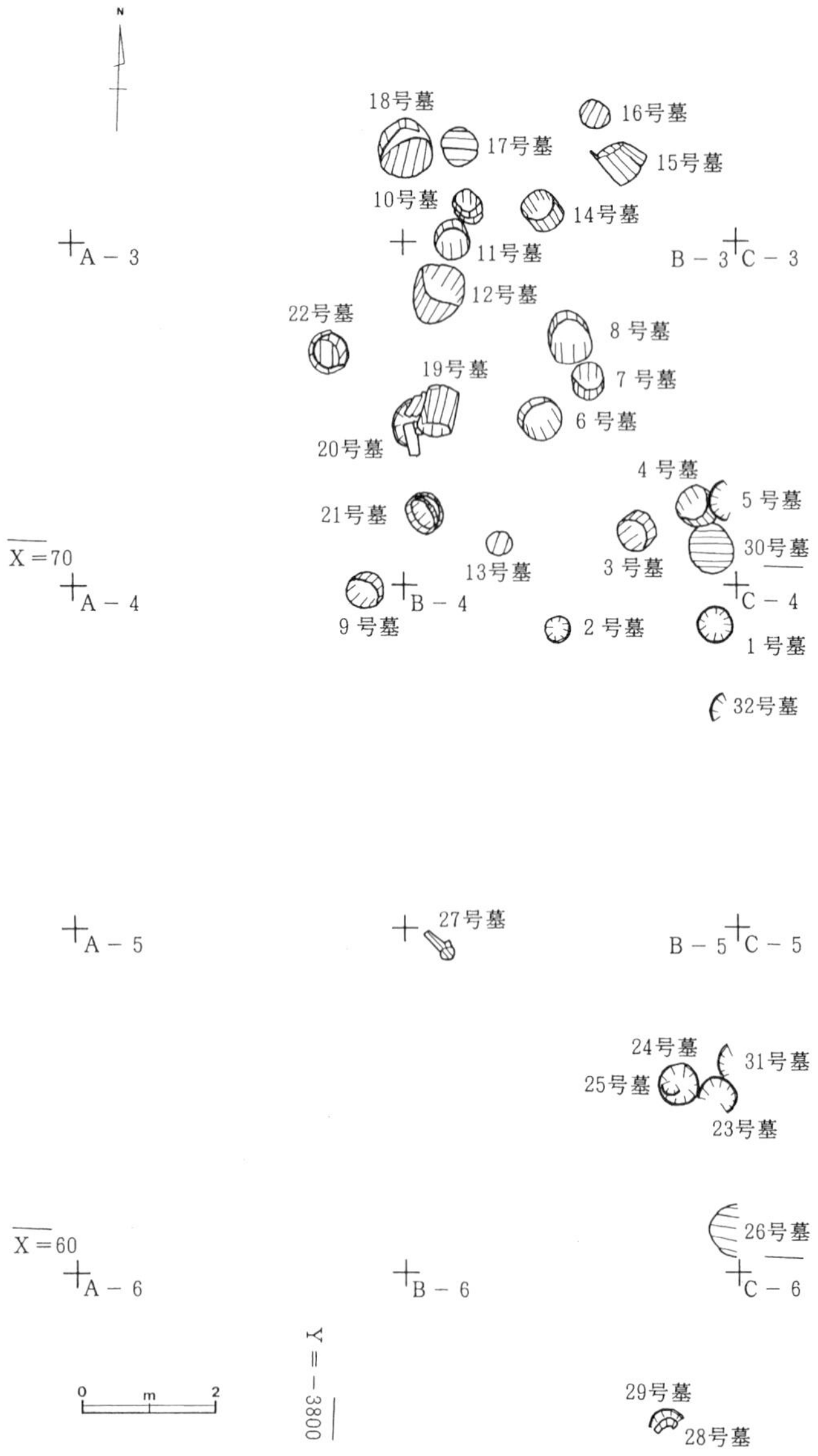

第3図　寺屋敷遺跡近世墓

③ 屋敷墓

屋敷墓の類例として川越市の光山遺跡群㉖がある。この遺跡では、建物跡に付随していたと考えられる一三基の近世墓が検出されている。一〜三号墓・四〜一三号墓の二箇所の遺構集中地点が認められる。最も古いと考えられる遺構は、渡来銭〜文銭を六道銭とするK六が最も古く一七世紀後半に位置づけられる。これらの墳墓は、底部が平坦であることやK六の覆土中央に棺の存在を示唆する土層堆積を認識できることなどから、棺の使用が考えられる。四〜一三号墓の集中区では、北側に開口部を持つものと推定される。また、この遺跡の特徴としては、K三・六の平面形が円形であるのを除き、楕円形・方形のプランを有し、箱棺の存在が予想させられることである。

中道遺跡㉗は、埼玉県志木市柏町に所在する遺跡である。当遺跡からピット群を伴う二基の近世墓が検出されている。検出された近世墓は、平面形が円形を呈し底面はほぼ平坦となっている。覆土の状況はロームブロックを多量に含み、明らかに埋め戻されたと考えられる。これらの埋葬主体は、平面形が円形を呈していることから早桶と推定される。副葬品としては古寛永と文銭・古寛永のみの六道銭が検出されている。文銭が検出されている近世墓からは合計三五枚の銭貨が検出されているが手ずれもなく流通後早い時期に埋納されたものと推定される状況であった。

この遺跡からは、二基の近世墓のほかに建物跡の可能性が認められるピット群が存在しており当初は堂や寺院等の宗教的施設の可能性も考えたが、伝説や地名などまったくその環境を残していないことなどから鑑み、やはり住宅としての可能性が高いピット群ととらえられよう。もし、この可能性があるとするならば当遺跡から検出された近世墓は、短期間営まれた住居に伴ういわゆる家墓であったこととなる。

以上少数例ではあるが、農村部では都市部と異なり寺墓だけではなく、現在も残されているが住宅に伴う墓地や畑の一部に造られた墓地がある程度一般化していた可能性が指摘される。埼玉県内の例ではないが、千葉県成田市駒井野荒追遺跡㉘では、一五世紀から一六世紀と考えられる屋敷に伴う墓地が調査されており農村部では中世期にすでにこ

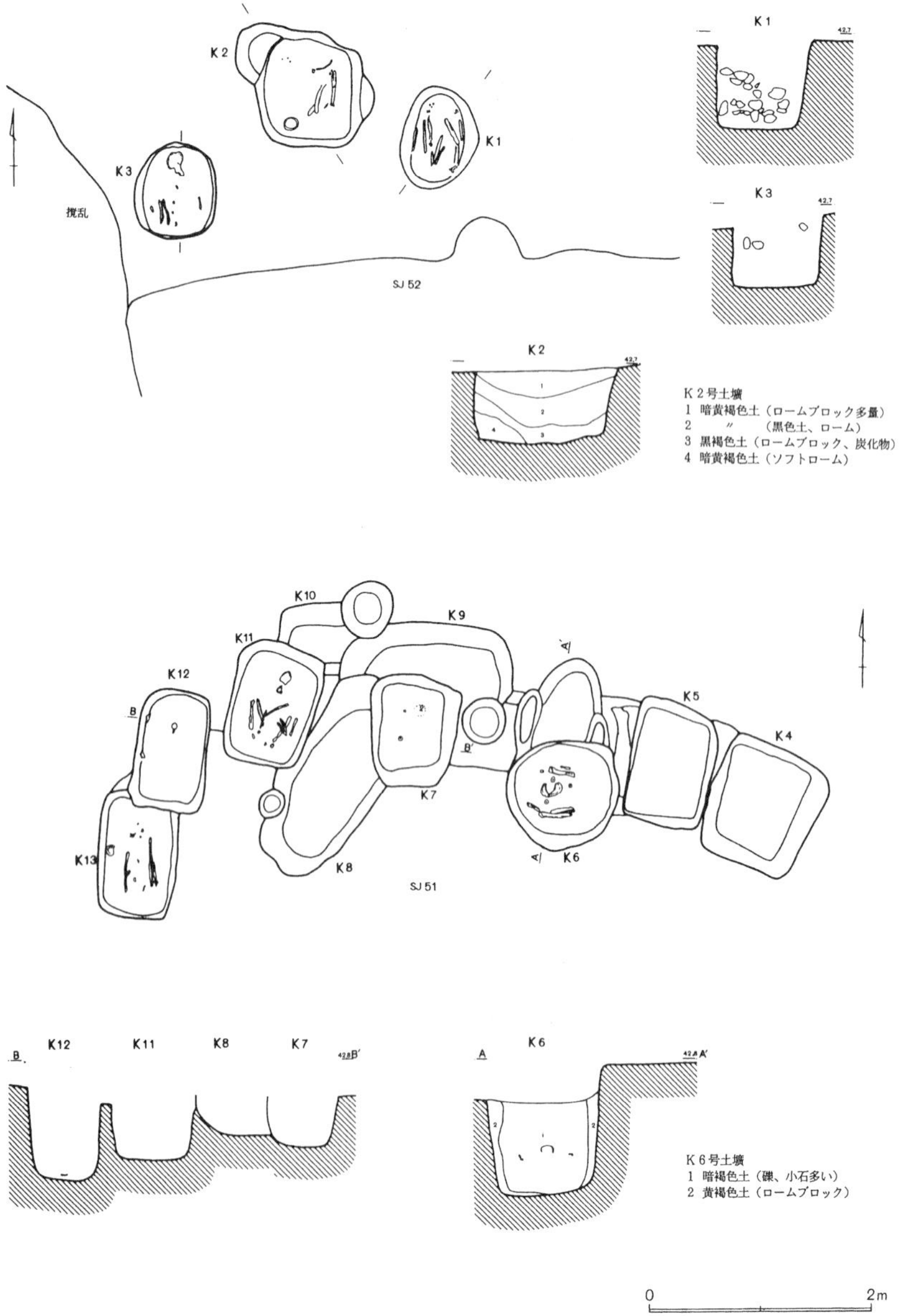
K1
K2
K3
撹乱
SJ 52
42.7
K2号土壙
1 暗黄褐色土（ロームブロック多量）
2 〃 （黒色土、ローム）
3 黒褐色土（ロームブロック、炭化物）
4 暗黄褐色土（ソフトローム）
K4
K5
K6
K7
K8
K9
K10
K11
K12
K13
SJ 51
A
A'
B
B'
42.8
K6号土壙
1 暗褐色土（礫、小石多い）
2 黄褐色土（ロームブロック）
0
2m

第4図　光山遺跡群近世墓

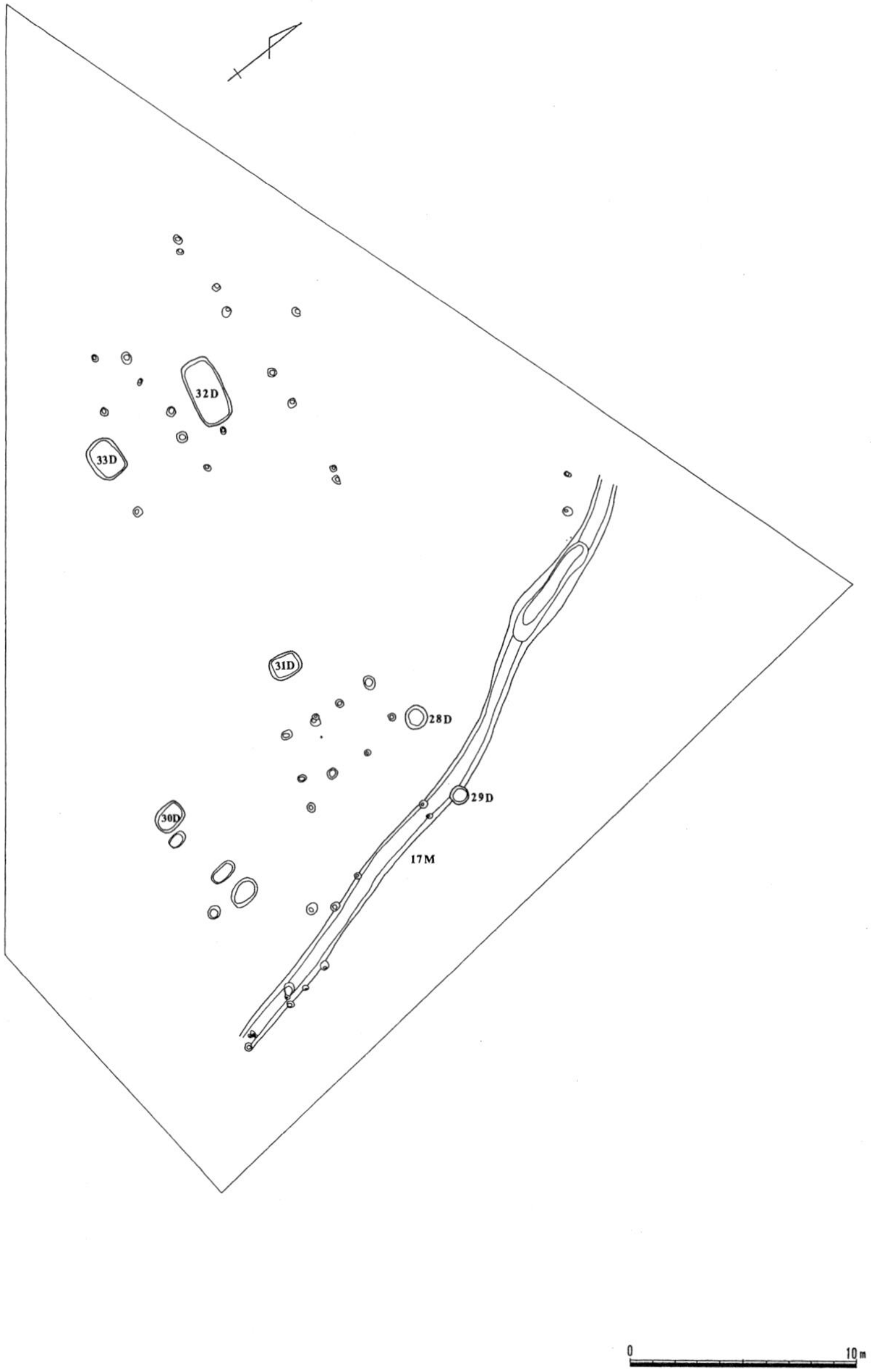

第5図　中道遺跡近世墓と建物跡

の様な住宅と墓地との関係が成立していたものと推定される。

④ 共同墓地

五畑東遺跡[29]は、川越市的場に所在する。土坑墓が二七三基検出されている。この墓地は、現在五畑共同墓地の一部であろうと判断される。寺院を伴った可能性もある旧的場村の共同墓地として認識されよう。

構築時期は、一八世紀前半から一九世紀中頃までと考えられ、第二次調査地の墓地が第三次調査地の墓地に先行するものと推定されている。これは、隣接する共同墓地に寛永年間からの墓標の存在が報告されており、間接的な証明となろう。

第一次調査区では一三基中平面形が円形を呈する遺構は三基、第二次調査区内では検出された四五基の土坑墓のうち三五基が円形に近く、これらは早桶が使用されたものと推定される。第三次調査区内では、二一五基中平面形が円形を呈するもの五二基と、第二次調査区に比べ少ない。

報告書では、溝が墓域よりも古いとし、直接一号堀跡と墓域群の関連には触れていないが、この一号堀跡が墓域を区画したものではなかったのかと推定している。また、溝跡とされる遺構は墓域内の区画であろう。この墓域は、近世的な墓地が形成される以前（中世末か）から形成された墓域である可能性がある。

江戸時代前半の寺墓は、八丁堀三丁目遺跡や一橋高校校庭内遺跡などの例から鑑みると石組みによる墓地の区画や墓道の存在が見て取れる。今回ここで取り上げる埼玉県内の近世墳墓は、寺墓と言えるほど明瞭な寺院をともなったものは無く、五畑東遺跡例のような惣墓や耕地などのそばに造られた一家の墓（家墓）、あるいは屋敷の敷地内に作られた屋敷墓が主な形状である。

四　中世と近世をつなぐ遺跡

大正寺遺跡[30]は、寄居町寄居に所在する。一五三基の土坑が調査されている。そのうち二基は、荼毘所跡と考えられることから、これらの土坑群の多くは墓地としての機能が推測される。この遺跡は、出土遺物が少なく確実な年代は言及できないが中世末の墓地跡である可能性がある。方形土坑を主体とする大正寺遺跡は、第三四号土壙が荼毘所跡であり、この火葬施設を中心に形成された墓域群であったことが認識される。

村木功氏[31]は、方形集石土坑の年代観についておおむね一五世紀以降であろうと推定している。

野竹遺跡[32]は、埼玉県所沢市大字北野に所在する遺跡である。当遺跡からは、中世の土坑（火葬址と土坑墓）一〇基と近世墓三六基が検出されている。近世墓は円形土坑が二七基・方形のものが二基そのほかは切り合いが激しく平面形は確認できていない。

中世の土坑は、五基が荼毘所と考えられる土坑で被熱した渡来銭が出土している。

近世墓からも六道銭が検出されており、組み合わせは古寛永のみ・古寛永から新寛永・古寛永と文銭というものであり、調査者はこのことから一七世紀後半から一九世紀に営まれた墳墓群と想定している。

また、当遺跡で検出された近世墓は掘り込みもしっかりとした床面が平坦な遺構である。中世墓からの継続性であるが、現状では火葬と土葬といった葬制の違いと遺構の形状の違いから継続的なものではないと考えている。さらには、中世火葬址の上には塚が築かれており近世墓と何らかの関連性があった可能性も指摘される。

鶴ヶ島市お寺山遺跡[33]は、鶴ヶ島市太田ヶ谷に所在する。調査区には二〇〇基を超す土坑が検出され確実に中世墓と考えられるものが二二基、近世墓が一一基確認されている。

ここでは、E地点に存在する一号溝状遺構に囲まれた墓域が注目される。この墓域は、台地西側に向かい開口されたコ字状の囲繞溝で囲まれ、規模は、南北約一五m、東西約一〇mを測る。この溝の内側から荼毘所跡や蔵骨器、土坑墓などが検出されている。お寺山遺跡の全体を見るとこの区画がもっとも古く、最初に墓地が形成されその周囲に土坑墓群が形成されたのではないかと想定される。

近世墓は、E地点の南側に位置するB地点から検出されたもので、ほぼ二列に並んで検出された。これらの平面形は、円形と推定されるものが多く底部は平坦である。このことから、早桶などの棺構造を持っていたものと推定される。出土六道銭は、渡来銭のみのもの、古寛永のみのもの、古寛永と文銭の組み合わせ、などが認められる。一七世紀後半ころには造墓が始まっていたものと推定される。

これは、最初に斜面に構築された平場を中心に墓地が営まれ、その後墓域は周囲に拡大し近世前半まで墓地として機能したもので、お寺山遺跡は中世から近世へと連続して営まれた墓地跡であろう。

児玉町金屋地区(34)では、鈴木徳雄氏により「土壙墓は、長楕円形～長方形形態の墓壙においては、遺物を伴出するものは比較的少ないのに対し、円形の墓壙においては「六道銭」を伴出するものが認められ、この銭種には寛永通宝を伴うものと伴わないものの両者が認められる。このことを積極的に評価するならば、長楕円形の墓壙と円形の墓壙が交代する時期は、近世初頭ころ」と想定されている。さらには、「概ね長楕円形～長方形→円形→隅丸方形」の墓坑平面の形態が変化した可能性が指摘されている。

中世墓地から近世墓地への連続性は、認め難いものが多い。中世の長方形の土坑墓を継続するとされる児玉地域においても鈴木徳雄氏の指摘がある。少数であるが中世の墓地を検証したが、これらが近世期の墓地に継続して営まれる例は非常に少ないものと考えられる。

想定ではあるが、中世から近世をつなぐ時期の墳墓として、志木市城山遺跡(36)や深谷市深谷城跡(37)の土坑墓の存在を考えている。城山遺跡では、三の丸に該当する調査が昭和六〇（一九八五）年に実施されている。この調査区からは、戦国期から近世期にかけての遺物が連続して出土し、『館村旧記』に見られるように近世期には屋敷割がなされたことが証明されている。この調査区から七・一〇・二一・二三・二四・二六・二七号土坑が墓の可能性のある遺構として指摘されている。これらの遺構は、調査区内に散在的に存在しており、このことから柏城が城としての機能を有する間に形成された墓地とするよりも、天正一八（一五九〇）年以前の柏城廃城後に屋敷地が形成される中、構築された屋敷墓の遺構ととらえる事が自然ではないかと考えている。この種の遺構については、まだ想定の段階であり資料の増加を待って検討したいが、もしこの想像が許されるのならば、戦国期から近世期に移行する段階の一例としておきたい。

五　葬法について

埼玉県内においては、近世期の葬法は一般に土葬であったと考えられる。この傾向は、戦後の火葬が普及するまで継続していたものと推定される。

民俗学の報告書では、県内では、戦後火葬に変わったところが多いようで昭和三〇～四〇年代まで土葬であったと言う地域もある。[38]「昭和四〇年頃をさかいに、土葬から火葬に変わっていった。[39]」などの記述がありこれを裏付ける。

火葬関連遺構としては、さいたま市明花向遺跡A区ST―六のT字状を呈する荼毘所[40]では、六道銭と考えられる寛永通宝がさし状で一六枚出土している。このことから考えると荼毘所は少なくとも近世までその形態を保っていたことが分かる。ただしこの寛永通宝は、被熱しておらず、土層図を見ると遺構上部が削平されている可能性もあり攪乱内からの出土とも考えられるが、さし状を呈していた等を考慮すると火葬後の副葬と考えて差し支えないものと思う。

小林克氏[41]は、江戸時代の都市江戸での火葬について、「僧侶などの多くは火葬とされた。またコレラなどの疫病がはやり、多くの人々が同時に死んだ場合も、やはり多くが火葬」とされたと指摘している。火葬場については、「江戸時代初期には各寺院の式地内にあった」とし「明暦の大火後、郊外地」に移されたと指摘している。民俗事例でも伝染病死などは、火葬にしていた[42]。「土葬中心の頃でも、伝染病で亡くなった場合は火葬にした[43]。」などが報告されており、火葬が特殊な葬法であったことが理解される。

田口哲也氏[44]は、棺の波及について江戸からの普及と上方からの直接普及の可能性について言及されておられるが、県内ではほぼ同時期に棺が波及することを考えると、江戸を中心に広がったものと推定できるのではないかと考えている。

民俗事例では、「古くは、桶であったと思われる。ついでザガン（座棺）になり、さらに昭和に入ると一部にネガン（寝棺）が現れて併用され、以降次第に座棺は影を潜めていった[45]」や「朝霞市根岸台では、戦前は、四角のザガンを使っていた。「ザガンていうのは、はじめ、丸い木の桶で竹のタガがかけてあって、それが次に四角」になった[46]。」などが報告されている。少なくともこれらの事例から、座棺からの寝棺への変化が認められる。これは考古学的事例にも一致する。しかし、早桶と方形棺が共存する例や早桶から箱棺へと移行する例またその逆の例と考えられるものもあり、考古学的には棺の形状には地域差が存在する可能性があり今後の検討が期待される。

上部遺構は、考古学的には検出しづらいが、その可能性が指摘できる遺構の存在も認められた。民俗学的には、上里町金久保地区など[47]では、棺の上に土盛りをして石を並べる墓制が報告されている。

「土を盛って墓を土饅頭の形に整え・墓石がある場合には、それを持って来て土饅頭に寄り掛からせておいたり、無い場合には川原石を乗せておく[48]」などが報告されており、今後の類例の増加によっては、検討の余地が生じることも考えられる。

墓標の造立については、志木市宗岡[49]で年忌のとき墓標を立てる。昭和四〇年代まで土葬が存在していた。「新墓の墓碑は、その家の経済状態によって異なるが、一周忌〜三年忌に建立することが多い。[50]」などの民俗事例が報告されている。

六　まとめ

以上本論では、埼玉県に認められる近世前半期の墓地遺跡を中心に記述してきた。

これらを総合すると、埼玉県内には墓標の造立は元和・寛永期に開始されているが造立が一般化するのは一七世紀の後半に入ってであることがわかる。

また、長佐古氏が近世墓の特徴に上げた棺構造の存在は、一七世紀後半に東光寺裏遺跡に見るように県北部にすでに伝播していた。県南部でも中道遺跡の例に見るように一七世紀後半ごろには確実に棺構造を有する遺跡が存在する。このことから、棺と墓標はほぼ同時期に埼玉県内に導入されていたものと推定できる。これがどのような理由によるものであろうか。安易に寺壇制度と結びつけることは避けねばならないが、単に文化伝播と言うことだけで説明できない。

また、指摘できる問題として八丁堀三丁目遺跡第一次調査では、階段施設を伴う石組みが検出されている。これは、墓参習俗の存在を示唆するものであろう。東光寺裏遺跡などに認められた墓地の配置には、正面観の存在が予測され墓参が習俗化していたことが予想される。墓参は、一の谷遺跡などでも墓道の存在から墓参習俗が予測されるが、このような習俗が考古学的に追求できる可能性もあり、近世墓の状況から中世期の墳墓へ遡り追求していく必要もあろう。板碑の一観面性もこのような事由が、その一起因となっている可能性はないのだろうか。

この地域においては、中世期から近世期に墓制の大きな変化が認められた。

墓標の出現も、八丁堀三丁目遺跡や都立一橋高校遺跡などで検出されている例や大田区池上の本門寺で調査された例があるように寛永・元和年間頃に江戸御府内でも造立が始まっていたものと考えられる。しかし、墓標は形状からも刻まれる刻銘からも板碑の系譜を引くものとは考えがたい。板碑の系譜は、八丁堀三丁目遺跡で検出されているような木製の卒塔婆に継承されたものであろう。この系譜は、現在まで卒塔婆として継続するものと考えられる。このような墓標は、江戸の近傍でも散見される。

しかし、現在確認される江戸近辺の墓標は元禄期以降急激に増加している傾向が認められ、その造立はこの頃から普及していったものと考えられる。このような、中世期と異なる標識施設の出現が何を意味しているのか大きな検討の余地を残しているが、少なくともこのことは、棺の存在とともに近世墓と中世墓を画す一つの画期となっていると考えられる。

この変化の画期は一六世紀後半から一七世紀にかけて生じたものであるが、漸次的な変化ではなく見た目には急激な変化に見える。また板碑と墓標という代表的標識施設に形状等に大きな断絶が認められる点などがその変化においては付随する。このような変化は、宗教的意識の変化や寺壇制度成立など様々な要因によるものではあろう。そしてこの変化が現在の寺墓の景観の原型を造るものとなっている。

ここで問題となる点として、浄土宗の例ではあるが、寺院が整理統合され近世寺院として成立するのもこの時期であるとの指摘が伊藤唯真氏(51)により成されていることである。これは考古学的な側面だけでなく文献史学からの検証が必要であることを示していると思う。

近年は、近世墓の調査が実施されずに放棄される実例が増えているようであるが、近世期の墓制の解明も重要な考古学の課題であろうと考えられる。諸般の事情は察せられるところであるが、近世の遺構が切り捨てられている昨今解明されなければいけないことも多いものと考えられる。そして、このようなより細かな地域差の解明や宗派ごとの墓制の差異の認定が今後期待される。

銭貨の年代観については、鈴木公雄氏の年代観に準拠したが年代に幅を持たせるために氏の分類は使用していない。また、本文中では土坑と表記したが報告書に記された遺構名称を使用した部分には土壙・墓壙の表記を使用している。図面については、各報告書から引用させていただいた。

追記

近世墓の研究は、筆者が新宿区自證院遺跡や中央区八丁堀三丁目遺跡の調査に従事していた頃とは隔世の感がある。墓標研究会の活動や江戸遺跡研究会の活動など活発な研究が繰り返されている。また、本論の執筆中に、田口哲也氏の「近世墓の特徴と展開」(『史紋』第一号)・「埼玉県の近世墓」(『史紋』第三号)という二つの論文を拝読した。筆者の考えは、田口氏の論文にて言い尽くされているものと考え、屋上屋を架すことを恐れたが、墳墓の勉強をしている現在の自分の見解をまとめておくことも必要と考え筆を執った。近世墓の最新の研究の成果が生かされていないものと思われるが、ご寛容いただくとともに、大方のご教示をいただければと思う。

注

(1) 長佐古真也　一九九六「発掘事例にみる多摩丘陵の墓制」『江戸時代の墓と墓制』江戸遺跡研究会
長佐古真也　二〇〇四「発掘事例にみる多摩丘陵周辺の近世墓制」『墓と埋葬の江戸時代』吉川弘文館

(2) 田口哲也　二〇〇五「埼玉県の近世墓」『史紋』第三号史紋刊行会
田口哲也　二〇〇三「近世墓の特徴と展開」『史紋』第一号　史紋刊行会

(3) 江戸遺跡研究会編　二〇〇一『図説江戸考古学研究事

典』 柏書房

(4) 野澤 均 一九八八 「近世前期の墓地景観について」『関西近世考古学研究』Ⅵ 関西近世考古学研究会

野澤 均 一九九一 「御府内の近世墓について」『考古学論究』創刊号 立正大学考古学会

(5) 千々和實 一九七五 「本門寺古石塔に見る江都の成立」『史誌』第三号 大田区

縣 敏夫 二〇〇五 「近世墓塔の発生にみる形態について」『日本の石仏』第一一五号 日本石仏協会

(6) 野澤 均他 一九八七 『自證院遺跡』 新宿区教育委員会

(7) 野澤 均他 一九八八 『八丁堀三丁目遺跡』 中央区教育委員会他

仲光克顕 二〇〇三 『八丁堀三丁目遺跡Ⅱ』 八丁堀三丁目遺跡（第二次）調査会

(8) 沼口信一他 一九八二 『川口市文化財調査報告書第一六集』 川口市教育委員会

(9) 朝霞市史編さん室 一九九二 『朝霞の石造物（Ⅰ）』 朝霞市教育委員会

(10) 清水長輝 一九五九 『庚申塔の研究』 大日洞（そのほかにも未確認ではあるが同書東京・埼玉の項には寛永以前の板碑型庚申塔を七基紹介している。）

(11) 注（10）に同じ。

(12) 注（10）に同じ。

(13) 北区立郷土資料館編 一九八七 『北区郷土の歴史・文化マップ 道しるべ・庚申塔・石地蔵』 北区立郷土資料館

(14) 注（10）に同じ。

(15) 新谷尚紀他 一九八五 『大和田の民俗』 新座市史編さん室

新谷尚紀 一九九一 『両墓制と他界観』 吉川弘文館

(16) 久保田昌希他 一九八九 『三郷の墓石』 三郷市広報広聴課

(17) 駒木敦子他 一九八八 『鶴新田の両墓制』 富士見市立考古館

(18) 池尻 篤 二〇〇五 「近世墓標の型式と階層性」『墓標研究会会報』第九号 墓標研究会

(19) 増沢 直他 一九九四 『石造遺物調査報告書Ⅱ』 福生市教育委員会

(20) 中島 宏他 一九八〇 『伊勢塚・東光寺裏』 埼玉県教育委員会

(21) 井上裕一他 一九九四 『お伊勢山遺跡の調査 第五部 鎌倉時代から江戸時代』 早稲田大学

(22) 佐藤春夫 一九九六 『毛呂山町毛呂氏館跡～近世・明治期の墓跡調査～』 毛呂氏館跡発掘調査会

(23) 木戸春夫他 一九八五 『大林Ⅰ・Ⅱ 宮林 下南原』 埼玉県埋蔵文化財調査事業団

(24) 黒坂禎二・中村倉司　一九九九『妙音寺／妙音沢洞穴』埼玉県埋蔵文化財調査事業団
(25) 金澤文雄　一九九三『寺屋敷・須釜遺跡発掘調査報告書』庄和町遺跡調査会
(26) 井上尚明　一九九四『光山遺跡群』埼玉県埋蔵文化財調査事業団
(27) 尾形則敏他　一九九六『城山遺跡第一二・一三地点、西原大塚遺跡第一四地点、中野遺跡第一一・一六地点、市場裏遺跡第一地点、田子山遺跡第一〇地点、中道遺跡第二一地点、田子山遺跡第一三地点、西原大塚遺跡第二一地点、市場裏遺跡第二地点、中道遺跡第二六地点』志木市教育委員会
(28) 林田利之　一九九三『駒井野荒追遺跡』印旛郡市文化財センター
(29) 小泉　功・城近憲市他　一九九一『五畑東遺跡（第一次）調査報告書』川越市教育委員会・川越市遺跡調査会
小泉　功　一九九二『五畑東遺跡（第二次・三次）調査報告書』川越市教育委員会・川越市遺跡調査会
(30) 今関久夫　一九九四『大正寺遺跡』寄居町教育委員会
(31) 村木　功　一九九七「推定中世土壙墓の一様態～埼玉県等における方形集積土壙～」『研究紀要』第三号　毛呂山町歴史民俗資料館
(32) 並木　隆他　一九八四『椿峰遺跡群』所沢市教育委員会
(33) 玉利秀雄他　一九八五『お寺山遺跡』鶴ヶ島町教育委員会他
小川良祐　一九八九「お寺山遺跡」『仏教芸術』一八二号　毎日新聞社
(34) 鈴木徳雄他　二〇〇五『高柳原遺跡B・C地点』児玉町教育委員会
(35) 注（34）に同じ。
(36) 佐々木保俊他　一九八八『城山遺跡発掘調査報告書』志木市遺跡調査会
(37) 鈴木孝之　一九九六『深谷城跡』財団法人埼玉県埋蔵文化財調査事業団
(38) 内田賢作他　一九八六『新編埼玉県史別編二民俗二』埼玉県
(39) 金子幸生他　一九九五『朝霞市史民俗編』朝霞市
(40) 劔持和夫他　一九八四『明花向・明花上ノ台・井沼方馬堤・とうのこし』財団法人埼玉県埋蔵文化財調査事業団
(41) 注（3）に同じ。
(42) 注（38）に同じ。
(43) 注（39）に同じ。
(44) 注（2）に同じ。
(45) 新谷尚紀他　一九八三『和光市史民俗編』和光市
(46) 注（39）に同じ。
(47) 注（38）に同じ。

(48) 注(45)に同じ。
(49) 内田賢作　一九七四『埼玉県旧新座郡の民俗』
(50) 注(38)に同じ。
(51) 伊藤唯真　一九九五『聖仏教史の研究下』法蔵館

参考文献

岩田重則　二〇〇三『墓の民俗学』吉川弘文館
勝田　至　二〇〇三『死者たちの中世』吉川弘文館
五来　重　一九九二『葬と供養』東方出版
五来　重　一九八五『日本の庶民仏教』角川書店
五来　重　一九九二『先祖供養と墓』角川書店
鈴木公雄　一九九九『出土銭貨の研究』東京大学出版会
圭室諦成　一九六二『葬式仏教』大法輪閣
土井卓治　一九七二『石塔の民俗』岩崎美術社
土井卓治　一九九七『葬送と墓の民俗』岩田書院
最上孝敬　一九八〇『詣り墓』名著出版

あとがき

埼玉考古学会の会員が中心となって初めて論文集『埼玉の考古学』を刊行したのは一九八七年、埼玉考古学会創立者の一人である柳田敏司先生の還暦を記念してのことであった。

あれから二〇年。本論文集の刊行にあたっては、予想を上まわる応募数に編集委員会はうれしい悲鳴をあげた。旧石器時代から近世までの幅広いテーマにあってレベルも高く、ベテランから若手までと執筆陣の年齢層も厚い。まさに、埼玉考古学会が総力をあげた論文集である。

また、設立五〇周年記念事業としてのシンポジウム『古代武蔵国の須恵器流通と地域社会』は、須恵器の産地同定を行い、その流通の背景と地域社会の実態に迫る画期的なものとなった。

本書はシンポ資料集ともども、地道で精力的な研究成果として考古学研究に大きく寄与するものと確信し、埼玉考古学会が今後も研究を通して社会貢献しうることを、ここに約束したい。

最後になったが、本書が刊行できたのは、大谷徹氏をはじめ編集委員諸氏の奮闘のお陰である。感謝を申し上げたい。

埼玉考古学会五〇周年記念事業実行委員会委員長

高橋一夫

執筆者紹介（五十音順）

青木義脩　埼玉考古学会副会長・元浦和市文化財保護課長
赤石光資　上尾市教育委員会
赤熊浩一　財団法人埼玉県埋蔵文化財調査事業団
雨宮龍太郎　財団法人千葉県教育振興財団
伊佐治康成　日本放送協会学園
磯野治司　北本市教育委員会
井上尚明　さいたま川の博物館
岩田明広　埼玉県平和資料館
梅津　昇　三菱マテリアル総合研究所
大谷　徹　財団法人埼玉県埋蔵文化財調査事業団
尾形則敏　志木市教育委員会
柿沼幹夫　埼玉県立自然史博物館
金子彰男　神川町教育委員会
金子直行　財団法人埼玉県埋蔵文化財調査事業団
栗島義明　さいたま川の博物館
小出輝雄　富士見市教育委員会
酒井清治　駒澤大学文学部
塩野　博　埼玉考古学会会長・元埼玉県立博物館館長
鈴木孝之　財団法人埼玉県埋蔵文化財調査事業団
鈴木敏昭　埼玉県教育委員会
鈴木正博　早稲田大学文化遺産アーカイブ研究所

末木啓介　埼玉県教育委員会
田口哲也　國學院大学大学院特別研究員
田中英司　埼玉県立博物館
田中広明　財団法人埼玉県埋蔵文化財調査事業団
知久裕昭　深谷市教育委員会
土肥　孝　文化庁主任文化財調査官
富田和夫　財団法人埼玉県埋蔵文化財調査事業団
中沢良一　美里町遺跡調査会
野澤　均　朝霞市教育委員会
秦野昌明　さいたま市教育委員会
原　京子　國學院大学考古学資料館
坂野和信　財団法人埼玉県埋蔵文化財調査事業団
福田　聖　財団法人埼玉県埋蔵文化財調査事業団
細田　勝　財団法人埼玉県埋蔵文化財調査事業団
水口由紀子　埼玉県立博物館
宮崎朝雄　埼玉県教育委員会
宮瀧交二　大東文化大学文学部
村松　篤　深谷市教育委員会
本橋恵美子　練馬区教育委員会
渡辺　一　鳩山町教育委員会

埼玉考古学会50周年記念論文集
埼玉の考古学Ⅱ
―埼玉考古　第41号―

二〇〇六年五月一〇日　発行

編　者　埼玉考古学会
発行者　八木　環一
発行所　有限会社　六一書房
東京都千代田区猿楽町一―七―一
高橋ビル一階　〒一〇一―〇〇六四
電話(〇三)五二八一―六一六一
振替　〇〇一六〇―七―三五三四六

印　刷　株式会社　三陽社

ISBN 4-947743-39-5　C3021